破産判例解説

林 治 龍
朴 泰 俊
李 聖 鎔
金 春 洙

傳 英 社

머 리 말

서울중앙지방법원 파산부 판사들은 2005년 당시 車漢成 파산수석부장님의 지도 아래 2006. 4. 1.부터 시행되는 「채무자 회생 및 파산에 관한 법률」의 시행에 대비한 실무책자 4권의 집필작업에 착수하였다. 당시 법인파산을 전담하고 있던 제12파산부 소속의 林治龍 부장판사, 文裕晳, 李聖鎔 판사 및 전임자였던 朴泰俊 판사 4인이 법인파산실무의 집필을 담당하였다. 당시 4인은 실무책자에 반영하기 위하여 파산사건에 관한 대법원 및 하급심 판례를 수집하여 소책자를 마련하였다. 이 과정에서 중요 판결의 상당 부분이 미공간된 것을 알게 되어 판결례에 간단한 해설을 붙여 공간함으로써 파산사건을 담당하는 판사들과 파산관재인들의 업무에 도움을 주는 것이 좋겠다는 데에 4인이 의견의 일치를 보았다. 2006년 여름 文裕晳 판사가 미국 유학을 떠나 후임으로 金春洙 판사가 전입하여 해설 작업에 합류하여 이 책을 발간하게 되었다. 해설 부분 중 일부는 서울중앙지방법원 내의 도산법연구회와 관재인협의회에서 발표된 바 있다.

이 책자는 비록 4인이 각자 맡은 부분에 대하여 해설을 집필하였으나 林治龍 부장판사가 감수를 하였다. 따라서 해설 부분에 표명된 견해 중 오류가 있다면 오로지 감수자에게 그 책임이 있음을 밝혀둔다. 바쁜 시간을 내어 판례 수집 및 해설을 맡은 네 분의 판사님들께 깊은 감사를 드리고 그 분들이 앞으로 법원을 위하여 큰 역할을 하기를 기원한다.

2007년 4월 집필자를 대표하여

林治龍

차　　례

1. 파산관재인

2. 다수당사자와 파산채권

3. 파산채권

4. 재단채권

5. 미이행쌍무계약

6. 소송절차, 집행절차, 체납처분의 수계

7. 부 인 권

8. 환 취 권

9. 별 제 권

10. 상 계

11. 절차규정

12. 파산선고

13. 파산관재인에 대한 감독

14. 파산채권확정절차

15. 배당절차

16. 강제화의

17. 파산폐지

18. 면책 및 복권신청

19. 파산실체법

20. 국제파산

21. 신탁재산과 파산

22. 조세채권과 파산

23. 헌재결정, 파산법위반

일러두기

1. 이 책은 파산사건의 판결례를 연구하고자 하는 실무가들을 위한 참고자료로서 작성한 것이다. 이 책에 서술된 [해설] 부분은 필자들의 사견으로서 서울중앙지방법원의 공식 견해가 아님을 밝혀둔다.

2. 이 책의 [해설] 부분에 선고일자의 기재 없이 '대법원 200○ 다○○○ 판결'과 같은 형식으로 인용된 판결은 이 책의 본문에 수록된 해설 대상 판결을 의미한다.

3. 이 책에 나오는 판결문상의 개인의 명칭은 사생활보호의 취지에서 모두 가명으로 처리하였다. 하급심판결이유 중 증거설시 부분과 대법원 판결 중 결론 부분은 편의상 생략하였다.

4. 대법원 판결 중 미공간으로 표시된 것은 필자들이 사건처리 과정에서 알게 된 판결로서 판례공보나 종합법률정보에 의하더라도 검색할 수 없는 것이다.

5. 미공간된 하급심판결은 법원에서 제공하는 사건검색프로그램에 의하여 원문을 구할 수 있는 것이다.

6. [해설] 부분은 다음과 같이 4인이 나누어 집필하였다. 제 1 장-제 4 장(林治龍), 제 5 장-제 9 장(朴泰俊), 제10장-제19장(李聖鎔), 제20장-제23장(金春洙).

〈약 어 표〉

1. 법 령

신법	채무자 회생 및 파산에 관한 법률
파산법	2005. 3. 31. 법률 제7428호로 폐지된 파산법
화의법	2005. 3. 31. 법률 제7428호로 폐지된 화의법
회사정리법	2005. 3. 31. 법률 제7428호로 폐지된 회사정리법

2. 문 헌

법인파산실무	서울중앙지방법원 파산부 실무연구회, 법인파산실무, 박영사, 2006
파산사건실무(개정판)	파산사건실무(개정판), 서울지방법원, 2001
林治龍, 파산법연구	林治龍, 파산법연구, 박영사, 2004
林治龍, 파산법연구 2	林治龍, 파산법연구 2, 박영사, 2006
田炳西, 파산법	田炳西, 파산법, 법문사, 2003
회생사건실무(하)	서울중앙지방법원 파산부 실무연구회, 회생사건실무(하), 박영사, 2006
개인파산・회생실무	서울중앙지방법원 파산부 실무연구회, 개인파산・회생실무, 박영사, 2006
伊藤眞, 破産法	伊藤眞, 破産法, 有斐閣, 2006
注解 破産法(下)	齋藤秀夫・麻上正信・林屋礼二, 注解 破産法(下), 青林書院, 1999
條解 會社更生法(上)	三ヶ月章 등, 條解 會社更生法(上), 弘文堂, 1999

1. 파산관재인

▶ 〈제 6 조〉 파산관재인과 통정허위표시의 제 3 자

(1) **대법원** 2005. 5. 12. **선고** 2004**다**68366 **판결 【채무부존재확인】** [공2005, 927]

【원고, 피상고인】 주식회사 오성전기 (소송대리인 법무법인 광장 담당변호사 박준서)

【피고, 상고인】 파산자 주식회사 대한상호신용금고의 파산관재인 예금보험공사 (소송대리인 법무법인 푸른 담당변호사 최주현 등)

【원심판결】 서울고등법원 2004. 10. 26. 선고 2002나47664 판결

【주문】 상고를 기각한다. 상고비용은 피고가 부담한다.

【이유】 1. 상고이유 제 1 점에 대하여

파산자가 파산선고 전에 상대방과 통정한 허위의 의사표시를 통하여 가장채권을 보유하고 있다가 파산이 선고된 경우, 파산관재인은 민법 제108조 제 2 항의 제 3 자에 해당하므로 상대방이 파산관재인에게 통정허위표시임을 들어 그 가장채권의 무효임을 대항할 수 없다 할 것이지만, 위 민법 제108조 제 2 항과 같은 특별한 제한이 있는 경우를 제외하고는 채무의 소멸 등 파산 전에 파산자와 상대방 사이에 형성된 모든 법률관계에 관하여 파산관재인에게 대항할 수 없는 것은 아니라 할 것이며, 그 경우 파산자와 상대방 사이에 일정한 법률효과가 발생하였는지 여부에 대하여는 파산관재인의 입장에서 형식적으로 판단할 것이 아니라 파산자와 상대방 사이의 실질적 법률관계를 기초로 판단하여야 할 것이다.

원심판결 이유에 의하면, 원심은 채용 증거들에 의하여, 이삭종합건설 주식회사(이하 '이삭건설'이라 한다)가 주식회사 대한상호신용금고(이하 '대한금고'라 한다)로부터 이 사건 금원을 차용하면서, 대한금고의 대표이사 및 원고와 사이에 대출채무자의 명의만 원고로 하되 그 대출금채무에 대하여 원고에게 책임을 지우지 않기

로 합의하였던 사실, 이삭건설의 이사이자 지배주주인 김순철과 그 처인 백유순이 이 사건 대출금 채무 등의 이행을 담보하기 위하여 그들 소유의 부동산에 원고 등을 채무자로 한 근저당권을 설정해 주었는데, 대한금고가 그 부동산 중 일부에 대한 근저당권설정등기의 말소등기를 경료해 준 사실, 위 말소등기 직후 이삭건설에 부도가 발생하였고 이어서 대한금고 역시 파산선고를 받아 피고가 파산관재인으로 선임된 사실을 인정한 다음, 원고는 파산관재인인 피고에 대하여는 위 통정허위표시로 대항하지 못하므로 파산재단에 속한 이 사건 대출금 채무를 변제할 의무를 직접 부담하여 이를 변제할 정당한 이익이 있는 자에 해당하고, 나아가 변제할 정당한 이익이 있는 원고가 채무를 변제하는 경우에는 대한금고가 실채무자인 이삭건설에 대하여 가지는 채권 및 이에 관한 담보권을 당연히 대위행사할 수 있을 것인데, 대한금고가 위와 같이 이 사건 대출금채무에 관한 담보권인 근저당권을 고의 또는 과실로 소멸시킴으로써 원고가 채무를 변제하더라도 근저당권을 대위할 수 없게 되었으므로, 결국 원고는 위 근저당권의 소멸로 인하여 상환을 받을 수 없는 범위에서 대한금고에 대한 채무를 면한다고 판단하였는바, 앞서 본 법리에 비추어 살펴보면, 원심이 이와 같이 당사자 사이의 실질적 법률관계를 기초로 하여, 원고는 형식상으로는 이 사건 대출금 채무에 대한 주채무자이지만 당사자 사이의 실질적인 관계에서는 최종적인 변제책임을 지는 주채무자가 아니라 그 채무를 변제할 경우 대한금고가 실채무자인 이삭건설에 대하여 가지는 채권 및 이에 관한 담보권을 당연히 대위행사할 수 있는 지위에 있다고 판단한 것은 정당한 것으로 수긍이 가고, 거기에 상고이유에서 주장하는 바와 같이 통정허위표시나 민법 제481조, 제485조에 관한 법리를 오해하거나 논리칙 위배, 이유모순 등의 위법이 있다고 할 수 없다.

2. 상고이유 제 2 점에 대하여

대출절차상의 편의를 위하여 명의만을 대여한 것으로 인정되어 채무자로 볼 수 없는 경우, 그 형식상 주채무자가 실질적인 주채무자를 위하여 보증인이 될 의사가 있었다는 등의 특별한 사정이 없는 한 그 형식상의 주채무자에게 실질적 주채무자에 대한 보증의 의사가 있는 것으로 볼 수는 없다(대법원 1996. 8. 23. 선고 96다18076 판결 참조).

원심판결 이유에 의하면, 원심은, 원고가 이 사건 대출금 채무에 대하여 보증인적 지위에 있으므로 민법 제482조에 의하여 물상담보 제공자인 갑, 을에 대한 대위권 행사의 범위가 제한되어야 하고, 따라서 그 면책범위도 제한되어야 한다는 피고의 주장에 대하여, 원고는 이 사건 대출금 채무에 대하여 보증인적 지위에 있지 않다고 판단하여 이를 배척하였는바, 앞서 본 법리와 기록에 비추어 살펴보면 원심의 위와 같은 판단은 정당한 것으로 수긍이 가고, 거기에 상고이유에서 주장하는 바와 같이 의사표시의 해석이나 민법 제482조에 관한 법리를 오해한 위법이 있다고 할 수 없다.

대법관 고현철 윤재식(주심) 강신욱 김영란

(2) **대법원** 2004. 10. 28. **선고** 2003**다**12342 **판결【대여금등】**[**공보불게재**]

【판결요지】

파산자가 상대방과 통정한 허위의 의사표시를 통하여 가장채권을 보유하고 있다가 파산이 선고된 경우에 그 가장채권도 일단 파산재단에 속하게 되고, 파산선고에 따라 파산자와는 독립한 지위에서 파산채권자 전체의 공동의 이익을 위하여 직무를 행하게 된 파산관재인은 그 허위표시에 따라 외형상 형성된 법률관계를 토대로 실질적으로 새로운 법률상 이해관계를 가지게 된 민법 제108조 제2항의 제3자에 해당한다.

【참조 조문】 민법 제108조 제2항, 파산법 제6조, 제7조, 제154조 제1항

【원고, 피상고인】 한길종합금융 주식회사의 소송수계인 파산관재인 예금보험공사 (소송대리인 변호사 정구훈 등)

【피고, 상고인】 진우건설 주식회사의 소송수계인 파산관재인 정병혁 외 1인 (소송대리인 법무법인 강산 담당변호사 김은유 등)

【원심판결】 수원지방법원 2002. 12. 13. 선고 2002나12786 판결

【주문】 원심판결 중 금 50억 원 및 이에 대한 지연손해금의 지급에 관한 피고들 패소 부분 및 가지급금 55,401,180원에 관한 피고 파산자 강을구의 소송수계인 파산관재인 최선호 패소 부분을 파기하고, 이 부분 사건을 수원지방법원 본원 합의부로 환송한다. 피고들의 나머지 상고를 기각한다.

【이유】 상고이유를 본다.

1. 상고이유 제2, 3점에 대하여

파산자가 파산선고시에 가진 모든 재산은 파산재단을 구성하고, 그 파산재단을 관리 및 처분할 권리는 파산관재인에게 속하므로, 파산관재인은 파산자의 포괄승계인과 같은 지위를 가지게 되지만, 파산이 선고되면 파산채권자는 파산절차에 의하지 아니하고는 파산채권을 행사할 수 없고, 파산관재인이 파산채권자 전체의 공동의 이익을 위하여 선량한 관리자의 주의로써 그 직무를 행하므로, 파산관재인은 파산선고에 따라 파산자와 독립하여 그 재산에 관하여 이해관계를 가지게 된 제3자로서의 지위도 가지게 된다. 따라서 파산자가 상대방과 통정한 허위의 의사표시를 통하여 가장채권을 보유하고 있다가 파산이 선고된 경우 그 가장채권도 일단 파산재단에 속하게 되고, 파산선고에 따라 파산자와는 독립한 지위에서 파산채권자 전체의 공동의 이익을 위하여 직무를 행하게 된 파산관재인은 그 허위표시에 따라

외형상 형성된 법률관계를 토대로 실질적으로 새로운 법률상 이해관계를 가지게 된 민법 제108조 제2항의 제3자에 해당한다(대법원 2003. 6. 24. 선고 2002다48214 판결, 2003. 6. 27. 선고 2002다35812 판결 등 참조).

같은 취지에서, 원심이 진우건설 주식회사(이하 '진우건설'이라 한다)나 강을구가 한길종합금융 주식회사(이하 '한길종합금융'이라 한다)와 체결한 이 사건 어음거래약정 및 연대보증약정이 통정한 허위의 의사표시에 의한 것으로서 무효라고 하더라도, 이 사건 어음거래약정 및 연대보증약정이 있은 뒤 한길종합금융에 대하여 파산이 선고되었으므로, 피고들은 이 사건 어음거래약정 및 연대보증약정이 무효라는 사유를 들어 한길종합금융의 파산관재인으로서 민법 제108조 제2항의 제3자에 해당하는 원고에게 대항할 수 없다고 판단한 조치는 정당하고, 거기에 채증법칙을 위반하여 사실을 잘못 인정하거나, 통정허위표시에 있어서의 파산관재인의 지위에 관한 법리를 오해한 위법이 있다고 할 수 없다.

2. 상고이유 제5점에 대하여

기록에 의하면, 피고들이 2001. 9. 25.자 준비서면으로 진우건설이나 강을구는 이 사건 어음거래약정 및 연대보증약정의 명의대여자에 불과하고, 이들이 이 사건 대출금을 사용하지도 않았음에도 불구하고, 피고들에 대하여 이 사건 청구를 하는 것은 신의칙이나 권리남용금지의 원칙에 위반되어 허용될 수 없다는 취지로 주장하였음에도, 원심이 위 주장에 대하여 아무런 판단을 하지 않고 있음은 상고이유에서 주장하는 바와 같으나, 파산자 한길종합금융의 파산관재인인 원고는 이 사건 어음거래약정 및 연대보증약정에 의하여 외형상 형성된 법률관계를 토대로 실질적으로 새로운 법률상 이해관계를 갖게 된 제3자라 할 것이므로 피고들의 주장과 같은 사유만으로는 원고의 이 사건 청구가 신의칙에 위배되거나 권리남용금지의 원칙에 위배된 것이라고는 볼 수 없으므로 피고들의 위 주장은 이유가 없다 할 것인바, 당사자의 주장에 대한 판단누락의 위법이 있다 하더라도 그 주장이 배척될 경우임이 명백한 때에는 판결 결과에 영향이 없다고 할 것이므로(대법원 2002. 12. 26. 선고 2002다56116 판결, 2003. 7. 11. 선고 2003다12588 판결 등 참조), 원심의 위와 같은 판단누락은 판결의 결과에 영향을 미치는 것이라 할 수 없고, 따라서 이 점에 관한 상고이유의 주장도 이유 없다.

3. 상고이유 제1점에 대하여

기록에 의하면, 원고는 2002. 4. 30.자 소변경신청서에서 피고들에 대하여는 각 파산채권의 확정을 구하는 것으로, 제1심 공동피고 은아주택 합자회사(이하 '은아주택'이라 한다)에 대하여는 "피고 은아주택은 피고 파산자 진우건설 및 피고 파산자 강을구와 연대하여 원고에게 금 50억 원 및 이에 대한 지연손해금을 지급하라"는 것으로 각 청구취지를 기재하고 있어, 피고들에 대하여는 금 50억 원 및 이에 대한 지연손해금의 지급을 구하고 있지 아니함이 청구취지 자체에서 명백함에도 불구하고 원고의 청구취지를 초과하여 피고들에 대한 금 50억 원 및 이에 대한 지연손해금의 지급청구를 인용한 원심판결에는 처분권주의에 위배한 위법이 있다고 할 것이고, 이와 같은 취지를 포함하고 있는 상고이유의 주장은 이유 있다.

4. 상고이유 제 4 점에 대하여

제 1 심 판결을 인용한 원심판결 이유에 의하면 원심은, 한길종합금융은 1997. 4. 15. 진우건설과의 사이에, 한길종합금융이 진우건설에게 어음할인 기타 어음거래를 통하여 125억 원을 한도로 대출을 하고, 진우건설이 그 채무를 이행하지 아니할 때에는 관계 법령에 의한 최고율 범위 내에서 한길종합금융이 정하는 비율에 따른 지연손해금을 지급하기로 하는 이 사건 어음거래약정을 체결하였고, 강을구 등은 진우건설의 한길종합금융에 대한 이 사건 어음거래약정에 의한 채무를 연대보증한 사실, 한길종합금융은 이 사건 어음거래약정에 의한 채무의 연대보증인 강을구가 2002. 1. 30. 파산선고를 받음에 따라 이 사건 어음거래약정에 기한 대출금 원금 125억 원과 파산신고시까지의 이자 등 9,989,383,559원 및 가지급금 55,401,180원 등 합계 금 22,544,784,739원의 파산채권을 가지고 있다고 신고하였고, 피고 파산자 강을구의 파산관재인은 위 채권 전액에 대하여 이의를 제기한 사실을 인정한 다음, 이를 바탕으로 원고가 파산자 강을구에 대하여 22,544,784,739원의 파산채권을 가지고 있다고 판단하였다.

그러나 원심판결 중 파산자 강을구에 대한 가지급금 채권 55,401,180원에 관하여도 원고의 파산채권으로 인정한 부분은 다음과 같은 이유로 수긍하기 어렵다.

기록에 비추어 살펴보면, 피고 파산자 강을구의 파산관재인은 원고가 주장하는 위 가지급금 채권 중에는 이 사건 소송비용으로 지출한 금액도 포함되어 있다는 등의 이유로 위 가지급금 채권의 존재와 그 범위 등을 다투고 있음에 반하여, 파산자 강을구가 원고에 대하여 위 가지급금 채무를 부담한다는 원고의 주장에 부합하는 증거로는 원고가 피고 파산자 강을구의 파산관재인에게 파산채권신고를 하면서 제출한 채권계산서가 있을 뿐인데, 갑호증의 기재만으로는 원고가 실제 가지급금 55,401,180원을 지급하였는지, 그 구체적인 지급내역은 어떠한지(예컨대 1999. 2. 18. 지급된 것으로 기재된 변호사 보수금 40,690,600원은 이 사건 소송에 대한 것인지, 아닌지), 원고가 파산자 강을구에 대하여 위 가지급금 상당의 채권을 가지게 되는 근거는 무엇인지를 명확히 알 수 없어 원고가 파산자 강을구에 대하여 위 가지급금 55,401,180원을 파산채권으로 갖는다는 점을 인정하기에 부족하다고 할 것이고, 달리 이를 인정할 만한 자료를 찾을 수 없다.

그렇다면 원심법원으로서는 원고가 파산채권이라고 주장하는 위 가지급금을 실제 지급하였는지의 여부, 그 구체적인 지급내역 및 원고가 파산자 강을구에 대하여 위 가지급금 상당의 채권을 가지게 되는 근거 등을 좀더 심리하여 본 다음 위 가지급금 55,401,180원이 파산채권에 해당하는지의 여부를 판단하였어야 할 것임에도 그와 같은 조치 없이 위 가지급금 55,401,180원 전액을 파산자 강을구에 대한 파산채권으로 인정한 제 1 심 판결을 그대로 유지한 원심판결에는 심리를 다하지 아니하여 판결에 영향을 미친 위법이 있다 할 것이고, 이와 같은 취지를 포함하고 있는 상고이유의 주장은 이유 있다.

대법관 박재윤(재판장) 변재승(주심) 강신욱 고현철

(3) **대법원** 2003. 12. 26. **선고** 2003**다**50078, 50085 **판결【채무부존재확인·대여금】**[**공보불게재**]

【판결요지】

파산자가 상대방과 통정한 허위의 의사표시를 통하여 가장채권을 보유하고 있다가 파산이 선고된 경우에 그 가장채권도 일단 파산재단에 속하게 되고, 파산선고에 따라 파산자와는 독립한 지위에서 파산채권자 전체의 공동의 이익을 위하여 직무를 행하게 된 파산관재인은 그 허위표시에 따라 외형상 형성된 법률관계를 토대로 실질적으로 새로운 법률상 이해관계를 가지게 된 민법 제108조 제 2 항의 제 3 자에 해당한다.

【참조 조문】 민법 제108조 제 2 항, 파산법 제 6 조, 제 7 조, 제154조 제 1 항, 민사소송법 제288조

【원고(반소피고), 상고인】 청룡해운 주식회사 (소송대리인 변호사 하양명 등)

【피고(반소원고), 피상고인】 미래상호신용금고 주식회사의 소송수계인 파산자 미래신용금고 주식회사의 파산관재인 조상흠 외 1인 (소송대리인 변호사 정치영)

【원심판결】 부산고등법원 2003. 8. 14. 선고 2003나1144, 1151 판결

【주문】 상고를 기각한다. 상고비용은 원고(반소피고)가 부담한다.

【이유】 상고이유를 본다.

1. 상고이유 제 1 점에 관하여

파산자가 파산선고시에 가진 모든 재산은 파산재단을 구성하고, 그 파산재단을 관리 및 처분할 권리는 파산관재인에게 속하므로, 파산관재인은 파산자의 포괄승계인과 같은 지위를 가지게 되지만, 파산이 선고되면 파산채권자는 파산절차에 의하지 아니하고는 파산채권을 행사할 수 없고, 파산관재인이 파산채권자 전체의 공동의 이익을 위하여 선량한 관리자의 주의로써 그 직무를 행하므로, 파산관재인은 파산선고에 따라 파산자와 독립하여 그 재산에 관하여 이해관계를 가지게 된 제 3 자로서의 지위도 가지게 되며, 따라서 파산자가 상대방과 통정한 허위의 의사표시를 통하여 가장채권을 보유하고 있다가 파산이 선고된 경우 그 가장채권도 일단 파산

재단에 속하게 되고, 파산선고에 따라 파산자와는 독립한 지위에서 파산채권자 전체의 공동의 이익을 위하여 직무를 행하게 된 파산관재인은 그 허위표시에 따라 외형상 형성된 법률관계를 토대로 실질적으로 새로운 법률상 이해관계를 가지게 된 민법 제108조 제 2 항의 제 3 자에 해당하고(대법원 2003. 6. 24. 선고 2002다48214 판결, 2003. 6. 27. 선고 2002다35812 판결 등 참조), 여기에서 파산관재인은 특별한 사정이 없는 한 선의로 추정할 것이므로 파산관재인이 악의라는 사실의 주장입증책임은 그 허위표시의 무효를 주장하는 자에게 있다(대법원 1970. 9. 29. 선고 70다466 판결, 1978. 12. 26. 선고 77다907 판결 등 참조).

기록과 이러한 법리에 비추어 살펴보면, 원심은 그 이유설시에 있어 다소 미흡하기는 하나, 미래상호신용금고 주식회사의 파산관재인인 피고(반소원고, 이하 '피고'라고만 한다)들이 악의라는 점을 인정할 증거가 없어 원고(반소피고, 이하 '원고'라고만 한다)는 피고들에 대하여 이 사건 대출약정이 통정허위표시로서 무효임을 대항하지 못한다는 취지로 판단한 것은 정당하고, 거기에 상고이유에서 주장하는 바와 같이 심리미진 등의 위법이 있다고 할 수 없다.

2. 상고이유 제 2 점에 관하여

이 사건 대출약정 무렵 채권자인 미래상호신용금고 주식회사와 형식상의 채무자인 원고와 사이에 채무면제의 합의가 있었으므로 그 때 이미 이 사건 대출약정에 기한 채무가 소멸하였다는 주장은 원고가 원심에서 주장한 바 없이 상고심에 이르러 새로이 하는 주장으로서 원심판결에 대한 적법한 상고이유가 될 수 없을 뿐만 아니라, 기록에 비추어 살펴보면, 위 주장과 같은 채무면제의 합의가 있었다고 볼 수도 없다.

대법관 박재윤(재판장) 조무제 이용우(주심) 이규홍

[해설]

우리나라에서 파산관재인의 제 3 자성에 관한 문제는 파산관재인이 민법 제108조 제 2 항의 통정허위표시의 제 3 자에 해당하는지 여부에서 비롯되었다. 日本은 이외에도 建物保護法 제 1조의 제 3 자,[1] 채권양도의 제 3 자,[2] 융통어음의 제 3 자[3]에 관하여도 문제가 되었다. 대법원 2002다48214 판결 및 2003다50078, 50085 판

1) 最高裁判所 1973(昭和48). 2. 16. 판결. 이에 대한 평석으로는 高見 進, "破産管財人の第三者性(1)," 倒産判例百選(第三3), 有斐閣(2002), 34면.

2) 最高裁判所 1983(昭和58). 3. 22. 판결. 이에 대한 평석으로는 坂本惠三, "破産管財人の第三者性(2), 倒産判例百選(第三3), 有斐閣(2002), 36면.

3) 最高裁判所 1971(昭和46). 2. 23. 판결. 이에 대한 평석으로는 高田裕成, "破産管財人の第三者性(3), 倒産判例百選(第三3), 有斐閣(2002), 38면.

결이 선고되기 전까지 하급심 판결은 견해가 나뉘었다. 대법원은 일관하여 파산관재인이 통정허위표시의 제 3 자에 해당한다는 견해를 취하고 있다.

그러나 대법원 2004다68386 판결은 주류적인 판결의 입장과 상충되는 것으로 판단된다. 왜냐하면 주류적인 판례에 따를 때 대법원 2004다68366 판결의 사안에서 원고(명의상의 대출채무자)가 파산관재인과의 관계에서는 주채무자이고 주채무자는 자신의 채무를 변제하는 자이므로 타인(보증인)에 대하여 구상권을 갖는 지위에 있지 아니함에도 대법원이 위 사건에서는 파산자와 상대방(원고 즉 명의상의 대출채무자)간의 실질적인 법률관계를 기초로 판단하여 주채무자가 아니라고 판시한 것은 상호 모순되는 것으로 읽힌다.

최근에 선고된 대법원 2006. 11. 10. 선고 2004다10299 판결(미공간)은 주류적 판결의 입장에 서서 제 3 자의 선의·악의를 판단하는 기준은 파산관재인 개인이 아니라 총파산채권자를 기준으로 하여 모두 악의가 아닌 한 선의가 될 수밖에 없다고 판시하였다. 악의의 입증책임은 이를 주장하는 자에게 있다는 판례[4]와 종합하면 총파산채권자가 모두 악의임을 입증한다는 것은 불가능하므로 파산관재인은 항상 선의의 제 3 자가 될 것이다.

그러나 판례에 반대하는 견해가 많고,[5] 최근 하급심 판결[6]은 대법원의 입장에 정면으로 배치되는 입장을 밝힌 바 있다. 그 근거는 다음과 같다. 첫째, 파산관재인을 독립하여 법률상의 실질적인 이해관계를 맺은 제 3 자라고 보기 어렵다. 둘째, 파산관재인이 자신의 이름으로 소송행위를 한다고 하더라도 실체법상이나 소송법상의 효과를 받는 것은 아니고 타인을 대리 내지 대표하는 것에 지나지 않는다. 셋째, 파산선고로 인하여 파산자는 얻을 수 없는 재산을 별도의 행위 없이 파산선고에 의하여 파산재단에 편입시킴으로써 불합리한 결과가 발생한다. 넷째, 파산관재인을 기준으로 선의·악의를 판단하게 되면 법률관계가 불안정하게 된다. 대법원은 종전과 같은 입장을 견지하면서 파산관재인이 통정허위표시의 제 3 자에 해당한다는 판례에 따라 파기환송하였다.[7]

---

4) 대법원 1978. 12. 26. 선고 77다907 판결(공보불게재) 등.

5) 李東炯, “通情虛僞表示를 한 者의 破産管財人이 民法 제108조 제 2 항의 第三者인지 여부,” 법조 2004년 6월호, 123면 이하; 성재영, “파산관재인의 제 3 자성에 대한 소고,” 부산법조 2004 (제21호), 27면 이하.

6) 서울고등법원 2006. 8. 11. 선고 2005나64530 판결(파기환송).

7) 대법원 2006. 12. 7. 선고 2006다59199 판결.

▶ 〈제 7 조〉 파산재단의 관리처분권

(1) **대법원** 2004. 4. 28. **선고** 2004**다**3673, 3680 **판결【대여금·채무부존재확인 [공보불게재]**

【판결요지】

파산관재인이 파산법원이나 채권자집회에 보고할 때 파산재단에 속하는 재산 중 미처 확인하지 못한 일부 재산을 그 목록에서 누락하였다 하더라도 파산재단에 속하는 것으로 추후에 확인된 재산을 점유·관리하고 그 중 채권에 관하여는 파산법원의 허가를 얻어 소를 제기하여 추심할 권한이 당연히 박탈되는 것은 아니다.

【참조 조문】 민법 제105조, 제452조, 파산법 제 6 조, 제151조, 제152조

【원고(반소피고), 피상고인】 파산자 주식회사 우성건설의 파산관재인 김진한 (소송대리인 법무법인 아주 담당변호사 남동환)

【피고(반소원고), 상고인】 甲 (소송대리인 법무법인 성우 담당변호사 김차우 등)

【원심판결】 서울고등법원 2003. 11. 26. 선고 2003나31444, 31451 판결

【주문】 상고를 기각한다. 상고비용은 피고(반소원고)가 부담한다.

【이유】 1. 피고(반소원고, 이하 '피고'라 한다) 소송대리인의 상고이유에 대하여

가. 상고이유 제 1 점에 관하여

원심판결 이유에 의하면 원심은 그 채용 증거를 종합하여, 피고가 1994. 9. 30. 파산 전의 주식회사 우성건설(이하 "우성건설"이라 한다)에게 "조합원으로서 … 이 사건 재개발사업 진행 관련 어떠한 형태의 협조요청이 있어도 협조할 것을 약속하며, 만일 협조를 거부할 시에는 1994. 9. 30. 차용한 대여금 1억 5천만 원에 대하여 연 11.5%의 이자를 납부하며, 재개발아파트 입주예정일까지 상환할 것이며, 만일 상환 전 타인에게 매도할 시에는 반드시 변제할 것을 각서한다"는 내용의 각서를 작성해 주고, 같은 날 우성건설로부터 150,000,000원을 수령한 사실, 피고가 1994. 10. 25. 위 채무의 이행을 담보하기 위하여 피고 소유의 부동산에 대하여 채권최고액 195,000,000원, 채무자 피고, 근저당권자 우성건설로 하는 근저당권설정등기를 경료하여 준 사실을 인정한 다음, 위 금원의 지급이 피고가 이 사건 조합총회의 진행, 관리처분의 진행 등에 협조할 것을 조건으로 하는 증여계약이거나 피고가 협조를 이행하지 아니할 것을 해제조건으로 한 금전소비대차계약이라는 피고의 주장에 대하여, 우성건설이 1994. 9. 30. 피고에게 150,000,000원을 지급한 것은 피고에게 위 금원의 변제기를 아파트 입주지정일로 정하여 무이자로 대여한 것이고, 다만 피고가 위 각서상의 협조요청에 응하지 아니할 경우에는 위 대여금에 대하여 연 11.5%의 비율에 의한 지연손해금을 가산하여 변제하기로 한 것이라고 봄이 상당하

다고 판단하여 피고의 주장을 배척한 후 피고는 원고(반소피고, 이하 "원고"라 한다)에게 위 대여금 150,000,000원 및 이에 대하여 이 사건 아파트 입주지정만료일 다음날부터의 지연손해금을 지급할 의무가 있다고 판단하고, 나아가 우성건설이 이 사건 대여금을 불법원인으로 피고에게 교부한 것이라는 피고의 주장에 대하여는 재개발사업을 원활하게 진행시키기 위하여 금융상의 편의를 제공하는 것을 불법이라고 볼 수 없고, 달리 위 금원의 지급이 불법한 원인에 의한 것임을 인정할 증거가 없다고 하여 이를 배척하였는바, 기록에 비추어 살펴보면, 원심의 위와 같은 사실인정과 판단은 옳다고 수긍이 가고(다만, 위 각서상의 "입주지정일"이란 문구를 "입주예정일"이라고 잘못 설시하기는 하였으나, 위 금원의 변제기를 아파트 입주지정일로 보고 이 사건 아파트 입주지정만료일 다음날을 기산점으로 하여 지연손해금의 지급을 명하였으므로 그 결론에 있어서 정당하다) 거기에 상고이유에서 주장하는 바와 같이 논리법칙과 경험칙에 반하고 채증법칙을 위반하여 사실을 잘못 인정하였다거나, 이 사건 약정의 법적 성격 및 불법원인급여에 관한 법리를 오해한 위법이 있다고 할 수 없다.

나. 상고이유 제 2 점에 대하여

원심판결 이유에 의하면 원심은 그 채용 증거를 종합하여, 우성건설이 1993.경 피고에게 이주비 명목으로 86,000,000원을 대여함에 있어 상환기일은 입주지정일로 하고, 연체시는 그 경과일수에 대하여 은행에서 적용하는 일반대출금의 연체이율에 의한 연체이자를 가산하기로 한 사실, 이 사건 아파트의 입주지정기간은 1997. 12. 22.부터 1998. 1. 20.까지인 사실, 우성건설이 삼삼종금에게 담보의 목적으로 피고에 대한 이주비채권 86,000,000원을 양도하고, 1996. 1. 19. 피고에게 그 통지를 한 사실, 우성건설은 1997. 6. 30. 삼삼종금과 사이에 삼삼종금은 위 채권양도에 따른 금원청구를 하지 않으며 우성건설이 위 채권을 회수하더라도 이의를 제기하지 않기로 한 사실, 1998. 2. 25. 인가확정된 우성건설에 대한 회사정리계획에 의하면 위 채권양도는 정리계획인가 후 즉시 해지하기로 되어 있고, 이에 따라 우성건설은 그 무렵 위 채권양도 통지를 철회한 사실, 삼삼종금 역시 2003. 6. 9. 피고에게 위 채권양도의 해지를 확인하는 의미에서 위 회사정리계획에 따라 위 채권양도가 적법하게 해지되었다는 내용을 통지한 사실을 인정한 후, 위 채권양도는 우성건설에 대한 회사정리계획의 인가확정으로 적법하게 해지되고 삼삼종금이 피고에게 그 해지 사실을 통지함으로써 채무자인 피고에 대한 대항요건도 다시금 갖추었다고 판단하고, 피고의 소멸시효완성의 항변에 대하여는 원고가 1998. 1. 21.부터 5년이 경과하기 전인 2001. 9. 21.에 이 사건 소를 제기하였음은 기록상 명백하므로 그 소멸시효의 진행이 중단되었다고 판단하였는바, 기록에 비추어 살펴보면 원심의 위와 같은 사실인정과 판단은 정당하다고 수긍이 가고, 거기에 상고이유에서 주장하는 바와 같이 채증법칙을 위반하여 사실을 잘못 인정하거나 채권양도통지나 소멸시효에 관한 법리를 오해한 위법이 있다고 할 수 없다.

2. 피고 본인의 상고이유에 대하여(피고 대리인의 상고이유와 겹치지 않는 범위 내에서 판단한다)

가. 원고의 당사자적격에 대하여

파산관재인이 파산법원이나 채권자집회에 보고할 때 파산재단에 속하는 재산 중 미처 확인하지 못한 일부 재산을 그 목록에서 누락하였다 하더라도 파산재단에 속하는 것으로 추후에 확인된 재산을 점유·관리하고 그 중 채권에 관하여는 파산법원의 허가를 얻어 소를 제기하여 추심할 권한이 당연히 박탈되는 것은 아니라 할 것이다.

원심판결 이유에 의하면 원심은 채용 증거에 의하여, 우성건설의 파산관재인인 원고가 2001. 3. 26. 법원의 허가를 받아 이 사건 소를 제기한 사실을 인정하여 이 사건 소가 적법하다고 판단하였는바, 기록에 비추어 살펴보면 원심의 위와 같은 사실인정과 판단은 옳다고 수긍이 가고, 달리 원고가 이 사건 소송의 당사자적격이 없음을 인정할 아무런 자료가 보이지 아니하므로 이 부분 상고이유의 주장은 이유 없다.

나. 채권양수절차의 적법 여부에 대한 심리를 다하지 않았다는 상고이유에 대하여

원심판결 이유에 의하면, 원심은 우성건설이 피고에 대한 이주비 명목의 86,000,000원의 대여금채권을 소외 재개발조합으로부터 양수하였다고 인정한 것이 아님을 알 수 있는바, 그렇다면 우성건설이 소외 재개발조합으로부터 위 채권을 양수한 절차가 적법하였는지 여부에 관하여는 나아가 살펴볼 필요가 없으므로 이 부분 상고이유의 주장은 이유 없다.

대법관 고현철(재판장) 변재승 윤재식(주심) 강신욱

[해설]

파산선고에 의하여 포괄집행적 효력과 관리처분권 이전의 효력이 발생한다. 관리처분권 이전의 효력이라 함은 파산선고에 의하여 파산자 소유의 재산 중 자유재산(신득재산, 면제재산, 포기재산)을 제외한 나머지 재산은 모두 파산재단에 속하고 파산관재인에게 관리처분권이 이전한다는 것을 의미한다. 법원이 파산선고를 함에 있어 파산관재인의 선임, 채권신고기간, 채권조사기일 및 제 1 회 채권자집회기일을 결정하여 송달 또는 공고한다. 제 1 회 채권자집회에서는 파산관재인이 신법 제488조(파산법 제183조)에 따라 파산선고에 이르게 된 사정과 채무자 및 파산재단에 관한 경과 및 현상에 관하여 출석한 파산채권자들에게 보고한다. 파산관재인이 채무

자의 재산상황에 대하여 보고를 하고 있는바 파산관재인이 비록 제 1 회 파산관재인보고서에 채무자의 재산을 누락하였다고 하여 파산관재인의 관리처분권의 대상에서 제외되는 것은 아니다. 이 판결은 당연한 법리를 설시한 것이다.

---

(2) **대법원** 2004. 3. 25. **선고** 2003**다**63227 **판결 【채무부존재확인】** [**공보불게재**]

【판시사항】 신용협동조합의 이사장이 이사회의 결의 없이 조합원에 대한 대출계약을 체결한 후 신용협동조합이 파산한 경우, 그 무권대표행위의 추인권을 행사할 수 있는 자는 파산관재인이다

【참조 조문】 [1] 구 신용협동조합법(1998. 1. 13. 법률 제5506호로 전문 개정되기 전의 것) 제 1 조, 제 2 조, 제23조 제 4 항, 제27조, 제29조 제 5 호, 제31조 제 1 항 제 2 호／[2] 민법 제59조 제 2 항, 제130조, 제133조, 파산법 제 7 조

【원고, 피상고인】 甲 외 2인 (소송대리인 영남 법무법인 담당변호사 금병태 등)

【피고, 상고인】 파산자 유성신용협동조합의 파산관재인 예금보험공사 (소송대리인 변호사 임경)

【원심판결】 대구고등법원 2003. 11. 7. 선고 2002나4185 판결

【주문】 원심판결을 파기하고, 사건을 대구고등법원으로 환송한다.

【이유】 상고이유를 본다.

1. 원심은, 원고들과 유성신용협동조합(이하 '유성신협'이라고만 한다) 사이에 체결된 판시 이 사건 각 대출계약이 구 신용협동조합법(1998. 1. 13. 법률 제5506호로 전문 개정되기 전의 것) 제29조 제 5 호 등이 규정하는 이사회의 결의 없이 이루어진 것으로서 무효라는 원고들의 주장에 대하여, 이 사건 각 대출계약에 관하여 유성신협 이사회의 결의나 이사회의 결의에 준하는 여신위원회의 심사가 있었음을 인정할 증거가 없으므로, 이 사건 각 대출계약은 특별한 사정이 없는 한 무효라고 판단하였는바, 기록에 의하여 살펴보면, 원심의 위와 같은 판단은 정당한 것으로 수긍이 가고, 거기에 상고이유 제 3 점의 주장과 같은 위법이 없다.

2. 원심은, 이 사건 각 대출계약이 유성신협 이사회의 결의 없이 이루어진 것이어서 무효라고 하더라도 그 후 파산관재인인 피고가 이를 추인함으로써 유효로 되었다는 피고의 주장에 대하여, 무효로 된 계약을 추인함에 있어서는 당사자 쌍방의 합의를 요한다고 할 것인데, 피고가 이 사건 각 대출계약을 추인하였다고 하더라도 원고들이 추인의 의사표시를 하였다고 인정할 아무런 증거도 없다는 이유로, 위 주장을 배척하였다.

그러나 이 사건 각 대출계약 당시 시행되던 구 신용협동조합법(1998. 1. 13. 법률 제5506호로 전문 개정되기 전의 것) 제 1 조, 제 2 조, 제23조 제 4 항, 제27조, 제

29조 제 5 호, 제31조 제 1 항 제 2 호 등의 각 규정을 종합하여 보면, 신용협동조합의 이사장은 조합의 사무를 통할하고 조합을 대표하는 권한을 가지며, 위 법이 신용협동조합의 조합원에 대한 대출에 관하여 이사회의 결의를 거치도록 규정한 것은, 비영리법인인 신용협동조합의 특수성을 고려하여 그 재산의 원활한 관리 및 유지 보호와 재정의 적정을 기함으로써 조합의 건전한 발달을 도모하고 조합으로 하여금 본래의 목적사업에 충실하도록 하기 위하여 그 대표자의 대표권을 제한한 취지라고 할 것인바, 이와 같이 신용협동조합의 대출에 관한 대표자의 대표권이 제한되는 경우 그 요건을 갖추지 못한 채 무권대표행위에 의하여 조합원에 대한 대출이 이루어졌다고 하더라도 나중에 그 요건이 갖추어진 뒤 신용협동조합이 대출계약을 추인하면 그 계약은 유효하게 되는 것이고(민법 제59조 제 2 항, 제130조, 제133조 참조), 신용협동조합이 파산한 경우 파산재단의 존속·귀속·내용에 관하여 변경을 야기하는 일체의 행위를 할 수 있는 관리·처분권은 파산관재인에게 전속하고(파산법 제 7 조), 반면 파산한 신용협동조합의 기관은 파산재단의 관리·처분권 자체를 상실하게 되므로, 위와 같은 무권대표행위의 추인권도 역시 특별한 사정이 없는 한 파산관재인만이 행사할 수 있다고 보아야 한다(대법원 2004. 1. 15. 선고 2003다56625 판결 참조).

그런데 기록에 의하면, 유성신협의 파산관재인인 피고는, 이 사건 각 대출계약이 이사회의 결의 없이 이루어진 것이어서 무효라고 원고들이 주장하기 이전에 이미, 이 사건 각 대출계약이 유효함을 전제로 원고들에 대하여 이 사건 각 대출계약에 따른 이행을 촉구한 바 있음을 알 수 있으므로, 이 사건 각 대출계약은 피고의 적법한 추인권 행사로 말미암아 유효하게 되었다고 할 것이다.

그럼에도 불구하고, 원심은 이 사건 각 계약을 추인함에 있어서는 당사자 쌍방의 합의를 요한다는 이유로 피고의 추인 주장을 배척하였으니, 거기에는 무권대표행위의 추인에 관한 법리를 오해하여 판결에 영향을 미친 위법이 있다고 아니할 수 없다. 이 점을 지적하는 상고이유 제 1 점의 주장은 이유 있다.

대법관 조무제(재판장) 이용우 이규홍(주심) 박재윤

(3) **대법원** 2004. 1. 15. **선고** 2003**다**56625 **판결 【채무부존재확인】** [공2004, 339]

【판결요지】

[1] 구 신용협동조합법(1998. 1. 13. 법률 제5506호로 개정되기 전의 것) 제 1 조, 제 2 조, 제23조 제 4 항, 제27조, 제29조 제 5 호, 제31조 제 1 항 제 2 호 등의 각 규정을 종합하여 보면, 신용협동조합의 이사장은 조합의 사무를 통할하고 조합을 대표하는 권한을 가지며, 위 법이 신용협동조합의 조합원에 대한 대출에 관하여 이사회의 결의를 거치도록 규정한 것은, 비영리법인인 신용협동조합의 특수성을 고려하

여 그 재산의 원활한 관리 및 유지 보호와 재정의 적정을 기함으로써 조합의 건전한 발달을 도모하고 조합으로 하여금 본래의 목적사업에 충실하도록 하기 위하여 그 대표자의 대표권을 제한한 취지이다.

[2] 신용협동조합의 대출에 관한 대표자의 대표권이 이사회의 결의를 거치도록 제한되는 경우 그 요건을 갖추지 못한 채 무권대표행위에 의하여 조합원에 대한 대출이 이루어졌다고 하더라도 나중에 그 요건이 갖추어진 뒤 신용협동조합이 대출계약을 추인하면 그 계약은 유효하게 되는 것인데, 신용협동조합이 파산한 경우 파산재단의 존속·귀속·내용에 관하여 변경을 야기하는 일체의 행위를 할 수 있는 관리·처분권은 파산관재인에게 전속하고, 반면 파산한 신용협동조합의 기관은 파산재단의 관리·처분권 자체를 상실하게 되므로, 위와 같은 무권대표행위의 추인권도 역시 특별한 사정이 없는 한 파산관재인만이 행사할 수 있다고 보아야 한다.

【참조 조문】 [1] 구 신용협동조합법(1998. 1. 13. 법률 제5506호로 개정되기 전의 것) 제 1 조, 제 2 조, 제23조 제 4 항, 제27조, 제29조 제 5 호, 제31조 제 1 항 제 2 호／[2] 민법 제59조 제 2 항, 제130조, 제133조, 파산법 제 7 조

【원고, 피상고인】 甲 외 2인

【피고, 상고인】 파산자 유성신용협동조합의 파산관재인 예금보험공사 (소송대리인 변호사 임경)

【원심판결】 대구고등법원 2003. 10. 10. 선고 2003나1527 판결

【주문】 원심판결을 파기하고, 사건을 대구고등법원에 환송한다.

【이유】 1. 원심은, 원고들과 피고측 유성신용협동조합(이하 '유성신협'이라 한다) 사이에 체결된 이 사건 각 대출계약이 구 신용협동조합법(1998. 1. 13. 법률 제5506호로 개정되기 전의 것) 제29조 제 5 호 등이 규정하는 이사회의 결의 없이 이루어진 것으로서 무효라는 원고들의 주장에 대하여, 이 사건 각 대출계약에 관하여 유성신협 이사회의 결의가 있었음을 인정할 아무런 증거가 없을 뿐만 아니라, 그 채용한 증거들에 의하여 인정되는 판시의 사실관계에 비추어 보면, 피고가 내세우는 서증만으로는 이사회의 결의에 준하는 여신위원회의 심사가 있었다고 볼 수도 없으므로, 이 사건 각 대출계약은 특별한 사정이 없는 한 무효라고 판단하였다.

기록에 비추어 살펴보면, 원심의 위와 같은 판단은 정당한 것으로 수긍이 가고, 거기에 상고이유 제 3 점의 주장과 같은 위법이 없다.

2. 원심은, 이 사건 각 대출계약이 유성신협 이사회의 결의 없이 이루어진 것이어서 무효라고 하더라도 그 후 파산관재인인 피고가 이를 추인함으로써 유효로 되었다는 피고의 주장에 대하여, 무효로 된 계약을 추인함에 있어서는 당사자 쌍방의 합의를 요한다고 할 것인데, 피고가 이 사건 각 대출계약을 추인하였다고 하더라도 원고들이 추인의 의사표시를 하였다고 인정할 아무런 증거도 없다는 이유로, 위 주

장을 배척하였다.

그러나 이 사건 각 대출계약 당시 시행되던 구 신용협동조합법(1998. 1. 13. 법률 제5506호로 개정되기 전의 것) 제 1 조, 제 2 조, 제23조 제 4 항, 제27조, 제29조 제 5 호, 제31조 제 1 항 제 2 호 등의 각 규정을 종합하여 보면, 신용협동조합의 이사장은 조합의 사무를 통할하고 조합을 대표하는 권한을 가지며, 위 법이 신용협동조합의 조합원에 대한 대출에 관하여 이사회의 결의를 거치도록 규정한 것은, 비영리법인인 신용협동조합의 특수성을 고려하여 그 재산의 원활한 관리 및 유지 보호와 재정의 적정을 기함으로써 조합의 건전한 발달을 도모하고 조합으로 하여금 본래의 목적사업에 충실하도록 하기 위하여 그 대표자의 대표권을 제한한 취지라고 할 것인바, 이와 같이 신용협동조합의 대출에 관한 대표자의 대표권이 제한되는 경우 그 요건을 갖추지 못한 채 무권대표행위에 의하여 조합원에 대한 대출이 이루어졌다고 하더라도 나중에 그 요건이 갖추어진 뒤 신용협동조합이 대출계약을 추인하면 그 계약은 유효하게 되는 것이고(민법 제59조 제 2 항, 제130조, 제133조 참조), 신용협동조합이 파산한 경우 파산재단의 존속귀속내용에 관하여 변경을 야기하는 일체의 행위를 할 수 있는 관리처분권은 파산관재인에게 전속하고(파산법 제 7 조), 반면 파산한 신용협동조합의 기관은 파산재단의 관리처분권 자체를 상실하게 되므로, 위와 같은 무권대표행위의 추인권도 역시 특별한 사정이 없는 한 파산관재인만이 행사할 수 있다고 보아야 한다.

그런데 기록에 의하면, 유성신협의 파산관재인인 피고는, 이 사건 각 대출계약이 이사회의 결의 없이 이루어진 것이어서 무효라고 원고들이 주장하기 이전에 이미, 이 사건 각 대출계약이 유효함을 전제로 원고들에 대하여 이 사건 각 대출계약에 따른 이행을 촉구한 바 있음을 알 수 있으므로, 이 사건 각 대출계약은 피고의 적법한 추인권 행사로 말미암아 유효하게 되었다고 할 것이다.

그럼에도 불구하고, 원심은 이 사건 각 계약을 추인함에 있어서는 당사자 쌍방의 합의를 요한다는 이유로 피고의 추인 주장을 배척하였으니, 거기에는 무권대표행위의 추인에 관한 법리를 오해하여 판결에 영향을 미친 위법이 있다고 아니할 수 없다. 이 점을 지적하는 상고이유 제 1 점의 주장은 이유 있다.

대법관 이용우(재판장) 조무제 이규홍 박재윤(주심)

[해설]

채무자가 파산하면 파산관재인이 관리처분권을 갖게 되고 파산관재인은 변호사가 선임되는 것이 원칙이다. 일정한 경우에는 변호사 외에 예금보험공사 또는 그 직원을 파산관재인으로 선임하기도 한다. 이에 대하여는 후술하는 부분 참조.

파산이 선고되면 파산관재인에게 파산재단에 속하는 재산에 관하여 관리처분권이 귀속되므로 파산관재인이 파산선고 전에 이루어진 무권대리행위에 대한 추인권을 행사할 수 있다. 무권대리행위에 대한 본인의 추인권은 상대방이나 무권대리인의 동의 또는 승낙을 필요로 하지 않는 단독행위이므로,[8] 파산관재인의 일방적 추인행위에 의하여 유효하게 되었다는 판시는 기존의 무권대리이론과 파산관재인의 관리처분권에 관한 이론에 터잡아 당연한 법리를 확인한 것이다.

---

(4) **대법원** 2003. 6. 24. **선고** 2002**다**48214 **판결【채무부존재확인】**[공2003, 1581][9]

【판결요지】

파산자가 파산선고시에 가진 모든 재산은 파산재단을 구성하고, 그 파산재단을 관리 및 처분할 권리는 파산관재인에게 속하므로, 파산관재인은 파산자의 포괄승계인과 같은 지위를 가지게 되지만, 파산이 선고되면 파산채권자는 파산절차에 의하지 아니하고는 파산채권을 행사할 수 없고, 파산관재인이 파산채권자 전체의 공동의 이익을 위하여 선량한 관리자의 주의로써 그 직무를 행하므로, 파산관재인은 파산선고에 따라 파산자와 독립하여 그 재산에 관하여 이해관계를 가지게 된 제 3 자로서의 지위도 가지게 되며, 따라서 파산자가 상대방과 통정한 허위의 의사표시를 통하여 가장채권을 보유하고 있다가 파산이 선고된 경우 그 가장채권도 일단 파산재단에 속하게 되고, 파산선고에 따라 파산자와는 독립한 지위에서 파산채권자 전체의 공동의 이익을 위하여 직무를 행하게 된 파산관재인은 그 허위표시에 따라 외형상 형성된 법률관계를 토대로 실질적으로 새로운 법률상 이해관계를 가지게 된 민법 제108조 제 2 항의 제 3 자에 해당한다.

【참조 조문】 민법 제108조 제 2 항, 파산법 제 6 조, 제 7 조, 제154조 제 1 항

【원고, 상고인】 甲

【피고, 피상고인】 파산자 주식회사 열린상호신용금고의 파산관재인 예금보험공사

【원심판결】 대구고등법원 2002. 7. 19. 선고 2001나8807 판결

【주문】 상고를 기각한다. 상고비용은 원고가 부담한다.

【이유】 파산자가 파산선고시에 가진 모든 재산은 파산재단을 구성하고, 그 파산재단을 관리 및 처분할 권리는 파산관재인에게 속하므로, 파산관재인은 파산자의 포괄승계인과 같은 지위를 가지게 되지만, 파산이 선고되면 파산채권자는 파산절차

---

8) 대법원 1995. 11. 14. 선고 95다28090 판결(공1996, 18); 고상룡, 민법총칙, 법문사(2001), 546면.

9) 판례평석: 李東炯, "通情虛僞表示를 한 者의 破產管財人이 民法 제108조 제 2 항의 第三者인지 여부," 법조 2004년 6월호, 123면 이하; 성재영, "파산관재인의 제 3 자성에 대한 소고," 부산법조 2004(제21호), 27면 이하.

에 의하지 아니하고는 파산채권을 행사할 수 없고, 파산관재인이 파산채권자 전체의 공동의 이익을 위하여 선량한 관리자의 주의로써 그 직무를 행하므로, 파산관재인은 파산선고에 따라 파산자와 독립하여 그 재산에 관하여 이해관계를 가지게 된 제 3 자로서의 지위도 가지게 된다. 따라서 파산자가 상대방과 통정한 허위의 의사표시를 통하여 가장채권을 보유하고 있다가 파산이 선고된 경우 그 가장채권도 일단 파산재단에 속하게 되고, 파산선고에 따라 파산자와는 독립한 지위에서 파산채권자 전체의 공동의 이익을 위하여 직무를 행하게 된 파산관재인은 그 허위표시에 따라 외형상 형성된 법률관계를 토대로 실질적으로 새로운 법률상 이해관계를 가지게 된 민법 제108조 제 2 항의 제 3 자에 해당한다.

원심이 같은 취지에서, 원고가 주식회사 열린상호신용금고와 맺은 이 사건 대출약정이 통정한 허위의 의사표시에 따른 것으로서 무효라고 하더라도, 이 사건 대출약정이 있은 뒤 주식회사 열린상호신용금고에 대하여 파산이 선고되었으므로, 원고는 이 사건 대출약정이 무효라는 사유를 들어 주식회사 열린상호신용금고의 파산관재인인 피고에게 대항할 수 없다고 판단한 것은 옳고, 거기에 상고이유로 든 주장과 같은 잘못이 없다.

대법관 배기원(재판장) 서성(주심) 이용우 박재윤

▷ **〈원심판결〉 대구고등법원** 2002. 7. 19. **선고** 2001**나**8807 **판결**

【원고, 피항소인】 김×× (소송대리인 변호사 박연수 등)

【피고, 피항소인】 파산자 주식회사 열린상호신용금고의 파산관재인 예금보험공사 (소송대리인 변호사 임경)

【변론종결】 2002. 6. 21.

【제 1 심 판결】 대구지방법원 2001. 9. 6. 선고 2000가합22632 판결

【주문】 원심판결을 취소한다. 원고의 청구를 기각한다. 소송총비용은 원고의 부담으로 한다.

【청구취지 및 항소취지】

1. 청구취지

원고와 파산자 주식회사 열린상호신용금고 사이의 1998. 9. 10.자 금전소비대차계약에 기한 차용원금 4억 원 및 이에 대한 이자 기타 일체의 채무는 존재하지 아니함을 확인한다.

2. 항소취지

주문과 같다.

【이유】 1. 기초사실

가. 파산전의 주식회사 열린상호신용금고(이하 열린금고라고 한다)가 1998. 9. 10. 원고에게 상환방법은 매월 불입, 상환기일은 2003. 9. 10. 자금용도는 운영자금, 이자율 및 지연배상금율은 금고가 정하여 객장에 고시하는 비율로 정하여 4억 원을 대출하는 내용의 계약금액내대출신청서, 여신거래약정서 등 대출관계서류가 작성되어 열린금고에 제출되어 있다.

나. 열린금고는 1971. 12. 21. 상호신용계업무 등을 목적으로 상호신용금고법에 의하여 설립된 법인으로 2000. 7. 28. 대구지방법원으로부터 파산선고를 받았고, 2001. 3. 23. 피고가 그 파산관재인으로 선임되었다.

2. 당사자들의 주장에 관한 판단

가. 주장

원고는, 열린금고와 사이에 지금까지 어떠한 금융거래도 한 사실이 없을 뿐 아니라, 원고 명의로 대출약정이 체결된 경위 및 그 대출금의 실제 사용처에 비추어 위 대출약정은 원고와는 무관하게 열린금고 측의 경영적 수요 즉 로비자금 조성목적으로 체결된 것임을 알 수 있으므로, 위 대출약정은 통정허위표시에 해당되어 무효라 할 것이고, 따라서 위 대출약정에 기한 원고의 열린금고에 대한 채무는 존재하지 아니한다고 주장하고, 이에 대하여 피고는, 원고가 이 사건 대출약정을 체결함에 있어 열린금고의 이사인 소외 甲에게 그 명의의 사용을 허락하였고, 나아가 직접 이 사건 대출관계서류를 작성하였을 뿐 아니라 그 대출관계서류의 일부로 그 명의의 인감증명서까지 제출한 점에 비추어 이 사건 대출약정은 적법하게 체결되어 유효한 것이며, 가사 위 대출약정이 통정허위표시에 해당되어 무효라고 하더라도 파산관재인인 피고는 선의의 제 3 자이므로 위 무효로써 피고에게 대항하지 못한다고 주장한다.

나. 인정사실

(1) 열린금고의 대주주이던 소외 丙(재일교포이다)은 1998. 9.경 그의 대리인이자 열린금고의 이사인 소외 乙을 통하여 대표이사 소외 丁, 상무 甲에게 한달 내로 日本에서 자금이 들어오면 변제할 것이라고 하면서, 열린금고 명의로 서울의 벽산상호신용금고를 인수하고 예금유치 활동을 함에 필요한 활동자금을 송금하여 줄 것을 부탁하였다.

(2) 이에 丁, 甲은 대주주인 丙 등의 부탁을 거절하기 어려워(당시 대표이사 등 임원은 모두 丙을 대리한 乙에 의하여 선임되어 있었다) 감사인 임재학과 상의한 끝에 丙 등에게 그들이 원하는 금원을 대출하여 주되, 다만 상호신용금고법 제37조, 같은 법 시행령 제30조가 상호신용금고의 의결권 있는 주식의 발행주식총수 중 100분의 2 이상을 소유하고 있는 출자자에 대한 대출을 금지하고 있어, 대주주인 丙 등의 명의로는 대출이 불가능한 점을 감안하여 제 3 자를 형식적인 주채무자로

하여 대출을 실행하기로 하였다.

(3) 이에 따라 甲은 친구인 원고에게 대주주인 丙 등에게 금원이 대출되는 경위 및 향후 원고가 열린금고에 대하여 위 대출금의 상환채무를 부담할 가능성이 없다는 취지 등을 설명하면서 대출명의를 빌려 줄 것을 부탁하여 원고로부터 대출서류에 서명을 받고 인감도장 및 인감증명서를 교부받은 후 이를 이용하여 1999. 9. 4. 신용조사나 특별한 담보제공 없이 형식적인 신용조사서만 작성한 채 원고 명의로 60,000,000원의 대출을 실행시켜 丙 등에게 송금하였다.

(4) 그 후 丁, 甲은 다시 丙 등으로부터 같은 명목으로 금원을 더 보내 줄 것을 부탁받자, 1998. 9. 10. 같은 방식에 따라 원고 명의로 4억 원의 대출을 실행시켜 (이하 이 사건 대출약정이라고 한다) 그 중 6천만 원을 위 1998. 9. 4.자 대출금상환에 사용하고, 나머지 340,000,000원을 丙 등에게 송금하였다.

(5) 한편 乙은 그 후 甲 등으로부터 위 대출금의 상환을 독촉 받아 이자 등을 지급하였으나, 원고는 2000. 1. 14. 열린금고가 금융감독위원장의 영업인가 취소처분에 의하여 해산되어 청산인이 선임되기까지 위 대출금에 대한 변제독촉을 받지 않았다.

다. 판단

살피건대, 비록 원고가 열린금고의 상무인 甲에게 인감도장과 인감증명서를 교부하고 열린금고에 출석하여 이 사건 대출 관련서류에 자필서명 하였다고 하더라도, 앞서 본 바와 같은 이 사건 대출의 경위, 대출금의 사용처, 열린금고의 경영진에서 차명대출을 모의하고 실행한 점, 원고가 열린금고로부터 채무를 부담할 위험이 없다는 사실을 고지받은 점, 열린금고의 해산 시까지 원고가 대출금의 상환을 독촉 받은 사실이 없는 점 등을 종합하여 보면, 이 사건 대출약정의 일방 당사자인 열린금고는 실제 자신의 대주주인 丙 등에 대하여 대출을 하면서, 출자자에 대한 대출을 금지한 상호신용금고법 제37조 등의 적용을 회피하기 위하여 스스로 제3자인 원고를 형식상의 채무자로 내세우는 한편 원고에 대하여는 채무자로서의 책임을 지우지 않을 의도 하에 그 명의의 대출관계서류를 작성받았음을 추단할 수 있다 할 것이므로, 달리 원고와 열린금고 사이에 이 사건 대출약정이 적법하게 체결되었음을 인정할 아무런 증거가 없는 이상, 이 사건 대출약정은 열린금고의 양해 하에 그에 따른 채무부담의 의사 없이 형식적으로 이루어진 것에 불과하여, 통정허위표시에 해당하는 무효의 법률행위라 할 것이어서 원고의 위 주장은 일응 이유 있다.

그러나, 통정허위표시의 무효는 이로써 선의의 제3자에게 대항할 수 없고, 여기에 있어 제3자란 허위표시의 당사자 및 포괄승계인 이외의 자로서 허위표시에 의하여 외형상 형성된 법률관계를 토대로 새로운 법률원인으로써 이해관계를 갖게 된 자를 말한다 할 것인바, 파산관재인은 파산채권자 전체의 공동 이익을 위하여 선량한 관리자의 주의로써 직무를 행하여야 하는 자이고, 파산재단에 속한 파산자의 재산은 파산선고에 의하여 압류됨으로써 파산자의 처분권이 박탈됨과 동시에 파산관재인에게 이전되어 파산선고는 파산채권자 전체를 위한 압류로서의 성격을 가지고 있으므로, 통정허위표시의 목적물을 제3자가 압류한 경우 압류와 동시에 그 의사표시의 무효로써 제3자에게 대항할 수 없는 것과 마찬가지로 파산관재인의 법률상 이해관계는 파산선고와 동시에 선임에 의하여 당연히 생기는 것이라고 봄이 상당하다 할 것이다. 따라서 파산관재인은 법원에 의하여 선임된 후에는 특별한 법률행위를 했는지 여부와 관계없이 일정한 재산이 파산재단에 속하는지 여부를 주장함에 관하여 법률상 이해관계를 갖는 것이라 할 것이므로, 파산관재인은 파산재단에 속한 재산에 관한 통정허위표시에 있어서의 제3자라고 보아야 할 것이다. 그런데 열린금고가 파산선고를 받고 피고가 파산관재인으로 선임된 사실은 앞서 본 바와 같으므로, 피고는 통정허위표시에 의한 이 사건 대출약정에 있어서의 제3자라 할 것이고 그 선의는 추정되어 피고가 악의라는 점에 관한 주장·입증이 없는 이 사건에 있어, 원고는 이 사건 대출약정에 관하여 통정허위표시의 무효로써 피고에게 대항할 수 없다 할 것이니 이 점을 지적하는 피고의 위 주장은 이유 있고, 이와 견해를 달리 하여 파산관재인인 피고에 대하여 이 사건 대출약정의 무효확인을 구하는 원고의 위 주장은 결국 이유 없는 것으로 돌아간다 할 것이다.

3. 결론

그렇다면, 원고의 이 사건 청구는 이유 없어 이를 기각하여야 할 것인바, 원심판결은 이와 결론을 달리 하여 부당하므로 원심판결을 취소하고, 원고의 청구를 기각하기로 하여 주문과 같이 판결한다.

재판장 판사 황영목 김태천 김성엽

[해설]

파산관재인, 파산자(채무자), 파산재단의 법적 지위와 관계를 어떻게 정의할 것인지는 파산법에서 가장 어려운 문제 중의 하나이다. 미국 연방파산법은 파산재단(estate)에 법인격(legal entity)을 부여하고 파산관재인은 파산재단의 대표자로 본다고 규정함으로써 입법적 해결을 보았다.[10] 그리고 채무자가 반사회질서에 해당하는 부당한 행위를 함으로써 pari delicto(불법원인급여 이론과 유사) 이론에 기하여 상대방에 대하여 물건이나 금원의 반환을 청구할 수 없다면 파산관재인 역시 상대방에게 청구할 수 없다.[11] 미국에서는 파산관재인은 한쪽에서는 채무자의 지위를, 다

10) 미국 연방파산법 §323(a).

11) *In re Stewart*, 339 B.R. 524 (Bankr. M.D.Ga, 2006).

른 쪽에서는 채권자의 지위를 겸유하는 것으로 파악하고 있으며, 후자의 경우에 해당하는 대표적인 경우로서 부인권을 행사하는 파산관재인을 들고 있다. 그 외 계약관계에 기한 권리의무에 대하여는 파산관재인이 채무자의 지위를 승계하는 것으로 파악하고 있다.[12)]

이에 대하여 우리나라와 日本에서는 파산관재인의 법적 지위에 관하여 많은 논의를 하고 있고 아직도 정설이 확립되어 있지 않다.[13)] 그리하여 파산관재인의 제3자성에 관하여 견해가 일치되어 있지 않다. 이 판결은 처음으로 파산관재인이 민법 108조 제2항 소정의 통정허위표시의 제3자에 해당한다고 판시하였다는 점에 의의가 있다. 그러나 학자들은 반대하고 있고 이 판결이 선고된 후에도 제3자성을 부정하는 하급심판결이 선고되기도 하는 등 아직 하급심의 실무는 확립되어 있지 않다.

---

(5) **대법원** 2002. 8. 23. **선고** 2002**다**28050 **판결 【사해행위취소등】** [**공보불게재**]

【원고, 상고인】 주식회사 부산은행 (소송대리인 법무법인 동래 담당변호사 최현우)

【피고, 피상고인】 최×× 외 6인 (소송대리인 변호사 안석태 등)

【원심판결】 부산고등법원 2002. 4. 19. 선고 2001나4644 판결

【주문】 상고를 기각한다. 상고비용은 원고의 부담으로 한다.

【이유】 상고이유를 본다.

1. 원심은 제1심 판결의 이유를 인용하여 판시 각 사실을 인정한 다음, 원고가 주식회사 가원, 甲, 乙의 연대보증 하에 주식회사 한도산업(이하 "한도산업"이라 한다)과의 사이에 이 사건 어음거래약정을 체결한 것은 1998. 5. 16.이지만, 이 사건 어음거래약정을 체결한 계기는 기존에 항도종합금융 주식회사(이하 "항도종금"이라 한다)로부터 한도산업이 발행한 어음을 매입하여 소지하고 있음에 기인하는 것이고, 甲, 乙은 1997. 9. 8. 항도종금과의 사이에 항도종금이 할인하여 준 한도산업 발행의 어음에 대하여 연대보증책임을 부담하겠다는 약정을 하였으므로 이 사건 채권자취소권에 의하여 보호될 수 있는 채권 성립의 기초가 되는 법률관계는 그들의 사해행위 이전인 1997. 9. 8. 이전에 성립되어 있었고, 지급기일에 결제되지 않는 것을 방지하기 위하여 기존의 어음을 지급기일을 연장한 새로운 어음으로 계

12) "…trustee, in bring suit to recover for alleged breach of distribution agreement, stood in debtor's shoes…" *In re Mercurio* 402 F.3d 62 (1st Cir. 2005).

13) 자세한 논의에 대하여는 尹南根, "파산관재인," 破産法의 諸問題(上), 裁判資料 第83輯, 1999, 법원도서관, 189면. 日本에서는 兼子一 교수가 파산재단대표설을, 宗田親彦 교수가 파산단체대표설을, 伊藤眞 교수가 관리기구인격설을 주장한다. 伊藤眞, 破産法, 138-140면; 宗田親彦, 破産法研究, 慶應通信(1995), 398면 참조.

속 교환함에 따라 가까운 장래에 그 법률관계에 기하여 채권이 발생하리라는 점에 대한 고도의 개연성이 있으며 실제로 가까운 장래인 1998. 7. 15. 그 개연성이 현실화되어 어음금채권이 발생한 이상 원고의 甲, 乙에 대한 어음금채권은 채권자취소권의 피보전채권이 될 수 있고, 甲, 乙이 피고들과 사이에 근저당권설정계약 등을 체결하고 근저당권설정등기 등을 경료한 것은 사해행위에 해당하므로 이 사건 청구로써 청구취지 기재 각 근저당권계약 등을 취소하고 그 원상회복으로서 근저당권설정등기 등의 말소를 구한다는 원고의 주장에 대하여는, 甲, 乙이 1997. 9. 8. 한도산업과 항도종금 사이에 체결된 어음거래약정에 따른 한도산업의 채무를 연대보증하였다고 하여 어음에 배서 또는 보증을 하지 아니한 甲, 乙이 항도종금으로부터 어음을 매입한 원고에 대하여까지 채무를 부담한다고는 볼 수 없고, 甲, 乙이 한도산업의 항도종금에 대한 채무를 연대보증하였다는 것만으로는 가사 그 이후에 원고가 항도종금이 할인한 어음을 매입하였다고 하였더라도 원고의 채권자취소권에 의하여 보호될 수 있는 채권 즉 어음금 채권 성립의 기초가 되는 법률관계가 성립되어 있었다고 볼 수 없으며, 오히려 원고의 채권자취소권에 의하여 보호될 수 있는 채권은 甲, 乙이 원고에 대하여 한도산업의 원고에 대한 어음거래에 관한 채무를 연대보증한 1998. 5. 16. 비로소 성립하였다고 볼 것이라는 이유로 이를 배척하였는바, 기록에 비추어 살펴보면, 원심의 사실인정과 판단은 정당한 것으로 수긍이 가고, 거기에 주장과 같은 판단유탈, 심리미진의 위법이 없다.

상고이유가 지적하는 판례는 사안을 달리하여 이 사건에 원용하기에 적절하지 아니하다.

2. 파산법 제7조는 "파산재단을 관리 및 처분할 권리는 파산관재인에게 속한다"고 규정하고 있어 파산자에게는 그 재단의 관리처분권이 인정되지 않고, 그 관리처분권을 파산관재인에게 속하게 하였으며, 같은 법 제15조는 "파산채권은 파산절차에 의하지 아니하고는 이를 행사할 수 없다"고 규정하고 있는바, 이는 파산자의 자유로운 재산정리를 금지하고 파산재단의 관리처분권을 파산관재인의 공정·타당한 정리에 일임하려는 취지임과 동시에 파산재단에 대한 재산의 정리에 관하여는 파산관재인에게만 이를 부여하여 파산절차에 의해서만 행하여지도록 하기 위해 파산채권자가 파산절차에 의하지 않고 이에 개입하는 것도 금지하려는 취지의 규정이라 할 것이므로, 그 취지에 부응하기 위하여는 파산채권자가 파산자에 대한 채권을 보전하기 위하여 파산재단에 관하여 파산관재인에 속하는 권리를 대위하여 행사하는 것은 법률상 허용되지 않는다고 해석하여야 한다(대법원 2000. 12. 22. 선고 2000다39780 판결 참조).

원심판결 이유에 의하면, 원심은 원고가 항도종금에 대한 어음금 채권자로서 그 채권을 보전하기 위하여 항도종금 또는 파산자 항도종금의 파산관재인의 甲, 乙에 대한 채권자취소권을 대위하여 위와 같은 사해행위의 취소를 구하고 근저당권설정등기 등의 말소를 구한다는 원심에서의 원고의 추가청구에 대하여는, 그 채용한 증거들에 의하여 항도종금은 원고가 이 사건 소를 제기하기 전인 1997. 9. 26.에 이미 부산지방법원으로부터 파산선고를 받고 그 파산관재인이 선임된 사실을 인정한 다음, 파산채권자가 파산자에 대한 채권을 보전하기 위하여 파산재단에 관하여 파산관재인에 속하는 권리를 대위하여 행사하는 것은 법률상 허용되지 아니하고 따라서 원고가 항도종금에 대한 파산채권자라고 하더라도 파산관재인의 권리를 대위행사하여 그 사해행위의 취소와 원상회복을 구할 법률상의 지위에 있지 않다고 할 것이어서 이 사건 추가청구 부분의 소는 부적법하다 하여 이를 각하하였는바, 기록과 위 법리에 비추어 살펴보면, 원심의 판단은 정당한 것으로 수긍이 가고, 거기에 주장하는 바와 같이 파산선고 후의 채권자대위소송의 허부에 관한 법리를 오해한 위법이 없다.

대법관 송진훈(재판장) 윤재식 이규홍(주심)

[해설]

파산선고에 의하여 인정되는 포괄집행적 효력은 파산채권자의 개별집행을 금지하는 효력을 의미하므로 파산선고 후 파산채권자는 파산재단에 속하는 채무자의 재산에 대하여 가압류, 압류 등 강제집행을 할 수 없으며, 파산채권조사절차를 거치지 아니한 채 파산자를 상대로 이행의 소의 제기를 할 수 없다. 파산채권자는 파산관재인이 선관주의의무를 해태함으로써 손해를 입은 경우라면 파산관재인을 상대로 신법 제361조(파산법 제154조)에 기하여 손해배상을 청구하는 것은 별론으로 하고 파산관재인의 권한을 대위하여 행사할 수 없다. 따라서 파산관재인을 대위하여 구하는 파산채권자의 청구는 부적법하여 각하하여야 한다. 이 판결은 같은 법리를 선언한 대법원 2000. 12. 22. 선고 2000다39780 판결(공2001, 345)을 확인한 것이다.

(6) **대법원** 2002. 7. 12. **선고** 2001**다**2617 **판결 【손해배상(기)】** [공2002, 1932][14)]

【판결요지】

상법 제399조, 제414조에 따라 회사가 이사 또는 감사에 대하여 그들이 선량한 관리자의 주의의무를 다하지 못하였음을 이유로 손해배상책임을 구하는 소는 회사

14) 판례해설: 朴京鎬, "破產節次가 進行中인 會社의 株主가 會社의 理事 또는 監事를 相對로 代表訴訟을 提起할 수 있는지 與否(=消極)," 대법원판례해설 第42號(2002 하반기)(2003. 7), 726-727면.

의 재산관계에 관한 소로서 회사에 대한 파산선고가 있으면 파산관재인이 당사자 적격을 가진다고 할 것이고(파산법 제152조), 파산절차에 있어서 회사의 재산을 관리·처분하는 권리는 파산관재인에게 속하며(파산법 제 7 조), 파산관재인은 법원의 감독하에 선량한 관리자의 주의로써 그 직무를 수행할 책무를 부담하고 그러한 주의를 해태한 경우에는 이해관계인에 대하여 책임을 부담하게 되기 때문에(파산법 제154조) 이사 또는 감사에 대한 책임을 추궁하는 소에 있어서도 이를 제기할 것 인지의 여부는 파산관재인의 판단에 위임되어 있다고 해석하여야 할 것이고, 따라서 회사가 이사 또는 감사에 대한 책임추궁을 게을리 할 것을 예상하여 마련된 주주의 대표소송의 제도는 파산절차가 진행 중인 경우에는 그 적용이 없고, 주주가 파산관재인에 대하여 이사 또는 감사에 대한 책임을 추궁할 것을 청구하였는데 파산관재인이 이를 거부하였다고 하더라도 주주가 상법 제403조, 제415조에 근거하여 대표소송으로서 이사 또는 감사의 책임을 추궁하는 소를 제기할 수 없다고 보아야 할 것이며, 이러한 이치는 주주가 회사에 대하여 책임추궁의 소의 제기를 청구하였지만 회사가 소를 제기하지 않고 있는 사이에 회사에 대하여 파산선고가 있은 경우에도 마찬가지이다.

【참조 조문】 상법 제399조, 제403조, 제414조, 제415조, 파산법 제 7 조, 제152조, 제154조, 구 민사소송법(2002. 1. 26. 법률 제6626호로 전문 개정되기 전의 것) 제48조(현행 제52조 참조)

【원고, 상고인】 甲 외 18인

【공동소송참가인, 상고인】 乙 외 3인 (소송대리인 법무법인 대구 하나로 담당변호사 성상희 등)

【피고, 피상고인】 丙 외 9인 (소송대리인 변호사 김성한)

【원심판결】 대구고등법원 2000. 12. 15. 선고 2000나2994 판결

【주문】 상고를 모두 기각한다. 상고비용은 원고들 및 공동소송참가인들의 부담으로 한다.

【이유】 상고이유를 본다.

상법 제399조, 제414조에 따라 회사가 이사 또는 감사에 대하여 그들이 선량한 관리자의 주의의무를 다하지 못하였음을 이유로 손해배상책임을 구하는 소는 회사의 재산관계에 관한 소로서 회사에 대한 파산선고가 있으면 파산관재인이 당사자 적격을 가진다고 할 것이고(파산법 제152조), 파산절차에 있어서 회사의 재산을 관리·처분하는 권리는 파산관재인에게 속하며(파산법 제 7 조), 파산관재인은 법원의 감독하에 선량한 관리자의 주의로써 그 직무를 수행할 책무를 부담하고 그러한 주의를 해태한 경우에는 이해관계인에 대하여 책임을 부담하게 되기 때문에(파산법 제154조) 이사 또는 감사에 대한 책임을 추궁하는 소에 있어서도 이를 제기할 것

인지의 여부는 파산관재인의 판단에 위임되어 있다고 해석하여야 할 것이고, 따라서 회사가 이사 또는 감사에 대한 책임추궁을 게을리 할 것을 예상하여 마련된 주주의 대표소송의 제도는 파산절차가 진행 중인 경우에는 그 적용이 없고, 주주가 파산관재인에 대하여 이사 또는 감사에 대한 책임을 추궁할 것을 청구하였는데 파산관재인이 이를 거부하였다고 하더라도 주주가상법 제403조, 제415조에 근거하여 대표소송으로서 이사 또는 감사의 책임을 추궁하는 소를 제기할 수 없다고 보아야 할 것이며, 이러한 이치는 주주가 회사에 대하여 책임추궁의 소의 제기를 청구하였지만 회사가 소를 제기하지 않고 있는 사이에 회사에 대하여 파산선고가 있은 경우에도 마찬가지라고 할 것이다.

원심판결 이유에 의하면, 원심은 소외 주식회사 대동은행(이하 '소외 은행'이라 한다)은 1998. 10. 23. 10:00 대구지방법원에서 파산선고를 받음과 동시에 그 파산관재인이 선임되었고, 소외 은행의 주주들인 원고들 및 공동소송참가인들이 소외 은행의 이사 또는 감사였던 피고들을 상대로 하여 그들이 소외 은행에 재직하는 동안 이사회의 결의를 통하여 부실징후기업이거나 신용상태가 극히 불량한 소외 삼산종합건설 주식회사, 주식회사 삼산주택, 주식회사 태성주택건업, 주식회사 청구, 주식회사 청구산업개발 등에 대하여 확실한 채권보전방안 없이 합계 757억 원에 이르는 대출을 실행하도록 함으로써 후에 위 회사들의 부도에 따라 위 대출금 상당의 부실채권을 발생시켜 소외 은행에 손해를 입혔음에도 소외 은행이 피고들의 책임을 추궁하는 소를 제기하지 아니함을 이유로 제기한 이 사건 주주대표소송은 그 이후인 1998. 10. 29.에 제기된 사실을 인정한 다음 위와 같은 취지에서 원고들 및 공동소송참가인들이 소외 은행의 주주인 지위에서 제기한 이 사건 대표소송은 당사자 적격이 없는 자들에 의하여 제기된 것으로서 부적법하다고 판단하여 이를 모두 각하하였는바, 기록과 위 법리에 비추어 보면 원심의 판단은 정당한 것으로 수긍이 가고, 거기에 주장과 같이 파산선고 후에 제기된 주주대표소송에 있어서의 당사자 적격에 관한 법리를 오해한 위법이 없다.

대법관 변재승(재판장) 송진훈 윤재식 이규홍(주심)

[해설]

주식회사인 법인에 대하여 파산선고가 된 경우에 주주가 여전히 대표소송을 통하여 이사 또는 감사의 책임을 추궁할 수 있는지 아니면 파산관재인만이 소송을 제기할 수 있는지에 대하여는 견해가 일치되어 있지 않다. 미국 연방파산절차규칙 §7023.1는 주주대표소송에 관한 연방민사소송규칙 §23.1이 파산절차에 있어서의 대립당사자소송(adversary proceedings)에도 적용된다고 규정함으로써 입법적으로 이를 해결하고 있다. 日本에서는 반대설이 있지만, 회사갱생절차 개시결정이 있으면 회사가 이사에 대하여 제기하여야 할 책임추궁의 소는 회사의 재산관계의 소로서, 관재인(우리나라의 관리인에 해당한다)이 당사자 적격을 가지게 되고, 관재인이 회사재산의 관리 및 처분의 권한을 전유하기 때문에 이사의 책임의 추궁에 대하여도 소를 제기할 것인지 또는 소에 의하지 않고 이사에 대한 손해배상청구권의 査定을 할 것인지가 관재인의 판단에 일임되어 있다는 이유로 주주는 회사갱생절차 개시 후에는 대표소송을 제기할 수 없다는 견해가 다수설이다.[15] 이 판결은 파산선고 후 주주가 대표소송을 제기할 것인지에 관한 최초의 판결로서 日本의 다수설을 따른 것이다. 이 판결이 비록 파산법에 관한 설시이지만 회사정리법이나 회생절차에도 그대로 적용될 것이 예상된다.

---

(7) 서울고등법원 2003. 9. 17. 선고 2003나8529 판결【대여금】확정

【판결요지】

파산자가 상대방과 통정한 허위의 의사표시를 통하여 가장채권을 보유하고 있다가 파산이 선고된 경우에 그 가장채권도 일단 파산재단에 속하게 되고, 파산선고에 따라 파산자와는 독립한 지위에서 파산채권자 전체의 공동의 이익을 위하여 직무를 행하게 된 파산관재인은 그 허위표시에 따라 외형상 형성된 법률관계를 토대로 실질적으로 새로운 법률상 이해관계를 가지게 된 민법 제108조 제 2 항의 제 3 자에 해당한다.

【참조 조문】파산법 제 6 조, 제 7 조, 민법 제108조

【원고, 항소인】파산자 주식회사 동방상호신용금고의 파산관재인 예금보험공사 (소송대리인 변호사 김남식)

【피고, 피항소인】김×× (소송대리인 변호사 왕미양)

【원심판결】서울지방법원 2002. 12. 24. 선고 2002가합41157 판결

【변론종결】2003. 8. 13.

【주문】원심판결을 취소한다. 피고는 원고에게 2억 원 및 이에 대하여 2000. 9. 27.부터 완제일까지 연 21%의 비율에 의한 금원을 지급하라. 소송총비용은 피고의 부담으로 한다. 제 2 항은 가집행할 수 있다.

【청구취지 및 항소취지】주문 제 1, 2 항과 같다(원고는 당심에서 청구를 감축하였다).

---

15) 條解 會社更生法(上), 616면.

【이유】 1. 기초사실

가. 파산전 소외 주식회사 동방상호신용금고(이하 파산자 금고라 한다)의 대주주인 甲, 乙은 구상호신용금고법(2001. 3. 28. 법률 제6429호로 개정되기 전의 것)상의 출자자 대출금지 규정에 따라 파산자 금고로부터 대출을 받을 수 없게 되자 파산자 금고의 대표이사인 丁과 사이에 자신들이 제 3 자 명의로 대출신청을 하면 파산자 금고 측에서 대출조건에 대한 심사 없이 대출승인을 해 주고 이와 같이 대출된 대출금을 위 甲, 乙에게 지급하기로 합의하였다.

나. 피고는 2000. 3.초경 위 甲의 지시를 받은 丙(위 丙은 위 甲이 운영하는 글로벌 파이낸스 및 신양팩토링에서 근무하던 자이다)으로부터 甲이 파산자 금고로부터 20억 원을 대출받는 데에 피고의 명의를 빌려달라는 부탁을 받고 이를 승낙하여, 2000. 3. 10. 위 글로벌 파이낸스 사무실에서 금고대출과목은 할인어음, 대출한도금액은 20억 원, 대출기간은 36개월, 지연이자는 연 21%로 된 대출거래약정서에 서명·날인하여 주었고, 위 丁의 지시를 받은 파산자 금고의 감사 오**, 영업이사 박**, 영업부장 이** 등은 피고에 대한 신용조사도 하지 아니하였고, 또한 위 대출신청에 대한 대출심사 및 충분한 담보설정 등을 하지도 않은 채, 2000. 8. 26. 20억 원을 할인료 연 16%, 변제기 같은 해 9. 26.로 정하여 피고 앞으로 대출하여 주었고, 위 丙은 피고 명의로 위 대출금을 수령하여 이를 甲에게 교부하였다.

다. 또한, 피고는 2000. 8.경 위 丁의 지시를 받은 丙으로부터 위 乙이 파산자 금고로부터 30억 원을 대출받는 데에 피고의 명의를 빌려달라는 부탁을 받고 이를 승낙하여, 2000. 9. 8. 위 나.항과 같이 작성한 대출거래약정서의 대출한도액을 50억 원으로 변경하는 내용의 추가약정서를 작성하여 주었고, 위 丁의 지시를 받은 파산자 금고의 감사 오**, 영업이사 박**, 영업부장 이** 등은 역시 피고에 대한 신용조사와 대출심사 및 충분한 담보설정 등을 하지도 않은 채, 같은 날 피고 앞으로 30억 원을 대출하여 주었고, 위 丙은 피고 명의로 위 대출금을 수령하여 이를 乙에게 교부하였다.

라. 서울지방법원은 2001. 5. 3. 파산자 금고에 대하여 파산선고를 하였고, 같은 날 원고를 파산관재인으로 선임하였다.

2. 판단

가. 위 인정사실에 의하면, 피고는 위 각 대출약정서 및 추가약정서상의 대출명의자로서 원고에게 위 대출금에 대한 미상환금 중 일부로서 원고가 구하는 2억 원 및 이에 대한 이자를 지급할 의무가 있다.

나. 피고의 항변

(1) 피고는, 피고 명의로 이루어진 위 각 대출약정은 피고가 대출금채무의 부담의사 없이 위 甲과 乙에게 형식적 주채무자로서의 명의만을 빌려준 것인데, 파산

자 금고도 위 각 대출의 실질적인 주채무자가 甲과 乙이었음을 알고 서로 양해하여 피고에 대하여는 채무자로서의 책임을 지우지 않을 의도하에 형식적으로 이루어진 것에 불과하다 할 것이므로, 피고와 파산자 금고 사이에 이루어진 위 각 대출약정은 통정허위표시에 해당하여 무효라고 항변하고, 이에 대하여 원고는 위 각 대출약정이 통정의 허위표시에 해당하여 무효가 된다고 하더라도 원고는 선의의 제3자에 해당하므로 피고는 원고에 대하여 위 대출약정의 무효를 가지고 대항하지 못한다고 재항변한다.

(2) 살피건대, 위 인정사실에 의하면, 위 甲 및 乙은 파산자 금고의 대표이사인 丁과 사이에 위 甲과 乙이 실질적인 주채무자로서 대출받고자 하는 채무액에 대하여 제3자인 피고를 형식상의 주채무자로 내세우면, 파산자 금고도 이를 양해하여 피고에 대하여는 채무자로서의 책임을 지우지 않을 의도하에 피고 명의로 대출관계서류를 작성받아 대출심사 및 충분한 담보설정도 없이 이를 대출하여 준 다음 甲과 乙이 위 대출금을 수령하여 가기로 서로 통모하였고, 이에 따라 위 각 대출관계서류가 피고의 명의로 작성되었다고 할 것인바, 사정이 그러하다면 위 각 대출약정에 있어서 피고는 형식상의 명의만을 빌려준 자에 불과하고 그 대출약정의 실질적인 주채무자는 甲 및 乙이므로, 피고 명의로 되어 있는 위 각 대출약정은 파산자 금고의 양해하에 그에 따른 채무부담의 의사 없이 형식적으로 이루어진 것에 불과하여 통정허위표시에 해당하는 무효의 법률행위라 할 것이다(대법원 2002. 10. 11. 선고 2001다7445 판결 등 참조).

(3) 그러나 파산자가 파산선고시에 가진 모든 재산은 파산재단을 구성하고, 그 파산재단을 관리 및 처분할 권리는 파산관재인에게 속하므로, 파산관재인은 파산자의 포괄승계인과 같은 지위를 가지게 되지만, 파산이 선고되면 파산채권자는 파산절차에 의하지 아니하고는 파산채권을 행사할 수 없고, 파산관재인이 파산채권자 전체의 공동의 이익을 위하여 선량한 관리자의 주의로써 그 직무를 행하므로, 파산관재인은 파산선고에 따라 파산자와 독립하여 그 재산에 관하여 이해관계를 가지게 된 제3자로서의 지위도 가지게 된다.

따라서 파산자가 상대방과 통정한 허위의 의사표시를 통하여 가장채권을 보유하고 있다가 파산이 선고된 경우에 그 가장채권도 일단 파산재단에 속하게 되고, 파산선고에 따라 파산자와는 독립한 지위에서 파산채권자 전체의 공동의 이익을 위하여 직무를 행하게 된 파산관재인은 그 허위표시에 따라 외형상 형성된 법률관계를 토대로 실질적으로 새로운 법률상 이해관계를 가지게 된 민법 제108조 제2항의 제3자에 해당한다(대법원 2003. 6. 24. 선고 2002다48214 판결 참고).

(4) 결국 피고의 위 항변은 이유 없다.

다. 소결론

그러므로 피고는 원고에게 위 대출원금 중 원고가 구하는 2억 원 및 이에 대하여 변제기 다음날인 2000. 9. 27.부터 완제일까지 연 21%의 비율에 의한 지연손해금을 지급할 의무가 있다.

3. 결론

그렇다면 원고의 이 사건 청구는 이유 있어 인용할 것인바, 이와 결론을 달리한 원심판결은 부당하므로, 이를 취소하여 위 금원의 지급을 명하기로 하여 주문과 같이 판결한다.

재판장 판사 손기식 김익현 한규현

[해설]

앞의 통정허위표시와 제 3 자에 관한 해설 참조.

---

(8) **대전고등법원** 2003. 7. 10. **선고** 2003**나**1746 **판결【사해행위취소등】**(2003**다**44011 **심리불속행 상고기각**)

【판결요지】

파산법이 파산관재인에게 파산재단에 관한 소에 있어 원고 또는 피고가 된다고 한 것은 소송법상의 법기술적인 요청에서 당사자적격을 인정한 것뿐이지, 자기의 이름으로 소송행위를 한다고 하여도 파산관재인 스스로 실체법상이나 소송법상의 효과를 받는 것은 아니고 어디까지나 파산자의 권리를 기초로 하여 실질적으로는 이를 대리 내지 대표하는 것에 지나지 않는 것이므로, 파산자의 채권에 기한 사해행위취소의 소에서 채무자들의 사해행위 사실을 알았는지 여부는 파산자를 기준으로 하여야 한다.

【참조 조문】 민법 제406조 제 2 항, 파산법 제 7 조

【원고, 항소인】 파산자 주식회사 충남상호신용금고의 파산관재인 예금보험공사 (소송대리인 한밭 법무법인 담당변호사 김동환 등)

【피고, 피항소인】 甲 외 5인 (소송대리인 변호사 이장석 등)

【제 1 심 판결】 대전지방법원 2003. 1. 23. 선고 2002가합2069 판결

【변론종결】 2003. 6. 5.

【주문】 원고의 항소를 기각한다. 항소비용은 원고의 부담으로 한다.

【청구취지 및 항소취지】 제 1 심 판결을 취소한다. (1) 별지 목록 기재 1. 부동산에 관하여 ① 피고 유지훈과 피고 유길상 사이의 2000. 2. 29.자 근저당권설정

계약을 취소하고, 피고 유길상은 피고 유지훈에게 대전지방법원 남대전등기소 2000. 3. 2. 접수 제9502호로 마친 근저당권설정등기의 말소등기절차를 이행하고, ② 소외 유도열과 피고 유지훈 사이의 1998. 3. 6.자 증여계약을 취소하고, 피고 유지훈은 유도열에게 대전지방법원 남대전등기소 1998. 3. 9. 접수 제6102호로 마친 소유권이전등기의 말소등기절차를 이행하고, 이하 생략.

【이유】 1. 제 1 심 판결의 인용

당원이 이 사건에 관하여 설시할 이유는, 제 1 심 판결 제 6 면 아래에서 두 번째 줄 다음에 아래 2.항과 같은 판단을 추가하는 외에는, 제 1 심 판결의 이유란 기재와 같으므로, 민사소송법 제420조에 의하여 이를 인용한다.

2. 추가하는 부분

원고는, 채권자가 파산선고를 받아 파산관재인이 선임된 경우에 사해행위 사실을 알았는지 여부 및 그 시점은 파산관재인을 기준으로 판단하여야 하는데, 파산자 충남상호신용금고의 파산관재인인 예금보험공사는 이 사건 부동산에 대하여 처분금지가처분신청을 한 2001. 5.경에야 채무자들이 사해행위를 한 사실을 알았으므로, 그로부터 1년이 지나기 전에 제기된 이 사건 소는 적법하다고 주장한다.

그러나 파산법이 파산관재인에게 파산재단에 관한 소에 있어 원고 또는 피고가 된다고 한 것은 소송법상의 법기술적인 요청에서 당사자적격을 인정한 것뿐이지, 자기의 이름으로 소송행위를 한다고 하여도 파산관재인 스스로 실체법상이나 소송법상의 효과를 받는 것은 아니고 어디까지나 파산자의 권리를 기초로 하여 실질적으로는 이를 대리 내지 대표하는 것에 지나지 않는 것이므로(대법원 1990. 11. 13. 선고 88다카26987 판결 참조), 파산자의 채권에 기한 사해행위취소의 소에서 채무자들의 사해행위 사실을 알았는지 여부는 파산자를 기준으로 하여야 할 것인바, 앞서 본 바와 같이 파산자 충남상호신용금고가 채무자들의 사해행위를 알았다고 볼 날로부터 1년을 넘겨 이 사건 소가 제기된 이상, 이 사건 사해행위취소의 소는 부적법하다 할 것이다.

따라서 원고의 위 주장은 이유 없다.

3. 결론

따라서 원고의 항소는 이유 없으므로 이를 기각하기로 하여, 주문과 같이 판결한다.

재판장 판사 이인복 이두형 박영재

(9) **서울지방법원** 2003. 10. 23. **선고** 2003**가합**14244 **판결【보증채무금등】**(**항소기각확정**(2003**나**78276)) [**각공**2003, 706]

【판결요지】

채권자취소의 소는 채권자가 취소원인을 안 날로부터 1년 내에 제기되어야 하는바, 채권자가 회사인 경우에는 제척기간의 기산점은 일반적으로 회사의 대표자가 취소원인을 알게 된 날을 의미한다고 할 것이나, 당해 회사가 파산선고를 받아 파산관재인이 선임된 경우에 있어서는, 파산관재인은 기본적으로는 파산자의 포괄승계인과 같은 지위를 가지는 한편, 파산채권자 전체의 공동의 이익을 위하여 독자적으로 선량한 관리자의 주의로써 그 직무를 수행하는 점에서 파산자와 독립하여 그 재산에 관하여 이해관계를 가지게 된 제3자로서의 지위도 함께 가지게 된다고 할 것이므로, 위 제척기간의 기산점을 정함에 있어 이러한 파산관재인의 이중적 지위를 감안하여 구체적인 경우에 따라 합리적으로 판단하여야 할 것이므로, 채권자인 회사의 대표자가 취소원인을 안 날로부터 이미 1년이 경과한 후 당해 회사가 파산선고를 받은 경우에 있어서는, 채권자취소권의 행사기간을 단기로 규정한 취지가 법률관계를 조속히 확정하기 위한 데에 있을 뿐만 아니라 수익자나 전득자의 입장에서 볼 때 파산이라는 우연한 사정으로 인하여 이미 소멸된 권리를 다시 행사할 수 있도록 보장하는 것은 신의칙 및 형평의 법리에 반한다고 할 것이므로, 파산 전 회사의 대표자가 취소원인을 안 날을 기산점으로 하여 이미 제척기간이 경과하였다고 봄이 상당하고, 이와 달리 회사의 대표자가 취소원인을 안 날로부터 1년이 경과하지 아니한 상태에서 당해 회사가 파산선고를 받아 파산관재인이 선임된 경우에 있어서는, 파산자의 종전 대표자는 이미 파산재단에 대한 관리·처분권을 상실하여 더 이상 채권자취소권을 행사할 수 없게 되는 점, 파산관재인은 파산재단의 관리·처분에 관하여 파산자와 이해관계를 달리하는 점, 파산관재인이 파산재단의 관리·처분 업무를 파악하기 위하여는 상당한 기간이 소요됨에 반하여 제척기간은 소멸시효와는 달리 중단이나 정지가 인정되지 아니하는 점 등에 비추어 볼 때, 파산관재인이 그 직무를 개시하여 취소원인을 알게 될 때 다시 그 제척기간이 기산된다고 봄이 상당하다.

【참조 조문】[1] 회사정리법 제222조, 제240조 제2항, 제254조, 민법 제430조／[2] 민법 제406조, 파산법 제6조, 제7조, 제152조

【원고】파산자 한화종합금융 주식회사의 파산관재인 예금보험공사 (소송대리인 법무법인 대륙 담당변호사 김광덕)

【피고】甲 외 1인 (소송대리인 변호사 이헌욱)

【변론종결】2003. 10. 14.

【주문】원고의 피고 乙에 대한 소를 각하한다. 피고 甲은 원고에게 금

232,046,858원 및 위 금원 중 금 169,670,853원에 대하여 1998. 7. 31.부터 2003. 10. 23.까지는 연 19%, 그 다음날부터 완제일까지는 연 20%의 각 비율에 의한 금원을 지급하라. 원고의 피고 甲에 대한 나머지 청구를 기각한다. 소송비용 중 원고와 피고 甲 사이에 생긴 부분은 이를 10분하여 그 1은 원고의, 나머지는 위 피고의 각 부담으로 하고, 원고와 피고 乙 사이에 생긴 부분은 원고의 부담으로 한다. 제 2 항은 가집행할 수 있다.

【청구취지】 피고 甲은 원고에게 금 232,911,866원 및 위 금원 중 금 170,805,853원에 대하여 1998. 7. 31.부터 이 사건 소장부본이 송달된 날까지는 연 19%, 그 다음날부터 완제일까지는 연 25%의 각 비율에 의한 금원을 지급하고, 피고 甲과 피고 乙 사이에 별지 제 2 목록 기재 부동산에 관하여 1998. 3. 5. 체결된 증여계약을 취소하며, 피고 乙은 원고에게 위 부동산에 관하여 수원지방법원 성남지원 분당등기소 1998. 3. 9. 접수 제19299호로 경료된 소유권이전등기의 말소등기절차를 이행하라는 판결

【이유】 1. 기초사실

가. 파산자 한화종합금융 주식회사(이하 '한화종금'이라 한다)는 1998. 9. 18. 이 법원으로부터 파산선고 결정을 받음과 아울러 소외 이임성, 김진국이 그 파산관재인으로 선임된 다음 2001. 12. 15. 사임하였고, 같은 날 원고가 그 파산관재인으로 선임되었다.

나. 소외 범양냉방공업 주식회사(이하 '범양냉방공업'이라 한다)는 1995. 1. 27. 한화종금과 사이에 거래한도를 금 80억 원으로 하는 어음거래약정을 체결하여 어음할인 등 어음거래를 함에 있어, 범양냉방공업이 채무의 상환을 연체하는 경우에는 연 19%의 비율에 의한 지연손해금을 지급하기로 약정하였고, 당시 범양냉방공업의 대표이사인 피고 甲은 위 어음거래약정에 따라 범양냉방공업이 한화종금에 대하여 장차 부담하게 될 모든 채무를 연대보증하였다.

다. 범양냉방공업은 위 어음거래약정에 터잡아 한화종금으로부터 금 398,098,361원을 대출받은 다음 1998. 8. 17. 한화종금에 금 26,416,500원을 변제하였고, 같은 해 7. 30.까지의 연체이자를 지급하였다.

라. 그 후 범양냉방공업은 1998. 4. 9. 수원지방법원으로부터 회사재산 보전처분 결정을 받은 다음 같은 해 7. 23. 위 법원으로부터 회사정리절차 개시 결정을 받았고, 한화종금은 정리채권 신고기간 내인 같은 해 8.경 위 어음거래약정에 따른 잔여 대출금채권 금 371,681,861원(위 금 398,098,361원 − 위 금 26,416,500원)을 신고한 결과, 같은 해 9.경 정리채권 조사기일에서 아무런 이의 없이 정리채권으로 확정되었다.

마. 수원지방법원은 2002. 6. 10. 한화종금의 신고된 정리채권의 원리금을 2005.

부터 2008.까지 사이에 분할하여 변제하기로 한 당초의 정리계획에 대하여, ① 원금의 30%는 2002. 6. 28.까지 변제하고, 원금의 70%는 출자전환하여 신주발행의 효력발생일에 당해 채권의 변제에 갈음하며, ② 정리절차개시 결정일 전일인 1998. 7. 22.까지의 경과이자는 면제하고, 정리절차개시 결정일인 1998. 7. 23.부터 2001. 12. 31.까지의 이자는 출자전환하며, 2002. 1. 1.부터 원금 변제일까지의 이자는 면제하고, ③ 출자전환은 액면 5,000원권의 기명식 우선주식을 주당 750,000원씩에 배정하되, 1주 미만의 단수 주식은 절사하여 무상소각하고, 신주발행의 효력발생일은 정리계획인가 결정일로부터 20일이 경과하는 날로 하기로 하는 내용의 정리계획 변경계획을 인가하였다.

바. 그에 따라 범양냉방공업은 별지 제1 잔여 대출원리금 계산표 제1항 기재와 같이 (1) 1999. 5. 24. 당초의 정리계획에 따라 위 대출금채권 원금 371,681,861원 중 금 127,673,500원을 변제하였고, (2) 2002. 7. 2. 위 정리계획 변경계획에 따라 잔여 대출금채권 원금 244,008,361원(위 금 371,681,861원 − 위 금 127,673,500원)의 30%인 금 73,202,508원을 변제하였으며, 같은 표 제2항 기재와 같이 같은 해 7.경 위 정리계획 변경계획에 따라 위 금 244,008,361원의 70%인 금 170,805,853원에 대하여 주당 750,000원씩 산정하여 주식 227주로 출자전환하고, 1998. 7. 23.부터 2001. 12. 31.까지의 이자 금 60,705,206원에 대하여도 위와 같은 조건으로 출자전환하여 주식 80주를 각 발행함으로써 위 정리계획 변경계획에 따른 변제를 완료하였다.

사. 범양냉방공업 주식의 위 출자전환의 효력발생일인 2002. 7. 1. 당시의 시가는 1주당 금 5,000원 상당이다.

아. 한편, 피고 甲은 1998. 3. 5. 그 처인 피고 乙과 사이에 별지 제2 목록 기재 부동산(이하 '이 사건 부동산'이라 한다)에 관하여 증여계약을 체결하였고, 그에 따라 위 부동산에 관하여 수원지방법원 성남지원 분당등기소 같은 달 9. 접수 제19299호로 소유권이전등기를 경료하여 주었다.

2. 피고 甲에 대한 청구에 관한 판단

가. 당사자의 주장

원고는 피고 甲에게 대출금채무에 대한 보증채무의 이행으로 잔여 대출원리금의 지급을 구함에 대하여, 피고 甲는, 회사정리계획 변경계획이 법원의 인가를 받은 다음 그에 따른 이행이 모두 완료됨으로써 주채무인 대출금채무가 소멸하였으므로 보증채무의 부종성에 의하여 피고의 이 사건 보증채무도 소멸하였고, 가사 피고의 보증채무가 소멸하지 않았다 하더라도 주채무자인 범양냉방공업이 회사정리계획 변경계획에 따라 출자전환의 방법으로 지급한 금액은 보증채무에서 공제되어야 한다고 주장한다.

나. 쟁점(보증채무 소멸 여부)

정리계획이 법원으로부터 인가를 받은 다음 그에 따른 이행이 모두 완료됨으로써 정리채무가 소멸한 경우에 정리채무에 대한 보증채무가 소멸하는지에 관하여 보건대, 회사정리법 제240조 제2항은 '정리계획은 정리채권자 또는 정리담보권자가 정리회사의 보증인 기타 정리회사와 함께 채무를 부담하는 자에 대하여 가진 권리와 정리회사 이외의 자가 정리채권자 또는 정리담보권자를 위하여 제공한 담보에 영향을 미치지 아니한다'고 규정하고 있으므로, 주채무자인 정리회사 범양냉방공업의 정리계획에 의하여 정리채권자인 한화종금이 가지는 정리채권의 수액이나 변제기가 변경되었다고 하더라도 이는 위 피고의 보증책임에는 아무런 영향을 미치지 아니하므로(대법원 1990. 6. 26. 선고 88다카4499 판결, 2002. 1. 11. 선고 2001다64035 판결 등 참조), 원칙적으로 원고는 보증인인 위 피고에 대하여 위 정리계획에 관계없이 본래의 채권 전액을 청구할 수 있다고 할 것이나, 정리계획에서 출자전환으로 정리채권의 변제에 갈음하기로 한 경우에는 신주발행의 효력발생일 당시를 기준으로 하여 정리채권자가 인수한 신주의 시가를 평가하여 그 평가액에 상당하는 채권액이 변제된 것으로 보아야 하고, 이러한 경우 주채무자인 정리회사의 채무를 보증한 보증인으로서는 정리채권자에 대하여 위 변제된 금액의 공제를 주장할 수 있다고 할 것이므로(대법원 1997. 4. 8. 선고 96다6943 판결, 2003. 1. 10. 선고 2002다12703, 12710 판결 등 참조), 앞서 살펴본 바와 같이 한화종금이 위 정리계획 변경계획에 따라 출자전환으로 위 대출원리금의 변제에 갈음하여 인수한 신주 307주(227주 + 80주)의 시가 상당액은 위 피고의 보증채무에서 공제되어야 할 것이므로 위 피고의 주장은 위 범위 내에서 이유 있다고 할 것이다.

다. 소결

그렇다면 피고 甲은 위 대출금채무의 보증인으로서 원고에게, 별지 제1 잔여 대출원리금 계산표 제3항 기재와 같이 '대출원금 잔액'에서 '출자전환으로 대출원금의 변제에 갈음한 신주 227주의 평가액'을 공제한 금 169,670,853원(금 170,805,853원 − 금 1,135,000원) 및 위 각 금원의 변제에 따른 '확정지연손해금의 합계액'에서 '출자전환으로 대출이자의 변제에 갈음한 신주 80주의 평가액'을 공제한 금 62,376,005원(금 62,106,013원 + 금 669,992원 − 금 400,000원)의 합계금 232,046,858원(금 169,670,853원 + 금 62,376,005원) 및 위 금원 중 잔여 대출원금인 위 금 169,670,853원에 대하여 최종이자 지급일 다음날인 1998. 7. 31.부터 위 피고가 그 이행의무의 존부 및 범위에 관하여 항쟁함이 상당하다고 인정되는 이 판결 선고일인 2003. 10. 23.까지는 약정이율인 연 19%의, 그 다음날부터 완제일까지는 개정된 소송촉진등에관한특례법(2003. 5. 10. 법률 제6868호로 개정된 것) 소정의 연 20%의 각 비율에 의한 지연손해금을 지급할 의무가 있다고 할 것이다{원고는 완제일까지 구 소송촉진등에관한특례법(2003. 5. 10. 법률 제6868호로 개정되기 전의 것) 소정의 연 25%의 비율에 의한 지연손해금의 지급을 구하나, 위 특례법은 2003. 4. 24.자 헌법재판소 위헌결정에 의하여 그 효력을 상실하였으므로 이를 적용하지 아니한다}.

3. 피고 乙에 대한 청구에 관한 판단

가. 당사자의 주장

원고는, 피고들 사이의 이 사건 증여계약이 사해행위에 해당함을 이유로 위 증여계약의 취소 및 그에 따른 소유권이전등기의 말소를 구함에 대하여, 피고 乙는, 한화종금의 파산관재인인 원고는 피고들에 대한 재산조사과정을 통하여 2001. 10. 25.경 위 증여계약에 대한 취소원인을 알게 되었으므로, 그로부터 1년이 경과한 후에 제기된 이 사건 소는 제척기간이 경과된 후의 제소로서 부적법하여 각하되어야 한다고 주장한다.

나. 쟁점

(1) 제척기간의 기산점

채권자취소의 소는 채권자가 취소원인을 안 날로부터 1년 내에 제기되어야 하는바, 이러한 기간은 그 기간의 경과에 의한 권리소멸을 법원이 직권으로 인정함이 타당하다는 소위 제척기간으로 해석함이 타당하고(대법원 1975. 4. 8. 선고 74다1700 판결 참조), 채권자가 회사인 경우에는 위 제척기간의 기산점은 일반적으로 회사의 대표자가 취소원인을 알게 된 날을 의미한다고 할 것이나, 당해 회사가 파산선고를 받아 파산관재인이 선임된 경우에 있어서는, 파산자가 파산선고시에 가진 모든 재산은 파산재단을 구성하고 그 파산재단을 관리 및 처분할 권리는 파산관재인에게 속하게 되므로, 파산관재인은 기본적으로는 파산자의 포괄승계인과 같은 지위를 가지는 한편, 파산채권자 전체의 공동의 이익을 위하여 독자적으로 선량한 관리자의 주의로써 그 직무를 수행하는 점에서 파산자와 독립하여 그 재산에 관하여 이해관계를 가지게 된 제3자로서의 지위도 함께 가지게 된다고 할 것이므로, 위 제척기간의 기산점을 정함에 있어 이러한 파산관재인의 이중적 지위를 감안하여 구체적인 경우에 따라 합리적으로 판단하여야 할 것이다.

우선, 채권자인 회사의 대표자가 취소원인을 안 날로부터 이미 1년이 경과한 후 당해 회사가 파산선고를 받은 경우에 있어서는, 채권자취소권의 행사기간을 단기로 규정한 취지가 법률관계를 조속히 확정하기 위한 데에 있을 뿐만 아니라 수익자나 전득자의 입장에서 볼 때 파산이라는 우연한 사정으로 인하여 이미 소멸된 권리를 다시 행사할 수 있도록 보장하는 것은 신의칙 및 형평의 법리에 반한다고 할 것이므로, 파산전 회사의 대표자가 취소원인을 안 날을 기산점으로 하여 이미 제척기간이 경과하였다고 봄이 상당하고, 이와 달리 회사의 대표자가 취소원인을 안 날로부터 1년이 경과하지 아니한 상태에서 당해 회사가 파산선고를 받아 파산관재인이 선임된 경우에 있어서는, 파산자의 종전 대표자는 이미 파산재단에 대한 관리·처분권을 상실하여 더 이상 채권자취소권을 행사할 수 없게 되는 점, 파산관재인은 파산재단의 관리·처분에 관하여 파산자와 이해관계를 달리하는 점, 파산관재인이 파산재단의 관리·처분 업무를 파악하기 위하여는 상당한 기간이 소요됨에 반하여 제척기간은 소멸시효와는 달리 중단이나 정지가 인정되지 아니하는 점 등에 비추어 볼 때, 파산관재인이 그 직무를 개시하여 취소원인을 알게 될 때 다시 그 제척기간이 기산된다고 봄이 상당하다고 할 것이고, 다만 파산관재인이 개임된 경우에 있어서는, 새로 선임된 파산관재인은 파산재단의 관리·처분에 관한 한 종전 파산관재인의 법적 지위를 그대로 승계한다고 할 것이므로 후임 파산관재인이 실제로 취소원인을 알았는지 여부와 무관하게 종전 파산관재인이 취소원인을 알게 된 날을 여전히 제척기간의 기산점으로 봄이 상당하다고 할 것이다.

(2) 제척기간 경과 여부

이러한 관점에서 피고 乙에 대한 이 사건 소가 제척기간의 도과 후에 제기된 부적법한 소인지에 관하여 보건대, 한화종금이 1998. 9. 18. 이 법원으로부터 파산선고를 받음과 아울러 소외 이임성, 김진국이 그 파산관재인으로 선임되어 3년간 파산관재인으로서 업무를 수행하다가 2001. 12. 15.에 이르러 원고가 새로운 파산관재인으로 선임된 사실은 앞서 본 바와 같고, 증거에 의하면, 원고는 예금보험제도 등을 효율적으로 운영하기 위하여 설립된 공사로서 그 업무수행을 위하여 2001. 8. 16. 소외 대한생명보험 주식회사(이하 "대한생명보험"이라 한다), 경기은행 파산관재인 등을 비롯한 70개 부보금융기관에 대하여 피고 甲 소유의 11개의 부동산 내역을 송부함에 있어서 그에 대한 조속한 법적조치를 당부함과 아울러 그 조치결과의 통보를 요구한 사실, 그 후 원고는 같은 해 10. 9. 대한생명보험, 서울은행 등 39개 부보금융기관에 대하여 이 사건 부동산 내역을 송부함과 아울러 같은 달 26.까지 그에 대한 조치결과를 별첨 "법적조치현황" 및 "채무자 재산조사 내용"이라는 제목의 서식에 따라 통보하여 줄 것을 요구한 사실, 이에 대하여 대한생명보험은 같은 달 25. 위 서식에 따라 원고에게 "피고 甲이 채무초과 상태임을 인식하고도 재산을 처분하는 사해행위를 하였고, 수익자인 피고 乙은 피고 甲의 처로서 상호 통모하여 동 법률행위를 하였음이 추정되어 1998. 9. 29. 이 사건 부동산에 관하여 가처분결정을 받았으나, 이전에 경료된 가등기권리의 실질을 파악할 수 없어 사해행위 소송을 제기하지 아니하였다"는 취지의 조치결과를 통보한 사실을 인정할 수 있는바, 사실관계가 이와 같다면, 가사 이 사건 증여계약에 관하여 기존의 파산관재인인 이임성, 김진국이 그 취소원인을 알지 못하였다고 하더라도 그 지위를 승계하여 새로이 파산관재인이 된 원고로서는, 이미 피고들에 대한 재산조사결과를 통하여 이 사건 부동산이 피고 乙에게 증여된 사실을 알게 된 다음 늦어도 대한생명보험으로부터 그에 대한 법적 조치결과를 통보받은 위 2001. 10. 25.경에는 피고들 사이에 이 사건 증여계약이 채권자의 공동담보를 감소시키는 사해행위에 해당함을 알게 된 상태에서 같은 해 12. 15.경부터 파산관재인으로서의 직무를 시작하였다고 할 것이므로, 그로부터 1년이 경과한 후임이 역수상 분명한 2003. 2. 24.에 이르러 비로소 제기된 이 사건 소는 제척기간이 도과한 후에 제기된 부적법한 소라고 할 것이므로 이 점을 지적하는 피고 乙의 본안전항변은 이유 있다고 할 것이다.

4. 결론

그렇다면 원고의 피고 乙에 대한 소는 부적법하여 이를 각하하고, 원고의 피고 甲에 대한 청구는 위 인정범위 내에서 이유 있어 이를 인용하고 나머지 청구는 이유 없어 이를 기각하기로 하여 주문과 같이 판결한다.

재판장 판사 곽종훈 이경훈 노태선

[해설]

사해행위취소소송은 채무자의 채권자가 원고가 되어 제기하는 것이고 채무자는 소송의 당사자는 아니다. 그러나 채무자가 파산선고되면 책임재산의 보전 회복의 목적을 갖는 채권자취소소송은 중단되고 파산재단의 증식의 책임을 지는 파산관재인이 수계하도록 되어 있다(신법 제406조, 파산법 제78조). 채권자가 사해행위취소원인을 안 때로부터 1년 내에 취소소송을 제기하여야 하는데(민법 제406조 제2항), 취소소송을 제기한 채권자는 반드시 파산채권자에 한정되지 아니하고 재단채권자도 포함한다.[16] 일단 파산관재인이 수계한 이상 사해행위취소의 청구원인에서 부인권으로 청구를 변경할 수 있다.[17] 사행행위취소소송이 원고 패소로 확정된 경우에 기판력이 파산관재인에게 미치는지에 대하여 견해의 다툼이 있다. 설령 미친다고 하더라도 파산관재인이 사해행위취소와 요건을 달리하는 부인의 소를 제기하는 것은 기판력이 미치지 아니하므로 허용된다. 파산관재인이 수계한 경우에 취소원인을 안 사람을 당초 취소소송을 제기한 채권자를 기준으로 하여야 하는지 수계한 파산관재인을 기준으로 할 것인지가 문제가 된다.

대전고등법원 2003나1746 판결은 파산관재인의 법적 지위에 관하여 파산자의 대리 또는 대표자의 지위에 있다는 대법원 1990. 11. 13. 선고 88다카26987 판결에

16) 注解 破産法(下), 555면.
17) 注解 破産法(下), 559면.

근거하여 파산관재인이 아닌 파산자를 기준으로 하여야 한다고 판시하였다. 그러나 사해행위취소소송의 제척기간에 관하여 취소원인을 안 사람은 법문상 채권자로 되어 있고 파산관재인이 소송을 수계하기 전에 제기된 소송의 적법요건을 판단하는 것이므로 제소한 채권자를 기준으로 취소원인을 알았는지 여부를 결정하면 족하므로 파산관재인의 법적 지위에 관한 선례를 인용할 필요도 없었다고 생각한다.

다음으로 서울중앙지방법원 2003가합14244 판결은 파산자(한화종금)의 파산관재인이 채권자로서 보증채무자(夫)가 상대방(妻)에게 부동산을 증여하고 소유권이전등기를 경료한 행위가 사해행위에 해당한다는 이유로 처를 상대로 채권자취소소송을 제기한 사안에 관한 것이다. 판결은 그 이유에서 일반론으로 사해행위취소소송을 제기할 수 있는 채권자가 취소원인을 안 날로부터 1년을 경과한 후 채권자가 파산한 경우라면 파산전 회사의 대표자가 취소원인을 안 날을 기산점으로 삼아야 하지만, 1년이 경과하지 아니한 상태에서 파산선고를 받아 파산관재인이 선임된 경우에는 파산관재인이 기준으로 취소원인을 알았는지 여부를 결정하여야 한다고 판시하고 있다.

파산선고 후에 비로소 파산자가 채권자인 원고의 지위에서 사해행위소송을 제기하여야 한다면 취소원인을 안 사람을 파산관재인으로 삼을 것인가 아니면 종전 파산자(법인의 경우 대표이사)를 기준으로 삼아야 할 것인가는 논란이 있으나 이 판결이 이 점을 정면으로 문제삼아 파산관재인을 기준으로 하여야 하고, 파산관재인이 개임된 경우에도 후임 파산관재인이 실제로 취소원인을 알았는지 여부와 무관하게 종전 파산관재인을 기준으로 기산점을 삼아야 한다고 판시한 것은 의미가 있다. 그러나 개인으로 변호사 2인이 파산관재인으로 선임되었다가 사퇴하고 예금보험공사가 선임된 사안임에도 판결의 결론이 기존의 변호사들을 기준으로 삼지 않고 변호사들이 그 취소원인을 알지 못하였다고 하더라도 새로이 선임된 파산관재인을 기준으로 삼아야 한다고 판시한 것은 논리가 일관하지 못하다는 비판을 할 수 있다.

생각건대 채권자취소권은 당초 채권자가 제소할 수 있는 것이고 판결 이유와 같이 기본적으로 파산관재인이 파산자의 지위를 포괄승계하는 성격을 갖고 있으므로 파산자를 기준으로 하여 취소원인을 알았는지 여부를 결정하는 것이 타당할 것으로 생각한다. 사해행위취소소송을 제기할 채권자에 대하여 파산절차가 개시되지 아니하였더라면 채권자를 기준으로 하여야 함에도 불구하고 그가 파산선고를 받은 이후에 파산관재인이 선임되었다고 하여 제척기간의 기산점을 파산관재인으로 변경하는 것은 제척기간을 부당하게 장기화하게 되어 1년의 제척기간을 둔 취지에 반한다. 다만 사해행위 당시의 채권자가 취소원인을 알지 못하는 상태에서 파산선고를 받아 파산관재인이 선임되거나, 채권이 다른 사람에게 양도되었다면 그 경우에는 파산관재인 또는 새로 채권을 취득한 양수인이 취소원인을 알았는지 여부에 따라 제척기간 기산점이 결정되어야 할 것이다.

2. 다수당사자와 파산채권

▶ 〈제19조〉 파산선고 현존액주의

(1) **대법원** 2004. 10. 15. **선고** 2003**다**61566 **판결 【배당금】** [**공보불게재**]

【판결요지】

[1] 파산법 제19조는 "수인의 채무자가 각각 전부의 채무를 이행하여야 할 경우에 그 채무자의 전원 또는 수인이나 1인이 파산선고를 받은 때에는 채권자는 파산선고시에 가진 채권의 전액에 관하여 각 파산재단에 대하여 파산채권자로서 그 권리를 행사할 수 있다"고 규정하고, 제20조는 "보증인이 파산선고를 받은 때에는 채권자는 파산선고시에 가진 채권의 전액에 관하여 파산채권자로서 그 권리를 행사할 수 있다"고 규정하고 있으므로, 파산선고 후에 파산채권자가 다른 채무자로부터 일부 변제를 받거나 다른 채무자에 대한 회사정리절차 내지 파산절차에 참가하여 변제 또는 배당을 받았다 하더라도 그에 의하여 채권자가 채권 전액에 대하여 만족을 얻은 것이 아닌 한 파산채권액에 감소를 가져오는 것은 아니므로, 채권자는 여전히 파산선고시의 채권 전액으로써 계속하여 파산절차에 참가할 수 있다.

[2] 파산선고일 이후에 파산채권자가 주채무자 또는 다른 보증인으로부터 일부 변제를 받았다고 하더라도 그 부분만큼의 채권신고를 취하할 의무를 지는 것이 아니다.

【참조 조문】 파산법 제19조, 제20조

【원고, 피상고인】 한투일차유동화전문 유한회사 외 1인 (소송대리인 법무법인 율촌 담당변호사 윤용섭 등)

【피고, 상고인】 파산자 삼삼종합금융 주식회사의 파산관재인 예금보험공사 (소송대리인 변호사 이윤섭)

【원심판결】 서울고등법원 2003. 10. 15. 선고 2003나27018 판결

【주문】 상고를 기각한다. 상고비용은 피고가 부담한다.

【이유】 1. 파산법 제19조는 '수인의 채무자가 각각 전부의 채무를 이행하여야 할 경우에 그 채무자의 전원 또는 수인이나 1인이 파산선고를 받은 때에는 채권자는 파산선고시에 가진 채권의 전액에 관하여 각 파산재단에 대하여 파산채권자로서 그 권리를 행사할 수 있다'고 규정하고, 제20조는 '보증인이 파산선고를 받은 때에는 채권자는 파산선고시에 가진 채권의 전액에 관하여 파산채권자로서 그 권리를 행사할 수 있다'고 규정하고 있으므로, 파산선고 후에 파산채권자가 다른 채무자로부터 일부 변제를 받거나 다른 채무자에 대한 회사정리절차 내지 파산절차에 참가하여 변제 또는 배당을 받았다 하더라도 그에 의하여 채권자가 채권 전액에 대하여 만족을 얻은 것이 아닌 한 파산채권액에 감소를 가져오는 것은 아니므로, 채권자는 여전히 파산선고시의 채권 전액으로써 계속하여 파산절차에 참가할 수 있다(대법원 2002. 1. 11. 선고 2001다64035 판결, 2002. 12. 24. 선고 2002다24379 판결 등 참조).

원심은 그 채용 증거를 종합하여, 한국투자신탁 주식회사(이하 "한국투자신탁"이라 한다)는 1997. 1. 13. 삼삼종합금융 주식회사의 지급보증 아래 맥슨전자 주식회사(이하 "맥슨전자"라 한다)가 발행한 제 7 회 보증사채 중 30억 원을 인수하여 이를 주식회사 서울은행(이하 "서울은행"이라 한다)에 신탁한 사실, 삼삼종합금융 주식회사는 1998. 9. 18. 서울지방법원 98하112호로 파산선고를 받았는데, 서울은행이 신고한 위 회사채의 보증채권이 파산채권으로 확정된 사실, 서울은행은 2000. 1. 22. 자신이 관리하고 있던 회사채 30억 원 중 21억 6,642만 원을 원고 한투일차유동화전문 유한회사에게, 같은 해 6. 10. 나머지 8억 3,358만 원을 원고 한투이차유동화전문 유한회사에게 각 양도하고 파산자 삼삼종합금융 주식회사(이하 "파산자 회사"라 한다)에게 채권양도 사실을 통지한 사실, 피고는 파산자 회사에 대한 파산채권에 관하여 2000. 4. 11. 및 2001. 1. 22. 각 중간배당을 실시하였으나 원고 한투일차유동화전문 유한회사에 대한 중간배당액 합계 8억 81,732,940원과 원고 한투이차유동화전문 유한회사에 대한 중간배당액 합계 3억 39,267,060원을 원고들에게 지급하지 아니하고 임치한 사실, 기업개선작업 대상업체로 선정된 맥슨전자의 채권자들로 구성된 채권금융기관협의회에서 2000. 3. 23. 이루어진 기업개선작업 추가약정에 따라 한국투자신탁이 인수한 30억 원의 회사채 중에서 2000. 9. 30. 19억 900만 원 상당의 회사채 부분이, 2001. 8. 6. 8억 7,250만 원 상당의 회사채 부분이 각 주식으로 출자전환된 사실, 피고가 2003. 4. 24. 원고들을 피공탁자로 하여 합계 1억 5,900만 원을 변제공탁한 사실 등을 인정한 다음, 서울은행이 보증채권 30억 원을 파산자 회사에 대한 파산채권으로 신고하여 위 보증채권이 아무런 이의 없이 채권표에 기재되어 확정된 이상 비록 파산선고 후에 파산채권자가 다른 채무자로부터 일부 변제를 받았다고 하더라도 그에 의하여 채권자가 채권 전액에 대하여 만족을 얻은 것이 아닌 한 파산채권액에 감소를 가져오는 것이 아니어서 채권자는 여전히 파산선고시의 채권 전액으로써 계속하여 파산절차에 참가할 수 있다고 판단하여 이에 관한 피고의 항변을 배척하고 피고에 대하여 원고들에게 위 배당액 및 이에 대한 지연손해금을 지급할 것을 명하였는바, 앞서 본 법리와 기록에 비추어 살펴보면, 이러한 원심의 사실인정과 판단은 옳고, 거기에 채증법칙 위배로 인한 사실오인이나 파산채권에 관한 법리오해 등의 위법이 있다고 할 수 없다.

2. 또한 원심은, 맥슨전자의 기업개선작업 추진과 관련하여 서울은행, 한국투자신탁 등이 포함된 채권금융기관협의회에서 이루어진 결정사항은 채권금융기관들 사이의 자율적 협약사항으로서 채권금융기관협의회의 결정 자체만으로 곧바로 사법적 효력이 발생한다고는 볼 수 없어 서울은행이나 채권양수인인 원고들이 그 약정에 따른 의무를 그 당사자들인 맥슨전자나 채권금융기관에 대하여 부담할지언정 당사자가 아닌 파산자 회사에 대하여 부담한다고 볼 근거가 없고, 또 파산선고일 이후에 파산채권자가 주채무자 또는 다른 보증인으로부터 일부 변제를 받았다고 하더라도 그 부분만큼의 채권신고를 취하할 의무를 지는 것도 아니라고 하여 이에 관한 피고의 항변을 배척하였는바, 기록에 의하여 살펴보면, 이러한 원심의 판단은 옳은 것으로 수긍이 가고, 거기에 채증법칙 위배로 인한 사실오인이나 보증채무의 부종성에 관한 법리오해 등의 위법이 있다고 할 수 없다.

대법관 강신욱(재판장) 변재승 박재윤 고현철(주심)

(2) **대법원** 2003. 2. 26. **선고** 2001**다**62114 **판결【파산채권확정】**[공2003, 901]

【판결요지】

파산법 제19조는 '수인의 채무자가 각각 전부의 채무를 이행하여야 할 경우에 그 채무자의 전원 또는 수인이나 1인이 파산선고를 받은 때에는 채권자는 파산선고시에 가진 채권의 전액에 관하여 각 파산재단에 대하여 파산채권자로서 그 권리를 행사할 수 있다'고 규정하고, 제20조는 '보증인이 파산선고를 받은 때에는 채권자는 파산선고시에 가진 채권의 전액에 관하여 파산채권자로서 그 권리를 행사할 수 있다'고 규정하고 있으므로, 파산선고 후에 파산채권자가 다른 채무자로부터 일부 변제를 받거나 다른 채무자에 대한 회사정리절차 내지 파산절차에 참가하여 변제 또는 배당을 받았다 하더라도 그에 의하여 채권자가 채권 전액에 대하여 만족을 얻은 것이 아닌 한 파산채권액에 감소를 가져오는 것은 아니므로, 채권자는 여전히 파산선고시의 채권 전액으로써 계속하여 파산절차에 참가할 수 있다.

【참조 조문】파산법 제19조, 제20조

【원고, 피상고인겸상고인】 주식회사 신한은행 (소송대리인 변호사 이임수 등)

【피고, 상고인겸피상고인】 파산자 한화종합금융 주식회사의 파산관재인 이임성, 김진국의 소송수계인 파산관재인 예금보험공사 (소송대리인 세계종합법무법인 담당변호사 이현범 등)

【원심판결】 서울고등법원 200 1. 8. 23. 선고 2001나9443 판결

【주문】 원심판결의 원고 패소 부분 중 출자전환으로 인한 금 717,609,200원의 채무소멸에 관한 부분을 파기하고, 이 부분 사건을 서울고등법원에 환송한다. 피고의 상고와 원고의 나머지 상고를 기각한다.

【이유】 1. 원심이 적법하게 확정한 사실은 다음과 같다.

가. 원고와 한화종합금융 주식회사(이하 '한화종금'이라고 한다)는 1996. 12. 16. 거래금액 50억 원, 기간 1996. 12. 16.부터 1998. 6. 16.까지(기간 분할시 자동연장), 할인이자 연 12.33%로 정하여 원고가 한화종금으로부터 기아자동차 주식회사(이하 '기아자동차'라고 한다) 발행의 약속어음을 보증CP(기업어음)로 처리하여 할인매입하기로 하는 거래약정을 체결하였다.

나. 한화종금은 1996. 12. 16. 위 약정에 따라 기아자동차로부터 액면금액 50억 원, 발행일 1996. 12. 16. 지급일 1997. 6. 16.로 된 약속어음(이하 '제 1 어음'이라고 한다)을 할인율 연 12.36%에 매입하여, 같은 날 원고에게 할인율 연 12.33%에 할인판매하고, 제 1 어음의 만기가 도래한 1997. 6. 16. 기아자동차로부터 액면금액 50억 원, 발행일 1997. 6. 16. 지급일 1997. 12. 16.로 된 약속어음(이하 '제 2 어음'이라고 한다)을 할인율 연 12.36%로 매입하여, 같은 날 원고에게 할인율 연 12.33%에 할인판매하였다.

다. 한화종금은 제 1 어음과 제 2 어음을 원고에게 교부하지 않고 원고를 위하여 계속 보관하였는데, 한화종금이 제 1 어음과 관련하여 원고에게 교부한 약속어음보관증에는 '담보CP'라는 기재가 있고, 매출계산서의 배서보증인란에는 한화종금의 명판과 대표이사의 직인이 날인되어 있으며, 제 2 어음과 관련하여 원고에게 교부한 보관통장에는 제 2 어음이 담보부기업어음으로 표시되어 있고, 매출계산서의 배서보증인란에는 한화종금의 명판과 대표이사의 직인이 날인되어 있다.

라. 기아자동차에 대하여 1997. 10. 24. 서울지방법원 97파8358호로 회사정리절차개시신청이 있었고, 1997. 11. 5. 위 법원으로부터 재산보전처분결정이, 1998. 4. 15. 회사정리절차개시결정이 각 있었다. 원고는 제 2 어음의 어음금과 지연손해금을 갖고 기아자동차에 대한 회사정리절차에 참가하여 원본의 59.67%를 면제하고, 원본의 22.95%를 출자전환하며, 나머지 원본의 17.38%를 3년 거치 후 7년간 매년 균등분할상환 받기로 하는 정리계획안이 확정되어 기아자동차에 대한 채권액 중 22.95%에 상당한 금액은 기아자동차 주식 78,001주를 1주당 15,000원으로 계산하

여 출자전환되었다.

마. 한편, 한화종금은 1997. 12. 10. 재정경제부장관으로부터 업무정지명령을 받고, 1998. 2. 17. 영업인가가 취소되었으며, 1998. 9. 18. 서울지방법원으로부터 파산선고를 받았다. 원고는 한화종금의 파산절차에서 제 2 어음의 보증으로 인한 채권 50억 원 및 이에 대한 만기 다음날인 1997. 12. 17.부터 파산선고일 전날인 1998. 9. 17.까지 275일간 원고 은행 소정의 신탁계정 연체대출금리에 의한 이자채권을 파산채권으로 신고하였으나, 피고가 1998. 11. 4. 채권조사기일에 원고가 신고한 위 채권 전액에 대하여 이의를 제기하였다.

2. 먼저 피고의 상고이유를 본다.

가. 원심은 그 채택 증거를 종합하여 한화종금이 원고에게 제 1 어음 및 제 2 어음을 판매하면서 어음발행인인 기아자동차의 어음상의 채무를 보증한 사실을 인정하는 한편 한화종금의 보증의 의사표시가 진의 아닌 의사표시였고 원고가 이를 알았거나 알 수 있었으므로 무효라는 피고의 주장을 받아들이지 않았는바, 원심판결 이유를 기록에 비추어 살펴보면 한화종금의 보증과 관련한 원심의 사실인정 및 법률판단은 모두 정당하고 이에 상고이유에서 주장하는 바와 같은 채증법칙 위배, 대리권의 범위 및 비진의의사표시에 관한 법리오해 등의 위법이 있다고 할 수 없다.

나. 또한, 기록에 비추어 살펴보면 한화종금이 기아자동차의 제 1 어음 및 제 2 어음을 매수하여 원고에게 되팔면서 기아자동차의 어음채무를 보증하였다고 하여 파산법 제64조 제 1 호 또는 제 5 호 소정의 부인사유에 해당한다고 할 수 없으므로 원심이 이 규정 소정의 부인권에 근거한 피고의 주장을 배척한 것은 정당하고 이에 상고이유에서 주장하는 바와 같은 채증법칙 위배 또는 법리오해 등의 위법이 있다고 할 수 없다.

다. 원심이 이 사건 원고의 청구가 보증채무에 근거한 것이라는 이유에서 피고의 과실상계 주장을 배척한 조치는 정당하고 이에 상고이유에서 주장하는 바와 같은 법리오해의 위법이 있다고 할 수 없다.

3. 원고의 상고이유 제 1 점을 본다.

가. 원심은 그 채택 증거를 종합하여, 원고가 기아자동차에 대한 회사정리절차에서 채권액 중 22.95%에 상당한 1,170,026,339원에 대하여는 기아자동차 주식회사 주식 78,001주를 1주당 15,000원으로 계산하여 출자전환된 사실, 기아자동차에 대한 정리절차가 2000. 2. 16. 종결된 사실, 변론종결일 현재 위 회사의 주식은 증권거래소에 상장된 채 정상적으로 거래되고 있고, 원고는 기아자동차 주식회사의 주식 78,001주를 그대로 보유하고 있는 사실 및 변론종결일에 가까운 2001. 7. 16. 현재 종가 기준으로 거래소에서의 기아자동차 주식의 시세가 1주당 9,200원인 사실을 인정하고, 이 사건의 경우에는 원고가 출자전환으로 취득한 기아자동차의 주

식을 매각하지 않은 채 그대로 보유하고 있다 하더라도, 그 후 정리절차가 종결되고 기아자동차의 주식이 증권거래소에서 정상적으로 거래유통되고 있는 이상, 원고로서는 언제라도 출자전환으로 인수한 주식을 자유로이 처분하여 환가할 수 있다는 점에서 보유 주식의 증권거래소에서의 시세에 상당한 금전적 만족을 현실적으로 얻고 있다고 봄이 상당하다는 이유에서 원고가 출자전환으로 취득한 기아자동차 주식회사의 주식 78,001주의 평가액인 717,609,200원 범위 내에서 보증인인 한화종금에 대한 채권도 소멸하였다고 봄이 상당하다고 판단하였다.

나. 그러나 이러한 원심의 판단은 수긍할 수 없다.

파산법 제19조는 '수인의 채무자가 각각 전부의 채무를 이행하여야 할 경우에 그 채무자의 전원 또는 수인이나 1인이 파산선고를 받은 때에는 채권자는 파산선고시에 가진 채권의 전액에 관하여 각 파산재단에 대하여 파산채권자로서 그 권리를 행사할 수 있다'고 규정하고, 제20조는 '보증인이 파산선고를 받은 때에는 채권자는 파산선고시에 가진 채권의 전액에 관하여 파산채권자로서 그 권리를 행사할 수 있다'고 규정하고 있으므로, 파산선고 후에 파산채권자가 다른 채무자로부터 일부변제를 받거나 다른 채무자에 대한 회사정리절차 내지 파산절차에 참가하여 변제 또는 배당을 받았다 하더라도 그에 의하여 채권자가 채권 전액에 대하여 만족을 얻은 것이 아닌 한 파산채권액에 감소를 가져오는 것은 아니므로, 채권자는 여전히 파산선고시의 채권 전액으로써 계속하여 파산절차에 참가할 수 있다고 할 것이다(2002. 1. 11. 선고 2001다64035 판결, 대법원 2002. 12. 24. 선고 2002다24379 판결 각 참조).

따라서 원고는 한화종금의 파산선고일인 1998. 9. 18. 한화종금에 대하여 갖고 있던 채권 전액을 갖고 한화종금에 대한 파산절차에 참가할 수 있고, 원고가 기아자동차에 대한 회사정리절차에서 원심 판시와 같은 출자전환으로 일부 채권의 만족을 얻은 것이 그 파산선고일 이후였다면 한화종금에 대한 파산절차에서 원고의 파산채권액에 감소를 가져오는 것은 아니다.

그러므로 원심으로서는 기아자동차에 대한 회사정리절차에서 원고가 출자전환에 의하여 채권 일부의 만족을 얻은 것이 한화종금의 파산선고일 전인지 아니면 그 이후인지를 밝힌 후 그 선후에 따라 판단하여야 함에도 불구하고 당원과 다른 견해에서 위와 같이 판단하였으므로 이러한 원심의 판단에는 파산법 제19조와 제20조의 법리를 오해하여 필요한 심리를 다하지 않은 위법이 있다고 할 것이다. 이 점을 지적하는 취지가 포함된 원고의 상고이유 제 1 점의 주장은 정당하다.

4. 이어서 원고의 상고이유 제 2 점을 본다.

원고는 지연손해금과 관련하여 원고 은행 소정의 연체이율을 적용하거나, 한화종금 소정의 연체이율을 적용하여야 한다고 주장하였으나, 원심은 한화종금의 보증채무에 적용될 지연이율은 주채무자인 기아자동차의 어음금채무에 적용되는 어음법상의 법정이율이라고 판단하였는바, 이러한 원심의 판단은 정당하고 이에 상고이유에서 주장하는 바와 같은 채증법칙 위배 또는 법리오해의 위법이 있다고 할 수 없다.

대법관 박재윤(재판장) 서성 이용우(주심) 배기원

▷ **〈원심판결〉 서울고등법원** 2001. 8. 23. **선고** 2001**나**9443 **판결**

원고 패소 부분 중 출자전환으로 인한 금 717,609,200원의 채무소멸에 관한 부분 파기환송, 피고의 상고와 원고의 나머지 상고 기각(2001다62114 판결)

【원고, 피항소인】 주식회사 신한은행 (소송대리인 변호사 장수길 등)

【피고, 항소인】 파산자 한화종합금융주식회사의 파산관재인 이임성 외 1인

【변론종결】 2001. 7. 19.

【원심판결】 서울지방법원 2001. 1. 12. 선고 98가합98767 판결

【주문】 1. 원심판결 중 4,508,418,197원을 초과하여 원고의 파산자 한화종합금융주식회사에 대한 파산채권을 확정한 피고 패소부분을 취소하고, 위 취소부분에 해당하는 원고의 청구를 기각한다. 2. 피고의 나머지 항소를 기각한다. 3. 소송총비용은 이를 4등분하여 그 1은 원고의, 나머지는 피고의 각 부담으로 한다.

【청구취지 및 항소취지】

1. 청구취지

원고는 파산자 한화종합금융주식회사에 대하여 5,972,602,739원의 채권을 가지고 있음을 확정한다.

2. 항소취지

원심판결 중 피고 패소부분을 취소하고, 위 취소부분에 대한 원고의 청구를 기각한다.

【이유】 1. 기초사실

가. 파산자 한화종합금융주식회사(이하 '한화종금'이라 한다)는 1997. 12. 10. IMF사태속에서 단기차입금을 상환할 능력을 상실한 관계로 재정경제부장관으로부터 일정한 범위의 외화채무를 제외한 일체의 채무에 대한 지급정지를 포함한 업무정지명령을 받았고, 1998. 2. 17. 재정경제부장관으로부터 영업인가취소를 받고 1998. 9. 18. 서울지방법원으로부터 파산선고를 받은 회사로서 피고들은 그 파산관재인들이다.

나. 원고는 1996. 12. 16. 한화종금과 사이에 거래금액 50억 원, 기간 1996. 12. 16.부터 1998. 6. 16.까지(기간분할시 자동연장), 할인이자 연 12.33%로 정하여 한화종금으로부터 기아자동차주식회사 발행의 약속어음을 보증CP(기업어음)로 처리

하여 할인매입하기로 하는 내용의 거래약정을 체결하고, 같은 날 한화종금으로부터 기아자동차주식회사 발행의 액면금 50억 원, 발행일 1996. 12. 16. 지급일 1997. 6. 16.로 된 약속어음 1장(이하 '제 1 어음'이라 한다)을 할인매입하였다. 당시 한화종금은 제 1 어음을 그대로 보관하면서 원고에게 약속어음보관증 및 매출계산서를 작성교부하였는데, 위 약속어음보관증에는 '담보CP'라는 기재가 되어 있고, 매출계산서의 배서보증인란에는 한화종금의 명판과 대표이사 직인이 날인되어 있다.

다. 제 1 어음의 만기가 도래하자 한화종금은 1997. 6. 16. 기아자동차주식회사로부터 동회사가 발행한 액면금 50억 원, 발행일 1997. 6. 16. 지급일 1997. 12. 16.로 된 약속어음(이하 '제 2 어음'이라 한다)을 할인이자율 연 12.36%로 계산한 만기까지의 이자 309,846,575원(50억 원 × 12.36/100 × 183/365, 원 미만은 버림, 이하 같다)에 할인매입하였고, 원고는 같은 날 한화종금으로부터 제 2 어음을 할인매입하면서 그 어음금에서 만기까지 183일간 연 12.33%의 비율에 의한 할인이자 309,094,520원(50억 원 × 12.33/100 × 183/365) 중 20% 상당의 이자소득세 61,818,900원을 공제한 나머지 247,275,620원을 차감계산한 4,752,724,380원을 한화종금에게 지급하였고, 한화종금은 1997. 6. 20. 종합금융회사업무운용지침 제16조 제 1 항에 따라 원고를 위하여 제 1 어음을 계속 보관하면서 원고에게 보관통장을 작성교부하였다. 위 보관통장의 구분란에는 앞서 본 바와 같이 담보부 기업어음임을 뜻하는 'W'가 표시되어 있다. 또한 한화종금은 제 2 어음을 할인매출하면서 원고에게 매출계산서를 작성교부하였는데, 그 배서보증인란에는 한화종금의 명판과 대표이사 직인이 날인되어 있다. 다만, 제 2 어음 이면의 한화종금 배서란에는 '단, 당배서인은 지급을 담보 아니함'이라는 기재가 있고, 한화종금 내부적으로 보관중인 제 2 어음에 대한 계좌별보관내역 및 통장내역의 각 구분란은 'CP'로 되어 있다.

라. 한편, 기아자동차주식회사에 대하여 1997. 10. 24. 서울지방법원 97파8358호로 회사정리절차개시신청이 있었고, 1997. 11. 5. 위 법원으로부터 재산보전처분결정이, 1998. 4. 15. 회사정리절차개시결정이 각 있었다. 원고는 제 2 어음의 만기 다음날인 1997. 12. 17. 한화종금에 대하여 제 2 어음금의 지급을 요구하였으나 한화종금은 이를 거부하였다. 원고는 1998. 5. 20. 위 정리절차와 관련하여 제 2 어음금 50억 원 및 이에 대한 만기일로부터 1998. 4. 14.까지 원고은행 소정 신탁계정 연체대출금리에 의하여 계산한 지연이자 419,520,546원을 포함하여 총 429,522,527,616원의 채권을 정리채권으로 신고하였다. 1998. 6. 10. 실시된 정리채권 조사시 제 2어음금에 대한 지연이자의 경우 법정이율에 의한 98,630,136원만 인정되었다. 그 후 금융기관 정리채권의 경우에는 원본의 59.67%를 면제하고, 원본의 22.95%를 출자전환하고, 나머지 원본의 17.38%를 3년 거치 후 7년간 매년 균등분할상환하고, 개시 후 이자는 이자 기산일 현재 3년 만기 무보증회사채 유통수익률을 적용하여 매분기 말에

상환하는 등의 내용으로 된 정리계획안이 작성되었고, 1998. 12. 28. 위 정리계획안이 인가되었는데, 이에 따라 제2어음금 50억 원 및 위와 같이 시인된 이자채권 98,630,136원 합계 5,098,630,136원 중 출자전환비율인 22.95%에 상당한 1,170,026,339원에 대하여는 기아자동차주식회사 주식 78,001주를 1주당 15,000원으로 계산하여 출자전환되었다. 기아자동차주식회사에 대한 정리절차는 2000. 2. 16. 종결되었는데, 현재 위 회사의 주식은 증권거래소에 상장된 채 정상적으로 거래되고 있고, 원고는 제2어음과 관련하여 출자전환으로 인수한 기아자동차주식회사의 주식 78,001주를 그대로 보유하고 있다.

마. 그 후 원고는 1998. 10. 한화종금의 파산절차에서 파산채권신고기간 내에 제2어음의 보증으로 인한 채권 50억 원 및 이에 대한 만기 다음날인 1997. 12. 17.부터 파산선고일 전날인 1998. 9. 17.까지 275일간 원고은행 소정의 신탁계정 연체대출금리(1997. 12. 17.부터 1997. 12. 18.까지 연 18.50%, 1997. 12. 19.부터 1997. 12. 25.까지 연 21%, 1997. 12. 26.부터 1998. 9. 17.까지 연 26%)에 의한 이자채권 972,602,739원{50억 원 × (18.50/100 × 2/365 + 21.00/100 × 7/365 + 26.00/100 × 226/365)} 등 합계 5,972,602,739원을 파산채권으로 신고하였으나, 피고가 1998. 11. 4. 채권조사기일에 원고가 신고한 위 채권 전액에 대하여 이의를 제기하므로, 원고는 피고를 상대로 파산채권 5,972,602,739원의 확정을 구하는 이 사건 소를 제기하였다.

2. 원고의 청구에 관한 판단

가. 주장

원고 소송대리인은 이 사건 청구원인으로, 한화종금이 기아자동차주식회사 발행의 제2어음을 원고에게 할인매출함에 있어서 그 지급을 보증하였는데, 그 후 만기 전에 기아자동차주식회사에 대한 회사정리절차와 관련하여 그 지급이 이루어지지 아니하였고, 따라서 원고는 한화종금에 대하여 그 어음금 50억 원 및 이에 대한 만기 다음날인 1997. 12. 17.부터 파산선고 전날인 1998. 9. 17.까지 원고 소정의 연체이율에 의한 이자 972,602,739원 등 합계 5,972,602,739원의 파산채권이 있으므로 그 확정을 구한다고 주장한다.

이에 대하여 피고는, 한화종금이 원고에 대하여 제2어음의 지급을 보증한 바가 없다고 다툰다.

나. 판단

(1) 앞서 인정한 바와 같이 원고가 1996. 12. 16. 한화종금과 사이에 거래금액 50억 원, 기간 1996. 12. 16.부터 1998. 6. 16.까지로 정하여 어음거래약정을 체결함에 있어서 기아자동차주식회사 발행의 약속어음을 보증CP로 처리하여 할인매입하고, 기간 분할시 자동연장하기로 약정하였고, 이에 따라 같은 날 한화종금으로부터 제1어음을 할인매입하면서 '담보CP'라고 기재된 약속어음보관증 및 배서보증인란

에 한화종금의 명판과 대표이사 직인이 날인된 매출계산서를 작성교부받았고, 지급일인 1997. 6. 16. 다시 같은 액면금으로 된 제 2 어음을 할인매입하면서 위 어음이 담보부 기업어음임을 뜻하는 'W'가 표시된 보관통장과 함께 제 1 어음의 경우와 마찬가지로 배서보증인란에 한화종금의 명판과 대표이사 직인이 날인된 매출계산서를 작성교부받았는바, 위 인정과 같은 사정에 비추어 보면 제 2 어음은 제 1 어음과 마찬가지로 한화종금이 그 지급을 보증한 어음이라 할 것이므로 원고는 한화종금에 대하여 위 어음금 상당의 보증채권을 가지는데, 이는 파산선고전의 원인으로 생긴 재산상의 청구권으로서 파산채권에 해당한다 할 것이다.

(2) 피고의 주장에 대한 판단

(가) 피고는, 한화종금이 제 2 어음 이면에 무담보배서를 하였고, 위 어음 매출시 원고에게 작성교부한 자유화매출계산서는 어디까지나 무보증어음을 매출할 때 사용하는 계산서로서 그 배서보증인란은 보증인 이외에 배서인도 기재하는 란이고, 한화종금이 보관하는 내부서류인 계좌별보관내역 및 통장내역의 각 구분란에도 'CP'로 되어 있는 점을 들어 제 2 어음이 무담보 내지 무보증어음이라고 주장하므로 살피건대, 종합금융회사에관한법률 제21조의 규정에 의거하여 제정된 종합금융회사업무운용지침 제16조 제 1 항 본문에 의하면 종금사가 발행·매출·중개하는 어음은 보관통장에 의하도록 되어 있고, 신용관리기금 발행의 종합금융회사실무교본에 의하면, 기업어음매출이란 매입절차를 필하여 보관중인 할인어음을 고객의 요청에 의하여 할인매출하는 것을 말하며, 그 종류로는 할인어음에 담보배서를 하여 매출함으로써 어음발행인이 지급거절시 그 채무를 종합금융회사가 부담하는 담보배서기업어음과 할인어음에 무담보배서를 하여 매출함으로써 어음발행인이 지급거절하여도 그 채무를 종합금융회사가 부담하지 않는 무담보배서기업어음 등이 있으며, 그 매출절차는 통상적으로 담당책임자가 창구담당자로부터 출납담당자를 거쳐 고객이 선택한 어음 및 어음매출계산서를 교부받은 후 위 어음매출계산서를 결재하고, 어음 뒷면에 담보 또는 무담보배서를 필하여 위 계산서와 함께 창구담당자에게 교부하면, 창구담당자는 보관통장 및 위 계산서를 고객에게 인도하고 어음은 금고에 보관하도록 되어 있어 결국 위 담보배서는 내부적인 업무처리절차에 불과하고, 기업어음매출절차는 위와 같이 보관통장에 의하도록 되어 있을 뿐이고, 실제로도 원고는 제 2 어음을 매입함에 있어 한화종금으로부터 보관통장만 교부받았을 뿐 어음 자체는 보지도 못한 점에 비추어 볼 때, 제 2 어음 이면의 한화종금 배서란에 무담보 취지의 기재가 있다고 하여 한화종금에게 보증책임이 없다고 볼 수는 없고, 나아가 한화종금이 제 2 어음 매출시 원고에게 작성교부한 자유화매출계산서가 무보증어음을 매출할 때 사용하는 계산서라거나, 한화종금의 내부서류에 제 2 어음이 'CP'로 되어 있다는 점만으로는 이를 인정하기 어려우므로 피고의 주장은 이유없다.

(나) 피고는, 종합금융회사의 건전한 육성을 확립하기 위하여 제정된 종합금융회사업무운용지침 제11조 제1항의 규정에 의하면, 종합금융회사가 무담보어음을 매출하는 때에는 자기 또는 타인이 직접 또는 간접으로 그 지급을 보증하는 내용의 각서 또는 보증서의 교부 기타 보증을 위한 일체의 행위를 할 수 없도록 되어 있는데, 이는 어음법상의 어음보증행위 이외의 이면보증행위를 금지하는 취지로서 원고도 금융기관으로서 종합금융회사가 이면보증행위를 할 수 없다는 사정을 잘 알면서 한화종금과 사이에 어음매입거래를 함에 있어서 이면각서로서 확약서를 작성하였으므로 이는 무효이고, 보관통장상 'W'라는 문구는 원고의 내부적인 사무처리상의 필요에 의한 요청으로 제2어음이 외관상 보증어음인 것처럼 보이게 하기 위하여 기입된 것에 불과하고, 원고 스스로 제2어음이 보증어음이 아님을 잘 알고 있었으므로 이는 비진의 의사표시로서 무효라고 주장하나, 종합금융회사업무운용지침상 어음법상의 보증 이외에 이면보증을 금지하였다고 하더라도, 위와 같은 운용지침이 원고에 대하여도 효력을 미친다고 볼 수는 없고, 보관통장상 'W'라는 문구를 기입한 행위가 비진의 의사표시라고 볼 증거도 없으므로 피고의 주장은 이유없다.

나아가 피고는, 원고가 종합금융회사의 이면보증행위가 금지되어 있는 사정을 잘 알았거나 또는 알 수 있었음에도 불구하고 과실로 이를 알지 못한 채 한화종금의 이면보증하에 제2어음을 할인매입하여 한화종금으로 하여금 그 보증채무를 부담하는 손해를 입게 하였으므로 원고의 과실비율만큼 상계하여야 한다고 주장하나, 원고가 한화종금과의 거래약정에 기하여 피고에게 보증인으로서의 책임을 묻는 이 사건에 있어서 원고에게 피고 주장과 같은 과실이 있다 하더라도 그 과실비율만큼 피고의 보증책임이 소멸한다고 보기는 어려우므로 피고의 주장은 이유없다.

(다) 피고는, 제2어음의 보관통장상 담보부 기업어음임을 뜻하는 'W'라는 표시는 권한 없는 직원이 임의로 작성한 것으로서 그 표시행위는 한화종금에 대한 관계에서 무권대리행위로서 효력이 없다고 주장하나, 앞서 인정한 바와 같이 당초 원고가 한화종금과 사이에 어음거래약정을 체결함에 있어서 기아자동차주식회사 발행의 약속어음을 보증CP로 처리하여 할인매입하기로 약정하였고, 위 약정에 기하여 최초로 매입한 담보CP인 제1어음의 만기가 도래하자, 그 기간을 연장한다는 차원에서 동일한 조건으로 제2어음을 매입한 경위에 비추어 볼 때, 제2어음의 보관통장상 담보부 기업어음임을 뜻하는 'W'라는 표시는 한화종금의 담당직원이 그 권한범위 내에서 적법유효하게 한 것으로 봄이 상당하고, 달리 반증이 없으므로 피고의 주장은 이유없다.

(라) 피고는 가사 제2어음이 보증어음이라 하더라도, 한화종금이 무담보어음인 제2어음의 지급을 보증함으로써 채무를 증가시켜 책임재산의 감소를 초래케 하였고, 원고로서도 한화종금이 업무운용지침에 위반하여 보증행위를 하는 사정을 잘

알면서 제 2 어음을 보증조건으로 매입하였는바, 이는 파산법 제64조 제 1 호 본문 소정의 '파산자가 파산채권자를 해함을 알고 한 행위'에 해당하므로 파산재단을 위하여 그 보증행위를 부인한다고 주장하나, 동호 단서 규정에 의하면 파산자가 파산채권자를 해함을 알고 한 행위라고 하더라도 이로 인하여 이익을 받은 자가 그 행위 당시에 파산채권자를 해하게 되는 사실을 알지 못한 때에는 예외로 한다고 되어 있는데, 수익자인 원고가 제 2 어음의 매입 당시 한화종금이 업무운용지침에 위반하여 보증행위를 하는 사정을 알고 있었다고 하더라도, 이와 같은 사정만으로는 원고가 제 2 어음의 매입 당시 파산채권자를 해하게 되는 사실을 알고 있었다고 보기는 어렵고, 달리 이를 인정할 증거가 없으므로 피고의 주장은 이유없다. (피고의 주장 자체에 의하더라도 제 2 어음의 할인매출 당시 기아자동차주식회사는 A급적격업체로 분류되어 있던 관계로 기아자동차주식회사로부터 보증료도 받은 바가 없다는 것으로, 이와 같은 사정을 고려하면 원고가 제 2 어음의 매입 당시 파산채권자를 해하게 되는 사실을 알고 있었다고 보기는 더더욱 어렵다)

(마) 피고는, 한화종금이 기아자동차주식회사로부터 제 2 어음을 연 12.36%의 할인률로 매입하여 이를 원고에게 연 12.33%의 할인율로 매도하였는바, 위와 같은 매입매출거래로 인하여 한화종금이 차지하는 거래차익은 어음 액면금에 대한 연 0.03%(12.36% − 12.33%)의 비율에 의한 금액으로 무담보어음 매입매출에 있어서의 통상 거래차액인 액면금에 대한 연 0.05% 내지 0.2%의 비율에 의한 금액보다 훨씬 적어 매매에 따른 수수료에 불과할 뿐 보증의 대가가 포함된 것이 아니므로 파산법 제64조 제 5 호 소정의 '파산자가 지급정지 또는 파산신청이 있은 후 또는 그 전 6월내에 한 무상행위 및 이와 동시(同視)하여야 할 유상행위'로서 부인권의 대상이 되는 행위에 해당한다고 주장하므로 살피건대, 앞서 인정한 바와 같이 원고로서는 한화종금으로부터 제 2 어음을 할인매입함에 있어서 그 어음금에서 만기까지 연 12.33%의 비율에 의한 할인이자 309,094,520원(할인이자에 대한 20% 상당의 이자소득세를 공제하기 전의 금액으로 이자소득세는 한화종금이 원천징수한 것에 불과할 뿐 한화종금이 이를 차지한 것은 아니다)을 공제한 4,690,905,480원을 한화종금에 대가로 지급한 것이고, 한화종금이 기아자동차주식회사로부터 제 2 어음을 할인매입함에 있어서 연 12.36%의 비율에 의한 할인이자를 지급한 것과 비교하여 볼 때, 결과적으로 한화종금으로서는 제 2 어음의 매입매출거래로 인하여 액면금에 대한 연 0.03%의 비율에 의한 거래차익을 얻었을 뿐이고, 이는 무담보어음 매입매출에 있어서의 통상 거래차액인 액면금에 대한 연 0.05% 내지 0.2%의 비율에 의한 금액보다도 적다 하더라도, 위와 같은 사정만으로는 한화종금이 제 2 어음의 매입매출로 인하여 취득한 거래차익이 매매에 따른 수수료에 불과할 뿐 담보의 대가가 포함된 것이 아니라고 보기는 어렵고, 달리 이를 인정할 만한 사정에 관한 주장입

증이 없을 뿐만 아니라, 나아가 원고가 제 2 어음을 할인매입함에 있어서 출연한 대가가 그 어음금에서 연 12.33%의 비율에 의한 할인이자를 공제한 나머지 금액이지 피고가 주장하는 바와 같이 한화종금이 그 매입매출거래에서 최종적으로 얻은 액면금에 대한 0.03%의 비율에 의한 거래차익이 아니고, 한화종금의 제 2 어음에 대한 보증행위가 그 할인매출행위와 분리된 별개의 행위가 아니라는 점에서 한화종금이 원고에게 제 2 어음을 보증조건하에 할인매출한 행위를 무상행위 또는 이와 동시하여야 할 정도로 원고가 반대급부로서 출연한 대가가 너무 근소하여 경제적으로 대가로서의 의미가 없는 유상행위라고 보기도 어려우므로 피고의 주장은 이유없다.

(바) 피고는, 기아자동차주식회사의 정리절차에서 제 2 어음금채권을 포함한 원고의 정리채권중 22.95%가 출자전환되어 소멸하였으므로 한화종금에 대한 보증채권도 동액만큼 소멸되었다고 주장하므로 살피건대, 회사정리법 제240조 제 2 항의 규정에 의하면 정리계획은 정리채권자 또는 정리담보권자가 정리회사의 보증인 기타 정리회사와 함께 채무를 부담하는 자에 대하여 가진 권리와 정리회사 이외의 자가 정리채권자 또는 정리담보권자를 위하여 제공한 담보에 영향을 미치지 아니하도록 되어 있는바, 정리절차에서 회사 갱생을 위한 정리계획의 일환으로 특히 금융기관들의 채권을 출자전환하는 것은, 정리회사의 순자산가치가 대부분 마이너스이므로 채무의 감소 및 자본충실을 통하여 회사의 갱생을 도모하기 위하여 정리회사의 순자산가치와는 관계없이 금융기관의 채권을 주식으로 전환하는 것으로 출자전환되는 채권의 상당부분은 사실상 정리회사의 책임을 면제하는 효과를 낳는다는 점에서 일반적인 출자전환의 경우와는 달리 정리채권자가 출자전환으로 인하여 채권의 만족을 얻음과 동시에 채권자의 지위를 상실하고, 보증인에 대하여도 보증채무의 이행을 구할 수 없다고 볼 수는 없다. 다만, 정리채권자가 출자전환된 주식의 양도나 그 배당금의 수령 등으로 현실적으로 금전적 만족을 얻었다거나 기타 이에 준하는 특별한 사정이 있는 경우에만 출자전환으로 인하여 얻은 이득액에 상당하는 채권이 상계 내지 대물변제 등으로 소멸된 것과 동일시할 수 있다 할 것이다. 그런데 이 사건의 경우에는 원고가 출자전환으로 취득한 기아자동차주식회사의 주식을 매각하지 않은 채 그대로 보유하고 있다 하더라도, 그 후 정리절차가 종결되고 기아자동차주식회사의 주식이 증권거래소에서 정상적으로 거래유통되고 있는 이상, 원고로서는 언제라도 출자전환으로 인수한 주식을 자유로이 처분하여 환가할 수 있다는 점에서 보유주식의 증권거래소에서의 시세에 상당한 금전적 만족을 현실적으로 얻고 있다고 봄이 상당하다 할 것인데, 증거에 의하면, 이 사건 변론종결일에 가까운 2001. 7. 16. 현재 종가 기준으로 거래소에서의 기아자동차주식회사 주식의 시세가 1주당 9,200원인 사실이 인정되므로, 원고가 출자전환으로 취득한 기아자동차주식회사의 주식 78,001주의 평가액인 717,609,200원(78,001주×9,200원) 범위 내

에서 보증인인 한화종금에 대한 채권도 소멸하였다고 봄이 상당하고, 피고의 주장은 위 인정범위 내에서 이유있다 할 것이다.

(3) 이 사건 파산채권의 범위

원고 소송대리인이 이 사건 소로써 확정을 구하는 파산채권은 제2어음금 50억원 및 이에 대하여 원고가 구하는 만기 다음날인 1997. 12. 17.부터 파산선고 전날인 1998. 9. 17.까지 275일간의 지연이자중 원고가 출자전환으로 만족을 받은 717,609,200원을 공제한 나머지 금액 범위 내에서 인정되는바, 그 지연이자와 관련하여 보건대, 원고 소송대리인은 원고 소정의 연체이율을 적용하거나, 그렇지 않다 하더라도 제2어음의 보관통장에 인쇄된 거래약관의 기재와 같이 한화종금 소정의 연체이율을 적용하여야 한다고 주장하나, 원고 소정의 연체이율이 적용될 하등의 근거가 없고, 다만 제2어음의 보관통장에 인쇄된 거래약관에 의하면, 보관중인 당사 매출기업어음이나 중개어음에 대하여 만기일 전날까지 반환요청이 없을 때에는 당사가 이를 지급은행에 교환회부하고, 별도의 지시가 없을 경우 그 결제대전을 당사가 임의보관하고 당사 소정의 이율을 적용하여 지급하는 것으로 되어 있으나, 통상 금융기관의 금융상품의 경우 약정기간 종료 후 적용되는 이율이 그 성격상 약정기간 동안 적용된 이율보다 훨씬 낮은 점에 비추어 보더라도 위 약관 소정의 '당사 소정의 이율'을 한화종금의 연체이율로 해석할 수는 없을 뿐만 아니라, 위 약관 자체의 문언에 의하더라도 어음이 결제되어 그 대전을 한화종금이 보관하고 있는 경우가 아닌 한 한화종금 소정의 이율이 적용될 수는 없는 것인데, 현재까지 제2어음이 결제되지 아니한 점은 앞서 본 바와 같다.

다만, 한화종금은 보증인으로서 주채무자인 기아자동차주식회사의 어음금지급채무에 적용되는 어음법상의 법정이율인 연 6푼의 비율에 의한 지연이자를 지급할 의무가 있다 할 것이다.

따라서 원고가 이 사건 소로써 확정을 구하는 파산채권은 4,508,418,197원{50억원 × (1 + 6/100 × 275/365) − 717,609,200원}이 된다.

3. 결론

그렇다면 원고는 한화종금에 대하여 4,508,418,197원의 파산채권을 가지고 있다 할 것이므로, 그 확정을 구하는 원고의 이 사건 청구는 위 인정범위 내에서 이유있어 이를 인용하고, 나머지 청구는 이유 없어 이를 기각할 것인바, 이와 일부 결론을 달리한 원심판결은 부당하므로 원심판결 중 4,508,418,197원을 초과하여 원고의 한화종금에 대한 파산채권을 확정한 피고 패소부분을 취소하고, 위 취소부분에 해당하는 원고의 청구를 기각하고, 피고의 나머지 항소를 기각하기로 하여 주문과 같이 판결한다.

재판장 판사 박성철 신해중 조원철

[해설]

보증인은 주채무자와 함께 전부의 채무를 이행하여야 하므로 채권자는 파산법 제19조에 따라 보증인이 파산선고를 받은 때를 기준으로 하여 파산채권 전액으로 파산절차에 참가할 수 있고 보증인의 파산선고 후에 주채무자로부터 일부 변제를 받더라도 파산채권 전액에 영향을 받지 아니한다. 이를 현존액주의라고 하며 회사정리절차에도 같은 법리가 적용된다. 이미 대법원 2002다24379 판결에서 확인된 바 있다. 현존액주의는 일부 변제를 한 다른 전부의무자의 이익보다도 인적담보를 가지는 채권자의 이익을 우선시키는 것이지 채무자에 대한 일반채권자보다 인적담보를 가지는 채권자의 이익을 보호하려는 것은 아니다.[1] 민법의 보증인의 부종성 원칙은 파산법의 현존액주의로 인하여 수정된다. 보증인에 대하여 파산선고가 개시된 이후에 주채무자로부터 채무 일부를 변제받거나 주채무자가 회사정리절차가 개시되어 출자전환으로 일부 변제를 받더라도 그것이 채권 전액으로서 채무 전부가 소멸되기 이전까지 보증인의 파산절차에서는 처음 파산선고시에 확정된 파산채권액을 기준으로 파산절차에 참가할 수 있고 파산채권자는 일부 변제받은 금액에 대하여 채권신고를 취하할 의무가 없다. 이를 인정하게 되면 현존액주의가 훼손되기 때문이다. 보증인의 파산관재인이 채권신고를 취하하여 줄 것을 요구하기도 하나 이는 법에 어긋나는 행위로서 이로 인하여 배당액의 지급을 지체하는 경우에는 신법 제361조(파산법 제154조)에 의하여 손해배상책임을 질 수 있다.[2] 대법원 2003다61566 판결은 채권신고를 취하할 의무가 없음을 명시하였다.

또한 대법원 2001다62114 판결의 원심은 보증인의 파산선고일과 주채무자로부터 채권의 일부 만족을 받은 날짜를 고려하지 않고 보증인의 부종성 법리를 그대로 적용하였으나 대법원은 다음의 법리를 명시한 후 원심판결을 파기하였다. 즉 보증인의 파산선고일 이후에 파산채권자가 주채무자의 회사정리절차 등에서 일부 채권의 만족을 받더라도 보증인에 대한 파산채권액에 변동을 가져오는 것이 아니다.

---

1) 伊藤眞, “現存額主義 再考,” 倒産法大系, 弘文堂(2001), 53면.

2) 서울중앙지방법원 2003. 10. 24. 선고 2002가합70827 판결은 파산관재인이 파산채권자를 배당에 참가시키지 아니한 행위가 불법행위를 구성한다고 하여 손해배상을 명하였다. 그러나 항소심에서 파산관재인에 대한 부분은 취하되었다.

(3) **서울남부지방법원** 2005. 1. 14. **선고** 2004**가합**9603 **판결【파산채권에 관한 권리존재확인】**(확정) [각공2005. 4. 10.(20), 518] * **각주는 판결문에 있는 것임.**

【판결요지】

[1] 확인의 소는 원고의 권리 또는 법률상의 지위에 현존하는 불안·위험이 있고, 확인판결을 받는 것이 그 분쟁을 근본적으로 해결하는 가장 유효·적절한 수단일 때에 허용되는 것이므로, 만일 별도의 직접적인 권리구제수단이 존재하는 경우에는 그에 의하여야 할 것이고, 이러한 점에서 이행을 구하는 소를 제기할 수 있는데도 불구하고 확인의 소를 제기하는 것은 분쟁의 종국적인 해결 방법이 아니어서 그 확인의 이익이 없다.

[2] 파산법 제15조는 "파산채권은 파산절차에 의하지 아니하고는 이를 행사할 수 없다"라고 규정되어 있으므로, 파산선고 후 파산회사에 대하여 파산채권을 행사하기 위해서는 그 명목 여하에 불구하고 먼저 이를 파산채권으로 신고한 후 그에 따른 파산관재인의 시·부인 여하에 따라 파산채권으로 확정받거나 부인된 채권에 대해서는 파산법의 규정에 따른 파산채권확정의 소를 제기함으로써 파산채권의 확정을 받아야만 하고, 따라서 파산회사가 그 권리를 부인한다 하더라도 위와 같은 파산채권확정의 소에 의하지 아니한 채 일반 확인의 소 또는 이행의 소로써 그 권리의 확인·이행을 구하는 것은 허용되지 아니한다 할 것인데, 이와 같은 법리는 파산회사에 대하여 장래 구상채권을 가지는 자가 위 채권을 파산채권으로 신고하였으나 주채권자가 이미 그 채권 전액을 파산채권으로 신고하였다는 이유로 파산관재인으로부터 부인당한 후 그 채권의 일부 또는 전부를 실제로 대위변제하였음을 주장하며 파산회사에 대하여 그 대위변제한 부분에 관한 파산채권을 행사하고자 하는 경우에도 마찬가지로 적용된다.

[3] 주채권자가 채권의 전액에 관하여 파산채권자로서 권리를 행사한 때에는 그 후 물상보증인 또는 제3취득자가 그 채권의 일부를 대위변제함으로써 구상권을 취득하였다 하더라도, 위 대위변제금과 다른 채무자 및 파산회사가 변제한 금액의 합계가 주채권자의 채권 전액에 달함으로써 주채권자가 완전한 만족을 얻게 되는 경우가 아닌 한, 그 대위변제한 금액만큼 주채권자의 파산채권이 감액되고 대신 물상보증인 또는 제3취득자가 그 부분의 파산채권을 취득하게 되는 것은 아니다.

【참조 조문】[1] 민사소송법 제250조/[2] 파산법 제14조, 제15조, 제19조, 제21조, 제201조, 제213조, 제217조/[3] 파산법 제19조, 제21조

【원고】정리회사 한주케미칼 주식회사의 관리인 권택영 (소송대리인 법무법인 삼한 담당변호사 김광년)

【피고】파산자 한국산업증권 주식회사의 파산관재인 박근우 외 1인 (소송대리인

법무법인 지평 담당변호사 조병규)

【변론종결】 2004. 12. 10.

【주문】 1. 이 사건 소 중 피고들에 대한 주위적 청구 부분을 각하한다. 2. 원고의 피고들에 대한 이 사건 예비적 청구를 모두 기각한다. 3. 소송비용은 원고의 부담으로 한다.

【청구취지】 주위적 청구취지

정리회사 한주케미칼 주식회사가 파산자 한국산업증권 주식회사의 파산자 주식회사 한주에 대한 파산채권 금 30,183,946,728원 중 금 3,028,211,100원에 관해 그 권리를 행사할 수 있음을 확인한다.

예비적 청구취지

1. 피고 파산자 한국산업증권 주식회사의 파산관재인 박근우는 파산자 한국산업증권 주식회사의 파산자 주식회사 한주에 대한 파산채권 금 30,183,946,728원 중 금 3,028,211,100원에 관한 채권자 명의를 정리회사 한주케미칼 주식회사로 변경하는 신고절차를 이행하라.

2. 피고 파산자 주식회사 한주의 파산관재인 최재호는 위 파산채권자 명의변경 신고를 수리하여 그에 따라 채권표상의 명의변경절차를 이행하라.

【이유】 1. 인정사실

가. 파산 전 한국산업증권 주식회사(위 회사는 1999. 3. 13. 서울지방법원으로부터 파산선고를 받고 그 파산관재인으로 박근우가 선임되었다. 이하 위 파산전후 회사와 그 파산관재인을 포괄하여 '피고 한국산업증권'이라 한다)는 파산 전 주식회사 한주(위 회사는 1998. 2. 13. 인천지방법원으로부터 정리절차개시결정을 받았다가 1999. 1. 11. 위 정리절차개시결정이 취소된 후 2001. 11. 14. 위 법원으로부터 파산선고를 받고 그 파산관재인으로 최재호가 선임되었다. 이하 위 파산전후 회사와 그 파산관재인을 포괄하여 '피고 한주'라 한다)가 1995. 5. 3.경 제15회 회사채를 발행함에 있어 위 회사채의 지급에 관해 금 70억 원의 지급보증을 하였다.

나. 위 지급보증 당시 피고 한국산업증권은 위 금 70억 원의 지급보증으로 인해 장래 피고 한주에 대해 가지게 될 구상채권을 담보하기 위하여 피고 한주로부터 그 소유의 경기 화성시 마도면 송정리 326-63 소재 토지 및 그 지상 냉장창고, 기계장치(이하 '이 사건 냉장창고'라 한다)에 대한 채권최고액 금 12,649,000,000원, 채권자 피고 한국산업증권, 채무자 피고 한주로 된 각 근저당권설정등기를 경료받았다.

다. 그런데 그 후 정리절차 개시 전 한주케미칼 주식회사(위 회사는 1998. 2. 13. 인천지방법원으로부터 정리절차개시결정을 받고 그 관리인으로 권택영이 선임되었다. 이하 위 정리절차전후 회사와 그 관리인을 포괄하여 '원고'라 한다)는

1995. 12. 31.경 피고 한주로부터 이 사건 냉장창고를 매수하고 그에 따라 1996. 3. 29. 원고 앞으로 소유권이전등기를 경료하였다(위 매수 당시 원고가 그 목적물에 설정된 위 근저당권에 대한 피담보채무를 피고 한주로부터 인수한 바는 없다).

라. 그 후 피고 한국산업증권은 1998. 3. 14. 원고에 대한 정리절차에서 이 사건 냉장창고에 대한 근저당권자로서 이 사건 냉장창고의 감정가액에 해당하는 금 3,364,679,000원의 채권을 원고에 대한 정리담보권으로 신고하였고, 이에 대해 원고도 위 신고채권을 정리담보권으로 시인해 주었는데, 그 후 2002. 7. 15.경 원고에 대한 회사정리계획이 변경되어 피고 한국산업증권의 위 정리담보권 중 10%는 면제하고 나머지 금 3,028,211,100원만을 원고가 1년 거치 후 3개년에 걸쳐 각 균등액으로 분할상환하기로 하는 내용으로 정리계획이 확정되었다.

마. 한편, 피고 한주에 대한 파산절차에서 피고 한국산업증권은 금 39,689,989,632원의 채권(위 채권 중에는 위 지급보증으로 인한 구상채권 전액이 포함되어 있었다)을 파산채권으로 신고하였고, 원고는 2001. 12. 28. 금 11,883,943,009원의 채권(위 채권 중에는 피고 한주에 의해 담보로 제공된 이 사건 냉동창고에 관한 사전구상채권 금 3,364,679,000원이 포함되어 있었다)을 파산채권으로 신고하였는데, 이에 대하여 피고 한주는 2002. 3. 11. 피고 한국산업증권에 대해서는 위 신고채권 금 39,689,989,632원 중 금 30,183,946,728원(위 채권 중에는 위 지급보증으로 인한 구상채권이 전액 포함되어 있었다)을 파산채권으로 시인해 준 반면, 원고에 대해서는 주채권자인 피고 한국산업증권이 그 채권 전액을 파산채권으로 신고하였다는 등의 이유에서 원고의 위 신고채권 전액을 부인하였다.

바. 한편, 원고는 그 후 위 확정된 정리계획에 따라 피고 한국산업증권에게 2002. 8. 2., 2003. 3. 31., 2004. 3. 31. 각 1,009,403,700원을 지급함으로써 위 정리담보권 합계 금 3,028,211,100원을 모두 지급하였고, 이에 따라 피고 한국산업증권은 2004. 5. 11.자로 이 사건 냉장창고에 설정된 위 각 근저당권설정등기를 모두 말소해 주었다.

2. 주위적 청구에 대한 판단

가. 주위적 청구의 요지

원고는 이 사건 주위적 청구로, 자신이 이 사건 냉동창고에 대한 제 3 취득자의 지위에서 그 가액에 상당하는 금 3,028,211,100원을 피고 한국산업증권에게 대위변제함에 따라 피고 한국산업증권의 파산채권은 금 3,028,211,100원만큼 감액되고 원고가 그 부분의 파산채권을 취득하게 되었음에도 불구하고, 피고들이 원고의 위 권리취득을 부인하며 이를 다투고 있으므로, 원고가 피고 한국산업증권의 피고 한주에 대한 파산채권 금 30,183,946,728원 중 금 3,028,211,100원에 관해 그 권리를 행사할 수 있음의 확인을 구하고 있다.

나. 피고들의 본안전 항변

이에 대하여 피고들은, 이 사건 주위적 청구는 그 확인의 이익이 없을 뿐만 아니라, 그 실질이 파산채권의 확정을 구하는 것이어서 파산채권확정의 소로 제기되어야 하는 것임에도 불구하고 일반 확인의 소로 구하고 있으므로 부적법하다고(피고들은 관할 위반을 주장하는 취지이나, 원고가 이 사건 주위적 청구취지로 파산채권의 확정을 구하고 있는 것이 아니라 일반적 권리 확인을 구하고 있는 것임을 명백히 하고 있으므로, 이에 대하여는 파산채권확정의 소에 있어서의 관할 위반 문제로 다룰 것이 아니라 소송요건의 충족 여부로 다룸이 타당하다) 본안전 항변을 한다.

다. 판단

(1) 먼저, 피고 한국산업증권에 대한 주위적 청구에 관해 살피건대, 확인의 소는 원고의 권리 또는 법률상의 지위에 현존하는 불안·위험이 있고, 확인판결을 받는 것이 그 분쟁을 근본적으로 해결하는 가장 유효·적절한 수단일 때에 허용되는 것이므로(대법원 2002. 6. 28. 선고 2001다25078 판결 참조), 만일 별도의 직접적인 권리구제수단이 존재하는 경우에는 그에 의하여야 할 것이고, 이러한 점에서 이행을 구하는 소를 제기할 수 있는데도 불구하고 확인의 소를 제기하는 것은 분쟁의 종국적인 해결 방법이 아니어서 그 확인의 이익이 없다 할 것이다(이른바 '확인의 소의 보충성').

그런데 이 사건에서는 원고가 대위변제한 위 금 3,028,211,100원에 관한 채권을 파산절차에서 행사하기 위해서는 피고 한국산업증권을 상대로 위 채권 부분에 관한 채권자 명의를 피고 한국산업증권에서 원고로 변경하는 명의변경 신고절차를 이행하라는 소(이는 원고가 이 사건 예비적 청구로써 구하고 있는 내용이다)를 제기하여 그에 따라 직접 그 명의 변경절차를 밟음으로써 분쟁을 직접적이고도 근본적으로 해결할 수 있는 것이므로,[1] 이러한 직접적인 권리구제수단을 취하지 아니하고 원고에게 그 권리 있음의 확인을 구하는 것은 그 확인의 이익이 없다 할 것이다.

(2) 다음으로, 피고 한주에 대한 주위적 청구에 관해 살피건대, 파산법 제15조는 "파산채권은 파산절차에 의하지 아니하고는 이를 행사할 수 없다"라고 규정되어 있으므로, 파산선고 후 파산회사에 대하여 파산채권을 행사하기 위해서는 그 명목 여하에 불구하고 먼저 이를 파산채권으로 신고한 후 그에 따른 파산관재인의 시·

---

[1] 파산절차의 실무에 의하면 가령, 파산채권 양도에 의한 채권표 명의변경 신고의 경우 신·구 채권자가 연명으로 신고하도록 되어 있고, 그 첨부서류로도 양도인의 인감증명서와 위임장을 제출하도록 되어 있어(단, 양도인이 신고시는 불요), 양도인이 그 명의변경 신고절차에 협조하지 아니하는 경우 양수인으로서는 양도인에 대해 그 명의변경 신고절차의 이행을 구할 필요성이 있다고 할 것이다.

부인 여하에 따라 파산채권으로 확정받거나 부인된 채권에 대해서는 파산법의 규정에 따른 파산채권확정의 소를 제기함으로써 파산채권의 확정을 받아야만 하고, 따라서 파산회사가 그 권리를 부인한다 하더라도 위와 같은 파산채권확정의 소에 의하지 아니한 채 일반 확인의 소 또는 이행의 소로써 그 권리의 확인·이행을 구하는 것은 허용되지 아니한다 할 것인데, 이와 같은 법리는 파산회사에 대하여 장래 구상채권을 가지는 자가 위 채권을 파산채권으로 신고하였으나 주채권자가 이미 그 채권 전액을 파산채권으로 신고하였다는 이유로 파산관재인으로부터 부인당한 후 그 채권의 일부 또는 전부를 실제로 대위변제하였음을 주장하며 파산회사에 대하여 그 대위변제한 부분에 관한 파산채권을 행사하고자 하는 경우에도 마찬가지로 적용된다고 보아야 할 것이다(대법원 2001. 6. 29. 선고 2001다24938 판결 참조).

그런데 이 사건에서는 원고가 피고 한주에 대한 파산절차에서 이 사건 냉동창고에 관한 위 장래 구상채권을 파산채권으로 신고하였으나 주채권자인 피고 한국산업증권이 이미 그 채권 전액을 파산채권으로 신고하였다는 이유로 파산관재인으로부터 부인당하였던 사실, 그 후 원고가 피고 한국산업증권에 대하여 금 3,028,211,100원을 대위변제한 사실은 앞서 본 바와 같으므로, 이와 같은 경우 원고가 파산회사인 피고 한주에 대하여 위 대위변제한 부분에 대한 권리를 행사하기 위하여는 파산법의 규정에 따라 피고 한주에 대해서 파산채권확정의 소를 제기하여야 할 것이다. 그럼에도 불구하고, 원고는 피고 한주에 대하여 일반 확인의 소로써 그 권리의 확인을 구하고 있으므로 이 부분 소는 부적법하다 할 것이다.

(3) 따라서 이 사건 소 중 피고들에 대한 주위적 청구 부분은 확인의 이익이 없거나 파산채권확정의 소의 형태를 취하지 아니한 것으로서 부적법하다 할 것이다.

3. 예비적 청구에 대한 판단

가. 예비적 청구의 요지

원고는 이 사건 예비적 청구원인으로, 자신이 이 사건 냉동창고에 대한 제3취득자의 지위에서 그 가액에 상당하는 금 3,028,211,100원을 피고 한국산업증권에게 대위변제함에 따라 피고 한국산업증권의 파산채권은 금 3,028,211,100원만큼 감액되고 원고가 그 부분의 파산채권을 취득하게 되었으므로, 원고가 취득한 위 파산채권의 행사를 위하여, 피고 한국산업증권에 대하여는 위 파산채권의 채권자 명의를 피고 한국산업증권에서 원고로 변경하는 명의변경신고절차의 이행을 구하고, 피고 한주에 대하여는 위 명의변경신고를 수리하여 그에 따라 채권표상의 명의변경절차를 이행할 것을 구하고 있다.

나. 판단

(1) 이 사건의 쟁점

이 사건의 쟁점은, 채권자가 그 채무자인 파산회사에 대한 채권 전액을 파산채권으로 신고한 경우, 채무자인 파산회사에 의해 담보로 제공된 담보물의 제 3 취득자가 파산선고 후에 그 피담보채무의 채권자(이하 '주채권자'라 한다)에게 위 피담보채무의 일부를 대위변제하였다면, 그 대위변제한 금액만큼 주채권자의 파산채권이 감액되고 대신 제 3 취득자가 그 부분의 파산채권을 취득하게 되는 것인지 여부이다.

(2) 관련 파산법 조항[2]

- 제19조(전부의무자가 파산한 경우의 파산채권액): 수인의 채무자가 각각 전부의 채무를 이행하여야 할 경우에 그 채무자의 전원 또는 수인이나 1인이 파산선고를 받은 때에는 채권자는 파산선고시에 가진 채권의 전액에 관하여 각 파산재단에 대하여 파산채권자로서 권리를 행사할 수 있다.

- 제20조(보증인이 파산한 경우의 파산채권액): 보증인이 파산선고를 받은 때에는 채권자는 파산선고시에 가진 채권의 전액에 관하여 파산채권자로서 그 권리를 행사할 수 있다.

- 제21조(장래의 구상권자): ① 수인의 채무자가 각각 전부의 채무를 이행하여야 할 경우에 그 채무자의 전원 또는 수인이나 1인이 파산선고를 받은 때에는 그 파산자에 대하여 장래행사하는 경우가 있을 구상권을 가진 자는 그 전액에 관하여 각 파산재단에 대하여 파산채권자로서 그 권리를 행사할 수 있다. 단, 채권자가 그 채권의 전액에 관하여 파산채권자로서 그 권리를 행사한 때에는 예외로 한다.

② 전항 단서의 경우에 전항의 구상권을 가진 자가 변제를 한 때에는 그 변제의 비율에 따라 채권자의 권리를 취득한다.

③ 전 2항의 규정은 담보를 제공한 제삼자가 파산자에 대하여 장래행사하는 경우가 있을 구상권에 이를 준용한다.

- 제22조(수인이 일부보증을 한 때의 파산채권액): 제19조, 제20조 및 전조 제 1 항 및 제 2 항의 규정은 수인의 보증인이 각각 채무의 일부를 보증하는 경우에 그 보증하는 부분에 이를 준용한다.

(3) 판단

(가) 먼저, 파산법 제19조에 따르면, 수인이 각각 전부의 이행을 할 의무를 지는 경우에 그 1인에 관하여 파산절차가 개시되고, 채권자가 채권의 전액에 관하여 파산채권자로서 권리를 행사한 때에는, 파산회사에 대하여 장래의 구상권을 가진 자는 파산채권자로서 권리를 행사할 수 없게 되지만, 장래의 구상권자가 훗날 채권 전액을 대위변제한 경우에는 채권 신고명의의 변경을 함으로써 채권자의 권리를 대위 행사할 수 있다고 할 것이고, 이와 달리 채권의 일부에 대하여 대위변제가 있는 때에는 채권자만이 파산선고 당시 가진 채권의 전액에 관하여 파산채권자로서

---

[2] 회사정리법에도 이와 동일한 내용으로 규정되어 있다(제108조-제111조).

권리를 행사할 수 있을 뿐, 채권의 일부에 대하여 대위변제를 한 구상권자가 자신이 변제한 가액에 비례하여 채권자와 함께 파산채권자로서 권리를 행사하게 되는 것이 아니라고 할 것이다(대법원 2001. 6. 29. 선고 2001다24938 판결 참조[3]).

(나) 그런데 위와 같은 법리가 파산회사를 위해 담보를 제공한 물상보증인 또는 그 담보목적물의 제 3 취득자에게도 동일하게 적용되는지 여부에 대하여 살피건대, 다음과 같은 이유, 즉 ① 장래 구상권자에 의한 일부 대위변제의 경우에 위와 같이 해석하는 주요한 이유는, 만일 그와 같이 해석하지 아니한다면 주채권자가 채권의 완전한 만족을 얻기까지는 파산선고 당시 가지는 채권 전액에 대하여 권리행사를 할 수 있고 그 후의 일부 변제에 의하여 영향을 받지 아니한다는 취지의 파산법 제19조의 이른바 '현존액주의'[4]와 저촉되기 때문인데, 이러한 파산법 제19조의 '현존액주의'는 파산회사를 위해 담보를 제공한 물상보증인 또는 그 담보목적물의 제 3 취득자에 대하여도 동일하게 적용 또는 유추적용되어야 할 것이라는 점,[5] ② 위와 같이 장래 구상권자가 일부 대위변제한 경우에도 주채권자만이 파산선고 당시 가진 채권의 진액에 관하여 파산채권자로서 권리를 행사할 수 있다고 해석하는 근본적인 이유는 동일 채무에 대하여 이중의 권리행사가 이루어지는 것을 방지함과 동시에 주채권자와 구상권자의 권리 사이에서는 주채권자의 권리에 우월성을 인정함이 타당하기 때문인데,[6] 이러한 측면에서 볼 때 주채권자의 권리와 물상보증인 또는 제 3 취득자의 구상권이 충돌할 경우에도 주채권자의 권리를 우선함이 타당한 것으로 보이는 점[7] 등에 비추어 볼 때, 주채권자가 채권의 전액에 관하여 파산채권자로서 권리를 행사한 때에는 그 후 물상보증인 또는 제 3 취득자가 그 채권의 일부를 대위변제함으로써 구상권을 취득하였다 하더라도, 위 대위변제금과 다른 채무자 및 파산회사가 변제한 금액의 합계가 주채권자의 채권 전액에 달함으로써

---

[3] 위 판결은 회사정리절차에 관한 판례이나, 파산절차에서도 이와 동일하게 보아야 할 것이다.

[4] 이는 채권자의 만족 확보를 위함이다.

[5] 파산절차에서 물상보증인 또는 제 3 취득자와 인적보증인을 서로 달리 취급해야 할 특별한 이유가 없는 점, 1인 또는 수인의 보증인이 채무의 일부에 대하여만 보증한 경우에도 그 부담부분의 한도 내에서는 위 파산법 제19조가 준용된다고 해석되는 점(파산법 제22조 참조), 채권자의 입장에서는 인적담보의 경우보다 물적담보의 경우에 더욱 강력한 담보기능을 가지는 것으로 파악하여 그 채권회수에 좀더 유리하게 기능할 것으로 기대하는 것이 보통이므로, 이러한 물적담보의 경우에 파산법 제19조가 적용되지 않는다고 해석하게 되면 인적담보의 경우보다 물적담보의 경우에 오히려 채권자가 더 불리한 위치에 처하게 되는 결과가 초래되는 점 등에 비추어 보면, 파산법 제19조는 물상보증인이나 제 3 취득자의 경우에도 동일하게 적용 또는 유추적용된다고 해석함이 타당하다.

[6] 민법상의 일부대위에 관한 대법원 1988. 9. 27. 선고 88다카1797 판결 참조.

[7] 만일, 물상보증인이나 제 3 취득자가 일부 변제한 경우 그 금액만큼 주채권자의 파산채권이 감액된다고 해석한다면, 그와 같이 해석하지 아니하는 경우에 비해 주채권자가 배당받게 될 금액이 줄어들 가능성이 있어, 이는 주채권자의 권리보다 물상보증인이나 제 3 취득자의 구상권을 우선시하는 결과가 된다.

주채권자가 완전한 만족을 얻게 되는 경우가 아닌 한, 그 대위변제한 금액만큼 주채권자의 파산채권이 감액되고 대신 물상보증인 또는 제3취득자가 그 부분의 파산채권을 취득하게 되는 것은 아니라고 해석함이 타당하다(즉, 앞서 본 법리는 파산회사를 위해 담보를 제공한 물상보증인 또는 그 담보목적물의 제3취득자에게도 동일하게 적용되는 것이라고 보아야 할 것이다).

(다) 이 사건에서 보건대, 원고가 피고 한국산업증권에게 대위변제한 금액은 금 3,028,211,100원으로서 이는 피고 한국산업증권이 신고한 파산채권 금 39,689,989,632원에 미치지 못하고, 따라서 피고 한국산업증권이 채권의 전액에 관하여 만족을 얻지 못한 이상은, 피고 한국산업증권만이 파산선고 당시 가진 채권의 전액에 관하여 파산채권자로서 권리를 행사할 수 있다고 할 것이고, 원고가 변제한 가액에 비례하여 피고 한국산업증권이 가진 파산채권을 취득한다거나 피고 한국산업증권과 함께 파산채권자로서 권리를 행사할 수 있게 되는 것은 아니라고 할 것이다.

(라) 따라서 이와 달리, 물상보증인 또는 제3취득자의 경우에는 파산법 제19조가 적용되지 않으므로 파산선고 후 그 담보권에 기해 주채권자가 채권의 일부의 만족을 얻은 경우에는 그 한도에서 주채권자의 파산채권은 감액되고 물상보증인 또는 제3취득자는 그 부분의 파산채권을 취득하여 파산절차에 참가할 수 있다는 전제에서, 피고 한국산업증권에 대하여는 피고 한국산업증권으로부터 원고에게로의 파산채권자 명의변경 신고절차의 이행을 구하고, 피고 한주에 대하여는 위 명의변경신고를 수리하여 그에 따라 채권표상의 채권자명의변경절차를 이행할 것을 구하고 있는 이 사건 각 예비적 청구는 더 나아가 살펴볼 필요 없이 모두 이유 없다.[8]

4. 결론

그렇다면 이 사건 소 중 피고들에 대한 주위적 청구 부분은 각하하고, 원고의 피고들에 대한 이 사건 예비적 청구는 모두 기각하기로 하여 주문과 같이 판결한다.

재판장 판사 김창보 전영준 이창현

[해설]

주채무자가 파산하여 보증인이 일부 변제한 경우에 현존액주의가 적용됨을 확인하는 판례는 많이 축적되었으나 물상보증인이 일부 변제를 한 경우에도 적용되는지에 관하여는 의문이 있었다. 만일 현존액주의를 부정하는 견해[3]에 따르게 되면

---

[8] 피고 한주에 대해서는, 위 채권자 명의변경신고를 수리하여 채권표상의 채권자명의를 변경하는 것은 피고 한주가 아닌 파산법원에서 할 일이어서, 피고 한주로서는 위 명의변경신고의 수리 및 채권자명의변경절차의 이행에 관하여 아무런 권한 및 의무가 없으므로, 이러한 점에서도 위 청구는 이유 없는 것이다.

3) 서울지방법원의 실무는 과거 물상보증인에 대하여는 현존액주의가 적용되지 아니하는 것으

물상보증인은 감액된 부분의 권리를 파산채권자로부터 취득하여 파산채권자와 함께 채무자에 대한 파산절차에 참가하게 된다. 이 판결은 자세한 이유를 설시하면서 물상보증인에 대하여도 현존액주의가 적용됨을 처음으로 긍정하였다는 점에 의의가 있다.[4] 日本은 最高裁判所가 물상보증인에게도 현존액주의가 준용된다고 판시하자[5] 이를 입법에 반영하여 신 파산법 제104조 제5항을 개정하면서 물상보증인의 경우에도 준용함을 명시함으로써 입법적으로 해결하였다. 비록 우리 나라의 신법에 日本과 같은 명문의 규정은 없으나 대상 판결의 법리가 신법에서도 적용될 것으로 예상한다.

파산채권자는 파산법이 정하는 바에 따라 파산채권조사절차를 거쳐 파산채권이 확정된 후 배당절차에 참가하는 방법을 따라야 하므로 이를 통하지 않고 직접 파산자를 상대로 이행소송을 구하는 것은 물론 일반 확인의 소로써 파산채권의 확인을 구하는 것은 부적법하다. 이 판결은 이러한 법리를 확인하였다.

▶ 〈제20조〉 보증인이 파산한 경우

(1) **대법원** 2002. 1. 11. **선고** 2001**다**64035 **판결 【청구이의등】** [**공보불게재**]

【판결요지】

[1] 주채무자인 정리회사가 정리계획에 따라 변제한 금액이 있는 경우에는 지급보증인인 파산자로서는 그 금액의 공제를 주장할 수 있고, 정리계획에서 정리채권자가 인수한 사채 원금 30%에 대하여 출자전환하기로 하면서 이 부분은 신주 발행의 효력발생일에 당해 채권액이 변제된 것으로 갈음하기로 규정하였으므로, 만약 파산선고 전에 위와 같은 일부 변제의 효력이 발생하였다면 당연히 이를 공제한 잔액이 파산채권액이 된다(이 경우 신주발행의 효력발생일 당시를 기준으로 하여 채권자가 인수한 신주의 시가를 평가하여 그 평가액을 공제한 잔액이 파산채권액이 될 것이고, 신주의 액면가액을 공제한 잔액이 파산채권액이 된다고 볼 수는 없다).

[2] 파산선고 후에 파산채권자가 다른 채무자로부터 일부변제를 받거나 다른 채무자에 대한 회사정리절차 내지 파산절차에 참가하여 변제 또는 배당을 받았다 하

로 처리하였으나(파산사건실무(개정판)(2001), 225면), 현재에는 유추적용된다는 입장이다(법인파산실무, 310면).

4) 이 판결에 대한 평석으로는 田炳西, "파산선고시 현존액주의와 물상보증인의 일부변제의 취급," 저스티스 통권 제95호(2006년 12월호), 108면 이하. 판결의 입장을 지지하고 있다.

5) 最高裁判所 2002(平成 14년). 9. 24. 판결.

더라도 그에 의하여 채권자가 채권 전액에 대하여 만족을 얻은 것이 아닌 한 파산채권액에 감소를 가져오는 것은 아니므로, 채권자는 여전히 파산선고시의 채권 전액으로써 계속하여 파산절차에 참가할 수 있다.

【참조 조문】 회사정리법 제240조 제 2 항, 파산법 제19조, 제20조

【원고, 상고인】 파산자 한길종합금융 주식회사의 파산관재인 예금보험공사 (소송대리인 변호사 정구훈 등)

【피고(탈퇴)】 주식회사 서울은행

【피고승계참가인, 피상고인】 현대제 2 차유동화전문 유한회사 (소송대리인 변호사 최주현)

【원심판결】 대전고등법원 2001. 9. 6. 선고 2001나2936 판결

【주문】 상고를 기각한다. 상고비용은 원고의 부담으로 한다.

【이유】 1. 원심판결 이유의 요지

원심이 인용한 제 1 심 판결의 이유에 의하면, 원심은, 판시 증거에 의하여, 피고가 한길종합금융 주식회사의 지급보증 아래 소외 주식회사 미도파가 1995. 10. 15. 발행한 제63회 회사채(원금 40억 원, 이자 13억 2,000만 원, 상환기일 1998. 10. 23.)를 인수한 사실, 주식회사 미도파는 1998. 5. 8. 서울지방법원에 98파3819호로 회사정리절차 개시신청을 하였고, 서울지방법원은 1998. 9. 11. 10:00 주식회사 미도파(이하 정리회사 미도파라 한다)에 대하여 회사정리절차 개시결정을 한 사실, 정리회사 미도파의 공동관리인 강금중, 현광은 1999. 5. 7. 서울지방법원에 금융기관 정리채권 중 원금의 70%에 대하여는 5차년도까지 거치 후 6차년도부터 10차년도까지 5년간 균등분할 변제하고, 미변제 잔액 30%에 대하여는 출자전환하여 정리회사 미도파가 새로 발행하는 주식의 효력발생일에 당해 채권액이 변제되는 것으로 갈음하기로 하며, 신주발행의 효력은 정리계획안에 의한 신주 납입금 납입일의 익일부터 발생하도록 하되 신주 납입금의 납입기일(출자전환 기준일)은 1999. 9. 1.로 한다는 내용의 회사정리계획안을 제출하여 서울지방법원으로부터 정리계획안 인가를 받은 다음, 그 정리계획안에 따라 피고의 정리채권 중, 70%는 분할변제하기로 하고, 나머지 30%에 해당하는 12억 원을 출자전환하기로 하여 1999. 9. 20.경 주권 10만 주를 증권예탁원을 통하여 피고에게 교부한 사실, 한편 한길종합금융 주식회사는 1999. 5. 14. 10:00 대전지방법원으로부터 99하15호로 파산선고를 받았으며, 피고는 파산법원에 한길종합금융 주식회사(이하 파산자 한길종금이라 한다)에 대한 채권을 신고하면서 파산자 한길종금이 정리회사 미도파에 대하여 지급보증을 한 위 회사채 원리금채권에 관하여 합계 4,813,684,930원을 신고하였는데, 원고는 그 중 4,361,790,683원(원금 40억 원 + 이자 2억 2,000만 원 + 연체이자 141,790,683원)을 파산채권으로 시인하여, 그와 같은 내용의 채권표가 확정된 사실을 인정한

다음, 이 사건 청구원인 즉, 위와 같이 정리회사 미도파의 피고에 대한 회사채 채무 중 12억 원이 출자전환됨으로써 변제한 것으로 간주되었으니 파산자 한길종금의 피고에 대한 지급보증채무도 위 금액 범위 내에서 소멸되었고, 이에 따라 위와 같이 시인받은 피고의 파산채권도 위 금액 범위 내에서 소멸되었다는 원고의 주장을 배척하고서, 위 출자전환된 부분에 관한 강제집행의 배제와 배당금 지급의 불허를 구하는 이 사건 청구를 배척한 제 1 심 판결을 유지한 채 원고의 항소를 기각하였다.

2. 상고이유에 대한 판단

회사정리법 제240조 제 2 항은 정리계획은 정리채권자 또는 정리담보권자가 정리회사의 보증인 기타 정리회사와 함께 채무를 부담하는 자에 대하여 가진 권리와 정리회사 이외의 자가 정리채권자 또는 정리담보권자를 위하여 제공한 담보에 영향을 미치지 아니한다고 규정하고 있으므로, 주채무자인 정리회사 미도파의 정리계획에 의하여 피고가 가지는 정리채권의 수액이나 변제기가 변경되었다 하더라도 이는 파산자 한길종금의 보증책임에는 아무런 영향을 미치지 아니하며, 원칙적으로 피고는 지급보증인인 파산자 한길종금에 대하여 위 정리계획에 관계없이 본래의 채권 전액을 청구하고 집행할 수 있다고 할 것이다(대법원 1990. 6. 26. 선고 88다카4499 판결, 1993. 8. 24. 선고 93다25363 판결, 1998. 2. 23. 선고 87다카2055 판결 각 참조).

다만 정리회사 미도파가 정리계획에 따라 피고에게 변제한 금액이 있는 경우에는 지급보증인인 파산자 한길종금으로서는 그 금액의 공제를 주장할 수 있다고 할 것인바(대법원 1997. 4. 8. 선고 96다6943 판결 참조), 정리회사 미도파의 정리계획에서 피고가 인수한 사채 원금 30%에 대하여 출자전환하기로 하면서 이 부분은 신주 발행의 효력발생일에 당해 채권액이 변제된 것으로 갈음하기로 규정하였으므로, 만약 파산선고 전에 위와 같은 일부 변제의 효력이 발생하였다면 당연히 이를 공제한 잔액이 파산채권액이 된다고 할 것이다(이 사건과 같이 출자전환으로 변제에 갈음하기로 한 경우에는 신주발행의 효력발생일 당시를 기준으로 하여 채권자가 인수한 신주의 시가를 평가하여 그 평가액을 공제한 잔액이 파산채권액이 될 것이고, 신주의 액면가액을 공제한 잔액이 파산채권액이 된다고 볼 수는 없다).

그러나 이 사건의 경우에는 파산선고 후에 신주 발행이 이루어졌으며, 이와 같은 경우에는 파산법 제19조에서 "수인의 채무자가 각각 전부의 채무를 이행하여야 할 경우에 그 채무자의 전원 또는 수인이나 1인이 파산선고를 받은 때에는 채권자는 파산선고시에 가진 채권의 전액에 관하여 각 파산재단에 대하여 파산채권자로서 권리를 행사할 수 있다"고 규정하고 있으므로, 파산선고 후에 파산채권자가 다른 채무자로부터 일부변제를 받거나 다른 채무자에 대한 회사정리절차 내지 파산절차에 참가하여 변제 또는 배당을 받았다 하더라도 그에 의하여 채권자가 채권 전액에 대하여 만족을 얻은 것이 아닌 한 파산채권액에 감소를 가져오는 것은 아니므로, 채권자는 여전히 파산선고시의 채권 전액으로써 계속하여 파산절차에 참가할 수 있다고 할 것이어서, 원심이 지급보증인인 파산자 한길종금에 대한 파산선고 이후에 피고가 주채무자인 정리회사 미도파에 대한 정리계획에서 사채 원금 30%가 출자전환됨으로써 사채 일부가 변제된 것으로 간주되었다 하더라도, 피고로서는 파산선고시에 가지고 있었던 이 사건 사채액 전부에 관하여 파산채권자로서의 권리를 행사할 수 있다고 판단한 것은 위와 같은 법리에 따른 것으로서 옳다고 수긍이 되고, 거기에 파산법 제19조, 회사정리법 제240조 제 2 항에 관한 법리를 오해한 위법이 있다고 볼 수 없다.

대법관 송진훈(재판장) 변재승 윤재식(주심) 이규홍

▷ 〈**제 1 심 판결**〉 **대전지방법원** 2001. 4. 19. **선고** 2000**가합**9363 **판결** [**하집** 2001-1, 497] (**항소기각**)

【판결요지】

파산선고 후에는 파산채권자가 다른 채무자로부터 일부변제를 받거나 다른 채무자에 대한 파산절차에 참가하여 배당을 받았다 하더라도 그에 의하여 채권자가 채권전액에 대하여 만족을 얻은 것이 아닌 한 파산채권액에 감소를 가져오는 것은 아니므로, 채권자는 당연히 파산선고시의 채권 전액으로써 계속하여 파산절차에 참가할 수 있고, 따라서 파산선고시의 채권 전액으로써 신고가 이루어진 파산채권액은 채권자집회에서의 의결권산정의 기초로 되고, 조사·확정의 대상으로 되며, 배당의 기준으로 된다 할 것이고, 이는 파산선고 후에 다른 전부의무자에 대한 회사정리절차에서 회사정리계획안에 따라 일부 변제를 받았다고 하더라도 마찬가지이다(다만, 파산법 제19조의 파산선고 후에 채권의 일부변제가 전부의무자 이외의 제 3 자로부터 이루어진 때에는 적용이 없다).

【참조 조문】 [1] 파산법 제19조

【원고】 파산자 한길종합금융 주식회사의 파산관재인 김상웅 외 1인 (소송대리인 변호사 이장석)

【피고】 주식회사 서울은행 (소송대리인 변호사 최주현)

【항소심판결】 대전고등법원 200 1. 9. 6. 선고 2001나2936 판결

【대법원판결】 대법원 2002. 1. 11. 선고 2001다64035 판결

【주문】 1. 원고들의 청구를 기각한다. 2. 소송비용은 원고들이 부담한다.

【청구취지】 파산자 한길종합금융 주식회사에 대한 대전지방법원 99하15호 파산선고 사건의 채권표상 순번 27-1 피고의 회사채(주채무자 미도파) 보증채권

4,361,790,683원 중 12억 원에 기한 강제집행은 이를 불허한다. 피고의 위 회사채 보증채권 12억 원에 기한 배당금 지급은 이를 불허한다라는 판결.

【이유】 1. 기초사실

가. 피고는 한길종합금융 주식회사의 지급보증 아래 소외 주식회사 미도파가 1995. 10. 15. 발행한 제63회 회사채(원금 40억 원, 이자 1,320,000,000원, 상환기일 1998. 10. 23.)를 인수하였다.

나. 주식회사 미도파는 1998. 5. 8. 서울지방법원에 98파3819호로 회사정리절차 개시신청을 하였고, 서울지방법원은 1998. 9. 11. 10:00 주식회사 미도파(이하 '정리회사 미도파'라 한다)에 대하여 회사정리절차 개시결정을 하였다.

다. 정리회사 미도파의 공동관리인 강금중, 현광은 1999. 5. 7. 서울지방법원에 금융기관 정리채권 중 원금의 70%에 대하여는 5차년도까지 거치 후 6차년도부터 10차년도까지 5년간 균등분할 변제하고, 미변제 잔액 30%에 대하여는 출자전환하여 정리회사 미도파가 새로 발행하는 주식의 효력발생일에 당해 채권액이 변제되는 것으로 갈음하기로 하며, 신주발행의 효력은 정리계획안에 의한 신주 납입금 납입일의 익일부터 발생하도록 하되 신주 납입금의 납입기일(출자전환 기준일)은 1999. 9. 1.로 한다는 내용의 회사정리계획안을 제출하여 서울지방법원으로부터 정리계획안 인가를 받은 다음, 그 정리계획안에 따라 피고의 정리채권 중, 70%는 분할변제하기로 하고, 나머지 30%에 해당하는 12억 원을 출자전환하기로 하여 1999. 9. 20.경 주권 10만 주를 증권예탁원을 통하여 피고에게 교부하였다.

라. 한편, 한길종합금융 주식회사는 1999. 5. 14. 10:00 대전지방법원으로부터 99하15호로 파산선고를 받았으며, 피고는 파산법원에 한길종합금융 주식회사(이하 '파산자 한길종금'이라 한다)에 대한 채권을 신고하면서 파산자 한길종금이 정리회사 미도파에 대하여 지급보증을 한 위 회사채 원리금채권에 관하여는 합계 4,813,684,930원을 신고하였는데, 원고들은 그 중 4,361,790,683원(원금 40억 원+이자 220,000,000원+연체이자 141,790,683원)을 파산채권으로 시인하여, 결국 청구취지 기재와 같은 채권표가 확정되었다.

2. 원고들의 주장 및 이에 대한 판단

가. 원고들의 주장

원고들은 이 사건 청구원인으로, 위와 같이 정리회사 미도파의 피고에 대한 회사채 채무 중 12억 원이 출자전환됨으로써 변제한 것으로 간주되었으니 파산자 한길종금의 피고에 대한 지급보증채무도 위 금액 범위 내에서 소멸되었고, 이에 따라 위와 같이 시인받은 피고의 파산채권도 위 금액 범위 내에서 소멸되었다고 주장하면서, 위 출자전환된 부분에 관한 강제집행의 배제 등을 구하고 있다.

나. 판단

(1) 파산법 제19조는 “수인의 채무자가 각각 전부의 채무를 이행하여야 할 경우에 그 채무자의 전원 또는 수인이나 1인이 파산선고를 받은 때에는 채권자는 파산선고시에 가진 채권의 전액에 관하여 각 파산재단에 대하여 파산채권자로서 권리를 행사할 수 있다”고 규정하고 있는데, 이는 이른바 파산선고시 현존액주의를 천명한 것으로서 연대채무, 불가분채무, 부진정연대채무, 합동채무, 보증채무 등과 같이 실체법상 수인이 각자 전부이행의 의무를 부담하는 인적 담보의 취지를 파산절차에서까지 관철하여 채권자의 만족의 확보를 꾀함을 목적으로 한 규정이다.

(2) 그리하여 파산선고 전에 파산채권자가 이미 채권의 일부에 대하여 임의변제를 받거나 선행하는 다른 전부의무자에 대한 파산절차에서 배당이 이루어져 일부 현실적인 만족을 얻은 경우에는 채권액에서 그 변제액 또는 배당액을 공제한 잔액이 파산채권액이 된다.

(3) 그러나 파산선고 후에는 파산채권자가 다른 채무자로부터 일부변제를 받거나 다른 채무자에 대한 파산절차에 참가하여 배당을 받았다 하더라도 그에 의하여 채권자가 채권 전액에 대하여 만족을 얻은 것이 아닌 한 파산채권액에 감소를 가져오는 것은 아니므로, 채권자는 당연히 파산선고시의 채권 전액으로써 계속하여 파산절차에 참가할 수 있고, 따라서 파산선고시의 채권 전액으로써 신고가 이루어진 파산채권액은 채권자집회에서의 의결권산정의 기초로 되고, 조사·확정의 대상으로 되며, 배당의 기준으로 된다 할 것이고, 이는 파산선고 후에 다른 전부의무자에 대한 회사정리절차에서 회사정리계획안에 따라 일부변제를 받았다고 하더라도 마찬가지이다(다만, 위 규정은 파산선고 후에 채권의 일부변제가 전부의무자 이외의 제 3 자로부터 이루어진 때에는 적용이 없다고 해석된다).

(4) 그러므로 정리회사 미도파와 파산자 한길종금이 각각 전부의무(全部義務)를 부담하는 관계에 있는 이 사건에서, 가사 원고들의 주장과 같이 이 사건 회사채의 주채무자인 정리회사 미도파에 대한 회사정리절차에서 이루어진 출자전환이 채권의 일부 변제에 해당한다 하더라도, 파산자 한길종금에 대한 파산선고가 그 출자전환된 주식의 효력발생일 이전인 1999. 5. 14.에 이루어진 이상, 피고는 파산자 한길종금의 파산선고 당시 그에 대하여 가지는 이 사건 회사채 지급보증채권 전액에 관하여 파산채권자로서 그 권리를 행사할 수 있으므로, 원고들의 위 주장은 이유 없다.

3. 결론

따라서 피고가 청구취지 기재 채권표 기재 채권 중 12억 원에 관하여는 배당에 참가할 수 없음을 전제로 하는 원고들의 이 사건 청구는 이유 없으므로 이를 기각한다.

재판장 판사 최영룡 홍성욱 박상진

(2) 서울고등법원 2001. 7. 24. 선고 2001나16472 판결【채무부존재확인】(확정)

【판결요지】

주채무자에 대하여 정리절차가 개시된 후 그 보증인에 대하여 파산절차가 개시된 경우, 주채무자와 보증채무자는 각 채무의 전부이행의무자이므로 채권자는 파산절차가 개시된 보증인에 대하여 파산선고시에 가진 채권전액에 대하여 파산채권자로서 그 권리를 행사할 수 있고, 파산채권액은 파산선고시를 기준으로 고정되어(선고시 현존액주의) 그 후에 다른 전부이행의무자가 일부변제를 한 경우에도 그 채권전액이 변제되지 않는 한 파산채권액에 아무런 영향을 주지 않는다고 할 것이다.

【참조 조문】 회사정리법 제240조 제 2 항, 파산법 제19조, 제20조

【원고, 항소인】 파산자 장은증권 주식회사의 공동파산관재인 김형태 외 1인 (소송대리인 변호사 채태병)

【피고, 피항소인(탈퇴)】 주식회사 서울은행 (소송대리인 변호사 최주현)

【승계참가인】 현대제 2 차유동화전문 유한회사 (소송대리인 변호사 최주현)

【변론종결】 2001. 7. 10.

【제 1 심 판결】 서울지방법원 2001. 2. 13. 선고 2000가합72119 판결

【주문】 1. 원고의 항소를 기각한다. 2. 항소비용은 원고의 부담으로 한다.

【청구취지 및 항소취지】 제 1 심 판결을 취소한다. 원고의 피고에 대한 소외 통일중공업 주식회사 발행의 제47회 회사채 액면 금 50억 원에 대한 지급보증채무 중 액면 금 25억 원에 대한 채무는 존재하지 않음을 확인한다는 판결.

【이유】 1. 가. 피고는 소외 장은증권 주식회사의 지급보증 아래 소외 통일중공업 주식회사가 1995. 10. 6. 발행한 제47회 회사채(상환기일 1998. 10. 6.) 중 액면 금 50억 원 상당(이하 이 사건 회사채라 한다)을 인수하였다.

나. 그런데, 통일중공업 주식회사가 1999. 4. 23. 서울지방법원으로부터 회사정리절차개시결정을 받자 피고는 정리채권 신고기간 내에 이 사건 회사채 채권 50억 원을 정리채권으로 신고하여 같은 해 6. 9. 정리회사 통일중공업 주식회사의 관리인으로부터 이를 시인받았다.

다. 그 후 위 정리회사는 2000. 2. 1. 같은 법원으로부터 회사정리계획인가 결정을 받았는데, 그 정리계획안에는 "금융기관 정리채권 주채무 원금의 50%는 회사정리계획기간 제 5 차년도까지 거치한 후 제 6 차년도부터 제10차년도까지 5년간 균등분할하여 변제기일에 변제하고, 원금의 50%는 출자전환하여 본 회사정리계획안 제 9 장 제 4 절(차입금의 출자전환에 의한 신주발행)에 의하여 정리회사가 발행하는 주식의 효력발생일에 당해 채권이 변제되는 것으로 갈음한다"는 내용이 포함되어 있다.

라. 위 회사정리계획안에 따라 피고가 2000. 6. 5. 이 사건 회사채 원금 50억 원

의 50%에 해당하는 25억 원의 출자전환에 동의하자, 이 정리회사의 관리인은 같은 달 19. 서울지방법원의 허가를 받아 위 금원을 출자전환하여 신주를 발행하였다.

마. 한편, 위 장은증권 주식회사는 1999. 10. 20. 서울지방법원으로부터 파산선고를 받았고 원고가 파산관재인으로 선임되었으며, 피고는 같은 해 11. 29. 이 사건 회사채 원리금 합계 5,585,684,932(원금 50억 원 + 이자 585,684,932)을 파산채권으로 신고하여 원고로부터 이를 시인받았다.

바. 피고는 2000. 4. 24. 이 사건 파산채권을 자산유동화에관한법률에 의한 자산양도계약에 의하여 승계참가인에게 양도하여 승계참가인이 이 사건 소송에 참가하였고, 피고는 원고의 승낙을 얻어 소송에서 탈퇴하였다.

2. 원고의 주장

원고는, 위와 같이 위 정리회사의 피고에 대한 이 사건 회사채 주채무 중 25억 원이 출자전환으로 대물변제됨에 따라 원고의 피고에 대한 그 지급보증채무도 위 금액범위 내에서 소멸되었다고 주장하며 원고의 피고에 대한 위 채무 중 25억 원 부분은 존재하지 않는다는 확인을 구한다.

3. 판단

회사정리법 제240조 제 2 항은 회사정리계획은 정리채권자가 정리회사의 보증인에 대하여 가지는 권리에 영향을 미치지 아니한다고 규정하고 있어, 정리회사는 정리계획과는 상관없이 보증인에 대하여 원래의 채권을 청구할 수 있고, 파산법 제19조는 수인의 채무자가 각각 전부의 채무를 이행하여야 할 경우에 그 채무자의 전원 또는 수인이나 1인이 파산선고를 받은 때에는 채권자는 파산선고시에 가진 채권전액에 관하여 각 파산재단에 대하여 파산채권자로서 권리를 행사할 수 있다고 규정(회사정리법 제108조도 정리채권에 관하여 같은 규정을 두고 있다)하고, 파산법 제20조는 보증인이 파산선고를 받은 때에는 채권자는 파산선고시에 가진 채권의 전액에 관하여 파산채권자로서 그 권리를 행사할 수 있다고 규정하고 있다.

위 각 규정에 비추어 보면, 이 사건의 경우처럼 주채무자에 대하여 정리절차가 개시된 후 그 보증인에 대하여 파산절차가 개시된 경우, 주채무자와 보증채무자는 각 채무의 전부이행의무자이므로 채권자는 파산절차가 개시된 보증인에 대하여 파산선고시에 가진 채권전액에 대하여 파산채권자로서 그 권리를 행사할 수 있고, 파산채권액은 파산선고시를 기준으로 고정되어(선고시 현존액주의) 그 후에 다른 전부이행의무자가 일부변제를 한 경우에도 그 채권 전액이 변제되지 않는 한 파산채권액에 아무런 영향을 주지 않는다고 할 것이다.

따라서 파산선고 후에 주채무자의 정리계획을 통하여 피고의 채권 일부가 출자전환 되고 그에 따라 그 주식의 효력발생일에 변제의 효과를 갖는다고 하더라도 피고가 원고에게 행사할 수 있는 파산채권액에 변동을 가져오지는 않는다 할 것이므로 원고의 이 사건 주장은 더 나아가 살필 필요 없이 이유 없다.

4. 결론

그렇다면, 원고의 이 사건 청구는 이유 없어 이를 기각할 것인바, 제1심 판결은 이와 결론을 같이 하여 정당하므로 원고의 항소를 기각하기로 하여 주문과 같이 판결한다.

재판장 판사 이태운 이민영 김종근

[해설]

대법원 판결은 지급보증인(한길종금)이 파산선고되기 전에 주채무자(미도파)가 회사정리절차에서 정리채권자에게 변제한 금액이 있다면 파산자가 그 금액의 공제를 주장할 수 있지만 이 사건에서는 파산선고 후에 주채무자에 대하여 출자전환에 따른 신주발행이 이루어졌으므로 현존액주의에 따라 파산자는 신주발행으로 인한 채무소멸의 효과를 주장할 수 없음을 밝혔다. 방론이지만 만일 보증인에 대한 파산선고 전에 주채무자에 대하여 출자전환이 이루어졌다면 파산채권은 신주의 액면가액을 공제한 잔액이 아니라 신주의 시가를 평가하여 그 평가액을 공제한 잔액이 파산채권이 됨을 밝혔다. 출자전환의 경우 주채무자의 채무소멸범위와 보증인의 채무소멸범위가 다르다는 방론 부분의 설시가 주채무자에 대한 회사정리절차상의 출자전환시 보증인이 보증책임 범위에 관한 대법원의 확립된 견해이다.[6]

서울고등법원 2001나16472 판결도 주채무자에 대하여 회사정리절차, 보증인에 대하여 파산절차가 개시된 경우에 출자전환과 관련한 가장 전형적인 사례에 관하여 현존액주의의 법리를 적용한 것이다.

(3) **서울고등법원** 2005. 6. 28. **선고** 2004**나**88591 **판결 【배당금】** (**상고중**)

【판결요지】

[1] 채권금융기관들과 재무적 곤경에 처한 주채무자인 기업 사이에 기업의 경영정상화를 도모하고 채권금융기관들의 자산 건전성을 제고하기 위하여 일부 채권을 포기하거나 채무를 면제하는 등 채무조건을 완화하여 주채무를 축소·감경하는 내용의 기업개선작업약정을 체결한 경우, 이를 규율하는 기업구조조정촉진법에서 보증채무의 부종성에 관한 예외규정을 두고 있지 아니할 뿐만 아니라, 기업개선작업약정은 법원의 관여 없이 일부 채권자들인 채권금융기관들과 기업 사이의 사적 합

6) 이에 대한 비판으로는 林治龍, 파산법연구 2, 432면 이하.

의에 의하여 이루어지고 그러한 합의의 내용에 따른 효력을 갖는 것으로서, 법원의 관여하에 전체 채권자들을 대상으로 하여 진행되고 법에서 정해진 바에 따른 효력을 갖는 화의법상의 화의와 동일시할 수 없어 여기에 보증채무의 부종성에 대한 예외를 정한 화의법 제61조, 파산법 제298조 제 2 항의 규정이 유추적용된다고 할 수도 없으므로, 보증인으로서는 원래의 채무 전액에 대하여 보증채무를 부담한다는 의사표시를 하거나 채권금융기관들과 사이에 그러한 내용의 약정을 하는 등의 특별한 사정이 없는 한, 보증채무의 부종성에 의하여 기업개선작업약정에 의하여 축소 · 감경된 주채무의 내용에 따라 보증채무를 부담한다.

[2] 주채무자에 대한 기업개선약정에 따른 출자전환을 하면서 채권자가 부담하게 된 주식인수대금납입채무와 주채무자에 대한 회사채 채권 전액이 상계로 소멸되었다고 인정하여 채권자의 파산자에 대한 보증채권 역시 보증채무의 부종성에 의하여 소멸하였다고 인정한 사례

【참조 조문】 민법 제430조, 화의법 제61조, 파산법 제298조 제 2 항, 제20조

【원고, 피항소인】 주식회사 하나은행 (소송대리인 법무법인 광장 담당변호사 김진규)

【피고, 항소인】 파산자 삼삼종합금융 주식회사의 파산관재인 예금보험공사 (소송대리인 법무법인 대륙 담당변호사 전경희 등)

【제 1 심 판결】 서울중앙지방법원 2004. 10. 21. 선고 2004가합14685 판결

【변론종결】 2005. 5. 31.

【주문】 1. 제 1 심 판결을 취소한다. 2. 원고의 청구를 기각한다. 3. 소송총비용은 원고의 부담으로 한다.

【청구취지】 피고는 원고에게 2,599,115,000원 및 그 중 1,875,000,000원에 대하여는 2000. 4. 12.부터, 160,000,000원에 대하여는 2001. 1. 23.부터, 239,415,000원에 대하여는 2002. 5. 19.부터, 324,700,000원에 대하여는 2003. 5. 13.부터 각 제 1 심 판결 선고일까지는 연 6%, 그 다음날부터 완제일까지는 연 20%의 각 비율에 의한 금원을 지급하라.

【항소취지】 주문과 같다.

【이유】 1. 기초사실

가. 맥슨전자 주식회사(2000. 8. 14. '맥슨텔레콤 주식회사'로 상호가 변경되었다, 이하 '맥슨전자'라고 한다)는 1997. 1. 8. 파산전 삼삼종합금융 주식회사(이하 '삼삼종합금융'이라고 한다)와 사이에 삼삼종합금융이 맥슨전자를 위하여 보증기간을 1997. 1. 13.부터 3년간으로 정하여 원금 80억 원과 그 이자 26억 4,000만 원의 지급을 보증하는 내용의 회사채 보증계약을 체결하고, 같은 달 13. 삼삼종합금융의 지급보증 아래 권면총액 80억 원, 이자율 연 11%, 상환일자 2000. 1. 13.로 된 맥

슨전자 제 7 회 보증사채를 발행하였다.

나. 한불종합금융 주식회사(이하 '한불종합금융'이라고 한다)는 위 제 7 회 보증사채 중 50억 원의 회사채(이하 '이 사건 회사채'라고 한다)를, 한국투자신탁 주식회사(이하 '한국투자신탁'이라고 한다)는 나머지 30억 원의 회사채를 각 인수하였는데, 주식회사 서울은행(2002. 12. 2. 원고로 상호가 변경되었다, 이하 '원고'라고 한다)은 한불종합금융과 한국투자신탁으로부터 위 각 회사채를 신탁받아 신탁계정에 편입·관리하였다.

다. 삼삼종합금융은 1998. 9. 18. 서울지방법원 98하112호로 파산선고를 받음과 아울러 최재근이 그 파산관재인으로 선임된 다음 2001. 12. 13. 사임하였고, 같은 날 피고가 그 파산관재인으로 선임되었는데, 위 파산절차에서 원고가 신고한 위 각 회사채 원금 80억 원의 보증채권이 파산채권으로 시인됨에 따라 위 80억 원의 보증채권은 파산채권으로 확정되어 파산채권자표 순번 9.의 '보증채권'란에 기재되었다.

라. 한편, 원고는 2000. 1. 22. 자신이 관리하고 있던 한국투자신탁의 신탁재산인 위 회사채 30억 원 중 2,166,420,000원을 한투일차유동화전문 유한회사에게, 같은 해 6. 10. 나머지 833,580,000원을 한투이차유동화전문 유한회사에게 각 양도하고, 2001. 1. 5. 삼삼종합금융에게 위 채권양도사실을 통지하여 그 무렵 위 통지가 도달하였다.

마. 그 후 삼삼종합금융에 대한 파산채권에 관하여 2000. 4. 11. 배당률 37.5%의 제 1 회 중간배당이, 2001. 1. 22. 배당률 3.2%의 제 2 회 중간배당이, 2002. 5. 18. 배당률 4.7883%의 제 3 회 중간배당이, 2003. 5. 12. 배당률 6.494%의 제 4 회 중간배당이 각 실시되었는데, 이에 따른 이 사건 회사채에 관한 원고에 대한 중간배당액은 제 1 회 1,875, 000,000원, 제 2 회 160,000,000원, 제 3 회 239,415,000원, 제 4 회 324,700,000원을 합한 2,599, 115,000원이었으나, 피고는 이를 원고에게 지급하지 아니하고 임치하였다.

2. 청구원인에 대한 판단

위 인정사실에 의하면, 피고는 원고에게 특별한 사정이 없는 한 위 제 1 내지 4 회 중간배당액 합계 2,599,115,000원 및 각 배당액에 대하여 그 배당일 다음날부터의 지연손해금을 지급할 의무가 있다고 할 것이다.

3. 피고의 항변 및 이에 대한 판단

가. 피고의 항변

피고는 기업개선작업 대상업체로 선정된 맥슨전자의 채권자들로 구성된 채권금융기관협의회에서 2000. 3. 23. 이루어진 기업개선추가약정 및 2002년 3월경 이루어진 출자전환결의에 따라 이 사건 회사채가 중장기 대출금으로 전환되었다가 이후 주식으로 출자전환됨으로써 원고가 채권 전액의 만족을 얻었으므로, 맥슨전자의 원고에 대한 회사채 상환채무는 모두 소멸하였고, 그 결과 삼삼종합금융의 보증채무도 함께 소멸되었다고 항변하고, 이에 대하여 원고는 출자전환으로 채권의 변제에 갈음하기로 한 경우에는 신주발행의 효력발생일 당시를 기준으로 하여 채권자가 인수한 신주의 시가를 평가하여 그 평가액에 상당하는 채권액만이 변제된 것으로 보아야 하는바, 원고가 위 출자전환으로 채권 전액에 대하여 만족을 얻지 못하였으므로 파산채권자인 원고로서는 여전히 파산선고시의 채권 전액으로써 파산 절차에 참가할 수 있다고 주장한다.

나. 판단

(1) 인정사실

(가) 맥슨전자는 자금사정의 악화로 인하여 기업구조조정 촉진을 위한 금융기관협약에 따른 기업개선작업(일명 워크아웃) 대상업체로 선정되어, 1998. 12. 10. 채권금융기관협의회 구성원으로서 나머지 구성원들을 대리한 주식회사 제일은행(이하 '제일은행'이라고 한다)과 사이에, 맥슨전자의 경영정상화를 도모하기 위한 기업개선약정을 체결하였고, 2000. 3. 23.경에는 아래와 같은 내용의 기업개선추가약정을 체결하였다.

① 보증기관의 파산으로 실질적으로 보증효력이 상실된 채권과 관련하여, 맥슨전자는 채권금액(주식으로 출자전환된 금액 제외)의 30% 이상에 해당하는 금액을 2002년 말까지 분기별로 적립하여야 한다.

② 위와 같은 보증채권을 보유한 채권금융기관인 원고 등은 파산법인인 삼삼종합금융 앞으로 채권신고를 하지 않기로 하되, 향후 위 파산법인이 채권자에게 배당하는 시점까지 그 채권을 계속 보유하게 될 경우에는 보유채권액 중 배당률에 해당하는 금액만큼 위 적립금액으로 우선상환하기로 하며, 채권금융기관이 희망하는 경우 이를 출자전환할 수 있다.

(나) 위 기업개선작업의 일환으로 원고 측 한불종합금융은 2000. 1. 13. 맥슨전자와 사이에, 이 사건 회사채에 관하여 중장기대출금(이율 연 11%)으로 전환하는 대신 2003. 1. 13. 이를 일시 상환받기로 하는 변제기 연장에 합의하였다가, 채권금융기관협의회가 2002년 3월경 이를 출자전환하기로 결의함에 따라, 2002. 3. 28. 위 50억 원의 대출금 채권을 맥슨전자 주식 250,000주를 1주당 20,000원으로 계산하여 전액 출자전환하였는데, 당시 한불종합금융의 맥슨전자에 대한 위 50억 원의 대출금채권과 맥슨전자의 한불종합금융에 대한 동액 상당의 주금납입채권은 같은 날 상계된 것으로 처리되었다.

(다) 한편 원고는 2002. 4. 12.부터 같은 달 22.까지 사이에 위 주식을 증권시장에 모두 매각하여 1,365,377,732원을 회수하였는데, 맥슨전자는 2002. 5. 28.경 피고에게 이 사건 회사채가 전액 출자전환됨으로써 그 상환이 완료되었기에 피고가 보

증인으로서 원고에게 위 50억 원 중 일부 금원을 지급하더라도 맥슨전자는 피고의 구상금 청구에 응할 수 없다는 취지의 통지를 하였다.

(2) 판단

살피건대, 채권금융기관들과 재무적 곤경에 처한 주채무자인 기업 사이에 기업의 경영정상화를 도모하고 채권금융기관들의 자산 건전성을 제고하기 위하여 일부 채권을 포기하거나 채무를 면제하는 등 채무조건을 완화하여 주채무를 축소·감경하는 내용의 기업개선약정을 체결한 경우, 이를 규율하는 기업구조조정촉진법에서 보증채무의 부종성에 관한 예외규정을 두고 있지 아니할 뿐만 아니라, 기업개선약정은 법원의 관여 없이 일부 채권자들인 채권금융기관들과 기업 사이의 사적 합의에 의하여 이루어지고 그러한 합의의 내용에 따른 효력을 갖는 것으로서, 법원의 관여 하에 전체 채권자들을 대상으로 하여 진행되고 법에서 정해진 바의 효력을 갖는 화의법 상의 화의와 동일시할 수 없어 여기에 보증채무의 부종성에 대한 예외를 정한 화의법 제61조, 파산법 제298조 제2항의 규정이 유추적용된다고 할 수도 없으므로, 보증인으로서는 원래의 채무 전액에 대하여 보증채무를 부담한다는 의사표시를 하거나 채권금융기관들과 사이에 그러한 내용의 약정을 하는 등의 특별한 사정이 없는 한, 보증채무의 부종성에 의하여 기업개선약정에 의하여 축소·감경된 주채무의 내용에 따라 보증채무를 부담한다 할 것인바(대법원 2004. 12. 23. 선고 2004다46601 판결), 이 사건의 경우 위 인정사실과 같이 주채무자인 맥슨전자에 대한 기업개선약정에 따라 맥슨전자의 이 사건 회사채 상환채무가 50억 원의 대출금채무로 전환되었다가, 그 후 출자전환을 하면서 원고 측 한불종합금융이 부담하게 된 50억 원의 주식인수대금 납입채무와 맥슨전자의 동액 상당의 대출금채무(이 사건 회사채 상환채무가 전환된 것)가 상계에 의하여 소멸되었다 할 것이어서 이러한 출자전환으로 인하여 원고의 맥슨전자에 대한 이 사건 회사채 상환채권이 모두 소멸하였음은 분명하므로, 원고의 피고에 대한 위 50억 원의 보증채권 역시 보증채무의 부종성에 의하여 소멸하였다 할 것이다.

한편 보증인이 파산선고를 받은 때에는 채권자는 파산선고 시에 가진 채권의 전액에 관하여 파산채권자로서 그 권리를 행사할 수 있고(파산법 제20조), 그 후에 파산채권에 대하여 다른 채무자로부터 일부 변제를 받은 경우에도 파산채권자의 파산채권액에는 아무런 영향을 주지 않는다 할 것이나, 앞서 본 바와 같이 삼삼종합금융에 대한 파산절차에서 원고의 삼삼종합금융에 대한 회사채 보증채권 50억 원이 파산채권으로 확정되었다 하더라도 이후 주채무자인 맥슨전자에 대한 기업개선약정에 따른 출자전환에 의하여 맥슨전자에 대한 이 사건 회사채 채권 전액이 상계로 소멸함으로써 삼삼종합금융에 대한 회사채 보증채권도 전부 소멸한 이상 원고는 위 파산절차에서 더 이상 파산채권자로서 권리행사를 할 수 없다 할 것이므로, 결국 원고의 이 사건 청구는 이유 없다.

4. 결론

그렇다면, 원고의 이 사건 청구는 이유 없어 이를 기각하여야 할 것인바, 제1심 판결은 이와 결론을 달리하여 부당하므로 이를 취소하고 원고의 청구를 기각하기로 하여, 주문과 같이 판결한다.

재판장 판사 이상훈 박인식 김경호

▷ **〈제1심 판결〉 서울중앙지방법원** 2004. 10. 21. **선고** 2004**가합**14685 **판결**

【원고】 주식회사 하나은행 (소송대리인 법무법인 광장 담당변호사 김진규)

【피고】 파산자 삼삼종합금융 주식회사의 파산관재인 예금보험공사

【변론종결】 2004. 9. 23.

【주문】 1. 피고는 원고에게 금 2,599,115,000원 및 그 중 금 1,875,000,000원에 대하여는 2000. 4. 12.부터, 금 160,000,000원에 대하여는 2001. 1. 23.부터, 금 239,415,000원에 대하여는 2002. 5. 19.부터, 금 324,700,000원에 대하여는 2003. 5. 13.부터 각 2004. 10. 21.까지는 연 6%, 2004. 10. 22.부터 완제일까지는 연 20%의 각 비율에 의한 금원을 지급하라. 2. 소송비용은 피고의 부담으로 한다. 3. 제1항은 가집행할 수 있다.

【청구취지】 주문과 같다.

【이유】 1. 기초사실

가. 소외 맥슨전자 주식회사(2000. 8. 14. '맥슨텔레콤 주식회사'로 상호가 변경되었다, 이하 '맥슨전자'라 한다)는 1997. 1. 8. 파산전 삼삼종합금융 주식회사(이하 '삼삼종합금융'이라 한다)와 사이에 삼삼종합금융이 맥슨전자를 위하여 보증기간을 1997. 1. 13.부터 3년간으로 정하여 원금 80억 원과 그 이자 금 2,640,000,000원의 지급을 보증하는 내용의 회사채 보증계약을 체결하고, 같은 달 13. 삼삼종합금융의 지급보증 아래 권면총액 80억 원, 이자율 연 11%, 상환일자 2000. 1. 13.로 된 맥슨전자 제7회 보증사채(이하 '이 사건 회사채'라 한다)를 발행하였다.

나. 소외 한불종합금융 주식회사(이하 '한불종합금융'이라 한다)는 맥슨전자 발행의 위 보증사채 중 50억 원의 회사채를, 소외 한국투자신탁 주식회사(이하 '한국투자신탁'이라 한다)는 나머지 30억 원의 회사채를 모두 인수하였는데, 변경전 주식회사 서울은행(2002. 12. 2. 원고로 상호가 변경되었다, 이하 '원고'라 한다)은 한불종합금융과 한국투자신탁으로부터 위 각 회사채를 신탁받아 신탁계정에 편입·관리하였다.

다. 삼삼종합금융은 1998. 9. 18. 서울지방법원 98하112호로 파산선고를 받음과 아울러 소외 최재근이 그 파산관재인으로 선임된 다음 2001. 12. 13. 사임하였고,

같은 날 피고가 그 파산관재인으로 선임되었는데, 위 파산절차에서 원고가 신고한 위 회사채 원금 80억 원의 보증채권이 파산채권으로 시인됨에 따라, 위 80억 원의 보증채권은 파산채권으로 확정되어 파산채권자표 순번 9.의 '보증채권'란에 기재되었다.

라. 한편, 원고는 2000. 1. 22. 자신이 관리하고 있던 한국투자신탁의 신탁재산인 이 사건 회사채 30억 원 중 금 2,166,420,000원을 소외 한투일차유동화전문 유한회사에, 같은 해 6. 10. 나머지 금 833,580,000원을 소외 한투이차유동화전문 유한회사에 모두 양도하고, 2001. 1. 5. 삼삼종합금융에 위 채권양도사실을 통지하였다.

마. 그 후 삼삼종합금융에 대한 파산채권에 관하여 2000. 4. 11. 배당률 37.5%의 제 1 회 중간배당이, 2001. 1. 22. 배당률 3.2%의 제 2 회 중간배당이, 2002. 5. 18. 배당률 4.7883%의 제 3 회 중간배당이, 2003. 5. 12. 배당률 6.494%의 제 4 회 중간배당이 각 실시되었는데, 이에 따른 원고에 대한 중간배당액은 제 1 회 금 1,875,000,000원, 제 2 회 금 160,000,000원, 제 3 회 금 239,415,000원, 제 4 회 금 324,700,000원을 합한 금 2,599,115,000원이었으나, 피고는 이를 원고에게 지급하지 아니하고 임치하였다.

바. 한편 맥슨전자는 자금사정의 악화로 인하여, 기업구조조정촉진을 위한 금융기관협약에 따른 기업개선작업(일면 워크아웃) 대상업체로 선정되어 1998. 12. 10. 채권금융기관협의회 구성원으로서, 나머지 구성원들을 대리한 소외 주식회사 제일은행(이하 '제일은행'이라 한다)과 사이에, 맥슨전자의 경영정상화를 도모하기 위한 기업개선약정을 체결한 다음, 2000. 3. 23. 기업개선추가약정을 체결하였다.

사. 위 기업개선추가약정서에서는, 보증기관의 파산으로 실질적으로 보증효력이 상실된 채권과 관련하여, 맥슨전자는 채권금액(주식으로 출자전환된 금액 제외)의 30% 이상에 해당하는 금액을 2002년 말까지 분기별로 적립하여야 하고, 이러한 채권을 보유한 채권금융기관인 원고 등은 파산법인인 삼삼종합금융 앞으로 채권신고를 하지 않기로 하되, 향후 파산법인이 채권자에게 배당하는 시점까지 그 채권을 계속 보유하게 될 경우에는 보유채권액 중 배당률에 해당하는 금액만큼 위 적립금액으로 우선상환하기로 하며, 이러한 보증채권은 이를 보유한 채권금융기관이 희망하는 경우 출자전환하도록 정하고 있다.

아. 한편 한불종합금융은 2000. 1. 13. 맥슨전자와 사이에, 한불종합금융이 보유하고 있는 이 사건 회사채 중 금 50억 원 부분에 관하여 중장기대출금으로 전환하는 대신 이율 연 11%로 정하여 2003. 1. 13. 일시 상환하기로 변제기 연장에 합의하였다.

자. 그 후 2002. 3.경 채권금융기관협의회가 이 사건 회사채 금 50억 원을 출자전환하기로 결의함에 따라, 2002. 3. 28. 위 금 50억 원은 맥슨전자 주식 250,000주

를 1주당 20,000원으로 계산하여 출자전환되었고, 원고는 2002. 4. 12.부터 같은달 22.까지 사이에 위 주식을 증권시장에 모두 매각하여 금 1,365,377,732원을 회수하였다.

2. 청구원인에 대한 판단

위 1.의 가. 내지 마.항의 각 사실에 의하면, 피고는 원고에게 위 제1 내지 4회 중간배당액 합계 금 2,599,115,000원 및 그 중 제1회 중간배당액 금 1,875,000,000원에 대하여는 그 배당일 다음날인 2000. 4. 12.부터, 제2회 중간배당액 금 160,000,000원에 대하여는 그 배당일 다음날인 2001. 1. 23.부터, 제3회 중간배당액 금 239,415,000원에 대하여는 그 배당일 다음날인 2002. 5. 19.부터, 제4회 중간배당액 금 324,700,000원에 대하여는 그 배당일 다음날인 2003. 5. 13.부터 원고가 구하는 바에 따라 각 이 판결 선고일인 2004. 10. 21.까지는 상법 소정의 연 6%, 그 다음날부터 완제일까지는 소송촉진등에관한특례법 소정의 연 20%의 각 비율에 의한 지연손해금을 지급할 의무가 있다.

3. 피고의 항변 및 그에 대한 판단

가. 보증채무 소멸 항변

(1) 피고는 먼저, 기업개선작업(일명 워크아웃) 대상업체로 선정된 맥슨전자의 채권자들로 구성된 채권금융기관협의회에서 2000. 3. 23. 이루어진 기업개선추가약정 및 2002. 3.경 이루어진 결의에 따라 한불종합금융이 인수한 금 50억 원의 회사채가 모두 주식으로 출자전환됨으로써 원고가 채권전액의 만족을 얻었으므로, 맥슨전자의 원고에 대한 회사채 상환의무는 모두 소멸하였고, 그 결과 삼삼종합금융의 회사채 보증채무도 함께 소멸되었다고 항변한다.

(2) 살피건대, 위 1.의 자.항에서 살펴본 바와 같이, 위 금 50억 원의 회사채가 모두 주식으로 출자전환된 사실을 인정되나, 위 출자전환의 효력발생일 이전에 삼삼종합금융이 파산선고를 받은 이 사건의 경우 원고가 보증채권 금 50억 원을 삼삼종합금융에 대한 파산채권으로 신고하여 위 보증채권이 아무런 이의없이 채권표에 기재되어 확정된 이상 비록 파산선고 후에 파산채권자가 다른 채무자로부터 일부 변제를 받았다고 하더라도 그에 의하여 채권자가 채권 전액에 대하여 만족을 얻은 것이 아닌 한 파산채권액에 감소를 가져오는 것은 아니므로, 채권자는 여전히 파산선고시의 채권 전액으로써 계속하여 파산절차에 참가할 수 있다고 할 것이고(대법원 2003. 2. 26. 선고 2001다62114 판결 등 참조), 이 사건과 같이 회사채에 관하여 출자전환이 이루어진 경우에는 출자전환의 효력발생일 당시를 기준으로 하여 원고가 인수한 신주의 시가를 평가하여 그 평가액 상당의 만족을 얻은 것으로 볼 여지가 있을 뿐, 신주의 액면가액 상당의 만족을 얻은 것으로 평가할 수 없다고 할 것인바, 위 1.의 자.항의 사실에 비추어보면, 위 출자전환의 효력발생일 무렵의

원고가 취득한 주식의 시가는 위 주식의 액면가액의 합산액에 미치지 못하는 금 1,365,377,732원 상당에 불과한 사실을 인정할 수 있으므로, 피고의 위 항변은 나아가 살펴볼 필요 없이 이유 없다.

나. 변제기 유예 등의 항변

(1) 다음으로, 피고는 위 2000. 3. 23.자 기업개선작업 추가약정에서 이 사건 회사채와 관련하여, 원고가 파산법인인 삼삼종합금융 앞으로 채권신고를 하지 않기로 하되, 향후 삼삼종합법인이 원고에게 배당하는 시점까지 그 채권을 보유하게 될 경우, 보유채권액 중 배당률에 해당하는 금액을 맥슨전자의 자체 적립금액에서 우선 상환받기로 하였으므로, 원고로서는 위 약정에 따라 삼삼종합금융에 대한 채권신고를 철회하여야 하고, 설령 그렇지 않다고 하더라도 삼삼종합금융의 최종 배당시까지 또는 위 우선상환 완료시까지 배당금 지급청구를 할 수 없다는 취지의 항변을 한다.

(2) 살피건대, 위 1.의 바. 및 사.항에서 살펴본 바와 같이, 2000. 2. 23. 맥슨전자 채권금융기관협의회에서 피고 주장의 위와 같은 약정이 이루어진 사실은 인정되나, 한편 위 1.의 자.항에서 살펴본 바와 같이 원고의 금 50억 원의 회사채가 모두 주식으로 출자전환되었을 뿐만 아니라, 기업개선작업 추진과 관련하여 채권금융기관협의회에서 이루어진 결정사항은 채권금융기관들 사이의 자율적 협약사항으로서 채권금융기관협의회의 결정 그 자체만으로 곧바로 사법적 효력이 발생한다고는 볼 수 없다고 할 것이어서, 위 약정에 따라 원고가 삼삼종합금융에 대하여 채권신고를 아니하거나 배당금의 지급청구를 유예하여야 할 의무를 위 약정의 당사자들인 맥슨전자나 채권금융기관에 대하여는 부담할지언정 그 당사자도 아닌 삼삼종합금융에 대하여도 같은 의무를 당연히 부담한다고 볼 아무런 근거가 없고, 또 파산선고일 이후에 파산채권자가 주채무자 또는 다른 보증인으로부터 일부 변제를 받았다고 하더라도 파산채권자가 파산자에 대하여 변제받은 부분만큼의 채권신고를 취하할 의무를 지는 것도 아니므로, 피고의 위 항변도 이유 없다.

4. 결론

그렇다면 원고의 이 사건 청구는 이유 있어 이를 인용하고, 소송비용의 부담에 관하여는 민사소송법 제98조를, 가집행선고에 관하여는 같은 법 제213조를 각 적용하여 주문과 같이 판결한다.

재판장 판사 강재철 이경훈 이상원

[해설]

파산법, 화의법, 회사정리법에 적용되는 현존액주의가 기업개선약정 또는 기업구조조정촉진법에 의한 기업개선작업의 경우에도 그대로 적용되는지가 문제되었다. 대법원은 기업구조조정촉진법에 보증채무의 부종성에 관한 예외규정을 두고 있지 않으며 기업개선작업약정은 법원의 관여 없이 이루어지는 사적 합의에 의하여 이루어지는 것이므로 보증채무의 부종성에 대한 예외를 정한 화의법 제61조, 파산법 제298조 제 2 항의 규정이 유추적용되지 아니한다고 판시한 바 있다.[7] 이 사건의 제 1 심 판결은 위 대법원 판결이 선고되기 전에 판시한 것으로 파산절차에서의 현존액주의에 관한 대법원 2001다62114 판결을 근거로 기업개선약정작업의 경우에도 현존액주의가 적용되는 것을 전제로 원고의 청구를 인용하였다. 그러나 서울고등법원 2004나88591 판결은 대법원 2004다46601 판결 이유를 설시한 후 제 1 심 판결을 파기하였다.

회사정리절차에서 주채무자에 대하여 채권을 출자전환하기로 한 경우에 보증인의 책임범위는 신주발행의 효력발생일 당시를 기준으로 신주의 시가평가액을 공제한 금액이 된다는 것이 판례(대법원 2001다64035 판결)이다. 그러나 소멸하는 주채무자의 채무는 출자전환이 되는 채무 전액이지 신주의 시가평가액에 상당하는 금액이 아니다.[8] 서울고등법원 판결도 판결 이유에서 한불종합금융(채권자)의 맥슨전자(주채무자)에 대한 50억 원의 대출금 채권과 맥슨전자의 한불종합금융에 대한 동액 상당의 주금납입채권은 상계에 의하여 소멸하였음을 명시하고 있다.

---

7) 대법원 2004. 12. 23. 선고 2004다46601 판결(공2005, 184).

8) 위 대법원 2004다46601 판결.

3. 파산채권

▶ 〈제32조〉 우선권 있는 파산채권

(1) **서울지방법원** 2003. 10. 10. **선고** 2002**가합**4745 **판결【배당금】서울고등법원** 2003**나**76935 **판결(항소기각), 대법원** 2004**다**34073 **판결(파기환송), 서울고등법원** 2005**나**2389**(추정중)**

【원고】 주식회사 정리금융공사 (소송대리인 법무법인 태평양 담당변호사 허보열)

【피고】 파산자 기산상호신용금고 주식회사의 파산관재인 예금보험공사

【피고 보조참가인】 상호저축은행중앙회 (소송대리인 변호사 이재후 등)

【변론종결】 2003. 9. 19.

【주문】 1. 원고의 청구를 기각한다. 2. 소송비용은 보조참가로 인한 비용을 포함하여 모두 원고의 부담으로 한다.

【청구취지】 피고는 원고에게 금 112,853,620원 및 그 중 금 112,493,520원에 대하여 2000. 12. 7.부터, 나머지 금 360,100원에 대하여 2001. 12. 21.부터 각 이 사건 소장부본 송달일까지 연 5%, 그 다음날부터 완제일까지 연 25%의 각 비율에 의한 금원을 지급하라.

【이유】 1. 기초사실

가. 파산자 기산상호신용금고 주식회사(이하 '기산금고'라 한다)는 1997. 7. 23.부터 금융감독위원회의 경영관리를 받아오던 중 1998. 9. 22. 재정경제부장관의 영업인가취소로 법인의 해산과 동시에 청산절차가 진행되던 중, 1999. 2. 26. 금융감독위원회의 파산신청에 따라 1999. 3. 29. 서울지방법원 99하59호 사건으로 파산선고를 받고 피고가 그 파산관재인으로 선임되었다.

나. 소외 주식회사 한아름상호신용금고(이하 '한아름금고'라고 한다)는 예금보험공사가 예금자보호법 제31조, 제32조, 제35조의 규정에 의하여 부실금융기관의 예

금자 등에 대한 예금채권상당액의 보험금 지급 및 예금채권 매입 등의 업무를 수행하기 위하여 1998. 9. 16. 설립한 정리금융기관으로 2001. 12. 31. 설립기한이 만료되어 원고에게 흡수합병되었다.

다. 예금보험공사는 1998. 11. 19. 기산금고의 청산인 등에 대하여 한아름금고가 예금주의 예금채권을 매입하는 방법으로 예금을 지급할 예정이니 '예금 등 채권 및 채무 현황표' 등의 자료를 제출하도록 통보하였고, 한아름금고는 예금자보호법 제36조의5에 따라 1998. 11. 20. 기산금고의 예금채권자들(이하 '이 사건 예금채권자들'이라고 한다)에 대하여 1998. 11. 30.부터 1998. 12. 12.까지 예금채권을 매입하고 그 매입대금을 지급하는 방법으로 예금을 지급할 것임을 공고하는 한편, 1998. 11. 30.부터 이 사건 예금채권자들의 예금채권을 매입하기 시작하였다.

라. 한아름금고는 농협중앙회 압구정동지점과 예금 지급 및 예금채권 매입을 위한 대행계약을 체결하고, 위 지점에 한아름금고 명의의 예금계좌를 개설한 후 예금보험공사로부터 지원받은 자금으로 예금채권 매입자금을 입금하여 이 사건 예금채권자들에게 대신 지급하도록 하였는데, 한아름금고는 이 사건 예금채권자들에게 이자소득부분에 대한 소득세를 공제한 나머지를 예금채권 매입대금조로 지급하고, 예금채권자들로부터 예금원리금 채권 전부를 양도받았다.

마. 농협중앙회는 이 사건 예금채권자들로부터 '예금등 채권매입청구서', '예금등 채권양도증서', '예금등 채권양도승낙서' 등의 서류를 받은 후, 한아름금고가 위와 같이 입금한 자금으로 이 사건 예금채권자들이 농협중앙회에 대해 갖고 있는 신규개설통장 또는 기존통장에 예금 등 채권매입대금을 입금하거나, 100,000원 이하의 소액일 경우에는 이 사건 각 예금채권자의 요청에 따라 현금으로 지급하였다.

바. 농협중앙회는 위와 같은 방법으로 이 사건 예금채권자들의 예금채권을 매입한 후 당일 그에 따라 작성된 '예금등 채권매입대금 지급현황보고서', '예금등 채권양도승낙서' 등은 한아름금고에게 발송하고, '예금등 채권매입 현황통보서' 등은 기산금고에게 발송하였다.

사. 기산금고는 원고를 통해 받은 위 '예금등 채권양도승낙서'에 승낙인을 날인하는 방식으로 위 채권양도를 승낙하는 한편, 한아름금고와 사이에 한아름금고가 이 사건 예금채권자들로부터 매입한 예금채권을 한아름금고 명의의 보통예금 단일계좌로 통합하여 기산금고에게 예탁하되, 위 예탁금의 이자는 예금상품 가중평균금리인 연 12.31%를 적용하기로 약정하고, 위와 같이 받은 '예금등 채권매입 현황통보서'에 따라 한아름금고 명의의 단일계좌로 이체하였다.

아. 원고는 위와 같은 방식으로 이 사건 예금채권자들로부터 4,794,860,965원의 예금채권을 매입하였고(이자소득세 제외), 이에 대하여 1998. 11. 30.부터 위 파산선고일인 1999. 3. 29.까지의 가중평균금리에 따른 159,533,592원의 이자가 발생하

였다.

자. 한아름금고는 기산금고에 대한 파산절차에서 피고에게 원고가 매입한 예금채권과 이에 대한 위 이자의 합계 4,954,394,557원의 채권을 우선권 있는 파산채권으로 신고하였으나, 피고는 한아름금고가 신고한 위 파산채권 중 원고가 매입한 예금채권 4,794,860,965원 및 이에 대하여 예금 다음날부터 위 파산선고일까지의 상사법정이율 6%에 따른 이자인 77,785,075원만 파산채권으로 인정하고, 나머지 이자 81,775,517원 부분은 부인하였고, 파산채권으로 인정되는 부분에 대한 우선권도 부인하였다.

차. 한편, 피고는 파산자 기산금고의 파산채권에 대한 배당을 실시함에 있어, 2000. 10. 말경 28.42%의 배당률을 적용하여 실시한 제1회 중간배당에서 한아름금고의 파산채권에 대하여 1,385,358,133원을 배당하기로 확정하였음에도, 2000. 12. 4. 위 확정배당금과 파산자 기산금고가 이 사건 예금채권자들의 예금이자에 대하여 납부한 소득세(원천세) 112,493,520원을 상계한다고 통보하고 같은 달 6. 상계 후 나머지 1,272,864,613원만을 지급하였고, 2001. 11. 말경 1.96%의 배당률을 적용하여 실시한 제2회 중간배당에서 한아름금고의 파산채권에 대하여 95,685,313원을 배당하기로 확정하였음에도, 2001. 12. 20. 파산자 기산금고가 이 사건 예금채권자들의 예금이자에 대하여 납부한 소득세(원천세) 360,100원을 상계한 나머지 95,325,213원만을 지급하였다.

2. 당사자 주장 및 쟁점의 정리

가. 원고의 주장

원고는 기산금고의 예금채권자들로부터 예금채권을 양수한 자에 불과하여 소득세법에 따른 이자소득세의 원천징수의무자라 할 수 없으므로, 파산자 기산금고가 원고에 대하여 부당이득반환채권의 자동채권을 가짐을 전제로 하는 상계처리는 부적법하고, 따라서 피고는 파산자 기산금고의 1회 중간배당에서 원고의 파산채권에 대한 확정배당금 1,385,358,133원 중 미지급액 112,493,520원 및 2회 중간배당에서의 원고의 파산채권에 대한 확정배당금 95,685,313원 중 미지급액 360,100원과 이에 대한 지연손해금을 지급할 의무가 있다.

나. 피고와 피고 보조참가인의 주장

원고가 예금채권자들에 대하여 예금자보호법에 의한 보험기관으로서 예금원리금을 지급함에 있어 소득세법 제127조의 규정에 따라 원천징수분 이자소득세를 세무서에 납부하여야 함에도, 사실상의 지배관리하에 있던 기산금고의 파산관재인으로 하여금 이자소득세를 납부하도록 함으로써 부당하게 이득을 얻고 그로 인하여 기산금고에게 손해를 가하였으므로, 기산금고는 한아름금고에 대하여 납부한 이자소득세 상당의 반환채권을 취득하였고 이 채권을 자동채권으로 삼아 한아름금고의 확정배당금 중 대등액과 상계함으로써 한아름금고의 배당금채권은 모두 소멸하였다.

다. 쟁점의 소재

그러므로 이 사건의 쟁점은 파산자 기산금고의 예금채권자들에 대한 이자소득세의 원천징수의무자가 한아름금고임을 전제로 하는 피고의 상계처리의 적법여부이다.

3. 판단

가. 그러므로 먼저 이자소득세의 원천징수의무자에 대하여 보건대, 예금자보호법 제1조는 이 법은 금융기관이 파산등의 사유로 예금 등을 지급할 수 없는 상황에 대처하기 위하여 예금보험제도를 효율적으로 운영함으로써 예금자 등을 보호하고 금융제도의 안정성을 유지하는데 이바지함을 목적으로 한다고 규정하고, 제3조는 이 법에 의한 예금보험제도 등을 효율적으로 운영하기 위하여 예금보험공사를 설립한다고 규정하며, 제31조 제1항은, 예금보험공사는 부보 금융기관에 보험사고가 발생한 때에는 당해 부보 금융기관의 예금자 등의 청구에 의하여 보험금을 지급하여야 한다고 규정하고 있고, 제35조의2 제1항은 예금보험공사는 제31조 제1항의 규정에 의하여 보험금을 지급하는 경우에는 당해 보험사고와 관련된 예금 등 채권을 매입할 수 있다고 규정하며, 제36조의3, 5에 의하면 예금보험공사는 예금등 채권의 지급 기타 부실금융기관의 정리업무를 효율적으로 수행하기 위하여 재정경제부장관의 승인을 얻어 정리금융기관을 설립할 수 있다고 규정하고 있는바, 이와 같은 예금보험제도의 목적과 보험금 지급방법, 절차 등을 종합하여 볼 때, 예금자보호법에 의한 보험기관인 예금보험공사에 의하여 부실금융기관의 정리를 위하여 설립된 한아름금고가 파산자 기산금고의 예금채권자들에 대하여 금원을 지급하는 행위의 실질은, 예금보험으로 인수한 기산금고의 예금자들에 대한 예금 원리금 지급채무를 대신 이행하는 것으로써 예금 원리금의 대지급이라 할 것이고, 소득세법 제127조 제1항의 규정에 의하면 국내에서 거주자나 비거주자에게 이자소득금액 등을 지급하는 자는 그 거주자나 비거주자에 대하여 소득세를 원천징수하여야 한다고 규정하고 있는 한편, 예금자보호법 기타 관련 법규에서 정리금융기관이 예금을 지급할 수 없는 금융기관을 대신하여 예금자들에 대한 예금 원리금을 지급하는 경우의 이자소득 원천징수의무자에 대하여 별도로 규정하고 있지 아니하므로, 한아름금고가 기산금고를 대신하여 이 사건 예금채권자들에게 예금원리금 채무를 지급한 이상, 그 이자소득에 대한 소득세의 원천징수의무자는 한아름금고라고 보아야 할 것이다.

나. 그런데 증거에 의하면, 한아름금고는 예금보험공사를 매개로 사실상 지배관리하에 있던 파산자 기산금고로 하여금 이자소득세를 관할세무서에 납부하도록 업무방침을 정하고, 파산자 기산금고로 하여금 위와 같은 업무방침에 따라 이자소득세 원천징수 상당액을 납부케 한 사실을 인정할 수 있고, 한편, 한아름금고는 위와

같이 파산자 기산금고의 예금채권자들에 대하여 예금원리금을 대지급하면서 이자소득세 부분을 보류하고 나머지 원리금을 지급하고도 예금원리금 채권 전부를 양도받았으므로 한아름금고는 피고의 납부행위에 의하여 위 이자소득세 원천징수의무를 이행한 셈이 되어 그로 인하여 파산자 기산금고가 대신 납부한 이자소득세 상당의 이득을 얻고, 파산자 기산금고는 같은 금액 상당의 손해를 입었다고 할 것이다. 따라서 파산자 기산금고는 한아름금고에 대하여 1회 중간배당과 관련한 이자소득세 112,493,520원 및 2회 중간배당과 관련한 이자소득세 360,100원의 부당이득반환채권을 취득하였다고 할 것이므로, 피고가 위 각 채권을 자동채권으로 하여 위 각 배당절차에서의 확정배당금채권과 대등액에서 상계한 조치는 정당하므로, 한아름금고의 파산자 기산금고에 대한 위 각 배당절차에서의 확정배당금채권은 위와 같은 상계에 의하여 모두 소멸하였다 할 것이다. 결국, 원고의 주장은 이유 없고 피고 등의 주장은 이유 있다.

4. 결론

그렇다면 원고의 이 사건 청구는 이유 없어 이를 기각하기로 하여 주문과 같이 판결한다.

재판장 판사 고영한 박정길 최은정

(2) **대구지방법원** 2001. 7. 26. **선고** 99**가합**18521 **판결【파산채권확정】(대구고등법원** 2001**나**6580 **추정)**

【판결요지】

한아름상호신용금고가 예금자보호법 제36조의5에 따라 파산자 상호신용금고의 예금채권자들로부터 예금채권을 매입함에 있어 형식적으로는 한아름상호신용금고가 파산자 상호신용금고의 승낙 하에 이 사건 예금채권자들의 예금채권을 양수하는 형태를 취하였지만 그 실질은 예금보험공사의 보험금 지급을 갈음한 것이라 할 것이고, 한아름상호신용금고가 위와 같이 매입한 파산자 상호신용금고에 대한 예금채권들의 관리의 편의를 위하여 예금채권 양수인의 지위에서 파산자 상호신용금고와 사이에 매입한 예금채권들의 예금금리와 별도의 예금금리를 적용하는 새로운 보통예금계약을 체결하여 매입한 채권을 예탁하였으므로, 한아름상호신용금고의 파산자 상호신용금고에 대한 파산채권 중 한아름상호신용금고가 파산자 상호신용금고의 예금채권자들로부터 매입한 예금채권 및 이에 대한 이자는 상호신용금고법 제37조의2 소정의 예금채권에 해당하여 우선권이 있다고 할 것이다.

【참조 조문】 상호신용금고법 제37조의2, 예금자보호법 제35조, 제36조의5, 파산법 제32조

【원고】 상호신용금고연합회

【피고】 주식회사 한아름상호신용금고 외 1인

【변론종결】 2001. 6. 28.

【주문】 1. 파산자 주식회사 삼원상호신용금고가 우선권 있는 파산채권으로 인정한 피고 주식회사 한아름상호신용금고의 파산채권 중 341,167,289원 및 파산자 주식회사 경일상호신용금고가 우선권 있는 파산채권으로 인정한 피고 주식회사 한아름상호신용금고의 파산채권 중 201,574,152원은 각 우선권이 없는 파산채권임을 확정한다. 2. 원고의 피고들에 대한 나머지 청구를 기각한다. 3. 소송비용은 이를 20분하여 그 19는 원고가, 나머지는 피고들이 각 부담한다.

【청구취지】 피고 주식회사 한아름상호금고가 파산자 주식회사 삼원상호신용금고 및 파산자 주식회사 경일상호신용금고에 관하여 각 신고한 파산채권은 우선권이 없음을 확정한다.

【이유】 1. 기초사실

가. 피고 주식회사 한아름상호신용금고(이하 피고 한아름금고라고 한다)는 예금자 보호 및 금융제도의 안정성 유지를 위하여 부실상호신용금고의 영업 또는 계약을 양수하여 부실상호신용금고를 정리하기 위한 목적으로 예금자보호법 제36조의3에 의하여 예금보험공사가 전액 출자하여 설립된 정리금융기관이다.

나. 파산자 주식회사 삼원상호신용금고(이하 삼원금고라고 한다)는 1998. 6. 9.부터 신용관리기금의 경영관리를 받아 오다가 1998. 10. 24. 재정경제부장관의 영업인가 취소와 함께 청산절차가 진행되던 중 청산인 김병환의 파산신청에 따라 1999. 3. 25. 대구지방법원으로부터 파산선고를, 파산자 주식회사 경일상호신용금고(이하 경일금고라고 한다)는 1998. 5. 30.부터 신용관리기금의 경영관리를 받아 오다가 1998. 10. 26. 재정경제부장관의 영업인가 취소와 함께 청산절차가 진행되던 중 청산인 김병환의 파산신청에 따라 1999. 3. 25. 대구지방법원으로부터 파산선고를 각 받았다.

다. 피고 한아름금고는 1998. 9. 18. 예금자보호법 제36조의5에 따라 삼원금고 및 경일금고의 각 예금채권자들(이하 이 사건 각 예금채권자들이라고 한다)의 예금채권을 1998. 9. 28.부터 매입할 것을 공고하고, 1998. 9. 28.부터 이 사건 각 예금채권자들의 예금채권을 매입하기 시작하였다.

라. 피고 한아름금고는 위와 같이 예금채권을 매입하면서 농협중앙회와 사이에, 삼원금고와 관련하여서는 경산시 소재 농협중앙회 중방동지점에, 경일금고와 관련하여서는 농협중앙회 경산시 지부에 각 피고 한아름금고 명의의 예금계좌를 개설, 예금채권 매입자금을 입금하여 이 사건 각 예금채권자들에게 대신 지급하게 하는 대행계약을 각 체결하였다. 한편 피고 한아름금고와 위 각 금고는 피고 한아름금고가 이 사건 각 예금채권자들로부터 매입한 예금채권을 각 피고 한아름금고의 보통

예금 단일계좌로 통합하여 위 각 금고에게 예탁하되, 위 각 예탁금의 이자에 관하여 삼원금고와는 예금상품 가중평균금리인 연 15.67%를, 경일금고와는 17.58%를 적용하기로 각 약정하였다.

마. 피고 한아름금고는 위 각 약정에 따라 위 각 금고의 예금채권을 매입하기 위한 자금을 예금보험공사로부터 지원 받아, 삼원금고에 관하여는 위 농협중앙회 중방동지점에, 경일금고에 관하여는 농협중앙회 경산시지부에 각 예탁하였다.

바. 위 농협중앙회 지점, 지부에서는 이 사건 각 예금채권자들로부터 '예금등 채권매입 청구서', '예금등 채권 양도증서', '예금등 채권 양도 승낙서' 등의 서류를 받은 후, 피고 한아름금고가 위와 같이 입금한 자금으로 이 사건 각 예금채권자들이 농협중앙회에 대해 갖고 있는 신규 개설통장 또는 기존 통장에 예금등 채권매입대금을 입금하거나, 100,000원 이하의 소액일 경우에는 이 사건 각 예금채권자들의 요청에 따라 현금으로 지급하였다.

사. 위 농협중앙회 지점, 지부는 위와 같은 방법으로 이 사건 각 예금채권자들의 예금채권을 매입한 후 당일 그에 따라 작성된 '예금등 채권 매입 대금지급 현황보고서', '예금등 채권양도 승낙서' 등은 피고 한아름금고에게 각 발송하고, '예금등 채권매입현황 통보서' 등은 위 각 금고에 각 발송하였다.

아. 삼원금고, 경일금고는 피고 한아름금고를 통해 받은 위 '예금등 채권양도 승낙서'에 승낙인을 날인하는 방식으로 위 채권양도를 각 승낙하였고, 위와 같이 받은 '예금등 채권매입 현황통보서'의 당일 지급금액에 따라 이 사건 각 예금자들이 피고 한아름금고에게 양도한 예금채권만큼 예금이 출금되어 다시 각 피고 한아름금고 명의로 개설된 예금계좌로 입금된 것으로 각 처리하였다.

자. 피고 한아름금고는 위와 같은 방식으로 1998. 9. 28.부터 1999. 3. 24.까지 사이에 삼원금고에 대한 예금채권자들로부터 합계금 36,127,824,632원의 채권을 매입하였고, 위 매입한 예금채권에 대하여 1998. 9. 28.부터 삼원금고의 파산선고일 전일인 1999. 3. 24.까지의 수신가중평균금리에 따른 2,680,367,229원의 이자가 발생하였으며, 한편 피고 한아름금고는 경일금고에 대한 예금채권자들로부터도 같은 방식으로 위와 같은 기간 사이에 합계금 37,910,719,047원의 채권을 매입하였고, 위 매입한 예금채권에 대하여 1998. 9. 28.부터 경일금고의 파산선고일 전일인 1999. 3. 24.까지의 수신가중평균금리에 따른 3,182,229,429원의 이자가 발생하였다.

차. 피고 한아름금고는 삼원금고의 파산절차에서 위와 같이 매입한 예금채권 및 이에 대한 이자 합계 38,808,191,861원과 향후 피고 한아름금고가 매입하여야 하는 예금채권 합계 304,858,623원 및 그 중 168,306,451원에 대한 이자 43,685,607원 합계 348,544,230원을 파산채권으로 신고하였고, 1999. 6. 16. 삼원금고의 제 1 회 채권자집회에서 위와 같이 신고한 파산채권 중 (주)거방건설의 보통예금채권 등 7,376,941원

에 관하여는 부인하고 나머지 39,149,359,150원은 일반 파산채권으로 인정한 삼원금고의 파산채권 시부인표에 대하여 위 나머지 파산채권 39,149,359,150원은 우선권 있는 파산채권이라고 이의를 진술하여 당시 삼원금고의 파산관재인 김재권으로부터 위 파산채권 시부인표 작성의 내용을 번복하여 이에 대하여 우선권 있는 파산채권으로 인정받았다. 한편, 피고 한아름금고는 경일금고의 파산절차에서 위와 같이 매입한 예금채권 및 이에 대한 이자 합계 41,092,948,476원과 향후 피고 한아름금고가 매입하여야 하는 예금채권 174,307,982원 및 그에 대한 이자 27,266,170원 합계 201,574,152원을 파산채권으로 신고하였고, 1999. 6. 16. 경일금고의 제 1 회 채권자집회에서 위와 같이 신고한 파산채권 합계 41,294,522,628원을 일반 파산채권으로 인정한 경일금고의 파산채권 시부인표에 대하여 위 파산채권은 우선권 있는 파산채권이라고 이의를 진술하여 당시 경일금고의 파산관재인 김재권으로부터 위 파산채권 시부인표 작성의 내용을 번복하여 이에 대하여 우선권 있는 파산채권으로 인정받았다.

카. 원고는 삼원금고에 대하여 단기대출원리금등 합계 7,284,172,320원, 경일금고에 대하여 단기대출원리금등 합계 8,357,087,134원의 파산채권이 있다.

2. 원고의 주장

원고는, 우선권 있는 파산채권으로 인정된 피고 한아름금고의 위 각 금고에 대한 파산채권에 관하여 아래에서 살펴보는 바와 같은 이유로 위 각 파산채권은 우선권이 없다고 주장하며 그 확정을 구한다.

3. 판단

가. 피고 한아름금고의 파산채권에 대한 우선권 인정 여부

(1) 원고는, 상호신용금고법 제37조의2는 '예금등을 예탁한 자는 다른 법률에 특별한 규정이 있는 경우를 제외하고는 예탁금액의 한도 안에서 상호신용금고의 총재산(공탁한 재산을 포함한다)에 대하여 다른 채권자에 우선하여 변제를 받을 권리를 가진다'고 규정하고 있고, 예금자보호법 제35조는 '예금보험공사는 보험금 및 가지급금을 지급한 경우 그 지급한 범위 안에서 부실금융기관에 대한 예금자의 등의 권리를 취득한다'고 규정하고 있는데, 위 두 규정 어디에도 피고 한아름금고에게 우선변제권을 인정하는 취지의 직접적인 규정이 없으므로 피고 한아름금고의 위 각 금고에 대한 파산채권은 우선권이 없다고 주장한다.

(2) 살피건대, 예금보험공사의 보험금을 자금으로 하여 양수한 예금채권들을 단일계좌로 통합하여 관리하기 위해 피고 한아름금고가 위 각 금고와 새로이 이율을 정하여 보통예금계약을 각 체결하였으며, 이에 따라 위 각 금고는 이 사건 각 예금채권자들이 피고 한아름금고에게 양도한 예금채권만큼 예금채권자들의 계좌로부터 예금이 출금되어 다시 피고 한아름금고 명의로 개설된 위 각 보통예금계좌로 입금

된 것으로 처리한 사실은 앞에서 본 바와 같은바, 그렇다면, 피고 한아름금고가 이 사건 각 예금채권자들로부터 예금채권을 매입함에 있어 형식적으로는 피고 한아름금고가 위 각 금고의 승낙 하에 이 사건 각 예금채권자들의 예금채권을 양수하는 형태를 취하였지만 그 실질은 예금보험공사의 보험금 지급을 갈음한 것이라 할 것이고, 피고 한아름금고가 위와 같이 매입한 위 각 금고에 대한 예금채권들의 관리의 편의를 위하여 예금채권 양수인의 지위에서 위 각 금고와 사이에 각 매입한 예금채권들의 예금금리와 별도의 예금금리를 적용하는 새로운 보통예금계약을 체결하여 매입한 채권을 예탁하였으므로, 피고 한아름금고의 위 각 금고에 대한 파산채권 중 피고 한아름금고가 삼원금고의 예금채권자들로부터 매입한 위 예금채권 및 이에 대한 이자 합계 38,808,191,861원 및 경일금고의 예금채권자들로부터 매입한 위 예금채권 및 이에 대한 이자 합계 41,092,948,476원(이하 이 사건 각 파산채권이라고 한다)은 상호신용금고법 제37조의2 소정의 예금채권에 해당하여 우선권이 있다고 할 것이다.

(3) 더 나아가 피고 한아름금고의 위 각 금고에 대한 파산채권 중 피고 한아름금고가 아직 매입하지 않은, 삼원금고에 대한 예금채권 및 그에 대한 이자 합계 341,167,289원과 경일금고에 대한 예금채권 및 이에 대한 이자 합계 201,574,152원에도 우선권이 있는지 여부에 관하여 보건대, 피고 한아름금고가 예금보호공사를 대신하여 위 각 금고에 대한 위와 같은 나머지 예금채권들을 매입할 의무가 있다고 하더라도 피고 한아름금고가 위 예금채권들을 양수받았다거나 이를 매입하여 위 각 금고와 체결된 새로운 보통예금계약에 따라 예탁하였다고 인정할 아무런 증거가 없으므로 피고 한아름금고가 매입하지 않은 위 각 예금채권 및 이에 대한 이자는 상호신용금고법 제37조의2 소정의 예금채권에 해당한다고 볼 수 없어 이에 대하여는 우선권을 인정할 수 없다 할 것이므로 이 점에 관한 원고의 주장은 이유 있다.

나. 상호신용금고법 적용배제 주장에 관하여

(1) 원고는, 상호신용금고법 제37조의2 규정은 원래 서민과 소규모기업의 금융편의를 도모하고 저축을 증대하기 위하여 설립된 상호신용금고에 있어서 특별히 거래자인 서민과 소규모기업을 보호하기 위해 둔 규정이며, 예금자보호법 제36조의8 제 1 항에서 '상호신용금고법은 정리금융기관에 관하여는 이를 적용하지 아니한다'고 규정하고 있으므로 예금자의 우선변제권을 규정한 상호신용금고법 제37조의2는 정리금융기관인 피고 한아름금고에게는 적용되지 아니하므로 이 사건 각 파산채권은 우선권이 없다고 주장한다.

(2) 살피건대, 예금자보호법 제36조의8 제 1 항이 원고의 주장과 같은 내용을 규정하고 있으나, 위 법 같은 조항에 상호신용금고법과 함께 정리금융기관에 적용되

지 아니하는 것으로 규정된 상법 기타 법률의 규정에 비추어 볼 때 정리금융기관에 적용되지 아니하는 상호신용금고법의 규정은 정리금융기관의 설립, 임원의 선임, 해산 등에 관한 규정에 한정된다 할 것이고, 예금자보호에 관한 제37조의2의 규정까지 적용이 배제된다고 할 수는 없어 원고의 위 주장은 이유 없다.

(3) 가사, 원고의 주장처럼 예금자보호법 제36조의8 제1항에 의하여 정리금융기관에 대하여는 상호신용금고법 제37조의2가 적용되지 않는다고 해석하더라도, 피고 한아름금고는 삼원금고와 경일금고의 예금채권자들로부터 예금상당액을 지급하고 그들의 예금채권을 양수한 것이고, 위 예금채권자들로부터 양수한 예금채권은 상호신용금고법 제37조의2 규정에 의한 우선권 있는 채권이며, 채권양도에 의하여 채권은 그 동일성을 잃지 않고 양도인으로부터 양수인에게 이전된다 할 것이므로 피고 한아름금고가 양수한 이 사건 각 파산채권 역시 우선권 있는 채권이라 할 것이므로 원고의 위 주장은 역시 이유 없다.

다. 구상금채권에 불과하다는 주장에 관하여

(1) 원고는 정리금융회사인 피고 한아름금고가 보험사고로 인하여 이 사건 각 예금채권자들로부터 예금채권을 매입하는 것은 결국 예금자보호법에 따른 보험금 지급의 실질을 가지는 것이어서 보험자의 위치에 있는 피고 한아름금고는 위 각 금고에 대하여 각 보험금 지급을 원인으로 한 구상금채권을 가진다고 할 것인데, 이러한 구상금채권은 상호신용금고법 소정의 우선변제권이 인정될 수 없다고 주장한다.

(2) 살피건대, 피고 한아름금고의 위 각 금고에 대한 파산채권은 상호신용금고법 소정의 예금채권 또는 민법 제481조의 규정에 의하여 이 사건 각 예금채권자들을 대위한 예금채권이고, 피고 한아름금고가 그 매입한 예금채권의 관리 편의를 위하여 위 각 금고와의 사이에 새로운 보통예금계약을 각 체결하고 매입한 채권을 예탁하여 상호신용금고법 제37조의2 소정의 예금자로서의 우선변제권을 가짐은 앞서 본 바와 같아서, 이와 달리 피고 한아름금고가 위 각 금고에 대하여 각 보험금지급에 따른 구상금 채권자에 불과함을 전제로 한 원고의 위 주장은 더 나아가 살펴볼 필요 없이 이유 없다.

라. 예금채권 양도에 관하여 제3자인 원고에게 대항할 수 없다는 주장에 관하여

(1) 원고는, 피고 한아름금고가 이 사건 각 예금자들로부터 예금채권을 양수하였더라도 그에 대한 확정일자 있는 통지나 승낙이 없었으므로 이를 가지고 제3자인 원고에게 대항할 수 없다는 주장한다.

(2) 살피건대, 지명채권의 양도에 있어 통지나 승낙은 확정일자 있는 증서에 의하지 아니하면 채무자를 제외한 제3자에게 대항하지 못하는데, 이때 대항하지 못하는 제3자는 양도인과 양수인 이외의 모든 사람을 뜻하는 것이 아니라 양도된

채권에 관하여 양수인의 지위와 양립하지 않는 법률상의 지위를 취득한 자 또는 양도된 채권에 대하여 법률상의 이익을 가지는 자를 뜻하는 것인바, 원고는 양도된 위 예금채권에 관하여 피고 한아름금고와 양립하지 않는 법률상의 지위를 취득한 자이거나 양도된 채권에 대하여 법률상 이익을 가지는 자도 아니므로 원고의 위 주장은 주장 자체로 이유 없다.

마. 상호신용금고법의 입법취지 등에 관한 주장에 대하여

(1) 원고는, 상호신용금고법 제37조의2 규정은 상호신용금고의 예금자가 서민과 소규모 기업인 점을 고려하여 이들을 보호하기 위하여 예금채권에 대하여 우선변제권을 인정한 것이고, 공사 이전에 같은 기능을 수행하던 신용관리기금이 상호신용금고에 보전금을 지급하여 예금자를 보호한 경우 상호신용금고의 다른 채권자에 대하여 우선변제권을 주장하지 아니하고 일반채권자로서 파산채권의 배당에 참가하는 관행이 확립되었다 할 것인데, 피고 한아름금고가 이 사건 각 예금채권자들로부터 예금채권을 매입한 것은 실질적으로 보험금의 지급에 해당하므로 이러한 경우 원고에게 우선변제권을 인정한다면 상호신용금고법의 입법취지나 확립된 금융관행에 위배된다고 주장한다.

(2) 살피건대, 이에 부합하는 듯한 증인 甲의 증언은 믿을 수 없고, 달리 상호신용금고법 소정의 우선변제권을 가지는 예금자를 서민과 소규모 기업에 한정하거나 상호신용금고의 예금자에게 보험금을 지급한 자가 다른 일반채권자에게 우선변제권을 주장하지 아니하는 금융관행이 성립되었다고 볼 아무런 증거가 없을 뿐 아니라, 오히려, 비록 피고 한아름금고가 이 사건 각 예금채권들의 예금채권을 매입하고 그 대금을 지급한 것이 보험금 지급의 실질을 가진다고 하더라도 피고 한아름금고는 위 각 금고와 사이에 각 새로운 보통예금계약을 체결하여 이 사건 각 예금채권자들로부터 매입한 채권을 각 예탁한 예금채권자로서 우선변제권을 가짐은 앞서 본 바와 같아서 원고의 위 주장은 이유 없다.

바. 예금채권 미변제 주장에 관하여

(1) 원고는, 피고 한아름금고는 예금 등 채권을 지급한 것이 아니라 예금 등 채권의 매입대금을 지급하였음에 불과하여 예금채권자들의 채권이 변제된 것이 아니므로 그 지급을 전제로 예금채권자의 우선변제권을 가진다는 부당하다고 주장한다.

(2) 살피건대, 원고의 주장이 사실이라고 하더라도 피고 한아름금고는 결국 우선변제권이 있는 예금채권 등의 양수인에 해당하므로 원고의 위 주장 역시 이유 없다.

사. 권리남용 주장에 관하여

(1) 원고는, 피고 한아름금고가 위 각 금고에 대하여는 가지는 파산채권도 예금자의 보호를 위한 지원금의 성격을 갖는 점에서 원고가 위 각 금고에 대하여 가지는 파산채권과 동일하다고 볼 수 있는데, 지원금의 지원시기나 지원방식에 따라 그

변제의 우선권 유무가 달라진다는 것을 형평의 이념에 반하고, 원고는 구신용관리기금법에 의하여 종전의 신용관리기금이 담당하였던 일부 업무를 승계하였는데, 원고가 위 각 금고에 대하여 가지는 파산채권도 종래 신용관리기금이 지원한 지원금의 일부인바, 위 지원금은 당시 예탁금회계에서 지원한 것으로서, 회계기준상 출연금회계를 승계한 예금보험공사가 부담하여야 할 부실을 예탁금회계를 승계한 원고가 떠 안는 것으로, 이러한 원고를 상대로 예금보험공사의 보험금 지급업무를 실질상 대행하고 있는 피고 한아름금고가 그 변제의 우선권을 주장하는 것은 신의성실의 원칙에 반하는 권리남용이라고 주장한다.

(2) 살피건대, 피고 한아름금고가 가지는 파산채권과 원고가 가지는 파산채권이 모두 예금자보호를 위한 지원금의 성격을 가지고 있다고 하더라도 이와 같은 사유만으로 피고 한아름금고가 가지는 파산채권의 우선권을 부여하는 것이 형평의 이념에 반한다고 볼 수 없으며, 원고가 승계한 부실한 예탁금회계의 문제는 그 진위를 떠나 기금승계 자체의 문제이고, 원고의 주장과 같은 기금승계가 원고로 하여금 피고 한아름금고가 예금채권의 우선변제권을 행사하지 않으리라는 신뢰를 형성하게 하였다고 볼 수도 없으므로 원고의 위 주장도 받아들일 수 없다.

아. 파산종합금융회사와의 형평성에 관한 주장에 대하여

(1) 원고는, 부실종합금융회사의 정리를 위하여 설립, 운영되고 있는 한아름종합금융 주식회사는 파산 종합금융회사에 대한 채권신고시 우선변제권을 주장한 바 없고, 피고 한아름금고나 위 한아름종합금융 주식회사 모두 그 자금원이 공적자금인데도 동일한 목적의 지원금이 지원영역에 따라 차등화 된다는 것은 형평의 이념에 반한다고 주장한다.

(2) 살피건대, 피고 한아름금고의 우선변제권은 상호신용금고법상의 예금자 우선변제 규정에 따라 인정되는 것이므로 우선변제에 관한 규정이 없는 부실 종합금융회사 정리를 위한 한아름종합금융 주식회사가 파산 종합금융회사에 대하여 파산채권에 관한 우선권을 가지지 못한다고 하더라도 이를 형평의 이념에 반한다고 할 수 없으므로 원고의 위 주장 역시 이유 없다.

4. 결론

그렇다면 원고의 피고들에 대한 청구는 위 인정범위 내에서 이유 있어 이를 인용하고 나머지 청구는 이유 없어 모두 기각하기로 하여 주문과 같이 판결한다.

재판장 판사 한범수 권성우 황순교

(3) **서울지방법원** 2001. 5. 15. **선고** 99**가합**95994 **판결【파산채권확정】**(**서울고등법원** 2001**나**36070 **추정**)

【판결요지】

한아름상호신용금고가 예금자보호법 제36조의5에 따라 파산자 상호신용금고의 예금채권자들로부터 예금채권을 매입함에 있어 형식적으로는 한아름상호신용금고가 파산자 상호신용금고의 승낙 하에 이 사건 예금채권자들의 예금채권을 양수하는 형태를 취하였지만 그 실질은 예금보험공사의 보험금 지급을 갈음한 것이라 할 것이고, 한아름상호신용금고가 그 매입한 예금채권들의 관리의 편의를 위하여 예금채권 양수인의 지위에서 파산자 상호신용금고와 사이에 매입한 예금채권들의 예금금리와 별도의 예금금리를 적용하는 새로운 보통예금계약을 체결하여 매입한 채권을 예탁하였으므로, 한아름상호신용금고의 파산자 상호신용금고에 대한 파산채권은 상호신용금고법 제37조의2 소정의 예금채권에 해당하여 우선권이 있다고 할 것이다.

【참조 조문】상호신용금고법 제37조의2, 예금자보호법 제35조, 제36조의5, 파산법 제32조

【원고】주식회사 한아름상호신용금고

【피고】파산자 기산상호신용금고 주식회사의 파산관재인 송기영

【피고보조참가인】상호신용금고연합회

【변론종결】2001. 4. 24.

【주문】1. 원고는 파산자 기산상호신용금고 주식회사에 대하여 4,954,394,557원의 우선권 있는 파산채권을 가짐을 확정한다. 2. 소송비용은 피고의 부담으로 한다.

【청구취지】주문과 같다.

【이유】1. 기초사실

가. 원고는 예금자 보호 및 금융제도의 안정성 유지를 위하여 부실상호신용금고의 영업 또는 계약을 양수하여 부실상호신용금고를 정리하기 위한 목적으로 예금자보호법 제36조의3에 의하여 예금보험공사(이하 '공사'라 한다)가 전액출자하여 설립된 정리금융기관이다.

나. 파산자 주식회사 기산상호신용금고(이하 '기산금고'라 한다)는 1997. 7. 23.부터 금융감독위원회의 경영관리를 받아오던 중 1998. 9. 22. 재정경제부장관의 영업인가취소로 법인의 해산과 동시에 청산절차가 진행되던 중 1999. 2. 26. 금융감독위원회의 파산신청에 따라 1999. 3. 29. 이 법원으로부터 파산선고를 받고 피고가 그 관리인으로 선임되었다.

다. 원고는 1998. 11. 20. 예금자보호법 제36조의 5에 따라 1998. 11. 30.부터 같은 해 12. 12.까지 기산금고의 예금채권자들(이하 '이 사건 예금채권자들'이라고 한

다)의 예금채권을 매입하고 매입대금을 지급할 것을 공고하고, 1998. 11. 30.부터 이 사건 예금채권자들의 예금채권을 매입하기 시작하였다.

라. 원고는 위와 같이 예금채권을 매입하면서 농협중앙회 압구정동지점에 원고 명의의 예금계좌를 개설, 예금채권 매입자금을 입금하여 이 사건 예금채권자들에게 대신 지급하게 하는 대행계약을 체결하였다. 한편 원고와 기산금고는 원고가 이 사건 예금채권자들로부터 매입한 예금채권을 원고 명의의 보통예금 단일계좌로 통합하여 기산금고에게 예탁하되, 위 예탁금의 이자는 예금상품 가중평균금리인 연 12.31%를 적용하기로 약정하였다.

마. 원고는 위 약정에 따라 예금채권을 매입하기 위한 자금을 공사로부터 지원받아 농협중앙회 압구정동지점에 예탁하였다.

바. 농협중앙회는 이 사건 예금채권자들로부터 '예금등 채권매입청구서', '예금등 채권양도증서', '예금등 채권양도승낙서' 등의 서류를 받은 후, 원고가 위와 같이 입금한 자금으로 이 사건 예금채권자들이 농협중앙회에 대해 갖고 있는 신규 개설통장 또는 기존통장에 예금 등 채권매입대금을 입금하거나, 100,000원 이하의 소액일 경우에는 이 사건 각 예금채권자의 요청에 따라 현금으로 지급하였다.

사. 농협중앙회는 위와 같은 방법으로 이 사건 예금채권자들의 예금채권을 매입한 후 당일 그에 따라 작성된 '예금등 채권매입대금 지급현황보고서', '예금등 채권양도승낙서' 등은 원고에게 발송하고, '예금등 채권매입 현황통보서' 등은 기산금고에게 발송하였다.

아. 기산금고는 원고를 통해 받은 위 '예금등 채권양도승낙서'에 승낙인을 날인하는 방식으로 위 채권양도를 승낙하였고, 위와 같이 받은 '예금등 채권매입 현황통보서'의 당일 지급금액에 따라 이 사건 예금자들이 원고에게 양도한 예금채권만큼 예금이 출금되어 다시 원고 명의로 개설된 예금계좌로 입금된 것으로 처리하였다.

자. 원고는 위와 같은 방식으로 이 사건 예금채권자들로부터 4,794,860,965원의 채권을 매입하였고 위 매입한 예금채권에 대하여 1998. 11. 30.부터 위 파산선고일인 1999. 3. 29.까지의 가중평균금리에 따른 159,533,592원의 이자가 발생하였다(이하 원고가 매입한 예금채권과 이에 대한 위 이자의 합계 4,954,394,557원의 채권을 '이 사건 예금채권'이라고 한다).

차. 원고는 기산금고에 대한 파산절차에서 피고에게 이 사건 예금채권을 우선채권으로 신고하였으나 피고는 원고가 신고한 위 파산채권 중 원고가 매입한 예금채권 4,794,860,965원 및 이에 대하여 예금 다음날부터 위 파산선고일까지의 상사법정이율 6%에 따른 이자인 77,785,075원만 파산채권으로 인정하고 나머지 이자 81,775,517원 부분은 부인하였고, 파산채권으로 인정되는 부분에 대한 우선권도 부인하였다.

2. 보조참가신청의 적법 여부

원고는, 피고보조참가인(이하 '참가인'이라 한다)이 기산금고에 대하여 34,477,310,238원의 단기대출원리금 채권이 있고, 이 사건 원고의 청구가 인용될 경우 참가인은 약 12억원 이상을 배당받지 못하게 된다고 주장하면서 피고를 위하여 보조참가신청을 하나, 참가인 주장의 사유는 소송의 결과에 대한 법률상의 이해관계가 아닌 단순한 경제적 이해관계에 지나지 아니하므로 참가인의 보조참가신청은 부적법하다고 주장한다.

살피건대, 특정 소송사건에서 당사자의 일방을 보조하기 위하여 보조참가를 하려면 당해 소송의 결과에 대하여 이해관계가 있어야 하고, 여기에서 말하는 이해관계라 함은 사실상, 경제상 또는 감정상의 이해관계가 아니라 법률상의 이해관계를 가져야 함은 원고가 주장하는 바와 같으나, 법률상 이해관계라 함은 반드시 판결의 효력이 직접 참가인에게 미치는 경우만이 아니라 참가인의 법률상 지위가 판결의 주문에서 판단되는 법률관계와 논리적 의존관계에 있는 경우도 포함한다 할 것인바, 이 판결에서 원고가 기산금고에 대하여 우선권있는 채권이 있음이 확정되면 참가인 등 기산금고의 일반채권자의 배당액이 감소하여 법률상 지위에 영향을 미친다할 것이므로 원고의 위 주장은 이유 없다.

3. 본안에 관한 주장 및 판단

가. 파산채권의 범위

원고가 신고한 위 파산채권 중 원고가 매입한 예금채권 4,794,860,965원 및 이에 대하여 원고의 예금 다음날부터 위 파산선고일까지의 상사법정이율에 따른 이자인 77,758,075원이 파산채권에 해당함에 관하여는 피고가 이를 파산절차에서 일반파산채권으로 시인하였으므로 나머지 이자채권 즉 원고가 매입한 예금채권을 예금한 다음날부터 파산선고일까지의 가중평균금리 연 12.31%에 따른 미지급 이자 159,553,592원 중 상사법정이율에 따른 이자인 77,758,075원을 초과하는 81,775,517원이 파산채권에 해당하는지의 여부에 관하여 살피기로 한다.

이에 관하여 원고는, 원고가 예금채권자들의 원금과 이자를 하나의 채권으로 매입하여 원고 명의의 단일계좌로 통합하면서 기산금고와 예금금리를 연 12.31%로 하기로 약정하였는데, 이는 원고가 매입한 예금채권의 원리금을 통합하여 하나의 예금채권이 성립된 것으로 하여 위 예금금리를 적용하기로 한 것으로 보아야 하므로 상사법정이율 범위를 초과하는 이자도 원고의 파산채권이라고 주장하고, 이에 대하여 피고는 원고가 매입한 예금채권액에 대하여 그 예금채권 지급일로부터 파산선고일인 1999. 3. 29.까지의 기간 동안 상사법정이율인 연 6%의 비율에 의한 77,758,0756원만이 파산채권으로 인정되어야 한다고 주장한다.

살피건대, 증거에 의하면 원고가 위와 같이 양도받은 예금채권들을 보통예금 단일계좌로 통합하여 관리하기 위해 기산금고와 예금상품 가중평균금리인 연 12.31%를 적용하는 보통예금계약을 체결한 사실, 위 계약에 따라 기산금고가 이 사건 예금채권자들이 원고에게 양도한 예금채권만큼 양도 예금채권자들의 계좌로부터 예금이 출금되어 다시 원고 명의로 개설된 위 보통예금계좌로 입금된 것으로 처리한 사실을 각 인정할 수 있는바, 그렇다면, 원고와 기산금고 사이에 원고가 매입한 예금채권은 원금과 이자 모두 원고의 보통예금계좌에 원금으로 입금되어, 그 예금채권 전액에 대하여 연 12.31%의 이율이 적용되는 새로운 예금계약이 체결되었다고 할 것이어서 상사법정이율 범위를 초과하는 위 이자 81,775,517원도 원고의 파산채권에 해당한다.

나. 우선권 인정 여부

원고의 파산채권으로 인정된 위 채권이 우선권 있는지에 관하여 살피건대, 공사가 예금자들에게 지급하여야 할 보험금 자금으로 원고가 이 사건 예금채권자들로부터 예금채권을 매입하여 양수받은 사실, 위 채권양수에 대하여 기산금고로부터 승낙을 받은 사실, 원고가 위와 같이 양도받은 예금채권들을 보통예금 단일계좌로 통합하여 관리하기 위해 기산금고와 예금상품 가중평균금리인 연 12.31%를 적용하는 보통예금계약을 체결한 사실, 위 계약에 따라 기산금고가 이 사건 예금채권자들이 원고에게 양도한 예금채권만큼 예금채권자들의 계좌로부터 예금이 출금되어 다시 원고 명의로 개설된 위 보통예금계좌로 입금된 것으로 처리한 사실은 앞에서 본 바와 같은바, 그렇다면, 원고가 이 사건 예금채권자들로부터 예금채권을 매입함에 있어 형식적으로는 원고가 기산금고의 승낙하에 이 사건 예금채권자들의 예금채권을 양수하는 형태를 취하였지만 그 실질은 예금보험공사의 보험금 지급을 갈음한 것이라 할 것이고, 원고가 그 매입한 예금채권들의 관리의 편의를 위하여 예금채권 양수인의 지위에서 기산금고와 사이에 매입한 예금채권들의 예금금리와 별도의 예금금리를 적용하는 새로운 보통예금계약을 체결하여 매입한 채권을 예탁하였으므로, 원고의 위 파산채권은 상호신용금고법 제37조의2 소정의 예금채권에 해당하여 우선권이 있다고 할 것이다.

다. 피고 및 참가인의 주장에 관하여

(1) 피고의 주장 및 판단

이에 대하여 피고는, 원고는 예금자 보호 및 금융제도 안정을 위하여만 임시적으로 존립하는 회사로서 원고의 이 사건 예금채권자들로부터의 예금채권 매입은 결국 예금자보호법에 따른 보험금 지급의 실질을 가지는 것이어서 보험자의 위치에 있는 원고는 기산금고에 대하여 보험금 지급을 원인으로 한 구상금채권을 가진다 할 것인데, 이러한 구상금채권은 상호신용금고법 소정의 우선변제권이 인정될 수 없다고 주장한다.

살피건대, 원고가 우선권 있는 파산채권으로서 확정을 구하는 권리가 상호신용금고법 소정의 예금채권 또는 민법 제481조의 규정에 의하여 이 사건 예금채권자들을 대위한 예금채권이고, 원고가 그 매입한 예금채권의 관리 편의를 위하여 기산금고와 사이에 새로운 보통예금계약을 체결하고 매입한 채권을 예탁하여 상호신용금고법 제37조의2 소정의 예금자로서의 우선변제권을 가짐은 앞서 본 바와 같아서 이와 달리 원고가 기산금고에 대하여 보험금지급에 따른 구상금 채권자에 불과함을 전제로 한 피고의 위 주장은 이유 없다.

(2) 참가인의 주장 및 판단

(가) 상호신용금고법의 입법취지 등에 관한 주장에 대하여

참가인은 우선, 상호신용금고법 제37조의2 규정은 상호신용금고의 예금자가 서민과 소규모 기업인 점을 고려하여 이들을 보호하기 위하여 예금채권에 대하여 우선변제권을 인정한 것이고, 공사 이전에 같은 기능을 수행하던 신용관리기금이 상호신용금고에 보전금을 지급하여 예금자를 보호한 경우 상호신용금고의 다른 채권자에 대하여 우선변제권을 주장하지 아니하고 일반채권자로서 파산채권의 배당에 참가하는 관행이 확립되었다 할 것인데, 원고가 이 사건 예금채권자들로부터 예금채권을 매입한 것은 실질적으로 보험금의 지급에 해당하므로 이러한 경우 원고에게 우선변제권을 인정한다면 상호신용금고법의 입법취지나 확립된 금융관행에 위배된다고 주장한다.

살피건대, 상호신용금고법 소정의 우선변제권을 가지는 예금자를 서민과 소규모 기업에 한정하거나 상호신용금고의 예금자에게 보험금을 지급한 자가 다른 일반채권자에게 우선변제권을 주장하지 아니하는 금융관행이 성립되었다고 볼 아무런 증거가 없을 뿐 아니라, 오히려, 비록 원고가 이 사건 예금채권들의 예금채권을 매입하고 그 대금을 지급한 것이 보험금 지급의 실질을 가진다고 하더라도 원고는 기산금고와 사이에 새로운 보통예금계약을 체결하여 이 사건 예금채권자들로부터 매입한 채권을 예탁한 예금채권자로서 우선변제권을 가짐은 앞서 본 바와 같아서 참가인의 위 주장은 이유 없다.

(나) 탈법행위 주장에 관하여

참가인은, 만약 원고가 예금자만이 가지는 우선변제권을 스스로 행사하기 위하여 예금채권매입의 형식을 취하였다면 이는 상호신용금고법 제37조의2의 취지를 우회하기 위한 탈법행위로서 무효라고 주장한다.

살피건대, 증인 갑의 증언에 의하면, 원고는 수많은 양수채권의 관리상 편의를 위하여 이 사건 예금채권자들의 예금채권자들의 채권을 매입하여 이를 모두 인출하고, 다시 원고 명의의 보통예금계좌에 입금한 사실을 인정할 수 있는바, 그렇다면 원고의 이 사건 예금채권 매입이 상호신용금고법 제37조의2의 규정을 우회하기

위한 탈법행위라고 할 수 없고, 달리 이를 인정할 증거가 없으므로 참가인의 위 주장도 이유 없다.

(다) 상호신용금고법 적용배제 주장에 관하여

참가인은, 예금자보호법 제36조의8 제1항은 "상호신용금고법은 정리금융기관에 관하여는 이를 적용하지 아니한다"고 규정하고 있어 예금자의 우선변제권을 규정한 상호신용금고법 제37조의2는 정리금융기관인 원고에게 적용되지 아니한다고 주장한다.

살피건대, 예금자보호법 제36조의8 제1항이 상호신용금고법에서 참가인의 주장과 같은 내용을 규정하고 있으나, 위 법 같은 조항에 상호신용금고법과 함께 정리금융기관에 적용되지 아니하는 것으로 규정된 상법 기타 법률의 규정에 비추어 볼 때 정리금융기관에 적용되지 아니하는 상호신용금고법의 규정은 정리금융기관의 설립, 임원의 선임, 해산 등에 관한 규정에 한정된다 할 것이고, 예금자보호에 관한 제37조의2의 규정까지 적용이 배제된다고 할 수 없어 참가인의 위 주장도 이유 없다.

(라) 예금채권 미변제 주장에 관하여

참가인은, 원고는 예금 등 채권을 지급한 것이 아니라 예금 등 채권의 매입대금을 지급하였음에 불과하여 예금채권자들의 채권이 변제된 것이 아니므로 그 지급을 전제로 예금채권자의 우선변제권을 가진다는 원고의 주장은 이유 없다고 주장한다.

살피건대, 참가인의 주장이 사실이라고 하더라도 원고는 결국 우선변제권이 있는 예금채권 등의 양수인에 해당하므로 참가인의 위 주장 역시 이유 없다.

(마) 참가인의 채권도 예금자 보호를 위한 것이라는 주장에 관하여

참가인은, 만약 원고에게 우선변제권이 인정된다고 한다면, 참가인은 원고와 마찬가지로 예금인출사태에 처한 기산금고의 예금자들을 보호하기 위하여 기산금고에게 원금기준 288억 원 상당의 긴급자금을 대여한 신용관리기금의 일부 업무를 승계하였으므로, 참가인이 기산금고에 대하여 가지는 파산채권도 종래 신용관리기금이 지원한 지원금의 일부인바 위 지원금은 당시 예탁금회계에서 지원한 것으로서 회계기준상 출연금회계를 승계한 공사가 부담하여야 할 부실을 예탁금회계를 승계한 참가인이 부담하게 된 것으로 이러한 참가인을 상대로 공사의 보험금 지급업무를 실질상 대행하고 있는 원고가 자신의 파산채권에 관하여 참가인에게 우선변제권을 주장할 수 없다고 주장한다.

살피건대, 원고가 가지는 파산채권과 참가인이 가지는 파산채권이 모두 예금자보호를 위한 지원금의 성격을 가진다는 사유만으로는 원고가 기산금고에 대하여 가지는 원고 명의 예금채권의 우선변제권을 참가인에 대하여 주장할 수 없다고 할

수 없으므로 참가인의 위 주장도 이유 없다.

(바) 파산종합금융회사와의 형평성에 관한 주장에 대하여

참가인은, 부실종합금융회사의 정리를 위하여 설립, 운영되고 있는 한아름종합금융 주식회사는 파산 종합금융회사에 대한 채권신고시 우선변제권을 주장한 바 없고, 원고나 위 한아름종합금융 주식회사 모두 그 자금원이 공적자금인데도 동일한 목적의 지원금이 지원영역에 따라 차등화된다는 것은 형평의 이념이나 헌법상 평등의 원칙에 반한다고 주장한다.

살피건대, 원고의 우선변제권은 상호신용금고법 상의 예금자 우선변제 규정에 따라 인정되는 것이므로 우선변제에 관한 규정이 없는 부실 종합금융회사 정리를 위한 한아름종합금융 주식회사가 파산 종합금융회사에 대하여 파산채권에 관한 우선권을 가지지 못한다고 하더라도 이를 형평의 이념이나 헌법상 평등의 원칙에 반하다고 할 수 없으므로 참가인의 위 주장 역시 이유 없다.

재판장 판사 문흥수 김진철 이옥형

[해설]

파산채권은 우선적 파산채권, 일반파산채권, 후순위 파산채권으로 구분된다. 2000. 1. 12. 파산법 개정 전에는 임금채권이 우선적 파산채권이었으나 개정된 파산법 제38조 제10호에 의하여 전액 재단채권으로 승격되었다. 보험업법에 기하여 보험계약자 또는 보험금을 취득할 자가 보험회사의 자산에 대하여 갖는 우선변제권 및 예금자보호법에 의하여 예금보험공사가 부보금융기관의 보험료 및 연체료 등에 대한 우선변제권, 은행법에 기하여 외국금융기관이 파산한 경우 대한민국 국민과 국내 거주 외국인 등이 갖는 우선변제권, 상호저축은행법(개정 전의 구 상호신용금고법)에 의하여 상호저축은행의 예탁자들이 갖는 우선변제권[1] 등이 우선적 파산채권에 해당한다.

위 판결들은 그 중 구 상호신용금고법에 기한 우선변제권에 관한 판결들이다. 뒤에 보는 바와 같이 동 조항에 대하여 위헌결정이 선고되었다. 사안의 요체는 예금보험공사의 자회사인 한아름상호신용금고[2]가 청산절차 진행중인 상호신용금고의

1) 상호저축은행법 제37조의2(예금자등의 우선변제권) 예금 등을 예탁한 자는 다른 법률에 특별한 규정이 있는 경우를 제외하고는 예탁금액의 한도안에서 상호저축은행의 총재산(공탁한 재산을 포함한다)에 대하여 다른 채권자에 우선하여 변제를 받을 권리를 가진다.

2) 주식회사 한아름상호신용금고는 예금보험공사가 예금자보호법 제31조, 제32조, 제35조의 규정에 의하여 부실금융기관의 예금자 등에 대한 예금채권상당액의 보험금 지급 및 예금채권 매입 등의 업무를 수행하기 위하여 1998. 9. 16. 설립한 정리금융기관으로 2001. 12. 31. 설립기한이 만료되어 정리금융공사에게 흡수합병되었다.

고객들로부터 예금채권을 매입하는 형태로 예금보험공사의 보험금을 지급한 다음 이를 파산채권으로 신고하면서, 신고한 파산채권(이자 포함)이 구 상호신용금고법 제37조의2 소정의 예금채권에 해당하여 우선권이 있다고 주장한 것이다. 서울지방법원 99가합95994 판결과 대구지방법원 99가합18521 판결은 우선적 파산채권으로 인정하였다. 그러자 파산한 상호신용금고의 파산관재인이 우선변제권을 규정한 동 규정이 일반파산채권자에 비하여 예금채권자를 지나치게 우대한다는 이유로 위헌제청신청을 하였고 서울고등법원이 이를 받아들여 2001카기1034호로 위헌심판제청 결정을 하였다.

헌법재판소는 2006. 11. 30. 선고 2003헌가14호 결정에서 동 조항이 일반 금융기관의 예금과 달리 상호신용금고의 예금채권만을 한도 제한 없이 우선변제권으로써 특별히 보호하는 것은 상호신용금고의 일반채권자를 희생시킴으로써 일반채권자의 평등권 및 재산권을 침해하는 위헌법률이라고 결정하였다. 현재 전국 법원이 관장하는 파산한 상호신용금고는 예금보험공사의 채권신고에 대하여 대부분이 이의를 제기한 상태로서 파산법에 따라 일반파산채권으로 취급하여 배당금을 임치하거나 배당금을 지급하였다. 따라서 앞으로 위 사건들에 대하여는 예금보험공사를 일반파산채권자로 취급하여 배당절차를 진행하면 된다. 우선적 파산채권의 신고에 대하여 이의를 제기하지 아니한 경우의 처리방법에 관하여 논의 중에 있다.

서울지방법원 2002가합4745 판결에서는 한아름상호신용금고가 소득세법 제127조 제1항 제1호 소정의 '국내에서 거주자나 비거주자에게 이자소득금액을 지급하는 자'로서 그 이자소득세 상당액의 원천징수의무를 부담하는 자에 해당하는지 여부가 쟁점이었다. 대법원은 이를 긍정한 하급심의 견해를 지지하였다. 다만 한아름상호신용금고가 기산금고로 하여금 이 사건 예금채권자들의 이자소득세 원천징수세액을 대신 납부하게 함으로써, 그 원천징수의무를 면하는 이득을 얻고, 기산금고에게는 같은 금액 상당의 손해를 입힌 것인지 여부에 대하여 한아름상호신용금고가 파산채권을 신고함에 있어 이자소득세 상당액을 공제한 잔액만을 파산채권으로 신고한 사실을 원심이 간과하고 부당이득의 성립을 인정한 것을 나무라고 원심판결을 파기하였다(대법원 2004다34073 판결).

▶ 〈제37조〉 후순위 파산채권

(1) **대법원** 2002. 6. 11. **선고** 2001**다**25504 **판결【파산채권확정】**[공2002, 1615]

【판결요지】

[1] 수탁보증인이 민법 제442조에 의하여 사전청구권으로 파산채권신고를 하는 경우 그 사전구상권의 범위에는 채무의 원본과 이미 발생한 이자 및 지연손해금, 피할 수 없는 비용 기타의 손해액이 이에 포함될 뿐, 채무의 원본에 대한 장래 도래할 이행기까지의 이자는 사전구상권의 범위에 포함될 수 없다고 할 것이나, 이 또한 파산법 제21조 제1항에 의한 장래의 구상권으로서 파산채권신고의 대상이 될 수 있다.

[2] 채권자와 수탁보증인 중 누가 채권신고를 하는가에 따라 파산채권의 인정 여부 및 그 파산채권의 종류가 달라진다면 이는 다른 파산채권자의 이익을 해하고 그들의 지위를 불안정하게 만들 우려가 있어 불합리하다고 할 것이므로, 수탁보증인의 구상금채권은 채권자가 채권신고를 하여 파산절차에서 인정받을 수 있는 파산채권의 범위를 초과하여 인정받을 수는 없다고 함이 상당하고, 그 결과 수탁보증인이 파산선고 후의 이자채권에 대한 구상금채권을 사전구상권(이미 이행기가 도래한 것) 또는 장래의 구상권(앞으로 이행기가 도래할 것)으로 채권신고를 한 경우에도 그 이자채권은 파산채권이기는 하나 파산법 제37조 제1호에서 정하는 후순위 파산채권에 해당한다.

【참조 조문】[1] 민법 제442조, 파산법 제21조／[2]파산법 제21조, 제37조 제1호

【원고, 상고인】현대증권 주식회사 (소송대리인 서울종합법무법인 담당변호사 윤상일 등)

【피고, 피상고인】파산자 국민렌탈 주식회사의 파산관재인 김숙 (소송대리인 변호사 장준철)

【원심판결】서울고등법원 2001. 3. 23. 선고 2000나43132 판결

【주문】상고를 기각한다. 상고비용은 원고의 부담으로 한다.

【이유】상고이유를 본다.

1. 수탁보증인이 민법 제442조에 의하여 사전청구권으로 파산채권신고를 하는 경우 그 사전구상권의 범위에는 채무의 원본과 이미 발생한 이자 및 지연손해금, 피할 수 없는 비용 기타의 손해액이 이에 포함될 뿐 채무의 원본에 대한 장래 도래할 이행기까지의 이자는 사전구상권의 범위에 포함될 수 없다고 할 것이나, 이 또한 파산법 제21조 제1항에 의한 장래의 구상권으로서 파산채권신고의 대상이 될 수 있다(대법원 1989. 9. 29. 선고 88다카10524 판결 참조). 수탁보증인이 민법

제442조에 의하여 사전청구권으로 파산채권신고를 하는 경우 그 사전구상권의 범위에는 채무의 원본과 이미 발생한 이자 및 지연손해금, 피할 수 없는 비용 기타의 손해액이 이에 포함될 뿐 채무의 원본에 대한 장래 도래할 이행기까지의 이자는 사전구상권의 범위에 포함될 수 없다고 할 것이나, 이 또한 파산법 제21조 제1항에 의한 장래의 구상권으로서 파산채권신고의 대상이 될 수 있다.

그런데 파산법 제21조 제1항 단서에서 채권자가 그 채권의 전액에 관하여 파산채권자로서 그 권리를 행사한 때에는 장래의 구상권을 가진 자는 파산재단에 대하여 파산채권자로서 그 권리를 행사할 수 없도록 이중행사를 금지하고, 같은 조 제2항에서 채권자가 그 채권의 전액에 관하여 파산채권자로서 그 권리를 행사하고, 장래의 구상권을 가진 자가 변제를 한 때에는 그 변제의 비율에 따라 채권자의 권리를 취득하도록 하고, 같은 법 제37조 제1호에서 파산선고 후의 이자를 후순위 파산채권으로 규정한 취지와 파산자의 모든 재산을 신속히 환가하여 그 환가대금으로 파산채권에 대하여 배당을 함으로써 채권자의 공평하고 평등한 만족을 도모하는 파산절차의 특성에 비추어 보아, 채권자와 수탁보증인 중 누가 채권신고를 하는가에 따라 파산채권의 인정 여부 및 그 파산채권의 종류가 달라진다면 이는 다른 파산채권자의 이익을 해하고 그들의 지위를 불안정하게 만들 우려가 있어 불합리하다고 할 것이므로, 수탁보증인의 구상금채권은 채권자가 채권신고를 하여 파산절차에서 인정받을 수 있는 파산채권의 범위를 초과하여 인정받을 수는 없다고 함이 상당하고, 그 결과 수탁보증인이 파산선고 후의 이자채권에 대한 구상금채권을 사전구상권(이미 이행기가 도래한 것) 또는 장래의 구상권(앞으로 이행기가 도래할 것)으로 채권신고를 한 경우에도 그 이자채권은 파산채권이기는 하나 파산법 제37조 제1호에서 정하는 후순위 파산채권에 해당한다고 할 것이다.

2. 원심이 위와 같은 취지에서 수탁보증인인 원고가 사전구상권 또는 장래의 구상권으로 채권신고한, 파산선고 후의 이 사건 회사채 이자채권에 대한 구상금채권을 후순위 파산채권이라고 판단한 것은 정당하고, 거기에 상고이유의 주장과 같이 파산법 제21조에 대한 법리오해나 변론주의위반, 석명의무위반, 이유모순의 위법이 있다고 볼 수 없다. 상고이유의 주장은 모두 받아들일 수 없다.

대법관 서성(재판장) 이용우 배기원(주심) 박재윤

▷ 〈**원심판결**〉 **서울고등법원** 2001. 3. 23. **선고** 2000**나**43132 **판결** [**하집**2001-1, 488][3)]

【원고, 피항소인】 현대증권 주식회사 (소송대리인 서울종합 법무법인 담당변호사 최명규 등)

【피고, 항소인】 파산자 국민렌탈 주식회사의 파산관재인 김숙 (소송대리인 변호사 장준철)

【원심판결】 서울지방법원 2000. 6. 27. 선고 99가합99101 판결

【주문】 1. 원심판결을 다음과 같이 변경한다. 가. 원고는 파산자 국민렌탈 주식회사에 대하여 금 60,675,837원의 일반파산채권과 금 2,480,299,912원의 후순위파산채권을 가짐을 확정한다. 나. 원고의 나머지 청구를 기각한다. 2. 소송총비용은 이를 20분하여 그 중 1은 피고의, 나머지는 원고의 각 부담으로 한다.

【청구취지 및 항소취지】

1. 청구취지

원고는 파산자 국민렌탈 주식회사(이하 '파산자'라고 한다)에 대하여 금 2,543,116,119원의 파산채권을 가짐을 확정한다.

2. 항소취지

원심판결 중 피고 패소 부분을 취소하고 그 부분에 대한 원고의 청구를 기각한다.

【이유】 1. 기초사실

가. 파산 전 국민렌탈 주식회사(이하 '파산 전 회사'라고 한다)는 1997. 7. 28. 원금 100억 원, 이율 연 11%, 이자는 1997. 10. 28.부터 만기인 2000. 7. 28.까지 3개월마다 각 2억 7,500만 원씩 지급하며, 원금은 위 만기에 전액 상환하는 내용 등의 제 7 회 회사채와 1997. 8. 4. 원금 100억 원, 이율 연 11%, 이자는 1997. 11. 4.부터 만기인 2000. 8. 4.까지 3개월마다 각 2억 7,500만 원씩 지급하며, 원금은 위 만기에 전액 상환하는 내용 등의 제 8 회 회사채(이하 제 7, 8 회 회사채를 '이 사건 회사채'라고 한다)를 각 원고의 지급보증 아래 공모 발행하였다.

나. 원고와 파산 전 회사 사이에 체결한 이 사건 회사채의 원리금채무에 대한 지급보증계약서에는 파산 전 회사는 원고에게 보증금액에 대한 연 0.25%의 비율에 의한 보증료를 위 각 이자지급기일에 지급하고(제 3 조 제 1 항), 보증료의 지급이 연체되는 경우에는 그 보증료에 대하여 금융기관의 연체대출금이율에 의한 지연손해금을 지급하며(제 3 조 제 4 항), 파산 전 회사가 순조롭게 원리금을 지급할 수 없는 사정 등에 의하여 원고가 사채권자에게 이를 대지급한 경우에는 그 대지급금에

3) 이 판결에 대한 해설은 유승남, "회사채의 지급보증인이 파산자에 대하여 가지는 회사채이자에 대한 사전구상금채권의 성질," 2001. 5. 7. 서울고등법원 민사재판연구회 발표(미공간).

대하여 같은 이율에 의한 이자를 추가로 지급하고(제15조), 파산 전 회사가 파산 등에 들어간 때 및 사채원리금의 일부라도 기한에 지급하지 아니한 때(제10조 제2, 9 호)에 해당하는 사유가 발생한 때에는 파산 전 회사는 기한의 이익을 상실하며 원고는 그 즉시 파산 전 회사에 대하여 따로 징구한 어음 또는 수표의 지급을 청구하고 담보권을 실행하는 등 모든 권리를 행사할 수 있다고 규정하였다.

다. 그런데 파산 전 회사가 1999. 4.경 지급불능의 상태에 이르렀고, 이에 원고는 1999. 4. 28. 제7회 회사채의 이자 2억 7,500만 원, 1999. 5. 4. 제8회 회사채의 이자 2억 7,500만 원 등 이 사건 회사채에 대한 1999. 4. 28. 이후의 이자를 그 사채권자에게 각 대지급하였으며, 한편 파산 전 회사는 1999. 4. 28. 제7회 회사채에 대한 보증료 7,089,897원, 1999. 5. 4. 제8회 회사채에 대한 보증료 7,167,808원 등 이 사건 회사채에 대한 1999. 4. 28. 이후의 보증료의 지급을 각 연체하였다.

라. 파산 전 회사는 1999. 6. 16. 서울지방법원으로부터 파산선고를 받았고, 피고가 파산관재인으로 선임되었다.

마. 1999. 4. 28.부터 1999. 6. 15.까지의 금융기관의 연체대출금이율은 연 18%이다.

바. 원고는 1999. 7. 7. 파산채권자로서 [별지 1] 신고내역 부분 기재와 같이 ① 이 사건 회사채에 대한 보증료채권, ② 이 사건 회사채 원리금에 대한 구상금채권, ③ 연 21%의 비율에 의한 대지급금에 대한 이자채권과 연체보증료에 대한 지연손해금채권 합계 금 23,382,780,622원을 신고하였다.

사. 이에 대하여 피고는 1999. 7. 30. 실시된 조사기일에서 [별지 1] 이의내역 부분 기재와 같이 ① 파산선고일 이후 변제기가 도래하는 보증료채권 전부, ② 파산선고일 이후 변제기가 도래하는 회사채 이자에 대한 사전구상금채권 중 일부, ③ 대지급금에 대한 이자채권과 연체보증료에 대한 지연손해금채권 중 각 상사법정이율인 연 6%의 비율에 의한 금원을 초과하는 부분과 초일산입 부분의 합계 금 2,543,116,119원에 대하여 이의를 제기하였고, [별지 1] 인정내역 부분 기재와 같이 그 나머지 각 채권 합계 금 20,839,664,503원은 이를 인정하였다.

2. 판단

원고는 피고가 위 조사기일에서 이의를 제기한 [별지 1] 이의내역 부분 기재 각 채권 합계 금 2,543,116,119원이 일반파산채권임을 주장하면서 이 사건 소로서 그 확정을 구하고 있고, 파산법상 파산채권은 우선권 있는 파산채권{파산법(이하 '법'이라고 한다) 제32조}과 후순위파산채권(법 제37조) 및 이에 해당하지 아니하는 나머지 파산채권인 일반파산채권으로 그 순위가 분류되는바, 이 사건 파산채권이 일반파산채권인지 후순위파산채권인지 여부를 차례로 살펴보기로 한다.

가. 파산선고일 이후 변제기가 도래하는 보증료채권

(1) 위 보증료채권의 성질

위 보증료채권은 파산자에 대한 장래의 기한부청구권으로서 파산선고 전의 원인으로 생긴 재산상의 청구권으로 장래 지급할 채권액과 그 지급시기가 이미 확정되어 있는 정기금채권이므로 법 제14조, 제16조, 제18조 제2항, 제1항, 제37조 제7호의 규정에 의하여 파산선고시에 그 전액이 변제기에 이른 것으로 간주하고, 다음 (2)항에서 보듯 후순위파산채권인 부분을 제외한 나머지 부분은 일반파산채권에 해당한다.

(2) 후순위파산채권 부분

위 보증료채권의 성질상 그 중 파산선고시부터 그 각 변제기까지의 법정이율에 의하여 산출되는 이자의 액의 합계액에 상당하는 부분(이하 '중간이자 상당액'이라고 한다)은 법 제37조 제7호에 의하여 후순위파산채권이므로, 이 점을 지적하는 피고의 주장은 이유 있다.

(3) 중간이자 상당액 산정이율

한편, 피고는 위 중간이자상당액을 상법 소정의 연 6%가 아닌 원고와 파산자 사이의 약정이율인 연 11%를 적용하여 산정하여야 한다고 주장하나, 앞서 본 사실에 의하면 위 약정이율의 의미는 사채의 발행조건으로서 원고와 파산자 사이에 적용되는 것이 아니라 파산자와 사채권자 사이의 사채원금에 대한 이율을 의미할 뿐이므로, 법 제37조 제7호의 법정이율은 원고와 파산자가 모두 상인인 이 사건에서는 상법 소정의 연 6%라고 할 것이어서, 피고의 위 주장은 이유 없다.

(4) 소결론

따라서 파산선고일 이후 변제기가 도래하는 보증료채권과 관련하여 원고는 파산자에 대하여 [별지 2] 계산표 기재와 같이 금 52,056,761원의 일반파산채권과 금 1,532,788원의 후순위파산채권을 가진다 할 것이다.

나. 파산선고일 이후 변제기가 도래하는 회사채 이자에 대한 사전구상금채권

(1) 앞서 인정한 사실에 의하면, 이 사건 회사채 원리금채무의 수탁보증인인 원고가 파산자에게 회사채 원리금에 대한 (사전)구상권을 행사함에 따라, 피고는 원고가 만기에 사채권자들에게 지급하여야 할 회사채 원금에 대한 사전구상금채권 부분 및 파산선고 전일까지 발생한 회사채의 이자에 대한 구상금채권 부분에 대하여는 일반파산채권으로 인정하였으나, 파산선고일 이후 변제기가 도래하는 회사채의 이자에 대한 사전구상금채권은 후순위파산채권이라는 이유로 이의하였다.

(2) 이 사건 회사채 원리금채무의 수탁보증인인 원고는 법 제21조 제1항 본문, 제16조, 제18조 제2항, 제1항, 민법 제442조 제1항 제2호에 의하여 파산자에 대하여 장래 행사하는 경우가 있을 '구상권 전액'에 관하여 파산재단에 대하여 파

산채권자로서 그 권리를 행사할 수 있고, '전액'의 의미는 파산선고시 현존채권의 전액을 의미한다.

그런데 피고가 이의한 위 사전구상금채권은 파산선고 후 원고가 사채권자에게 지급할 파산선고 후의 회사채 이자를 파산자에 대하여 사전구상하는 것이므로, 그 발생근거가 파산선고 후의 회사채 이자이고, 회사채 이자는 회사채 원금과 달리 법 제37조 제 1 호에 규정한 후순위파산채권에 해당하므로, 위 사전구상금채권 또한 후순위파산채권이라고 할 것이다.

(3) 그 근거는 법 제21조 제 1 항 단서의 규정취지에 비추어 보아도 명백하다. 즉, 법 제21조 제 1 항은 "수인의 채무자가 각각 전부의 채무를 이행하여야 할 경우에 그 채무자의 전원 또는 수인이나 1인이 파산선고를 받은 때에는 그 파산자에 대하여 장래 행사하는 경우가 있을 구상권을 가진 자는 그 전액에 관하여 각 파산재단에 대하여 파산채권자로서 그 권리를 행사할 수 있다. 단, 채권자가 그 채권의 전액에 관하여 파산채권자로서 그 권리를 행사한 때에는 예외로 한다"고 규정하였는데, 위 조항 단서에 채권자가 그 채권의 전액에 관하여 파산채권자로서 그 권리를 행사한 때에는 보증인이 파산재단에 대하여 파산채권자로서 그 권리를 행사할 수 없도록 제한(이중행사금지)한 취지는, 원채권자가 파산재단에 대하여 가지는 채권과 그에 터잡은 보증인의 파산재단에 대한 사전구상금채권이 파산재단에 대하여 실질적으로 동일하거나 유사한 성질의 채권이므로, 파산채권의 처리상 수탁보증인이 원채권자보다 열등한 지위에 있어 그보다 더 많은 권한을 가질 수 없다는 취지라고 보인다.

그렇지 않다면 파산자의 모든 재산을 신속히 환가하여 그 환가대금으로 파산채권에 대하여 배당을 함으로써 채권자의 공평하고 평등한 만족을 도모하는 파산절차의 특성상, 사채권자나 보증인 중 누가 신고했느냐에 따라 일반파산채권이냐 후순위파산채권이냐가 결정되는 것은 다른 파산채권자의 이익을 해할 우려가 있어 그 형평성이 손상되는 불합리한 결과가 초래된다.

(4) 그런데 위와 같이 파산선고일 이후 변제기가 도래하는 회사채 이자에 대한 사전구상금채권을 후순위파산채권으로 보아 원고가 실질적으로 구상받지 못한다면, 원고로서는 파산선고 후 변제기가 도래하는 회사채 이자를 사채권자에게 지급해야 되는 손실을 입게 되는 점은 있으나, 파산절차의 특성과 위 조항의 취지에 비추어 민법상 인정되는 구상권자의 권리가 다소 제한되고 그로 인한 손실을 보증인이 감수하는 것은 불가피한 결과라고 할 것이다.

(5) 소결론

파산선고일 이후 변제기가 도래하는 회사채이자는 [별지 3] 계산표 기재와 같이 합계 금 27억 5천만 원이고, 이에 대한 원고의 사전구상금채권도 그 상당액이므로,

원고는 피고가 조사기일에 인정한 합계 금 271,232,876원(144,657,534원 + 126,575,342원)을 뺀 나머지 2,478,767,124원의 후순위파산채권을 가진다 할 것이다(후순위파산채권이므로 일반파산채권임을 전제로 하여 법 제37조 제7호의 규정에 의한 중간이자 상당액을 산정할 필요가 없다).

다. 파산선고일 전일까지의 대지급금에 대한 이자채권 및 연체보증료에 대한 지연손해금채권

(1) 원고는 파산 전 회사를 위하여 1999. 4. 28. 및 1999. 5. 4. 이 사건 회사채 이자 각 금 2억 7,500만 원을 대지급하였으므로 이에 대하여 각 그 날부터 파산선고일 전일까지 연 18%의 약정이율에 의한 이자채권과 1999. 4. 28. 및 1999. 5. 4. 파산 전 회사가 각 연체한 금 7,089,897원 및 금 7,167,808원의 보증료에 대하여 각 그 다음날부터 파산선고일 전일까지 연 18%의 약정지연손해금률에 의한 지연손해금채권을 가진다 할 것이고, 이는 법 제37조의 각 호에 해당하지 아니하므로 일반파산채권이라 할 것이다.

(2) 원고는, 1999. 4. 28.부터 파산선고일 전일인 1999. 6. 15.까지의 금융기관의 연체대출금이율이 연 21%라고 주장하나 이를 인정할 증거가 없고, 한편, 피고는 상법 소정의 연 6%의 비율에 의하여 이자채권 및 지연손해금채권을 계산하여야 하므로 이를 초과하는 부분은 파산채권에서 제외하여야 한다고 주장하나, 파산 전 회사가 원고에게 대지급금 및 연체보증료에 대하여 연 18%의 비율에 의한 약정이자 및 지연손해금을 지급하기로 약정한 사실은 앞서 본 바와 같으므로 특별한 사정이 없는 한 위 약정이율이 파산절차에도 유효하므로 피고의 위 주장은 이유 없다.

(3) 피고는 대지급금에 대한 이자채권 중 초일인 1999. 4. 28. 및 같은 해 5. 4.에 해당하는 부분은 제외되어야 한다고 주장하나, 대지급금에 대한 이자채권은 대지급한 당일부터 발생하므로, 그 이유 없다.

(4) 소결론

따라서 파산선고일 전일(1999. 6. 15.)까지의 대지급금에 대한 이자채권 및 연체보증료에 대한 지연손해금채권은 합계 금 12,792,998원{(275,000,000원 × 0.18 × 49/365: 원 미만 버림, 이하 같다) + (7,089,897원 × 0.18 × 48/365) + (275, 000,000원 × 0.18 × 43/365) + (7,167,808원 × 0.18 × 42/365)}이고, 이 중 피고가 인정한 금 4,173,922원을 초과하는 금 8,619,076원(12,792,998원 − 4,173,922원)은 일반파산채권에 속한다 할 것이다.

3. 결론

그렇다면 원고는 파산자에 대하여 금 60,675,837원(보증료채권 중 금 52,056,761원 + 기발생 이자 및 지연손해금채권 금 8,619,076원)의 일반파산채권과 금 2,480,299,912원(보증료채권 중 금 1,532,788원 + 사전구상금채권 금 2,478,767,124원)의 후순위파산

채권을 가진다 할 것이므로, 원고의 이 사건 청구는 위 인정 범위 내에서 이유 있어 이를 인용하고, 그 나머지 청구는 이유 없어 이를 기각하기로 할 것인바, 이와 결론을 일부 달리한 원심판결은 부당하므로 피고의 항소를 일부 받아들여 원심판결을 위와 같이 변경하기로 하여 주문과 같이 판결한다.

재판장 판사 이광렬 김광수 유승남

1. 내역

계 산 식	채권액을 N, 법정이율을 Z(원고와 파산자가 모두 상인이므로 상법 소정의 연 6%의 비율에 의함), 파산선고시부터 변제기까지의 연수를 A, 일반파산채권액을 X, 후순위파산채권액을 Y라 했을 때, $X = N/(1 + Z \cdot A)$ $Y = N - X$			
변 제 기	N	A · 365	X(원 미만 버림)	Y
99. 7. 28.	6,994,520	43	6,945,426	49,094
99. 8. 4.	6,994,520	50	6,937,499	57,021
99. 10. 28.	6,821,232	135	6,673,143	148,089
99. 11. 4.	6,821,232	142	6,665,639	155,593
00. 1. 28.	6,575,684	227	6,339,138	236,546
00. 2. 4.	6,503,424	234	6,262,531	240,893
00. 4. 28.	6,404,280	318	6,086,133	318,147
00. 5. 4.	6,474,657	324	6,147,252	327,405
합 계	53,589,549		52,056,761	1,532,788

2. 계산표(보증료채권)

내역	항 목	제 7 회 회사채	제 8 회 회사채	합 계
신고내역	보증료채권	33,885,613	33,961,641	67,847,254
	회사채 원금에 대한 구상금채권	10,000,000,000	10,000,000,000	20,000,000,000
	회사채 이자에 대한 구상금채권	1,650,000,000	1,650,000,000	3,300,000,000
	연 21%의 비율에 의한 99.4.28. 및 99.5.4.부터 각 99.6.15.까지의 대지급금에 대한 이자채권과 연체보증료에 대한 지연손해금채권	7,952,615	6,980,753	14,933,368
	소 계	11,691,838,228	11,690,942,394	23,382,780,622
이의내역	파산선고일 이후 변제기가 도래하는 보증료채권 전부	26,795,716	26,793,833	53,589,549
	파산선고일 이후 변제기가 도래하는 회사채 이자에 대한 구상금채권 중 일부 *	1,230,342,466	1,248,424,658	2,478,767,124
	대지금금에 대한 이자채권 및 연체보증료에 대한 지연손해금 채권 중 각 연 6%의 비율에 의한 금원을 초과하는 부분과 초일산입 부분	5,726,810	5,032,636	10,759,446
	소 계	1,262,864,992	1,280,251,127	2,543,116,119
인정내역	보증료채권 중 나머지	7,089,897	7,167,808	14,257,705
	회사채 원금에 대한 구상금채권 전부	10,000,000,000	10,000,000,000	20,000,000,000
	회사채 이자에 대한 구상금채권 중 나머지	419,657,534	401,575,342	821,232,876
	대지급금에 대한 이자채권 및 연체보증료에 대한 지연손해금 채권 중 각 나머지	2,225,805	1,948,117	4,173,922
	소 계	10,428,973,236	10,410,691,267	20,839,664,503
비고	* 파산선고일 이후 변제기가 도래하는 회사채 이자에 대한 구상금채권 중 1999. 7. 28. 및 1999. 8. 4. 변제기가 도래하는 각 금 275,000,000원의 회사채이자에 대한 구상금채권에 관하여는 금 144,657,534원 및 금 126,575,342원 부분은 인정하고, 그 나머지인 금 130,342,466원 및 금 148,424,658원 부분에 관하여 이의를 제기하였음.			

3. **계산표(이자에 대한 구상금채권)**

1. 파산선고 후 회사채만기까지 각 회사채이자의 변제기(10회)
① 1999. 7. 28. ② 1999. 8. 4. ③ 1999. 10. 28. ④ 1999. 11. 4. ⑤ 2000. 1. 28.
⑥ 2000. 2. 4. ⑦ 2000. 4. 28. ⑧ 2000. 5. 4. ⑨ 2000. 7. 28. ⑩ 2000. 8. 4.

2. 위 각 이자에 대한 구상금채권액
각 275,000,000원

3. 채권액 합계 ⓐ
2,750,000,000원(10회 × 275,000,000원)

4. 피고 인정 부분 ⓑ
271,232,876원(144,657,534원 + 126,575,342원)

5. 후순위파산채권액 ⓒ = ⓐ − ⓑ
2,478,767,124원(2,750,000,000원 − 271,232,876원) 끝.

▷ 〈**제 1 심 판결**〉 **서울지방법원** 2000. 6. 27. **선고** 99**가합**99101 **판결**

【원고】 현대증권 주식회사 (소송대리인 서울종합법무법인 담당변호사 최명규 등)

【피고】 파산자 국민렌탈 주식회사의 파산관재인 김숙 (소송대리인 변호사 장준철)

【변론종결】 2000. 6. 13.

【주문】 1. 원고는 파산자 국민렌탈 주식회사에 대하여 금 2,440,535,207원의 일반파산채권과 금 100,440,542원의 후순위파산채권을 가짐을 확정한다. 2. 원고의 나머지 청구를 기각한다. 3. 소송비용은 20분하여 그 1은 원고의, 나머지는 피고의 각 부담으로 한다.

【청구취지】 원고는 파산자 국민렌탈 주식회사에 대하여 금 2,543,116,119원의 파산채권을 가짐을 확정한다 라는 판결.

【이유】 1. 기초사실

가. 파산자 국민렌탈 주식회사(이하 파산자라고 한다)는 1997. 7. 28. 원금은 100억 원, 이율은 연 11%로 하여, 이자는 1997. 10. 28.부터 만기인 2000. 7. 28.까지 3개월마다 각 지급하며, 원금은 위 만기에 전액 상환하는 내용 등의 제 7 회 회사채와 1997. 8. 4. 원금은 100억 원, 이율은 연 11%로 하여, 이자는 1997. 11. 4.부터 만기인 2000. 8. 4.까지 3개월마다 각 지급하며, 원금은 위 만기에 전액 상환하는 내용 등의 제 8 회 회사채를 각 원고의 지급보증 아래 공모에 의하여 발행하였다.

나. 원고가 위 각 회사채원리금채무에 대한 지급보증을 함에 있어, 파산자는 원고에게 그 보증금액에 대한 연 0.25%의 비율에 의한 보증료를 위 각 이자지급기일에 지급하며, 보증료의 지급이 연체되는 경우에는 그 보증료에 대하여 금융기관의 연체대출금이율에 의한 지연손해금을, 파산자가 순조롭게 원리금을 지급할 수 없는 사정 등에 의하여 원고가 사채권자에게 이를 대지급한 경우에는 그 대지급금에 대하여 같은 이율에 의한 이자를 각 추가로 지급하기로 하는 등의 약정을 원고와 하였다.

다. 그런데 파산자는 1999. 4.경 지급불능의 상태에 이르렀고, 이에 원고는 1999. 4. 28. 제 7 회 회사채의 이자 금 275,000,000원, 1999. 5. 4. 제 8 회 회사채의 이자 금 275,000,000원 등 위 각 회사채에 대한 1999. 4. 28. 이후의 이자를 그 사채권자에게 각 대지급하였으며, 한편 파산자는 1999. 4. 28. 제7회 회사채에 대한 보증료 금 7,089,897원, 1999. 5. 4. 제 8 회 회사채에 대한 보증료 금 7,167,808원 등 위 각 회사채에 대한 1999. 4. 28. 이후의 보증료의 지급을 각 연체하였다.

라. 파산자는 1999. 6. 16. 이 법원에서 파산선고를 받았다.

마. 1999. 4. 28.부터 1999. 6. 15.까지의 금융기관의 연체대출금이율은 연 18%이다.

바. 원고는 1999. 7. 7. 파산채권자로서 별지 1. 신고내역부분 기재와 같이 위 각

회사채에 대한 보증료채권, 위 각 회사채 원리금에 대한 구상금채권, 대지급금에 대한 이자채권, 연체보증료에 대한 지연손해금채권 합계금 23,382,780,622원을 신고하였는데, 이에 대하여 파산관재인인 피고는 1999. 7. 30. 실시된 조사기일에서 별지 1. 이의내역부분 기재와 같이 보증료채권과 회사채 이자에 대한 구상금채권 중 각 파산선고일 이후 변제기가 도래하는 부분의 전부 또는 일부, 대지급금에 대한 이자채권과 연체보증료에 대한 지연손해금채권 중 각 연 6%의 비율에 의한 금원을 초과하는 부분과 초일산입 부분의 합계금 2,543,116,119원에 대하여 이의를 제기하였고, 별지 1. 인정내역부분 기재와 같이 그 나머지 각 채권 합계금 20,839,664,503원은 이를 인정하였다.

2. 판단

원고는 피고가 위 조사기일에서 이의를 제기한 별지 1. 이의내역부분 기재 각 채권 합계금 2,543,116,119원이 파산채권임을 주장하면서 이 사건 소로서 그 확정을 구하고 있으므로 다음에서 차례로 살펴보기로 한다.

가. 파산선고일 이후 변제기가 도래하는 보증료채권

(1) 앞서 인정한 사실에 의하면, 파산선고일 이후 변제기가 도래하는 보증료채권은 파산선고시에 이미 채권발생의 기초가 확립되어 장차 그 발생이 확실한 채권으로서 파산채권이라 할 것이다.

(2) 이에 대하여 피고는, 위 보증료채권 중 파산선고시부터 그 각 변제기까지의 중간이자액에 상당하는 부분은 후순위파산채권으로 취급되어야 한다고 주장하므로 살피건대, 위 보증료채권은 장래 지급할 채권액과 그 지급시기가 이미 확정되어 있는 정기금채권이라 할 것이므로 파산법 제37조 제7호에 의하여 그 중간이자액에 상당하는 부분은 후순위파산채권으로 취급되어야 할 것이므로 이 점을 지적하는 피고의 위 주장은 이유있다.

(3) 이에 대하여 원고는, 위 보증료채권은 파산선고시에 이미 채권발생의 기초가 확립되어 장차 그 발생이 확실한 채권이므로 기한부채권에 준하여 파산법 제16조에 의하여 위 채권 전부가 일반파산채권에 해당하는 것이라는 취지의 주장을 하나, 원고 주장과 같이 장래 지급할 채권액과 그 지급시기가 이미 확정되어 있으나 파산선고시에 그 변제기가 도래하지 않은 위 보증료채권을 파산선고시에 이미 변제기가 도래하고 있는 파산채권과 동일하게 취급한다면 파산채권자들 사이의 공평을 해할 것이고, 위 파산법 제16조도 파산절차의 신속을 도모하고자 아직 변제기가 도래하지 않은 기한부채권을 파산채권에 포함시키는 규정으로 해석될 뿐 그 채권 전부를 일반파산채권에 포함시키는 규정으로는 해석되지 아니하므로 원고의 위 주장은 받아들이지 아니한다.

(4) 따라서 파산선고일 이후 변제기가 도래하는 보증료채권과 관련하여 원고는

파산자에 대하여 별지 2. 계산표 기재와 같이 금 52,056,761원의 일반파산채권과 금 1,532,788원의 후순위파산채권을 가진다 할 것이다.

나. 파산선고일 이후 변제기가 도래하는 회사채 이자에 대한 구상금채권

(1) 앞서 인정한 사실에 의하면, 제 7, 8 회 회사채 원리금채무의 수탁보증인인 원고는 파산자에 대하여 사전구상권을 행사할 수 있다 할 것이므로 파산선고일 이후 변제기가 도래하는 제 7, 8 회 회사채의 이자에 대한 구상금채권도 파산채권이라고 할 것이다.

(2) 이에 대하여 피고는, 파산선고일 이후 변제기가 도래하는 회사채 이자에 대한 구상금채권은 그 실질이 장래 발생할 회사채의 이자채권에 불과하므로 파산법 제37조 제 1 호에 의하여 그 전부가 일반파산채권에 해당할 수 없고 후순위파산채권에 해당할 뿐이라고 주장하므로 살피건대, 구상채권관계는 주채무자와 보증인 사이의 내부관계에 터잡은 것으로 그 법적 성질 역시 그 내부관계가 어떠한 형태를 취하고 있느냐에 따라 영향을 받는 것이지, 주채무의 내용이 어떠한 것이냐에 따라 영향을 받는 것은 아니라 할 것이므로 피고의 위 주장은 받아들이지 아니한다.

(3) 피고는 다시, 위 구상금채권 중 파산선고시부터 그 각 변제기까지의 중간이자액에 상당하는 부분은 후순위파산채권으로 취급되어야 한다고 주장하므로 살피건대, 위 구상금채권도 장래 지급할 채권액과 그 지급시기가 이미 확정되어 있는 정기금채권이므로 파산법 제37조 제 7 호에 의하여 그 중간이자액에 상당하는 부분은 후순위파산채권으로 취급되어야 할 것이므로 이 점을 지적하는 피고의 위 주장은 이유있다.

(4) 이에 대하여 원고는, 민법 제442조 제 1 항 제 2 호 및 파산법 제21조 제 1 항은 피보증인의 파산으로 보증인이 사전구상권을 행사하는 경우 전액을 변제 받을 수 없는 점을 고려하여 중간이자를 공제하지 않은 전부를 일반파산채권에 포함시킨다는 취지의 규정이므로 위 각 규정의 취지에 따라 위 구상금채권은 그 전부가 일반파산채권으로 취급되어야 한다고 주장하나, 원고 주장과 같이 장래 지급할 채권액과 그 지급시기가 이미 확정되어 있으나 파산선고시에 그 변제기가 도래하지 않은 위 정기금채권을 파산선고시에 이미 변제기가 도래한 파산채권과 동일하게 취급한다면 파산채권자들 사이의 공평을 해할 것이고, 민법 제442조 제 1 항 제 2 호 및 파산법 제21조 제 1 항 역시 파산절차의 신속을 도모하고자 아직 변제기가 도래하지 않은 사전 구상금채권을 파산채권에 포함시키는 규정으로 해석될 뿐 그 채권 전부를 일반파산채권에 포함시키는 규정으로는 해석되지 아니하므로 원고의 위 주장은 받아들이지 아니한다.

(5) 따라서 파산선고일 이후 변제기가 도래하는 회사채 이자에 대한 구상금채권과

관련하여 원고는 파산자에 대하여 피고가 인정한 합계금 271,232,876원(144,657,534원+126,575,342원) 외에 별지 3. 계산표 기재와 같이 합계금 2,379,859,370원(2,651,092,246원 – 271,232,876원)의 일반파산채권과 금 98,907,754원의 후순위파산채권을 가진다 할 것이다.

다. 대지급금에 대한 이자채권 및 연체보증료에 대한 지연손해금채권

(1) 원고는, 원고가 제 7 회 회사채의 이자를 대지급하기 시작하고, 파산자가 원고에 대한 보증료의 지급을 연체하기 시작한 1999. 4. 28.부터 파산선고일 전일인 1999. 6. 15.까지의 금융기관의 연체대출금이율이 연 21%라고 주장하나 이를 인정할 아무런 증거가 없고, 한편 위 기간 동안의 금융기관의 연체대출금이율이 연 18%였던 사실은 앞서 본 바와 같으므로, 원고는 1999. 4. 28. 및 1999. 5. 4. 원고가 각 대지급한 금 275,000,000원에 대하여 각 그 날부터 연 18%의 약정이율에 의한 이자채권과 1999. 4. 28. 및 1999. 5. 4. 파산자가 각 연체한 금 7,089,897원 및 금 7,167,808원의 보증료에 대하여 각 그 다음날부터 연 18%의 약정지연손해금률에 의한 지연손해금채권을 가진다 할 것이므로 파산선고일 전일인 1999. 6. 15.까지의 위 각 채권 합계금 12,792,998원{(275,000,000원×0.18×49/365: 원 미만 버림, 이하 같다)+(7,089,897원×0.18×48/365)+(275,000,000원×0.18×43/365)+(7,167,808원×0.18×42/365)} 중 피고가 인정한 금 4,173,922원을 초과하는 금 8,619,076원(12,792,998원 – 4,173,922원)은 일반파산채권에 속한다 할 것이다.

(2) 이에 대하여 피고는, 파산자의 재산에 대한 실사결과 채무가 312,000,000,000원 가량임에 비하여 자산은 151,700,000,000원 정도임이 판명되어 향후 최종배당률이 45% 정도로 예상되는 상황이므로 장차 파산재단에서 채권액의 일부밖에 변제받지 못할 파산채권자들 사이의 형평을 유지하기 위하여 파산선고일 현재의 연체이자 및 지연손해금 중 상법 소정의 연 6%를 초과하는 부분은 파산채권에서 제외되어야 한다는 취지의 주장을 하나, 위 각 채권은 파산선고 전의 원인으로 생긴 채권으로서 이를 파산채권에서 제외시킬 아무런 근거가 없으므로 피고의 위 주장은 받아들이지 아니한다.

3. 결론

그렇다면 원고는 파산자에 대하여 금 2,440,535,207원(보증료채권 금 52,056,761원+구상금채권 금 2,379,859,370원+이자 및 지연손해금채권 금 8,619,076원)의 일반파산채권과 금 100,440,542원(보증료채권 금 1,532,788원 + 구상금채권 금 98,907,754원)의 후순위파산채권을 가진다 할 것이므로, 원고의 이 사건 청구는 위 인정범위 내에서 이유 있어 이를 인용하고, 그 나머지 청구는 이유 없어 이를 기각하기로 한다.

재판장 판사 윤석종 심태규 이원

[해설]

파산법 제37조(후순위청구권) 다음 각호의 청구권은 다른 파산채권보다 후순위로 한다고 규정하고 있다.[4] 후순위 파산채권도 파산채권이므로 파산채권조사확정절차의 대상으로서 신고하지 아니하면 배당에 참가하지 못하는 불이익을 입는다. 그러나 서울중앙지방법원의 실무상 후순위 파산채권까지 배당한 사례는 파산자 장은증권 주식회사에 대한 사건 외에는 없었다.

이 판결은 파산선고 후 이자채권의 범위에 대하여 처음으로 판시한 데에 의의가 있다. 파산전 회사가 발행한 회사채의 지급보증인(원고, 현대증권)이 파산자(국민렌탈)에 대하여 갖는 채권 중 파산선고일 이후 변제기가 도래하는 회사채 이자에 대한 사전구상금채권이 일반파산채권인지 후순위 파산채권인지가 문제가 되었다.

먼저 보증료채권에 대하여 보건대, 보증료채권은 파산선고 전의 약정에 기한 청구권이지만 그 지급시기가 파산선고일 이후 변제기가 도래하는 부분이 있으므로 파산선고일부터 변제기까지의 중간이자를 공제한 부분만이 일반파산채권이 되고 중간이자 공제분은 후순위 파산채권이다. 피고는 중간이자율을 약정이율 연 11%를 적용하여 산정하여야 한다고 주장하였다. 그러나 원, 피고가 상인이므로 상사법정이율인 연 6%를 적용함이 옳다. 이 점은 1, 2심 견해가 일치되었다.

다음으로 파산선고일 이후 변제기가 도래하는 회사채 이자에 대한 사전구상금채권의 성질에 관하여 본다. 위 채권은 파산선고 후 원고가 사채권자에게 지급할 파산선고 후의 회사채 이자를 파산자에 대하여 사전구상하는 것이다.

제 1 심 판결은 이자채권의 측면보다는 구상관계의 측면을 강조하는 입장이다. 즉 구상채권관계는 주채무자와 보증인 사이의 내부관계에 터잡은 것으로 그 법적 성질 역시 내부관계가 어떠한 형태를 취하고 있느냐에 따라 영향을 받는 것이지,

4) 1. 파산선고 후의 이자
2. 파산선고 후의 불이행으로 인한 손해배상액 및 위약금
3. 파산절차참가의 비용
4. 벌금, 과료, 형사소송비용, 추징금 및 과태료
5. 무이자채권의 기한이 파산선고 후에 도래할 경우에 있어서는 파산선고시로부터 그 기한에 이르기까지의 법정이율에 의한 원리의 합계액이 채권액이 될 계산에 의하여 산출되는 이자의 액에 상당하는 부분
6. 무이자채권의 기한이 불확정한 경우에 있어서는 그 채권액과 파산선고시의 평가액과의 차액에 상당하는 부분
7. 채권액 및 존속기간이 확정한 정기금채권인 경우에 있어서는 각 정기금에 관하여 제 5 호의 규정에 준하여 산출되는 이자의 액의 합계액에 상당하는 부분과 각 정기금에 관하여 동호의 규정에 준하여 산출되는 원본의 액의 합계액이 법정이율에 의하여 그 정기금에 상당하는 이자가 생길 원본액을 초과하는 때에는 그 초과액에 상당하는 부분

주채무의 내용이 어떠한 것이냐에 따라 영향을 받는 것은 아니라 할 것이다. 따라서 구상금채권도 장래 지급할 채권액과 그 지급시기가 이미 확정되어 있는 정기금채권이므로 파산법 제37조 제7호에 의하여 중간이자액에 상당하는 부분은 후순위 파산채권으로 취급되어야 하고 이를 제외한 나머지 채권은 일반파산채권이라고 보았다.

이에 대하여 제2심은 이자채권의 측면을 강조한다. 파산 전 회사가 발행한 회사채의 원리금채무를 지급보증한 원고가 파산자에 대하여 가지는 채권 중 파산선고일 이후 변제기가 도래하는 회사채 이자에 대한 사전구상금채권은 파산선고 후 원고가 사채권자에게 지급할 파산선고 후의 회사채 이자를 파산자에 대하여 사전구상하는 것이므로 발생근거가 파산선고 후의 회사채 이자이고, 회사채 이자는 회사채 원금과 달리 후순위 파산채권에 해당하므로 사전구상금 채권 또한 후순위 파산채권이라는 것이다.

생각건대 만일 사채권자가 피고에게 위 회사채 이자를 청구한다면 당연히 후순위 채권이 될 것이므로 보증인이 사전구상권으로 청구한다고 하여 일반파산채권이 되는 것은 불합리하므로 제2심 판결이 타당하다.

---

(2) **대전고등법원** 2005. 5. 7. **선고** 2004나2890 **판결【공사대금】(심리불속행)**

【원고, 항소인】 甲

【피고, 피항소인】 영풍산업 주식회사의 소송수계인 파산자 영풍산업 주식회사의 파산관재인 선병주 (소송대리인 법무법인 굿모닝코리아 담당변호사 김요한)

【제1심 판결】 대전지방법원 2004. 2. 27. 선고 2002가단58973 판결

【변론종결】 2005. 3. 3.

【주문】 1. 당심에서 교환적으로 변경된 청구에 따라, 원고의 파산자 영풍산업 주식회사에 대한 일반파산채권은 69,196,904원, 후순위파산채권은 1,945,096원임을 확정한다. 2. 원고의 나머지 청구를 기각한다. 3. 소송비용은 제1, 2심 모두 4분하여 그 3은 원고가, 나머지는 피고가 각 부담한다.

【청구취지】 원고의 파산자 영풍산업 주식회사에 대한 파산채권은 71,142,000원 및 이에 대한 지연손해금 197,192,000원(1993. 4. 1.부터 1997. 3. 30.까지는 연 25%의, 1997. 4. 1.부터 1998. 1. 12.까지는 연 18%의, 1998. 1. 13.부터 2004. 8. 13.까지는 연 25%의 각 비율에 의한 금원)임을 확정한다.

[원고는 제1심에서는 영풍산업 주식회사에 대하여, 86,365,000원 및 이에 대한 1993. 4. 1.부터 1997. 3. 30.까지는 연 25%의, 그 다음날부터 1998. 1. 12.까지는 연 18%의, 그 다음날부터 완제일까지는 연 25%의 각 비율에 의한 금원의

지급을 구하다가, 제1심 판결 선고 이후에 영풍산업 주식회사가 파산하자, 당심에 이르러 그 소송수계인인 피고를 상대로 위와 같이 청구취지를 교환적으로 변경하였다.]

【이유】 1. 인정사실

가. 주식회사 여원의 사옥신축공사의 진행과 중단경위 등

(1) 영풍산업 주식회사는 1991. 3. 30. 주식회사 여원으로부터 서울 서초구 서초 1동 1633-4, 같은 동 1633-5 양 지상의 주식회사 여원의 사옥신축공사를 5,821,000,000원(부가가치세 별도)에 도급받으면서 선급금으로 공사대금의 5%에 상당하는 금액을 지급받고 공사기간 중 매 2개월이 경과할 때마다 그때까지의 기성금을 지급받기로 하였다.

(2) 원고는 주식회사 여원의 대표이사이던 A의 조카였던 관계로 주식회사 여원의 요청에 의하여 1992. 3. 9. 영풍산업 주식회사로부터 위 신축공사 중 전기설비공사를 339,000,000원(부가가치세 별도)에 하도급받은 다음, 그 무렵부터 위 전기설비공사를 시행하였고, 그 이후 주식회사 여원과 영풍산업 주식회사가 위 신축공사의 설계를 일부 변경함에 따라 위 전기설비공사의 공사내역이 증감되었는데, 그로 인하여 발생한 위 전기설비공사의 추가공사도 원고가 시행하였다.

(3) 주식회사 여원이 1992. 12. 20. 부도를 냄으로 인하여 같은 달 28. 위 전기설비공사를 포함한 위 신축공사 전체가 중단되었는데, 그 당시 위 신축공사는 지하 2층, 지상 9층까지의 골조공사가 완성되고 조적공사 및 설비공사를 포함하여 전체 공사의 77.8%의 공정이 이루어진 상태(건축법상 사용승인을 받지 않았으나 건축법 소정의 절차에 따라 미완성인 그 상태대로 별지 1 기재 건물로 보존등기가 이루어졌다. 이하, '이 사건 건물'이라 한다)이었다.

(4) 한편, 영풍산업 주식회사는 주식회사 여원으로부터 위 신축공사의 선급금으로 1991. 4. 2. 50,000,000원, 1992. 4. 6. 270,155,000원 합계 320,155,000원을 지급받았고, 원고는 영풍산업 주식회사로부터 위 전기설비공사대금으로 1992. 6. 24. 25,000,000원, 같은 해 8. 21. 16,100,000원, 같은 해 9. 7. 24,000,000원, 같은 해 12. 1. 44,600,000원, 1993. 1. 7. 8,000,000원, 같은 해 3. 16. 38,150,000원, 같은 해 6. 29. 20,000,000원, 같은 해 7. 30. 31,008,000원{아래 다.의 (2)항에서 보는 바와 같이 원고가 같은 날 영풍산업 주식회사로부터 수령한 48,000,000원 중에서 이미 지급받았던 공사대금의 어음할인료 및 지연이자 부분을 제외한 미지급 기성금} 합계 206,858,000원을 지급받았다.

나. 영풍산업 주식회사와 주식회사 여원 사이의 기성공사대금에 대한 확인

영풍산업 주식회사는 1993. 1. 5.경 설계변경으로 인한 추가공사를 포함한 위 신축공사의 기성공사대금을 1992. 12. 28. 현재 5,202,500,000원(부가가치세 별도)으로

산정한 다음 주식회사 여원에 대하여 기성공사대금을 확인하여 줄 것을 요청하였고, 이에 주식회사 여원은 1993. 1. 25. 위 5,202,500,000원(부가가치세 별도, 선급금을 공제하지 아니한 금액)이 1992. 12. 28.까지 진행된 공사에 대한 기성공사대금임을 확인하여 주었다.

영풍산업 주식회사는 위 기성공사대금을 산정하면서 전기설비공사의 공사비를, 설계변경으로 인하여 증감된 기성공사내역(증거에 의하면, 위 기성공사내역에는 아래와 같이 일부가 제외된 외에는 원고가 변경된 설계에 따라 시행한 추가공사의 내용이 반영된 사실을 인정할 수 있다. 이하에서는 원고가 변경된 설계에 따라 시행한 추가공사 중 위 기성공사내역에 반영된 부분을 '이 사건 추가공사'라 한다)을 토대로 460,818,000원으로 계산하였고, 원고가 시행한 추가공사 중 소방문자동장치의 설계변경으로 인한 콘크리트 파취 및 몰탈사춤공사 부분에 대하여는 주식회사 여원으로부터 설계변경이나 추가공사시공에 관하여 어떤 지시나 위탁을 받은 사실이 없다는 이유로 이를 제외시켰다.

다. 원고와 영풍산업 주식회사 사이의 공사대금을 둘러싼 분쟁의 경과

(1) 원고는 주식회사 여원이 부도난 후에도 영풍산업 주식회사로부터 위 가.의 (4)항 기재와 같이 기성공사대금의 일부를 지급받아오면서, 설계변경으로 인한 추가공사에 관하여 영풍산업 주식회사와는 정산을 하지 않고 주식회사 여원 및 주식회사 여원의 현장감독인 B의 확인을 받아 설계변경으로 인한 추가공사대금이 89,937,000원인 내역서를 영풍산업 주식회사에게 제출하고, 1993. 6. 21.경 서면으로 영풍산업 주식회사에게 어음결제를 하지 못하여 부도의 위기에 처하게 되었다는 사유로 현장에 투입된 자재대금 및 공사비를 지급해 줄 것을 요청한 뒤, 같은 해 7. 7.경 하도급거래공정화에관한법률 소정의 기한 내에 공사대금을 지급하지 않았다는 사유로 영풍산업 주식회사를 공정거래위원회에 신고하였다.

(2) 원고와 영풍산업 주식회사의 직원인 C는, 영풍산업 주식회사가 공정거래위원회로부터 위 사실에 관하여 조사를 받던 중인, 1993. 7. 29. 영풍산업 주식회사가 주식회사 여원의 부도로 인하여 공사대금 54억 원과 이자 8억 원 도합 62억 원을 받지 못한 상태에서 자금압박을 받는 중에 협력업체에 대하여 최대한 지원을 하였으나 원고에게 일부 기성금을 지급하지 못하였음을 전제한 뒤, ① 영풍산업 주식회사가 원고에게 미지급 기성금과 기지급했던 공사대금의 어음할인료 및 지연이자를 포함하여 48,000,000원을 지급하고, 이후 주식회사 여원 사옥신축공사의 전기공사에 대하여는 하도급거래공정화에관한법률과 민, 형사상 일체의 문제를 제기하지 않을 것이며, ② 또한 주식회사 여원의 설계변경 및 추가금액이 발생될 수 있는 부분에 대하여는 정산다툼과 관련된 문제로서 현재는 공사금액을 확정하기가 불가한 사항이므로 차후 발주자와 영풍산업 주식회사간에 추가계약을 체결해서 대금을 수

령한 후에 정산하여 지급하기로 하는 내용의 합의(이하 '이 사건 합의'라 한다)를 하였고, 이에 따라 영풍산업 주식회사는 다음 날 원고에게 48,000,000원을 지급하였다.

이 사건 합의 당시 C는 영풍산업 주식회사가 주식회사 여원으로부터 이 사건 건물 신축공사의 기성공사대금을 5,202,500,000원으로 확인받은 사실을 고지하지는 아니하였다.

(3) 원고는 1996. 10. 17. 영풍산업 주식회사에게 이 사건 합의에 따라 추가공사대금의 지급이 미루어져 왔으나 3년이 경과하도록 주식회사 여원으로부터 공사대금을 회수하지 못한 것은 영풍산업 주식회사의 귀책사유로 인한 것이라고 주장하면서 추가공사대금 86,362,000원 및 이에 대하여 하도급거래공정화에관한법률에 따른 지연이자를 지급해 줄 것을 요구하였고, 다시 1996. 11. 7.경에는 위 추가공사대금을 확정해 줄 것을 요청하였다.

이에 영풍산업 주식회사는 같은 해 12. 11.경 원고에게 '당시 주식회사 여원과 사이의 공사대금청구소송이 항소심에 계류중이므로 원고의 공사대금은 위 소송이 확정된 후에 정산하는 것이 타당하고, 원고가 청구한 공사대금잔액 86,362,000원에 관하여 검토한 결과 그 잔액은 71,142,000원(= 278,000,000원 − 206,858,000원, 영풍산업 주식회사는 이 사건 추가공사를 포함하여 원고가 시행한 전기설비공사의 총 기성공사대금을 278,000,000원으로 계산하고 여기에서 기지급한 206,858,000원을 공제하여 위 금액을 산출하였다)이므로 원고가 청구한 내역과는 15,220,000원의 차액이 발생한다'는 취지로 회신(이하, '이 사건 회신'이라 한다)하였다.

라. 영풍산업 주식회사의 주식회사 여원에 대한 공사대금청구 및 유치권행사 등

(1) 영풍산업 주식회사는 주식회사 여원을 상대로 서울지방법원 94가합116063호로 위 신축공사에 관한 공사대금청구소송을 제기하여 1996. 9. 5. 같은 법원으로부터 일부승소판결을 받았다.

그러나 주식회사 여원이 서울고등법원 96나42743호로 항소하여 2000. 12. 21. 같은 법원으로부터 원심판결이 변경되었고, 이에 영풍산업 주식회사 및 주식회사 여원이 대법원 2001다9304호로 상고하여, 2001. 9. 18. 대법원으로부터 원심 파기환송 취지의 판결을 선고받은 다음, 2002. 1. 30. 서울고등법원(2001나60622호)에서 제1심 판결을 변경하여 「주식회사 여원은 영풍산업 주식회사에게, 4,726,194,000원 및 이에 대한 1993. 1. 26.부터 2002. 1. 30.까지는 연 17.5%의, 그 다음날부터 완제일까지는 연 25%의 각 비율에 의한 금원을 지급하고, 영풍산업 주식회사가 이 사건 건물에 관하여 하자보수공사를 완료함과 상환으로 676,401,000원 및 이에 대한 위 공사완료일 다음날부터 완제일까지 연 17.5%의 비율에 의한 금원을 지급하며, 이 사건 건물에 관하여 건축법상의 사용승인을 받는 즉시 위 건물에 관하여

1995. 1. 17.자 저당권설정청구권 행사를 원인으로 하고 채권자를 영풍산업 주식회사, 채무자를 주식회사 여원, 채권액을 5,402,595,000원으로 한 저당권설정등기절차를 이행하라」는 내용의 일부 승소판결이 선고되어 그 판결은 그 무렵 그대로 확정되었다.

위 확정판결로 인정된 영풍산업 주식회사의 주식회사 여원에 대한 공사대금 합계 5,402,595,000원(= 4,726,194,000원 + 676,401,000원)은, 위에서 본 바와 같이 영풍산업 주식회사와 주식회사 여원 사이에서 원고가 시행한 이 사건 추가공사의 내용을 반영하여 상호 확인한바 있는 기성공사대금 5,202,500,000원에 부가가치세 명목으로 그 10% 상당액인 520,250,000원을 가산한 다음 기지급된 선급금 320,155,000원을 공제하여 계산된 금액(5,202,500,000원 + 520,250,000원 − 320,155,000원)이다.

(2) 영풍산업 주식회사는 1994. 12. 31. 주식회사 여원 소유의 서울 서초구 서초1동 1633-4, 같은 동 1633-5의 각 대지(이 사건 건물의 부지이다. 이하 '이 사건 각 대지'라 한다)에 관하여 채권최고액 6,660,000,000원으로 한 근저당권을 설정하였는데, 주식회사 강남상호신용금고가 1996. 3.경 이 사건 각 대지에 관하여 임의경매를 신청하여 서울지방법원 96타경14518호로 경매절차가 진행되었고 그 결과 2002. 9. 6. 주식회사 신한아이씨에스가 이 사건 각 대지를 낙찰받았으나, 영풍산업 주식회사는 위 경매절차에서 배당을 받지는 못하였다.

(3) 영풍산업 주식회사는 이 사건 건물의 신축공사에 착공한 이래 주식회사 여원의 부도로 위 공사가 중단된 이후에도 계속하여 영풍산업 주식회사의 직원과 경비용역업체인 코리아안전기업 주식회사로 하여금 이 사건 건물에 대한 경비, 수호(영풍산업 주식회사는 1993. 7. 29. 위 건물의 유지, 관리를 위하여 이 사건 건물에 대하여 외벽설치공사 및 창호유리공사를 완료하기도 하였다)를 하도록 하는 한편 이 사건 건물의 외벽에 '영풍산업 주식회사가 1991. 11. 1.부터 이 사건 건물을 점유 관리하여 유치권을 행사하고 있으므로 타인의 출입을 일체 금한다'는 내용의 안내문을 게시하여 왔다.

마. 이 사건 건물에 대한 철거 소송

주식회사 신한아이씨에스로부터 이 사건 각 대지를 매수한 백영서는 2003. 1.경 주식회사 여원을 상대로 이 사건 건물에 대한 철거소송을 제기하여 2003. 11. 11. 제 1 심(서울중앙지방법원 2003가합948호 사건)에서, 2004. 12. 27. 제 2 심(서울고등법원 2003나82909호 사건)에서 각 승소판결을 선고받았는데, 위 소송에서 영풍산업 주식회사는 주식회사 여원의 보조참가인으로서 자신이 이 사건 건물에 대한 유치권을 행사하고 있다는 이유를 들어 백영서의 철거청구에 대한 기각을 구하는 취지로 항변하였으나, 그 유치권으로 위 각 대지 소유자인 백영서에게 대항할 수 없다는 이유로 위 항변이 받아들여지지 아니하였다.

바. 영풍산업 주식회사의 파산, 원고의 채권신고 및 피고의 이의

영풍산업 주식회사는 2004. 7. 9. 서울중앙지방법원으로부터 파산선고를 받았고, 피고가 그 파산관재인으로 선임되었다.

원고는 파산자 영풍산업 주식회사(이하에서는 파산전 영풍산업 주식회사와 파산자 영풍산업 주식회사를 모두 '파산자 회사'라 칭한다)에 대한 파산절차에서 채권신고기간(2004. 8. 6.까지)이 지난 2004. 8. 27. 268,334,000원(=공사대금채권 원금 71,142,000원+지연손해금 197,192,000원)을 파산채권으로 신고하였으나(우선권에 관한 신고는 하지 아니하였다), 피고는 2004. 9. 2. 실시된 채권조사기일에서 원고의 위 공사대금채권 전부에 대하여 이의하였다.

2. 주장 및 판단

가. 당사자들의 주장

(1) 원고의 주장

(가) 원고는 파산자 회사에 대하여 이 사건 추가공사대금 71,142,000원 및 이에 대하여 하도급거래공정화에관한법률이 정한 바에 따라 원고가 담당한 공사부분을 파산자 회사에게 인도한 이후로서 60일이 지난 1993. 4. 1.부터 2004. 8. 13.까지의 기간에 대한 같은 법 소정의 지연손해금 197,192,000원의 합계 268,334,000원의 파산채권을 가지고 있고, 이는 발생시기가 1993. 4. 1.이어서 그 후에 발생한 다른 채권보다 우선권이 있으므로, 그 확정을 구한다.

(나) 파산자 회사는 1993. 7. 29. 이 사건 합의를 할 당시 이미 주식회사 여원과 설계변경으로 인한 추가공사를 포함하여 이 사건 건물의 기성공사대금을 5,202,500,000원으로 확정시켜 놓았음에도 원고에게 이를 고지하지 아니한 채 원고를 기망하였으므로, 이 사건 합의 ②항으로 정한 기한약정은 무효이거나, 이를 취소한다.

(다) 위 기한약정이 유효하더라도, 파산자 회사는 1996. 12. 11. 경 주식회사 여원과의 공사대금청구소송이 확정되면 이 사건 추가공사대금을 지급하겠다는 취지의 이 사건 회신을 한 바 있으므로, 위 공사대금청구소송의 확정으로 이 사건 추가공사대금채권의 이행기가 도래하였다.

(라) 또한, 파산자 회사가 주식회사 여원으로부터 그 기성공사대금을 지급받지 못하였다 하더라도 그러한 이유로 기한이 영원히 도래하지 않는다고 하는 것은 부당하므로, 이 사건 합의 후 10년이라는 기간이 경과하고 파산자 회사가 주식회사 여원으로부터 기성공사대금을 받는 것은 불가능하게 되었을 뿐만 아니라 파산자 회사가 파산한 이상 기한이 도래한 것으로 보아야 한다.

(2) 피고의 주장

(가) 파산자 회사는 원고와 이 사건 추가공사에 관한 하도급계약을 체결한 바가

없으므로, 이 사건 추가공사대금을 지급할 의무가 없다.

(나) 이 사건 합의내용 중 ②항은 추가공사대금 지급에 관한 조건을 정한 것이고, 아직 그 조건이 성취되지 아니하였다.

(다) 이 사건 합의내용 중 ②항이 기한을 정한 것이라 하더라도, 파산자 회사는 이 사건 합의 후 주식회사 여원으로부터 공사대금을 수령한 사실이 없고, 이 사건 건물에 대한 유치권을 행사하고 있는 중이므로 이를 통하여 공사대금을 지급받을 가능성이 남아 있으므로 아직 그 기한이 도래한 것으로 볼 수 없다.

나. 관련 법률

별지 2 기재와 같다.

다. 판단

(1) 파산자 회사의 이 사건 추가공사대금의 지급의무와 그 범위

원고와 파산자 회사 사이에 이 사건 추가공사에 관한 별도의 하도급계약서를 작성하지는 아니한 것으로 보이지만, 위 인정사실에서 본 바와 같이, 파산자 회사가 주식회사 여원으로부터 원고가 시행한 전기설비공사의 추가공사 중 소방문자동장치의 설계변경으로 인한 콘크리트 파취 및 몰탈사춤공사 부분을 제외한 이 사건 추가공사에 대하여는 지시나 위탁을 받은 것으로 보이는 점, 이 사건 건물의 신축공사가 중단된 다음 파산자 회사와 주식회사 여원 사이에서 파산자 회사의 기성공사대금을 확인하면서 원고가 시행한 이 사건 추가공사의 내용을 파산자 회사의 기성공사내역에 반영하여 정산하였고 나아가 위 확인된 기성공사대금이 그들 사이의 확정판결로 인정된 점, 이 사건 합의가 있기 전에 원고는 파산자 회사에게 이 사건 추가공사를 포함하여 그가 시행한 추가공사 전부에 대한 공사대금 86,362,000원의 지급을 구하였고, 이에 파산자 회사는 원고에게 추가공사비를 지급할 의무가 있다는 것을 인정하는 전제하에 다만, 형편이 어렵기 때문에 향후 주식회사 여원과 추가계약을 체결하여 공사대금을 수령한 후에 정산·지급하기로 하는 내용으로 이 사건 합의를 한 점, 파산자 회사는 이 사건 합의에 따라 원고에게 48,000,000원을 지급함으로써 설계변경으로 인한 추가공사를 제외한 부분 즉, 당초의 하도급계약으로 정한 공사부분에 대한 대금정산을 완료한 이후 원고의 추가공사대금 확인요청에 대하여 이 사건 추가공사만을 원고의 추가공사로 인정하여 계산한 전체의 기성공사대금 중 미지급된 공사대금이 71,142,000원이라는 취지의 이 사건 회신을 한 점 등의 제반사정을 종합하여 볼 때, 원고는 그가 시행한 추가공사 중 적어도 이 사건 추가공사 부분에 대하여는 파산자 회사로부터의 하도급을 받은 것으로 봄이 상당하다.

따라서 파산자 회사는 이 사건 추가공사에 대한 공사대금으로 적어도 그가 미지급된 공사대금이라고 회신한 바 있는 위 71,142,000원을 원고에게 지급할 의무가

있다고 할 것이다.

(2) 이 사건 합의의 내용 중 ②항의 의미와 효력

(가) 원고와 파산자 회사가 이 사건 추가공사대금 지급에 관하여 부가한 '차후 파산자 회사가 주식회사 여원과의 추가계약을 체결해서 대금을 수령한 후에 정산하여 지급하기로 한다'는 약정의 의미를, 파산자 회사의 원고에 대한 이 사건 추가공사대금의 지급 여부를 장래의 불확실한 사실의 성부에 좌우되게 할 의도로 부가한 조건으로 볼 것인지, 아니면 그 지급의무 자체는 확정적인 것으로 하되 다만 장래의 불확정한 기한을 정하여 그 기한의 도래시까지 지급시기를 유예한 것으로 볼 것인지 여부는 이 사건 합의 당시 위와 같은 약정을 부가한 원고와 파산자 회사의 의사가 무엇인지를 해석하여 확정하여야 할 것이고, 이러한 의사표시의 해석은 당사자가 그 표시행위에 부여한 객관적인 의미를 명백하게 확정하는 것으로서, 사용된 문언에만 구애받는 것은 아니고, 당사자가 표시한 문언에 의하여 그 객관적인 의미가 명확하게 드러나지 않는 경우에는 그 문언의 형식과 내용, 그 법률행위가 이루어진 동기 및 경위, 당사자가 그 법률행위에 의하여 달성하려는 목적과 진정한 의사, 거래의 관행 등을 종합적으로 고려하여 사회정의와 형평의 이념에 맞도록 논리와 경험의 법칙, 그리고 사회일반의 상식과 거래의 통념에 따라 합리적으로 해석하여야 할 것이다.

그러므로 살피건대, 위 인정사실에서 본 바와 같이 이 사건 합의가 있기 전에 파산자 회사는 이미 이 사건 추가공사에 관하여 주식회사 여원의 지시나 위탁을 받은 것으로 보이고, 그래서 이 사건 추가공사의 내용을 파산자 회사의 기성공사내역에 반영하여 그 기성공사대금을 확인받은 점(이러한 점에 비추어보면, 파산자 회사와 주식회사 여원 사이에는 이미 이 사건 추가공사 부분에 대한 원도급계약이 체결되어 있었다고 볼 수 있고, 따라서 파산자 회사가 주식회사 여원으로부터 이 사건 추가공사 부분에 대한 기성공사대금을 지급받기 위하여 그 부분에 대한 별도의 추가계약을 체결할 필요는 없다고 할 것이므로, 위 약정문언 중 '파산자 회사가 주식회사 여원과 추가계약을 체결해서' 부분이 특별한 의미를 가지는 것은 아니라 할 것이다), 원고의 입장에서 보면, 원고는 이 사건 추가공사를 파산자 회사로부터 하도급 받아서 시행한 것이므로 그가 이 사건 추가공사대금의 지급을 구할 권리는 확정적으로 발생한 것이어서, 그 수령여부에 조건을 부가하는 약정을 한다는 것은 매우 이례적인 점, 나아가 원고는 이 사건 추가공사를 포함하여 그가 시행한 추가공사 전부에 대한 공사대금을 지급받을 의사를 분명히 하여 파산자 회사를 공정거래위원회에 신고하였고, 위 신고에 따른 공정거래위원회의 조사과정에서 이 사건 합의가 이루어 진 점, 이 사건 합의의 전체적인 내용에 의하면, 파산자 회사도 원고에 대한 추가공사대금을 지급할 의무 자체는 인정하는 전제하에서, 다만 형편이 어렵기 때문에 향후 주식회사 여원으로부터 공사대금을 수령할 수 있다고 믿고, 그 수령 후에 지급하려는 의사로 위와 같은 약정을 하였다고 해석하는 것이 합리적인 점 등과 이 사건 합의에 이르게 된 경위, 파산자 회사가 주식회사 여원으로부터 공사대금의 대부분을 지급받지 못한 사정 및 주식회사 여원과 원고와의 관계 등을 종합적으로 고려하여 보면, 원고와 파산자 회사가 이 사건 추가공사대금에 관하여 위와 같은 약정을 부가한 취지는 파산자 회사가 이 사건 건물의 신축공사 중 77.8%의 공정을 이행하였음에도 주식회사 여원으로부터 공사대금 중 선급금에 해당하는 320,155,000원만을 수령한 상태에서 주식회사 여원의 부도로 인하여 자금사정이 더욱 어려워진 것에 관하여 원고 역시 충분히 양해를 하고, 상호 대등한 지위에서 현실적인 타협을 한 것으로서, 원고와 파산자 회사 사이에 설계변경으로 인한 추가공사부분에 대하여는 파산자 회사가 주식회사 여원으로부터 공사대금을 수령할 때까지 그 지급기한을 유예하기로 한 취지로 보아야 할 것이고, 파산자 회사가 원고에 대하여 이 사건 추가공사에 대한 공사대금을 지급할 것인지 여부에 관한 조건을 정한 것으로 볼 수는 없다.

그리고 위 지급기한은 위에서 본 바와 같이 원고와 파산자 회사가 상호 대등한 지위에서 정한 것이어서 구 하도급거래공정화에관한법률(1995. 1. 5. 법률 제4860호로 개정되기 전의 것) 제13조 제 1 항 단서 제 1 호의 지급기일에 해당하므로, 만일 파산자 회사가 이 사건 추가공사대금을 위 지급기한이 도래하였음에도 그 기한을 초과하여 지급하는 경우에는 그 초과기간에 대하여 같은 법률 소정의 지연이자도 지급하여야 할 것이다.

(나) 한편, 원고와 파산자 회사가 위와 같은 내용의 기한유예의 약정을 한 주된 사유는 주식회사 여원의 부도로 인하여 나빠진 파산자 회사의 자금사정 때문이라 할 것이고, 원고가 위 합의 당시 파산자 회사가 주식회사 여원으로부터 수령하지 못한 공사대금 액수에 관하여 알고 있었던 이상, 파산자 회사가 원고에게 설계변경으로 인한 추가공사를 포함하여 주식회사 여원으로부터 공사대금을 확인받은 사실을 고지하지 아니한 것만으로는 원고를 기망한 것이라고는 보기는 어렵다고 할 것이며, 여기에 이 사건 합의 당시 원고는 이 사건 추가공사 뿐만 아니라 그가 시행한 추가공사 전부에 대한 공사대금의 지급을 구하였는데 그 중 일부는 파산자 회사가 주식회사 여원으로부터 공사위탁을 받지 아니한 부분이 포함되어 있어 원고와 파산자 회사 사이에 원고가 하도급받은 추가공사의 범위에 대한 의견차이가 있었던 사정까지 보태어 보면, 위 기한유예의 약정이 파산자 회사의 기망으로 인한 것이라고 볼 수도 없으므로, 이를 전제로 한 원고의 주장은 이유 없다고 할 것이다.

(3) 기한의 도래여부와 그 시기

(가) 먼저, 이 사건 합의 이후 파산자 회사가 주식회사 여원으로부터 그 기성공

사대금을 지급받은 점을 인정할만한 증거는 없다.

(나) 그리고, 파산자 회사가 1996. 12. 11. 경 원고에게 '당시 주식회사 여원과 사이의 공사대금청구소송이 항소심에 계류중이므로 원고의 공사대금은 위 소송이 확정된 후에 정산하는 것이 타당하다'는 취지가 담긴 이 사건 회신을 한 사실은 앞에서 본 바와 같으나, 이 사건 합의의 내용과 이 사건 회신을 한 경위에 비추어 보면, 파산자 회사가 원고에게 위와 같은 내용의 회신을 한 것은 아직 공사대금을 지급할 수 없는 사정을 설명한 것에 불과한 것으로 보이고, 그러한 회신으로써 그가 주식회사 여원으로부터 공사대금을 수령하는지 여부에 관계없이 위 공사대금청구소송이 확정되면 곧바로 원고에게 이 사건 추가공사대금을 지급하겠다는 의사를 표시한 것으로 보기는 어려우므로, 위 공사대금청구소송이 확정되었다고 하여 이 사건 추가공사대금채권의 이행기가 도래하였다고 볼 수는 없다.

(다) 한편, 당사자가 불확실한 사실이 발생한 때를 이행기로 정한 경우에는 그 사실이 발생한 때는 물론 사회통념상 그 사실의 발생이 불가능하게 된 때에도 그 이행기가 도래한 것으로 보아야 할 것이어서, 이 사건의 경우에도 파산자 회사가 주식회사 여원으로부터 기성공사대금을 수령하는 것이 불가능하게 되었다면, 원고의 파산자 회사에 대한 이 사건 추가공사대금채권의 지급기한이 도래한 것으로 볼 것이다.

그러므로 살피건대, 주식회사 여원의 부도 이후 10여년이 지나도록 파산자 회사가 그 기성공사대금을 지급받지 못하였고, 파산자 회사가 이 사건 각 대지에 관하여 설정받은 근저당권에 기하여는 전혀 배당을 받지 못한 사실, 또한 파산자 회사가 그 기성공사대금채권을 확보하기 위하여 이 사건 건물을 점유하고 있기는 하지만, 백준기가 주식회사 여원을 상대로 이 사건 건물의 철거를 구하는 소송을 제기하여 제1심 및 제2심에서 모두 승소한 사실 등은 앞에서 본 바와 같고, 달리 위 제2심 판결이 대법원에서 파기될 가능성이 있다거나 그 소송당사자들 사이에 철거 외의 다른 방법으로 해결될 가능성이 농후하다는 등의 특별한 사정이 있다고 볼 만한 자료가 없으므로, 파산자 회사가 이 사건 건물에 대한 유치권을 행사하여 그 기성공사대금을 수령할 수 있으리라는 기대조차도 더 이상은 할 수 없게 되었다고 할 것이다. 사정이 이러하다면 이 사건 건물에 대한 주식회사 여원의 철거의무를 인용한 위 제2심 판결이 선고됨으로써 파산자 회사가 주식회사 여원으로부터 그 기성공사대금을 수령하는 것이 불가능하게 되었다고 봄이 상당하고, 다른 사정이 없는 한 그 때 이 사건 추가공사대금채권의 지급기한이 도래된다고 할 것이나, 위 항소심판결은 아래에서 인정하는 파산법상의 변제기 도래보다 늦은 2004. 12. 27.에 선고되었다.

(라) 그런데, 파산자 회사가 2004. 7. 9. 파산선고를 받은 사실은 앞에서 본 바와

같으므로, 이 사건 추가공사대금채권은 파산법 제16조의 규정에 따라 위 파산선고시에 그 변제기에 이른 것으로 할 것이다.

(4) 파산채권의 확정

(가) 이상과 같이 살펴본 바에 의하면, 원고의 이 사건 추가공사대금 71,142,000원에 대한 청구권은 파산선고 전의 원인으로 생긴 파산자 회사에 대한 재산상의 청구권으로서 파산채권에 해당된다.

위 파산선고 당시를 기준으로 보면 이 사건 추가공사대금채권은 파산법 제37조 제6호 소정의 '무이자채권의 기한이 불확정한 경우'에 해당하여 위 규정에 따라 이를 파산선고시를 기준으로 평가하여 그 채권액 71,142,000원에서 파산선고시의 평가액을 공제한 부분은 후순위 파산채권으로 하여야 할 것인데, 이 사건 추가공사대금채권의 경우에는 이미 본 바와 같이 그 불확정기한이 2004. 12. 27.에 도래된다고 볼 것이어서 파산선고 후의 기한도래일을 특정할 수 있게 되었으므로, 이를 같은 조 제5호 소정의 '무이자채권의 기한이 파산선고 후에 도래할 경우'와 같이 취급하여 파산선고시로부터 그 기한에 이르까지의 법정이율에 의한 원리의 합계액이 위 채권액 71,142,000원이 될 계산에 의하여 산출되는 이자의 액에 해당하는 부분은 다른 파산채권보다 후순위로 함이 상당한바(위 채권액에서 위 이자의 액에 해당하는 부분을 제외한 액수가 이 사건 추가공사대금채권의 파산선고시의 평가액에 해당한다고 볼 수 있다), 위 규정이 정한 계산방법(파산자 회사가 원고에게 이 사건 추가공사를 하도급한 것은 상행위라 할 것이므로 법정이율은 상법 소정의 연 6%로 한다)에 따라 이 사건 추가공사대금 채권액 71,142,000원 중 후순위로 되는 채권액을 계산하면, 1,945,096원[= 71,142,000원 × {1 − 1/(1 + 0.06×171/365)}]이 된다.

따라서, 이 사건 추가공사대금 채권액 71,142,000원 중 69,196,904원(= 71,142,000원 − 1,945,096원) 부분은 일반파산채권이라 할 것이고, 1,945,096원 부분은 파산법 제37조에 따라 다른 파산채권보다 후순위라 할 것인바, 파산자 회사에 대한 채권신고가 이루어진 원고의 위 파산채권에 대하여 파산관재인인 피고가 채권조사기일에서 전부 이의를 제기한 이상, 원고로서는 그 파산채권의 확정을 구할 이익도 있다고 할 것이다(원고가 위 채권을 파산채권으로 신고하면서 그 우선권에 관하여는 신고를 한 바 없을 뿐만 아니라, 위 채권의 발생시기가 다른 채권에 비하여 앞선다는 사유는 우선권의 근거가 될 수도 없으므로, 원고의 우선권에 관한 주장은 이유 없다).

(나) 원고는 이 사건 추가공사대금채권에 대하여 1993. 4. 1.부터 2004. 8. 13.까지 지연손해금이 발생하였다고 주장하면서 그 지연손해금에 관하여도 파산채권확정을 구하고 있으므로 살피건대, 파산자 회사에 대한 파산선고가 있기 전까지 이 사건 추가공사대금채권의 지급기한이 도래하지는 아니하였지만 파산법 제16조에

의하여 위 파산선고시에 이 사건 추가공사대금의 변제기가 도래한 것으로 취급하여야 함은 위에서 본 바와 같다. 그러나 파산법이 위와 같은 규정을 둔 취지는, 파산절차가 파산자의 총재산의 환가에 의하여 얻어진 금전을 파산채권자에게 배당하는 것에 의하여 공평한 만족을 도모하기 위한 절차이므로 이를 위해서는 다종·다양한 종류의 채권에 대하여 통일적으로 처리할 필요가 있기 때문에 파산선고 당시까지 아직 지급기한 등 이행기가 도래하지 아니한 채권이라도 파산선고와 동시에 일률적으로 변제기가 도래한 것으로 하여 파산채권으로 취급하기 위한 것인 점, 또한 파산법은 파산선고 당시까지 기한이 도래하지 아니한 무이자채권에 대하여는 그 채권액 중 파산선고로부터 기한까지의 중간이자에 상당한 부분(제37조 제5호) 또는 그 채권액에서 파산선고시 평가액을 공제한 부분(같은 조 제6호)을 각 후순위로 한다고 규정하고 있으며, 나아가 파산채권자는 파산선고에 의하여 개별적인 권리행사가 금지되고 파산절차에 참가하여서만 그 만족을 얻을 수 있도록 규정(제15조)하고 있는 점 등에 비추어 보면, 파산법 제16조에 의하여 파산선고시에 채권의 변제기가 도래한 것으로 취급된다고 하여 채권자가 바로 현실적인 이행을 구할 수 있다거나, 채무자가 즉시 이행을 하지 않는다고 하여 파산선고 다음날부터 이행지체책임을 지게 된다고 할 수는 없을 뿐만 아니라, 설사 채무자가 파산선고 다음날부터 이행지체책임을 진다고 하더라도 파산자 회사에 대한 파산선고가 있기 전까지 이 사건 추가공사대금채권의 지급기한이 도래하지 아니한 이상 파산선고 후에 비로소 발생하는 이행지체로 인한 지연손해금채권은 파산선고 전의 원인으로 생긴 청구권이 아니어서 파산채권으로 인정되지도 아니하므로, 원고의 이 부분 주장은 어느 모로 보나 이유 없다.

3. 결론

그렇다면, 당심에 이르러 교환적으로 변경한 원고의 이 사건 파산채권확정의 청구(구소인 금원지급청구소송은 당심에서의 소의 교환적 변경으로 취하되어 이에 대한 원심판결은 실효되었다)는 원고가 파산자 회사에 대하여 69,196,904원의 일반파산채권과 1,945,096원의 후순위 파산채권이 있음을 확정하는 범위 내에서 이유 있어 이를 일부 인용하기로 하여 주문과 같이 판결한다.

재판장 판사 유남석 정일연 송인혁

[해설]

이 판결은 원고의 피고(파산관재인)에 대한 추가공사대금채권을 불확정기한부 채권으로 파악하고 파산법 제37조 제6호 소정의 '무이자채권의 기한이 불확정한 경우'에 해당하므로 이를 파산선고시를 기준으로 평가하여야 하지만 불확정기한이 파산선고 후인 2004. 12. 27.에 도래하여 이를 같은 조 제5호 소정의 '무이자채권의 기한이 파산선고 후에 도래할 경우'와 같이 취급하여 파산선고시로부터 그 기한에 이르기까지의 법정이율에 의한 중간이자 상당액을 후순위 파산채권으로 취급하였다. 원·피고가 상인이므로 중간이자를 상법 소정의 연 6%를 적용하였다. 원고는 지연손해금에 대하여도 파산채권의 확정을 구하고 있다. 그러나 파산채권의 현재화를 인정하는 취지는 다양한 채권을 통일적으로 처리하기 위한 것에 불과하고 파산자가 파산선고 다음날부터 지체책임을 지는 것은 아니다. 이 판결은 이 점을 명시하였다.

4. 재단채권

▶ 〈제38조〉 재단채권의 범위

▸ 〈제 5 호〉 부당이득반환채권

대법원 2005. 8. 19. **선고** 2003**다**36904 **판결【구상금】**[공2005, 1489]

【판결요지】

본래의 납세의무자의 파산으로 과세관청에 의하여 제 2 차 납세의무자로 지정된 자가 그 납세의무를 이행함으로써 취득한 구상금채권은 부당이득으로 인하여 파산재단에 생긴 청구권에 해당한다고 할 것이므로 파산법 제38조 제 5 호 소정의 재단채권에 해당한다.

【원고, 상고인】 파산자 주식회사 기산의 파산관재인 김한수 (소송대리인 변호사 김성우)

【피고, 피상고인】 파산자 주식회사 기산개발의 파산관재인 한정화

【원심판결】 서울지방법원 2003. 6. 12. 선고 2002가합75501 판결

【주문】 원심판결을 파기하고, 사건을 서울중앙지방법원 합의부로 환송한다.

【이유】 1. 원심의 조치

원심판결 이유에 의하면, 원심은 그 채용 증거들을 종합하여, 토목, 건축공사업 등을 목적으로 설립된 주식회사 기산(이하 '기산'이라 한다)은 1998. 10. 21. 서울지방법원으로부터 파산선고를 받았고 원고가 1999. 2. 23. 그 파산관재인으로 선임된 사실, 부동산에 대한 임대관리 및 매매업 등을 목적으로 설립된 주식회사 기산개발(이하 '기산개발'이라 한다)은 1998. 9. 30. 서울지방법원으로부터 파산선고를 받았고 피고가 같은 날 그 파산관재인으로 선임되었는데, 파산 당시 기산이 기산개발의 주식 100%를 보유하고 있었던 사실, 상주세무서장은 1999. 8. 20. 기산개발이 체납한 판시와 같은 법인세와 부가가치세 합계 656,776,610원에 대하여 기산개발의

재산으로는 체납된 법인세 등을 충당하기에 부족하다고 판단하고 기산을 국세기본법 제39조 제1항 제2호 (가)목 소정의 과점주주로 보아 제2차 납세의무자로 지정하여 기산에 대하여 위 체납액을 납부하도록 통지하였고, 1999. 8. 26. 기산의 양천세무서장에 대한 국세환급금 반환채권 중 위 체납액 합계 656,776,610원 상당을 압류하여 그로부터 기산개발이 체납한 법인세 등에 충당한 사실, 상주세무서장은 2002. 3. 29. 기산개발이 체납한 판시와 같은 법인세와 부가가치세 합계 172,215,420원에 대하여 위와 같은 이유로 기산에 대하여 위 체납액을 납부하도록 통지하고, 2002. 4. 24. 기산의 양천세무서장에 대한 국세환급금 반환채권 중 위 체납액 합계 172,215,420원 상당을 압류하여 그로부터 기산개발이 체납한 법인세 등에 충당한 사실을 인정하였다.

원심은 이어, 기산이 제2차 납세의무자로 지정되어 기산개발이 체납한 법인세 등을 납부하였으므로 기산개발에 대하여 위 체납액 상당을 구상할 수 있다고 할 것인데, 기산의 위 구상금채권은 ① 실질적으로 조세채권의 성질을 그대로 보유하는 것으로 보아야 공평의 원칙에 부합하므로 파산법 제38조 제2호의 조세채권에 해당하거나 또는 ② 기산이 위 체납액 상당의 국세를 환급받지 못하는 손해로 말미암아 기산개발은 체납된 법인세 등의 납세의무가 소멸하여 동액 상당의 이익을 얻었다고 할 것이므로 파산법 제38조 제5호의 부당이득반환청구권에 해당하므로 이는 재단채권이라고 하는 원고의 주장에 대하여, 파산법이 재단채권으로 규정하고 있는 것은 파산재단의 관리, 처분, 배당 등의 절차로 인한 비용으로서 파산선고 후에 파산재단에 관하여 생긴 청구권이거나 조세채권과 같은 공익적 목적을 위한 것임을 전제한 다음, 먼저 기산의 위 구상금채권이 파산법 제38조 제2호의 조세채권으로서 재단채권에 해당하는지 여부에 관하여 보면, 재단채권은 파산재단으로부터 파산채권에 우선하여(파산법 제41조) 파산절차에 의하지 아니하고 수시로 변제를 받을 수 있는 점(파산법 제40조)에서 파산채권보다 우월한 지위에 있는데, 파산법이 조세채권에 대하여 재단채권으로 인정한 이유는 파산법 제38조 각 호에 열거된 다른 재단채권, 즉 파산채권자들의 공동의 이익을 위한 것이 아니라 국가 존립의 재정적 기초가 되는 조세 징수를 확보하기 위하여 다른 채권보다 우월한 지위를 부여할 필요가 있다는 공익적 요청에 기한 것으로서, 국가가 파산절차에 의하지 아니하고 파산재단으로부터 파산자의 체납세액을 징수함으로써 채무자의 파산으로 많은 손실을 입고 있는 다수의 파산채권자들에 대한 배당액이 감소될 수 있는 점에 비추어 파산법 제38조 제2호 소정의 조세채권에 해당하는지 여부는 엄격히 해석하여야 할 것이므로, 원고 주장과 같이 기산개발이 법인세 등을 체납하여 상주세무서장이 기산을 제2차 납세의무자로 지정한 후 기산의 국세환급금 반환채권 중 위 체납액 상당을 압류하여 그로부터 기산개발이 체납한 법인세 등에 충당함으로써 기산의 위 구상금채권이 발생하였다는 점만으로는 기산의 기산개발에 대한 위 구상금채권이 파산법 제38조 제2호의 조세채권에 해당한다고 할 수 없고, 다음으로 기산의 위 구상금채권이 파산법 제38조 제5호의 부당이득반환청구권으로서 재단채권에 해당하는지 여부에 관하여 보면, 위에서 본 바와 같이 기산개발이 체납한 법인세 등에 대하여 상주세무서장은 기산개발의 재산으로 체납된 법인세 등을 충당하기에 부족하다고 판단하고 기산을 국세기본법 제39조 제1항 제2호 (가)목 소정의 과점주주로 보아 제2차 납세의무자로 지정하고, 기산에 대하여 위 체납액을 납부하도록 통지한 후 기산의 국세환급금 반환채권 중 위 체납액 상당을 압류하여 그로부터 기산개발이 체납한 법인세 등에 충당하였는바, 이는 기산이 국세기본법에 정해진 바에 따라 자신의 국세납부의무 등을 이행한 것으로 이로 인하여 기산개발이 법률상 원인 없이 이득을 얻었다고 보기 어렵다고 판단하여 원고의 주장을 배척하였다.

2. 이 법원의 판단

가. 이 사건 구상금채권이 파산법 제38조 제2호의 재단채권에 해당하는지 여부

관계 법령과 기록에 비추어 살펴볼 때, 기산의 기산개발에 대한 이 사건 구상금채권이 파산법 제38조 제2호 소정의 재단채권에 해당하지 않는다고 본 원심의 판단은 정당하고, 거기에 원고가 상고이유로 주장하는 심리미진 또는 파산법상의 재단채권에 관한 법리오해의 위법이 없다고 할 것이다.

나. 이 사건 구상금채권이 파산법 제38조 제5호의 재단채권에 해당하는지 여부

국세기본법 소정의 제2차 납세의무는 오로지 주된 납세의무가 이행되지 않는 경우에 그 만족을 얻기 위하여 과하여지는 것이므로, 제2차 납세의무자가 납세의무를 이행하는 경우 그 범위에서 본래의 납세의무자의 납세의무도 소멸되고, 이 경우 제2차 납세의무자는 본래의 납세의무자에 대하여 구상권을 행사할 수 있다.

그런데 본래의 납세의무자가 파산선고를 받는 경우 그의 조세채무는 파산법상의 재단채권이 되어 파산재단에서 변제하여야 하는데, 제2차 납세의무자가 납세의무를 이행하게 되면 본래의 납세의무가 소멸함으로써 파산재단은 채무소멸이라는 이익을 얻게 되고, 이 경우 그 이익을 원래 그 조세를 납부하여야 할 파산재단으로 하여금 그대로 보유하게 하는 것은 공평의 관념에 어긋나는 것이어서 파산재단으로서는 이를 부당이득으로 그 출연자에게 반환할 의무를 부담한다 할 것이니, 제2차 납세의무자가 납세의무를 이행한 후 가지게 되는 위 구상권은 여기에 그 법적 근거가 있다 하겠다.

위와 같은 법리에 비추어 살펴보면, 기산이 제2차 납세의무를 이행함으로써 취득한 이 사건 구상금채권은 바로 부당이득으로 인하여 파산재단에 생긴 청구권에 해당한다 할 것이므로 파산법 제38조 제5호 소정의 재단채권에 해당한다고 봄이 상당하다.

그렇다면 원심이 기산의 기산개발에 대한 이 사건 구상금채권은 위 조항 소정의 재단채권에 해당하지 않는다고 판단한 것은 파산법 제38조 제 5 호 소정의 재단채권에 관한 법리를 오해하여 판결에 영향을 미친 경우에 해당한다고 할 것이니, 이 점을 지적하는 상고이유의 주장은 이유 있다.

대법관 이규홍(재판장) 이용우 박재윤 양승태(주심)

[해설]

원심은 제 2 차 납세의무자의 본래의 납세의무자에 대한 구상금채권이 파산법 제38조 제 2 호의 조세채권에 해당한다고 할 수 없고, 제38조 제 5 호의 부당이득반환청구권으로서 재단채권에 해당하는지 여부에 관하여 보면, 제 2 차 납세의무자가 국세기본법에 정해진 바에 따라 자신의 국세납부의무 등을 이행한 것으로 이로 인하여 본래의 납세의무자가 법률상 원인 없이 이득을 얻었다고 보기 어렵다고 보아 재단채권의 주장을 배척하였다.

그러나 대법원은 파산재단의 개념을 사용하여 본래의 납세의무자가 파산선고를 받은 경우 그의 조세채무는 파산법상의 재단채권이 되어 파산재단에서 변제하여야 하는데, 제 2 차 납세의무자가 납세의무를 이행하게 되면 본래의 납세의무가 소멸함으로써 파산재단은 채무소멸이라는 이익을 얻게 되고, 이 경우 그 이익을 원래 그 조세를 납부하여야 할 파산재단으로 하여금 그대로 보유하게 하는 것은 공평의 관념에 어긋나는 것이어서 파산재단으로서는 이를 부당이득으로 그 출연자에게 반환할 의무를 부담한다고 보고 이 사건 구상금채권은 '부당이득으로 인하여 파산재단에 생긴 청구권'에 해당한다 할 것이므로 파산법 제38조 제 5 호 소정의 재단채권에 해당한다고 보았다.

실무상 제 5 호에 해당하는 재단채권으로는 과세관청이 파산선고 후에 관재인이 납부한 세금을 착오로 반환한 경우 파산재단에 대한 부당이득반환청구권[1] 또는 관재인이 선의로 환취권의 목적물을 매각하고 그 매각대금 또는 매매대금 채권을 파산재단에 편입한 경우 환취권자가 갖는 채권[2] 등이 있다.

---

1) 서울고등법원 2005. 10. 14. 선고 2005나10199 판결(미상고 확정).

2) 田炳西, "破産法上 還取權 考察," 법조 1999년 3월호, 172면. 그러나 환취권의 목적물을 교환하여 새로운 물건을 취득한 경우와 같이 반대급부가 파산재단으로부터 구별될 수 있는 특정성을 갖고 있는 경우에는 대상적 환취권의 대상이 된다. 서울고등법원 2004. 12. 10. 선고 2003나20932 판결(상고 중)은 위탁매매계약의 수탁자가 파산선고 받기 전에 소유자의 목적물을 매각하여 매수인으로부터 받게 된 채권에 대하여 대상적 환취권을 인정하여 파산선고 후 위 채권이 소멸한 경우 그 금액 상당액에 대하여 파산법 제38조 제 5 호에 규정된 재단채권을 인정하였다.

▶ 〈제10호〉 임금채권

(1) **대법원** 2004. 2. 13. **선고** 2003**다**48884 **판결 【약정금】** [**공보불게재**]

【판결요지】

[1] 주식회사의 이사, 감사 등 임원은 회사로부터 일정한 사무처리의 위임을 받고 있는 것이므로, 사용자의 지휘·감독 아래 일정한 근로를 제공하고 소정의 임금을 받는 고용관계에 있는 것이 아니며, 따라서 일정한 보수를 받는 경우에도 이를 근로기준법 소정의 임금이라 할 수 없고, 회사의 규정에 의하여 이사 등 임원에게 퇴직금을 지급하는 경우에도 그 퇴직금은 근로기준법 소정의 퇴직금이 아니라 재직중의 직무집행에 대한 대가로 지급되는 보수에 불과하다.

[2] 근로기준법의 적용을 받는 근로자에 해당하는지 여부는 계약의 형식에 관계없이 그 실질에 있어서 임금을 목적으로 종속적 관계에서 사용자에게 근로를 제공하였는지 여부에 따라 판단하여야 할 것인데, 원고들의 파산회사 이사 또는 감사로서의 지위는 형식적·명목적이라고 할 수 없어 원고들이 파산회사에 대하여 근로기준법상의 근로자라고 할 수 없고 따라서 원고들이 파산회사로부터 지급받는 보수나 퇴직금은 근로기준법상의 임금이라고 할 수 없다고 한 사례

【참조 조문】 [1] 상법 제312조, 제317조 제2항, 제382조, 제412조/[2] 근로기준법 제14조, 제17조, 제18조, 제34조, 파산법 제38조 제10호

【원고, 피상고인】 甲 외 4인 (원고들 소송대리인 법무법인 우인 담당변호사 정주식 등)

【피고, 상고인】 파산자 중앙종합금융 주식회사의 파산관재인 박성덕, 이성운의 소송수계인 파산자 중앙종합금융 주식회사의 파산관재인 정상용, 이양우

【원심판결】 서울고등법원 2003. 8. 20. 선고 2002나46883 판결

【주문】 원심판결을 파기하고, 사건을 서울고등법원에 환송한다.

【이유】 원심은 그 내세운 증거들에 의하여, 원고들이 파산자 중앙종합금융 주식회사 이사 또는 감사로서 재직하면서 그 판시와 같이 급여 또는 퇴직금을 지급받지 못하였는데, 원고들은 파산회사의 이사 또는 감사이기는 하지만 그 지위는 형식적·명목적인 것에 불과하고 실제로는 임금을 목적으로 사용자에게 종속되어 매일 출근하여 업무집행권을 가지는 사용자의 지휘·감독 아래 담당업무를 수행하여 오면서 매월 보수규정에 정하여진 일정 금액의 금원을 보수명목으로 지급받아 왔다고 사실인정을 한 다음, 이에 의하면, 원고들은 파산회사에 대하여 임금을 목적으로 노무를 제공하는 근로자의 위치에 있다고 할 것이어서 원고들이 파산회사로부터 지급받지 못한 위 각 급여 및 퇴직금은 근로기준법상의 임금에 해당한다고 판

단하였다.

그러나 위와 같은 원심의 사실인정 및 판단은 다음과 같은 이유로 수긍하기 어렵다.

상법상 주식회사의 이사와 감사는 주주총회의 선임 결의를 거쳐 임명하고(상법 제382조 제1항, 제409조) 그 등기를 하여야 하며, 이러한 절차에 따라 적법하게 선임된 이사와 감사만이 그 법정 권한을 행사할 수 있을 뿐인바, 위와 같은 주식회사의 이사, 감사는 회사로부터 일정한 사무처리의 위임을 받고 있는 것이므로, 사용자의 지휘·감독 아래 일정한 근로를 제공하고 소정의 임금을 받는 고용관계에 있는 것이 아니며, 따라서 일정한 보수를 받는 경우에도 이를 근로기준법 소정의 임금이라 할 수 없고, 회사의 규정에 의하여 이사 등 임원에게 퇴직금을 지급하는 경우에도 그 퇴직금은 근로기준법 소정의 퇴직금이 아니라 재직중의 직무집행에 대한 대가로 지급되는 보수에 불과하다(대법원 2001. 2. 23. 선고 2000다61312 판결 등 참조). 다만, 근로기준법의 적용을 받는 근로자에 해당하는지 여부는 계약의 형식에 관계없이 그 실질에 있어서 임금을 목적으로 종속적 관계에서 사용자에게 근로를 제공하였는지 여부에 따라 판단하여야 할 것이므로, 회사의 이사 또는 감사 등 임원이라고 하더라도 그 지위 또는 명칭이 형식적·명목적인 것이고 실제로는 매일 출근하여 업무집행권을 갖는 대표이사나 사용자의 지휘·감독 아래 일정한 근로를 제공하면서 그 대가로 보수를 받는 관계에 있다거나 또는 회사로부터 위임받은 사무를 처리하는 외에 대표이사 등의 지휘·감독 아래 일정한 노무를 담당하고 그 대가로 일정한 보수를 지급받아 왔다면 그러한 임원은 근로기준법상의 근로자에 해당한다 할 것이다(대법원 1997. 12. 23. 선고 97다44393 판결, 2000. 9. 8. 선고 2000다22591 판결 등 참조).

그런데 원심이 원고들의 이사 또는 감사로서의 지위가 형식적·명목적이라는 사실인정의 증거로 내세운 증거에 의하면, 원고들은 상법상의 적법한 선임절차를 거쳐 임명되고 등기된 이사 또는 감사로서 이사회에 출석하여 회사의 업무집행에 관한 의사결정에 참가하는 등 상법에서 정한 권한을 행사하여 왔고, 그 밖에 회사로부터 일정한 범위의 업무를 위임받아 이를 처리하여 왔으며, 이러한 위임사무 처리에 대한 보수 및 퇴직금은 주주총회의 결의로써 정하여진 사실만을 인정할 수 있을 뿐인바, 이에 의하면 원고들의 파산회사 이사 또는 감사로서의 지위는 다른 특별한 사정이 없는 한 형식적·명목적이라고 할 수 없고, 그 밖에 기록상 원고들의 이사 또는 감사의 지위가 형식적·명목적인 것에 불과하다거나, 원고들이 파산회사의 이사 또는 감사로서의 위임사무 이외에 파산회사를 위하여 별도의 노무를 제공하고 그에 대한 대가로 보수를 제공받았다는 등의 사정을 인정할 만한 자료를 찾아볼 수 없다.

그렇다면 원고들은 파산회사에 대하여 근로기준법상의 근로자라고 할 수 없고 따라서 원고들이 파산회사로부터 지급받는 보수나 퇴직금은 근로기준법상의 임금이라고 할 수 없다고 할 것임에도 원심은 그 판시와 같은 사정만으로 원고들이 파산회사에 대하여 근로기준법상의 근로자임을 전제로 원고들의 이 사건 급여 및 퇴직금을 근로기준법상의 임금이라고 판단하였는바, 거기에는 원고들의 이사 또는 감사로서의 지위가 형식적·명목적인지 여부에 관하여 심리를 다하지 아니하고, 채증법칙에 위배한 나머지 판결 결과에 영향을 미친 위법이 있다고 할 것이다.

대법관 배기원(재판장) 유지담 이강국 김용담(주심)

(2) **서울고등법원** 2003. 6. 13. **선고** 2002**나**73953, 73960(**병합**) 【**임금**】 (**확정**)

【판결요지】

파산법 제38조 제10호는 "파산자의 피용자의 급료·퇴직금 및 재해보상금을 재단채권으로 한다"라고 규정하고 있고, 같은 법 부칙 제2항은 "이 법 시행 전에 파산을 신청한 사건에 관하여는 종전의 규정을 적용한다"라고 규정하고 있으므로, 위 각 규정에 의하면 파산신청이 개정 파산법 시행일인 2000. 4. 13. 전에 행해졌는가 혹은 후에 행해졌는가에 의해 파산자의 피용자의 상여금 등 임금채권이 파산채권인가 혹은 재단채권인가로 구별되는 것이지, 상여금 지급의무의 발생시기가 2000. 4. 13. 전인가 혹은 후인가에 따라 파산채권이나 재단채권으로 구별되는 것은 아니라 할 것이다.

【참조 조문】 파산법 제38조 제10호, 부칙 제2항

【원고, 항소인 겸 피항소인】 별지 1 기재 원고들 명단과 같다.

【원고, 피항소인】 별지 2 기재 원고들 명단과 같다. (원고들 소송대리인 법무법인 대유 담당변호사 라국주 등)

【피고, 피항소인겸항소인】 파산자 신화건설 주식회사의 파산관재인 강보현, 송경근 (소송대리인 법무법인 화우 담당변호사 김자영)

【제1심 판결】 서울지방법원 2002. 11. 8. 선고 2001가합78138, 2002가합4257(병합) 판결

【변론종결】 2003. 5. 16.

【주문】 1. 제1심 판결을 다음과 같이 변경한다. 가. 피고는 원고들에게 별지 6 상여금 내역표 기재 각 해당 인용금액 및 이에 대하여 같은 내역표 기재 각 퇴사일 다음날부터 2003. 6. 13.까지는 연 5%, 그 다음날부터 다 갚는 날까지는 연 20%의 각 비율로 계산한 금원을 지급하라. 나. 원고들의 나머지 청구를 모두 기각한다. 2. 소송비용은 제1, 2심을 통털어 그 1/10는 원고들의, 나머지는 피고의 각 부담으로 한다. 3. 제1. 가.항은 가집행할 수 있다.

【청구취지 및 항소취지】

1. 청구취지

피고는 원고들에게 별지 6 상여금 내역표 기재 각 해당 청구금액 및 이에 대하여 같은 내역표 기재 각 퇴사일 다음날부터 당심 판결 선고일까지는 연 5%, 그 다음날부터 완제일까지는 연 20%의 각 비율에 의한 금원을 지급하라(원고들은 당심에서 청구취지를 감축하였다).

2. 항소취지

가. 별지 1 기재 원고들: 제1심 판결 중 다음에서 지급을 명하는 부분에 해당하는 별지 1 기재 원고들의 패소부분을 취소한다. 피고는 별지 1 기재 원고들에게 별지 6 상여금 내역표 2000. 10. 란에 기재된 각 해당 금원 및 이에 대하여 같은 내역표 기재 각 퇴사일 다음날부터 당심 판결 선고일까지는 연 5%, 그 다음날부터 다 갚는 날까지는 연 20%의 각 비율로 계산한 금원을 지급하라.

나. 피고: 제1심 판결 중 피고 패소부분을 취소하고, 그 부분에 해당하는 원고들의 청구를 기각한다.

【이유】 1. 사실의 인정

가. 원고들은 별지 6 상여금 내역표 기재 각 입사일부터 퇴사일까지 파산 전의 신화건설 주식회사(이하 '신화건설'이라 한다)에서 근무하던 근로자들이고, 신화건설은 토목건축업 등을 영위하는 법인으로서 2000. 7. 31. 회사정리절차개시 신청을 하여 같은 해 8. 21. 정리절차가 개시되었고, 같은 해 11. 17. 정리절차폐지결정이 확정됨과 동시에 파산 선고되었다.

나. 신화건설의 취업규칙 제67조 제1항은 "상여금은 회사의 기별업적을 참작하여 이사회의 결의에 의하여 지급할 수 있다," 같은 조 제2항은 "상여금의 지급방법은 급여와 같다"고 규정하고 있으나, 신화건설은 경영실적이나 근로자 개인의 능력 기타 사정과는 상관없이 1981년 이래 상여금을 계속 지급하여 왔으며, 1990년부터 1993년까지는 월 기본급 및 시간외수당의 합계액에 대한 500%(구정, 6월, 9월 각 100%, 12월 200%), 1994년부터 1996년까지는 그 합계액의 600%(1월, 3월, 6월, 9월 각 100%, 12월 200%)를 연간 상여금으로 해당 월의 급여 지급일인 25일에 국내 근무자들에게 계속적, 일률적으로 지급하였고, 해외 근무자들에게는 그 2배의 상여금을 지급하여 왔다.

다. 한편 신화건설은 1997년도 신입사원 채용시에도 국내 근무자의 경우 위 합계액의 600%, 해외 근무자의 경우 위 합계액의 1,200%를 연간 상여금으로 지급한다고 명시하였다.

라. 그러나 신화건설은 1997년 9월부터 원고들에게 상여금을 지급하지 못하고, 1999년 9월 분 상여금 100%, 1999년 12월분 상여금 중 50%, 2000년 6월분 상여금

100%만을 지급하였다.

마. 한편 원고들의 각 상여금 지급월에 해당하는 기본급과 시간외수당의 합산액을 기준으로 원고들이 지급받지 못했다고 주장하는 시기의 각 상여금을 계산한 금액은 별지 6 상여금 내역표 각 해당란 기재와 같다.

2. 판단

가. 원고들의 청구 내용

원고들은, 신화건설이 그 근로자들인 원고들에게 정기적, 일률적으로 상여금을 지급해 옴으로써 그 지급 관행이 성립하였다고 주장하며 별지 6 상여금 내역표에 기재된 1998년분 300%(9월 100%, 12월 200%), 1999년분 450%(1월, 3월, 6월 각 100%, 12월 150%), 2000년분 300%(1월, 3월, 9월 각 100%)의 각 해당 미지급 상여금의 지급을 구하고, 또한 신화건설 노사간에 2000. 8. 2.자로 신화건설이 원고들에게 2000년 10월분 및 2000년 12월분 각 100%의 상여금을 지급하는 내용의 노사합의가 이루어졌다고 주장하며 그 중 별지 6 기재 상여금 내역표에 기재된 2000년 10월분 100%의 각 해당 상여금의 지급을 구한다(2000년 12월분 약 50%의 상여금 청구에 관하여는 이를 기각하는 제 1 심 판결 선고 후 원고들이 항소하지 아니하였으므로, 이 부분에 관하여는 따로 판단하지 아니한다).

나. 본안전 항변에 대한 판단

(1) 피고는, 파산법 제38조 제10호는 2000. 1. 12. 개정되어 2000. 4. 13.부터 시행되면서 신설된 규정인바, 2000. 3.까지 발생한 상여금 채권은 재단채권이 아니라 파산채권에 불과하므로 파산채권 신고를 거쳐 파산채권 확정의 소를 제기하는 것은 별론으로 하고 피고에 대하여 직접 그 지급을 구하는 것은 부적법하다고 주장한다.

살피건대, 파산법 제38조 제10호는 "파산자의 피용자의 급료·퇴직금 및 재해보상금을 재단채권으로 한다"라고 규정하고 있고, 같은 법 부칙 제2항은 "이 법 시행 전에 파산을 신청한 사건에 관하여는 종전의 규정을 적용한다"라고 규정하고 있으므로, 위 각 규정에 의하면 파산신청이 개정 파산법 시행일인 2000. 4. 13. 전에 행해졌는가 혹은 후에 행해졌는가에 의해 파산자의 피용자의 상여금 등 임금채권이 파산채권인가 혹은 재단채권인가로 구별되는 것이지, 상여금 지급의무의 발생시기가 2000. 4. 13. 전인가 혹은 후인가에 따라 파산채권이나 재단채권으로 구별되는 것은 아니라 할 것이다.

앞서 본 바와 같이 신화건설은 2000. 7. 31. 회사정리절차개시 신청을 하여 같은 해 8. 21. 정리절차가 개시되었고, 같은 해 11. 17. 정리절차폐지결정이 확정되고 같은 날 파산 선고되었으며, 한편 회사정리법 제23조 제 1 항에 의하면 "파산선고전의 회사에 관하여 정리절차폐지 또는 정리계획불인가의 결정이 확정된 경우에 법원은 직권으로 파산법에 따라 파산을 선고하여야 한다"고 규정되어 있고, 같은 법 제 제24조 제1항에 의하면 "제23조 제1항 또는 동조 제2항의 규정에 의하여 파산선고가 있은 때에는 파산법 제1편의 적용에 관하여는 정리절차개시의 신청 또는 화의절차에 있어서의 화의개시의 신청 또는 사기파산의 죄에 해당할 회사의 이사 또는 이에 준하는 자의 행위는 그 전에 지급의 정지나 파산의 신청이 없은 때에는 이를 지급의 정지 또는 파산의 신청으로 보고 공익채권은 재단채권으로 한다"라고 규정하고 있는바, 결국 신화건설에 대하여는 회사정리절차개시 신청이 있었던 2000. 7. 31. 파산신청이 있었다고 보게 되므로, 신화건설의 피용자인 원고들의 상여금 채권은 개정 파산법이 적용되어 재단채권으로 되는 것이니, 위 상여금 채권이 파산채권에 해당한다는 피고의 위 주장은 이유 없다.

(2) 피고는 나아가 원고들 중 황** 등은 신화건설의 임원으로서 파산법 제38조 제10호 소정의 파산자의 피용자에 해당하지 아니하므로, 그들의 상여금 채권은 재단채권이 아니라 할 것이고 따라서 피고에게 직접 그 지급을 구하는 것은 부적법하다고 주장한다.

살피건대, 위 원고들이 일정한 보수를 지급받고 신화건설에서 근무하였던 사실은 피고가 명시적으로 다투지 아니하고 있고, 증거에 의하면 위 원고들이 신화건설의 등기부에 등재된 이사가 아닌 사실을 인정할 수 있고 반증이 없는바, 그렇다면 위 원고들이 사용자의 지휘·감독을 받지 아니하고 독자적으로 회사의 업무를 처리하였다는 등 회사의 임원이었음을 인정할 만한 특별한 사정에 관한 아무런 주장·입증이 없는 이상 위 원고들은 신화건설의 피용자라 할 것이니 피고의 위 주장도 이유 없다.

다. 상여금 지급 관행의 존재 여부

피고는, 신화건설의 취업규칙에 의하면 상여금 지급 여부가 임의적으로 규정되어 있을 뿐만 아니라 이사회의 결의를 필요로 하고 있으며, 신화건설로서는 1997년부터 건설경기 침체로 인한 경영상태의 악화로 영업실적이 나빠지기 시작하여 직원들에게 도저히 상여금을 지급할 형편이 되지 못하였고, 다만 장기간 상여금이 지급되지 아니함으로써 회사의 분위기가 몹시 침체되자 사기 진작 차원에서 일부 상여금을 지급한 것에 불과할 뿐 상여금 지급관행은 존재하지 아니하므로 신화건설은 원고들에게 상여금을 지급할 의무가 없다고 주장한다.

살피건대, 앞서 본 인정사실에 나타난 바와 같이 신화건설이 경영실적이나 근로자 개인의 능력 기타 사정과는 상관없이 1981년 이래 장기간에 걸쳐 상여금을 계속 지급하여 온 점, 신입사원을 채용할 때에도 상여금 지급률을 명시한 점 등에 비추어 보면, 신화건설의 노사간에는 상여금의 지급이 사용자의 방침이나, 관행에 따라 계속적으로 이루어져 그 지급이 당연한 것으로 여겨질 정도의 관례가 형성되었다고 봄이 상당하다고 할 것이다.

라. 소멸시효 완성 여부

피고는 원고들의 1998년 9월분 및 같은 해 12월분 상여금채권이 이 사건 각 소제기 당시 3년의 시효완성으로 소멸하였다고 주장하고, 이에 대하여 원고들은 시효완성 전에 최고를 함으로써 소멸시효의 진행이 중단되었다고 다툰다.

살피건대, 증거에 의하면 원고들 중 별지 3 기재 원고들은 1998년 9월분 상여금의 지급일인 1998. 9. 25.로부터 3년이 지나지 아니한 2001. 9. 20. 피고 파산관재인 강보현에 대하여 그 지급을 최고한 사실을 인정할 수 있고, 같은 원고들이 그 최고일로부터 6개월 내인 2001. 12. 21.과 2002. 1. 21. 이 사건 각 임금청구의 소를 제기한 사실은 기록상 명백하므로, 위 원고들의 1998년 9월분 및 같은 해 12월분 상여금채권의 소멸시효는 위 최고로 중단되었다 할 것이어서, 위 원고들에 대한 피고의 위 소멸시효 완성 주장은 이유 없다.

한편, 원고들 중 별지 4 기재 원고들이 1998년 9월분 상여금의 지급일인 1998. 9. 25.로부터 임금채권의 소멸시효인 3년이 경과하였음이 역수상 명백한 2001. 12. 21. 이 사건 임금청구의 소를 제기한 사실과, 별지 5 기재 원고들이 1998년 9월분 상여금의 지급일인 1998. 9. 25.뿐만 아니라 같은 해 12월분 상여금의 지급일인 같은 해 12. 25.로부터도 3년이 경과하였음이 역수상 명백한 2002. 1. 21. 이 사건 임금청구의 소를 제기한 사실은 각 기록상 분명하고, 같은 원고들이 주장하는 바와 같이 그들도 소멸시효 완성 전에 상여금 지급을 최고하였다는 사실을 인정할 아무런 자료가 없으므로, 결국 별지 4 기재 원고들의 1998년 9월분 상여금채권과 별지 5 기재 원고들의 1998년 9월분 및 같은 해 12월분 상여금채권은 모두 시효의 완성으로 소멸하였다 할 것이다.

마. 2000년 10월분 100%의 상여금 청구

원고들은 신화건설 노사간에 2000. 8. 2.자로 신화건설이 원고들에게 2000년 10월에도 100%의 상여금을 지급하기로 하는 내용의 노사합의가 이루어졌다고 주장하나, …이를 인정할 증거가 없으므로 이 부분 원고들의 청구는 이유 없다.

바. 그렇다면, 피고는 원고들 중 별지 3 기재 원고들에게는 별지 6 상여금 내역표 중 1998년 9월분부터 2000년 9월분까지의 상여금 합계액인 각 해당 인용금액, 별지 4 기재 원고들에게는 같은 내역표 중 1998년 12월분부터 2000년 9월분까지의 상여금 합계액인 각 해당 인용금액, 별지 5 기재 원고들에게는 같은 내역표 중 1999년 1월분부터 2000년 9월분까지의 상여금 합계액인 각 해당 인용금액 및 위 각 인용금액에 대하여 각 상여금 발생일 이후로서 원고들이 구하는 같은 내역표 기재 각 퇴사일 다음날부터 당심 판결 선고일인 2003. 6. 13.까지는 민법에서 정한 연 5%, 그 다음날부터 완제일까지는 소송촉진등에관한특례법에서 정한 연 20%의

각 비율로 계산한 지연손해금을 지급할 의무가 있다.

3. 결론

따라서, 원고들의 이 사건 청구는 위 인정범위 내에서 이유 있어 받아들이고, 나머지 청구는 이유 없어 기각할 것인바, 제 1 심 판결 중 위와 결론을 일부 달리 한 부분을 위 인정과 같이 변경하기로 하여 주문과 같이 판결한다.

재판장 판사 민일영 김정원 최종길

(3) **서울중앙지방법원** 2004. 6. 24. **선고** 2003**나**59586 **판결【임금】**(**심리불속행**, 2004**다**39726)

【판결요지】

[1] 파산법은 파산채권에 관하여 파산절차에 의하지 아니하고는 이를 행사할 수 없도록 하고 파산채권 신고 등의 절차를 규정(파산법 제15조, 제201조)하고 있음에 반하여, 재단채권에 관하여는 파산채권 신고 등의 파산절차에 의하지 아니하고 파산재단으로부터 수시로 변제받을 수 있도록 규정하고 있는 점(파산법 제40조, 제43조), 민법 제171조는 민법 제170조의 재판상 청구와 구별하여 파산채권참가를 시효중단사유로 규정하고 있는데 이는 위와 같이 파산절차참가에 의하지 아니하고는 이를 행사할 수 없는 파산채권의 특수성을 염두에 둔 것으로 보이는 점 등을 종합하면, 민법 제168조 제 1 호, 민법 제171조에서 시효중단사유의 하나로 규정하고 있는 파산절차참가라 함은 통상적으로 채권자가 파산채권에 관하여 파산법 제201조에 의하여 파산재단에 가입하기 위하여 그의 채권을 신고하는 것을 의미한다고 봄이 상당하고, 파산절차에 참가할 필요가 없는 재단채권에 관하여 파산채권 신고를 한 경우까지 파산절차참가에 해당하여 시효중단의 효력이 미친다고 볼 수는 없다.

[2] 파산자의 피용자가 지급받지 못한 상여금 채권은 파산절차에의 참가가 불필요한 파산법 제38조 제10호에 규정된 재단채권이므로 위 채권에 관하여 파산채권의 신고를 하였다고 하더라도 시효중단의 효력이 미친다고 할 수 없다고 한 사례.

【참조 조문】[1] 파산법 제38조 제10호, 민법 제171조／[2] 파산법 제38조 제10호, 민법 제171조

【원고, 항소인】 문인영 (소송대리인 법무법인 한울 담당변호사 김장식)

【피고, 피항소인】 파산자 동아건설산업 주식회사의 파산관재인 안문태

【제 1 심 판결】 서울지방법원 2003. 10. 17. 선고 2003가소9065 판결

【변론종결】 2004. 6. 3.

【주문】 1. 원고의 항소를 기각한다. 2. 항소비용은 원고가 부담한다.

【청구취지 및 항소취지】 제 1 심 판결을 취소한다. 피고는 원고에게 금 5,440,440 원 및 이에 대하여 2001. 1. 1.부터 이 사건 소장 부본 송달일까지는 연 5%, 그

다음날부터 다 갚는 날까지는 연 20%의 각 비율에 의한 금원을 지급하라(원고는 당심에서 지연손해금 청구를 감축하였다).

【이유】 1. 주장 및 판단

원고가 이 사건 청구원인으로서 동아건설산업 주식회사에 근무하면서 지급받지 못한 1998년도 8월, 추석, 10월, 12월 상여금 400% 합계 금 5,440,440원의 지급을 구함에 대하여, 위 회사의 파산관재인인 피고는 원고의 위 상여금 청구권은 3년의 소멸시효가 완성되어 소멸하였다고 항변하므로 살피건대, 이 사건 소가 위 상여금 청구권이 발생한 1998.경으로부터 3년이 훨씬 경과한 후인 2003. 1. 14. 제기되었음이 기록상 명백하므로, 위 상여금 청구권은 이 사건 소 제기 이전에 이미 시효로 소멸하였다 할 것이어서 피고의 위 항변은 이유 있고, 원고의 위 주장은 더 나아가 살펴볼 필요 없이 이유 없다.

이에 대하여 원고는 소멸시효기간 만료 전인 2001. 5.경 원고가 위 상여금 청구권에 관하여 파산채권 신고를 하였으므로 위 소멸시효는 중단되었다고 재항변하므로 살피건대, 증거에 의하면, 원고가 2001. 6. 19.경 1998년도 미지급 상여금 5,458,709원을 포함하여 합계 금 11,637,100원의 파산채권 신고를 한 사실은 인정되나, 원고의 위 미지급 상여금 채권은 파산법 제38조 제10호 '파산자의 피용자의 급료'에 해당하여 재단채권임이 명백하고, 파산법에서 파산채권에 관하여는 파산절차에 의하지 아니하고는 이를 행사할 수 없도록 하고 파산채권 신고 등의 절차를 규정(파산법 제15조, 제201조)하고 있음에 반하여, 재단채권에 관하여는 파산채권 신고 등의 파산절차에 의하지 아니하고 파산재단으로부터 수시로 변제받을 수 있도록 규정하고 있는 점(파산법 제40조, 제43조), 민법 제171조는 민법 제170조의 재판상 청구와 구별하여 파산채권참가를 시효중단사유로 규정하고 있는데 이는 위와 같이 파산절차참가에 의하지 아니하고는 이를 행사할 수 없는 파산채권의 특수성을 염두에 둔 것으로 보이는 점 등에 비추어 보면, 민법 제168조 제1호, 민법 제171조에서 시효중단사유의 하나로 규정하고 있는 파산절차참가라 함은 통상적으로 채권자가 파산채권에 관하여 파산법 제201조에 의하여 파산재단에 가입하기 위하여 그의 채권을 신고하는 것을 의미한다고 봄이 상당하고, 이 사건과 같이 파산절차에 참가할 필요가 없는 재단채권에 관하여 파산채권 신고를 한 경우까지 위 법 소정의 파산절차참가에 해당하여 시효중단의 효력이 미친다고 볼 수는 없으므로, 원고의 위 재항변은 이유 없다.

2. 결론

그렇다면 원고의 청구는 이유 없어 기각할 것인바, 제1심 판결은 이와 결론을 같이하여 정당하고, 원고의 항소는 이유 없으므로 이를 기각하기로 하여 주문과 같이 판결한다.

재판장 판사 김용호 황순현 강성훈

[해설]

실무상 재단채권으로 자주 문제가 되는 것은 임금채권과 조세채권이다. 임금채권은 2000. 1. 12. 파산법 개정에 의하여 파산법 제38조 제10호에 의하여 비로소 우선적 파산채권에서 전액 재단채권으로 승격되었다.

파산자의 임원들이 자신들이 실질적으로 근로자에 해당한다고 주장하는 사례가 많다. 만일 주장이 인정되면 재단채권으로 취급되지만 임원임이 맞다면 보수청구권은 파산채권으로서 파산채권조사확정절차를 거쳐야 한다. 등기된 임원이 근로기준법의 적용을 받는 근로자에 해당하는지 여부에 대하여는 대법원 2003다48884 판결에서 자세히 설시하고 있다. 개정된 파산법 부칙에 의하여 시행일 2000. 4. 12. 이전에 파산을 신청한 사건에 대하여는 종전의 규정이 적용되고, 화의법 제 9 조 제 1 항, 제10조에 의하면 화의취소결정이 확정되어 법원이 직권으로 파산선고를 한 경우에는 파산법 제38조 등의 적용에 있어서는 화의개시신청이 파산신청으로 간주된다. 따라서 개정된 파산법이 시행되기 이전에 화의신청이 있었으나 2000. 4. 12. 이후에 직권으로 파산선고가 된 회사에 대하여 퇴직한 근로자가 갖는 임금채권은 여전히 우선적 파산채권이 된다.[3)] 개정된 파산법을 적용할 것인지의 기준 시점에 대하여 서울고등법원 2002나73953 판결은 상여금 지급의무의 발생시기를 기준으로 할 것이 아니라 법문대로 2000. 4. 12. 이전에 파산신청을 하였는지 또는 견련파산의 경우에는 파산신청을 한 것으로 간주되는 시기를 기준으로 함을 명시하였다.

서울중앙지방법원 2003나59586 판결은 재단채권의 신고는 파산채권과 달리 시효중단의 사유에 해당하지 아니한다고 판시하였다. 그러나 실무상 형식상 임원의 채권처럼 재단채권인지 여부에 관하여 다툼이 있는 채권은 후에 재판을 통하여 비로소 실질적인 근로자임이 판명되는지 여부에 따라 파산채권 또는 재단채권으로 밝혀지게 되므로 미신고에 따른 불이익을 염려하여 일단 채권에 대하여도 채권신고를 하여 두는 것이 보통이다. 후에 임원의 보수채권이 파산채권에 해당하는 경우에는 시효중단의 효력을 인정하고 실질적인 근로자로 판명되어 임금채권인 경우에는 재단채권이라는 이유로 시효중단의 효력을 부인하게 되면 당사자의 기대에 어긋나게 된다.[4)] 더구나 일반적으로 파산채권자의 파산신청행위는 재판상청구의 한

3) 서울중앙지방법원 2005. 6. 17. 선고 2005가합33287 판결(재단채권 청구 부분은 제 1 심에서 확정됨).

4) 재단채권인지 파산채권인지 불분명하면 파산채권의 신고 외에 별도의 이행소송을 제기하여 두어야 하는데 어차피 이행소송을 제기하더라도 재단채권에 기한 강제집행이 불가능하고 파산절차 내에서 안분변제받을 수밖에 없다면 파산절차에서 채권신고행위를 파산절차 참가에 해당하는 행위로 넓게 해석할 수 있다.

형태로서 시효중단의 효력을 인정하는 것이 통설이고[5] 재단채권인 임금채권을 갖는 근로자의 파산신청을 허용하는 것이 실무이므로[6] 재단채권자의 파산신청행위뿐 아니라 채권신고행위도 민법 제171조 소정의 파산절차참가에 해당하는 것으로 해석함이 옳다.

▶ 〈제42조〉 재단부족의 변제방법

(1) **대법원** 2003. 6. 24. **선고** 2002**다**70129 **판결 【배당이의】** [공2003, 1582][7]

【판결요지】

파산자 소유의 부동산에 대한 별제권(담보물권 등)의 실행으로 인하여 개시된 경매절차에서 과세관청이 한 교부청구는 그 별제권자가 파산으로 인하여 파산 전보다 더 유리하게 되는 이득을 얻는 것을 방지함과 아울러 적정한 배당재원의 확보라는 공익(共益)을 위하여 별제권보다 우선하는 채권 해당액을 공제하도록 하는 제한된 효력만이 인정된다고 할 것이므로 그 교부청구에 따른 배당금은 채권자인 과세관청에게 직접 교부할 것이 아니라 파산관재인이 파산법 소정의 절차에 따라 각 재단채권자에게 안분변제할 수 있도록 파산관재인에게 교부하여야 한다.

【참조 조문】 파산법 제 7 조, 제40조, 제41조, 제42조, 제62조, 제86조, 국세징수법 제56조, 구 민사소송법(2002. 1. 26. 법률 제6626호로 전문 개정되기 전의 것) 제605조(현행 민사집행법 제88조 참조)

【원고, 상고인】 대한민국

【피고, 피상고인】 파산자 공영토건 주식회사의 파산관재인 강보현 (소송대리인 법무법인 화우 담당변호사 김자영)

【원심판결】 서울고등법원 2002. 11. 1. 선고 2002나33191 판결

【주문】 상고를 기각한다. 상고비용은 원고가 부담한다.

【이유】 파산법은 총 채권자의 공평한 만족을 실현하기 위하여 파산관재인에게 파산재단의 관리・처분에 관한 권리를 부여함으로써(파산법 제 7 조) 파산관재인이 파산절차의 중심적 기관으로서의 역할을 수행할 수 있도록 하고 있고, 특히 국세징수법 또는 국세징수의 예에 의하여 징수할 수 있는 청구권(이하 '조세채권'이라 한다)을 비롯한 '재단채권'에 관하여는 파산절차에 의하지 않고 파산관재인이 일반

---

5) 田炳西, 파산법, 39면. 最高裁判所 1960(昭和35). 12. 27. 판결.

6) 법인파산실무, 34면.

7) 이 판결에 대한 해설로 李愚宰, "파산자 소유의 부동산에 대한 별제권행사절차에서 교부청구된 조세의 교부상대방," 대법원판례해설 통권 제44호(2003 상반기), 883면 이하.

파산채권보다 우선하여 수시로 변제하되, 파산재단이 위 재단채권의 총액을 변제하기에 부족한 것이 분명하게 된 때에는 각 재단채권의 변제는 법령이 규정하는 우선권에 불구하고 아직 변제하지 아니한 채권액의 비율에 따라 분배하도록 규정하여(파산법 제38조, 제40조 내지 제42조), 일정한 경우에는 조세채권의 법령상 우선권에 불구하고 다른 재단채권과 균등하게 분배되도록 규정하고 있는바, 여기에다가 파산법 제62조의 해석상 파산선고 후에는 조세채권에 터잡아 새로운 체납처분을 하는 것이 허용되지 않는 점(대법원 2003. 3. 28. 선고 2001두9486 판결 참조) 등을 종합하여 보면, 파산자 소유의 부동산에 대한 별제권(담보물권 등)의 실행으로 인하여 개시된 경매절차에서 과세관청이 한 교부청구는 그 별제권자가 파산으로 인하여 파산 전보다 더 유리하게 되는 이득을 얻는 것을 방지함과 아울러 적정한 배당재원의 확보라는 공익(共益)을 위하여 별제권보다 우선하는 채권 해당액을 공제하도록 하는 제한된 효력만이 인정된다고 할 것이므로 그 교부청구에 따른 배당금은 채권자인 과세관청에게 직접 교부할 것이 아니라 파산관재인이 파산법 소정의 절차에 따라 각 재단채권자에게 안분변제할 수 있도록 파산관재인에게 교부하여야 한다고 해석함이 상당하다. 한편, 그 교부청구를 한 조세채권자가 파산선고 전에 그 조세채권에 관하여 체납처분을 한 때(파산법 제62조)에도 위와 마찬가지로 해석할 것인지 여부가 문제될 수 있는데, 이는 별론으로 한다.

원심은 채용 증거에 의하여 그 판시와 같은 사실을 인정한 다음, 원고가 피고측의 파산자인 공영토건 주식회사에 대한 법인세 등 국세채권에 기하여 교부청구를 한 데 따른 이 사건 배당금을, 배당법원이 교부청구인인 원고에게 배당하지 아니하고 파산관재인인 피고에게 배당한 것은 적법하다고 판단하였다. 원심의 판단은 위 법리에 따른 것으로 정당하고, 거기에 상고이유로 주장하는 바와 같은 국세기본법 및 파산법에 관한 법리오해 등의 위법이 없다.

대법관 이용우(재판장) 서성 배기원 박재윤(주심)

▷ 〈**원심판결**〉 **서울고등법원** 2002. 11. 1. **선고** 2002**나**33191 **판결**

【원고, 항소인】 대한민국

【피고, 피항소인】 파산자 공영토건 주식회사의 파산관재인 강보현 (소송대리인 법무법인 화백 담당변호사 김자영)

【제 1 심 판결】 서울지방법원 남부지원 2002. 5. 31. 선고 2001가합13724 판결

【변론종결】 2002. 10. 18.

【주문】 1. 원고의 항소를 기각한다. 2. 항소비용은 원고의 부담으로 한다.

【청구취지 및 항소취지】 제 1 심 판결을 취소한다. 서울지방법원 남부지원 2000타경34119호 부동산임의경매 사건에 관하여 같은 법원이 2001. 11. 6. 작성한

배당표 중 피고에 대한 배당액 금 6,434,894,369원을 삭제하고, 원고에게 위 금원을 배당하는 것으로 경정한다.

【이유】 이 판결에 기재할 이유는 제 1 심 판결문 제 2 쪽 제 8 행 '금 1,323,474,520원'을 '금 1,323,747,520원'으로 정정하고, 2의 다.항을 다음과 같이 고쳐 쓰는 이외에는 모두 제 1 심 판결의 그것과 같으므로, 민사소송법 제420조에 의하여 이를 그대로 인용하기로 한다.

다. 이 사건 배당금의 정당한 수령권자

증거에 의하면, 경매법원은 별제권자인 한빛은행의 배당요구 금액 중 원고의 조세채권보다 우선하는 16억 7천만 원만을 한빛은행에게 배당하였고, 나머지 매각대금으로서 피고에게 배당한 이 사건 배당금 6,434,894,369원은 원고의 교부청구액 중 한빛은행에 우선하는 조세채권액인 사실, 한편 2001. 12. 31. 현재 공영토건의 환가자산은 기환가된 자산 금 8,335,000,000원(1차 재단채권 변제액 포함), 향후 환가가능한 자산 금 525,000,000원 등 합계금 88억 6천만 원 정도인 반면, 공영토건의 재단채권은 합계금 24,856,000,000원으로서 파산재단이 재단채권 전액을 변제하기에 크게 부족한 사실을 인정할 수 있고 반증 없다.

위 인정사실에 의하면, 원고는 위 경매절차에서 이 사건 배당금에 관하여 교부청구를 할 수 있고, 그 범위 내에서 별제권자인 한빛은행보다 우선권이 있다고 할 것이나, 한편 파산법 제38조 제 7, 8, 11호 소정의 재단채권자를 제외한 나머지 재단채권자 상호간에는 원칙적으로 우열이 없고(파산법 제42조 제 2 항 참조), 파산재단이 재단채권의 총액을 변제하기에 부족한 경우 재단채권의 변제는 법령이 규정하는 우선권에도 불구하고 채권액의 비율에 따라 하여야 하며(파산법 제42조 제 1 항 본문), 파산법 제62조의 반대해석상 파산선고 후에는 조세채권의 우선만족을 위하여 새로운 체납처분을 할 수 없는 것으로 해석되는 점 등을 감안할 때, 이 사건 배당금을 원고에게 직접 교부하는 것은 다른 재단채권자와 사이의 형평에 반할 뿐만 아니라 재단채권자 중 1인에 불과한 원고에게 우선변제권을 부여하는 결과가 되어 부당하다 할 것이고, 따라서 이 사건 배당금은 파산관재인인 피고에게 교부하여 그로 하여금 파산법 제42조 제 1 항 본문의 취지에 따라 원고를 포함한 재단채권자들에게 안분변제하도록 함이 타당하다 할 것이다.

결국 이 사건 배당금을 피고에게 배당한 이 사건 배당표에 어떠한 잘못이 있다고 할 수 없다.

그렇다면 원고의 이 사건 청구는 이유없어 기각할 것인바, 제 1 심 판결은 이와 결론을 같이 하여 정당하므로, 원고의 항소는 이유없어 이를 기각하기로 하여 주문과 같이 판결한다.

재판장 판사 이우근 김인겸 신일수

▷ 〈**제 1 심 판결**〉 **서울지방법원 남부지원** 2002. 5. 31. **선고** 2001**가합**13724 **판결**

【원고】 대한민국

【피고】 파산자 공영토건주식회사의 파산관재인 강보현 (소송대리인 법무법인 화백 담당변호사 김자영)

【변론종결】 2002. 5. 17.

【주문】 1. 원고의 청구를 기각한다. 2. 소송비용은 원고의 부담으로 한다.

【청구취지】 서울지방법원 남부지원 2000타경34119호 부동산임의경매 사건에 관하여 같은 법원이 2001. 11. 6. 작성한 배당표 중 피고에 대한 배당액 금 6,434,894,369원을 삭제하고, 원고에게 위 금원을 배당하는 것으로 경정한다.

【이유】 1. 기초사실

가. 원고 산하 남대문세무서장(이하 '원고'라 한다)은 파산자 공영토건주식회사(이하 '공영토건'이라 한다)에 대하여, 1982. 9. 1. 법인세 및 방위세 3건 합계 금 1,323,474,520원을, 1982. 10. 1. 근로소득세 및 방위세 2건 합계 금 20,442,661,260원을 각 부과처분하였으나 공영토건은 이를 체납하였다.

나. 공영토건은 서울민사지방법원으로부터 1982. 8. 18. 회사정리절차개시결정을, 1983. 4. 23. 회사정리계획인가결정을 각 선고받았으나, 그 후 1998. 11. 16. 회사정리절차가 폐지되어 1999. 6. 30. 서울지방법원으로부터 파산선고를 받고, 피고가 그 파산관재인으로 선임되었다.

다. 공영토건의 파산재단에 속하는 서울 강서구 염창동 282-19 대 및 위 지상 건물 등에 관하여 근저당권자인 소외 주식회사 한빛은행(이하 '한빛은행'이라 한다)이 임의경매신청을 하여, 2000. 10. 27. 서울지방법원 남부지원 2000타경34119호로 부동산임의경매절차가 개시되었다.

라. 위 경매절차에서, 원고는 2001. 10. 6. 공영토건에 대한 각종 조세 합계 금 27,433,862,360원에 대한 교부청구를 하였으나, 위 법원은 2001. 11. 6. 위 각 부동산의 경락대금 중 금 1,670,000,000원을 한빛은행에게, 나머지 금 6,434,894,369원(이하 '이 사건 배당금'이라 한다)을 피고에게 각 배당하는 내용의 배당표를 작성하였으며, 원고는 위 배당기일에 출석하여 위 배당표의 기재에 대하여 이의를 제기하였다.

2. 판단

가. 당사자의 주장 및 쟁점

(1) 당사자의 주장

원고는, 공영토건의 파산선고로 인하여 파산재단에 속하게 된 위 각 부동산에 관하여 별제권을 가지는 근저당권자에 의하여 개시된 경매절차에서, 재단채권인 조세채권은 파산선고로 인한 재단부족의 경우 후순위 재단채권보다 우선권이 있으므로, 이 사건 배당금은 원고에게 배당되어야 한다고 주장한다.

이에 피고는, 이 사건 배당금을 원고에게 배당한다면, 재단채권에 속하는 다른 조세채권자와 사이에 형평에 반하고, 파산재단이 재단채권의 변제에 부족한 경우 재단채권액의 비율로 변제토록 규정한 파산법 제42조 제 1 항 및 파산선고 이후에 조세채권의 우선 만족을 위하여 새로운 체납처분을 금지하고 있는 같은 법 제62조의 각 취지에 반하는 결과가 되므로, 이 사건 배당금은 파산관재인에게 배당되어야 한다고 주장한다.

(2) 이 사건의 쟁점

이 사건의 쟁점은, 별제권자가 별제권을 행사함에 따라 파산재단에 속한 재산에 관하여 환가절차가 이루어지는 경우 별제권자에게 배당하고 남은 나머지 배당금을 어떻게 처리하여야 하는가의 문제이다.

나. 별제권 행사에 따른 환가절차에서 배당금 처리

이에 관하여 파산법 및 국세징수법 등에는 직접적으로 규정한 조항이 없어, 파산법 등 관련법령의 취지 등을 종합하여 판단하여야 할 것이므로 살피건대, 파산법은 국가존립의 재정적 기초가 되는 조세채권에 대한 징수를 확보하기 위하여, 파산선고 후의 파산절차에 있어 조세채권을 재단채권으로 규정하면서(파산법 제38조 제 2 호), 파산재단으로부터 파산절차에 의하지 아니하고 수시로 변제받을 수 있되(파산법 제40조), 파산채권보다 우선하여 변제받을 수 있게 함으로써(파산법 제41조), 파산절차에서 다른 채권보다 우월적 지위를 부여하고 있으나, 한편 ① 파산법은 총채권자의 공평한 만족을 실현하기 위해 파산관재인에게 파산재단의 관리 및 처분권한을 부여하여(파산법 제 7 조), 파산관재인으로 하여금 파산절차 수행을 위한 중심적인 기관으로 활동하면서 그 넓은 재량과 책임 하에 파산절차의 원활한 진행을 가능케 하도록 규정하고 있는 점, ② 또한, 조세채권의 만족에 대한 공익적 요청과 파산절차의 원활한 진행을 조화시키기 위하여, 파산선고 전에 이미 체납처분이 있었던 경우에는, 파산채권에 있어 그 강제집행 등의 효력이 상실되는 것(파산법 제61조)과는 달리, 그 체납처분의 속행을 방해하지 않도록 규정(파산법 제62조)하고 있는데, 그 반대해석상 파산선고 후에는 조세채권에 기한 새로운 체납처분을 할 수 없다고 이해되는 점, ③ 파산재단이 재단채권의 총액을 변제하기에 부족한 것이 분명하게 된 경우에는 재단채권의 변제는 법령이 규정하는 우선권에 불구하고 아직 변제하지 아니한 채권액의 비율에 따라 이를 배분하도록 규정(파산법 제42조 제 1 항 본문)하고 있는 점 등을 종합하여 보면, 체납자가 파산선고를 받은 후에는, 파산선고 전에 스스로 체납처분에 의한 압류를 한 경우를 제외하고, 조세채권자는 우선권에도 불구하고 별제권의 행사에 따른 담보권 환가절차에 있어 배당금을 직접 변제받을 수 없고, 파산관재인이 총채권자를 위하여 위 배당금을 수령할 권한이 있다고 봄이 상당하다.

다. 이 사건 배당금의 정당한 교부권자

살피건대, 별제권자인 한빛은행에 의하여 파산재단에 관한 부동산임의경매 절차가 개시되어 원고는 조세채권에 대한 교부청구를 하였으나 위와 같이 배당표가 작성된 사실은 앞서 본 것과 같고, 증거에 의하면, 2000. 12. 31. 현재 공영토건의 환가자산은 기환가된 자산 금 7,877,000,000원, 향후 환가가능한 자산 금 316,000,000원 합계 금 8,193,000,000원 정도인 반면, 공영토건의 재단채권은 전액 조세채권으로서 재단채권 신고분 금 24,047,000,000원, 파산선고 이후 부과된 제세공과금 809,000,000원 합계 금 24,856,000,000원인 사실을 인정할 수 있는바, 공영토건의 파산재단이 재단채권의 총액을 변제하기에 크게 부족한 이 사건에 있어서, 공영토건이 파산선고를 받기 전에 원고 스스로 파산자 소유의 위 각 부동산에 관하여 체납처분에 의한 압류를 하고 있지 않았던 이상, 원고가 위 경매절차에서 직접 이 사건 배당금을 교부받을 수는 없고, 결국 위 배당금은 파산관재인인 피고에게 교부되어야 한다.

3. 결론

그렇다면, 이 사건 배당금의 정당한 교부권자가 원고임을 전제로 한 원고의 이 사건 청구는 이유 없으므로 기각하기로 하여 주문과 같이 판결한다.

재판장 판사 홍기종 장성관 임선지

(2) **서울지방법원 동부지원** 2001. 11. 29. **선고** 2001**카합**1305 **판결【가압류취소】(확정)**

【판결요지】

피신청인이 회사정리 절차상의 공익채권을 피보전권리로 하여 채권가압류결정을 받은 후 정리절차폐지결정이 확정되어 법원에 의하여 직권으로 파산선고가 되어 피보전권리가 재단채권으로 변하게 되었으나, 파산자의 파산재단으로 재단채권 총액을 변제하기에 부족한 것이 분명하게 된 경우 피신청인은 더 이상 재단채권인 위 가압류의 피보전권리를 일반적인 강제집행의 방법으로는 실현할 수는 없고, 파산절차 내에서 파산법 제42조의 규정에 따라 각 재단채권의 우선순위와 채권액의 비율에 따라 만족을 얻을 수밖에 없다고 할 것이므로, 이로써 위 피보전권리의 집행을 보전하기 위하여 더 이상 위 가압류를 유지할 필요성은 없어졌다고 할 것이다.

【참조 조문】 파산법 제41조, 제40조, 제42조 제 1 항

【신청인】 파산자 주식회사 한양의 파산관재인 최병모 (소송대리인 법무법인 덕수 담당변호사 김재영 등)

【피신청인】 에스엘건영 주식회사

【변론종결】 2001. 11. 8.

【주문】 1. 위 당사자 사이의 이 법원 2001카합318 채권가압류 신청사건에 관하여 이 법원이 2001. 2. 23. 별지 목록 기재 채권에 대하여 한 가압류결정을 취소한다. 2. 소송비용은 피신청인의 부담으로 한다. 3. 제1항은 가집행할 수 있다.

【신청취지】 주문과 같다.

【이유】 1. 인정사실

가. 신청외 주식회사 한양(이하 한양이라고만 한다)은 1994. 11. 17. 서울지방법원으로부터 회사정리절차 개시결정을 받고, 1995. 11. 27. 같은 법원으로부터 정리계획인가결정을 받아 회사정리절차에 들어갔으나, 건설경기 침체의 장기화 등의 원인으로 정리계획에서 예정된 정리채무의 변제가 불가능할 것으로 예상되어 2000. 12. 4. 같은 법원으로부터 회사정리절차폐지결정을 받았고, 위 결정이 2001. 1. 7. 확정되자, 같은 법원은 2001. 1. 8. 한양에 대하여 직권으로 파산선고를 하면서 같은 날 신청인을 파산자 한양의 파산관재인으로 선임하였다.

나. 한편 피신청인은 2000. 5. 10. 당시 정리회사이던 한양의 관리인인 신청외 권구민과 사이에 중앙고속도로 영주～제천 간 건설공사에 관한 하도급계약을 체결한 후 공사를 진행하였던바, 피신청인은 위 공사로 인하여 발생한 공사대금 채권을 피보전권리로 하여 신청인을 상대로 이 법원에 채권가압류 신청을 하였고, 이 법원은 이를 받아들여 주문 제1항 기재와 같이 2001. 2. 23. 별지 목록 기재 채권에 대하여 가압류결정을 하였다.

다. 그런데 위 파산자의 파산관재인인 신청인이 2001. 3. 8. 파산법원에 보고한 파산관재인 보고서에 따르면, 위 파산자의 2001. 1. 7. 현재 재무현황을 환가 가능한 예상 가액으로 평가한 결과, 위 파산자의 회수 가능한 자산총액은 금 2,803억 원 정도인 반면, 위 파산자에 대한 재단채권은 금 4,550억 원에 달하여 위 파산자의 파산재단으로 재단채권의 총액을 변제하는 것이 부족한 것으로 드러났다.

2. 판단

가. 먼저 위 인정사실에 의하면, 피신청인의 위 피보전권리는 위 파산선고 전의 정리회사 한양과의 관계에서 회사정리법 제208조 제12호에 정하여진 공익채권이라고 할 것이고, 이러한 회사정리 절차상의 공익채권은 앞서 인정한 바와 같이 위 정리회사에 대하여 정리절차폐지결정이 확정되어 법원에 의하여 직권으로 파산선고가 되는 경우에는 같은 법 제23조, 제24조 제1항에 의하여 파산법상의 이른바 재단채권으로 변하게 된다고 할 것이므로, 위 피보전권리는 위 파산자와의 관계에서 재단채권이라고 봄이 상당하다고 할 것이다.

나. 한편 일반적인 경우 재단채권의 경우 당해 파산절차에서 일반 파산채권보다 우선하여 변제받을 수 있을 뿐만 아니라(파산법 제41조 참조), 파산법에 정하여진 파산절차에 의하지 아니하고도 이를 수시로 변제받을 수 있는 것이지만(같은 법

제40조 참조), 다른 한편 파산법 제42조 제 1 항에는 파산재단이 재단채권의 총액을 변제하기에 부족한 것이 분명하게 된 때에는 재단채권의 변제는 법령이 규정하는 우선권에 불구하고 아직 변제하지 아니한 채권액의 비율에 따라 이를 하도록 규정하고 있고, 같은 조 제 2 항에는 일정한 재단채권의 경우 다른 재단채권에 우선한다고 규정하고 있다.

다. 위 규정의 취지에 비추어 볼 때, 앞서 인정한 바와 같이 위 가압류결정이 있은 후 위 파산자의 파산재단으로 재단채권 총액을 변제하기에 부족한 것이 분명하게 된 이상, 피신청인은 더 이상 재단채권인 위 가압류의 피보전권리를 일반적인 강제집행의 방법으로는 실현할 수는 없고, 파산절차 내에서 위 파산법 제42조의 규정에 따라 각 재단채권의 우선순위와 채권액의 비율에 따라 만족을 얻을 수밖에 없다고 할 것이므로, 이로써 위 피보전권리의 집행을 보전하기 위하여 더 이상 위 가압류를 유지할 필요성은 없어졌다고 할 것이다.

라. 따라서 위 가압류결정은 위 가압류결정이 있은 후 위 파산자의 파산재단으로 재단채권 총액을 변제하기에 부족한 것이 분명하게 됨으로써, 더 이상 그 보전의 필요성이 흠결되는 사정변경이 있었다고 할 것이다.

3. 결론

그렇다면 위 가압류결정은 더 이상 이를 유지할 수 없는 사정변경이 생겼다 할 것이므로, 그 취소를 구하는 신청인의 신청은 이유 있어 이를 인용하기로 하여 주문과 같이 판결한다.

재판장 판사 홍경호 김현보 정헌명

[해설]

조세채권은 파산선고 전에 압류 등의 체납처분을 하였으면 파산선고가 있더라도 이와 무관하게 체납처분을 속행하여 파산자 소유의 재산을 압류하거나 또는 파산선고 후에 별제권자가 실시하는 임의경매절차에서 참가압류를 통하여 우선변제를 받을 수 있다.[8] 하지만 파산선고 후에는 새로이 압류처분 등의 체납처분을 할 수 없으므로 경매절차에서 과세관청이 교부청구를 하였더라도 집행법원은 교부청구에 따른 배당금을 과세관청에게 교부할 것이 아니라 파산관재인에게 교부하여야 하므로[9] 과세관청으로서는 파산관재인에게 안분변제할 것을 청구하거나 법원의 감독권을 촉구할 수밖에 없다.[10] 대법원 2002다70129 판결은 별제권의 실행으로 인한 경

8) 대법원 2003. 8. 22. 선고 2003다3768 판결(공보불게재).

9) 대법원 2003. 3. 28. 선고 2001두9486 판결(공2003, 1088).

10) 파산관재인이 교부청구에 불응하는 경우에는 재단채권 확인소송이나 파산법원에 대하여 파산관재인의 해임 등의 감독권의 발동을 촉구하거나(제151조, 제157조), 관재인에 대하여 선량한

매절차에서 과세관청이 체납자가 파산선고 받기 전에 체납처분에 의한 압류를 하지 아니한 사안에서 이러한 법리를 확인하여 경매법원이 과세관청이 아닌 파산관재인에게 배당한 것이 옳다고 판시하였다.

재단채권에 기하여 강제집행을 할 수 있는지에 대하여는 견해의 대립이 있다. 日本은 破産法을 개정하면서 제24조 제1항에서 보전처분으로서 재단채권에 기한 강제집행의 중지를 포괄적 중지명령의 대상으로 삼고, 제42조에서 강제집행금지 및 실효조항을 신설하여 이 문제를 해결하였다.[11] 재단채권에 대하여 강제집행을 허용하게 되면 파산관재인에 대한 보수나 보조인의 임금으로 돌아갈 몫까지 임금채권자가 배당받게 되고, 동순위의 재단채권 사이에는 법령이 규정하는 우선권에 불구하고 아직 변제하지 아니한 채권액의 비율에 따라 변제한다(파산법 제42조)는 원칙에 반하므로 부정설이 타당하다.

서울지방법원 동부지원 2001카합1305 판결은 부정설에 입각하여 파산재단으로 재단채권의 총액을 변제하는 것이 부족한 것이 드러났다면 더 이상 강제집행을 할 수 없으므로 피보전권리를 강제집행의 방법으로 실현할 수 없다는 사정이 발생하였다는 이유로 가압류취소를 인용하였다.

관리자로서의 주의의무 위반을 이유로 손해배상을 청구할 수 있다. 그러나 관재인을 상대로 조세채권의 이행을 구하는 소송을 제기하는 것은 허용되지 아니한다(서울행정법원 2001. 6. 22. 선고 2001구6318 판결).

11) 그 이유는 파산실무에서 재단채권을 전액 지불하지 못하는 경우가 적지 않은 현실에서 강제집행으로 인하여 재단채권자간의 평등이 깨어지는 것을 막기 위한 것이라고 한다. 小川秀樹 編, 新しい破産法, 商事法務(2005), 55면. 실무는 소극설이었다. 松江地方裁判所 1973. 8. 8. 결정(判例時報 731호, 79면). 최승록, 앞의 논문, 353면에서 재인용.

5. 미이행쌍무계약

▶ 〈제50조〉 쌍무계약의 해제 또는 이행

(1) **대법원** 2004. 2. 27. **선고** 2003**두**902 **판결【부당해고등구제재심판정취소】[공보불게재]**[1)]

【판결요지】

기업이 파산선고를 받아 사업의 폐지를 위하여 그 청산과정에서 근로자를 해고하는 것은 위장폐업이 아닌 한 기업경영의 자유에 속하는 것으로서 파산관재인이 파산선고로 인하여 파산자 회사가 해산한 후에 사업의 폐지를 위하여 행하는 해고는 정리해고가 아니라 통상해고에 해당하는 것이어서, 정리해고에 관한 근로기준법 규정이 적용될 여지가 없고, 또한 파산관재인의 근로계약 해지는 해고만을 목적으로 한 위장파산이나 노동조합의 단결권 등을 방해하기 위한 위장폐업이 아닌 한 원칙적으로 부당노동행위에 해당하지 아니한다.

【참조 조문】 파산법 제50조, 민법 제663조, 근로기준법 제30조, 제31조, 제33조, 노동조합및노동관계조정법 제81조, 제82조, 제84조

【원고(선정당사자), 상고인】 甲 (소송대리인 변호사 김형선)

【피고, 피상고인】 중앙노동위원회위원장

【피고보조참가인】 파산자 동아건설산업 주식회사의 파산관재인 권광중의 소송수계인 외 1인

【원심판결】 서울고등법원 2002. 12. 11. 선고 2002누10607 판결

【주문】 상고를 기각한다. 상고비용은 원고(선정당사자)의 부담으로 한다.

---

1) 李昌炯, "기업이 파산선고를 받아 사업의 폐지를 위하여 그 청산과정에서 근로자를 해고하는 경우에 정리해고에 관한 근로기준법의 적용 여부 및 파산관재인의 해지가 부당노동행위에 해당한다고 볼 것인지의 여부," 대법원판례해설 통권 제49호(2004년 상반기), 880면 이하.

【이유】 상고이유를 본다.

1. 제 1 점에 대하여

부당해고 또는 부당노동행위의 구제제도는 근로자가 부당해고 또는 부당노동행위라고 주장하는 구체적 사실에 대하여 그것이 부당해고 또는 부당노동행위에 해당하는지 여부를 심리하고 부당해고 또는 부당노동행위로 인정되는 경우에 적절한 구제방법을 결정, 명령하는 제도로서 부당해고 또는 부당노동행위라고 주장되는 구체적 사실이 심사의 대상이 되는 것이고, 부당해고 또는 부당노동행위에 대한 재심판정 취소소송의 소송물은 재심판정 자체의 위법성이라 할 것이며(대법원 1997. 6. 13. 선고 96누15718 판결 참조), 근로기준법 제33조 제 2 항, 노동조합및노동관계조정법 제84조 제 1 항에 의하면, 노동위원회는 부당해고 또는 부당노동행위가 성립한다고 판정한 때에는 사용자에게 그에 따른 구제명령을 발하여야 하고, 이때 노동위원회가 발하는 구제명령은 사용자에게 부당해고 및 부당노동행위가 있기 이전의 원래의 상태로 근로자의 지위를 회복시킬 공법상의 의무를 부담시키는 행정처분이라 할 것인데, 노동위원회가 부당해고 및 부당노동행위가 성립한다고 하면서도 사용자에게 아무런 구제명령을 발하지 않는 경우에는 실질적으로 근로관계에 아무런 변동을 가져오지 않아 결국 이는 구제신청을 기각하는 취지의 재심판정에 해당하여 이러한 재심판정에는 노동조합및노동관계조정법 제84조 제 1 항에 위배되는 잘못이 있다 할 것이나, 단지 그와 같은 사정만으로는 재심판정이 위법하여 취소되어야 할 사유가 있다고 보기는 어렵다 할 것이고, 따라서 근로자가 위와 같은 재심판정의 잘못을 들어 소로서 취소를 구하는 경우에도 법원으로서는 궁극적으로 근로자가 부당해고 또는 부당노동행위라고 주장하는 구체적 사실에 대하여 그것이 부당해고 또는 부당노동행위에 해당하는지의 여부를 심리하여 구제신청을 기각한 재심판정의 위법 여부를 판단하여야 할 것이다.

같은 취지에서, 원심이 중앙노동위원회가 부당해고 및 부당노동행위임을 인정하면서도 필요한 구제명령을 발하지 아니한 것은 잘못이라 하면서도, 피고보조참가인(이하 '참가인'이라 한다)이 원고(선정당사자, 이하 '원고'라 한다)와 선정자들에 대하여 한 해고가 부당해고나 부당노동행위에 해당하지 않는다면 원고와 선정자들이 취소를 구하는 이 사건 재심판정은 결과적으로 정당하다고 할 것이라고 판단한 다음, 나아가 참가인의 해고가 부당해고 또는 부당노동행위에 해당하는지의 여부에 관하여 심리 판단한 조치는 정당하고, 거기에 이 사건 재심판정취소소송의 소송물인 재심판정의 위법성 및 구제신청권의 존부에 관한 법리를 오해한 위법이나, 이유모순의 위법이 있다고 할 수 없다.

2. 제 2, 4 점에 대하여

기업이 파산선고를 받아 사업의 폐지를 위하여 그 청산과정에서 근로자를 해고

하는 것은 위장폐업이 아닌 한 기업경영의 자유에 속하는 것으로서 파산관재인이 파산선고로 인하여 파산자 회사가 해산한 후에 사업의 폐지를 위하여 행하는 해고는 정리해고가 아니라 통상해고에 해당하는 것이어서(대법원 2003. 4. 25. 선고 2003다7005 판결 참조), 정리해고에 관한 근로기준법 규정이 적용될 여지가 없고, 또한 파산관재인의 근로계약 해지는 해고만을 목적으로 한 위장파산이나 노동조합의 단결권 등을 방해하기 위한 위장폐업이 아닌 한 원칙적으로 부당노동행위에 해당하지 아니한다.

원심판결 이유에 의하면, 원심은, 파산법 제50조는 파산관재인에게 쌍무계약에 대한 계약해제권을 인정하고 있고, 민법 제633조는 사용자가 파산선고를 받은 때에는 파산관재인은 고용기간의 약정이 있는 경우에도 고용계약을 해지할 수 있으며 이때 계약해지로 인한 손해배상을 청구하지 못한다고 규정하여 파산관재인에게 광범위한 근로계약의 해지권을 인정하고 있는바, 이는 근로계약관계가 기업의 존속을 전제로 하는 것임에 반하여 파산은 사업의 폐지와 청산을 목적으로 하는 것이어서 파산이 선고된 경우 파산관재인은 재산관리업무를 수행하는 데 필요한 한도 내에서 파산자와 제 3 자 사이의 법률관계를 청산하여야 할 직무상의 권한과 의무를 갖고 또 파산재단을 충실하게 관리하여야 할 의무를 부담하는 등 파산의 본질은 기본적으로 기업의 청산이고 파산관재인이 그 직무수행의 일환으로 행하는 근로계약의 해지는 근로관계가 계속되는 기업에서 행하여지는 해고와는 그 본질을 달리하는 것이어서 파산관재인에 의한 근로계약해지는 파산선고의 존재 자체가 정당한 해고사유가 되는 것이므로 결국 근로기준법 소정의 부당해고에 관한 규정은 그 적용이 없다고 보아야 할 것이고, 또한 부당노동행위제도는 근로자 또는 노동조합의 단결권을 보장하기 위한 것인데 반하여 파산은 경영주체가 상실되어 단결권 등이 기능 하여야 할 노사간 힘의 불균형상태가 존재하지 아니하게 된 점, 파산관재인은 이해관계인의 이익을 조정하여야 할 일반적인 강제집행기관에 불과한 점 등을 고려하여 보면 파산제도는, 불이익취급을 방지하여 단결권 등을 보장하려는 부당노동행위제도와는 그 본질을 달리하는 것이어서 결국 파산관재인에 의한 근로계약의 해지에는 부당노동행위 또한 성립할 여지가 없다고 보아야 할 것이며, 파산기업이 파산선고를 받은 후 모든 사업을 즉시 폐지하지 아니하고 파산재단의 충실을 기하기 위하여 기존의 영업을 일부 계속하면서 사업장의 일부를 그대로 존치함에 따라 근로자를 계속하여 보조인으로 사용하는 경우, 파산기업이 기존의 사업장을 유지하는 것은 파산재단을 충실하게 하기 위한 잠정적인 조치이며 사업이 완료됨에 따라 사업장은 점차 축소되어 마침내는 전부 소멸하게 될 것이라는 점, 사업장이 축소됨에 따라 그때 그때 수시로 정리해고를 할 경우 그 정리해고의 정당성을 둘러싼 분쟁으로 인하여 파산절차의 신속한 진행이 어려워지고 임금채권이 과다하게 발생하는 등으로 인하여 종국적으로는 파산재단의 건전성이 해쳐질 염려가 있는 점, 현행 파산 관계법이 파산법 제50조와 민법 제633조 이외에 일정한 경우 정리해고의 기준을 적용하여 근로계약을 해지하여야 한다는 예외적인 조항을 두지 않고 있는 점 등에 비추어 보면, 파산법인이 청산절차와 병행하여 기존의 사업을 계속한다고 하더라도 파산관재인에게 근로관계의 해지에 관한 광범위한 재량을 부여하여 탄력적으로 근로관계를 유지하도록 함으로써 파산절차의 신속과 파산재단의 충실을 기하도록 하는 것이 바람직하다고 할 것이므로 결국 근로기준법 제31조 소정의 정리해고에 관한 규정의 적용도 배제된다고 판단한 다음, 참가인이 파산선고를 받은 회사의 파산관재인으로 선임되자 즉시 근로자들과의 고용관계를 청산하면서 원고와 선정자들을 포함한 32명의 근로자들에 대하여는 즉시해고를, 나머지 근로자들에 대하여는 해고예고 절차를 거쳐 해고한 후 별도로 1,804명의 신청자들 중에서 1,680명을 선별하여 기간 1년으로 정한 보조인임용계약을 체결하였는데, 이는 실질적으로는 파산기업 소속 근로자 전원에 대한 근로계약을 해지하였다가 그 중 일부를 선별하여 파산관재인의 계약직 보조인으로 고용한 것과 다름없어서, 이는 기업의 청산을 위한 파산절차의 신속한 진행과 파산재단의 충실이라는 파산제도의 본질에 비추어 파산관재인이 직무수행의 일환으로 자신에게 부여된 권한과 재량의 범위 내에서 적절하게 행한 것으로 정당하다고 봄이 상당하다고 할 것이고 이러한 근로계약의 해지가 부당해고나 부당노동행위에는 해당되지 않는다고 할 것이어서, 이 사건 재심판정이 원고와 선정자들에 대한 즉시해고가 부당해고 및 부당노동행위에 해당된다고 인정한 것은 잘못된 것이지만 원고와 선정자들의 구제신청을 기각한 것은 결과적으로 정당하다고 할 것이므로 결국 이 사건 재심판정은 적법하다고 판단하였는바, 앞서 본 법리와 기록에 비추어 살펴보면, 원심의 위와 같은 판단은 정당한 것으로 수긍이 되고, 거기에 상고이유에서 주장하는 바와 같이 근로기준법 제31조, 노동조합및노동관계조정법 제81조, 제82조에 관한 법리를 오해한 위법이나 이유불비의 위법이 있다고 할 수 없다.

3. 제 3 점에 대하여

참가인이 파산선고를 받은 회사의 파산관재인으로 선임되자 근로자 전원에 대한 근로계약을 해지하였다가 원고와 선정자들을 제외한 나머지 근로자 중 일부를 선별하여 파산관재인의 계약직 보조인으로 고용한 것은 기업의 청산을 위한 파산절차의 신속한 진행과 파산재단의 충실이라는 파산제도의 본질에 비추어 파산관재인이 직무수행의 일환으로 자신에게 부여된 권한과 재량의 범위 내에서 적절하게 행한 것으로 정당하다고 할 것이고, 따라서 위와 같이 참가인이 파산관재인으로서 원고와 선정자들에 대하여 한 해고가 신의성실의 원칙에 위배된다거나, 권리남용에 해당한다고는 볼 수 없다 할 것이며, 원심이 이 사건 해고는 참가인이 직무수행의 일환으로 자신에게 부여된 권한과 재량의 범위 내에서 적절하게 행한 것으로 정당하다고 한 판단 속에는 이 사건 해고가 신의성실의 원칙에 위배되거나 권리남용에 해당한다는 원고와 선정자들의 주장을 배척하는 취지를 포함하고 있다고 할 것이므로 원심판결에 신의성실의 원칙 및 권리남용금지에 관한 법리를 오해하거나 판단을 유탈한 위법이 있다고 할 수 없다.

대법관 강신욱(재판장) 변재승(주심) 윤재식 고현철

▷ 〈**원심판결**〉 **서울고등법원** 2002. 12. 11. **선고** 2002누10607 **판결**

【원고, 항소인】 16명 (소송대리인 변호사 조영선)

【피고, 피항소인】 중앙노동위원장

【피고보조참가인】 파산자 동아건설산업 주식회사의 파산관재인 권광중의 소송수계인 파산자 동아건설산업 주식회사의 파산관재인 안문태

【제 1 심 판결】 서울행정법원 2002. 6. 8. 선고 2002구합3881 판결

【변론종결】 2002. 11. 20.

【주문】 1. 원고들의 항소를 모두 기각한다. 2. 항소비용은 보조참가로 인한 부분을 포함하여 모두 원고들의 부담으로 한다.

【청구취지 및 항소취지】 제 1 심 판결을 취소한다. 피고가 2002. 1. 8.(2001. 12. 24.의 착오 기재로 보인다) 원고들과 피고보조참가인 사이의 2001부해530호, 2001부노159호 부당해고 및 부당노동행위구제 재심신청사건에 관하여 한 재심판정의 주문 가운데 제 3 항을 취소한다.

【이유】 1. 재심판정의 경위

가. 서울지방법원은 2001. 5. 11. 동아건설산업 주식회사에 대하여 파산을 선고하고 소외 권광중(이하 '참가인'이라고 칭한다)을 파산관재인으로 선임하였는데, 참가인은 같은 달 15. 사내전자공고문을 통하여 2001. 6. 14.자로 전 직원을 해고한다는 해고예고를 하면서 노동조합간부 등으로 일하던 원고들을 포함한 32명의 직원에 대하여는 즉시 해고한다는 내용의 개별통지를 하였다.

나. 참가인은 위와 같이 해고예고를 하면서 파산관재인을 보조하는 보조인으로 계속 근무하기를 희망하는 직원은 별도의 임용계약서를 작성·제출하도록 공고하였으나, 즉시해고 대상자로 통보된 위 32명은 보조인 임용대상에서 제외하였다.

다. 해고예고통지를 받은 직원 2,349명 중 1,804명이 보조인 임용신청을 하여 그 중 1,680명이 계약기간 1년으로 정한 보조인으로 채용되어 본사 및 현장에서 일하게 되었는데, 2002. 2. 28. 현재 보조인으로 근무하고 있는 직원은 약 1,472명이다.

라. 원고들은 참가인이 노동조합 간부들을 제외한 전 직원은 해고예고 대상자로,

노동조합간부들은 즉시해고 대상자로 분류한 후 해고예고 대상자만을 보조인이라는 이름으로 재고용한 것은 실질적으로 노동조합간부들만 선별하여 해고한 부동노동행위라고 주장하면서 2001. 5. 17. 서울지방노동위원회에 부당해고 및 부당노동행위구제신청을 하였는데, 서울지방노동위원회는 원고들에 대한 해고가 정당하고 부당노동행위가 성립될 여지가 없다는 이유로 2001. 7. 19. 부당노동행위구제신청은 각하하고 부당해고구제신청은 기각하는 결정을 하였다.

마. 원고들의 재심신청에 대하여 중앙노동위원회는, 참가인이 노동조합간부들만 즉시해고함으로써 보조인으로 채용될 수 있는 기회마저 박탈한 것은 부당해고 및 부당노동행위에 해당하지만 노동위원회가 참가인에게 원고들을 보조인으로 채용하도록 강제하는 것은 부적절하다는 이유로, 그 주문에서, '1. 초심결정을 취소한다. 2. 참가인이 한 해고는 부당해고 및 부당노동행위임을 인정한다. 3. 원직복직과 임금 상당액의 지급을 구하는 부분은 기각한다'라는 요지의 재심판정을 하였다.

바. 서울지방법원은 이 사건 소송이 계속 중이던 2002. 5. 30. 참가인(소외 권광중)의 파산관새인 사임신청을 허가하고 후임 파산관재인으로 소외 안문태를 선임하는 결정을 하였고, 이에 안문태가 이 사건 피고보조참가인으로 소송을 수계하였다.

2. 당사자의 주장

가. 원고들의 주장

피고는 원고들에 대한 이 사건 즉시해고가 부당해고 및 부당노동행위에 해당한다고 인정하였으면 당연히 구제신청의 취지대로 참가인에게 원직복귀 및 임금 상당액의 지급을 명하는 구제명령을 발하여야 할 것임에도, 이 사건 재심판정이 부당해고 및 부당노동행위에 해당한다는 선언만을 한 채 구제명령을 발하지 아니한 것은 노동조합및노동관계조정법 제84조 제 1 항에 위반되어 위법하다.

나. 피고 및 보조참가인의 주장

파산관재인은 근로기준법 제30조 및 제31조의 해고제한규정의 적용을 받지 아니하고 파산법 제50조, 민법 제633조 등에 근거하여 근로계약을 해지할 수 있으므로 파산관재인이 한 근로계약의 해지에는 부당해고나 부당노동행위가 성립될 수 없다고 할 것이어서, 결국 원고들의 구제명령신청을 기각한 이 사건 재심판정은 적법하다.

3. 관련법령

가. 파산법

제50조(쌍무계약의 해제 또는 이행) ① 쌍무계약에 관하여 파산자 및 그 상대방이 모두 파산선고당시에 아직 그 이행을 완료하지 아니한 때에는 파산관재인은 그 선택에 따라 계약을 해제하거나 파산자의 채무를 이행하고 상대방의 채무이행을 청구할 수 있다.

② 전항의 경우에 상대방은 파산관재인에 대하여 상당한 기간을 정하여 그 기간내에 계약의 해제를 하겠는가 또는 채무이행의 청구를 하겠는가를 확답할 것을 최고할 수 있다. 파산관재인이 그 기간 내에 확답을 하지 아니한 때에는 계약을 해제한 것으로 본다.

나. 민법

제663조(사용자파산과 해지통고) ① 사용자가 파산선고를 받은 경우에는 고용기간의 약정이 있는 때에도 노무자 또는 파산관재인은 계약을 해지할 수 있다.

② 전항의 경우에는 각 당사자는 계약해지로 인한 손해의 배상을 청구하지 못한다.

다. 근로기준법

제30조(해고등의 제한) ① 사용자는 근로자에 대하여 정당한 이유없이 해고, 휴직, 정직, 전직, 감봉 기타 징벌을 하지 못한다.

제31조(경영상 이유에 의한 해고의 제한) ① 사용자는 경영상 이유에 의하여 근로자을 해고하고자 하는 경우에는 긴박한 경영상의 필요가 있어야 한다. 이 경우 경영악화를 방지하기 위한 사업의 양도·인수·합병은 긴박한 경영상의 필요가 있는 것으로 본다.

② 제 1 항의 경우에 사용자는 해고를 피하기 위한 노력을 다하여야하며 합리적이고 공정한 해고의 기준을 정하고 이에 따라 그 대상자를 선정하여야 한다. 이 경우 남녀의 성을 이유로 차별하여서는 아니된다.

③ 사용자는 제 2 항의 규정에 의한 해고를 피하기 위한 방법 및 해고의 기준등에 관하여 당해 사업 또는 사업장에 근로자의 과반수로 조직된 노동조합이 있는 경우에는 그 노동조합(근로자의 과반수로 조직된 노동조합이 없는 경우에는 근로자의 과반수를 대표하는 자를 말한다. 이하 "근로자대표"라 한다)에 대하여 해고를 하고자 하는 날의 60일 전까지 통보하고 성실하게 협의하여야 한다.

④ 사용자는 제 1 항의 규정에 의하여 대통령령이 정하는 일정규모이상의 인원을 해고하고자 할 때에는 대통령령이 정하는 바에 따라 노동부장관에게 신고하여야 한다.

⑤ 사용자가 제 1 항 내지 제 3 항의 규정에 의한 요건을 갖추어 근로자를 해고한 때에는 제30조 제 1 항의 규정에 의한 정당한 이유가 있는 해고를 한 것으로 본다.

제33조(정당한 이유없는 해고등의 구제신청) ① 사용자가 근로자에 대하여 정당한 이유없이 해고·휴직·정직·전직·감봉 기타 징벌을 한 때에는 당해 근로자는 노동위원회에 그 구제를 신청할 수 있다.

② 제 1 항의 규정에 의한 구제신청과 심사절차등에 관하여는 노동조합및노동관계조정법 제82조 내지 제86조의 규정을 준용한다. 다만, 제85조 제 5 항을 제외한다.

라. 노동조합및노동관계조정법

제82조(구제신청) ① 사용자의 부당노동행위로 인하여 그 권리를 침해당한 근로자 또는 노동조합은 노동위원회에 그 구제를 신청할 수 있다.

제84조(구제명령) ① 노동위원회는 제83조의 규정에 의한 심문을 종료하고 부당노동행위가 성립한다고 판정한 때에는 사용자에게 구제명령을 발하여야 하며, 부당노동행위가 성립되지 아니한다고 판정한 때에는 그 구제신청을 기각하는 결정을 하여야 한다.

4. 판단

가. 근로기준법 제33조 제 2 항, 노동조합및노동관계조정법 제84조 제 1 항에 의하면 노동위원회는 부당해고 또는 부당노동행위가 성립한다고 판정한 때에는 사용자에게 그에 따른 구제명령을 당연히 발하여야 하고, 이때 노동위원회가 발하는 구제명령은 사용자에게 부당해고 및 부당노동행위가 있기 이전의 원래의 상태로 근로자의 지위를 회복시킬 공법상의 의무를 부담시키는 행정처분으로서 이러한 구제명령에 의하여 비로소 사용자와 근로자 사이의 법률관계에 변동을 가져오게 되는 것인데, 노동위원회가 부당해고 및 부당노동행위가 성립한다고 선언을 하면서도 사용자에게 아무런 구제명령을 발하지 않는 경우에는 실질적으로 근로관계에 아무런 변동을 가져오지 않아 결국은 구제신청을 기각하는 것과 마찬가지의 결과가 된다고 할 것이어서 이러한 재심판정은 허용되지 않는다고 보아야 할 것인바, 이 사건 재심판정이 참가인의 원고들에 대한 즉시해고가 부당해고 및 부당노동행위에 해당한다고 인정을 하면서도 단지 회사가 파산상태라서 파산관재인에게 원고들을 보조인으로 고용하도록 강제하는 것이 부적절하다는 이유만으로 구제명령을 발하지 아니한 것은 위법하다고 보아야 할 것이다.

나. 그런데 참가인이 한 해고가 부당해고나 부당노동행위에 해당하지 않는다면 원고들의 구제신청을 받아들이지 아니한 이 사건 재심판정은 결과적으로 정당하다고 할 것이므로, 아래에서는 과연 참가인이 한 해고가 부당해고 및 부당노동행위에 해당하는지 여부에 관하여 살펴본다.

다. 파산법 제50조는 파산관재인에게 쌍무계약에 대한 계약해제권을 인정하고 있고, 민법 제633조는 사용자가 파산선고를 받은 때에는 파산관재인은 고용기간의 약정이 있는 경우에도 고용계약을 해지할 수 있으며 이때 계약해지로 인한 손해배상을 청구하지 못한다고 규정하여 파산관재인에게 광범위한 근로계약해지권을 인정하고 있는바, 이는 근로계약관계가 기업의 존속을 전제로 하는 것임에 반하여 파산은 사업의 폐지와 청산을 목적으로 하는 것이어서 파산이 선고된 경우 파산관재인은 재산관리업무를 수행하는데 필요한 한도 내에서 파산자와 제 3 자 사이의 법률관계를 청산하여야 할 직무상의 권한과 의무를 갖고 또 파산재단을 충실하게 관리하여야 할 의무를 부담하는 등 파산의 본질은 기본적으로 기업의 청산이고 파산관재인이 그 직무수행의 일환으로 행하는 근로계약의 해지는 근로관계가 계속되는 기업에서 행하여지는 해고와는 그 본질을 달리하는 것이어서 파산관재인에 의한 근로계약해지는 파산선고의 존재 자체가 정당한 해고사유가 되는 것이므로 결국 근로기준법 소정의 부당해고에 관한 규정은 그 적용이 없다고 보아야 할 것이다. 그리고 부당노동행위제도는 근로자 또는 노동조합의 단결권을 보장하기 위한 것인데 반하여 파산은 경영주체가 상실되어 단결권 등이 기능하여야 할 노사간 힘의 불균형상태가 존재하지 아니하게 된 점, 파산관재인은 이해관계인의 이익을 조정하여야 할 일반적인 강제집행기관에 불과한 점 등을 고려하여 보면 불이익취급을 방지하여 단결권 등을 보장하려는 부당노동행위제도와는 그 본질을 달리하는 것이어서 결국 파산관재인에 의한 근로계약의 해지에는 부동노동행위 또한 성립할 여지가 없다고 보아야 할 것이다.

라. 파산기업이 파산선고를 받은 후 모든 사업을 즉시 폐지하지 아니하고 파산재단의 충실을 기하기 위하여 기존의 영업을 일부 계속하면서 사업장의 일부를 그대로 존치함에 따라 근로자를 계속하여 보조인으로 사용하는 경우에도 위와 같은 법리가 그대로 적용될 것인지에 관하여는, 파산기업이 기존의 사업장을 유지하는 것은 파산재단을 충실하게 하기 위한 잠정적인 조치이며 사업이 완료됨에 따라 사업장은 점차 축소되어 마침내는 전부 소멸하게 될 것이라는 점, 사업장이 축소됨에 따라 그때그때 수시로 정리해고를 할 경우 그 정리해고의 정당성을 둘러싼 분쟁으로 인하여 파산절차의 신속한 진행이 어려워지고 임금채권이 과다하게 발생하는 등으로 인하여 종국적으로는 파산재단의 건전성이 해쳐질 염려가 있는 점, 현행 파산 관계법이 파산법 제50조와 민법 제633조 이외에 일정한 경우 정리해고의 기준을 적용하여 근로계약을 해지하여야 한다는 예외적인 조항을 두지 않고 있는 점 등에 비추어 보면, 파산법인이 청산절차와 병행하여 기존의 사업을 계속한다고 하더라도 파산관재인에게 근로관계의 해지에 관한 광범위한 재량을 부여하여 탄력적으로 근로관계를 유지하도록 함으로써 파산절차의 신속과 파산재단의 충실을 기하도록 하는 것이 바람직하다고 할 것이므로 결국 근로기준법 제31조 소정의 정리해고에 관한 규정의 적용도 배제된다고 봄이 상당하다고 할 것이다.

마. 이 사건에서 참가인이 파산선고를 받은 회사의 파산관재인으로 선임되자 즉시 근로자들과의 고용관계를 청산하면서 원고들을 포함한 32명의 근로자들에 대하여는 즉시해고를, 나머지 근로자들에 대하여는 해고예고절차를 거쳐 해고한 다음 별도로 1,804명의 신청자들 중에서 1,680명을 선별하여 기간 1년으로 정한 보조인 임용계약을 체결한 사실은 앞서 인정한 바와 같은바, 참가인이 이와 같이 원고들에

대하여는 즉시해고를, 나머지 근로자들에 대하여는 해고예고라는 별도의 형식과 절차를 갖추었지만 실질적으로는 파산기업 소속 근로자 전원에 대한 근로계약을 해지하였다가 그 중 일부를 선별하여 파산관재인의 계약직 보조인으로 고용한 것과 다름없어서 이는 기업의 청산을 위한 파산절차의 신속한 진행과 파산재단의 충실이라는 파산제도의 본질에 비추어 보면 파산관재인이 직무수행의 일환으로 자신에게 부여된 권한과 재량의 범위 내에서 적절하게 행한 것으로 정당하다고 봄이 상당하다고 할 것이고 이러한 근로계약의 해지가 부당해고나 부당노동행위에는 해당되지 않는다고 보아야 할 것이다.

따라서 이 사건 재심판정이 원고들에 대한 즉시해고가 부당해고 및 부당노동행위에 해당된다고 인정한 것은 잘못된 것이지만 원고들의 구제신청을 기각한 것은 결과적으로 정당하다고 할 것이어서 결국 이 사건 재심판정은 적법하다고 보아야 할 것이다.

재판장 판사 권남혁 김흥준 강석훈

[해설]

파산선고 당시 양 당사자의 채무가 모두 미이행 상태인 쌍무계약에 관하여 파산관재인은 계약의 이행 또는 해제에 관한 선택권을 가지고(파산법 제50조), 사용자가 파산선고를 받은 경우에는 고용기간의 약정이 있는 때에도 노무자 또는 파산관재인은 계약을 해지할 수 있다(민법 제663조). 파산관재인이 사업의 폐지를 위하여 행하는 해고는 정리해고가 아닌 통상해고이고 단체협약에 정리해고에 관하여 노동조합과 협의하도록 정해져 있다고 하더라도 파산관재인은 이에 구속되지 않는다. 파산관재인의 해고는 민법 제663조에 의하여 파산선고라는 원인에 기한 것이므로 부당노동행위의 문제가 생길 여지도 없다. 이 판결은 이러한 법리를 설시한 것이다(아래에 소개하는 대법원 2003다7005 판결도 마찬가지임).

(2) **대법원** 2004. 2. 27. **선고** 2001**다**52759 **판결【사용료】**[공2004, 516]

【판결요지】

[1] 의료장비 리스계약과 관련하여 이른바 공동리스약정을 체결한 甲과 乙 사이의 법률관계가 민법상 통상의 조합과 구별되는 조합적 성격을 내포하는 특수한 계약관계에 해당한다고 한 원심 판단을 수긍한 사례.

[2] 甲과 乙 사이의 공동리스약정에 의해 제3자와 리스계약을 체결한 乙이 제3자로부터 받은 리스료는 대외적으로 乙의 단독소유에 속하므로 공동리스약정에

기한 甲의 乙에 대한 리스료분배청구권은 파산법 제38조 제5호 소정의 재단채권이 될 수 없다고 한 사례.

[3] 파산법 제50조 소정의 쌍무계약이라 함은 쌍방 당사자가 상호 대등한 대가관계에 있는 채무를 부담하는 계약으로서, 쌍방의 채무 사이에는 성립·이행·존속상 법률적·경제적으로 견련성을 갖고 있어서 서로 담보로서 기능하는 것을 가리키는 것이라고 봄이 상당하다.

【참조 조문】 [1] 민법 제703조/[2] 파산법 제38조 제5호/[3] 파산법 제38조 제7호, 제50조

【원고, 상고인】 한국개발리스 주식회사 (소송대리인 변호사 민병국 등)

【피고, 피상고인】 파산자 한길종합금융 주식회사의 파산관재인 예금보험공사 (소송대리인 변호사 정구훈 등)

【원심판결】 대전고등법원 2001. 7. 12. 선고 2000나7675 판결

【주문】 상고를 기각한다. 상고비용은 원고가 부담한다.

【이유】 1. 상고이유 제1점에 대하여

가. 원심은, 내세운 증거에 의하여 여신전문금융업법에 의한 시설대여(리스)를 목적으로 하는 원고와 한길종합금융 주식회사(이하 '한길종금'이라고 한다) 사이에, 한길종금이 신탁진 한일병원 원장(이하 '한일병원'이라고 한다)과 체결하는 의료장비 리스계약과 관련하여 1996. 2. 16. 그 판시와 같은 내용의 이 사건 공동리스약정과 같은 해 10. 23. 변경약정을 각 체결한 사실, 한길종금은 이 사건 공동리스약정에 따라 그의 단독 명의로 같은 해 10. 23. 한일병원과 사이에 이 사건 리스계약을 체결한 사실, 한길종금이 1999. 5. 14. 대전지방법원으로부터 파산선고를 받고 그 후 수계 전 파산관재인들은 한일병원으로부터 1999. 9. 28.부터 2001. 2. 23.까지 사이에 그 판시와 같이 리스료 합계 금 540,112,770원을 수령한 사실 등을 기초사실로 인정하였다.

이어 원심은, 원고와 한길종금은 이 사건 공동리스약정을 통하여 조합계약을 체결하고 공동사업을 경영하여 왔는데 1999. 5. 14.(원심의 2000. 5. 14.은 오기로 보인다) 한길종금이 파산선고를 받아 위 조합에서 당연 탈퇴함으로써 위 조합관계는 종료되었고, 따라서 이 사건 리스물건 및 리스료는 파산선고 이전에는 원고와 한길종금의 합유에 속하고 파산선고 후에는 남은 조합원인 원고의 단독 소유에 속한다고 할 것인바, 위 리스료의 수령을 한길종금이 맡은 결과 원고와 한길종금의 합유에 속하거나 원고의 단독소유인 위 리스료가 한길종금의 파산재단에 섞여 들어가게 된 것이므로, 한일병원으로부터 교부받은 리스료에 대하여 환취권자 내지 별제권자로서 직접 그 반환 또는 지급을 구할 수 있었던 원고에게, 피고는 적어도 원고의 출자비율에 해당하는 금원을 파산법 제38조 제5호 소정의 부당이득으로 인한

재단채권으로 우선 변제하여야 한다는 원고의 주장에 대하여, 그 판시와 같이 인정되는 사실 관계 즉, 이 사건 공동리스약정에서 한길종금이 단독으로 리스계약서 등 이 사건 리스계약과 관련한 모든 채권서류를 징구·보관 및 관리하고, 이 사건 리스물건의 구입과 관련한 검수와 대금지급, 리스료 수납 등을 포함한 사후관리 등의 업무를 담당하며, 한일병원이 이 사건 계약상의 채무를 불이행하는 경우 리스료 등 채권을 회수하기 위한 모든 권한을 한길종금이 단독으로 행사하기로 하였고, 이 사건 리스계약을 한길종금이 단독으로 체결한 점 등에 비추어 보면, 원고와 한길종금의 위 동업관계는 그들 사이의 내부적 관계에서만 이 사건 공동리스약정이 적용될 뿐 대외적으로는 오로지 그 명의로 영업을 하는 한길종금만이 권리를 취득하고 채무를 부담하는 것이어서, 민법상 통상의 조합과는 구별되는 조합적 성격을 내포한 특수한 계약관계에 불과하고 따라서 원고와 한길종금의 동업체는 대외적으로 한길종금의 개인 재산과 구별되는 동업체 고유의 재산 즉 조합재산을 형성할 여지가 없으므로, 비록 내부관계에서는 원고와 한길종금이 이 사건 리스물건을 공동소유하기로 약정하였다 하더라도 대외적으로는 이 사건 리스물건과 리스료는 온전히 한길종금에 귀속될 뿐 원고와 한길종금의 합유물 또는 공유물이라고 할 수 없고, 또 한길종금이 파산선고를 받음으로써 위 특수한 계약관계에서 탈퇴하게 되었다 하더라도 대외적으로 이 사건 리스물건 및 리스료의 귀속에 어떠한 영향이 있다고 할 수 없다고 하여, 이 사건 리스물건 및 리스료를 조합재산으로 보아 파산선고 전에는 원고와 한길종금의 합유에 속하고 파산선고 이후에는 원고의 단독소유에 속함을 전제로 하는 원고의 주장은 더 나아가 살펴볼 필요 없이 이유 없다고 판단하였다.

나. 관련 증거를 기록에 비추어 살펴보면, 원고와 한길종금 사이의 이 사건 공동리스 약정에 관한 원심의 사실인정은 정당한 것으로 수긍할 수 있고, 이러한 사실관계에서라면, 한길종금이 단독으로 체결한 리스계약에 의거하여 한일병원으로부터 받는 리스료는 대외적으로는 원고와의 합유에 속하는 조합재산이 아니라 한길종금의 단독소유에 속하는 것으로서 원고는 다만, 한길종금에 대한 내부관계에서 이 사건 공동리스약정에 기하여 리스료분배청구권을 주장할 수 있을 뿐이라고 할 것이고, 그렇다면 원고가 피고에 대하여 가지는 이와 같은 리스분배청구권은 파산법 제38조 제5호 소정의 재단채권이 될 수 없다 할 것이다.

따라서 위 리스료가 원고와 한길종금의 합유 또는 원고의 단독소유임을 전제로 한 원고의 주장을 배척한 원심의 조치는 정당하고, 거기에 상고이유의 주장과 같은 이 사건 공동리스약정에 관한 심리미진, 채증법칙 위반 내지 조합에 대한 법리오해의 위법이 있다고 할 수 없다.

2. 상고이유 제 2 점에 대하여

파산법 제50조 소정의 쌍무계약이라 함은 쌍방 당사자가 상호 대등한 대가관계에 있는 채무를 부담하는 계약으로서, 쌍방의 채무 사이에는 성립 · 이행 · 존속상 법률적 · 경제적으로 견련성을 갖고 있어서 서로 담보로서 기능하는 것을 가리키는 것이라고 봄이 상당하다(회사정리법 제103조 제 1 항에 관한 대법원 2000. 4. 11. 선고 99다60559 판결 참조).

이러한 법리를 전제로 하여 관련 증거를 기록에 비추어 살펴보면, 리스이용자가 리스료 지급 등의 채무를 불이행함으로써 손실이 생길 경우 원고와 한길종금 쌍방은 이 사건 공동리스약정에 따라 그 손실을 참여지분 비율에 따라 분담하게 되고, 한길종금은 위 손실분담 외에도 원고에 대하여 수납리스료의 분배의무 및 리스물건의 관리의무를 추가로 부담하였던 점이 인정된다고 하더라도 원고와 한길종금이 상대방에 대하여 가지는 위와 같은 부담은 그 성질상 서로 대가적이거나 원칙적으로 상환으로 이행되어야 할 성질의 채무라고 할 수 없어서 위 약정이 파산법 제50조 소정의 쌍무계약이라고 할 수는 없다 할 것인바, 이 사건 공동리스약정이 파산법 제50조 소정의 쌍무계약임을 전제로 하여 파산법 제38조 제 7 호를 내세우는 원고의 주장을 배척한 원심의 판단은 정당한 것으로 수긍할 수 있고, 거기에 상고이유의 주장과 같은 파산법 제38조 제 7 호 및 쌍무계약에 관한 법리오해의 위법이 있다고 할 수 없다.

대법관 배기원(재판장) 유지담 이강국 김용담(주심)

(3) **대법원** 2003. 6. 13. **선고** 2002**다**59771 **판결 【저당권설정등기】 [공보불게재]**

【판결요지】 회사와 주택조합간의 이 사건 청산합의는 미이행쌍무계약에 해당한다.

【참조 조문】 민법 제105조, 파산법 제38조 제 7 호, 제50조 제 1 항

【원고, 피상고인】 안양현대지역주택조합 외 3인 (소송대리인 법무법인 율촌 담당변호사 윤용섭 등)

【피고, 상고인】 파산자 주식회사 기산의 파산관재인 김한수 (소송대리인 법무법인 새길법률특허사무소 담당변호사 이용철 등)

【원심판결】 서울고등법원 2002. 9. 26. 선고 2002나31174 판결

【주문】 상고를 기각한다. 상고비용은 피고가 부담한다.

【이유】 1. 당사자 사이에 계약의 해석을 둘러싸고 이견이 있어 처분문서에 나타난 당사자의 의사해석이 문제되는 경우에는 문언의 내용, 그와 같은 약정이 이루어진 동기와 경위, 약정에 의하여 달성하려는 목적, 당사자의 진정한 의사 등을 종합적으로 고찰하여 논리와 경험칙에 따라 합리적으로 해석하여야 할 것이다(대법원 2002. 6. 28. 선고 2002다23482 판결 등 참조).

원심은 내세운 증거들에 의하여, 원고들과 주식회사 기산(이하 '기산'이라고 한

다)이 그들 사이의 공사도급계약을 합의해지하면서 이 사건 청산합의에 이르게 된 과정, 원고들이 기산에게 지급하기로 한 청산금의 산정 경위 및 이 사건 근저당권 등에 관한 이 사건 특약이 성립된 경위 등 그 판시와 같은 사실을 인정한 다음, 그 인정 사실에 나타난 사정에 비추어 보면 이 사건 특약은 이 사건 근저당권의 실행 내지 강제집행, 매각처분 등이 이루어진 후 그 결과 얻게 될 금전을 합의에 따라 배분하여 지급하기로만 하는 내용의 약정이 아니라, 위와 같은 금전의 지급을 포함하여 이 사건 근저당권 및 가압류 전반에 관한 권리를 1/2씩 나누기로 하되, 다만 그 권리명의자인 기산이 그 권리를 행사함에 있어서 원고들과 미리 합의를 거치도록 한 약정으로 봄이 상당하다고 판단하였는바, 위에서 본 법리를 전제로 기록에 의하여 관련 증거들을 살펴보면, 원심의 사실인정과 판단은 정당한 것으로 수긍되고, 거기에 채증법칙을 어겨 사실을 오인한 위법이 있다고 할 수 없다.

2. 파산법 제50조 제 1 항 소정의 쌍무계약은 쌍방 당사자가 상호 대가관계에 있는 채무를 부담하는 계약으로서 쌍방의 채무가 법률적·경제적으로 상호 관련성을 가지고 원칙적으로 서로 담보적 기능을 하고 있는 것을 말한다고 할 것이다.

원심은, 이 사건 청산합의는 원고들이 기산에 대하여 30억 원의 돈을 지급할 의무를 부담하고 이에 대하여 기산이 원고들에 대하여 4억 3,650만 원 상당의 채권을 양도하는 등의 의무를 부담하는 것을 내용으로 하는 것으로서, 비록 쌍방의 채무가 경제적으로 동등한 가치를 지니고 있지는 않지만, 청산금의 산정 경위, 이 사건 청산합의의 과정 및 내용 등에 비추어 보면 쌍방의 채무는 상호 교환적·대가적인 의존관계에 있다고 봄이 상당하여 파산법 제50조 제 1 항 소정의 쌍무계약에 해당하고, 따라서 원고들의 청구권은 파산법 제38조 제 7 호 소정의 재단채권에 해당한다고 판단하였는바, 위에서 본 법리와 기록에 비추어 살펴보면, 원심의 위와 같은 판단은 정당한 것으로 수긍되고, 거기에 상고이유에서 주장하는 바와 같이 쌍무계약 및 재단채권에 관한 법리를 오해한 위법이 없다.

대법관 유지담(재판장) 조무제 이규홍 손지열(주심)

[해설]

파산법 제50조 제 1 항 소정의 쌍무계약에 있어서 쌍방의 채무는 상호 대가관계에 있고, 법률적·경제적으로 상호 관련성을 가지고 서로 담보적 기능을 하고 있는 것을 말한다. 따라서 일방의 채무가 단순히 부수적인 채무에 불과한 경우에는 그 미이행이 있다고 하더라도 파산법 제50조에서 정한 미이행이라 할 수 없다. 그러나 쌍방의 채무가 경제적으로 동등한 가치를 지니고 있을 것을 요하는 것은 아니다. 그리고 일방이 선이행의무를 부담하는 경우라도 상대방의 이행을 기대할 수 없는 사정이 있으면 민법상 불안의 항변권이 인정된다(민법 제536조 제 2 항). 당사자 사이의 계약이 파산법 제50조 제 1 항 소정의 쌍무계약에 해당하는지 여부에 대하여 이견이 있을 경우에는 계약의 내용, 계약이 이루어진 동기와 경위, 계약에 의하여 달성하려는 목적, 당사자의 진정한 의사 등을 종합적으로 고찰하여 합리적으로 해석하여야 할 것이다. 대법원 2001다52759 판결은 해당 당사자 사이의 공동리스약정은 상대방에 대하여 가지는 부담이 그 성질상 서로 대가적이거나 원칙적으로 상환으로 이행되어야 할 성질의 채무라고 할 수 없어서 그 약정이 파산법 제50조 소정의 쌍무계약이라고 할 수 없다고 한 사례이다. 또한 대법원 2002다59771 판결은 해당 당사자 사이의 청산합의는 비록 쌍방의 채무가 경제적으로 동등한 가치를 지니고 있지는 않지만, 쌍방의 채무는 상호 교환적·대가적인 의존관계에 있다고 봄이 상당하여 파산법 제50조 소정의 쌍무계약에 해당한다고 한 사례이다.

---

(4) **대법원** 2003. 4. 25. **선고** 2003**다**7005 **판결【임금등】**[**공**2003, 1267]

【판결요지】

[1] 정리해고는 긴급한 경영상의 필요에 의하여 기업에 종사하는 인원을 줄이기 위하여 일정한 요건 아래 근로자를 해고하는 것으로서 기업의 유지·존속을 전제로 그 소속 근로자들 중 일부를 해고하는 것을 가리킨다.

[2] 기업이 파산선고를 받아 사업의 폐지를 위하여 그 청산과정에서 근로자를 해고하는 것은 위장폐업이 아닌 한 기업경영의 자유에 속하는 것으로서 파산관재인이 파산선고로 인하여 파산자 회사가 해산한 후에 사업의 폐지를 위하여 행하는 해고는 정리해고가 아니라 통상해고이다.

[3] 파산자 회사의 단체협약상 해고수당에 관한 규정이 정리해고의 경우를 예상한 것으로서 통상해고의 경우에는 적용되지 않는다고 한 사례.

【참조 조문】[1] 근로기준법 제30조, 제31조／[2] 상법 제227조, 제517조, 파산법 제 4 조, 근로기준법 제30조 제 1항／[3] 파산법 제 4 조, 근로기준법 제30조 제 1 항

【원고, 피상고인】甲 외 8인 (소송대리인 변호사 김형선 등)

【피고, 상고인】파산자 동아건설산업 주식회사 파산관재인 안문태 (소송대리인 법무법인 광장 담당변호사 박우동 등)

【원심판결】서울고등법원 2002. 12. 13. 선고 2002나48308 판결

【주문】원심판결 중 해고수당 부분을 파기하고, 이 부분 사건을 서울고등법원으로 환송한다.

【이유】 상고이유를 본다.

원심판결 이유에 의하면, 원심은 그 채용한 증거들에 의하여, 동아건설산업 주식회사(이하 '파산자 회사'라 한다)가 2000. 5. 11. 파산선고를 받은 사실, 원고들은 파산선고 후인 2000. 5. 14. 1개월분의 해고예고수당을 받고 해고된 사실, 파산자 회사와 그 노동조합이 체결한 1997. 5. 12.자 단체협약에는 '회사가 경영상 또는 불가항력적인 사유로 조합원 감축을 수반하는 제반행위를 하고자 할 때에는 45일 이전에 조합에 통보하고 인원정리 방법에 관하여는 조합과 합의하여 시행한다(제24조 제2항). 제2항에 의거 조합원을 감축하고자 할 때에는 해당 조합원에게 30일 이전에 통보하고 해고수당으로 평균임금의 3개월분을 지급한다(제24조 제3항)'고 규정하고 있는 사실을 인정한 다음, 파산자 회사의 파산으로 인하여 전직원을 해고하면서 원고들을 부득이하게 해고한 것이므로 이는 통상해고일 뿐이고 정리해고가 아니므로 해고수당을 지급할 수 없다는 주장에 대하여는, 원고들이 귀책사유 없이 해고된 이상 파산자 회사가 파산으로 인하여 원고들을 해고하였더라도 이는 회사의 경영상 또는 불가항력적인 사유에 해당한다는 이유로 이를 배척하고, 평균임금의 3개월분에 해당하는 해고수당을 구하는 원고들의 청구를 인용하였다.

그러나 이와 같은 원심의 판단은 다음과 같은 이유로 이를 그대로 수긍할 수 없다.

정리해고는 긴급한 경영상의 필요에 의하여 기업에 종사하는 인원을 줄이기 위하여 일정한 요건 아래 근로자를 해고하는 것으로서 기업의 유지·존속을 전제로 그 소속 근로자들 중 일부를 해고하는 것을 가리키는 것이고 기업이 파산선고를 받아 사업의 폐지를 위하여 그 청산과정에서 근로자를 해고하는 것은 위장폐업이 아닌 한 기업경영의 자유에 속하는 것으로서 파산관재인이 파산선고로 인하여 파산자 회사가 해산한 후에 사업의 폐지를 위하여 행하는 해고는 정리해고가 아니라 통상해고이고(대법원 2001. 11. 13. 선고 2001다27975 판결 참조), 이와 달리 정리해고는 긴급한 경영상의 필요에 의하여 기업에 종사하는 인원을 줄이기 위하여 일정한 요건 아래 근로자를 해고하는 것으로서 기업의 유지·존속을 전제로 그 소속 근로자들 중 일부를 해고하는 것을 가리키는 것이고 기업이 파산선고를 받아 사업의 폐지를 위하여 그 청산과정에서 근로자를 해고하는 것은 위장폐업이 아닌 한 기업경영의 자유에 속하는 것으로서 파산관재인이 파산선고로 인하여 파산자 회사가 해산한 후에 사업의 폐지를 위하여 행하는 해고는 정리해고가 아니라 통상해고이고(대법원 1993. 6. 11. 선고 93다7457 판결, 1995. 10. 12. 선고 94다52768 판결 등 참조), 정리해고는 긴급한 경영상의 필요에 의하여 기업에 종사하는 인원을 줄이기 위하여 일정한 요건 아래 근로자를 해고하는 것으로서 기업의 유지·존속을 전제로 그 소속 근로자들 중 일부를 해고하는 것을 가리키는 것이고 기업이 파산선고를 받아 사업의 폐지를 위하여 그 청산과정에서 근로자를 해고하는 것은 위장폐업이 아닌 한 기업경영의 자유에 속하는 것으로서 파산관재인이 파산선고로 인하여 파산자 회사가 해산한 후에 사업의 폐지를 위하여 행하는 해고는 정리해고가 아니라 통상해고이고, 이러한 경우 단체협약에 정리해고에 관하여 노동조합과 협의하도록 정하여져 있다 하더라도 파산관재인은 이에 구속되지 않는다고 할 것이다.

그런데 파산자 회사의 1997. 단체협약의 규정은 문언상으로도 회사가 경영상 또는 불가항력적인 사유로 조합원 '감축'을 수반하는 행위를 할 경우에 적용하는 것으로 되어 있고, 또한 회사가 위와 같은 행위를 할 때에는 45일 이전에 노동조합에 통보하고 인원정리 방법에 관하여는 노동조합과 합의하여 시행한다고 정하고 있는 점에 비추어 보면, 이는 기업의 유지·존속을 전제로 긴급한 경영상의 필요에 의하여 그 소속 근로자들 중 일부를 해고하여 기업에 종사하는 인원을 줄이는 정리해고의 경우에 적용되는 것을 예상한 규정이라고 할 것이고, 이와는 달리 이 사건에서와 같이 기업이 파산선고를 받아 사업의 폐지를 위하여 그 청산과정에서 근로자 전체를 해고하는 통상해고의 경우까지 적용되는 것이라고 볼 수는 없다.

그러함에도 원심은 위 해고수당에 관한 단체협약의 규정이 파산자 회사가 사업의 폐지를 위하여 근로자를 해고하는 경우에까지 적용되는 것으로 판단하여 원고들의 해고수당청구를 인용하고 말았으니 원심판결에는 사업의 폐지에 따른 해고의 성질 및 단체협약의 해석에 관한 법리를 오해하여 판결에 영향을 미친 위법이 있다고 할 것이고, 이러한 위법은 판결 결과에 영향을 미쳤음이 분명하다.

대법관 조무제(재판장) 유지담 이규홍(주심) 손지열

▷ **〈환송후 원심판결〉 서울고등법원** 2003. 9. 3. **선고** 2003**나**31437 **판결 (확정)**

【원고, 피항소인】 甲 외 8인 (원고들 소송대리인 변호사 심재돈)

【피고, 항소인】 파산자 동아건설산업 주식회사의 파산관재인 안문태 (소송대리인 법무법인 광장 담당변호사 김병길)

【제 1 심 판결】 서울지방법원 2002. 8. 1. 선고 2001가합71878 판결

【환송전 판결】 서울고등법원 2002. 12. 13. 선고 2002나48308 판결

【환송판결】 대법원 2003. 4. 25. 선고 2003다7005 판결

【변론종결】 2003. 8. 20.

【주문】 1. 제 1 심 판결 중 해고수당에 관한 피고 패소부분을 취소하고, 위 취소부분에 해당하는 원고들의 청구를 모두 기각한다. 2. 위 취소부분에 해당하는 소송 총비용은 모두 원고들의 부담으로 한다.

【청구취지 및 항소취지】 1. 청구취지

피고는 원고 甲에게 금 9,275,475원, (이하 생략) 및 각 이에 대하여 청구취지 확장신청서 부본 송달 다음날부터 완제일까지 연 25%의 비율에 의한 금원을 각 지급하라(원고들은 위 청구 외에도 성과급, 상여금, 연월차수당을 지급하라는 청구를 하였는데 이에 대하여는 환송전 당심에서 제1심 판결이 확정되었다).

2. 항소취지 주문 제1항 기재와 같다.

【이유】 1. 기초사실

가. 원고들은 2001. 5. 11. 파산선고를 받은 파산자 동아건설산업 주식회사(이하 '파산자 회사'라고 한다)에 근무하던 근로자들이었는데, 위 파산선고 후인 같은 달 14. 1개월 분의 해고예고수당을 받고 같은 해 6. 14. 해고되었다.

나. 파산자 회사는 1997. 5. 12. 노동조합과 단체협약(이하 '1997년 단체협약'이라고 한다)을 체결하면서 '회사가 경영상 또는 불가항력적인 사유로 조합원 감축을 수반하는 제반행위를 하고자 할 때에는 45일 이전에 조합에 통보하고 인원정리 방법에 관하여는 조합과 합의하여 시행하며(제24조 세2항), 제2항에 의거 조합원을 감축하고자 할 때에는 해당 조합원에게 30일 이전에 통보하고 해고수당으로 평균임금의 3개월분을 지급하기로 하였는데(제24조 제3항), 1997년 단체협약은 이후 새로운 단체협약이 체결되지 않음으로써 위 파산시까지 효력을 유지하게 되었다.

2. 원고들의 주장에 대한 판단

원고들은, 파산자 회사는 원고들에게 1997년 단체협약에 따라 평균임금의 3개월분에 해당하는 해고수당을 지급하여야 한다고 주장하므로 살피건대, 정리해고는 긴급한 경영상의 필요에 의하여 기업에 종사하는 인원을 줄이기 위하여 일정한 요건 아래 근로자를 해고하는 것으로서 기업의 유지·존속을 전제로 그 소속 근로자들 중 일부를 해고하는 것을 가리키는 것이고(대법원 2001. 11. 13. 선고 2001다27975 판결 참조), 이와 달리 기업이 파산선고를 받아 사업의 폐지를 위하여 그 청산과정에서 근로자를 해고하는 것은 위장폐업이 아닌 한 기업경영의 자유에 속하는 것으로서(대법원 1995. 10. 12. 선고 94다52768 판결, 1993. 6. 11. 선고 93다7457 판결 등 참조), 파산관재인이 파산선고로 인하여 파산자 회사가 해산한 후에 사업의 폐지를 위하여 행하는 해고는 정리해고가 아니라 통상해고이고, 이러한 경우 단체협약에 정리해고에 관하여 노동조합과 협의하도록 정하여져 있다 하더라도 파산관재인은 이에 구속되지 않는다고 할 것인바, 파산자 회사의 1997년 단체협약의 규정은 문언상으로도 회사가 경영상 또는 불가항력적인 사유로 조합원 "감축"을 수반하는 행위를 할 경우에 적용하는 것으로 되어 있고, 또한 회사가 위와 같은 행위를 할 때에는 45일 이전에 노동조합에 통보하고 인원정리방법에 관하여는 노동조합과 합의하여 시행한다고 정하고 있는 점에 비추어 보면, 이는 기업의 유지·존속을 전제로 긴급한 경영상의 필요에 의하여 그 소속 근로자들 중 일부를 해고하여 기업에 종사하는 인원을 줄이는 정리해고의 경우에 적용되는 것을 예상한 규정이라고 할 것이고, 이와는 달리 이 사건에서와 같이 기업이 파산선고를 받아 사업의 폐지를 위하여 그 청산과정에서 근로자 전체를 해고하는 통상해고의 경우까지 적용되는 것이라고 볼 수는 없다고 할 것이므로 1997년 단체협약이 적용됨을 전제로 파산자 회사에 대하여 해고수당의 지급을 구하는 원고들의 주장은 이유 없다.

재판장 판사 박일환 이상민 강영수

(5) **대법원** 2002. 8. 27. **선고** 2001**다**13624 **판결【부지대금】** [공2002, 2283]

【판결요지】

도급인이나 위임의 당사자 일방이 파산선고를 받은 경우에는 당사자 쌍방이 이행을 완료하지 아니한 쌍무계약의 해제 또는 이행에 관한 파산법 제50조 제1항이 적용될 여지가 없고, 도급인이 파산선고를 받은 경우에는 민법 제674조 제1항에 의하여 수급인 또는 파산관재인이 계약을 해제할 수 있고, 위임의 당사자 일방이 파산선고를 받은 경우에는 민법 제690조에 의하여 위임계약이 당연히 종료된다고 할 것이며, 위와 같은 도급계약의 해제 및 위임계약의 종료는 그 각 조문의 해석상 장래에 향하여 도급 및 위임의 효력을 소멸시키는 것을 의미한다.

【참조 조문】 파산법 제50조 제1항, 제53조, 제56조, 민법 제674조 제1항, 제686조 제3항, 제690조

【원고, 상고인】 파산자 주식회사 동남은행의 파산관재인 문재인 외 1인 (소송대리인 법무법인 부산종합법률사무소 담당변호사 정재성 등)

【피고, 피상고인】 부산광역시 도시개발공사 (소송대리인 변호사 신성택)

【원심판결】 부산고등법원 200 1. 1. 19. 선고 2000나2160 판결

【주문】 상고를 기각한다. 상고비용은 원고의 부담으로 한다.

【이유】 상고이유(상고이유서 제출기간 경과 후의 보충상고이유는 상고이유를 보충하는 범위 내에서)를 본다.

1. 이 사건 협약의 법적 성격에 관하여

원심은, 그 채용 증거에 의하여 그 판시 사실을 인정한 다음, 그 인정 사실에 의하면 이 사건 협약은 그 내용이 피고가 파산자 주식회사 동남은행 등 5개 금융기관으로 구성된 금융단의 자금을 이용하여 육군 제2정비창 부지를 낙찰받아, 각종 행정절차를 거친 후 위 부지를 금융단지로 조성하여 그 소유권 및 점유권을 금융단에게 이전 및 인도하고, 이에 대하여 금융단은 피고에게 부지대금, 단위토지대금 및 단위토지대금에 대한 수수료를 부담하는 것이라 할 것이므로, 일종의 위임계약 또는 도급계약의 성질을 공유한 혼합계약이라고 판단하였다.

관련 증거를 기록에 비추어 살펴보면, 원심의 위와 같은 인정과 판단은 정당하고, 거기에 채증법칙 위배로 인한 사실오인이나 심리미진 또는 상고이유의 주장과 같은 이 사건 협약의 법적 성격에 관한 법리오해 등의 위법이 있다고 할 수 없다. 이 부분 상고이유는 받아들일 수 없다.

2. 파산법 제50조 제 1 항의 적용 및 소급효 여부에 관하여

도급인이나 위임의 당사자 일방이 파산선고를 받은 경우에는 당사자 쌍방이 이행을 완료하지 아니한 쌍무계약의 해제 또는 이행에 관한 파산법 제50조 제 1 항이 적용될 여지가 없고, 도급인이 파산선고를 받은 경우에는 민법 제674조 제 1 항에 의하여 수급인 또는 파산관재인이 계약을 해제할 수 있고, 위임의 당사자 일방이 파산선고를 받은 경우에는 민법 제690조에 의하여 위임계약이 당연히 종료된다고 할 것이며, 위와 같은 도급계약의 해제 및 위임계약의 종료는 그 각 조문의 해석상 장래에 향하여 도급 및 위임의 효력을 소멸시키는 것을 의미한다고 할 것이다.

대법관 박재윤(재판장) 이용우 배기원(주심)

[해설]

도급계약도 일종의 쌍무계약이므로 파산법 제50조가 적용되는 것이 원칙이지만, 도급인의 파산에 관하여는 민법 제674조에 특칙이 있으므로 동 조항에 따라 수급인 및 파산관재인 어느 쪽도 파산을 이유로 계약을 해제할 수 있다. 그러나 수급인이 파산한 경우에는 민법에 별도의 조항이 없으므로 파산법 제50조가 적용되어, 수급인의 파산관재인에게 계약의 해제 또는 이행의 선택권이 있다.

한편, 위임계약의 위임인 또는 수임인의 파산은 경제적 신뢰관계의 파탄으로 보아 당연히 위임계약이 종료한다(민법 제690조). 위임계약의 내용이 유상 · 쌍무인가 무상 · 편무인가를 묻지 않는다. 위임자의 파산을 위임계약의 종료원인으로 하지 않는다는 취지의 특약은 파산재단 소속 재산의 관리 · 처분권이 파산관재인에게 전속되므로 무효라고 해석된다. 그러나 수임자가 파산선고를 받아도 이것을 위임계약의 종료원인으로 하지 않는다는 취지의 특약은 파산선고를 받은 채무자라도 수임자가 될 수 있으므로 유효하다고 해석된다.[2)]

---

2) 법인파산실무, 133-134면.

(6) **대법원** 2001. 12. 24. **선고** 2001**다**30469 **판결 【채권확정】** [**공**2002, 341][3)]

【원고, 상고인겸피상고인】 메리디안 마리타임 쉽홀딩 에스 에이 외 1인 (소송대리인 법무법인 김 신 앤드 유 담당변호사 박준영 등)

【피고, 상고인겸피상고인】 파산자 주식회사 동남은행의 파산관재인 조홍래 외 1인 (소송대리인 법무법인 부산종합법률사무소 담당변호사 김외숙)

【원심판결】 부산고등법원 2001. 4. 6. 선고 99나4429 판결

【주문】 원심판결을 파기하고, 사건을 부산고등법원에 환송한다.

【이유】 1. 원심은 다음과 같은 사실을 인정하였다.

가. 원고들은 1997. 10. 29. 선박 건조에 필요한 자금을 마련하기 위하여 파산자 주식회사 동남은행(아래에서는 '파산자'라고 한다)을 포함한 21개 은행과 사이에 이른바 신디케이티드 론(syndicated loan) 방식에 의한 차관계약을 체결하였다. 파산자는 이 계약 체결과정에 확대주선은행(extended arranger)으로서 간사은행단(managers)에 참가하였다. 원고들과 파산자를 포함한 신디케이트(syndicate) 참여은행 사이에 체결된 각 차관계약에 따르면, 신디케이트 참여은행은 각자에게 배당된 금액을 약정기일에 원고들에게 대출하고, 원고들은 신디케이트 조직과 대출에 대한 대가로 이자와 각종 비용 이외에 관리수수료(management fee)를 간사은행단에게, 약정수수료(commitment fee)를 참여은행에게 지급하기로 약정하였다. 한편, 신디케이트에 참여한 은행들 사이에 관리수수료와 약정수수료의 배분방법은 채무자인 원고들의 참여 없이 간사은행단 또는 신디케이트 참여은행들이 별도로 결정하기로 하였다.

나. 원고들은 차관계약에 따라 파산자에게 1997. 11. 21.부터 1998. 7. 27.까지 사이에 관리수수료와 약정수수료를 지급하였는데, 파산자는 차관계약에 따른 약정대출기일 이전인 1998. 10. 28. 법원으로부터 파산선고를 받았다.

다. 이에 원고들은 파산자에 대하여 이미 지급한 관리수수료와 약정수수료의 반환청구권이 있다는 확인을 구하는 이 사건 소송을 제기한 뒤, 원심에서 파산법 제50조 제2항에 따라 피고에게 차관계약을 해제할 것인지 아니면 채무이행의 청구를 할 것인지를 확답할 것을 최고하였고, 피고는 채무이행의 청구를 하겠다고 답변하였다. 그러나 피고가 약정기일에 차관계약에 따른 대출의무를 이행하지 아니하자, 원고들이 차관계약을 해제하였다.

2. 원고들의 상고이유에 대한 판단

복수의 은행이 신디케이트를 구성하여 채무자에게 자금을 융자하는 신디케이티드 론 거래에 있어, 채무자가 신디케이트 구성을 주도한 간사은행단에게 신디케이

3) 이 판결에 대한 평석으로는, 강일원, "Syndicated Loan 거래의 법적 구조," 민사재판의 제문제 제11권; 邊在承先生 權光重先生 華甲紀念, 한국사법행정학회(2002), 385면 이하.

트 구성과 차관계약의 체결 등에 대한 대가로 지급하는 관리수수료는 다른 특별한 사정이 없는 한 차관계약이 성립함으로써 간사은행단에게 귀속되고, 그 뒤 간사은행단에 속한 은행이 차관계약상의 대출의무를 이행하지 아니하여 그 부분 대출약정이 해제되었다고 하더라도 그 은행이 간사은행단 내부 약정에 따라 분배받은 관리수수료를 채무자에게 반환하여야 하는 것은 아니다.

원심이 같은 취지에서, 원고들과 파산자 사이의 개별 대출약정이 해제되었다고 하더라도 원고들이 차관계약에 따라 간사은행단이 취득한 관리수수료 중 파산자에게 분배된 부분의 반환을 청구할 수 없다고 판단한 것은 옳고, 거기에 상고이유의 주장과 같은 법리오해 등의 잘못이 없다. 따라서 상고이유는 받아들일 수 없다.

3. 피고의 상고이유에 대한 판단

가. 원심이, 이 사건 각 차관계약에서 그 준거법을 영국법으로 정하고 있으나, 영국법에 관한 자료가 제출되지 아니하여 그 내용의 확인이 불가능하고, 이 사건에 있어 영국법과 그 해석이 한국법이나 일반적인 법해석의 기준과 다르다고 볼 자료도 없다 하여, 한국법과 일반 법원리를 토대로 이 사건 각 차관계약의 내용을 해석한 것은 옳고, 거기에 상고이유의 주장과 같은 심리미진이나 법리오해 등의 잘못이 없다. 따라서 이 부분 상고이유는 받아들일 수 없다.

나. 원심이, 원고들이 파산자에게 지급한 약정수수료는 차관계약에 따라 파산자의 개별 대출약정에 대한 대가로서 지급된 것인데, 파산자의 대출의무 불이행으로 대출약정이 해제되었으므로, 파산자는 그 약정 해제에 따른 원상회복으로서 원고들로부터 지급받은 약정수수료를 반환하여야 한다고 판단한 것은 옳고, 거기에 상고이유의 주장과 같은 약정수수료의 성질이나 계약의 해제에 관한 법리오해 등의 잘못이 없다. 따라서 이 부분 상고이유도 받아들일 수 없다.

4. 그러나 직권으로 살피건대, 이 사건에서 원고들이 주장하는 피고에 대한 수수료 반환청구권은 파산법상 재단채권에 해당하고, 원고들은 그 채권액수가 확정되어 있고 이행기도 도래하였다고 주장하고 있으므로, 피고에게 직접 그 이행을 청구하는 것은 별론으로 하고, 다른 특별한 사정이 없는 한 피고를 상대로 그 채권 존재의 확인을 청구하는 것은 확인의 이익이 없어 허용될 수 없다. 그럼에도 불구하고, 원고들의 청구에 확인의 이익이 있음을 전제로 본안에 대하여 판단한 원심은 확인의 이익에 관한 법리를 오해하여 판결에 영향을 미친 잘못을 저질렀다.

대법관 배기원(재판장) 서성(주심) 이용우 박재윤

[해설]

신디케이티드 론 거래는 다수의 은행이 공동융자의 형식으로 대출을 하는 것이지만 법적으로는 개별은행과 채무자 사이의 복수의 독립한 차관계약이 성립하고 이 계약은 쌍무계약이다. 이 사건에서 동남은행의 파산관재인은 파산법 제50조 제1항에 따라 계약을 해제하지 아니하고 채무의 이행을 선택하였으나, 파산자의 채무를 이행하지 못함에 따라 오히려 상대방이 차관계약을 해제하였다. 이 경우 파산관재인이 이행청구를 선택하고 파산자의 채무를 이행하지 아니하여 상대방이 계약을 해제하는 경우의 원상회복청구권은 재단채권이라는 것이 대법원 2001다30469 판결이다. 재단채권의 범위에 관한 파산법 제38조 제4호(파산재단에 관하여 파산관재인이 한 행위로 인하여 생긴 청구권)를 유추적용하여 재단채권으로 해석할 수 있을 것이다. 이 판결은 재단채권에 기한 이행소송을 허용하고 있다. 그러나 재단채권에 기한 강제집행을 불허하는 입장에서는 이행소송 대신 확인소송을 주장하기도 한다.

6. 소송절차, 집행절차, 체납처분의 수계

▶ 〈제61조〉 강제집행, 보전처분에 대한 효력

(1) **대법원** 2002. 7. 12. **선고** 2000**다**2351 **판결 【가압류결정이의】** [공2002, 1925]

【채권자, 피상고인겸상고인】 한국부동산신탁 주식회사 (소송대리인 법무법인 새길 담당변호사 이상호)

【채무자, 상고인겸피상고인】 동보건설 주식회사의 소송수계인 파산자 동보건설 주식회사의 파산관재인 정태상

【원심판결】 서울고등법원 1999. 12. 3. 선고 99나51205 판결

【주문】 원심판결 및 제1심 판결을 각 파기한다. 이 사건 이의신청을 각하한다. 소송총비용은 이를 5분하여 그 1은 채권자의, 나머지는 채무자의 각 부담으로 한다.

【이유】 직권으로 살펴본다.

파산선고 전에 파산채권에 관하여 파산재단에 속하는 재산에 대하여 한 보전처분은 파산재단에 대하여는 그 효력을 상실하므로(파산법 제61조 제1항 본문), 파산관재인은 집행기관에 대하여 파산선고 결정 등본을 취소원인 서면으로 소명하여 보전처분의 집행취소신청을 하여 집행처분의 외관을 없앨 수 있고, 따라서 보전처분에 대한 채무자의 이의신청은 그 이익이 없어 부적법하다 할 것이다.

기록에 의하면, 동보건설 주식회사는 원심 변론종결 후인 2000. 12. 21. 서울지방법원으로부터 파산선고 결정을 받고 그 무렵 위 결정이 확정된 사실을 알 수 있는바, 그렇다면 파산자인 동보건설 주식회사의 재산에 대한 이 사건 가압류결정은 그 효력을 상실하였다 할 것이므로 채무자로서는 이 사건 이의신청으로 위 가압류결정의 취소를 구할 아무런 이익이 없다 할 것이다.

그러므로 이 사건 이의신청은 상고심에 계속중 그 이익이 없게 되어 부적법하게 되었다.

대법관 송진훈(재판장) 변재승 윤재식(주심) 이규홍

(2) **대법원** 1999. 8. 13.**자** 99마2198, 2199 **결정【채권압류및전부명령】**[공1999, 2155]

【결정요지】

채무자에 대한 청산절차가 진행 중이라거나 파산신청이 되어 있다는 사정만으로는 집행에 장애사유가 된다고 할 수 없고, 집행채권이 변제나 상계 등에 의하여 소멸되었다는 것과 같은 실체상의 사유는 적법한 항고이유가 되지 아니한다.

【참조 조문】 상법 제536조, 민사소송법 제561조, 제563조 제 6 항, 파산법 제61조

【재항고인】 주식회사 금정상호신용금고

【원심결정】 서울지방법원 1999. 3. 25.자 98라4073, 4074 결정

【주문】 재항고를 기각한다.

【이유】 재항고이유를 판단한다.

재항고인은, 그 회사가 해산에 따른 청산절차를 진행하던 중, 파산신청을 하여 현재 그 절차가 진행 중이므로 특정 채권자에 대하여만 변제하는 결과에 이르는 이 사건 전부명령은 모든 채권자에게 공평한 만족을 도모하여야 하는 청산 내지 파산절차의 제도적 취지에 어긋나는 것으로서 허용되어서는 아니되고, 또한 이 사건 집행채권의 대부분이 채권자의 상계로 소멸되었으므로 그 전액을 구하는 이 사건 전부명령은 부당하다는 취지의 주장을 하나, 채무자에 대한 청산절차가 진행 중이라거나 파산신청이 되어 있다는 사정만으로는 집행에 장애사유가 된다고 할 수 없고, 집행채권이 변제나 상계 등에 의하여 소멸되었다는 것과 같은 실체상의 사유는 적법한 항고이유가 되지 아니하므로(대법원 1997. 4. 28.자 97마360, 361 결정 참조), 위 주장은 어느 모로 보나 받아들일 수 없다.

대법관 송진훈(재판장) 이돈희(주심) 변재승

(3) **수원지방법원** 2003. 6. 5. **선고** 2002**가합**13075 **판결【부당이득반환】(확정)** [**하집**2003-1, 182]

【판결요지】

근저당권자가 신청한 부동산임의경매절차가 진행되는 도중에 채무자인 저당목적물의 소유자가 파산선고를 받은 경우, 위 근저당권자는 별제권자에 해당하므로 임의경매절차는 유효하게 진행되나, 위 근저당권보다 후순위인 가압류는 파산선고에 의해 실효되므로 위 임의경매절차에서 위 가압류권자에게 배당한 금원은 부당이득

으로 된다.

【원고】 파산자 주식회사 블루힐백화점의 파산관재인 김칠준 (소송대리인 법무법인 다산종합법률사무소 담당변호사 임창기 등)

【피고】 정리회사 주식회사 청구의 관리인 김정호의 소송수계인 정리회사 주식회사 청구의 관리인 양종석 (소송대리인 법무법인 두레 담당변호사 전민기 등)

【주문】 1.피고는 원고에게 금 3,373,326,157원 및 이에 대한 2001. 12. 22.부터 2003. 5. 31.까지는 연 5%, 그 다음날부터 다 갚는 날까지는 연 20%의 각 비율에 의한 금원을 지급하라. 2. 원고의 나머지 청구를 기각한다. 3. 소송비용은 피고가 부담한다. 4. 제 1 항은 가집행할 수 있다.

【청구취지】 소장 부본 송달 다음날부터 연 25%의 비율에 의한 지연손해금을 구하는 외에는 주문 제 1 항과 같다.

【이유】 1. 기초사실

가. 당사자의 지위

(1) 파산자 주식회사 블루힐백화점(이하 '파산자'라고 한다)은 백화점 경영 등을 목적으로 하는 회사인데 1999. 3. 4. 16:00 수원지방법원으로부터 파산선고를 받았고(수원지방법원 99하20 파산), 원고가 위 파산자의 파산관재인으로 선임되었다.

(2) 정리회사 주식회사 청구(이하 '정리회사'라고 한다)는 종합건설업 등을 목적으로 하는 회사인데 1998. 8. 17. 대구지방법원으로부터 정리절차 개시결정을 받았고, 이 사건 소제기시에는 소외 김정호가 그 관리인으로 선임되어 있었으나, 피고가 2003. 1. 16. 위 김정호를 대신하여 위 정리회사의 관리인으로 선임되어 이 사건 소송을 수계하였다.

나. 정리회사 관리인의 가압류와 강제집행 참여

(가) 정리회사 관리인의 가압류

피고 이전의 정리회사 관리인 강병균은 위 파산선고 전 파산자에 대하여 금 43,823,579,197원의 채권을 가지고 있다는 이유로 파산자 소유의 성남시 분당구 수내동 14에 있는 토지 및 건물(이하 위 토지 및 건물을 합하여 '이 사건 부동산'이라고 한다)에 관하여 1999. 1. 16. 가압류결정(수원지방법원 성남지원 99카단50080 부동산가압류결정)을 받아 그 무렵 가압류등기를 경료하였다.

(나) 임의경매절차 진행

이 사건 부동산에 관하여 위 가압류등기 이전에 근저당권을 설정하였던 소외 주식회사 대구은행이 1998. 8. 1. 임의경매를 신청하였고(수원지방법원 성남지원 98타경31167 부동산임의경매, 이하 '이 사건 경매'라고 한다), 정리회사는 가압류권자로서 이 사건 경매절차의 배당에 참가하였다. 이 사건 경매의 낙찰자인 소외 롯데백화점은 위 파산선고 전인 1999. 3. 4. 13:00경 낙찰대금 123,500,000,000원을 완납하였고, 위 경매법원은 1999. 3. 31. 위 낙찰대금에 대하여 정리회사 관리인을 가압류권자로 인정하여 배당액을 금 3,373,326,157원으로 계산한 배당표를 작성한 후 수원지방법원 성남지원 99금제550호로 위 금원을 공탁하였다.

다. 배당이의의 소와 파산채권확정의 소

(가) 배당이의의 소 제기와 취하간주

원고는 배당기일인 1999. 3. 31. 채무자인 파산자의 파산선고를 고려하지 아니하고 가압류권자인 정리회사 관리인에게 배당하였다는 등의 이유로 이의를 제기한 후, 1999. 4. 6. 수원지방법원 성남지원에 배당이의의 소(99가합2542)를 제기하였으나, 변론기일에 2회 불출석하여 위 소는 1999. 7. 2. 취하간주되었다.

(나) 파산채권확정의 소와 공탁금의 수령

정리회사 관리인은 원고를 상대로 수원지방법원에 파산채권확정의 소를 제기하여 2000. 6. 27. 승소판결(수원지방법원 2000. 6. 27. 선고 99가합12591 판결)을 받았고, 이에 원고가 불복하여 항소 및 상고를 제기하였으나, 서울고등법원 2001. 9. 7. 선고 2000나39249 판결, 대법원 2001. 12. 3. 선고 2001다67324 판결에 의하여 항소 및 상고가 각 기각된 후, 정리회사 관리인은 2001. 12. 22. 공탁된 위 배당액 및 이자 합계 금 3,375,544,234원을 출급하였다.

2. 판단

가. 정리회사 관리인에 대한 배당과 부당이득의 성립

살피건대, 파산채권에 관하여 파산재단에 속하는 재산에 대하여 한 강제집행, 가압류 또는 가처분은 파산재단에 대하여는 그 효력을 잃는다 할 것이나(파산법 제61조), 파산선고 당시 이미 종료된 강제집행은 파산선고에 의하여 소급하여 실효되지 아니한다. 그런데 부동산에 대한 강제집행은 배당표에 기하여 채권자들에게 배당액이 지급됨으로써 그 절차가 종료되는 것이므로, 파산선고 이후에 배당기일이 도래하는 경우에는 아직 강제집행이 종료되었다고 할 수 없어 그 강제집행절차는 파산선고에 의하여 그 효력을 잃는다고 할 것이고, 다만 별제권은 파산절차에 의하지 아니하고 이를 행사할 수 있는 것이므로(파산법 제86조) 별제권자에 의한 강제집행은 채무자의 파산선고에 불구하고 유효하다고 할 것이다.

이 사건에 관하여 보건대, 앞에서 인정한 사실에 의하면 이 사건 경매절차는 별제권자인 소외 주식회사 대구은행의 임의경매신청에 의하여 진행되었으므로 이 사건 부동산의 소유자인 파산자에 대한 파산선고에 의하여 그 효력을 잃지 않는다 할 것이나, 이 사건 경매절차의 배당기일인 1999. 3. 31. 이전인 1999. 3. 4. 채무자인 파산자가 파산선고를 받았고 위 파산선고 당시 이 사건 경매절차가 종료되지 아니한 이상 별제권인 근저당권보다 후순위인 정리회사 관리인의 이 사건 부동산에 대한 가압류는 파산법 제61조의 규정에 따라 실효되므로 정리회사 관리인은 이 사건 경매절차에서 배당 받을 권리가 없다고 할 것이다.

그렇다면 정리회사 관리인의 수계인인 피고는 법률상 원인 없이 이 사건 경매법원이 공탁한 배당금을 수급하여 배당액 상당의 이익을 얻고 이로 인하여 원고가 관리하는 파산재단에 동액 상당의 손해를 가한 것이므로, 피고는 원고에게 위 금원 상당을 부당이득으로 반환하여야 할 의무가 있다.

나. 피고의 주장과 이에 대한 판단

(가) 배당의 적법 주장

피고는 먼저, 파산자가 파산선고를 받은 1999. 3. 4. 16:00 이전인 같은 날 13:00 경 이 사건 부동산에 대한 낙찰대금이 완납되어 낙찰자가 위 부동산의 소유권을 이미 취득하였으므로 위 부동산의 대가인 낙찰대금은 파산재단에 속하지 아니하고 이를 배당받은 것은 파산법상의 관련규정을 위반한 것이 아니어서 정리회사 관리인의 배당금 수령은 적법하다고 주장한다.

살피건대, 별제권자의 신청에 의해 개시된 이 사건 경매절차에서 낙찰자는 낙찰대금 납부와 동시에 이 사건 부동산의 소유권을 취득하게 되어 결국, 이 사건 부동산은 파산재단에 속하지 아니하게 되나, 한편 그 낙찰대금은 배당되기 전에는 여전히 채무자인 파산재단에 속하는 재산으로서 파산법상의 별제권을 가진 자에 대한 배당분을 제외하고는 파산관재인에게 교부되어 파산법상의 절차에 의하여 처분되어야 할 것이다. 따라서 별제권자가 아닌 단순 파산채권자에 해당하는 정리회사 관리인이 위 낙찰대금에 대하여 이 사건 집행절차에서 배당을 받은 것은 파산법상의 규정에 위반하여 위법하다 할 것이므로, 피고의 이 부분 주장은 이유 없다.

(나) 배당이의의 소의 취하간주

피고는 다음으로, 원고는 정리회사 관리인을 상대로 배당이의의 소를 제기하였으나 취하간주되었는데, 원고가 주장하는 부당이득 반환청구권의 성립 여부는 이에 구속되어 판단되므로 피고의 배당금 수령은 부당이득이 아니라는 취지로 주장한다.

살피건대, 배당이의의 소에서 배당수령권에 대한 실체판단을 하였을 경우 그 후에 제기된 부당이득반환의 소에서는 위 배당수령권의 존부가 부당이득반환청구권의 성립 여부를 판단하는 데 있어서 선결문제가 되므로 법원이 이와는 달리 판단할 수 없으나(대법원 2000. 1. 21. 선고 99다3501 판결), 한편 배당이의의 소가 취하 혹은 취하간주된 경우에는 배당수령권에 대한 실체판단을 한 것이 아니어서 법원은 이에 관련 없이 부당이득의 성립 여부를 판단할 수 있다고 할 것이므로, 이와 다른 전제에 서 있는 피고의 이 부분 주장은 이유 없다.

(다) 부당이득의 불성립 주장

피고는 다음으로, 정리회사 관리인이 파산채권 중 일부금의 회수를 목적으로 하는 법률상 원인에 기초하여 배당을 받았고, 이로 인하여 원고의 채무가 위 지급금액의 범위 내에서 소멸하였으므로 결국, 원고로서는 손해를 입은 것이 없어 피고의 부당이득은 성립하지 아니한다고 주장한다.

살피건대, 파산채권자는 별제권 등 특별한 담보를 가지는 경우를 제외하고는 개별적인 집행이 금지되고 파산절차에 의하여만 채권을 행사할 수 있다고 할 것이므로(파산법 제15조), 정리회사 관리인이 파산법 규정에 위반하여 개별적인 집행에서 배당 받았다면 비록 그가 파산채권을 가지고 있는 파산채권자라 할지라도 그러한 파산채권이 위 배당금에 대한 법률상의 적법한 원인이 될 수 없는 이상 위 배당금의 수령은 부당이득이 된다고 할 것이므로, 피고의 이 부분 주장도 이유 없다.

(라) 신의칙 위반 주장

피고는 마지막으로, 원고는 배당이의의 소를 제기하였으나 변론기일에 나와 다투지 아니하여 위 소가 취하간주되었고, 정리회사 관리인이 원고를 상대로 파산채권확인의 소를 제기하여 승소한 후 공탁된 배당금을 찾을 때까지 원고는 아무런 이의를 제기하지 아니하였음에도 불구하고 다시 위 배당금 수령을 문제삼는 것은 신의칙에 반한다고 주장한다.

살피건대, 피고가 주장하는 위와 같은 사실만으로 원고가 피고에게 더 이상 배당금의 반환을 청구하지 않을 것이라는 신뢰를 주었고 위 피고도 이에 따라 원고가 위 권리를 포기하거나 면제하여 더 이상 행사하지 않으리라고 기대하게 되었다고 보기 어렵고, 달리 신의칙 위반을 인정할 만한 사정이 엿보이지 않으므로, 피고의 이 부분 주장도 이유 없다.

재판장 판사 이태종 김유성 위인규

[해설]

파산선고에 의하여 파산채권자는 개별적인 권리행사가 금지된다. 파산선고 전에 파산채권에 기하여 파산재단 소속의 재산에 대하여 한 강제집행, 보전처분은 파산재단에 대하여는 그 효력을 잃는다(파산법 제61조 제1항 본문). 실무상 집행처분의 외관을 없애기 위하여 별도의 소송을 제기함이 없이 집행기관에 대하여 파산선고 결정 등본을 취소원인 서면으로 소명하여 강제집행·보전처분의 집행취소신청을 하여야 한다. 부동산에 대한 가압류 또는 처분금지 가처분 등기는 집행법원의 등기말소촉탁에 의하여 말소할 수 있다. 파산법원에 등기말소촉탁을 신청하거나, 가압류취소의 소를 제기할 필요는 없다.

파산선고 전에 이미 집행이 완료된 경우에는 부인권 행사의 문제만 남고, 실효의 문제는 생길 여지가 없다. 동산·부동산의 집행은 배당액을 지급하거나 매각대금 또는 수익금을 교부함으로써 종료되고, 채권의 집행은 추심명령의 경우 집행 채권자의 추심신고가 있는 때, 전부명령의 경우 전부명령이 확정되는 것을 조건으로 제 3 채무자에게 전부명령이 송달된 때 각 완료된다.

한편, 파산선고와 동시에 파산절차가 폐지되는 경우에는 파산재단 자체가 처음부터 성립하지 않으므로 파산법 제61조가 적용되지 않는다. 따라서 파산선고 전에 파산자 소유 재산에 대하여 진행중이던 강제집행, 가압류, 가처분은 실효하지 않고 그대로 진행된다.

그리고, 파산재단 소속 재단에 관한 저당권 등의 담보권실행경매는 파산선고가 있어도 실효하지 않고, 채무자의 지위가 파산관재인에게로 승계되어 계속 진행된다. 파산관재인은 파산선고 및 파산관재인 선임사실을 소명할 수 있는 자료를 첨부하여 담당 재판부에 신고하여야 한다. 위 3건의 판례는 파산선고가 계속중인 강제집행과 보전처분에 미치는 효과에 관한 사례이다.

▶ 〈제62조〉 체납처분에 대한 효력

(1) **대법원** 2003. 8. 22. **선고** 2003**다**3768 **판결 【배당이의】** [**공보불게재**]

【판결요지】

파산법 제62조는 '파산재단에 속하는 재산에 대하여 국세징수법 또는 국세징수의 예에 의한 체납처분을 한 경우에는 파산선고는 그 처분의 속행을 방해하지 않는다'고 규정하고 있고, 이는 파산선고 전의 체납처분은 파산선고 후에도 속행할 수 있다는 것을 특별히 정한 취지에서 나온 것이므로, 과세관청이 파산선고 전에 국세징수법 또는 국세징수의 예에 의하여 체납처분으로 부동산을 압류(참가압류를 포함한다)한 경우에는 그 후 체납자가 파산선고를 받더라도 그 체납처분을 속행하여 파산절차에 의하지 아니하고 배당금을 취득할 수 있어 선착수한 체납처분의 우선성이 보장된다는 것으로 해석함이 상당하고, 따라서 별제권(담보물권 등)의 행사로서의 부동산경매절차에서 그 매각대금으로부터 직접 배당받을 수 있고, 이는 파산재단이 재단채권의 총액을 변제하기에 부족한 것이 분명하게 된 때에도 마찬가지라고 할 것이다.

【원고, 피상고인】 서울특별시 강서구(소송대리인 법무법인 강서 담당변호사 권진웅)

【피고, 상고인】 파산자공영토건주식회사의 파산관재인 강보현(소송대리인 법무법인 화우 담당변호사 김자영)

【원심판결】 서울고등법원 2002. 12. 20. 선고 2002나47558 판결

【주문】 상고를 기각한다. 상고비용은 원고의 부담으로 한다.

【이유】 상고이유를 판단한다.

원심은 제 1 심 판결 이유를 인용하여, 피고측 공영토건주식회사(이하 '공영토건'이라 한다)는 1999. 6. 30. 서울지방법원으로부터 파산선고를 받았고, 같은 날 피고가 그 파산관재인으로 선임된 사실, 원고는 공영토건의 파산재단에 속하는 이 사건 부동산 중 각 토지를 체납처분으로 압류하여 파산선고 전인 1998. 12. 29. 그 압류등기가 경료된 사실, 원래 이 사건 부동산에는 근저당권자를 주식회사 한국상업은행(그 후 한빛은행으로 합병되었다)으로 한 근저당권이 설정되어 있었는데, 한빛은행의 경매신청에 의하여 2000. 10. 27. 이 사건 부동산 전체에 대한 임의경매절차가 개시되어 2001. 8. 17. 낙찰허가결정이 선고된 사실, 위 임의경매절차에서 원고는 공영토건의 체납지방세 등 합계 1,739,902,320원을 교부청구하고, 국가 산하의 남대문세무서장은 공영토건의 체납국세 등 합계 32,237,586,520원을 교부청구한 사실, 이 사건 부동산의 낙찰대금 중 실제 배당할 금액은 8,104,894,369원이었는데, 경매법원은 2001. 11. 6. 한빛은행에게 1순위로 1,670,000,000원을, 파산관재인인 피고에게 2순위로 잔액인 6,434,894,369원을 전액 배당하는 내용의 배당표를 작성한 사실을 인정한 다음, 그 판시와 같은 이유로 파산법 제62조의 취지는 파산선고 전에 체납처분을 한 조세채권에 대하여 체납처분절차에 의한 환가대금에서 바로 우선변제를 받을 수 있도록 허용하는 것이라고 봄이 상당하고, 또한 조세권자는 별제권 행사에 따른 환가절차(임의경매절차 등)와 별도로 국세징수법 소정의 환가절차(체납철차)를 속행할 수 있는 독자적인 강제환가권을 보유하고 있어 일단 체납처분절차에 따른 압류의 효력이 발생한 이상 도중에 임의경매절차와 같은 다른 집행절차가 개시된 경우에도 교부청구를 통하여 별제권 행사에 따른 환가절차에서 현실적으로 우선변제를 받을 수 있다고 보아야 할 것이므로, 공영토건에 대한 파산선고 전에 체납처분으로 압류를 한 원고는 공영토건에 대한 체납지방세 등의 채권에 대하여 피고에 앞서 현실적인 배당을 받아야 한다는 취지로 판단하여 2001. 11. 6. 작성된 배당표를 변경하여 원고에게 1,712,117,810원을 배당하는 내용으로 경정할 것을 명한 제 1 심 판결을 그대로 유지하였다.

파산법은 총 채권자의 공평한 만족을 실현하기 위하여 파산관재인에게 파산재단의 관리·처분에 관한 권리를 부여함으로써(파산법 제 7 조) 파산관재인이 파산절차의 중심적 기관으로서의 역할을 수행할 수 있도록 하고 있고, 특히 국세징수법 또는 국세징수의 예에 의하여 징수할 수 있는 청구권(이하 '조세채권'이라 한다)을 비롯한 '재단채권'에 관하여는 파산절차에 의하지 않고 파산관재인이 일반 파산채권보다 우선하여 수시로 변제하되, 파산재단이 위 재단채권의 총액을 변제하기에 부족한 것이 분명하게 된 때에는 각 재단채권의 변제는 법령이 규정하는 우선권에 불구하고 아직 변제하지 아니한 채권액의 비율에 따라 분배하도록 규정하여(파산법 제38조, 제40조 내지 제42조), 일정한 경우에는 조세채권의 법령상 우선권에 불구하고 다른 재단채권과 균등하게 분배되도록 규정하고 있는 점, 여기에다가 파산법 제62조의 해석상 파산선고 후에는 조세채권에 터잡아 새로운 체납처분을 하는 것이 허용되지 않는 점 등을 종합하여 보면 파산자 소유의 부동산에 대한 별제권(담보물권 등)의 실행으로 인하여 개시된 경매절차에서 과세관청이 교부청구를 하는 경우 그 교부청구에 따른 배당금은 조세채권자인 과세관청에게 직접 교부할 것이 아니라 파산관재인이 파산법 소정의 절차에 따라 각 재단채권자에게 안분 변제할 수 있도록 파산관재인에게 교부하여야 함이 상당하다 할 것이다(대법원 2003. 6. 24. 선고 2002다70129 판결 참조). 다만 파산법 제62조는 '파산재단에 속하는 재산에 대하여 국세징수법 또는 국세징수의 예에 의한 체납처분을 한 경우에는 파산선고는 그 처분의 속행을 방해하지 않는다'고 규정하고 있고, 이는 파산선고 전의 체납처분은 파산선고 후에도 속행할 수 있다는 것을 특별히 정한 취지에서 나온 것이므로, 과세관청이 파산선고 전에 국세징수법 또는 국세징수의 예에 의하여 체납처분으로 부동산을 압류(참가압류를 포함한다)한 경우에는 그 후 체납자가 파산선고를 받더라도 그 체납처분을 속행하여 파산절차에 의하지 아니하고 배당금을 취득할 수 있어 선착수한 체납처분의 우선성이 보장된다는 것으로 해석함이 상당하고, 따라서 별제권(담보물권 등)의 행사로서의 부동산경매절차에서 그 매각대금으로부터 직접 배당받을 수 있고, 이는 파산재단이 재단채권의 총액을 변제하기에 부족한 것이 분명하게 된 때에도 마찬가지라고 할 것이다.

원심판결은 그 표현에 있어 다소 미흡한 점이 없지 아니하나, 과세관청인 원고가 공영토건의 파산선고 전에 이 사건 부동산 중 각 토지를 체납처분으로 압류한 바 있으므로 그 후 별제권자인 한빛은행의 신청에 의한 임의경매절차에서 한빛은행의 담보권에 우선하는 체납지방세 등을 직접 배당받을 권리가 있다고 본 결론만은 수긍할 수 있으므로, 원심판결에 상고이유에서 주장하는 바와 같은 파산법 제62조의 적용범위와 파산법 제62조 및 제42조 제1항 상호간의 효력에 관한 법리오해 등의 위법이 있다고 할 수 없다.

대법관 고현철(재판장) 윤재식 강신욱(주심)

(2) **대법원** 2003. 3. 28. **선고** 2001두9486 **판결 【채권압류무효】** [공2003, 1088]

【판결요지】

파산법 제62조는 파산선고 전의 체납처분은 파산선고 후에도 속행할 수 있다는 것을 특별히 정한 취지에서 나온 것이므로 파산선고 후에 새로운 체납처분을 하는 것은 허용되지 아니한다는 것으로 해석함이 상당하고, 또한 파산법 등 관계 법령에서 국세채권에 터 잡아 파산재산에 속하는 재산에 대하여 체납처분을 할 수 있다는 것을 정한 명문의 규정이 없는 점 등을 종합하여 보면, 국세채권에 터 잡아 파산선고 후에 새로운 체납처분을 하는 것은 허용되지 아니한다.

【참조 조문】 파산법 제62조, 국세징수법 제56조

【원고, 피상고인】 파산자 동아건설산업주식회사의 파산관재인 권광중의 소송수계인 파산자 동아건설산업주식회사의 파산관재인 안문태

【피고, 상고인】 남대문세무서장

【원심판결】 서울행정법원 2001. 10. 10. 선고 2001구26053 판결

【주문】 상고를 기각한다. 상고비용은 피고가 부담한다.

【이유】 파산법 제62조는 "파산재단에 속하는 재산에 대하여 국세징수법 또는 국세징수의 예에 의한 체납처분을 한 경우에는 파산선고는 그 처분의 속행을 방해하지 아니한다"고 규정하고 있는바, 위 규정은 파산선고 전의 체납처분은 파산선고 후에도 속행할 수 있다는 것을 특별히 정한 취지에서 나온 것이므로 파산선고 후에 새로운 체납처분을 하는 것은 허용되지 아니한다는 것으로 해석함이 상당하고, 또한 파산법 등 관계 법령에서 국세채권에 터 잡아 파산재산에 속하는 재산에 대하여 체납처분을 할 수 있다는 것을 정한 명문의 규정이 없는 점 등을 종합하여 보면, 국세채권에 터 잡아 파산선고 후에 새로운 체납처분을 하는 것은 허용되지 아니한다고 할 것이다.

같은 취지의 원심판결은 정당하고, 거기에 상고이유에서 주장하는 바와 같은 국세징수법 및 파산법 제62조에 대한 법리를 오해한 위법이 없다.

대법관 고현철(재판장) 변재승 윤재식(주심) 강신욱

▷ 〈**원심판결**〉 **서울행정법원** 2001. 10. 10. **선고** 2001**구**26053 **판결**

【원고】 파산자 동아건설산업주식회사의 파산관재인 권광중 (소송대리인 법무법인 광장 담당변호사 유현숙)

【피고】 남대문세무서장

【변론종결】 2001. 8. 22.

【주문】 1. 원고의 주위적 청구를 기각한다. 2. 피고가 2001. 5. 12. 별지 제2목록 기재 채권에 대하여 한 압류처분을 취소한다. 3. 소송비용은 피고의 부담으로 한다.

【청구취지】 주위적 청구취지

피고가 2001. 5. 12. 별지 제2목록 기재 채권에 대하여 한 채권압류처분은 무효임을 확인한다.

예비적 청구취지

주문 제 2 항 기재와 같다.

【이유】 주위적 청구와 예비적 청구를 함께 본다.

1. 처분의 경위

가. 동아건설산업주식회사(이하 '소외 회사'라고 한다)는 2001. 5. 11. 서울지방법원에서 파산선고를 받았는데, 원고가 같은 날 파산관재인으로 선임되었다.

나. 별지 제 2 목록 기재 채권(이하 '이 사건 채권'이라 한다)은 위 파산선고 당시 소외 회사가 가진 재산으로서 파산재단에 속하는데, 피고는 2001. 5. 12. 별지 제 1 목록 기재 각종 조세 합계 206,663,647,360원의 징수를 위한 체납처분으로서 이 사건 채권을 압류하였고, 같은 달 16. 위 압류통지가 원고에게 송달되었다(이하 '이 사건 압류처분'이라 한다).

2. 이 사건 압류처분의 적법 여부

가. 당사자의 주장

피고는 이 사건 압류처분이 관계 법령에 따른 것으로 적법하다고 주장함에 대하여, 원고는, 이 사건 채권은 파산재단에 속하는 재산으로서 파산선고 이후에는 이를 압류할 수 없으므로 이 사건 압류처분은 위법하고, 따라서 주위적으로는 그 하자가 중대하고 명백하여 무효이거나 예비적으로는 취소되어야 한다고 주장한다.

나. 판단

(1) 파산선고 후에 새로운 체납처분이 허용되는지 여부에 관하여 살피건대, ① 파산법 제62조는 "파산재단에 속하는 재산에 대하여 국세징수법 또는 국세징수의 예에 의한 체납처분을 한 경우에는 파산선고는 그 처분의 속행을 방해하지 아니한다"고 규정하고 있는바, 위 규정은 파산선고 전의 체납처분은 파산선고 후에도 속행할 수 있다는 것을 특별히 정한 취지에서 나온 것이며, 따라서 파산선고 후에 새로운 체납처분을 하는 것은 허용되지 아니한다는 것을 의미한다고 해석함이 상당한 점, ② 국세징수법·파산법 등 관계 법령에서 재단채권인 국세채권에 터잡아 파산재단에 속한 재산에 대하여 체납처분을 할 수 있다는 명문의 규정이 없는 점, ③ 파산선고 후의 파산절차에 있어 조세채권은 재단채권에 해당하는바(파산법 제38조 제 2 호), 재단채권은 파산재단으로부터 파산채권에 관하여 우선하여(파산법 제41조), 파산절차에 의하지 아니하고 수시로 변제를 받을 수 있으므로(파산법 제40조), 파산절차에서 매우 우월적 지위를 가지고 있는데, 파산법 제38조 각호에 열거된 재단채권 중 제 1 호 및 제 3 호 내지 제 8 호는 파산절차의 수행을 위하여 반드시 필요한 비용이거나(제 1 호, 제 3 호), 파산재단이 제 3 자와의 거래에 의하여 부담하게 된 채무로서 이른바 재단채무에 속하는 등(제 4 호 내지 제 8 호), 그 지급이 파산채권자들의 공동의 이익에 이바지한다는 공통점이 있는데 반하여, 조세채권은

파산채권자의 공동의 이익을 위한 것이라고 볼 수 없음에도 파산법에서 재단채권으로 규정한 이유는, 조세는 국가존립의 재정적인 기초가 되므로 그 징수를 확보하기 위하여 다른 채권보다 우월한 지위를 부여할 필요가 있다는 공익적 요청에 있는 것일 뿐, 특히 파산선고 이전의 원인으로 인한 조세채권은 실질적으로는 여타의 파산채권과 다른 점이 없는 점, ④ 그런데, 파산절차는 파산자의 모든 재산을 환가하여 그 환가대금으로 파산채권에 대하여 금전에 의한 배당을 함으로써 채권자의 공평하고 평등한 만족을 도모하는 절차로서, 이를 위하여 파산채권자는 원칙적으로 파산선고에 의하여 그 개별적인 권리행사가 금지되고 파산절차에 참가하여서만 그 만족을 얻을 수 있는 점(파산법 제15조), ⑤ 그럼에도 불구하고 실질적으로 파산채권과 같은 성질을 가지는 조세채권에 대하여 파산선고 후에도 새로운 체납처분을 허용한다면, 파산선고에 의하여 파산채권자로 하여금 개별적인 권리행사를 금지시키고 오로지 파산절차에서만 그 만족을 얻을 수 있도록 한 파산법 제61조 제1항의 규정취지, 즉 채권자의 공평하고 평등한 만족을 도모하는 파산절차의 원활한 진행을 방해할 우려가 있을 뿐만 아니라, 특히 조세채권의 액수가 큰 경우에는 파산관재인이 힘들여 모은 재산이 거의 세금으로 흡수되어 파산관재인의 활동자금마저도 없어지게 될 염려가 있는 점, ⑥ 따라서, 파산법은 조세채권의 만족에 대한 공익적 요청과 파산절차의 원활한 진행을 조화시키기 위하여, 파산선고 전에 체납처분이 있었던 경우에는 파산채권에 있어 그 강제집행 등의 효력이 상실되는 것과는 달리 그 체납처분의 속행을 방해하지 않도록 하고(파산법 제62조), 파산선고 전에 체납처분이 없었던 경우에는 파산절차에 의하지 아니하고 수시로, 파산채권에 우선하여 변제받을 수 있도록(파산법 제40조, 제41조) 규정한 것으로 보이는 점{파산관재인이 이에 불응하는 경우에는 과세관청으로서는 당해 조세채권이 재단채권임의 확인을 구하는 소송을 제기할 수 있고, 파산법원에 대하여 파산관재인의 해임 등 감독권의 발동을 촉구하거나(파산법 제151조, 제157조), 파산관재인에 대하여 손해배상을 청구할 수 있다(파산법 제154조)}, ⑦ 국세징수법 제56조에서도 파산관재인(법문상으로는 "파산관리인"으로 되어 있으나, 이는 "파산관재인"을 가리키는 것이다)에 대한 교부청구를 인정하고 있어, 과세관청으로서는 체납처분에 의하지 않더라도 수시로, 파산채권에 우선하여 파산관재인에게 교부청구를 하여 채권의 만족을 얻을 수 있는 점 등을 종합하여 보면 파산선고 후에는 새로운 체납처분은 허용되지 않는다고 보아야 한다.

(2) 이에 대하여 피고는, 파산법 제62조에서의 "국세징수법 또는 국세징수의 예에 의한 체납처분"이란 국세징수법에서의 고지 · 독촉 · 압류 · 공매 · 배분 등의 일련의 과정을 말하며, 소외 회사의 파산선고일 전인 2000. 11. 1. 독촉장이 발부되었으므로 파산선고일 전에 체납처분이 이루어졌으므로 파산선고 후의 새로운 체납처

분이 아니라고 주장한다.

그러므로 살피건대, 국세징수법에서의 체납처분이란 확정된 조세채권의 강제적인 실현을 위한 절차로서 압류처분 · 공매처분 및 환가처분으로 구성되어 있고, 압류가 그 체납처분의 제 1 단계 절차에 해당하는 것임에 반하여, 독촉은 납세자가 납기한까지 조세를 완납하지 아니한 경우에 체납처분에 앞서 그 이행을 최고하는 행위를 가리키는 것이므로, 독촉에 의하여 체납처분이 이루어졌다는 피고의 위 주장은 이유 없다.

따라서, 이 사건 압류처분은 소외 회사에 대한 파산선고 후에 이루어진 체납처분에 해당하여 위법하다.

(3) 나아가 위 위법사유의 하자가 무효에 해당하는지 여부에 관하여 살펴보면, 행정청의 처분이 당연무효라고 하기 위해서는 그 처분에 위법사유가 있다는 것만으로는 부족하고 그 하자가 중요한 법규에 위반한 것이고 객관적으로 명백한 것이어야 할 것인데, 이 사건 압류처분의 근거가 되는 국세징수법, 파산법의 각 해당조문의 의미, 해석방법, 규정형식 등과 이 사건 변론에 나타난 제반 사정을 고려하여 보면, 이 사건 압류처분의 하자가 중대하고 명백한 것이라고 보이지 아니하고 다만 취소사유에 해당한다고 보이므로, 이 사건 압류처분이 무효라는 원고의 이 사건 주위적 청구에 관한 주장은 이유 없고, 이 사건 압류처분이 위법하여 취소되어야 한다는 원고의 이 사건 예비적 청구에 관한 주장은 이유 있다.

재판장 판사 조용호 김동석 고홍석

(3) **서울행정법원** 2001. 6. 22. **선고** 2001구6318 **판결 【부동산압류처분취소】**[1)]

【원고】 파산자 공영토건 주식회사의 파산관재인 강보현 소송대리인 법무법인 화백 담당변호사 김자영

【피고】 남대문세무서장

【변론종결】 2001. 5. 25.

【주문】 1. 피고가 2000. 10. 27. 별지 제 1 목록 기재 부동산에 대하여 한 압류처분을 취소한다. 2. 소송비용은 피고의 부담으로 한다.

【청구취지】 주문과 같다.

【이유】 1. 처분의 경위

가. 파산자 공영토건 주식회사(이하 '공영토건'이라 한다)는 1999. 6. 30. 서울지방법원에서 파산선고를 받은 회사이고, 원고는 공영토건의 파산관재인이다.

나. 별지 제 1 목록 기재 부동산(이하 '이 사건 부동산'이라 한다)은 위 파산선고

---

1) 서울고등법원 2001누11528호로 항소하였으나 원고가 소를 취하하였다.

당시 공영토건의 소유에 속한 재산으로서 파산재단을 구성하는데, 피고는 2000. 10. 27. 별지 제2목록 기재 각종 조세 합계 22,606,313,730원의 징수를 위한 체납처분으로서 이 사건 부동산을 압류하고(뒤에서는 이 압류처분을 '이 사건 압류처분'이라 한다), 압류등기를 촉탁하여, 같은 달 28. 그 등기가 마쳐지게 하였다.

2. 처분의 적법 여부

가. 원고의 주장

파산선고 후에는 새로운 체납처분이 허용되지 않는다 할 것이므로, 이 사건 압류처분은 압류할 수 없는 재산에 대하여 한 위법한 처분이다.

나. 파산선고 후 체납처분의 가부

파산법 제62조는 "파산재단에 속하는 재산에 대하여 국세징수법 또는 국세징수의 예에 의한 체납처분을 한 경우에는 파산선고는 그 처분의 속행을 방해하지 아니한다"라고 규정하는바, 이는 파산선고 전의 체납처분은 파산선고 후에도 속행할 수 있다는 것을 특별히 정한 규정으로서, 파산선고 후 새로운 체납처분을 하는 것은 허용되지 않는다는 취지로 해석함이 상당하다. 그리고 구 국세징수법(1999. 12. 28. 법률 제6053호로 개정되기 전의 것)은 제14조 제1항 제4호에서 납기전징수 사유 중 하나로 "(납세자가) 파산의 선고를 받은 때"를 들면서 제56조에서 "세무서장은 제14조 제1항 제1호 내지 제6호에 해당하는 경우에는 당해관서 · 공공단체 · 집행법원 · 집행공무원 · 강제관리인 · 파산관리인 또는 청산인에 대하여 국세 · 가산금과 체납처분비의 교부를 청구하여야 한다"라고 규정하였다(위 제14조 제1항 제4호는 위 개정시에 "어음법 및 수표법에 의한 어음교환소에서 거래정지처분을 받은 때"로 개정되었으나, 이 개정규정은 부칙 제1조, 제2조에 의하여 2000. 1. 1. 후 최초로 어음교환소에서 거래정지처분을 받는 분부터 적용되기 때문에, 1999. 6. 30. 파산선고를 받은 공영토건에는 적용될 여지가 없다. 한편, 위 개정은 '파산이 선고되면 파산법에 의한 청산절차가 진행되기 때문에 "파산의 선고를 받은 때"는 납기전징수사유로 실효성이 없다'는 이유로 이루어진 것이었다). 또한 조세채권에 기하여 파산선고 후에 체납처분을 할 수 있다는 취지의 명문규정은 없다.

위와 같은 점들을 종합하여 보면, 재단채권인 조세채권이라도 파산선고 전에 체납처분을 한 경우를 제외하고는 교부청구의 방법에 의하여 이를 실현하여야 하고, 파산선고 후에 새로운 체납처분을 하는 것은 허용되지 아니한다고 할 것이다.

다. 파산관재인이 교부청구에 불응하는 경우의 조치

한편, 피고는 원고가 교부청구 및 중간배당 요청에 불응하기 때문에 부득이 이 사건 압류처분을 하게 되었다고 주장하므로 위와 같은 경우 과세관청이 어떠한 조치를 취할 수 있는가 하는 점을 살피건대, 위와 같은 경우에 과세관청으로서는 당해 조세채권이 재단채권임의 확인을 구하는 소송을 제기할 수 있고, 그 밖에 파산법원에 대하여 파산관재인의 해임 등 감독권의 발동을 촉구하거나(파산법 제151조, 제157조 참조), 파산관재인에 대하여 선량한 관리자로서의 주의의무 위반을 이유로 손해배상을 청구할 수 있다고 할 것이다(파산법 제154조 참조). 그러나 파산관재인을 상대로 당해 조세채권의 이행을 구하는 소송을 제기하는 것은 허용되지 않는다고 보아야 하는바, 그러한 소송은 파산선고 후 새로운 체납처분이 허용되지 않는다는 원칙과 상충되기 때문이다.

라. 조세채권과 별제권 사이의 순위

피고는 또, 이 사건 압류처분을 불허하면 이 사건 부동산에 관하여 별지 제 2 목록 순번 1 내지 6 기재 조세채권의 법정기일(국세기본법 제35조 제 1 항 제 3 호에 규정된 기일)보다 늦게 근저당권을 설정받은 주식회사 하나은행이 별제권자로서 오히려 피고보다 우선하게 되어 불합리하다고 주장하므로, 위 조세채권과 위 근저당권 사이의 순위에 대하여 보건대, 국세의 법정기일 전에 저당권이 설정된 경우를 제외하고는 국세가 저당권에 우선하기 때문에(국세기본법 제35조 참조), 이 사건 압류처분의 가부에 관계없이 위 조세채권이 위 근저당권에 우선한다고 할 것이다. 따라서 위 근저당권의 존재는 이 사건 압류처분을 정당화할 사유가 되지 못한다.

마. 소결론

그러므로 파산선고 후 새로운 체납처분으로서 한 이 사건 압류처분은 위법하다.

재판장 판사 김수형 오현규 한애라

[해설]

파산재단 소속 재산에 대한 '국세징수법 또는 국세징수의 예에 의한 체납처분'이 이미 개시된 경우에는 파산선고에 의하여 영향을 받지 않고 그대로 속행된다(파산법 제62조). 2006. 4. 1.부터 시행된 신법 제349조 제 1 항은 파산선고 전에 파산재단에 속하는 재산에 대하여 이루어진 '국세징수법 또는 지방세법에 의하여 징수할 수 있는 청구권(국세징수의 예에 의하여 징수할 수 있는 청구권으로서 그 징수우선순위가 일반 파산채권보다 우선하는 것을 포함한다)에 기한 체납처분'에 한하여 속행되도록 규정을 정비하였다. 따라서 국세징수의 예에 의하여 징수할 수 있는 청구권이지만 그 징수우선순위가 일반채권보다 우선하지 않는 청구권은 위 조항에서 제외되게 되었다. 예를 들면 과태료 및 국유재산법상의 사용료 · 대부료 · 변상금채권 등이 있다.

한편 파산선고 후에 새롭게 체납처분을 개시할 수 있는가에 대하여는 파산법 제62조가 체납처분을 속행할 수 있는 것을 특별히 정하고 있으므로 반대해석상 파산선고 후의 체납처분은 허용되지 않는다는 것이 판례의 태도이었다(대법원 2003다

3768 판결, 대법원 2001두9486 판결). 신법 제349조 제2항은 판례의 해석을 반영하여 파산선고 후에는 새로운 체납처분을 할 수 없다는 규정을 추가하였다.

▶ 〈제63조〉 행정사건에 대한 효력

대법원 1963. 9. 12. **선고** 63누84 **판결 【행정처분취소】** [**집**11(2)**행**, 069]

【판결요지】

파산법 제63조 제1항의 "파산재단에 속하는 재산"은 그 재산이 형식상 파산재산에 속한 것이라고 인정되면 족하다.

【참조 조문】 파산법 제63조

【원고, 상고인】 사단법인 대한상이용사회

【피고, 피상고인】 서울관재국장

【원심】 서울고등법원 1963. 5. 9. 선고 62구356

【이유】 원고의 상고이유 중 본건 불하취소처분의 전제되는 소청심의회의 판정이 파산법 제63조의 규정에 위배된 것이고 위법한 판정에 인한 본건 행정처분도 무효 또는 취소되어야 할 것임에도 불구하고 원심이 권리의무의 변동없는 본건에 있어서 파산법 제63조의 적용이 될 수 없다고 판단한 것은 위법이라는 논지를 먼저 검토하여 본다

파산법 제63조 제1항에 의하면 파산재단에 속하는 재산에 관하여 파산선고 당시에 행정청에 계속하는 사건이 있는 때에는 그 절차는 수계 또는 파산절차의 해지에 이르기까지 중단된다고 규정하고 있어 그 법의는 파산재단에 속하는 재산에 관하여 행정청에 계속하는 사건에 있어 파산선고 후 파산관재인으로 하여금 그 절차를 수계하도록 하여 그 재산에 관한 파산재단의 이익을 주장할 수 있는 기회를 주기 위한 규정이라고 해석할 것이요 파산법 제63조에서 말하는 파산재단에 속하는 재산이라 함은 그 재산이 형식상 파산재단에 속한 것이라고 인정되면 족하며 반드시 실질적으로 파산재단에 속할 것을 요하는 것으로 볼 것이 아니므로 본건 재산이 형식상 사단법인 대한상이용사회의 권리에 속함을 전제로 하여 귀속재산 소청심의회의 판정절차 내지 그 판정에 의한 관재국장의 취소처분 절차에 관한 사건은 응당 위 파산법조의 파산재단에 속하는 재산에 관하여 파산선고 당시에 행정청에 계속하는 사건이라고 할 것이다. 그러므로 위의 해석과 반대의 견해로 본건에 있어서는 어떠한 행정처분으로 인하여 권리 의무의 변동이 있을 때에 한하여 파산법 제63조의 적용이 있을 것이라는 전제하에 원고의

항변을 배척한 것은 위 파산법의 법리를 잘못 해석한 위법이 있다 할 것이고 원판결은 이 점에서 파기될 수밖에 없고 원심으로 하여금 본건 행정사건에 관하여 위 상이용사회의 파산선고에 의한 절차의 수계여부를 심리재판하기 위하여 나머지 상고이유에 대한 판단을 생략하고 관여한 법관원의 일치된 의견으로 주문과 같이 판결한다.

대법관 양회경(재판장) 사광욱 홍순엽 방순원 최윤모 나항윤 이영섭

[해설]

파산재단 소속 재산에 관하여 파산선고 당시 행정청에 사건이 계속되어 있으면 그 절차는 파산관재인에 의한 수계 또는 파산절차의 종료가 있을 때까지 중단된다(파산법 제63조 제 1 항). 여기서 파산재단 소속 재산이란 그 재산이 형식상 파산재단에 속한 것이라고 인정되면 족하며 반드시 실질적으로 파산재단에 속할 것을 요하는 것은 아니라는 것이 판례이다.

7. 부 인 권

▶ 〈제64조〉 부인권일반론

(1) **대법원** 2005. 11. 10. **선고** 2003다2345 **판결【근저당권설정계약부인등】[공보불게재]**

【원고, 피상고인】 파산자 동서호라이즌증권 주식회사의 파산관재인 강정완 (소송대리인 법무법인 광장 담당변호사 박준서)

【피고, 상고인】 농업협동조합중앙회 (소송대리인 변호사 이건웅 등)

【원심판결】 서울고등법원 2002. 11. 28. 선고 2001나9955 판결

【주문】 상고를 기각한다. 상고비용은 피고가 부담한다.

【이유】 1. 원심이 인정한 사실관계와 판단의 요지

가. 원심은 그의 채용 증거들을 종합하여 다음과 같은 사실을 인정하였다.

(1) 동서증권 주식회사(1998. 5. 28. 동서호라이즌증권 주식회사로 상호가 변경되었다. 이하 '동서증권'이라고 한다)는 피고에게 각 액면 200억 원 상당의 약속어음을 발행·교부한 후 한국은행에 개설되어 있는 피고의 지급준비금 계좌에서 동서증권의 지급준비금 계좌로 이체하는 방법을 사용하여 피고로부터 1997. 11. 25. 200억 원(이율 연 16.7%, 만기 1997. 12. 8., 이하 '1차 대출금'이라고 한다), 1997. 12. 1. 200억 원(이율 연 13.7%, 만기 1997. 12. 9., 이하 '2차 대출금'이라고 한다)의 각 단기콜자금을 대출받았다.

(2) 한편, 동서증권은 1997. 10. 21. 피고에게 액면 1백억 원의 약속어음을 발행·교부하고 기업어음 할인자금으로 1백억 원(만기 1997. 12. 23.)을 대출받았다.

(3) 피고는, 1차 대출금에 대한 약속어음의 만기가 도래한 1997. 12. 8. 이 사건 각 부동산에 관하여 채권최고액 520억 원의 근저당권설정계약을 체결한 다음 이미 만기가 도래한 1차 대출금 2백억 원을 예탁금(이율 연 5%, 만기 없음)으로 전환하

여 예치하였고, 1997. 12. 9. 20:51경 단기콜자금 2백억 원(이율 연 25%, 만기 1997. 12. 10.)을 대출한 후 22:43경 이미 교환에 돌린 2차 대출금에 대한 약속어음금을 지급받았다. 피고는 그 후 1997. 12. 10. 16:52경 위 12. 9.자 단기콜자금 2백억 원을 회수하고 다시 2백억 원(만기 1997. 12. 11.)을 대출하였으며 1997. 12. 11. 18:16경 다시 위 12. 10.자 2백억 원을 회수하고 2백억 원(만기 1997. 12. 12.)을 대출하였으나 이는 동서증권의 부도로 상환받지 못하였다.

(4) 피고는 1997. 12. 10.부터 1997. 12. 12.까지 사이에 위 각 부동산에 관하여 위 근저당권설정계약에 따라 자기 명의로 이 사건 각 근저당권설정등기를 경료하였다.

나. 원심은 나아가 그의 채용 증거들을 종합하여, 동서증권이 위 각 근저당권설정계약 당시 재무상태가 악화되어 있었던 사실, 모그룹인 극동그룹의 재정적 위기로 인한 탈법적 자금지원, 단기차입금의 부담 가중, 고정자산의 과다 보유로 스스로 유동성 부족을 초래하였고, 고려증권 부도 이후 예탁금의 계속적인 인출이 있었으나 그 인출사태가 호전될 기미도 없었던 사실, 단기차입금의 만기가 연달아 도래하였으나 추가적인 자금조달도 어려웠고, 위 각 근저당권설정계약 후 바로 4일만에 지급정지에 이르게 되었던 사실, 1997. 12. 11.자 예탁금 대량 인출이 없었더라도 당시의 재정상황 및 금융여건에 비추어 지속적인 예탁금 인출로 인하여 조만간 부도가 예견되었던 사실 등을 인정한 다음, 이 사건 근저당권설정계약이 파산법 제64조 제 1 호의 파산채권자를 해함을 알고 한 행위에 해당한다고 보아, 부인권을 행사하여 이 사건 각 근저당권의 부인등기를 구하는 원고의 주위적 청구를 받아들였다.

2. 상고이유 제 1 점에 대하여

가. 파산법상의 일반적인 파산원인은 지급불능에 있으며, 지급정지가 있는 경우에는 지급불능이 추정되고, 부채초과는 파산법상 법인과 상속재산에 관한 부가적 파산원인에 지나지 않을 뿐이며, 지급불능은 채무자가 변제능력의 결핍으로 인하여 즉시 변제하여야 할 채무를 일반적, 계속적으로 변제할 수 없다고 인정되는 객관적 상태를 의미하므로, 재산이 부족하다고 하더라도 신용이나 노력 내지 기능에 의하여 지급수단을 조달할 수 있으면 변제능력의 결핍은 아니고, 반대로 채무를 초과하는 재산이 있더라도 용이하게 환가할 수 없기 때문에 지급수단을 조달할 수 없으면 변제능력의 결핍으로 볼 수 있다.

한편, 회사의 재무제표에는 장부에 반영되지 아니한 보증채무 등 이른바 우발채무가 모두 반영되지 아니할 수도 있고, 파산절차에서 채권의 추심, 부동산 매각 등 회사의 자산의 처분 가격이 재무제표상의 평가액에 미치지 못하는 경우가 많으며, 영업 중단 등으로 인한 설비나 재고자산의 산일과 진부화로 자산의 축소가 따르기 마련인 점과, 상대방으로서도 위기상황에 처한 회사와 거래함에 있어서는 위와 같은 사정을 감안하고 거래에 임하기 마련인 점 등에 비추어 보면, 해당 행위 당시 대차대조표 등 재무제표상 부채의 총액이 자산의 총액에 미치지 아니하는 상태(이하 '자산초과상태'라고 한다)였다고 하여, 반드시 유해성 혹은 상당성이 부정되어 파산법상 부인권 행사를 할 수 없다고 볼 것은 아니다.

따라서 채무자의 일반재산의 유지·확보를 주된 목적으로 하는 채권자취소권의 경우와는 달리, 이른바 편파행위까지 규제 대상으로 하는 파산법상의 부인권 제도에 있어서는 반드시 해당 행위 당시 부채의 총액이 자산의 총액을 초과하는 상태(이하 '부채초과상태'라고 한다)에 있어야만 행사할 수 있다고 볼 필요도 없고, 행위 당시 자산초과상태였다 하여도 장차 파산절차에서 배당재원이 공익채권과 파산채권을 전부 만족시킬 수 없는 이상, 그리고 그러한 개연성이 존재하는 이상, 일부 특정 채권자에게만 변제를 한다거나 담보를 제공하는 것은 다른 채권자들이 파산절차에서 배당받아야 할 배당액을 감소시키는 행위로서 부인권 행사를 할 수 있다 할 것이다.

원심의 인정과 판단을 기록에 비추어 살펴보면, 증권감독원이 1997. 12. 31.을 기준으로 실시한 동서증권에 대한 자산실사 결과나, 삼일회계법인이 동서증권을 인수할 의향을 보였던 국민은행의 의뢰에 따라 1998. 1. 17.을 기준으로 실시한 자산실사 결과는 모두 동서증권이 자산초과상태에 있는 것으로 조사되어 있으나, 위 각 자산실사에 있어서 우발채무가 모두 고려되었다고 보기는 어렵다고 본 원심의 인정은 정당하고 거기에 채증법칙 위배 등의 잘못이 없으며, 이와 같은 사실인정을 기초로 하여 편파행위에 의한 파산법 제64조 제 1 호의 부인을 이유로 한 원고의 청구를 받아들인 원심의 판단은 정당하며, 거기에 소론과 같은 위법이 없다.

나. 파산법상 부인의 대상이 되는 행위가 파산채권자에게 유해하다고 하더라도 행위 당시의 개별적·구체적 사정에 따라서는 당해 행위가 사회적으로 필요하고 상당하였다거나 불가피하였다고 인정되어 일반 파산채권자가 파산재단의 감소나 불공평을 감수하여야 한다고 볼 수 있는 경우가 있을 수 있고, 그와 같은 예외적인 경우에는 채권자 평등, 채무자의 보호와 파산 이해관계의 조정이라는 파산법의 지도이념이나 정의관념에 비추어 파산법 제64조 소정의 부인권 행사의 대상이 될 수 없다고 보아야 할 것이며, 여기에서 그 행위의 상당성 여부는 행위 당시의 파산자의 재산 및 영업 상태, 행위의 목적·의도와 동기 등 파산자의 주관적 상태를 고려함은 물론, 변제행위에 있어서는 변제자금의 원천, 파산자와 채권자와의 관계, 채권자가 파산자와 통모하거나 동인에게 변제를 강요하는 등의 영향력을 행사하였는지 여부 등을 기준으로 하여 신의칙과 공평의 이념에 비추어 구체적으로 판단하여야 한다(대법원 2002. 8. 23. 선고 2001다78898 판결 참조).

원심은 그 판시와 같은 사실을 인정한 다음, 그에 터 잡아, 이 사건 각 근저당권설정계약이 오로지 동서증권의 이익을 위한 행위에 해당한다고 볼 수는 없는 점, 동서증권은 피고로부터 1997. 12. 8. 및 12. 9.에 각 만기가 도래한 1차 대출금 및 2차 대출금의 회수를 요구받고 부도 위기에 빠진 상태에서 어쩔 수 없이 1차 대출금을 투자자보호기금의 보호대상이 되는 예탁금으로 전환해 주고 위 각 근저당권설정계약을 체결하기로 하여 관련 서류를 교부한 다음 영업시간이 지난 시각에 200억 원을 대출받아 이미 교환에 돌린 2차 대출금에 대한 약속어음의 액면 상당액을 입금하고 1일 단위로 회수와 대출을 반복하는 방법으로 거래하였던 것으로 피고의 위 각 근저당권설정계약은 신규로 대출하는 금원에 담보를 제공하는 형식을 취하였으나 그 실질에 있어서는 기한을 유예하는 방법으로 이루어졌던 점, 위 예탁금 및 대출금의 용도가 기존 대출금의 기한의 유예를 통해 부도를 늦추기 위한 것이었을 뿐 영업의 계속에 필요한 자금으로 사용되었던 것이 아닌 점 등에 비추어 볼 때, 위 근저당권설정계약이나 이에 따른 대출행위는 사회적으로 상당하고 불가피하여 일반 파산채권자가 그로 인한 파산재단의 감소나 불공평을 감수하여야 할 경우라고 보기 어렵다는 이유로, 근저당권 설정계약이 부당성을 결한 것이라는 피고의 주장을 배척하였는바, 기록에 비추어 살펴보면 원심의 인정과 판단은 정당하고, 거기에 법리오해나 채증법칙을 위반하는 등으로 사실을 오인한 등의 위법이 없다.

3. 상고이유 제 2 점에 대하여

가. 파산법 제64조 제 1 호에서 정한 부인의 대상으로 되는 행위인 '파산자가 파산채권자를 해함을 알고 한 행위'에는 총채권자의 공동담보가 되는 파산자의 일반재산을 절대적으로 감소시키는 이른바 사해행위뿐만 아니라 특정한 채권자에 대한 변제나 담보의 제공과 같이 그 행위가 파산자의 재산관계에 영향을 미쳐 특정한 파산채권자를 배당에서 유리하게 하고 다른 파산채권자와의 공평에 반하는 이른바 편파행위도 포함되나, 한편 위와 같은 고의부인이 인정되기 위해서는 주관적 요건으로서 파산자가 '파산채권자를 해함을 알 것'을 필요로 하는바, 파산법이 정한 부인대상행위 유형화의 취지를 몰각시키는 것을 방지하고 거래 안전과의 균형을 도모하기 위해서는, 특정채권자에게 변제하거나 담보를 제공하는 편파행위를 고의부인의 대상으로 할 경우, 파산절차가 개시되는 경우에 적용되는 채권자평등의 원칙을 회피하기 위하여 특정채권자에게만 변제 혹은 담보를 제공한다는 인식이 필요하다고 보아야 할 것임은 소론과 같다.

나. 이에 관해 원심은, 동서증권이 위 각 근저당권설정계약 당시 재무상태가 악화되어 있었고, 모그룹인 극동그룹의 재정적 위기로 인한 탈법적 자금지원, 단기차입금의 부담 가중, 고정자산의 과다 보유로 스스로 유동성 부족을 초래하였으며, 고려증권 부도 이후 예탁금의 계속적인 인출이 있었으나 그 인출사태가 호전될 기

미도 없었고, 단기차입금의 만기가 연달아 도래하였으나 추가적인 자금조달도 어려웠으며, 위 각 근저당권설정계약 후 바로 4일 만에 지급정지에 이르게 되었고, 1997. 12. 11.자 예탁금 대량 인출이 없었더라도 당시의 재정상황 및 금융여건에 비추어 지속적인 예탁금 인출로 인하여 조만간 부도가 예견되었던 점 등 그 채용 증거들에 의해 적법하게 인정한 사실관계에 근거하여, 동서증권에게는 파산채권자를 위한 공동담보인 책임재산이 감소하여 그 평등을 저해한다는 인식이 있었다고 판단하는 한편, 극동건설의 1997. 12. 10.자 자구계획 발표로 인한 예탁금의 대량 인출이 부도 원인이 되었더라도, 모기업인 극동건설도 자금사정이 악화되어 자구계획을 발표할 수밖에 없었던 상황이었고 이러한 극동건설의 자금사정 악화는 계열사들에게 부당 자금지원을 했던 동서증권에게도 영향을 주게 되는 것이어서 이로 인한 동서증권의 부도는 이미 금융기관들 사이에서 예견되었다고 볼 것인 점, 피고도 금융기관으로서 동서증권의 위와 같은 재정상황을 누구보다도 잘 알고 있었다고 볼 것인 점, 피고는 실제 동서증권의 부도를 예견하고 기존의 1차 대출금채무를 증권투자자기금의 보호를 받을 수 있는 예탁금으로 전환하는 한편 2차 대출금채무의 회수와 대출을 반복하는 방법으로 실제로는 기한의 유예를 주었던 점 등에 비추어, 피고로서도 위 각 근저당권설정계약 당시 그것이 다른 파산채권자들 사이에 평등을 저해하는 편파행위에 해당함을 인식하고 있었음을 추단할 수 있고 달리 피고가 그 당시 파산채권자를 해하게 되는 사실을 알지 못하였음을 인정할 증거가 없다고 판단하였다.

다. 원심의 위 판시는 결국 동서증권 및 피고가 임박한 지급정지를 예견한 상태에서, 장차 파산절차가 개시되는 경우에 적용되는 채권자평등의 원칙을 회피하기 위하여 위 각 근저당권설정행위를 하였다고 본 것이므로, 그 표현에 다소 미흡한 점은 있으나, 위 가.항에서 본 법리에 입각하여 판단한 것으로서 여기에 상고이유가 주장하는 법리오해 등의 위법이 없다 할 것이다.

4. 상고이유 제 3 점에 대하여

원심은 이 사건 각 근저당권설정계약이 고의부인의 대상이 된다고 판단하였을 뿐, 위기부인의 요건에 대하여는 판단한 바 없으므로, 결과적으로 고의부인에 관한 원심의 판단이 정당하다고 인정되는 이상, 위 각 근저당권설정계약이 위기부인 대상의 요건에 해당하지 아니한다는 취지의 주장은 적법한 상고이유가 될 수 없다.

5. 상고이유 제 4 점에 대하여

이 점에 관한 상고이유의 요지는 동서증권에 대한 파산선고 결정문에서 파산원인으로 동서증권의 부채초과만을 적시하고 있고, 동서증권은 이 사건 지급정지 및 근저당권 설정계약 당시에는 자산초과 상태였으나 그 후의 사정으로 부채초과 상태로 된 것이므로, 지급정지 및 근저당권설정 당시의 위기상황과 파산선고 사이에는 인과관계가 없고, 따라서 고의부인을 인정한 원심의 인정 및 판단이 위법하다는 것인바, 앞서 본 바와 같이 부채초과는 법인의 경우에 부가적인 파산원인일 뿐인바, 파산법원은 파산결정을 함에 있어 파산원인에 관한 신청인의 주장에 기속되지 아니할 뿐 아니라 당시 존재하는 모든 파산원인을 적시할 필요도 없으므로, 파산선고 결정문에 파산원인으로 기재된 사유가 부채초과뿐이라 하여 파산자가 지급불능의 상태에 처하지 아니하였다는 판단이 포함되어 있다고는 볼 수 없고, 고의부인은 채무자가 실질적 위기상황에 처한 상태에서 행한 행위를 대상으로 하는 것일 뿐이어서 파산원인이 무엇인지에 따라 그 해당 시기나 대상이 달라지는 것은 아니므로, 원심이 적법하게 인정한 바와 같이 파산자인 동서증권이 이 사건 각 근저당권 설정계약 당시 실질적인 위기상황에 처하였던 이상, 당시 부채초과 여부는 부인권 행사를 인정함에 아무런 영향을 미칠 수 없다.

결국, 동서증권이 이 사건 각 근저당권설정계약 당시 이미 위기상태에 처하였고 그 후 계속적, 상시적인 변제능력을 회복하여 지급정지 상태가 해소된 것으로 볼 수는 없다는 취지에서 피고의 주장을 배척한 원심의 판단은 옳고, 거기에 상고이유 주장과 같은 위법이 없다.

대법관 이규홍(재판장) 박재윤 양승태(주심)

(2) **대법원** 1996. 9. 20. **선고** 95**다**49394 **판결【부인권행사】[공보불게재]**

【판결요지】

지급정지 전 30일 전에 이루어진 매매계약이 파산법 제64조 제4호 소정의 행위에 해당하지만 상대방이 다른 파산채권자를 해하게 되는 사실을 알지 못하였던 사실을 인정할 수 있으므로 부인권 행사의 대상이 될 수 없다.[1)]

【참조 조문】 파산법 제64조, 제75조, 민법 제108조

【원고, 상고인】 파산자 주식회사 신동아종합인쇄의 파산관재인 이해우

【피고, 피상고인】 甲 외 1인

【원심판결】 서울고등법원 1995. 10. 12. 선고 94나8152 판결

【주문】 상고를 기각한다. 상고비용은 원고의 부담으로 한다.

【이유】 상고이유를 판단한다.

원심판결 이유에 의하면 원심은, 파산자 주식회사 신동아종합인쇄(이하 파산자

---

1) 제64조 제4호는 다음과 같은 특징이 있다. 첫째, 시기적으로 파산신청 또는 지급정지가 있기 60일 이내의 행위도 부인가능하고, 둘째, 파산자의 행위가 의무에 속하지 않는 행위를 대상으로 한다. 셋째, 상대방의 선의는 지급정지 또는 파산신청이 있은 사실을 알지 못한 경우 외에도 행위 당시 파산채권자를 해하게 되는 사실을 알지 못한 때에도 부인권 행사에서 제외된다. 그러나 수익자가 선의의 증명책임을 부담하는 것은 제64조 제1호, 제64조 제3호와 같다.

라고 한다)는 1984. 1. 12. 설립되어 지류 및 제지원료 판매업에 종사하여 오다가 1992. 2. 24. 거래은행인 소외 주식회사 조흥은행으로부터 수표부도 등의 이유로 거래정지처분을 받고 그 시경 폐업한 사실, 파산자의 채권자인 소외 한성지업 주식회사의 신청에 의하여 서울지방법원은 1992. 12. 24. 12:00경 파산자에 대하여 파산선고를 하고, 원고를 파산관재인으로 선임한 사실, 한편 같은 해 2. 1. 파산자는 피고 甲과의 사이에 파산자가 위 피고에 대한 금 1억 2천만 원의 차용금채무를 담보하기 위하여 파산자가 위 피고에게 이 사건 기계 및 비품을 대금 1억 2천만 원으로 정하여 매도하되, 파산자가 점유개정의 방법으로 이를 계속 점유·사용하고, 같은 해 3. 31.까지 파산자가 위 채무를 변제하면 이 사건 기계 및 비품의 소유권을 회복하기로 하는 이 사건 매매계약을 체결하였으나, 파산자가 1992. 3. 31.까지 위 채무를 변제하지 못하자, 위 피고는 같은 해 4. 20. 피고 대성인쇄지기 주식회사(이하 피고 회사라고 한다)에게 이 사건 기계 및 비품 중 그 판시 인쇄기를 제외한 나머지를 대금 1억 원에 매도한 사실 등을 인정한 다음, 이 사건 매매계약 당시 파산자는 피고 甲에 대하여 금 2천만 원의 채무밖에 없었음에도 불구하고 장차 다른 채권자들로부터의 강제집행을 면하기 위하여 위 피고와 통정하여 마치 위 피고에 대한 채무가 금 1억 2천만 원이나 되는 것으로 가장하여 이 사건 매매계약을 체결한 것이므로 이는 통정허위표시로서 무효이고, 피고 회사는 이 사건 매매계약이 위와 같은 경위로 체결되었다는 사정을 잘 알면서 피고 甲과 위 매매계약을 체결한 것이므로 원고는 파산법 제64조 제 2 호 내지 제 5 호, 제75조 제 1 항에 의하여 파산자와 피고 甲 사이의 이 사건 매매계약 및 피고들 사이의 1992. 4. 20.자 매매계약을 부인한다는 원고의 주장에 대하여, 원심은 그 내세운 증거에 의하여, 피고 甲은 파산자에게 1991. 9. 30. 금 7천만 원, 1992. 1. 21. 금 2,000만 원을 대여한 상태에서 파산자가 위 피고에게 다시 추가대여를 요구하자 위 피고는 1992. 1. 31. 다시 금 3천만 원을 대여함으로써 이 사건 매매계약 당시 파산자는 위 피고에 대하여 금 1억 2천만 원의 채무가 실제로 있었던 사실, 1991. 12. 31.자를 기준으로 한 파산자의 대차대조표상 이 사건 기계 및 비품의 가격이 그 판시와 같은 금액으로 기재되어 있으나 이는 위 기계 및 비품에 대하여 몇 년간 감가상각을 하지 아니한 채 그 가격을 평가하였기 때문에 실제 가격은 그 평가액보다 훨씬 낮은 사실, 피고 甲은 이 사건 매매계약 당시 위 매매계약으로 인하여 파산자의 다른 채권자들을 해하게 된다는 점을 알지 못하였던 사실 등을 인정하고, 이에 터 잡아 그 판시와 같은 이유로, 파산자와 피고 甲 사이에 체결된 이 사건 매매계약이 허위의 채무를 가장한 통정허위표시로서 무효라거나 이 사건 매매계약이 파산법 제64조 제 2 호 내지 제 5 호 소정의 부인권 행사의 대상이 되는 행위임을 전제로 한 원고의 이 사건 청구를 모두 배척하였는바, 이를 기록과 대조하여 살펴보면, 원심의 위와 같은 사실 인정과 판단은 옳다고 여겨지고, 거기에 상고이유의 주장과 같은 채증법칙을 위배하여 사실을 오인한 위법이나, 파산법 제64조 제2호 및 제5호 소정의 부인권 행사의 대상이 되는 행위에 관한 법리오해의 위법이 있다고 할 수 없다.

그리고, 상고이유의 주장은 이 사건 매매계약은 파산자가 파산채권자를 해함을 알고 한 행위이므로 파산법 제64조 제1호 소정의 부인권 대상이 된다고 주장하나, 이는 원심에서 주장한 바가 없는 새로운 것일 뿐만 아니라, 가사 파산자가 파산채권자를 해함을 알고 이 사건 매매계약을 체결한 것이라고 하더라도, 원심이 확정한 바와 같이 피고 甲이 이 사건 매매계약 당시 위 매매계약으로 인하여 파산자의 다른 채권자들을 해하게 된다는 점을 알지 못하였다면, 이 사건 매매계약은 파산법 제64조 제1호 소정의 부인권 행사의 대상이 되는 행위에 해당하지 아니하므로 위 상고이유의 주장은 어느 모로 보나 이유 없다고 할 것이다.

대법관 박만호(재판장) 박준서 김형선(주심)

▷ 〈**원심판결**〉 **서울고등법원** 1995. 10. 12. **선고** 94**나**8152 **판결**

【원고, 항소인】 파산자 주식회사 신동아종합인쇄의 파산관재인 이해우

【피고, 피항소인】 甲, 대성인쇄지기 (소송대리인 변호사 유상현)

【변론종결】 1995. 9. 21.

【원심판결】 서울지방법원 1994. 1. 26. 선고 93가합4491 판결

【주문】 원고의 항소를 각 기각한다. 항소비용은 원고의 부담으로 한다.

【청구취지 및 항소취지】 원심판결을 취소한다. 별지 목록 기재 각 기계 및 비품에 관하여 파산자 주식회사 신동아종합인쇄와 피고 甲 사이에 1992. 2. 1. 체결된 매매계약 및 피고 甲과 피고 대성인쇄지기주식회사 사이에 같은 해 4. 20. 체결된 매매계약을 각 부인한다. 원고에게, 피고 甲은 원고에게 금 1억 원 및 이에 대한 1993. 2. 1.부터 이 사건 소장부본 송달일까지는 연 5푼, 그 다음날부터 완제일까지는 연 2할 5푼의 각 율에 의한 금원을 지급하고(원고는 원심에서 위 금원에 대한 지연손해금으로 1992. 2. 3.부터 이 사건 소장부본송달일까지는 연 5푼, 그 다음날부터 완제일까지는 연 2할 5푼의 각 율에 의한 금원의 지급을 구하다가 당심에 이르러 위와 같이 청구취지를 변경하였다), 피고 대성인쇄지기주식회사는 별지 목록 기재 각 기계 및 비품을 인도하라.

【이유】 1. 기초사실

가. 파산자 주식회사 신동아종합인쇄(이하 파산자회사라 한다)는 1984. 1. 12. 설립되어 지류 및 제지원료 판매업에 종사하여 오던 회사로서, 영업부진으로 인하여 1992. 1.말경부터 자금사정이 좋지 않다가 거래은행인 소외 주식회사 조흥은행에

자신이 발행한 약속어음 및 수표의 결제자금을 입금시키지 못한 까닭에 마침내 1992. 2. 24. 위 소외은행으로부터 거래정지처분을 받고 그시경부터 폐업하였다.

나. 이에 파산자회사의 채권자인 소외 한성지업주식회사가 1992. 8.경 파산자회사에 대하여 서울지방법원 92하4호로서 파산선고신청을 하였고, 위 법원은 같은 해 12. 24. 12:00경 파산자회사에 대하여 파산선고를 하는 한편, 원고를 파산자회사의 파산관재인으로 선임하였다.

다. 파선전 파산자회사의 자산으로는 1991. 12. 31.자 대차대조표상 예금 및 외상매출금 등의 당좌자산 합계 금 289,606,382원, 제품 등 재고자산 합계 금 128,000,850원, 임차보증금 등 투자 기타자산 합계 금 38,197,700원, 기계장치, 차량운반구등 고정자산 합계 금 484,840,089원 총합계 금 943,218,805원이 있는 것으로 되어 있었고, 위 1992. 2. 24.경 파산자회사의 채무는 소외 한성지업주식회사에 대한 물품대금채무 금 181,789,187원 등 합계 금 6억 원 정도가 있었다.

라. 그런데, (1) 파산자회사는 위 파산선고가 있기 전인 1992. 2. 1. 피고 甲과의 사이에 파산자회사의 위 피고에 대한 금 1억 2천만 원의 차용금채무의 지급을 담보하기 위하여 파산자회사가 위 피고에게 위 다.항 기재 기계장치, 차량운반장비 등 고정자산 중 별지 목록 기재 각 기계 및 비품(이하 이 사건 각 기계 및 비품이라 한다)을 대금을 금 1억 2천만 원으로 정하여 매도하되, 파산자회사가 점유개정의 방법으로 이를 계속 점유 사용하고 1992. 3. 31.까지 금 1억 2천만 원을 위 피고에게 변제하면 이 사건 각 기계 및 비품의 소유권을 회복하기로 하는 내용의 매매계약(이하 이 사건 매매계약이라 한다)을 체결하였고, (2) 그 후 파산자회사가 위에서 본 바와 같이 폐업을 하는 등으로 인하여 위 1992. 3. 31.까지 피고 甲에게 금 1억 2천만 원을 변제하지 못하자, 피고 甲은 1992. 4. 20. 피고 대성인쇄지기주식회사에게 이 사건 각 기계 및 비품 중 별지 목록 기계류 8항 기재 인쇄기를 제외한 나머지 기계 및 비품을 금 1억 원에 매도하였다(다만, 위 매매대금 중 금 6천만 원은 추후에 파산자회사의 실질적 사주이던 소외 乙로부터 변제받기로 약정하였다. 별지 목록 기계류 8항 기재 인쇄기는 파산자회사가 1991. 12. 10. 소외 주식회사 양지로부터 금 110,000,000원에 외상으로 매수한 것으로서 그 매매계약당시 1992. 5. 31. 대금을 완납할 때까지는 미지급 대금부분에 해당하는 부분은 위 소외회사에게 그 소유권을 유보시키기로 약정하였던 까닭에 이 사건 매매계약 당시 피고 甲은 추후라도 파산자회사가 피고 甲에게 금 2천만 원을 변제하면 위 인쇄기를 파산자회사에게 반환하기로 약정하였고, 한편 파산자회사가 위 매매대금의 대부분을 지급하지 못한 상태에서 피고 甲과 이 사건 매매계약을 체결한 다음 파산자회사가 폐업하기에 이르자 소외 주식회사 양지가 1992. 3. 10. 파산자회사의 실질적 사주이던 소외 乙을 사기 및 강제집행면탈죄로 고소하는 등 분쟁이 발생하였기 때

문에 이를 피고들 사이의 위 1992. 4. 20.자 매매계약의 목적물에서 제외시켰고, 그 후 피고 甲은 위 약정에 따라 위 소외 乙로부터 금 2천만 원을 변제받기로 하고 위 인쇄기를 소외 주식회사 양지에게 인도하였다).

마. 한편, 파산자회사의 위 자산 중 예금은 소외 주식회사 조흥은행의 지급정지가 있을 즈음 위 소외은행의 파산자회사에 대한 대출금채권과 상계처리되었고, 외상매출금채권 중 금 101,992,261원과 임차보증금 중 금 18,000,000원 합계 금 119,992,261원의 채권은 같은 달 27.경 미지급 임금 및 퇴직금의 지급을 위하여 종업원들에게 양도되었으며, 고정자산 중 이 사건 각 기계 및 비품을 제외한 차량운반구 등 나머지부분도 1992. 2.경부터 같은 해 5.경까지 사이에 파산자회사의 임직원들에게 양도되어, 위 파산선고가 있을 즈음 파산자회사의 자산은 거의 없게 되었다.

2. 원고 주장의 청구원인

원고는 이 사건 청구원인으로 다음과 같이 주장한다. 즉, 이 사건 매매계약을 체결할 때, 파산자회사의 피고 甲에 대한 채권은 금 2천만 원에 불과하였음에도 불구하고, 당시 채무초과상태에 있었을 뿐만 아니라 영업이 부진하여 지급정지상태에 있던 파산자회사는 장차 파산자회사의 채권자들로부터의 강제집행을 면하기 위하여 피고 甲과 통정하여 자신의 위 피고에 대한 채권을 금 1억 2천만 원으로 가장하여 이 사건 매매계약을 체결하였으므로 이는 통정허위표시로서 무효이다. 한편, 피고 대성인쇄지기주식회사는 이 사건 매매계약이 위와같은 경위로 체결되었다는 사정을 잘 알면서 피고 甲과 위 1의 라.(2)항 기재 1992. 4. 20.자 매매계약을 체결하였다. 따라서, 원고는 파산법 제64조 제2 내지 5호, 제75조 제1항에 의하여 이 사건 매매계약 및 피고들 사이의 위 1992. 4. 20.자 매매계약을 부인하고, 이 사건 각 기계 및 비품을 원상회복시키는 한편, 피고 甲으로부터 금 1억 원을 지급받기 위하여 이 사건 청구에 이르렀다(다만, 원고가 피고 대성인쇄지기주식회사에 대하여 이 사건 각 기계 및 비품의 인도를 구하면서 이와 함께 피고 甲에 대하여 금 1억 원의 지급을 구하는 근거는 불분명하다).

3. 판단

가. (1) 먼저 이 사건 매매계약이 파산법 제64조 제2 내지 5호 소정의 부인권 행사의 요건을 갖추고 있는지에 관하여 보기로 한다. 파산법 제64조 제3호는 파산자의 친족 또는 동거자를 상대방으로 하는 행위를 대상으로 하는 것이어서 파산자가 주식회사인 이 사건의 경우에 그 적용이 없음이 분명하고, 문제는 이 사건 매매계약이 파산법 제64조 제2, 4, 5호 소정의 요건을 충족하는지의 여부인데, 이 사건의 경우 위 1의 나. 및 라.항에서 본 바와 같이 이 사건 매매계약은 파산자회사에 대한 파산신청이 있기 이전에 이루어졌으므로 위 매매계약 체결당시 과연 파산자회사가 지급정지를 하였는지가 판단의 전제가 된다.

(2) 파산법 제65조 제2, 4, 6호 소정의 “지급정지”라 함은 일반적이고 계속적으로 변제능력이 없음을 외부에 표시하는 파산이 있기 전 파산자의 명시적 또는 묵시적인 행위를 말한다. 그런데, 이 사건의 경우 이 사건 매매계약 체결 당시는 물론, 그 전에 파산자회사가 위와 같은 지급정지를 하였다는 점에 관하여 이를 인정할 만한 아무런 증거가 없으므로, 이에 따라 파산자가 지급정지 또는 파산신청이 있은 후에 한 행위를 대상으로 하는 파산법 제64조 제2호는 이 사건에는 그 적용이 없다. 다만, 위 1항에서의 인정사실에 의하면, 파산자회사는 그가 소외 주식회사 조흥은행으로부터 거래정지처분을 받은 1992. 2. 24.에 이르러서는 지급정지를 하였다고 봄이 상당하다 할 것인바, 결국 이 사건 매매계약이 파산법 소정의 부인권 행사의 대상이 되는가는 위 매매계약이 파산법 제64조 제5호 소정의 파산자가 그 지급정지 전 6월 내에 한 무상행위 또는 이와 동시하여야 할 유상행위에 해당하는지, 또는 파산법 제4호 소정의 파산자가 지급정지전 30일 내에 한 담보의 제공 또는 채무소멸행위로서 파산자의 의무에 속하지 아니하거나 그 방법 또는 시기가 파산자의 의무에 속하지 아니하는 것인지의 여부에 달려 있다.

나. 먼저 이 사건 매매계약이 파산법 제64조 제5호 소정의 파산자가 그 지급정지전 6월 내에 한 무상행위 또는 이와 동시하여야 할 유상행위에 해당하는지에 관하여 보면, 위 1항에서 배척한 증거들을 제외하고는 원고 주장과 같이 파산자회사가 그의 피고 甲에 대한 채무가 금 2천만 원에 불과함에도 불구하고 이를 금 1억 2천만 원으로 가장하여 이 사건 매매계약을 체결하였다는 점을 인정할 만한 아무런 증거가 없으므로(오히려 뒤에 다.항에서 보는 바와 같이 이 사건 매매계약은 파산자회사가 피고 甲으로부터 실제로 차용한 금 1억 2천만 원의 변제를 위한 것이었던 사실이 인정된다) 위 매매계약이 위 법조 소정의 무상행위 또는 이와 동시하여야 할 유상행위에 해당함을 전제로 한 원고의 주장은 이유없다.

다. 나아가 이 사건 매매계약이 파산법 제64조 제4호 소정의 파산자가 지급정지전 30일 내에 한 담보의 제공 또는 채무소멸행위로서 파산자의 의무에 속하지 아니하거나 그 방법 또는 시기가 파산자의 의무에 속하지 아니하는 것인지에 관하여 보기로 한다. 살피건대, 위 1의 라.(1)항에서의 인정사실 및 지급정지시기에 관한 위 나.의 (1)항에서의 당원의 판단을 전제로 할 때 이 사건 매매계약이 파산자회사가 지급정지를 하기 전 30일 내에 체결되었음은 역수상 명백하고, 한편 이 사건 매매계약의 내용에 비추어 볼 때 파산자회사의 피고 甲에 대한 채무의 이행기는 1992. 3. 31.이라 할 것이므로, 이 사건 매매계약은 특별한 사정이 없는 한 파산법 제64조 제4호 소정의 요건은 이를 충족하고 있다 하겠다.

그러나, 증거들에 의하면, 피고 甲은 파산자회사에게 1991. 9. 3. 금 7천만 원, 1992. 1. 21. 금 2천만 원을 대여한 상태에서 파산자회사가 위 피고에게 다시 추가

대여를 요구하자 1992. 1. 31. 금 3천만 원을 대여하면서 이 사건 매매계약을 체결한 사실, 파산자회사의 1991. 12. 31.자 대차대조표상 이 사건 각 기계 및 비품의 가격이 금 437,204,809원으로 기재되어 있으나 위 1의 라.(2)항에서 본 별지 목록 기계류 제 8 항 기재 인쇄기를 제외한 나머지 기계 및 비품은 몇 년간 감가상각을 하지 아니한 채 그 가격을 평가하였기 때문에 실제가격은 위 평가액보다 낮은 사실 및 피고 甲은 이 사건 매매계약 체결당시 위 매매계약으로 인하여 다른 파산채권자를 해하게 되는 사실을 알지 못하였던 사실을 인정할 수 있고 위 1항에서 배척한 증거들을 제외하고는 달리 반증이 없으므로, 결국 이 사건 매매계약은 파산법 제64조 제 4 호 후단에 의하여 위 법조 소정의 부인권행사의 대상이 될 수도 없다고 할 것이다.

라. 따라서, 이 사건 매매계약이 파산법 제64조 제 2 내지 5 호 소정의 부인권행사의 대상임을 전제로 한 원고의 피고 甲에 대한 이 사건 청구는 이유 없고(위 매매계약은 이른바 통정허위표시가 아니다), 또한 원고의 피고 甲에 대한 청구가 이유 없는 이상 피고 대성인쇄지기주식회사가 이 사건 매매계약이 부인의 원인이 있음을 알았음을 전제로 한 피고 대성인쇄지기주식회사에 대한 청구도 다른 점에 관하여 나아가 살펴 볼 필요 없이 이유 없다 하겠다.

재판장 판사 조중한 조병훈 김종훈

(3) **서울고등법원** 2003. 11. 5. **선고** 2002**나**34088 **판결【부인의소】(미상고 확정)**

【원고, 항소인겸피항소인】 파산자 주식회사 기산의 파산관재인 김한수 (소송대리인 법무법인 새길법률특허사무소 담당변호사 한정화 등)

【피고, 피항소인겸항소인】 파산자 한화종합금융 주식회사의 파산관재인 예금보험공사 (소송대리인 세계종합법무법인 담당변호사 임재훈)

【제 1 심 판결】 서울지방법원 2002. 5. 8. 선고 2000가합77602 판결

【변론종결】 2003. 10. 22.

【주문】 1. 제 1 심 판결 중 무효확인청구 부분을 취소하고, 그 부분에 관한 이 사건 소를 각하한다. 2. 당심에서 원고가 청구취지를 변경한 금원지급청구 부분에 관한 이 사건 소를 각하한다. 3. 소송비용은 제 1, 2 심을 통하여 모두 원고가 부담한다.

【청구취지 및 항소취지】

1. 청구취지

가. 파산자 주식회사 기산과 파산자 한화종합금융 주식회사 사이에 체결된 별지 목록 기재 각 채권에 대한 양도계약은 무효임을 확인한다.

나. 피고는 원고에게 11,298,253,440원 및 이에 대하여 이 사건 소장부본 송달

다음날부터 다 갚는 날까지 연 25%의 비율로 계산한 금원을 지급하라(원고는 원래 피고를 상대로 별지 목록 기재 각 채무자들에게 그 해당 채권이 원고에게 원상회복되었다는 취지의 통지를 하라는 청구를 하다가 당심에서 위와 같은 금원지급청구로 변경하였다).

2. 항소취지

원고: 제1심 판결 중 원고 패소부분을 취소한다. 파산자 한화종합금융 주식회사와 제1심 공동피고 한국자산관리공사 사이에 1997. 11. 28. 체결된 별지 목록 기재 각 채권에 대한 양도계약은 무효임을 확인한다. 별지 목록 기재 각 채무자들에게 제1심 공동피고 한국자산관리공사는 별지 목록 기재 각 해당 채권이 피고에게 원상회복되었다는 취지의 통지를 하라.

피고: 제1심 판결 중 피고 패소부분을 취소한다. 위 취소부분에 해당하는 원고의 청구를 기각한다.

【이유】 1. 기초사실

가. 주식회사 기산(이하 기산이라고 한다)은 토목, 건축공사업 등을 목적으로 하는 기아그룹 계열 건설회사로서 1995년 이후 재건축, 재개발사업의 무리한 수주강행, 공사착공 지연 및 적기분양 실패 등으로 자금상태가 악화되었고, 이에 따른 과다한 차입금 운용으로 금융비용 부담이 가중되면서 수익성 저하 및 만성적인 자금압박에 직면하게 되었다.

나. 당시 기산은 건설업의 업종 특성과 일시적인 대량자금 수요로 제1금융권 자금보다는 단기성 자금인 종합금융회사의 자금에 의존하고 있었는데, 1997년 들어서면서 한보철강 등 대기업들의 연이은 부도사태 등으로 자금시장이 경색되고 삼성의 기아자동차 인수 소문 등으로 기아그룹의 대외공신력이 추락함에 따라 기산에게 많은 금액을 대출해 주었던 종합금융회사들은 같은 해 3. 경부터 기산에게 만기도래자금의 상환을 요청하면서, 특히 무담보 대출금에 대하여 담보를 제공하지 않으면 자금기일연장을 해주지 않겠다는 등으로 담보제공을 강력히 요구하였다.

다. 이에 기산은 1997. 6. 24.과 같은 해 6. 30., 그리고 같은 해 7. 7. 한화종합금융 주식회사(이하 한화종금이라고 한다)를 포함한 종합금융회사들에게 대출금 채무에 대한 담보조로 합계 376,370,927,663원 상당의 유가증권, 대여금 채권 등을 양도하기로 하는 이사회 결의를 하고, 이에 따라 한화종금에게는 어음대출금 채무를 담보하기 위하여 별지 목록 기재 각 채권(이하 이 사건 각 채권이라고 한다)을 양도하였으며, 채무자인 숭덕재건축조합은 1997. 6. 27., 호암아파트재건축주택조합은 같은 해 7. 8. 위 채권양도를 각 승낙하였다.

라. 1997. 7. 15. 기아그룹 14개 계열사와 함께 부도유예협약 대상기업으로 결정되어 사실상 정상적인 영업이 정지되었던 기산은 같은 해 9. 22. 법원에 회사정리

절차개시신청을 하였으나 1998. 7. 14. 위 신청이 기각되었고, 결국 1998. 10. 2. 파산신청을 하여 같은 해 10. 21. 서울지방법원으로부터 파산선고를 받았으며, 원고는 1999. 2. 23. 선임된 기산의 파산관재인이다.

마. 한국신용정보 주식회사의 기산에 대한 자산실사결과 1997. 6. 기준으로 기산의 자산총계는 1,521,336,723,442원, 부채총계는 1,703,187,884,168원으로서 부채가 자산을 181,851,160,726원 정도 상회하고 있다.

바. 한화종금은 1997. 11. 28. 금융기관부실자산등의효율적처리및성업공사의설립에관한법률(1999. 12. 31. 금융기관부실자산등의효율적처리및한국자산관리공사의설립에관한법률로 명칭이 변경되기 전의 것) 제 4 조에 따라 제 1 심 공동피고 한국자산관리공사(변경전 명칭 성업공사)에게 기산에 대한 18,663,213,434원의 어음대출금 채권과 기산으로부터 양수한 이 사건 각 채권을 대금 13,064,248,000원에 양도하였다.

사. 한편, 한화종금은 1998. 2. 17. 재정경제원장관의 영업인가 취소처분을 받았고, 그 후 파산신청을 하여 같은 해 9. 18. 서울지방법원으로부터 파산선고를 받았으며, 이임성이 같은 날 그 파산관재인으로 선임되었다가 이 사건 소송 계속중이던 2001. 3. 30. 김진국이 파산관재인으로 추가선임되었고, 2001. 12. 15. 파산관재인이 이임성, 김진국으로부터 예금보험공사로 변경되었다.

2. 무효확인청구에 대한 판단

가. 원고의 주장

원고는, 기산의 한화종금에 대한 이 사건 각 채권의 양도행위는 이미 채무초과의 상태에 빠진 기산이 파산채권자를 위한 공동담보인 책임재산을 감소시키고 파산채권자들 사이에 불공평을 초래함을 인식하고 한 행위로서 파산법 제64조 제 1 호의 파산자가 파산채권자를 해함을 알고 한 행위에 해당하거나 혹은 파산법 제64조 제 4 호 소정의 파산자가 지급정지 이전 60일 내에 한 담보의 제공에 관한 행위로서 그 행위 자체나 행위의 방법 또는 시기가 파산자의 의무에 속하지 아니하는 경우에 해당하므로, 원고는 이 사건 각 채권 양도행위를 부인하고 피고에 대하여 그 양도계약의 무효확인을 구한다고 주장한다.

나. 판단

살피건대, 파산법상의 부인권을 재판상 행사하는 경우 그 소는 단순히 부인의 대상이 되는 행위에 관한 부인의 선언 내지 무효확인청구가 아닌 금전의 지급이나 물건의 반환, 채무부존재확인 등 부인권의 행사에 따른 법률관계의 이행 내지 확인청구여야 한다고 할 것인바, 그렇다면 원고의 이 사건 무효확인청구는 확인의 이익이 없어 부적법하다고 할 것이다.

3. 금원지급청구에 대한 판단

가. 원고의 주장

원고는, 기산의 한화종금에 대한 이 사건 각 채권의 양도행위는 파산법 제64조 제1호의 파산자가 파산채권자를 해함을 알고 한 행위에 해당하여 원고가 부인권을 행사하였으므로 피고는 그 원상회복으로서 이 사건 각 채권의 채무자들에게 각 해당 채권이 원고에게 복귀되었다는 취지의 통지를 할 의무가 있다고 할 것인데, 한화종금이 이미 제1심 공동피고인 한국자산관리공사에 이 사건 각 채권을 양도하여 위와 같은 피고의 통지의무가 이행불능에 빠지게 되었으므로, 원고는 원상회복에 갈음한 가액상환으로서 피고에 대하여 이 사건 각 채권액 합계인 11,298,253,440원 및 이에 대한 지연손해금의 지급을 구한다고 주장한다.

나. 판단

살피건대, 파산자의 재산처분행위가 부인되는 경우 상대방에게 이전된 재산이 그의 수중에 현존하지 않을 때에는 현물반환은 불가능하므로, 비록 파산법에 가액상환에 관한 명시적인 규정은 없다고 하더라도 부인권 제도의 취지와 선의의 무상취득자의 현존이익 반환의무에 관한 파산법 제69조 제2항, 전득자부인의 경우 위 제69조 제2항을 준용하고 있는 파산법 제75조 제2항, 가액상환에 따른 상대방의 채권의 부활에 관한 파산법 제71조 등을 참작할 때 파산관재인은 상대방에게 목적물의 반환에 갈음하여 그 가액상환을 청구할 수 있다고 보아야 할 것이다.

다만, 이 사건에 있어서와 같이 상대방도 파산자인 경우 가액상환의 청구는 파산법이 정하는 절차에 따라야 한다고 할 것인바, 일반적으로 파산채권은 파산절차에 따라 법원에 파산채권의 신고를 하여 조사·확정된 후 파산관재인에 의한 배당을 받을 수 있을 뿐이고 그 외의 절차에 의하여 권리를 행사할 수는 없으므로, 소송으로 구하는 채권이 파산채권에 해당한다면 먼저 그 채권을 파산채권으로 신고한 후, 만약 파산관재인이 이의하면 위 소를 파산채권확정의 소로 변경하여 절차를 진행하여야 할 것이다.

그런데 기록에 의하면, 원고는 제1심에서는 기산의 한화종금에 대한 이 사건 각 채권의 양도행위가 파산법 제64조 제1호 내지 제4호 소정의 행위에 해당하여 원고가 부인권을 행사하였음을 이유로 피고에 대하여 그 원상회복으로서 이 사건 각 채권의 채무자들에게 각 해당 채권이 원고에게 복귀되었다는 취지의 통지를 하라는 청구를 하다가 당심에서 위와 같은 가액상환의 청구로 변경하였는바, 이러한 원고의 피고에 대한 금원청구채권은 한화종금이 파산하기 전의 원인으로 생긴 재산상 청구권으로서 파산채권에 해당하므로, 원고는 위 채권을 파산채권으로 신고한 후 피고에 대한 소를 파산채권확정의 소로 변경하는 등 파산법 소정의 절차를 거쳐야 할 것임에도 위와 같은 신고를 하지 않았음을 자인하고 있어 결국 파산절차에 의하지 아니하고 직접 파산관재인인 피고를 상대로 구하는 원고의 이 사건 금원지급청구는 부적법하다고 할 것이다.

재판장 판사 송진현 김우진 정진호

[해설]

부인권이란 파산선고 전에 채무자가 파산채권자를 해하는 행위를 한 경우 그 행위의 효력을 부인하고 일탈된 재산을 파산재단에 회복하기 위하여 파산관재인이 행하는 파산법상의 권리이다(파산법 제64조). 부인권은 파산신청 전에 채무자가 지급불능이나 채무초과상태에 빠졌음에도 불구하고 그의 재산을 무상으로 제 3 자에게 증여하거나 염가로 매각하는 등 채무자의 일반재산을 절대적으로 감소시키는 사해행위와 특정의 채권자에게만 변제하거나 담보제공함으로써 채권자간의 평등을 저해하는 편파행위의 효력을 부정하여 파산채권자에 대하여 공평한 배당을 가능하게 하는 제도이다. 대법원 2003다2345 판결은 행위 당시 채무자가 자산초과상태였다 하여도 장차 파산절차에서 배당재원이 채권을 모두 만족시킬 수 없는 개연성이 존재하는 이상 일부 특정 채권자에게만 변제를 한다거나 담보를 제공하는 행위는 부인권의 대상이 된다고 판시하고 있다. 채권자취소권을 행사하기 위하여 사해행위 당시 채무자가 무자력임을 요한다는 점과 다르다. 한편, 수익자가 계약 당시 파산자의 다른 채권자들을 해한다는 것을 알지 못하였던 경우에는 부인권 행사의 대상이 되는 행위에 해당하지 않는다(대법원 95다49394 판결).

담보권의 설정과 관련하여 논의되는 것은 신규차입을 위하여 담보권을 설정하는 행위가 부인의 대상이 될 수 있는지 하는 문제이다. 이에 대하여 대법원 2003다2345 판결은 피고의 이 사건 근저당권설정계약은 신규로 대출하는 금원에 담보를 제공하는 형식을 취하였으나 그 실질에 있어서는 기한을 유예하는 방법으로 이루어졌던 점, 대출금의 용도가 기존 대출금의 기한의 유예를 통해 부도를 늦추기 위한 것이었을 뿐 영업의 계속에 필요한 자금으로 사용되었던 것이 아닌 점 등을 들어 이 사건 근저당권설정행위가 부인의 대상이 된다고 판시하고 있다.

▶ 〈제64조 제 1 호〉 고의부인

(1) **대법원** 2004. 1. 29. **선고** 2003**다**40743 **판결【퇴직금반환】(미공간)**

【원고, 피상고인】 파산자 한스종합금융 주식회사의 파산관재인 박병휴, 정송우 (소송대리인 변호사 김광훈 등)

【피고, 상고인】 별지 목록 기재와 같다. (소송대리인 변호사 이임수 등)

【원심판결】 서울고등법원 2003. 6. 27. 선고 2002나65471 판결

【주문】 피고들의 각 상고를 기각한다. 상고비용을 피고들이 부담하게 한다.

【이유】 1. 고의부인에 대한 상고이유주장에 관하여

파산법 제64조 제1호 소정의 부인권의 대상이 되는 행위인 '파산자가 파산채권자를 해함을 알고 한 행위'라 함은 총채권자의 공동담보가 되는 파산자의 일반재산을 파산재단으로부터 일탈시킴으로써 파산재단을 감소시키는 행위뿐만 아니라 그 행위가 파산자의 재산관계에 영향을 미쳐 특정한 파산채권자를 배당에서 유리하게 하고 이로 인하여 파산채권자들 사이의 평등한 배당을 저해하는 이른바 편파행위(偏跛行爲)도 포함되고, 파산법상 부인의 대상이 되는 행위가 파산채권자를 해한다고 하더라도 행위 당시의 개별적·구체적 사정에 따라서는 당해 행위가 사회적으로 필요하고 상당하였다거나 불가피하였다고 인정되어 일반 파산채권자가 파산재단의 감소나 불공평을 감수하여야 한다고 볼 수 있는 경우가 있을 수 있고, 그와 같은 예외적인 경우에는 채권자평등, 채무자의 보호와 파산이해관계의 조정이라는 파산법의 지도이념이나 정의관념에 비추어 파산법 제64조 소정의 부인권 행사의 대상이 될 수 없다고 보아야 하며, 행위의 상당성 여부는 행위 당시의 파산자의 재산 및 영업 상태, 행위의 목적·의도와 동기 등 파산자의 주관적 상태를 고려함은 물론, 변제행위에 있어서는 변제자금의 원천, 파산자와 채권자와의 관계, 채권자가 파산자와 통모하거나 동인에게 변제를 강요하는 등의 영향력을 행사하였는지 여부 등을 기준으로 하여 신의칙과 공평의 이념에 비추어 구체적으로 판단하여야 한다고 할 것이고, 그와 같은 부당성의 요건을 흠결하였다는 사정에 대한 주장·입증책임은 상대방인 수익자에게 있다(대법원 2002. 8. 23. 선고 2001다78898 판결 참조).

그리고, 주관적 요건으로는 부인의 대상이 되는 행위 당시에 파산자가 그 행위로 인하여 파산채권자를 위한 공동담보인 책임재산이 절대적으로 감소되거나 다른 채권자의 만족을 저하시킨다는 인식이 있어야 하는데, 사해행위의 경우에는 현재 자신의 변제자력이 부족하다는 사실과 그 행위로 인하여 파산자의 일반재산이 감소한다는 사실에 대한 인식만으로 충분하나, 편파행위의 경우에는 그 이외에 장래 파산절차가 개시되는 경우에 적용되는 채권자평등의 원칙을 회피하기 위하여 특정 채권자에게만 변제한다는 인식이 필요하다고 할 것이며, 부인의 대상이 되는 행위의 상대방으로서 그 행위로 인하여 직접 이익을 받는 수익자 역시 그 행위 당시에 파산채권자의 이익을 해할 수 있음을 알고 있어야 하는바, 이 경우 수익자의 악의의 내용도 파산자의 사해의사와 마찬가지로 파산채권자를 해한다는 인식으로 충분하지만, 수익자가 스스로 파산채권자를 해하는 것을 알지 못하였다는 사실 즉 선의

라는 사실을 입증할 책임을 부담한다고 할 것이다.

원심은 그의 채용증거들을 종합하여, 원심 판시이유 기재와 같은 사실을 인정하였는바, 원심의 그 사실인정은 정당하고 거기에 증거법칙을 위반하여 사실을 잘못 인정하였다거나 필요한 심리를 다하지 아니하였다는 위법이 없다.

나아가, 원심은 그 사실관계에 터 잡아 우선 파산자의 행동의 유해성에 관하여, 부인권이 파산채권자의 이익을 실현한다는 목적을 가지는 이상 부인의 대상으로 되는 행위는 파산채권자를 해하는 것이어야 하고, 여기서 파산채권자를 해한다는 것은 파산재단을 감소시키는 것, 즉 총채권자의 공동담보가 되는 파산자의 일반재산을 감소시킨다는 의미이므로, 별제권자인 담보권자에 대한 변제는 부인의 대상이 될 수 없으나, 별제권이 없이 단지 우선특권이 있는 임금채권자는 파산법 제38조 제10호의 재단채권자 또는 파산법 제32조의 우선적 파산채권자에 불과하여 평등변제가 이루어질 필요가 있기 때문에 유해성의 관점에서 부인의 가능성을 부정할 수는 없다고 판단하였다.

그리고, 피고들이 피고들의 명예퇴직은 한스종금의 새로운 경영진 상당수가 피고들보다 어려 그들이 경영권을 장악하는데 애로가 있고, 인원감축을 통하여 비용을 절약할 필요가 있어 이루어진 것이고, 자신들도 타의로 회사를 퇴직하는데 대한 대가라 생각하고 명예퇴직금을 받았을 뿐 자신들이 퇴직한 후 얼마 지나지 않아 한스종금이 파산하게 될 줄 전혀 몰랐다며, 이는 부인권의 예외 사유인 부인할 수 있는 행위로 이익을 받은 자가 그 행위 당시에 파산채권자를 해하게 되는 사실을 알지 못한 때에 해당한다고 주장한데 대하여, 원심은, 甲이 1973년생이고 한스종금의 새로운 경영진 중 상당수가 30대인 사실, 2000. 6.경 정부가 국민은행으로 하여금 한스종금을 지원하게 하고 한국은행이 국민은행에 대해 환매조건부채권 매입을 통해 그 유동성을 지원하기로 하는 방안 등 종금사 부실에 관한 대책을 발표한 사실, 피고들을 포함한 총 41명의 직원들이 한스종금에서 퇴사한 이후에도 50명 가량의 사원들이 퇴직하지 않고 한스종금에 남아 계속 근무한 사실들은 인정되지만, 이 사건 사실관계에서는 피고들이 한스종금에 상당 기간 근무하였고, 피고들 중 상당수가 부장, 차장 또는 과장 등으로 당시 한스종금의 재정상태에 관하여 상당 정도 알고 있었을 것으로 보이는 점 등에 비추어 위와 같은 사실만으로는 피고들이 명예퇴직금을 수령할 당시 파산채권자를 해하게 되는 사실을 몰랐다고 인정하기에 부족하고, 달리 이를 인정할 증거가 없으므로 피고들의 그 주장은 이유없다고 판단하였다.

또한, 원심은 파산자의 행위가 부당성을 결하여 부인권의 발생을 조각하는지 여부는 그 행위 당시 파산자의 재산 및 영업상태, 행위의 목적, 의도와 동기 등 파산자의 주관적 상태, 재산의 처분에 있어서 당해 재산이 파산자의 일반재산에서 차지하는 중요성, 파산자와 채권자와의 관계, 채권자가 파산자와 통모하거나 파산자의 행위를 강요하는 등의 영향력을 행사하였는지 여부 등을 기준으로 신의칙과 공평의 이념에 비추어 판단하여야 할 것인데, 앞에서 본 바와 같이 한스종금이 피고들에게 이 사건 명예퇴직금을 지급하기로 결정할 때 BIS 비율이 마이너스(−) 상태였고, 피고들도 한스종금의 직원들로 이러한 사정을 전혀 몰랐다고 할 수 없는 점 등에 비추어 이 사건 명예퇴직금 지급행위가 신의칙이나 공평의 이념에 비추어 부당성이 결여된 행위라고 단정하기 어렵고, 달리 이를 인정할 증거가 없으므로, 피고들의 이 부분 주장도 이유없다고 판단하였다.

위의 법리에 비추어 기록중의 증거들을 대조하여 살펴보니, 위에서 인정한 사실관계와 그에 근거한 원심의 이와 같은 판단은 정당하고 거기에 파산법상 고의부인의 대상이 되는 행위의 요건인 사해행위 및 사해의사, 수익자의 악의, 부당성에 관한 법리를 오해하였다는 위법이나 사해의사에 대한 판단을 누락하였거나 이에 대한 이유를 갖추지 못하였다는 위법이 없다.

피고들이 상고이유 중에 내세우는 판결들은 모두 사안을 달리하기에 이 사건에 원용하기에 적절한 것이 아니다.

이 부분 주장들을 받아들이지 아니한다.

2. 무상부인에 대한 상고이유주장에 관하여

파산법 제64조 제5호는 파산재단을 위하여 부인할 수 있는 행위로 '파산자가 지급정지 또는 파산신청이 있은 후 또는 그 전 6개월 내에 한 무상행위 및 이와 동시하여야 할 유상행위'를 규정하고 있는바, 그 중 지급의 정지란 채무자가 변제기에 있는 채무를 자력의 결핍으로 인하여 일반적, 계속적으로 변제할 수 없다는 것을 명시적, 묵시적으로 외부에 표시하는 것을 말하고(대법원 2002. 11. 8. 선고 2002다28746 판결 참조), 무상행위라 함은 회사가 대가를 받지 않고 적극재산을 감소시키거나, 소극재산 즉 채무를 증가시키는 일체의 행위를 말하고, 이와 동시하여야 할 유상행위란 상대방이 반대급부로서 출연한 대가가 지나치게 근소하여 사실상 무상행위와 다름없는 경우를 말한다(대법원 1999. 3. 26. 선고 97다20755 판결 참조).

원심은 피고들이 2000. 1. 29. 계약직사원으로 고용형태를 변경하면서 사직서를 제출하고 정해진 퇴직금 외에 별도로 평균임금 6개월 내지 22개월분의 명예퇴직금을 수령한 사실, 위 고용형태 변경으로 피고들의 계약기간은 1년 이내로 되고, 누진적 퇴직금지급률제가 폐지된 사실, 그 후 불과 5개월이 지나지 않아 명예퇴직금으로 평균임금 18개월분이 지급된 사실, 당시 한스종금의 BIS 비율이 마이너스(−) 상태였고, 그로부터 1달 가량 후인 2000. 7. 21. 한스종금이 영업정지된 사실들을 종합하여, 그 명예퇴직금이 피고들이 퇴직하는데 대한 위로의 성격이 있음을 부정할 수는 없으나, 그 액수가 지나치게 과다하여 무상행위와 동시하여야 할 유상행위에 해당한다 할 것이라고 판단하였다.

기록중의 증거들과 대조하여 살펴보니, 원심의 이와 같은 사실인정은 정당하고 거기에 명예퇴직금의 지급경위나 금액의 과다에 관한 필요한 심리를 다하지 아니하였다거나 증거법칙을 위반하여 사실을 잘못 인정하였다는 위법이 없으며 그 사실관계를 앞서 본 법리에 비추어 보니, 원심의 그 판단도 정당하고 그 판단에는 2000. 6.경 피고들에게 지급된 명예퇴직금의 성격에 관한 법리나 무상부인의 요건인 '지급정지'에 관한 법리를 오해하였다는 위법이 없다.

피고들이 상고이유 중에 내세우는 판결은 사안을 달리하기에 이 사건에 원용하기에 적절한 것이 아니다.

상고이유 중 이 부분 주장들도 받아들이지 아니한다.

3. 석명권 불행사에 대한 상고이유 중의 주장에 관하여

파산자가 한 변제 등 채무소멸행위가 부인되는 경우에 상대방의 채권이 당연히 부활하지만 그 부활의 시기에 관하여 파산법 제71조는 부인권 행사시가 아니고 상대방이 파산자로부터 받은 급부를 반환하거나 그 가액을 상환한 때라고 하여 상대방의 선이행을 인정하고 있으므로 상대방의 반환, 상환의무와 부활하는 채권 사이에는 동시이행의 관계가 성립하지 않을 뿐만 아니라 부활하는 채권을 자동채권으로 하여 반환채무와 상계할 수도 없는 것이다.

기록 중의 증거들에 의하니, 피고들은 2000. 1. 29.부터 2001. 1. 28.까지 근무할 것이 약정되어 있었고, 명예퇴직으로 사직함으로써 당연히 수령하여야 하는 2000. 7.부터 2001. 1.까지 7개월분의 급여와 1년간 근로에 대한 평균임금 1개월의 퇴직금 및 연차수당 등 최소한 8개월분 이상의 급여 등을 지급받지 못하게 되었으나, 한스종금과 아세아종합금융노동조합 사이의 2000. 6. 13. 노사합의서에 의하여 평균임금 18개월분의 돈을 명예퇴직금으로 지급하기로 약정하였으며, 원고는 위의 노사합의서에 의한 명예퇴직금 지급약정 자체에 대한 부인권을 행사한 것이 아니고 한스종금의 명예퇴직금 지급행위에 대하여만 부인권을 행사하였음을 알 수 있는바, 파산법상 인정되고 있는 부인권 제도는 파산신청 전에 채무자가 지급불능이나 채무초과상태 즉 경제적 파탄상태에 빠졌음에도 불구하고 그의 재산을 무상으로 제 3 자에게 증여하거나 염가로 매각하는 것을 인정하여 채권자 전체에 대한 책임재산을 절대적으로 감소시킴으로써 채권자 전체의 이익을 해하는 사해행위와 지급능력이 부족한 때에 특정의 채권자에게만 변제하거나 담보제공하는 것을 허용함으로써 다른 채권자와의 공평을 해하는 결과를 초래하는 편파행위의 효력을 부정하여 일단 책임재산으로부터 없어진 재산을 파산재단에 회복시켜서 파산채권자에 대하여 공평한 배당을 가능하게 하는 것이므로, 이 사건 사실관계를 앞의 법리와 부

인권 제도의 취지에 비추어 볼 때, 원고의 한스종금의 피고들에 대한 명예퇴직금 지급행위가 부인권의 대상이 되고, 그 부인권의 행사가 제한되거나 방해될 수 없다고 보아 피고들에 대하여 명예퇴직금 전액의 반환을 구하는 원고의 청구를 인용한 원심의 판단은 정당하고 거기에 피고들이 지급받을 권리를 가지는 금원에 대하여 석명권을 행사하지 아니함으로써 필요한 심리를 다하지 아니하였다거나 판단을 누락하였다는 위법이 없다.

대법관 이규홍(재판장) 조무제(주심) 이용우 박재윤

(2) **대법원** 2003. 7. 22. **선고** 2003**다**5566 **판결 【부인권행사】** (**미공간**)

【판결요지】

1. 파산선고가 있은 날로부터 2년 내에 소를 제기하면서 질권설정계약에 따른 배당금을 특정하면서 소장의 송달로써 부인권을 행사하고 원상회복으로 배당금의 반환을 구한다고 주장함으로써 질권설정계약에 대한 부인권을 행사하였다고 할 것이다.

2. 질권설정계약도 부인권의 행사 대상이 되며 제64조 제 1 호 소정의 부인권을 행사함에 있어 상대방이 선의라는 사실은 질권자가 입증하여야 한다.

【원고, 피상고인】 파산자 새한렌탈 주식회사의 파산관재인 정성철

【피고, 상고인】 동양종합금융증권 주식회사 소송대리인 법무법인 남산 (담당변호사 임동진 등)

【원심판결】 서울고등법원 2002. 12. 12. 선고 2002나33009 판결

【주문】 원심판결의 금원지급청구에 대한 2002. 12. 13. 이후의 지연손해금에 관한 부분 중 금 1,299,828,388원에 대한 2002. 12. 13.부터 2003. 5. 31.까지는 연 5푼, 그 다음날부터 완제일까지는 연 2할의 각 비율에 의한 금원을 초과하는 피고 패소부분을 파기하고, 그에 해당하는 원고의 항소를 기각한다. 피고의 나머지 상고를 기각한다. 소송총비용은 이를 2분하여 그 1은 원고가, 나머지는 피고가 각 부담한다.

【이유】 1. 상고이유 제 1 점을 본다.

파산법 제68조 제 1 항에 의하면 파산법상 부인권은 소의 제기 뿐만 아니라 항변에 의하여도 행사할 수 있도록 규정하고 있다. 기록에 의하면, 파산자 새한렌탈 주식회사(이하 새한렌탈이라 한다)에 대하여 파산선고가 있은 날로부터 2년 이내인 2001. 5. 17. 파산관재인인 원고가 이 사건 소를 제기하면서 청구원인에서 이 사건 질권설정계약에 따른 배당금이 1,299,828,388원임을 특정한 다음 이 사건 소장 부본의 송달로서 부인권을 행사하고 그 원상회복으로 위 배당금의 반환을 구한다고 주장하였음을 알 수 있으므로, 원고는 이 사건 소의 제기로 이 사건 질권설정계약

에 대한 부인권을 행사하였다고 할 것이고, 따라서 위 부인권의 소멸시효가 완성되었다고 할 수 없다.

따라서 원심이 이 사건 질권설정계약에 대한 부인권의 소멸시효가 완성되었다는 피고의 주장을 배척한 조치는 정당한 것으로 수긍할 만하고 거기에 상고이유로 주장하는 바와 같은 법리오해의 위법이 있다고 할 수 없다. 이 부분 상고이유의 주장은 이유 없다.

2. 상고이유 제 2, 3, 4 점을 함께 본다.

원심판결 이유에 의하면, 원심은 당사자 사이에 다툼이 없거나 그 채택증거에 의하여 인정되는 판시와 같은 사실에 기초하여, 새한렌탈이 재정상태 악화에 따른 채무초과상태에서 채권자들의 경쟁적인 담보제공 요구로 신규자금의 조달이 불가능하여 기업으로서의 존속 여부가 의문시되었고, 대주주인 새한종합금융 주식회사도 영업정지를 당하였다가 결국 영업인가가 취소되는 상황에서 일부 채권자들을 배제한 채 피고와 사이에 이 사건 질권설정계약을 체결한 것은 파산채권자 사이의 평등을 저해하는 편파행위라고 판단하는 한편, 이 사건 질권설정계약을 체결한 것이 당시 사회적으로 필요하고 상당하였다거나 불가피하였다고 인정되어 일반 파산채권자가 파산재단의 감소나 불공평을 감수하여야 할 경우라고 볼 수 없으며, 이 사건 질권설정계약 당시 파산채권자를 해하게 된다는 사실을 피고가 알지 못하였음을 인정할 증거가 없으므로, 파산관재인인 원고는 파산법 제64조 제 1 호에 의하여 이 사건 질권설정계약에 대하여 부인권을 행사할 수 있다고 판단하였다. 기록에 비추어 살펴보면, 원심의 판단은 정당하고 거기에 상고이유로 주장하는 바와 같은 법리오해의 위법이 있다고 할 수 없다.

대법관 박재윤(재판장) 서성 이용우 배기원

(3) **대법원** 2003. 7. 8. **선고** 2001**다**59200 **판결【채무부존재확인】[공보불게재]**[2)]

【참조 조문】[1] 민법 제466조, 파산법 제64조

【원고, 피상고인】인천정유 주식회사의 소송수계인 정리회사 인천정유 주식회사의 관리인 한송호 (소송대리인 법무법인 한빛 담당변호사 성민섭 등)

【피고, 상고인】파산자 대한종합금융 주식회사의 파산관재인 최형기 외 1인 (소송대리인 변호사 이윤섭)

【원심판결】서울고등법원 2001. 8. 23. 선고 2001나4691 판결

【주문】상고를 기각한다. 상고비용은 피고가 부담한다.

【이유】상고이유를 본다.

---

2) 신탁수익권에 대하여 질권을 설정한 경우에 관한 일본 글로는, 金融法委員會, "信託受益權に對して設定された質權の效力," 金融法務事情 No. 1722(2004. 11. 5), 71면 이하 참조.

원심판결 이유와 원심이 인용한 제1심 판결 이유에 의하면, 원심은 그 채택 증거를 종합하여, 인천정유 주식회사(이 회사에 대하여는 인천지방법원 2001. 9. 27.자 2001회7 결정에 의하여 회사정리절차가 개시되었고, 원고 소송대리인은 이 사건이 상고심에 계속중이던 2001. 10. 24. 및 2003. 5. 10. 소송절차수계신청을 하였다. 이하 '인천정유'라 한다)는 1998. 6. 19. 대한종합금융 주식회사(이하 '대한종금'이라 한다)와의 이 사건 약정에 따라 어음할인의 방법으로 대한종금으로부터 200억 원을 대출받아 그 대출금으로 주식회사 서울은행의 특정금전신탁계정에 가입한 다음 특정금전신탁에 대한 운용지시를 통하여 위 은행으로 하여금 대한종금이 발행한 후순위사채 200억 원 상당을 매입하도록 한 후 위 대출금채무에 대한 담보로 대한종금에 위 신탁수익권에 대한 근질권을 설정한 사실, 이 사건 약정 당시 대한종금에 파산 등 지급불능사유가 발생하여 신탁수익권의 행사가 불가능한 것으로 확정된 경우 인천정유는 대한종금에 담보로 제공된 위 신탁수익권의 피담보채무를 완전히 변제한 것으로 하기로 한 사실, 그 후 대한종금은 1999. 4. 10. 영업정지처분을 받고 같은 해 10. 18. 파산선고된 사실 등을 인정한 다음, 이 사건 변제 간주 약정은 대한종금의 파산 등 지급불능사유로 인하여 후순위사채가 실질적으로 무가치하게 되어 신탁수익권의 행사가 불가능한 것으로 확정되면 이 사건 약정에 따른 인천정유와 대한종금 사이에 이루어진 일련의 거래관계를 모두 종료하고 인천정유의 대한종금에 대한 200억 원의 대출금채무 역시 대한종금의 채무면제나 대한종금에게 신탁수익권을 귀속시키는 대물변제의 형식으로 소멸시킬 것을 미리 예정한 것으로 봄이 상당하므로 대한종금에 이 사건 약정 소정의 지급불능사유가 발생함으로써 인천정유의 대한종금에 대한 위 대출금채무는 소멸되었다고 판단하고, 나아가 이 사건 변제 간주 약정은 파산채권자에게 유해할 뿐만 아니라 부당한 것으로서 파산법 제64조에 의한 부인권을 행사한다는 피고의 항변에 대하여, 이 사건 변제 간주 약정의 효력을 대한종금의 후순위사채의 발행, 인천정유의 특정금전신탁계정에의 가입과 이를 통한 후순위사채의 매입 및 위 대출금채무의 부담과 분리하여 판단할 것이 아니라 일련의 과정으로 보아 종합적으로 판단하여야 할 것인데, 대한종금은 자기자본비율을 높이기 위하여 형식상 인천정유의 명의를 이용한 것일 뿐 실질적으로는 스스로 자신의 후순위사채를 매입하기 위하여 이 사건 약정을 체결하였다고 할 것이므로 이 사건 변제 간주 약정이 대한종금의 일반재산을 절대적으로 감소시키는 사해행위가 될 수 없다고 판단하여 피고의 위 항변을 배척하였다.

기록에 비추어 살펴보면, 원심의 사실인정과 판단은 정당하고, 거기에 상고이유에서 주장하는 바와 같은 이유모순, 사실오인, 법리오해 등의 위법이 없다.

대법관 박재윤(재판장) 서성 이용우(주심) 배기원

(4) **대법원** 2003. 3. 14. **선고** 2002**다**58761 **판결 【부인권행사 및 예탁금반환】**[3)]
[공2003, 983]

【판결요지】

1. 파산자인 대구태평신협이 파산채권자인 신협중앙회에 상환준비금을 예탁한 행위는 신용협동조합법의 규정에 따른 상환준비금 중 미납금을 납부한 것으로 상대방인 신협중앙회가 파산자에 대한 금융감독원의 자산실사 사실을 미리 통보받지 못하였던 사정에 비추어 파산채권자를 해하게 됨을 알지 못하였다고 추단되므로 제64조 제 1 호의 부인권 행사를 배척한 것은 정당하다.

2. 신용협동조합법의 규정에 따른 미납 상환준비금의 납부행위는 제64조 제 4 호 소정의 담보의 제공 또는 채무소멸에 관한 행위에 해당하지 아니한다.

3. 신용협동조합법에 상환준비금으로 예탁된 채권에 대하여 상계를 금지하는 규정이 없고 상환준비금을 조합에 대한 대출의 용도로 사용할 수 있으므로 상환준비금으로 예탁된 채권에 대하여 신협중앙회가 당해 조합에 대한 대출채권으로 상계를 하는 것이 금지되지 아니한다.

【원고, 상고인】 파산자 대구태평신용협동조합의 파산관재인 예금보험공사 (소송대리인 변호사 이재동)

【피고, 피상고인】 신용협동조합중앙회 (소송대리인 법무법인 백두 담당변호사 이선우 등)

【원심판결】 대구고등법원 2002. 9. 19. 선고 2001나9213 판결

【주문】 상고를 기각한다. 상고비용은 원고가 부담한다.

【이유】 1. 구 파산법(2000. 1. 12. 법률 제6111호로 개정되기 전의 것, 이하 파산법이라고만 한다) 제64조 제 1 호에 의한 부인권 행사 주장에 대하여

원심은, 신용협동조합의 감독기관인 금융감독원이 1999. 4. 7.경부터 같은 달 16.까지 파산 전의 대구태평신용협동조합(이하 태평신협이라고 한다)의 재산에 대한 실사작업을 실시한 후 같은 달 24.자로 태평신협의 부실대출액이 자기자본의 2배를 초과한다는 이유로 태평신협에 대하여 경영지도실시, 예금 등 채무의 지급정지를 명하고, 1999. 6.경 파산신청을 하여 결국 태평신협이 1999. 7. 9. 파산선고를 받은 사실, 태평신협은 금융감독원의 자산실사가 있기 하루 전인 1999. 4. 6. 금 500,000,000원을, 그 후 같은 달 13. 금 169,000,000원을 대구은행에서 인출하여 예탁금상환준비금 명목으로 합계 금 669,000,000원을 피고에게 예탁하였고, 피고는 1999. 5. 11. 자신이 태평신협에 대하여 가지고 있던 대출금 채권 금 46억 원을 자동채권으로 하고, 위 예탁원리금과 기존의 예탁원리금을 합한 반환채권을 수동채권

3) 판례해설로 吳恩定, "금융기관의 파산절차상 상계권 행사와 남용," 判例硏究 18輯(2)(2005. 1), 113-1, 2005, 서울地方辯護士會; 법률신문 2005. 1. 27.자, 15면.

으로 하여 대등액에서 상계한 사실을 인정한 다음, 태평신협의 파산관재인인 원고가 이 사건 상환준비금 예탁행위는 파산법 제64조 제 1 호 소정의 '파산자가 파산채권자를 해함을 알고 한 행위'에 해당한다는 이유로 부인권을 행사하고, 그 예탁금의 반환을 구함에 대하여, 가사 태평신협이 이 사건 상환준비금을 예탁할 당시 그로 인하여 파산채권자를 해한다는 사실을 알고 있었다고 하더라도, 예탁행위의 상대방인 수익자가 파산채권자를 해한다는 사실을 알지 못하였을 경우에는 부인권을 행사할 수 없는 것인데, 이 사건 상환준비금의 예탁은 태평신협이 신용협동조합법의 규정에 따른 상환준비금 중 미납금을 납부한 것이고, 비록 태평신협이 피고 산하의 조합이기는 하나, 1999. 4. 7.부터 실시한 금융감독원의 태평신협에 대한 검사는 연간검사계획에 의하여 독자적으로 실시한 것으로서 피고는 금융감독원으로부터 검사의 목적, 기간 등을 사전에 통보받지 못한 사실(피고가 금융감독원이 실시한 재산실사작업에 피고의 직원 2명을 파견하기는 하였으나, 이는 금융감독원의 요청으로 단순히 검사 업무를 보조하기 위한 것이었고, 그 파견에 관하여도 금융감독원으로부터 실사 전에 미리 통보받지는 못하였다), 금융감독원 직원이 작성한 태평신협에 관한 재산실사결과보고서는 이 사건 예탁행위 이후인 1999. 4. 23. 현재를 기준으로 작성되었으며, 금융감독원이 경영지도결정을 태평신협에 통보한 시기도 1999. 4. 24.인 사실에 비추어 보면, 피고가 이 사건 상환준비금을 예탁받을 당시, 태평신협이 채무초과로 지급불능상태가 된다거나 피고가 상환준비금을 수령함으로써 다른 파산채권자를 해한다는 사실을 알지 못하였다고 추단된다는 이유로 원고의 주장을 배척하였다. 기록에 의하면, 원심의 위와 같은 판단은 정당하고, 거기에 채증법칙 위배로 인한 사실오인이나 파산법상의 부인권에 관한 법리오해의 위법이 없다.

2. 파산법 제64조 제 4 호에 의한 부인권 행사 주장에 대하여

기록에 의하면, 원심이, 이 사건 상환준비금 예탁행위는 신용협동조합법의 규정에 따른 미납 상환준비금 납부의무를 이행한 것일 뿐 파산법 제64조 제 4 호에 규정되어 있는 '담보의 제공 또는 채무소멸에 관한 행위'에는 해당하지 아니하고, 피고가 자신의 채권에 대한 담보를 확보할 목적으로 이 사건 상환준비금을 납부하도록 하였다는 원고의 주장사실을 인정할 만한 증거가 없으며, 가사 법정 상환준비금을 초과한 부분의 예탁행위가 피고에 대한 대출금 채권에 대한 담보제공 행위라 하더라도, 피고가 이 사건 상환준비금 예탁 당시 다른 파산채권자를 해한다는 사실을 알지 못하였으므로 결국 이 사건 상환준비금 예탁행위는 파산법 제64조 제 4 호에 의한 부인 대상이 될 수 없다고 판단한 것은 정당하고, 거기에 채증법칙 위배로 인한 사실오인이나 부인권에 관한 법리오해의 위법이 없다.

3. 상계주장에 대하여

신용협동조합법 제43조 소정의 상환준비금은 신용협동조합이 조합원들로부터 예탁받은 자금을 모두 대출함으로써 일시적인 유동성 부족으로 인한 인출불능사태가 발생하는 것을 방지하기 위하여 법으로 일정한 자금을 조합 내에 유보하도록 한 것이고, 그 중 일부를 중앙회에 예탁하도록 한 취지가 상환준비금제도를 더욱 엄격히 유지하여 조합원들의 예탁금반환을 보장하기 위한 공익적 목적에서 비롯된 것이라고 하더라도, 신용협동조합법 및 동법 시행령 등에 상환준비금으로 예탁된 채권에 대하여 상계를 금지하는 규정이 없고, 동법 제43조 제2항에 의하여 금융감독위원회가 상환준비금의 운용 및 운용수익의 처분 등에 관한 사항을 정한 상호금융감독규정 제6조의3 제1항 제1호에 의하면, 중앙회에 예치한 상환준비금을 조합에 대한 대출의 용도로 사용할 수 있도록 규정하고 있는 점등을 종합하면, 상환준비금으로 예탁된 채권에 대하여 중앙회가 당해 조합에 대한 대출채권으로 상계를 하는 것이 금지되어 있다고 볼 수는 없다 할 것이다. 원심이, 피고의 이 사건 상계가 유효하고, 신의성실의 원칙에도 위반되지 않는다고 판단한 것은, 위 법리에 따른 것으로 정당하고, 거기에 채증법칙 위배로 인한 사실오인이나 상계에 관한 법리오해의 위법이 없다.

대법관 손지열(재판장) 조무제 유지담(주심) 이규홍

(5) **대법원** 2002. 9. 24. **선고** 2001**다**39473 **판결 【보험금】** [공2002, 2503]

【판결요지】

[1] 구 증권거래법(1997. 12. 13. 법률 제5423호로 개정되기 전의 것) 제54조, 제209조 제7호에 따르면 증권관리위원회는 필요한 경우 증권회사에 대하여 필요한 명령을 할 수 있고 이를 위반한 경우 형사처벌의 대상이 되며, 이에 따른 시행령 제37조에 의하여 증권관리위원회가 1997. 2. 28. 제정한 '증권회사의 재무건전성준칙' 제9조 제2항 제4호가 '영업용 순자본'에 가산될 수 있는 '후순위 차입금'은 그 본질을 해할 우려가 있는 상계약정이나 담보제공약정이 붙어 있어서는 안되도록 규정하고 있으나, 상계권 부여특약이 위 규정에 위반하였다고 하더라도 사법적 효력을 가지지 못하여 무효라고는 할 수 없다.

[2] 일체로 이루어진 행위에 대한 파산법상 부인권 행사의 요건으로서의 유해성은 그 행위 전체가 파산채권자에게 미치는 영향을 두고 판단되어야 할 것이며, 그 전체를 통틀어 판단할 때 파산채권자에게 불이익을 주는 것이 아니라면 개별약정만을 따로 분리하여 그것만을 가지고 유해성이 있다고 판단하여서는 안 된다.

【원고, 상고인】 파산자 고려증권 주식회사의 파산관재인 조영일 (소송대리인 변호사 이영규)

【피고, 피상고인】 국민생명보험 주식회사의 소송수계인 에스케이생명보험 주식회사 (소송대리인 변호사 이병선)

【원심판결】 서울고등법원 200 1. 5. 25. 선고 2000나41358 판결

【주문】 상고를 기각한다. 상고비용은 원고의 부담으로 한다.

【이유】 1. 원심은 그 거시 증거들을 종합하여, 원고측의 고려증권 주식회사(이하 '고려증권'이라 한다)가 그 파산 전인 1997. 5. 28.에 피고의 수계 전의 국민생명보험 주식회사(이하 '국민생명'이라 한다)와 사이에 직장인저축보험계약을 체결하고 그 보험료로 100억 원을 국민생명에 지급한 사실, 같은 날 국민생명은 고려증권에게 100억 원을 대출해 주면서 그 판시와 같은 후순위특약(대출금의 변제기 전에 고려증권에 대하여 파산선고가 되는 경우에는 그 파산절차에서 다른 채권 전액이 우선변제되고 남는 재산이 있을 경우에 한하여 파산절차에 따른 변제 또는 배당을 받거나 고려증권에 대한 채무와 상계할 수 있도록 하는 내용의 특약)을 붙여서 여신거래약정을 체결한 사실, 동시에 이들은 향후 고려증권이 파산되거나 또는 회사정리법에 따른 정리절차에 들어갈 때에는 국민생명이 위 보험계약의 해약에 따른 보험료의 환급채무와 위 대출금채권을 상계할 수 있기로 하는 약정을 체결한 사실(이하 '추가약정'이라 한다), 그 후 고려증권은 1997. 12. 5. 지급정지(부도)사태에 빠졌고, 국민생명은 1997. 12. 10. 위 추가약정에 기하여 이 사건 보험계약의 해약에 따른 보험료환급채무와 이 사건 대출금채권을 대등액에서 상계하였으며, 고려증권에 대하여 1998. 10. 9. 파산선고가 된 사실을 각 인정한 다음, 원고가 이 사건 소로 위 보험료환급금의 지급을 청구한 데 대하여 피고측의 위 상계가 있었다는 항변을 받아들여 원고의 청구를 기각하였다.

2. 구 증권거래법(1997. 12. 13. 법률 제5423호로 개정되기 전의 것) 제54조, 제209조 제7호에 따르면, 증권관리위원회는 필요한 경우 증권회사에 대하여 필요한 명령을 할 수 있고 이를 위반한 경우 형사처벌의 대상이 되며, 이에 따른시행령 제37조에 의하여 증권관리위원회가 1997. 2. 28. 제정한 '증권회사의 재무건전성준칙' 제9조 제2항 제4호가 '영업용 순자본'에 가산될 수 있는 '후순위 차입금'은 그 본질을 해할 우려가 있는 상계약정이나 담보제공약정이 붙어 있어서는 안되도록 규정하고 있으나, 위 추가약정에 의한 상계권 부여특약이 위 규정에 위반하였다고 하더라도 사법적 효력을 가지지 못하여 무효라고는 할 수 없다고 해석함이 옳다. 원심판결은 이와 견해를 같이하는 것이어서 옳고, 거기에 소론의 강행규정 위반 여부 및 후순위채권의 유효성에 관한 법리를 오해한 잘못이 있다고 할 수 없다.

3. 일체로 이루어진 행위에 대한 파산법상 부인권 행사의 요건으로서의 유해성은 그 행위 전체가 파산채권자에게 미치는 영향을 두고 판단되어야 할 것이며, 그 전체를 통틀어 판단할 때 파산채권자에게 불이익을 주는 것이 아니라면 개별약정

만을 따로 분리하여 그것만을 가지고 유해성이 있다고 판단하여서는 안 된다.

원심의 위 인정 사실에 의하면, 고려증권과 국민생명은 실질적인 자금을 주고받음이 장부와 서류상의 계산만으로만 보험료의 납입과 대출의 거래를 하면서 위와 같은 약정을 체결하여 둔 사실이 인정되는바, 그렇다면 위 약정의 체결로 인하여 고려증권의 파산채권자들을 해하였다고 보기 어려우므로, 결국 위 상계약정만을 분리하여 유해성을 가지는 행위라고 할 수 없다. 고려증권이 위와 같은 행위를 통하여 부당한 목적(금융외환위기 당시 이른바 BIS비율을 허위로 높여서 퇴출을 면하려고 시도한 것)을 달성하려고 하였다거나, 위와 같은 후순위특약부 차입사실이 공시되었다는 사정만으로는 이러한 판단을 달리 할 수 없고, 따라서 이와 결론을 같이 한 원심판결에는 소론의 파산법상 부인권에 관한 법리를 오해한 잘못이 없다.

4. 위에서 인정한 사실에 비추어 보면, 피고측의 상계행위가 금반언이나 신의칙에 위배된다고 볼 수 없으므로, 같은 취지의 원심판단은 정당하고 거기에 소론의 이유불비 또는 이유모순의 위법이 있다고 할 수 없다.

대법관 이용우(재판장) 서성 배기원 박재윤(주심)

(6) **대법원** 1999. 9. 3. **선고** 99**다**6982 **판결 【부인권행사】** [**공보불게재**]

【판결요지】

1. 파산자인 소외 회사는 1996. 10. 9. 거래정지처분을 받기 직전에 그 사정을 잘 알고 있는 회사 직원인 피고들(대부분이 대표이사의 친인척임)에게 임금채권의 변제에 갈음한다는 명목으로 회사 재산 일체를 양도하고 이를 처분하여 분배받도록 함으로써 파산채권자를 해하는 행위를 하였다고 할 것이므로, 파산관재인인 원고는 피고들에 대하여 파산법 제64조 제 1 호에 의하여 부인권을 행사할 수 있고, 피고들은 원상회복으로서 원고에게 피고들이 수령한 위 각 금원을 반환할 의무가 있다.

2. 파산법상의 보전처분결정에서 임금채권의 변제를 보전처분의 제외사유로 인정하였다고 하더라도 보전처분결정이 임금채권의 변제를 파산법상의 부인권의 대상에서 제외하는 효력이 있는 것이 아니다.

3. 임금채권의 우선변제권이 인정된다고 해서 강제집행절차에 의하지 않는 임금수령행위가 파산법상 부인권의 대상에서 당연히 제외되는 것은 아니고, 우선변제권 있는 임금채권자는 우선권 있는 파산채권자로서 파산배당절차에서 우선순위를 부여받는 데에 그친다.

【참조 조문】 파산법 제64조 제 1 호

【원고, 피상고인】 파산자 주식회사 서일의 파산관재인 하원세의 소송수계인 파산자 주식회사 서일의 파산관재인 박준석

【피고, 상고인】 甲 외 10인

【원심판결】 부산고등법원 1998. 12. 18. 선고 98나4880 판결

【주문】 상고를 모두 기각한다. 상고비용은 피고들의 부담으로 한다.

【이유】 상고이유(그 제출기간을 도과하여 제출된 피고 민학규, 최상직의 추가상고이유서는 이를 보충하는 범위 내에서)를 본다.

원심판결 이유에 의하면, 원심은 그 채택 증거를 종합하여, 파산자 주식회사 서일이 그 거래정지처분을 받기 직전에 그 사정을 잘 알고 있는 그 직원들인 피고들에게 임금 등 채권에 갈음한다는 명목으로 회사 재산 일체를 양도함으로써 파산채권자를 해하는 행위를 하였다고 인정하는 한편 그 지급행위 당시에 파산채권자를 해하게 되는 사실을 알지 못하였다는 피고들의 항변을 배척한 다음, 파산관재인인 원고는 파산법 제64조 제1호에 의하여 부인권을 행사할 수 있다고 판단하였다.

기록에 비추어 살펴보면, 원심의 이러한 사실인정과 판단은 정당하고, 거기에 상고이유에서 주장하는 바와 같은 채증법칙 위배로 인한 사실오인의 위법이나 파산법 제64조 제1호에서 규정하고 있는 부인권에 관한 법리를 오해한 위법이 있다고 할 수 없다.

대법관 이용훈(재판장) 정귀호(주심) 김형선 조무제

▷ 〈**원심판결**〉 **부산고등법원** 1998. 12. 18. **선고** 98**나**4880 **판결**

【원고, 피항소인】 파산자 주식회사 서일의 파산관재인 하원세의 소송수계인 파산자 주식회사 서일의 파산관재인 박준석 (소송대리인 변호사 문종술)

【피고, 항소인】 甲 외 10인 (소송대리인 변호사 안병희)

【변론종결】 1998. 11. 20.

【원심판결】 부산지방법원 1998. 4. 15. 선고, 97가합24453 판결

【주문】 피고들의 항소를 모두 기각한다. 항소비용은 피고들의 부담으로 한다. 원심판결의 주문 제1. 가.항 및 이유 8면 기재 중 각 '피고 甲은 1997. 11. 22.까지, 피고 乙은 1997. 12. 14.까지'를 각 '피고 甲은 1997. 11. 21.까지, 피고 乙은 1997. 12. 13.까지'로 각 경정한다.

【청구취지】 원고에게, 피고 甲은 금 6,396,268원, 피고 乙은 금 22,431,596원, 피고 丙은 금 22,095,651원, 피고 丁은 금 13,828,726원, 피고 戊는 금 6,255,267원, 피고 己는 금 13,503,202원, 피고 庚은 금 40,847,994원, 피고 辛은 금 32,800,930원, 피고 壬은 금 20,003,292원 및 각 이에 대하여 1997. 3. 6.부터, 피고 癸는 금 28,482,923원, 피고 甲 1은 금 38,390,404원 및 각 이에 대하여 같은 해 4. 12.부터, 각 이 사건 소장부본 송달일까지는 연 5푼, 각 그 다음날부터 완제일까지는 연 2할 5푼의 각 비율에 의한 금원을 각 지급하라.

【항소취지】 원심판결 중 피고들 패소부분을 취소하고, 그 취소부분에 해당하는 원고의 피고들에 대한 청구를 모두 기각한다.

【이유】 1. 피고들의 본안전 항변에 관한 판단

원고가 피고들을 상대로 하여, 피고들이 파산자 주식회사 서일(이하 소외 회사라고 한다)로부터 임금 등의 명목으로 수령한 청구취지 기재 각 금원의 변제를 부인하고, 원상회복으로서 파산관재인인 원고에게 위 각 금원을 반환할 것을 구하는 이 사건 소에 대하여, 피고들은 원고가 소를 제기하기 위하여는 파산법 제187조, 제188조에 따라 감사위원의 동의, 채권자집회의 결의 또는 법원의 허가를 얻어야 함에도 위와 같은 소 제기를 위한 적법요건을 갖추지 아니하였으므로 이 사건 소는 부적법하여 각하되어야 한다고 다투나, 증거에 의하면, 원고가 파산관재인으로 선임되기 이전의 파산관재인이던 하원세는 1997. 10. 28. 피고들을 상대로 이 사건 소를 제기하기에 앞서 같은 달 24. 부산지방법원으로부터 이 사건 소의 제기에 대하여 허가를 받은 사실을 인정할 수 있으므로, 이 사건 소의 제기에 대하여 파산법상의 요건을 갖추지 못하였음을 전제로 하는 피고들의 위 항변은 이유 없다.

2. 부인권의 성립

가. (1) 소외 회사의 채권자인 소외 乙 1은 1996. 11. 13. 부산지방법원에 96하2호로 소외 회사를 상대로 파산선고신청을 하였는데, 위 법원은 1997. 2. 10. 위 회사가 위 乙 1 등 300여명의 채권자에 대하여 금 400억원 정도의 채무를 부담하고 있어 채무초과 상태에 있다는 이유로 위 회사에 대하여 파산선고결정을 하였고, 위 법원은 같은 결정에서 소외 하원세를 파산관재인으로 선임하였다가 1998. 6. 11. 위 하원세의 사임신청을 허가하고, 같은 달 16. 원고를 파산관재인으로 선임하였다.

(2) 한편, 피고들을 포함한 소외 회사의 직원들은 1996. 10.경 소외 회사가 경영악화로 도산하게 될 것으로 예상되자, 소외 丙 1을 포함한 5명의 관리직 직원들과 5명의 생산직 직원들로 비상대책위원회를 구성하고, 위 丙 1을 근로자 대표로 선출한 뒤 동인에게 임금채권의 수령을 위임하였고, 소외 회사의 대표이사인 소외 丁 1은 같은 달 7. 피고들을 포함한 회사 직원 231명에 대한 임금채권의 변제에 갈음하여 위 丙 1에게 소외 회사의 재산 중 근저당권이 설정된 유체동산을 제외한 나머지를 모두 양도하고 그 처분 및 분배권한까지 위임하였는데, 소외 회사는 그 직후인 같은 달 9. 금융결제원으로부터 거래정지처분을 받았다.

(3) 소외 丙 1은 1996. 10. 17.경부터 소외 회사로부터 양도받은 재산을 처분하고 소외 회사의 채권을 회수하여 얻은 금원으로 위 회사 직원들에게 급여, 상여금, 연월차수당, 해고수당, 퇴직금 및 비상대책위원 급료 등의 명목으로 금원을 지급하였는데, 1997. 3. 6.까지 사이에 피고 甲에게 금 6,396,268원, 피고 乙에게 금 22,431,596원, 피고 丙에게 금 22,095,651원, 피고 丁에게 금 13,828,726원, 피고 戊

에게 금 6,255,267원, 피고 己에게 금 13,503,202원, 피고 庚에게 금 40,847,994원, 피고 辛에게 금 32,800,930원, 피고 壬에게 금 13,003,292원을 각 지급하고, 1997. 4. 12.까지 사이에 피고 癸에게 금 24,482,923원, 피고 甲 1에게 금 34,390,404원을 각 지급하였다(피고 癸, 甲 1이 나머지 피고들과 달리 1997. 4. 12.까지 사이에 위 금원을 지급받은 것은 위 피고들이 비상대책위원으로서 같은 해 3월분의 급료까지 지급받았기 때문이다). [이에 대하여 원고는, 피고 癸는 퇴직금 4,483,792원을 포함하여 금 28,482,923원을, 피고 甲 1은 퇴직금 8,457,300원을 포함하여 금 38,390,404원을, 피고 壬은 퇴직금 9,010,776원을 포함하여 금 20,003,292원을 각 지급받았다고 주장하나, 갑호증에 의하면, 피고 癸, 甲 1은 원고가 주장하는 위 각 퇴직금 명목의 금원 중 가불금으로서 각 금 4,000,000원을 공제한 나머지 금액만을, 피고 壬은 위 퇴직금 명목의 금원 중 가불금으로서 금 7,000,000원을 공제한 나머지 금액만을 각 지급받은 사실을 인정할 수 있으므로, 원고의 주장 중 위 각 가불금액 상당 부분은 모두 이유 없다.]

(4) 피고들은 모두 소외 회사가 위 거래정지처분을 받을 무렵까지 소외 회사에서 근무하던 직원들로서, 피고 甲는 소외 회사의 이사(법인등기부상 이사로 등기되지는 아니하였다. 이하 피고 丁, 庚의 경우도 이와 같다), 피고 癸는 소외 회사의 총무부 대리(비상대책위원), 피고 乙는 소외 회사의 구매부 차장이자 위 丁 1의 처남, 피고 甲 1은 소외 회사의 기술영업부 차장(비상대책위원), 피고 丙은 소외 회사의 제작부 차장이자 위 丁 1의 처남, 피고 丁은 소외 회사의 상무이사, 피고 戊는 소외 회사의 직원이자 위 丁 1의 사위, 피고 己는 소외 회사의 서울사무소 차장, 피고 庚은 소외 회사의 이사(울산사무소 소장)이자 위 丁 1의 처남, 피고 辛은 소외 회사의 울산사무소 부장이자 위 丁 1의 처남, 피고 壬은 소외 회사의 총무부장이자 위 丁 1의 매부이다.

나. 위 인정사실에 의하면, 파산자인 소외 회사는 1996. 10. 9. 거래정지처분을 받기 직전에 그 사정을 잘 알고 있는 회사 직원인 피고들에게 임금채권의 변제에 갈음한다는 명목으로 회사 재산 일체를 양도하고 이를 처분하여 분배받도록 함으로써 파산채권자를 해하는 행위를 하였다고 할 것이므로, 파산관재인인 원고는 피고들에 대하여 파산법 제64조 제 1 호에 의하여 부인권을 행사할 수 있고, 피고들은 원상회복으로서 원고에게 피고들이 수령한 위 각 금원을 반환할 의무가 있다고 할 것이다.

3. 피고들의 주장에 대한 판단

가. 피고들은 먼저, 피고들이 위 각 금원을 수령한 것은 임금채권을 변제받은 것인데, 임금채권은 소외 회사에 대한 파산재단 보전처분결정에서도 변제금지대상에서 제외된 것이므로 파산법상 부인권의 대상에서도 제외되어야 한다고 주장하므로 살피

건대, 을호증에 의하면, 부산지방법원은 소외 乙 1이 신청한 위 파산선고신청사건절차에서 1996. 12. 4. 부산지방법원 96하3호로 소외 회사에 대하여 법원의 허가 없이는 기왕 발생한 일체의 금전채무에 대한 변제 및 담보제공을 금지한다는 내용으로 보전처분결정을 하면서 종업원과의 근로계약관계에 의하여 부담하는 채무는 변제금지대상에서 제외한 사실을 인정할 수 있고, 달리 반증이 없으나, 파산법상의 보전처분은 파산채권자의 집행보전과 손해방지를 목적으로 파산재단을 보전하기 위하여 긴급한 처분이 필요한 경우 법원이 행하는 잠정적 조치에 불과하고 보전처분에서 계쟁의 권리 또는 법률관계의 존부를 확정적으로 판단하는 것은 아니므로, 파산법상의 보전처분결정에서 임금채권의 변제를 보전처분 제외사유로 인정하였다고 하더라도, 위 보전처분결정이 임금채권의 변제를 파산법상 부인권의 대상에서 제외하는 효력이 있는 것은 아니라고 할 것이므로 피고들의 위 주장은 이유 없다.

나. 피고들은 또한, 위 각 금원은 근로기준법상의 임권채권 우선변제권에 따라 수령한 것이므로 파산법상의 부인권의 대상에서 제외되어야 한다고 주장하므로 살피건대, 구 근로기준법 제30조의2(1997. 3. 13. 법률 제5305호로 폐지)에서 규정하고 있는 임금채권 등의 우선변제권은 채무자의 재산에 대하여 강제집행을 하였을 경우에 그 강제집행에 의한 환가금에서 일반채권에 우선하여 변제받을 수 있음에 그치는 것이므로(대법원 1997. 4. 22. 선고, 95다41611 판결 참조) 임금채권의 우선변제권이 인정된다고 해서 강제집행절차에 의하지 않는 임금 수령행위가 파산법상 부인권의 대상에서 당연히 제외되는 것은 아니고, 우선변제권 있는 임금채권자는 우선권 있는 파산채권자로서 파산배당절차에서 우선순위를 부여받는 데에 그칠 뿐이며, 달리 피고들이 위 각 금원을 강제집행절차에서 수령한 것이라고 인정할 증거가 없으므로 피고들의 위 주장 역시 이유 없다.

다. 피고들은 나아가, 피고들이 위와 같이 소외 회사로부터 재산을 양도받아 임금 등의 명목으로 금원을 지급받을 당시까지는 소외 회사에 대하여 파산선고신청이 제기된 사실을 알지 못하였고, 위 丁 1에게 위 파산선고신청사건에 대한 심문기일소환장이 송달된 1996. 11. 15. 비로소 소외 회사에 대하여 파산선고신청이 제기된 사실을 알게 되었으며, 또한, 피고들로서는 위 각 금원을 임금채권으로서 우선변제권이 있는 것으로 알고 지급받은 것이어서 채권자를 해한다는 사실을 전혀 알지 못하였다고 다투나, 앞서 인정한 피고들의 소외 회사에서의 직위 및 위 丁 1과의 관계 등에 비추어 볼 때, 을호증과 피고들이 임금채권 등의 변제 명목으로 위 각 금원을 수령하였다는 사정만으로는 피고들이 위 각 금원을 수령할 당시 파산채권자를 해한다는 사실을 알지 못하였다고 인정하기에 부족하고, 달리 이를 인정할 증거가 없으므로 피고들의 위 항변 역시 이유 없다.

재판장 판사 정덕흥 권기훈 홍성주

(7) **서울고등법원** 2000. 3. 30. **선고** 99나52178 **판결 【부인권행사】** (**미상고 확정**)

【판결요지】

1. 본지변제로서 파산자의 일반재산을 감소시키지는 아니한다고 하더라도 그것이 객관적으로 보아 파산채권자들 사이의 평등에 반하는 편파행위에 해당한다고 볼 수 있는 경우에는 파산채권자를 해하는 경우에 포함된다

2. 파산관재인이 부인권을 행사함으로써 발생한 피고(파산채권자)의 원고(파산관재인)에 대한 이 사건 채무(원상회복을 원인으로 한 금전반환 채무)는 파산선고 이후에 부담하는 것이 분명하여 파산법 제95조 제1호에 의하여 피고가 이를 상계할 수 없다.

【원고, 피항소인】 파산자 신세기투자신탁 주식회사의 공동파산관재인 고승욱, 김정섭

【피고, 항소인】 경인리스금융 주식회사 (소송대리인 법무법인 바른 담당변호사 강훈)

【변론종결】 2000. 3. 2.

【원심판결】 인천지방법원 1999. 8. 31. 선고 99가합3019 판결

【주문】 피고의 항소를 기각한다. 항소비용은 피고의 부담으로 한다. 원심판결의 주문 제1항은 당심에서의 청구감축에 의하여 다음과 같이 변경되었다. 피고는 원고에게 금 961,628,353원 및 이에 대한 1999. 3. 13.부터 다 갚는 날까지 연 25%의 비율에 의한 금원을 지급하라.

【청구취지】 피고는 원고에게 금 961,628,353원(원고는 당초 금 1,069,766,115원의 지급을 구하다가, 당심에 이르러 위 금액으로 감축하였다) 및 이에 대한 이 사건 소장 부본 송달 다음날부터 다 갚는 날까지 연 25%의 비율에 의한 금원을 지급하라.

【항소취지】 원심판결을 취소한다. 원고의 청구를 기각한다.

【이유】 1. 기초사실

가. 신세기투자신탁 주식회사(이하 '신세기투신'이라고 한다)는 증권투자신탁업법에 따른 증권투자신탁업무 등을 목적으로 1989. 10. 30. 설립된 회사로서, 재정경제원장관으로부터 1997. 12. 19. 업무정지명령을 받고, 이어 1998. 2. 17. 위탁회사허가취소처분을 받아 해산되었으며, 1998. 5. 27.에는 인천지방법원으로부터 파산선고를 받았다.

나. 피고는 1994. 1.경 신세기투신 직원의 권유에 따라 실적형 수익증권을 매수하기로 하고 금 100억 원을 신세기투신에 예치하였으나, 위 실적형 수익증권의 실적이 저조하여 1997. 3. 31. 원금의 일부가 잠식된 채 금 62억 원만을 지급받게 되자, 위 수익증권 매수 당시 신세기투신의 직원이 보장한 약정수익율에 따른 원리금

채권을 피보전권리로 하여 1997. 12. 30. 신세기투신의 주식회사 경기은행(이하 '경기은행'이라고 한다)에 대한 금 10억 원의 예금채권을 가압류하고, 인천지방법원 97가합6106호로 그 약정수익금 지급청구소송을 제기하여 1997. 12. 5. 승소판결을 받았다.

다. 그러자 피고는 위 승소판결에 기하여 1998. 1. 30. 인천지방법원 98타기907, 908호로 위 가압류를 본압류로 전이하는 취지의 채권압류 및 전부명령을 받았고, 위 채권압류 및 전부명령은 1998. 2. 3. 위 경기은행에 송달되었으며, 이에 따라 피고는 1998. 3. 16. 신세기투신의 위 경기은행 보통예금계좌에서 금 52,223,543원, 같은 날 위 경기은행 정기예금계좌에서 금 874,894,006원(486,052,226원 + 388,841,780원), 1998. 3. 19. 위 경기은행 당좌예금계좌에서 금 34,510,804원 등 합계 금 961,628,353원을 인출하여 이를 수령하였다.

2. 당사자의 주장에 대한 판단

원고는, 피고의 위 예금인출은 '파산자가 파산채권자를 해함을 알고 한 행위'에 해당하여 파산재단을 위하여 이를 부인하는 바이므로 피고는 원고에게 원상회복으로서 위 각 인출금 및 이에 대한 지연손해금을 지급할 의무가 있다고 주장하고, 이에 대하여 피고는, 피고의 위 예금인출행위가 파산법상 부인의 대상이 되는 사해행위에 해당한다고는 볼 수 없다며 이를 다툰다.

살피건대, 파산법 제64조 제1호에 "파산자가 파산채권자를 해함을 알고 한 행위"에 대하여는 파산관재인이 파산재단을 위하여 이를 부인할 수 있도록 규정되어 있고, 여기에서 "파산채권자를 해한다" 함은 원칙적으로 총채권자의 공동담보가 되는 파산자의 일반재산을 감소시킨다는 것을 의미하기는 하나, 총채권자의 공동담보가 되는 파산자의 일반재산을 감소시키지는 아니하는 경우라 하더라도 그것이 채권자들 사이에 평등을 저해하는 편파행위에 해당할 때에는 각 파산채권자가 받아야 할 만족을 저하시키는 점에서는 마찬가지여서 이에 포함된다고 봄이 상당하다 할 것이므로, 비록 채무본지에 따른 변제로서 파산자의 일반재산을 감소시키지는 아니한다고 하더라도 그것이 객관적으로 보아 파산채권자들 사이의 평등에 반하는 편파행위에 해당한다고 볼 수 있는 경우에는 파산채권자를 해하는 경우에 포함된다 할 것이다.

그런데 증거를 종합하여 보면, 1997. 12. 초순경 종합금융사들에 대한 영업정지 사태로 말미암아 금융시장이 혼란에 빠져 고객들의 무더기 예탁금 인출요구사태가 벌어졌는데, 당시 신세기투신의 자산상태는 금 1,580억 원 가량이나 자본이 잠식된 상태에 있을 정도로 악화되어 있었을 뿐만 아니라, 그 이전 3년 동안 금 1,000억 원이 넘는 손실을 보고 있었기 때문에 예탁금 인출요구에 응하는 것이 사실상 불가능하였던 사실, 그러자 재정경제원장관은 신세기투신의 정상적인 업무수행이 불가능하다고 판단하여 1997. 12. 19. 금융산업의구조개선에관한법률에 의하여 업무정지 및 신탁재산의 인계를 명하였고, 이 명령에 의하여 신세기투신의 증권투자신탁운용업무 및 수익증권판매업무는 1997. 12. 19.부터 1998. 2. 17.까지 중지되어 예탁금인출이 전면 중단되었으며, 1998. 2. 12. 신탁재산인계가 이루어지고 1998. 2. 24.부터 신탁재산이 수익자에게 지급된 사실, 업무정지명령은 신탁재산에 대한 정확한 실사에 필요한 시간을 확보하고 신탁재산가액 및 채권채무관계를 확정하여 궁극적으로 수익자의 이익을 보호하기 위한 것으로서 그 기간중에는 일체의 채무변제행위가 금지되어, 위 업무정지기간동안 신세기투신으로부터 임의적인 채무변제가 이루어진 경우는 전혀 없는 사실, 그리고 그 후 재정경제원장관은 1998. 2. 17. 신세기투신에 대하여 증권투자신탁업법에 의한 위탁회사 허가까지 취소한 사실을 각 인정할 수 있고 달리 반증이 없는바, 사정이 이러하다면, 피고가 1997. 12. 19. 재정경제원장관의 업무정지명령이 있은 후인 1998. 3. 16. 및 1998. 3. 19. 강제집행의 방법인 이 사건 채권압류 및 전부명령에 기하여 신세기투신이 경기은행에 예금한 자금을 인출한 행위는 비록 그것이 채무의 본지에 따른 변제로서 실질적으로는 위 신세기투신의 일반재산에 아무런 감소를 가져오지 아니하였다 하더라도 객관적으로 보아 파산채권자들의 사이의 평등에 반하여 다른 파산채권자들보다 우선변제를 받은 편파행위였다 할 것이고, 따라서 위와 같은 행위는 파산법 제64조 제1호 소정의 "파산자가 파산채권자를 해함을 알고 한 행위"에 해당한다 할 것인데, 위와 같은 행위가 오로지 피고의 강제집행에 기한 것이었을 뿐, 그 과정에 채무자인 신세기투신의 적극적인 관여가 없었다 하여 부인의 대상에서 제외되는 것도 아니하므로(파산법 제67조) 파산관재인인 원고는 파산재단을 위하여 이를 적법히 부인할 수 있다 할 것이다.

그런데 이에 대하여 피고는 먼저, 위 강제집행 당시 그 집행행위가 파산채권자를 해함을 전혀 알지 못하였다고 항변하나, 이를 인정할 아무런 증거가 없고, 오히려 증거에 의하면, 신세기투신은 1997. 12. 19. 재정경제원장관으로부터 업무정지명령을 받고, 1998. 2. 17. 재정경제원장관으로부터 허가취소를 받아 해산되었으며, 당시 이러한 사실이 신문에 대대적으로 보도된 반면, 피고는 1997. 12. 30. 신세기투신의 경기은행에 대한 예금채권을 가압류하고, 인천지방법원에 그 약정수익금 지급청구소송을 제기하여 1997. 12. 5. 승소판결을 받은 후 이에 기하여 1998. 1. 30. 위 채권압류 및 전부명령을 받았고, 이어서 1998. 3. 16. 및 1998. 3. 19. 신세기투신의 경기은행 예금계좌에서 합계 금 986,734,346원을 인출하여 수령한 사실을 인정할 수 있고 달리 반증이 없는바, 위 인정사실에 비추어 보면, 오히려 피고는 위와 같이 위 압류 및 전부명령에 기하여 신세기투신의 예금을 인출할 당시 이미 신세기투신이 고객들의 예탁금 인출요구를 감당하지 못하여 업무정지 명령을 받았고,

이에 따라 그 채권자들에게 임의변제를 하지 못하게 되었으며, 신세기투신의 자산을 가지고 모든 채권자의 채권을 충족시키기 어렵게 된 사정을 알고 있었음이 능히 추인된다 할 것이어서 피고의 위 항변은 이유 없다.

피고는 또, 피고가 신세기투신에 대하여 리스계약에 기한 금 530,257,054원의 금전채권을 가지고 있으므로 이를 반대채권으로 하여 원고의 이 사건 채권과 상계한다고 항변하나, 증거를 모아보면, 피고가 주장하는 위 채권은 신세기투신이 파산선고를 받기 이전의 원인으로 생긴 채권으로서 이른바 파산채권임을 인정할 수 있는데, 위 부인권의 행사로 인하여 발생한 피고의 원고에 대한 이 사건 채무는 파산선고 이후에 부담하는 것이 분명하여 파산법 제95조 제 1 호에 의하여 피고가 이를 상계할 수는 없으므로, 피고의 위 항변도 이유 없다.

재판장 판사 박성철 이병로 배기열

[해설]

채무자가 파산채권자를 해한다는 사실을 알면서 한 행위에 대하여 부인하는 것을 고의부인이라 한다. 고의부인의 성립요건은 '파산채권자를 해하는 행위'와 '사해의사'가 있어야 한다. 파산채권자를 해하는 행위에는 채무자의 일반재산을 감소시키는 행위뿐만 아니라 이른바 편파행위도 포함된다. 한편 판례는 부인의 대상이 되는 행위가 파산채권자를 해한다고 하더라도 행위 당시의 개별적 · 구체적 사정에 따라서는 당해 행위가 사회적으로 필요하고 상당하였다거나 불가피하였다고 인정되어 일반 파산채권자가 파산재단의 감소나 불공평을 감수하여야 한다고 볼 수 있는 경우가 있을 수 있다고 한다(대법원 2003다40743 판결). 사해의사에 대하여는 인식설이 다수설과 판례의 태도이며 사해의 의도 내지 악의까지 있을 필요는 없다. 채무자의 행위가 위와 같은 요건을 충족하고, 수익자 역시 채무자의 사해의사와 마찬가지로 파산채권자를 해한다는 인식이 있어야 한다. 대법원 2002다58761 판결은 파산자의 상환준비금 예탁행위 당시 예탁행위의 상대방인 수익자가 파산채권자를 해한다는 사실을 알지 못하였다고 추단된다는 이유로 위 상환준비금 예탁행위가 부인 대상이 될 수 없다고 판단한 것은 정당하다고 하였다.

고의부인을 인정한 사례로는 임금우선특권이 인정되는 파산법 제38조 제10호의 재단채권자 또는 파산법 제32조 소정의 우선적 파산채권자에 대하여 명예퇴직금을 지급한 경우(대법원 2003다40743 판결), 채무자의 모그룹이 부도로 와해되고 대주주인 종금사도 영업정지를 당하여 더 이상 채무자가 자금을 조달하지 못한 상황이 되었고, 담보설정계약 1개월 전에 자본금이 전액 잠식된 상태를 나타내는 채무자의 결산재무제표가 공표된 상태에서 채권에 대하여 질권을 설정한 경우(대법원 2003

다5566 판결), 파산자인 회사가 거래정지처분을 받기 직전에 그 사정을 잘 알고 있는 회사 직원들(대부분이 대표이사의 친인척임)에게 임금채권의 변제에 갈음한다는 명목으로 회사 재산 일체를 양도하고 이를 처분하여 분배받도록 한 경우(대법원 99다6982 판결) 등이 있다.

이에 반하여 일체로 이루어진 행위에 대한 파산법상 부인권 행사의 요건으로서의 유해성은 그 행위 전체가 파산채권자에게 미치는 영향을 두고 판단되어야 할 것이며, 그 전체를 통틀어 판단할 때 파산채권자에게 불이익을 주는 것이 아니라면 개별약정만을 따로 분리하여 그것만을 가지고 유해성이 있다고 판단하여서는 안 된다고 한 사례가 있다(대법원 2001다59200 판결, 2001다39473 판결).

한편, 변제기가 도래한 채권을 변제하는 본지변제행위가 고의부인의 대상이 되는지에 대해서는 논란이 있지만, 통설 및 판례는 부인의 대상으로 삼고 있다(서울고등법원 99나52178 판결).

▶ 〈제64조 제2, 4호〉 위기부인

(1) **대법원** 2005. 9. 28. **선고** 2002**다**40296 **판결【예금】**[공보불게재]

【원고, 피상고인】 파산자 대한종합금융 주식회사의 파산관재인 최형기, 김재광

【피고, 상고인】 한국투자신탁증권 주식회사

【원심판결】 서울고등법원 2002. 6. 11. 선고 2000나39737 판결

【주문】 원심판결을 파기하고, 사건을 서울고등법원으로 환송한다.

【이유】 상고이유를 본다.

1. 원심의 판단

원심판결 이유에 의하면, 원심은 그 채용증거를 종합하여, 피고는 1998. 5.경부터 소외 대한종합금융 주식회사(이하 '대한종금'이라고 한다) 및 대한종금의 근보증 아래 계열회사인 소외 성원창업투자 주식회사(이하 '성원창투'라고 한다)와 각 콜론(call loan) 거래를 하였고, 1999. 4. 6. 현재 만기가 도래한 피고의 대한종금과 성원창투에 대한 콜론 채권은 각 3백억 원씩 합계 6백억 원에 이르며, 한편 대한종금은 1997. 7.경부터 피고가 운영·판매하는 투자신탁 상품에 수백억 원의 자금을 예치하며 거래를 해왔는데, 1999. 4. 6. 현재 대한종금이 피고의 엠엠에프(MMF) 수익증권저축계약에 투자한 금액이 7백 원인 사실, 같은 날 대한종금과 피고는 위 두 콜론 채무 합계 금 6백억 원의 만기를 같은 해 5. 6.로 연장하기로 합의하면서 그 대신 대한종금은 그 자신의 콜론채무 및 성원창투에 대한 콜론보증채무를 각

담보하기 위하여 대한종금의 피고에 대한 위 수익증권 환매대금채권에 대하여 근질권을 설정하여 준 사실, 그런데 같은 해 4. 7. 긴급한 자금수요가 발생한 대한종금의 요청에 따라 대한종금과 피고는 위 질권설정계약을 해지하여 수익증권 환매대금 7백억 원을 인출함과 동시에 대한종금 및 성원창투의 위 각 콜론채무 합계 6백억 원을 상환하고 그 나머지 금 1백억 원은 대한종금이 현실로 지급받기로 합의(이하 '이 사건 합의'라고 한다)하고, 이에 따라 같은 달 8. 03:00경 피고는 위 수익증권의 환매대금 전액을 인출한 것으로 출금표를 작성하는 한편 그 중 6백억 원은 위 각 콜론 채무를 변제받은 것으로 처리한 사실, 같은 달 10. 대한종금은 금융감독위원회로부터 영업정지명령을 받고 이어 같은 해 10. 18. 파산선고를 받은 사실 등을 인정한 다음, 위 수익증권저축계약상 위탁회사인 피고는 수익자인 원고가 환매청구권을 행사할 경우 그 환매대금을 지급할 의무가 있다고 판단하고, 나아가 이 사건 합의에 따라 6백억 원이 변제됨으로써 원고의 피고에 대한 환매대금채권이 소멸하였다는 피고의 주장에 대하여는, 우선 같은 해 4. 8. 03:00경 위 수익증권저축계약이 환매처리되어 위 수익증권저축계약의 투자금을 관리하는 수탁회사인 주식회사 서울은행(이하 '서울은행'이라고 한다)의 해당 계정에서 피고의 다른 신탁재산을 관리하는 서울은행 및 주식회사 한빛은행의 계정으로 6백억 원이 계좌이체된 사실이 인정될 뿐 환매처리 후 대한종금이 실제로 위 금원을 수령하였다거나 대한종금의 예금계좌로 자금이동이 있었다는 점을 인정할 증거가 없어 환매대금채권이 변제로 소멸하였다고 할 수 없고, 반면 이 사건 합의는 일종의 상계계약으로서 그에 따라 대한종금의 피고에 대한 합계 6백억 원의 콜론채무 및 콜론보증채무와 피고의 대한종금에 대한 금 7백억 원의 환매대금채무는 일응 대등액에서 소멸된다고 하겠으나, 이 사건 합의에 기하여 콜론보증채무를 소멸시킨 행위는 금융감독위원회의 대한종금에 대한 영업정지명령이 내려지기 전 30일 이내에 한 채무소멸에 관한 행위로서 그 시기나 방법이 파산자인 대한종금의 의무에 속하지 아니하는 것이므로 파산법 제64조 제4호에서 정한 부인권의 대상이 된다고 판단하였다.

2. 이 법원의 판단

그러나 위와 같은 원심의 판단은 다음과 같은 점에서 수긍이 되지 아니한다.

증권투자신탁업법(2004. 1. 5. 법률 제6987호로 간접투자자산운용업법의 제정으로 폐지된 것)에 따른 투자신탁에 의하여 위탁회사가 투자자(수익자)들로부터 모은 자금 등을 신탁하여 수탁회사가 보관하고 있는 신탁재산은 신탁법 및 증권투자신탁업법의 법리에 의하여 대외적으로 수탁회사가 소유자가 되며, 따라서 신탁재산에 속한 채권을 자동채권으로 하는 상계권 역시 수탁회사가 행사하여야 하는 것이고, 이 경우 수동채권은 수탁회사가 부담하는 채무이어야 하되, 이와 같은 상계는 신탁법 및 증권투자신탁업법의 관계 규정에 의한 제한을 받는다고 할 것이다. 증권투자신탁업법의 관계 규정에 따라 위탁회사는 선량한 관리자로서 신탁재산을 관리, 운용할 책임이 있으나, 같은 법 제25조 제1항 단서에 의하여 의결권 외의 권리는 수탁회사를 통하여 이를 행사하도록 되어 있으므로, 상계권에 관해서도 위탁회사가 수탁회사에게 지시하여 수탁회사로 하여금 일정한 내용으로 상계권을 행사하게 할 수는 있을 것이나, 스스로 신탁재산에 속한 채권에 관하여 상계권을 행사할 수는 없다(대법원 2002. 11. 22. 선고 2001다49241 판결 참조).

원심은 대한종금과 피고 간의 원심 판시 합의를 상계계약이라고 보고, 그에 의해 대한종금의 7백억 원의 환매대금채권과 피고의 3백억 원의 콜론보증채권이 대등액에서 일응 소멸되었다고 판단하고 있으나, 기록에 의하면 3백억 원의 콜론보증채권은 위탁회사인 피고가 지정한 수탁회사 서울은행이 보유 중인 신탁재산에 속하는 사실을 알아볼 수 있는바, 사정이 그와 같다면 위 법리에 의할 때 콜론보증채권의 대외적인 귀속주체는 위탁회사인 피고가 아니라 수탁회사인 서울은행이므로 특단의 사정이 없는 한 피고와 대한종금과의 합의만으로 서울은행이 보유하고 있는 3백억 원의 콜론보증채무를 소멸시킬 수는 없는 이치로서, 원심이 설시하고 있는 것과 같이 그 판시의 합의에 따라 피고가 대한종금의 엠엠에프(MMF) 환매대금을 인출하여 그 인출금의 일부를 서울은행의 계좌로 이체함으로써 콜론보증채무를 소멸시켰다면, 그 합의는 법률적으로 상계계약이라고 평가할 것이 아니라 대한종금이 피고에게 환매대금의 지급을 청구함과 동시에 그 인출금에 의해 대한종금을 대리하여 서울은행에 대해 콜론보증채무를 변제하도록 위임하는 취지의 의사표시가 결합된 합의로 보는 것이 적절한 이해라 할 것이다.

나아가 원고가 파산법 제64조에 근거하여 이 사건에서 주장하는 부인권은 위 콜론보증채무를 소멸시킨 행위를 그 대상으로 삼아 채무소멸의 효력을 부인하는 것임이 주장의 취지상 명백한바, 이 경우 부인권의 행사는 당해 채무의 채권자를 상대방으로 하여야 할 것이므로 앞서 본 바와 같이 위 콜론보증채무의 채권자가 피고가 아닌 서울은행이라면 부인권 행사의 상대방도 역시 서울은행이 되어야 하는 것이지 피고를 상대로 부인권을 행사할 수는 없다 할 것이고, 더구나 위 설시와 같이 콜론보증채무가 대한종금을 대리한 피고의 변제행위에 의하여 소멸된 것이라면 부인권 행사의 상대방이 서울은행이 되어야 함은 더욱 명백하다 하겠다.

그럼에도 불구하고, 대한종금과 피고 사이에 콜론보증채무에 관한 상계계약이 성립하였다고 본 다음 그 콜론보증채무의 소멸행위를 대상으로 하여 피고를 상대로 부인권을 행사할 수 있다고 보아 그 소멸의 효력을 부인하고 원고의 이 사건 환매대금청구를 인용한 원심판결에는, 증권투자신탁에 있어서 위탁회사와 수탁회사의 관계, 그 신탁재산에 관한 상계계약 및 파산법상 부인권의 행사대상에 관한 법리를 오해한 나머지 판결에 영향을 미친 위법이 있다 할 것이므로, 이 점을 지적하는 상고이유의 주장은 이유 있다.

대법관 이규홍(재판장) 이용우 박재윤 양승태(주심)

▷ 〈**원심판결**〉 **서울고등법원** 2002. 6. 11. **선고** 2000**나**39737 **판결**

【원고, 항소인】 파산자 대한종합금융 주식회사의 파산관재인 최형기, 김재광 (소송대리인 변호사 이윤섭)

【피고, 피항소인】 한국투자신탁증권 주식회사 (변경 전 상호: 한국투자신탁 주식회사) (소송대리인 법무법인 세종 담당변호사 박교선)

【변론종결】 2002. 4. 23.

【제1심 판결】 서울지방법원 2000. 7. 13. 선고 99가합105587 판결

【주문】 1. 제1심 판결 중 아래에서 지급을 명하는 금원에 해당하는 원고 패소부분을 취소한다. 피고는 원고에게 금 30억 원 및 이에 대한 2000. 1. 8.부터 2002. 6. 11.까지는 연 6%의, 그 다음날부터 다 갚는 날까지는 연 25%의 각 비율에 의한 금원을 지급하라. 2. 원고의 나머지 항소를 기각한다. 3. 소송총비용은 피고의 부담으로 한다. 4. 제1항의 금원지급 부분은 가집행할 수 있다.

【청구취지 및 항소취지】 제1심 판결을 취소한다. 피고는 원고에게 금 300억 원 및 이에 대한 이 사건 소장 부본 송달 다음날부터 다 갚는 날까지 연 25%의 비율에 의한 금원을 지급하라.

【이유】 1. 기초사실

가. 소외 대한종합금융 주식회사(이하 대한종금이라 한다)는 종합금융회사에관한 법률 제2조 제1호 소정의 종합금융회사인바, 재정경제원장관으로부터 1997. 12. 10. 영업정지 명령을 받았다가 1998. 4. 30. 그 업무정지 기간이 종료된 바 있고, 금융감독위원회로부터 1999. 4. 10. 재차 영업정지 명령을 받아 같은 해 6. 25. 해산결의를 거쳐 청산절차가 진행되던 중, 같은 해 10. 18. 서울지방법원 99하253호로 파산선고를 받음과 동시에 최형기와 이강록이 파산관재인으로 선임되었으며, 2002. 3. 5. 위 파산관재인 중 이강록이 사임하고 김재광이 파산관재인으로 선임되었다.

나. 피고는 증권투자신탁업법 제2조 제3항 소정의 위탁회사로서 고객들로부터 자금 등을 모집하여 신탁재산을 조성한 다음 시중은행 등 수탁회사에게 그 관리를 위탁하는 증권투자신탁 업무 등을 취급하는 회사인바, 전에는 한국투자신탁 주식회사라는 상호로 수익증권 저축업무, 신탁형 증권저축업무, 투자자문업무 등을 영위하여 오다가 2000. 6. 2. 유가증권 매매업무, 위탁매매업무, 중개 또는 대리업무 등을 목적업무에 추가하면서 그 상호를 현재의 한국투자신탁증권 주식회사로 변경하였다.

다. 피고는 1998. 5.경부터 대한종금에게 일정 금원을 단기간 대여하여 주는 콜론(Call Loan)[1] 거래를 하여 왔고 대한종금의 근보증하에 그 계열회사인 소외 성원창업투자 주식회사(이하 성원창투라 한다)와 사이에서도 콜론 거래를 하여 왔는데, 콜론 거래시 별도로 금전소비대차약정서 또는 어음거래약정서를 작성하지 않고 약속어음만 발행하여 수수하는 관행에 따라 대한종금은 피고에게 그 원리금 상당액을 액면금으로 하는 발행어음을 교부하였으며, 1999. 4. 6. 현재 만기가 도래한 피고의 대한종금과 성원창투에 대한 콜론 채권은 각 금 3백억 원씩, 합계 금 6백억 원에 이르렀다.

라. 한편 대한종금은 1997. 7.경부터 피고가 운영, 판매하는 신탁상품에 수백 억 원의 자금을 예치하며 거래를 해왔는데 1999. 4. 6. 피고가 취급하는 금융상품인 초단기 MMF[2] 7호(임의식) 수익증권저축 3구좌에 가입하여 저축금 3백억 원에 대하여는 계좌번호 200-600002-1028-40, 수익증권의 좌수 28,970,672,023좌로 기재된 수익증권저축통장을, 저축금 3백억 원에 대하여는 계좌번호 200-600002-1028-50, 수익증권의 좌수 28,970,672,023좌로 기재된 수익증권저축통장을, 저축금 1백억 원에 대하여는 계좌번호 200-600002-1028-60, 수익증권의 좌수 9,656,890,675좌로 기재된 수익증권저축통장을 각 교부받음으로써 피고를 위탁회사로 한 수익증권저축계약[3](이하 MMF 저축계약이라 한다)을 체결하였다.

마. 1999. 4. 6. 대한종금과 피고는 위 콜론 채무의 만기를 1999. 5. 6.로 각 연장하기로 합의하면서, 그 대신 대한종금은 합계 금 6백억 원의 위 콜론 채무 및 콜론 보증채무를 담보하기 위하여 같은 날 대한종금의 피고에 대한 MMF 저축계약에 따른 저축금(상환금 또는 환매대금[4]) 채권에 대하여 질권을 설정해 주었다.

---

[1] 금융기관 상호간 극히 단기의 자금이 대차되는데 이를 대출자 측에서 콜론(call loan), 차입자 측에서는 콜머니(call money) 라고 부른다. 「부르면 곧 돌아올 수 있을 정도로 극히 단기에 회수할 수 있는 대차」이기 때문에 콜이라는 명칭이 생겼다. 콜은 주로 금융기관의 어음, 기말결산의 결제 등 단기자금의 조달에 이용되고, 반환기간에 따라서 차입한 다음날에 반환하는 익일물, 차입한 날을 제외하고 언제나 하루 전의 통지로 반환하는 무조건물, 차입 후 일주일 거치하고 그 후에는 언제나 하루 전의 통지로 반환하는 보통물, 차입 후 1개월 거치하고 이 기간이 지나면 언제나 하루 전의 통지로 반환하는 월월(月越)무조건물 등 네 가지 종류가 있다.

[2] MMF(Money Market Fund)란 주로 양도성예금증서(CD), 기업어음(CP) 등 단기 금융상품에 투자되어 수시입출금이 가능한 단기투자신탁상품으로 초단기 채권형 수익증권이라 할 수 있다.

[3] 금융감독위원회가 제정한 '수익증권저축약관' 제 1 조에 의하면 "수익증권저축은 위탁회사 또는 판매회사가 이 저축의 가입자로부터 저축금을 받아 그 자금으로 수익증권을 매입하고 보관, 관리함으로서 저축자의 편익을 도모함을 목적으로 한다"고 규정되어 있는 바와 같이 수익증권저축계약은 수익증권의 매입과 매입된 수익증권의 보관, 관리를 그 내용으로 하는 계약이라 할 것이다.

[4] 수익자는 투자신탁 존속 중에는 위탁회사에 대한 환매청구권만을 행사할 수 있고 투자신탁관계가 종료하게 되면 상환금 청구권을 가지게 되는데 수익자가 저축재산의 인출을 청구할 당시 그 저축계좌에 있는 수익증권잔고의 평가금을 환매대금이라 한다.

바. 위 질권설정 당시 대한종금은 위 각 채무 외에도 1997. 3. 6. 주식회사 해태전자 발행의 만기 2000. 3. 6.인 회사채와 1997. 6. 5. 거평패션 주식회사 발행의 만기 2000. 6. 5.인 회사채에 대하여 지급보증을 한 바 있었는데, 이 중 피고가 액면 금 50억 원의 주식회사 해태전자의 회사채와 액면 금 20억 원의 거평패션 주식회사의 회사채를 취득하여 이를 보유 중이었다.

사. 대한종금에 위 만기연장 및 질권 설정일의 이튿날인 1999. 4. 7. 긴급한 현금 수요가 발생하였는바, 이에 대한종금과 피고는 위 질권설정 계약을 해지하여 MMF 저축계약의 환매대금 700억 원을 인출함과 동시에 대한종금 및 성원창투의 위 콜론 채무 합계 금 6백억 원을 상환하고 그 나머지 금 1백억 원은 대한종금이 현실로 지급받기로 합의한 다음, 그 합의에 따라 원고는 MMF 3구좌의 저축금 전액을 인출하여 달라는 의사표시를 하고, 피고는 이에 응하여 다음날인 같은 달 8. 03:06부터 03:08 사이에 위 3구좌의 MMF 저축계약의 환매대금 전액을 인출한 것으로 출금표를 처리하는 한편 그 중 금 6백억 원은 위 각 콜론 채무를 변제받은 것으로 처리하였다(나머지 환매대금 1백억 원은 위 바.항의 회사채지급보증채무 70억 원이 추가로 존재함이 드러남에 따라 이를 마저 상계하고 그 잔액 금 30억 원을 지급하려 하였으나, 대한종금이 그 수령을 거부하였다).

아. 대한종금은 위와 같이 금 1백억 원을 조달하려던 계획이 실패로 돌아감에 따라 자금경색이 심화되었고, 결국 1999. 4. 10. 영업정지 명령을 받고 파산절차에 들어가게 되었으며 이후 대한종금은 피고로부터 잔액 금 30억 원을 수령하였다.

2. 피고의 저축금 지급채무의 발생

MMF 저축계약상 위탁회사인 피고는 수익자의 저축금으로 수익증권을 매수하여 보관하고 있다가 수익자가 환매청구권 행사에 의하여 수익증권의 환매를 구하여 오면 그 수익증권을 재판매하거나 수탁회사와의 신탁계약을 일부 해지하여 환매대금을 마련한 다음 이를 수익자에게 지급하여야 할 저축금 지급채무에 충당하게 되는데, 대한종금이 그가 가입한 MMF 저축계약의 수익증권을 환매처리하기로 하고 저축금의 반환을 구하고 있는 이상 피고는 대한종금의 파산관재인인 원고에게 MMF 저축금을 지급할 의무를 부담한다고 할 것이다.

3. 당사자들의 주장 및 이에 대한 판단

가. 원고의 청구

피고가 대한종금의 피고에 대한 MMF 저축금채권은 피고의 성원창투에 대한 금 300억 원의 콜론 반환채권 등과 상계처리되어 소멸하였다고 주장하며 그 부분의 지급을 거절하고 있으나, 위 상계의 효력을 인정할 수 없으므로 그 중 성원창투에 대한 금 3백억 원의 콜론 반환채권을 담보하기 위하여 질권이 설정되어 있다가 위 채권과 대등액에서 상계처리되었다는 MMF 저축금 3백억 원의 지급을 구한다.

나. 피고의 변제 항변

이에 대하여 피고는 당시 대한종금과 피고 사이에 성원창투에 대한 300억 원의 콜론 반환채권과 7백억 원의 MMF 저축금채권이 대등액에서 상계처리된 것이 아니라 1999. 4. 7. 양 당사자 합의하에 MMF 저축계약이 해지되었으며 위 저축금중 금 6백억 원은 변제되었다(한편 나머지 금 100억 원은 대한종금의 수령지체로 피고가 이를 보관하고 있다가 그 중 금 30억 원을 대한종금이 나중에 수령하였다)고 주장한다.

살피건대 증거에 의하면 대한종금이 가입한 MMF 저축계약의 3개 계좌에서 1999. 4. 8. 새벽 3시경 각 전액이 환매처리되어 위 MMF 수익증권의 수탁회사인 서울은행의 계좌에서 피고의 신탁재산을 관리하는 한빛은행과 서울은행의 신탁재산 계정으로 계좌이체된 사실을 인정할 수 있고 달리 반증이 없으나 더 나아가 환매처리 후 대한종금이 실제로 위 금원을 수령하였다거나 대한종금의 예금계좌로 자금이동이 있었다는 점에 대하여는 을호증만으로는 이를 인정하기에 부족하고 그 밖에 이를 인정할 아무런 자료가 없으며, 피고가 같은 달 8. 출금처리한 후 변제되었다는 MMF 저축금 중 금 70억 원에 대하여는 같은 달 10. 대한종금 앞으로 상계처리한다는 통지를 보내기까지 한 점에 비추어 보면 대한종금이 현실로 금원을 지급받아 변제받았다고 볼 수 없으므로 피고의 위 주장은 이유 없다(피고는 채무의 변제 방식으로 현실의 인도가 아닌 당사자간의 의사표시만으로 금원이 인도된 것으로 효력이 인정되는 간이인도, 또는 양도인이 인도할 금전의 점유를 계속하면서 당사자의 계약만으로 인도의 효력이 인정되는 점유개정의 방법을 통해서도 채무변제가 이루어질 수 있다고 주장하나, 간이인도, 점유개정의 방식에 의한 물권변동은 동산에 적용되는 것으로 금전의 경우는 동산이기는 하나 그 특성상 특정이 가능한 예외적 경우를 제외하고는 간이인도나 점유개정의 방식으로 인도되어 변제의 효력을 발생하였다고 볼 수 없다).

다. 피고의 1999. 4. 7.자 합의로 인한 채무소멸 항변

피고는 다시 1999. 4. 7. 대한종금과 사이에 MMF 저축계약에 따른 저축금채권에 설정된 질권계약을 해지하면서 대한종금이 피고에 대하여 부담하는 모든 채무를 변제하고 나머지 금원을 대한종금에게 지불한다는 합의를 하고 그에 따라 각자의 채무를 소멸시키기로 합의한 것이므로 피고의 MMF 환매대금 지급의무도 소멸하였다는 취지의 항변을 한다.

살피건대 대한종금과 피고가 위 질권설정 계약을 해지하고 MMF 환매대금 700억 원을 인출함과 동시에 대한종금 및 성원창투의 위 콜론 금 600억 원을 상환하고 그 나머지 금 100억 원은 대한종금이 현실로 지급받기로 합의한 사실은 앞서 본 바와 같은바, 1999. 4. 7.자 위 합의는 MMF 저축계약 및 위 저축금채권에 대한

질권설정 계약의 각 해지에 관한 합의를 포함한 일종의 상계계약이라 할 것이므로, 위에서 살핀 바와 같이 위 MMF 환매대금이 인출된 것으로 처리되는 등 위 합의가 이행된 이상 이로써 대한종금의 피고에 대한 위 합계 금 600억 원의 콜론 채무 및 콜론 보증채무와 피고의 대한종금에 대한 금 700억 원의 MMF 저축금지급채무는 그 대등액에서 소멸되었다 하겠으므로, 이 점에서 비록 위 금원이 현실로 수수된 것은 아닐지라도 위 예탁금 채무 중 금 600억 원이 소멸되었다는 취지(피고는 '변제'되었다고 주장하나, 그것은 고유한 의미의 변제에는 해당하지 아니하므로 널리 이로써 채무가 소멸되었다는 취지의 주장을 하는 것으로 보고 이하에서는 이를 채무소멸행위라 한다)의 피고 주장은 일응 그 이유가 있다.

(1) 원고의 부인권행사 주장

원고는 가사 피고 주장과 같이 1999. 4. 7. 피고와 대한종금 사이에 MMF 저축계약을 해지하여 환매대금 700억 원을 인출함과 동시에 성원창투의 콜론 금 300억 원 보증채무를 소멸시키기로 합의하였다 하더라도 이는 금융감독위원회의 대한종금에 대한 제2차 영업정지 명령이 내려지기 불과 2일 전에 기한이 도래하지도 않은 채무를 소멸시킨 것으로서 파산법상 부인권의 대상이므로 피고에 대하여 부인권을 행사한다고 주장한다.

(2) 피고는 원고의 부인권행사에 대하여 아래와 같은 사유를 주장하면서 이를 다투므로 이를 차례로 살핀다.

(가) 피고는 위탁회사로서 수익증권의 판매업무를 담당하고 있을 뿐 신탁재산에 편입된 채권의 실질적인 귀속주체가 아니므로 신탁재산에 편입된 채무의 변제행위를 부인하면서 그 반환을 구하는 이 사건 소송에 있어서 원고는 신탁재산의 실질적인 귀속주체인 수탁회사에 대하여 부인권을 행사하여야 한다고 주장한다.

살피건대 전통적인 신탁에서는 수탁자가 신탁재산에 대한 소유권을 가지면서 신탁재산에 대한 관리의무를 부담함에 반하여, 증권투자신탁에서는 전통적인 수탁자의 지위가 신탁재산의 운용자인 위탁회사와 신탁재산의 보관주체인 수탁회사로 분리되고 수익자와 위탁회사 사이에서는 수익자가 위탁자에 해당하게 되는 점, 수익자는 신탁재산에 대한 직접적인 권리를 주장할 수 없고, 투자신탁 존속 중에는 위탁회사에 대한 환매청구권만을 행사할 수 있고 투자신탁관계가 종료하게 되면 수익자는 상환금 지급청구권을 가지게 되는데 증권투자신탁업법 제7조 제1항에서 "수익자는 수익증권을 발행한 위탁회사에 이를 현금으로 환매할 것을 청구할 수 있고 다만 위탁회사의 해산등의 사유로 환매에 응할 수 없는 특별한 경우는 수탁회사에 이를 직접 청구할 수 있다"라고 규정하고 있는 점 등에 비추어 보면 이 사건에서 수익자인 대한종금은 환매대금청구를 위탁회사인 피고에 대하여 하여야 할 것이고, 대한종금과 사이에 MMF 환매대금 700억 원을 인출함과 동시에 성원창투의 위 콜론 금 300억 원을 상환하기로 하고 채무를 소멸시키고 이득을 얻은 자도 수탁회사가 아닌 피고이므로 원고의 부인권 행사 대상은 피고라 할 것이어서 위 주장 또한 이유 없다.

(나) 피고는 금융감독위원회로부터의 영업정지처분은 파산법상의 지급정지가 아니라고 주장한다.

살피건대 갑호증에 의하면 1999. 4. 10. 금융감독위원회가 대한종금에 대하여 내린 영업정지 명령은 종합금융회사에관한법률 제7조 제1항, 제2항에서 정하고 있는 종합금융회사로서의 본연의 업무에 해당하는 모든 업무의 정지를 그 내용으로 하고 예외적으로 만기가 도래한 어음 및 대출금의 기일 연장 등을 제외하고 있는바, 파산법 제64조 소정의 “지급의 정지”라 함은 채무자가 변제기에 있는 채무를 자력의 결핍으로 인하여 일반적, 계속적으로 변제할 수 없다는 것을 명시적, 묵시적으로 외부에 표시하는 것을 말하고, 자력의 결핍이란 채무자에게 채무를 변제할 수 있는 자산이 없고, 변제의 유예를 받거나 또는 변제하기에 족한 융통을 받을 신용도 없는 것을 의미하므로(대법원 2001. 6. 29. 선고 2000다63554 판결 참조), 대한종금이 1999. 4. 10. 금융감독위원회로부터 받은 영업정지 명령은 감독관청이 대한종금의 지급능력이 없다고 판단할 경우 내릴 수 있는 대표적인 조치로써 파산법상 지급정지에 해당한다고 봄이 상당하다 할 것이어서 피고의 위 주장 또한 이유 없다.

(다) 피고는 1998. 5.경부터 대한종금이 피고에게 위 성원투자의 콜론 보증채무의 이행을 담보한다는 의미에서 채무불이행 사유가 발생할 경우 피고가 MMF 상환금청구권 또는 환매청구권을 행사할 수 있도록 피고에게 통장을 교부하고 대한종금의 위 MMF 계좌에도 사고신고를 하여 두었을 뿐만 아니라 대한종금이 성원창투에 대한 콜론 보증채무를 소멸시킬 당시에는 MMF 저축금채권에 대하여 질권을 설정한 상태였기 때문에 피고는 파산절차에 의하지 않고 별제권을 행사함으로써 위 채권을 회수할 수 있었으므로 피고의 채무소멸행위는 다른 일반채권자를 해하는 행위가 아니라고 주장한다.

살피건대, 을호증에 의하면 피고가 1998. 3. 26.부터 1999. 4. 6.까지 대한종금의 고객번호 200-0998849를 통하여 대한종금의 계좌에 사고신고를 하여 둔 사실은 인정되나, 이는 일종의 비전형담보로서의 성격을 갖고 있다 할 것이어서 별제권으로서 인정받을 수 없고, 다만 질권 설정 후에는 별제권자로서 그에 대한 피담보채무의 소멸행위는 파산법상 부인의 대상이 될 수 없다 할 것이다. 그러나, 원고가 대한종금과 피고의 질권설정행위 자체에 대하여도 부인권을 행사하고 있는바, 위 질권설정행위가 대한종금에 대한 제2차 영업정지 명령이 내려지기 불과 4일 전에 이루어진 것으로서 피고에 대한 성원창투 콜론의 보증채무 등을 담보하기 위한 것이었음은 앞서 본 바와 같으므로 이는 파산자의 의무에 속하지 아니하는 담보제공행위에 해당하여 파산법 제64조 제4호 소정의 부인권 대상이라 할 것이므로 피고가 유효한 질권을 취득하였음을 전제로 한 위 주장은 이유 없다.

(라) 피고는 대한종금이 질권을 해지받아 MMF 저축금으로 피고에 대한 채무를 변제한 행위는 형식적으로 질권의 해지와 채무의 소멸행위가 동시에 이루어진 것이나, 그 실질은 담보목적물의 가액과 피담보채권액의 대등액에서 대물변제가 이루어진 경우와 같으므로 대한종금의 일반채권자를 해하는 행위가 될 수 없다고 주장하나, 대한종금과 피고의 질권설정행위 또한 파산법상 부인권 대상임은 앞서 본 바와 같으므로 피고가 유효하게 질권을 취득하였음을 전제로 한 위 주장 또한 이유 없다.

(마) 피고는 대한종금이 1999. 4. 6. 피고에게 질권을 설정해준 것은 피고로부터 신규로 자금을 차입하면서 담보제공을 한 것이므로 기존의 채무에 대한 담보제공과는 달리 신규채무에 대한 담보제공이므로 시가 상당의 대금에 의한 부동산 매각행위에 준하여 파산법 제64조 제1호 소정의 고의부인의 대상이 될 수 있음은 별론으로 하고 같은 조 제5호 소정의 위기부인의 대상은 아니라고 주장하나, 을호증에 의하면 피고가 성원창투에 대하여 신규로 콜론을 제공한 것이 아니라 기존 콜론의 만기를 연장해 준 것에 불과하고 질권설정 당시 대한종금이 피고로부터 신규로 자금을 차입한 것이 아니라 성원창투가 피고로부터 콜론을 제공받으면서 질권을 설정하게 된 것에 불과한 사실을 인정할 수 있을 뿐이므로 대한종금으로 신규자금이 차입되었음을 전제로 한 피고의 위 주장도 이유 없다.

(바) 피고는 대한종금으로부터 질권을 취득하고 채무소멸행위를 할 당시 대한종금의 파산채권자를 해하게 되리라는 점을 알지 못하였다고 주장한다.

살피건대 이에 부합하는 듯한 증거들은 믿지 아니하거나 이전하기에 부족하며 오히려 앞서 본 각 증거에 의하면 1999. 4. 초순경 대한종금의 모기업에 해당하는 성원건설 주식회사의 부도설과 대한종금이 종금사추가정리대상에 들어 있다는 소문이 퍼지면서 대한종금의 증자노력에도 불구하고 10여일간 수조 원의 예금이 인출되는 등 대규모 인출사태가 벌어졌던 사실, 같은 해 4. 6. 피고가 대한종금 및 성원창투에 제공한 콜론의 만기가 도래하여 위 채권을 회수하고 대한종금과의 자금거래를 정산하려고 하자 대한종금은 성원창투의 유동성 확보에 문제가 발생할 것을 우려하였고 피고도 이러한 사정을 감안하여 성원창투의 콜론을 회수하지 않고 동액 상당의 콜론을 다시 제공하는 대신 대한종금의 MMF 계좌를 계속 유지하되 보다 강력한 채권확보수단으로써 위 계좌에 질권을 설정한 사실, 위 질권설정 당시 위 합의가 영업정지 명령이 있기 4일 전에 이루어졌고 MMF 저축금에 대한 출금표 처리 등 장부의 정리가 업무시간이 아닌 03:00 무렵에 화급하게 행하여진 사실을 인정할 수 있는바, 위에서 본 바와 같이 대한종금 및 성원창투의 당시 경영상태가 악화되어 있었던 점, 피고도 추가로 질권을 설정하고서야 콜론을 연장해 주었던 점, 출금표가 업무시간 내에 정상적으로 작성되지 아니하였던 점, 그로부터 불과 며칠 후 대한종금이 영업정지명령을 받게 된 점에 비추어 보면 피고가 위 질권설정 및 채무소멸행위 당시 파산채권자를 해하게 되는 사실을 알지 못하였다고도 볼 수 없다 할 것이다.

(3) 소결론

파산법(2000. 1. 12. 법률 제6111호로 개정되기 전의 것) 제64조 제4호는 파산자가 지급정지나 파산신청이 있은 후 또는 그 전 30일 내에 한 담보의 제공 또는 채무소멸에 관한 행위로서 파산자의 의무에 속하지 아니하거나 그 방법 또는 시기가 파산자의 의무에 속하지 아니하는 행위를 부인대상으로 규정하고 있는바, 1999. 4. 7.자 위 합의는 질권설정행위 및 대한종금의 피고에 대한 변제기가 아직 도래하지 아니한 대한종금의 70억 원의 위 각 회사채상환채무와 성원창투에 대한 금 300억 원의 콜론 보증채무를 소멸시키는 것을 그 내용의 일부로 하고 있어서 이 점에서 이는 파산자인 대한종금이 그 지급정지 있기 전 30일 내에 한 담보제공행위 및 채무소멸에 관한 행위로서 그 방법 또는 시기가 파산자의 의무에 속하지 아니하는 행위라 하겠으므로 파산법 제64조 제4호 소정의 부인권 행사의 대상이 된다 할 것이다.

따라서 위 1999. 4. 7. 대한종금과 피고 사이에 성원창투에 대한 금 300억 원의 콜론 보증채무와 대한종금에 대한 MMF 저축금지급채무를 대등액에서 상계하기로 한 합의는 그 효력이 없다 할 것이므로 피고는 대한종금의 파산관재인인 원고에게 환매처리된 MMF 저축금을 지급할 의무를 부담한다고 할 것이다.

라. 피고의 이행각서상의 상계약정으로 인한 채무 소멸 주장

피고는 대한종금의 질권설정행위 및 성원창투의 콜론 채무에 대한 보증채무 소멸행위가 모두 부인된다 하더라도 이행각서상의 상계약정에 따라 대한종금의 피고에 대한 보증채무와 피고의 MMF 저축금지급채무는 소멸하였다고 주장한다.

살피건대 을호증의 기재에 의하면 대한종금은 수탁회사인 서울은행과 사이에 위 보증채무의 이행확보를 위해 대한종금은 위 은행이 수탁자인 투자신탁에 가입하여 성원창투 채무액의 2배 이상에 해당하는 잔고를 항상 유지하기로 하고 성원창투가 거래정지처분을 받거나 기타 성원창투에 대한 채권보전을 필요로 하는 사유가 발생하면 위 은행이 대한종금에게 사전 통지 없이 보증채무자를 대리하여 수익증권의 환매를 요청하여 그 환매대금으로 채무변제에 충당하기로 약정한 사실은 인정되나 위 인정사실에 의하더라도 수탁회사인 서울은행이 환매청구를 하여 그 환매대금으로 대한종금의 보증채무를 변제충당할 수 있다는 것일 뿐 위 약정만으로 대

한종금과 피고 사이에 상계합의를 하였다고 볼 수 없다 할 것이므로 위 주장 또한 이유 없다.

마. 피고의 상계 의사표시로 인한 채무 소멸 주장

(1) 피고는 위 상계약정이 인정되지 않는다 하더라도 피고는 원고에게 이 사건 2001. 12. 3.자 준비서면의 송달로써 대한종금에 대한 보증채권을 자동채권으로 하고 MMF 상환금지급채권을 수동채권으로 하여 대등액에서 상계한다고 주장하고 이에 대하여 피고는 증권투자신탁업법상 상계가 금지되었다고 이를 다툰다.

(2) 관계 법규정

신탁법 제20조에 의하면 "신탁재산에 속하는 채권과 신탁재산에 속하지 아니하는 채무와는 상계하지 못한다"고 규정되어 있고, 증권투자신탁업법 제17조 제4항에 의하면 "위탁회사는 자기채무에 대하여 수익자의 명의로 이를 부담하거나 신탁재산으로 이를 변제할 수 없다"고 규정되어 있으며, 같은 조 제4항에 의하면 "위탁회사에 대한 채권은 그 위탁회사의 신탁재산에 속하는 채권과 상계할 수 없다"고 규정되어 있다.

(3) 판단

위 각 규정의 취지는 수탁자의 이익상반행위를 금지하거나 신탁재산의 독립성을 확보하기 위한 목적을 관철하기 위하여 신탁재산과 수탁자의 고유재산 사이는 물론 신탁재산 사이에서도 그에 속한 채권 상호간의 상계를 금지하려는데 있다 할 것이고, 이러한 규정취지에 반하여 수탁자인 위탁회사의 상계를 허용하게 되면 신탁재산에 속하는 채권이 소멸하여 신탁재산이 감소하게 되는 반면, 위탁회사로서는 고유채무의 소멸로 인한 이익을 부당하게 향유하게 되는 결과가 초래된다 할 것이다.

또한 증권투자의 본질에 비추어 보더라도 증권투자는 직접투자나 간접투자를 막론하고 일정한 수익률이 보장되는 은행예금과는 달리 증권의 종류나 매매의 시기 및 방법 등에 의하여 그 수익률이 변동함으로 인하여 항상 위험이 따르고 그 위험은 원칙적으로 투자자가 부담할 수밖에 없는 것이므로, 증권투자신탁에 있어서도 투자전문가인 위탁회사가 신탁재산에 대하여 선량한 관리자로서의 주의의무를 다한 이상 그 신탁재산의 운용 결과에 대한 손익이 모두 수익자에게 귀속되는 실적배당주의와 그 실적이 오로지 수익증권 구좌수라는 투명한 기준에 의하여 수익자에게 균분되는 수익자 평등대우주의를 그 본질로 한다고 할 것이어서, 만약 위탁회사가 신탁재산의 운용을 잘못하여 부실한 회사채 등에 투자하였다면 수익자로서는 그러한 손실을 감수하여야 함은 증권투자신탁제도의 본질상 당연한 것인데, 피고의 주장과 같이 이 사건 상계를 적법한 것으로서 허용하여 신탁재산에 속한 부실화된 채권(대한종금에 대한 보증채권)을 위탁회사의 고유채무(이 사건 저축금지급채무)와 상계함으로써 부실채권의 건전화를 도모하는 것은 오히려 증권투자신탁제도가 예정한 방법에 의하지 아니하고 투자에 따른 위험은 회피하고 이익만을 취득하게 되어 자기책임주의 및 실적배당주의에 반하는 것은 물론, 수익자 및 위탁회사의 안이한 투자 행태를 조장하여 증권투자신탁제도의 근간을 위험에 빠뜨릴 수 있다고 할 것이다.

따라서, 증권투자신탁업법상의 위탁회사인 피고는 신탁재산에 속하는 위 보증채권으로서 신탁재산에 속하지 아니하는 이 사건 저축금지급채무와 상계할 수 없다고 할 것이고 더욱이 증권투자신탁업법상 수익자 보호를 위해 펀드의 투자대상과 비율을 엄격하게 제한하고 있는 점을 고려하면 위탁회사가 동일하다고 하더라도 신탁재산 상호간 독립되어 있음에 비추어 펀드가 상이한 경우에는 상계가 허용될 수 없다 할 것인바, 300억 원의 성원창투에 대한 콜론 자금이 모두 대한종금이 피고로부터 매입한 MMF와 동일한 펀드의 자금으로 운용된 것도 아니라 할 것이므로 피고의 상계 주장은 받아들일 수 없다 할 것이다.

바. 피고의 유치권 행사 주장

피고는 신탁재산을 통해 대한종금에 대한 콜론 보증채권 등을 가지고 있는 반면 대한종금은 피고로부터 수익증권을 매입한 후 피고에게 수익증권을 보관시키고 수익증권의 상환금 또는 환매대금 청구권을 가지고 있는바, 대한종금에 대한 위 채권의 변제기가 도래하면 채권자는 위 채권을 회수할 때까지 위 수익증권에 유치권을 행사하고 이를 환가하여 대한종금에 대한 위 채권에 변제충당할 수 있으므로 피고는 위와 같이 유치권을 행사하여 수익증권을 환가한 다음 그 금원으로 대한종금에 대한 채권에 변제충당하였다고 주장한다.

그러나 수익자와 위탁회사 사이에 위와 같은 유치권이 인정된다고 할 수 없고, 피고는 대한종금과 사이에 수익증권에 대한 유치권을 행사하여 변제충당한 것이 아니라 질권을 설정하였다가 이를 해지하면서 쌍방간의 채무를 상계하기로 합의하였을 뿐임은 앞서 본 바와 같으므로 피고가 수익증권에 대하여 유치권 행사를 하였음을 전제로 한 위 주장 또한 이유 없다.

재판장 판사 박국수 김정만 이림

(2) **대법원** 2002. 8. 23. **선고** 2001**다**78898 **판결 【부인의소】** [공2002, 2199][4)]

【판결요지】

[1] 파산법 제64조 제 2 호 소정의 위기부인의 대상이 되는 '파산채권자를 해하는 행위'에는 파산자의 일반재산을 절대적으로 감소시키는 사해행위 외에 채권자간의 평등을 저해하는 편파행위도 포함된다고 할 것이고, 변제기가 도래한 채권을 변제하는 이른바 본지(本旨)변제 행위가 형식적인 위기시기에 이루어진 경우에는 불

4) 판례해설로는 黃貞根, "파산법 제64조 제 2 호 소정의 위기부인의 요건," 대법원판례해설 제42호(2002 하반기)(2003. 7), 636-6, 2003, 大法院 法院行政處.

평등 변제로서 위기부인의 대상이 될 수 있다.

[2] 화의법 제31조는 화의개시신청이 있어도 채무자의 재산관리처분권은 상실되지 않지만 만일 그 재산관리를 채무자의 자유에 맡겨두면 채무자가 재산의 현상을 변경하거나 재산을 감소시켜 화의의 성립이나 화의조건의 이행이 곤란 또는 불가능하게 될 위험이 있음을 감안하여 화의개시신청 후 그 결정시까지 일정한 범위의 행위를 제한하려는 것일 뿐이고, 파산법 제64조 제 2 호 소정의 이른바 위기부인과 화의법 제33조 소정의 부인은 그 성립요건과 효력이 다르므로, 화의법 제31조에 의하여 제한되지 아니하는 행위 또는 같은 조에 의한 제한은 받으나 같은법 제33조 단서에 의하여 화의법상 부인권을 행사할 수 없는 행위에 해당한다고 하여 당연히 파산법상 부인권 행사의 대상에서 제외된다고 할 수는 없고, 따라서 파산법 제64조 제 2 호 소정의 '지급정지' 이후에 화의개시신청을 한 상태에서 파산법 제64조 제 2 호 소정의 이른바 본지(本旨)변제 행위를 한 경우에, 설령 그 변제행위가 화의법 세31조에 의하여 유효한 행위 또는 화의법 제33조 단서에 의하여 부인권을 행사할 수 없는 행위에 해당한다고 하더라도 파산법상 부인권 행사의 성립요건을 갖춘 것이라면 이는 파산법 제64조 제 2 호 소정의 부인권 행사의 대상이 된다.

[3] 파산법상 부인의 대상이 되는 행위가 파산채권자에게 유해하다고 하더라도 행위 당시의 개별적 · 구체적 사정에 따라서는 당해 행위가 사회적으로 필요하고 상당하였다거나 불가피하였다고 인정되어 일반 파산채권자가 파산재단의 감소나 불공평을 감수하여야 한다고 볼 수 있는 경우가 있을 수 있고, 그와 같은 예외적인 경우에는 채권자평등, 채무자의 보호와 파산이해관계의 조정이라는 파산법의 지도이념이나 정의관념에 비추어 파산법 제64조 소정의 부인권 행사의 대상이 될 수 없다고 보아야 한다.

[4] 행위의 상당성 여부는 행위 당시의 파산자의 재산 및 영업 상태, 행위의 목적 · 의도와 동기 등 파산자의 주관적 상태를 고려함은 물론, 변제행위에 있어서는 변제자금의 원천, 파산자와 채권자와의 관계, 채권자가 파산자와 통모하거나 동인에게 변제를 강요하는 등의 영향력을 행사하였는지 여부 등을 기준으로 하여 신의칙과 공평의 이념에 비추어 구체적으로 판단하여야 한다고 할 것이고, 그와 같은 부당성의 요건을 흠결하였다는 사정에 대한 주장 · 입증책임은 상대방인 수익자에게 있다.

【참조 조문】 [1] 파산법 제64조 제 2 호／[2] 화의법 제17조, 제31조, 제33조,

【원고, 피상고인】 파산자 주식회사 블루힐백화점의 파산관재인 김칠준 (소송대리인 법무법인 다산종합법률사무소 담당변호사 임창기 등)

【피고, 상고인】 엘지전자 주식회사 (소송대리인 법무법인 광장 담당변호사 박우동 등)

【원심판결】 서울고등법원 200 1. 10. 31. 선고 2001나26240 판결

【주문】 상고를 기각한다. 상고비용은 피고의 부담으로 한다.

【이유】 1. 원심이 인정한 기초사실

원심은 그 내세운 증거에 의하여, 주식회사 블루힐백화점(이하 '파산전회사'라 한다)은 1990. 7. 27. 설립된 후 1996. 8. 30.부터 성남시 분당구 수내동 14에서 블루힐백화점을 경영해 왔는데, 피고는 같은 날부터 위 백화점에 입점하여 가전제품을 판매하는 매장을 운영하면서 파산전회사와 사이에 판매대금 전액을 입금하였다가 다음달 5.에 파산전회사로부터 수수료 등을 공제한 나머지 대금을 결제받는 방식으로 거래해 온 사실, 그런데 파산전회사는 1997. 12. 26. 금융기관에 지급제시된 만기어음을 결제하지 못하여 부도처리되고, 같은 날 수원지방법원 성남지원에 화의절차개시신청을 하게 되자 피고 등 입점업체들의 요구로 그 후 판매대금 중 수수료 등을 공제한 나머지 금액을 판매 다음날 현금으로 결제하여 오다가, 1998. 1. 16.에 이르러 위 법원으로부터 회사재산보전처분을 받게 되어 이를 입점업체들에게 통보하였고, 이에 일부 입점업체들은 그 무렵 백화점 매장에서 철수하였으며 피고 등 나머지 입점업체들 또한 백화점에 영업을 중단하고 매장에서 철수하겠다는 통지를 한 사실, 이에 파산전회사는 백화점의 영업재개와 정상화를 위하여 매장을 철수한 업체들에게 재입점할 것을 요청하는 한편, 피고 등 잔류업체들에게 매장 철수를 만류하였는데, 피고 등 입점업체들은 부도 나기 전 입금하였던 판매부분에 대한 미지급 결제대금을 지급하지 않으면 재입점할 수 없거나 매장을 철수할 수밖에 없다는 통지를 함에 따라 파산전회사는 피고에게 1998. 4. 27. 금 4,600만 원, 같은 해 5. 14. 금 5,000만 원, 합계 금 9,600만 원의 미지급 물품대금을 선급금 명목으로 변제한 사실(이하 '이 사건 변제행위'라 한다), 파산전회사가 그 무렵 피고를 비롯한 입점업체들에게 선급금 명목으로 지급한 금액은 합계 금 3,240,346,978원에 이르는 사실, 그 후 피고는 매장을 철수하지 아니하고 이를 계속 운영하였는데, 한편 파산전회사는 1998. 6. 29. 화의절차개시신청을 취하하고 수원지방법원에 회사정리절차개시신청을 하였고, 위 법원은 1999. 2. 19. 회사정리절차개시신청을 기각하고 1999. 3. 4. 직권으로 파산선고를 함과 아울러 원고를 파산관재인으로 선임한 사실, 한편 파산전회사는 1998. 6. 30. 당시 총 자산이 금 1,661억 원인 반면, 총 부채가 금 2,236억 원으로 채무초과 상태에 있었던 사실 등을 인정하였다.

2. 상고이유(상고이유보충서의 기재는 상고이유를 보충하는 범위 내에서)에 대한 판단

가. 유해성에 대하여

파산법 제64조는 "다음 각 호의 1에 해당하는 행위는 파산재단을 위하여 이를 부인할 수 있다"고 규정하면서, 제 2 호에서 '파산자가 지급정지 또는 파산신청이

있은 후에 한 담보의 제공, 채무소멸에 관한 행위 기타 파산채권자를 해하는 행위(단, 이를 위하여 이익을 받는 자가 그 행위 당시에 지급정지 또는 파산신청이 있은 것을 알지 못한 때에는 예외)'를 들고 있는바, 파산법 제64조 제2호 소정의 위기부인의 대상이 되는 '파산채권자를 해하는 행위'에는 파산자의 일반재산을 절대적으로 감소시키는 사해행위 외에 채권자간의 평등을 저해하는 편파행위도 포함된다고 할 것이고, 변제기가 도래한 채권을 변제하는 이른바 본지(本旨)변제 행위가 형식적인 위기시기에 이루어진 경우에는 불평등 변제로서 위기부인의 대상이 될 수 있다고 할 것이다.

원심은, 파산전회사가 1997. 12. 26. 부도처리되었으므로 이 사건 변제행위 당시에는 이미 지급정지 상태에 있었고, 이러한 상태에서 피고에게 미지급 물품대금 합계 금 9,600만 원을 지급한 이 사건 변제행위는 '지급정지 후의 채무소멸행위'에 해당하며, 파산전회사가 지급정지 후에 채무소멸에 관한 행위를 한 이상 피고가 그 당시 지급정지가 있는 것을 알지 못한 경우가 아니라면 그 행위는 파산법상 부인의 대상이 되는 것이라고 판단하였는바, 이는 앞서 본 법리에 따라 유해성 요건의 충족을 인정한 것으로서 정당하여 수긍되고, 거기에 파산법상 부인권 행사에 있어서의 유해성 요건에 관한 법리오해의 위법이 없다.

나. 화의법 제31조등에 관한 주장에 대하여

화의법 제31조에 의하면, 화의개시신청의 때로부터 결정의 때에 이르기까지에는 채무자는 통상의 범위에 속하지 아니하는 행위를 할 수 없고(제1항), 화의개시신청 후 보전관재인이 선임된 경우에 통상의 범위에 속하는 행위라도 보전관재인의 이의가 있는 때에는 채무자는 이를 할 수 없으며(제2항), 채무자는 화의개시신청 후에 발생하는 같은 조 제3항 각 호의 1에 해당하는 채무에 관하여는 통상의 범위에 속하지 아니한 경우에도 보전관재인의 동의(보전관재인이 선임되지 아니한 경우에는 법원의 허가)를 얻은 경우에는 이를 변제할 수 있도록 규정하고 있고(제3항 및 제4항), 화의법 제33조에 의하면, 화의법 제31조의 규정에 반하는 행위는 화의채권자가 이를 부인할 수 있되 다만, 상대방이 행위의 당시에 그 사실을 안 때에 한하는 것으로 규정하고 있는바, 위와 같은 각 규정의 내용과 그 취지에 비추어 볼 때, 화의법 제31조는 화의개시신청이 있어도 채무자의 재산관리처분권은 상실되지 않지만 만일 그 재산관리를 채무자의 자유에 맡겨두면 채무자가 재산의 현상을 변경하거나 재산을 감소시켜 화의의 성립이나 화의조건의 이행이 곤란 또는 불가능하게 될 위험이 있음을 감안하여 화의개시신청 후 그 결정시까지 일정한 범위의 행위를 제한하려는 것일 뿐이고, 앞서 본 파산법 제64조 제2호 소정의 이른바 위기부인과 화의법 제33조 소정의 부인은 그 성립요건과 효력이 다르므로, 화의법 제31조에 의하여 제한되지 아니하는 행위 또는 같은 조에 의한 제한은 받으나 같은 법 제33조 단서에 의하여 화의법상 부인권을 행사할 수 없는 행위에 해당한다고 하여 당연히 파산법상 부인권 행사의 대상에서 제외된다고 할 수는 없고, 따라서 파산법 제64조 제 2 호 소정의 '지급정지' 이후에 화의개시신청을 한 상태에서 파산법 제64조 제 2 호 소정의 이른바 본지변제 행위를 한 경우에, 설령 그 변제행위가 화의법 제31조에 의하여 유효한 행위 또는 화의법 제33조 단서에 의하여 부인권을 행사할 수 없는 행위에 해당한다고 하더라도 파산법상 부인권 행사의 성립요건을 갖춘 것이라면 이는 파산법 제64조 제 2 호 소정의 부인권 행사의 대상이 된다고 할 것이며, 한편, 화의법 제17조 소정의 화의우선의 원칙은 채권자가 한 파산신청과 채무자가 한 화의개시신청이 동시에 법원에 계속중인 때에 화의절차를 우선시켜 화의절차가 종결될 때까지 파산절차를 당연히 중지시키고 화의절차만을 진행한다는 것에 불과하므로, 위의 규정이 있다고 하여 파산법상 부인의 대상이 되지만 화의법상 부인의 대상이 되지 않는 경우에 화의법의 규정이 우선하는 것으로 해석할 것은 아니다.

원심은, 피고의 주장 즉 파산전회사가 화의개시신청 후에 판매대금 일부를 변제한 것은 화의법 제31조 소정의 '통상의 범위에 속하는 행위'로서 유효하고 가사 위 변제가 이러한 범위에 속하지 아니한다고 하여도 피고로서는 위 행위가 통상의 범위에 속하지 않는다거나 보전관재인 또는 법원의 허가가 없었다는 점을 몰랐으므로 화의법 제33조에 의하여 부인의 대상이 되지 아니한다는 주장에 대하여 그 판시의 사정을 참작하여 보면 이 사건 변제행위는 통상의 범위에 속한다고 볼 수 없을 뿐 아니라, 화의법 제31조에 의하여 제한되지 아니하는 행위 또는 위 조문에 의한 제한은 받으나 화의법 제33조 단서에 의하여 화의법상의 부인권을 행사할 수 없는 행위라고 하더라도 이후 파산절차에 있어서 파산법상의 부인의 대상에서 제외된다고는 할 수 없다고 하여 피고의 위 주장을 배척하고, 나아가 화의절차에서 유효하게 이루어진 행위는 파산법에 의하여 그 효력을 부인할 수 없다는 피고의 주장에 대하여는, 화의법 제17조는 화의개시의 신청 및 파산의 신청이 있은 때에는 파산절차는 이를 중지한다고 규정하고 있어 절차진행의 우선순위만을 규정하고 있을 뿐이고 이후의 파산절차에서 화의절차에서 이루어진 행위의 유무효를 다툴 수 있는지의 여부에 관하여 규정하고 있는 것은 아니라고 하여 위 주장도 배척하였는바, 원심이 이 사건 변제행위가 화의법 제31조 소정의 통상적인 행위에 해당하는지 여부에까지 나아가 판단한 것은 적절하다고는 할 수 없지만, 화의법 제31조 소정의 통상의 범위에 속하는 행위는 파산법상 부인권 행사의 대상이 아니라거나 화의우선의 원칙에 따라 화의법상 허용되는 행위는 그 후 파산절차에 들어갔다고 하더라도 그 효력이 유지되어야 한다는 피고의 주장을 배척한 조치는 앞서 본 법리에 따른 것으로서 모두 정당하여 수긍할 수 있고, 거기에 파산법상의 부인권 행사의 대상에 관한 법리오해의 위법이 있다고 할 수 없다.

다. 부당성의 결여 주장에 대하여

파산법상 부인의 대상이 되는 행위가 파산채권자에게 유해하다고 하더라도 행위 당시의 개별적·구체적 사정에 따라서는 당해 행위가 사회적으로 필요하고 상당하였다거나 불가피하였다고 인정되어 일반 파산채권자가 파산재단의 감소나 불공평을 감수하여야 한다고 볼 수 있는 경우가 있을 수 있고, 그와 같은 예외적인 경우에는 채권자평등, 채무자의 보호와 파산이해관계의 조정이라는 파산법의 지도이념이나 정의관념에 비추어 파산법 제64조 소정의 부인권 행사의 대상이 될 수 없다고 보아야 할 것이며, 여기에서 그 행위의 상당성 여부는 행위 당시의 파산자의 재산 및 영업 상태, 행위의 목적·의도와 동기 등 파산자의 주관적 상태를 고려함은 물론, 변제행위에 있어서는 변제자금의 원천, 파산자와 채권자와의 관계, 채권자가 파산자와 통모하거나 동인에게 변제를 강요하는 등의 영향력을 행사하였는지 여부 등을 기준으로 하여 신의칙과 공평의 이념에 비추어 구체적으로 판단하여야 한다고 할 것이고, 그와 같은 부당성의 요건을 흠결하였다는 사정에 대한 주장·입증책임은 상대방인 수익자에게 있다고 할 것이다.

상고이유의 주장은, 이 사건 변제행위가 파산전회사의 이익과 갱생 유지를 위한 행위인 점, 파산채권자를 해하는 결과가 발생하지 아니한 점, 보전관재인의 사후추인이 있었던 점 등을 비롯한 이 사건 변제행위에 이르게 된 동기, 목적, 내용, 그 후에 파산전회사가 얻은 수입, 보전관재인의 태도 기타 제반 사정에 비추어 볼 때, 이 사건 변제행위는 부당성 요건을 결하여 부인의 대상이 될 수 없다는 취지이나, 원심이 인정한 사실관계와 기록에 의하여 알 수 있는 바와 같이, 이 사건 변제행위가 오로지 파산전회사의 이익을 위한 행위에 해당한다고 볼 수 없는 점, 파산전회사의 부도 후 피고가 영업을 중단하고 매장에서 철수하겠다는 통지를 하고 파산전회사는 영업 정상화를 위하여 피고에게 매장 철수를 만류하자 피고가 부도나기 전 입금하였던 판매부분에 대한 미지급 결제대금을 지급하지 않으면 매장을 철수할 수밖에 없다는 통지를 함에 따라 파산전회사가 할 수 없이 이 사건 변제행위를 하게 된 점, 이 사건 변제행위 무렵인 1998. 6. 30. 당시 파산전회사는 부채가 금 2,236억 원에 이르고 초과부채가 금 575억 원에 달함에도 법원에 대한 화의절차개시신청의 결정을 의식한 나머지 입점업체들의 예상영업실정 등을 구체적으로 판단하지 아니한 채 피고 등 93개 업체만을 예외로 선정하여 그들에게 선급금 명목으로 합계 금 3,240,346,978원이나 되는 금원을 지급한 점, 그와 같은 변제행위에 대하여 보전관재인이나 법원의 동의가 없었던 점 등을 비롯하여, 이 사건 변제행위 당시의 파산전회사의 재산 및 영업 상태, 행위의 목적·의도와 동기, 변제 자금의 원천, 파산자와 채권자와의 관계, 채권자가 행사한 영향력의 정도 등 여러 가지 사정에 비추어 볼 때, 이 사건 변제행위가 신의칙과 공평의 이념에 비추어 부당성이 흠결되었다고 보기는 어려우므로, 상고 이유의 주장은 받아들일 수 없다.

대법관 유지담(재판장) 조무제 강신욱 손지열(주심)

(3) **대법원** 2002. 2. 8. **선고** 2001**다**55116 **판결【부인권행사】**[**공**2002, 662]

【판결요지】

[1] 구 파산법(2000. 1. 12. 법률 제6111호로 개정되기 전의 것) 제64조 제 4 호는 부인할 수 있는 행위의 하나로서 "파산자가 지급정지나 파산신청이 있은 후 또는 그 전 30일 내에 한 담보의 제공 또는 채무소멸에 관한 행위로서 파산자의 의무에 속하지 아니하거나 그 방법 또는 시기가 파산자의 의무에 속하지 아니하는 것. 단, 채권자가 그 행위 당시에 지급정지나 파산신청이 있은 것 또는 파산채권자를 해하게 되는 사실을 알지 못한 때에는 예외로 한다"고 규정하고 있는바, 여기에서 '파산자의 의무에 속한다'라고 함은 일반적·추상적 의무로는 부족하고 구체적 의무를 부담하여 채권자가 그 구체적 의무의 이행을 청구할 권리를 가지는 경우를 의미한다고 해석함이 상당하다.

[2] 파산 전 회사가 자금을 융통하면서 '채권보전상 필요하다고 인정되는 때에는 청구에 의하여 곧 채권자가 승인하는 담보나 추가담보를 제공하겠으며, 보증인을 추가로 세우겠음. 일정한 예치금을 담보로 제공하겠음'이라고 약정하였더라도 이에 기한 담보제공은 구 파산법(2000. 1. 12. 법률 제6111호로 개정되기 전의 것) 제64조 제 4 호 소정의 '파산자의 의무에 속하는 행위'라고 볼 수 없다고 한 사례.

[3] 담보제공이 파산자의 의무에 속하는 것으로 볼 수 없어 부인되는 이상, 파산채권자의 파산자에 대한 채무가 그 담보제공을 위한 절차의 일환으로 이루어진 것이라 하더라도 그 채무의 부담은 구 파산법(2000. 1. 12. 법률 제6111호로 개정되기 전의 것) 제95조 제 2 호 단서 소정의 '파산채권자가 지급정지나 파산신청이 있었음을 알기 전에 생긴 원인에 기한 때'에 해당된다고 볼 수 없다고 한 사례.

【참조 조문】[1] 구 파산법(2000. 1. 12. 법률 제6111호로 개정되기 전의 것) 제64조 제 4 호／[2] 구 파산법(2000. 1. 12. 법률 제6111호로 개정되기 전의 것) 제64조 제 4 호／[3] 구 파산법(2000. 1. 12. 법률 제6111호로 개정되기 전의 것) 제95조 제 2 호

【원고, 피상고인】 파산자 황금신용협동조합의 파산관재인 김섭의 소송수계인 파산자 황금신용협동조합의 파산관재인 예금보험공사 외 1인

【피고, 상고인】 신용협동조합중앙회 (소송대리인 변호사 이용훈)

【원심판결】 대구고등법원 200 1. 7. 18. 선고 2000나5832 판결

【주문】 상고를 기각한다. 상고비용은 피고의 부담으로 한다.

【이유】 구 파산법(2000. 1. 12. 법률 제6111호로 개정되기 전의 것, 이하 같다) 제64조 제 4 호는 부인할 수 있는 행위의 하나로서 "파산자가 지급정지나 파산신청이 있은 후 또는 그 전 30일 내에 한 담보의 제공 또는 채무소멸에 관한 행위로서 파산자의 의무에 속하지 아니하거나 그 방법 또는 시기가 파산자의 의무에 속하지 아니하는 것. 단, 채권자가 그 행위 당시에 지급정지나 파산신청이 있은 것 또는 파산채권자를 해하게 되는 사실을 알지 못한 때에는 예외로 한다"고 규정하고 있는바, 여기에서 '파산자의 의무에 속한다'라고 함은 일반적·추상적 의무로는 부족하고 구체적 의무를 부담하여 채권자가 그 구체적 의무의 이행을 청구할 권리를 가지는 경우를 의미한다고 해석함이 상당하다(구 회사정리법에 관한 대법원 2000. 12. 8. 선고 2000다26067 판결 참조).

이 사건 한도거래약정차용금증서 제10조 제 1 항은 '채권보전상 필요하다고 인정되는 때에는 청구에 의하여 곧 귀 연합회가 승인하는 담보나 추가담보를 제공하겠으며, 보증인을 추가로 세우겠음'이라고 규정하고, 같은 조 제 6 항은 '귀 연합회에 예치 및 투자한 제예탁금(일시예탁, 통지예탁, 신용예탁, 특별예탁) 및 예탁금상환준비금, 계통기구 출자금을 본 대출 약정 전 예치 또는 투자한 제자금이나 본 대출 실행 후 예치 또는 투자된 자금에 관계없이 본 대출의 담보로 제공하겠음'이라고 규정하고 있으나, 그 규정은 채무자에게 일반적·추상적 담보제공의무를 부담시키는 것에 불과하고 구체적인 담보제공의무를 부담시키는 것은 아니어서, 채무자가 이에 불응하여도 채권자는 그 이행을 소구할 수 없고 단지 위 약정 제13조의 규정 등에 따라 채무에 대한 기한의 이익이 상실되어 바로 채권을 회수할 수 있음에 불과하므로, 그 규정에 기한 담보제공을 가리켜 구 파산법 제64조 제 4 호 소정의 '파산자의 의무에 속하는 행위'라고 볼 수는 없다. 따라서 파산자 황금신용협동조합의 국민투자신탁에 대한 금 14억 원의 예금채권에 관한 1998. 7. 25.자 피고의 질권설정은 위 약정내용에 불구하고, 파산자의 의무에 속한 담보제공으로 볼 수 없어 부인의 대상이 된다고 할 것이다.

나아가 위 질권설정행위가 부인되는 이상, 피고가 자신의 파산자에 대한 채권을 자동채권으로 하여 상계조치한 피고의 파산자에 대한 예탁금 반환채무가 위 질권행사를 위한 절차의 일환으로 이루어진 별단예금에 따른 것이라 하더라도, 그와 같은 예탁금 반환채무의 부담이 구 파산법 제95조 제 2 호 소정의 '파산채권자가 지급정지나 파산신청이 있었음을 알기 전에 생긴 원인에 기한 때'에 해당된다고 볼 수 없고, 따라서 피고가 지급정지 있었음을 알고서 부담한 위 채무를 수동채권으로 하는 상계는 허용될 수 없는 것이다.

같은 취지의 원심판결에는 상고이유에서 주장하는 파산법상 부인권 및 상계금지에 관한 법리오해의 위법이 없고, 상고이유에서 드는 판례는 이 사건에 적합한 것이 아니다.

대법관 유지담(재판장) 조무제 강신욱

(4) **서울지방법원** 1999. 12. 21. **선고** 99**가합**48523 **판결【부인권행사】**(**미항소 확정**)

【원고】 파산자 고려증권 주식회사의 파산관재인 조영일 (소송대리인 변호사 김재구)

【피고】 한빛투자신탁운용 주식회사 (소송대리인 변호사 권영훈)

【변론종결】 1999. 11. 23.

【주문】 1. 피고는 원고에게 금 9억 원 및 이에 대한 1998. 4. 25.부터 1999. 6. 18.까지는 연 5%, 그 다음날부터 다 갚는 날까지는 연 25%의 각 비율로 계산한 금원을 지급하라. 2. 소송비용은 피고의 부담으로 한다. 3. 제 1 항은 가집행할 수 있다.

【청구취지】 주문과 같다.

【이유】 1. 인정사실

가. 고려증권의 부도 등

(1) 파산자 고려증권 주식회사(이하, 고려증권이라고만 한다)는 1995년 이래 증권시장의 장기침체로 인한 수입수수료의 감소와 상품유가증권의 가치폭락, 과도한 차입금과 금융비용 부담 및 기업 도산으로 인한 회사채지급보증 손실 등으로 인하여 1997. 12. 5. 부도를 내어 거래정지처분을 받았고, 같은 날 증권관리위원회는 고려증권에 대하여 ① 증권감독원장이 별도로 정하는 방법과 절차에 따른 예탁금 및 예탁유가증권 반환업무 ② 선물·옵션거래와 관련한 미결제약정의 반대매매 및 반대매매 수탁업무 ③ 신용거래계좌(미수금계좌 포함)에서의 반대매매 및 청산업무 ④ 회사의 권리행사와 관련한 사무업무 ⑤ 고객의 권리행사에 관련한 사무업무 ⑥ 기타 기존 영업관계의 정리나 종료를 위한 업무 등을 제외하고 증권거래법에 의하여 허가 받은 영업을 시행일인 1997. 12. 6.부터 1개월간 전부 정지하고, 위 1월 이내에 예금자보호를 위한 경영개선조치를 취하도록 명하였다.

(2) 위 영업정지기간은 1997. 12. 30.에 1998. 2. 5.까지로, 1998. 2. 5.에는 1998. 2. 28.까지로, 1998. 2. 28.에는 1998. 3. 31.까지로, 1998. 3. 27.에는 1998. 4. 30.까지로 각 연장되었다.

(3) 그 후 고려증권이 경영개선조치를 취하지 못하자, 증권관리위원회는 1998. 5. 1. 재정경제부장관에게 고려증권에 대한 증권업허가를 취소할 것을 요청하였고, 그와 함께 위 영업정지기간을 1998. 5. 1.부터 허가취소 확정일까지로 연장하였다.

나. 질권의 설정 등

(1) 한편, 고려증권은 위 영업정지기간 내인 1998. 4. 18. 피고와의 사이에 피고에 대한 금 25억원의 대여금채권을 담보하기 위하여, 고려증권은 피고에게 하나은행(합병전 보람은행) 여의도 지점에 예치한 금 9억원의 정기예금채권(저축명 탄탄정기예금, 계좌번호 009-16-03123-2, 저축일자 1998. 4. 18., 이하 이 사건 정기예금채권이라고 한다)에 질권을 설정하여 주고, 질권자인 피고는 고려증권의 영업재개 불가가 확정되는 시기에 위 정기예금을 임의 처분하여 원리금 전액을 위 대여금채무와 상계 처리하되, 고려증권이 영업을 재개하는 경우 위 정기예금에 설정한 질권을 해제하여 고려증권에 반환하고, 소외 국민투자신탁 주식회사 영업부에 예치된 고려증권 명의의 수익증권에 대한 강제집행을 즉시 해제한다는 내용의 질권설정계약(이하, 이 사건 질권설정계약이라고만 한다)을 체결한 후, 고려증권은 피고에게 위 정기예금의 해약 및 인출에 필요한 일체의 서류를 작성 교부하여 주었다.

(2) 그 후, 피고는 위 서류들을 이용하여 1998. 4. 25. 정기예금을 해약하고 금 9억원과 그 이자를 인출하였다.

다. 파산선고 등

(1) 그 후 재정경제부장관은 1998. 6. 1. 고려증권에 대하여 증권업허가를 취소하였고, 이에 따라 고려증권은 해산하여 1998. 7. 20. 청산절차에 들어갔다.

(2) 고려증권은 1998. 9. 14. 서울지방법원에 파산신청을 하여, 같은 해 10. 9. 위 법원으로부터 고려증권을 파산자로 하고, 원고를 파산관재인으로 선임한다는 내용의 98하118호 파산선고결정을 받았다.

라. 질권설정행위의 부인

원고는 1998. 11. 27. 개최된 채권자집회 및 채권조사의 기일에서 고려증권의 위 질권설정행위에 대하여 이의를 하였다.

2. 판단

가. 지급정지의 시점에 관하여

(1) 파산법 제64조에 말하는 지급정지라 함은 변제능력의 결핍으로 인하여 변제기가 도래한 채무를 일반적, 계속적으로 변제할 수 없다는 취지를 외부에 명시적 또는 묵시적으로 표시하는 채무자의 행위를 말하는 것이고, 신용 경제 사회에 있어서 어음 수표 제도의 중요성에 비추어 볼 때 통상 기업이 어음을 부도내어 거래정지처분을 받은 경우에는 그 무렵 채무자는 묵시적으로 지급정지의 의사를 표시하였다고 봄이 상당하다 할 것인바, 이 사건에 있어서 특별한 사정이 없는 한 고려증권은 1997. 12. 5.경 어음을 부도내고 증권관리위원회로부터 일부 업무를 제외한 다른 영업의 정지처분을 받은 때 지급정지가 있었다고 할 것이다.

(2) 이에 대하여 피고는 고려증권이 통상의 영업 과정에서 실제로 최종적으로

자신의 채권자에게 지급을 한 사실이 있는 날을 기준으로 하여 지급정지여부를 결정하여야 하는데, 고려증권은 1998. 6. 1.경까지 영업과 관련한 일반적인 지급을 하여 왔으므로 1998. 6. 1.까지는 지급정지 상태라고 아니었다고 주장한다.

살피건대, 피고 제출의 증거에 의하면 고려증권이 부도난 후 증권관리위원회는 증권투자자보호기금에서 위 기금의 보호대상인 고객예탁금 및 환매조건부채권을 우선 지급할 것을 결의하고, 관련 법규에 따라 고려증권의 고객에게 예탁금을 반환하기로 한 사실, 고려증권은 1998. 1.경부터 1998. 5.경까지 위 증권관리위원회의 영업정지조치에 따라 투자자보호기금으로부터 금 1,044억 원을 차용하는 등의 방법으로 자금을 마련하여 고객예탁금 등을 지급한 사실을 인정할 수 있으나, 고려증권이 고객예탁금 외에 다른 일반 채무도 일반적으로 지급을 하여 왔다는 점에 대하여는 이를 인정할 증거가 없고, 오히려 을호증에 의하면, 고려증권은 1998. 1.경 단기차입금으로 약 3천억 원, 장기차입금으로 금 1,500억 원 등의 채무가 있었는데, 위 채무들에 대하여 그 지급을 정지한 채 채권은행단과 출자전환 등 재무구조개선약정을 체결하려고 하고 있었던 사실을 인정할 수 있는바, 그렇다면 이 사건 질권설정계약 체결 당시 고려증권은 고객예탁금 등 일부 소액 채무를 변제하고 있었으나 채권은행으로부터 차입한 다른 다액 채무는 전혀 변제하지 아니하고 있었으므로 고려증권은 지급정지 상태에 있었다고 할 것이어서, 피고의 위 주장은 그 이유 없다.

나. 나머지 부인권 행사의 요건에 관하여

고려증권은 위와 같이 지급정지가 된 1997. 12. 5. 이후 피고와 이 사건 질권설정계약을 체결하여 담보의 제공행위를 하였으므로 특별한 사정이 없는 한 이 사건 질권설정행위는 파산채권자를 해하는 행위라 할 것이며, 이 사건 질권설정계약의 내용 등에 비추어 보면 피고는 이 사건 질권설정 당시 고려증권이 지급정지상태에 있는 것을 잘 알고 있었다고 할 것이다.

다. 결론

그렇다면 원고는 이 사건 질권설정계약 체결행위를 부인할 수 있다 할 것이고, 그 원상회복으로서 피고는 원고에게 이 사건 정기예금채권을 반환하여야 할 것이나, 한편 피고가 이 사건 정기예금을 해약하여 이미 그 예금 및 이자를 인출한 이 사건에 있어서는 원물 반환이 불가능하므로 그 가액의 반환을 명함이 상당하고, 그 가액은 원고가 부인권을 행사한 이 사건 소제기 시점을 기준으로 산정함이 상당하다 할 것인데, 이 사건 소제기시 이 사건 정기예금채권의 가액은 금 9억 원에 위 금원에 대한 1998. 4. 18.부터 이 사건 소장부본 송달일인 1999. 6. 18.까지 민법 소정의 연 5%의 비율로 계산한 법정이자를 더한 금액을 상회함은 이 법원에 현저하다 할 것이므로, 결국 피고는 원고에게 원고가 구하는 바에 따라 금 9억 원 및 이에 대한 1998. 4. 25.부터 이 사건 소장부본 송달일인 1999. 6. 18.까지는 민법 소정의 연 5%의 비율로 계산한 법정이자(원고가 위 금 9억 원에 대하여 1998. 4. 25.부터 1999. 6. 18.까지 연 5%의 비율로 계산한 금원의 지급을 구하는 근거는 불명확하나, 이 사건 소제기시에 위 정기예금의 가액을 산정한 것으로 선해한다), 위 금 9억 원에 대한 이 사건 소장부본 송달 익일인 1999. 6. 19.부터 다 갚는 날까지는 소송촉진등에관한특례법에 따른 연 25%의 비율로 계산한 지연손해금을 지급할 의무가 있다 할 것이므로 이를 구하는 원고의 이 사건 청구는 그 이유 있으니, 이를 인용하기로 하여 주문과 같이 판결한다.

재판장 판사 윤석종 심태규 김춘호

(5) **서울중앙지방법원** 2005. 3. 10. **선고** 2004**가합**3517(**본소**), 77464(**반소**) **판결** **【정리담보권확정, 근저당권설정등기말소】** (**미항소 확정**)

【판결요지】

1. 주식에 관하여 근질권을 설정하여 준 행위나 부동산에 관하여 근저당권을 설정하여 준 행위는 모두 제64조 제4호 소정의 비본지 위기부인 대상이 되고 부인권 행사로 말미암아 파산자와 원고(상대방) 사이의 근질권설정계약 및 근저당권설정계약은 무효가 되므로 원고는 원상회복으로 피고에게 주식의 인도와 근저당권설정등기의 말소를 이행할 의무가 있다.

2. 주문의 형태는 각 근질권, 근저당권 설정계약의 무효확인과 주식인도 및 근저당권설정등기의 말소등기절차의 이행과 주식인도에 대하여만 가집행선고를 붙임.

【원고(반소피고)】 케이티하이텔 주식회사 (소송대리인 법무법인 우일아이비씨 담당변호사 윤배경 등)

【피고(반소원고)】 정리회사 주식회사 서통의 관리인 박기환의 소송수계인 파산자 주식회사 서통의 파산관재인 성기창 (소송대리인 변호사 강선명)

【변론종결】 2005. 2. 3.

【주문】 원고(반소피고)의 본소청구를 기각한다. 파산자 주식회사 서통과 원고(반소피고) 사이에 별지 제1목록 기재 주식에 관하여 2003. 3. 17. 체결된 근질권설정계약이 무효임을 확인한다. 원고(반소피고)는 피고(반소원고)에게 별지 제1목록 기재 주식을 인도하라. 파산자 주식회사 서통과 원고(반소피고) 사이에 별지 제2목록 기재 각 부동산에 관하여 2003. 7. 29.과 2003. 8. 19. 체결된 각 근저당권설정계약이 무효임을 확인한다. 원고(반소피고)는 피고(반소원고)에게 별지 제2목록 기재 각 부동산에 관하여 가. 대구지방법원 구미등기소 2003. 7. 29. 접수 제32980호로 마친 근저당권설정등기의,

나. 대구지방법원 구미등기소 2003. 8. 20. 접수 제36306호로 마친 근저당권설정등기의 각 말소등기절차를 이행하라. 소송비용은 본소와 반소를 통틀어 원고(반소

피고)가 부담한다. 제 3 항은 가집행할 수 있다.

본소 청구취지: 원고(반소피고, 이하 원고라 한다)는 파산자 주식회사 서통에 대하여 별지 제 1 목록 기재 주식에 관한 근질권이 있음을 확인한다. 반소 청구취지: 주문 제 2 항 내지 제 5 항과 같다.

【이유】 1. 기초사실

가. 원고는 시중은행의 금리가 낮아지자 자금운용의 수익률이 높은 적절한 투자처를 모색하던 중 2002. 5.경 주식회사 우리증권(이하 '우리증권'이라고 한다)으로부터 주식회사 서통(이하 '서통'이라고 한다)이 필름사업부와 필리핀 현지법인을 곧 매각한 대금으로 기업어음채무를 우선 변제할 예정이라는 말을 듣고 2002. 6. 4.부터 290억 원의 범위 내에서 서통이 발행한 기업어음을 우리증권을 통하여 직접 매입하거나 주식회사 조흥은행(이하 '조흥은행'이라고 한다)의 특정금전신탁을 통하여 매입하였는데, 서통이 필름사업부와 필리핀 현지법인의 매각을 예정대로 순조롭게 진행하지 못하여 만기일에 기업어음채무를 변제하지 못하자 만기일이 연장된 기업어음을 다시 매입하는 방법으로 서통에 대하여 변제기를 연장하여 왔다.

나. 서통은 당초 위와 같은 기업어음을 발행할 때 원고에게 기업어음채무에 대한 담보를 제공하기로 하는 약속이 없었는데도 위 채무를 담보하기 위하여 이사회 결의를 거쳐 원고에게 별지 제 1 목록 기재 주식(이하 '이 사건 주식'이라고 한다)을 담보로 제공하고 이에 대한 소유권취득 또는 임의상환 등의 방법으로 위 주식을 처분할 수 있다는 내용의 담보제공증서와 주식처분승낙서를 교부하는 방법으로 이 사건 주식에 관한 근질권설정계약을 맺고 위 주식을 인도하였는데, 위와 같은 내용의 서통의 이사회회의록, 담보제공증서, 주식처분승낙서에 일자는 모두 '2003년 3월 17일'로 기재되어 있었다.

다. 또한 서통은 원고에 대한 위와 같은 기업어음채무를 담보하기 위하여 원고와 별지 제 2 목록 기재 각 부동산(이하 '이 사건 대지와 건물'이라고 한다)에 관하여, ① 2003. 7. 29. 채권최고액 30억 원, 채무자 서통, 근저당권자 원고로 된 근저당권설정계약을 맺은 후 같은 날 주문 제 5 의 가항 기재와 같은 근저당권설정등기를 마쳤고, ② 2003. 8. 19. 채권최고액 12억 원, 채무자 서통, 근저당권자 원고로 된 근저당권설정계약을 맺은 후 2003. 8. 20. 주문 제 5 의 나항 기재와 같은 근저당권설정등기를 마쳤다.

라. 서통은 2003. 8. 19. 부도가 났고, 이에 따라 조흥은행이 위와 같이 원고의 지시를 받아 원고가 신탁한 자금으로 매입한 ① 액면금 12,306,612,351원, 어음번호 자가13742926, 발행인 서통, 발행일 2003. 7. 15., 지급일 2003. 8. 18.로 된 기업어음 1장, ② 액면금 3,022,443,923원, 어음번호 자가14933649, 발행인 서통, 발행일 2003. 7. 28., 지급일 2003. 8. 29.로 된 기업어음 1장, ③ 액면금 4,028,041,792원,

어음번호 자가13742928, 발행인 서통, 발행일 2003. 7. 30., 지급일 2003. 8. 29.로 된 기업어음 1장, ④ 액면금 2,011,201,012원, 어음번호 자가14933651, 발행인 서통, 발행일 2003. 8. 5., 지급일 2003. 8. 29.로 된 기업어음 1장이 지급거절되었다.

마. 한편, 원고는 2003. 8. 20. 조흥은행에게 서통이 발행한 위 4장의 기업어음에 관한 특정금전신탁을 해지하고 조흥은행으로부터 위 기업어음 실물을 받았다.

바. 서통은 이 법원으로부터 2003. 10. 8. 회사정리절차개시결정을 받았으나 2004. 6. 29. 서통에 대한 정리계획안이 관계인집회에서 부결되었음을 이유로 회사정리절차 폐지결정을 받았고, 결국 2004. 7. 16. 파산선고를 받아 피고(반소원고, 이하 피고라 한다)가 그 파산관재인으로 선임되었다.

2. 당사자의 주장

가. 원고의 주장

원고가 서통으로부터 이 사건 주식에 관한 근질권을 설정받은 날은 2003. 3. 17. 이고 서통이 부도난 날은 그로부터 60일이 지난 2003. 8. 19.이므로, 서통의 위와 같은 담보제공행위는 파산법 제64조 제4호가 규정하고 있는 부인의 대상이 되지 않는다. 따라서 원고는 유효하게 이 사건 주식에 관한 근질권을 가지고 있고 피고가 이를 다투고 있는 이상 본소로써 이에 대한 확인을 구한다.

나. 피고의 주장

(1) 서통이 원고에게 이 사건 주식을 담보로 제공한 시기는 2003. 3. 17.이 아니라 2003. 7. 1.경이고, 이러한 서통의 담보제공행위는 서통의 부도일인 2003. 8. 19. 로부터 60일 이내 이루어진 서통의 의무에 속하지 않는 것이므로 파산법 제64조 제4호에 따라 이를 부인한다.

(2) 서통이 원고에게 2003. 7. 29.과 2003. 8. 19. 이 사건 대지와 건물을 담보로 제공한 행위도 파산법 제64조 제4호가 정한 부인의 대상이므로 이를 부인한다.

(3) 따라서 피고는 반소로써 원고와 서통 사이의 이 사건 주식에 관한 근질권설정계약과 이 사건 대지와 건물에 관한 각 근저당권설정계약이 각 무효라는 확인을 구하고, 이에 대한 원상회복을 구한다.

3. 판단

가. 파산법 제64조 제4항은 파산자가 지급정지나 파산신청이 있는 후 또는 그 전 60일 내에 한 담보의 제공 또는 채무소멸에 관한 행위로서 파산자의 의무에 속하지 아니하거나 그 방법 또는 시기가 파산자의 의무에 속하지 아니하는 행위를 파산재단을 위하여 부인할 수 있으며, 다만 채권자가 그 행위 당시에 지급정지나 파산신청이 있는 것 또는 파산채권자를 해하게 되는 사실을 알지 못한 때에는 예외로 한다고 규정하고 있다.

나. 서통의 이 사건 주식에 관한 담보제공행위가 파산법 제64조 제4호가 규정

하는 비본지위기부인의 대상인지 그 여부에 관하여 살펴본다.

먼저 서통이 원고에 대한 기업어음채무를 담보하기 위하여 원고에게 이 사건 주식에 관한 근질권을 설정해주면서 이를 양도하였고, 이러한 담보제공행위가 서통의 의무에 속하지 않는 행위라는 점은 앞서 인정한 바와 같다.

다음으로 서통이 원고에게 이 사건 주식을 담보로 제공한 시기에 관하여 살피건대, 이 사건 주식의 담보제공을 위한 서통의 이사회회의록 작성일자와 서통이 원고에게 건네 준 이 사건 주식에 관한 담보제공증서와 주식처분승낙서의 작성일자가 모두 '2003년 3월 17일'로 기재되어 있는 사실을 앞서 인정한 바와 같다.

그러나, 증거에 의하면, 서통의 인감증명수불대장에는 서통이 2003. 3. 17. 담보설정을 위한 법인인감증명을 발부받은 흔적이 없는 사실, 서통은 2003. 6. 4. 좋은상호저축은행 주식회사에게 대출금 60억 원을 2003. 5. 29. 변제하였음을 내세워 위 대출금에 대한 담보로 제공하였던 이 사건 주식 중 필리핀 법인인 주식회사 베스트케미칼스앤드플라스틱스(Best chemicals and Plastics Inc. 이하 'BCPI'이라고 한다)가 발행한 4,999,995주에 관한 담보해지를 요청하였고 이에 따라 2003. 6. 10. 좋은상호저축은행 주식회사로부터 BCPI가 발행한 위 4,999,995주를 회수한 사실, 서통이 이 사건 주식의 주권을 보관하였던 서류봉투 겉면에 이 사건 주식의 담보제공일이 2003. 7. 1.로 기재되어 있는 사실, 서통이 위 이사회회의록, 담보제공증서, 주식처분승낙서를 인증받은 날은 서통의 부도가 발생한 2003. 8. 19.인 사실을 인정할 수 있다. 이러한 사실에 의하면 서통이 원고에게 이 사건 주식을 담보로 제공한 시기는 적어도 좋은상호저축은행 주식회사로부터 그 주식을 회수한 2003. 6. 10.보다 앞설 수 없으므로 결국 서통의 부도일인 2003. 8. 19.부터 60일 내인 2003. 7. 1.경이고 위와 같은 담보제공사실을 증명하는 서류인 서통의 이사회회의록, 담보제공증서, 주식처분승낙서에 기재된 '2003년 3월 17일'은 실제 담보제공일보다 소급하여 기재된 일자라는 사실을 넉넉히 추인할 수 있다.

따라서, 서통이 원고에게 이 사건 주식에 관한 근질권을 설정해 준 행위는 파산법 제64조 제4호가 정한 비본지위기부인의 대상이 되고, 이에 대한 피고의 부인권 행사로 말미암아 서통과 원고 사이의 이 사건 주식에 관한 근질권설정계약은 무효가 되었다고 할 것이므로, 원고는 그 원상회복으로서 피고에게 이 사건 주식을 인도할 의무가 있다.

다. 서통의 이 사건 대지와 건물에 관한 담보제공행위가 파산법 제64조 제4호가 규정하는 비본지위기부인의 대상인지 그 여부에 관하여 살펴본다.

위 인정사실에 의하면, 서통이 아무런 의무 없이 원고에 대한 기업어음채무를 담보하기 위하여 부도일인 2003. 8. 19.로부터 60일 이내인 2003. 7. 29.과 2003. 8. 19. 원고에게 이 사건 대지와 건물에 관한 근저당권을 설정해주었는바, 이 사건 대지와 건물에 관한 서통의 위와 같은 담보제공행위는 파산법 제64조 제4호가 정한 비본지위기부인의 대상이 되고 이에 대한 피고의 부인권 행사로 말미암아 서통과 원고 사이의 이 사건 대지와 건물에 관한 근저당권설정계약은 무효가 되었으므로, 원고는 그 원상회복으로서 피고에게 이 사건 대지와 건물에 관한 주문 제5항의 가, 나항 기재 근저당권설정등기를 말소할 의무가 있다.

한편, 원고는 서통으로부터 이 사건 대지와 건물을 담보로 제공받을 당시 그 담보제공행위가 다른 파산채권자를 해한다는 사실을 알지 못하였다고 항변하나 이를 인정할 아무런 증거가 없으므로 원고의 위 항변은 이유 없다.

재판장 판사 이홍철 양재호 박성윤

[해설]

채무자가 지급정지 등 위기의 시기에 한 파산채권자를 해하는 행위, 담보제공 또는 채무소멸에 관한 행위를 채무자의 사해의사의 존부에 관계 없이 부인하는 것을 위기부인이라 한다. 본지행위에 대한 위기부인(파산법 제64조 제2호)과 비본지행위에 대한 위기부인(파산법 제64조 제4호)이 있다. 비본지행위에 대한 위기부인은 본지행위에 대한 위기부인보다 시기적 요건을 완화하여 부인대상을 지급정지 등이 있기 이전 60일 내에 이루어진 행위까지 확대하고 있다.

화의법상의 부인권과 파산법상의 부인권의 관계에 대하여 대법원 2001다78898 판결은 파산법 제64조 제2호 소정의 '지급정지' 이후에 화의개시신청을 한 상태에서 파산법 제64조 제2호 소정의 이른바 본지변제 행위를 한 경우에, 설령 그 변제행위가 화의법에 의하여 부인권을 행사할 수 없는 행위에 해당한다고 하더라도 파산법상 부인권 행사의 성립요건을 갖춘 것이라면 이는 파산법 제64조 제2호 소정의 부인권 행사의 대상이 된다고 판시하였다. 그리고 위 판례는 백화점을 운영하던 파산전회사가 화의절차개시신청을 하여 법원으로부터 회사재산보전처분을 받은 후, 피고 등 입점업체들이 회사가 부도나기 전 입금하였던 판매부분에 대한 미지급 결제대금을 지급하지 않으면 매장을 철수할 수밖에 없다는 통지를 함에 따라 파산전회사가 피고에게 미지급 물품대금을 선급금 명목으로 변제한 행위에 대하여 행위의 상당성을 이유로 파산법 제64조 소정의 부인권 행사의 대상이 될 수 없다고 보아야 한다는 피고의 주장을 배척하였다.

비본지행위에 대한 위기부인은 채무자의 의무에 속하지 아니하는 행위를 부인의 대상으로 하고 있는바, 특히 문제가 되는 것은 여신거래약정서 등에 '채무자의 신용변동, 담보가치의 감소, 기타 채권보전상 필요하다고 인정될 상당한 사유가 발생한 경우에는 채무자는 채권자의 청구에 의하여 채권자가 승인하는 담보나 추가담보의 제공 또는 보증인을 세우거나 이를 추가한다'라는 내용의 약관규정에 의하여 추가담보를 제공하는 것이 채무자의 의무에 속하는지 여부에 관한 판단이다. 대법원 2001다55116 판결은 위 약관규정은 채무자에게 일반적·추상적 담보제공의무를 부담시키는 것에 불과하고 구체적인 담보제공의무를 부담시키는 것이 아니어서 파산자의 의무에 속하는 행위라고 볼 수 없다고 판시하였다.

한편 부인권 행사의 대상이 되는 채권이 신탁재산인 경우 부인권의 행사는 신탁재산의 대외적인 귀속주체인 수탁회사를 상대방으로 하여야 하는 것이지 위탁회사를 상대로 부인권을 행사할 수는 없다고 하는 것이 판례의 태도이다(대법원 2002다40296 판결).

▶ 〈제64조 제5호〉 무상부인

(1) **대법원** 2004. 7. 22. **선고** 2003**다**53640 **판결【예금(환매채, 발행어음)담보제공행위부인등】**[공보불게재]

【참조 조문】 파산법 제64조 제5호, 제69조 제2항

【원고, 피상고인】 파산자 동서호라이즌증권 주식회사의 파산관재인 강정완 (소송대리인 법무법인 광장 담당변호사 박준서)

【피고, 상고인】 한국종합금융 주식회사의 소송수계인 파산자 한국종합금융 주식회사의 파산관재인 예금보험공사 (소송대리인 변호사 안용득 등)

【피고보조참가인】 예금보험공사

【원심판결】 서울고등법원 2003. 9. 19. 선고 2003나17196 판결

【주문】 상고를 기각한다. 상고비용은 피고가 부담한다.

【이유】 파산자가 의무 없이 타인을 위하여 한 보증행위 또는 담보제공행위는, 그것이 채권자의 그 타인(주채무자)에 대한 출연의 직접적 원인이 되는 경우에도, 파산자가 그 대가로서 경제적 이익을 얻지 아니하는 한, 파산법 제64조 제5호에 규정된 무상행위에 해당한다고 해석하여야 하고, 이러한 법리는 그 주채무자가 파산자와 이른바 계열회사 내지 가족회사인 관계에 있다고 하여 달라지지 않는다. 그리고 이러한 무상행위의 부인은, 그 대상인 행위가 대가를 수반하지 않는 것으로서 파산자의 수익력과 채권자 일반의 이익을 해할 위험이 특히 현저하기 때문에, 파산자와 수익자의 주관적 사정을 고려하지 아니하고 오로지 행위의 내용과 시기에 착안하여 특수한 부인유형으로서 규정되어 있는 것이고, 파산절차가 전체 파산채권자의 만족을 도모하기 위하여 행하여지는 것이라는 점 등에 비추어 보면, 파산자가

계열회사인 주채무자 회사의 주식을 다량 보유하고 있었다거나 그 주채무자 회사가 발행한 거액의 회사채를 파산자가 이미 지급보증한 상태였다는 등의 사정만으로는 주채무자의 경제적 이익이 곧바로 보증인인 파산자의 경제적 이익이라고 단정할 수 없고, 파산자가 보증 또는 담보제공의 대가로서 직접적이고도 현실적인 경제적 이익을 얻지 아니하는 한, 그 행위의 무상성을 부정할 수는 없다고 보아야 하며, 그 담보제공 당시 또는 담보권행사 당시 파산자에게 자력이 충분하였다는 사정만으로 그 부인권 행사에 지장이 생기는 것도 아니다.

원심은 그 채용 증거에 의하여 판시와 같은 사실을 인정한 다음, 원고측 파산자인 동서호라이즌증권 주식회사(구 동서증권 주식회사)가 이 사건 연대보증 및 담보제공에 의하여 장래 취득하게 될 구상권은 이 사건 연대보증 등의 대가인 경제적 이익에 해당한다고 볼 수 없고 그 밖에 동서증권이 이 사건 연대보증 등의 대가로 직접적이고도 현실적인 경제적 이익을 얻은 바도 없다는 이유에서 이 사건 연대보증과 담보제공행위가 파산법 제64조 제5호의 무상행위에 해당한다고 판단하고, 나아가 이에 대한 원고의 적법한 부인권 행사의 물권적 효과에 의하여 피고측의 상계가 위법하게 되어 파산자의 이 사건 예금채권이 소급하여 부활하였다는 전제 아래, 이 사건 각 예금채권 중 제3, 4 예금에 대한 원리금 채권액은 그 각 어음 액면금액과 이에 대하여 만기일 이후의 약정이율에 의한 이자 또는 지연손해금 상당액이라고 판단하여, 그 파산채권의 확정을 구하는 원고의 이 사건 청구를 모두 받아들였다. 기록과 앞에서 본 법리에 비추어 살펴보면 원심의 판단은 정당하고, 거기에 상고이유에서의 주장과 같은 채증법칙 위배로 인한 사실오인 또는 파산법 제64조 제5호가 정한 무상부인의 요건으로서의 유해성, 부당성, 무상성과 파산법 제69조 제2항에 규정된 부인권 행사의 효과인 현존이익 유무에 관한 법리오해 등의 위법이 없다.

대법관 이용우(재판장) 조무제 이규홍 박재윤(주심)

(2) **대법원** 2002. 2. 26. **선고** 2001**다**67331 **판결【채권확정】**[**공보불게재**]

【판결요지】

자회사(블루힐백화점)가 모회사(주식회사 청구)를 위하여 보증한 것이 무상행위에 해당한다고 한 사례

부도나기 9개월 전에 이루어진 보증계약이 고의부인의 요건을 갖추지 못하였다고 판시한 사례

【원고, 상고인겸피상고인】 주식회사 대구은행 (소송대리인 법무법인 태평양 담당변호사 이재식 등)

【피고, 피상고인겸상고인】 파산자 주식회사 블루힐백화점의 파산관재인 김칠준

【원심판결】 서울고등법원 200 1. 9. 21. 선고 2001나15264 판결

【주문】 원고와 피고의 상고를 모두 기각한다. 상고비용은 각자의 부담으로 한다.

【이유】 상고이유를 본다.

1. 원심이 적법하게 확정한 사실은 다음과 같다.

가. 원고는 1997. 3. 31. 주식회사 청구에게 일반자금대출로 150억 원을 대출하고, 주식회사 블루힐백화점은 청구의 대출금채무에 대하여 195억 원의 한도 내에서 연대보증하였다.

나. 원고는 같은 날 청구에게 어음대출로 100억 원을 대출하고 블루힐백화점은 청구의 대출금채무에 대하여 130억 원의 한도 내에서 연대보증하였다.

다. 원고는 1997. 12. 3. 청구와 지급보증한도금액을 20억 원으로 하는 지급보증거래약정을 체결하고, 블루힐백화점은 1997. 12. 2. 청구의 채무에 대하여 26억 원의 한도 내에서 연대보증하였다.

라. 블루힐백화점은 1997. 12. 26. 부도를 내고, 1999. 3. 4. 수원지방법원으로부터 파산선고를 받았다.

마. 원고는 파산채권자로서 1999. 4. 16. 파산자 블루힐백화점에 대하여 일반자금대출 이자 금 3,144,986,299원, 어음대출 이자 금 765,218,204원, 대지급금 이자 금 521,510,799원 등 합계 금 4,431,715,302원의 파산채권을 신고하였으나, 파산관재인인 피고가 1999. 4. 26. 채권조사기일에서 위 채권 전부에 대하여 이의를 제기하였다.

2. 먼저 원고의 상고이유를 본다.

1997. 12. 2.자 연대보증과 관련하여, 피고는 위 연대보증이 블루힐백화점의 지급정지 전 6월내에 이루어진 무상행위이므로 파산법 제64조 제5호에 의하여 부인권을 행사한다고 주장하고, 원고는 청구와 블루힐백화점은 계열회사로서 상호채무보증을 하여 왔고, 특히 위 연대보증계약은, 청구가 1997. 11. 15. 블루힐백화점이 조흥은행으로부터 대출을 받을 수 있도록 39억 원을 한도로 하는 당좌대출보증을 하여 준 것에 대한 대가로 이루어진 것이므로 무상행위가 아니라고 주장하였다.

이에 대하여 원심은, 파산법 제64조 제5호의 무상행위라 함은 파산자가 대가를 받지 아니하고 적극재산을 감소시키거나, 소극재산 즉 채무를 증가시키는 일체의 행위를 말하고, 이와 동시하여야 할 유상행위란 상대방이 반대급부로서 출연한 대가가 지나치게 근소하여 사실상 무상행위와 다름없는 경우를 말하는바, 파산자가 의무 없이 타인을 위하여 한 보증 또는 담보의 제공은, 그것이 채권자의 주채무자에 대한 출연의 직접적인 원인이 되는 경우에도 파산자가 그 대가로서 경제적 이익을 받지 아니하는 한 위에서 말하는 무상행위에 해당한다고 해석함이 상당하고, 이러한 법리는 주채무자가 소위 계열회사 내지 가족회사라고 하여 달리 볼 것은

아니며, 한편 기업집단 내 계열회사 상호간의 채무보증은 그 경제적 운명을 같이 하는 기업집단 내에서 자금을 조달하기 위하여 편의에 따라 이루어지는 것으로, 계열회사 상호간에 채무보증이 있다는 그 사실 자체만으로 대가성을 인정한다면 파산채권자의 보호를 위하여 무상행위에 대한 부인권을 인정한 파산법의 취지를 무색하게 할 가능성이 있을 뿐만 아니라, 기업집단 내부의 무분별한 상호채무보증을 용인하는 결과가 될 것이므로, 각 보증행위의 시기, 경위, 규모 등에 비추어 보증행위 상호간에 그 대가성을 직접적으로 인정할 만한 견련관계가 있어야만 상호채무보증의 무상성을 부인하고 대가성을 인정할 수 있다고 전제한 후, 원고가 들고 있는 청구의 블루힐백화점을 위한 연대보증과 블루힐백화점의 청구를 위한 이 사건 연대보증이 대가관계에 있다고 볼 증거가 없다고 판단하여 피고의 무상부인 주장을 받아들이고, 이 부분에 관한 원고의 청구를 기각한 제 1 심 판결을 유지하였는바, 무상부인 주장과 관련한 원심의 판단은 정당하고 이에 원고가 상고이유에서 주장하는 바와 같은파산법 제64조 제 5 호의 법리를 오해한 위법이 있다고 할 수 없다.

3. 이어서 피고의 싱고이유를 본다.

1997. 3. 31.자 각 연대보증과 관련하여, 피고는 블루힐백화점이 채무초과상태임에도 이미 부도위기에 처한 청구를 위하여 파산채권자를 해함을 알고 위 각 연대보증을 하였으므로 파산법 제64조 제 1 호에 의하여 부인권을 행사한다고 주장하고, 원고는 블루힐백화점의 위 각 연대보증이 파산채권자를 해하는 행위임을 알지 못하였으므로 부인권을 행사할 수 없다고 주장하였다.

원심은, 원고가 위 연대보증계약을 체결할 당시, 청구가 부도설 등으로 인하여 제 2 금융권으로부터 채무상환을 독촉받아 일시적으로 운영자금이 필요하게 되었지만 아파트사업부문에서의 적극적인 영업활동으로 현금이 유입되면 유동성 위험이 감소될 것으로 보았고, 더구나 신용전문조사기관이 신용평가한 자료에 의하더라도 청구의 신용등급이 상환능력이 있는 것으로 평가되는 B등급 이상이었으므로 청구가 곧 부도가 발생하리라고는 예측하지 못한 것으로 보여지고, 블루힐백화점의 경우에는 초기에 거액의 자본투자가 이루어지고 그 후 매출액이 증가되어야만 영업이익을 얻을 수 있어 처음에는 적자를 면하기 어려운 백화점 영업의 특성상 1996년도에 적자를 면하지 못하였지만, 향후 매출확대에 따라 영업이익이 증대되면 흑자로 전환되리라고 보았고, 블루힐백화점이 개점한 지 1년여만에 부도처리되리라고는 예측하지 못한 것으로 보여진다는 사정 등에 비추어 원고는 위 연대보증계약이 파산채권자들을 해한다는 사실을 인식하지 못하였다고 판단하고, 피고의 부인권 주장을 배척하였다.

기록과 대조하여 살펴보면, 원심의 사실인정 및 법률판단은 모두 정당하고 이에 상고이유에서 주장하는 바와 같은 채증법칙 위배, 심리미진, 법리오해 등의 위법이 있다고 할 수 없다.

대법관 박재윤(재판장) 서성 이용우(주심) 배기원

(3) **서울고등법원** 2005. 10. 21. **선고** 2004**나**73469 **판결【정리채권확정】**(**상고 기각**(2005**다**75880))

【원고, 항소인】 1. 파산자 주식회사 동아상호신용금고의 파산관재인 정미화 2. 파산자 주식회사 동아상호신용금고의 파산관재인 이기식의 소송수계인 파산관재인 김종수

【피고, 피항소인】 정리회사 주식회사 진로의 관리인 이원의 소송수계인 관리인 박유광의 소송수계인 주식회사 진로 (소송대리인 서정 법무법인 담당변호사 성기강)

【제 1 심 판결】 서울중앙지방법원 2004. 9. 17. 선고 2003가합78736 판결

【변론종결】 2005. 10. 7.

【주문】 1. 제 1 심 판결을 취소한다. 2. 파산자 주식회사 동아상호신용금고는 피고에 대하여 510,309,881원의 정리채권이 있음을 확정한다. 3. 소송총비용은 피고의 부담으로 한다.

【청구취지 및 항소취지】 주문과 같다.

【이유】

1. 인정사실

가. 정리채권의 발생 및 수액

(1) 파산 전의 주식회사 지티비(2000. 2. 9. 서울중앙지방법원으로부터 파산선고를 받았다. 이하 '지티비'라고 한다)는 파산 전의 주식회사 동아상호신용금고(이하 '동아금고'라고 한다)에게, 1997. 7. 28. 만기 1997. 9. 18., 지급지 서울, 지급장소 신한은행 세종로지점으로 된 액면 5억 원의 약속어음을 발행하여 이를 할인받는 방법으로 동아금고로부터 5억 원을 이율 연 17%로 정하여 차용하였고, 같은 해 8. 18. 만기, 지급지, 지급장소가 위와 같은 액면 4억 원의 약속어음을 발행하여 이를 할인받는 방법으로 동아금고로부터 4억 원을 이율 연 16.5%로 정하여 차용하였다.

(2) 피고는 위 각 차용 당시 위 각 약속어음에 배서하면서 지티비의 차용금채무를 보증하였는데, 그에 대하여는 아무런 대가를 받지 않았다.

(3) 동아금고는 위 각 약속어음을 만기에 적법히 지급제시하였으나 예금부족을 이유로 지급거절되었다.

(4) 그 후 동아금고의 위 약속어음금 내지 대여금 채권(원금 합계 9억 원)에 대하여는 일부가 변제되거나 지티비에 대한 파산절차에서 배당이 이루어짐으로써, 뒤에서 보는 피고에 대한 회사정리절차가 개시된 2003. 5. 14.에는 원금 501,664,755

원과 같은 해 3. 1. 이후의 이자 또는 지연손해금만이 미변제 상태로 남게 되었다.

(5) 한편 동아금고에 대하여는 2001. 6. 15. 서울중앙지방법원으로부터 파산선고가 내려져 파산절차가 진행 중에 있는데, 그 파산관재인으로는 정미화와 이기식이 공동으로 선임되어 있다가, 이 사건 소송 계속 중인 2003. 12. 15. 위 이기식이 사임하고 김종수가 추가로 선임되었다.

나. 피고의 부도와 도산절차

(1) 피고는 1997. 9. 8. 예금부족으로 어음을 부도내고 같은 해 9. 10. 당좌거래가 정지되었으며, 이와 같은 사실이 같은 해 9. 9. 한국증권거래소를 통하여 공시되었다.

(2) 또한 피고는 위 어음부도일에 서울중앙지방법원에 화의개시의 신청을 하여 1998. 2. 3. 화의개시결정을, 같은 해 3. 19. 화의인가결정을 받았고, 그 인가결정은 같은 해 4. 7. 확정되었는데, 인가된 화의조건에 따르면 상거래 화의채권은 1998년 말부터, 금융기관 화의채권은 원금은 2003년부터, 이자는 2000년부터 변제를 개시하도록 되어있었다.

(3) 피고는 인가된 화의조건에 따라 2002. 12. 31.까지 9,599억 원에 이르는 채무를 변제하였으나, 2003. 3. 31. 변제기에 도달한 채무 1,073억 원을 변제하지 못하게 되어, 2003년부터 2007년 사이에 변제하여야 할 총 1조 8,004억 원의 화의채무 원리금을 남겨 둔 상태에서 더 이상 화의조건에 따른 채무변제를 이행할 수 없는 상태가 되었다.

(4) 이러한 상태에서 피고의 채권자인 세나 인베스트먼트 (아일랜드) 리미티드의 신청에 기하여 2003. 5. 14. 서울중앙지방법원에서 피고에 대한 회사정리절차개시결정이 내려졌고, 그 다음 날 화의법원은 피고에 대한 화의취소결정을 하였다.

다. 정리채권신고와 이의

(1) 파산자 동아금고의 파산관재인들은 2003. 6. 27. 피고에 대한 회사정리절차에서 위 가.항에서 본 채권을 정리채권으로 신고하였으며, 그 신고금액은 미변제 원금 501,664,755원과 이에 대한 2003. 3. 1.부터 정리절차가 개시되기 전날인 같은 해 5. 13.까지 74일간의 연 8.5%(화의조건에 따른 이율임)의 비율에 의한 이자 또는 지연손해금 8,645,126원의 합계 510,309,881원이었다.

(2) 그러나 정리회사의 관리인은 2003. 9. 24. 개최된 정리채권의 일반조사기일에서 위 신고채권이 회사정리법 제78조의 부인권 행사 대상이라는 이유로 그 전액에 대하여 이의를 제기하였다.

라. 정리절차종결

정리회사의 관리인으로는 이원이 선임되어 있다가 2004. 4. 30. 정리계획 인가결정으로 임기가 만료되어, 같은 날 박유광이 새로이 관리인으로 선임되었고, 한편 정리법원은 2005. 9. 27. 정리절차종결 결정을 하고 다음날 그 주문과 이유의 요지를 일간지에 공고하였다.

2. 정리채권의 존재와 수액

위 인정사실에 의하면, 특별한 사정이 없는 한, 동아금고가 지티비의 위 차용금 채무를 보증한 피고에 대하여 가지는 대여금 510,309,881원(앞서 본 피고에 대한 화의인가결정의 취소, 확정으로써 화의조건에서 양보한 동아금고의 권리가 회복되어 위 대여금에 대하여는 원래의 이율인 연 17% 내지 16.5%를 적용할 수 있다고 하겠으나, 파산자 동아금고의 파산관재인들이 화의조건에서 정한 연 8.5%의 이율을 적용하여 정리채권 신고를 한 이상, 이를 초과하여 정리채권의 확정을 구할 수는 없다)의 채권은 피고에 대한 정리절차가 개시된 2003. 5. 14. 이전의 원인으로 생긴 것으로서 정리채권에 해당되고, 그 조사기일에서 정리회사의 관리인에 의하여 이의가 제기된 이상, 원고들은 이 사건 정리채권확정의 소로써 동아금고의 위 정리채권 수액의 확정을 구할 수 있다고 할 것이다.

3. 피고의 부인권 항변에 대하여

가. 피고의 항변

이에 대하여 피고는, 피고의 위 차용금에 대한 보증이나 약속어음에 대한 배서는 피고의 화의개시신청이 있었던 1997. 9. 8. 또는 피고가 지급정지상태에 빠진 같은 해 9. 9.로부터 역산하여 6월 내에 있었던 무상행위이므로 회사정리법 제78조 제 1 항 제 4 호에 의하여 정리회사의 관리인이 부인권을 행사하였다고 항변한다.

나. 정리절차 종결과 부인권

피고에 대한 회사정리절차가 2005. 9. 27. 종결된 사실은 앞서 본 바와 같은바, 이러한 경우 회사가 종결 전 관리인이 행사한 부인의 효과를 주장할 수 있는지 여부가 이 사건의 선결 문제라 할 것이므로 먼저 이 점에 관하여 본다.

회사정리법상의 부인권은 정리절차개시결정 이전에 부당하게 처분된 회사재산을 회복함으로써 회사사업을 유지·갱생시키고자 인정된 회사정리법상의 특유한 제도로서 정리절차의 진행을 전제로 관리인만이 행사할 수 있는 권리이므로 정리절차의 종결에 의하여 소멸하고, 비록 정리절차 진행 중에 부인권이 행사되었다고 하더라도 그 소송에서 부인권이 확정적으로 인용되기 이전에 정리절차가 종료한 때에는 부인권 행사의 효과를 주장하는 권리 또한 소멸한다고 보아야 할 것이어서, 관리인에 의하여 부인권이 행사된 소송의 계속 중에 정리절차종결 결정이 확정된 경우에는 관리인의 자격이 소멸함과 동시에 당해 소송에 관계된 권리 또한 절대적으로 소멸하고 어느 누구도 이를 승계할 수 없다고 할 것이다(대법원 1995. 10. 13. 선고 95다30253 판결 참조).

따라서, 정리절차종결 결정이 확정된 이 사건에 있어 피고의 부인권 항변은 이유 없고, 가사 그렇지 않다 하더라도 피고의 위 항변은 다음과 같은 사유로 받아들이기 어렵다.

다. 무상부인의 시기적 요건 충족 여부에 관하여

(1) 무상부인의 요건

회사정리법 제78조 제1항 제4호는 '회사가 지급의 정지 등이 있은 후 또는 그 전 6월 내에 한 무상행위와 이와 동시하여야 할 유상행위'를 정리절차개시 후 회사재산을 위하여 부인할 수 있다고 규정하고, 같은 항 제2호는 '지급의 정지 또는 파산, 화의개시 또는 정리절차개시의 신청'을 '지급의 정지 등'으로 규정하고 있으므로, 위 법조 소정의 부인권을 행사하기 위해서는 '무상행위와 이와 동시하여야 할 유상행위'라는 요건과 '회사가 지급의 정지 또는 파산, 화의개시 또는 정리절차개시의 신청이 있은 후 또는 그 전 6월 내'라는 시기적 요건이 모두 충족되어야 하고, 이에 대한 입증책임은 이를 주장하는 자에게 있다(이하 회사정리법 제78조 제1항 제4호의 부인을 '무상부인'이라고 한다).

먼저, 이 사건에서 피고가 위 보증이나 배서로 채무를 부담할 당시 그에 대하여 아무런 대가를 받지 않았음은 앞서 본 바와 같으므로(이하 피고가 위 보증이나 배서로 채무를 부담한 행위를 '이 사건 무상행위'라고 한다), 이 사건 무상행위에 대하여 피고가 부인권을 행사할 수 있는지 여부는 그 시기적 요건의 충족 여부에 따라 결정될 것이다.

(2) '지급의 정지 등'의 지속성 및 회사정리절차에의 직결성

무상부인의 시기적 요건인 '지급의 정지'는 그것이 발생하여 회사정리절차개시에 이르기까지 계속하고 있을 것을 요하고, '파산, 화의개시 또는 정리절차개시의 신청이 있는 후'라는 부분은 이러한 절차가 모두 부인권이 행사되어야만 하는 회사정리절차에 직결되어 있을 것, 즉 회사정리법 제67조 제1항(정리절차개시의 결정이 있으면 화의절차는 그 효력을 잃는다)에 따라 회사정리절차개시결정에 의하여 중지 또는 실효된 절차일 것을 요하는 것으로 해석하여야 할 것이다. 그와 같이 해석하지 않고 과거 회사에 있었던 모든 '지급정지 등'의 시점을 기준으로 부인권의 대상을 정하게 되면, 그 후 지급정지상태가 해소되거나 화의 등의 절차가 종료되고 파산의 원인인 사실이 있거나 그러한 사실이 생길 염려가 있는 상태에서 일단 벗어난 경우에도, 그 이후에 새로이 발생한 '지급정지 등'으로 회사정리절차가 개시되었다는 우연한 사정에 의하여 소급적으로 부인권 행사가 가능하게 됨으로써, 회사와 거래한 상대방의 지위를 극도로 불안정하게 만드는 부당한 결과를 초래하기 때문이다.

(3) 1997. 9. 9.자 지급정지를 부인의 기준 시점으로 삼을 수 있는지 여부

이 사건으로 돌아와 살피건대, 앞서 본 사실관계에 의하면, 피고는 예금부족으로

어음을 부도낸 사실과 거래은행과의 당좌거래가 정지된다는 사실이 한국증권거래소를 통하여 공시된 1997. 9. 9. 일응 지급정지상태에 빠졌다고 할 것이다.

피고는, ① 피고가 1997. 9. 9. 지급정지상태에 빠진 이후 화의절차에서 화의조건에서 정한 원금의 본격적인 분할 변제기가 최초로 도래한 2003. 3.말에는 1,073억 원의 화의채무를 변제하지 못한데다가, 2003년부터 2007년까지 매분기별로 상환하여야 할 화의채무액은 약 700억 원 내지 1,000억 원인 반면, 화의인가 후 1998년부터 2002년까지 5년간 정상적인 영업을 통하여 얻은 1년간의 영업이익 평균액은 1,061억 원 정도에 불과하고, ② 화의인가 이후 수년 동안 주로 이자만을 변제하여 오면서도 그 총자산은 점차 감소하고 총부채는 오히려 증가하여 왔으며, 그 자산 중 일부는 그 회수가능성이 극히 불투명한 상태일 뿐 아니라, ③ 화의인가결정 이후에도 은행과의 당좌거래를 재개하지 못하였고, 또한 피고의 일부 화의채권자들은 화의채권이 화의조건대로 이행되지 않을 것으로 예상하고 이를 헐값에 처분하였는바, 이러한 사정들을 감안하면 피고의 위 지급정지 상태는 위 회사정리절차가 개시된 날까지 계속되었다고 주장한다.

그러므로 살피건대, 회사정리법 제78조 제1항 제4호 소정의 '지급의 정지'란 채무자가 변제기에 있는 채무를 자력의 결핍으로 인하여 일반적, 계속적으로 변제할 수 없다는 것을 명시적, 묵시적으로 외부에 표시하는 것을 말하고, 자력의 결핍이란 채무자에게 채무를 변제할 수 있는 자산이 없고, 변제의 유예를 받거나 또는 변제하기에 족한 융통을 받을 신용도 없는 것을 말하는 것이고(대법원 2001. 6. 29. 선고 2000다63554 판결), 화의인가결정이 확정되면 모든 화의채권에 관하여 개개의 화의채권자와 화의채무자 및 화의참가인 사이에 화의조건을 내용으로 하는 계약이 체결된 것과 동일한 법률효과가 발생하여 모든 화의채권은 화의조건에서 정한 바에 따라 일반적·추상적으로 변경되는 것이므로(대법원 2004. 4. 16. 선고 2003다16641 판결), 을호증에 의하면, 피고의 위 주장과 같은 사실이 인정되기는 하지만, 그러한 사정만으로는 위 지급정지상태가 회사정리절차에 이르기까지 계속하고 있었다고 보기 어렵고, 오히려 앞서 1.의 나. (2), (3)항에서 본 바와 같이, 피고가 1997. 9. 9.자 지급정지 이후 1998. 2. 3. 화의개시결정을, 같은 해 3. 19. 화의인가결정을 받고, 그 인가결정은 같은 해 4. 7. 확정되었으며, 이로써 피고는 상거래 화의채권에 대하여는 1998년 말부터, 금융기관 화의채권에 대하여는 원금은 2003년부터, 이자는 2000년부터 변제를 개시하도록 모든 화의채무의 변제기를 유예받았고, 실제로도 위 화의조건에 따라 인가일로부터 5년 남짓에 걸쳐 9,599억 원에 이르는 채무를 변제한 이상, 은행과의 당좌거래를 재개하지 못하였다고 하더라도, 1997. 9. 9.자 지급정지상태는 화의인가결정의 확정으로 해소되었다고 보아야 할 것이고, 따라서 위 회사정리절차에까지 지속되지 않은 위 지급정지상태의 발생 시점을 이 사건 부인권 행사의 기준으로 삼을 수는 없다 할 것이니, 결국 피고의 위 주장은 이유 없다.

(4) 1997. 9. 8.자 화의개시 신청을 부인의 기준 시점으로 삼을 수 있는지 여부

이 사건 무상행위가 이루어진 시점인 1997. 7. 28.과 같은 해 8. 18.로부터 6개월 내인 같은 해 9. 8. 피고가 서울중앙지방법원에 화의개시신청을 한 사실은 앞서 본 바와 같으나, 한편 화의인가결정이 확정되면 모든 화의채권에 관하여 개개의 화의채권자와 화의채무자 및 화의참가인 사이에 화의조건을 내용으로 하는 계약이 체결된 것과 동일한 법률효과가 발생하여 모든 화의채권은 화의조건에서 정한 바에 따라 일반적, 추상적으로 변경되고, 파산, 회사정리절차와는 달리 따로 종결결정을 할 필요가 없이 그 때까지 진행되어 온 화의절차는 그 목적을 달성하여 당연히 종료되는 것인바, 위 화의개시신청에 기하여 1998. 2. 3. 화의개시결정이, 같은 해 3. 19. 화의인가결정이 있었고, 그 인가결정이 이미 같은 해 4. 7. 확정된 이 사건에 있어, 피고의 위 화의개시신청은 위 회사정리절차에 직결되어 있다고 할 수 없고, 따라서 위 화의개시신청을 위 회사정리절차에 있어서의 부인권 행사의 기준 시점으로 삼을 수는 없다.

(5) 피고의 나머지 주장에 대하여

(가) 화의법 제10조의 유추 적용론

1) 피고의 주장

피고는, 화의법 제 9 조(파산절차로의 이행) 제 1 항은 ‘화의폐지, 화의불인가 또는 화의취소의 결정이 확정된 경우에 법원은 직권으로 파산의 선고를 하여야 한다. 다만, 파산의 원인이 없는 경우에는 그러하지 아니하다’, 같은 법 제10조(지급정지, 파산신청으로 간주) 제 1 항은 ‘전조 제 1 항의 규정에 의하여 파산의 선고가 있은 때에는 파산법 제 1 편의 적용에 관하여는 화의개시나 화의취소의 신청 또는 사기파산의 죄에 해당하는 화의신청인의 행위는 그 전에 지급의 정지 또는 파산의 신청이 없는 때에는 이를 지급의 정지 또는 파산의 신청으로 본다’고 규정하고 있는바, 위 각 조문의 반대해석상, 당초 존재한 지급정지 등 형식적인 위기사유가 후속 파산절차에까지 연결되어 그 파산절차에서 부인권의 행사 기준이 되는 ‘지급정지’로 간주함이 타당하고, 위와 같은 해석론은 이 사건과 같이 화의가 취소되고 회사정리절차로 이행된 경우에도 유추 적용되어야 하며, 따라서 특별한 사정이 없는 한 화의개시신청의 원인이 된 선행 지급정지 등의 위기는 후속 회사정리절차개시의 원인으로 직결되어 회사정리법 제78조 제 1 항 제 4 호의 부인권 행사의 기준이 되는 ‘지급의 정지 등’으로 보아야 한다고 주장한다.

2) 그러나 피고의 위 주장은 다음과 같은 이유로 받아들이기 어렵다.

가) 화의법 제 9 조, 제10조는 직권으로 파산선고를 하는 경우, 그 파산절차에는

파산법상 부인권의 대상이 되는 행위(파산법 64조 등)나 상계금지(파산법 제95조)의 범위를 정하는 기준이 되는 지급정지 또는 파산신청이 선행하지 않는 경우가 있을 수 있으므로 그 시점을 정할 필요가 있고, 또 화의가 개시된 때에는 파산신청을 할 수 없고(화의법 제15조), 화의개시신청과 파산신청이 경합하면 파산절차는 당연히 중지되고 화의절차만이 진행되므로(화의법 제17조) 회사정리절차와 같은 부인권제도가 없는 화의절차로 인하여 파산채권자가 입게 될 불이익을 구제할 필요도 있기 때문에, 화의개시나 화의취소의 신청 등을 파산법 제 1 편의 적용에 있어서의 지급정지 또는 파산신청으로 간주한다는 취지이므로, 화의법 제10조가 회사정리절차에 유추 적용된다고 보기는 어렵다.

나) 또한, 화의법 제10조는 화의개시신청과 별도로 화의취소신청을 파산법 제 1 편의 적용에 있어서의 지급정지 또는 파산신청으로 간주하고 있는바, 위 조항의 '화의개시신청'이 적용되는 것은 화의가 그 목적을 달성하지 못하고 폐지 또는 불인가된 경우로 한정하여야 하고, 화의인가결정이 확정된 후 후발적인 사정에 의하여 화의취소가 이루어진 경우에는 위 조항 중 '화의취소신청'만이 적용되는 것으로 해석하여야 한다(이와 달리 화의인가결정이 확정된 경우에도 '화의개시신청'을 화의법 제10조의 지급의 정지 또는 파산신청으로 보게 되면, 화의조건이 인가된 회사와 거래를 하는 모든 상대방에 대하여 파산법 제64조 제 2 호의 부인권 행사가 원칙적으로 가능하다는 이상한 결론에 이르게 된다).

다) 결국, 화의에서 회사정리절차로 이행한 경우에, 화의법 제10조는 회사정리절차에 유추 적용될 수 없을 뿐 아니라, 가사 유추 적용된다고 하더라도 앞서 본 바와 같이 피고에 대한 화의인가결정이 1998. 4. 7. 확정된 이상, 피고의 화의개시신청일인 1997. 9. 8.을 부인권 행사의 기준이 되는 지급정지 또는 파산의 신청으로 볼 수는 없다.

(나) 화의취소에 관하여

또한 피고는, 피고에 대하여 2003. 5. 15. 화의취소결정이 내려짐으로써 피고는 당초부터 화의인가결정이 없었던 상태로 복귀하였으므로 그 지급정지상태의 해소라는 효과도 소급적으로 상실되어, 결국 이 사건 무상행위는 무상부인의 시기적 요건을 갖추게 되었다는 취지로 주장한다.

살피건대, 채무자가 정당한 사유 없이 화의조건의 이행을 해태하고 있고 장래에도 화의조건을 이행할 의사나 능력이 없다고 인정되는 경우에는 화의법 제68조에 기하여 화의법원은 화의취소결정을 하게 되고, 화의취소결정이 있으면 화의법 제69조에서 정한 예외를 제외하고는 확정된 화의인가결정이 전면적으로 취소되어 실효되는 것이지만, 이는 화의조건에서 양보한 화의채권자의 권리가 인가 전의 상태로 회복되는 것에 불과하고, 회사에 존재하였던 당초의 지급정지상태까지 소급적으로

부활하는 것이라고는 할 수 없으므로 피고의 위 주장 역시 이유 없다.

(다) 선행 도산절차에 소요된 기간에 관하여

또한 피고는, 피고의 위 지급정지 무렵 곧바로 회사정리절차가 개시되었다면 이 사건 무상행위는 정리회사 관리인에 의하여 부인되었을 것인데, 피고가 회사정리절차를 피하여 부인권 제도가 없는 화의절차를 신청함으로써 '회사가 지급의 정지 또는 파산, 화의개시 또는 정리절차개시의 신청이 있은 후 또는 그 전 6월 내'라는 기간을 도과하게 된 것이므로 화의절차에 소요된 기간은 이 사건 무상부인의 기준이 되는 기간에서 제외되어야 한다는 취지로 주장한다.

살피건대, 우리의 현행 도산법제는 회사가 파산의 원인인 사실이 생길 염려가 있는 등의 경우에는 그 요건에 부합하는 한 회사정리절차나 화의절차 등을 선택하여 신청할 수 있는 것이고 반드시 회사정리절차만을 이용하도록 강제하고 있지는 않을 뿐더러, 화의가 진행 중이라도 회사정리절차의 신청은 언제든지 가능하고, 달리 회사정리절차의 선행 도산절차인 화의절차에 소요된 기간을 부인권 행사의 기간으로부터 제외할 이유도 없으므로 피고의 위 주장 역시 이유 없다.

(6) 소결론

따라서 피고의 부인권 항변은 그 시기적 요건을 충족하지 못하였다는 점에서도 이유 없다.

재판장 판사 노영보 손지호 김명숙

(4) **서울고등법원** 2003. 11. 25. **선고** 2003**나**24194 **판결 【사용료】 (미항소 확정)**

【판결요지】

1. 파산자(임대인)가 계열회사인 주채무자(갑)가 원고에 대하여 부담하는 채무를 보증하는 대가로 주채무자(임차인)로부터 거래관행보다 과다한 보증금을 받았다고 하더라도 임대차보증금은 임대차가 종료될 경우 반환하는 것이므로 그러한 사유만으로 보증행위의 대가로서 직접적이고 현실적인 경제적 이익을 받았다고 할 수 없으므로 무상행위에 해당한다.

2. 파산자와 주채무자는 물적 인적 기반이 사실상 동일하여 경제적 이해관계를 함께 하는 회사로서 주채무자가 원고로부터 국제전화회선을 실질적으로 이용하였고, 파산자의 파산채권자는 주채무자와 원고 밖에 없는 상황에서 주채무자의 전화사용료를 담보하기 위하여 이루어진 이 사건 보증행위는 주채무자와 원고 모두에게 그 당시 필요하고도 상당하다고 보여지므로 부인권 행사를 부정하는 것이 타당하다.

【원고, 피항소인】 주식회사 케이티 (소송대리인 법무법인 다우 담당변호사 강종표)

【피고, 항소인】 유한회사 한국피에스아이넷리얼티의 소송수계인 파산자 위 회사의 파산관재인 최호영 (소송대리인 변호사 조홍래)

【제 1 심 판결】 서울지방법원 2003. 2. 25. 선고 2002가합22033 판결

【변론종결】 2003. 11. 4.

【주문】 피고의 항소를 기각한다. 항소비용은 피고의 부담으로 한다.

【청구취지 및 항소취지】 1. 청구취지

원고는 파산자 유한회사 한국피에스아이넷리얼티에 대하여 5,868,619,145원의 파산채권이 있음을 확정한다.

2. 항소취지

제 1 심 판결 중 피고에 대한 부분을 취소하고, 그 부분에 해당하는 원고의 청구를 기각한다.

【이유】 1. 기초사실

가. 주식회사 한국피에스아이넷(이하 '피에스아이넷'이라 한다)은 인터넷 전용선서비스(Internet Sevice Provider, 이하 'ISP'라 한다) 사업 및 인터넷 데이터 센터(Internet Data Center, 이하 'IDC'라 한다) 운영사업을 하는 법인으로서 미합중국 델라웨어주법 하에서 설립된 유한책임회사인 피에스아이넷아시아홀딩스의 100% 자회사이고, 유한회사 한국피에스아이넷리얼티(이하 '피에스아이넷리얼티'라 한다)는 부동산 임대업 및 부가통신사업을 목적으로 설립된 회사로서 동 회사가 발행한 출좌 10,001좌 중에서 10,000좌를 위 피에스아이넷아시아홀딩스가, 나머지 1좌를 피에스아이넷이 소유하는 피에스아이넷의 계열사이다.

나. 피에스아이넷은 1999. 12. 21.경 IDC 운영사업을 위하여 주식회사 성도로부터 서울 서초구 서초동 1421-1 및 1421-7 대지와 그 지상 10층 건물(이하 포괄하여 '이 사건 부동산'이라 한다)을 매수하였다가, 2000. 3. 30.에 설립된 피에스아이넷리얼티에게 같은 달 31. 동 매매계약상 매수인의 권리와 의무를 양도하였는데, 피에스아이넷리얼티는 이 사건 부동산 매수 당시 그 매수비용 141억 4,400만 원 및 건물보수비용 208억여 원 합계 349억여 원 중 209억 원 정도를 피에스아이넷으로부터 차용하였으며, 2000. 10. 27. 피에스아이넷에게 이 사건 부동산을 임차보증금 220억 원, 월임료 1억 5,750만 원, 임대기간 2년으로 각 정하여 임대하였고(이하 '이 사건 임대차계약'이라 한다), 위 임차보증금 중 209억 90만 원은 피에스아이넷으로부터 차용한 금원의 상환금으로 처리하고, 나머지 10억 9,910만 원은 피에스아이넷리얼티의 계좌로 송금받았다.

다. 피에스아이넷은 위 ISP 사업 및 IDC 운영사업을 위하여 원고로부터 국내 및 국제전용회선서비스를 제공받아 왔으나, 위 사업의 부진으로 인하여 2001. 10. 경부터 위 국내 및 국제전용회선서비스 사용료를 체납하게 되었고, 이에 따라 피에

스아이넷리얼티는 2001. 10. 31. 피에스아이넷이 원고에 대하여 체납하고 있던 위 국내 및 국제전용회선서비스 사용료 2001년 6월~9월분 합계 4,762,991,760원의 지급 채무에 대하여 연대보증 하였다(이하 '이 사건 제1 보증'이라 한다).

한편, 원고는 1997. 3. 12. 피에스아이넷의 전신인 주식회사 아이네트와 사이에 T3급 국제전용회선이용계약(회선번호 1882021-0010)을 체결하였다가 주식회사 아이네트의 요청에 따라 1998. 8. 31. 위 전용회선의 이용계약자를 주식회사 아이네트텔레콤(위 회사는 피에스아이넷이 1998. 8.경 별정통신사업부문을 별도로 분리하여 설립한 회사로서 소외 삼보컴퓨터 주식회사가 전액 출자하였다가 피에스아이넷아시아홀딩스가 2000. 12.경 그 지분의 49%를 인수하였다)으로 변경하여 위 계약을 유지하여 왔는데, 주식회사 아이네트텔레콤이 2001. 4.부터 같은 해 9.까지의 위 회선의 사용료 합계 금 1,331,880,000원을 체납하게 되자, 피에스아이넷리얼티는 2001. 11. 20. 주식회사 아이네트텔레콤이 원고에 대하여 체납하고 있던 위 국제전용회선 요금 2001년 4월~9월분 합계 1,331,880,000원의 지급 채무에 대하여 연대보증 하였다(이하 '이 사건 제2 보증'이라 한다).

라. 그러나, 피에스아이넷은 2001. 11.경 원고에 대한 위 체납요금 4,762,991,760원 중 355,506,270원을 지급하고는 2002. 4. 10. 서울지방법원 2002하합5호로 파산선고 결정을 받았고, 원고는 피에스아이넷에 대한 파산채권 신고기간 내에 그 당시까지 피에스아이넷이 원고에게 미지급하고 있던 전화·전용회선 사용료 및 이에 대한 지연손해금 합계 6,545,667,453원을 파산채권으로 신고하였으나, 피에스아이넷은 그 중 6,165,203,950원만을 시인하고 나머지는 부인하였다(이 사건 제1 보증의 주채무를 포함한 피에스아이넷의 원고에 대한 금 6,206,311,262원의 채무 중 피에스아이넷이 부인한 41,107,312원에 대하여는 이 사건 제1심 판결에서 파산채권으로 인정된 후 피에스아이넷이 항소하지 아니하여 확정되었다).

마. 또한, 피에스아이넷리얼티도 2002. 4. 30. 파산신청을 하여 같은 해 5. 8. 서울지방법원 2002하합6호로 파산선고 결정을 받았고, 이에 원고는 피에스아이넷리얼티에 대한 파산채권 신고기간 내에 이 사건 제1, 2 보증약정에 따른 보증금 중 미지급금 및 이에 대한 지연손해금 합계 5,868,619,145원(이 사건 제1 보증채무액 4,407,485,490원 및 이에 대한 2001. 12. 27.부터 2002. 5. 8.까지 연 6%의 이율에 의한 이자 99,258,988원, 이 사건 제2 보증채무액 1,331,880,000원 및 이에 대한 2001. 12. 27.부터 2002. 5. 8.까지 연 6%의 이율에 의한 이자 29,994,667원)을 파산채권으로 신고하였으나, 피에스아이넷리얼티는 이를 모두 부인하였다.

바. 위 파산신청 당시 피에스아이넷리얼티는 이 사건 부동산 이외에는 실질적인 자산이 없고, 이 사건 부동산 관리 업무 이외에는 다른 사업도 하지 않아 이 사건 임대차계약에 따른 임대료 수입 이외에는 실질적인 수입도 없었으며, 위 두 회사의

대표이사 및 이사는 동일하였고, 피에스아이넷의 파산 당시 주식회사 아이네트텔레콤은 피에스아이넷에 대하여 금 1,321,065,509원의 회선료채권을 가지고 있었으며, 피에스아이넷과 주식회사 아이네트텔레콤은 주소와 전화번호가 동일하였다.

사. 현재, 피에스아이넷리얼티의 파산채권자는 피에스아이넷과 원고뿐이며, 피에스아이넷이 피에스아이넷리얼티에 대하여 가지는 파산채권은 모두 위와 같이 이 사건 부동산을 매수하는 과정에서 발생한 이 사건 임차보증금 반환채권 및 대여금 반환채권이다.

2. 청구원인에 대한 판단

가. 위 인정사실에 의하면, 피에스아이넷리얼티는 원고에 대하여 5,868,619,145원 상당의 보증채무를 부담하고, 따라서 특별한 사정이 없는 한 원고는 위 금원 상당의 파산채권을 가진다고 할 것이다.

나. 피고의 주장 및 판단

(1) 피고의 주장

이에 대하여 피고는, 이 사건 각 보증약정 체결행위가 파산법 제64조 제5호상의 무상행위에 해당하므로, 원고가 이 사건 각 보증약정에 따라 채권신고한 5,868,619,145원에 대하여 파산법상의 부인권을 행사한다고 주장한다.

(2) 판단

(가) 살피건대, 이 사건 각 보증행위가 파산자의 행위인 점, 파산자 유한회사 피에스아이넷리얼티의 파산채권자는 원고와 피에스아이넷뿐이라고 하더라도, 이 사건 각 보증행위로 인하여 파산채권자인 피에스아이넷에 대한 배당률이 낮아지므로 이 사건 각 보증행위는 파산채권자인 피에스아이넷에게 유해하다고 할 것이고, 위 파산자가 파산선고 받은 2002. 4. 30.로부터 6개월 전인 2001. 10. 31. 및 같은 해 11. 20.에 이 사건 각 보증계약을 체결하였으므로, 피고가 파산법상의 부인권을 행사하기 위한 요건 중 이 사건 각 보증행위의 유해성, 시기요건은 충족된다고 할 것이다. 이하에서는 나머지 요건에 관하여 살피기로 한다.

(나) 이 사건 각 보증행위의 무상성 여부

무상행위인지 여부는 파산자를 기준으로 하여 판단해야 하며, 파산자가 의무 없이 타인을 위하여 한 보증은 그것이 채권자의 주채무자에 대한 출연의 직접적인 원인이 되는 경우에도 파산자가 그 대가로서 경제적 이익을 받지 아니하는 한 위에서 말하는 무상행위에 해당한다고 해석함이 상당하고, 나아가 이러한 법리는 주채무자가 소위 계열회사라고 하여 달리 볼 것이 아니어서 주채무자가 계열회사라는 사정만으로는 주채무자의 경제적 이익이, 곧 보증인인 파산자의 경제적 이익이라고 단정할 수 없고, 파산자가 보증의 대가로서 직접적이고도 현실적인 경제적 이익을 받지 아니하는 한 그 행위의 무상성을 부정할 수는 없다고 할 것인바(대법원

1999. 3. 26. 선고 97다20755 판결 참조), 앞에서 인정된 사실 및 이 사건 제1, 2 보증행위가 이미 발생한 체납 전용회선서비스 사용료에 대한 것이고, 새로운 출연의 직접적인 원인이 된 것이 아닌 점에 비추어보면 이 사건 제1, 2 보증행위는 주채무자인 피에스아이넷 등으로부터 아무런 금전적 대가 또는 의무 없이 이루어진 무상행위라 할 것이다.

이에 대하여 원고는, 피에스아이넷이 피에스아이넷리얼티에게 이 사건 건물의 전세보증금으로 거래관행보다 훨씬 과다한 220억 원을 지급하고, 이 사건 제1, 2 보증행위 당시인 2001. 10. 31. 60억 원을 대여하면서 이자를 받지 아니하였으므로, 이 사건 제1, 2 보증행위는 무상행위가 아니라고 주장하므로 살피건대, 2001. 10. 31. 파산 전 피에스아이넷이 파산 전 피에스아이넷리얼티에게 60억 원을 대여한 사실을 인정할 아무런 증거가 없고, 을호증에 의하면 파산 전 피에스아이넷이 파산 전 피에스아이넷리얼티에게 지속적으로 대여한 금원에 대하여 이자를 계산한 사실을 인정할 수 있으며, 피에스아이넷리얼티는 이 사건 부동산 매수 당시 그 매수비용 141억 4,400만 원 및 보수비용 208억여 원 합계 349억여 원 중 209억 원 정도를 피에스아이넷으로부터 차용하여 지불하였으며, 피에스아이넷리얼티는 피에스아이넷에게 이 사건 부동산을 임차보증금 220억 원에 임차하고, 위 임차보증금 중 209억 90만 원은 피에스아이넷으로부터 차용한 금원의 상환금으로 처리하고, 나머지 10억 9,910만 원은 피에스아이넷리얼티의 계좌로 송금받은 사실은 앞에서 본 바와 같고, 설사 위 임대차보증금이 거래관행보다 과다하다고 할지라도 임대차보증금은 임대차가 종료될 경우 반환받는 것이므로 그러한 사유만으로 피에스아이넷리얼티가 이 사건 제1, 2 보증행위의 대가로서 직접적이고도 현실적인 경제적 이익을 받았다고 볼 수는 없다 할 것이므로, 원고의 위 주장은 이유 없다.

(다) 이 사건 각 보증행위의 부당성 여부

파산법상의 부인권은 파산자가 파산 선고 전에 파산재단으로 편입될 재산을 감소시키는 등 파산채권자를 해하는 부당한 행위를 한 경우 채권자취소권에 따른 주관적 요건을 경감 또는 배제하여 그 행사를 용이하게 함으로써 파산자의 부당행위의 효력을 부인하고 일탈된 재산을 파산재단에 회복하여 파산채권자 전체의 이익을 도모하며 그 공평을 유지함을 그 목적으로 파산관재인이 행하는 파산법상의 권리인바, 이에 비추어보면 비록 파산자의 행위가 파산채권자에게 유해하다고 하더라도 행위 당시의 개별적·구체적 사정에 따라서는 당해 행위가 사회적으로 필요하고 상당하였다거나 불가피하였다고 인정되어 일반 파산채권자가 파산재단의 감소나 불공평을 감수하여야 한다고 볼 수 있는 경우가 있을 수 있고, 그와 같은 예외적인 경우에는 채권자평등, 채무자의 보호와 파산이해관계의 조정이라는 파산법의 지도이념이나 정의관념에 비추어 파산법 제64조 소정의 부인권 행사의 대상이 될 수 없다고 보아야 할 것이며, 여기에서 그 행위의 상당성 여부는 행위 당시의 파산자의 재산 및 영업 상태, 행위의 목적·의도와 동기 등 파산자의 주관적 상태는 물론, 보증행위에 있어서는 보증의 대상인 주채무의 내용, 파산자와 주채무자와의 관계, 주채무자와 무상부인의 상대방인 파산채권자와의 관계 등을 고려하여 신의칙과 공평의 이념에 비추어 구체적으로 판단하여야 한다고 할 것이고, 그와 같은 부당성의 요건을 흠결하였다는 사정에 대한 주장·입증책임은 상대방인 수익자에게 있다고 할 것이다(대법원 2002. 8. 23. 선고 2001다78898 판결 참조).

돌이켜 피에스아이넷리얼티의 이 사건 각 보증약정 체결행위가 부당성을 결여하였는지에 대하여 살펴보면, 피에스아이넷리얼티는 피에스아이넷이 IDC 운영사업을 위하여 실질적으로 매수한 이 사건 부동산의 소유·관리 업무만을 위하여 2000. 3. 30. 설립된 법인으로 이 사건 부동산 이외에는 실질적인 자산이 없고, 이 사건 부동산 관리 업무 이외에는 다른 사업도 하지 않아 이 사건 임대차계약에 따른 임대료 수입 이외에는 실질적인 수입도 없을 뿐만 아니라, 두 회사의 대표이사 및 이사가 모두 동일한데다가 피에스아이넷의 파산으로 인하여 피에스아이넷리얼티도 역시 파산선고를 받게 된 사실은 앞서 본 바와 같은바, 이러한 사정에 비추어 보면 피에스아이넷과 피에스아이넷리얼티는 물적·인적 기반이 사실상 동일하여 그 경제적 이해관계를 함께 하는 회사이고, 이 사건 부동산은 실질적으로는 피에스아이넷의 유일한 자산이나, 형식적으로 피에스아이넷리얼티의 소유로 되어 있다고 보아야 할 것이고, 원고가 1997. 3. 12. 피에스아이넷의 전신인 주식회사 아이네트와 사이에 T3급 국제전용회선이용계약(회선번호 1882021-0010)을 체결하였다가 주식회사 아이네트의 요청에 따라 1998. 8. 31. 위 전용회선의 이용계약자를 아이네트텔레콤으로 변경하였고, 피에스아이넷의 파산 당시 아이네트텔레콤은 피에스아이넷에 대하여 1,321,065,509원의 회선료 채권을 가지고 있었으며, 피에스아이넷과 주식회사 아이네트텔레콤의 주소와 전화번호가 동일한 사실 역시 앞서 본 바와 같은바, 이러한 점 등에 비추어 보면 피에스아이넷은 원고로부터 공급받은 주식회사 아이네트텔레콤의 국제전용회선을 실질적으로 이용한 것이라고 보아야 할 것이며, 현재 피에스아이넷리얼티의 파산채권자는 원고 및 원고의 주채무자인 피에스아이넷뿐이지만 피에스아이넷이 자신 및 아이네트텔레콤 명의로 사용한 국내 및 국제전용회선 사용료의 지급을 담보하기 위하여 피에스아이넷의 유일한 실질적 자산인 이 사건 부동산을 소유하고 있던 피에스아이넷리얼티가 위 피에스아이넷 및 아이네트텔레콤을 위하여 이 사건 각 보증약정을 체결할 수밖에 없었다 할 것이어서, 피에스아이넷리얼티의 이 사건 각 보증약정 체결행위는 그 체결 당시로서는 피에스아이넷리얼티의 유일한 파산채권자인 원고 및 피에스아이넷 모두에게 필요한 행위였다는 점, 따라서 피에스아이넷으로서는 이 사건 각 보증약정 체결행위로 인해 발생한 피에스아이넷리얼티의 파산재단의 감소라는 불이익을 감수하여야 함이 상당하다는 점, 현재 피에스아이넷리얼티의 파산채권자는 이 사건 각 보증약정의 채권자인 원고와 이 사건 제1보증약정의 주채무자인 피에스아이넷뿐이어서 오히려 이 사건 각 보증약정 체결행위를 부인할 경우 채권자인 원고는 불이익을 당하는 반면, 피고의 파산채권자이면서 원고의 주채무자인 피에스아이넷만 이득을 취하게 되어(피에스아이넷이 파산하여 피에스아이넷의 파산채권자들에게 그 이익이 귀속된다고 하여 달리 볼 것은 아니다) 파산채권자간의 형평성에도 어긋나는 결과를 낳는다는 점 등을 종합해 볼 때, 피에스아이넷리얼티의 이 사건 각 보증약정 체결행위는 그 당시로서는 상당하고 불가피한 행위로서 파산법상 부인권 행사를 위한 부당성의 요건을 흠결하였다고 할 것이므로, 파산법 제64조 제5호상의 부인권 행사를 부정하는 것이 타당하다 할 것이다.

(라) 따라서, 이 사건 각 보증약정에 따른 원고의 보증금 채권에 대하여 파산법 제64조 제5호상의 부인권의 행사가 가능함을 전제로 하는 피고의 위 주장은 이유 없다.

재판장 판사 박국수 오석준 염기창

[해설]

무상부인이란 채무자가 한 무상행위 또는 이와 동일시하여야 할 유상행위를 부인하는 것을 말한다(파산법 제64조 제5호). 무상행위 또는 이와 동일시할 정도의 유상행위에 대해서는 파산채권자를 해할 위험성이 현저한 반면 상대방의 이익을 고려할 필요성은 적으므로 수익자의 악의도 요건으로 하지 않는다. 시기적 요건도 보다 완화하여 지급정지 또는 파산신청이 있은 후 또는 그 전 6개월 내에 한 무상행위를 대상으로 한다.

무상부인을 긍정한 대표적인 사례로 계열회사에 대한 보증행위 또는 담보제공행위(대법원 2003다53640 판결 및 2001다67331 판결)를 들 수 있다. 하급심 판례 중에 파산자와 주채무자는 물적 인적 기반이 사실상 동일하여 경제적 이해관계를 함께 하는 회사로서 주채무자가 원고로부터 국제전화회선을 실질적으로 이용하였고, 파산자의 파산채권자는 주채무자와 원고밖에 없는 상황에서 주채무자의 전화사용료를 담보하기 위하여 이루어진 보증행위는 주채무자와 원고 모두에게 그 당시 필요하고도 상당하다고 보여지므로 부인권 행사를 부정하는 것이 타당하다고 한 사례가 눈에 띈다(서울고등법원 2003나24194 판결).

▶ 〈제68조〉 부인권의 행사주체

대법원 2002. 9. 10. **선고** 2002**다**9189 **판결 【부동산소유권이전등기말소】** [공보불게재]

【참조 조문】 [1] 신탁법 제15조, 제55조, 파산법 제68조

【원고, 상고인】 주식회사 신성 (소송대리인 법무법인 삼일종합법률사무소 담당변호사 김준곤 등)

【피고, 피상고인】 대한주택보증 주식회사 (변경 전 상호: 주택사업공제조합) (소송대리인 변호사 김병진)

【원심판결】 대구고등법원 2001. 12. 27. 선고 2000나8947 판결

【주문】 상고를 기각한다. 상고비용은 원고의 부담으로 한다. 원심판결의 당사자 표시 중 피고 '대한주택보증보험 주식회사'를 '대한주택보증 주식회사'로 경정한다.

【이유】 1. 원심판결 이유 및 기록에 의하면, 다음과 같은 사실을 인정할 수 있다.

가. 주식회사 창신(이하 '창신'이라 한다)은 1996. 8. 20. 이 사건 토지를 매수하여 같은 달 23. 그 소유권이전등기를 마친 다음 그 지상에 청도이서 임대아파트를 신축하는 공사를 진행하던 중 1997. 12. 17.경 부도가 발생하여 위 공사를 중단하고, 1998. 7. 24. 대구지방법원으로부터 파산선고를 받았다.

나. 피고는 창신과 사이에 1996. 8. 30. 위 아파트 신축공사에 관하여 수분양자들에 대한 주택임대보증을 하고, 1997. 12. 1. 창신이 위 아파트 분양계약을 불이행할 경우에 피고가 이를 이행할 목적으로 이 사건 토지를 신탁 받아 분양(처분)하기로 하는 내용의 신탁계약(이하 '이 사건 신탁계약'이라 한다)을 체결한 다음 같은 날 피고 앞으로 이 사건 신탁계약을 원인으로 한 소유권이전등기를 마쳤다.

다. 이 사건 신탁계약서에 피고는 이 사건 토지에 대하여 적정한 방법으로 수선·보존·개량을 위해 필요한 행위를 할 수 있으며 이 경우에 보증거래약정서상의 연대보증인이나 제 3 자로 하여금 승계시공하게 할 수 있고(제 5 조 제 2 항, 제 3 항), 이 사건 신탁계약은 해지할 수 없되 다만 피고가 천재지변, 경제사정의 변화, 기타 부득이한 사유가 발생하여 신탁목적을 달성할 수 없거나 신탁사무 수행이 현저히 곤란할 경우에는 해지할 수 있다고(제17조 제 1 항) 규정되어 있다.

라. 원고는 1999. 11.경 위 법원의 허가 아래 파산자 창신의 파산관재인으로부터 이 사건 토지 및 그 지상의 신축중인 건물, 미환불계약관계 일체를 승계하였다.

마. 파산자 창신의 파산관재인은 1999. 11. 25. 피고에 대하여 신탁 목적의 달성이 불가능하게 되었다는 이유로 이 사건 신탁계약을 해지한다고 통지하였다.

2. 이 사건 신탁계약의 해지에 관한 상고이유를 함께 본다.

가. 원고는 주위적으로, 피고가 위 아파트 신축공사를 재개하지 아니하고 방치하여 그 채무를 불이행하였을 뿐만 아니라 이 사건 신탁계약의 목적을 달성할 수 없게 되어 이를 이유로 창신의 파산관재인이 이 사건 신탁계약을 해지하였으므로 피고는 파산자 창신에게 위 소유권이전등기의 말소등기절차를 이행할 의무가 있다고 주장하였다.

나. 그런데 신탁법 제15조, 제55조의 규정을 종합하여 보면, 신탁의 목적 달성이 객관적으로 불가능하게 된 경우에는 신탁이 절대적으로 종료하나, 그 목적의 달성이 객관적으로 가능하지만, 단지 수탁자가 임무를 위반한 경우 등에는 위탁자 등의 청구에 따라 법원이 수탁자를 해임하거나 또는 위탁자가 수탁자에 대하여 손해배상 등을 청구할 수 있을 뿐, 수탁자의 임무 위반 등을 원인으로 하여 신탁계약을 해지할 수는 없다고 할 것이다(대법원 2002. 3. 26. 선고 2000다25989 판결참조).

따라서 원고의 주장과 같이 피고가 위 아파트 신축공사를 재개하지 아니하였다 하더라도 이 사건 신탁계약의 목적 달성이 객관적으로 불가능하세 되어 신탁이 종료하였다고 할 수 없고 또한 이를 이유로 이 사건 신탁계약을 해지할 수도 없다.

원심의 판시에는 다소 미흡한 점이 있기는 하지만 원고의 위 주장을 모두 배척한 결론은 정당하고 거기에 상고이유로 주장하는 바와 같은 위법이 있다고 할 수 없다.

한편, 이에 관한 원고의 상고이유 중 원심의 부가적 판단을 비난하는 부분은 위에서 본 바와 같이 주된 판단이 정당한 이상 더 나아가 살펴 볼 필요도 없이 이유 없다.

다. 또한, 원심판결 이유를 기록에 비추어 살펴보면, 원심이 그 판시와 같은 사정에 비추어 이 사건 신탁계약서 제17조 제1항이 약관의규제에관한법률의 규정에 해당되거나, 신의성실의 원칙 또는 선량한 풍속 기타 사회질서에 위반되어 무효라고 단정할 수 없다고 판단한 조치는 수긍할 만하고 거기에 상고이유로 주장하는 바와 같은 약관의규제에관한법률 및 이 사건 신탁계약의 해석에 관한 법리오해의 위법이 있다고 할 수 없다.

3. 이 사건 신탁계약에 대한 부인권행사에 관한 상고이유를 본다.

원고는 예비적으로, 파산자 창신의 파산관재인을 대위하여 이 사건 신탁계약에 대하여 파산법 제64조의 규정에 따른 부인권을 행사하였으므로 피고는 파산자 창신에게 신탁계약부인을 원인으로 한 위 소유권이전등기의 말소등기절차를 이행할 의무가 있다고 주장하였다.

그런데 파산법상 부인권의 행사주체를 파산관재인으로 한정하고 있는 이상 그 채권자는 부인권을 대위행사할 수 없다 할 것이다.

같은 이유로 원심이, 원고가 파산관재인의 부인권을 대위행사할 수 없다고 판단하여 원고의 위 주장을 배척한 조치는 정당하고 거기에 상고이유로 주장하는 바와 같은 파산법상 부인권 및 채권자대위권에 관한 법리오해의 위법이 있다고 할 수 없다.

대법관 박재윤(재판장) 서성 이용우(주심) 배기원

[해설]

부인권의 행사주체는 파산관재인으로 한정되어 있다(파산법 제68조 제1항). 따라서 파산채권자는 부인권을 대위하여 행사할 수 없고(대법원 2002다9189 판결), 법원에 대하여 파산관재인에게 부인권의 행사를 명하도록 신청할 수 있을 뿐이다(파산법 제68조 제2항).

▶ 〈제76조〉 지급정지를 안 것을 이유로 한 부인

대법원 2004. 3. 26. **선고** 2003**다**65049 **판결 【선급금반환】** [공2004, 723]

【판결요지】

파산법 제76조는 "파산선고가 있은 날로부터 1년 전에 한 행위는 지급정지의 사실을 안 것을 이유로 하여 이를 부인할 수 없다"고 규정하고 있는바, 이는 지급정지로부터 1년 이상 경과한 후 파산선고가 되었다면 지급정지와 파산선고 사이에 인과관계가 있다고 보기 어렵고, 수익자의 지위를 장기간 불안정한 상태에 방치하는 것은 부당하다는 취지에서 둔 규정이며, 회사정리절차 또는 화의절차로 인하여 법률상 파산선고를 할 수 없는 기간을 위기부인의 행사기간에 산입하는 것은 형평의 원칙에 반한다는 점 등을 고려하면, 지급정지 후에 회사정리절차 또는 화의절차 등의 선행 도산절차를 거쳐 파산선고가 된 경우에는 특별한 사정이 없는 한 파산법 제76조의 위기부인의 행사기간에 회사정리절차 또는 화의절차로 인하여 소요된 기간은 산입되지 아니한다.

【참조 조문】 파산법 제64조, 제76조

【원고, 피상고인】 파산자 주식회사 블루힐백화점 파산관재인 김칠준

【피고, 상고인】 甲

【원심판결】 수원지방법원 2003. 10. 17. 선고 2001나16675 판결

【주문】 상고를 기각한다. 상고비용은 피고가 부담한다.

【이유】 1. 부당성의 흠결 주장에 대하여

파산법 제64조는 "다음 각 호의 1에 해당하는 행위는 파산재단을 위하여 이를

부인할 수 있다"고 규정하면서, 제 2 호에서 '파산자가 지급정지 또는 파산신청이 있은 후에 한 담보의 제공, 채무소멸에 관한 행위 기타 파산채권자를 해하는 행위(단, 이를 위하여 이익을 받는 자가 그 행위 당시에 지급정지 또는 파산신청이 있은 것을 알지 못한 때에는 예외)'를 들고 있는바, 파산법 제64조 제 2 호 소정의 위기부인의 대상이 되는 '파산채권자를 해하는 행위'에는 파산자의 일반재산을 절대적으로 감소시키는 사해행위 외에 채권자 간의 평등을 저해하는 편파행위도 포함된다고 할 것이고, 변제기가 도래한 채권을 변제하는 이른바 본지(本旨)변제 행위가 형식적인 위기시기에 이루어진 경우에는 불평등 변제로서 위기부인의 대상이 될 수 있다고 할 것이다.

그리고 파산법상 부인의 대상이 되는 행위가 파산채권자에게 유해하다고 하더라도 행위 당시의 개별적 · 구체적 사정에 따라서는 당해 행위가 사회적으로 필요하고 상당하였다거나 불가피하였다고 인정되어 일반 파산채권자가 파산재단의 감소나 불공평을 감수하여야 한다고 볼 수 있는 경우가 있을 수 있고, 그와 같은 예외적인 경우에는 채권자 평등, 채무자의 보호와 파산 이해관계의 조성이라는 파산법의 지도이념이나 정의관념에 비추어 파산법 제64조 소정의 부인권 행사의 대상이 될 수 없다고 보아야 할 것이며, 여기에서 그 행위의 상당성 여부는 행위 당시의 파산자의 재산 및 영업 상태, 행위의 목적 · 의도와 동기 등 파산자의 주관적 상태를 고려함은 물론, 변제행위에 있어서는 변제자금의 원천, 파산자와 채권자와의 관계, 채권자가 파산자와 통모하거나 동인에게 변제를 강요하는 등의 영향력을 행사하였는지 여부 등을 기준으로 하여 신의칙과 공평의 이념에 비추어 구체적으로 판단하여야 한다고 할 것이고, 그와 같은 부당성의 요건을 흠결하였다는 사정에 대한 주장 · 입증책임은 상대방인 수익자에게 있다고 할 것이다(대법원 2002. 8. 23. 선고 2001다78898 판결 참조).

원심은, 그 채택 증거를 종합하여 판시와 같은 사실을 인정한 다음, 소외 주식회사 블루힐백화점(이하 '소외 회사'라 한다)이 1997. 12. 26. 부도처리되었으므로 이 사건 변제행위 당시에는 이미 지급정지 상태에 있었고, 이러한 상태에서 피고에게 미지급 물품대금 3,000만 원을 지급한 이 사건 변제행위는 '지급정지 후의 채무소멸행위'에 해당한다고 판단하고, 이어서 소외 회사의 부도 후 피고 등 입점업체들이 영업을 중단하고 매장에서 철수하겠다는 통지를 하고 소외 회사는 영업 정상화를 위하여 피고 등 입점업체들의 매장 철수를 만류하자 피고 등 입점업체들이 부도나기 전 입금하였던 판매 부분에 대한 미지급 결제대금을 지급하지 않으면 매장을 철수할 수밖에 없다는 통지를 함에 따라 소외 회사가 부득이 이 사건 변제금 지급행위를 하게 된 점, 이 사건 변제행위 무렵인 1998. 6. 30. 당시 소외 회사는 부채가 2,236억 원에 이르고 초과부채가 575억 원에 달함에도 불구하고 법원에 대한 화의절차개시신청의 결정을 의식한 나머지 입점업체들의 예상 영업실적 등을 구체적으로 판단하지 아니한 채 피고 등 93개 업체만을 예외로 선정하여 그들에게 선급금 명목으로 합계 32억 여 원이나 되는 금원을 지급한 점, 그와 같은 변제행위에 대하여 보전관재인이나 법원의 동의가 없었던 점 등 여러 사정에 비추어 볼 때, 위 변제금 지급행위가 신의칙이나 공평의 이념에 비추어 부당성이 흠결되었다고 보기 어렵다고 판단하였는바, 이는 앞서 본 법리에 따라 유해성 및 부당성 요건의 충족을 인정한 것으로서 정당하여 수긍되고, 거기에 파산법상 부인권 행사에 있어서의 유해성 및 부당성 요건에 관한 법리오해 등의 위법이 없다.

2. 보관금 주장에 대하여

원심은, 피고와 소외 회사는 판매한 매출액을 일단 소외 회사에 입금하고 사후에 소외 회사가 수수료(임차료) 22%를 공제하고 되돌려 받는 방식으로 결제하여 왔고, 따라서 수수료를 제외한 매출액은 피고의 것이고 다만 수수료를 정산할 때까지 소외 회사에 보관하는 금원으로서 보관금에 불과하므로, 위 보관금을 반환하는 행위는 채무소멸행위에 해당하지 않는다는 피고 주장에 대하여, 금전은 그것이 특정물로서 임치되는 경우가 아닌 한 소비임치가 되는 것이고, 소비임치의 수치인이 그 반환의무에 기하여 위 금원을 반환하는 행위 역시 채무소멸행위에 해당한다고 판단하였는바, 이는 정당한 것으로 수긍이 가고, 거기에 파산법상의 채무소멸행위나 보관금에 관한 법리오해 등의 위법이 없다.

3. 선의 주장에 대하여

원심은, 그 채택 증거를 종합하여 판시와 같은 사실을 인정한 다음, 피고가 소외 회사가 지급정지 상태에 있다는 사실을 알면서도 3,000만 원을 수령하였음을 추인할 수 있다고 판단하였는바, 기록에 비추어 보면 이는 정당한 것으로 수긍이 가고, 거기에 채증법칙 위배로 인한 사실오인 등의 위법이 없다.

4. 위기부인의 행사기간경과 주장에 대하여

파산법 제76조는 "파산선고가 있은 날로부터 1년 전에 한 행위는 지급정지의 사실을 안 것을 이유로 하여 이를 부인할 수 없다"고 규정하고 있는바, 이는 지급정지로부터 1년 이상 경과한 후 파산선고가 되었다면 지급정지와 파산선고 사이에 인과관계가 있다고 보기 어렵고, 수익자의 지위를 장기간 불안정한 상태에 방치하는 것은 부당하다는 취지에서 둔 규정이며, 회사정리절차 또는 화의절차로 인하여 법률상 파산선고를 할 수 없는 기간을 위기부인의 행사기간에 산입하는 것은 형평의 원칙에 반한다는 점 등을 고려하면, 지급정지 후에 회사정리절차 또는 화의절차 등의 선행 도산절차를 거쳐 파산선고가 된 경우에는 특별한 사정이 없는 한 파산법 제76조의 위기부인의 행사기간에 회사정리절차 또는 화의절차로 인하여 소요된 기간은 산입되지 아니한다고 할 것이다.

원심은, 그 채택 증거를 종합하여 소외 회사가 1997. 12. 26. 부도처리되어 같은 날 수원지방법원 성남지원에 화의절차 개시신청을 하였고, 1998. 6. 29. 위 화의절차 개시신청을 취하함과 동시에 수원지방법원에 회사정리절차 개시신청을 하였으며, 위 법원이 1999. 2. 19. 위 신청을 기각한 사실을 인정한 다음, 위 화의절차 또는 회사정리절차에 소요된 기간인 1997. 12. 26.부터 1999. 2. 19.까지를 공제하면 이 사건 변제행위는 소외 회사의 파산선고가 있은 날인 1999. 3. 4.로부터 1년 이내에 이루어진 행위에 해당된다고 판단하였는바, 이는 앞서 본 위기부인의 행사기간에 관한 법리에 비추어 정당한 것으로 수긍이 가고, 거기에 파산법 제76조의 위기부인의 행사기간에 관한 법리오해 등의 위법이 없다.

대법관 이강국(재판장) 유지담(주심) 배기원 김용담

[해설]

지급정지의 사실을 안 것을 이유로 하여 부인하는 경우에는 파산선고가 있는 날로부터 1년 전에 행하여진 행위는 부인할 수 없다(파산법 제76조). 여기서 지급정지의 사실을 안 것을 이유로 하는 부인이라 함은 파산법 제64조 제2호 또는 제4호의 위기부인을 말한다. 그런데, 지급정지 후에 회사정리 또는 화의절차 등의 선행 도산절차를 거쳐 파산선고가 된 경우 파산법 제76조의 위기부인의 행사기간에 선행 도산절차로 인하여 소요된 기간이 산입되는지 여부가 문제된다. 대법원 2003다65049 판결은 회사정리절차 또는 화의절차로 인하여 법률상 파산선고를 할 수 없는 기간을 위기부인의 행사기간에 산입하는 것은 형평의 원칙에 반한다는 점을 이유로 특별한 사정이 없는 한 파산법 제76조의 위기부인의 행사기간에 회사정리절차 또는 화의절차로 인하여 소요된 기간은 산입되지 아니한다고 판시하고 있다.

▶ 〈제77조〉 부인권의 소멸시효

서울고등법원 2006. 6. 2. **선고** 2005나91686 **판결 【채권확정】(상고취하로 확정)**

【원고, 피항소인】 파산자 주식회사 기산의 파산관재인 김한수 (소송대리인 법무법인 새길법률특허사무소 담당변호사 한정화 등)

【피고, 항소인】 파산자 한화종합금융 주식회사의 파산관재인 예금보험공사 (소송대리인 변호사 신용균 등)

【제1심 판결】 서울중앙지방법원 2005. 6. 17. 선고 2004가합91644 판결

【변론종결】 2006. 4. 14.

【주문】 1. 제 1 심 판결 중 피고 패소부분을 취소하고, 그 취소부분에 해당하는 원고의 청구를 기각한다.

2. 소송총비용은 원고의 부담으로 한다.

【청구취지 및 항소취지】

1. 청구취지: 원고의 파산자 한화종합금융 주식회사에 대한 파산채권은 11,993,257,517원임을 확정한다.

2. 항소취지: 주문과 같다.

【이유】

1. 인정사실

이 법원이 이 부분에서 설시할 이유는, 제 1 심 판결 제 4 면 7 내지 9행의 "(4) 기산은"부터 "지정된 후"까지를 "(4) 1997. 7. 15. 금융기관의 신청에 의하여 기아그룹 14개 계열사와 함께 부도유예협약 대상기업으로 결정되어 사실상 정상적인 영업이 정지되었던 기산은"으로, 제 4 면 13행의 "1998. 1. 21."을 "1998. 10. 21."로, 제 5 면 6, 7 행의 "자산관리공사에게 위 대금을 현금 30%, 부실채권정리기금채권 70%로 각 지급하였는데"를 "자산관리공사로부터 위 대금 중 30%는 현금으로, 나머지 70%는 부실채권정리기금채권으로 각 지급받았는데"로 각 변경하고, 제 5 면 9 행 "양수한"의 앞에 "그 담보조로"를 추가하며, 제 5 면 10행의 "대금은"을 "양도대금은"으로, 제 5 면 13행의 "정산금"을 "정산금을 내용으로 하는"으로, 제 5 면 17, 18행의 "금액은 총 13,111,733,007원으로 그 중 채권정산대금은 451,334,144원, 기금채권관련 회수액은 546,320,689원인 것으로"를 "정산금은 총 13,111,733,007원[1]인 것으로"로, 제 6 면 5행의 "피고와"를 "기산과"로 각 변경하며, 제 7 면 4행의 "서울고등법원은"의 뒤에 "2003. 11. 5."를 추가하고, 제 8 면 6행을 "(5) 원고는 위 판결에 대하여 2003. 11. 26. 상고를 제기하였다가 같은 달 28. 이를 취하하여, 위 판결은 그대로 확정되었다"로, 제 8 면 10행 아래의 표 중 "합계(원)"란 첫째 줄의 "6,906,136,986"을 "6,905,136,986"으로, 셋째 줄의 "11,994,257,517"을 "11,993,257,517"로 각 변경하는 외에는 제 1 심 판결 이유의 "1. 인정사실"란 기재와 같으므로, 민사소송법 제420조에 의하여 이를 그대로 인용한다.

---

[1] 이 사건 기산관련채권에 대한 정산금 내역(정산기준일은 자산관리공사와 한화종금 사이의 합의에 의한 정산이 가능했던 최종일로서 한화종금의 파산선고일인 1998. 9. 18.로 정하여졌고, 아래에서 이자는 정산기준일까지 계산된 것이다)

한화종금에 지급된 가치		양도된 채권의 정산가치	기금채권으로 회수된 금액	정산금
양도대금(a)	발생이자(b)	c	d	a+b-c-d
13,064,248,000	1,045,139,840	451,334,144	546,320,689	13,111,733,007

2. 당사자의 주장과 그에 대한 판단

가. 당사자의 주장

(1) 원고는 이 사건 청구원인으로, 기산의 한화종금에 대한 이 사건 제1차 채권양도는, 그 당시 기산의 채무상태, 채권양도를 하게 된 경위 등을 고려할 때 이미 채무초과상태에 빠진 기산이 파산채권자를 위한 공동담보인 책임재산을 감소시키고 파산채권자들 사이에 불공평을 초래하는 것임을 인식하고 한 행위이므로 구 파산법 제64조 제1호에 의하여 부인되어야 하고, 따라서 원고는 피고에게 이 사건 각 채권의 원리금 합계액인 11,993,257,517원의 파산채권을 가진다고 주장한다.

(2) 이에 대하여 피고는 이 사건 제1차 채권양도가 구 파산법 제64조 제1호의 고의부인 대상에 해당하지 않는다고 다투면서, 나아가 그 대상이 된다고 하더라도 원고의 부인권은 소멸시효 완성으로 이미 소멸하였다고 항변한다.

나. 판단

우선 피고의 소멸시효 항변에 관하여 살피건대, 구 파산법(2005. 3. 31. 채무자회생 및 파산에 관한 법률에 의하여 폐지되기 전의 것이다, 이하 같다)상의 부인권은 파산관재인이 소 또는 항변의 방법으로 행사하여야 하는데(구 파산법 제68조 제1항), 부인권은 파산선고가 있은 날로부터 2년간 이를 행사하지 아니하면 소멸시효가 완성한다(구 파산법 제77조 전단).

이 사건에 있어서, 기산에 대한 파산선고는 앞에서 본 바와 같이 1998. 10. 21.에 있었고, 원고가 이 사건 제1차 채권양도에 관하여 부인권을 행사하는 이 사건 소는 그로부터 2년이 이미 경과한 2004. 11. 10. 제기되었음이 기록상 명백하므로, 피고의 소멸시효 항변은 이유 있다 할 것이다(다만, 원고는 위 2000가합77602호 사건의 소 제기로 부인권을 행사하였다고도 볼 수 있으나, 앞에서 본 바와 같이 위 소는 항소심에서 2003. 11. 5. 소 각하판결을 받은 후 그 판결이 같은 달 28. 확정되었으며, 그로부터 6월 이내에 소멸시효 중단의 효과를 유지하는 아무런 조치가 없었으므로, 위 소 제기로 인한 시효 중단의 효과는 없다 할 것이다).

재판장 판사 김종백 곽병훈 심규홍

▷ **〈제1심 판결〉 서울중앙지방법원** 2005. 6. 17. **선고** 2004**가합**91644 **판결**

【원고】 파산자 주식회사 기산의 파산관재인 김한수 (소송대리인 법무법인 새길 법률특허사무소 담당변호사 한정화 등)

【피고】 파산자 한화종합금융 주식회사의 파산관재인 예금보험공사 (소송대리인 세계종합법무법인 담당변호사 이임성 등)

【변론종결】 2005. 6. 3.

【주문】 1. 원고의 파산자 한화종합금융 주식회사에 대한 일반 파산채권은

11,985,518,987원, 후순위 파산채권은 7,738,528원임을 각 확정한다. 2. 원고의 나머지 청구를 기각한다. 3. 소송비용은 피고의 부담으로 한다.

【청구취지】 원고의 파산자 한화종합금융 주식회사에 대한 파산채권은 11,993, 257,517원임을 확정한다.

【이유】

1. 인정사실

가. 당사자의 지위

(1) 파산 전 주식회사 기산(이하 '기산'이라 한다)은 1976. 7. 5. 토목, 건축공사업 등을 목적으로 설립된 회사로서 1998. 10. 21. 서울지방법원으로부터 아래 1. 나. (4)항 기재와 같이 파산선고를 받았고, 1999. 2. 23. 원고가 기산의 파산관재인으로 선임되었다.

(2) 파산 전 한화종합금융 주식회사(이하 '한화종금'이라 한다)는 1982. 11. 23. 어음의 발행, 할인, 매매, 중개, 인수 및 보증 등의 업무를 영위함을 목적으로 하여 설립된 회사로서 1998. 2. 17. 재정경제원장관의 영업인가 취소처분을 받았고, 그 후 파산신청을 하여 같은 해 9. 18. 서울지방법원으로부터 파산선고를 받았으며, 같은 날 이임성이 파산관재인으로 선임되었다가 2001. 3. 30. 김진국이 파산관재인으로 추가 선임되었고, 2001. 12. 15. 파산관재인이 이임성, 김진국에서 피고로 변경되었다.

나. 기산의 한화종금에 대한 이 사건 각 채권의 양도

(1) 기산은 토목, 건축공사업 등을 목적으로 하는 기아그룹 계열 건설회사로서 기아자동차 주식회사의 영남지역 자동차 판매와 기아그룹 계열사의 발주공사를 중심으로 한 도급사업 및 자체 분양사업을 하여 오던 중, 1995년 이후 재건축, 재개발사업의 무리한 수주강행, 공사착공 지연 및 적기분양 실패 등으로 자금상태가 악화되었고, 이에 따른 과다한 차입금 운용으로 금융비용 부담이 가중되면서 수익성 저하 및 만성적인 자금압박에 직면하게 되었다.

(2) 당시 기산은 건설업의 업종 특성과 일시적인 대량자금 수요로 제1금융권 자금보다는 단기성 자금인 종합금융회사의 자금에 의존하고 있었는데, 1997년도에 들어서면서 한보철강 등 대기업들의 연이은 부도사태 등으로 자금시장이 경색되고 삼성의 기아자동차 인수 소문 등으로 기아그룹의 대외공신력이 추락함에 따라 기산에게 많은 금액을 대출해 주었던 한화종금을 포함한 종합금융회사들은 같은 해 3월경부터 기산에게 만기도래자금의 상환을 요청하면서, 특히 무담보 대출금에 대하여 담보를 제공하지 않으면 자금기일연장을 해주지 않겠다는 등으로 담보제공을 강력히 요구하였다.

(3) 이에 기산은 1997. 6. 24., 1997. 6. 30., 1997. 7. 7. 한화종금을 포함한 종합

금융회사들에게 대출금 채무에 대한 담보조로 합계 376,370,927,663원 상당의 유가증권, 대여금 채권 등을 양도하기로 하는 이사회 결의를 하였고, 이에 따라 한화종금에게는 어음대출금 채무를 담보하기 위하여 1997. 6. 24. 숭덕재건축조합(이하 '숭덕'이라 한다)에 대한 65억 원의 대여금채권(이하 '이 사건 제1채권'이라 한다)을, 1997. 7. 8. 호암아파트재건축주택조합(이하 '호암'이라 한다)에 대한 4,798,253,440원의 대여금채권(이하 '이 사건 제2채권'이라 하고, 이 사건 제1, 2채권을 통틀어 '이 사건 각 채권'이라 한다)을 각 양도(이하 '이 사건 제1차 채권양도'라 한다)하였으며, 숭덕은 1997. 6. 27., 호암은 1997. 7. 8. 각 이 사건 제1차 채권양도를 승낙하였다.

(4) 기산은 1997. 7. 15. 금융기관의 신청에 의하여 기아그룹 14개 계열사와 함께 부도유예협약 대상기업으로 결정되어 사실상 정상적인 영업이 정지되었다가 1997. 7. 15. 기아그룹 14개 계열사와 함께 부도유예협약대상기업으로 지정된 후 1997. 9. 22. 서울지방법원에 회사정리절차개시신청을 하여 위 법원으로부터 1997. 9. 29. 회사재산보전처분결정을 받았으나, 다시 위 법원으로부터 1998. 7. 14. 위 회사보전처분결정에 대한 취소결정과 동시에 위 회사정리절차개시신청에 대한 기각결정이 내려졌고, 결국 기산은 1998. 10. 2. 위 법원에 파산신청을 하여 위 법원으로부터 1998. 1. 21. 98하128호로 파산선고를 받았으며, 1999. 2. 23. 원고가 파산자 기산의 파산관재인으로 선임되었다.

(5) 한편, 한국신용정보 주식회사는 1997년 9월경 '정상화가능성 평가보고서'를 통하여 1997년 6월을 기준으로 한 기산의 자산총계는 1,521,336,723,442원, 부채총계는 1,703,187,884,168원으로 부채가 자산을 181,851,160,726원 정도 상회하고 있었다고 평가하였다.

다. 한화종금의 한국자산관리공사(변경 전 상호: 성업공사, 이하 '자산관리공사'라 한다)에 대한 이 사건 각 채권의 양도

(1) 한화종금은 1997. 11. 28. 한국자산관리공사와 사이에 금융기관부실자산등의효율적처리및성업공사의설립에관한법률(1999. 12. 31. 금융기관부실자산등의효율적처리및한국자산관리공사의설립에관한법률로 명칭이 변경되기 전의 것) 제4조에 따라 한화종금이 자산관리공사에게 기산 등 11개 회사에 대하여 가지고 있던 부실채권 원금합계 79,632,366,000원 및 그 이자채권을 대금 50,451,046,000원에 일괄 양도하되, 사후에 그 대금을 정산하기로 하는 내용의 채권양도·양수계약을 체결하고, 1997. 11. 29. 자산관리공사에게 위 대금을 현금 30%, 부실채권정리기금채권 70%로 각 지급하였는데, 한화종금이 자산관리공사에게 위 채권양도·양수계약에 의하여 양도한 부실채권 중에는 기산에 대한 18,663,213,434원의 어음대출금 채권과 기산으로부터 양수한 이 사건 각 채권(이하 '이 사건 기산관련채권'이라 한다)이 포함되어 있었고, 그 대금은 13,064,248,000원이었다(이하 '이 사건 제2차 채권양도'라 한다).

(2) 그 후 자산관리공사는 서울지방법원에 자산관리공사가 파산자 한화종금에 대하여 위 채권양도·양수계약의 정산금 50,119,608,277원의 파산채권을 가지고 있음의 확정을 구하는 파산채권확정의 소를 제기하였고, 이에 위 법원은 2003. 5. 15. 99가합73697호로 파산자 한화종금의 자산관리공사에 대한 50,119,608,277원의 정산금반환채무를 인정하면서 그 중 이 사건 기산관련채권에 관하여 피고가 자산관리공사에게 반환하여야 할 금액은 총 13,111,733,007원으로 그 중 채권정산대금은 451,334,144원, 기금채권 관련 회수액은 546,320,689원인 것으로 판단하였고, 이에 피고가 항소하였으나 서울고등법원은 2004. 6. 4. 2003나40134호로 그 항소를 기각하였으며, 다시 피고가 상고를 제기하여 위 소송은 현재 대법원에 계속 중이다.

라. 원고의 피고 및 자산관리공사에 대한 부인의 소의 진행 경과

(1) 원고는, 기산의 한화종금에 대한 이 사건 제1차 채권양도가 파산법 제64조 제1호 내지 제4호의 부인권 행사 대상에 해당되고, 파산자 한화종금의 자산관리공사에 대한 이 사건 제2차 채권양도도 파산법 제75조 제1항 제1호 및 제64조 제1호의 전득자에 대한 부인권 행사 대상에 해당한다는 이유로, 피고 및 한국자산관리공사를 상대로 2000. 10. 20. 서울중앙지방법원 2000가합77602호로 피고와 한화종금 사이에 체결된 이 사건 제1차 채권양도계약 및 파산자 한화종금과 한국자산관리공사 사이에 체결된 이 사건 제2차 채권양도계약은 각 무효임을 확인하고, 이 사건 각 채권의 채무자들인 숭덕과 호암에 대하여 자산관리공사는 이 사건 각 채권이 피고에게, 피고는 이 사건 각 채권이 원고에게 각 원상회복되었다는 취지의 통지를 할 것을 청구하였다.

(2) 이에 대하여 서울지방법원은 기산이 한화종금에게 이 사건 각 채권을 양도할 당시의 기산의 재무상태, 채권양도를 하게 된 경위 등을 고려할 때 기산의 한화종금에 대한 위 각 채권양도행위는 일응 이미 채무초과 상태에 빠진 기산이 파산채권자를 위한 공동담보인 책임재산을 감소시키고 파산채권자들 사이에 불공평을 초래함을 인식하고 한 행위로 추인되므로, 특별한 사정이 없는 한 구 파산법(2000. 1. 12. 법률 제6111호로 개정되기 전의 것, 이하 '구 파산법'이라 한다) 제64조 제1호의 파산채권자를 해함을 알고 한 행위에 해당하고, 한화종금의 이에 대한 악의는 추정된다고 할 것이나, 자산관리공사는 당시 한화종금에 대한 부인의 원인이 있음을 알지 못하였다고 보아 원고와 피고 사이에 있어서 기산과 한화종금 사이의 이 사건 제1차 채권양도계약은 무효임을 확인하고, 원고의 피고에 대한 나머지 청구 및 자산관리공사에 대한 청구를 각 기각한다는 내용의 판결을 선고하였다.

(3) 이에 원고와 피고가 위 판결에 대하여 서울고등법원 2002나34088호로 항소를 제기하면서, 원고는 피고에 대한 이 사건 각 채권의 채무자들인 숭덕과 호암에

게 이 사건 각 채권이 원고에게 원상회복되었다는 취지의 통지를 하라는 청구를 원상회복에 갈음한 가액상환청구로 변경하였다.

(4) 이에 대하여 서울고등법원은 먼저 무효확인청구 부분에 관하여 파산법상의 부인권을 재판상 행사하는 경우 그 소는 단순히 부인의 대상이 되는 행위에 관한 부인의 선언 내지 무효확인청구가 아닌 금전의 지급이나 물건의 반환, 채무부존재확인 등 부인권의 행사에 따른 법률관계의 이행 내지 확인청구여야 한다는 이유로 확인의 이익이 없어 부적법하다고 판시하였고, 다음으로 원상회복에 갈음한 가액상환청구 부분에 관하여 파산자의 재산처분행위가 부인되는 경우 상대방에게 이전된 재산이 그의 수중에 현존하지 않을 때에는 현물반환은 불가능하므로, 비록 파산법에 가액상환에 관한 명시적인 규정은 없다고 하더라도 부인권 제도의 취지와 선의의 무상취득자의 현존이익 반환의무에 관한 파산법 제69조 제 2 항, 전득자부인의 경우 위 제69조 제 2 항을 준용하고 있는 파산법 제75조 제 2 항, 가액상환에 따른 상대방의 채권의 부활에 관한 파산법 제71조 등을 참작할 때 파산관재인은 상대방에게 목적물의 반환에 갈음하여 그 가액상환을 청구할 수 있다고 보아야 할 것이나, 다만 상대방도 파산자인 경우 가액상환의 청구는 파산법이 정하는 절차에 따라야 한다고 할 것인바, 일반적으로 파산채권은 파산절차에 따라 법원에 파산채권의 신고를 하여 조사·확정된 후 파산관재인에 의한 배당을 받을 수 있을 뿐이고 그 외의 절차에 의하여 권리를 행사할 수는 없으므로, 소송으로 구하는 채권이 파산채권에 해당한다면 먼저 그 채권을 파산채권으로 신고한 후, 만약 파산관재인이 이의하면 위 소를 파산채권확정의 소로 변경하여 절차를 진행하여야 할 것인데, 원고의 피고에 대한 위 가액상환청구에 따른 금원청구채권은 한화종금이 파산하기 전의 원인으로 생긴 재산상 청구권으로서 파산채권에 해당하므로, 원고는 위 채권을 파산채권으로 신고한 후 피고에 대한 소를 파산채권확정의 소로 변경하는 등 파산법 소정의 절차를 거쳐야 할 것임에도 위와 같은 신고를 하지 않았음을 자인하고 있어 결국 파산절차에 의하지 아니하고 직접 파산관재인인 피고를 상대로 구하는 원고의 가액상환청구는 부적법하다고 판시하였다.

(5) 그 후 원고가 상고를 제기하지 아니하여 위 판결은 그대로 확정되었다.

마. 원고의 파산채권신고와 피고의 부인

원고는 2004. 8. 12. 피고에게 다음 표와 같은 내용 채권을 파산채권으로 신고하였으나, 피고는 2004. 10. 7. 개최된 제 6 회 채권자집회에서 원고의 위 채권신고액 전액을 채무부존재를 이유로 부인하였다.

바. 이 사건 각 채권의 변제

(1) 한편, 숭덕이 이주비 명목으로 기산으로부터 차용하였던 6,500,000,000원의 대여금채무 중 지체상금 등을 공제한 나머지 6,129,000,000원을 2000. 10. 2. 서울지

방법원 2000년 금 제8941호로 피공탁자를 자산관리공사 또는 기산으로 하여 변제 공탁하자, 자산관리공사는 원고를 상대로 서울지방법원 2000가합84778호로 공탁금 출급청구권존재확인의 소를 제기하여 서울지방법원은 2001. 6. 14. 위 공탁금에 대한 출급청구권이 자산관리공사에게 있음을 확인하는 내용의 판결을 선고하였으며, 이에 원고가 서울고등법원 2001나47599호로 항소하였으나, 2001. 12. 11. 위 법원으로부터 항소를 기각하는 판결이 선고되어 그 무렵 위 판결이 그대로 확정되었고, 위 판결에 따라 자산관리공사는 2002. 1. 29. 숭덕이 변제 공탁한 6,291,544,438원(= 공탁원금 6,129,000,000원 + 예탁금 이자 162,544,438원)을 수령하였다.

구분	금액(원)	기산일 (양도일)	만료일 (파산선고일)	이율	이자(원)	합계(원)
숭덕에 대한 대여금 채권	6,500,000,000	1997. 6. 24.	1998. 9. 23.	연 5%	405,136,986	6,906,136,986
호암에 대한 대여금 채권	4,798,253,440	1997. 7. 8.	1998. 9. 23.	연 5%	289,867,091	5,088,120,531
합계	11,298,253,440				695,004,077	11,994,257,517

(2) 또한, 자산관리공사는 호암으로부터 4,798,253,440원을 변제받았다.

2. 판단

가. 기산의 한화종금에 대한 이 사건 제1차 채권양도가 부인권 행사의 대상이 되는지 여부

(1) 구 파산법 제64조 제1호에서 정한 부인권의 대상이 되는 행위인 '파산자가 파산채권자를 해함을 알고 한 행위'라 함은 총채권자의 공동담보가 되는 파산자의 일반재산을 파산재단으로부터 일탈시킴으로써 파산재단으로 될 파산자의 총재산을 감소시키는 행위뿐만 아니라, 특정한 채권자에게의 변제나 담보의 제공과 같이 그 행위가 파산자의 재산관계에 영향을 미쳐 채권자간의 평등을 저해시키는 이른바 편파행위도 포함된다고 할 것이고, 또한 위와 같은 사유로 부인권의 행사가 인정되기 위해서는 '파산채권자를 해한다는 사실을 알 것(사해의사)'을 필요로 하는바, 이러한 사해의사는 파산자에게 부인의 대상이 되는 행위 당시에 그 행위로 인하여 파산채권자를 위한 공동담보인 책임재산이 감소하거나 파산채권자들 사이에 불공평을 초래한다는 인식이 있으면 인정된다고 할 것이다.

이 사건으로 돌아와 보건대, 1997년 6월을 기준으로 기산의 자산총계가 1,521, 336,723,442원, 부채총계가 1,703,187,884,168원으로 부채가 자산을 181,851,160,726원 정도 상회하고 있었고, 기산이 1995년 이후 자금상태가 악화되어 이에 따른 과다한 차입금 운용으로 금융비용 부담이 가중되면서 수익성 저하 및 만성적인

자금압박에 직면하게 되었으며, 1997년에 들어서면서 한보철강 등 대기업들의 연이은 부도사태 등으로 자금시장이 경색되고 삼성의 기아자동차 인수 소문 등으로 기아그룹의 대외공신력이 추락함에 따라 기산에게 많은 금액을 대출해 주었던 한화종금을 포함한 종합금융회사들이 1997년 3월경부터 기산에게 만기도래 자금의 상환을 요청하면서, 특히 무담보 대출금에 대하여 담보를 제공하지 않으면 자금기일연장을 해주지 않겠다는 등으로 담보제공을 강력히 요구함에 따라 이 사건 각 채권을 양도하게 된 것이고, 이 사건 각 채권양도 직후인 1997. 7. 15. 금융기관의 요청에 의하여 기아그룹 14개 계열사와 함께 부도유예협약 대상기업으로 결정되어 사실상 정상적인 영업이 정지되었으며, 결국 1998. 10. 21. 파산선고를 받은 사실은 앞서 인정한 바와 같은바, 위와 같이 기산이 한화종금에게 이 사건 각 채권을 양도할 당시의 기산의 재무상태, 채권양도를 하게 된 경위 등을 고려하면 기산의 한화종금에 대한 이 사건 제1차 채권양도행위는 이미 채무초과 상태에 빠진 기산이 파산채권자를 위한 공동담보인 책임재산을 감소시키고 파산채권자들 사이에 불공평을 초래함을 인식하고 한 행위로 추인되므로, 특별한 사정이 없는 한 구 파산법 제64조 제1호의 파산채권자를 해함을 알고 한 행위에 해당하고, 한화종금의 이에 대한 악의는 추정된다고 할 것이다.

(2) 피고의 주장에 대한 판단

(가) 먼저 피고는, 이 사건 기산관련채권에 관하여 피고가 자산관리공사에게 반환하여야 할 정산금 13,111,733,007원 중 채권정산대금은 451,334,144원, 기금채권관련 회수액은 543,320,689원(546,320,689원의 오기로 보인다)으로 합계 994,654,833원인데, 이는 곧 한화종금이 자산관리공사에게 양도한 이 사건 기산관련채권의 실제가치가 994,654,833원에 불과하다는 의미이므로 결과적으로 기산에 대한 18,663,213,434원의 어음대출금채권을 모두 회수하지 못한 것이어서 원고는 그 담보로 제공된 이 사건 각 채권에 대하여 권리를 가지고 있지 않고, 원고가 이 사건 각 채권에 대한 권리를 주장하기 위해서는 자산관리공사에게 어음대출금 채권을 초과하는 변제가 이루어졌다는 점을 입증하여야 한다고 주장한다.

그러나 부인권 행사의 요건을 충족하느냐의 문제는 수익자가 부인의 대상이 되는 행위로 취득한 재산이나 이익 등으로 채권의 만족을 얻었는지 여부와는 관련이 없는 것이므로, 피고의 이 부분 주장은 그 자체로서 이유 없다.

(나) 다시 피고는, 기산의 이 사건 제1차 채권양도 당시 기산의 자산이 부채를 초과하고 있어 회사의 책임재산으로 각 채권을 모두 만족시킬 수 있었으므로 위 행위로 인하여 각 파산채권자가 받아야 할 만족을 저하시키거나 채권자간의 평등을 저해할 염려가 없어 이 사건 제1차 채권양도는 유해성이 없어 부인의 대상이 되지 아니한다고 다투나, 앞서 본 바와 같이 한국신용정보 주식회사의 1997년 9월경 '정상화가능성

평가보고서'를 통하여 1997년 6월을 기준으로 기산의 자산총계가 1,521,336,723,442원, 부채총계가 1,703,187,884,168원으로 부채가 자산을 181,851,160,726원 정도 상회하고 있었다고 평가되었던 이상, 이 사건 제 1 차 채권양도 당시 기산은 채무초과상태였다고 할 것이므로, 피고의 이 부분 주장도 이유 없다.

(다) 또한 피고는, 가사 기산의 실제적인 재무상태가 채무초과상태에 있었더라도 기산이 당시 재무제표를 작성함에 있어 순자산이 97,229,381,308원이라고 기장하고 있는 것으로 보아 기산은 '정상화가능성 평가보고서'가 나온 1997년 9월경까지는 이 사건 제 1 차 채권양도로 인하여 다른 파산채권자에게 해악이 발생할 것이라고 인식하지 않았을 것이므로 사해의사가 인정되지 아니한다고 주장하므로 살피건대, 을호증에 의하면 기산이 당시 기산의 재무구조에 대하여 자산이 부채를 초과하고 있는 것으로 재무제표를 작성하고, 자산실사 당시 같은 내용의 자료를 제출한 사실이 인정되나, 기산이 이러한 내용의 재무제표를 작성하였다는 것만으로 기산에게 사해의사가 없었다고 단정할 수 없고, 오히려 당시 기산의 실제 재무구조에 비추어 보면 기산은 허위의 재무제표를 작성하여 회사의 부실상황을 은폐하려고 한 것으로 보이므로, 피고의 이 부분 주장 또한 이유 없다.

(라) 마지막으로 피고는, 이 사건 제 1 차 채권양도 당시 한화종금이 기산의 재무구조를 파악할 수 있는 자료로는 1996년 12월을 기준으로 한 기산의 대차대조표만이 존재하고 있었는데, 위 대차대조표에 의하면 자산이 부채를 163,200,000,000원 정도 초과하고 있었으므로 한화종금으로서는 담보로 이 사건 각 채권이 제공된다고 하더라도 그로 말미암아 기산이 파산에 이르고 다른 파산채권자의 채권회수에 불이익이 생길 것이라는 사실을 알지 못하였으며, 다만 기산이 일시적 유동성 부족 상태에 빠진 것을 알고서 그 상태만 벗어나면 경영에 아무런 문제가 없을 것으로 생각하였으므로, 한화종금은 이 사건 제 1 차 채권양도 당시 그것이 파산채권자를 해하게 된다는 사실을 알지 못하였다고 주장한다.

살피건대, 을호증에 의하면 기산은 자산이 부채를 초과한다는 내용의 재무제표를 작성하고, 당시 10대 그룹 중 하나이던 기아그룹의 자금압박이 계열사 및 5,000여개의 협력업체의 연쇄도산으로 이어질 경우에 초래될 엄청난 파급효과를 우려하여 정부가 그 지원에 나섰으며, 또한 기아그룹의 주거래은행인 제일은행은 1997년 5월경부터 부도유예협약 대상선정일인 같은 해 7. 15.까지 기아그룹에 약 80,000,000,000원의 자금을 지원하였고, 기산도 회사사옥을 매각하는 등 여러 자구노력을 하였던 사실을 인정할 수 있으나, 위 인정사실만으로는 한화종금이 이 사건 각 채권을 양수함으로써 기산의 다른 채권자를 위한 공동담보인 책임재산을 감소시키고 채권자들 사이에 불공평을 초래함을 알지 못하였다고 추인하기에 부족하고, 달리 이를 인정할 증거가 없으며, 오히려 앞서 인정한 바와 같이 한화종금이 이 사건 각 채권을 양수하게 된 경위를 고려하면 한화종금은 기산의 회생가능성을 의심하고 다른 채권자에 우선하여 대출금 회수를 확보하기 위하여 이 사건 각 채권을 양수한 것이라고 봄이 상당하므로, 피고의 이 부분 주장 역시 이유 없다.

(3) 소결론

그렇다면, 원고는 피고에 대하여 기산의 한화종금에 대한 이 사건 제 1 차 채권양도행위를 부인할 수 있다고 할 것이므로, 이 사건 각 채권에 대한 양도계약은 원고가 2000. 10. 20. 서울지방법원에 부인의 소를 제기하고 그 무렵 부인의 의사표시가 기재된 소장이 피고에게 송달됨으로써 무효로 되었다고 할 것이다.

나. 부인권 행사에 의한 가액상환청구권의 인정 여부와 가액의 산정시기 및 산정방법

(1) 가액상환청구권의 인정 여부

파산관재인이 부인권을 행사할 당시에 이미 그 대상이 되는 재산이 물리적으로 멸실, 훼손되거나 상대방이 이를 제 3 자에게 처분하여 현존하지 아니하는 경우에는 재산 그 자체를 원상회복하는 것은 불가능하게 되는바, 비록 파산법상 가액상환청구권에 대한 명시적인 규정은 없으나, 파산법상 부인권 제도의 취지, 선의의 무상취득자의 현존이익 반환의무를 규정한 파산법 제69조 제 2 항, 제75조 제 2 항, 가액상환에 따른 상대방의 채권의 부활을 규정한 파산법 제71조의 각 규정에 비추어 볼 때, 파산관재인은 상대방에게 목적물의 반환에 갈음하여 그 가액의 상환을 청구할 수 있다고 봄이 상당하다고 할 것이다.

돌이켜 이 사건에 관하여 보건대, 기산의 한화종금에 대한 이 사건 제 1 차 채권양도는 원고가 2000. 10. 20. 서울지방법원 2000가합77602호로 부인의 소를 제기하여 부인권행사를 함으로써 무효로 되었다고 할 것이나, 한화종금이 1997. 11. 28. 금융기관부실자산등의효율적처리및성업공사의설립에관한법률 제 4 조에 따라 한국자산관리공사에게 기산에 대한 18,663,213,434원의 어음대출금 채권과 기산으로부터 양수한 이 사건 각 채권을 대금 13,064,248,000원에 양도한 사실은 앞서 인정한 바와 같은바, 한화종금이 원고에게 이 사건 각 채권을 원상회복하여야 할 의무는 특별한 사정이 없는 한 이행불능에 빠졌다고 할 것이므로, 원고는 한화종금에 대하여 이 사건 각 채권의 반환에 갈음하여 그 가액의 상환을 청구할 수 있다.

(2) 가액의 산정시기 및 산정방법

(가) 원물반환이 불가능하여 가액상환을 인정할 경우 원칙적으로 그 가액은 목적물의 가액, 즉 원물반환의 대상이 채권인 경우에는 채권의 가액을 상환할 것을 요한다고 할 것인데, 이때 그 가액을 산정함에 있어서는 부인권의 형성권으로서의 성질상 그 행사시 즉, 소장송달 또는 항변제출 등에 의하여 부인의 의사표시를 한

때에 부인의 효과가 발생하는 점에 비추어 부인권 행사시를 기준으로 산정하여야 하고, 다만 상환의무자는 악의의 수익자로서 목적물을 받은 날로부터의 이자를 가산하여 지급하여야 하는 것으로 봄이 상당하다고 할 것이다.

이 사건에 관하여 보건대, 원고가 2000. 10. 20. 서울지방법원에 부인의 소를 제기하고 그 무렵 부인의 의사표시가 기재된 소장이 피고에게 송달됨으로써 부인권을 행사하였다고 할 것이고, 당시의 채권의 가액은 특별한 사정이 없는 한 이 사건 제1, 2차 채권양도가 없었더라면 파산자 기산이 숭덕과 호암으로부터 변제받았을 금원인 이 사건 제1, 2차 채권양도 당시의 이 사건 각 채권의 원금 및 이에 대한 이 사건 각 채권을 양수한 날로부터의 민법이 정하는 연 5%의 비율에 의한 이자 상당의 금원이라 할 것이다{자산관리공사가 이 사건 각 채권에 터잡아 2002. 1. 29. 이 사건 제1채권 중 숭덕이 변제공탁한 6,291,544,438원(= 공탁원금 6,129,000,000원 + 예탁금 이자 162,544,438원)을 수령하였고, 호암으로부터 이 사건 제2채권의 원금 4,798,253,440원을 변제받은 사실은 앞서 본 바와 같으나, 자산관리공사가 숭덕과 호암으로부터 원고의 부인권 행사 이후에 변제받은 금액은 그 행사 당시의 실제 채권의 가액을 나타낸다고 볼 수 없으므로 이를 가액산정의 기준으로 삼을 수는 없다고 할 것이다}.

(나) 이에 대하여 피고는, 피고와 자산관리공사 사이의 파산채권확정소송에서 서울지방법원과 서울고등법원이 정산기준일인 1998. 9. 17. 현재 피고의 기산에 대한 어음대출금채권 및 이 사건 각 채권의 가치를 합하여 994,654,833원인 것으로 판단하였으므로, 이 사건 각 채권의 가치는 위 정산기준일인 1998. 9. 17.을 기준으로 994,654,833원 이하로 보아야 한다고 주장한다.

살피건대, 이 법원의 한국자산관리공사에 대한 2005. 4. 27자 사실조회결과에 의하면 피고와 자산관리공사 사이의 채권양도·양수계약에 따른 대금 및 정산금의 산정은 회사정리나 화의가 진행 중인 한화종금을 포함한 12대 계열기업 부실채권에 대하여 개별 기업체의 구체적 채권액이나 관련 대출 서류의 확인 없이 12개 계열기업의 순자산가치, 시장가치를 종합적으로 반영하는 해당 계열 주기업체의 주식시장가격을 기준으로 대상계열의 주식가격이 액면가 이상인 기아계열의 기산은 채권원금 18,663,213,000원의 70%인 13,064,248,000원으로 그 대금을 산출한 것이고, 사후 정산에 있어서도 업무방법서 제8조에 따라 담보부채권과 무담보부채권을 분류한 후 일정한 요율을 적용한 금액을 정산금으로 산정한 사실, 이 사건 각 채권과 같은 무담보채권의 경우 채무자로부터의 보편적이고 평균적인 연체대출금 회수율{자산관리공사가 IMF 이전 금융기관으로부터 매입한 부실채권의 채무자 및 보증인으로부터 재산조사나 가압류, 강제집행, 기타 법적 조치나 변제최고 등을 통하여 3년간(1994년부터 1996년까지) 회수한 실적을 기준으로 소액일수록 회수율이 높고, 고액일수록 회수율이 낮은 경험상 채권회수율을 감안하여 산정된 회수율}을 기준으로 그 정산금을 산정한 것인 사실이 인정되는바, 위 인정사실에 의하면 이 사건 각 채권의 대금이나 정산금은 실제 채권의 가액을 나타낸다고 할 수 없으므로, 이와 다른 전제에 선 피고의 위 주장은 더 나아가 살필 필요 없이 이유 없다.

(3) 소결론

그렇다면 파산자 기산은 한화종금에 대하여 일반 파산채권으로서, 이 사건 제1채권의 부인권 행사 당시의 가액인 6,500,000,000원과 원고가 구하는 바에 따라 이에 대한 위 채권의 양도일 다음날(원고는 소장에서 양도일부터의 이자를 구한다고 진술하고 있으나 청구금액과 이자계산 일수로 보아 양도일 다음날부터 구하는 것으로 보인다, 이하 같다)인 1997. 6. 25.부터 한화종금의 파산선고일 전날인 1998. 9. 17.까지의 이자 400,684,931원(= 6,500,000,000 × 450/365 × 5/100, 원 미만 버림, 이하 같다), 이 사건 제2채권의 부인권 행사 당시의 가액인 4,798,253,440원과 이에 대한 위 채권의 양도일 다음날인 1997. 7. 9.부터 한화종금의 파산선고 전날인 1998. 9. 17.까지의 이자 286,580,616원(= 4,798,253,440 × 436/365 × 5/100) 및 후순위 파산채권으로서, 이 사건 제1채권에 대한 한화종금의 파산선고일인 1998. 9. 18.부터 원고가 구하는 바에 따라 1998. 9. 22.(원고는 소장에서 파산선고의 등기가 경료된 1998. 9. 23.까지의 이자를 구한다고 진술하고 있으나, 청구금액과 이자계산 일수로 보아 1998. 9. 22.까지의 이자만을 구하는 것으로 보인다, 이하 같다)까지의 이자 4,452,054원(= 6,500,000,000 × 5/365 × 5/100), 이 사건 제2채권에 대한 한화종금의 파산선고일인 1998. 9. 18.부터 1998. 9. 22.까지의 이자 3,286,474원(= 4,798,253,440 × 5/365 × 5/100)의 채권을 가지고 있다고 할 것인데, 피고가 위 채권 전부에 대하여 이의제기를 한 이상 원고는 파산자 한화종금에 대하여 파산채권이 있음의 확정을 구할 수 있고, 또 그 확정의 이익도 있다고 할 것이다.

재판장 판사 박정헌 이여진 노제설

[해설]

부인권은 파산선고가 있은 날부터 2년간 이를 행사하지 아니하면 소멸시효가 완성한다. 부인의 대상이 되는 행위를 한 날부터 10년을 경과한 때에도 또한 같다(파산법 제77조). 조속한 법률관계의 확정을 통하여 거래안전을 확보하기 위한 규정이다. 위 부인권행사기간의 성질에 대하여는 종전 파산법의 규정에도 불구하고 제척기간이라고 해석되었다. 신법은 '부인권은 파산선고가 있은 날부터 2년이 경과한 때에는 행사할 수 없다. 부인의 대상이 되는 행위를 한 날부터 10년이 경과한 때에도 또한 같다'고 규정하여 위 기간의 성질이 제척기간임을 명백히 하였다. 입법론상으로는 회생절차의 경우처럼(신법 제111조) '파산신청이 있은 날'부터 기산하는 것이 타당하다.

8. 환 취 권

▶ 〈제79조〉 환취권

(1) **대법원** 2004. 4. 28. **선고** 2003**다**61542 **판결 【예수금등반환】** [공2004, 898]

【판결요지】

[1] 담보권의 수반성이란 피담보채권의 처분이 있으면 언제나 담보권도 함께 처분된다는 것이 아니라 채권담보라고 하는 담보권 제도의 존재 목적에 비추어 볼 때 특별한 사정이 없는 한 피담보채권의 처분에는 담보권의 처분도 당연히 포함된다고 보는 것이 합리적이라는 것일 뿐이므로, 피담보채권의 처분이 있음에도 불구하고, 담보권의 처분이 따르지 않는 특별한 사정이 있는 경우에는 채권양수인은 담보권이 없는 무담보의 채권을 양수한 것이 되고 채권의 처분에 따르지 않은 담보권은 소멸한다.

[2] 피담보채권이 담보권과 분리 양도됨으로써 담보권이 소멸하였다고 인정한 사례.

[3] 파산법 제79조가 "파산선고는 파산자에 속하지 아니하는 재산을 파산재단으로부터 환취하는 권리에 영향을 미치지 아니한다"라고 규정하여 파산자의 소유에 속하지 아니하는 재산을 파산절차에 의하지 아니하고 파산관재인으로부터 환취할 권리를 보장하는 반면, 같은 법 제80조는 "파산선고 전에 파산자에게 재산을 양도한 자는 담보의 목적으로 한 것을 이유로 그 재산을 환취할 수 없다"라고 규정하여 양도담보 설정자의 양도담보물에 대한 환취권을 제한하고 있는바, 위 규정은 양도담보권의 피담보채권이 아직 소멸하지 않은 경우에 양도담보권자의 파산을 이유로 환취권을 행사하는 것을 허용하지 않는 것이라 해석할 것이고, 양도담보권의 피담보채권이 소멸한 경우에는 파산자는 더 이상 양도담보권의 목적이 된 재산권을 보유할 권원이 없으므로 양도담보 설정자는 원칙적인 규정인 같은 법 제79조에 의

하여 양도담보의 목적이 된 재산권을 환취할 수 있다.

【참조 조문】 [1] 민법 제361조, 제449조／[2] 민법 제361조,제449조／[3] 파산법 제79조, 제80조

【원고, 피상고인】 정리회사 기아특수강 주식회사의 관리인 전선기의 소송수계인 기아특수강 주식회사 (소송대리인 법무법인 바른법률 담당변호사 조중한 등)

【피고, 상고인】 파산자 신한종합금융 주식회사의 파산관재인 예금보험공사 (소송대리인 법무법인 푸른 담당변호사 손순호 등)

【원심판결】 서울고등법원 2003. 10. 10. 선고 2003나25579 판결

【주문】 상고를 기각한다. 상고비용은 피고가 부담한다.

【이유】 1. 상고이유 제 1 점에 대하여

담보권의 수반성이란 피담보채권의 처분이 있으면 언제나 담보권도 함께 처분된다는 것이 아니라 채권담보라고 하는 담보권 제도의 존재 목적에 비추어 볼 때 특별한 사정이 없는 한 피담보채권의 처분에는 담보권의 처분도 당연히 포함된다고 보는 것이 합리적이라는 것일 뿐이므로, 피담보채권의 처분이 있음에도 불구하고, 담보권의 처분이 따르지 않는 특별한 사정이 있는 경우에는 채권양수인은 담보권이 없는 무담보의 채권을 양수한 것이 되고 채권의 처분에 따르지 않은 담보권은 소멸한다(대법원 1999. 2. 5. 선고 97다33997 판결 참조).

기록에 의하면, 한국자산관리공사가 1997. 11. 28. 신한종합금융 주식회사(1998. 10. 9. 파산선고를 받았다, 이하 '신한종금'이라 한다)로부터 신한종금의 원고(1998. 6. 1. 회사정리절차개시결정을 받았다가 2003. 12. 26. 회사정리절차 종결결정을 받았다)에 대한 이 사건 어음할인대출채권을 양수하면서 그 채권을 담보하고 있던 이 사건 어음들에 대하여는 이 사건 어음들이 이미 부도가 났다는 이유로 그 담보가치를 인정하지 아니하여 무담보채권으로 분류하여 양수한 사실, 이에 따라 신한종금은 이 사건 어음할인대출채권을 양수한 한국자산관리공사에 이 사건 어음들을 넘겨 주지 않고 있는 사실, 나아가 한국자산관리공사가 1999. 5. 12. 위 채권양도양수계약에 따른 채권대금의 정산을 위하여 신한종금을 상대로 제기한 소에서도 매입채권이 무담보채권이라고 주장하고 있는 사실을 각 알 수 있는바, 사정이 위와 같다면 신한종금이 이 사건 어음들에 대하여 가지고 있던 담보권은 그 피담보채권이 그와 분리되어 한국자산관리공사에 양도됨으로써 담보권의 부종성의 원리에 의하여 소멸하였다 할 것인바, 원심이 같은 취지에서 신한종금이 이 사건 어음들에 대하여 가지고 있던 담보권이 소멸하였다고 판단한 제 1 심 판결을 유지한 것은 정당하고, 거기에 상고이유에서 주장하는 바와 같이 담보권의 수반성에 관한 법리를 오해하거나 심리를 다하지 아니하여 사실을 오인한 잘못이 있다고 할 수 없다.

2. 상고이유 제 2, 3 점에 대하여

파산법 제79조가 "파산선고는 파산자에 속하지 아니하는 재산을 파산재단으로부터 환취하는 권리에 영향을 미치지 아니한다"라고 규정하여 파산자의 소유에 속하지 아니하는 재산을 파산절차에 의하지 아니하고 파산관재인으로부터 환취할 권리를 보장하는 반면, 같은 법 제80조는 "파산선고 전에 파산자에게 재산을 양도한 자는 담보의 목적으로 한 것을 이유로 그 재산을 환취할 수 없다"라고 규정하여 양도담보 설정자의 양도담보물에 대한 환취권을 제한하고 있는바, 위 규정은 양도담보권의 피담보채권이 아직 소멸하지 않은 경우에 양도담보권자의 파산을 이유로 환취권을 행사하는 것을 허용하지 않는 것이라 해석할 것이고, 양도담보권의 피담보채권이 소멸한 경우에는 파산자는 더 이상 양도담보권의 목적이 된 재산권을 보유할 권원이 없으므로 양도담보 설정자는 원칙적인 규정인 위 파산법 제79조에 의하여 양도담보의 목적이 된 재산권을 환취할 수 있다고 할 것이다.

기록에 의하면, 원고가 신한종금에 이 사건 어음들에 배서를 하여 넘긴 것이 양도담보를 설정할 의사였는지 혹은 숨은 입질배서에 의하여 질권을 설정할 의사였는지는 분명하지 아니하지만 적어도 그것이 신한종금의 원고에 대한 어음할인대출채권을 담보하기 위한 것이었다는 점에 대하여는 당사자 사이에 다툼이 없는바, 우선 그것이 질권을 설정하기 위한 숨은 입질배서였다고 한다면 위에서 본 바와 같이 피담보채권이 그 담보권과 분리되어 제 3 자인 한국자산관리공사에게 양도된 이상 담보권의 부종성에 의하여 이 사건 어음들에 대한 질권은 소멸하였다 할 것이고 따라서 피고는 더 이상 원고에 대한 관계에서 이 사건 어음들을 보유할 권원을 갖지 못한다 할 것이므로 질권설정자인 원고는 곧바로 파산법 제79조에 의하여 환취권을 행사할 수 있다 할 것이고, 나아가 그것이 양도담보권을 설정한 것이라 하더라도 역시 피담보채권의 분리 양도에 따라 담보권이 소멸한 이상 위에서 본 법리에 따라 원고는 더 이상 파산법 제80조의 제한을 받지 않고 피고를 상대로 이 사건 어음들에 대한 환취권을 행사할 수 있다고 할 것이니, 원심이 이 사건 어음들에 대한 원고의 환취권을 인정한 제 1 심 판결을 그대로 유지한 것은 그 결론에 있어서 정당하고, 거기에 상고이유에서 주장하는 바와 같이 숨은 입질배서나 파산법상의 환취권에 관한 법리를 오해한 위법이 있다고 할 수 없다.

대법관 고현철(재판장) 변재승 윤재식(주심) 강신욱

(2) **대법원** 2002. 11. 13. **선고** 2002**다**42315 **판결 【약정금】** [공2003, 65]

【판결요지】

파산한 수출회사가 파산선고 전에 수령한 수출대금은 수출자에 대하여 환어음 등 환매채권을 갖고 있는 신용장 매입은행이 주장하는 환취권의 대상이 아니다.

【참조 조문】 파산법 제14조, 제79조

【원고, 상고인】 주식회사 신한은행 (소송대리인 법무법인 태평양 담당변호사 김인만 등)

【피고, 피상고인】 파산자 해태상사 주식회사의 파산관재인 최세모

【원심판결】 서울고등법원 2002. 6. 2 1. 선고 2001나76122 판결

【주문】 상고를 기각한다. 상고비용은 원고의 부담으로 한다.

【이유】 1. 원심이 인정한 사실은 다음과 같다.

가. 해태상사 주식회사(아래에서는 '해태상사'라고 한다)는 1993. 이란의 사이파 상사(Saipa Corporation)와 자동차 수출계약을 체결하고 이란 은행들이 개설한 신용장을 받았다. 해태상사는 원고와의 외환거래약정에 따라 1993. 1. 14.부터 1993. 10. 14.까지 사이에 4회에 걸쳐 원고에게 이 사건 신용장과 이에 따른 수출환어음 및 선적서류 등을 환매조건부로 매도하였고, 원고는 이 사건 수출환어음 등을 다른 은행들에게 재매도하였다.

나. 그런데 이란 중앙은행이 모라토리엄(moratorium)을 선언함에 따라 이 사건 신용장 개설은행들은 그 대금의 지급을 거절하였고, 이에 해태상사를 포함한 한국의 수출상사들은 주식회사 대우를 대리인으로 선임하여 1994. 5. 1. 이란의 신용장 개설은행들과 사이에 이 사건 신용장 대금을 포함한 이란 은행들의 채무를 2년 거치 후 3년 6개월 동안 분할 상환받기로 하는 이 사건 합의를 하였고, 다시 1999. 5. 14. 그 상환계획을 재조정하는 이 사건 수정 합의를 하였다.

다. 한편, 해태상사가 1999. 11. 30. 서울지방법원에 회사정리절차 개시신청을 하고 1999. 12. 7. 재산보전처분을 받게 되자, 원고로부터 이 사건 수출환어음 등을 매수한 은행들은 원고에게 그 어음 등의 환매를 요구하였고, 원고는 2000. 1. 21. 이 사건 수출환어음 등을 환매하였다.

라. 이 사건 신용장을 개설한 이란 은행들은 2000. 1. 31.과 2000. 4. 30. 및 2000. 7. 31. 이 사건 합의 및 수정 합의에 따라 이 사건 신용장 대금의 일부를 주식회사 대우에게 송금하였고, 주식회사 대우는 2000. 3. 29.과 2000. 5. 3. 및 2000. 8. 3. 등 3회에 걸쳐 미화 1,382,499.70$를 해태상사에게 지급하였다.

마. 서울지방법원은 2000. 5. 23. 해태상사에 대하여 정리절차개시의 결정을 하고 정리절차를 진행하던 중 2000. 11. 29. 정리절차폐지의 결정을 하였고, 2000. 12. 15. 직권으로 파산을 선고하였다.

2. 물품을 수출한 매도인이 외환거래약정을 맺은 거래은행에게 수입자로부터 받은 신용장을 담보로 환어음 등을 매도한 뒤 신용장 개설은행이 신용장 대금을 지급하지 아니함으로써 거래은행에 대하여 외환거래약정에 따른 환어음 등 환매채무를 부담하게 되었다고 하더라도, 매매계약상 매도인으로서의 지위나 매매대금채권

을 거래은행에 양도하였다는 등의 특별한 사정이 없는 한, 수입자에 대한 매매대금 채권은 여전히 매도인이 가진다.

원심이 같은 취지에서, 해태상사가 신용장 개설은행과 이 사건 합의 및 수정 합의를 하고 이 사건 신용장 대금을 수령한 것이 원고의 위임사무를 처리한 것이라거나 의무 없이 원고를 위하여 그 사무를 처리한 것으로 볼 수 없고, 또 해태상사가 법률상 원인 없이 원고의 재산으로 인하여 이익을 얻은 것으로 볼 수도 없다고 판단하고, 나아가 해태상사가 그에 대한 정리절차개시 이전에 수령한 이 사건 신용장 대금이 해태상사에 속하지 아니하는 재산으로서 원고에게 환취권이 있다고 볼 수 없다고 판단한 것은 옳고, 거기에 상고이유의 주장과 같은 심리미진, 법리오해, 이유불비 또는 판단누락 등의 잘못이 없다. 따라서 상고이유는 모두 받아들일 수 없다.

대법관 배기원(재판장) 서성(주심) 이용우 박재윤

(3) **대법원** 2002. 9. 27. **선고** 2000**다**27411 **판결【부동산소유권이전등기등】** [**공**2002, 2547]

【판결요지】

부동산의 매매계약에 있어 당사자 사이의 환매특약에 따라 소유권이전등기와 함께 민법 제592조에 따른 환매등기가 마쳐진 경우 매도인이 환매기간 내에 적법하게 환매권을 행사하면 환매등기 후에 마쳐진 제3자의 근저당권 등 제한물권은 소멸하는 것이므로, 환매권 행사 후 근저당권자가 파산선고를 받았다고 하더라도 매도인이 파산자에 대하여 갖는 근저당권설정등기 등의 말소등기청구권은 파산법 제14조에 규정된 파산채권에 해당하지 아니하며, 매도인은 파산법 제79조 소정의 환취권 규정에 따라 파산절차에 의하지 아니하고 직접 파산관재인에게 말소등기절차의 이행을 청구할 수 있다.

【참조 조문】 민법 제590조, 제592조, 파산법 제14조, 제79조

【원고, 피상고인겸상고인】 대한민국

【피고, 상고인】 甲 외 9인 (소송대리인 법무법인 광장 담당변호사 박준서 등)

【피고, 피상고인】 파산자 주식회사 경기은행의 소송수계인 파산관재인 이성로 외 3인

【원심판결】 서울고등법원 2000. 5. 9. 선고 99나9778 판결

【주문】 원심판결 중 피고 파산자 주식회사 경기은행의 소송수계인 파산관재인 이성로, 동상홍 및 피고 파산자 주식회사 신경기상호신용금고의 소송수계인 파산관재인 최중현, 천승기에 대한 원고 패소 부분을 파기하고, 이 부분 사건을 서울고등법원에 환송한다. 피고 甲, 乙, 丙, 丁, 戊, 己, 庚, 辛, 壬, 주식회사

신영상호신용금고의 소송수계인 주식회사 제일상호신용금고의 상고를 모두 기각한다. 상고기각된 부분의 상고비용은 위 피고들의 부담으로 한다.

【이유】 1. 원고의 상고이유에 대한 판단

원심은, 파산자 주식회사 경기은행의 소송수계인 파산관재인 이성로, 동상홍 및 피고 파산자 주식회사 신경기상호신용금고의 소송수계인 파산관재인 최중현, 천승기를 상대로 각 파산자 명의의 근저당권설정등기 및 지상권설정등기의 말소등기절차이행을 구하는 원고의 청구에 대하여 원고가 각 파산선고 전에 환매권을 행사함에 따라 위 파산자들에 대하여 가지게 된 근저당권설정등기와 지상권설정등기의 말소등기청구권은 파산채권으로서 파산절차에 의하여만 행사할 수 있는데, 원고가 파산법원에 각 말소등기절차의 이행청구권을 파산채권으로 신고하여 그 확정절차를 거치지 않은 사실을 자인하는 한편 채권확정의 소로 청구를 변경하지 않고 이행의 소를 유지하고 있으므로 소의 이익이 없어 부적법하다고 판단하였다.

그러나 부동산의 매매계약에 있어 당사자 사이의 환매특약에 따라 소유권이전등기와 함께 민법 제592조에 따른 환매등기가 마쳐진 경우 매도인이 환매기간 내에 적법하게 환매권을 행사하면 환매등기 후에 마쳐진 제 3 자의 근저당권 등 제한물권은 소멸하는 것이므로, 환매권 행사 후 근저당권자가 파산선고를 받았다고 하더라도 매도인이 파산자에 대하여 갖는 근저당권설정등기 등의 말소등기청구권은파산법 제14조에 규정된 파산채권에 해당하지 아니하며, 매도인은 파산법 제79조소정의 환취권 규정에 따라 파산절차에 의하지 아니하고 직접 파산관재인에게 말소등기절차의 이행을 청구할 수 있다고 할 것이다.

그럼에도 불구하고, 원심은 견해를 달리하여 원고의 위 파산자들에 대한 근저당권설정등기 등의 말소등기청구권이 파산채권에 해당한다고 판단하여 원고의 이 부분 소를 각하하고 말았으니 원심판결에는 환매의 법률적 효과와 파산채권의 범위에 관한 법리를 오해한 위법이 있다. 이 점을 지적하는 원고의 상고이유의 주장은 이유 있다.

2. 피고 甲, 乙, 丙, 丁, 戊, 己, 庚, 辛 壬, 주식회사 신영상호신용금고의 소송수계인 주식회사 제일상호신용금고의 상고이유에 대한 판단

가. 비진의 의사표시 항변 및 판단유탈 주장에 대하여

원심은, 원고 산하 북부지방산림관리청 소속 공무원이 1996. 8. 13. 원심공동피고 癸와 소외 甲 1(이하 '癸 등'이라 한다) 사이에서 고양시 일산읍 풍동 산 4 임야 11,206㎡(이하 '이 사건 국유림'이라 한다)를 癸 등의 소유인 원주시 호저면 산현리 산 35 외 임야 6필지 합계 986,490㎡와 교환하는 계약을 체결함에 있어 癸 등이 이 사건 국유림을 5년 이내에 허가 없이 교환목적 이외의 용도로 전용하거나 제 3 자에게 양도하고자 하는 경우 교환 당시의 가격으로 환매할 수 있기로 특약을

한 후 이에 따라 환매특약부 교환을 원인으로 하여 癸 등 앞으로 소유권이전등기 및 환매권 등기를 한 사실을 인정한 다음, 위 환매특약이 비진의 의사표시로서 무효라는 위 피고들의 항변에 대하여 판시와 같은 사실만으로는 위 피고들의 주장대로 원고와 癸 등이 실제로는 환매특약의 효력을 발생시킬 의사가 없었음에도 형식적으로 환매특약을 하였다는 점을 인정하기에 부족하고 달리 이를 인정할 증거가 없다고 판단하여 위 항변을 배척하였다.

기록에 비추어 살펴보면, 원심의 위와 같은 인정 및 판단은 수긍이 가고, 거기에 상고이유 주장과 같은 채증법칙 위반이나 이유불비 또는 이유모순 등의 위법이 없으며, 원심의 위와 같은 판단에는 이 사건 환매특약이 통정허위표시라는 주장을 배척한다는 취지도 포함되어 있다고 못 볼 바 아니므로, 원심판결에 판단유탈 또는 석명의무 위반의 위법이 있다는 피고 丙, 丁, 戊, 己, 庚, 辛, 壬 소송대리인의 상고이유 주장도 받아들일 수 없다.

나. 환매특약조항의 무효 항변에 대하여

이 사건 교환계약 체결 당시 시행되던 구 산림법(1997. 4. 10. 법률 제5323호로 개정되기 전의 것)상 교환의 경우에도 환매특약을 할 수 있도록 하는 명문 규정이 없었다고 하더라도구 산림법시행규칙(1996. 12. 31. 농림부2령 제1248호로 개정되기 전의 것) 제69조에 환매특약을 하도록 하는 규정을 두고 있어 그에 따라 사경제주체로서 사법상 계약인 교환계약을 체결하면서 癸 등과의 의사합치로 환매특약을 계약의 내용으로 넣게 되었다면 산림법에 환매특약에 관한 근거 규정이 없다는 이유만으로 교환계약상의 환매특약이 무효라고 할 수는 없다. 이 사건 환매특약은 산림법에 정하여진 수의계약에 의한 매각이나 교환을 악용하여 산림의 무분별한 개발과 훼손을 막기 위한 것으로서 산림의 보호육성을 통한 국토의 보전을 위하여 제정된 산림법의 입법 취지에 부합하는 것인 점과 수급자에게 선택의 여지가 없는 독점적인 용역의 제공과 달리 이 사건에서 癸 등은 이미 환매특약의 부담을 알면서도 이 사건 국유림을 취득하기를 원하여 교환계약을 체결한 점 등에 비추어 볼 때, 이 사건 환매특약이 약관의규제에관한법률 제 6 조 제 2 항 제 1 호, 제 3 호가 정하는 고객에 대하여 부당하게 불리한 조항 또는 약관의 목적을 달성할 수 없을 정도로 본질적 권리를 제한하는 조항이라고 볼 수 없다. 그리고 구 산림법(1997. 4. 10. 법률 제5323호로 개정되기 전의 것)상 교환의 경우에도 환매특약을 할 수 있도록 하는 명문 규정이 없었다고 하더라도 구 산림법시행규칙(1996. 12. 31. 농림부2령 제1248호로 개정되기 전의 것) 제69조에 환매특약을 하도록 하는 규정을 두고 있어 그에 따라 사경제주체로서 사법상 계약인 교환계약을 체결하면서 癸 등과의 의사합치로 환매특약을 계약의 내용으로 넣게 되었다면 산림법에 환매특약에 관한 근거 규정이 없다는 이유만으로 교환계약상의 환매특약이 무효라고 할 수는 없다.

이 사건 환매특약은 산림법에 정하여진 수의계약에 의한 매각이나 교환을 악용하여 산림의 무분별한 개발과 훼손을 막기 위한 것으로서 산림의 보호육성을 통한 국토의 보전을 위하여 제정된 산림법의 입법 취지에 부합하는 것인 점과 수급자에게 선택의 여지가 없는 독점적인 용역의 제공과 달리 이 사건에서 癸 등은 이미 환매특약의 부담을 알면서도 이 사건 국유림을 취득하기를 원하여 교환계약을 체결한 점 등에 비추어 볼 때, 이 사건 환매특약이 약관의규제에관한법률 제6조 제2항 제1호, 제3호가 정하는 고객에 대하여 부당하게 불리한 조항 또는 약관의 목적을 달성할 수 없을 정도로 본질적 권리를 제한하는 조항이라고 볼 수 없다.

같은 취지의 원심의 판단은 정당하고, 거기에 상고이유 주장과 같은 법리오해의 위법도 없다.

다. 신의칙 위반 또는 권리남용 항변에 대하여

원심은, 위 피고들이 환매권 등기가 있음을 알면서도 이 사건 국유림을 양수 또는 증여받은 이상 원고의 환매권 행사로 인하여 이 사건 국유림상에 건물을 신축하는 등 투입한 비용을 회수하지 못하게 되는 손해를 입게 된다고 하더라도 이는 환매권 행사에 따른 필연적인 결과일 뿐이므로, 그것만으로는 이 사건 소제기가 신의칙에 반한다거나 권리의 남용이라고 볼 수 없고 달리 이를 인정할 증거가 없다고 판단하였다.

기록에 비추어 보면, 원심의 위와 같은 판단도 수긍이 가고, 거기에 신의칙 위반 또는 권리남용에 관한 법리오해의 위법이 없다.

대법관 손지열(재판장) 조무제 유지담(주심) 강신욱

[해설]

파산선고는 파산자에 속하지 아니하는 재산을 파산재단으로부터 환취하는 권리에 영향을 미치지 아니한다(파산법 제79조). 타인인 제3자의 재산이 파산재단에 혼입되어 있다고 하여도 그것은 파산자의 재산이 아니므로 이를 파산적 청산에 제공하는 것이 허용되지 않는 것은 당연한 것이다. 결국 환취권이라는 것은 기존의 실체법상 인정되는 권리가 파산절차에서도 그대로 인정되는 것으로 당연한 효과를 나타내는 것이다. 환취권의 기초가 되는 권리로서는 소유권뿐 아니라 용익권, 점유권, 파산자에 대해 임대인 등이 가지는 계약상의 반환청구권 등도 포함된다.

판례는 양도담보권의 피담보채권이 소멸한 경우 양도담보설정자는 양도담보의 목적이 된 재산권을 환취할 수 있다고 하고(대법원 2003다61542 판결), 부동산의 매매계약에 있어 당사자 사이의 환매특약에 따라 소유권이전등기와 함께 환매등기가 마쳐진 경우 매도인이 환매기간 내에 적법하게 환매권을 행사하면 환매등기 후에 마쳐진 제 3 자의 근저당권 등 제한물권은 소멸하는 것이므로, 환매권 행사 후 근저당권자가 파산선고를 받았다고 하더라도 매도인은 환취권 규정에 따라 파산절차에 의하지 아니하고 직접 파산관재인에게 말소등기절차의 이행을 청구할 수 있다고 한다(대법원 2000다27411 판결). 그러나 파산한 수출회사가 파산선고 전에 수령한 수출대금은 수출자에 대하여 환어음 등 환매채권을 갖고 있는 신용장 매입은행이 주장하는 환취권의 대상이 아니다(대법원 2002다42315 판결).

▶ 〈제80조〉 양도담보와 환취권

부산고등법원 2004. 6. 4.**선고** 2003**나**16146(**본소**), 16153(**반소**) **【양수금 · 공탁금 출급청구권확인】** (**미상고 확정**)

【판결요지】

1. 파산자(신세계종금)이 담보채권인 출자금반환채권을 제외한 채 피담보채권만을 분리하여 성업공사에 이전함으로써 대출금채권에 관하여 설정하였던 양도담보권은 소멸하였으며, 그 양도담보를 설정하기 위하여 이루어졌던 채권양도 또한 효력을 상실하여 채권양수인인 신세계종금에 양도되었던 출자금반환채권은 다시 채권양도인(진로, 원고)에게로 복귀된다.

2. 파산법 제80조는 이미 파산선고 전에 양도담보권이 소멸하여 그 피담보채권이 채권자에게 이전 귀속된 경우에는 적용이 없다.

【원고(반소피고), 항소인】 파산자 신세계종합금융 주식회사의 파산관재인 문재인의 소송수계인 정재성, 예금보험공사 (소송대리인 법무법인 부산 담당변호사 정재성)

【피고(반소원고), 피항소인】 주식회사 진로의 소송수계인 정리회사 주식회사 진로의 관리인 이원 (소송대리인 법무법인 세종 담당변호사 현병희)

【제 1 심 판결】 부산지방법원 2003. 9. 30. 선고 2002가단4012(본소), 2002가단120099(반소) 판결

【변론종결】 2004. 3. 19.

【주문】 원고(반소피고)들의 항소를 기각한다. 항소비용은 본소, 반소를 합하여 모두 원고(반소피고)들의 부담으로 한다.

【청구취지 및 항소취지】

1. 본소 청구취지 및 항소취지

제 1 심 판결을 취소한다. 증권시장안정기금이 2001. 12. 13. 서울지방법원 2001

년 금제13128호로 공탁한 2,119,310,804원에 대한 공탁금출급청구권이 원고(반소피고, 이하 원고라 한다)들에게 있음을 확인한다. 피고(반소원고, 이하 피고라 한다)의 반소청구를 기각한다.

2. 반소 청구취지

전항 기재 공탁금출급청구권이 피고에게 있음을 확인한다.

【이유】 본소와 반소를 함께 본다.

1. 기초사실

가. 주식회사 진로(2003. 5. 14. 서울지방법원에서 회사정리절차개시결정이 있었는데, 현재 피고가 정리회사의 관리인이다. 이하 '진로'라 한다)는 1997. 4. 19. 신세계종합금융 주식회사(1998. 9. 26. 부산지방법원에서 파산선고를 받았는데, 현재 원고들이 파산관재인으로 선임되어 있다. 이하 '신세계종금'이라 한다)에 진로가 증권시장안정기금(이하 '증안기금'이라 한다)에 대해 가지고 있는 출자금반환채권(이하 '이 사건 출자금반환채권'이라 한다)을 양도하였고, 신세계종금은 진로로부터 위 채권양도의 통지에 관한 권한을 위임받아 1997. 7. 24. 증안기금에 이 사건 출자금반환채권의 양도통지를 하였는데, 위 통지는 그 무렵 증안기금에 도달하였다.

나. 신세계종금은 1997. 11. 28. 금융기관의부실자산등의효율적처리및성업공사의설립에관한법률 제4조에 따라 성업공사(1999. 12. 31. 상호가 '한국자산관리공사'로 변경되었다. 이하 '성업공사'라 한다)에 진로에 대해 당시까지 회수하지 못하고 있던 197억 4,100만 원의 대출금채권을 성업공사 경영관리위원회에서 정한 매입률에 따라 산정한 118억 4,460만 원에 매각·양도하였고, 1997. 12. 29. 진로에 이를 통지하였다.

다. 그런데 신세계종금은 전항 기재와 같이 진로에 대한 대출금채권 전부를 성업공사에 양도함에 있어 무담보로 평가하여 매각하였다.

라. 한편, 증안기금은 진로와 신세계종금이 서로 이 사건 출자금의 반환을 구하여 오는 등 그 채권의 귀속에 관하여 다툼이 있자, 2001. 8. 3. 제38차 청산위원회를 열어 진로를 조합원에서 제명한 다음, 2001. 12. 13. 피공탁자를 진로 또는 신세계종금으로, 공탁관계 법령조항을 민법 제487조로, 공탁원인사실을 '진로에 대한 출자금 및 배당금에 대한 채권양수를 주장하는 신세계종금과 이를 다투는 진로 사이에 누가 진정한 채권자인지 알 수 없다'는 취지로 하여 그 때까지의 잔여 출자금에 배당금 등을 가산한 반환금 2,119,310,804원을 서울지방법원 2001년 금제13128호로 공탁하였다.

2. 이 사건 출자금반환채권 양도의 법적 성격

우선 당사자들이 이 사건 출자금반환채권 양도의 법적 성격에 대해 다투고 있고, 이것이 문제해결의 전제가 되므로 이를 먼저 살펴본다.

가. 주장

진로가 이 사건 출자금반환채권을 신세계종금에 양도한 것의 법적 성격에 관하여, 원고들은 진로가 기존 대출금에 대한 변제 목적으로, 즉 대물변제로서 신세계종금에 이를 양도한 것이라고 주장함에 대하여, 피고는 담보의 목적으로 채권을 양도한 것이거나 채권질권을 설정한 것이라고 주장한다.

나. 인정사실

(1) 진로는 신세계종금과 사이에 어음거래약정을 체결한 다음 어음할인대출을 받아 왔는데, 1997년에 이르러 대기업들이 연쇄적으로 부도처리되는 등 경제가 극심한 불황으로 접어들 무렵인 1997. 4. 9.경에는 신세계종금에 대한 어음할인대출액이 약 398억 원에 이르고 전체 금융기관 차입금 규모가 약 1조 2,000억 원대에 이르는 등 자금사정이 악화되었다.

(2) 그 무렵 신세계종금이 할인해 준 약속어음을 교환에 회부하는 대신 만기를 연장하거나 어음할인대출액을 증액하려면 추가 담보가 필요하다는 요청을 하자, 진로는 신세계종금에 1997. 4. 10. 자사주펀드 180억 원 상당에 대하여 질권을 설정해 주고, 1997. 4. 19.에는 위 제 1 의 가.항 기재와 같이 이 사건 출자금반환채권을 양도하였다.

(3) 신세계종금은 위와 같이 추가로 담보를 제공받은 다음, 진로에 어음할인대출 규모를 늘려주어, 전항 기재와 같이 담보를 제공하여 주기 전인 1997. 3. 27.에는 어음할인대출액이 428억 원이던 것이 1997. 4. 19. 이후에는 630억 여 원에 이르게 되었다.

다. 판단

앞서 인정한 사실 및 위 인정사실에 의하면, 신세계종금은 어음할인대출과정에서 이미 취득한 약속어음을 교환에 회부하는 대신 만기를 연장해 주거나 신규 어음할인 등에 따른 진로에 대한 대출금채권을 담보할 목적으로 이 사건 출자금반환채권을 양도받았다 할 것이다.

따라서, 채권양도에 의하여 이 사건 출자금반환채권이 신세계종금에 유효하게 이전된 것이기는 하지만, 신세계종금으로서도 담보약정에 따라 즉, 담보목적을 실행하는 범위 내에서 채권을 행사하여야 할 의무를 진다 할 것이다.

3. 이 사건 출자금 반환채권의 귀속

가. 주장

(1) 원고들의 주장

이 사건 출자금반환채권의 양도가 담보목적에 의한 것이라면, 신세계종금이 진로에 대한 대출금채권을 성업공사에 매각할 때 담보부채권의 평가기준에 따라 평가하여 매각했어야 하는 것인데, 착오로 담보인 이 사건 출자금반환채권의 존재를 간과하여 무담보채권으로 분류·평가하여 양도하면서 담보권은 여전히 신세계종금에 남겨둔 것에 지나지 않고, 만일 담보권인 이 사건 출자금반환채권이 피담보채권과 함께 양도되지 않음으로써 담보권의 부종성 또는 수반성의 법리상 당연히 소멸한다 하더라도 신세계종금이 증안기금에 대하여 채권양도통지를 하는 등의 절차를 마치기 전까지는 이 사건 출자금반환채권은 진로에 귀속되지 않고 적어도 대외적으로는 신세계종금 또는 그 파산재단에 귀속된다고 보아야 할 것이며, 다만 진로로서는 원고에 대하여 파산채권에 해당하는 부당이득반환청구권만을 취득할 뿐이다.

(2) 피고의 주장

신세계종금이 그 피담보채권을 무담보로 성업공사에 이전함으로써 피담보채권과 함께 이전되지 않은 이 사건 담보권은 담보권의 부종성 또는 수반성의 법리상 당연히 소멸하였고 따라서 이 사건 담보권이 소멸한 이상, 그 담보권의 객체인 이 사건 출자금반환채권은 진로에 이미 원상회복되었거나, 또는 신세계종금이 진로에 대한 대출금채권 전부를 성업공사에 이전하여 더 이상 대출금채권을 보유하지 않게 됨으로써 이 사건 출자금반환채권양도계약은 그 목적 달성이 불가능하게 되었고 이에 진로의 수계인인 피고의 이 사건 출자금반환채권양도계약 해제의 의사표시가 담긴 2003. 7. 22.자 준비서면의 송달로써 이 사건 출자금반환채권양도계약을 해제하였으므로 이 사건 출자금반환채권은 당연히 진로에 복귀되었다.

나. 판단

앞서 본 바와 같이 신세계종금이 진로에 대한 대출금채권을 성업공사에 매각함에 있어 이를 무담보로 평가하여 양도한 것으로 보아 신세계종금과 성업공사 사이에서는 대출금채권에 대하여 양도담보로 제공된 이 사건 출자금반환채권을 양도의 대상에서 제외하기로 하는 의사의 합치가 있었다고 볼 수 있다.

원래 특별한 사정이 없는 한 피담보채권의 처분에는 담보물권의 처분도 당연히 포함된다고 보는 것이 합리적이라는 것이나, 피담보채권의 처분이 있음에도 불구하고 담보물권의 처분이 따르지 않는 특별한 사정이 있는 경우에는 채권양수인은 담보물권이 없는 무담보의 채권을 양수한 것이 되고 채권의 처분에 따르지 않은 담보물권은 소멸한다고 할 것이니, 앞서 본 바와 같이 신세계종금이 담보채권인 이 사건 출자금반환채권을 제외한 채 피담보채권인 대출금채권만을 분리하여 성업공사에 이전함으로써 대출금채권에 관하여 설정하였던 양도담보권은 소멸하였다 할 것이고, 이러한 경우 그 양도담보를 설정하기 위하여 이루어진 채권양도 또한 그 효력을 상실하여 채권양수인인 신세계종금에 양도되었던 이 사건 출자금반환채권은 다시 채권양도인인 진로로 이전하여 복귀된다고 할 것이다.

다. 파산채권 여부 등

원고들은, 이 사건 출자금반환채권이 신세계종금 또는 그 파산재단에 귀속됨을 전제로, 진로는 부당이득반환청구권만을 취득할 뿐인데 이는 파산채권에 해당하므로 파산절차에 의하지 아니하고는 이를 행사할 수 없고, 파산법 제80조에 따라 양도담보설정자가 파산선고 전에 담보목적으로 파산자에게 재산을 양도한 때에는 양도담보설정자는 파산선고 후에 그것을 이유로 하여 재산을 환취할 수 없다고 주장한다.

그러나 앞서 본 바와 같이, 신세계종금이 파산선고를 받기 전에 담보채권인 이 사건 출자금반환채권을 제외한 채 피담보채권인 대출금채권만을 성업공사에 이전함으로써 대출금채권에 관하여 설정하였던 양도담보권이 소멸하는 경우에는 그 양도담보를 설정하기 위하여 이루어진 채권양도 또한 그 효력을 상실하여 채권양수인인 신세계종금에 양도되었던 출자금반환채권은 다시 채권양도인인 진로로 이전하여 복귀되는 것이고, 다만 채권양수인인 신세계종금으로서는 그 원상회복을 위하여 채무자에게 이를 통지할 의무만을 부담하는 것뿐이므로, 그 이후에 채권양수인인 신세계종금이 파산선고를 받았다고 하더라도 이미 진로에 귀속된 이 사건 출자금반환채권이 신세계종금의 파산재단에 속하게 된다고는 할 수 없다.

또한, 양도담보설정자가 파산선고 전에 담보목적으로 파산자에게 재산을 양도한 때에는 양도담보설정자는 파산선고 후에 담보의 목적으로 제공된 것이라는 이유만으로는 재산을 환취할 수 없다고 규정한 파산법 제80조는 이미 파산선고 전에 양도담보권이 소멸하여 그 피담보채권이 채권자에게 이전·귀속되고, 채권자가 그 확인을 구하는 이 사건의 경우에는 적용할 수 없음이 명백하다.

따라서, 원고들의 위 주장은 이유 없다.

4. 결론

따라서, 이 사건 출자금반환채권은 피고에게 있다 할 것이고, 이에 대한 변제를 위하여 공탁된 이 사건 공탁금의 출급청구권 역시 피고에게 있다 할 것인데 원고들이 이를 다투고 있으므로, 피고로서는 원고들을 상대로 하여 위 공탁금의 정당한 출급청구권자임의 확인을 구할 이익도 있다 할 것이니, 그 확인을 구하는 피고의 반소청구는 이유 있어 이를 인용하고, 원고의 본소청구는 이유 없어 이를 기각할 것이다.

재판장 판사 윤인태 김규태 이정일

[해설]

소유권을 담보의 수단으로 이용하는 비전형담보, 즉 양도담보 등에 대하여는 환취권을 인정할 것인지 문제된다. 즉 형식적으로 소유권자로 되어 있는 양도담보권자에게 그 소유권을 이유로 환취권을 부여할 것인가, 아니면 그 소유권의 실질은 담보권에 지나지 않은 것으로 별제권자로 머무르는가에 대하여 다툼이 있을 수 있다.

파산법 제80조는 "파산선고 전에 파산자에게 재산을 양도한 자는 담보의 목적으로 한 것을 이유로 그 재산을 환취할 수 없다"고 규정하고 있다. 그러나 위 규정은 양도담보권의 피담보채권이 아직 소멸하지 않은 경우에 양도담보권자의 파산을 이유로 환취권을 행사하는 것을 허용하지 않는 것으로 제한적으로 해석하여야 하고, 양도담보권의 피담보채권이 소멸한 경우에는 파산자는 더 이상 양도담보권의 목적이 된 재산을 보유할 권원이 없으므로 양도담보설정자는 양도담보권의 목적이 된 재산권을 환취할 수 있다(대법원 2003다61542 판결).

현재의 민법 이론에 의하면 양도담보권자는 대외적으로 소유권을 주장할 수 없고 청산의무를 부담하는 담보권자로 인정되고 있으며(담보권설), 양도담보설정자는 소유권자로서의 지위에 변동이 생기지 않으므로 파산법 제80조의 규정은 의미가 없는 불필요한 규정이다. 따라서 신법은 이러한 지적을 반영하여 위 조항을 삭제하였다.

9. 별 제 권

▶ 〈제84조〉 별제권자

(1) **대법원** 2001. 11. 9. **선고** 2001**다**55963 **판결 【별제권확인(비약적 상고)】 [공보불게재]**

【판결요지】

1. 주택임대차보호법상의 대항력만을 갖춘 임차인의 임대차보증금반환청구권은 파산법상의 별제권에 속하지 아니한다.

2. 대항력 외에 확정일자를 갖춘 임차인과 소액임차인은 준별제권자로 인정된다 (원심판결)

【참조 조문】 파산법 제84조, 주택임대차보호법 제 3 조

【원고, 상고인】 甲 외 5인 (소송대리인 변호사 이명현)

【피고, 피상고인】 파산자 진로건설 주식회사의 파산관재인 문일봉 (소송대리인 법무법인 율촌 담당변호사 김은진)

【원심판결】 서울지법 200 1. 7. 12. 선고 2001가합11562 판결

【주문】 상고를 모두 기각한다. 상고비용은 원고들의 부담으로 한다.

【이유】 상고이유를 본다.

원심판결 이유에 의하면, 원심은, 진로건설 주식회사가 서울지방법원에서 2000. 9. 28. 파산선고를 받은 사실(이하 이 회사를 '파산전 회사'라고 한다)과 원고들이 파산전 회사와 사이에 원심판결의 별표 기재와 같이 각 아파트에 관한 임대차계약을 체결한 사실을 인정한 다음, 원고 甲, 乙, 丙은 파산전 회사와 임대차계약을 체결할 때 각기 임대차등기를 경료하기로 약정하였고, 원고들 모두 주민등록을 마치고 그 무렵 임대아파트를 인도받아 대항력을 취득하였으므로, 원심판결의 별표 기재 각 아파트에 관하여 원고들이 피고에 대하여 가지고 있는 임대차보증금 반환청

구권은 파산법상의 별제권에 속한다는 확인을 구하는 원고들이 이 사건 청구에 대하여, 주택임차인이 그 임대인과 사이에 임차권등기를 하기로 약정하였다거나 또는 주택을 임차하고 주택임대차보호법 제3조 제1항에서 정한 대항력을 취득하였다는 것만으로는 그 보증금 반환청구권을 파산법 제84조에서 규정하는 별제권으로 인정할 수 없다는 이유로 이를 배척하였다.

파산법과 주택임대차보호법의 목적 그리고 대항력을 갖춘 주택임차인의 지위에 관한 법리에 비추어 살펴보면, 원심의 이러한 판단은 옳은 것으로 수긍이 가고, 거기에 파산법 제84조의 별제권에 관한 법리오해의 위법이 있다고 할 수 없다. 이 점을 다투는 상고이유는 받아들이지 아니한다.

대법관 이규홍(재판장) 송진훈(주심) 손지열

▷ 〈**원심판결**〉 **서울지방법원** 2001. 7. 12. **선고** 2001**가합**11562 **판결**

【원고】 甲 외 5인 (소송대리인 변호사 이명현)

【피고】 파산자 진로건설 주식회사의 파산관재인 문일봉 (소송대리인 법무법인 율촌 담당변호사 김은진)

【변론종결】 2001. 6. 7.

【주문】 원고들의 청구를 각 기각한다. 소송비용은 원고들의 부담으로 한다.

【청구취지】 별지 목록 기재 각 아파트에 관하여 원고들이 피고에 대하여 가지고 있는 별지 목록 기개 각 임대보증금반환청구권은 파산법상의 별제권에 속함을 확인한다 라는 판결.

【이유】 1. 청구원인

원고들이 소외 진로건설 주식회사(서울지방법원에서 2000. 9. 28. 파산선고를 받고, 파산관재인으로 피고가 선임되었다. 이하 파산전회사라고만 한다)와 사이에 별표와 같이 각 임대차계약을 체결한 사실 및 파산전회사가 2000. 9. 28. 서울지방법원에서 파산선고를 받은 사실은 당사자들 사이에 다툼이 없다.

원고들은 원고 甲, 乙, 丙은 파산전회사와 각 임대차계약을 체결할 때 임대차등기를 경료하기로 약정하였고, 원고들 모두 별표와 같이 각 주민등록을 마치고 그 무렵 임대아파트를 인도받아 대항력을 취득하였는바, 파산법 제84조 소정의 '전세권을 가진 자'에는 전세권(임차권)설정등기청구권이나 임대차보호법상의 대항력을 취득한 임차인도 포함되어야 한다고 주장하며, 별지 목록 기재 각 아파트에 관하여 원고들이 피고에 대하여 가지고 있는 별지 목록 기개 각 임대보증금반환청구권은 파산법상의 별제권에 속한다는 확인을 구한다.

2. 판단

가. 먼저, 파산법 제84조의 '파산재단에 속하는 재산상에 존재하는 유치권, 질권,

저당권 또는 전세권을 가진 자'라 함은 목적물에 대하여 물권 또는 물권에 준하는 권리를 가진 자를 의미한다고 할 것인바, 채권에 불과한 전세권(임차권)설정등기청구권을 가진 자가 위와 같은 전세권을 가진 자에 포함된다고 볼 수 없으므로, 이를 전제로 한 원고들의 주장은 나머지 점에 관하여 더 나아가 살펴볼 필요 없이 이유 없다.

나. 다음으로, 주택임대차보호법 제3조 제1항에서는 "임대차는 그 등기가 없는 경우에도 임차인이 주택의 인도와 주민등록을 마친 때에는 그 익일부터 제3자에 대하여 효력이 생긴다. 이 경우 전입신고를 한 때에 주민등록이 된 것으로 본다"라고 규정되어 있고, 같은 법 제3조의2 제1항은 "제3조 제1항의 대항요건과 임대차계약서상의 확정일자를 갖춘 임차인은 민사소송법에 의한 경매 또는 국세징수법에 의한 공매시 임차주택의 환가대금에서 후순위권리자 기타 채권자보다 우선하여 보증금을 변제 받을 권리가 있다"라고 규정되어 있으며, 같은 법 제8조는 임차보증금이 소액인 경우(같은 법 시행령상 현재 서울 및 광역시의 경우에는 금 3,000만 원, 기타 지역은 금 2,000만 원) 임차주택 가액의 2분의 1 범위 안에서 일정한 금액(같은 법 시행령상 현재 서울 및 광역시의 경우에는 금 1,200만원, 기타 지역은 금 800만 원)까지는 후순위 담보권자 및 일반채권자는 물론 선순위 담보권자보다도 우선하여 보증금을 변제받을 수 있도록 규정되어 있는바, 이는 사회적 약자의 지위에 있는 주택임차인을 보호하여 국민주거생활의 안정을 도모하기 위한 특별법이라 할 것이다.

또한, 통상의 개별적 집행절차인 경매절차와 포괄적, 집단적 집행절차인 파산절차는 후자가 전자에 대한 특별절차라는 점 외에는 채권회수를 위한 집행절차라는 공통점을 가지며, 파산법 제139조도 부동산의 환가는 민사소송법에 의하여 한다고 규정하고 있는 점을 감안한다면, 주택임대차보호법 제3조의2 제2항의 '민사소송법에 의한 경매'에는 파산절차도 포함된다고 봄이 상당하다.

한편, 주택임대차보호법은 대항요건과 확정일자를 갖춘 주택임차인과 소액임차인에게 부동산 담보권에 유사한 권리를 인정하고 있으므로(대법원 1992. 10. 13. 선고 92다30597 판결 참조), 이와 같은 요건을 갖춘 주택임차인은 파산법상 별제권자로 인정함이 타당하나(다만 위 각 요건은 파산선고 전에 갖추어야 한다), 경매절차 등에서 우선변제권을 가지지 않는 대항요건만을 갖춘 주택임차인에게는 파산법상 별제권을 인정할 수 없다 할 것이다.

이 사건에서 원고들이 파산선고 전에 주택임대차보호법상 대항요건과 확정일자를 모두 갖추었다는 점을 인정할 증거는 없고, 또한, 앞서 살펴본 바와 같이 주택임대차보호법상 대항요건만을 갖춘 것만으로는 파산법상 별제권을 인정할 수 없다 할 것이므로, 결국 원고들의 위 주장은 이유 없다.

재판장 판사 하광호 최영락 김영진

(2) **대법원** 1996. 12. 10. **선고** 96**다**19840 **판결【손해배상(기)】**[**공**1997, 308]

【판결요지】

파산재단에 속하는 재산상에 존재하는 유치권, 질권, 저당권 또는 전세권을 가진 자는 그 목적인 재산에 관하여 당연히 별제권을 가지고, 별제권은 파산절차에 의하지 아니하고 이를 행사할 수 있으며, 파산법 제201조 제 2 항은 별제권자가 별제권의 행사에 의하여 채권 전액을 변제받을 수 없는 경우에 파산절차에 참가하여 파산채권자로서 배당받기 위하여 채권신고를 하는 경우에 관한 규정이므로, 별제권도 파산채권과 같이 반드시 신고·조사절차를 거쳐 확정되어야만 행사할 수 있는 것은 아니다.

【참조 조문】파산법 제84조, 제86조, 제201조 제 2 항, 제234조

【원고, 상고인】주식회사 금성프랜트 파산관재인 하원세

【피고, 피상고인】대한보증보험 주식회사

【원심판결】부산고등법원 1996. 3. 29. 선고 95나12491 판결

【주문】상고를 기각한다. 상고비용은 원고의 부담으로 한다.

【이유】상고이유를 본다.

파산재단에 속하는 재산상에 존재하는 유치권, 질권, 저당권 또는 전세권을 가진 자는 그 목적인 재산에 관하여 당연히 별제권을 가지고, 별제권은 파산절차에 의하지 아니하고 이를 행사할 수 있으며(파산법 제84조, 제86조), 파산법 제201조 제2항은 별제권자가 별제권의 행사에 의하여 채권 전액을 변제받을 수 없는 경우에 파산절차에 참가하여 파산채권자로서 배당받기 위하여 채권신고를 하는 경우에 관한 규정이라 할 것이므로, 별제권도 파산채권과 같이 반드시 신고, 조사절차를 거쳐 확정되어야 하고, 다만 파산재단의 관리, 환가 및 배당절차에 의하지 않고 행사할 수 있을 뿐이라는 논지는 독자적인 견해로서 받아들일 수 없다.

따라서 피고가 질권을 가지고 있던 이 사건 정기예금채권에 관하여 질권을 행사하여 그 원리금을 수령한 것은 별제권의 행사로서 적법하고, 가사 피고가 채권신고시 자신의 채권 중 위 원금 상당액만을 공제한 금액을 별제권의 행사에 의하여 변제를 받을 수 없는 채권액으로 신고하였다 하더라도 배당단계에서 다시 별제권의 목적의 처분에 의하여도 변제받을 수 없을 채권임을 소명하지 않으면 배당에서 제척되므로(파산법 제234조), 위와 같은 신고로 인하여 바로 파산재단에 어떠한 손해가 발생하였다고 볼 수 없으며, 그 밖에 원심판결에 소론이 지적하는 바와 같은 법리오해의 위법이 있다 할 수 없다. 논지는 이유 없다.

대법관 김성수(재판장) 정귀호 이돈희(주심) 이임수

(3) **서울중앙지방법원** 2004. 12. 16. **선고** 2004**가합**5841 **판결: 항소**(**서울고등** 2005**나**6183 **화해권고결정으로 종결**) **【파산채권확정】**

【판결요지】

파산재단에 속하는 재산상에 존재하는 유치권, 질권, 저당권 또는 전세권을 가진 자는 그 목적인 재산에 관하여 별제권을 가지는데 별제권자는 파산절차에 의하지 아니하고 이를 행사할 수 있으며 파산자에 대한 채권 중 별제권의 행사로 변제받을 수 없는 채권액에 관하여서만 파산채권자로서 그 권리를 행사할 수 있다. 또한 별제권자는 파산채권의 신고기간 내에 파산자에 대하여 가지는 채권액과 그 원인 일반, 별제권의 목적과 그 행사에 의하여 변제를 받을 수 없는 채권액을 신고하여야 한다.

【참조 조문】 파산법 제84조, 제86조, 제87조, 제201조 제 2 항

【원고】 대한주택보증 주식회사 (소송대리인 법무법인 지산 담당변호사 박필수 등)

【피고】 파산자 은아주택 합자회사의 파산관재인 김신한 (소송대리인 법무법인 아주 담당변호사 김민성)

【변론종결】 2004. 11. 18.

【주문】 1. 원고의 파산자 은아주택에 대한 일반파산채권은 26,157,150,008원임을 확정한다. 2. 원고의 나머지 청구를 기각한다. 3. 소송비용 중 30%는 원고가, 나머지 70%는 피고가 각 부담한다.

【청구취지】 원고의 파산자 은아주택 합자회사에 대한 파산채권은 38,629,932,454원임을 확정한다.

【이유】 1. 기초사실

가. 당사자

원고(변경 전 상호: 주택사업공제조합)는 주택건설사업과 관련한 각종 보증, 대출 등을 영업으로 하는 회사이고, 은아주택 합자회사(변경 전 상호: 성원토건 합자회사, 이하 '은아주택'이라고 한다)는 아파트 건설업을 영업으로 하는 회사이다.

나. 원고와 은아주택 사이의 대출계약

(1) 원고는 1997. 2. 18. 은아주택에게 41억 7,000만 원을 지연이율 원고가 정하는 이율, 변제기 1998. 2. 17.로 정하여 대출하였다(이하 '이 사건 1997. 2. 18.자 대출'이라고 한다).

(2) 2003. 6. 11. 당시 남아 있는 이 사건 1997. 2. 18.자 대출원리금은 원금 3,010,163,438원과 지연손해금 2,116,359,313원이었다.

(3) 한편, 대출계약에 관하여 원고가 정한 지연이율은 2003. 6. 12.부터 2003. 12. 31.까지는 연 14%, 2004. 1. 1.부터 현재까지는 연 7%이다.

다. 원고와 은아주택 사이의 대출보증계약

(1) 원고는 1998. 3. 14. 은아주택과 보증금액 50억 원, 보증기간 1998. 3. 15.부터 1998. 9. 14.까지, 지연이율 원고가 정하는 이율, 보증채권자 한국주택은행 주식회사(이하 '주택은행'이라고 한다)로 정하여 대출보증계약(이하 '이 사건 1998. 3. 14.자 대출보증계약'이라고 한다)을 맺은 후 주택은행에게 위와 같은 내용의 보증서번호 제15호인 대출보증서를 발급하였다.

(2) 원고는 1998. 6. 30. 은아주택과 보증금액 100억 원, 보증기간 1998. 6. 30.부터 1999. 6. 29.까지, 지연이율 원고가 정하는 이율, 보증채권자 주택은행으로 정하여 대출보증계약(이하 '이 사건 1998. 6. 30.자 대출보증계약'이라고 한다)을 맺은 후 주택은행에게 위와 같은 내용의 보증서번호 제64호인 대출보증서를 발급하였다.

(3) 주택은행은 은아주택에게 1998. 3. 14. 위 제15호 대출보증서를 담보로 50억 원을 대출하였고(이하 '이 사건 1998. 3. 14.자 대출'이라고 한다), 1998. 6. 30. 위 제64호 대출보증서를 담보로 100억 원을 대출하였다(이하 '이 사건 1998. 6. 30.자 대출'이라고 한다).

(4) 원고는 1999. 6. 11. 보증사고의 발생으로 주택은행에게 16,600,287,667원(이 사건 1998. 3. 14.자 대출원리금 5,545,438,354원 + 이 사건 1998. 6. 30.자 대출원리금 11,054,849,313원)을 대위변제하였다.

(5) 원고는 은아주택으로부터 이 사건 1998. 3. 14.자 대출보증계약에 따른 위 대위변제금 5,545,438,354원에 대하여 2002. 3. 30. 5,747,862원, 2002. 4. 15. 8,850원을 회수하였다.

(6) 2003. 6. 11. 당시 원고의 은아주택에 대한 위 각 대출보증계약에 따른 구상채권액은 원금 16,594,530,955원{이 사건 1998. 3. 14.자 대출보증계약에 따른 대위변제금 잔액 5,539,681,642원(5,545,438,354원 − 5,747,862원 − 8,850원) + 이 사건 1998. 6. 30.자 대출보증계약에 따른 대위변제금 11,054,849,313원}과 위 각 대위변제금에 대하여 원고가 정한 지연이율로 계산한 지연손해금 합계 9,354,318,332원(이 사건 1998. 3. 14.자 대출보증계약에 따른 지연손해금 3,124,229,281원 + 이 사건 1998. 6. 30.자 대출보증계약에 따른 지연손해금 6,230,089,051원)이었다.

(7) 한편, 대출보증계약에 관하여 원고가 정한 지연이율은 1999. 9. 15.부터 현재까지 연 14%이다.

라. 원고와 은아주택 사이의 하자보수보증계약

(1) 원고는 1994. 5. 14. 은아주택, 주식회사 성원(이하 '성원'이라고 한다), 성원기업 주식회사(이하 '성원기업'이라고 한다)와 위 회사들이 공동으로 건축한 창원시 상남동 45-1 지상 성원토월그랜드타운아파트 4개 단지 6,242세대(이하 '성원토월아파트'라고 한다)에 관하여 보증금액 9,431,798,136원, 보증기간 1994. 6. 3.부터

1997. 6. 2.까지, 보증채권자 창원시장으로 정한 의무하자보수보증계약(이하 '이 사건 하자보증계약'이라고 한다)을 맺은 후 사용검사권자인 창원시장에게 위와 같은 내용의 의무하자보수보증서를 발급하였다.

(2) 은아주택, 성원, 성원기업은 이 사건 하자보증계약 당시 원고에게 보증사고가 발생한 경우 원고가 대위변제한 금액과 이에 대한 대위변제한 날부터 다 갚는 날까지 원고가 정한 이율로 계산한 지연손해금에 관하여 각 1/3씩 분할하여 구상채무를 이행하기로 약정하였으며 위와 같은 구상채무를 서로서로 연대보증하였다.

(3) 은아주택, 성원, 성원기업은 1994. 6. 3. 창원시장으로부터 성원토월아파트에 관한 사용승인을 받아 주민들을 입주시켰는데, 그 무렵 성원토월아파트의 입주자대표회의(이하 '이 사건 입주자대표회의'라고 한다)가 구성되자 이 사건 하자보증계약과 이에 따른 보증서의 보증채권자 명의를 이 사건 입주자대표회의로 변경하였다.

(4) 이 사건 입주자대표회의는 입주 후 은아주택, 성원, 성원기업이 하자보수를 해주지 않는다는 이유로 원고를 상대로 이 사건 하자보증계약에 따른 하자보수보증금 9,431,798,135원을 청구하는 소송{서울지방법원 남부지원 99가합7054, 99가합7962(병합)}을 제기하여 2001. 5. 18. 위 법원으로부터 '원고는 이 사건 입주자대표회의에게 9,431,798,135원과 이에 대하여 2000. 10. 21.부터 2001. 5. 18.까지는 연 5%의, 그 다음날부터 다 갚는 날까지는 연 25%의 각 비율로 계산한 돈을 지급하라'는 내용의 판결을 받았다.

(5) 원고는 위 판결 중 6,230,057,439원과 이에 대한 2000. 12. 21.부터 2001. 5. 18.까지는 연 5%의, 그 다음날부터 다 갚는 날까지는 연 25%의 각 비율로 계산한 돈에 관한 부분을 항소하였고{서울고등법원 2001나38953, 2001나38960(병합)}, 2001. 7. 4. 피공탁자를 이 사건 입주자대표회의로 정하여 나머지 항소하지 않은 하자보수보증금 3,201,740,696원(9,431,798,135원 − 6,230,057,439원)과 이에 대한 위 판결에 따른 지연손해금 195,174,603원을 합한 3,396,915,299원을 공탁하였다(이하 '이 사건 제1공탁'이라고 한다).

(6) 서울고등법원은 2003. 10. 20. 원고와 이 사건 입주자대표회의에게 '원고는 이 사건 입주자대표회의에게 2003. 11. 20.까지 6,990,000,000원을 지급하되, 만일 위 돈의 지급을 지체하면 위 지급기일 다음날부터 다 갚는 날까지 연 15%의 비율로 계산한 지연손해금을 가산하여 지급하고, 이 사건 입주자대표회의는 이 사건 나머지 청구를 포기한다'라는 내용의 강제조정결정을 하였고, 이러한 강제조정결정은 그대로 확정되었다.

(7) 원고는 위 강제조정결정에 따라 2003. 11. 20. 피공탁자를 이 사건 입주자대

표회의로 정하여 3,593,084,701원(확정된 강제조정결정금액 6,990,000,000원 － 이 사건 제 1 공탁금 3,396,915,299원)을 공탁하였다(이하 '이 사건 제 2 공탁'이라고 한다)

(8) 2003. 6. 11.까지 발생한 이 사건 제 1 공탁금 중 은아주택이 구상의무를 지는 부분 1,132,305,099원(3,396,915,299원 × 1/3, 원미만 버림, 이하 같다)에 대한 지연손해금은 307,490,634원이었다.

(9) 한편, 하자보증계약에 관하여 원고가 정한 지연이율은 1999. 9. 15.부터 현재까지 연 14%이다.

마. 원고와 은아주택 사이의 주택건설부지매입보증계약

(1) 원고는 1997. 2. 24.경 은아주택과, 은아주택이 1996. 6. 19. 한국토지공사와 맺은 원주시 단관 2블럭12 14,585㎡에 관한 매매계약에 따른 대금지급의무에 대하여 보증채권자 한국토지공사, 보증금액 797,101,230원, 지연이율 원고가 정한 이율, 부지대금지급기한 1998. 12. 19. 보증기간 1997. 2. 3.부터 1998. 12. 19.까지로 정하여 주택건설부지매입보증계약(이하 '이 사건 제 1 주택건설부지매입보증계약'이라고 한다)을 맺은 후 한국토지공사에게 위와 같은 내용의 보증서번호 제16-4호인 주택건설부지매입보증서를 발급하였다.

(2) 원고는 1997. 9. 3. 은아주택과, 은아주택이 1996. 6. 28. 한국토지공사와 맺은 삼척시 교동지구 12블럭 18,090㎡에 관한 매매계약에 따른 대금지급의무에 대하여 보증채권자 한국토지공사, 지연이율 원고가 정한 이율, 보증금액, 부지대금지급기한, 보증기간은 각 아래 표와 같이 정하여 주택건설부지매입보증계약(이하 '이 사건 제 2 주택건설부지매입보증계약'이라고 한다)을 맺은 후 한국토지공사에게 위와 같은 내용의 보증서번호 제 8 호인 주택건설부지매입보증서를 발급하였다.

순번	부지대금지급기한	보증금액	보증기간
1	1999. 6. 28.	888,576,760원	1996. 12. 28.～1999. 6. 28.
2	2000. 6. 28.	835,053,910원	1996. 12. 28.～2000. 6. 28.
3	2001. 6. 28.	586,075,300원	1996. 12. 28.～2001. 6. 28.

(3) 원고는 1997. 9. 3. 은아주택과, 은아주택이 1996. 6. 28. 한국토지공사와 맺은 삼척시 교동지구 40블럭 10,571㎡에 관한 매매계약에 따른 대금지급의무에 대하여 보증채권자 한국토지공사, 지연이율 원고가 정한 이율, 보증금액, 부지대금지급기한, 보증기간은 각 아래 표와 같이 정하여 주택건설부지매입보증계약(이하 '이 사건 제 3 주택건설부지매입보증계약'이라고 한다)을 맺은 후 한국토지공사에게 위와 같은 내용의 보증서번호 제 9 호인 주택건설부지매입보증서를 발급하였다.

순번	부지대금지급기한	보증금액	보증기간
1	1999. 6. 28.	519,245,150원	1996. 12. 28.~1999. 6. 28.
2	2000. 6. 28.	487,968,750원	1996. 12. 28.~2000. 6. 28.
3	2001. 6. 28.	342,476,610원	1996. 12. 28.~2001. 6. 28.

(4) 원고는 1999. 6. 24. 보증사고의 발생으로 한국토지공사에게 이 사건 제1주택건설부지매입보증계약에 따라 797,101,230원을 대위변제하였다.

(5) 원고는 보증사고의 발생으로 한국토지공사에게 이 사건 제2주택건설부지매입보증계약에 따라 1999. 6. 28. 순번 1 보증금액 중 844,962,510원, 2000. 11. 30. 순번 2 보증금액 중 789,521,020원, 순번 3 보증금액 중 506,124,500원을 각 대위변제하였다.

(6) 원고는 보증사고의 발생으로 한국토지공사에게 이 사건 제3주택건설부지매입보증계약에 따라 1999. 6. 28. 순번 1 보증금액 중 494,519,190원, 2000. 11. 30. 순번 2 보증금액 중 462,267,940원, 순번 3 보증금액 중 296,516,550원을 각 대위변제하였다.

(7) 원고는 은아주택으로부터 이 사건 제2주택건설부지매입보증계약에 따른 순번 1 대위변제금 844,962,510원에 대하여 1999. 8. 24. 89,422,066원, 2000. 1. 20. 109,986,010원, 2001. 4. 4. 208,344,132원을 각 회수하여 대위변제금 잔액은 437,210,302원이 되었고, 이 사건 제3주택건설부지매입보증계약에 따른 순번 1 대위변제금 494,519,190원에 대하여 2000. 1. 20. 64,270,980원, 2001. 12. 31. 14,456,198원을 각 회수하여 대위변제금 전액은 415,792,012원이 되었다.

(8) 2003. 6. 11. 당시 원고의 은아주택에 대한 위 각 주택건설부지매입보증계약에 따른 구상채권액은 원금 3,704,533,554원(이 사건 제1주택건설부지매입보증계약에 따른 대위변제금 797,101,230원+이 사건 제2주택건설부지매입보증계약 중 순번 1 대위변제금 잔액 437,210,302원+이 사건 제2주택건설부지매입보증계약 중 순번 2 대위변제금 789,521,020원+이 사건 제2주택건설부지매입보증계약 중 순번 3 대위변제금 506,124,500원+이 사건 제3주택건설부지매입보증계약 중 순번 1 대위변제금 잔액 415,792,012원+이 사건 제3주택건설부지매입보증계약 중 순번 2 대위변제금 462,267,940원+이 사건 제3주택건설부지매입보증계약 중 순번 3 대위변제금 296,516,550원)과 위 각 대위변제금에 대하여 원고가 정한 지연이율로 계산한 지연손해금 합계 1,720,570,612원(이 사건 제1주택건설부지매입보증계약에 따른 지연손해금 444,673,294원+이 사건 제2주택건설부지매입보증계약 중 순번 1 지연손해금 306,219,108원+이 사건 제2주택건설부지매입보증계약 중 순번

2 지연손해금 279,814,902원+이 사건 제2주택건설부지매입보증계약 중 순번 3 지연손해금 179,376,069원+이 사건 제3주택건설부지매입보증계약 중 순번 1 지연손해금 241,565,700원+이 사건 제3주택건설부지매입보증계약 중 순번 2 지연손해금 163,832,824원+이 사건 제3주택건설부지매입보증계약 중 순번 3 지연손해금 105,088,715원)이었다.

(9) 한편, 주택건설부지매입보증계약에 관하여 원고가 정한 지연이율은 1999. 9. 15.부터 현재까지 연 14%이다.

바. 원고와 은아주택 사이의 감리비예치보증계약

(1) 원고는 1998. 3. 27.경 은아주택과, 은아주택이 1998. 3. 10. 주식회사 한림건축사사무소(이하 '한림건축사사무소'라고 한다)와 맺은 천안 봉명 성원임대아파트 신축공사에 관한 감리계약에 따른 감리비지급의무에 대하여 보증채권자 한림건축사사무소, 보증금액 880,000,000원, 보증기간 1998. 3. 27.부터 1999. 6. 30.까지, 지연이율 원고가 정한 이율로 정하여 감리비예치보증계약(이하 '이 사건 감리보증계약'이라고 한다)을 맺은 후 한림건축사사무소에게 위와 같은 내용의 보증서번호 제49호인 감리비예치보증서를 발급하였다.

(2) 원고는 1999. 3. 26. 보증사고의 발생으로 한림건축사무소에게 위 보증금액 중 162,000,000원을 대위변제하였다.

(3) 원고는 2000. 11. 15. 은아주택으로부터 위 대위변제금 중 65,260,077원을 회수하였다.

(4) 2003. 6. 11. 당시 원고의 은아주택에 대한 이 사건 감리보증계약에 따른 구상채권액은 원금 96,739,923원(162,000,000원 − 65,260,077원)과 대위변제금에 대하여 원고가 정한 이율로 계산한 지연손해금 73,285,717원이었다.

(5) 한편, 감리보증계약에 관하여 원고가 정한 지연이율은 1999. 9. 15.부터 현재까지 연 14%이다.

사. 원고의 근저당권설정

한편, 원고는 은아주택에 대한 이 사건 1997. 2. 18.자 대출계약, 각 대출보증계약, 하자보증계약, 각 주택건설부지매입보증계약, 감리보증계약에 따른 채권을 담보하기 위하여 은아주택이 소유하고 있는 거제시 장승포동 561-13 은아임대아파트 2동 150세대, 창원시 신촌동 23-2 성원임대아파트 14동 410세대, 창원시 가음정동 23-3 은아임대아파트 7동 500세대, 대전 서구 가수원동 800 은아임대아파트 5동 720세대, 대구 달성군 논공읍 823-4 성원임대아파트 6동 1,364세대(이하 위 각 임대아파트를 합하여 '이 사건 아파트'라고 한다)에 관하여 근저당권자 원고, 채무자 은아주택으로 정한 근저당권을 설정하였다.

아. 은아주택에 대한 파산선고

(1) 은아주택은 2003. 6. 12. 이 법원으로부터 파산선고를 받았고, 피고가 그 파산관재인으로 선임되었다.

(2) 원고는 2003. 7. 21. 은아주택에 대한 파산채권으로 ① 이 사건 1997. 2. 18.자 대출계약에 따른 대출잔액 3,010,163,438원, 위 대출금에 대한 1998. 6. 6.부터 2003. 7. 21.까지의 지연손해금 1,909,391,955원 및 2003. 7. 22.부터 다 갚는 날까지 원고가 정한 이율로 계산한 지연손해금, ② 이 사건 각 대출보증계약, 하자보증계약, 각 주택건설부지매입보증계약, 감리보증계약에 따른 각 대위변제금 합계 21,528,292,864원{위 돈 중 이 사건 하자보증계약에 따른 대위변제금이란 이 사건 제1공탁금 중 은아주택이 구상의무를 지는 1,132,305,099원을 의미한다}, 각 대위변제금에 대한 대위변제일부터 2003. 7. 21.까지의 지연손해금 합계 2,045,800,816원 및 2003. 7. 22.부터 다 갚는 날까지 원고가 정한 이율로 계산한 지연손해금, ③ 당시 원고의 항소로 서울고등법원에 계속중이던 이 사건 입주자대표회의의 원고에 대한 하자보증금청구소송과 관련하여 원고가 항소심에서 패소할 경우 이 사건 하자보증계약에 따라 대위변제할 가능성이 있는 금액 중 은아주택이 구상의무를 지는 부분 2,076,685,813원(원고가 항소한 금액 6,230,057,439원 × 1/3)을 비롯한 기타 미확정된 원고와 은아주택 사이의 감리보증계약 등에 따른 대위변제금 합계 6,221,980,813원과 각 대위변제금에 대한 대위변제일부터 다 갚는 날까지 원고가 정한 이율로 계산한 지연손해금 ④ 이 사건 제1공탁금 중 성원, 성원기업이 원고에게 구상의무를 지는 부분 2,264,610,200원(이 사건 제1공탁금 3,396,915,299원 − 은아주택의 부담부분 1,132,305,099원)에 대한 연대보증채권, ⑤ 당시 원고의 항소로 서울고등법원에 계속중이던 이 사건 입주자대표회의의 원고에 대한 하자보증금청구소송과 관련하여 원고가 항소심에서 패소할 경우 이 사건 하자보증계약에 따라 대위변제할 가능성이 있는 금액 중 성원, 성원기업이 원고에게 구상의무를 지는 부분 4,153,371,626원(원고가 항소한 금액 6,230,057,439원 − 은아주택이 구상의무를 지는 부분 2,076,685,813원)을 비롯한 기타 미확정된 원고와 성원, 성원기업 사이의 감리보증계약, 하자보증계약 등에 따른 대위변제금 합계 4,919,583,748원과 각 대위변제금에 대한 대위변제일부터 다 갚는 날까지 원고가 정한 이율로 계산한 지연손해금의 연대보증채권을 각 신고하였다.

(3) 그러나 피고는 채권조사기일에서 원고가 신고한 위 채권을 그것이 별제권으로 담보되며 예정부족액이 확정되지 않았다는 이유로 전액 부인하였고 파산법원은 이러한 채권조사결과를 채권표에 기재하였다.

자. 이 사건 아파트의 담보가치

현재 이 사건 아파트의 감정평가액 합계는 114,637,672,069원, 분양예정가액의 합계는 99,276,693,000원, 선순위 임대보증금 합계는 47,417,456,000원, 선순위 국민주택기금채권액 합계는 39,500,160,900원인바, 원고가 이 사건 담보아파트에 관한 임의경매절차를 신청하는 경우 회수할 것으로 예상되는 채권액은 27,720,055,169원(114,637,672,069원 - 47,417,456,000원 - 39,500,160,900원)이고, 이와 달리 이 사건 담보아파트를 위 분양예정가로 분양전환하는 경우 회수할 것으로 예상되는 채권액은 12,359,076,100원(99,276,693,000원 - 47,417,456,000원 - 39,500,160,900원)이다.

2. 판단

가. 별제권자인 원고의 파산채권행사방법

(1) 파산재단에 속하는 재산상에 존재하는 유치권, 질권, 저당권 또는 전세권을 가진 자는 그 목적인 재산에 관하여 별제권을 가지는데 별제권자는 파산절차에 의하지 아니하고 이를 행사할 수 있으며 파산자에 대한 채권 중 별제권의 행사로 변제받을 수 없는 채권액에 관하여서만 파산채권자로서 그 권리를 행사할 수 있다(파산법 제84조, 제86조, 제87조). 또한 별제권자는 파산채권의 신고기간 내에 파산자에 대하여 가지는 채권액과 그 원인일반, 별제권의 목적과 그 행사에 의하여 변제를 받을 수 없는 채권액을 신고하여야 한다(파산법 제201조 제 2 항).

(2) 위 인정사실에 의하면, 원고가 파산자 은아주택에 대한 파산채권으로 신고한 이 사건 1997. 2. 18.자 대출계약에 따른 대출원리금채권, 이 사건 각 대출보증계약에 따른 구상채권, 이 사건 하자보증계약에 따른 구상채권, 미확정 구상채권, 성원, 성원기업의 구상채무와 미확정 구상채무에 대한 연대보증채권, 이 사건 각 주택건설부지매입보증계약에 따른 구상채권, 이 사건 감리보증계약에 따른 구상채권은 모두 은아주택의 파산재단을 구성하는 이 사건 아파트에 관하여 원고 앞으로 설정된 근저당권으로 담보되는 채권이므로, 원고는 별제권자로서 파산절차에 의하지 않고 이 사건 아파트에 관한 근저당권의 행사로 위 채권을 변제받을 수 있고 이러한 별제권의 행사로 변제받을 수 없는 채권액에 한하여 파산채권자로서 은아주택의 파산절차에 참가하여 만족을 얻을 수 있다.

나. 이 사건 아파트에 관한 근저당권으로 담보되는 원고의 파산채권액

(1) 이 사건 1997. 2. 18.자 대출계약에 따른 대출채권액

(가) 원고의 주장

이 사건 아파트에 관한 근저당권으로 담보되는 이 사건 1997. 2. 18.자 대출계약에 따른 대출채권액 중 일반파산채권액은 원금 3,010,163,438원과 파산선고 전날인 2003. 6. 11.까지 발생한 지연손해금 2,116,359,313원을 합한 5,126,522,751원이고, 후순위파산채권액은 위 5,126,522,751원에 대하여 2003. 6. 12.부터 2003. 12. 31.까지는 연 14%의, 그 다음날부터 2004. 10. 7.까지는 연 7%의 각 비율로 계산한 지연손해금 675,436,929원이다.

(나) 판단

위 인정사실에 의하면, 이 사건 1997. 2. 18.자 대출계약에 따른 대출채권액은 원금 3,010,163,438원, 파산선고 전날인 2003. 6. 11.까지 발생한 지연손해금 2,116,359,313원, 위 3,010,163,438원에 대하여 2003. 6. 12.부터 2003. 12. 31.까지는 연 14%의, 그 다음날부터 원고가 구하는 2004. 10. 7.까지 연 7%의 각 비율로 계산한 지연손해금 396,599,341원(3,010,163,438원 × 14% × 203/365 + 3,010,163,438원 × 7% × 281/365)이다.

그러나, 파산채권자는 파산채권확정소송에서 채권표에 기재한 사항에 관하여만 청구원인으로 할 수 있으므로(파산법 제220조) 채권표에 기재된 것과 다른 발생원인이나 그보다 다액의 채권액 등을 주장할 수 없는바, 채권표상 원고가 신고한 이 사건 1997. 2. 18.자 대출계약에 따른 대출채권액은 원금 3,010,163,438원, 대출금에 대하여 2003. 7. 21.까지 발생한 지연손해금 1,909,391,955원, 대출금에 대하여 2003. 7. 21.부터 다 갚는 날까지 원고가 정한 이율로 계산한 지연손해금인 사실은 앞서 인정한 바와 같으므로, 이 사건 아파트에 관한 근저당권으로 담보되는 이 사건 1997. 2. 18.자 대출계약에 따른 대출채권액 중 2003. 7. 21.까지 발생한 지연손해금은 위와 같이 원고가 신고한 1,909,391,955원 이상 인정될 수 없다.

따라서, 이 사건 아파트에 관한 근저당권으로 담보되는 이 사건 1997. 2. 18.자 대출계약에 따른 대출채권액은 원금 3,010,163,438원, 2003. 7. 21.까지 발생한 지연손해금 1,909,391,955원, 위 3,010,163,438원에 대하여 2003. 7. 22.부터 2003. 12. 31.까지는 연 14%의, 그 다음날부터 원고가 구하는 2004. 10. 7.까지는 연 7%의 각 비율로 계산한 지연손해금 350,416,012원(3,010,163,438원 × 14% × 163/365 + 3,010,163,438원 × 7% × 281/365)이므로, 원고의 위 주장은 위 인정범위 내에서 이유 있고 나머지 주장은 이유 없다.

(2) 이 사건 각 보증계약에 따른 구상채권액

(가) 원고의 주장

이 사건 아파트에 관한 근저당권으로 담보되는 이 사건 각 보증계약에 따른 구상채권액 중 일반파산채권액은 원금 22,725,804,431원과 파산선고 전날인 2003. 6. 11.까지 발행한 지연손해금 11,455,665,295원을 합한 34,181,469,726원이고 후순위파산채권액은 위 34,181,469,726원에 대한 2003. 6. 12.부터 2004. 10. 7.까지 연 14%의 비율로 계산한 지연손해금 6,345,579,147원이다.

(나) 판단

1) 이 사건 1998. 3. 14.자 대출보증계약에 따른 구상채권액

위 인정사실에 의하면, 이 사건 1998. 3. 14.자 대출보증계약에 따른 구상채권액은 원금 5,539,681,642원, 2003. 6. 11.까지 발생한 지연손해금 3,124,229,281원, 위

5,539,681,642원에 대하여 2003. 6. 12.부터 원고가 구하는 2004. 10. 7.까지 연 14%의 비율로 계산한 지연손해금 1,028,407,748원(5,539,681,642원 × 14% × 484/365)이다.

2) 이 사건 1998. 6. 30.자 대출보증계약에 따른 구상채권액

위 인정사실에 의하면, 이 사건 1998. 3. 14.자 대출보증계약에 따른 구상채권액은 원금 11,054,849,313원, 2003. 6. 11.까지 발생한 지연손해금 6,230,089,051원, 위 11,054,849,313원에 대하여 2003. 6. 12.부터 원고가 구하는 2004. 10. 7.까지 연 14%의 비율로 계산한 지연손해금 2,052,264,628원(11,054,849,313원 × 14% × 484/365)이다.

3) 이 사건 하자보증계약에 따른 구상채권액

위 인정사실에 의하면, 이 사건 하자보증계약에 따른 구상채권액은 원금 2,329,999,999원{이 사건 제1공탁금 중 은아주택이 구상의무를 지는 부분 1,132,305,099원(3,396,915,299원 × 1/3) + 이 사건 제2공탁금 중 은아주택이 구상의무를 지는 부분 1,197,694,900원(3,593,084,701원 × 1/3)}과 위 1,132,305,099원에 대하여 이 사건 제1공탁일인 2001. 7. 4.부터 2003. 6. 11.까지 발생한 지연손해금 307,490,634원, 위 1,132,305,099원에 대하여 2003. 6. 12.부터 원고가 구하는 2004. 10. 7.까지 연 14%의 비율로 계산한 지연손해금 210,205,461원(1,132,305,099원 × 14% × 484/365), 위 1,197,694,900원에 대하여 이 사건 제2공탁일인 2003. 11. 20.부터 원고가 구하는 2004. 10. 7.까지 연 14%의 비율로 계산한 지연손해금 148,382,913원(1,197,694,900원 × 14% × 323/365)이다.

4) 이 사건 제1주택건설부지매입보증계약에 따른 구상채권액

위 인정사실에 따르면, 이 사건 제1주택건설부지매입보증계약에 따른 구상채권액은 원금 797,101,230원, 2003. 6. 11.까지 발생한 지연손해금 444,673,294원, 위 797,101,230원에 대하여 2003. 6. 12.부터 원고가 구하는 2004. 10. 7.까지 연 14%의 비율로 계산한 지연손해금 147,976,929원(797,101,230원 × 14% × 484/365)이다.

5) 이 사건 제2주택건설부지매입보증계약에 따른 구상채권액

위 인정사실에 따르면, 이 사건 제2주택건설부지매입보증계약에 따른 구상채권액은 원금 1,732,855,822원(순번 1 대위변제금 잔액 437,210,302원 + 순번 2 대위변제금 789,521,020원 + 순번 3 대위변제금 506,124,500원), 2003. 6. 11.까지 발생한 지연손해금 765,410,079원(순번 1 지연손해금 306,219,108원 + 순번 2 지연손해금 279,814,902원 + 순번 3 지연손해금 179,376,069원), 위 1,732,855,822원에 대하여 2003. 6. 12.부터 원고가 구하는 2004. 10. 7.까지 연 14%의 비율로 계산한 지연손해금 321,694,001원(1,732,855,822원 × 14% × 484/365)이다.

6) 이 사건 제3주택건설부지매입보증계약에 따른 구상채권액

위 인정사실에 따르면, 이 사건 제3주택건설부지매입보증계약에 따른 구상채권액은 원금 1,174,576,502원(순번 1 대위변제금 잔액 415,792,012원 + 순번 2 대위변

제금 462,267,940원 + 순번 3 대위변제금 296,516,550원), 2003. 6. 11.까지 발생한 지연손해금 510,487,239원(순번 1 지연손해금 241,565,700원 + 순번 2 지연손해금 163,832,824원 + 순번 3 지연손해금 105,088,715원), 위 1,174,576,502원에 대하여 2003. 6. 12.부터 원고가 구하는 2004. 10. 7.까지 연 14%의 비율로 계산한 지연손해금 218,052,887원(1,174,576,502원 × 14% × 484/365)이다.

7) 이 사건 감리보증계약에 따른 구상채권액

위 인정사실에 따르면, 이 사건 감리보증계약에 따른 구상채권액은 원금 96,739,923원, 2003. 6. 11.까지 발생한 지연손해금 73,285,717원, 위 96,739,923원에 대하여 2003. 6. 12.부터 원고가 구하는 2004. 10. 7.까지 연 14%의 비율로 계산한 지연손해금 17,959,170원(96,739,923원 × 14% × 484/365)이다.

8) 위와 같은 이 사건 각 보증계약에 따른 구상채권액을 합하면 원금 22,725,804,431원(5,539,681,642원 + 11,054,849,313원 + 2,329,999,999원 + 797,101,230원 + 1,732,855,822원 + 1,174,576,502원 + 96,739,923원), 2003. 6. 11.까지 발생한 지연손해금 11,455,665,295원(3,124,229,281원 + 6,230,089,051원 + 307,490,634원 + 444,673,294원 + 765,410,079원 + 510,487,239원 + 73,285,717원), 2003. 6. 12.부터 원고가 구하는 2004. 10. 7.까지 발생한 지연손해금 4,144,943,737원(1,028,407,748원 + 2,052,264,628원 + 210,205,461원 + 148,382,913원 + 147,976,929원 + 321,694,001원 + 218,052,887원 + 17,959,170원)이나, 채권표상 원고가 신고한 이 사건 각 보증계약에 따른 구상채권액은 원금 27,750,273,677원{위 1-사-(2)항의 ②번 기재 21,528,292,864원 + 위 1-사-(2)항의 ③번 기재 6,221,980,813원}, 2003. 7. 21.까지 발생한 지연손해금 2,045,800,816원, 2003. 7. 22.부터 다 갚는 날까지 원고가 정한 이율로 계산한 지연손해금인 사실은 앞서 인정한 바와 같으므로, 이 사건 아파트에 관한 근저당권으로 담보되는 이 사건 각 보증계약에 따른 구상채권액 중 2003. 7. 21.까지 발생한 지연손해금은 위와 같이 원고가 신고한 2,045,800,816원 이상 인정될 수 없다.

따라서, 이 사건 아파트에 관한 근저당권으로 담보되는 이 사건 각 보증계약에 따른 구상채권액은 원금 22,725,804,431원, 2003. 7. 21.까지 발생한 지연손해금 2,045,800,816원, 그 뒤 발생한 지연손해금으로서 21,528,109,531원(구상원금 합계 22,725,804,431원 - 이 사건 하자보증계약에 따른 이 사건 제 2 공탁금 중 은아주택이 부담할 부분 1,197,694,900원)에 대하여 2003. 7. 22.부터 원고가 구하는 2004. 10. 7.까지 연 14%의 비율로 계산한 지연손해금 3,666,266,543원(21,528,109,531원 × 14% × 444/365)과 앞서 계산한 이 사건 하자보증계약에 따른 이 사건 제 2 공탁금 중 은아주택이 부담할 부분인 1,197,694,900원에 대하여 이 사건 제 2 공탁일인 2003. 11. 20.부터 원고가 구하는 2004. 10. 7.까지 연 14%의 비율로 계산한 지연손해금 148,382,913원이며, 원고의 위 주장은 위 인정범위 내에서 이유 있고 나머지 주장은 이유 없다.

(3) 연대보증채권액

위 인정사실에 의하면, 이 사건 하자보증계약에 따라 성원, 성원기업이 원고에 대하여 부담할 구상채권액은 총 대위변제금 6,990,000,000원(이 사건 제1공탁금 3,396,915,299원+이 사건 제2공탁금 3,593,084,701원)의 2/3인 4,660,000,000원이고 은아주택은 위와 같은 성원, 성원기업의 원고에 대한 채무를 연대보증하였으므로, 이 사건 아파트에 관한 근저당권으로 담보되는 이 사건 하자보증계약에 따른 연대보증채권액은 4,660,000,000원이다.

(4) 소결론

이 사건 아파트에 관한 근저당권으로 담보되는 원고의 파산자 은아주택에 대한 파산채권액은 원금 30,395,967,869원과(대출원금 3,010,163,438원+구상원금 22,725,804,431원+연대보증원금 4,660,000,000원) 지연손해금 8,120,258,239원(대출금에 대하여 2003. 7. 21.까지 발생한 지연손해금 1,909,391,955원+대출금에 대하여 2003. 7. 22.부터 원고가 구하는 2004. 10. 7.까지 발생한 지연손해금 350,416,012원+이 사건 제2공탁금 중 은아주택이 구상의무를 지는 부분을 제외한 각 대위변제금에 대하여 2003. 7. 21.까지 발생한 지연손해금 2,045,800,816원+이 사건 제2공탁금 중 은아주택이 구상의무를 지는 부분을 제외한 각 대위변제금에 대하여 2003. 7. 22.부터 원고가 구하는 2004. 10. 7.까지 발생한 지연손해금 3,666,266,543원+이 사건 제2공탁금 중 은아주택이 구상의무를 지는 부분에 대한 2003. 11. 20.부터 원고가 구하는 2004. 10. 7.까지 발생한 지연손해금 148,382,913원)을 합한 38,516,226,108원이다.

다. 원고가 별제권의 행사로 변제받을 수 있는 금액

별제권의 대상인 이 사건 아파트는 대단지 임대아파트이기 때문에 원고가 통상적인 부동산임의경매절차에 따라 환가할 경우 이 사건 임대아파트에 관하여 거액의 대금을 완납하고 단지 단위로 낙찰받기를 원하는 매수인이 나타날 가능성이 희박하고 각 세대별로 나누어 경매절차를 진행하는 것 역시 시간, 비용의 측면에서 비효율적이므로, 임대아파트 각 세대를 분양전환하는 방법으로 환가하는 것이 가장 효율적인 별제권 행사방법이라고 하겠다.

위 인정사실에 의하면, 현재 이 사건 임대아파트에 관한 분양전환예정가에서 선순위 임차보증금과 국민주택기금채권액을 공제한 후 원고가 변제받을 것으로 예상되는 금액은 12,359,076,100원이다.

라. 원고가 파산채권자로서 권리행사할 수 있는 금액

원고가 이 사건 아파트에 관한 별제권의 행사로 변제받을 것으로 예상되는 금액 12,359,076,100원은 민법 제479조가 정한 변제충당의 순서에 따라 우선 앞서 계산한 이 사건 아파트에 관한 근저당권의 피담보채권액 중 지연손해금 8,120,258,239

원에 충당되고, 나머지 4,238,817,861원(12,359,076,100원 – 8,120,258,239원)은 원금 30,395,967,869원에 일부 충당되어 결국 원금 26,157,150,008원(30,395,967,869원 – 4,238,817,861원)이 별제권의 행사로 만족을 얻지 못할 것으로 예상되는 예정부족액이므로, 원고가 파산채권자로서 파산자 은아주택에 대한 파산절차에 참가하여 권리를 행사할 수 있는 금액은 일반파산채권 26,157,150,008원이다. (다만, 위 예정부족액은 원고가 파산자 은아주택에 대한 파산절차에서 의결권 행사의 기준액이 될 수 있을 뿐 위 금액을 기초로 배당을 받는 것은 아니며, 원고는 은아주택의 파산절차에서 배당을 받기 위하여 파산법 제234조에 따라 중간배당의 경우 부족채권액을 소명하거나 파산법 제249조에 따라 최후배당의 경우 부족채권액을 증명하여야 한다.)

재판장 판사 이홍철 양재호 박성윤

[해설]

별제권이라 함은, 파산재단에 속하는 특정재산으로부터 파산절차에 의하지 아니하고 우선변제를 받을 수 있는 권리를 말한다. 파산재단에 속하는 재산상에 존재하는 유치권, 질권, 저당권 또는 전세권을 가진 자는 그 목적인 재산에 관하여 별제권을 가진다(파산법 제84조). 별제권은 파산선고 전부터 파산자의 특정재산상에 존재하는 담보권의 효력에 의거하는 것으로서 파산법이 창설하는 권리가 아니다.

파산법 제84조는 별제권자의 범위에 대해 유치권, 질권, 저당권 또는 전세권을 가진 자만을 규정하고 있으나, 가등기담보권(등기 또는 등록할 수 있는 부동산소유권 외의 권리의 취득을 목적으로 하는 담보계약도 같다)도 파산법 중 저당권에 관한 규정을 적용하므로(가등기담보등에관한법률 제17조, 제18조) 별제권으로 된다. 또 양도담보권자, 소유권유보매도인에게도 별제권을 인정하는 것이 일반적이다.

한편 주택임대차보호법상의 대항력만을 갖춘 임차인의 임대차보증금반환청구권은 파산법상의 별제권에 속하지 아니하지만(대법원 2001다55963 판결), 주택임대차보호법 소정의 대항요건을 갖추고 임대차계약증서상의 확정일자를 받은 임차인 또는 주택임대차보호법의 소액보증금 보호규정에서 정해진 임차인이 별제권자로 인정될 수 있는지에 관하여는 견해가 대립되고 있다.

신법 제415조에서는 임차인 보호를 위하여 주택임대차보호법 제 3 조(대항력 등) 제 1 항의 규정에 의한 대항요건을 갖추고 임대차계약증서상의 확정일자를 받은 임차인의 보증금과 주택임대차보호법 제 8 조(보증금 중 일정액의 보호)의 규정에 의한 임차인의 같은 조 규정에 의한 보증금을 우선하여 변제받도록 하는 규정을 신설해두고 있다.

별제권은 파산절차에 의하지 아니하고 이를 행사한다(파산법 제86조). 이는 그 담보권에 대하여 인정된 실행방법에 의한다는 의미이다. 별제권자는 그 별제권의 행사에 의하여 변제를 받을 수 없는 채권액에 한하여 파산채권자로서 그 권리를 행사할 수 있다(파산법 제87조).

10. 상　　계

▶ 〈제95조〉 상계의 금지

(1) **대법원** 2003. 12. 26. **선고** 2003**다**35918 **판결 【정리채권확정】** [공2004, 228]

【판결요지】

파산법 제95조 제 1 호는 '파산채권자가 파산선고 후에 파산재단에 대하여 채무를 부담한 때'를 상계금지사유로 규정하고 있는바, 위 규정은 파산채권자가 파산선고 후에 부담한 채무를 파산채권과 상계하도록 허용한다면, 그 파산채권자에게 그 금액에 대하여 다른 파산채권자들에 우선하여 변제받는 것을 용인하는 것이 되어 결과적으로 파산채권자 사이의 공평을 해치게 되므로 이를 방지하기 위한 것에 그 목적이 있다 할 것이므로, 위 규정 소정의 '파산선고 후에 파산재단에 대하여 채무를 부담한 때'라 함은 그 채무 자체가 파산선고 후에 발생한 경우만을 의미하는 것이 아니라, 파산선고 전에 발생한 제 3 자의 파산재단에 대한 채무를 파산선고 후에 파산채권자가 인수하는 경우도 포함되고, 그 인수는 포괄승계로 인한 것이라도 관계없다.

【참조 조문】 파산법 제95조 제 1 호

【원고, 상고인】 파산자 주식회사 기산의 파산관재인 김한수

【피고, 피상고인】 정리회사 기아자동차 주식회사의 관리인 김수중의 소송수계인 기아자동차 주식회사

【원심판결】 서울고등법원 2003. 6. 20. 선고 2000나19030 판결

【주문】 원심판결의 기아그룹사옥 신축공사비에 관한 부분 중 아래에서 확정하는 부분에 해당하는 원고 패소 부분을 파기하고, 제 1 심 판결 중 그 부분을 취소한다. 파산자 주식회사 기산이 피고에 대하여 금 355,282,120원의 정리채권이 있음을 확정한다. 원고의 나머지 상고를 기각한다. 소송총비용은 이를 10분하여

그 1은 피고가, 나머지는 원고가 각 부담한다.

【이유】 1. 기아그룹사옥 신축공사비 부분에 관하여

가. 원심법원의 판단

원심은, 기아그룹의 계열회사인 주식회사 기산(이하 '기산'이라고 한다)이 1998. 4. 15. 회사정리절차가 개시된 같은 계열회사인 아시아자동차공업 주식회사(이하 '아시아자동차'라고 한다)에 대하여 기아그룹사옥 신축공사와 관련하여 5차 기성금 4,810,637,040원의 정리채권을 가지고 있는 사실(정리회사 아시아자동차의 관리인은 정리채권조사기일인 1998. 6. 10. 위 채권에 관하여 이의를 제기하였다), 한편, 기산이 1998. 10. 21. 파산선고를 받았는데, 정리회사 아시아자동차가 파산자 기산에 대하여 금 4,455,354,920원의 파산채권을 가지고 있으며, 1999. 6. 30. 정리회사 아시아자동차를 흡수합병한 피고(당시는 정리회사 기아자동차 주식회사였다가 2000. 2. 16. 회사정리절차종결결정을 받았다) 또한 금 230,714,457,380원의 파산채권을 가지고 있는 사실을 각 인정한 다음, 정리회사 아시아자동차의 파산채권을 포함한 피고의 총 파산채권 235,169,812,300원(4,455,354,920원 + 230,714,457,380원)으로 파산자 기산의 정리회사 기아자동차에 대한 정리채권 4,810,637,040원을 대등액에서 상계하면 파산자 기산의 정리채권이 남지 않게 된다는 이유로 이 부분 원고의 정리채권 확정 청구를 기각하였다.

나. 이 법원의 판단

파산법 제95조 제 1 호는 "파산채권자가 파산선고 후에 파산재단에 대하여 채무를 부담한 때"를 상계금지사유로 규정하고 있는바, 위 규정은 파산채권자가 파산선고 후에 부담한 채무를 파산채권과 상계하도록 허용한다면, 그 파산채권자에게 그 금액에 대하여 다른 파산채권자들에 우선하여 변제받는 것을 용인하는 것이 되어 결과적으로 파산채권자 사이의 공평을 해치게 되므로 이를 방지하기 위한 것에 그 목적이 있다 할 것이므로, 위 규정 소정의 "파산선고 후에 파산재단에 대하여 채무를 부담한 때"라 함은 그 채무 자체가 파산선고 후에 발생한 경우만을 의미하는 것이 아니라, 파산선고 전에 발생한 제 3 자의 파산재단에 대한 채무를 파산선고 후에 파산채권자가 인수하는 경우도 포함되고, 그 인수는 포괄승계로 인한 것이라도 관계없다고 봄이 상당하다.

원심이 확정한 사실을 위 법리에 비추어 살펴보면, 피고가 상계권을 행사한 정리회사 아시아자동차의 파산자 기산에 대한 채무 금 4,810,637,040원 중 정리회사 아시아자동차가 가지고 있던 파산채권 금 4,455,354,920원에 상응하는 금액에 대하여는 기산에 대한 파산선고 당시 이미 상계적상에 도달하여 있었으므로 그 부분에 대한 상계는 유효하다 할 것이지만, 그 상계금액을 넘는 금 355,282,120원(4,810,637,040원 − 4,455,354,920원)의 채무는 결국 파산채권자인 피고가 기산에 대한 파산선고 후에 정리회사 아시아자동차를 흡수합병함으로써 부담하게 된 채무에 해당하므로 그 채무를 피고 자신의 파산채권과 상계하는 것은 허용되지 아니한다 할 것이다.

그럼에도 불구하고, 원심이, 이 사건 정리채권 중 정리회사 아시아자동차의 파산채권과 상계한 잔액 금 355,282,120원에 대하여도 피고의 상계항변을 인용한 것은 파산법 제95조 제1호 소정의 상계금지에 관한 법리를 오해함으로써 판결에 영향을 미친 위법을 범한 것이라 할 것이다.

대법관　이강국(재판장)　유지담(주심)　배기원　김용담

(2) **대법원** 2002. 11. 26. **선고** 2001**다**833 **판결【보증채무금】**[공2003, 175]

【판결요지】

[1] 수탁보증인이 사전구상권을 행사하여 사전구상금을 수령하였다면 이는 결국 사전구상 당시 채권자에 대하여 보증인이 부담할 원본채무와 이미 발생한 이자, 피할 수 없는 비용 및 기다의 손해액을 선급받는 것이어서 이 금원은 주채무자에 대하여 수임인의 지위에 있는 수탁보증인이 위탁사무의 처리를 위하여 선급받은 비용의 성질을 가지는 것이므로 보증인은 이를 선량한 관리자의 주의로서 위탁사무인 주채무자의 면책에 사용하여야 할 의무가 있다.

[2] 민법 제536조 제2항은 선이행의무를 지고 있는 당사자가 상대방의 이행이 곤란한 현저한 사유가 있는 때에는 자기의 채무이행을 거절할 수 있다고 규정하고 있는바, 그러한 경우란 선이행채무를 지게 된 채권자가 계약성립 후 채무자의 신용불안이나 재산상태의 악화 등의 사정으로 반대급부를 이행받을 수 없는 사정변경이 생기고 이로 인하여 당초의 계약내용에 따른 선이행의무를 이행케 하는 것이 공평과 신의칙에 반하게 되는 경우를 말한다.

[3] 구상권자에 대하여 파산이 선고된 후에 사전구상권을 행사하는 경우에는, 구상금채무의 보증인이 사전구상에 응하더라도 특별한 사정이 없는 한 구상권자가 이를 전부 주채무자의 면책을 위하여 사용하는 것은 파산절차의 제약상 기대하기 어려우므로, 파산절차에도 불구하고 구상금이 전액 주채무자의 면책을 위하여 사용될 것이라는 점이 확인되기 전에는 구상금채무의 보증인은 신의칙과 공평의 원칙에 터잡아 민법 제536조 제2항을 유추적용하여 사전구상에 대한 보증채무의 이행을 거절할 수 있다.

[4] 파산법 제95조 제1호는 '파산선고 후에 파산재단에 대하여 채무를 부담한 때'를 상계제한사유의 하나로 규정하고 있으나, 파산법 제90조에서는 파산채권자는 조건부 채권을 수동채권으로 하여서도 상계할 수 있다고 규정하고 있으므로 이에 해당되는 경우 그 조건이 파산선고 후에 성취되었다고 하더라도 그 상계는 적법한

것으로 볼 것이다.

【참조 조문】 [1] 민법 제442조／[2] 민법 제536조 제2항／[3] 민법 제2조, 제442조, 제536조 제2항／[4] 파산법 제90조, 제95조 제1호

【원고, 상고인】 파산자 동서호라이즌증권 주식회사의 파산관재인 강정완 (소송대리인 법무법인 한빛 담당변호사 성민섭 등)

【피고, 피상고인】 농업협동조합중앙회

【원심판결】 서울고등법원 2000. 12. 5. 선고 2000나23121 판결

【주문】 상고를 기각한다. 상고비용은 원고의 부담으로 한다.

【이유】 상고이유를 본다.

1. 제1점에 대하여

원심판결 이유에 의하면, 원심은 여신거래의 한 형태로서의 지급보증은 금융기관이 거래처의 위탁에 따라 거래처가 제3자에 대하여 부담하는 채무를 보증하여 주는 것으로서, 금융기관과 거래처 사이에 체결된 보증위탁계약에 터잡아 금융기관이 채권자와의 사이에 보증계약을 체결함으로써 성립하고 그로 인하여 지급보증을 한 금융기관은 거래처가 주채무를 이행하지 못할 경우에 그 보증채무를 이행할 의무를 지게 되는 것으로 통상의 보증이라 할 것인바, 그것이 독립된 보증이 되기 위하여는 보증계약서상에 보증채무의 이행이 무조건적이고 보증인이 주장할 수 있는 면책사유로 대항하지 않겠다는 취지의 약정이 있어야 할 것인바, 이 사건 지급보증서의 기재 내용만으로는 그와 같은 약정이 있다고 보기 어렵고 달리 이를 인정할 자료가 없으므로 이 사건 지급보증은 통상의 보증이고, 이른바 독립적 보증에 해당하지 아니한다고 판단하였는바, 기록에 비추어 살펴보면, 원심의 이러한 판단은 수긍할 수 있고 원심판결에 독립보증에 관한 법리를 오해하거나 심리를 다하지 아니하고 사실을 오인한 위법이 있다 할 수 없다.

2. 제2점에 대하여

수탁보증인이 사전구상권을 행사하여 사전구상금을 수령하였다면 이는 결국 사전구상 당시 채권자에 대하여 보증인이 부담할 원본채무와 이미 발생한 이자, 피할 수 없는 비용 및 기타의 손해액을 선급받는 것이어서 이 금원은 주채무자에 대하여 수임인의 지위에 있는 수탁보증인이 위탁사무의 처리를 위하여 선급받은 비용의 성질을 가지는 것이므로 보증인은 이를 선량한 관리자의 주의로서 위탁사무인 주채무자의 면책에 사용하여야 할 의무가 있다(대법원 1989. 9. 29. 선고 88다카10524 판결 참조).

한편, 민법 제536조 제2항은 선이행의무를 지고 있는 당사자가 상대방의 이행이 곤란한 현저한 사유가 있는 때에는 자기의 채무이행을 거절할 수 있다고 규정하고 있는바, 그러한 경우란 선이행채무를 지게 된 채권자가 계약성립 후 채무자의

신용불안이나 재산상태의 악화 등의 사정으로 반대급부를 이행받을 수 없는 사정변경이 생기고 이로 인하여 당초의 계약내용에 따른 선이행의무를 이행케 하는 것이 공평과 신의칙에 반하게 되는 경우를 말한다(대법원 1990. 11. 23. 선고 90다카24335 판결 참조).

구상권자가 구상금채무의 보증인으로부터 사전구상을 받은 경우 채권자에게 이를 지급하여 주채무자를 면책시킬 의무는 실질적으로 구상금채무 보증인의 보증채무금 지급과 견련관계에 있다 할 것인데, 이 사건에 있어서와 같이 구상권자에 대하여 파산이 선고된 후에 사전구상권을 행사하는 경우에는, 구상금채무의 보증인이 사전구상에 응하더라도 특별한 사정이 없는 한 구상권자가 이를 전부 주채무자의 면책을 위하여 사용하는 것은 파산절차의 제약상 기대하기 어려우므로, 파산절차에도 불구하고 구상금이 전액 주채무자의 면책을 위하여 사용될 것이라는 점이 확인되기 전에는 구상금채무의 보증인은 신의칙과 공평의 원칙에 터잡아 민법 제536조 제 2 항을 유추적용하여 사전구상에 대한 보증채무의 이행을 거절할 수 있다 할 것이다.

그리고 피고의 이와 같은 이행거절권은 민법 제443조 소정의 면책청구권의 보유를 전제로 하는 것이 아니므로 이에 관한 상고이유의 주장은 더 나아가 살펴볼 필요 없이 이유 없고, 원심판결에 사전구상에 있어서의 면책청구에 관한 법리오해의 위법이 있다고 할 수 없다.

나아가 원고는 사전구상금을 지급받을 경우 파산절차상 전액은 아니라 하더라도 어느 정도는 채권자들에게 배당할 가능성이 있으므로, 원심판결은 이 점을 심리하여 그 비율에 해당되는 원고의 청구를 인용하였어야 했다고 주장하나, 이는 상고심에 이르러 새로이 내세우는 주장일 뿐만 아니라 원심판결이 이 사건 소제기 후 원고가 채권자에게 채권의 일부를 실제로 배당해준 사실을 인정한 다음, 그 범위 내에서의 원고의 구상권을 인정하였으므로, 결과적으로 원심판결에 위와 같은 점을 심리하지 아니한 위법이 있다고 할 수도 없다.

3. 제 3 점에 대하여

원심판결은, 이 사건 소제기 후 원고가 채권자들에게 배당해준 금액만큼의 구상금채권을 인정한 다음, 피고가 파산 전의 동서증권 주식회사에 대해 가지고 있던 어음금채권을 자동채권으로 하여 위 실제 변제된 금액만큼의 구상금채권을 수동채권으로 한 피고의 상계주장을 받아들였다.

파산법 제95조 제 1 호는 '파산선고 후에 파산재단에 대하여 채무를 부담한 때'를 상계제한사유의 하나로 규정하고 있으나, 파산법 제90조에서는 파산채권자는 조건부 채권을 수동채권으로 하여서도 상계할 수 있다고 규정하고 있으므로 이에 해당되는 경우 그 조건이 파산선고 후에 성취되었다고 하더라도 그 상계는 적법한 것으로 볼 것인바, 이 사건에서의 구상권에 대한 보증은 장래의 채무에 대한 보증으로 일종의 조건부 채무로 보아야 할 것이므로, 결국 피고의 상계는 적법하고, 이와 결론을 같이 한 원심판결에 파산법상 상계의 법리를 오해한 잘못이 없다.

대법관 이규홍(재판장) 송진훈 변재승(주심) 윤재식

▷ **〈원심판결〉 서울고등법원** 2000. 12. 5. **선고** 2000**나**23121 **판결**

【원고, 항소인】 파산자 동서호라이즌증권주식회사의 파산관재인 강정완 (소송대리인 법무법인 한빛 담당변호사 성민섭 등)

【피고, 피항소인】 농업협동조합중앙회

【변론종결】 2000. 11. 14.

【제 1 심 판결】 서울지방법원 2000. 4. 11. 선고 99가합75099 판결

【주문】 원고의 항소를 기각한다. 항소비용은 원고의 부담으로 한다.

【청구취지 및 항소취지】 제 1 심 판결을 취소한다. 피고는 원고에게 금 40억 원 및 이에 대하여 1999. 8. 13.부터 이 사건 소장부본 송달일까지는 연 6%, 그 다음날부터 완제일까지는 연 25%의 각 비율에 의한 금원을 지급하라.

【이유】 1. 인정사실

가. 소외 동서증권주식회사(1998. 5.경 동서호라이즌증권주식회사로 상호 변경, 이하 동서증권이라 한다)는 1996. 7. 8. 소외 경기화학공업주식회사(이하 경기화학이라 한다)와 사이에, 경기화학이 발행하는 제37회 회사채(會社債) 원리금 합계 52억 원(원금 40억 원, 이자 12억 원, 상환기일 1999. 7. 13.)의 지급을 동서증권이 보증하기로 하는 내용의 회사채보증계약을 체결하면서, 다음과 같이 약정하였다.

(1) 경기화학은 이 계약에 따른 동서증권의 채권보전을 위하여 동서증권에게 액면금 등을 백지로 한 약속어음 3장 및 당좌수표 1장을 교부한다.

(2) 경기화학은 동서증권에 대한 채무보증을 담보하기 위하여 1년 만기 약속어음(액면금 40억 원) 및 지급보증서(보증금액 40억 원)를 3년간 3회에 걸쳐 제공한다.

(3) 경기화학의 어음 또는 수표가 부도나거나 어음교환소의 거래정지처분이 있는 경우, 경기화학에 대한 파산·화의개시나 회사정리절차 개시의 신청이 있는 등이 있는 경우 경기화학은 기한의 이익을 상실하고, 동서증권은 경기화학에 대하여 위 어음, 수표의 지급을 청구하고 담보권을 실행하는 등 제반 권리를 행사할 수 있다.

나. 위 (2)의 지급보증서제공약정에 따른 경기화학의 위탁에 따라, 피고는 1998. 10. 2. 동서증권과의 사이에, 경기화학이 동서증권에 대하여 부담하는 위 회사채구상금채무에 대한 지급보증계약(이하 이 사건 지급보증이라 한다)을 체결하면서 동서증권에 다음과 같이 기재된 지급보증서를 교부하였다.

(1) 보증금액: 금 40억 원

(2) 보증기일: 1999. 7. 13.

(3) 보증채무의 이행청구시기: 동서증권은 경기화학이 어음교환소의 거래정지처분을 받거나, 파산・화의개시나 회사정리절차 개시의 신청이 있는 때에 한하여 피고에게 위 보증기일 만료 전에 이행청구를 할 수 있다.

(4) 주채무의 보증기일 경과후 2개월 이내에 동서증권의 보증채무 이행청구가 없는 때에는 피고의 이 사건 지급보증채무는 소멸하는 것으로 한다.

다. 이후 경기화학은 1999. 3. 17. 당좌거래정지처분을 받았고, 같은 해 9. 7. 회사정리절차가 개시되어 현재까지 위 사채의 소지인들에게 그 원리금을 변제하지 못하고 있다.

라. 한편, 동서증권은 1997. 12. 12. 부도를 내고 1998. 6. 1. 증권업허가를 취소당하여 해산하였다가 같은 해 11. 25. 파산선고를 받았으며, 원고는 같은 날 동서증권의 파산관재인으로 선임되었다.

2. 주장 및 판단

가. 사선 구상의무의 발생

위 인정사실에 의하면 경기화학이 당좌거래정지처분을 받음으로써 위 회사채보증계약에 따라 동서증권에 대하여 위 사채원리금을 사전구상할 의무가 발생한 이상, 그 지급보증인인 피고 또한 위 지급보증 약정에 따라 원고에 대하여 위 보증금액의 한도 내에서 위 사채원리금을 사전구상할 의무가 있다고 할 것이다.

나. 피고의 사전구상 지급거절 여부

(1) 피고의 항변 및 판단

이에 대하여 피고는 보증인으로서 주채무자인 경기화학의 항변권을 행사한다고 하면서, 먼저 파산절차가 진행중인 동서증권에게 위 보증금액을 지급하더라도 그에 상당하는 주채무자의 면책을 기대하기 어려우므로 그 사전구상권에 대한 이행을 거절한다고 주장한다.

살피건대, 약정이나 민법규정에 의하여 보증인에게 사전구상권이 인정되는 실질적인 근거는 보증인이 구상금을 수령하여 이를 주채무자의 면책에 사용하는 것을 전제로 하는 것이고, 따라서 수탁보증인이 사전구상권을 행사하여 사전구상금을 수령하였다면 사전구상 당시 채권자에 대하여 보증인이 부담할 원본채무와 이미 발생한 이자, 피할 수 없는 비용 및 기타의 손해액을 선급받은 것이어서 이 금원은 주채무자에 대하여 수임인의 지위에 있는 수탁보증인이 위탁사무의 처리를 위하여 선급받은 비용의 성질을 가지는 것이므로 보증인은 이를 선량한 관리자의 주의로써 위탁사무인 주채무자의 면책에 사용하여야 할 의무가 있다(대법원 1989. 9. 29. 선고 88다카10524 판결 참조).

그런데, 파산절차에서의 배당은 파산재단에 속하는 재산을 환가하여 얻은 금전을 파산채권자에게 그 채권의 순위, 채권액에 따라 평등한 비율로 분배하여 변제토록 되어있을 뿐이므로, 이 사건과 같이 사전구상권을 행사하여 수령한 사전구상금이라도 해당채권자에게 우선변제할 수 없고, 사전구상받는 위 보증금액은 파산재단에 편입되어 필연적으로 위 회사채의 소지인들뿐만이 아닌 그 외의 파산채권자들에게도 배당되는 결과 동서증권이 선량한 관리자의 주의의무를 다하여 주채무자의 면책에 사용하여야 할 의무를 이행할 수 없음이 명백하다.

그렇다면, 피고로서는 원고의 사전구상에 응하여도 그에 상응하여 주채무자가 면책될 수 있을지 여부가 현저히 불확실한 불안상태에 빠졌다고 할 것이어서, 민법 제536조 제2항의 취지에 비추어 볼 때 비록 주채무자 및 피고의 사전구상의무가 사전구상금을 수령한 수탁보증인의 주채무자 면책이라는 위임사무처리의무에 대하여 선이행관계에 있다고 할지라도, 피고는 동서증권이 주채무자 면책에 관한 확실한 보장책이 마련될 때까지 신의칙과 공평의 원칙에 기하여 원고의 사전구상을 거절할 수 있다 할 것이므로 피고의 위 항변은 이유 있다.

(2) 원고의 항쟁 및 판단

(가) 이에 대하여, 원고는 피고의 이 사건 지급보증이 동서증권과 경기화학 사이의 주채무에 대한 관계에 있어서 부종성을 지니는 통상의 보증이 아니라, 동서증권과 경기화학 사이의 원인관계와는 독립되어 그 원인관계에 기한 사유로서는 원고에게 대항하지 못하고 지급보증서상의 일정사유에 따른 원고의 청구가 있기만 하면 피고에게 무조건적인 지급의무가 발생하게 되는 이른바 독립적 보증으로서, 피고의 지급보증책임은 자신의 동서증권과의 지급보증계약에 따른 구상금채무를 이행하는 것이고, 그 성격은 사전구상의무이행이 아닌 피고자신의 채무이행이므로, 사전구상임을 전제로 한 주채무자 면책보장 등을 항변할 여지가 없고, 피고가 위 지급보증책임을 이행한 후의 경기화학에 대한 구상권 행사 가능성 여부는 피고와 경기화학과의 내부적인 문제에 불과해 이를 들어 원고에게 대항할 수 없다는 취지로 항쟁하므로, 먼저 이 사건 지급보증의 성격에 관하여 살피건대, 일반적으로 여신거래의 한 형태로서의 지급보증이란, 금융기관이 거래처의 위탁에 따라 그 거래처가 제3자에 대하여 부담하는 채무를 보증하여 주는 거래로서, 금융기관과 거래처 사이에 체결된 보증위탁계약에 터잡아 금융기관이 다시 채권자와 사이에 보증계약을 체결함으로써 성립하고 그로 인하여 지급보증을 한 금융기관은 거래처가 주채무를 이행하지 못할 경우에 그 보증채무를 이행할 의무를 지게 되는 것으로 통상의 보증채무라 할 것이고, 그것이 독립된 보증이 되기 위하여는 보증계약서상에 보증의무의 성질이 무조건적이고 보증인이 주장할 수 있는 어떠한 면책사유로도 대항하지 않겠다는 취지의 약정이 있어야 할 것인바, 지급보증서의 기재내용만으로는 위와 같은 약정이 있다고 보기 어렵고 달리 이를 인정할 자료가 없으므로

이 사건 지급보증도 통상의 보증채무라 할 것이고(다만 주채무가 구상금채무일 뿐이다), 따라서 피고는 보증인으로서 주채무자인 경기화학이 가지는 면책보장 항변권으로 대항할 수 있을 뿐만 아니라 수탁보증인의 지위에 있는 피고는 동서증권과의 지급보증계약상으로도 법률상 당연히 경기화학에 대하여 구상권을 가지고, 또한 민법상의 위임계약인 경기화학과의 보증위탁계약상으로도 그 수임인으로서 상대방인 보증의뢰인, 즉 경기화학의 보증위탁계약에 관한 이익을 보호하여야 할 의무를 부담한다 할 것인바, 이 사건의 경우 동서증권이 현재 파산절차가 진행중인 상태이므로 피고가 보증금액 40억 원을 전액 원고에게 지급한다고 할지라도 이 사건 회사채의 채권자에게는 일부만이 배당될 것이고, 배당되지 아니한 금원에 대하여는 경기화학이 면책되지 아니하여 피고 또한 경기화학에 대하여 구상권을 가질 수 없는 결과가 되고, 경기화학으로서도 원고의 사전구상에 의해 보증인인 동서증권에 회사채채권 40억 원을 지급한 셈이 됨에도 그 일부에 대하여는 면책되지 아니하는 부당한 결과가 되어, 이와 같은 경우에는 피고는 보증인으로서 수익자인 원고의 청구에 따른 보증금의 지급을 거절할 수 있다 할 것이므로 원고의 위 항쟁은 이유 없다.

(나) 원고는 다시, 지급보증서상의 주채무의 보증기일 경과 후 2개월 이내에 이행청구를 하지 않으면 보증채무가 소멸한다는 내용의 기재를 들어 주채무자의 면책이 확정될 때에 이르러서야 비로소 피고에게 지급보증청구를 할 수 있다면 향후 동서증권이 회사채 소지인들에게 대위변제하여 주채무자인 경기화학이 면책되는 금원에 대하여도 이미 보증기한이 지나 피고의 보증채무는 소멸할 것이므로 부당하다고 다투나, 피고가 자인하고 있는 바와 같이 위 '이행청구'는 '최고'를 의미하는 것이고, 더욱이 갑호증에 의하면 이 사건 소 제기 이전에 원고가 피고에 대하여 지급보증이행을 청구하였고 이에 대하여 피고는 동서증권이 회사채 소지인들에게 실제 대지급한 배당률에 근거하여 보증채무를 이행하겠다는 의사표시를 명백히 한 사실이 인정되므로 위 주장도 이유 없다.

다. 대위변제한 구상금 지급의무 및 상계항변

원고는, 가사 피고가 원고의 사전구상에 응할 의무가 없다고 할지라도 이미 원고가회사채보증채무의 이행으로서 대위변제한 합계 금 1,608,319,875원 및 이에 대한 대위변제일 이후의 지연손해금 상당을 피고는 지급할 의무가 있다고 주장하므로 살피건대, 증거에 의하면, 원고가 이 사건 회사채 채권자인 서울은행에, 2000. 6. 1. 금 1,008,319,875원을, 같은 해 11. 6. 금 6억 원을 각 대위변제한 사실을 인정할 수 있고 반증 없으므로 피고는 위 합계 금 1,608,319,875원을 지급할 의무가 있다 할 것이나, 한편 동서증권이 1997. 10. 21. 피고에게 지급기일을 같은 해 12. 23.로 하여 발행한 액면 금 100억 원의 약속어음이 부도가 난 사실은 당사자 사이에 다툼이 없는바, 그렇다면 피고가 동서증권에 대하여 위 어음금 및 이에 대한 지급기일 이후로서 피고가 파산채권신고시 그 이자를 구한 1998. 4. 18.부터 파산선고전날인 1998. 12. 24.까지의 어음법 소정의 연 6%의 지연손해금 합계 금 10,363,287,671원(100억 원 + 100억 원 × 0.06 × 221/365, 원미만 버림)의 채권이 있다 할 것이고, 피고의 상계의사표시에 따라 위 양 채권을 상계적상시인 위 각 대위변제일을 기준으로 대등액에서 상계하면 오히려 피고의 채권만 금 8,754,967,796원이 남게 되므로 원고의 위 주장도 이유 없다(원고는 수동채권인 위 대위변제금은 피고가 파산선고 후에 채무를 부담한 경우에 해당하므로 파산법 95조 제 1 호에 의하여 상계가 허용되지 아니한다고 다투나, 위 대위변제금에 대한 피고의 지급보증채무는 파산선고 전에 성립된 이 사건 지급보증계약에 의하여 이미 성립된 정지조건부 채무라 할 것인데 원고의 대위변제라는 정지조건이 파산선고 후에 성취된 경우로 이른바 상계기대 또한 인정되므로 위 파산법 95조 제 1 호에 불구하고 위 대위변제금을 수동채권으로 한 상계가 허용된다고 할 것이다)

재판장 판사 전봉진 변현철 이상인

(3) **부산고등법원** 2001. 11. 2. **선고** 2001**나**4804 **판결 【예금】** (**미상고 확정**)

【판결요지】

[1] 파산채권자가 파산선고 전에 이미 채무를 부담한 경우에 준하는 정도로 높은 상계기대가 있는 극히 예외적인 경우를 제외하면, 파산선고 후에 부담한 채무가 파산선고 전에 생긴 원인에 기한 것이라도 채무를 현실로 부담한 시기가 파산선고 후이면 상계를 할 수 없다.

[2] 파산채권자인 피고가 파산선고 이후에 보람은행을 합병함으로써 비로소 보람은행의 파산자에 대한 채무를 부담하게 된 경우, 피고와 보람은행의 합병이 비록 채권, 채무의 포괄적 승계이고 파산선고 이전에 그 합병절차가 진행 중이었다고 하더라도, 그로 인한 피고의 파산자에 대한 채무부담이 소급하여 효력을 갖는다거나, 파산선고 전에 이미 채무를 부담한 경우에 준한다고 볼 수는 없다.

【원고, 피항소인, 부대항소인】 파산자 신세계종합금융 주식회사의 파산관재인 문재인 (소송대리인 법무법인 부산종합법률사무소 담당변호사 정재성 등)

【피고, 항소인, 부대피항소인】 주식회사 하나은행 (소송대리인 법무법인 한빛 담당변호사 황대현 등, 법무법인 광장 담당변호사 권광중 등)

【변론종결】 2001. 10. 12.

【원심판결】 부산지방법원 2001. 4. 4. 선고 2000가합21980 판결

【주문】 당심에서 확장된 원고의 청구를 포함하여 원심판결 주문 제 1 항을 아래와 같이 변경한다. 가. 피고는 원고에게 668,715,519원 및 이에 대하여 2000.

10. 16.부터 2001. 4. 4.까지는 연 6%, 그 다음날부터 완제일까지는 연 25%의 각 비율에 의한 금원을 지급하라. 나. 원고의 나머지 청구를 기각한다. 소송총비용은 피고가 부담한다. 제 1 의 가. 부분 중 원심에서 가집행이 선고되지 아니한 부분은 가집행할 수 있다.

【청구취지, 항소취지 및 부대항소취지】

1. 청구취지

피고는 원고에게 668,715,519원 및 이에 대한 2000. 10. 16.부터 2000. 12. 2.까지는 연 6%, 그 다음날부터 완제일까지는 연 25%의 각 비율에 의한 금원을 지급하라(당심에서 지연손해금 청구부분을 확장하였다).

2. 항소취지

원심판결을 취소한다. 원고의 청구를 기각한다.

3. 부대항소취지

피고는 원고에게 668,715,519원에 대한 2000. 10. 16.부터 2000. 12. 2.까지 연 6%의 비율에 의한 금원을 지급하라.

【이유】 1. 기초사실

가. 소외 파산자 신세계종합금융 주식회사(이하 파산자라 한다)는 1997. 10. 15. 소외 주식회사 보람은행(이하 보람은행이라 한다)에 신세계장기공사채투자신탁(1)호 수익증권 501,200,000좌(1좌당 원본의 액은 1원)를 위탁하였다.

나. 파산자는 1998. 9. 26. 부산지방법원으로부터 파산선고를 받았고, 피고는 그 이후인 1999. 1. 1. 보람은행을 합병(존속법인은 피고)하였다.

다. 원고는, 2000. 7. 14. 부산지방법원으로부터 파산자의 파산관재인으로 선임되어 2000. 10.경 피고에 대하여 위 수익증권위탁계약을 해지하고, 위 위탁금의 반환을 청구하였다.

라. 2000. 10. 16. 현재 위 수익증권위탁금의 운용잔액은 711,724,236원이고 여기에서 원천징수되는 법인세 42,104,840원, 신탁보수금 903,877원을 공제한 잔액은 668,715,519원이다.

2. 당사자의 주장 및 판단

가. 원고의 주장에 대한 판단

위 인정사실에 의하면, 특별한 사정이 없는 한 피고는 원고에게 위 수익증권위탁금 잔액 668,715,519원 및 이에 대한 지연손해금을 지급하여야 할 의무가 있다.

나. 피고의 항변 등에 관한 판단

(1) 피고는, 원고의 위 수익증권위탁금 잔액 채권은 2000. 12. 13. 피고의 파산채권 22억 5,432만 원과 대등액에서 상계되어 소멸하였다고 항변한다.

살피건대, 피고는 1997. 10. 7. 파산자가 보증한 주식회사 화승 발행의 40억 원의 어음을 매입하였으나 위 어음이 무거래로 인하여 지급거절됨으로써 피고가 파산자에 대해 위 어음보증채권을 가지게 되었는데 그 후 일부 변제되어 나머지 22억 5,432만 원의 파산채권을 가지게 된 사실 및 피고가 원고에게 2000. 12. 13. 위 수익증권위탁금 잔액 채권을 수동채권, 위 파산채권을 자동채권으로 하여 대등액으로 상계한다는 의사표시를 한 사실은 증거에 의하여 인정할 수 있다.

그런데, 파산법상 "파산채권자가 파산선고 후에 파산재단에 대하여 채무를 부담한 때"에는 상계가 허용되지 아니하는바(파산법 제95조 제1호), 위 인정사실과 같이 파산채권자인 피고가 파산선고 이후에 보람은행을 합병함으로써 비로소 보람은행의 파산자에 대한 채무를 부담하게 되었으므로, 이를 수동채권으로 한 피고의 상계는 파산법상 허용되지 아니하는 것으로 효력이 없다.

(2) 피고는, 보람은행과의 합병은 보람은행의 권리 및 의무를 피고가 계속 부담하는데 불과한 포괄승계이므로, 보람은행이 원고에게 채무를 부담한 때를 기준으로 판단해야 하고, 파산선고 당시 이미 합병이 확정되어 다른 파산채권자들도 모두 예견할 수 있는 상황이었으며, 피고가 보람은행의 채무를 취득하여 상계할 기대를 가졌다고도 볼 수 있으므로, 상계가 금지되지 아니하는 경우에 해당한다고 주장한다.

그러나, "파산채권자가 파산선고 후에 파산재단에 대하여 채무를 부담한 때"에 상계를 금지하는 파산법 제95조 제1호는 제2호와 달리 "채무의 부담이 법정의 원인에 기한 때" 등의 상계금지의 예외사유를 규정하지 아니한 점, 파산법이 위와 같은 상계금지 규정을 둔 취지는 파산자의 파산선고 이후에 취득한 파산채권을 자동채권으로 하여 파산자에 대하여 상계를 할 수 있도록 허용하면, 결과적으로 그 파산채권자에게 우선변제권을 인정하는 셈이 되어 파산절차의 가장 중요한 지도원리인 채권자평등의 원칙을 해치게 되기 때문에 이를 방지하기 위한 것인 점, 합병은 합병 당사자 사이의 의사합치에 의하여 이루어지므로 파산채권자가 파산선고 후에 합병을 통하여 파산자에 대한 채무를 부담하고 있는 다른 합병 당사자를 합병한 다음 그 파산채권과 합병하여 부담하게 된 채무를 상계함으로써 결과적으로 그 파산채권자가 우선변제권을 취득하는 것을 허용하게 되어 채권자평등의 원칙을 위하여 위와 같이 상계금지를 규정한 파산법 제95조 제1호의 입법취지를 잠탈하게 되는 점, 이 사건에 있어서 피고의 상계를 허용하지 아니하더라도 피고는 합병 전과 비교하여 특별히 불리하게 되었거나 또는 예상치 못한 불이익을 받은 것이라고는 볼 수 없다는 점 등에 비추어 보면, 파산채권자가 파산선고 전에 이미 채무를 부담한 경우에 준하는 정도로 높은 상계기대가 있는 극히 예외적인 경우를 제외하면, 파산선고 후에 부담한 채무가 파산선고 전에 생긴 원인에 기한 것이라도 채무를 현실로 부담한 시기가 파산선고 후이면 상계를 할 수 없다 할 것이고, 피고와 보람은행의 합병이 비록 채권, 채무의 포괄적 승계이고 파산선고 이전에 그 합병절차가 진행 중이었다고 하더라도, 그로 인한 피고의 파산자에 대한 채무부담이 그 주장과 같이 소급하여 효력을 갖는다거나, 파산선고 전에 이미 채무를 부담한 경우에 준한다고 볼 수는 없다.

결국, 피고의 위 항변은 이유 없다.

3. 결론

그렇다면, 피고는 원고에게 위 수익증권위탁금 잔액 668,715,519원 및 이에 대하여 원고가 구하는 바에 따라 원고의 위탁금청구일 이후인 2000. 10. 16.부터 피고가 그 이행의무의 존부 및 범위에 관하여 항쟁함이 상당하다고 인정되는 원심판결 선고일인 2001. 4. 4.까지는 상법 소정의 연 6%, 그 다음날부터 완제일까지는 소송촉진등에관한특례법 소정의 연 25%의 각 비율에 의한 지연손해금(원심에서 원고는 피고의 항변에 따라 청구취지를 감축하였으므로 원심판결 선고일까지는 피고가 그 이행의무의 존부 및 범위에 관하여 항쟁한 것이 상당하다고 인정되고, 한편 원심의 인용금액 668,715,519원은 당심에서도 그대로 유지되고 있으므로 피고가 당심에서 위 인용금액의 존부 및 범위를 다툰 것은 상낭하다고 할 수 없다)을 지급할 의무가 있으므로, 원고의 이 사건 청구는 위 인정범위 내에서 이유있어 이를 인용하고, 나머지 청구는 이유없어 이를 기각할 것인바, 이와 일부 결론을 달리한 원심판결은 부당하므로 원고의 당심에서 확장한 청구 및 부대항소와 피고의 항소 일부를 받아들여 원심판결을 위와 같이 변경하기로 한다.

재판장 판사 이홍권 김상국 강후원

[해설]

파산절차의 지도원리인 채권자평등의 원칙에 기하여 파산절차 내에서 상계권의 행사를 제한하게 되는데 파산선고 당시 파산채권자가 상계기대를 가지고 있는지 여부가 상계 제한의 기준이 된다.

어느 정도의 상계기대를 가지고 있어야 상계가 허용되는지 문제되는데, 예컨대 정지조건부 채무를 내용으로 하는 계약이 파산선고 전에 성립되어 있는 경우 무조건의 채무보다는 정도가 낮을지라도 상계기대가 있다고 보아, 파산선고 후 조건이 성취되어 그 결과 파산선고 후에 채무를 부담하게 되더라도 상계를 허용한다(파산법 제90조 후문, 신법 제417조 후문). 대법원 2001다833 판결은 이를 확인한 것이다. 반면, 제3자가 파산선고 전에 파산재단에 대하여 부담하는 채무를 파산선고 후에 파산채권자가 합병 등의 사유로 인수함으로써 파산재단에 대한 채무를 부담하게 되었다면 파산선고 당시 파산채권자와 채무자 사이에 정당한 상계기대가 있었다고 할 수 없고 파산선고 후에 채무를 부담하는 때에 해당한다고 할 것이어서 상계가 금지된다. 대법원 2003다35918 판결과 부산고등법원 2001나4804 판결은 이러한 법리를 확인한 것이다.

---

(4) **대법원** 2003. 1. 24. **선고** 2002**다**34253 **판결** 【**선금반환**】 [**공보불게재**]

【판결요지】

파산법은 회사정리법의 경우와 달리 상계권을 실행함에 있어 특별한 시기적 제한을 두지 않고 있고, 파산법 제95조의 상계금지 규정에 저촉되지 않고 정당한 상계 기대가 인정되는 한 상계권의 실행이 자유롭게 허용되므로 피고가 회사정리절차폐지결정의 확정 이후에 이 사건 정리채권으로 원고에 대하여 상계 의사표시를 하는 데에는 아무런 제한이 없고, 피고가 회사정리절차에서 소정의 기간 내에 상계권을 행사하지 아니하였다고 하여 그 상계권을 포기하였다거나, 회사정리절차폐지 후 이어지는 파산절차에서 그 상계권을 행사하는 것이 파산법의 취지에 반하여 상계권 남용에 해당하거나 신의칙에 반하는 것이라고 단정할 수 없다.

【참조 조문】 회사정리법 제162조 제1항, 파산법 제95조 제2호

【원고, 상고인】 파산자 주식회사 태화쇼핑의 파산관재인 김문수 (소송대리인 법무법인 청률 담당변호사 허상수 등)

【피고, 피상고인】 유로통상 주식회사 (소송대리인 법무법인 을지합동법률사무소 담당변호사 이재원 등)

【원심판결】 부산고등법원 2002. 5. 17. 선고 2001나15071 판결

【주문】 상고를 기각한다. 상고비용은 원고가 부담한다.

【이유】 상고이유를 판단한다.

1. 원심이 적법하게 확정한 사실은 다음과 같다.

가. 주식회사 태화쇼핑(이하 '태화쇼핑'이라 하고, 아래의 회사정리절차와 파산절차에서도 '태화쇼핑'이라 한다)은 1993. 10. 13. 피고와 사이에서 태화쇼핑이 피고의 의류제품을 위탁판매하기로 하는 계약을 체결하면서, 태화쇼핑은 피고의 물품을 판매한 대금에서 20% 또는 25%로 정한 위·수탁 수수료를 공제한 금액을 태화쇼핑이 지정한 일자에 피고에게 지급하기로 하고, 태화쇼핑과 피고는 채권의 변제기 도래 여부에 불구하고 채권 상당액을 상계할 수 있다고 약정하였다.

나. 태화쇼핑은 같은 날 위 위탁판매계약에 따라 피고에게 지급해야 할 위탁판매대금의 지급을 담보하기 위하여, 피고에게 보증금으로 금 1억 원을 예치하였다.

다. 태화쇼핑은 피고와 위탁판매거래를 해 오던 중 1997. 6. 16.경 부도를 내고 부산지방법원에 회사정리절차개시신청을 하여 1998. 2. 11. 회사정리절차개시결정을 받았고 1999. 2. 10. 회사정리계획인가결정을 받았는데, 피고는 위 회사정리절차개시

결정 당시 피고의 태화쇼핑에 대한 위탁판매대금채권 금 81,872,250원을 정리채권신고기간 내에 신고하여 정리채권으로 확정받았지만(이하 위 채권을 '이 사건 정리채권'이라 한다), 회사정리법 제162조소정의 기간 내에 이 사건 정리채권으로 태화쇼핑의 피고에 대한 위 보증금반환채권과 상계하는 의사표시를 하지는 아니하였다.

라. 한편, 위 인가된 회사정리계획에 의하면, 태화쇼핑은 피고에게 1998년에 금 5백만 원, 1999년에 금 1,500만 원, 2000년에 금 2천만 원, 2001년에 나머지 금 41,872,250원을 각 변제하기로 하되, 회사정리절차가 폐지되는 경우에는 그 기한이 도래한 것으로 본다고 되어 있다.

마. 그 후 태화쇼핑은 1999. 5.경 피고와 사이에서, 태화쇼핑은 피고에 대한 위탁판매대금 지급보증을 위하여 보증금 1억 원을 피고에게 예치함을 확인하고, 태화쇼핑이 정기적으로 지급해야 하는 위탁판매대금의 지급이 10일 이상 지체될 경우나 태화쇼핑의 피고에 대한 손해배상 및 채무발생시, 태화쇼핑은 그 내용을 피고에게 즉각 통지하고 피고에게 예치한 보증금의 일부 또는 전부로써 손해배상 및 채무의 변제에 충당한다는 내용의 특약을 하였다(이하 '이 사건 특약'이라 한다).

바. 이에 따라 태화쇼핑은 피고와 다시 위탁판매거래를 계속해 오다가 2000. 8. 28. 위 위탁판매계약을 해지하고 거래를 종료하였는데, 그 기간 동안의 거래로 인하여 태화쇼핑이 피고에게 지급하여야 할 위탁판매대금은 금 8,182,610원이었다.

사. 한편, 피고는 태화쇼핑으로부터 이 사건 정리채권 중 1998년도 변제분 5백만 원을 지급받았고, 2001. 1. 2. 태화쇼핑에게 위 보증금 중 금 14,945,140원만을 반환하였다.

아. 태화쇼핑은 이 사건 계속중인 2001. 6. 11. 회사정리절차폐지결정을 받아 2001. 8. 22. 그 결정이 확정되었고, 2001. 8. 27. 파산선고를 받아 원고가 그 파산관재인으로 선임되었다.

2. 원심은, 피고는 원고에게 위 보증금 잔액 85,054,860원(= 1억 원 − 14,945,140원)에서 회사정리계획인가 후에 발생한 위탁판매대금 8,182,610원을 공제한 나머지 금 76,872,250원을 지급할 의무가 있지만, 한편으로 태화쇼핑에 대한 회사정리절차가 폐지되고 파산선고가 있음으로써 이 사건 정리채권은 전부 변제기가 도래하였고, 상계권행사의 시기적 제한을 규정한 회사정리법 제162조 제1항이 더 이상 적용되지 않으므로 이 사건 정리채권으로 태화쇼핑의 피고에 대한 위 보증금반환채권과 대등액에서 상계하였다는 피고의 항변이 이유 있다고 판단한 다음, ① 피고의 태화쇼핑에 대한 보증금반환채무는 2000. 8. 28.자 거래종료에 의하여 현실적으로 발생하였고 그 반환채무의 원인이 된 행위는 1999. 5.경 이루어진 이 사건 특약이므로 위 채무는 파산채권자인 피고가 파산신청으로 의제되는 태화쇼핑의 회사정리절차개시신청 이후에 이를 알고 부담한 것이어서 파산법 제95조 제2호 소정의

'파산채권자가 지급정지 또는 파산신청이 있었음을 알고 파산자에 대하여 채무를 부담한 때'에 해당하여 피고의 상계가 효력이 없다는 원고의 재항변에 대하여는, 피고의 위 보증금반환채무는 태화쇼핑이 피고에게 보증금을 예치한 1993. 10. 13.에 성립된 것이고 이 사건 특약을 한 때에 새로이 보증금반환채무가 발생한 것으로 볼 수 없다고 판단하여 배척하고, ② 피고가 회사정리절차 당시 상계권을 행사하지 아니하였다가 그 후 회사정리절차폐지와 파산선고라는 우연한 사정에 따라 법률상 허용될 수 없던 상계가 다시 허용된다고 하는 것은 부당하고, 다른 정리채권자들과 동등한 입장에 있던 피고에게 상계권을 부여하여 사실상 우선변제권을 주는 것은 채권자 평등이라는 파산절차상의 지도이념에도 반하며, 피고가 회사정리절차에서 상계권을 행사하지 아니하여 이 사건 정리채권으로 상계를 하지 않겠다는 신뢰를 준 점을 고려하면 피고의 상계항변은 상계권을 남용한 것이거나 신의칙에 반하는 것으로서 허용될 수 없다는 원고의 재항변에 대하여는, 파산법은 회사정리법의 경우와 달리 상계권을 실행함에 있어 특별한 시기적 제한을 두지 않고 있고, 파산법 제95조의 상계금지 규정에 저촉되지 않고 정당한 상계 기대가 인정되는 한 상계권의 실행이 자유롭게 허용되므로 피고가 회사정리절차폐지결정의 확정 이후에 이 사건 정리채권으로 원고에 대하여 상계 의사표시를 하는 데에는 아무런 제한이 없고, 피고가 회사정리절차에서 소정의 기간 내에 상계권을 행사하지 아니하였다고 하여 그 상계권을 포기하였다거나, 회사정리절차폐지 후 이어지는 파산절차에서 그 상계권을 행사하는 것이 파산법의 취지에 반하여 상계권 남용에 해당하거나 신의칙에 반하는 것이라고 단정할 수 없다고 판단하여 배척하였다.

기록과 대조하여 살펴보면, 원심의 위와 같은 사실인정 및 판단은 모두 정당하고, 거기에 채증법칙에 위배하여 사실을 오인하거나 위 보증금의 성격, 이 사건 특약의 해석 및 파산법상의 상계권행사 제한 등에 관한 법리 또는 상계권 남용 내지 신의칙에 관한 법리를 오해한 위법이 있다고 할 수 없다.

대법관 박재윤(재판장) 서성 이용우(주심) 배기원

[해설]

회사정리절차에서는 정리계획의 작성을 위하여 정리채권 또는 정리담보권의 액 및 채무자가 가지는 채권액을 일정 시점까지 확정할 필요가 있기 때문에 상계의 의사표시를 신고기간 만료 전에 하도록 시기적 제한을 두고 있으나(회사정리법 제162조 제 1 항, 신법 제144조 제 1 항), 파산절차의 경우 이러한 제한이 없어 파산법 제95조(신법 제422조)의 상계금지규정이나 민법상 상계금지규정에 저촉되지 않는 한 파산절차가 계속되는 동안 언제든지 상계의 의사표시를 할 수 있다. 또한 파산

채권을 자동채권으로 삼아 상계함에 있어서 반드시 파산채권신고를 하여야 하는 것은 아니다.[1]

나아가 정리절차 개시 후 채무자에 대하여 채무를 부담함으로써 상계를 할 수 없었던 정리채권자(회사정리법 제163조 제 1 호, 신법 제145조 제 1 호)라도 그 후 정리절차가 파산절차로 이행되었을 때에는 파산채권자로서 정리절차 개시 후 파산선고 전에 발생한 반대채무를 가지고 상계할 수 있다.[2]

---

(5) **서울고등법원** 2001. 2. 2. **선고** 2000**나**41723 **판결 【선급금반환】** (**미상고 확정**)

【판결요지】

1. 파산법 제95조 제 2 호에 의하면 지급정지 후에 부담하는 상대방의 파산자에 대한 선급금반환채무와 파산채권과는 상계할 수 없다

2. 파산선고 1년 전에 생긴 원인에 기한 채무에 대하여는 이를 수동채권으로 하여 상계할 수 있지만 화의절차 중에 상계할 수 없었다면 1년 전에 생긴 것이라도 상계가 금지된다.

【원고, 피항소인】 파산자 주식회사 블루힐백화점의 파산관재인 김칠준 (소송대리인 법무법인 다산 담당변호사 임창기)

【피고, 항소인】 주식회사 데코 (소송대리인 법무법인 삼흥종합법률사무소 담당변호사 신성철)

【변론종결】 2000. 12. 15.

【제 1 심 판결】 수원지방법원 2000. 7. 21. 선고 99가합18582 판결

【주문】 피고의 항소를 기각한다. 항소비용은 피고의 부담으로 한다.

【청구취지 및 항소취지】

1. 청구취지

피고는 원고에게 금 1억 1천만 원 및 이에 대한 1999. 3. 1.부터 이 사건 소장 부본 송달일까지는 연 6푼, 그 다음날부터 완제일까지는 연 2할 5푼의 각 비율에 의한 금원을 지급하라.

2. 항소취지

제 1 심 판결을 취소한다. 원고의 청구를 기각한다.

【이유】 1. 인정사실

가. 당사자들의 지위

소외 주식회사 블루 힐 백화점(이하, 소외 회사라 한다)은 1990. 7. 27. 설립되어

---

1) 법인파산실무 255면 참조.

2) 대법원 2005. 10. 14. 선고 2005다27225 판결(공2005, 1789).

1996. 8. 30.부터 성남시 분당구 수내동에서 블루힐백화점을 경영해 오다가 1999. 3. 4. 수원지방법원으로부터 파산선고를 받은 파산자이고, 원고는 위 파산자를 관리하는 파산관재인이며, 피고는 블루힐백화점이 개점한 1996. 8. 30.부터 소외회사의 파산선고 직전까지 위 백화점의 2층 매장에 입점하여 "데코"브렌드 의류를 판매해 오던 회사이다.

나. 소외 회사의 부도 및 파산선고

소외 회사는 1997. 12. 26. 금융기관에 지급 제시된 그 명의의 만기어음을 결제하지 못하여 부도처리되어, 같은 날 수원지방법원 성남지원에 화의절차개시신청을 하여 1998. 1. 16. 위 법원으로부터 회사재산보전처분결정(97거6호)을 받게 되었는데, 소외 회사와 상호지급보증 관계에 있던 청구그룹 계열사들이 회사정리절차로 전환하자, 다시 1998. 6. 29. 회사정리절차개시신청을 하여 같은 해 7. 4. 수원지방법원으로부터 회사재산보전처분결정(98파10011호)을 받고 같은 달 23. 위 화의절차개시신청을 취하하였는데, 수원지방법원은 1999. 2. 19. 소외 회사의 영업만으로는 회사정리법상의 경제성을 확보할 수 없어 갱생가능성이 없고 대다수의 정리담보권자들이 회사정리절차의 진행을 명백히 반대하고 있어 정리계획안이 가결될 가능성도 없다는 이유로 위 회사정리절차개시신청을 기각하고 직권으로 파산절차를 개시하여, 1999. 3. 4. 소외 회사에 대하여 파산선고(99하20호)를 하였다.

다. 피고의 영업과 소외 회사의 선급금 지급

(1) 피고는 위 백화점에 입점시부터 다른 입점업체들과 마찬가지로 판매대금 전액을 입금하였다가 다음달 5.에 소외 회사로부터 수수료 등을 공제한 나머지 대금을 1개월마다 계산하여 결제받는 방식으로 영업을 하여 왔는데, 소외 회사가 1997. 12. 26. 부도처리되자 판매대금의 결제에 불안을 느껴 다른 입점업체들과 함께 소외 회사와 사이에, 부도 이후의 판매대금은 판매 다음날 현금으로 즉시 결제 받기로 합의한 뒤 영업을 계속해 왔다.

(2) 그런데, 소외 회사가 1998. 1. 16. 위 지원으로부터 화의신청에 따른 재산보전처분을 받게 되자 일부 입점업체는 위 백화점 매장에서 철수하였고, 피고를 포함한 다른 입점업체들 또한 장래의 판매대금 결제를 담보할 수 있는 선급금을 주지 아니하면 영업을 중단하고 매장에서 철수하겠다는 통지를 하자, 소외 회사는 위 백화점의 경영 정상화를 도모하기 위하여 법원의 허가도 없이 피고를 포함한 일부 입점업체들과 사이에 장래의 판매대금의 담보조로 선급금을 지급하기로 약정하였다.

(3) 이에 따라, 소외 회사는 피고에게 장래의 물품판매대금 담보조로 1998. 2. 6. 7천만 원, 같은 해 4. 7. 4천만 원 등 합계 1억 1천만 원을 선급금으로 지급하였는데, 그 결과 소외 회사는 1998. 1. 5.부터 같은 해 6. 2.까지 사이에 입점업체 중 93

개 업체에 대하여 합계 3,562,092,000원을 선급금으로 지급하였다.

라. 피고의 영업종료와 원고의 선급금반환 최고

(1) 그런데, 피고가 위 선급금을 지급받고 영업을 계속하여 오다가 1999. 1. 초순경 영업을 사실상 중단하자, 소외 회사의 공동보전관리인은 1999. 1. 8. 피고에게 내용증명 우편을 보내 피고가 소외 회사와의 거래를 일방적으로 중단하였음을 이유로 위 선급금을 같은 달 16.까지 반환할 것을 최고하였다.

(2) 한편, 피고는 소외 회사가 부도처리된 1997. 12. 26. 당시 소외 회사에 대하여 기존의 미결제 판매대금 150,524,172원의 채권이 있었는데(피고는 파산선고 후 위 판매대금 150,524,172원 전액을 파산채권으로 신고하여 파산채권시부인표에 시인액으로 기재되었다), 위와 같이 판매대금 결제방식이 현금결재로 바뀐 이후의 피고의 판매대금은 위 백화점으로부터 철수할 때까지 모두 결제되었다.

(3) 그 후, 소외 회사의 갱생가능성이 없다는 이유 등으로 법원에 의해 직권으로 1999. 2. 19. 위 회사정리절차개시신청이 기각되고 파산절차가 개시되자, 피고는 같은 해 2. 28.경 매장에서 철수하여 영업을 완전히 종료하였다.

2. 판단

위 인정사실에 의하면, 이 사건 선급금 지급계약은 피고의 일방적인 영업중단을 이유로 한 위 보전관리인의 해지 의사표시에 의하여 1999. 1. 8.경 적법하게 해지되었다 할 것이므로(가사, 위 1999. 1. 8.자 선급금반환 최고를 적법한 해지통지라 볼 수 없다 하더라도, 위 계약은 원고의 계약해지 의사표시가 담긴 이 사건 소장 부본이 피고에게 송달됨으로써 해지되었다), 피고는 원고에게 계약해지에 따른 원상회복으로서 위 선급금 및 이에 대한 수령일 이후의 법정이자를 지급할 의무가 있다.

3. 피고의 상계주장 및 판단

가. 이에 대하여 피고는, 설사 피고가 원고에게 위 선급금을 반환할 의무가 있다 하더라도, 소외 회사의 파산 선고일인 1999. 3. 4. 당시 소외 회사에 대하여 가지고 있던 위 판매대금채권 150,524,172원을 자동채권으로 하여 피고의 위 선급금 반환채무와 그 대등액에서 상계한다고 주장한다.

살피건대, 구 파산법(2000. 1. 12. 법률 제611호로 개정되기 전의 것, 이하 위 법이라고 한다) 제89조는 '파산채권자가 파산선고 당시에 파산자에 대하여 채무를 부담하는 때에는 파산절차에 의하지 아니하고 상계할 수 있다'고 규정하고 있으나, 한편 그 제한 규정인 위 법 제95조 제 2 호 본문은 상계를 할 수 없는 경우로서 '파산채권자가 지급정지 또는 파산신청이 있었음을 알고 파산자에 대하여 채무를 부담한 때'를 규정하고 있는데, 여기서 지급정지라 함은 변제능력의 결핍으로 인하여 변제기가 도래한 채무를 일반적, 계속적으로 변제할 수 없다는 취지를 외부에 명시적 또는 묵시적으로 표시하는 행위라고 할 것인바, 앞서 본 바와 같이 소외 회사가 1997. 12. 26. 금융기관에 지급 제시된 그 명의의 만기어음을 결제하지 못하여 부도처리됨으로써 이미 지급정지 상태에 있었고, 한편 피고는 그 무렵 소외 회사에 요구하여 종전의 판매대금 결제방식을 판매익일 현금결제방식으로 변경하여 이를 지급 받았으며, 소외 회사가 1998. 1. 16. 법원으로부터 화의신청에 따른 회사재산보전처분을 받게 되자 소외 회사에 대하여 판매대금 미결제액을 변제 받지 못하면 매장을 철수하겠다고 통보한 사실 등에 비추어 보면, 피고가 소외 회사로부터 위 선급금을 수령할 당시에는 소외 회사가 부도상태에 있었음을 이미 알고 있었다고 할 것이니, 피고가 소외 회사의 지급정지 후에 발생한 위 선급금 반환채권을 수동채권으로 하여 상계할 수는 없으므로 피고의 위 주장은 그 이유 없다.

나. 피고는 나아가, 피고가 지급정지 있었음을 알고 소외 회사에 대하여 채무를 부담하였다 하더라도, 1998. 2. 6. 지급 받은 7천만 원의 선급금은 소외 회사의 파산선고 1년 전에 생긴 원인에 기한 것이므로 위 7천만 원의 반환채무를 수동채권으로 한 상계는 허용되어야 한다고 주장한다.

살피건대, 위 법 제95조 제2호 단서는 '단 그 부담이 법정의 원인에 기한 때, 파산신청자가 지급정지나 파산신청이 있었음을 알기 전에 생긴 원인에 기한 때 또는 파산선고가 있는 날부터 1년 전에 생긴 원인에 기한 때에는 예외로 한다'고 규정하고 있어, 파산채권자의 부담이 지급정지 후에 생긴 것이라 하더라도 파산선고가 있는 날부터 1년 전에 생긴 원인에 기한 때에는 이를 수동채권으로 한 상계는 허용된다고 할 것인바, 선급금 중 7천만 원이 1998. 2. 6. 피고에게 지급되었고, 소외 회사가 1999. 3. 4. 파산선고를 받은 사실은 앞서 본 바와 같으므로 7천만 원의 지급이 소외 회사의 파산선고가 있은 날로부터 1년 전의 행위임은 역수상 명백하다.

그러나 한편, 화의채권자가 지급정지나 화의개시신청을 알면서 채무자에 대하여 부담한 채무를 수동채권으로 한 상계가 화의법 제5조에 의하여 준용되는 파산법 제95조 제2호 소정의 상계금지에 저촉되어 일단 상계가 허용되지 아니하였던 경우라면, 그 후에 화의폐지 등에 의해 직권에 의한 파산선고가 내려져 결과적으로 당해 채무부담의 원인이 파산선고보다 1년 전에 생긴 것으로 되었다 하더라도 그 상계는 거래의 안전을 해치는 것이 아니므로 파산절차에서도 그대로 상계가 금지된다고 봄이 상당하다고 할 것인바, 앞서 본 각 증거에 의하면, 피고는 소외 회사의 화의절차개시신청 및 그에 따른 법원의 회사재산보전처분 결정이 내려진 이후인 1998. 2. 6. 위 화의신청을 알면서 선급금 7천만 원을 수령한 사실이 인정되므로, 7천만 원의 반환채무를 수동채권으로 한 상계는 화의법 제5조 소정의 상계금지에 저촉되어 일단 상계가 허용되지 아니한다 할 것이고,

따라서 비록 그 후에 화의신청의 취하와 법원에 의해 직권으로 파산선고가 내려져 결과적으로 7천만 원의 수령이 파산선고보다 1년 전에 생긴 것으로 되었다 하더라도, 앞서 본 바와 같은 이유로 이 사건 파산절차에서 선급금 7천만 원의 반환채무를 수동채권으로 한 상계 또한 금지된다고 봄이 상당하므로, 피고의 위 주장도 이유 없다.

4. 결론

그렇다면, 피고는 원고에게 위 선급금 계약해지에 따른 원상회복의무의 이행으로서, 선급금 1억 1천만 원 및 이에 대하여 그 수령일 이후로서 원고가 구하는 바에 따라 1999. 3. 1.부터 이 사건 소장 부본이 피고에게 송달된 날임이 기록상 명백한 1999. 9. 22.까지는 상법 소정의 연 6푼, 그 다음날부터 완제일까지는 소송촉진등에관한특례법 소정의 연 2할 5푼의 각 비율에 의한 법정이자 및 지연손해금을 지급할 의무가 있다 할 것이므로, 원고의 이 사건 청구는 이유 있어 이를 인용할 것인바, 제 1 심 판결은 그 이유 설시는 다를지라도 결과적으로 이와 결론을 같이하여 정당하므로, 피고의 항소는 이유 없어 이를 기각하기로 하여 주문과 같이 판결한다.

재판장 판사 이광렬 김형천 김광수

[해설]

파산채권자가 지급정지 또는 파산신청이 있었음을 알고 채무자에 대하여 채무를 부담한 때에는 상계할 수 없으나 채무의 부담이 파산선고가 있는 날부터 1년 전에 생긴 원인에 기한 때에는 통상 채권자에게 채권 가격의 하락을 전보할 수단으로서 채무를 부담한다는 의사가 없을 것이고 상계기대를 보호함으로써 거래의 안전을 유지할 필요도 있기 때문에 상계가 허용된다.

그러나 화의법 제 5 조에 의하여 준용되는 파산법 제95조 제 2 호 소정의 상계금지에 저촉되어 화의절차 중에 상계가 허용되지 아니하는 경우 화의절차 폐지 후 파산절차가 개시되어 당해 채무부담의 원인이 결과적으로 파산선고시로부터 소급하여 1년 이상 전에 생긴 것이 되었다고 하더라도 그 상계는 거래의 안전을 해칠 염려가 없으므로 파산절차에서도 역시 상계가 금지된다. 서울고등법원 2000나41723 판결이 이 점을 명시하였다. 이러한 법리는 회사정리절차가 폐지되어 파산절차로 이행한 경우에도 마찬가지이다.

한편, 화의인가결정 확정으로 화의절차는 그 목적을 달성하여 당연히 종료되고, 화의채무자의 화의개시신청 당시의 지급정지 또는 그와 동일시 할 수 있는 위기상태는 화의인가결정이 확정됨에 따라 해소되었다고 보므로, 화의인가로 정상화된 기업이 새로이 지급정지 등의 위기를 맞아 화의취소 및 파산상태에 빠진 경우 화의인가 전에 있었던 지급정지는 더 이상 상계의 제한사유가 되지 않을 것이다.[3)]

---

3) 서울고등법원 2006. 11. 2. 선고 2006나6425 판결(부인권 행사의 시기적 요건으로서의 지급정지에 관하여 판단한 것이나 상계에 있어서도 동일하게 판단할 수 있을 것이다. 대법원 2006다80636호로 상고 중).

11. 절차규정

▶ 〈제99조〉 파산절차에서의 민사소송법 준용

▸ 〈파산절차에서의 소송대리권 증명 등〉

대법원 1997. 9. 22.**자** 97마1574 **결정 【항고비용부담】** [공1997, 3370]

【판시사항】

[1] 소송대리권 증명에 관한 법리

[2] 파산절차에서도 소송절차에서의 소송대리권 증명 및 무권대리인의 소송비용 부담에 관한 규정이 준용되는지 여부(적극)

【결정요지】

[1] 소송대리인의 대리권 존부는 법원의 직권조사사항이라 할 것이고, 그 소송대리권의 위임장이 사문서인 경우 법원이 소송대리권 증명에 관하여 인증명령을 할 것인지의 여부는 법원의 재량에 속한다고 할 것이나 상대방이 다투고 있고 또 기록상 그 위임장이 진정하다고 인정할 만한 뚜렷한 증거가 없는 경우에는 법원은 그 대리권의 증명에 관하여 인증명령을 하거나 또는 달리 진정하게 소송대리권을 위임한 것인지의 여부를 심리하는 등 대리권의 흠결 여부에 관하여 조사하여야 한다.

[2] 소송대리인으로서 소 또는 상소를 제기한 자가 법원의 인증명령에도 불구하고 그 대리권을 증명하지 못하는 경우에는 법원은 그 소 또는 상소가 소송대리권 없는 자에 의하여 제기된 부적법한 것임을 이유로 각하할 수 있고, 이 때 그 소송비용은 그 소송대리인이 부담하여야 할 것이며, 이는 그 소송대리인이 법원에 대하여 사임의 의사를 표명한 경우에도 마찬가지인바, 이러한 소송절차에서의 소송대리권 증명 및 무권대리인의 소송비용 부담에 관한 법리는 파산절차에도 준용된다.

【참조 조문】 [1] 민사소송법 제81조／[2] 파산법 제99조, 민사소송법 제98조 제2항, 제99조

【재항고인, 피신청인대리인】 김영일

【원심결정】 서울고등법원 1997. 6. 12.자 97라48 결정

【주문】 재항고를 기각한다.

【이유】 재항고이유를 본다.

소송대리인의 대리권 존부는 법원의 직권조사사항이라 할 것이고, 그 소송대리권의 위임장이 사문서인 경우 법원이 소송대리권의 증명에 관하여 인증명령을 할 것인지의 여부는 법원의 재량에 속한다고 할 것이나 상대방이 다투고 있고 또 기록상 그 위임장이 진정하다고 인정할 만한 뚜렷한 증거가 없는 경우에는 법원은 그 대리권의 증명에 관하여 인증명령을 하거나 또는 달리 진정하게 소송대리권을 위임한 것인지의 여부를 심리하는 등 대리권의 흠결 여부에 관하여 조사하여야 할 것이다(대법원 1978. 2. 14. 선고 77다2139 판결 참조). 그리하여 소송대리인으로서 소 또는 상소를 제기한 자가 법원의 인증명령에도 불구하고 그 대리권을 증명하지 못하는 경우에는 법원은 그 소 또는 상소가 소송대리권 없는 자에 의하여 제기된 부적법한 것임을 이유로 각하할 수 있고, 이 때 그 소송비용은 그 소송대리인이 부담하여야 할 것이며(민사소송법 제99조, 제98조 제2항), 이는 그 소송대리인이 법원에 대하여 사임의 의사를 표명한 경우에도 마찬가지라고 할 것이다. 그리고 이러한 소송절차에서의 소송대리권의 증명 및 무권대리인의 소송비용 부담에 관한 법리는 파산절차에서도 준용된다고 할 것이다(파산법 제99조).

기록에 의하면, 주식회사 홍국상사를 신청인, 甲을 사건본인으로 하는 서울지방법원 의정부지원의 파산선고 및 폐지결정에 대하여 변호사인 재항고인이 위 사건본인인 甲의 소송대리인의 자격으로 항고를 제기하였는데 원심에서 신청인이 재항고인의 소송대리권을 부인한 사실, 원심이 재항고인에게 소송대리권 부여에 관한 소명자료의 제출을 요구하였고 이어 재항고인이 사건본인의 것임을 주장하는 무인과 인영이 찍힌 소송위임장을 제출하였지만 그 무인과 인영이 사건본인에 의한 것임을 인정할 아무런 자료가 없어 원심은 재항고인에게 소송위임장에 인증을 받을 것을 명하고 심문을 종결한 사실, 이후 재항고인이 원심에 사임신고서를 제출한 사실이 인정된다.

그렇다면 원심이 소송대리권의 증명이 없음을 이유로 사건본인의 항고를 각하하면서 그 항고비용을 재항고인에게 부담하게 한 것은 정당하고, 거기에 소론과 같은 법령 위반, 심리미진, 이유불비 등의 위법이 있다고 할 수 없다. 논지는 모두 이유 없다.

대법관 이임수(재판장) 최종영(주심) 이돈희 서성

▶ 〈파산신청보조참가〉

서울고등법원 1998. 7. 16.**자** 98**라**139 **결정 【보조참가신청각하결정】**

【결정요지】

파산절차는 일반적 집행이고, 소송절차는 아니기 때문에 참가에 관한 민사소송법이 준용될 여지가 없으며 일반적으로 대립하는 당사자구조를 가지지 못한 결정절차에 있어서는 보조참가를 할 수 없는 것이다.

【신청인】 주식회사 대우

【채무자】 재단법인 호리랜드

【보조참가신청인, 항고인】 甲

【원심결정】 서울지방법원 1998. 4. 29.자 96하7 결정

【주문】 항고를 기각한다. 항고비용은 항고인의 부담으로 한다.

【항고취지】 원심결정을 취소하고 보조참가신청인의 보조참가를 허가한다.

【이유】 1. 기초사실

신청인이 채무자에 대하여 37억 8,561만원의 공사대금을 채권을 가지고 있는데 피신청인은 그 재산으로 공시지가 합계 약 8억 원 상당의 별지 목록 기재 토지만을 소유하고 있어 그 재산으로써 채무를 완제할 수 없다는 이유로 1996. 12. 26. 원심법원에 피신청인에 대한 파산 신청을 하였고, 보조참가신청인은 위 신청이 원심법원에 계속 중인 1997. 7. 25. 채무자를 위하여 보조참가신청을 하였으나 원심법원이 1998. 4. 29. 위 신청이 부적법하다는 이유를 각하한 사실은 기록상 명백하다.

2. 항고이유의 요지

채무자가 신청인과 공사도급계약을 체결할 때 채무자 법인 이사회의 결의도 없었고, 주무관청으로부터 허가를 얻은 바도 없으므로 위 공사도급계약은 무효이고, 이로 인하여 발생한 신청인의 공사대금 채권 지급 보장을 위하여 파산 선고를 한 것은 부당하다는 것이다.

3. 판단

파산절차는 일반적 집행이고, 소송절차는 아니기 때문에 참가에 관한 민사소송법이 준용될 여지가 없으며 일반적으로 대립하는 당사자구조를 가지지 못한 결정절차에 있어서는 보조참가를 할 수 없는 것이므로(대법원 1994. 1. 20.자 93마1701 결정 참조), 원심 법원이 항고인의 보조참가신청이 부적법하다는 이유로 각하한 것은 정당하다.

항고인이 주장하는 사유는 원심 법원이 1998. 4. 6. 선고한 파산 결정이 부당하

다는 것으로 이 사건에 대한 적법한 항고이유가 될 수 없다.

재판장 판사 김대환 이혜광 박형남

[해설]

파산법이 규정하고 있던 민사소송의 특칙으로는 관할(파산법 제96조 내지 제98조), 법원간의 공조(파산법 제100조), 임의적 변론 및 직권조사(파산법 제101조), 불복신청(파산법 제103조), 신청·진술·항고의 방법(파산법 제104조), 송달·공고(파산법 제105, 107, 108조), 등기·등록의 촉탁(파산법 제109조 내지 제114조), 통지(파산법 제115조) 등을 들 수 있다. 신법은 파산사건 처리의 전문성, 효율성을 감안하여 관할에 관하여 파산법에 없던 특칙(신법 제3조 제1항 단서, 제3조 제4 내지 7, 9항)을 다수 규정하는 한편, 불복신청에 관하여는 즉시항고를 할 수 있는 경우를 개별적으로 규정하고 그 외에는 항고할 수 없도록 규정하였으며(신법 제13조), 구두에 의한 항고를 인정하던 파산법과 달리 불복방법을 서면으로만 한정하였다(신법 제14조). 파산법은 공고방법으로 관보와 일간신문에의 게재를 규정하였으나, 신법은 관보게재 또는 대법원규칙이 정하는 방법으로 공고하도록 규정하고 있고(신법 제9조), 현재 대법원 홈페이지(www.scourt.go.kr)를 이용한 공고시스템이 시행중이다. 또한 신법은 파산법과 달리 파산선고를 받은 채무자가 법인인 경우 그 재산에 대하여 별도로 파산선고의 등기를 촉탁할 필요가 없도록 하였다(신법 제24조 제3항, 제27조). 특히 파산법은 제158조 제3항, 제179 제3항, 제203조, 제231조, 제236 제2항, 제270조, 제322조, 제343조, 제360조 등 개별적으로 열람을 허용하는 규정을 둔 것 외에 기록열람에 관한 일반규정이 없었는데, 신법은 사건기록의 열람·복사에 관하여 일반적인 근거규정을 두었다(신법 제28조).

위와 같은 명문의 규정이 없는 경우 민사소송법이나 민사집행법을 준용하겠으나(파산법 제99조, 신법 제33조), 파산절차는 강제집행절차의 성격과 비송사건인 청산절차의 성격을 동시에 가지고 있기 때문에 민사소송법이나 민사집행법의 준용은 각 준용 단계에서 개별적인 검토가 필요하다고 할 것이다.

대리권에 관하여는 파산신청이나 즉시항고와 같이 적극적으로 법원의 재판을 구하는 경우 판결절차에서처럼 변호사대리의 원칙이 준용된다. 파산절차 내에서의 참가가 인정되는지에 관하여는 파산절차는 일반소송절차가 아니므로 참가에 관한 민사소송법의 규정이 준용될 여지가 없다는 것이 판례의 태도이나,[1] 보조참가의 경우 판결절차에서와 같은 엄격한 당사자 대립구조를 전제로 하지 아니할 뿐 아니라

1) 서울고등법원 1998. 7. 16.자 98라139 결정.

파산절차상 이해관계인에게 즉시항고권이 인정되기도 한다는 점 등을 근거로 파산절차에서 보조참가를 긍정하는 견해도 있다.[2)]

---

2) 注解 破産法(下), 20면.

12. 파산선고

▶ 〈제116조〉 보통파산원인

(1) **서울고등법원** 2001. 9. 28.**자** 2001**라**123 **결정 【파산선고】** (**확정**)

【판시사항】

채권자의 파산신청을 기각한 제1심 결정을 파기환송한 사례

【결정요지】

채무자가 그의 총채무를 변제하기에 충분한 실질적 자산이 없을 뿐만 아니라 노무, 신용 등 유·무형의 모든 재산에 의한 변제력을 참작하더라도 즉시 이행하여야 할 금전채무의 변제를 할 수 없는 계속적이고도 객관적인 상태에 있다고 보아, 채권자의 채무자에 대한 파산신청을 기각한 제1심 결정을 파기환송(채무자는 판결금원을 지급하지 못하고 있고 부동산에 대하여 선순위 저당권이 설정되어 있으며 국세체납으로 압류등기가 되어 있을 뿐 아니라 항고심 심문기일에 출석하여 자신의 직업 내지 지급불능 상태가 아님을 적극적으로 소명하지도 않을 채 계속 불출석하였고, 채권자들로부터의 채권추심을 피하기 위하여 1979. 9. 16.부터 2001. 2. 10.까지 사이에 11회에 걸쳐 주소를 이전하였을 뿐만 아니라 6회에 걸친 무단전출로 주민등록이 직권말소되었다가 재등록하기도 함).

【신청인, 항고인】 甲

【피신청인, 상대방】 乙

【원심결정】 인천지방법원 2001. 2. 7.자 99하32 결정

【주문】 원심결정을 취소한다. 이 사건을 인천지방법원에 환송한다.

【신청취지】 피신청인을 파산자로 하고 이 사건 파산절차를 폐지한다 라는 결정

【항고취지】 원심결정을 취소하고 다시 상당한 재판을 구함.

【이유】 1. 기초사실

(1) 피신청인은 1986. 4. 14. 선고된 인천지방법원 86가소928 공사대금 사건의 판결에 따라 신청인에게 '금 150만 원 및 이에 대한 1986. 3. 9.부터 다 갚는 날까지 연 25%의 비율에 의한 돈'을 지급할 의무가 있으나, 신청인이 1992. 6. 14. 피신청인의 유체동산경락대금으로 수령한 41,440원을 제외하고는 아직까지 신청인에게 위 돈을 지급하지 못하고 있다.

(2) 피신청인 소유의 자산으로는 주식회사 신라(등기부상 주소: 인천 중구 신포동 소재) 발행의 주식 3,500주(액면가 1만 원), 경남 합천군 가야면 구미리 소재 임야, 1992년경 신축되었으나 현재까지 미등기 상태인 안산시 건건동 소재 빌라 32평형 1세대, 안산시 건건동 소재 대지에 대한 순위번호 5번의 채권최고액 3억 2천만 원의 근저당권부채권(피신청인의 근저당권에 앞서 4회에 걸쳐 총 5억 8,200만 원의 근저당권설정등기가 마쳐져 있다) 등이 있다.

(3) 그러나 경남 합천군 가야면 구미리 소재 임야 56,231㎡의 1996년도 감정가는 금 8,434,650원임에 비하여 채권최고액 금 6천만 원의 근저당권설정등기가 마쳐져 있을 뿐만 아니라 3회에 걸친 국세압류 등의 등기가 마쳐져 있으며, 안산시 건건동 소재 빌라 32평형(105.6㎡) 1세대는 1992년경 신축되었으나 현재까지 미등기 상태에 있어 그 시가를 산정하기가 어렵고, 또한 채권최고액 3억 2천만 원의 근저당권부채권을 가지고 있는 안산시 건건동 소재 대지에 대하여는 이미 선순위 채권자로부터의 신청에 의한 임의경매절차가 개시되어 있을 뿐만 아니라 안산시로부터 지방세 압류등기가 마쳐져 있다. 또한 피신청인이 주식 3,500주를 소유하고 있는 주식회사 신라는 휴면회사여서 사실상 주식의 가치가 0원과 마찬가지이다.

(4) 피신청인은 현재 50세의 남성으로 노동능력은 있어 보이나 별다른 직업이 없고 — 이 사건의 심문기일에 출석하여 자신의 직업 내지 지급불능 상태가 아님을 적극적으로 소명하지도 않을 채 계속 불출석하였다 — 그의 가족들도 아무런 재산이 없다. 또한 피신청인은 신청인을 포함한 채권자들로부터의 채권추심을 피하기 위하여 1979. 9. 16.부터 2001. 2. 10.까지 사이에 11회에 걸쳐 주소를 이전하였을 뿐만 아니라 6회에 걸친 무단전출로 주민등록이 직권말소되었다가 재등록하였다.

2. 판단

위 인정사실에 의하면, 피신청인은 그의 총채무를 변제하기에 충분한 실질적 자산이 없을 뿐만 아니라 노무, 신용 등 유·무형의 모든 재산에 의한 변제력을 참작하더라도 즉시 이행하여야 할 금전채무의 변제를 할 수 없는 계속적이고도 객관적인 상태에 있다고 봄이 상당하다. 따라서 피신청인은 파산법 제116조 제1항에서 말하는 "지급을 할 수 없는 때"에 해당한다고 할 것이다.

3. 결론

그렇다면 피신청인에게는 파산을 선고하고 그에 따르는 조치를 취하여야 할 것임에도 불구하고 이와 달리 신청인의 파산신청을 기각한 원심결정은 부당하다. 따라서 다시 정당한 재판을 하기 위하여 이 사건을 원심법원인 인천지방법원에 환송하기로 하여 주문과 같이 결정한다.

재판장 판사 강병섭 한승 김용대

(2) **광주고등법원** 2000. 4. 26.**자** 2000**라**21 **결정 【파산선고】(확정)**

【판시사항】

채권자의 파산신청을 받아들여 파산선고 및 동시폐지결정을 한 제1심 결정에 대하여 파산자가 항고한 사건에서 항고를 기각함

【항고인】 甲

【원심결정】 전주지방법원 2000. 3. 8. 14:00 99하26 결정

【주문】 이 사건 항고를 기각한다.

【이유】 1. 이 사건 기록에 의하면 다음의 사실이 인정된다.

가. 이 사건의 신청인 乙은 항고인을 상대로 전주지방법원 97가단2339호 수표금 소송을 제기하여 1997. 4. 15. 위 법원으로부터 "피고는 원고에게 금 5천만 원 및 이에 대한 1997. 3. 6.부터 완제일까지 연 2할 5푼의 비율에 의한 금원을 지급하라"는 전부 승소판결을 선고받았고, 위 판결은 같은 해 5. 13. 확정되었다.

나. 항고인은 위 乙 이외에도 항고외 丙, 丁에 대하여 각 금 3천만 원, 항고외 戊에 대하여 금 4천만 원 및 항고외 己에 대하여 금 1천만 원의 채무가 있어, 항고인의 채무액은 합계 금 1억 6천만 원에 달한다.

다. 한편, 위 乙은 그 동안 항고인에게 위 판결금의 지급을 요구하였으나 항고인이 그 지급을 하지 아니하자, 항고인을 상대로 전주지방법원 97카기378호로 재산관계명시신청을 하였고, 그 신청절차에서 항고인이 위 법원의 명령에 따라 제출한 재산 목록에 의하면 1997. 6. 16. 당시 항고인 소유의 재산으로는 가재도구 합계 금 5,070,000원 상당, 중·고등학생용 교육교재 합계 금 20,110,000원 상당, 항고 외 김호기 외 7인에 대한 합계 금 5,183,000원의 금전채권이 있었으나, 1999. 12. 14.경에 이르러서는 위 가재도구 이외에 재산이 없고, 항고외 주식회사 합동운수로부터 매월 금 1백만 원 정도의 급여를 받고 있을 뿐이다.

위 인정사실에 의하면, 현재 항고인의 신용 등에 비추어 볼 때 항고인은 채무를 변제할 재원을 마련할 별다른 방법이 없는 것으로 보여 항고인은 위 乙에 대한 위 판결금채무를 지급할 수 없을 뿐만 아니라 파산절차의 비용을 지변하기에도 부족한 재산상태에 있다 할 것이다.

2. 그렇다면, 위 乙의 이 사건 파산신청은 이유 있으므로 구 파산법(2000. 1. 12. 법률 제6111호로 개정되기 전의 것, 이하 같다) 제116조 제1항에 따라 항고인에 대하여 파산을 선고하고, 같은 법 제135조 제1항에 따라 동시에 파산폐지의 결정을 할 것인바, 제1심 결정은 이와 결론을 같이 하여 정당하고, 그 밖에 달리 제1심 결정을 취소할 아무런 사유도 발견되지 아니하므로, 이 사건 항고는 이유 없어 이를 기각하기로 하여 주문과 같이 결정한다.

재판장 판사 오세욱 정경현 서창원

(3) **서울고등법원** 1997. 4. 11.**자** 97**라**46 **결정 【파산선고】** (**확정**)

【판시사항】

지급불능의 파산원인이 있다고 본 사안

【결정요지】

채무자가 그의 총채무를 변제하기에 충분한 실질적 자산이 없을 뿐만 아니라 노무, 신용 등 유·무형의 모든 재산에 의한 변제력을 참작하더라도 즉시 이행하여야 할 금전채무의 변제를 할 수 없는 계속적이고도 객관적인 상태에 있다고 보아, 채권자의 채무자에 대한 파산신청을 기각한 제1심 결정을 파기환송함.

【신청인, 항고인】 甲

【피신청인, 피항고인】 乙

【원심결정】 인천지방법원 1997. 2. 12.자 96하4 결정

【주문】 원심결정을 취소한다. 이 사건을 인천지방법원에 환송한다.

【신청취지】 채무자를 파산자로 하고 이 사건 파산절차를 폐지한다는 결정.

【항고취지】 원심결정을 취소하고 다시 상당한 재판을 구함.

【이유】 소명자료에 의하면, 피신청인은 1996. 2. 14. 신청인에게, 토지임대료 및 손해배상금의 지급을 위하여 지급일이 1996. 2. 28.로 된 액면 돈 3천만 원의 약속어음을 발행하고, 피신청인이 위 지급일에 위 어음금을 지급하지 못하는 경우 신청인이 즉시 강제집행을 할 수 있도록 하는 내용의 공정증서를 작성하였는데 아직도 위 어음금을 지급하지 못하고 있는 사실, 피신청인은 신청인의 토지 위에 산재해 있는 시가 200여만 원 상당의 기계류와 현재 살고 있는 시가 1억 3천만 원 상당의 아파트 1채(전용면적 126.79㎡)를 소유하고 있고, 학성기업주식회사에 대하여 6,712만 원 상당의 채권이 있고, 주식회사 경효산업에 대하여 2억 원 상당의 채권이 있는 사실, 그런데 위 아파트에 관하여는 채권최고액 합계 9,100만 원의 근저당권이 설정되어 있고, 서인천세무서에서 7,699,040원의 조세채권을 원인으로 한 압류등기가 경료되어 있으며, 그 밖에 청구금액 합계 111,500,925원 이상의 가압류 등기 4건이 경료되어 있는 사실, 위 아파트는 현재 근저당권자의 경매신청으로 인하여 경

매절차가 진행 중인데, 신청채권액은 83,818,575원, 감정가는 1억 5백만 원, 현재 최저경락가격은 감정가와 같은 사실, 한편 위 회사들에 대한 채권은 그 지급을 위하여 발행된 어음 또는 수표가 지급거절되었고 달리 집행할 재산이 없어 사실상 회수할 수 없게 된 사실, 피신청인은 현재 64세의 고령으로서 별다른 직업이 없어 생활능력이 없고, 그의 가족들도 아무런 재산이 없으며, 직장을 다니는 두 아들이 타오는 봉급으로 생활하고 있는 사실을 인정할 수 있다.

위 인정사실에 의하면, 피신청인은 그의 총채무를 변제하기에 충분한 실질적 자산이 없을 뿐만 아니라 노무, 신용 등 유·무형의 모든 재산에 의한 변제력을 참작하더라도 즉시 이행하여야 할 금전채무의 변제를 할 수 없는 계속적이고도 객관적인 상태에 있다고 봄이 상당하다. 따라서 피신청인은 파산법 제116조 제1항에서 말하는 "지급을 할 수 없는 때"에 해당한다고 할 것이다.

그렇다면 피신청인에게는 파산을 선고하고 그에 따르는 조치를 취하여야 할 것임에도 불구하고 이와 달리 신청인의 파산신청을 기각한 원심결정은 부당하다. 따라서 다시 정당한 재판을 하기 위하여 이 사건을 원심법원인 인천지방법원에 환송하기로 하여 주문과 같이 결정한다.

재판장 판사 이용우 최완주 강일원

[해설]

지급불능이라 함은 채무자가 변제능력이 부족하여 즉시 변제하여야 할 채무를 일반적·계속적으로 변제할 수 없는 객관적 상태를 말하는데,[1] 사람의 변제능력은 재산, 신용, 노력(기능)의 세 가지 요소로 구성되어 있기 때문에 변제능력의 부족 여부는 이 세 가지 요소를 종합하여 판단하여야 한다. 재산이 부족하다고 하더라도 신용이나 노력 내지 기능에 의하여 지급수단을 조달할 수 있으면 변제능력의 결핍은 아니고, 반대로 채무를 초과하는 재산이 있더라도 용이하게 환가할 수 없기 때문에 지급수단을 조달할 수 없으면 변제능력의 결핍으로 볼 수 있다.[2] 재산상태만을 기준으로 하지 않는 점에서 법인의 파산원인인 채무초과와 다르다.

파산법 제116조 제2항(신법 제305조 제2항)은 지급불능을 추정하는 사실로 지급정지를 규정하고 있는데, 지급정지란 채무를 일반적이며 계속적으로 변제할 수 없다는 뜻을 표시하는 채무자의 명시적 또는 묵시적 행위 내지 태도를 말한다. 지급정지는 채무자의 객관적 경제상태를 의미하는 지급불능과 달리 채무자의 주관적

1) 대법원 1999. 8. 16.자 99마2084 결정(공1999, 2156); 2006. 4. 4.자 2006마93 결정(공보불게재).

2) 대법원 2005. 11. 10. 선고 2003다2345 판결(공보불게재).

인 행위이기는 하나, 개개의 채무를 지급할 수 없다는 것만으로는 지급정지라고 할 수 없다. 예컨대, 일시에 다수의 채무를 청구당한다든지 1개의 거액의 채무를 청구당하여 지급할 수 없다는 뜻을 표시하는 것이어야 한다.[3] 따라서 파산신청인이 지급정지의 사유를 주장하는 경우에도 일반적·계속적 변제거부의 의사표시에 해당하는지 여부를 판단하는 데에 필요한 범위 내에서 채무자의 재산상태에 대하여 심리하는 것이 실무이다. 지급정지는 외부를 향한 행위이기 때문에 지급불능보다 입증이 더 쉽고 파산선고의 요건사실인 지급불능의 전제사실로서 기능한다. 지급불능과 지급정지는 일반적으로 동시에 일어나기 때문에 파산재단의 충실을 해할 염려가 있는지 여부도 지급정지시를 기준으로 판단하는 것이 더 명확하다. 이런 점에서 부인권, 상계권 행사에 있어 지급정지가 그 기준시점으로 규정되어 있다.

---

(4) **서울지방법원** 2003. 12. 9.**자** 2003**하단**995 **결정 【파산선고】 (확정)**

【결정요지】

파산선고를 받은 후 새로운 채무를 부담하여 그 신채무에 대하여 파산선고 및 면책결정을 받고자 하거나, 또는 파산선고 후 신득재산(新得財産)을 취득하여 이를 파산절차를 통하여 청산하고자 함에 있는 것이 아니라, 파산선고 당시 이미 존재하고 있었으나 신청인이 채권자명부에 기재하지 아니한 탓에, 파산법 제349조 제6호에 의하여 본안소송에서 비면책채권으로 분류될 가능성이 있는 동일 채권에 대하여 다시 파산선고를 받아 면책을 받고자 새로이 파산신청을 한 사안에서, 이미 파산선고를 받았던 채권에 대하여 또다시 중복하여 파산선고를 받고자 하는 것에 지나지 아니하다고 보아 신청을 각하한 사례.

【신청인, 채무자】 甲

【주문】 이 사건 신청을 각하한다.

【이유】 1. 인정사실

이 사건 기록에 의하면, ① 신청인은 2002. 1. 21. 이 법원 2002하단12호로 파산선고신청을 하면서, 채권자명부에 신청인에 대한 채권자로서 "서울보증보험 주식회사, 주식회사 한빛은행"만을 각 기재한 사실, ② 그러나, 신청인은 1995. 4. 7. 삼성중공업 주식회사에 대하여 연대보증을 하였던 관계로, 위 채권자명부의 기재와 달리 그 승계채권자인 파산자 삼성상용차 주식회사의 파산관재인 김병찬, 박복근에 대하여 금 5,500여만 원 상당의 연대보증채무를 부담하고 있는 상태였던 사실, ③ 이 법원은 2002. 1. 31. 위 파산선고신청에 대하여 "신청인은 서울보증보험 주식회

---

3) 박기동, "파산절차 개시의 요건과 파산선고의 효과," 파산법의 제문제(상), 재판자료 제82집, 1999, 법원도서관, 73면.

사 등 2명의 채권자에 대하여 금 5,500만 원 상당의 채무를 부담하여 지급불능상태에 있다"는 이유로 신청인에 대하여 파산선고를 하였고, 위 결정은 2002. 2. 1. 확정된 사실, ④ 그 후 신청인은 2002. 2. 15. 이 법원 2002파단20호로 면책신청을 하면서 마찬가지로 채권자명부에 "서울보증보험 주식회사, 주식회사 한빛은행"만을 파산채권자로 기재하였고, 이 법원은 2002. 5. 18. 신청인에게 "1. 파산자가 이 사건 면책신청서에 첨부하여 제출한 별지 채권자일람표 기재의 채권 중 다음 부분에 관하여 파산자를 면책한다. 가. 이 사건 면책결정확정시의 원금 · 이자 · 지연손해금 합계액 중에서 이자 · 지연손해금 전액 및 원금의 80%에 해당하는 금원. 나. 이 사건 면책결정확정시의 원금의 20%에 대하여 이 사건 면책결정확정일 다음날부터 2년을 경과하는 날까지의 지연손해금. 2. 제 1 항의 채권부분을 제외한 나머지에 관하여 파산자의 면책을 허가하지 아니한다"는 내용의 일부 면책 결정을 선고하여, 2002. 6. 2.경 그 결정이 확정된 사실, ⑤ 위 면책결정 확정 후 파산자 삼성상용차 주식회사의 파산관재인 김병찬, 박복근은 서울지방법원 2002차18988호로 신청인을 상대로 위 연대보증금의 지급을 구하는 지급명령을 신청하여 2002. 8. 24. 같은 법원으로 지급명령이 발령되었고, 이에 대하여 신청인이 2003. 1. 27.자로 이의신청을 함으로써, 현재 서울지방법원 2003가단123400호로 파산자 삼성상용차 주식회사의 파산관재인 김병찬, 박복근과 신청인과 사이에 위 연대보증금청구 사건이 계속 중인 사실을 인정할 수 있다.

2. 신청인의 주장

신청인은, 위 파산선고신청을 전후하여 채권자인 파산자 삼성상용차 주식회사의 파산관재인 김병찬, 박복근으로부터 변제독촉을 받지 아니한 관계로 위 채권자에 대하여 아무런 채무가 없는 것으로 알았다가, 2003. 1. 21. 서울지방법원 2002차18988호 지급명령을 송달받고서야 위 채권자에 대하여 금 5,500여 만 원의 연대보증채무가 남아 있는 것으로 알았으므로, 위 채무에 대하여 면책을 받기 위하여 그 전제로서 이 사건 파산신청에 이르렀다고 주장한다.

3. 이 법원의 판단

신청인이 이 사건 파산신청을 한 것은, 이 법원 2002하단12호 파산선고신청사건에서 파산선고를 받은 후 새로운 채무를 부담하여 그 신채무에 대하여 파산선고 및 면책결정을 받고자 하거나, 또는 위 파산선고 후 신득재산(新得財産)을 취득하여 이를 파산절차를 통하여 청산하고자 함에 있는 것이 아니라, 오로지 이 법원 2002하단12호 사건의 파산선고 당시 이미 존재하고 있었으나 신청인이 채권자명부에 기재하지 아니한 탓에, 파산법 제349조 제 6 호에 의하여 본안소송에서 비면책채권으로 분류될 가능성이 있는 동일 채권에 대하여 다시 파산선고를 받아 면책을 받고자 함에 있다.

즉, 신청인이 이 사건 파산채권으로 기재한 위 금 5,500여만 원의 연대보증채무는, 이 법원이 2002. 1. 21. 이 법원 2002하단12호 사건에서 파산선고를 함으로써 이미 파산선고의 효력이 미쳤던 것과 동일한 채무로서, 이 사건 파산원인과 이 법원 2002하단12호 사건의 파산원인을 비교하여 볼 때 신파산(新破産)의 원인이 발생하였다고 할 수 없으므로, 결국 신청인의 이 사건 파산신청은 이미 파산선고를 받았던 채권에 대하여 또다시 중복하여 파산선고를 받고자 하는 것에 지나지 아니하여 이를 허용할 수 없다.

4. 결론

그렇다면, 신청인의 이 사건 파산신청은 이미 이 법원이 파산선고를 함으로써 그 파산선고의 효력이 미쳤던 채권에 대하여 중복하여 재차 파산신청을 한 것에 지나지 아니하므로 부적법하여 이를 각하하기로 하여 주문과 같이 결정한다.

판사 오영준

[해설]

이 사건 채무자는 채권자일람표에 기재된 채권자들에 대한 채무에 대하여 일부면책결정을 받았는데 채권자일람표에 기재되지 아니한 이 사건 채무는 면책의 대상에 포함되지 아니한 것이 분명하여 파산법 제349조 제6호(신법 제566조 제7호)에 의한 면책 허부를 따지기 전에 이미 비면책채권으로 확정된 것이고, 따라서 이에 대하여 다시 면책을 구하는 것은 허용되지 않는다. 대법원 2007. 1. 11. 선고 2005다76500 판결은 “구 파산법 제349조 제6호에서 말하는 ‘파산자가 악의로 채권자명부에 기재하지 아니한 청구권’이라 함은 파산자가 면책결정 이전에 채권의 존재사실을 알면서도 이를 채권자명부에 기재하지 않은 경우를 뜻하고 채권자명부에 기재하지 않은 데에 과실이 있는지 여부를 불문하고 파산자가 채권의 존재사실을 알지 못한 때에는 여기에 해당하지 아니한다”는 이유로 구체적인 경위에 비추어 파산자가 대출채권의 존재를 알지 못한 데에 과실이 있을지언정 이를 알면서 채권자명부에 기재하지 않았다고 볼 수 없다면 그 기재하지 않은 채권은 면책의 대상이 된다고 판시하였다.

일부면책결정을 받은 채무자가 파산법 제346조 제4호(신법 제564조 제1항 제4호)의 제한 기간 내에 다시 면책절차를 이용하는 것을 허용할 것인지 여부에 관하여도 논의가 필요하겠으나 파산법 제346조 제4호(신법 제564조 제1항 제4호)의 “면책을 받은 일”에는 일부면책결정도 포함된다고 해석하여 이를 불허하는 것이 타당하다. 왜냐하면 첫째, 일부면책결정도 면책결정의 유형의 하나일 뿐 아니라[4] “면책을 받은 일”에 일부면책결정이 포함되지 않는다면 채무자는 면책절차 종

4) 대법원 2006. 9. 22.자 2006마600 결정(공2006, 1802).

료 후 새로이 발생한 채무[5]에 대하여 파산법 제346조 제 4 호(신법 제564조 제 1 항 제 4 호) 소정의 제한기간이 경과하기 전이라도 전부면책결정을 받아 채무를 면제받거나 계속 일부면책결정을 받으면서 채무를 줄여 나갈 수도 있게 되어 채무자가 면책절차를 악용하여 무책임한 경제활동을 하는 것을 막을 수 없는 부당한 결과를 초래하고, 둘째, "면책을 받은 일"에 일부면책결정이 포함되지 않는다고 해석하면 개인채무자회생법 제55조 제 6 호(신법 제595조 제 5 호)의 해석에 있어서도 동일한 해석을 할 수밖에 없어 일부면책결정을 받은 채무자가 잔존채무를 감면받기 위하여 개인회생절차를 이용하는 것을 막을 수 없게 되는데, 이는 잔존 채무로 인하여 다시 파탄에 빠지지 않으리라는 것에 대한 소명이 있음을 전제로 내려진 일부면책결정의 취지에 반하여 비면책으로 확정된 그 나머지 채무에 대하여 또다시 채무감면을 받는 길을 허용하는 셈이 되어 부당하기 때문이다.

한편 일부면책결정을 받은 채무자의 개인회생절차 이용과 관련하여 일부면책 후 잔존채무에 대하여는 개인회생절차의 이용을 허용하여야 한다는 견해가 있는데 그 근거는 다음과 같다. 첫째, 일부면책결정이 법에서 예정하고 있는 결정 유형이라고 할 수 없기 때문에 적어도 면책절차의 제한 사유가 아닌 개인회생절차의 제한 사유로서의 면책을 해석하는 데에 있어서는 이를 전부면책만으로 한정하여 보는 것이 타당하고, 둘째, 신법 제595조 제 5 호의 취지가 채무자의 안이한 절차 이용을 금지하여 무책임한 경제활동을 방지하려는 데에 있다고 한다면 면책결정 후 신규발생 채무에 대한 회생절차의 이용을 막는 데에 있을 뿐 면책결정 전에 발생한 채무에 대해서까지 그 이용을 막을 필요는 없으며, 셋째, 일부면책결정 후 잔존채무에 대하여 다시 면책절차를 이용하는 것과는 달리 별개의 절차로서 채무의 변제를 목적으로 하는 회생절차를 이용하는 것은 면책결정의 효력에 저촉하는 것이라고 볼 수 없고, 채무자 갱생의 측면에서도 그 이용을 허용하는 것이 바람직하다.

파산법 시행 당시 일부면책결정을 받은 채무자가 5년이 지나지 않은 상태에서 신법 시행 후 개인회생신청을 하여 개시결정까지 받았으나 그 후 신법 제620조 제 1항 제 1 호, 제595조 제 5 호에 기하여 개인회생절차가 폐지된 사례가 있다(서울중앙지방법원 2006. 10. 17.자 2006개회38119 결정).[6]

---

5) 비면책으로 확정된 잔존채무에 대하여 다시 면책신청을 할 수 없음은 절차의 효력상 분명하다.

6) 서울중앙지방법원 2006. 12. 26.자 2006라604 결정은 항고를 기각하였으며 현재 재항고절차가 진행 중이다(대법원 2007마55호).

(5) **서울지방법원** 1999. 3. 29.**자** 99**하**59 **결정 【파산선고】**

【결정요지】

금융감독위원회가 금융산업의 구조개선에 관한 법률 제15조 제1항에 의하여 채무자회사의 파산관재인으로 금융실무 경력이 있는 채무자회사의 청산인을 추천하였으나, 법원은 채무자회사에 대하여 파산선고를 하면서 채무자회사의 자산과 부채의 상황, 파산선고에 이르게 된 원인과 경위, 파산관재업무의 성격, 파산관재인의 경력 및 법적 지위 등 모든 사정을 참작하여 금융감독위원회의 추천에도 불구하고 달리 선임하여야 할 특별한 사유가 있다고 보아 변호사를 파산관재인으로 선임.

【신청인, 채무자】 기산상호신용금고 주식회사 대표자 청산인 박용화

【주문】 채무자 기산상호신용금고 주식회사를 파산자로 한다. 변호사 송기영을 파산관재인으로 선임한다. 채권신고기간을 1999. 5. 26.까지로 한다. 제1회 채권자집회 및 채권조사의 기일 및 장소를 1999. 6. 25. 15:00 서울지방법원 제466호 민사법정으로 한다.

【이유】 1. 가. 채무자 회사는 1971. 2. 12. 상호상공 주식회사로 설립되고 1972. 12. 20. 상호신용금고업무를 인가받아 상호상공 상호신용금고로 상호를 변경한 뒤 상호신용계, 상호부금 등 상호신용금고업을 영위하여 왔고(1994. 1. 기아그룹에 인수된 후 현재의 상호로 상호를 변경하였다), 납입자본금은 307억 원으로서 주식회사 기산이 주식의 89.21%를, 기아자동차 주식회사가 9.97%를, 김선홍, 김성웅이 각각 0.49%와 0.33%를 보유하고 있다.

나. 채무자 회사는 주식회사 한국타코에 265억 원에 이르는 한도초과 대출을 하는 등 부실경영에 따른 재무구조의 취약, 기아그룹에 대한 부도유예협약 적용에 따른 512억 원에 이르는 대량 예금인출로 인한 유동성 부족 등으로 인하여 재정적 파탄에 이르렀고, 1997. 7. 24.부터 구 신용관리기금법(1998. 1. 13. 법률 제5501호로 폐지되기 전의 것) 제30조의2에 따른 신용관리기금의 경영지도를 받아 오다가 1997. 9. 22. 같은 법 제30조의3에 따른 신용관리기금에 의한 업무 및 재산관리, 지급정지, 임원의 직무집행정지 등의 경영관리명령을 받았고, 그 후 대주주인 주식회사 기산의 회사정리절차 개시신청 등으로 자본금 증자 또는 자금조달을 위한 담보제공 등이 사실상 불가능한 상태로서 경영정상화 가능성이 희박하다고 판단됨에 따라 1998. 9. 22. 같은 해 9. 21.을 기준일로 하는 주식회사 한아름상호신용금고로의 계약이전을 인가받고, 같은 날 상호신용금고법 제24조 제2항 제6호, 제8호에 의하여 재정경제부장관으로부터 영업인가를 취소받아 해산된 후, 신용관리기금이 선임한 청산인에 의하여 청산절차가 진행되어 왔다.

다. 1998. 12. 31. 현재 채무자회사의 총자산은 64,320,876,110원이고, 총부채는 105,083,106,760원으로서 채무초과상태이다.

2. 위 소명사실에 의하면 채무자회사에는 현재 채무초과의 파산원인사실이 존재하므로, 파산법 제116조, 제117조를 적용하여 채무자회사에 대하여 파산을 선고하기로 하고, 한편 금융감독위원회는 금융산업의구조개선에관한법률 제15조 제 1 항에 의하여 파산관재인으로 금융실무 경력이 있는 채무자 회사의 청산인을 추천하였으나, 채무자회사의 자산과 부채의 상황, 파산선고에 이르게 된 원인과 경위, 파산관재업무의 성격, 파산관재인의 경력 및 법적 지위 등 모든 사정을 참작하면 채무자회사의 파산관재인을 선임함에 있어서는 금융감독위원회의 추천에도 불구하고 달리 선임하여야 할 특별한 사유가 있으므로, 파산법 제147조에 의하여 변호사인 주문 기재 송기영을 파산관재인으로 선임하기로 하며, 채권신고기간과 제 1 회 채권자집회 및 채권조사의 기일에 관하여는 파산법 제132조를 적용하여 주문과 같이 결정한다.

재판장 판사 나천수 신명훈 이연갑

[해설]

『금융산업의 구조개선에 관한 법률』 제15조 제 1 항은 금융기관이 파산한 경우 금융감독위원회의 파산관재인 추천권 및 법원의 선임의무를 규정하였으나,[7] 법원은 금융감독위원회가 추천한 자가 관재인으로서의 적격이 없다고 판단하여 변호사 단독관재인을 선임하여 온 것이 실무였다.[8] 2000. 12. 20. 시행된 공적자금관리특별법 제20조 제 1 항은 “법원은 예금자보호법에 의한 보험금지급 등 공적자금이 지원되는 부보금융기관(금융산업의구조개선에관한법률에 의하여 계약이전이 결정된 부보금융기관을 포함한다)이 해산 또는 파산한 경우 공적자금의 효율적인 회수가 필요한 때에는 상법 제531조 또는 파산법 제147조 및 청산인 또는 파산관재인의 선임에 관한 관련법률의 규정에 불구하고 예금보험공사 또는 그 임직원을 청산인 또는 파산관재인으로 선임한다”고 규정하여 부보금융기관의 파산시 이 규정이 상

---

7) 제15조(청산인 또는 파산관재인) ① 금융감독위원회는 금융기관이 해산 또는 파산한 때에는 상법 제531조 및 「채무자 회생 및 파산에 관한 법률」 제355조의 규정에 불구하고 다음 각 호의 자 중에서 1인을 청산인 또는 파산관재인으로 추천할 수 있으며, 법원은 금융감독위원회가 추천한 자가 금융관련 업무지식이 풍부하며 청산인 또는 파산관재인의 직무를 효율적으로 수행하기에 적합하다고 인정되는 때에는 청산인 또는 파산관재인으로 선임하여야 한다. 이 경우 금융감독위원회는 당해 금융기관이 예금자보호법 제 2 조 제 1 호의 규정에 의한 부보금융기관으로서 예금보험공사 또는 정리금융기관이 그 금융기관에 대하여 대통령령이 정하는 최대채권자에 해당하는 때에는 제 2 호의 규정에 해당하는 자를 추천하여야 한다. 1. 대통령령이 정하는 금융전문가 2. 예금보험공사의 임원 또는 직원

(2000. 1. 20. 개정 전에는 ‘특별한 사정이 없는 한 예금보험공사의 의견을 들어’ 금융감독위원회가 추천한 자를 파산관재인으로 선임하여야 한다고 규정하고 있었다.)

8) 이형하, 공적자금관리특별법 위헌 여부 검토 및 대책 보고(미공간, 2000. 12).

법, 파산법, 금융산업의 구조개선에 관한 법률 등 다른 일체의 파산관재인 선임규정보다 우선 적용됨을 명시하면서 예금보험공사 또는 그 임직원을 무조건 파산관재인으로 선임하도록 규정하여 법원의 재량을 박탈하였다.[9] 이에 따라 금융기관 중 증권투자신탁업법에 의한 위탁회사, 신탁업법에 의한 신탁회사, 금융지주회사법에 의한 금융지주회사와 같이 부보금융기관이 아닌 금융기관이 파산한 경우를 제외하고 부보금융기관에 대하여는 파산관재인 선임과 관련하여 『금융산업의 구조개선에 관한 법률』 제15조 제 1 항이 적용될 여지는 없게 되었다.[10]

그런데 예금보험기금의 과다지출로 적자가 누적되자 2002. 12. 31.까지 발생한 예금보험기금의 채무를 정리하기 위하여 예금자보호법의 개정(2002. 12. 26. 법률 제6807호)으로 예금보험기금채권상환기금(예금자보호법 제26조의3)이 신설되고 예금보험기금(예금자보호법 제24조 제 1 항)이 공적자금관리특별법의 규율대상에서 제외되었는데 이에 따라(공적자금관리특별법 제 2 조 제 1 호 가.목은 예금보험기금채권상환기금에서 지원되는 자금만을 공적자금으로 규정하고 있다) 향후 예금보험기금에서 보험금을 지급받은 부보금융기관은 공적자금관리특별법 제20조 제 1 항의 적용을 받지 않게 되었다. 이에 예금자보호법은 공적자금관리특별법 제20조 제 1항과 동일한 내용의 규정을 두어 부보금융기관이 파산한 경우 예금보험공사 또는 그 임 · 직원을 파산관재인으로 선임하도록 규정하였다(제35조의8 제 1 항).[11]

결국 현재 법원의 파산관재인 선임권을 규율하는 규정은 비부보금융기관 파산에 있어서는 금융산업의 구조개선에 관한 법률 제15조 제 1 항,[12] 부보금융기관 파산에 있어서는 예금자보호법 제35조의8 제 1 항이라 할 것이고, 공적자금관리특별법 제20조 제 1 항은 예금보험기금채권상환기금 설치 전 파산관재인 선임의 근거규정으로서 연혁적 의의만 지니게 되었다. 예금자보호법은 공적자금관리특별법과 달리 제35조의8 제 1 항의 적용시한에 관하여 아무런 규정을 두고 있지 않고 있다. 물론 공적자금관리특별법에 의하여 선임된 파산관재인도 부칙 제 2 조 단서에 의하여 제

9) 동 규정에 대한 위헌심판제청에 대하여 헌법재판소는 합헌결정을 하였다. 헌법재판소 2001. 3. 15. 선고 2001헌가1, 2, 3(병합) 전원재판부 결정(헌공 제117호).

10) 금융산업의 구조개선에 관한 법률 제15조 제 1 항 후문은 '금융감독위원회는 파산금융기관이 부보금융기관으로서 예금보험공사 또는 정리금융기관이 그 금융기관에 대하여 최대채권자에 해당하는 때에는 예금보험공사의 임원 또는 직원을 파산관재인으로 추천하여야 한다'고 규정하고 있으나, 부보금융기관 파산의 경우 단순추천권을 정하고 있는 이 규정이 적용될 여지는 적다. 실무에서도 예금보험공사에 대하여 파산관재인 후보에 관한 자료를 요구할 때에 공적자금관리특별법 제20조 내지 예금자보호법 제35조의8을 근거규정으로 삼고 있다.

11) 동 규정 신설 전 제35조의8 제 1 항은 신용협동조합의 청산시 공사 사장의 청산인 선임권, 제 2 항은 신용협동조합의 파산시 금융감독위원회의 파산관재인 추천권을 규정하고 있었다.

12) 만약 비부보금융기관이 파산신청을 하면 금융산업의 구조개선에 관한 법률에 의하여 금융감독위원회가 추천권을 행사할텐데, 법원은 구체적인 사안에 따라 변호사 또는 피추천인을 파산관재인으로 선임하게 될 것이다.

20조 제 1 항의 적용시한이 지나더라도 당해 파산절차가 종료할 때까지 파산관재인으로서의 권한이 유지된다.

현재 실무는 소형 금융기관 또는 중·대형 금융기관이라도 파산채권액 중 예금보험공사의 채권액이 대부분을 차지하는 경우에는 처음부터 예금보험공사 또는 그 직원을 단독파산관재인으로 선임하고 있고, 예금보험공사 직원과 변호사를 공동파산관재인으로 선임하였더라도 관재업무의 주요한 부분이 모두 끝나 사실상 파산종결 단계에 이르렀다면 공동파산관재인 체제가 부적당하므로 기존의 파산관재인들을 모두 사임하게 하고 예금보험공사를 파산관재인으로 선임하여 파산절차를 최종적으로 마무리하도록 하고 있다.

예금자보호법상 부보금융기관이었던 신용협동조합은 2002. 12. 26. 법률 제6807호로 예금자보호법이 개정되면서 부보금융기관에서 제외되었고, 신용협동조합예금자보호기금이 예금보험기금의 역할을 대신하게 되었다. 이에 따라 신용협동조합에 대하여는 예금보험공사 또는 그 임·직원의 파산관재인 선임 규정이 적용되지 아니한다. 신용협동조합법 제88조의2는 "금융감독위원회는 조합이 파산되는 때에는 채무자 회생 및 파산에 관한 법률 제355조의 규정에 불구하고 법원에 파산관재인을 추천할 수 있다"고 규정하고 있다.

▶ 〈파산항고〉

(1) **서울고등법원** 2002. 1. 18.**자** 2001**라**224 **결정【파산선고】**

【결정요지】

상대방 회사에 대하여 파산선고의 결정이 있었을 당시에는 상대방 회사에 대한 회사정리절차폐지결정이 확정되지 않았으나, 그 후 회사정리절차폐지결정에 대한 즉시항고장의 각하결정에 대한 특별항고가 기각됨으로 인하여 회사정리절차폐지결정이 확정되었으므로 결국 파산선고의 장애사유는 소멸되었다 할 것이다.

【참조 조문】 회사정리법 제23조 제 1 항, 제67조

【항고인】 별지 채권자 목록 기재와 같다

【파산자, 상대방】 동아건설산업주식회사

【파산관재인】 권광중

【원심결정】 서울지방법원 2001. 5 10.자 2001하111(2000회9) 결정

【주문】 항고인들의 항고를 기각한다.

【항고취지】 상대방을 파산자로 하는 원심의 파산선고결정을 취소한다.

【이유】 1. 기초사실

가. 상대방 회사는 1945. 8. 20. 설립된 이래 토목 건축업 및 주택 건설업 등을 영위하여 왔고, 납입자본금은 1,891억이다.

나. 상대방 회사는 재개발·재건축 사업과 주택개발사업을 추진하는 과정에서 단기차입자금을 조달하였는데 소위 IMF 외환위기에 따른 금리의 급등으로 인한 이자부담의 증가와 부동산 경기의 급격한 침체로 인한 투자금의 회수 지연 등으로 영업여건이 악화된 상태에서 기업개선작업 등을 통하여 갱생을 시도하였으나 그 실효를 거두지 못하고 2000. 11. 1. 부도처리되었는데, 2000. 11 30. 현재 상대방 회사의 총부채는 48,181억 원에 이르나 총자산은 33,173억 원에 불과하다.

다. 상대방 회사는 위와 같이 재정적 파탄에 이르게 되자, 2000. 11. 4. 서울지방법원에 회사정리절차개시신청을 하였고, 원심법원은 2000. 11. 24. 상대방 회사에 대하여 회사정리결정을 하였다가, 경제성 조사 결과 상대방 회사의 기업청산가치(1조 6,380억 원)가 기업계속가치(1조 2,556억 원)보다 3,824억 원 더 큰 것으로 판명나자 2001. 3. 9. 상대방 회사에 대하여 회사정리절차폐지결정을 하였다.

라. 이 사건 항고인들을 포함한 사람들(이하 위 사건의 항고인이라 한다)은 2001. 3. 23. 위 회사정리절차폐지결정에 대하여 불복하여 그 결정의 취소를 구하는 내용의 즉시항고장을 원심법원에 제출하였고, 이에 원심법원은 2001. 3. 26. 회사정리법 제280조 제1항, 제237조 제4항을 적용하여 위 사건의 항고인에게 결정이 송달된 날로부터 10일 이내에 항고보증금으로 400억 원을 공탁할 것을 명하는 결정을 하였다.

마. 위 공탁명령의 결정정본은 2001. 3. 28.에서 다음 달 6. 사이에 위 사건의 항고인들에게 송달되었으나(일부 항고인들에 대하여는 우편에 의한 송달이 불능되자 같은 해 4. 6.까지 발송송달하였다), 이들로부터 위 금액의 공탁이 없자(다만, 위 사건의 항고인 중 일부로부터 그 중 1인이 발송송달에 의하여 위 공탁명령의 결정정본을 가장 나중에 수령한 날인 2001. 4. 9.부터 공탁기간을 계산하여 달라는 취지의 이의신청서가 접수되었을 뿐이다), 원심법원은 2001. 4. 23. 보증금을 공탁하지 아니하였음을 이유로 위 항고장을 각하하는 결정을 하였다.

바. 그러자 위 사건의 항고인들은 2001. 4. 27. 대법원 2001그49호로 위 항고장 각하결정에 대하여 특별항고를 제기하였으나, 같은 해 6. 1. 기각되었다.

사. 한편 원심법원은 2001. 5. 11. 상대방 회사에 대하여 지급불능 내지 채무초과를 이유로 상대방 회사에 대하여 직권으로 파산을 선고하는 결정을 하였다.

2. 항고이유의 요지

파산법상 파산선고는 파산원인이 있더라도 파산장애사유가 없어야 가능하고, 한편 회사정리법 제23조 제1항, 제67조에 의하면 회사정리절차개시결정이 있은 경우에는 그 폐지결정이 확정되어야만 직권으로 파산을 선고할 수 있도록 되어 있는 바, 회사정리폐지결정이 확정되지 않은 상태에서 상대방 회사에 대하여 한 파산선고 결정은 부당하다.

3. 판단

살피건대, 상대방 회사에 대하여 파산선고의 결정이 있었을 당시에는 그 회사정리절차폐지결정이 확정되지 않았음은 항고인의 주장과 같으나, 한편 위 기초사실에서 인정한 바와 같이 그 후인 2001. 6. 7. 회사정리절차폐지결정에 대한 즉시항고장의 각하결정에 대한 특별항고가 기각됨으로 인하여 회사정리절차폐지결정이 확정되었으므로 결국 파산선고의 장애사유는 소멸되었다 할 것이다.

4. 결론

그렇다면, 원심결정은 정당하고 항고인들의 항고는 이유 없으므로 주문과 같이 결정한다.

재판장 판사 강병섭 한승 김용대

[해설]

파산장애란 파산원인이 존재하더라도 파산신청이나 파산선고를 방해하는 사유로서 파산장애가 없는 것이 파산선고의 소극적 요건이 된다. 파산원인과 마찬가지로 파산장애 사유의 부존재가 파산사건의 제 1 심 및 항고심의 재판 당시에 존재하여야 한다. 따라서 제 1 심 파산선고 당시에는 파산장애 사유가 있었더라도 항고심 재판에 이르러 파산장애 사유가 소멸하면 항고심은 파산선고가 적법하다고 인정하게 된다.

신법 하에서 파산선고 전·후의 단계에서 채무자는 신법 2편 또는 4편의 회생절차 개시신청을 할 수 있는데(제35조, 제600조 제 1 항 제 1 호), 회생절차는 파산절차에 우선하는 재건형 절차이므로 회생절차 개시신청이 있으면 법원은 회생절차 개시의 신청에 대한 결정이 있을 때까지 파산절차의 중지명령을 발할 수 있고(제44조 제 1 항 제 1 호, 제593조 제 1 항 제 1 호), 회생절차개시결정이 있으면 이미 진행하고 있는 파산절차는 중지되며(제58조 제 2 항 제 1 호, 제600조 제 1 항 제 1 호), 회생계획 또는 변제계획의 인가로 실효한다(제256조 제 1 항, 제615조 제 3 항). 파산신청 전의 채무자는 회생절차개시결정이 있으면 파산신청을 할 수 없다(제58조 제 1 항 제 1 호, 제600조 제 1 항 제 1 호). 파산신청이 있는 경우에는 이를 각하한다.

(2) **서울고등법원** 1998. 7. 15.**자** 98**라**95 **결정 【파산선고】**

【결정요지】

공익법인에 대하여도 파산을 선고할 수 있고 법인의 기본재산이 파산재단을 구성하는지 여부는 파산 선고와는 별개의 문제이며, 또한 파산신청을 하기 위하여 강제집행과 달리 채무명의가 필요한 것이 아니다.

【참조 조문】 파산법 제117조 제 1 항

【신청인, 상대방】 주식회사 대우

【피신청인, 항고인】 재단법인 호리랜드 대표자 이사 甲

【원심결정】 서울지방법원 1998. 4. 6.자 96하7 결정

【주문】 항고를 기각한다. 항고비용은 항고인의 부담으로 한다.

【항고취지】 원심결정을 취소하고 신청인의 신청을 기각한다.

【이유】 1. 기초사실

신청인이 피신청인에 대하여 37억 8,561만 원의 공사대금을 채권을 가지고 있는데 피신청인은 그 재산으로 공시지가 합계 약 8억 원 상당의 별지 목록 기재 토지만을 소유하고 있어 그 재산으로써 채무를 완제할 수 없다는 이유로 1996. 12. 26. 원심법원에 피신청인에 대한 파산 신청을 하여 원심법원이 1998. 4. 6. 피신청인에 대하여 파산선고를 한 사실은 기록상 명백하다.

2. 항고이유의 요지

첫째, 피신청인은 공익법인이고, 파산을 신청한 재산은 위 법인의 기본재산이므로 파산대상재단이 될 수 없음에도 불구하고 파산재단으로 취급하여 파산을 선고한 것은 위법하고, 둘째, 파산선고는 일종의 강제집행과 같은 성질의 것이므로 중재판정을 받았더라도 중재법 제14조 소정의 집행판결 없이는 강제집행을 할 수 없음에도 파산을 선고한 것은 위법하다.

3. 판단

파산법 제117조 제 1 항은 법인에 대하여는 그 재산으로써 채무를 완제할 수 없는 경우에 파산선고를 할 수 있다고 규정하고 있고, 기록에 의하면 피신청인은 그 재산으로써 채무를 완제할 수 없는 사실이 인정되므로 원심법원이 위 조항을 적용하여 피신청인에 대하여 파산선고를 한 것은 적법하다.

공익법인에 대하여도 파산을 선고할 수 있으며, 법인의 기본재산이 파산재단을 구성하는지 여부는 파산 선고와는 별개의 문제이고, 또, 파산신청은 강제집행과 달리 채무명의가 필요한 것이 아니므로 항고인의 위 주장은 모두 이를 받아들일 수 없으며, 그 밖에 달리 원심결정이 위법하다고 볼 만한 아무런 자료가 없다.

4. 결론

그렇다면 피신청인에 대하여 파산을 선고한 원심결정은 정당하고, 항고인의 항

고는 이유 없으므로 이를 기각하고, 항고비용은 항고인의 부담으로 하기로 하여 주문과 같이 결정한다.

재판장 판사 김대환 이혜광 박형남

(3) **부산고등법원** 1999. 12. 8.**자** 99**라**41 **결정 【파산】 (미상고 확정)**

【결정요지】

파산신청 이전에 이미 자산 전부를 근로자들의 임금채권에 대한 변제 명목으로 사원들에게 양도하였으므로 파산재단에 포함할 재산이 남아 있지 아니하여 파산능력이 없다는 채무자의 주장에 대하여, 채무자에게 파산재단에 포함될 재산이 남아 있지 아니한 여부는 파산선고 후 파산폐지의 원인은 될 수 있을지언정 파산선고를 방해하는 사유는 되지 아니한다는 이유로 위 주장을 배척하고 채무자의 항고를 기각한 사안.

【신청인, 상대방】 甲 외 148명 (신청인들 소송대리인 변호사 이기열)

【채무자, 항고인】 주식회사 부산매일신문 (소송대리인 변호사 이상천, 법무법인 동래종합법률사무소담당변호사 조성래 등)

【원심결정】 부산지방법원 1999. 5.·3.자 99하10 결정

【주문】 채무자의 항고를 기각한다. 항고비용은 채무자의 부담으로 한다.

【이유】 1. 사실관계 및 판단

가. 소명자료에 의하면, 다음과 같은 사실이 소명된다.

(1) 채무자는 1988. 5.경 설립되어 '부산매일신문'이라는 일간신문의 발행 및 판매를 주된 사업으로 하면서 부산·경남권의 지방일간지 점유율의 20% 정도를 차지하였으나, 1997. 11.경 국가적인 외환위기를 겪으면서 위 신문의 판매부수가 급감하고 신문용지대 및 유대, 잉크대 등 원자재 가격이 급등하는 한편, 금융기관의 대출회피와 그 동안 대출보증 및 광고의뢰 등으로 묵시적으로 지원하던 대우그룹의 갑작스런 지원중단과 노사분규 등으로 인하여 자금상황이 악화되어, 1998. 9. 29. 주거래 은행인 부산은행 연산동지점 발행의 액면금 2,279,465,431원의 당좌수표를 결제하지 못한 것을 비롯하여 위 은행 발행의 약속어음 5매 액면 합계 금 55억 원을 결제하지 못하여 위 은행으로부터 지급정지처분을 받고, 1998. 11. 17. 위 신문을 휴간 조치하였다.

(2) 채무자는 설립 이후 계속하여 적자를 보아왔고, 1996년도의 부채총액은 자산총액 178억 원보다 104억 원이 많은 282억 원, 1997년도의 부채총액은 자산총액 271억 원보다 234억 원이 많은 505억 원, 1998년도의 부채총액은 자산총액 177억 원보다 248억 원이 많은 425억 원이나 되었으며, 채무자 소속 임직원들인 신청인들은 1998. 12.분부터 1999. 2.분까지의 임금 및 상여금, 1인당 평균근속연수인 5년

분에 해당하는 퇴직금 등 합계 금 32억 원 정도를 지급받지 못하고 있다.

나. 위 소명사실에 의하면, 채무자는 부채의 총액이 자산의 총액을 초과하고 있을 뿐만 아니라, 위와 같은 열악한 재무구조와 위 수표부도에 따른 지급정지처분 등의 사정에 비추어 보면 현재 채무를 지급할 수 없는 상태에 있다고 할 것이고, 이는 파산법 제116조, 제117조 소정의 파산원인이 된다.

2. 채무자의 주장에 대한 판단

가. 채무자는, 채무자가 대우그룹의 계열사이므로 채무자의 지급능력을 판단함에 있어서는 대우그룹의 지급능력도 함께 고려하여야 할 것인데, 대우그룹이 국내 5대 재벌그룹의 하나이고, 그 지급능력이 충분한 점에 비추어 보면 채무자의 지급능력도 충분하다고 할 것이어서 위 지급불능 등의 사유는 이 사건 파산선고의 원인이 될 수 없다고 주장하므로 살피건대, 대우그룹이 채무자의 채무를 지급보증하고 있다는 등의 특별한 사정에 관한 아무런 소명이 없는 이상(뿐만 아니라 현재 대우그룹은 주력 기업 대부분의 채무 초과로 인하여 채권자들에 의하여 기업구조개선작업이 진행되는 등 사실상 해체된 상태에 이르러 그 지급능력이 담보되어 있다고 할 수도 없다) 채무자가 대우그룹의 계열사란 사정만으로 채무자의 지급능력이 있다고 할 수는 없으므로 위 주장은 더 나아가 판단할 필요없이 이유 없다.

나. 채무자는, 채무자의 부채 중 대우중공업, 대우전자, 대우자동차에 대한 광고선수금 채무 합계 금 26,123,832,500원, 신성통상주식회사에 대한 단기차입금 계정상의 채무 금 1,307,177,230원, 주식회사 대우에 대한 대우연산공장 부동산 임대료 계정상의 채무 금 540,492,289원, 주식회사 대우에 대한 공사비 계정상의 채무 금 1,987,500,000원 합계 금 29,59,002,019원은 채무자의 실소유자인 대우그룹이 채무자에게 회수를 전제로 하지 않고 영업보조 성격으로 지원한 것으로서 회계처리계정상 채무 아닌 자산수증이익에 해당하는데도 이를 채무자의 부채로 계상하고 있고, 다른 한편 채무자는 대우그룹 회장인 김우중, 채무자의 전 경영진인 안상영, 김윤수 등에 대하여 그들의 불법행위에 따른 손해배상금으로 금 200억 원 이상의 채권을 가지고 있고, 현재 그들을 상대로 손해배상청구소송까지 제기하여 두고 있어 위 채권액이 채무자의 자산에 포함되어야 하는데도 자산에서 누락됨은 물론 채무자 소유인 윤전기, CTS, 상호 등에 관해서도 자산에서 누락되었는바, 부채로 계상된 위 채무금을 자산수증이익으로 전환하고, 자산에서 누락된 위 손해배상채권과 기기 등을 채무자의 자산으로 계상하면 채무자의 자산이 부채보다 훨씬 많게 되어 채무자에게는 파산의 원인이 없다고 주장한다.

그러므로, 먼저 위 채무에 대한 주장에 관하여 보면, 채무자가 제출한 각 소명자료만으로는 채무자의 위 대우중공업, 대우전자, 대우자동차, 신성통상주식회사, 주식회사 대우에 대한 위 각 채무금이 변제책임을 수반하지 아니하는 자산수증이익에 해당한다고 단정하기에는 부족하고, 그 밖에 달리 위 채무금을 자산수증이익으로 볼 만한 다른 소명자료도 없으므로 위 주장을 그대로 받아들일 수 없고, 다음으로 위 누락된 자산에 대한 주장에 관하여 보면, 기록에 의하면 채무자가 위 김우중, 안상영, 김윤수 등의 불법행위로 인하여 손해를 입었다고 주장하면서 그들을 상대로 부산지방법원 99가합9694호로 금 163억 원 정도의 손해배상청구소송을 제기한 사실은 소명되나, 상대방들이 위 손해배상책임의 존부와 범위에 관하여 다투고 있는 현재의 상황에서 채무자가 제출한 각 소명자료만으로는 위 손해배상청구권의 존부나 범위를 확정할 수가 없어 위 주장의 금액이 채무자의 자산으로 계상할 수 있을 정도로 구체화된 채권이라고 볼 수는 없고, 그 밖에 채무자의 자산 중에서 위 부채와의 차액을 보전할 정도의 누락된 자산이 있음을 소명할 다른 아무런 자료도 없다.

따라서 채무자의 자산총액이 부채총액을 초과하고 있음을 전제로 하는 채무자의 위 주장도 이유 없다.

다. 채무자는, 신청인들이 이 사건 파산신청을 한 것은, 채무자의 전 경영진이 현 대표이사의 대표성을 부정하고 그 경영권을 빼앗아 회사를 독점적으로 운영하려다가 이것이 여의치 아니한데다가, 채무자의 노동조합, 사원 대표 등이 위 김우중, 안상영, 김윤수 등을 상대로 특정경제범죄가중처벌등에관한법률위반 등의 형사고소, 공정거래위원회에의 고발은 물론 민사상의 손해배상청구소송을 제기하기에 이르자 이를 무력화하고 채무자와 대우그룹과의 부적절한 관계를 은폐하고자 하는 불법적인 의도하에서 이루어진 것이므로 이 사건 파산신청은 권리남용에 해당된다고 주장하므로 살피건대, 기록에 의하면 채무자의 노동조합, 사원 대표 등이 위 김우중, 안상영, 김윤수 등을 상대로 특정경제범죄가중처벌등에관한법률위반 등의 형사고소, 공정거래위원회에의 고발, 민사상의 손해배상청구소송을 제기한 사실은 소명되나, 뒤에서 보는 바와 같이 신청인들이 채무자에 대하여 임금 등의 채권을 가지고 있고, 나아가 채무자가 현재 무자력으로 이를 지급할 수 없음은 물론 부채가 자산을 초과하는 파산상태에 이르렀음이 소명되는 이상 위와 같은 사정만으로 신청인들의 이 사건 신청이 권리남용에 해당한다고 볼 수는 없으며, 그 밖에 달리 신청인들의 이 사건 신청을 권리남용이라고 볼 만한 다른 사정도 엿보이지 아니하므로 위 주장도 이유 없다.

라. 채무자는, 신청인들은 신문이 휴간된 1998. 11. 27. 이후로는 노무의 제공을 한 바가 없으므로 위 휴간 이후의 임금채권을 가지고 있지 아니하고, 가사 그렇지 않다고 하더라도 신청인들이 이 사건 임금채권의 변제 명목으로 채무자의 주요 재산을 양도받았으므로 그들의 채권은 모두 소멸되어 채권자의 지위에 있지 아니하며, 또한 채무자는 이 사건 파산신청 이전에 이미 그 자산 전부를 근로자들의 임금

채권에 대한 변제 명목으로 사원들에게 양도하였으므로 채무자에게는 파산재단에 포함할 재산이 남아 있지 아니하여 파산능력이 없다고 주장하므로 살피건대, 기록에 의하면 신청인들은 위 휴간 이후에도 각 퇴직시까지 계속하여 근로를 제공하였음이 소명되고, 신청인들이 채무자로부터 이 사건 채권을 모두 변제받았음을 소명할 아무런 자료가 없으므로 신청인들이 채권자의 지위에 있지 아니하다는 위 주장은 이유 없고, 또한 채무자에게 파산재단에 포함될 재산이 남아 있지 아니한 여부는 파산선고 후 파산폐지의 원인은 될 수 있을지언정 파산선고를 방해하는 사유는 되지 아니하므로, 파산능력이 없다는 위 주장도 이유 없다.

3. 결론

그렇다면, 채무자에게는 파산의 원인이 있다고 할 것이므로 그 파산선고를 구하는 신청인들의 이 사건 신청은 이유 있으므로 이를 인용할 것인바, 원심결정은 이와 결론을 같이하여 정당하고, 채무자의 항고는 이유 없으므로 이를 기각하기로 하여 주문과 같이 결정한다.

재판장 판사 김시승 김태창 윤근수

[해설]

파산능력이란 파산선고를 받아 파산자로 될 수 있는 일반적 자격을 말하는데, 파산절차가 가지는 소송·비송의 이중성 때문에 민사소송의 당사자능력과 일치하는 개념은 아니다. 예컨대 공법인 중 국가 및 지방자치단체, 국민연금관리공단과 같은 공공기업체 등은 파산능력이 인정되지 아니한다. 그러나 사법인에 대하여는 공익법인이든 영리법인이든 파산능력을 인정한다. 예컨대 학교법인, 종교법인 등도 파산능력을 갖는다.

파산신청권자인 채권자가 가지는 채권은 집행권원이 있을 것을 요하지 않으며 그 존부에 관하여 다툼이 있는 채권이라도 존재가 소명되면 파산신청을 할 수 있는 것이 원칙이다. 다만, 서울중앙지방법원 파산부의 실무는 다툼 있는 채권에 대하여는 원칙적으로 집행권원을 요하고 있다. 물론 이 사건은 채권의 존부에 관하여 다툼이 있는 경우가 아니므로 위 법원의 실무에 의하더라도 중재판정에 대하여 집행판결까지 요구하지는 않을 것이다.

법인의 기본재산이 파산재단에 속하는지 여부에 관하여 학교법인을 예로 들면, 사립학교법 제28조 제 2 항, 같은 법 시행령 제12조 제 1 항에 의하여 학교법인이 학교교육에 직접 사용하는 교지, 교사 등은 압류의 대상이 되지 아니하나,[13] 그 외의 기본재산에 대하여는 관할청의 허가를 받을 수 없는 사정이 확실하다고 인정되

13) 대법원 1996. 11. 15. 선고 96누4947 판결(공1997, 121).

는 등의 특별한 사정이 없는 한 압류가 허용되는바,[14] 어느 재산에 해당하는지에 따라 파산재단에 속하는지 여부가 결정될 것이다(신법 제383조 제1항, 파산법 제6조 제3항).

만약 대부분의 재산이 압류가 금지된다거나 자산 전부를 근로자들의 임금채권에 대한 변제 명목으로 사원들에게 양도하였다는 등의 이유로 파산재단에 속하는 재산이 거의 없는 경우 이를 파산선고의 장애사유 내지 파산능력을 부정하는 사유로 삼을 수 있는지 문제가 된다. 독일 도산법에서는 재단부족이 파산신청의 기각사유가 되지만 우리나라에서는 재단부족이 단지 파산폐지의 사유가 된다고 본다.

▶ 〈제135조〉 동시폐지

(1) **서울고등법원** 1999. 6. 8.**자** 99**라**97 **결정【파산선고】**

【결정요지】

동시폐지결정에 대한 채권자의 항고를 기각한 사안

【신청인, 항고인】 甲

【채무자, 상대방】 乙

【원심결정】 서울지방법원 1999. 2. 9.자 98하85 결정

【주문】 항고를 기각한다. 항고비용은 항고인의 부담으로 한다.

【신청취지】 채무자를 파산자로 한다라는 결정

【항고취지】 원심결정 중 이 사건 파산을 폐지한다는 결정의 취소를 구하고 다시 상당한 재판을 구함

【이유】 1. 항고이유의 요지

채무자는 월남에 투자를 하여 사업을 하고 있는 등 아직도 상당한 재산을 가지고 있으므로 파산재단으로써 파산절차의 비용을 충당하기에 부족한 상태에 있다고 볼 수 없음에도 불구하고 채권자에게 절차비용 예납 결정도 하지 아니하고 또 파산관재인조차 선임해보지도 아니한 채 바로 파산선고와 동시에 파산폐지를 한 원심결정은 부당하여 취소되어야 한다.

2. 판단

기록에 의하면, 채무자는 삼나케미칼이라는 중소업체를 경영하다가 1995. 7. 31. 부도가 발생하여 그 소유 부동산이 경매절차에 의하여 다른 채권자에게 경락되는 등으로 채권자에 대한 금 27,308,000원의 약속어음금 채무를 지급할 능력이 없는 사실은

---

14) 대법원 2003. 5. 16. 선고 2002두3669 판결(공2003, 1340).

이를 인정할 수 있으나, 채무자가 원심법원의 적법한 송달을 받고서도 심문에 불응하고 있고, 채권자도 채무자의 현재의 재산관계에 대하여 소명자료를 제출하지 못하는 점, 채무자가 도산한 후 이미 1년 이상이 경과한 점, 채권자 이외의 다른 이해관계인들이 많을 것으로 보이지 아니하고 채무자의 재산 은닉에 대한 의심이 드는 사정이 엿보이지 아니하는 점 등에 비추어 보면, 채무자에 대하여 파산재단이 형성될 가망이 없어 보이고, 따라서 파산재단으로 파산절차비용을 지변하기에 부족하다고 인정된다.

3. 결론

그렇다면, 채무자에 대하여는 파산법 제135조 제1항에 의하여 파산폐지의 결정을 하여야 할 것인바, 이와 결론을 같이 한 원심결정은 정당하고, 신청인의 항고는 이유 없어 이를 기각하기로 하여 주문과 같이 결정한다.

재판장 판사 김대환 김광태 황정근

(2) **서울고등법원** 1999. 4. 21.**자** 99**라**76 **결정 【파산선고전 보전처분】**

【판시사항】 파산선고 · 파산폐지결정 후의 보전처분 가부

【결정요지】

피신청인에 대하여 파산선고 · 파산폐지결정을 한 이상 법원이 파산재단에 관하여 더 이상의 보전처분을 할 수는 없고, 보전처분 신청에 대하여 오랫동안 방치하였다가 뒤늦게 기각 결정을 하였다는 사유만으로 그 결정이 위법하게 되는 것도 아니다.

【신청인, 항고인】 甲

【피신청인, 상대방】 乙

【원심결정】 서울지방법원 1999. 2. 9.자 98하86 결정

【주문】 신청인의 항고를 기각한다. 항고비용은 신청인의 부담으로 한다.

【이유】 신청인이 피신청인을 상대로 파산신청(원심법원 98하85)을 하고 이 사건 보전처분 신청을 하였으며, 원심법원은 1999. 2. 9. 피신청인에 대하여 파산원인이 있다 하여 파산선고를 하면서 동시에 직권으로 파산재단이 파산절차비용에 충당하기에 부족하다 하여 파산폐지결정을 하고 같은 날 이 사건 보전처분 신청을 기각한 사실은 기록상 명백하다.

신청인은, 원심법원이 긴급을 요하는 이 사건 보전처분 신청에 대하여 오랫동안 방치하였다가 불성실하게도 뒤늦게서야 기각 결정을 한 것은 부당하다고 주장하나, 위에서 본 바와 같이 피신청인에 대하여 파산선고 · 파산폐지결정을 한 이상 법원이 파산재단에 관하여 더 이상의 보전처분을 할 수는 없고, 주장과 같은 사유만으로 원심결정이 위법하게 되는 것도 아니다.

재판장 판사 김대환 김광태 황정근

[해설]

파산선고와 동시에 동시폐지결정이 내려진 경우 파산절차는 장래를 향하여 종료되는데, 동시폐지결정에 대한 즉시항고가 있어 그 결과 동시폐지결정이 취소되면 파산선고에 기하여 파산절차가 진행되게 된다(파산법 제135조 제2항, 신법 제317조 제5항).[15]

파산보전처분은 민사소송에서의 보전처분과 달리 파산절차 내에서 이루어지는 부수된 절차이기 때문에 파산절차가 폐지된 경우 별도로 파산보전처분을 할 수 없다. 따라서 파산보전처분을 명하는 결정, 기각 내지 각하한 결정에 대하여 즉시항고를 할 수 있더라도(파산법 제103조 제1항, 신법 제323조 제4항) 이미 파산폐지결정이 있었다면 폐지결정에 대하여 불복하지 않은 채 파산보전처분에 대하여만 불복하는 것은 의미가 없다.

파산신청에 대한 결정이 있은 후 아직 보전처분에 대한 결정이 있기 전 파산선고결정에 대하여 즉시항고가 이루어진 경우 파산보전처분에 대하여는 제1심 법원과 항고법원 중 어느 법원이 결정을 할 것인지에 관하여 견해의 대립이 있다. 일본의 통설은 파산신청사건이 항고심에 계속중이라도 이심의 효과는 파산신청 부분에 한하고 파산보전처분 부분은 함께 이심되는 것이 아니기 때문에 제1심 법원이 보전처분을 행한다고 한다.[16] 이에 대하여 반대설은 파산보전처분이 파산절차 내부의 부수적인 절차이고 직권으로 할 수 있는 점, 심리의 편의상 기록이 있는 항고법원이 파산보전처분을 하는 것이 타당하다는 점 등을 근거로 항고법원이 파산보전처분을 하는 것이 타당하다고 한다.[17] 아직 우리나라에서는 선례가 없다.

---

15) 파산법 제132조(신법 제312조)가 준용되지 않으나, 동시폐지결정이 있는 경우 동조 제1항 각호의 사항들을 정하지 않기 때문에 동시폐지결정이 취소되면 위 각호의 사항들이 다시 결정되어야 할 것이다. 일본 파산법 제216조 제6항 참조. 한편 일본 파산법 제31조 제2항은 비용부족의 우려가 있는 경우 채권신고기간 및 채권조사기일을 정하지 않을 수 있다고 규정하고 있는데 동시폐지결정이 취소되었다고 하더라도 재단채권변제 외에 일반파산채권에 대한 배당이 불가능한 상태라면 굳이 채권신고기간 및 채권조사기일을 정하여 무익한 신고 및 조사 절차를 밟을 필요가 없을 것이다. 서울중앙지방법원의 실무도 같은 입장이다.

16) 石原辰次郎, 破産法 和議法 實務總攬(全訂版), 1981, 416면. 이진만, "파산선고 전의 보전처분," 파산법의 제문제(상), 재판자료 제82집, 1999, 법원도서관, 141면에서 재인용.

17) 이진만, 앞의 논문, 141면.

(3) **서울고등법원** 2002. 4. 19.**자** 2001**라**459 **결정【파산선고】**

【결정요지】

(파산신청인은 채무자 조합에 대한 채권자가 아니어서 파산신청적격이 없고, 채무자 조합은 부채가 존재하지 아니하므로 원심의 파산선고결정은 부당하다고 주장하며 항고한 사안에서) 원심법원이 채무자 조합에 대하여 파산폐지의 결정을 하였다는 이유로 항고의 이익이 없는 것으로 보아 이 사건 항고를 각하.

【신청인】 甲

【채무자】 농협방학동직장주택조합

【항고인】 乙 외 9인

【원심결정】 서울지방법원 2001. 9. 28.자 2001하195 결정

【주문】 이 사건 항고를 각하한다.

【이유】 원심법원이 채무자 농협방학동직장주택조합에 대하여 채무를 완제할 수 없는 경우에 해당한다는 이유로 파산선고를 한 데 대하여, 항고인들은 신청인은 채무자 조합에 대한 채권자가 아니어서 신청적격이 없고, 위 조합은 부채가 존재하지 아니하므로 원심결정은 부당하다고 주장하면서 이 사건 항고를 제기하고 있다.

이 사건 항고의 적법 여부에 관하여 보건대, 기록에 의하면 원심법원은 2002. 4. 11. 위 조합에 대하여 파산폐지의 결정을 한 사실을 인정할 수 있으므로, 이 사건 항고는 항고의 이익이 없는 때에 해당한다.

재판장 판사 이흥복 김용대 홍승면

[해설]

주택조합은 비법인사단인바,[18] 비법인사단에 대하여는 당사자능력(민사소송법 제52조), 등기능력(부동산등기법 제30조 제1항)이 인정되고, 구성원으로부터 독립하여 경제활동을 하는 것이 인정되는 등 이 단체의 경제적 파탄시 단체 자체에 파산능력을 인정하여 파산절차를 개시할 필요성이 강하므로, 비법인사단에 대하여 파산능력을 인정한다.

동시폐지결정이 확정된 후 채권자는 파산절차의 속행을 구하거나 파산선고신청을 하지 못한다. 채권자가 동시폐지결정에 대하여 불복하지 않은 경우이든 불복하였음에도 그 항고가 받아들여지지 않은 경우이든 일단 동시폐지결정이 확정된 이상 채권자는 파산법 제259조(신법 제535조)에 의한 강제집행을 할 수 있을 뿐이기 때문이다.

문제는 채권자 신청에 의한 파산선고 및 동시폐지결정에 있어 채무자가 파산선

18) 대법원 1997. 1. 24. 선고 96다39721, 39738 판결(공1997, 640).

고에 대하여 즉시항고를 하면서 동시폐지결정에 대하여는 불복의 취지를 명시하지 않음으로써 항고심 진행 도중 동시폐지결정이 확정되는 경우인데, 이 경우 채무자는 파산원인에 대한 판단을 받지 못한 채 파산폐지결정 확정을 이유로 항고기각을 받을 수밖에 없는지 의문이다. 개별집행인 강제집행의 경우 최저매각가격으로 압류채권자의 채권에 우선하는 부동산의 모든 부담과 절차비용을 변제한 후 잉여가능성이 없는 경우 경매절차를 취소하도록 하고 있는 것(민사집행법 제102조)과 마찬가지로 일반집행이라고 할 수 있는 파산절차에서도 무익한 집행절차를 진행할 필요가 없음은 물론이다.

그러나 파산선고는 단순히 파산관재인이 주도하는 집행절차의 개시라는 재산상의 효과 외에 각종 공·사법상의 자격 상실 등의 신분상의 효과를 가져오기 때문에 파산폐지결정으로 일반집행으로 인한 재산상의 불이익은 종료되더라도 면책을 받기 전까지 파산으로 인한 신분상의 불이익은 채무자에게 계속 남게 된다. 이러한 점을 고려하면 법원으로서는 당사자의 의사를 확인하여 동시폐지에 대하여도 불복하는지 여부를 확인하여야 하고 당사자가 명시적으로 동시폐지 결정에 대하여는 불복하지 않는다는 표시를 하지 않는 이상 동시폐지에 대하여도 불복한 것으로 처리하여 함께 심판의 대상으로 삼는 것이 타당하다. 이 사건은 파산선고결정에 대하여 항고가 있은 후 항고심 결정 전에 파산법원이 이시폐지결정을 한 사안이다. 파산선고 결정에 대한 항고에 대하여는 집행정지의 효력이 없으므로(신법 제316조 제3항) 파산법원이 파산절차를 진행한 것은 적법하다. 그러나 항고인으로서는 파산선고결정에 대한 항고심의 재판을 받아보지도 못한 채 항고 후의 사정인 이시폐지를 이유로 항고가 각하되었으니 서운할 것이다. 따라서 항고법원으로서는 가급적 조속한 시일 내에 파산선고결정에 대한 항고에 대하여 재판을 하는 것이 바람직하다. 항고인으로서도 각하결정의 불이익을 피하기 위하여 이시폐지결정에 대하여는 즉시항고를 하여야 한다(파산법 제325조, 신법 제545조 제3항).

▶ 〈제137조〉 파산자의 거주제한

대법원 1996. 11. 12. **선고** 96도1797 **판결【파산법위반】**[공1996, 3646]

【판결요지】

피고인이 파산법 소정의 준파산자로서 법원의 허가 없이 주거를 떠날 수 없다는 파산법 제137조에 위배한 행위에 대하여, 그 금지규정의 위반행위에 대한 처벌법규인 같은 법 제369조 제2항이 행위주체를 파산자라고만 한정하고 있을 뿐 그 조항을 준파산자에게도 준용한다는 규정이 없으므로, 죄형법정주의의 원칙상 피고인을 처벌할 수 없다고 한 원심판결을 수긍한 사례.

【참조 조문】 파산법 제137조, 제142조, 제369조 제 2 항

【피고인】 甲

【상고인】 검사

【원심판결】 서울지방법원 1996. 6. 25. 선고 96노990 판결

【주문】 상고를 기각한다.

【이유】 상고이유를 판단한다.

원심이 유지한 제 1 심 판결은 파산자인 주식회사 신동아종합인쇄의 전무이사인 피고인이 파산법 소정의 준파산자로서 법원의 허가 없이 주거를 떠날 수 없다는 파산법 제137조에 위배한 행위에 대하여 위 금지규정의 위반행위에 대한 처벌법규인 같은 법 제369조 제 2 항이 행위주체를 파산자라고만 한정하고 있을 뿐 위 조항을 준파산자에게도 준용한다는 규정이 없으므로, 죄형법정주의의 원칙상 피고인을 처벌할 수 없다고 판시하고 원심이 같은 취지로 이를 유지하고 있음에 대하여, 상고 논지는 파산법상 준파산자에게도 주거이전의 제한 규정이 준용되는 이상 그 위반에 대한 처벌법규인 같은 법 제369조 제 2 항의 파산자를 준파산자도 포함하는 뜻의 규정으로 해석해야 한다는 주장이다.

그러나 무릇 형사적 처벌법규는 법률상 명문의 규정이 없는 한 유추 · 확대해석하여 처벌할 수 없다 할 것인즉, 논지 주장은 받아들일 수 없다.

대법관 김석수(재판장) 정귀호 이돈희(주심) 이임수

[해설]

신법은 파산법 제137조, 제142조가 규정하고 있던 채무자나 그 법정대리인 등(준파산자)에 대한 주거제한 규정을 삭제하였고, 이에 따라 주거제한위반이 형사처벌이나 면책불허가의 사유에도 해당하지 아니한다.

13. 파산관재인에 대한 감독

▶ 〈제157조〉 파산관재인의 해임

광주고등법원 2001. 11. 16.**자** 2001**라**26 **결정 【파산선고】**

【결정요지】

파산법원은 파산법 제157조의 규정에 의하여 파산관재인을 심문하고 직권으로써 파산관재인을 해임할 수 있는 것이고, 파산관재인이 파산비용을 지급받지 못하였다는 사유만으로는 해임결정이 위법하다고 볼 수 없다(파산관재인 해임결정에 대한 항고사건에서, 항고인은 법원이 사무실 경비 및 활동비 등 항고인이 부담한 파산비용의 수액을 정하여 파산재단으로부터 지급받게 하지 않고 항고인을 파산관재인에서 해임하는 결정을 한 것은 위법하다고 주장).

【항고인】 甲

【원심결정】 전주지방법원 2001. 6. 4.자 99하32 결정

【주문】 항고인의 항고를 기각한다.

【항고취지】 원심결정을 취소하고 다시 상당한 결정을 구함

【이유】 1. 기록에 의하면 다음의 사실을 인정할 수 있다.

가. 전주대일신용협동조합은 1999. 10. 30. 전주지방법원 99하32호로써 위 조합이 부실대출금 및 전 이사장의 업무상 횡령 등으로 인한 손실금의 과다로 인하여 채권자에 대한 예금지급불능상태에 빠져 신용협동조합중앙회의 관리감독을 받고 있고, 현재 영업이 중단되어 있는 상황으로서 부채총액이 자산총액을 돈 1,028,846,533원이나 초과하고 있으므로, 위 조합에게는 채무초과의 파산원인사실이 존재한다는 이유로 파산선고를 받았다.

나. 위 전주지방법원은 위 파산선고와 동시에 파산자의 파산재단에 속한 재산이 돈 30여만 원 정도에 불과한 상황에서 파산자의 이사장으로서 무보수로 파산자의

파산관재인으로 근무할 것을 희망한 항고인을 파산관재인으로 선임하였고, 그 후 2001. 3. 19. 파산자에게 파산관재인을 추가로 선임할 필요가 있다는 이유로 공적자금관리특별법 제20조 제1항에 의하여 추가로 예금보험공사를 파산관재인으로 선임하는 결정을 하였으며, 예금보험공사는 같은 날 한해용을 위 파산관재인의 업무에 관한 대리인으로 선임하였다.

다. 위 법원은 2001. 5. 31. 항고인을 심문한 후, 같은 해 6. 4. 직권으로 파산법 제157조를 적용하여 파산관재인인 항고인을 해임하는 결정을 한 후, 같은 법원 상업등기관에게 항고인의 파산관재인 해임등기를 촉탁함과 아울러 관보 및 일간신문에 이에 대한 파산관재인변경공고를 하였다.

2. 항고인의 주장요지 및 판단

가. 항고인은, 항고인이 보수를 지급받지 않기로 하고 파산자의 파산관재인으로서의 직무를 수행하여 온 것은 사실이나, 그 과정에서 사무실 경비 및 활동비 등까지 항고인이 부담하였으므로, 위 법원이 이러한 파산비용의 수액을 정하여 파산재단으로부터 지급받게 하지 않고 항고인을 파산관재인에서 해임하는 결정을 한 것은 위법하다는 취지로 주장한다.

나. 살피건대, 파산법원은 파산법 제157조의 규정에 의하여 파산관재인을 심문하고 직권으로써 파산관재인을 해임할 수 있는 것이고, 파산관재인인 항고인이 파산비용을 지급받지 못하였다는 사유만으로는 이 사건 해임결정이 위법하다고 볼 수 없고, 달리 위 결정을 취소할 만한 점에 관한 아무런 소명이 없으므로 항고인의 주장은 이유 없다.

재판장 판사 김용균 박대영 박관근

[해설]

파산관재인이 지출한 사무처리 비용 또는 비용선급청구권은 재단채권으로서(파산법 제38조 제3, 4호, 신법 제473조 제3, 4호) 파산재단으로부터 수시로 변제를 받게 된다. 파산관재인에서 해임되었다고 하여 재단채권자로서의 지위에는 영향이 없으나, 만약 재단에 손해를 끼친 사정이 있어 손해배상채무가 발생한다면 후임 파산관재인에 의하여 위 비용청구권이 상계될 수도 있을 것이다.

▶ 〈제187조〉 법원의 허가를 요하는 관재인의 행위

대법원 1990. 11. 13. 선고 88다카26987 판결 【건물명도단행가처분】 [집38(3)민, 68]

【판결요지】

가. 파산법 제187조, 제188조는 파산관재인의 직무행위 중 특히 중요한 사항에 대하여 부정행위를 막고 파산재단에 불이익이 없도록 감독을 확실히 하기 위하여 둔 규정이므로, 위 각 규정에 의한 감사위원의 동의나 법원의 허가 또는 채권자집회의 결의는 같은 법 제187조 소정의 파산관재인의 행위의 효력발생 요건으로서 이에 위반한 행위는 원칙적으로 무효가 되고, 특히 파산관재인이 같은 조 제10호에 의하여 소를 제기하거나 같은 조 제11호에 의한 재판상 화해를 함에 있어서는 위 법원의 허가 등은 민사소송법 제47조 소정의 소송행위에 필요한 수권에 해당하여 제소의 적법요건이 된다고 보아야 한다.

나. 파산법이 파산관재인에게 파산재단에 관한 소에 있어 원고 또는 피고가 된다고 한 것은 소송법상의 법기술적인 요청에서 당사자적격을 인정한 것뿐이지, 자기의 이름으로 소송행위를 한다고 하여도 파산관재인 스스로 실체법상이나 소송법상의 효과를 받은 것은 아니고 어디까지나 타인의 권리를 기초로 하여 실질적으로는 이것을 대리 내지 대표하는 것에 지나지 않는 것인바, 파산관재인이 건물명도단행가처분신청을 하였다가 재판상 화해를 함에 있어 법원에 허가신청을 하였으나 그 신청이 불허가 되었음에도 불구하고 감사위원의 동의나 채권자집회의 결의도 없이 피신청인과의 사이에 재판상 화해를 하였다면 이는 소송행위를 함에 필요한 수권의 흠결이 있는 것으로서 민사소송법 제422조 제 1 항 제 3 호 소정의 재심사유에 해당한다.

【참조 조문】 민사소송법 제47조, 제226조, 파산법 제187조, 제188조, 파산법 제152조

【신청인(준재심피신청인), 피상고인】 파산자 甲의 파산관재인 원강희

【피신청인(준재심신청인), 상고인】 乙

【원심판결】 서울고등법원 1988. 9. 23. 선고 88나20571 판결

【주문】 원판결을 파기하고, 제 1 심 판결을 취소하여, 사건을 수원지방법원에 환송한다.

【이유】 상고이유에 대하여

파산법 제187조, 제188조는 파산관재인의 직무행위 중 특히 중요한 사항에 대하여 부정행위를 막고 파산재단에 불이익이 없도록 감독을 확실히 하기 위하여 둔

규정이므로, 위 각 규정에 의한 감사위원의 동의나 법원의 허가 또는 채권자집회의 결의는 같은 법 제187조 소정의 파산관재인의 행위의 효력발생요건으로서 이에 위반한 행위는 원칙적으로 무효가 되고, 특히 파산관재인이 같은 조 제10호에 의하여 소를 제기하거나 같은 조 제11호에 의한 재판상화해를 함에 있어서는 위 법원의 허가 등은 민사소송법 제47조 소정의 소송행위에 필요한 수권에 해당하여 제소의 적법요건이 된다고 보아야 한다.

그런데 파산법 제 7 조에 의하면 파산재단을 관리 및 처분하는 권리는 파산관재인에 속한다고 되어 있고, 같은 법 제152조에 의하면 파산재단에 관한 소송에 있어서는 파산관재인이 원고 또는 피고가 된다고 규정하고 있으므로 파산관재인은 파산자나 파산채권자 등의 대리인이라거나 그 이해관계인 단체의 대표자라 할 수 없고 파산절차에서 법원에 의하여 선임되어 법률상의 직무로서 파산재단에 관한 관리처분의 권능을 자기의 이름으로 행사하는 지위에 있는 자라고 풀이한 것인바, 파산법이 파산관재인에게 파산재단에 관한 소에 있어 원고 또는 피고가 된다고 한 것은 파산관재인이 단지 파산자의 이익뿐만 아니라 파산채권자의 이익도 보호하여야 하고, 나아가 파산관재인의 개인적 이익을 넘어 파산목적의 수행상 공정한 입장에 서서 경우에 따라서는 서로 모순되는 이해의 조정을 꾀하여야 하는 지위에 있음을 감안하여 소송법상의 법기술적인 요청에서 당사자적격을 인정한 것뿐이지, 자기의 이름으로 소송행위를 한다고 하여도 파산관재인 스스로 실체법상이나 소송법상의 효과를 받는 것은 아니고 어디까지나 타인의 권리를 기초로 하여 실질적으로는 이것을 대리 내지 대표하는 것에 지나지 않는 것이고, 한편 확정된 종국판결이나 재판상화해에 파산법 제188조, 제187조의 규정에 위반한 사유가 있다 하더라도 위 판결이나 화해가 그로 말미암아 절대적으로 당연무효가 된다고 볼 수도 없는 만큼 이러한 사유는 민사소송법 제422조 제 1 항 제 3 호 소정의 재심사유에 해당한다고 보아 그 하자를 시정하게 함이 옳다고 본다. 그렇다면 원심이 확정한 바와 같이 파산관재인인 신청인이 피신청인을 상대로 건물명도단행 가처분신청을 하였다가 이 사건 재판상화해를 함에 있어 법원에 허가신청을 하였으나 그 신청이 불허가 되었음에도 불구하고 감사위원의 동의나 채권자집회의 결의도 없이 피신청인과의 사이에 재판상화해를 하였다면 이는 소송행위를 함에 필요한 수권의 흠결이 있는 것으로서 민사소송법 제422조 제 1 항 제 3 호 소정의 재심사유에 해당하는 것이고, 한편 재심사유가 있는 자의 상대방측에서도 그러한 사유를 주장함으로써 이익을 받을 수 있는 경우에는 이를 재심사유로 삼을 수 있는 것이므로(당원 1967. 2. 28. 선고 66다2569 판결; 1983. 2 8. 선고 80사50 판결), 피신청인의 이 사건 준재심의 소는 적법하다고 하지 않을 수 없다.

그럼에도 불구하고 원심은 이와 다른 견해에서 그와 같은 감사위원의 동의나 법원의 허가 등이 없이 파산관재인이 소의 제기 또는 재판상화해를 하였어도 이는 민사소송법 제422조 제1항 제3호 소정의 재심사유에 해당한다고 볼 수 없다고 하여 이 사건 준재심의 소를 부적법한 것이라 하여 각하한 제1심 판결을 유지하고 피신청인의 항소를 기각하고 있으니, 이는 민사소송법 제422조 제1항 제3호나 파산법 제188조, 제187조의 법리를 오해하여 판결에 영향을 미친 위법을 저지른 것이고, 논지는 이유 있다.

대법관 김주한(재판장) 이회창 배석 김상원

[해설]

대법원이 법원의 허가 등을 파산관재인의 소의 적법요건이라고 보는 반면 일본 판례는 법원의 허가 등이 외부에 대한 관계를 규정하는 것이 아니고 파산관재인과 기타 파산기관과의 관계를 규율하는 것에 지나지 않는다는 이유로 소의 적법요건이 아니라고 본다.[1)]

한편 파산관재인이 법원의 허가 등을 받지 않고 법률행위를 하였더라도 이로써 선의의 제3자에게 대항할 수 없는데(파산법 제191조, 신법 제495조), 위 대법원 판결에 의할 경우 소송행위에 있어서는 위 각 조가 적용되지 않게 된다.

법원의 허가 등의 흠결을 이유로 법률행위의 무효를 주장할 수 있는 권리는 파산관재인에게만 인정되고 파산관재인의 상대방이 자기와 파산관재인과의 사이에 행하여진 행위의 효과를 부인할 수는 없다.[2)] 위 대법원 판결에서 상대방도 재판상화해의 효력을 다툴 수 있다고 한 것은 이러한 사정이 민사소송법 제422조 제1항 제3호 소정의 재심사유에 해당하기 때문에 상대방도 이를 주장할 수 있다는 취지이지 재심사유의 주장이 아닌 일반적인 법률행위의 무효를 주장할 수 있다고 인정하는 것은 아니다.

---

1) 東京控訴裁判所 1937(昭和 12). 12. 28. 판결.
2) 京都地方裁判所 1927(昭和 2). 12. 18. 판결.

14. 파산채권확정절차

▶ 〈제207조〉 추가신고와 권리실권사유

대법원 2004. 11. 11. **선고** 2004**다**40108 **판결 【보험금】 [공보불게재]**

【판결요지】

가. 파산채권자가 파산절차에서 파산채권을 신고하는 것은 파산절차상 그 채권의 행사나 채권자집회에서의 의결권 행사 등을 위한 것이고, 파산채권 신고기간 후에도 파산채권을 신고할 수 있으므로, 파산채권 신고기간 내에 파산채권을 신고하지 아니하였다 하여 그 채권이 실권되지 아니할 뿐 아니라, 예금자보호법에서 예금 등 채권에 대한 파산채권신고를 보험금청구의 요건으로 정하고 있지도 아니하므로, 예금보험공사는 파산채권 신고절차를 거치지 아니한 예금 등 채권에 대하여도 그 금액 상당의 보험금을 지급하여야 한다.

나. 예금자보호법에 의한 보험금지급채무는 공고된 보험금 지급기간이 종료한 날에 이행기가 도래하며 미지급분에 대하여는 그 다음날부터 일괄하여 지체에 빠지는 것으로 봄이 상당하고, 그 지연손해금은 민법 소정의 연 5%의 비율에 의하여야 한다.

다. 원고 중 1인과의 예탁계약에 의하여 금전을 조달한 후 원고들과의 합의에 의하여 현실적인 금전의 수수 없이 그 예탁금을 원고들 명의로 분할하여 예치한 경우 종전의 예탁계약에 의한 금전 조달 상태는 그대로 유지되었다고 할 것이므로, 원고들의 각 예탁금채권은 구 예금자보호법(2002. 12. 26. 법률 제6807호로 개정되기 전의 것) 제 2 조 제 2 호 (바)목 소정의 '예금 등'에 해당한다.

【참조 조문】 [1] 예금자보호법 제29조 제 1 항, 제31조 제 1 항, 제 3 항, 구 예금자보호법(2002. 12. 26. 법률 제6807호로 개정되기 전의 것) 제 2 조 제 2 호 (바)목, 파산법 제207조, 제209조, 민법 제387조

【원고, 상고인겸피상고인】 甲 외 13인 (소송대리인 변호사 조하영)

【피고, 피상고인겸상고인】 예금보험공사 (소송대리인 변호사 이제혁)

【원심판결】 전주지방법원 2004. 6. 17. 선고 2003나4221 판결

【주문】 원심판결의 원고들 패소 부분 중 약정이자 및 만기 후 이자에 관한 부분을 파기하고, 이 부분 사건을 전주지방법원 본원 합의부에 환송한다. 원고들의 나머지 상고 및 피고의 상고를 모두 기각한다.

【이유】 1. 원고들의 상고이유에 대한 판단

가. 제 1 점에 대하여

(1) 원심의 판단

원심판결 이유에 의하면 원심은, 그 채용 증거에 의하여 판시 사실을 인정한 다음, 원고들이 각 예탁금을 전주대일신용협동조합(이하 '대일신협'이라 한다)에게 예탁한 때에 예금자보호법 제29조 제 1 항에 의하여 원고들과 대일신협 및 피고와 사이에 보험관계가 성립되었고, 대일신협이 파산선고를 받게 됨으로써 예금자보호법 소정의 보험사고가 발생하였으므로, 피고는 원고들에게 보험금 지급공고일인 2000. 3. 11. 현재 대일신협이 원고들에게 반환하여야 할 각 예탁금 상당의 보험금을 지급할 의무가 있다고 판단하여 예탁금 상당의 보험금 청구 부분을 인용한 다음, 원고들의 위 각 예탁금에 대한 이자 및 만기 후 이자 상당의 보험금 청구에 대하여, 원고들이 대일신협에 대한 파산채권신고 당시 각 예탁원금만을 파산채권으로서 신고하여 이에 대하여만 파산채권확정판결을 받았을 뿐, 이자채권에 대하여는 파산채권으로 신고를 하지 않았으므로, 원고들은 보험금지급공고일 현재 대일신협에 대하여 위 각 이자채권의 지급을 청구할 수 없는 이상 피고에 대하여도 이자 상당의 보험금을 청구할 수 없다고 판단하여, 원고들의 각 예탁금에 대한 이자 및 만기 후 이자 상당의 보험금 청구를 배척하였다.

(2) 대법원의 판단

그러나 원고들의 각 예탁금에 대한 이자 및 만기 후 이자 상당의 보험금 청구를 위와 같은 이유로 배척한 원심의 조치는 다음과 같은 이유로 수긍하기 어렵다.

예금자보호법에 의한 보험금의 지급은 위 법이 규정하는 바에 따라야 할 것인바, 이 사건에 적용되는 구 예금자보호법(2002. 12. 26. 법률 제6807호로 개정되기 전의 것)에 의하면, 피고와 부보금융기관 및 예금자 등 사이의 보험관계는 예금자 등이 부보금융기관에 대하여 예금 등 채권을 가지게 된 때에 성립하고(제29조 제 1 항), 여기서 '예금 등'이라 함은 신용협동조합의 경우에는 신용협동조합이 출자금, 예탁금 및 적금에 의하여 조달한 금전을 말하며{제 2 조 제 2 호 (바)목}, '예금자 등'이라 함은 부보금융기관에 대하여 예금 등 채권을 가진 자를 말하며(제 2 조 제 3 호), '예금 등 채권'이라 함은 예금자 등이 예금 등 금융거래에 의하여 부보금융

기관에 대하여 가지는 원금, 원본, 이자, 이익, 보험금 및 제 지급금, 기타 약정된 금전의 채권을 말하고(제 2 조 제 4 호), 피고는 부보금융기관에 보험사고가 발생한 때에는 당해 부보금융기관의 예금자 등의 청구에 의하여 보험금을 지급하되(제31조 제 1 항), 대통령령이 정하는 바에 따라 그 지급의 기간, 방법 기타 필요한 사항을 공고하여야 하고(제31조 제 3 항), 피고는 위 보험금 지급공고일 현재 각 예금자 등의 예금 등 채권의 합계액에서 각 예금자 등이 해당 부보금융기관에 대하여 지고 있는 채무의 합계액을 공제한 금액을 보험금으로 지급하도록 되어 있으며(제32조 제 1 항), 한편 파산채권자가 파산절차에서 파산채권을 신고하는 것은 파산절차상 그 채권의 행사나 채권자집회에서의 의결권 행사 등을 위한 것이고, 파산채권 신고기간 후에도 파산채권을 신고할 수 있으므로(파산법 제207조, 제209조 참조), 파산채권 신고기간 내에 파산채권을 신고하지 아니하였다 하여 그 채권이 실권되지 아니할 뿐 아니라, 예금자보호법에서 예금 등 채권에 대한 파산채권신고를 보험금청구의 요건으로 정하고 있지도 아니하므로, 피고로서는 보험사고의 발생으로 부보금융기관에 예금 등 채권을 가진 예금자 등의 청구가 있는 경우, 파산채권 신고절차를 거치지 아니한 예금 등 채권에 대하여도, 그 금액 상당의 보험금을 지급하여야 할 것이다.

그럼에도 불구하고, 원심은 원고들이 위 각 예탁금에 대한 이자 및 만기 후 이자에 관하여 대일신협에 대한 파산절차에서 파산채권 신고기간 내에 파산채권으로 신고하지 아니하였음을 이유로 이에 대하여는 그 금액 상당의 보험금을 청구할 수 없다고 판단하였으니, 원심에는 예금자보호법상 보험금청구권의 발생요건에 관한 법리를 오해하여 판결 결과에 영향을 미친 위법이 있다고 할 것이다.

나. 제 2 점에 대하여

예금자보호법 제31조 제 1 항, 제 3 항의 규정 내용과 예금자보호제도의 성격 및 보험금 지급기간을 설정한 취지, 예금자들에 대한 동등 대우의 필요성 등에 비추어 보면, 피고의 보험금지급채무는 공고된 보험금 지급기간이 종료한 날에 이행기가 도래하며 미지급분에 대하여는 그 다음날부터 일괄하여 지체에 빠지는 것으로 봄이 상당하고(대법원 2001. 12. 28. 선고 2001다68082 판결 등 참조), 한편 예금자보호법에 의한 피고의 보험금지급채무는 상행위로 인한 것이라고 볼 수 없으므로, 그 지연손해금은 민법 소정의 연 5%의 비율에 의하여야 할 것이다.

같은 취지의 원심의 판단은 정당하고, 거기에 상고이유로 주장하는 바와 같이 지연손해금에 관한 법리오해 등의 위법이 있다고 할 수 없다.

2. 피고의 상고이유에 대한 판단

구 예금자보호법(2002. 12. 26. 법률 제6807호로 개정되기 전의 것) 제 2 조 제 2 호 (바)목은 '예금 등'이라 함은 신용협동조합의 경우에는 신용협동조합이 출자금,

예탁금 및 적금에 의하여 조달한 금전을 말한다고 규정하고 있는바, 기록에 의하면, 원고들은 자동차운전에 종사하면서 전국자동차협회 전북지부에 가입하여 활동하던 자들로서 자녀들의 장학금에 사용하기 위하여 각자 금원을 거두어 43,619,000원에 이르자 일자불상경 위 돈을 원고 乙 명의로 대일신협에 예탁기간을 1986. 5. 20.로 하여 예탁한 사실, 대일신협은 1985. 11.경부터 극심한 재정상의 어려움을 겪게 되어 위 예탁기간 만료일에 원고 乙에게 위 43,619,000원을 지불할 수 없었던 사실, 대일신협은 1987. 3. 21. 위 예탁금 중 일부인 3,619,935원 및 이자 조로 148만 원만을 지급하고 추후 나머지 금액을 4천 만 원으로 보아 이에 대하여는 매월 원금 2백만 원과 만기 후 이자 65,753원씩을 지급하기로 약정하였다가 위와 같은 약속을 지키지 못하게 되자 원고들과 협의 끝에, 원고 乙의 단독 명의로 되어 있던 예탁금을 실질적인 권리자인 원고들 각 명의로 나누어 예탁을 받기로 합의하고, 1987. 3. 28.부터 1988. 5. 28.까지 사이에 원고들과 원심 판시 별지 예탁금 목록 기재와 같이 각 예탁금에 대한 예탁계약을 체결한 사실을 인정할 수 있는바, 위 사실관계에 의하면 대일신협이 원고 乙과의 예탁계약에 의하여 금전을 조달한 후 원고들과의 합의에 의하여 현실적인 금전의 수수 없이 그 예탁금을 원고들 명의로 분할하여 예치하기는 하였으나, 이는 원고들과 대일신협의 합의에 의하여 종전에 현실적인 금전의 수수에 의하여 조달된 예탁금을 원고들 내부의 실질적 권리관계에 맞추어 원고들 각 명의로 분할하여 예치한 것과 다름이 없어 종전의 예탁계약에 의한 금전 조달 상태는 그대로 유지되었다고 할 것이므로, 대일신협은 원고들과의 각 예탁계약에 의하여 예탁금을 조달한 것으로 볼 수 있어 원고들의 각 예탁금채권은 구 예금자보호법(2002. 12. 26. 법률 제6807호로 개정되기 전의 것) 제2조 제2호 (바)목 소정의 '예금 등'에 해당한다고 할 것이다{원고들이 원고 乙 명의의 종전 예탁계약을 그대로 유지하였더라도, 구 예금자보호법(2000. 12. 30. 법률 제6323호로 개정되기 전의 것) 제32조 제2항, 구 예금자보호법시행령(1997. 12. 5. 대통령령 제15525호로 개정된 것) 부칙 제4항, 구 예금자보호법시행령(1998. 7. 25. 대통령령 제15842호로 개정된 것) 부칙 제5조 제2항에 의하여 그 예탁금 전액에 상당하는 보험금을 지급받을 수 있었다}.

원심이 같은 취지에서 원고들이 원심 판시 별지 예탁금 목록 기재와 같이 대일신협에 예탁금을 예탁하였다고 인정한 것은 정당한 것으로 수긍할 수 있고, 거기에 상고이유로 주장하는 바와 같이 심리를 다하지 아니하고 채증법칙을 위반하여 사실을 잘못 인정하였거나 예금보험청구권의 발생요건에 관한 법리를 오해하는 등의 위법이 있다고 할 수 없다.

상고이유에서 지적한 대법원 2004. 6. 11. 선고 2003다29708 판결은 대위변제금을 지급에 갈음하여 정기예탁금으로 처리한 사안에 관한 것으로서 이 사건에 원용하기에 적절한 것이 아니다.

대법관 이규홍(재판장) 윤재식(주심) 이용우 김영란

[해설]

파산채권 신고기간은 제척기간이 아니므로 그 기간이 지난 후에도 최후배당 제외기간 만료 전까지 채권신고가 가능하다. 그러나 최후배당의 배당제척기간 만료 직전에 채권신고를 하더라도, 배당제척기간 만료까지 특별조사기일이 개최되고 그 채권이 확정되어야 하므로(파산법 제210조, 제209조, 제207조 제 2 항, 신법 제456조, 제455조, 제453조 제 2 항), 이러한 채권은 사실상 배당에 참가할 수 없게 된다.

그러나 예금자보호법에 의한 보험금을 청구하기 위하여 반드시 파산채권 신고기간 내에 파산채권을 신고할 것을 요건으로 하고 있지 아니하므로 파산절차에서 배당을 받지 못하는 것은 별론으로 하고 예금자보호법에 기한 보험금은 청구할 수 있는 것이다. 또한 예금보험공사의 보험금지급채무는 상행위로 인한 것이 아니므로 민법 소정의 연 5%의 비율에 의하여야 한다. 대법원 2004다40108 판결은 이러한 법리를 확인하였다.

한편, 구 예금자보호법(2002. 12. 26. 법률 제6807호로 개정되기 전의 것) 제 2 조 제 4 호 소정의 '예금 등 채권'의 질권자는 부보금융기관에 대하여 같은 조 제 2 호 소정의 금융거래에 의하여 '예금 등 채권'을 갖는 자에 해당되지 아니하므로 같은 조 제 3 호 소정의 '예금자 등'에 해당된다고 할 수 없고, '예금 등 채권'의 질권자가 '예금자 등'의 예금자보호법 제31조 제 1 항에 의한 보험금청구권을 행사하는 경우에도 질권자가 부보금융기관에 대하여 부담하고 있는 채무는 같은 법 제32조 제 1 항에 의하여 공제가능한 '예금자 등이 부보금융기관에 대하여 부담하고 있는 채무'에 해당하지 아니하므로 보험금에서 이를 공제할 수 없다.[1)]

▶ 〈제213조〉 파산선고로 인한 소송절차의 중단 및 파산채권에 관한 소송절차의 수계

대법원 1999. 7. 23. **선고** 99**다**22267 **판결 【전부금】** [공1999, 1738]

【판결요지】

당사자가 파산선고를 받은 때에는 파산선고 전의 원인으로 생긴 재산상의 청구

1) 대법원 2005. 11. 25. 선고 2004다39092 판결(공2006, 18).

권에 해당하는 파산채권에 관한 소송절차는 중단되고(민사소송법 제217조), 이와 같이 파산채권에 관하여 파산선고 당시 소송이 계속하는 경우에 파산사건의 관할 법원에 파산채권의 신고를 하였으나 파산관재인, 파산채권자 또는 파산자 등의 이해관계인의 이의가 있어 파산채권자가 그 채권의 확정을 요구하려고 할 때에는 별도로 파산사건의 관할법원에 파산채권확정의 소를 제기하는 대신에 종전의 소송이 계속중인 법원에 신고된 파산채권에 관한 이의자를 상대로 하여 소송절차의 수계신청을 하여야 하며(파산법 제213조 제 2 항, 제219조), 파산채권에 관한 제 1 심의 종국판결 선고 후에 파산선고가 있은 경우에는 반대로 신고된 파산채권에 관한 이의자가 소송절차의 수계신청을 하여야 하는 것이고(파산법 제221조), 이 경우 소송의 형태는 채권확정의 소로 변경되어야 한다.

【참조 조문】 파산법 제213조, 제219조, 제221조, 민사소송법 제217조

【원고, 피상고인】 甲 (소송대리인 변호사 홍석한 등)

【피고, 상고인】 파산자 주식회사 충청은행의 소송수계인 파산관재인 김형배 외 1인

【피고보조참가인】 乙

【환송판결】 대법원 1998. 7. 28. 선고 97다22706 판결

【원심판결】 서울고등법원 1999. 4. 7. 선고 98나44712 판결

【주문】 원심판결을 파기하고 사건을 서울고등법원에 환송한다.

【이유】 상고이유를 판단한다.

당사자가 파산선고를 받은 때에는 파산선고 전의 원인으로 생긴 재산상의 청구권에 해당하는 파산채권에 관한 소송절차는 중단되고(민사소송법 제217조), 이와 같이 파산채권에 관하여 파산선고 당시 소송이 계속하는 경우에 파산사건의 관할 법원에 파산채권의 신고를 하였으나 파산관재인, 파산채권자 또는 파산자 등의 이해관계인의 이의가 있어 파산채권자가 그 채권의 확정을 요구하려고 할 때에는 별도로 파산사건의 관할법원에 파산채권확정의 소를 제기하는 대신에 종전의 소송이 계속중인 법원에 신고된 파산채권에 관한 이의자를 상대로 하여 소송절차의 수계신청을 하여야 하며(파산법 제213조 제 2 항, 제219조), 이 사건에서와 같이 제 1 심의 종국판결 선고 후에 파산선고가 있은 경우에는 반대로 신고된 파산채권에 관한 이의자가 소송절차의 수계신청을 하여야 하는 것이고(파산법 제221조), 이 경우 소송의 형태는 채권확정의 소로 변경되어야 한다.

그런데 기록에 의하면, 원고가 주식회사 충청은행에 대한 소외 丙의 예금반환채권에 대하여 압류 및 전부명령을 받아 그 명령이 1995. 5. 13. 09:20경 주식회사 충청은행에 송달되고 그 무렵 확정되었음을 이유로 주식회사 충청은행을 상대로 이 사건 전부금 소송을 제기하여 제 1 심이 원고 일부승소판결을 선고하였고 이에

대하여 쌍방이 항소를 제기한 환송 전 원심에서 제 1 심 판결 중 피고 패소 부분을 취소하고 그 취소 부분에 대한 원고의 청구를 기각하자 원고가 제 1 심에서 인용되었던 금액의 한도에서 불복하여 상고를 제기한 결과 대법원에서 원고의 상고를 받아들여 환송 전 원심판결 중 원고가 불복한 부분을 파기하고 환송하였는데, 그 원심 소송계속중인 1998. 10. 27. 대전지방법원에서 주식회사 충청은행에 대한 파산선고가 내려지고 그 파산관재인 김형배, 김병욱이 같은 해 11. 18. 소송수계 신청을 하자 원심은 그들이 주식회사 충청은행을 수계하여 피고가 된 것으로 보아 피고들의 항소를 기각하고 제 1 심 판결 중 피소송수계인에 대하여 지급을 명한 부분은 소송수계에 의하여 "피고들은 각자 원고에게 제 1 심 판시 금원을 지급하라"로 변경되었다는 내용의 판결을 선고하였다.

그러나 원고의 주식회사 충청은행에 대한 이 사건 전부금 채권은 파산선고 전의 원인으로 생긴 재산상의 청구권으로서 파산법상의 파산채권임이 명백하므로 위와 같이 주식회사 충청은행에 대한 파산선고가 있었다면 원심으로서는 소송절차를 중단하여야 할 것이고, 파산자 주식회사 충청은행의 파산관재인들로 하여금 소송절차를 수계하게 하여 종전의 소송을 계속 진행하기 위하여는 과연 주식회사 충청은행에 대한 파산선고 이후 원고의 파산채권신고가 있었는지, 그 신고가 있었다면 이에 대한 이의가 있었는지, 그 이의가 있었다면 수계신청이 이의자들에 의하여 적법하게 행하여진 것인지 등을 살펴본 다음 이 사건 파산관재인들의 수계가 적법하게 이루어졌는지 여부를 가려보았어야 함에도 불구하고, 원심이 이 점에 관한 조사 및 심리를 다하지 아니하고 만연히 파산관재인들이 소송절차를 수계한 것으로 보아 위와 같은 판결을 선고한 조치에는 파산선고로 인한 소송절차의 중단 및 파산채권에 관한 소송절차의 수계에 관한 법리를 오해하여 판결 결과에 영향을 미친 위법이 있다고 할 것이다. 상고이유 중 이 점을 지적하는 부분은 이유 있다.

대법관 조무제(재판장) 정귀호 김형선(주심) 이용훈

[해설]

집행력 있는 집행권원 있는 채권 또는 종국판결을 얻은 채권과 같은 이른바 유명의채권에 대하여는 파산관재인 등의 이의가 있다고 하더라도 배당으로부터 제외할 수 없고, 이의자는 채무자가 할 수 있는 소송절차 예컨대 재심의 소, 청구이의의 소, 상소 등의 절차를 통하여서만 이의를 주장할 수 있다(파산법 제221조 제 1 항, 신법 제466조 제 1 항). 따라서 유명의채권에 대한 이의에 대하여는 신법하에서도 신설된 파산채권조사확정재판절차를 이용할 수는 없다.

유명의채권에 관하여 소송계속중 파산이 선고된 경우 그 채권도 채권의 신고,

조사 등의 절차를 거쳐야 하고, 채권조사기일에 이의가 있다면 이의를 한 파산관재인이나 다른 파산채권자가 수계신청인이 되며, 이의 있는 채권의 채권자가 상대방이 된다. 이때 이의를 진술한 부분을 심판의 대상으로 하여 파산채권확정을 구하는 내용으로 청구취지를 변경하고 소가결정도 받아야 한다. 파산관재인의 소송수계 전후에 이러한 절차들이 준수되어야 함을 주의하여야 한다.

한편, 판례에 의하면 상고심 계속 중 상고이유서 제출기간이 경과한 후에 당사자에 대하여 파산이 선고된 경우에는 파산관재인이 소송수계신청을 할 수 없다.[2] 이는 상고심에서의 청구취지의 변경을 불허하는 입장과도 연결되어 있다. 즉, 절차를 중단하였을 경우 파산관재인이 신고채권을 부인하기 위해서는 유명의채권에 대한 이의의 방법으로 파산채권자를 상대로 소송을 수계하고 절차의 속행을 구하면서(파산법 제221조 제1항, 신법 제466조 제1항) 기존에 계속 중이던 손해배상청구소송의 청구취지를 파산채권확정소송의 취지로 변경하여야 하는데 대법원은 청구취지 변경을 허용하지 않는다.[3] 그러나 이에 대하여는 아래와 같은 문제점이 있다. 소송 계속중에 당사자가 파산선고를 받은 때에는 파산선고 전의 원인으로 생긴 재산상의 청구권에 해당하는 파산채권에 관한 소송절차는 중단되고(민사소송법 제239조), 파산채권자가 파산법이 정한 채권신고기간 내에 적법한 채권신고를 하면 채권조사기일을 거쳐 파산관재인 또는 다른 채권자의 이의가 있는지 여부에 따라 그 채권이 확정판결과 동일한 효력이 있는 채권표상의 확정채권이 되거나, 아니면 파산법에 따른 채권확정의 소송을 거쳐 그 채권의 존부가 결정되게 된다.[4] 또한 당사자가 상고심에서 사망한 경우에도 상고심절차가 중단된다. 따라서 당사자가 상고심에서 파산하는 경우에도 하급심에서 파산선고가 된 것과 같이 일단 소송을 중단시켜 채권조사절차를 거치도록 하여 사건의 속행 여부를 결정하였어야 할 것이다. 그럼에도 불구하고 대법원이 상고심에서는 이러한 절차를 부정하는 것은 파산채권조사제도와 소송중단사유에 대한 일반적인 법이론에 어긋난다. 나아가 이에 수반되는 청구취지의 변경은 심판의 대상을 확장하는 것이 아니고 파산채권확정을 위하여 부득이 행하여지는 소송행위라는 점에서 통상의 청구취지 변경의 제한에 대한 예외를 인정하는 것이 타당하다.[5] 상고심에서 중단을 인정하고 파산관재인의 소송수계와 청구취지 변경을 인정한다면 상고를 기각하여야 할 경우에도 파기자판

---

2) 대법원 2006. 8. 24. 선고 2004다20807 판결(공보불게재).

3) 대법원 1997. 12. 12. 97누12235 판결(공1998, 322).

4) 대법원 2000. 2. 11. 선고 99다8728 판결(공보불게재). 2004다20807 판결의 사안은 아파트 하자로 인한 피고의 손해배상의무의 존부가 문제된 것이고, 원심이 피고에게 하자보수에 갈음하는 손해배상금의 지급을 명하자, 피고가 이에 불복하여 상고 중 피고에 대하여 파산이 선고되었다.

5) 注解 破産法(下), 539면.

의 형식으로 파산채권을 확정지을 수 있다.

일본 최고재판소는 상고심에서 파산선고된 경우 소송의 중단 및 청구취지의 변경을 할 수 있다는 견해[6]와 상고기각의 경우라면 수계신청 없이 상소기각의 판결을 할 수 있다는 입장[7]으로 나누어져 있다. 학설은 수계를 긍정하는 것이 다수설이다.[8]

▶ 〈제217조〉 파산채권확정의 소

(1) **대법원** 2005. 10. 28. **선고** 2005**다**28273 **판결 【파산채권확정】** [공2005, 1860]

【판결요지】

[1] 회사정리법 제240조 제 2 항은 정리계획은 정리채권자 또는 정리담보권자가 회사의 보증인 기타 회사와 함께 채무를 부담하는 자에 대하여 가진 권리와 회사 이외의 자가 정리채권자 또는 정리담보권자를 위하여 제공한 담보에 영향을 미치지 아니한다고 규정하고 있는바, 이는 재정적 궁핍으로 파탄에 직면하였으나 갱생의 가망이 있는 주식회사에 있어서 채권자, 주주 기타 이해관계인의 이해를 조정하여 그 사업의 정리 · 재건을 도모하려는 회사정리법의 목적을 실현하기 위한 규정이다.

[2] 회사정리절차에서 제 3 자가 주채무를 면책적으로 인수하는 내용의 정리계획이 인가 · 확정되었다고 하더라도, 그 채무인수 자체에 의하여 채권에 대한 실질적인 만족을 얻은 것으로는 볼 수 없는 것이므로, 회사정리법 제240조 제 2 항에 따라 보증인의 책임 범위에는 아무런 영향이 없다고 할 것이고, 한편 면책적 채무인수에 있어 보증책임의 소멸을 규정하고 있는 민법 제459조는 이 경우 그 적용이 배제된다.

[3] 민법 제171조는 파산절차참가는 채권자가 이를 취소하거나 그 청구가 각하된 때에는 시효중단의 효력이 없다고 규정하고 있는바, 채권조사기일에서 파산관재인이 신고채권에 대하여 이의를 제기하거나 채권자가 법정기간 내에 파산채권 확정의 소를 제기하지 아니하여 배당에서 제척되었다고 하더라도 그것이 위 규정에서 말하는 '그 청구가 각하된 때'에 해당한다고 볼 수는 없다 할 것이고, 따라서

---

6) 最高裁判所 1986(昭和 61). 4. 11. 판결.

7) 最高裁判所 1997(平成 9). 9. 9. 판결.

8) 花村治郎, "上告審における被告の破産と破産債権確定訴訟への訴えの變更," ジュリスト臨時増刊: 重要判例解說-887號, 有斐閣(1987. 6), 128면; 坂原正夫, "上告審繫屬中における當事者の破産と訴えの變更," ジュリストNo.163, 有斐閣(2002. 9), 155頁.

파산절차참가로 인한 시효중단의 효력은 파산절차가 종결될 때까지 계속 존속한다.

【참조 조문】 [1] 회사정리법 제240조 제2항／[2] 회사정리법 제240조 제2항, 민법 제459조／[3] 민법 제171조, 파산법 제233조

【원고, 피상고인】 주식회사 조흥은행 (소송대리인 법무법인 태평양 담당변호사 전병하 등)

【피고, 상고인】 파산자 한화종합금융 주식회사의 파산관재인 예금보험공사 (소송대리인 법무법인 대륙 담당변호사 여상조 등)

【원심판결】 서울고등법원 2005. 4. 20. 선고 2004나66935 판결

【주문】 상고를 기각한다. 상고비용은 피고가 부담한다.

【이유】

1. 회사정리법 제240조 제2항은, 정리계획은 정리채권자 또는 정리담보권자가 회사의 보증인 기타 회사와 함께 채무를 부담하는 자에 대하여 가진 권리와 회사 이외의 자가 정리채권자 또는 정리담보권자를 위하여 제공한 담보에 영향을 미치지 아니한다고 규정하고 있는바, 이는 재정적 궁핍으로 파탄에 직면하였으나 갱생의 가망이 있는 주식회사에 있어서 채권자, 주주 기타 이해관계인의 이해를 조정하여 그 사업의 정리·재건을 도모하려는 회사정리법의 목적을 실현하기 위한 규정이라 할 것이다(대법원 1995. 10. 13. 선고 94다57800 판결 참조).

이러한 규정 취지 등에 비추어 볼 때 회사정리절차에서 제3자가 주채무를 면책적으로 인수하는 내용의 정리계획이 인가·확정되었다고 하더라도, 그 채무인수 자체에 의하여 채권에 대한 실질적인 만족을 얻은 것으로는 볼 수 없는 것이므로, 회사정리법 제240조 제2항에 따라 보증인의 책임 범위에는 아무런 영향이 없다고 할 것이고(대법원 2005. 1. 27. 선고 2004다27143 판결 참조), 한편 면책적 채무인수에 있어 보증책임의 소멸을 규정하고 있는 민법 제459조는 이 경우 그 적용이 배제된다고 봄이 상당하다.

같은 취지의 원심의 판단은 정당하고, 거기에 상고이유로 주장하는 바와 같은 판단누락 등의 위법이 있다고 할 수 없다.

2. 민법 제171조는 파산절차참가는 채권자가 이를 취소하거나 그 청구가 각하된 때에는 시효중단의 효력이 없다고 규정하고 있는바, 채권조사기일에서 파산관재인이 신고채권에 대하여 이의를 제기하거나 채권자가 법정기간 내에 파산채권 확정의 소를 제기하지 아니하여 배당에서 제척되었다고 하더라도 그것이 위 규정에서 말하는 '그 청구가 각하된 때'에 해당한다고 볼 수는 없다 할 것이고, 따라서 파산절차참가로 인한 시효중단의 효력은 파산절차가 종결될 때까지 계속 존속한다고 할 것이다.

같은 취지인 원심의 판단은 정당하고, 거기에 민법 제171조의 해석·적용에 관

한 법리오해 등의 위법이 있다는 상고이유의 주장도 받아들일 수 없다.

대법관 김용담(재판장) 배기원 이강국(주심)

(2) **서울고등법원** 2005. 9. 16. **선고** 2005나9137 **판결 【파산채권확정】**[9)]

【판결요지】

1. 피고가 원고에게 어음을 할인매각하면서 어음 실물을 교부하지 않고 어음금의 지급을 보증한다는 취지의 문구를 기재한 원고 명의의 어음보관통장을 보유하는 경우 어음 뒷면에 '지급책임을 지지 아니함'이라는 문구가 있다 하여도 배서인의 소구의무를 면하는 것은 별론으로 하고 어음에 관한 민사상 보증책임은 부담한다.

2. 어음에 대한 보증채무가 발행인에 대한 화의절차에서 원고, 발행인, 발행인의 자산을 양수하기 위하여 신설된 제3자 사이의 변제청산약정에 따라 소멸하였는지 여부

3. 원고가 삼삼종금에 대한 파산선고 후 발행인 등으로부터 이 사건 어음금 중 일부를 변제받았다고 하더라도 채권 전액의 만족을 얻은 것이 아닌 한 파산채권액의 감소를 가져오는 것은 아니어서 채권자인 원고는 여전히 파산선고시의 채권 전액으로 계속하여 파산절차에 참가할 수 있다.

4. 민법 제171조의 '그 청구가 각하된 때'라 함은 '파산채권의 신고 그 자체가 부적법하다는 이유로 각하된 경우'를 포함하는 것은 명백하나, 집행권원을 가지고 있지 않은 파산채권자라 하더라도 파산채권의 신고를 한 경우에는 이에 의하여 파산절차에 참가하고 파산채권자로서 그 권리를 행사하고 있는 것으로 보아야 할 것이므로, 파산채권 조사기일에서 파산관재인이나 다른 채권자가 이의를 제기한 것만을 가지고서는 민법 제171조의 '그 청구가 각하된 때'로 볼 수 없고, 또한 파산채권을 신고한 채권자가 그 신고에 대한 이의가 제기된 경우에는 최후의 배당의 제척기간 내에 소를 제기하면 이후의 배당절차에서 배당을 받을 수 있어 당초 채권자가 한 신고의 효력이 완전히 소멸되는 것은 아닌 점에 비추어 보면, 채권조사기일에서 파산채권으로 신고한 채권에 대하여 이의가 제기되었음에도 파산채권 확정의 소를 제기하지 아니한 채 배당공고일로부터 14일이 경과되었다고 하여 이를 민법 제171조의 '그 청구가 각하된 때'로 볼 수는 없다.

【원고】 주식회사 조흥은행 (소송대리인 법무법인 태평양 담당변호사 박현욱 등)

---

9) 이 판결에 대한 상고심에서 대법원은 "이 사건 변제청산약정 중 제3자 면책조항은 제3자를 위한 계약에 준하는 것으로서 그 제3자에 해당하는 피고가 이 사건 제1심에서 준비서면의 송달로써 수익의 의사표시를 함으로써 그 효력이 발생하여 피고의 원고에 대한 이 사건 보증채무는 소멸하였다"는 이유로 다른 상고이유에 대한 판단을 생략한 채 원심판결을 파기하였다. 대법원 2006. 11. 23. 선고 2005다62198 판결. 파기 후 환송심은 서울고등법원 2006나116667.

【피고】 파산자 삼삼종합금융 주식회사의 파산관재인 예금보험공사 (소송대리인 법무법인 대륙 담당변호사 정호길)

【제 1 심 판결】 서울중앙지방법원 2004. 12. 23. 선고 2004가합14654 판결

【변론종결】 2005. 7. 15.

【주문】 피고의 항소를 기각한다.

【청구취지】 원고의 파산자 삼삼종합금융 주식회사에 대한 일반파산채권은 *** 원임을 확인한다.

【항소취지】 제 1 심 판결 중 다음에서 인정하는 부분을 초과하는 피고 패소부분을 취소하고, 그 부분에 해당하는 원고의 청구를 기각한다. 원고의 파산자 삼삼종합금융 주식회사에 대한 일반파산채권은 5,728,123,436원임을 확인한다.

【이유】 기초사실

1. 당원의 심판범위

원고는 제 1 심에서 파산자 삼삼종합금융 주식회사(이하 '삼삼종금'이라 한다)에 대한 일반파산채권으로서 ① 어음번호 자가11051877, 액면금 50억 원, 발행인 만도기계 주식회사(이하 '만도기계'라고 한다), 발행일 1997. 7. 9., 지급일 1998. 1. 9., 지급지 서울특별시, 지급장소 주식회사 한국상업은행으로 된 자유금리기업어음 1장(이하 '이 사건 어음'이라 한다)에 대한 지급보증금 및 이에 대한 지연손해금의 합계인 5,206,301,369원과 ② 어음번호 자가 14163487, 액면금 60억 원, 발행인 한라중공업 주식회사, 발행일 1997. 8. 2., 지급일 1998. 2. 2., 지급지 서울특별시, 지급장소 주식회사 제일은행 덕수지점으로 된 자유금리기업어음 1장에 대한 지급보증금 및 이에 대한 지연손해금의 합계인 5,728,042,815원의 각 확인을 구하였는데, 제 1 심 법원은 원고의 청구를 모두 인용하였고, 이에 대하여 피고가 제 1 심 판결 중 위 ①의 청구부분에 대하여만 항소하였으므로, 원고의 ② 청구부분은 당원의 심판범위에서 제외된다.

2. 기초사실

가. 원고는 1997. 7. 9. 삼삼종금으로부터 이 사건 어음을 할인매입하면서, 어음실물을 교부받는 대신 원고 명의로 개설된 어음보관계좌의 통장(계좌번호 96-20765-10-01, 이하 '이 사건 어음보관통장'이라고 한다)에 이 사건 어음의 취급일·종류·어음번호·만기일·보관어음금액 등을 기재받고 이 사건 어음의 실물은 삼삼종금으로 하여금 보관하게 하였다.

나. 그런데, 이 사건 어음보관통장의 어음보관통장규약을 기재한 면에는 '※ 만기시 당사가 지급을 보증함'이라는 내용이 기재되어 있었고 그 옆에 삼삼종금의 대표이사 직인이 날인되어 있었다.

다. 원고는 1998. 1. 9. 이 사건 어음보관통장에서 인출한 이 사건 어음을 주식

회사 한국상업은행에 지급제시하였으나 무거래를 이유로 지급이 거절되었다.

라. 한편, 삼삼종금은 1998. 2. 17. 재정경제원장관으로부터 영업인가를 취소당하여 해산하게 되었다가, 1998. 9. 18. 서울지방법원 98하112호로 파산선고를 받았고 피고가 파산관재인으로 선임되었는데, 원고는 파산채권신고기간 내인 1998. 10.경 삼삼종금에 대한 이 사건 어음에 관한 보증채권으로 이 사건 어음의 액면금 50억원과 이에 대하여 지급거절일 다음날인 1998. 1. 10.부터 파산선고일 전날인 1998. 9. 17.까지 연 25.5%의 비율에 의한 지연손해금 876,780,821원 합계 5,876,780,821원을 파산채권으로 신고하였으나, 이에 대하여 피고는 채권조사기일에서 적법하지 않은 보증이라는 이유로 이의하였다.

3. 판단

가. 청구원인에 관한 판단

(1) 위에서 본 바와 같이, 삼삼종금은 기업 발행의 어음을 매입하여 이를 원고에게 할인매출함에 있어 원고 명의로 어음보관계좌를 개설하고 원고에게 이 사건 어음보관통장을 발급하면서 그 통장에 만기시 어음금의 지급을 보증한다는 취지의 문구를 기재한 후 대표이사 직인을 날인하였는바, 위 문구는 원고가 삼삼종금과의 어음거래로 취득하여 이 사건 어음보관통장에 보관하는 모든 어음에 대하여 그 지급을 보증하겠다는 취지로 해석함이 상당하므로, 원고는 파산자 삼삼종금에 대하여 이 사건 어음의 액면금 5,0억 원과 이에 대하여 지급거절일 다음날인 1998. 1. 10.부터 삼삼종금의 파산선고일 전날인 1998. 9. 17.까지 상법에 정한 연 6%의 비율에 의한 지연손해금 206,301,369원(= 50억 원 × 0.06 × 251/365, 원 미만 버림)의 일반파산채권을 가진다.

(2) 이에 대하여 피고는, 삼삼종금이 이 사건 어음의 이면에 '지급책임을 지지 아니함'이라는 문구를 기재하고 대표이사의 직인을 날인하였으므로, 이 사건 어음보관통장의 기재와 상관없이 이 사건 어음에 대한 지급보증의 책임을 부담하지 않는다고 다투므로 살피건대, 삼삼종금이 원고에게 이 사건 어음보관통장을 교부하면서 장차 이 사건 어음보관통장을 통하여 원고에게 매출한 어음이 만기에 지급되지 않을 경우 그 어음채무를 보증하기로 약정하였고, 원고는 삼삼종금으로부터 이 사건 어음의 실물을 교부받지 않고 이 사건 어음보관통장을 통하여 이 사건 어음을 할인매입한 후 이 사건 어음의 지급일인 1998. 1. 9. 지급제시를 위하여 이 사건 어음을 인출한 사실은 앞서 인정한 바와 같고, 한편 증거에 의하면 삼삼종금은 이 사건 어음 이면의 배서인란에 '지급책임을 지지 아니함, 삼삼종합금융주식회사 청산인 최재근'이라고 기재한 후 위 청산인의 직인을 날인한 사실을 인정할 수 있으나, 위와 같이 삼삼종금이 이 사건 어음에 대하여 지급책임을 지지 않는 무담보배서를 하였다고 하더라도 배서인으로서의 소구의무를 면하는 것은 별론으로 하고,

이미 성립한 원고에 대한 지급보증약정의 효력에는 아무런 영향이 없다고 할 것이므로 결국 이 부분 피고의 주장은 받아들일 수 없다.

나. 피고의 항변에 관한 판단

(1) 이 사건 어음을 인출함으로써 보증책임이 소멸하였다는 주장

피고는, 이 사건 어음보관통장규약 제2조는 신고된 인감과 이 보관통장에 의하여 인출된 어음 또는 그 대전에 대하여 삼삼종금은 아무런 책임을 지지 않는다고 규정하고 있고 원고는 이 사건 어음보관통장에서 이 사건 어음을 인출하였으므로 위 규정에 의하여 삼삼종금은 원고에 대하여 이 사건 어음에 관한 지급보증의 책임을 부담하지 않는다고 주장하므로 살피건대, 이 사건 어음보관통장에 기재된 어음보관통장규약 제2조가 '신고된 인감과 이 보관통장에 의하여 인출된 어음 또는 그 대전에 대하여는 당사는 책임을 지지 아니합니다'라고 규정하고 있는 사실은 당사자 사이에 다툼이 없으나, 위 규정은 삼삼종금이 이 사건 어음보관통장과 신고된 인감임을 확인하고 이 사건 어음보관통장에 보관된 어음이나 금전을 교부한 이상 설사 그 어음이나 금전을 인출한 자가 무권리자일지라도 이에 대하여 책임을 지지 않는다는 취지라고 할 것이고, 위 규정에 의하여 삼삼종금의 이 사건 어음에 대한 지급보증의 책임이 소멸하는 것은 아니므로, 피고의 위 주장도 이유 없다.

(2) 상환이행에 관한 주장

피고는, 원고가 이 사건 어음을 제시하지 않는 이상 삼삼종금은 원고에게 이 사건 어음금을 지급할 의무가 없다고 주장하므로 살피건대, 위에서 본 바와 같이 삼삼종금의 이 사건 어음에 대한 지급보증채무는 어음법에 의한 어음보증채무가 아니라 민사상의 보증채무인바, 따라서 원고가 삼삼종금에 대하여 이 사건 어음에 대한 지급보증금을 청구함에 있어 이 사건 어음의 제시가 요구된다고 볼 수 없으므로, 피고의 위 주장도 받아들이지 않는다.

(3) 변제청산약정으로 보증채무가 소멸하였다는 주장

(가) 피고의 주장

피고는, 삼삼종금의 이 사건 어음에 대한 보증채무는 만도기계에 대한 화의절차에서 원고, 만도기계, 알에이치만도기계 주식회사(이하 'RH만도기계'라고 한다) 사이의 변제청산약정에 따라 소멸하였다고 주장한다.

(나) 인정사실

1) 정몽원, 정인영이 대주주인 한라그룹은 만도기계, 한라중공업 주식회사, 한라건설 주식회사, 한라시멘트 주식회사 등 총 18개의 계열사들로 구성되어 있었는데, 계열사들 사이의 상호보증관계와 외환위기로 말미암아 1997. 말경 그룹 전체의 부도를 맞게 되었고, 만도기계는 1997. 12. 10. 수원지방법원 97거27호로 화의개시신

청을 하였다.

2) 한라그룹은 18개 계열사 중 14개 회사를 매각·청산·합병하고 금융기관 채권단과의 협의 아래 해외투자회사인 로스차일드(Rothschild)사의 브릿지론(Bridge Loan)을 도입하여 만도기계, 한라중공업 주식회사, 한라건설 주식회사, 한라시멘트 주식회사의 채무를 일시에 변제하여 상호보증문제를 해결한 후 해외자본을 유치하여 위 4개 회사의 재무구조를 정상화시키는 내용의 구조조정을 실행하기로 하였다(이하 '로스차일드 프로그램'이라고 한다).

3) 만도기계는 1998. 4. 15. 수원지방법원으로부터 화의개시결정을 받은 후 1998. 10. 16. 원고의 이 사건 어음금 채권 등 담보권 있는 금융기관이 담보권 행사를 포기한 화의채권에 관하여 화의인가결정 확정일로부터 90일 이내에 원금의 70%를 지급하고 원금의 30%와 이자는 모두 면제받으며, 담보권 없는 금융기관의 화의채권에 관하여 화의인가결정 확정일로부터 90일 이내에 원금의 35%를 지급하고 원금의 65%와 이자는 모두 면제받는다는 화의조건에 의한 화의인가결정을 받았고, 위 화의인가결정은 1998. 11. 1. 확정되었다.

4) 원고와 만도기계 및 만도기계의 자산을 양수하기 위하여 신설된 법인인 RH만도기계는 위 화의인가결정에 따라 1998. 11. 30. 다음과 같은 내용의 변제청산약정(이하 '이 사건 변제청산약정'이라고 한다)을 체결하였다.

① 원고는 만도기계, 만도기계의 보증인들과 사이에 만도기계에 대한 대출채권을 변제청산하는 것에 합의하고, RH만도기계는 만도기계 소유 자산의 양수대금을 원고 및 기타 채권자들에게 직접 지급하되, 이로써 RH만도기계의 만도기계에 대한 양수대금의 지급이 이루어진 것으로 보기로 합의한다.

② 1998. 11. 30. 현재 이 사건 어음금 50억 원을 포함하여 원고가 담보권 행사를 포기하고 만도기계에 대한 화의채권으로 신고한 대출채권의 합계는 원화 28,611,113,112원과 미화 8,237,361.12달러이다(다만, 위 원화 대출채권 중 이 사건 어음금을 제외한 100억 원의 기업어음채권은 담보권 없는 화의채권이다).

③ 원고의 만도기계에 대한 대출채권을 담보하기 위하여 원고에게 제공된 물적 담보는 만도기계 덕소연구소 및 평택공장에 관한 포괄근저당권이고, 인적 담보는 만도기계의 특수관계인인 정인영과 정몽원의 포괄근보증이다.

④ RH만도기계는 위 화의인가결정 확정일인 1998. 11. 1.부터 90일 이내로 정한 변제청산일에 원고에게 화의조건에 따라 위 원화 대출채권 28,611,113,112원의 58%(위 원화 대출채권 중 이 사건 어음금 채권을 제외한 100억 원의 기업어음채권은 변제비율이 35%인 담보권 없는 화의채권이므로 총 원화 대출채권의 변제비율은 58%가 되었다)인 16,527,779,178원과 위 외화 대출채권 미화 8,237,361.12달러의 70%인 5,766,152.78달러를 지급하고, 원고로부터 대출관련서류와 인적·물적 담

보의 해지에 필요한 서류를 교부받으며, 별도로 소멸하지 않는 것으로 정한 채권을 제외한 모든 대출채무와 기타 권리, 담보에 관한 권리, 기타 대출채권과 보증채권과 관련하여 원고가 만도기계의 보증인들을 포함한 제 3 자에 대하여 가지고 있는 모든 권리가 소멸된다는 것에 합의한다.

(다) 판단

위 인정사실에 의하면, 이 사건 변제청산약정은 RH만도기계가 원고에 대하여 화의조건에 따라 변경된 이 사건 어음채무를 이행하면 '원고가 만도기계의 보증인들을 포함한 제 3 자에 대하여 가지는 모든 권리'가 소멸한다고 정하고 있는바, 위 규정에 의하여 소멸되는 권리에 원고의 삼삼종금에 대한 보증채권이 포함되는지 여부에 관하여 아래에서 판단한다.

살피건대, 법률행위의 해석은 당사자가 그 표시행위에 부여한 객관적인 의미를 명백하게 확정하는 것으로서, 서면에 사용된 문구에 구애받는 것은 아니지만 어디까지나 당사자의 내심적 의사의 여하에 관계없이 그 서면의 기재 내용에 의하여 당사자가 그 표시행위에 부여한 객관적 의미를 합리적으로 해석하여야 하는 것이고, 당사자가 표시한 문언에 의하여 그 객관적인 의미가 명확하게 드러나지 않는 경우에는 그 법률행위가 이루어진 동기 및 경위, 당사자가 그 법률행위에 의하여 달성하려는 목적, 거래의 관행 등을 종합적으로 고려하여 사회정의와 형평의 이념에 맞도록 합리적으로 해석하여야 한다.

돌이켜 이 사건에 관하여 보건대, 이 사건 변제청산약정은 다음과 같은 이유로 삼삼종금의 이 사건 어음에 대한 보증채무를 소멸시키는 내용이라고 해석하기 어렵다.

첫째, 이 사건 변제청산약정의 약정서 제 2 조 b.에는 '별첨 1에 기재된 담보(대출채권을 담보하기 위하여 채권자에게 제공된 인적, 물적 담보)가 채권자가 보유하고 있는 담보의 전부이다'라고 기재되어 있고, 그에 첨부된 별첨 1 '미지급채무 및 담보 · 보증명세'에는 보증인을 정인영, 정몽원 등으로 특정하고 있으며, 삼삼종금 등 다른 보증인은 전혀 기재되어 있지 않은바, 원고, 만도기계, RH만도기계는 원고의 만도기계에 대한 대출채무의 인적담보로서 만도기계의 특수관계인인 정인영, 정몽원의 근보증만이 존재하는 것을 전제로 이 사건 변제청산약정을 체결하였으며 삼삼종금의 이 사건 어음에 대한 보증채무가 논의의 대상이 되었다고 볼 증거는 전혀 없다.

둘째, 이 사건 변제청산약정의 약정서의 전문에는 '만도기계는 원고와 대출채무를 변제청산하기 위한 협상을 하여 왔으며 이에 원고는 만도기계 및 만도기계의 보증인들과 대출채무를 변제청산하는 데 합의하였다'라고 기재되어 있는데, 원고는 위 약정을 체결하기 위하여 만도기계의 대주주이자 포괄근보증을 한 정인영, 정몽원 등 만도기계의 특수관계인과 협의하였을 뿐, 삼삼종금과 협의한 사실을 인정할 자료는 없다.

셋째, 이 사건 변제청산약정이 체결된 이유는 브릿지론을 통하여 만도기계의 다른 한라그룹 계열사들에 대한 상호보증관계를 정리하고 만도기계의 재무구조를 정상화하기 위한 것이었으므로, 한라그룹의 다른 계열사나 대주주 등 특수관계인이 아닌 제 3 자의 보증채무를 면제할 동기가 없을 뿐 아니라, 이 사건 변제청산약정은 로스차일드 프로그램과 만도기계에 대한 화의인가결정의 화의조건에 기초하여 체결된 것인데, 확정된 화의인가결정은 화의채권자 전원을 위하여 또는 그 전원에 대하여 효력이 있지만 화의채권자가 채무자의 보증인 기타 채무자와 더불어 채무를 부담하는 자에 대하여 가지는 권리 및 화의채권자를 위하여 제공한 담보에 영향을 미치지 않으므로(화의법 제58조, 제61조, 파산법 제298조 참조), 보증인 등은 화의조건에 의하여 감액·변경되기 이전의 화의채권 전액에 대하여 책임을 부담하고 보증인 등이 화의채무자에 갈음하여 채무전액을 변제한 경우 화의채무자에 대하여 당연히 구상권을 취득하지만 구상을 청구할 수 있는 금액과 시기는 화의조건에 따라 변경되는 것인바, 화의채무자가 채권자에게 화의조건에 따라 채무를 모두 변제하면 보증인은 구상권을 행사할 수 없게 되어 이에 관하여 새로운 분쟁이 발생할 가능성이 있다거나 화의채무자 등의 부담이 늘어나게 되는 일은 없으므로, 결국 원고와 만도기계, RH만도기계가 삼삼종금 등 제 3 자의 보증채무를 소멸시키면서 이 사건 변제청산약정을 체결할 아무런 동기도 찾을 수 없다.

넷째, 원고는 이 사건 변제청산약정을 체결하기 이전인 1998. 10. 이미 삼삼종금의 이 사건 어음에 대한 보증채권을 파산채권으로 신고하여, 삼삼종금의 파산절차에 참여하고 있었고, 이 사건 변제청산약정을 체결한 후 위 파산채권의 신고를 취하한 사실도 없다.

따라서, RH만도기계가 원고에 대하여 이 사건 변제청산약정에 따라 변경된 대출채무를 이행함으로써 소멸되는 '원고가 만도기계의 보증인들을 포함한 제 3 자에 대하여 가지는 모든 권리'는 원고가 만도기계의 특수관계인인 정인영, 정몽원 또는 한라그룹의 다른 계열사들에 대하여 가지는 모든 권리라고 해석함이 상당하고, 원고가 삼삼종금에 대하여 가지는 이 사건 어음에 대한 보증채권은 이 사건 변제청산약정에 따라 소멸되지 않는다고 볼 것이므로, 결국 피고의 이 부분 주장도 이유 없다.

(4) 이 사건 어음금이 변제되었다는 주장

피고는 이 사건 어음금이 모두 변제되었다고 주장하므로 살피건대, 증거에 의하면 이 사건 어음의 부전지에 '99. 4. 9. 상환 50억 원, 잔액 0원'이라고 기재되어 있는 사실을 인정할 수 있으나, 이러한 사실만으로는 이 사건 어음금이 모두 변제되었다고 인정하기에 부족하고 다른 증거가 없으므로, 피고의 위 주장도 이유 없다(가사 원고가 삼삼종금에 대한 파산선고 후 만도기계 등으로부터 이 사건 어음금 중 일부를 변제받았다고 하더라도 채권 전액의 만족을 얻은 것이 아닌 한 파산채권액의 감소를 가져오는 것은 아니어서 채권자인 원고는 여전히 파산선고시의 채권 전액으로 계속하여 파산절차에 참가할 수 있다).

(5) 소멸시효가 완성되었다는 주장

피고는, 원고의 삼삼종금에 대한 이 사건 어음금의 보증채권의 소멸시효기간은 보증채무의 부종성 등에 비추어 어음채권의 소멸시효기간과 동일한 3년인데, 이 사건 어음에 관한 보증채권은 만도기계에 대한 화의절차가 종결된 1999. 12. 28.부터 3년이 경과한 2001. 12. 28. 시효로 소멸하였다고 주장하고, 이에 대하여 원고는, 원고가 1998. 10.경 삼삼종금에 대한 파산절차에 참가함으로써 소멸시효가 중단되었다고 주장한다.

살피건대, 위에서 본 바와 같이 원고는 1998. 10.경 삼삼종금에 대하여 이 사건 어음금 보증채권을 파산채권으로 신고하여 삼삼종금의 파산절차에 참가하였는바, 이는 민법 제168조 제1호의 소멸시효 중단사유에 해당하므로, 그 때부터 삼삼종금에 대한 파산절차가 종료될 때까지 삼삼종금에 대한 보증채권의 소멸시효는 중단되었다고 할 것이니, 피고의 소멸시효 완성 주장은 받아들일 수 없다.

이에 대하여 피고는, 원고의 파산채권 신고에 대하여 피고가 채권조사기일에서 이의하였고, 그 후 원고는 배당공고일로부터 14일 내에 파산채권확정의 소를 제기하지 아니하였는바, 이는 민법 제171조에서 정한 '그 청구가 각하된 때'에 해당하므로, 원고의 파산채권 신고는 시효중단의 효력이 없다고 주장한다.

살피건대, 민법 제171조의 '그 청구가 각하된 때'라 함은 '파산채권의 신고 그 자체가 부적법하다는 이유로 각하된 경우'를 포함하는 것은 명백하나, 집행권원을 가지고 있지 않은 파산채권자라 하더라도 파산채권의 신고를 한 경우에는 이에 의하여 파산절차에 참가하고 파산채권자로서 그 권리를 행사하고 있는 것으로 보아야 할 것이므로, 파산채권 조사기일에서 파산관재인이나 다른 채권자가 이의를 제기한 것만을 가지고서는 민법 제171조의 '그 청구가 각하된 때'로 볼 수 없고, 또한 파산채권을 신고한 채권자가 그 신고에 대한 이의가 제기된 경우에는 최후의 배당의 제척기간 내에 소를 제기하면 이후의 배당절차에서 배당을 받을 수 있어 당초 채권자가 한 신고의 효력이 완전히 소멸되는 것은 아닌 점에 비추어 보면, 채권조사기일에서 파산채권으로 신고한 채권에 대하여 이의가 제기되었음에도 파산채권 확정의 소를 제기하지 아니한 채 배당공고일로부터 14일이 경과되었다고 하여 이를 민법 제171조의 '그 청구가 각하된 때'로 볼 수는 없다.

결국 원고의 파산채권 신고가 시효중단의 효력이 없다는 피고의 주장도 받아들일 수 없다.

4. 결론

그렇다면, 원고는 이 사건 어음에 대한 보증채권으로서 파산자 삼삼종금에 대하여 5,206,301,369원(= 원금 50억 원 + 지연손해금 206,301,369원)의 일반파산채권을 가지므로, 원고의 청구는 이유 있어 이를 인용할 것인바, 이와 결론을 같이하는 제1심 판결은 정당하므로, 피고의 항소를 기각하기로 하여 주문과 같이 판결한다.

재판장 판사 노영보 유상재 김명숙

▷ **〈제 1 심 판결〉 서울중앙지방법원** 2004. 12. 23. **선고** 2004**가합**14654 **판결**

【판결요지】

어음번호 자가 14163487 어음에 대한 보증채무 소멸 여부에 대한 판단 외에는 위 고등법원 판결과 동일

【원고】 주식회사 조흥은행 (소송대리인 법무법인 태평양 담당변호사 박현욱 등)

【피고】 파산자 삼삼종합금융 주식회사의 파산관재인 예금보험공사 (소송대리인 변호사 이윤섭)

【변론종결】 2004. 12. 2.

【주문】 원고의 파산자 삼삼종합금융 주식회사에 대한 일반파산채권은 10,934,344,184원임을 확인한다. 소송비용은 피고가 부담한다.

【청구취지】 주문과 같다.

【이유】 1. 기초사실

가. 원고는 삼삼종합금융 주식회사(이하 '삼삼종금'이라고 한다)로부터 ① 어음번호 자가11051877, 액면금 50억 원, 발행인 만도기계 주식회사(이하 '만도기계'라고 한다), 발행일 1997. 7. 9., 지급일 1998. 1. 9., 지급지 서울특별시, 지급장소 주식회사 한국상업은행으로 된 자유금리기업어음(CP) 1장(이하 '이 사건 제1 어음'이라고 한다)을, ② 어음번호 자가 14163487, 액면금 60억 원, 발행인 한라중공업 주식회사(이하 '한라중공업'이라고 한다), 발행일 1997. 8. 2., 지급일 1998. 2. 2., 지급지 서울특별시, 지급장소 주식회사 제일은행 덕수지점으로 된 자유금리기업어음(CP) 1장(이하 '이 사건 제2 어음'이라고 한다)을 할인매입하면서, 어음실물을 교부받는 대신 원고 명의의 어음보관통장(계좌번호 96-20765-10-01, 이하 '이 사건 어음보관통장'이라고 한다)에 이 사건 각 어음에 관한 취급일, 종류, 어음번호, 만기일, 보관어음금액을 기재받고 삼삼종금으로 하여금 이 사건 각 어음의 실물을 보관하게 하였다.

나. 그런데, 이 사건 어음보관통장 중 어음보관통장규약을 기재한 면에는 '※ 만기시 당사가 지급을 보증함'이라는 내용의 고무인이 찍혀져 있었고 그 옆에 삼삼

종금의 대표이사 직인이 날인되어 있었다.

다. 원고는 이 사건 어음보관통장에서 이 사건 각 어음을 인출한 후 1998. 1. 9. 이 사건 제1어음을, 1998. 2. 4. 이 사건 제2어음을 각 지급제시하였으나 모두 무거래로 지급거절되었다.

라. 원고는 1998. 7. 13. 이 사건 제2어음금 60억 원 중 490,445,971원을 변제받았다.

마. 한편, 삼삼종금은 1998. 9. 18. 이 법원으로부터 98하112호로 파산선고를 받았고 피고가 그 파산관재인으로 선임되었다.

바. 원고는 파산채권신고기간 내인 1998. 10.경 삼삼종금에 대한 이 사건 각 어음에 관한 보증채권으로서 ① 이 사건 제1어음금 50억 원과 이에 대하여 1998. 1. 10.부터 파산일 전일인 1998. 9. 17.까지 연 25.5%로 계산한 이자 876,780,821원, ② 이 사건 제2어음금 잔액 5,509,554,029원(60억 원 − 490,445,971원)과 이에 대하여 1998. 2. 3.부터 파산일 전일인 1998. 9. 17.까지 연 25.5%로 계산한 이자 928,577,343원 합계 12,314,912,193원을 파산채권으로 신고하였으나, 피고는 채권조사기일에서 적법하지 않은 보증이라는 이유로 이를 모두 부인하였다.

2. 판단

가. 원고의 파산채권

위 인정사실에 의하면, 삼삼종금은 이 사건 어음보관통장에 만기시 어음금의 지급을 보증한다는 취지의 문구를 기재한 후 대표이사 직인을 날인함으로써 원고에 대하여 어음실물을 교부하지 않고 이 사건 어음보관통장을 통하여 할인매출한 모든 기업어음에 관하여 그 지급기일에 지급이 거절되는 경우 발행인의 어음채무를 민사상 보증하였으므로, 원고는 파산자 삼삼종금에 대하여 ① 이 사건 제1어음금 50억 원과 이에 대하여 지급일 다음날인 1998. 1. 10.부터 삼삼종금의 파산선고일 전날인 1998. 9. 17.까지 어음법이 정한 연 6%의 비율로 계산한 이자 206,301,369원(50억 원×6%×251/365, 원 미만 버림, 이하 같다), ② 이 사건 제2어음금 잔액 5,509,554,029원, 이 사건 제2어음금 60억 원에 대하여 지급일 다음날인 1998. 2. 3.부터 일부변제일인 1998. 7. 12.까지 어음법이 정한 연 6%의 비율로 계산한 이자 158,794,520원(60억 원×6%×161/365) 및 이 사건 제2어음금 잔액 5,509,554,029원에 대하여 일부변제일 다음날인 1998. 7. 14.부터 삼삼종금의 파산선고일 전날인 1998. 9. 17.까지 어음법인 정한 연 6%의 비율로 계산한 이자 59,774,887원(5,509,554,029원×6%×66/365) 합계 10,934,424,885원의 일반파산채권 중 원고가 청구하는 10,934,344,184원의 일반파산채권을 가진다.

나. 피고의 주장에 관한 판단

(1) 피고는, 삼삼종금이 이 사건 각 어음의 뒷면에 '지급책임을 지지 아니함'이

라는 문구를 기재하고 대표이사의 직인을 날인하였으므로 어음보관통장의 기재와 상관없이 이 사건 각 어음금의 지급에 관하여 보증책임을 지지 아니하기로 하였다고 주장한다.

살피건대, 삼삼종금이 원고 명의의 이 사건 어음보관통장을 개설하면서 어음보관통장규약을 기재한 면에 장차 이 사건 어음보관통장을 통하여 어음실물의 교부 없이 원고에게 매출한 어음이 만기에 지급되지 않을 경우 그 어음채무를 보증하기로 약정하였고, 원고는 삼삼종금으로부터 이 사건 각 어음의 실물을 교부받지 않고 단지 이 사건 어음보관통장을 통하여 이 사건 각 어음을 매입한 후 이 사건 각 어음의 지급일이 되어서야 비로소 그 지급제시를 위하여 이 사건 각 어음을 어음보관통장으로부터 인출한 사실은 앞서 인정한 바와 같은바, 삼삼종금의 이 사건 각 어음에 관한 보증채무는 이 사건 각 어음을 원고에게 매출하고 그러한 내용을 이 사건 어음보관통장에 기입할 때 이미 성립하였으므로 그 후 삼삼종금이 이 사건 각 어음의 지급일에 지급제시를 할 수 있도록 원고에게 이 사건 각 어음의 실물을 교부하면서 그 이음 뒷면에 지급책임을 지지 아니한다는 취지의 문구를 기재하고 그 옆에 대표이사 직인을 날인하였다고 하더라도(이러한 문구가 어음에 기재된 시기에 관하여 피고는 아무런 주장을 하지 않고 있으나 어음의 지급제시를 위하여 그 때 비로소 원고에게 어음실물을 교부한 이상 피고는 그 전에 그 문구가 기재되었다고 주장할 수는 없다) 어음법상 무담보배서에 해당되어 배서인의 소구의무를 면하는 것은 별론으로 하고 삼삼종금의 이 사건 각 어음에 관한 민사상 보증책임에는 어떠한 영향이 없다고 할 것이다.

따라서 피고의 위 주장은 이유 없다.

(2) 피고는, 이 사건 어음보관통장규약 제 2 조는 '신고된 인감과 이 보관통장에 의하여 인출된 어음 또는 그 대전에 대하여는 당사는 책임을 지지 아니합니다'라고 규정하고 있고 원고는 이 사건 어음보관통장에서 이 사건 각 어음을 전부 인출하였으므로 위 규약 제 2 조에 따라 삼삼종금은 원고에 대하여 이 사건 각 어음에 관한 보증책임이 없다고 주장한다.

살피건대, 이 사건 어음보관통장규약 제 2 조가 '신고된 인감과 이 보관통장에 의하여 인출된 어음 또는 그 대전에 대하여는 당사는 책임을 지지 아니합니다'라고 규정하고 있는 사실은 당사자 사이에 다툼이 없으나, 위 조항의 의미는 삼삼종금이 이 사건 어음보관통장과 거기에 신고된 인감임을 확인하고 이 사건 어음보관통장에 보관된 어음 또는 금전을 지급한 이상 설사 그 어음 또는 금전을 인출한 자가 무권리자일지라도 인출된 어음과 금전에 대하여 면책된다는 것에 불과하므로 위 조항에 따라 삼삼종금의 이 사건 각 어음에 관한 보증책임이 소멸하는 것은 아니다.

따라서, 피고의 위 주장은 이유 없다.

(3) 피고는, 삼삼종금이 원고로부터 이 사건 각 어음을 제시받은 후 이와 상환하여 원고에게 이 사건 각 어음금을 지급할 의무가 있다고 주장한다.

살피건대, 앞서 판단한 바와 같이 삼삼종금의 이 사건 각 어음에 관한 보증채무의 성질은 어음법상 보증채무가 아닌 민사상 보증채무이므로 원고가 삼삼종금에게 이 사건 각 어음금을 청구하는 경우 그 요건으로서 이 사건 각 어음의 제시는 필요치 않으므로 피고의 위 주장은 이유 없다.

(4) 피고는, 삼삼종금의 이 사건 제1어음에 관한 보증채무는 만도기계에 대한 화의절차에서 원고, 만도기계, 알에이치만도기계 주식회사(이하 'RH만도기계'라고 한다) 사이에 맺어진 변제청산약정에 따라 소멸하였다고 주장한다.

인정사실

(가) 정몽원, 정인영이 대주주인 한라그룹은 만도기계, 한라중공업, 한라건설 주식회사, 한라시멘트 주식회사 등 총 18개의 계열사들로 구성되어 있었는데, 계열사들 사이의 상호보증관계와 외환위기로 말미암아 1997. 말경 그룹 전체의 부도를 맞게 되었다.

(나) 한라그룹은 18개 계열사 중 14개 회사를 매각, 청산, 합병하고 금융채권단과의 협의 아래 해외투자회사인 로스차일드(Rothschild)사의 브릿지론(Bridge Loan)을 도입하여 만도기계, 한라중공업, 한라건설 주식회사, 한라시멘트 주식회사의 금융권채무를 일시에 변제하여 상호보증문제를 해결한 후 해외자본을 유치하여 위 4개 회사의 재무구조를 정상화시키는 내용의 구조조정을 실행하기로 하였다(이하 '로스차일드 프로그램'이라고 한다).

(다) 만도기계는 1998. 4. 15. 수원지방법원으로부터 97거27호로 화의개시결정을 받은 후 1998. 10. 16. 원고의 이 사건 제1어음채권 등 담보권 있는 금융기관이 담보권 행사를 포기한 화의채권에 관하여 화의인가확정일로부터 90일 이내에 원금의 70%를 지급하고 원금의 30%와 기발생이자 및 장래발생이자는 면제받으며, 담보권 없는 금융기관의 화의채권에 관하여 화의인가확정일로부터 90일 이내에 원금의 35%를 지급하고 원금의 65%와 기발생이자 및 장래발생이자는 면제받는다는 화의조건에 기한 화의인가결정을 받았으며, 이러한 화의인가결정은 1998. 11. 1. 확정되었다.

(라) 원고, 만도기계, 만도기계의 자산을 양수하기 위하여 신설된 법인인 RH만도기계는 위와 같이 확정된 화의인가결정에 따라 1998. 11. 30. 아래와 같은 내용의 변제청산약정(이하 '이 사건 변제청산약정'이라고 한다)을 하였다.

① 만도기계는 원고와 대출채무를 변제청산하기 위한 협상을 하여 왔으며 이에 원고는 만도기계, 만도기계의 보증인들과 대출채무를 변제청산하는데 합의하였다.

만도기계와 RH만도기계는 만도기계의 일정 자산과 부채를 양수도하는 협상을 하여 왔는바, RH만도기계가 해당 자산의 양수대금을 원고와 만도기계의 다른 제 3 채권자들에게 직접 지급하고 이로써 RH만도기계의 만도기계에 대한 양수대금지급이 이루어진 것으로 보기로 합의하였다.

② 1998. 11. 30. 현재 이 사건 제 1 어음금 50억 원을 비롯하여 원고가 담보권을 가지고 있으나 담보권행사를 포기하고 만도기계의 화의채권으로 신고한 대출채권 합계는 원화 28,611,113,112원과 미화 8,237,361.12달러인데, 이를 담보하기 위하여 원고에게 제공된 물적담보는 만도기계의 덕소연구소와 평택공장에 관한 포괄근저당권이며, 인적담보는 만도기계의 특수관계인인 정인영, 정몽원의 포괄근보증이 전부였다(다만, 위 원화대출채권 중 이 사건 제 1 어음채권을 제외한 100억 원의 기업어음채권은 담보권 없는 화의채권이다).

③ RH만도기계가 위 화의인가결정 확정일인 1998. 11. 1.부터 90일 이내로 정한 변제청산일에 원고에게 확정된 화의인가조건에 따라 위 원화대출채권 28,611,113,112원의 58%(앞서 인정한 바와 같이 위 원화대출채권 중 이 사건 제 1 어음채권을 제외한 100억 원의 기업어음채권은 확정된 화의인가결정에 따른 변제율이 35%인 담보권 없는 화의채권이므로 총 원화대출채권의 변제율이 58%가 된 것이다)인 16,527,779,178원과 위 외화대출채권 미화 8,237,361.12달러의 70%인 5,766,152.78달러를 지급한 후 원고로부터 대출서류, 인적·물적담보 해지서류를 교부받으면 별도로 소멸하지 않는 것으로 정한 채권을 제외한 모든 대출채무와 기타 대출서류상의 권리, 담보에 관한 권리, 기타 대출채권과 보증채권과 관련하여 원고가 만도기계의 보증인들을 포함한 제 3 자에 대하여 가지고 있는 모든 권리가 소멸된다는 것에 합의하였다.

위에서 인정한 사실을 토대로 판단하기로 한다. 무릇 화의는 화의인가결정이 확정됨에 따라 화의채권자 전원을 위하여 또는 그 전원에 대하여 효력이 있지만 화의채권자가 채무자의 보증인 기타 채무자와 더불어 채무를 부담하는 자에 대하여 가지는 권리 및 화의채권자를 위하여 제공한 담보에 영향을 미치지 않으므로(화의법 제58조, 제61조, 파산법 제298조) 위 보증인 등은 화의조건에 의하여 감액·변경되기 이전의 화의채권 전액에 대한 책임을 부담하고 보증인 등이 화의채무자에 갈음하여 채무전액을 변제한 경우 화의채무자에 대하여 당연히 구상권을 취득하지만 구상을 청구할 수 있는 금액과 시기는 화의조건에 따라 변경된다 할 것이다. 한편 법률행위를 해석할 때 당사자가 표시한 문언에 의하여 그 객관적인 의미가 명확하게 드러나지 않는 경우 그 문언의 내용과 그 법률행위가 이루어진 동기와 경위, 당사자가 그 법률행위에 따라 달성하려는 목적과 진정한 의사, 거래의 관행 등을 종합적으로 고려하여 사회정의와 형평의 이념에 맞도록 논리와 경험의 법칙, 사회일반의 상식과 거래의 통념에 따라 합리적으로 해석하여야 하는바, 앞서 인정한 바와 같이 브릿지론을 통해 만도기계의 다른 한라그룹 계열사들에 대한 상호보증관계를 정리하여 한라그룹의 경영정상화를 달성하려는 로스차일드 프로그램과 만도기계에 대하여 확정된 화의인가결정을 기초로 원고, 만도기계, RH만도기계 사이에 이 사건 변제청산약정이 체결된 점, 원고, 만도기계, RH만도기계는 이 사건 제1어음채권에 대한 인적담보로서 만도기계의 특수관계인인 정몽원, 정인원의 근보증만이 존재하는 것을 전제로 이 사건 변제청산약정을 체결하였으며 당시 삼삼종금의 이 사건 제1어음에 관한 보증은 논의 대상에서 제외된 것으로 보이는 점, 원고는 이 사건 변제청산약정을 체결할 당시 이미 이 사건 제1어음에 관한 보증채권으로 삼삼종금의 파산절차에 참여하고 있었던 점, 원고로서는 로스차일드 프로그램과 직접적인 연관성이 없는 삼삼종금에 대한 보증채권을 포기하여야 할 필연적 동기가 없었던 점, 만도기계에 대하여 인가된 화의조건의 이행을 위하여 이 사건 변제청산약정이 체결된 이상 화의법 제61조, 파산법 제298조에 따라 삼삼종금이 이 사건 제1어음에 관한 보증인으로서 원고에게 인가된 화의조건에 따라 변경되지 않은 이 사건 제1어음금 전액을 변제한다고 하더라도 만도기계에 대하여 인가된 화의조건의 범위 내에서만 구상할 수 있을 뿐이어서, 만도기계에 대한 자산양수대금의 지급에 갈음하여 만도기계의 대출채무를 변제하는 RH만도기계의 부담이 더 커진다거나 법률관계가 복잡해질 염려가 없다는 점에 비추어 판단해 볼 때, RH만도기계가 원고에 대하여 이 사건 변제청산약정에 따라 변경된 이 사건 제1어음채무를 이행함으로써 소멸되는 '원고가 만도기계의 보증인들을 포함한 제3자에 대하여 가지는 모든 권리'란 원고가 만도기계의 특수관계인인 정몽원, 정인원 또는 만도기계를 제외한 한라그룹의 다른 계열사들에 대하여 가지는 모든 권리라고 해석함이 상당하고 따라서 원고가 삼삼종금에 대하여 가지는 이 사건 제1어음에 관한 보증채권은 이 사건 변제청산약정에 따라 소멸되는 채권의 범위에 포함되지 않는다고 보아야 한다.

따라서, 피고의 위 주장은 이유 없다.

(5) 피고는, 삼삼종금의 이 사건 제2어음에 관한 보증채무는 한라중공업에 대한 회사정리절차에서 원고, 만도기계, 알에이치중공업 주식회사(이하 'RH중공업'이라고 한다) 사이에 맺어진 채무인수약정에 따라 모두 소멸하였다고 주장한다.

살피건대, 한라그룹의 구성과 그룹 전체가 부도를 맞게 된 이유, 한라그룹의 정상화를 위한 구조조정방안은 앞서 인정한 바와 같고 증거에 의하면 아래와 같은 사실을 인정할 수 있다.

(가) 한라중공업은 1998. 3. 19. 광주지방법원으로부터 97파998호로 회사정리절차개시결정을 받고, 1998. 11. 16. 그에 따른 관계인집회에서 이 사건 제2어음채권

을 비롯한 금융기관의 정리채권에 관하여 정리계획인가결정확정일부터 90일 이내에 원금의 22%를 변제하고, 원금의 78%는 면제받기로 하는 내용의 회사정리계획안이 인가되었다.

(나) 이에 따라 원고와 한라중공업의 자산을 양수하기 위하여 신설된 법인인 RH중공업은 1998. 12.경, RH 중공업이 원고에게 위와 같이 인가된 회사정리계획안에 따라 한라중공업이 지급하여야 할 돈을 지급하고, 이러한 지급에 의하여 이 사건 제2 어음채권을 포함한 원고의 한라중공업에 대한 모든 대출채권과 기타 대출서류상의 권리, 담보에 관한 권리, 기타 대출채권과 관련하여 원고가 제3자에 대하여 가지고 있는 모든 권리가 소멸되는 것에 합의하는 내용의 변제청산약정을 체결하였다.

(다) 그런데, 한라중공업의 관리인은 1999. 8. 19. 광주지방법원에 이 사건 제2 어음채권을 비롯한 금융기관의 정리채권에 대해 원금 중 22%를 변제하고 나머지 78%의 원금과 이자는 면제하기로 하되 그 가운데 RH중공업에 대한 일부 현물출자할 금액을 제외한 나머지 금융채권은 이 정리계획변경안 인가결정확정일로부터 3년 거치 후 4년간 매 3개월마다 균등분할하여 변제하고 위와 같이 권리내용이 변경된 금융채권에 대한 정리회사의 변제의무는 이 정리계획변경계획안 인가결정확정일에 RH중공업이 면책적으로 인수하며, 1998. 11. 16. 인가된 정리계획안에 따른 원리금 일부 면제의 효력은 ① 본 정리계획변경계획안 인가결정의 확정, ② RH중공업이 한라중공업의 금융채무를 인수, ② RH중공업에 대한 금융채권 일부의 현물출자, ④ 현대중공업 주식회사에 의한 RH중공업의 채무보증의 요건이 모두 성취되는 날에 발생하기로 하는 내용의 정리계획변경계획안을 제출하였고, 이러한 정리계획변경계획안은 1999. 9. 초경 인가되었고 1999. 9. 18. 확정되었다.

(라) 이에 따라 원고, 한라중공업, RH중공업은 1999. 10. 26. 아래와 같은 내용의 채무인수약정(이하 '이 사건 채무인수약정'이라고 한다)을 하였다.

① RH중공업은 위 정리계획변경계획안에 따라 권리내용이 변경된 이 사건 제2 어음채무를 비롯하여 한라중공업의 원고에 대한 모든 채무를 이 약정이 정하는 바에 따라 면책적으로 인수하고 원고는 이를 승낙한다.

② 이 약정에 의한 면책적 채무인수는 한라중공업의 위 정리계획변경계획안에 대한 법원의 인가결정이 확정되고 RH중공업이 정리계획변경안에 따라 한라중공업의 자산을 양수하는 날 효력이 발생하는 것으로 한다.

③ 원고는 이 약정의 효력발생일 직후 RH중공업에 대하여 가지는 채권 중 일부를 RH중공업에 현물출자한다.

④ 보증인이 한라중공업을 위하여 부담하는 보증채무는 ㉮ 이 약정에 의한 면책적 채무인수의 효력이 발생할 것, ㉯ 현대중공업 주식회사가 인수대상채무에 대

한 보증채무를 새로이 부담할 것, ㉰ 채무자의 정리계획 변경계획안 인가결정이 확정될 것, ㉱ 신설법인에 대한 금융채권 일부 현물출자가 완료될 것이라는 요건이 모두 충족되는 경우 별도의 해지절차 없이 소멸한다.

⑤ 이 약정서 당사자들 사이에 체결된 위 변제청산약정은 이 약정에 따른 면책적 채무인수가 효력을 발생하는 날 그 효력을 상실한다.

위에서 인정한 사실을 토대로 판단하기로 한다. 정리계획은 정리채권자 또는 정리담보권자가 회사의 보증인 기타 회사와 함께 채무를 부담하는 자에 대하여 가진 권리와 회사 이외의 가자 정리채권자 또는 정리담보권자를 위하여 제공한 담보에 영향을 미치지 아니하고(회사정리법 제240조 제2항) 파산선고 후에 파산채권자가 다른 채무자로부터 일부변제를 받거나 다른 채무자에 대한 회사정리절차 내지 파산절차에 참가하여 변제 또는 배당을 받았다고 하더라도 그에 의하며 채권자가 채권 전액에 대하여 만족을 얻은 것이 아닌 한 파산채권액의 감소를 가져오는 것은 아니므로 채권자는 여전히 파산선고시의 채권 전액으로써 계속하여 파산절차에 참가할 수 있다(대법원 2003. 11. 27. 선고 2003다32186 판결 참조). 그런데, 위 인정사실에 의하면 RH중공업이 한라중공업의 정리계획변경계획안에 따라 권리내용이 변경된 이 사건 제2어음채무를 면책적으로 인수하기로 한 이 사건 채무인수약정은 위 정리계획변경계획안에 따른 이행에 불과하다고 할 것이어서 정리계획의 효력범위를 정한 회사정리법 제240조 제2항은 이 사건 채무인수약정에도 적용된다고 봄이 상당하므로 RH중공업이 변경된 정리계획의 이행으로서 위와 같이 권리내용이 변경된 이 사건 제2어음채무를 인수하였다고 하더라도 삼삼종금의 이 사건 제2어음에 관한 보증채무에 영향이 미치지 아니한다고 할 것이며 RH중공업이 이 사건 채무인수약정에 따라 이 사건 제2어음채무를 인수하였다고 하여 원고가 그 채권 전액에 대하여 만족을 얻었다고 볼 수 없으므로 원고는 삼삼종금이 파산선고를 받을 당시 이 사건 제2어음채권 전액으로 삼삼종금의 파산절차에 참가할 수 있다.

따라서 피고의 위 주장은 이유 없다.

(6) 피고는 이 사건 각 어음채권이 모두 변제되었다고 주장한다.

살피건대, 증거에 의하면 이 사건 제1어음의 부전지에 99. 4. 9. 상환 50억 원이라고 기재되어 있고, 이 사건 제2어음의 부전지에 99. 11. 5. 상환 5,509,554,029원이라고 기재되어 있는 사실을 인정할 수 있으나 앞서 인정한 바와 같이 현재 원고가 이 사건 각 어음을 소지하고 있는 점, 원고가 이 사건 변제청산약정 또는 이 사건 채무인수약정에 따라 이 사건 각 어음채권을 전부 변제받은 것은 아니라는 점에 비추어 볼 때 위와 같은 을호증만으로는 이 사건 각 어음채권이 모두 변제되었다는 사실을 인정하기에 부족하고 달리 이를 인정할 아무런 증거가 없다.

오히려, 파산선고 후에 파산채권자가 다른 채무자로부터 일부변제를 받거나 다른 채무자에 대한 회사정리절차 내지 파산절차에 참가하여 변제 또는 배당을 받았다고 하더라도 그에 의하며 채권자가 채권 전액에 대하여 만족을 얻은 것이 아닌 한 파산채권액의 감소를 가져오는 것은 아니어서 채권자는 여전히 파산선고시의 채권 전액으로써 계속하여 파산절차에 참가할 수 있으므로, 원고는 삼삼종금이 파산선고를 받은 1998. 9. 18. 당시 이 사건 각 어음채권 전액으로 삼삼종금의 파산절차에 참여할 수 있다고 할 것이다.

(7) 피고는, 원고가 삼삼종금에 대하여 가지는 이 사건 각 어음에 관한 보증채권의 소멸시효기간은 어음채권의 소멸시효기간과 동일한 3년인데, 그 중 이 사건 제1 어음에 관한 보증채권은 만도기계에 대한 화의절차가 종결된 1999. 12. 28.부터 3년이 경과한 2001. 12. 28. 시효로 소멸하였고, 이 사건 제2 어음에 관한 보증채권은 보증채무의 부종성을 부인하는 회사정리법의 취지에 비추어 원고가 주채무자인 한라중공업에 대한 회사정리절차에 참가하였더라도 그 소멸시효가 중단되지 않고 계속 진행하여 지급일인 1998. 2. 2.로부터 3년이 경과한 2001. 2. 2. 시효로 소멸하였으며, 설사 원고의 한라중공업에 대한 회사정리절차참가로 말미암아 삼삼종금의 이 사건 제2 어음에 관한 보증채권의 소멸시효가 함께 중단되었다고 하더라도 위 보증채권 중 한라중공업의 정리계획변경계획안에 따라 면제된 부분은 위 정리계획변경안에 관한 인가결정이 확정된 1999. 9. 18.부터, 나머지 부분은 정리절차종결일인 2000. 9. 6.부터 소멸시효가 다시 진행되어 그로부터 각 3년이 경과한 2002. 9. 18.과 2003. 9. 6. 모두 시효로 소멸하였다고 주장한다.

살피건대, 원고가 삼삼종금에 대하여 가지는 이 사건 각 어음에 관한 보증채권의 성질은 어음법상 보증채권이 아닌 민사상 보증채권이라는 점은 앞서 판단한 바와 같고, 한편 삼삼종금의 이 사건 각 어음에 관한 보증행위는 상행위이므로 이 사건 각 어음에 관한 보증채권의 소멸시효기간은 상사채권의 소멸시효기간인 5년이고, 앞서 인정한 바와 같이 원고가 1998. 10.경 삼삼종금에 대하여 이 사건 각 어음에 관한 보증채권을 파산채권으로 신고하여 삼삼종금의 파산절차에 참가한 이상 그때부터 삼삼종금에 대한 파산절차가 종료될 때까지 삼삼종금에 대한 위 보증채권의 소멸시효는 중단되므로 피고의 위 주장은 더 나아가 살필 필요 없이 이유 없다.

3. 결론

그렇다면, 원고의 파산자 삼삼종금에 대한 일반파산채권은 10,934,344,184원이므로 원고의 이 사건 청구는 이유 있어 이를 인용하기로 하여 주문과 같이 판결한다.

재판장 판사 이홍철 양재호 박성윤

[해설]

채권신고에 의하여 그 채권에 대한 소멸시효가 중단되고(민법 제171조), 시효중단의 효력은 파산절차의 종료시까지 계속된다. 민법 제171조는 파산절차참가는 채권자가 이를 취소하거나 그 청구가 각하된 때에는 시효중단의 효력이 없다고 규정하고 있는바, 채권조사기일에서 파산관재인이 신고채권에 대하여 이의를 제기하거나 채권자가 법정기간 내에 파산채권 확정의 소를 제기하지 아니하여 배당에서 제척되었다고 하더라도 그것이 위 규정에서 말하는 '그 청구가 각하된 때'에 해당한다고 볼 수는 없다 할 것이고, 따라서 파산절차참가로 인한 시효중단의 효력은 파산절차가 종결될 때까지 계속 존속한다.[10] 채권신고가 취하 내지 각하되면 최고로서의 효력은 인정된다.[11] 파산절차 참가 외에 채권자가 채무자에 대하여 파산의 신청을 한 경우도 시효중단의 효력이 인정된다.[12]

이의를 받은 후 단지 파산채권확정소송을 제기하지 아니한 경우에 시효중단의 효력을 계속하여 인정할 것인가에 관하여 논의가 있다. 소송 미제기를 가리켜 '채권자의 청구가 각하'되었다고 할 수 없겠으나, 향후 더 이상 파산절차에서 권리를 행사할 여지가 없어 파산절차로부터 확정적으로 배제되는 경우에는 시효중단의 효력이 없다는 견해가 있다.[13] 재판상 청구에 있어 청구가 기각되면 권리의 부존재가 확정됨으로써 소멸시효의 효과가 복멸되는 것과 같이(민법 제170조 제 1 항) 파산채권을 신고하였더라도 그 채권이 부인된 후 파산채권확정의 소를 제기하여 패소확정되거나 이를 제기하지 아니한 채로 파산절차가 종료된다면 파산절차 내에서는 권리의 부존재가 확정되는 셈이어서 채권신고를 원인으로 한 시효중단의 효력 역시 복멸되는 것이 타당하다는 견해도 있다.[14]

그러나 이러한 견해들은 아래의 점에 비추어 찬동하기 어렵다. 첫째, 위 대법원의 2005다28273 판결의 사정거리를 근거 없이 축소하는 것이 되고, 둘째, 파산절차에 대한 시효 중단에 대하여는 민법 제171조가 특칙이 있으므로 민법 제170조가 규정한 '청구기각'으로 인한 시효중단 소멸의 법리를 그대로 준용하기 어렵고, 셋째, 파산채권확정소송에서 승소판결이 확정되더라도 민법과 달리 판결확정 후로부

10) 대법원 2005. 10. 28. 선고 2005다28273 판결(공2005, 1860).
11) 最高裁判所 1970(昭和 45). 9. 10. 판결.
12) 민법주해 Ⅲ, 박영사(1997), 512면.
13) 김인겸, 대법원판례해설 제57호(2006), 60면.
14) 이 견해에 의하면 신법 하에서 파산채권에 대하여 이의를 당한 후 파산채권에 관한 조사를 위한 일반조사기일 또는 특별조사기일로부터 1개월(제462조 제 5 항) 내에 파산채권조사확정재판을 신청하지 않은 경우 더 이상 채권을 인정받을 길이 없게 되므로 소멸시효 중단의 효력도 없어진다고 해석할 것이다.

터 소멸시효가 진행하는 것이 아니라 파산절차가 종료된 때로부터 시효가 진행하는데[15] 이러한 파산절차의 특칙을 고려할 때 패소판결 확정의 경우에도 파산절차가 계속되는 동안에는 시효중단의 효력이 유지된다고 보아야 할 것이고, 넷째, 주채무자에 대한 시효중단의 효력은 보증인에게도 효력이 있으므로(민법 제440조) 채권신고한 채권자는 파산절차 종료시까지 보증인에 대하여 시효가 진행하지 아니한다고 신뢰하게 될텐데 채권확정 소송이 패소확정으로 시효중단의 효과가 복멸된다면 보증인에 대해서까지 채권을 행사하지 못하게 될 우려가 있게 된다. 그러므로 이의를 받은 후에 파산채권조사확정재판을 제기하지 않은 경우에도 대법원의 2005다28273 판결에 찬동하고 더 나아가 파산채권확정재판에서 신고한 채권자가 패소확정한 경우라도 파산채권확정재판의 소송물이 파산절차의 참가의 허부, 권리의 종류와 수액의 확정이라는 파산절차상의 권리의 존부라는 점, 기판력도 파산절차 내에서만 효력을 갖는 점 등에 비추어 보면 채권신고로 중단되었던 소멸시효는 파산절차 종료시에 재진행한다고 해석하는 것이 타당하다.[16]

---

(3) **서울중앙지방법원** 2004. 6. 3. **선고** 2002**가합**65016 **판결【파산채권확정】** (**서울고등법원** 2005. 4. 27. **선고** 2004**나**48197 **판결로 항소기각, 확정**)

【판시사항】

재정경제원장관의 직무집행정지명령이 내려진 후 임원들의 보수청구권 인정 여부

【판결요지】

종합금융회사에관한법률에 기한 재정경제원장관의 직무집행정지명령은 종합금융회사의 재무상태 또는 경영의 악화로 정상적인 업무수행이 어려운 경우 종합금융회사와 그 임원들의 사적인 위임계약관계에 개입하여 그러한 사태에까지 이르게 한데 대하여 책임이 있다고 보여지는 종합금융회사의 임원들의 사무처리권한을 정지시킴으로써 종합금융회사를 건전하게 육성하기 위한 목적에서 인정되는 제도라 할 것인바, 이러한 규정취지에 비추어보면, 비록 위와 같은 직무집행정지명령으로 원고들과 삼삼종금과의 위임계약관계가 종료된 것은 아니라 하더라도 직무집행정지명령이 해제되기 전까지는 위 명령에 정한 것과 같이 원고들은 업무 및 재산 관리인의 승인을 얻은 범위 내에서만 사무처리를 할 권한이 있다고 할 것인데, 원고들이 직무수행과 관련하여 관리인이나 그 대리인의 요청을 받았다는 점이 인정되

---

15) 林治龍, 파산법연구, 364면; 條解 會社更生法(上), 163면 등 異說 없음.

16) 條解 會社更生法(上), 164면은 회사갱생절차 개시결정의 취소, 인가 전의 폐지, 불인가 결정에 의하여 회사갱생절차의 종료시에 갱생채권확정재판이 계속 중인 경우에는 그 재판이 확정된 때(원고승소, 패소에 관계 없이)로부터 시효가 다시 진행한다고 기술하고 있다.

지 아니하는 이상 원고들로서는 삼삼종금의 위임사무를 처리할 수 없고, 따라서 민법 제686조가 규정하는 수임인의 보수청구권을 행사할 수 없다.

【원고】 甲 외 5인 (원고들 소송대리인 법무법인 지성 담당변호사 우승원 등)

【피고】 파산자 삼삼종합금융 주식회사의 파산관재인 예금보험공사 (소송대리인 세계종합법무법인 담당변호사 최재근 등)

【변론종결】 2004. 5. 6.

【주문】 원고들의 청구를 모두 기각한다. 소송비용은 원고들의 부담으로 한다.

【청구취지】 피고에 대하여, 원고 甲은 11,658,500원, 원고 乙은 17,449,500원, 원고 丙은 12,690,000원, 원고 丁은 12,690,000원, 원고 戊는 11,658,500원, 원고 己는 11,658,500원의 각 파산채권을 가지고 있음을 확정한다.

【이유】 1. 인정사실

가. 원고들은 파산자 삼삼종합금융 주식회사의 전직 임원들로서, 원고 甲, 丙, 戊, 己는 1996. 8. 27.부터 이사로, 원고 乙은 1995. 8. 25.부터 대표이사로, 원고 丁은 1993. 8. 27.부터 상임감사로 각 근무하기 시작하였다.

나. 파산전 삼삼종합금융 주식회사(이하 '삼삼종금'이라고 한다)는 1996. 5. 27. 종합금융회사에관한법률 소정의 종합금융업을 하여 오던 중 재무상태 또는 경영이 건전하지 못하여 정상적인 업무수행이 어려울 뿐만 아니라 예금인출요구사태가 발생하는 등 공익을 해할 우려로 인하여 1997. 12. 2. 종합금융회사에관한법률(1998. 1. 13. 법률 제5503호로 개정되기 전의 법) 제21조, 제22조 제1항에 의해 재정경제원장관으로부터 1997. 12. 2.부터 1997. 12. 31.까지 업무정지와 지급정지, 1997. 12. 2.부터 종료명령시까지 업무 및 재산의 관리와 임원의 직무집행정지를 내용으로 하는 업무정지 등의 명령을 받았다가, 1998. 2. 26. 24:00를 기하여 임원의 직무집행정지명령 등이 해제되었다.

다. 위와 같은 업무정지 등 명령 후 신용보증기금의 이사장인 庚이 삼삼종금의 업무 및 재산의 관리인으로 선임되었고, 관리인 庚의 대리인으로 신용보증기금의 국장인 辛과 함께 위 辛을 보좌할 수 있도록 신용보증기금의 직원인 壬 등 2명이 삼삼종금에 파견되었으며, 삼삼종금의 직원인 癸 등 2명이 위 대리인을 직접 보좌하도록 하였다.

라. 한편, 위 업무정지 등 명령에는 위 명령을 받은 종합금융회사의 임원의 직무집행을 원칙적으로 정지시키고, 예외적으로 업무 및 재산의 관리인의 승인을 얻은 범위 내에서만 직무집행을 할 수 있도록 하며, 또, 삼삼종금 등 업무정지명령을 받은 종합금융회사들은 1997. 12. 31.까지 경영정상화계획을 제출하여야 하는데, 그러한 계획이 실현가능성이나 타당성이 없다고 판단되거나 1998. 3. 31.까지 경영정상화를 달성하지 못할 경우에는 영업인가를 취소한다는 내용이 포함되어 있었는바,

삼삼종금은 경영정상화계획을 제출하지 않았고, 1998. 1. 하순경 폐쇄대상으로 결정되어 1998. 1. 31. 삼삼종금의 자산과 부채를 한아름종합금융 주식회사로 이전시키는 재정경제원장관의 계약이전결정이 있었다. 그 후 1998. 2. 17.에는 영업인가 취소로 인한 해산으로 청산절차를 밟던 중 1998. 9. 18. 파산선고를 받았다.

마. 원고들은 1998. 11. 4. 제 1 회 채권자집회에서 피고에게, 직무집행정지명령을 받은 1997. 12. 2.부터 영업인가가 취소된 1998. 2. 17.까지의 원고 甲 11,658,500원, 원고 乙 17,449,500원, 원고 丙 12,690,000원, 원고 丁 12,690,000원, 원고 戊 11,658,500원, 원고 己 11,658,500원의 보수지급채권이 있음을 주장하며 각 채권을 파산채권으로 신고하였으나, 피고는 이를 부인하였다.

2. 원고들의 주장

원고들은, 재정경제원장관의 직무집행정지명령 이후에도 관리인의 대리인인 장래찬의 요청에 따라 영업인가 취소시까지도 자구계획안 마련 등 직무수행을 계속하였을 뿐 아니라, 원고들과 삼삼종금의 관계는 위임관계로서 재정경제원장관의 직무집행정지명령이 있다 하더라도 위임관계가 해지되거나 어떤 종료사유가 없어 원고들과 삼삼종금 간의 위임계약관계는 존속하였고, 원고들은 그 위임관계에 따라 계속적으로 직무수행을 하였으므로 원고들은 삼삼종금에 대하여 당초의 보수지급 약정에 따른 보수지급채권을 가지며, 설사 원고들이 당초의 위임계약에 따른 위임사무를 수행하지 않았다 하더라도 업무정지명령 이후 삼삼종금의 피용인으로서의 업무를 수행하였으므로 그에 따른 보수지급채권을 가진다고 주장한다.

3. 판단

우선, 앞에서 인정한 바와 같이, 업무정지 등 명령으로 삼삼종금의 임원들의 직무집행이 원칙적으로 모두 정지된 점, 삼삼종금은 위 명령에서 경영정상화를 위해 요구한 경영정상화계획도 제출하지 않았던 점, 1998. 1. 하순경에는 폐쇄결정이 내려지고 계약이전명령도 있었던 점 등에 비추어보면 원고들이 직무수행과 관련하여 관리인이나 그 대리인인 장래찬의 요청을 받았다는 점과 원고들이 계속하여 자구계획안 마련 등 임원으로서의 직무를 수행하였다거나 삼삼종금의 피용인으로서 정상적인 업무를 수행하였다는 점에 부합하는 듯한 갑호증의 기재는 이를 믿지 않고, 달리 이를 인정할 증거가 없다.

더 나아가, 종합금융회사에관한법률에 기한 재정경제원장관의 직무집행정지명령은 종합금융회사의 재무상태 또는 경영의 악화로 정상적인 업무수행이 어려운 경우 종합금융회사와 그 임원들의 사적인 위임계약관계에 개입하여 그러한 사태에까지 이르게 한데 대하여 책임이 있다고 보여지는 종합금융회사의 임원들의 사무처리권한을 정지시킴으로써 종합금융회사를 건전하게 육성하기 위한 목적에서 인정되는 제도라 할 것인바, 이러한 규정취지에 비추어보면, 비록 위와 같은 직무집행정지명령으로 원고들과 삼삼종금과의 위임계약관계가 종료된 것은 아니라 하더라도 직무집행정지명령이 해제되기 전까지는 위 명령에 정한 것과 같이 원고들은 업무 및 재산 관리인의 승인을 얻은 범위 내에서만 사무처리를 할 권한이 있다고 할 것인데, 앞서 본 바와 같이 원고들이 직무수행과 관련하여 관리인이나 그 대리인인 辛의 요청을 받았다는 점이 인정되지 아니하는 이상 원고들로서는 삼삼종금의 위임사무를 처리할 수 없고, 따라서 민법 제686조가 규정하는 수임인의 보수청구권을 행사할 수 없다.

결국 원고들의 주장은 더 나아가 살펴볼 필요 없이 모두 이유 없다.

4. 결론

그렇다면, 원고들의 청구는 모두 이유 없어 이를 기각한다.

재판장 판사 황경남 문준섭 이경희

[해설]

설령 직무집행정지명령 때문에 종전 임원과 종합금융사간의 위임관계가 종료된 것은 아니라도 재산관리인의 승인을 얻은 범위 내에서 사무처리를 한 바가 없는 이상 종전 임원들이 종합금융사의 회생을 위하여 사실상 노력을 하였다는 점만으로는 민법상 수임인의 보수청구권을 행사할 수 없다는 것이 서울지방법원 2002가합65016 판결의 입장이다. 또한 『금융산업의 구조개선에 관한 법률』 제10조, 제14조에도 『종합금융회사에 관한 법률』 제22조와 유사한 규정이 있는데, 『금융산업의 구조개선에 관한 법률』 제14조 제 1 항에 의하여 금융감독위원회의 직무정지명령을 받은 기존 대표이사는 당해 금융기관을 대표할 권한이 없으므로 그가 선임한 소송대리인은 적법한 소송대리권이 없다.[17]

---

(4) **서울지방법원** 2001. 3. 22. **선고** 99**가합**91664 **판결【파산채권확정】(미항소확정)**

【판결요지】

1. 파산관재인이 채권조사기일에 이 사건 보증사채에 대하여 우발채무로 시인한 것은 법률적으로는 아무런 의미가 없고, 위 채권에 대하여 이의한 것으로는 보기 어렵다(가사 이의한 것으로 보더라도 파산관재인은 본 건 채권확정소송의 결과가 나오기도 전에 참가인에게 배당금을 지급함으로써 묵시적으로 그 이의를 철회한 것으로 볼 것이고, 한편 이의를 철회하면 채권은 확정되므로 채권확정소송은 채권

17) 대법원 2004. 12. 23. 선고 2000두2648 판결(공2005, 200).

표의 기판력 내지는 불가쟁력에 반하거나 소의 이익이 없어 부적법하다).

2. 배당표에 배당받을 채권자로 기재되고 그 배당표가 배당표에 대한 이의 기타 사유로 경정되지 않은 채로 배당률까지 결정되어 통지됨으로써 채권자가 구체적인 배당금지급청구권을 취득하였음에도 파산관재인이 그 지급을 거절한다면 채권자는 파산절차에 의하지 아니하고 별소로써 배당금지급청구소송을 제기할 수 있다고 보아야 할 것이므로, 이를 위하여 채권확정의 소를 제기할 소의 이익은 없다.

【원고(탈퇴)】 주식회사 서울은행

【승계참가인】 현대제삼차유동화전문유한회사

【원고(탈퇴) 및 승계참가인】 소송대리인 법무법인 율촌 담당변호사 문일봉 등

【피고】 파산자 고려증권 주식회사의 파산관재인 조영일

【변론종결】 2001. 3. 8.

【주문】 이 사건 소를 각하한다. 소송비용 중 승계참가로 인한 부분은 승계참가인이 부담하고, 나머지 부분은 원고(탈퇴)와 피고가 각자 부담한다.

【청구취지】 원고(탈퇴, 이하 원고라 한다)가 파산자 고려증권 주식회사에 대하여 금 11억 원의 즉시 지급받을 파산채권이 있음을 확정한다는 판결.

【이유】 1. 기초사실

가. 소외 신강제지 주식회사는 1995. 1. 23. 액면 금 1억 원, 상환일 1998. 1. 23.로 하여 제11회 보증사채 수십장을 발행하였고, 소외 고려증권 주식회사는 같은 날 위 각 사채의 원리금의 지급을 보증하였으며, 소외 한남투자신탁운용 주식회사가 증권투자신탁업법의 규정에 따라 위탁회사의 지위에서 설정·운용하던 투자신탁상의 수탁회사인 소외 주식회사 광주은행은 위 한남투자신탁의 운용지시에 의해 위 보증사채 중 11장을 인수하였고, 그 후 신강제지 주식회사가 신호페이퍼 주식회사에 합병되면서 이 사건 보증사채는 신호페이퍼 주식회사의 제61회 회사채가 되었다.

나. 위 광주은행은 1998. 10. 9. 보증인인 고려증권 주식회사가 파산선고를 받고 그 파산관재인으로 피고가 선임되자 같은 해 11. 4. 위 보증사채에 기한 채권을 신고하였고 피고는 채권조사기일에 이를 우발채무로 시인하여 그 취지가 채권표에 기재되었으며, 그 후 피고는 1999. 11월경 주채무인 소외 신호페이퍼 주식회사의 이 사건 보증사채 상의 채무가 기업개선작업약정에 의해 소멸하였음을 원인으로 이 법원 98하118 파산선고 사건의 채권표 중 이 사건 보증사채 금 1억 1천만 원에 기한 강제집행의 불허를 구하는 청구이의의 소를 제기하였고, 2000. 1.경 제 1 회 배당표를 작성함에 있어 위 금액을 원고의 채권액에 포함시키면서 비고란에 청구이의의 소송이 계속중이라는 취지를 기재하였으나 임치액으로 기재하지는 아니하였다.

다. 광주은행은 한남투자신탁으로부터 신탁재산 운용업무를 이전 받은 현대투자신탁운용 주식회사의 운용지시에 의해 위 보증사채에 대한 일체의 권리를 원고

에게 양도하고 그 뜻을 피고에게 통지하였으며, 승계참가인(이하 참가인이라 한다)은 2000. 6. 19. 자산유동화에관한법률에 의거 다시 이를 원고로부터 양수하였고, 2001. 2. 5. 피고로부터 배당금 2억 1,600만 원을 수령하였다.

2. 이 사건 소의 적법여부

가. 파산법에 의하면 채권조사기일에 파산관재인 및 파산채권자의 이의가 없는 때에는 그 채권은 확정되고(제213조 제 1 항), 확정채권을 채권표에 기재하면 파산채권자 전원에 대하여 확정판결과 동일한 효력을 가지며(제215조), 이와 같은 채권표에 근거하여 파산관재인은 배당표를 작성하고(제230조), 그에 기해 배당을 한 후 그 취지를 채권표에 기입하고 기명날인하여야 하며(제241조), 만일 채권조사기일에 이의가 있으면 그 채권의 확정이 차단되고 채권자는 배당 공고일로부터 14일 내에 채권확정의 소를 제기하였음을 증명하여야 하고(제233조), 이 경우 그 채권에 대한 배당액은 임치 또는 공탁하여(제243조 제 1 호, 제252조 제 1 호) 그 소송의 결과에 따라 그 채권의 채권자에게 지급하거나 추가로 배당재단에 포함되게 된다.

위와 같은 파산법의 제규정을 종합해보면 파산법상의 채권확정소송은 채권조사기일에 이의가 있어 그 확정이 차단된 채권의 채권자가 배당에서 제척되지 아니하고 종국적으로는 파산절차에서 배당을 받고자 제기하는 소로써, 원칙적으로 이의로 인해 배당을 받지 못하는 경우에 한해 제기할 수 있다 할 것이고 만일 이의가 없는데도 이 소를 제기한 경우에는 소의 이익이 없거나 채권표 기재의 기판력 또는 불가쟁력에 반하여 부적법하다 할 것이다.

나. 돌이켜 이 사건에 관하여 보건대, 피고는 채권조사기일에 이 사건 보증사채에 대하여 우발채무로 시인하였으나, 보증인이 파산선고를 받은 때에는 채권자는 파산선고시에 가진 채권의 전액에 관하여 파산채권자로서 그 권리를 행사할 수 있고(제20조) 기한부채권은 파산선고시에 변제기가 도래하는 점(제15조)에 비추어 피고의 위와 같은 방식의 인부는 비록 실무상 행하여지고 있는 것이라 하더라도 이는 법률적으로는 아무런 의미가 없고, 피고도 원고를 상대로 청구이의의 소를 제기하면서 위 채권이 이의가 없어 확정된 것을 전제로 사후적인 기업개선작업약정에 기해 위 채권이 소멸되었음을 주장하였을 뿐 위 채권의 변제기가 도래하지 아니하였다는 취지의 주장은 전혀 하지 아니한 점, 피고가 작성한 제 1 회 배당표 중 접수번호 20번의 비고란에 적힌 금 103억 6,900만 원에는 광주은행이 신고한 이 사건 보증사채 11억 원이 포함된 것으로 보이며 그 금액을 임치액으로 기재하지 않은 점 등에 비추어 보면 피고가 위 채권에 대하여 이의한 것으로는 보기 어렵다 할 것이다.

가사 피고가 이의한 것으로 보더라도 피고는 본 건 채권확정소송의 결과가 나오기도 전에 참가인에게 배당금을 지급함으로써 묵시적으로 그 이의를 철회한 것으로 볼 것이고, 한편 이의를 철회하면 채권은 확정되므로 역시 채권확정소송은 채권표의 기판력 내지는 불가쟁력에 반하거나 소의 이익이 없어 부적법하다 할 것이다.

다. 이에 대하여 원고는, 피고가 배당은 마치 확정채권인 것처럼 해 놓고서도 파산법상 전혀 근거가 없는 사실행위로서 그 지급을 보류하고 있으므로, 피고는 원고의 채권을 부인하고 있다고 볼 것이어서 본 건 소는 확인의 이익이 있다고 주장한다.

살피건대, 배당률의 통지가 있으면 배당률이 확정되고 각 채권자는 파산관재인에 대하여 구체적인 배당금지급청구권을 취득하는 것인바, 배당표에 배당받을 채권자로 기재되고 그 배당표가 배당표에 대한 이의 기타 사유로 경정되지 않은 채로 배당률까지 결정되어 통지됨으로써 채권자가 구체적인 배당금지급청구권을 취득하였음에도 파산관재인이 그 지급을 거절한다면 채권자는 파산절차에 의하지 아니하고 별소로써 배당금지급청구소송을 제기할 수 있다고 보아야 할 것이므로, 이를 위하여 채권확정의 소를 제기할 소의 이익은 없다 할 것이다.

3. 결론

따라서 원고의 이 사건 소는 부적법하므로 각하한다.

재판장 판사 김희태 조규석 정원진

[해설]

보증인이 파산한 경우 채권자는 파산선고시에 가진 채권의 전액에 관하여 파산채권자로서 권리를 행사할 수 있고(파산법 제20조, 신법 제429조), 보증인으로서의 최고·검색의 항변권은 인정되지 아니한다. 따라서 보증인의 파산관재인은 채권자의 신고채권액을 전액 시인하여야 하고, 조건부 시인을 하거나 조건미성취를 이유로 이의를 하여서는 아니된다.

과거 실무상 보증기관이 파산자인 주채무자에 대하여 갖는 장래의 구상권에 대하여 파산관재인이 조건부 시인을 함으로써 파산채권확정의 소를 유발하는 경우가 많았다. 그러나 조건부 시인이라는 애매한 표시보다는 조건부 채권으로 시인하는 것이 옳다.[18] 이는 배당시 임치의 근거(파산법 제243조 제4호, 신법 제519조 제4호)를 명확히 하기 위한 것이다.

배당률을 정하여 통지함으로써 발생한 구체적 배당금 지급채무는 민사채무에 불과한 것으로 그 이행은 파산재단을 대표한 파산관재인의 의무이지 파산자의 의무가 아니므로,[19] 배당금지급청구소송의 상대방은 파산관재인이 된다.

---

18) 서울고등법원 2006. 9. 20. 선고 2005나91679 판결(미상고 확정)은 사전구상금 연대보증채권을 조건부 채권의 예로 판시하고 있다.

19) 대법원 2005. 8. 19. 선고 2003다22042 판결(공2005, 1486).

파산채권자표의 효력에 대하여 일본에서는 기판력을 의미한다는 견해도 있으나, 우리 나라의 판례는 기판력이 아닌 확인적 효력을 가지고 파산절차 내부에 있어 불가쟁의 효력을 가지는 것에 불과하다고 해석한다.[20)]

▶ 〈제220조〉 청구원인의 제한

(1) **대법원** 2002. 4. 23. **선고** 2002**다**8308 **판결 【파산채권확정】** [공보불게재]

【판결요지】

채권표에 기재되지 않은 권리, 액, 우선권의 유무 등의 확정을 구하는 파산채권확정의 소는 부적법하며, 파산채권확정을 구하는 소에서 파산채권신고 여부는 소송요건으로서 직권조사 사항이다.

【참조 조문】 파산법 제14조, 제213조, 제214조 제1항, 제217조 제1항, 제220조, 민사소송법 제124조

【원고, 피상고인】 주식회사 한국외환은행 (소송대리인 법무법인 태평양 담당변호사 나천수 등)

【피고, 상고인】 파산자 삼양종합금융 주식회사의 파산관재인 장일환의 소송수계인 위 파산자의 파산관재인 장일환 외 1인 (소송대리인 변호사 박형준 등)

【원심판결】 광주고등법원 2001. 12. 27. 선고 2001나3053 판결

【주문】 원심판결 중 금 22,054,559,546원의 파산채권을 초과하여 파산채권을 확정한 부분을 파기하고, 이 부분에 관한 제1심 판결을 취소하고, 원고의 이 부분 청구를 각하한다. 피고들의 나머지 상고를 기각한다. 소송 총비용은 이를 10분하여 그 1은 원고의, 나머지는 피고들의 각 부담으로 한다.

【이유】 상고이유를 판단한다.

1. 상고이유 제1점에 대하여

파산채권자는 채권표에 기재한 사항에 관하여서만 채권확정의 소를 제기할 수 있으므로, 채권조사기일까지 신고하지 않은 채권을 새로이 주장할 수는 없으며, 채권표에 기재된 것보다 다액의 채권액이나 새롭게 우선권을 주장할 수는 없고, 따라서 채권표에 기재되지 않은 권리, 액, 우선권의 유무 등의 확정을 구하는 파산채권확정의 소는 부적법하며, 파산채권확정을 구하는 소에서 파산채권신고 여부는 소송요건으로서 직권조사 사항이다(대법원 2000. 2. 11. 선고 99다8728 판결, 2000. 11. 24. 선고 2000다1327 판결 등 참조).

---

20) 대법원 2004. 8. 20. 선고 2004다3512, 3529 판결(공2004, 1577) 등.

기록에 의하면, 원고는 이 사건으로 확정을 구하는 파산채권 중 원금 1,256,826,682원의 지급인수채권에 대하여는 채권조사기일까지 그 신고를 하지 아니하여 위 금액이 채권표에 기재된 사실이 없음을 알 수 있으므로, 원고의 이 사건 청구 중 위 금 1,256,826,682원의 지급인수채권에 관한 부분은 부적법하다고 할 것이다.

그럼에도 불구하고, 원심은 파산채권확정의 소에 있어서의 소송요건에 관한 법리를 오해하거나 심리를 다하지 아니한 채 이 부분 청구가 적법한 것으로 보고 본안에 들어가 판단하였으니 원심판결 중 해당 부분은 파기를 면할 수 없다고 할 것이다. 이 점을 지적하는 상고이유의 주장은 이유 있다.

2. 상고이유 제 2 점에 대하여

원심은, 그 채용 증거에 의하여 원고와 파산자 삼양종합금융 주식회사(이하 '파산자'라고 한다)는 그 판시 지급보증거래를 함에 있어서 은행여신거래기본약관이 적용됨을 승인하였고, 위 약관 제 3 조 제 2 항에서는 채무자가 은행에 대한 채무의 이행을 지체한 경우에는 지급하여야 할 금액에 대하여 법령이 정하는 제한 내에서 은행이 정한 율로 지연배상금을 지급한다고 규정하고 있으며, 1997. 12. 27.부터 1998. 10. 9.까지 원고의 외화대출 연체이율은 연 25%인 사실, 재정경제원장관이 1998. 2. 26.구 종합금융회사에관한법률(1998. 1. 13. 법률 제5503호로 개정되어 1998. 4. 1. 시행되기 전의 것. 이하 같다) 제21조, 제22조 제 1 항 제 8 호의 규정에 의하여 파산자에게 업무정지명령을 한 사실 등을 인정한 다음, 파산자가 1998. 2. 26. 위 미수금에 대한 기한의 이익을 상실하여 그 다음날부터 이행지체에 빠지게 되었음을 전제로 파산자는 원고에게 위 미수금에 대하여 1998. 2. 27.부터 기준 연체율 연 25%를 적용한 지연손해금을 지급할 의무가 있다는 취지로 판단하였다.

관련 증거를 기록에 비추어 살펴보면, 원심의 위와 같은 인정은 정당한 것으로 수긍할 수 있고, 한편 기록에 의하면 원고와 파산자 사이에 원심 판시 지급보증거래약정을 함에 있어서 원고의 여신거래기본약관을 적용하기로 하였는데, 위 약관 제 7 조 제 4 호는 파산자의 폐업, 도피 기타의 사유로 지급을 정지한 것으로 인정된 때에는 원고의 독촉이 없이도 파산자는 당연히 기한의 이익을 상실하여 곧 변제할 의무를 지기로 한다고 되어 있고, 파산자는 재정경제원장관으로부터 구 종합금융회사에관한법률 제21조, 제22조 제 1 항 제 8 호의 규정에 의하여 1998. 2. 26. 업무정지명령을 받은 후 일체의 채무에 대한 지급을 정지한 사실을 알 수 있으므로, 위 1998. 2. 26.의 업무정지명령에 따라 파산자는 위 약관 제 7 조 제 4 호의 '기타의 사유로 지급을 정지한 것으로 인정되는 때'에 해당되어 위 미수금에 대한 기한의 이익을 상실하였다고 할 것이어서 그 다음날인 1998. 2. 27.부터 1998. 10. 9.까지 원심 판시 약정이율인 연 25%의 비율에 의한 지연손해금을 지급할 의무가 있다고 할 것이므로, 같은 취지의 원심의 판단은 정당하다고 할 것이고, 거기에 상고이유의 주장과 같은 종합금융회사의 업무정지와 채무의 이행지체 또는 지연손해금에 관한 법리오해나 심리미진 등의 위법이 있다고 할 수 없다. 이 부분 상고이유는 받아들일 수 없다.

3. 상고이유 제3점에 대하여

원심은, 원고와 파산자 사이에 그 판시 각 동산(이하 '이 사건 동산'이라고 한다)에 관한 양도담보계약을 체결함에 있어 파산자의 이행지체가 있는 경우에 원고가 사전 통지 없이 일반적으로 적당하다고 인정되는 방법·시기·가격 등에 의하여 양도담보로 제공된 물건을 처분하고 그 취득금에서 제비용을 공제한 잔액을 나머지 채무에 충당하기로 약정한 사실, 원고가 이 사건 동산을 소외 현대전자산업 주식회사에게 그 판시 대금으로 매각하여 그 대금으로 그 판시 지급인수대금의 변제에 충당한 사실을 인정한 다음, 원고가 이 사건 동산을 환가함에 있어서 파산자와 의논 없이 임의로 매각함으로써 파산자에게 부당한 손해를 입혔다는 피고들의 주장에 대하여, 원고가 이 사건 동산을 환가하면서 매각시점이나 그 방법에 있어서 부당하게 저가에 매각하였다고 볼 증거가 없으므로 이 사건 동산의 환가에 있어서 원고에게 어떠한 불법행위가 있었다고 볼 수 없다고 판단하였다.

관련 증거를 기록에 비추어 살펴보면, 원심의 위와 같은 인정은 정당한 것으로 수긍할 수 있고, 원고는 이 사건 동산의 매각대금으로 자신의 파산자에 대한 미수금 채권의 변제에 충당하였다고 자인하고 있는 것이므로, 원고로서는 그 매각의 시기나 방법 또는 대금이 적정한 가격이었다고 입증할 필요는 없는 것이고, 이에 대하여 원고의 이 사건 동산의 매각이 시기나 방법 또는 대금에 있어서 상당하지 아니하므로 파산자가 손해를 입었다는 점에 대하여는 파산자에게 그 입증책임이 있다고 할 것이므로 같은 취지의 원심의 판단은 정당하고, 거기에 채증법칙에 위반하여 사실을 오인하거나 심리미진 또는 상고이유의 주장과 같은 양도담보물의 처분 및 정산에 관한 법리를 오해하는 등의 위법이 있다고 할 수 없다. 이 부분 상고이유도 받아들일 수 없다.

대법관 서성(재판장) 이용우 배기원(주심) 박재윤

(2) **대법원** 2000. 11. 24. **선고** 2000**다**1327 **판결【손해배상**(기)**】**[공2001, 124]

【판결요지】

[1] 파산채권자는 채권표에 기재한 사항에 관하여서만 채권확정의 소를 제기하거나 파산 당시에 이미 계속되어 있는 소송을 수계할 수 있으므로, 채권조사기일까지 신고하지 않은 채권을 새로이 주장할 수는 없으며, 채권표에 기재된 것보다 다액의 채권액이나 새롭게 우선권을 주장할 수는 없고, 따라서 채권표에 기재되지 않은 권리, 액, 우선권의 유무 등의 확정을 구하는 파산채권확정의 소 또는 채권표에

기재되지 않은 권리에 관하여 소송이 계속되어 있는 경우의 그 수계신청 등은 모두 부적법하며, 파산채권확정을 구하는 소에서 파산채권신고 여부는 소송요건으로서 직권조사 사항이다.

[2] 신고되지 아니한 지연손해금채권에 대하여 파산채권확정에 관한 본안판결을 한 것은 위법하다.

【참조 조문】 파산법 제14조, 제213조, 제214조 제 1 항, 제217조, 제220조

【원고, 피상고인겸상고인】 甲

【피고, 상고인겸피상고인】 파산자 동서호라이즌증권 주식회사의 파산관재인 강정완 (소송대리인 법무법인 한빛 담당변호사 성민섭 등)

【원심판결】 광주고등법원 1999. 12. 2. 선고 98나108 판결

【주문】 원심판결의 파산채권확정 청구에 관한 판단 중 금 4,200만 원에 대한 지연손해금 전부와 금 94,411,364원, 금 1,260만 원, 금 1,750만 원에 대한 각 지연손해금의 1998. 11. 25.부터 완제일까지의 각 지연손해금 부분을 파기하고, 그 부분 소를 각하한다. 원고의 상고와 피고의 나머지 상고를 각 기각한다. 소송총비용은 이를 3등분하여 그 중 1을 원고의, 나머지를 피고의 각 부담으로 한다.

【이유】 1. 원심판결의 파산채권확정 청구에 관한 판단 중 금 4,200만 원에 대한 지연손해금 전부와 금 94,411,364원, 금 1,260만 원, 금 1,750만 원에 대한 각 지연손해금의 1998. 11. 25.부터 완제일까지의 각 지연손해금 부분에 관하여 원고의 상고이유 제 1 점과 피고의 상고이유 제 1 점을 판단하기에 앞서 직권으로 판단한다.

파산채권자는 채권표에 기재한 사항에 관하여서만 채권확정의 소를 제기하거나 파산 당시에 이미 계속되어 있는 소송을 수계할 수 있으므로(파산법 제220조), 채권조사기일까지 신고하지 않은 채권을 새로이 주장할 수는 없으며, 채권표에 기재된 것보다 다액의 채권액이나 새롭게 우선권을 주장할 수는 없고, 따라서 채권표에 기재되지 않은 권리, 액, 우선권의 유무 등의 확정을 구하는 파산채권확정의 소 또는 채권표에 기재되지 않은 권리에 관하여 소송이 계속되어 있는 경우의 그 수계신청 등은 모두 부적법하며, 파산채권확정을 구하는 소에서 파산채권신고 여부는 소송요건으로서 직권조사 사항이라 할 것이다.

그런데 원심판결 이유와 기록에 의하니, 동서호라이즌증권 주식회사는 1998. 11. 25. 파산선고를 받았고, 원고는 1998. 12. 28. 파산채권자로서 불법행위를 원인으로 한 손해배상채권으로 ① 한국전기통신주식 매도와 관련하여 금 5,772만 원(1,200주 × 48,100원), ② 1994. 10. 28. 제 1 계좌에 입금된 금 94,411,364의 인출과 관련하여 원금 94,411,364원 및 1994. 10. 26.부터 1998. 11. 24.까지의 이자 금 58,741,974원, ③ 상림주 매도와 관련하여 원금 18,000,000원 및 1994. 1. 11.부터 1998. 11. 24.까지의 이자 금 11,009,588원, ④ 1995. 1. 12. 금 2,500만 원의 횡령과 관련하여 원금

2,500만 원 및 1995. 1. 12.부터 1998. 11. 24.까지의 이자 금 15,287,670원, ⑤ 포철주와 관련하여 원금 9,814만 원 및 1995. 5. 6.부터 1998. 11. 24.까지의 이자 금 58,480,684원, ⑥ 1995. 1. 5. 금 10,023,750원의 인출과 관련하여 원금 10,023,750원 및 1995. 1. 5.부터 1998. 11. 24.까지의 이자 금 6,139,203원, ⑦ 금 6,890만 원의 인출로 인한 이자지급손해 금 32,080,972원, ⑧ 위자료 금 1천만 원, 합계 원금 345,376,086원, 이자 금 149,659,119원의 각 파산채권을 갖고 있는데, 이 사건 가집행선고부 제1심 판결에 의하여 파산자로부터 1997. 12. 8. 원금 235,209,364원, 이자 금 71,636,876원을 변제받았으므로 나머지 원리금은 합계 금 188,188,965원이 남아있다고 신고하였고, 이에 대하여 파산관재인인 피고는 1999. 1. 15. 실시된 조사기일에서 위의 채권 전부에 대하여 이의를 제기하였음을 알 수 있다.

한편, 피고의 수계신청에 기하여 원고가 파산채권확정을 구하자, 원심은, 그 판결주문에서 "원고가 파산자에 대하여 손해배상채권으로, ① 1994. 10. 28. 금 94,411,364원의 인출과 관련하여 금 94,411,364원 및 이에 대한 1994. 10. 28.부터, ② 1995. 1. 11. 상림주식 매도와 관련하여 금 1,260만 원 및 이에 대한 1995. 1. 11.부터, ③ 1995. 1. 12. 금 2,500만 원의 횡령과 관련하여 금 1,750만 원 및 이에 대한 1995. 1. 12.부터, ④ 1995. 3. 22. 한국전기통신공사 주식 매도와 관련하여 금 4,200만 원 및 이에 대한 1995. 3. 22.부터, 각 1999. 12. 2.까지는 연 5푼의, 각 그 다음날부터 완제일까지는 연 2할 5푼의 각 비율에 의한 지연손해금의 각 파산채권을 가지고 있음을 확정한다"고 판시하였다.

그러하니 원심은, 한국전기통신공사 주식매도와 관련하여서는 지연손해금에 관한 채권신고가 없었음에도 지연손해금채권을 파산채권으로 판단하였고, 나머지 금원 부분에 관하여는 파산선고일부터 완제일까지의 각 지연손해금에 관한 채권신고가 없었음에도 마찬가지로 그 부분 각 지연손해금채권을 파산채권으로 판단하였다는 결과로 된다.

원심으로서는 파산채권으로 신고되지 않은 지연손해금채권 부분을 소송요건 흠결로 부적법하다고 하여 각하하였어야 할 것임에도 견해를 달리한 나머지 본안에 나아가 판단하였으니 원심의 그 조치는 파산채권확정의 소에서의 소송요건에 관한 법리를 오해하여 판결 결과에 영향을 끼친 위법이라 할 것이기에 관련 상고이유의 주장에 대한 판단에 나아가기에 앞서 그 부분 원심판결은 파기될 수밖에 없다.

2. 원고의 상고이유 제3점에 관하여

기록에 의하니, 원고는 청구취지로, 한국전기통신공사 주식매각과 관련하여 사실심변론종결 무렵의 한국전기통신공사주식의 주가인 주당 금 85,200원을 기준으로 손해배상채권의 확정을 구하고 있음을 알 수 있어 불법행위 당시의 주식의 인도를 구하는 것이 아님은 명백하므로 주식인도를 구하였음을 전제로 한 상고이유의 주장을 받아들일 수 없다.

그리고 증권회사가 고객소유의 주식을 위법하게 처분하여 불법행위로 되는 경우 고객이 입게 된 손해의 액은 처분 당시의 주식의 시가를 기준으로 결정하여야 하고, 그 후 주식의 가격이 올랐다고 하더라도 그로 인한 손해는 특별한 사정으로 인한 것이어서 증권회사가 주식을 처분할 때 그와 같은 특별한 사정을 알았거나 알 수 있었고, 또 고객이 주식의 가격이 올랐을 때 주식을 매도하여 그로 인한 이익을 확실히 취득할 수 있었던 경우에 한하여 고객은 그와 같이 오른 가격에 의한 손해배상을 청구할 수 있다고 할 것이다(대법원 1995. 10. 12. 선고 94다16786 판결 참조).

기록에 의한 즉, 파산자의 피용자인 乙이 주식을 처분할 때 주식의 가격이 오를 것이라는 사정을 알았거나 알 수 있었다든지, 乙이 당시 주식을 처분하지 아니하였더라면 원고가 주식의 가격이 사실심변론종결 당시와 같이 올랐을 바로 그 때 주식을 처분하여 그로 인한 이익을 확실히 취득할 수 있었음을 인정할 만한 자료는 찾아볼 수 없으므로, 결국 주식의 가격이 올랐다는 특별한 사정으로 인한 손해의 배상을 청구한다는 원고의 주장은 받아들일 수 없는 것이어서, 원심이 통상의 손해만을 인정하여 소외 1이 주식을 처분할 당시의 주식의 시가를 기준으로 원고가 입은 손해의 액을 산정한 것은 정당하고, 거기에 상고이유의 주장과 같은 손해액산정에 있어 위법사유는 없다.

상고이유 중 이 점의 주장을 받아들이지 아니한다.

3. 피고의 상고이유 제2, 3, 4 점에 관하여

원고가 박판기에게 원고계좌에 입금된 금 94,411,364원을 인출하여 일신방직 주식회사의 주식을 매수하도록 원고와 박판기 사이에 포괄적 일임매매의 약정이 있었다는 점을 인정할 자료를 기록상 찾을 수 없다. 또한, 기록에 비추어 살펴보니, 원심이 일신방직 주식회사의 주식에 대한 임의 매수를 원고가 사후에 추인하였다는 피고의 주장을 배척하고, 이 사건 사실관계에서 불법행위가 구성되는 그 행위로 인해 원고가 금 94,411,364원의 손해를 입었으며, 원고의 승낙이나 동의 없이 임의로 乙이 상림주식 1,000주를 매각하여 매각대금을 자신의 용도에 사용하고, 금 2,500만 원을 임의로 丙의 계좌에 입금하여 충북은행주식을 매수하였으며, 한국전기통신공사 주식 1,200주를 임의로 출고하여 매각한 후 매각대금을 자신의 용도에 사용하고 원고의 출고요구에 응하지 못하였다고 한 원심의 인정과 판단은 정당하고, 거기에 심리미진이나 채증법칙을 위배하여 사실을 오인하고, 손해배상액에 관한 법리를 오해하여 판결에 영향을 끼친 위법사유가 없다.

상고이유 중 이 점의 주장도 받아들이지 아니한다.

4. 피고의 상고이유 제 5 점에 관하여

피용자의 불법행위가 외관상 사무집행의 범위 내에 속하는 것으로 보이는 경우에 있어서도, 피용자의 행위가 사용자나 사용자에 갈음하여 그 사무를 감독하는 자의 사무집행행위에 해당하지 않음을 피해자 자신이 알았거나 또는 중대한 과실로 알지 못한 경우에는 사용자 혹은 사용자에 갈음하여 그 사무를 감독하는 자에 대하여 사용자책임을 물을 수 없고, 한편, 사용자책임이 면책되는 피해자의 중대한 과실이라 함은 조금만 주의를 기울였더라면 피용자의 행위가 그 직무권한 내에서 적법하게 행하여진 것이 아니라는 사정을 알 수 있었음에도 만연히 이를 직무권한 내의 행위라고 믿음으로써 일반인에게 요구되는 주의의무에 현저히 위반하는 것으로 거의 고의에 가까운 정도의 주의를 결여하고, 공평의 관점에서 피해자를 구태여 보호할 필요가 없다고 봄이 상당하다고 인정되는 상태를 말한다(대법원 1999. 10. 22. 선고 98다6381 판결 참조).

기록에 의하니, 원고는 丁이 원고의 승낙이나 허락을 받지 아니하고 임의로 원고의 계좌에서 금 94,411,364원을 인출한 뒤 그 돈으로 주식을 매수하여 이를 횡령하였음에도 불구하고 자신의 증권카드와 도장을 丁에게 교부하고, 또 丁으로부터 증권카드와 도장을 인계받은 乙로부터 원고의 주식을 적당한 가격에 매도하여 원고의 손해를 보전해 주겠다는 위험한 제의를 받았음에도 이를 거절하거나 증권카드와 도장을 회수하는 등의 조치를 취하지 아니한 채 乙로 하여금 원고의 계좌를 관리하게 함으로써 횡령행위에 이르도록 방치한 과실이 있다는 원심의 인정과 판단은 정당하고, 나아가 이러한 사정만으로 원고에게 사용자책임이 면책되는 고의 또는 중대한 과실이 있다고 볼 수는 없어 원고에게 고의 또는 중대한 과실이 있어 면책되어야 한다는 상고이유의 주장도 받아들이지 아니한다.

대법관 강신욱(재판장) 조무제(주심) 이용우 이강국

[해설]

파산채권확정의 소의 대상은 신고된 파산채권에 대하여 이의가 제기된 부분이다. 따라서 파산채권신고를 하지 아니하였거나 일부만 신고하였다면 신고하지 아니한 부분에 대한 파산채권확정의 소는 소송요건을 결여하여 부적법하게 된다. 따라서 파산채권확정의 소를 심리하는 재판부로서는 파산채권신고 여부에 대하여 직권으로 조사하여야 한다. 실무상 자주 문제가 되는 것은 지연손해금에 관하여 신고하지 아니하였음에도 불구하고 파산채권확정의 소의 대상으로 삼는 경우이다. 대법원 2002다8308 판결은 이러한 법리를 확인한 것이다. 파산채권자가 파산선고일부터의 지연손해금 부분을 신고하였다면 파산채권조사확정재판이나 그 이의의 소의 주문

에서 일반파산채권과 후순위파산채권의 구분을 명확히 표시해 주어야 한다.[21)]

파산법 하에서 하급심 판결 가운데 판결 주문에 파산채권 확정 외에 의결권을 부여한 것[22)]이 있으나 파산법이나 신법하에서도 파산채권확정재판에는 의결권의 부여제도가 없음에 유의하여야 한다.

▶ 〈제225조〉 채권확정소송의 소송가액

대법원 2002. 10. 23.**자** 2002그73 **결정 【파산선고】** [공2002, 2799]

【결정요지】

파산법 제103조 제1항은, "파산절차에 관한 재판에 대하여는 본편에 따로 정한 경우를 제외하고 그 재판에 이해관계를 가진 자는 즉시항고를 할 수 있다"라고 규정하고 있고, 파산법 제225조 소정의 파산채권확정소송의 소송가액에 관한 수소법원의 재판에 대해서는 불복을 금지하는 규정이 없으므로, 그 재판에 대하여 불복이 있는 이해관계인은 즉시항고를 제기할 수 있고 특별항고를 제기할 수 없는 것이다.

【참조 조문】 파산법 제103조 제1항, 제225조

【특별항고인】 씨에이치비밸류미트이천일년제일차자산유동화전문 유한회사 (소송대리인 변호사 최봉기)

【원심결정】 전주지방법원 2002. 6. 11.자 98하14 결정

【주문】 사건을 광주고등법원에 이송한다.

【이유】 1. 파산법 제103조 제1항은, "파산절차에 관한 재판에 대하여는 본편에 따로 정한 경우를 제외하고 그 재판에 이해관계를 가진 자는 즉시항고를 할 수 있다"라고 규정하고 있고, 파산법 제225조 소정의 파산채권확정소송의 소송가액에 관한 수소법원의 재판에 대해서는 불복을 금지하는 규정이 없으므로, 그 재판에 대하여 불복이 있는 이해관계인은 즉시항고를 제기할 수 있고 특별항고를 제기할 수 없는 것이다.

2. 기록에 의하면, 파산자 삼양종합금융 주식회사의 파산관재인을 상대로 전주지방법원 2002가합1450 사건으로 파산채권확정소송을 제기한 씨에이치비밸류미트이천일년제일차자산유동화전문 유한회사가파산법 제225조에 따라 원심법원에 소송가액의 결정을 구함에 따라 원심법원은 청구금액에 예상배당률 64%의 절반을 곱하

---

21) 대법원 2006. 11. 23. 선고 2004다3925 판결(공2007, 1).

22) 서울고등법원 2003. 11. 19. 선고 2003나20277 판결(피고 파산관재인이 상고하였으나 대법원 2006. 6. 16. 선고 2004다2717 판결로 상고기각. 의결권 판단 부분은 상고대상이 아니었다).

는 방법으로 그 소송가액을 결정하였고, 위 유한회사가 이에 불복하여 항고를 한 다음 그 항고를 특별항고로 취급하여 달라고 요청하자, 원심법원은 이를 특별항고로 보고 대법원에 기록을 송부하였음을 알 수 있는바, 위에서 본 바와 같이 파산법 제225조 소정의 파산채권확정소송의 소송가액에 관한 수소법원의 재판에 대해서 불복이 있는 경우에는 즉시항고를 제기하여야 하는 것이고, 따라서 비록 위 유한회사가 그 항고를 특별항고로 취급하여 달라고 요청하였다고 하더라도 이는 즉시항고를 제기한 것으로 취급되어야 할 것이므로, 그 관할법원은 광주고등법원이라고 할 것이다.

대법관 조무제(재판장) 유지담 강신욱(주심) 손지열

[해설]

대법원 2002그73 결정과 같이 파산법 하에서는 수소법원의 소가결정 재판에 대하여는 즉시항고를 할 수 있었다. 그러나 신법은 파산법과 달리 즉시항고 규정을 두고 있지 않아 특별항고 외에 소가결정에 대하여 불복을 하지 못하게 되었다. 파산법은 소가결정의 관할법원을 수소법원으로 규정하고 있었으나 신법은 파산법원이 결정하도록 하고 있다. 예컨대 서울중앙지방법원에서 민사 본안사건이 계속중 당사자 일방이 대전지방법원에서 파산선고를 받고 제 1 심 판결이 선고된 후 채권조사절차를 거쳐 채권확정소송으로 청구취지를 변경하여 서울고등법원에 항소하고자 하는 경우 파산법에 의하면 수소법원인 서울고등법원이 소가결정을 하게 되어 있었으나 신법 하에서는 대전지방법원이 항소심 소가결정을 하게 될 것이다.

15. 배당절차

▶ 〈제243조〉 배당액의 임치

(1) **대법원** 2003. 1. 24. **선고** 2002**다**51388 **판결【임치금이자】**[**공보불게재**]

【판결요지】

파산채권확정의 소가 계속 중이라는 이유로 관재인이 중간배당의 배당금을 임치한 경우 임치금은 파산재단에 속하고 그 과실에 해당하는 이자 역시 파산재단에 귀속된다.

【원고, 비약적상고인】 제일투신이차유동화전문유한회사 (소송대리인 법무법인 율촌 담당변호사 김선경)

【피고, 피상고인】 파산자 경남종합금융 주식회사의 파산관재인 김태수 외 1인 (소송대리인 변호사 임동언 등)

【원심판결】 서울지방법원 2002. 7. 24. 선고 2002가합3315 판결

【주문】 상고를 기각한다. 상고비용은 원고가 부담한다.

【이유】 상고이유(보충상고이유서에서의 주장을 포함하여)를 판단한다.

1. 원심이 적법하게 확정한 사실은 다음과 같다.

가. 파산자 경남종합금융 주식회사(이하 '파산자'라 한다)는 1998. 9. 30. 창원지방법원으로부터 파산선고를 받아, 그 파산관재인으로 박권병이 같은 날 선임되었고, 김태수가 2001. 3. 19. 추가선임되었다.

나. 소외 주식회사 부산은행(이하 '부산은행'이라 한다)은 파산자에 대한 파산채권으로 12,355,376,709원을 신고하였는데, 피고 파산자의 파산관재인 박권병(이하 '피고 박권병'이라 한다)은 1998. 12. 29. 실시된 파산자의 채권조사기일에 위 파산채권 신고액 중 5,778,079,725원에 관하여 적법하지 않은 보증행위 및 별도 약정 없는 연체이자임을 이유로 이의를 진술하였다.

다. 이에 부산은행은 창원지방법원에 파산채권확정의 소를 제기하여 2000. 9. 28. “부산은행은 파산자에 대하여 5,176,383,561원의 파산채권을 가지고 있음을 확정한다”는 원고승소판결을 선고받았으나, 피고 박권병이 이에 대하여 항소를 제기하였다.

라. 한편, 피고 박권병은 2000. 9. 30. 배당률을 32.06%로 한 제1회 중간배당을 실시하면서 위 파산채권확정의 소가 계속중이라는 이유로 부산은행에 대한 배당금 1,659,548,560원을 시중은행에 임치하였고, 2001. 2. 28. 배당률을 13.05%로 한 제2회 중간배당을 실시하면서 위와 같은 이유로 부산은행에 대한 배당금 675,518,050원을 시중은행에 임치하였다.

마. 부산은행은 2001. 7. 20. 위 파산채권확정의 소의 항소심에서도 원고승소판결을 선고받아 위 판결이 같은 해 8. 9. 확정되자, 같은 해 10. 12. 피고 파산자의 파산관재인 박권병, 김태수(이하 ‘피고들’이라 한다)에게 위 중간배당금 수령을 위한 제반서류를 제출하였고, 피고들은 같은 해 10. 15. 임치하였던 위 중간배당금을 반환받아 그 중 배당금 원본 합계 2,335,066,610원만 부산은행에 지급하고, 임치로 인한 중간배당금의 이자는 파산재단에 귀속시켰다.

바. 한편, 원고는 2001. 10. 30. 자산유동화에관한법률에 따라 부산은행이 피고들에 대하여 가지고 있던 파산채권 5,734,931,506원 및 이에 기한 지연손해금, 부당이득금 등의 반환청구권을 포함한 일체의 권리를 양수하였고, 같은 법률 제7조 제1항에 의하여 그 무렵 피고들에게 위 양수사실을 통지하였다.

2. 원심판결 이유에 의하면, 원고는 피고 박권병이 이의권을 남용하여 부산은행이 신고한 파산채권의 일부에 대하여 이의를 진술함으로써, 부산은행으로 하여금 중간배당금을 운용하여 그 이자 상당의 이익을 얻을 수 있는 기회를 상실하는 손해를 입게 하였으므로 피고들은 원고에게 중간배당금 임치금의 이자 상당액을 지급할 의무가 있다고 주장한 데 대하여, 원심은 부산은행이 위 파산채권확정의 소에서 승소하였다는 사정만으로는 피고 박권병이 이의권을 남용하였다고 인정할 수 없고 달리 이를 인정할 증거가 없다고 판단하여 원고의 위 주장을 배척하였는바, 기록에 비추어 살펴보면 원심의 위와 같은 판단은 정당하고, 거기에 파산관재인의 이의 진술권의 행사에 관한 법리를 오해하거나 심리를 다하지 아니한 잘못이 있다 할 수 없다. 이 점에 관한 원고의 상고이유에서의 주장은 이유 없다.

3. 원심판결 이유에 의하면, 원고는 중간배당금 임치금의 이자는 법정과실로서 원물인 중간배당금 임치금의 수령권자인 부산은행에게 귀속되어야 함에도 피고들이 이를 아무런 법률상 원인 없이 파산재단에 귀속시켜 위 이자 상당의 이익을 얻고 이로 인하여 부산은행에게 위 이자 상당의 손해를 가하였으므로 피고들은 원고에게 위 이자 상당액을 지급할 의무가 있다고 주장한 데 대하여, 원심은 중간배당

에 있어서 임치금은 파산재단에 속하고 그 과실에 해당하는 이자 역시 파산재단에 귀속된다고 판단하여, 그 임치금 및 이자가 부산은행에게 귀속되어야 함을 전제로 한 원고의 위 주장을 배척하였는바, 원심의 위와 같은 판단은 정당하고 거기에 임치된 중간배당금의 이자 귀속에 관한 법리를 오해하거나 심리를 다하지 아니한 잘못이 있다 할 수 없다. 이 점에 관한 원고의 상고이유에서의 주장 역시 이유 없다.

4. 원심판결 이유에 의하면, 원고는 피고 박권병이 부산은행에 대한 중간배당금을 시중은행에 임치한 것은 부산은행을 위한 사무관리에 해당하므로 피고들은 그 사무의 처리로 인하여 수취한 과실의 인도의무로서 원고에게 임치된 중간배당금의 이자를 지급할 의무가 있다고 주장한 데 대하여, 원심은 파산관재인이 이의 있는 채권에 대하여 채권확정의 소가 계속중임을 이유로 중간배당금을 임치하는 것은 파산법 제243조 제 1 호에 의한 파산관재인의 사무라고 할 것이고 이를 타인의 사무라고 볼 수는 없다고 판단하여 원고의 위 주장을 배척하였는바, 원심의 위와 같은 판단은 정당하고 거기에 사무관리에 관한 법리를 오해하거나 석명의무를 다하지 아니한 잘못이 있다 할 수 없다. 이 점에 관한 원고의 상고이유에서의 주장 또한 이유 없다.

5. 기록에 비추어 보면, 원고의 상고이유 중 파산관재인과 파산채권자 사이에는 법정 위임관계가 성립됨으로써 원고는 파산자의 공동파산관재인인 피고들에 대하여 임치된 중간배당금 이자의 반환청구권을 가진다는 주장은 원고가 상고심에 이르러 비로소 주장한 것이고 원심에서는 주장한 바 없었음이 명백하므로, 이는 원심판결에 대한 적법한 상고이유가 될 수 없다.

대법관 박재윤(재판장) 서성 이용우(주심) 배기원

(2) **대법원** 2005. 8. 19. **선고** 2003**다**22042 **판결【이자금】**[**공**2005, 1486]

【판결요지】

[1] 채무자가 채무 전부를 변제한 때에는 채권자에게 채권증서의 반환을 청구할 수 있으며, 제 3 자가 변제를 하는 경우에는 제 3 자도 채권증서의 반환을 구할 수 있으나(민법 제475조 참조), 이러한 채권증서 반환청구권은 채권 전부를 변제한 경우에 인정되는 것이고, 영수증 교부의무와는 달리 변제와 동시이행관계에 있지 않고, 한편 파산법 제241조 제 2 항에서 "파산관재인이 배당을 한 때에는 채권표 및 채권의 증서에 배당한 금액을 기입하고 이에 기명날인하여야 한다"고 규정하고 있지만, 위 규정만으로 채권증서 자체를 배당금 지급(일부 변제)과 동시이행으로 파산관재인에게 교부하여야 할 의무가 인정되는 것은 아니다.

[2] 채무자가 이행지체에 빠진 이상, 채무자의 이행제공이 이행지체를 종료시키려면 완전한 이행을 제공하여야 하므로, 채무자가 원본뿐 아니라 지연이자도 지급

할 의무가 있는 때에는 원본과 지연이자를 합한 전액에 대하여 이행의 제공을 하여야 할 것이고, 그에 미치지 못하는 이행제공을 하면서 이를 원본에 대한 변제로 지정하였더라도, 그 지정은 민법 제479조 제1항에 반하여 채권자에 대하여 효력이 없으므로, 채권자는 그 수령을 거절할 수 있다.

[3] 파산채권자의 배당금 지급청구권에는 다양한 종류의 파산채권 원본과 그에 대한 파산선고 전일까지의 이자 및 지연손해금을 합산한 채권이 모두 반영되어 있어, 원래 채권의 성격이 반드시 그대로 유지된다고 보기는 어렵고, 배당절차는 금전화 및 현재화를 거친 파산채권 원금 및 파산선고 이전까지의 지연손해금에 대하여 배당재원의 범위 내에서 각 채권의 비율에 따라 분배하는 절차로서, 배당률을 정하여 통지함으로써 발생한 구체적 배당금 지급채무의 이행은 파산재단을 대표한 파산관재인의 의무이지 파산자의 의무는 아니라 할 것이므로, 배당금 지급채무는 파산채무의 원래 속성이나 파산자가 상인인지 여부와는 무관하게 민사채무로 봄이 상당하고, 그 지연으로 인한 지연손해금에 적용될 법정이율도 원래 파산채무의 속성이나 약정이율 혹은 채무명의에서 정한 지연이율에 영향을 받지 아니하고 민사법정이율인 연 5%가 적용되어야 할 것이다.

【참조 조문】 [1] 민법 제474조, 제475조, 제536조, 파산법 제241조 제2항／[2] 민법 제479조 제1항／[3] 파산법 제237조, 민법 제379조

【원고,피상고인】 한투이차유동화전문 유한회사

【피고,상고인】 파산자 고려증권 주식회사의 파산관재인 조영일의 소송수계인 파산자 고려증권 주식회사의 파산관재인 김인진

【원심판결】 서울고등법원 2003. 4. 1. 선고 2002나60681 판결

【주문】 원심판결을 파기하고, 사건을 서울고등법원으로 환송한다.

【이유】 1. 원심의 조치

원심판결 이유에 의하면, 원심은 그가 채용한 증거를 종합하여, 고려증권 주식회사(이하 '파산회사'라고 한다)는 주식회사 국제상사 등 3개 회사(후에 모두 회사정리절차가 개시되었다)가 발행한 회사채의 지급을 보증하였고, 원고는 그 지급보증채권(이하 '이 사건 파산채권'이라 한다)의 양수인인바, 파산회사의 파산관재인인 피고는 원고에게 제2회 중간배당을 실시함에 있어, 피고가 보증채무 이행으로 발생하는 주채무자(위 3개 회사)에 대한 구상권을 확보하기 위하여 채권양도 및 그 필요서류의 제출을 요구하였는데도 원고가 이에 응하지 않는다는 이유로, 원고에 대한 일부 중간배당액 합계 금 1,944,249,962원(이하 '이 사건 배당금'이라 한다)의 지급을 보류하고 은행에 임치하였다가, 원고가 2001. 1. 20. 피고에게 그 배당금의 지급을 요구하였음에도, 피고는 2001. 10. 11.에 이르러서야 이를 지급한 사실을 인정한 다음, 피고에게 위 중간배당금에 대한 2001. 1. 21.부터 2001. 10. 11.까지 264

일 동안 상사 법정이율인 연 6%의 비율로 계산한 지연손해금 84,375,121원 및 이에 대하여 이 사건 소장 송달 익일부터 다 갚는 날까지 소송촉진 등에 관한 특례법 소정의 비율에 의한 지연손해금의 지급을 명하였다.

2. 상고이유에 대한 판단

가. 상고이유 제 1 점에 대하여

채무자가 채무 전부를 변제한 때에는 채권자에게 채권증서의 반환을 청구할 수 있으며, 제 3 자가 변제를 하는 경우에는 제 3 자도 채권증서의 반환을 구할 수 있으나(민법 제475조 참조), 이러한 채권증서 반환청구권은 채권 전부를 변제한 경우에 인정되는 것이고, 영수증 교부의무와는 달리 변제와 동시이행관계에 있지 아니하다.

한편, 파산법 제241조 제 2 항에서 "파산관재인이 배당을 한 때에는 채권표 및 채권의 증서에 배당한 금액을 기입하고 이에 기명날인하여야 한다"고 규정하고 있지만, 위 규정만으로 채권증서 자체를 배당금 지급(일부 변제)과 동시이행으로 파산관재인에게 교부하여야 할 의무가 인정되는 것은 아니다.

따라서 파산채권자인 원고가 파산채권 전액을 변제받는 경우가 아닌 한 피고에 대하여 배당금의 지급을 구함에 있어 채권증서를 지참·제출할 의무는 없다 할 것이므로, 원고의 2001. 1. 20.자 배당금 지급청구로 피고가 이행지체에 빠졌다고 본 원심의 판단은 정당하고, 아울러 유사사건의 최종판결이 있을 때까지 배당금지급을 유보하기로 합의하였다는 원고의 주장을 배척한 원심의 조치에도 채증법칙 위배 기타 판결에 영향을 미친 위법이 없다.

나. 상고이유 제 2 점에 대하여

채무자가 이행지체에 빠진 이상, 채무자의 이행제공이 이행지체를 종료시키려면 완전한 이행을 제공하여야 하므로, 채무자가 원본뿐 아니라 지연이자도 지급할 의무가 있는 때에는 원본과 지연이자를 합한 전액에 대하여 이행의 제공을 하여야 할 것이고, 그에 미치지 못하는 이행제공을 하면서 이를 원본에 대한 변제로 지정하였더라도, 그 지정은 민법 제479조 제 1 항에 반하여 채권자에 대하여 효력이 없으므로, 채권자는 그 수령을 거절할 수 있다 할 것이다(대법원 1981. 5. 26. 선고 80다3009 판결 참조).

그리고 배당금 지급청구권은 금전채권인 경우에도 추심채무라 할 것이지만(파산법 제241조 제 1 항), 피고가 파산채권자들에게 발송한 배당통지서에 의하면 "동봉한 '배당금영수증' 및 '은행계좌지정통지서 및 송금요청서'에 해당사항을 기재하고 기명날인한 뒤 통장사본 및 인감증명서 각 1부를 첨부하여 파산관재인에게 제출하여 주시기 바라며…"라고 기재되어 있음을 알 수 있는바, 그렇다면 이 사건 배당금 지급청구권이 추심채권이라 하여도 그 이행에 필요한 파산채권자의 협력은 현실적으로 파산관재인의 사무실을 방문하여 지급을 구하는 것을 그 내용으로 하는 것이 아니라, 송금받을 계좌의 지정 및 통지로 그치는 것이고, 추심채무로서의 성질은 단지 배당액에서 송금수수료 등을 공제하는 것으로만 반영될 뿐이라 할 것이다.

따라서 이 사건에서는 피고로서는 언제든지 원고가 이미 지정·통보한 계좌에 배당금 원금 및 그에 대한 지연손해금을 송금함으로써 채무를 변제할 수 있었으므로 피고가 원고에게 배당금을 수령할 것을 통보한 것만으로 적법한 이행의 제공이 있었다고 볼 수 없을 뿐만 아니라, 이미 이행지체로 인한 지연손해금이 발생한 상태에서 피고가 원고에게 원금만을 수령할 것을 통보하였다면 이를 적법한 이행의 제공으로 볼 수도 없다 할 것이다.

따라서 피고가 2001. 7. 16. 원고에게 제 2 회 중간배당금 원금만의 수령을 통지함으로써 원고가 수령지체에 빠졌다거나 피고의 이행지체가 종료되었다는 취지의 원고의 주장을 배척한 원심의 인정과 판단은 옳고 거기에 파산법 제241조의 해석을 그르치거나 기타 법리를 오해한 위법이 없다.

다. 상고이유 제 3 점에 대하여

파산채권자의 배당금 지급청구권에는 다양한 종류의 파산채권 원본과 그에 대한 파산선고 전일까지의 이자 및 지연손해금을 합산한 채권이 모두 반영되어 있어, 원래 채권의 성격이 반드시 그대로 유지된다고 보기는 어렵고, 배당절차는 금전화 및 현재화를 거친 파산채권 원금 및 파산선고 이전까지의 지연손해금에 대하여 배당재원의 범위 내에서 각 채권의 비율에 따라 분배하는 절차로서, 배당률을 정하여 통지함으로써 발생한 구체적 배당금 지급채무의 이행은 파산재단을 대표한 파산관재인의 의무이지 파산자의 의무는 아니라 할 것이므로, 배당금 지급채무는 파산채무의 원래 속성이나 파산자가 상인인지 여부와는 무관하게 민사채무로 봄이 상당하고, 그 지연으로 인한 지연손해금에 적용될 법정이율도 원래 파산채무의 속성이나 약정이율 혹은 채무명의에서 정한 지연이율에 영향을 받지 아니하고 민사 법정이율인 연 5%가 적용되어야 할 것이다.

따라서 이 사건 파산채권이 본래 파산회사에 대한 회사채지급보증채권으로서 파산회사의 상행위로 인하여 발생한 것으로서 이것이 배당금 지급청구권으로 전환되었다고 하여 그 성질이 변하는 것은 아니라는 이유로 상사 법정이율인 연 6%의 비율에 의하여 지연손해금을 산정한 원심의 판단에는 배당금 지급채무의 성질에 관한 법리를 오해한 나머지 결과에 영향을 미친 잘못이 있다 할 것이고, 이 점을 주장하는 상고이유는 이유 있다.

대법관 이규홍(재판장) 이용우 박재윤 양승태(주심)

▷ 〈**원심판결**〉 **서울고등법원 선고** 2003. 4. 1. **선고** 2002**나**60681 **판결**

【판결요지】

1. 배당금청구권이 발생한 후에 파산관재인이 정당한 이유 없이 배당금의 지급을 지체하면 배당금에 대하여 지연손해금을 지급하여야 한다.

2. 파산채권이 상행위로 인한 채권이므로 그 지연손해금은 상법 소정의 연 6푼에 의한다.

원고, 피항소인 겸 항소인 한투이차유동화전문 유한회사 (소송대리인 법무법인 율촌 담당변호사 윤용섭 등)

【피고, 항소인 겸 피항소인】 파산자 고려증권 주식회사의 파산관재인 조영일

【제 1 심 판결】 서울지방법원 2002. 8. 27. 선고 2001가단275222 판결

【변론종결】 2003. 3. 18.

【주문】 제 1 심 판결 중 아래에서 지급을 명하는 금원에 해당하는 원고 패소부분을 취소한다. 피고는 원고에게 금 84,375,121원에 대한 2001. 11. 10.부터 2003. 4. 1.까지는 연 6%, 그 다음날부터 완제일까지는 연 2%의 각 비율에 의한 금원을 지급하라. 원고의 나머지 항소와 피고의 항소를 각 기각한다. 소송총비용은 이를 5분하여 그 1은 원고의, 나머지는 피고의 각 부담으로 한다. 제 1 항 중 금원지급부분은 가집행할 수 있다.

【청구취지 및 항소취지】

1. 청구취지

피고는 원고에게 금 84,375,121원 및 이에 대한 이 사건 소장부본 송달 다음날부터 완제일까지 연 25%의 비율에 의한 금원을 지급하라(원고는 당심에서 지연손해금 부분에 관하여 청구취지를 일부 감축하였다).

2. 항소취지

원고: 제 1 심 판결 중 아래에서 지급을 명하는 금원에 해당하는 원고 패소부분을 취소한다. 피고는 원고에게 금 84,375,121원에 대한 이 사건 소장부본 송달 다음날부터 완제일까지 연 25%의 비율에 의한 금원을 지급하라.

피고: 제 1 심 판결 중 피고 패소부분을 취소한다. 위 취소부분에 해당하는 원고의 청구를 기각한다.

【이유】 1. 기초사실

가. 고려증권 주식회사는 주식회사 국제상사가 발행한 제44회 회사채, 주식회사 청구가 발행한 제64회 회사채, 통일중공업 주식회사가 발행한 제54회 회사채의 각 지급을 보증하였다.

나. 고려증권 주식회사는 1998. 10. 9. 10:00 서울지방법원으로부터 파산선고를 받았고(이후부터는 편의상 고려증권 주식회사를 '파산회사'라고만 한다), 같은 날

피고가 파산관재인으로 선임되었다.

다. 원고는 한국투자신탁증권 주식회사로부터 같은 회사가 파산회사에 대하여 가지고 있는 파산채권인, 주식회사 국제상사가 발행한 제44회 회사채에 관한 지급보증채권 금 1,118,577,600원, 주식회사 청구가 발행한 제64회 회사채에 관한 지급보증채권 금 3,283,273,972원, 통일중공업 주식회사가 발행한 제54회 회사채에 관한 지급보증채권 금 100억 원을 각 양수하였다.

라. 피고는 2000. 11. 8.부터 같은 달 10. 사이에 배당기일을 열어 파산회사의 채권자들에 대한 제2회 중간배당을 실시하면서, 보증채무 이행으로 발생하는 주채무자에 대한 구상권을 확보하기 위하여 피고가 요구하는 채권양도 및 그 필요서류의 제출에 원고가 응하지 않는다는 이유로, 미리 대위변제증서까지 작성하여 피고에게 제출한 원고에 대하여 확정된 일부 중간배당액 합계 금 1,944,249,962원(주식회사 국제상사가 발행한 제44회 회사채에 관한 지급보증채권에 대한 중간배당액 금 151,007,976원, 주식회사 청구가 발행한 제64회 회사채에 관한 지급보증채권에 대한 중간배당액 금 443,241,986원, 통일중공업 주식회사가 발행한 제54회 회사채에 관한 지급보증채권에 대한 중간배당액 금 13억 5천만 원을 합한 금액, 위 각 회사채 발행회사는 모두 회사정리절차 진행 중에 있었다)의 지급을 보류하고 이를 은행에 임치하였다.

마. 이에 원고는 2001. 1. 20. 피고에게 지급 보류된 위 배당금의 지급을 요구하였고, 피고는 2001. 10. 11.에 이르러서야 원고에게 위 중간배당금 1,944,249,962원을 지급하였다.

2. 판단

가. 청구원인에 대한 판단

살피건대, 파산채권의 배당절차에서 배당률의 통지에 의하여 배당률은 확정되고, 그에 따라 각 채권자는 파산관재인에 대한 배당금청구권을 취득하며, 파산관재인은 지체없이 배당금을 지급하여야 하는 것이고, 정리회사의 보증채무자가 주채무의 변제를 하는 경우에는 회사정리법 제110조에 의하여 그 변제의 비율에 따라 채권자의 권리를 취득하게 되는 것이다. 따라서 피고는 원고에 대한 보증채무의 변제를 함으로써 당연히 채권자인 원고의 권리를 취득하게 되어 주채무자인 위 각 정리회사에 대한 장래의 구상권 확보에 아무런 문제가 없음에도 불구하고 정당한 이유 없이 원고에게 채권양도 및 그 필요서류의 제출을 요구하며 배당금의 지급을 지체하였다고 볼 것이다.

그렇다면, 피고는 원고에게 위 중간배당금 1,944,249,962원에 대하여 2001. 1. 21.(위 배당기일 이후로서 원고가 위 중간배당금의 지급을 청구한 다음날)부터 2001. 10. 11.(피고가 위 중간배당금을 지급한 날)까지 264일 동안 연 6%(상법이 정한 이율; 이에 대하여 피고는 민법이 정한 연 5%의 이율로 계산하여야 한다고 주장하나, 원고의 이 사건 파산채권은 파산회사에 대한 회사채지급보증채권으로서 파산회사의 상행위로 인하여 발생한 것임이 명백하고, 이것이 배당금청구권으로 전환되었다고 하여 그 성질이 변하는 것은 아니라고 봄이 상당하므로, 위 주장은 받아들이지 않는다)의 비율로 계산한 지연손해금 84,375,121원(= 1,944,249,962 × 0.06 × 264/365; 원미만 버림)을 지급할 의무가 있다 할 것이고, 또한 금전채무의 지연손해금채무는 금전채무의 이행지체로 인한 손해배상채무로서 이행기의 정함이 없는 채무에 해당하므로 채무자는 확정된 지연손해금채무에 대하여 채권자로부터 이행청구를 받은 때로부터 또 다시 지체책임을 부담하게 된다 할 것이므로(대법원 1998. 6. 26. 선고 97다7868 판결 참조) 피고는 원고에게 위 지연손해금 84,375,121원 및 그에 대한 이행청구 이후의 지연손해금을 모두 지급할 의무가 있다.

나. 피고의 항변에 대한 판단

피고는, 원고에게 위 중간배당금을 지급하기에 앞서 장래의 구상권을 확보할 조치로서 채권양도 등이 필요한지에 관하여 논란이 있었고, 그 점에 관하여 다른 정리회사가 소송 중에 있었으므로 그에 대한 대법원 판결이 있을 때까지 위 중간배당금을 일시적으로 임치한 것으로서 원고도 이를 승낙하였다는 취지로 주장하나, 위 주장과 같은 배당금의 임치사유는 피고의 지급거절을 정당화할 만한 사유라고 보기 어렵고, 원고가 이를 승낙하였다는 점에 부합하는 을호증은 믿기 어려우며, 그밖에 이를 인정하기에 마땅한 증거가 없으므로, 위 주장은 이유가 없다.

또한, 피고는 2001. 7. 16. 원고에게 위 중간배당금을 수령하라고 통지하였음에도 원고가 이를 수령하지 않았으므로 원고가 수령지체에 빠진 위 일자 이후의 지연손해금은 지급할 수 없다고 주장하므로 살피건대, 갑호증에 따르면, 피고가 위 주장과 같은 통지를 한 사실은 인정되나, 한편 다른 갑호증에 의하면, 피고는 위 일자에 중간배당금 원금만의 수령을 통지하였을 뿐이고, 그 직후 원고의 계속된 원금 및 지연손해금의 지급독촉에 대하여 같은 해 8. 20. 원고에게 위 중간배당금 외에 그 동안 발생한 지연이자에 대하여는 지급할 수 없고, 다만 향후 법원의 허가를 얻는 경우에 한하여 중간배당금에 대한 은행이자 상당의 금원을 지급할 수 있을 뿐이라고 통보한 사실을 인정할 수 있는바, 그렇다면, 위에서 본 바와 같이 당연히 지급하여야 할 적지 않은 액수의 지연손해금에 대하여 피고가 적법한 이행의 제공을 하였다고 볼 수 없으므로, 채권자인 원고의 수령지체를 근거로 한 위 주장도 이유가 없다.

3. 결론

따라서, 피고는 원고에게 위 지연손해금 84,375,121원 및 이에 대하여 원고가 구하는 바에 따라 이 사건 소장부본 송달 다음날인 2001. 11. 10.부터 피고가 그 이행의무의 존부와 범위에 관하여 다툼이 상당한 이 판결 선고일인 2003. 4. 1.까지는 상법 소정의 연 6%, 그 다음날부터 완제일까지는 소송촉진등에관한특례법 소정의 연 25%의 각 비율에 의한 지연손해금을 지급할 의무가 있다 할 것인바, 이와 결론을 일부 달리한 제1심 판결의 원고 패소부분은 부당하므로, 이를 취소하여 그 차액의 지급을 명하고, 원고의 나머지 항소와 피고의 항소는 이유 없어 이를 각 기각하기로 하여 주문과 같이 판결한다.

재판장 판사 박국수 오석준 염기창

[해설]

파산관재인이 신고된 집행권원이 없는 파산채권에 대하여 이의를 제기하면 상대방 파산채권자가 파산관재인을 상대로 파산법 제234조의 기간 내에 파산채권확정의 소를 제기하여야 한다. 그 사이에 배당절차가 진행되면 파산관재인은 미확정된 파산채권에 대하여는 배당금을 임치하였다가 파산채권자가 승소하여 확정되어야 비로소 배당금을 지급한다(파산법 제243조 제1호, 신법 제519조 제1호). 파산채권자가 임치된 배당금에 대하여 권리를 행사할 수 있는 시기는 이의의 재판이 확정될 때이므로 그 이전까지 발생한 이자는 파산재단에 속하는 것이다. 대법원 2002다51388 판결은 이러한 법리를 확인한 것이다.

배당금청구권은 파산채권자가 파산관재인의 직무집행장소에서 지급받아야 하는 추심채무이다(파산법 제241조 제1항, 신법 제517조 제1항 본문). 다만 파산법과 달리 신법은 동조항에 단서를 신설하여 파산관재인과 파산채권자 사이에 별도의 합의가 있는 경우에는 배당금지급방법을 달리 정할 수 있도록 하고 있다. 파산법하에서의 실무도 파산채권자가 파산관재인 사무실로 찾아오지 않고 파산관재인에게 미리 알려준 은행계좌로 배당금을 송금받아 왔는데, 신법의 단서 조항은 이러한 실무를 입법화한 것이다.[1)]

송금 등의 변제방법의 합의에 의하여 추심채무가 송부(送付)채무로 바뀐다고 할 수 있는데 송부의 위험과 비용은 여전히 채권자가 부담한다.[2)] 이에 따라 파산관재인은 배당에 참가시킬 각 채권자에 대하여 배당률을 통지(파산법 제237조 제1항, 신법 제515조 제1항)할 때에 배당률, 배당액, 배당예정일, 장소, 지급방법 등을 기재하는 외에 배당금의 영수증 및 송금의뢰서의 용지를 동봉하여 발송하고 있다.

이러한 배당률의 통지에 의하여 배당률은 확정되고, 각 채권자는 파산관재인에 대한 배당금청구권을 취득한다. 배당금청구권이 발생한 이상 파산채권자는 파산법상의 상계금지 규정을 적용받지 아니하므로 배당금청구권과 파산선고 후에 부담하

---

1) 법원행정처 2004. 12. 23.자 개정작업 검토의견 76면에 의하면 최신의 변제방법이 활용됨을 감안하여 이러한 규정을 둔 것으로 되어 있는데, 사실상 계좌이체 내지 송금이 거의 주된 변제방법일 것이다.

2) 민법주해 XI, 박영사(1997), 96면.

는 반대채무를 상계할 수 있다.[3] 배당률의 통지가 채권자에게 도달하지 않은 경우에는 어떻게 되는가? 배당률의 통지는 공고로 갈음할 수 있는 것으로 해석되기 때문에[4] 통지 후 도달 전이라도 채권자는 배당금청구권을 행사할 수 있다.

일단 성립된 배당금청구권의 이행기는 언제인가? 실무상 배당금지급채무의 이행기는 각 배당이 실시될 때마다 법원이 정한 배당기일이 되는 것으로 본다.[5]

파산관재인은 배당금청구권의 배당기일이 경과함으로써 이행지체에 빠지는가? 이행기의 도래는 이행지체가 성립하기 위한 필요조건이기는 하여도 충분조건은 아니다.[6] 즉, 추심채무와 같이 채무이행에 단순한 급부의 수령을 넘는 채권자의 협력이 요구되는 경우 채권자가 그 협력을 제공할 때까지는 채무자는 이행지체에 빠지지 않는다.[7] 따라서 추심채무인 배당금청구권 역시 채권자가 미리 이행에 필요한 행위 예컨대 송금받을 계좌의 지정 및 통지 등을 하였거나 배당기일에 파산관재인에게 와서 이행을 청구하지 아니하였다면 그러한 행위가 있을 때까지 이행지체 책임이 성립되지 않는다.[8]

▶ 〈제259조〉 확정채권의 채권표기재의 효력

서울지방법원 2000. 6. 21. **선고** 99**가합**106207 **판결 【파산채권표기재무효확인】 (미항소 확정)**

【판결요지】

이미 소멸한 채권이 이의 없이 확정된 것으로 파산채권표에 기재되어 있다면 파산채권확정의 소 이외에 별소로서 파산채권에 관한 무효 확인의 소송을 제기할 수 있다.

【원고】 파산자 甲의 파산관재인 김철기 (소송대리인 변호사 조영환)

【피고】 동아건설산업 주식회사 (소송대리인 법무법인 한길종합법률사무소 담당

---

3) 법인파산실무, 345면 참조.

4) 注解 破産法(下), 586면.

5) 林治龍, 파산법연구 2, 296면.

6) 민법주해 Ⅸ, 박영사(1997), 99면.

7) 앞의 책, 110면. 高松高等裁判所 1996(平成8). 1. 23. 판결은 상관습상 지참채무인 예금청구권을 행사함에 있어 예금자는 예금청구서를 제출하는 것 외에 인영의 동일성 여부, 수령권한 유무 등에 관한 은행의 조사에 협력할 의무를 지며, 그 조사에 필요한 시간 동안은 은행이 이행책임을 지지 않는다고 판시하였다.

8) 대법원 2005. 8. 19. 선고 2003다22042 판결(공2005, 1486)의 사안에서 2000. 11. 8.부터 같은 달 10. 사이에 배당기일이 열렸고, 파산채권자는 2001. 1. 20. 배당금지급청구를 하였는바, 대법원은 2001. 1. 20.자 배당금 지급청구로 파산관재인이 이행지체에 빠졌다고 한 원심의 판단을 정당하다고 판시하였다.

변호사 이경현)

【변론종결】 2000. 6. 7.

【주문】 원고의 청구를 기각한다. 소송비용은 원고가 부담한다.

【청구취지】 파산자 甲(이하 파산자라 함)에 대한 서울지방법원 99하231호 파산 선고 사건에서 작성된 파산채권표 중 피고에게 3,030,054,795원의 파산 채권이 있음을 시인한 기재는 무효임을 확인한다.

【이유】 1. 본안전 항변에 대한 판단

피고는 1999. 9. 4. 파산자에 대한 파산 선고 결정(서울지방법원 99하231호)이 있은 후 같은 달 28일 파산 채권으로 합계 3,164,046,503원을 신고하였고, 이에 대하여 원고는 1999. 10. 25. 열린 채권 조사 기일에서 위 금원 중 3,030,054,795원은 시인하고 133,991,708원은 부인하였는바, 파산법 제259조 제1항은 "확정 채권에 있어서는 파산자가 채권 조사의 기일에 그 채권에 대하여 이의를 진술하지 아니한 경우에 한하여 채권표의 기재는 파산자에 대하여 확정 판결과 동일한 효력을 가진다"고 규정하는 한편, 같은 조 제2항은 "채권자는 파산 종결 후에 채권표의 기재에 의거하여 강제집행을 할 수 있다. 이 경우에는 민사소송법 제478조 내지 제517조의 규정을 준용한다"고 규정하고, 위 법 제217조 제1항은 "이의 있는 채권에 관하여는 그 채권자는 이의자에 대하여 소로써 그 채권의 확정을 요구할 수 있다"고 규정하고 있어 위 각 규정의 취지를 종합해 보면 이 사건에서와 같이 파산관재인이 채권자가 신고하여 시인한 파산 채권에 관하여 이의가 있는 경우에는 파산 절차에서 이의를 제기해야 하는 것이고 파산 채권을 시인한 것으로 되어 있는 파산 채권표의 기재의 효력을 다투기 위하여 별소를 제기하는 것은 소의 이익이 없다고 주장한다.

그러나, 파산법 제259조가 "채권표의 기재는 파산자에 대하여 확정 판결과 동일한 효력을 가진다"고 규정한 취지는 파산채권표에 기재된 파산 채권은 파산 절차가 진행되면서 이해 관계인의 권리 행사의 기준이 되고 채권자 집회에 있어서 의결권 행사의 기준이 된다는 의미를 가지는 것으로서, 위 규정이 말하는 확정 판결과 동일한 효력이라 함은 기판력이 아닌 확인적 효력을 가지고 파산 절차 내부에 있어 불가쟁의 효력이 있다는 의미에 지나지 않는 것이므로, 이미 소멸한 채권이 이의 없이 확정된 것으로 파산채권표에 기재되어 있더라도 그 채권에 관한 무효 확인의 판결을 얻어 이를 바로 잡을 수 있다 할 것이어서 그 무효 확인을 구하는 소송은 소의 이익이 있다.

따라서 피고의 본안전 항변은 이유 없다.

2. 원고의 청구에 대한 판단

가. 기초사실

(1) 파산자의 형인 乙이 대표이사로 있던 성암종합건설 주식회사(이하 성암종합

건설이라 함)는 1997. 10.경 당시 丙이 추진 중이던 서울 중랑구 신내동 소재 신내택지지구 내 상업 용지 2블럭 지상 주상 복합 건물 '동아 스위트 타워'의 신축 사업을 승계하였는데, 이와 같이 성암종합건설이 위 사업을 승계하게 된 것은 丁이 1996. 6. 24. 서울특별시로부터 위 토지를 대금 36억 원에 매입하고 이를 한국부동산신탁 주식회사에 신탁하는 한편 피고에게는 그 지상에 위 주상 복합 건물의 시공을 맡기면서 위 사업을 추진하던 중에 위 토지 대금 중 계약금 3억 6천만 원을 지급한 상태에서 자금난에 시달리게 되자 성암종합건설에 위 건물의 신축 사업을 승계할 것을 요구하게 되었고 이에 대하여 성암종합건설은 위 사업을 위하여 차입한 자금의 연체 이자를 부담하고 사업이 종료된 후에는 위 계약금을 丁에게 반환하기로 하면서 위 신축 사업을 승계하기에 이른 것이다. 위 신축 사업의 승계가 진행되면서 성암종합건설은 피고와 위 토지 잔대금 지급을 위한 자금 마련 대책에 관하여 논의하게 되었고, 이에 관하여 피고와 성암종합건설은 성암종합건설이 그 명의의 약속 어음을 발행하고 피고는 약속 어음에 보증의 의미로 배서한 다음 성암종합건설이 금융 기관에서 그 약속 어음을 할인하는 방법으로 자금을 마련하여 그 돈으로 위 토지 잔대금을 지급하는 것으로 합의하게 되었다.

(2) 위 합의에 따라 성암종합건설은 1997. 10. 8.경 액면 금 28억 원, 지급기일 1998. 1. 8.인 약속어음 1장을 발행하였고, 피고는 같은 날 위 약속 어음에 배서하여 성암종합건설이 같은 달 10일 한솔상호신용금고에서 위 약속 어음을 2,692,986,302원에 할인받았다(그 밖에 성암종합건설은 같은 날 피고의 보증 아래 액면 금 8억 원, 지급기일 1998. 1. 8.인 약속 어음 1장을 함께 발행하여 할인받았으나, 이 약속 어음은 회수되었다).

(3) 그런데 성암종합건설은 위와 같이 약속 어음을 할인받고서도 위 토지 잔대금을 지급하지 않았고, 이에 피고는 성암종합건설에 토지 잔대금을 즉시 지급할 것을 촉구하였으나 1997. 12. 5.경 성암종합건설의 대표이사인 乙이 위 할인금 중 일부를 다른 용도에 사용하였다는 사실을 확인하게 되자 위 할인금을 다른 용도에 사용할지도 모른다는 불안을 느낀 나머지 추후 성암종합건설에 대하여 가지게 될 구상 채권에 대한 보전 대책을 요구하게 되었고, 이에 대하여 乙은 1997. 12. 9. 동생인 파산자를 연대 보증인으로 세운 뒤 피고와 사이에 다음과 같은 약정을 하였다. (다만, 약정서의 날짜는 1997. 10. 1.로 소급하여 기재하였다.)

(가) 성암종합건설은 금액 28억 원, 만기일 1998. 1. 8.로 하는 어음을 발행하며, 어음의 연장 여부는 별도 합의하여 결정하기로 한다.

(나) 피고는 위 1항의 성암종합건설이 발행한 어음의 보증을 위하여 배서한다.

(다) 파산자는 위 1, 2항의 어음 관계 중 성암종합건설의 피고에 대한 소구 의무와 민사상 성암종합건설의 피고에 대한 구상 채무에 관하여 성암종합건설에 대

하여 연대 보증하며 어음상에 별도의 기명 날인은 하지 않는다.

(라) 성암종합건설은 어음 만기일에 어음을 회수하여 피고의 금융 기관에 대한 배서 책임, 파산자의 피고에 대한 연대 보증 책임을 소멸시켜야 한다.

(마) 성암종합건설과 파산자는 피고의 어음 배서에 대한 담보로 피고에게 고양시 능곡택지개발지구 내 사업 용지 3-9호 토지 242평 및 신축 중인 위 지상 건물에 근저당권을 설정해 주기로 한다. 파산자가 위 물건에 대한 소유권에 관한 등기를 확보하지 못한 경우에는 등기 후 즉시 근저당권을 설정하여야 한다.

(4) 성암종합건설은 1998. 1. 8. 한솔상호신용금고에 액면 금 28억 원, 지급기일은 같은 달 10일로 하는 약속 어음 1장을 발행하면서 위 1997. 10. 8.자 약속 어음을 회수하여 어음 할인 대출에 따른 만기를 연장하였고, 1998. 1. 10. 각 지급기일을 1998. 2. 20.로 하는 액면 금 6억 원과 액면 금 22억 원인 약속 어음 2장을 발행하면서 위 1998. 1. 8.자 약속 어음을 회수하여 다시 한번 만기를 연장하였다. 성암종합건설은 1998. 2. 20. 한솔상호신용금고에 다시 한번 만기 연장을 위한 약속 어음의 개서를 요구하였으나 이것이 받아들여지지 않아 위 2장의 약속 어음을 회수하지 못하게 되자, 피고는 배서인으로서의 책임을 면하기 위하여 같은 날 한솔상호신용금고에 액면 금 6억 원, 지급기일 1998. 3. 30.인 약속 어음과 액면 금 22억 원, 지급기일 1998. 4. 20.인 약속 어음을 각 발행하여 개서가 거절된 위 약속 어음 2장을 회수하였으나, 성암종합건설은 1998. 3. 12. 부도 처리되었고, 결국 피고는 1998. 4. 20.경까지 한솔상호신용금고에 위 약속 어음금 28억 원과 이에 대한 연장 이자 123,402,739원을 변제하고 위 약속 어음을 모두 회수하였다.

(5) 한편, 성암종합건설은 1997. 9.경 파산자에게서 위 고양시 능곡택지개발지구에 '현대 한방 병원' 신축 공사를 수급하여 건축 중이었는데, 성암종합건설의 부도로 피고의 위 대위 변제금을 확보할 길이 없게 되자, 피고와 파산자는 1998. 8.경부터 성암종합건설의 피고에 대한 채무를 변제하기 위한 방편으로 위 건물의 건축을 피고가 승계하여 계속하되 준공이 끝나면 건물의 일부를 피고에게 대물 변제로 제공하기로 잠정 합의하였고, 1998. 10.경에는 ① 피고의 채권 금액은 기대여금 29억 2,340만 원과 공사 재개를 위한 신규 투자금 3억 원(합계 32억 2,340만 원)으로 확정하며 이후 이자는 부가하지 않는다, ② 피고는 잔여 공사의 실행을 주관하여 착공일부터 5개월 이내에 완공하기로 한다, ③ 하도급 업체는 파산자가 추천한 업체를 우선 선정하기로 한다, ④ 채권에 대한 보존책으로 건물이 준공된 후 대물로 인수하기로 한다는 내용의 합의를 하기에 이르렀다.

(6) 파산자는 1999. 9. 4. 파산 선고를 받았고, 피고는 같은 달 28일 파산 채권으로 합계 3,164,046,503원을 신고하였으나 원고는 1999. 10. 25. 열린 채권 조사 기일에서 위 금원 중 3,030,054,795원은 시인하고 133,991,708원은 부인하였다.

나. 당사자들의 주장

원고는, 파산자는 피고와 위 연대 보증의 합의를 하면서 "성암종합건설은 금액 28억 원, 만기일 1998. 1. 8.로 하는 어음을 발행하며, 어음의 연장 여부는 별도 합의하여 결정하기로 한다"는 내용을 삽입하여 위 1997. 10. 8.자 약속 어음에 대한 채무 외에 별도의 연장 합의가 없는 약속 어음에 대하여는 보증하지 않겠다는 뜻을 명백히 한 바 있는데도 성암종합건설과 피고는 위 약속 어음의 만기 연장에 관하여 파산자에게 합의를 구하거나 아무런 통지도 하지 아니한 채 3차례나 어음을 재발행하여 만기를 연장한 것이니 결국 위 연대 보증 약정으로 특정된 약속 어음은 그 지급기일인 1998. 1. 8. 회수되었으므로 위 연대 보증 채무는 소멸하였다 할 것이어서 파산자는 피고에 대하여 아무런 채무를 부담하지 않는데도 파산채권표상 피고가 파산 채권자로 기재되어 있으므로 그 무효를 구할 이익이 있다고 주장한다.

이에 대하여 피고는, 파산자는 위 약정에 따라 피고에 대하여 연대 보증 채무를 부담한다고 주장한다.

다. 판단

위 인정 사실에 의하면 피고, 파산자, 성암종합건설이 위 연대 보증 당시 "성암종합건설은 금액 28억 원, 만기일 1998. 1. 8.로 하는 어음을 발행하며, 어음의 연장 여부는 별도 합의하여 결정하기로 한다"고 약정한 점은 인정된다.

그러나, 위 인정 사실에 나타난 약정 내용 및 피고, 파산자, 성암종합건설이 위 연대 보증 약정을 체결하게 된 경위를 살피건대, ① 피고가 성암종합건설이 발행한 1997. 10. 8.자 약속 어음에 대한 배서로 추후 발생할지도 모르는 구상 채권에 대한 보전 대책을 요구한 데 대하여 파산자는 같은 합의서에서 "성암종합건설의 피고에 대한 소구 의무와 민사상 성암종합건설의 피고에 대한 구상 채무에 관하여 성암종합건설에 대하여 연대 보증하며 어음상에 별도의 기명 날인은 하지 않는다"고 약정함으로써 성암종합건설이 피고에 대하여 어음 채무뿐 아니라 민사상 발생할 구상 채무까지도 포괄적으로 연대 보증한 점, ② 위 연대 보증이 이루어진 시점은 위 약속 어음의 지급기일이 도래하기 약 한 달 전이고, 파산자는 "성암종합건설과 파산자는 피고의 어음 배서에 대한 담보로 피고에게 고양시 능곡택지개발지구 내 사업 용지 3-9호 토지 242평 및 신축 중인 위 지상 건물에 근저당권을 설정해 주기로 한다. 파산자가 위 물건에 대한 소유권에 관한 등기를 확보하지 못한 경우에는 등기 후 즉시 근저당권을 설정하여야 한다"고 약정하였는데, 한 달만에 만기가 도래할 채무를 담보하기 위하여 취득하지도 못한 부동산까지 별도의 담보로 제공하기로 약정하였다는 것은 이례에 속하는 점, ③ 성암종합건설은 위 약속 어음의 만기를 어음 개서의 형식으로 수차례 연장하다가 끝내 부도를 내기에 이르렀으므로 위 연대 보증 당시에는 재무 상태가 좋지 않았다고 볼 수 있고, 또한 성암종합건설의 대표이사는 파산자의 형인 乙이라는 점까지 아울러 고려해 보면, 당사자들은 위 연대 보증 당시 위 약속 어음이 제 때 회수될 가능성이 희박하다는 점을 알고 있었고, 위 연대 보증 당시 어음의 연장 여부는 별도 합의하여 결정하기로 합의한 것은 오히려 이러한 정황을 염두에 둔 것이라고 봄이 상당한 점, ④ 위 연장합의 조항만으로는 만기 연장을 합의할 주체에 파산자가 포함된다고 보기도 어려운 점, ⑤ 피고가 대위 변제한 후로도 파산자는 피고에게 위 대위 변제액과 비슷한 금액에 관한 채무가 있음을 확인하면서 그 해결을 위하여 파산자가 장차 취득할 건물의 일부를 대물 변제하기로 약정한 점 등 파산자가 위 연대 보증을 하게 된 제반사정을 종합해 보면, 파산자는 피고에 대하여 위 1997. 10. 8.자 약속 어음(만기가 1998. 1. 8.인 약속 어음)으로 발생할 구상 채무만을 연대 보증하였다고 볼 수 없다.

따라서 파산자는 피고에게 피고가 대위 변제한 성암종합건설의 약속 어음금 및 이에 대한 지연 손해금을 지급할 의무가 있으므로 위 채무의 부존재를 전제로 한 원고의 이 사건 청구는 이유 없다.

3. 결론

그렇다면, 원고의 이 사건 청구를 기각하기로 하여, 주문과 같이 판결한다.

재판장 판사 안영률 함석천 장철익

[해설]

이미 소멸된 채권이 이의 없이 확정되어 파산채권자표에 기재되어 있더라도 이로 인하여 파산채권이 있는 것으로 확정되는 것이 아니므로 이것이 명백한 오기·위산인 경우에는 파산법원의 경정결정에 의하여 이를 바로잡을 수 있고, 그렇지 아니한 경우에는 파산채권자표기재무효확인의 판결을 얻어 이를 바로잡을 수 있다.[9] 서울지방법원 99가합106207 판결 이유 중 "채권에 대한 무효확인"이라고 설시한 부분은 채권자표기재무효확인이라고 하는 것이 정확할 것이다. 채권조사기일 당시 유효하게 존재하였던 채권에 대하여 파산관재인이 이의를 진술하지 아니하고 파산채권자표에 기재하였다면 더 이상 부인권을 행사하여 그 채권의 존재를 다툴 수 없고 나아가 그러한 부인권 행사의 적법성을 용인하는 전제에서 파산채권으로 이미 확정된 파산채권자표 기재의 효력을 다투어 그 무효확인을 구하는 것 역시 허용될 수 없다.[10]

9) 대법원 1991. 12. 10. 선고 91다4096 판결(공1992, 469).

10) 대법원 2003. 5. 30. 선고 2003다18685 판결(공2003, 1452). 이 판결은 회사정리법에 관한 것이나 파산법에도 적용될 수 있다.

16. 강제화의

▶ 〈제262조〉 강제화의

서울고등법원 1989. 10. 18.**자** 89라29 **결정 【집행문부여에 대한 이의신청 기각 결정에 대한 항고】**

【결정요지】

(강제화의가 인가된 후 상대방들이 법원에 파산사건의 채권표에 대한 집행문부여 신청을 하여 집행문을 부여받은 후 파산자 소유 동산에 강제집행을 한 사안에서, 항고인은 "파산채권자들 및 파산자간에 파산자 소유의 동산에 강제집행을 하지 아니하기로 약정하고 대신 채권의 확보조로 위 호텔의 건물과 부지에 저당권을 설정토록 하였음에도 불구하고 상대방들은 위 강제화의조건에 위배하여 위 파산사건의 채권표에 대한 집행문을 부여받아 파산자소유의 동산에 강제집행을 하였는바 법원의 위 집행문부여는 위법하다"고 주장한 데 대하여) 채권자와 채무자간에 채무자의 총 재산 중 집행가능한 재산을 일정범위에 한정시키는 이른바 유한책임의 약정이 있었을 경우에는 집행문부여기관은 그 취지를 집행문에 명시하여야 하고 이를 간과한 집행문부여는 위법하다 할 것이나, 이 사건 파산자와 파산채권자들 간에 파산자의 동산에 대하여는 일체 강제집행을 하지 아니하기로 약정한 것이 아니라 파산자가 강제화의조건에 따른 분할변제를 제대로 이행하는 한 강제집행을 유예하기로 약정한 것으로서 이와 같은 경우 채무자가 분할변제의무를 해태하여 기한의 이익을 상실하였는가 여부는 집행의 조건에 해당하지 아니하여 집행문부여 당시 조사할 사항에 해당하지 아니할 뿐 아니라, 가사 위 강제화의당시 호텔건물 및 부지에 대한 저당권실행을 위한 경매절차가 개시되는 것을 조건으로 강제집행할 수 있도록 약정한 것으로 본다 하더라도 파산자가 강제화의 조건에 따른 채무이행을 제대로 하지 아니하여 호텔건물 및 부지에 대한 임의경매 신청사건들이 계속중인

사실을 인정할 수 있어 당초 위 조건에 위배되어 집행문이 부여된 절차상의 하자는 치유되었다고 보아야 할 것이다.

【신청인, 항고인】 甲 (소송대리인 변호사 이석선 소송복대리인 변호사 엄장섭)

【상대방】 乙 외 3인

【원심결정】 수원지방법원 1989. 2. 27.자 88카13611결정

【주문】 항고를 기각한다.

【신청취지】 신청인들과 상대방들간의 수원지방법원 86하1 파산사건의 채권표에 대하여 수원지방법원 법원주사 지정철이 1988. 1. 18. 부여한 각 집행문은 이를 취소한다. 위 채권표에 기한 강제집행은 이를 불허한다.

【항고취지】 원결정을 취소한다는 외에 신청취지와 같다.

【이유】 일건 기록에 의하면, 신청인 파산자 甲(이하 파산자라 한다)에 대한 수원지방법원 86하1 파산신청사건에 관하여 1988. 2. 15. 상대방들을 포함한 채권자들의 집회에서 별지 기재와 같은 조건에 의한 강제화의가 가결된 후 같은 달 29. 법원에 의하여 인가결정되어 확정되었는데 상대방들이 수원지방법원에 위 파산사건의 채권표에 대한 집행문부여 신청을 하여 같은 법원 주사 지정철이 1988. 10. 18. 집행문을 부여한 사실을 알 수 있다.

항고인은 본건 항고이유로서, 위 강제화의 당시 파산자로 하여금 계속 그 소유의 동수원관광호텔을 경영케 하면서 총 파산채권자들의 채권을 매월 일정액씩 변제토록 하기 위하여 파산채권자들 및 파산자간에 파산자 소유의 동산에 강제집행을 하지 아니하기로 약정하고 대신 채권의 확보조로 위 호텔의 건물과 부지에 저당권을 설정토록 하였음에도 불구하고 상대방들은 위 강제화의조건에 위배하여 위 파산사건의 채권표에 대한 집행문을 부여받아 파산자 소유의 동산에 강제집행을 하였는바 수원지방법원 법원주사의 위 집행문부여는 위법으로서 이에 대한 이의를 기각한 원심조치는 부당하다는 것이다.

그러므로 살피건대, 채권자와 채무자간에 채무자의 총 재산 중 집행가능한 재산을 일정범위에 한정시키는 이른바 유한책임(有限責任)의 약정이 있었을 경우에는 집행문부여기관은 그 취지를 집행문에 명시하여야 하고 이를 간과한 집행문부여는 위법하다 할 것이므로 과연 이 사건 파산자와 파산채권자들 간에 파산자의 동산에 대하여는 일체 강제집행을 하지 아니하기로 약정하였는가의 여부에 관하여 보건대 이에 부합하는 듯한 소갑호증은 믿지 아니하며 달리 그와 같은 사실을 인정할 만한 뚜렷한 소명이 없으며 다만 다른 갑호증에 의하면 신청인은 신청인에 대한 위 파산사건이 계속중이던 1987. 11. 6. 처음으로 “파산자는 총 채권자에게 강제화의 인가결정 확정일로부터 60일 이내에 5억 원, 그 60일 이후 3년간 매월 5천만 원을 변제하되 파산자가 위 인가결정 확정일로부터 5년 내에 채권자들의 채권원본전액

을 변제치 못하면 파산자소유의 동수원관광호텔을 처분한 후 채권액에 비례하여 변제키로 한다"는 내용의 강제화의를 제공하였으나 강제화의 조건의 재조정문제로 받아들여지지 아니하자 다시 1988. 2. 15. 채권자들의 요구에 따라 동수원관광호텔의 건물과 부지에 저당권등기를 경료해주고 매월 지급할 5천만 원을 3개월 이상 연체할 때에는 위 부동산에 대한 저당권의 실행을 위한 경매를 신청할 수 있다는 내용이 추가된 강제화의조건을 제공하여 같은 날 개최된 채권자 집회에서 가결된 사실, 위 채권자 집회의 채권자들의 토의과정에서 채권자들은 파산자로부터 매월 일정액씩을 변제받기 위하여는 그로 하여금 호텔을 계속 경영케 하여야 한다는 점을 인식하고 파산자가 분할변제약정을 위배하여 호텔건물 및 부지에 대한 경매신청을 하기에 이르지 않는 한 별도로 위 호텔의 운영에 필요한 집기, 비품, 설비 등 유체동산에 대해서는 강제집행을 하지 아니하기로 약정한 사실을 인정할 수 있을 뿐이다.

사실관계가 위와 같다면 파산채권자들과 파산자는 위 강제화의당시 파산자소유의 유체동산에 관하여 강제집행을 완전히 배제시키기로 약정한 것이 아니라 부동산의 경우와 마찬가지로 다만 파산자가 강제화의조건에 따른 분할변제를 제대로 이행하는 한 강제집행을 유예하기로 약정한 것으로서 이와 같은 경우 채무자가 분할변제의무를 해태하여 기한의 이익을 상실하였는가 여부는 집행의 조건에 해당하지 아니하여 집행문부여 당시 조사할 사항에 해당하지 아니할 뿐 아니라 가사 위 강제화의 당시 호텔건물 및 부지에 대한 저당권실행을 위한 경매절차가 개시되는 것을 조건으로 강제집행 할 수 있도록 약정한 것으로 본다 하더라도 성립에 다툼이 없는 증거에 의하면 파산자가 강제화의 조건에 따른 채무이행을 제대로 하지 아니하여 1988. 10. 28. 파산채권자 중 1인인 신청외 방효진이 수원지방법원에 위 호텔건물 및 부지에 대한 임의경매신청을 하였고 이어서 같은 최재청이 임의경매신청을 하여 위 경매신청사건들이 계속중인 사실을 인정할 수 있으니 결국 위 조건의 이행이 증명되어 당초 위 조건에 위배되어 집행문이 부여된 절차상의 하자는 이제 치유되었다고 보아야 할 것이어서 항고인의 위 주장은 어느 모로 보아도 그 이유 없고 그 밖에 기록상 달리 본건 집행문부여에 어떠한 잘못이 있다고 볼만한 자료가 없다.

그렇다면 본건 집행문부여에 잘못이 있음을 이유로 원결정에 불복한 항고인의 본건 항고는 이유 없는 것으로서 이를 기각하기로 하여 주문과 같이 결정한다.

재판장 판사 박준서 윤형한 백윤기

강제화의 조건

1. 제공자(파산자)는 총 파산채권자에 대하여 다음과 같이 변제한다.

제 1 회: 강제화의인가결정 확정일로부터 60일 이내에 총 채권자들에게 금 5억 원

제 2 회: 제 1 회 변제일 60일 이후 3년간 매월 금 5천만 원

2. 전항의 지급은 각 채권자의 채권액에 비례한다.

3. 파산채권자들은 채권원본 이외의 이자를 전부 포기한다.

4. 파산자소유의 별지 목록 기재 동수원관광호텔의 건물과 부지에 대하여 채권표상의 신고채권액을 담보하는 저당권등기를 경료해 준다.

5. 제공자가 위 1항 제 1 회 변제일 60일 이후 매월 지급할 금 5천만 원을 3개월 이상 연체할 때에는 위 채권자들은 위 저당권의 실행을 위하여 위 부동산에 대한 경매를 신청할 수 있다.

6. 진흥상호신용금고가 신청한 경매에 대하여는 경매기일(1998. 2. 24.) 전에 제공자(파산자)가 원리금을 변제하여 경매를 취하하도록 한다. 끝.

[해설]

강제화의에 관한 규정은 화의법의 폐지와 함께 신법에서 삭제되었고 파산법 시행 당시에도 서울중앙지방법원에 접수된 강제화의사건은 재단법인 매화공원(2001거19)이 유일할 정도로 거의 활용되지 못하였다.

강제화의인가결정이 확정되면 파산채권자의 채권은 강제화의의 조건에 따라 변경되고 그 조건이 채권표에 기재된다(파산법 제294조). 파산자가 채권조사기일에 채권에 관하여 이의를 진술하지 아니한 경우 파산종결 후 파산채권자는 파산자에 대하여 강제집행을 할 수 있는데(파산법 제300조 제 1 항) 이때 채권표는 집행권원으로서 집행력을 갖는다.

집행문 부여에는 조건의 성취를 증명하는 서면의 제출이 필요한데 여기서의 조건은 집행권원 자체에 표시된 것에 한하므로 집행권원만이 조사의 대상이 된다. 따라서 집행권원인 채권표에 기재된 화의조건 중 집행에 조건을 붙인 경우에 해당하는 내용이 있는 경우 그 성취가 집행문 부여의 요건이 되지만, 위 판결 사안에서 동산에 대한 강제집행제한은 화의조건이 아니었고 채권표에도 기재되지 않았다.

▶ 〈제310조〉 재시파산에 있어서의 채권액

대법원 2002. 11. 22. **선고** 2002**다**40081 **판결 【파산채권확정】** [공2003, 157]

【판결요지】

화의절차에서 화의결정의 취소 없이 채무자에 대하여 새로운 파산선고가 내려진 경우에 화의채권자의 종전 채권을 부활시켜 줄 필요성은 화의절차 중 화의법 제9조에 규정된 다른 사유로 직권 파산선고가 내려지는 경우와 다를 바 없고, 또 파산절차 중 강제화의의 취소 없이 새로운 파산선고가 내려지는 경우와 구별하여야 할 이유도 없으므로, 화의법에 의한 화의의 확정 후 그 이행완료 전에 당해 채무자에 대하여 새로 파산선고가 된 경우에도 화의법 제71조, 파산법 제316조, 제310조를 유추 적용하여 화의채권자의 종전 채권이 부활하는 것으로 봄이 상당하다.

【참조 조문】 파산법 제310조, 제316조, 화의법 제9조, 제71조

【원고, 피상고인】 한국자산관리공사 (소송대리인 법무법인 범어 담당변호사 김중기 등)

【피고, 상고인】 파산자 주식회사 보성의 파산관재인 이희태 외 1인

【원심판결】 대구고등법원 2002. 6. 14. 선고 2001나8821 판결

【주문】 상고를 모두 기각한다. 상고비용은 피고들의 부담으로 한다.

【이유】 파산법 제310조는 파산법에 의한 강제화의가 취소됨에 따라 파산절차가 속행되는 경우에 강제화의의 효력을 받은 채권자에 관하여는 종전의 파산채권의 액으로부터 강제화의의 정하는 바에 따라 수령한 액을 공제한 것을 파산채권액으로 한다고 규정하고, 제316조는 강제화의가 확정된 후 그 이행완료 전에 새로운 파산이 선고된 경우에 제310조를 준용한다고 규정하고 있는바, 제316조가 제310조를 준용하는 것은 화의채무자에 대하여 새로운 파산이 선고되면 그의 재산은 파산재단에 흡수되어 그 후 강제화의의 이행은 당연히 불가능하게 되므로, 이 경우에 강제화의가 취소된 경우와 마찬가지로 강제화의에 의한 양보가 취소된 것으로 의제하고 종전의 채권자에게 파산채권자로서의 권리를 부활시켜 새로운 파산절차에 참가하도록 한 취지라고 할 것이다.

그런데 화의법 제71조, 제9조의 규정에 의하면, 화의취소 등의 사유로 법원이 직권으로 파산선고를 하는 경우에 파산법 제310조를 준용하여 종전의 양보된 채권이 부활하는 것으로 하면서, 화의취소 없이 새로운 파산선고가 내려진 경우는 그 준용대상으로 규정하지 않을 뿐만 아니라 신파산에 관한 파산법 제316조를 직권파산선고시의 준용규정에서도 누락하고 있으나, 화의절차에서 화의결정의 취소 없이 채무자에 대하여 새로운 파산선고가 내려진 경우에 화의채권자의 종전 채권을 부

활시켜 줄 필요성은 화의절차 중 화의법 제9조에 규정된 다른 사유로 직권 파산선고가 내려지는 경우와 다를 바 없고, 또 파산절차 중 강제화의의 취소 없이 새로운 파산선고가 내려지는 경우와 구별하여야 할 이유도 없으므로, 화의법에 의한 화의의 확정 후 그 이행완료 전에 당해 채무자에 대하여 새로 파산선고가 된 경우에도 화의법 제71조, 파산법 제316조, 제310조를 유추 적용하여 화의채권자의 종전 채권이 부활하는 것으로 봄이 상당하다 할 것이다.

원심은, 주식회사 보성(이하 '보성'이라 한다)이 대구지방법원에 화의신청을 하여 화의인가결정을 받아 그 결정이 확정되었고, 그 후 보성이 대구지방법원에 회사정리절차 신청을 하여 그 기각 결정과 함께 위 법원에 의하여 회사정리법 제23조 제2항에 따라 직권 파산선고를 받았는데 보성에 대한 위 화의는 명시적으로 취소되지 않았던 사실, 한편 원고는 보성에 대하여 위 파산선고 전일 현재 그 판시와 같이 대동은행으로부터 양도받은 대출원리금 채권 등 합계 금 9,634,692,561원의 연대보증채권을 가지고 있었는데 이를 신고기간 내에 파산채권으로 신고하였으나 그 채권조사기일에 피고들이 그 중 대출금에 대한 이자 및 지연손해금 등 금 2,603,256,385원에 대하여 위 화의조건 상이와 증거서류 불충분을 이유로 각 이의한 사실을 인정한 다음, 피고들이 이의한 위 파산채권은 변제기의 유예와 대출금 이자 채무의 일부 면제를 규정한 화의조건에 따라 파산채권에서 제외되어야 한다는 피고들의 주장에 대하여 보성에 대한 화의인가결정 이후에 새로운 파산이 선고됨으로써 종전 채권이 부활하였으므로 원고에 대한 위 파산채권은 보성에 대한 화의조건에 제한을 받지 않는다는 이유로 피고들의 주장을 배척하였다.

위 법리를 전제로 기록을 살펴보면, 위와 같은 원심의 판단은 정당한 것으로 수긍이 가고, 거기에 화의법상의 화의와 파산법상의 강제화의에 관한 법리를 오해하여 파산채권의 범위를 잘못 정한 위법이 없다.

대법관 유지담(재판장) 조무제 강신욱 손지열(주심)

[해설]

화의인가결정 확정 후 다시 회사정리절차 신청을 하여 그 기각 결정과 함께 회사정리법 제23조 제2항에 따라 직권 파산선고를 받고 종전 화의는 명시적으로 취소되지 않은 경우 파산채권자들의 채권은 인가된 화의조건에 의하여 면제·감축된 채권이 되는가, 그 전의 원래의 채권이 부활하는가. 파산법 제316조는 강제화의가 취소되지 않고 파산이 선고된 경우 제310조를 준용하여 종전의 채권이 부활하도록 규정하였는데, 화의가 취소되지 않고 파산이 선고된 경우를 구별할 이유가 없으므로 제310조를 유추하여 이 경우에도 화의인가 전의 화의채권을 파산채권으로 취급하는 것이 타당하다.

정리계획인가결정 후 정리절차가 폐지되고 직권으로 파산선고를 하는 경우에는 정리계획안에 따른 권리변경의 효력이 유지되고 파산채권자들은 변경된 권리를 신고하여야 한다.[1]

---

1) 파산법 제26조 제3항(신법 제6조 제10항)에서 제24조 제2항(신법 제6조 제5항)은 준용되고 있지 아니하다.

17. 파산폐지

▶ 〈제319조〉 동의폐지

서울지방법원 2003. 4. 25.**자** 2001**하**5(93**파**2248) **결정 【파산선고】**

【결정요지】

신고한 파산채권자 대부분이 파산폐지에 동의하였고, 파산폐지에 동의하지 않는 채권자에 대하여는 파산채권 전액에 해당하는 담보가 제공되었고 재단채권 변제에 관한 보호장치도 충분히 마련되었다고 판단하여 동의폐지신청을 허용한 사례

【파산자】 주식회사 한양 파산관재인 최병모, 이대순

【주문】 이 사건 파산을 폐지한다.

【이유】 1. 이 사건 기록에 의하면 다음 사실을 인정할 수 있다.

(1) 파산자는 1973. 4. 19. 한양주택개발 주식회사라는 상호로 설립된 이래 주로 토목, 주택건설업 등을 영위하다가, 1994. 11. 17. 회사정리절차 개시결정을 받고, 1995. 11. 27. 정리계획안이 인가된 건설회사이다.

(2) 그러나 위 정리계획이 인가된 이후에도 건설경기 침체의 장기화 등의 원인으로 정리계획에서 예정된 정리채무의 변제가 불가능할 것으로 예상되었고, 대주주인 대한주택공사 등이 주도한 제 3 자 인수합병에 의한 정상화 계획도 무산되어, 2000. 12. 4. 회사정리법 제276조에 의하여 회사정리절차가 폐지되었고, 2001. 1. 8. 10:00 회사정리법 제23조 제 1 항에 의하여 파산이 선고되어 파산절차가 진행되어 왔다.

(3) 파산자와 그 최대주주인 대한주택공사, 파산관재인은 2002. 12. 6. 주식회사 굿모닝시티(이하 '굿모닝시티'라 한다)와의 사이에 파산자의 파산폐지를 전제로 하여, 굿모닝시티가 파산자 회사를 인수하는 내용의 '채권회수를 위한 주식양도·양수계약'을 체결하였고, 이와는 별도로 굿모닝시티는 35명의 파산채권자들로부터 약

601억 원의 파산채권을 양수하였다.

(4) 이 사건 파산절차의 파산채권 신고기간 내에 신고한 파산채권자는 별지 "파산채권자 파산폐지 동의서 현황" 기재와 같이 42건에 총 파산채권액 769,279,915,681원인데, 그 중 40건의 파산채권자가 이 사건 파산절차 폐지에 동의하고 있어 파산폐지에 동의한 파산채권액은 769,091,825,176원에 이르고 있으며, 인수자인 굿모닝시티는 위 파산채권자 중 파산폐지에 동의하지 않는 채권자 2건 파산채권액 188,090,505원에 대하여 그 파산채권 전액에 해당하는 담보를 제공하였다.

(5) 파산자는 2002. 12. 5. 개최된 임시주주총회에서 발행주식 총수 10,420,237주 중 5,349,491주를 보유한 주주들이 출석하여 출석 주주 전원의 찬성으로 법인의 존속을 결의하였고, 이사전원의 합의를 거쳐 2003. 3. 24. 파산법 제319조 제1항에 의하여 파산폐지신청을 하였다.

(6) 파산자는 파산폐지 신청에 즈음하여 다음과 같이 재단채권 변제에 관한 보호장치를 마련하였다.

(가) 파산관재인의 보조인과의 고용계약 관련 채권에 관하여는 보조인 전원으로부터 파산자의 파산폐지에 동의하며 그 채권을 파산폐지 이후의 파산자에 대해서만 행사하겠다는 내용의 서면을 징구하였고, 위 보조인들에 대한 퇴직금지급을 보장하기 위하여 교보생명보험주식회사와 사이에 위 보조인들을 피보험자로 하는 퇴직보험계약을 체결하였다.

(나) 파산자의 계속공사 현장 및 본사 관련 채권에 대하여는 그 재단채권자 대부분으로부터 파산자의 파산폐지에 동의함과 동시에 파산폐지결정 확정 이후에는 파산관재인에게 권리행사를 하지 않겠다는 내용의 서면을 징구하였고, 이러한 의사표시를 하지 아니한 채권자들에 대하여는 법무법인 지평에 그 변제업무를 위탁하고, 재단채권 발생이 예정되는 금액을 위 법무법인에 예치하는 방법으로 권리보호조치를 마련하였다.

(다) 재단채권 중 임차보증금반환채권은 임차인들로부터 지급받은 임차보증금등에서 미납 차임, 미납 관리비 등의 반대채권을 공제한 금액에 관하여 주식회사 경남은행과 사이에 지급보증특약을 체결하고 지급보증금액 6,379,096,391원을 위 은행에 예치하는 방법으로 위 채권자들에 대한 보호조치를 마련하였다.

(라) 기타 재단채권에 관하여는 각 채권자와의 사이에 개별 약정을 체결하거나 법무법인 지평과의 사이에 재단채권 변제에 관한 업무위탁약정을 체결하고 재단채권 발생이 예정되는 금액을 위 법무법인에 예치하는 방법으로 채권자들에 대한 보호조치를 마련하였다.

2. 위 각 인정사실에 의하면, 신고한 파산채권자 대부분이 파산폐지에 동의하였고, 파산폐지에 동의하지 않는 채권자에 대하여는 파산채권 전액에 해당하는 담보

가 제공되었으므로, 파산법 제319조 제 1 항에 의한 파산폐지의 요건을 갖추었다고 인정되고, 재단채권 변제에 관한 보호장치도 충분히 마련되었다고 할 것이므로, 이 사건 신청을 인용하기로 주문과 같이 결정한다.

재판장 판사 이영구 윤강열 박형준

[해설]

서울중앙지방법원에서 이루어진 유일한 동의폐지 사례이다(채권자 중 1인이 항고 및 재항고를 하였으나 모두 기각됨). 강제화의가 폐지된 신법하에서 동의폐지가 파산법인의 법인격을 회복하는 유일한 절차가 되었다.

동의폐지를 위하여는 채권신고기간 내에 신고한 파산채권자 전원의 동의를 얻거나(파산법 제319조, 신법 제538조 제 1 항 제 1 호), 채권자 전원의 동의가 없는 때에는 동의하지 않은 채권자에 대하여 다른 파산채권자의 동의를 얻어 파산재단에서 담보를 제공하여야 한다(파산법 제319조, 신법 제538조 제 1 항 제 2 호).

부동의한 신고 파산채권자에게 제공하는 담보는 채무자의 자유재산 내지 제 3 자의 재산 중에서도 제공할 수 있다.[1] 이 경우에는 파산채권자의 동의를 요하지 아니한다.[2]

채무자가 제시한 담보가 상당한가 여부는 법원의 재량으로 정한다(파산법 제319조 제 2 항 후문, 신법 제538조 제 2 항 후문). 담보액의 상당성 판단과 관련하여, 피담보채권의 범위를 어떻게 정하는가가 문제된다. 당해 부동의 파산채권자가 받을 수 있는 배당예상액이라는 견해와, 부동의 파산채권자의 신고채권액 전액이라는 견해가 있다. 동의폐지의 경우 면책이 인정되지 않고(파산법 제339조 제 2 항, 신법 제556조 제 4 항) 파산폐지결정이 확정된 후 파산채권자표의 기재는 채무자에 대하여 집행권원이 되므로(파산법 제329조, 제259조, 신법 제548조, 제535조), 전자의 견해에 의한다면 부동의 파산채권자가 제공받은 담보에 대하여 담보권을 행사함과 동시에 담보에 의하여 변제받지 못한 잔여채권을 변제받기 위하여 동의 파산채권자들의 공동의 담보가 되어야 할 채무자의 다른 재산에 강제집행을 할 것이 예상된다. 따라서 동의 파산채권자와 채무자 사이에 이루어질 것으로 예상되는 채무변제약정의 이행가능성 및 동의폐지 제도의 실효성 확보 면에서 후자의 견해가 타당하다고 할 것이다.[3] 담보의 상당성 여부에 관한 법원의 결정에 대하여는 불복할

1) 채무자 주식회사 한양의 경우 채무자 회사의 인수인인 주식회사 굿모닝시티로부터 담보가 제공되었다.

2) 일본 파산법 제218조 제 2 항 단서 참조.

3) 주식회사 굿모닝시티 역시 채무자 주식회사 한양의 부동의 채권자들을 위하여 그 신고채권액 전액을 현금으로 제공하였다.

수 없다(파산법 제319조 제 3 항, 신법 제13조 제 1 항).

채권조사기일에 파산관재인 또는 다른 파산채권자가 이의를 진술하여 확정되지 않은 채권에 관하여 동의를 요하는가에 대하여는 법원의 재량으로 결정할 수 있다(파산법 제319조 제 2 항 후문, 신법 제538조 제 2 항 전문).

18. 면책 및 복권신청

▶ 〈제339조〉 면책의 신청

(1) **대법원** 2001. 10. 12. **선고** 2001**두**274 **판결** **【의사면허취소처분취소】** [**집**49(2)**특**, 459]

【판결요지】

[1] 의료법 제 8 조 제 1 항은 의료인이 될 수 없는 결격사유를 규정하면서 그 제4호로 '파산선고를 받고 복권되지 아니한 자'를 들고 있는바, 파산선고를 받은 파산자는 파산법 제137조의 거주지 제한 이외에는 파산법 자체에 의한 신분상 제약은 없으나, 파산법 이외의 사법상 또는 공법상 여러 가지 자격이나 권리의 제약사유가 규정되고 있는 경우가 많으므로, 파산법 제358조 및 제359조에서 일정한 경우 파산선고에 의하여 파산자에게 부과되는 제약 즉 각종의 자격 내지 권리에 대한 제한을 소멸시켜서 파산자로 하여금 본래의 법적 지위를 회복하게 하는 복권제도를 두고 있는 점에 비추어 보면, 위 결격사유 중 '파산선고를 받고 복권되지 아니한 자'는 파산선고 후 파산법에 의하여 복권될 때까지 파산자의 상태에 있는 자를 말하는 것이고, '파산선고가 확정되고 면책결정이 내려지지 아니할 것으로 확정된 자'로 볼 것은 아니다.

[2] 행정처분은 그 근거 법령이 개정된 경우에도 경과 규정에서 달리 정함이 없는 한 처분 당시 시행되는 개정 법령과 그에서 정한 기준에 의하는 것이 원칙이고, 그 개정 법령이 기존의 사실 또는 법률관계를 적용대상으로 하면서 종전보다 불리한 법률효과를 규정하고 있는 경우에도 그러한 사실 또는 법률관계가 개정 법률이 시행되기 이전에 이미 종결된 것이 아니라면 이를 헌법상 금지되는 소급입법이라고 할 수는 없으며, 그러한 개정 법률의 적용과 관련하여서는 개정 전 법령의 존속에 대한 국민의 신뢰가 개정 법령의 적용에 관한 공익상의 요구보다 더 보호가치

가 있다고 인정되는 경우에 그러한 국민의 신뢰보호를 보호하기 위하여 그 적용이 제한될 수 있는 여지가 있을 따름이다.

[3] 2000. 1. 12. 법률 제6157호로 개정되기 전의 의료법 제52조 제1항은 제8조 제1항 제4호 소정의 '파산선고를 받고 복권되지 아니한 자'를 임의적 면허취소사유로 규정하였다가 위 개정으로 그 항에 단서를 신설하여 위 사유를 필요적 면허취소사유로 규정하였는바, '파산선고를 받고 복권되지 아니한 자'를 파산선고 후 복권될 때까지 파산자의 상태에 있는 자의 의미로 해석한다면, 파산선고를 받고 복권되지 아니한 의사의 경우 파산자라는 결격사유가 위 법률 개정 전에 이미 종료된 것이 아니고 위 법률 개정 후에도 여전히 존속하고 있는 것으로 보아야 할 것이므로, 행정청으로서는 개정 전의 의료법을 적용하여 면허취소에 대한 재량판단을 할 것이 아니라, 개정된 의료법 제52조 제1항 단서에 따라 그 면허를 반드시 취소하여야 할 것이고, 그 의사가 파산선고 당시 파산을 임의적 취소사유로 규정한 개정 전 의료법의 존속에 대하여 신뢰를 가졌다 하더라도, 의료인 결격사유의 규정 취지에 비추어 볼 때, 그러한 그 의사의 신뢰가 개정된 의료법 규정의 적용에 관한 공익상의 요구와 비교·형량하여 더 보호가치 있는 것이라고 할 수 없다.

【참조 조문】 [1] 의료법 제8조 제1항 제4호, 파산법 제137조, 제339조, 제358조, 제359조／[2] 행정소송법 제1조, 행정절차법 제4조 제2항／[3] 구 의료법(2000. 1. 12. 법률 제6157호로 개정되기 전의 것) 제8조 제1항 제4호, 제52조 제1항, 의료법(2000. 1. 12. 법률 제6157호로 개정된 것) 제8조 제1항 제4호, 제52조 제1항, 파산법 제137조, 제358조, 제359조,

【원고, 상고인】 甲 (소송대리인 변호사 신성택)

【피고, 피상고인】 보건복지부장관

【원심판결】 서울고등법원 2000. 12. 5. 선고 2000누5175 판결

【주문】 상고를 기각한다. 상고비용은 원고의 부담으로 한다.

【이유】 1. 원심은, 원고가 1999. 9. 4. 서울지방법원으로부터 파산선고를 받고 그 결정이 같은 해 10월 7일 확정된 후 면책신청을 하였으나 그에 대한 면책결정이 이루어지지 아니한 상태에서, 피고가 2000. 2. 2. 의료법 제52조 제1항 단서 제1호, 제8조 제1항 제4호에 의하여 원고의 의사면허를 취소하는 이 사건 처분을 한 사실을 인정한 다음, 이 사건 처분의 근거 법령은 파산을 임의적 면허취소사유로 규정한 개정 전 의료법(2000. 1. 12. 법률 제6157호로 개정되기 전의 것) 제52조 제1항이라 할 것인데, 이 사건 처분은 재량판단을 거치지 아니하였을 뿐만 아니라 재량권 일탈·남용의 위법이 있다는 이유로 이 사건 처분의 취소를 구하는 원고의 청구에 대하여, 이 사건 처분 당시 여전히 파산선고를 받고 복권되지 아니한 상태에 있었던 원고에 대하여는 처분시법으로서 파산을 필요적 면허취소사유로 규정한

현행 의료법 제52조 제1항 단서가 적용되어야 하므로, 현행 의료법에 의하여 재량판단 없이 그 면허를 취소한 이 사건 처분은 적법하다고 하여 원고의 청구를 배척하였다.

2. 의료법 제8조 제1항은 의료인이 될 수 없는 결격사유를 규정하면서 그 제4호로 '파산선고를 받고 복권되지 아니한 자'를 들고 있는바, 파산선고를 받은 파산자는 파산법 제137조의 거주지 제한 이외에는 파산법 자체에 의한 신분상 제약은 없으나, 파산법 이외의 사법상 또는 공법상 여러 가지 자격이나 권리의 제약사유가 규정되고 있는 경우가 많으므로, 파산법 제358조 및 제359조에서 일정한 경우 파산선고에 의하여 파산자에게 부과되는 제약 즉 각종의 자격 내지 권리에 대한 제한을 소멸시켜서 파산자로 하여금 본래의 법적 지위를 회복하게 하는 복권제도를 두고 있는 점에 비추어 보면, 위 결격사유 중 '파산선고를 받고 복권되지 아니한 자'는 파산선고 후 파산법에 의하여 복권될 때까지 파산자의 상태에 있는 자를 말하는 것이고, 상고이유 주장과 같이 '파산선고가 확정되고 면책결정이 내려지지 아니할 것으로 확정된 자'로 볼 것은 아니다.

3. 그리고 행정처분은 그 근거 법령이 개정된 경우에도 경과 규정에서 달리 정함이 없는 한 처분 당시 시행되는 개정 법령과 그에서 정한 기준에 의하는 것이 원칙이고, 그 개정 법령이 기존의 사실 또는 법률관계를 적용대상으로 하면서 종전보다 불리한 법률효과를 규정하고 있는 경우에도 그러한 사실 또는 법률관계가 개정 법률이 시행되기 이전에 이미 종결된 것이 아니라면 이를 헌법상 금지되는 소급입법이라고 할 수는 없으며, 그러한 개정 법률의 적용과 관련하여서는 개정 전 법령의 존속에 대한 국민의 신뢰가 개정 법령의 적용에 관한 공익상의 요구보다 더 보호가치가 있다고 인정되는 경우에 그러한 국민의 신뢰보호를 보호하기 위하여 그 적용이 제한될 수 있는 여지가 있을 따름이다(대법원 2000. 3. 10. 선고 97누13818 판결 참조).

이 사건에서 2000. 1. 12. 법률 제6157호로 개정되기 전의 의료법 제52조 제1항은 제8조 제1항 제4호 소정의 '파산선고를 받고 복권되지 아니한 자'를 임의적 면허취소사유로 규정하였다가 위 개정으로 그 항에 단서를 신설하여 위 사유를 필요적 면허취소사유로 규정하였는바, '파산선고를 받고 복권되지 아니한 자'를 위에서 본 바와 같이 파산선고 후 복권될 때까지 파산자의 상태에 있는 자의 의미로 해석한다면, 원고의 경우 파산자라는 결격사유가 위 법률 개정 전에 이미 종료된 것이 아니고 위 법률 개정 후에도 여전히 존속하고 있는 것으로 보아야 할 것이므로, 행정청으로서는 개정 전의 의료법을 적용하여 면허취소에 대한 재량판단을 할 것이 아니라, 개정된 의료법 제52조 제1항 단서에 따라 그 면허를 반드시 취소하여야 할 것이고, 원고가 이 사건 파산선고 당시 파산을 임의적 취소사유로 규정한 개정 전 의료법의 존속에 대하여 신뢰를 가졌다 하더라도, 의료인 결격사유의 규정 취지에 비추어 볼 때, 그러한 원고의 신뢰가 개정된 의료법 규정의 적용에 관한 공익상의 요구와 비교·형량하여 더 보호가치 있는 것이라고 할 수 없다. 따라서 원심이 개정된 의료법을 적용하여 원고의 면허를 취소한 이 사건 처분을 적법하다고 본 것은 옳고, 거기에 상고이유 주장과 같은 법리오해 등의 위법이 없다.

대법관 윤재식(재판장) 송진훈 이규홍 손지열(주심)

▷ **〈제 1 심 판결〉 서울행정법원** 2000. 4. 19. **선고** 2000**구**4834 **판결**

【원고】 甲 (소송대리인 변호사 이재화)

【피고】 보건복지부장관

【변론종결】 2000. 3. 29.

【주문】 피고가 2000. 2. 2. 원고에 대하여 한 의사면허취소처분을 취소한다. 소송비용은 피고의 부담으로 한다.

【청구취지】 주문과 같다.

【이유】 1. 처분의 경위

가. 원고는 피고로부터 의사면허(면허번호: 제25243호)를 받고 1991. 9.경부터 서울 성북구 하월곡동 88의 421에서 길음정형외과의원을 운영하여 왔다.

나. 원고는 1995. 6. 29. 고양시 능곡택지개발지구 내 사업용지 3의 9호 대 805.7㎡를 대한주택공사로부터 대금 11억 5백만 원에 분양받아 그 무렵 대금을 완납한 다음 위 지상에 연면적 4,809.38㎡의 지상 11층, 지하 1층 규모의 병원용 건물을 짓기로 하고 1996. 7.경 원고의 형인 김병선이 운영하는 성암종합건설(주)에게 대금 43억 원에 위 건물 건물공사를 도급주었다. 원고는 1996. 8.경부터 1998. 3.경까지 하나은행 등으로부터 주채무자 또는 김병선의 보증채무자로서 합계 26억 원 가량을 대출받아 위 공사에 사용하였으나 외환위기의 여파로 1998. 3.경 성암종합건설(주)가 부도나면서 위 공사가 중단되었고, 이에 따라 1998. 8. 이후에는 위 대출금의 이자가 월 5천만 원에 달하였으며, 이로 인하여 원고는 1999. 9. 1. 현재 12개 채권자에 대하여 합계 75억 원 가량의 채무를 부담하게 되었다.

다. 원고는 서울지방법원 99하231호로 파산신청을 하여 1999. 9. 4. 같은 법원으로부터 파산선고를 받았고 위 결정은 같은 해 10. 7. 확정되었으며 원고는 같은 해 10.경 같은 법원에 면책신청을 한 상태이다.

라. 피고는 2000. 2. 2. 파산선고를 받고 복권되지 아니한 자에 대하여 의사면허를 취소하여야 한다고 규정한 현행 의료법(2000. 1. 12. 법률 제6157호로 개정된 것) 제52조 제 1 항 단서 제 1 호, 제 8 조 제 1 항 제 4 호에 의거 원고의 의사면허를 취소하는 이 사건 처분을 하였다.

2. 처분의 적법여부

가. 관계 법령

2000. 1. 12. 개정되기 전의 구 의료법 제8조 제1항은 다음 각호의 1에 해당하는 자는 의료인이 될 수 없다고 규정하면서 제4호에서 파산선고를 받고 복권되지 아니한 자를 규정하고 있고, 제52조 제1항은 보건복지부장관은 의료인이 다음 각호의 1에 해당할 때에는 그 면허를 취소할 수 있다고 규정하면서 제1호에서 제8조 제1항 제4호에 해당하게 된 때라고 규정하고 있다. 위 개정된 현행 의료법 제52조 제1항 단서 제1호는 파산선고를 받고 복권되지 아니한 자에 대하여는 의사면허를 취소하여야 한다는 취지로 규정하고 있다.

나. 재량판단 불행사의 하자

관계 규정을 종합하여 보면 이 사건에는 원고가 파산선고결정을 받고 그 결정이 확정된 당시에 시행되던 구 의료법이 적용되어야 하므로 결국 원고가 파산선고를 받았음을 이유로 의사면허취소처분을 할 것인지 여부는 피고의 재량에 달려 있다고 할 것이다. 이 경우 피고는 원고가 파산선고를 받았다고 하여 막바로 의사면허취소처분을 할 것이 아니라 이로 인하여 원고가 입을 불이익 및 그로 인하여 유지하고자 하는 공익 등 제반 요소를 두루 참작하여 비교형량을 거친 결과 공익이 우선시된다고 판단되는 경우에 비로소 의사면허를 취소하는 처분을 하여야 하는바, 이 사건에서 피고는 의사면허취소처분을 기속행위로 규정하고 있는 현행 의료법이 적용된다고 보고서 위와 같은 재량판단을 전혀 거치지 아니한 채 막바로 이 사건 처분을 하였음을 스스로 자인하고 있으므로 이 사건 처분은 그 자체로 위법하다고 할 것이다.

다. 재량권의 일탈 · 남용

(1) 인정사실

증거에 의하면, 이 사건 처분일에 근접한 2000. 2. 7. 당시 위 신축병원 부지 및 건물의 시가는 35억 가량에 이르러 이로써 원고의 채무를 상당부분 변제할 수 있는 사실, 원고는 파산선고 전인 1999. 1.부터 행려병자, 극빈자 등에게 의료혜택을 주고 있는 서울카톨릭사회복지회 부설 요셉의원에서 야간무료진료활동을 하여 오다가 1999. 10.경부터 이 사건 처분 전까지 주간무료진료활동을 하여 온 사실을 인정할 수 있다.

(2) 판단

의료법이 파산선고를 받은 의사의 면허를 취소하도록 하는 취지는 파산자가 의료인 본연의 임무를 방기하여 무리한 경제적인 영리활동을 하는 것을 방지함으로써 진료를 받는 국민의 건강과 안전을 보호함에 있다고 할 것인바, 위와 같은 입법취지를 염두에 두고 이 사건 처분이 그 처분 결과에 있어 재량권을 일탈 · 남용한 것과 같은 결과에 이르고 있는지 여부에 관하여 살피건대, ① 원고는 더 나은 의료시설과 의료서비스를 제공하기 위하여 병원을 신축하는 과정에서 외환위기의 여파로 건축공사를 하던 회사가 부도나는 바람에 은행으로부터 자신 또는 위 회사를 운영하는 형이 차용한 대출금을 갚지 못하게 된 것인바, 위 대출금채무 중에는 형이 차용한 것으로서 원고는 단지 보증만을 한 채무액이 상당액에 이르는 것으로 보이는 등 원고에게 책임을 물을 수 없는 외부적인 요인 등도 파산의 주요한 원인을 이루고 있어 이 사건 파산원인이 원고가 의료인 본연의 임무를 벗어나 무리한 영리활동을 한 데에 따른 것이라고는 보기 어려운 점, ② 원고가 이 사건 처분 전까지 무료진료활동을 계속하여 온 점 및 위 파산의 경위 등에 비추어 위와 같은 무료진료활동 및 고용의사로서의 생계유지마저도 전면적으로 금지시키는 것은 원고에게 지나치게 가혹할 뿐더러 이를 허용한다 하여 국민의 건강과 안전에 커다란 위협이 된다고 보기 어려운 점, ③ 위 신축병원 부지 등 원고 소유의 재산을 처분한 금액으로 그 채무의 상당부분을 변제할 수 있을 것으로 보이는 점, ④ 그 밖에 이 사건 파산의 원인, 경위 및 그 경과, 원고가 그 동안 행해왔던 의료활동의 내용, 관계 법령의 입법취지 등을 종합하여 보면, 이 사건 처분은 그로 인하여 유지하고자 하는 공익 등에 비하여 원고에게 미치는 불이익이 지나치게 커 그 재량권의 범위를 일탈하거나 남용하였다고 할 것이다.

3. 결론

그렇다면 이 사건 처분은 위법하다 하겠으므로 그 취소를 구하는 원고의 청구는 이유 있다.

재판장 판사 김치중 이재권 홍성준

[해설]

파산선고가 확정되면 법원은 주무관청인 보건복지부장관에게 파산선고확정통지를 하고 곧이어 보건복지부 내에서 면허취소를 위한 청문절차가 개시되는데, 실제로는 파산선고를 받았다는 사실만으로 바로 면허취소를 하지는 않고 법원의 면책결정 내지 면책결정의 확정시까지 취소처분을 기다려 주는 것이 상례라고 한다.

신법 개정 전에는 개별법령에서 공무원, 변호사, 의사 등의 자격상실을 정하고 있어서 이러한 자격을 가진 개인이 파산선고를 받으면 직업을 잃는 경우가 많았다. 그러나 신법 제32조의2는 "누구든지 이 법에 따른 회생절차·파산절차 또는 개인회생절차 중에 있다는 이유로 정당한 사유 없이 취업의 제한 또는 해고 등 불이익한 처우를 받지 아니한다"고 규정함으로써 개인이 파산신청으로 불이익을 입지 않도록 하였다. 이 조항은 신법이 제정된 후 신법이 시행되기 전에 의원입법의 형태로 추가되었다. 이 조항의 신설로 인하여 앞으로 공무원 등이 파산선고로 인하여 면직되거나 면허가 취소되는 등의 신분상의 불이익을 면하게 될 가능성이 생겼다.[1] 이 조항의 신설로 말미암아 원칙적으로 각종 개별 법률상의 파산자에 대한 신분상의 불이익을 규정한 조항은 그 효력을 상실하게 되었으나 구체적인 법령과의 충돌을 어떻게 해결할 것인지는 개개의 사건에 관한 법원의 판단에 맡겨지게 되었다. 이와 관련하여 최근 직원이 파산법하에서 파산선고를 받은 경우 당연퇴직시키도록 하는 인사규정에 기하여 한 해고는 근로기준법상의 정당한 이유가 없으므로 무효라고 판시한 하급심 판결[2]이 선고된 바 있다.

---

(2) **서울고등법원** 2005. 12. 14.**자** 2005**라**875 **결정【면책】(확정)**

【신청인 겸 항고인】 甲

【제 1 심 결정】 서울중앙지방법원 2005. 11. 2. 2005하면6304(2004하합35) 결정

【주문】 1. 제 1 심 결정을 취소한다. 2. 이 사건을 서울중앙지방법원에 환송한다.

【신청취지 및 항고취지】 제 1 심 결정을 취소한다. 파산자 甲을 면책한다.

【이유】 1. 기초사실

기록에 의하면 다음 사실이 인정된다.

가. 신청인은 2004. 6. 21. 10:30 제 1 심 법원으로부터 파산선고(다음부터 "이 사건 파산"이라 한다)를 받았고 파산관재인으로 정연호가 선임되었는데, 위 파산관재인은 2005. 5. 4. 파산재단으로써 파산절차의 비용을 충당하기에도 부족하다는 이유로 파산법 제325조의 규정에 따라 제 1 심 법원에 대하여 파산폐지를 구하는 신청 및 파산폐지에 관한 의견청취를 위한 채권자집회의 소집을 신청하였고, 동시에 파산법 제158조의 규정에 의하여 파산관재인의 임무 종료에 따른 계산보고집회의 소집을 신청하였다.

나. 제 1 심 법원은 2005. 5. 9. 이 사건 파산에 관하여 파산폐지에 관한 의견을 청취하고 파산관재인의 임무종료에 따른 계산보고를 위하여 2005. 6. 9. 14:00 채권자집회를 소집하기로 결정하고, 위 채권자집회의 기일 및 장소는 파산법 제161조, 제105조 제 1 항의 규정에 따라 관보(2005. 5. 19.자) 및 법원이 지정하는 일간신문(2005. 5. 13.자 매일경제신문)에 공고하는 한편, 파산채권자 51명에게 등기우편에 의한 발송송달의 방법으로 채권자집회통지서를 보냈었는데, 신청인에게 이를 통지한 사실이 없다.

---

1) 사규나 취업규칙에 기한 퇴직사유의 제한에만 적용되고 근로관계 이외의 영역에서는 적용되기 어렵다는 견해도 있다. 개인파산 · 개인회생실무, 61면.

2) 서울중앙지방법원 2006. 7. 14. 선고 2006가합17954 판결(각 공2006. 9. 10.(37), 1881).

다. 제 1 심 법원은 2005. 6. 9. 채권자집회를 개최하였는데 파산채권자들이나 신청인은 모두 불출석한 상태에서 집회가 진행 및 종료되었다.

라. 제 1 심 법원은 2005. 6. 9. 파산폐지결정을 하였고, 같은 날 "파산자 및 파산관재인 이외의 자들에 대한 파산폐지 결정의 송달은 공고로써 갈음한다"는 내용의 결정을 한 다음 2005. 6. 11. 한국경제신문에, 2005. 6. 22. 관보에 각 파산폐지결정의 요지를 공고하였는데, 파산자인 신청인에게는 파산폐지결정을 송달하지 아니하였다.

마. 신청인은 2005. 8. 11. 제 1 심 법원에 면책신청(다음부터 "이 사건 면책신청"이라 한다)을 하였는데, 제 1 심 법원은 이 사건 면책신청이 파산법 제339조가 정한 면책신청 기간을 도과하였음이 역수상 명백하여 부적법하고, 달리 추완사유가 있다고 인정되지 아니하다는 이유로 2005. 11. 2. 위 면책신청을 각하하였다.

2. 항고이유의 요지

제 1 심 법원이 파산폐지결정을 위한 채권자집회 통지서나 파산폐지결정을 신청인에게 통지하지 않는 등 제반 사정에 비추어 보면, 신청인은 그 책임 없는 사유로 인하여 면책신청기간을 준수하지 못한 것이므로, 결국 이 사건 면책신청은 파산법 제339조 제 5 항의 요건을 갖추어 적법하게 추완신청한 것임에도 불구하고 제 1 심 법원은 이를 각하한 잘못이 있다.

3. 판단

가. 면책신청기간

면책신청의 기한에 관하여 파산법 제339조 제 1 항은 "파산자는 파산절차의 해지에 이르기까지는 언제든지 파산법원에 면책의 신청을 할 수 있다"고 규정하고 있는데, 위 규정에서 '파산절차의 해지'란 파산취소의 확정, 배당 · 강제화의 또는 파산폐지에 의한 파산의 종결 등을 말하는데, 파산폐지결정이 있는 때에는 폐지결정이 확정된 때, 즉 파산폐지결정의 공고가 있는 날(일간신문에 게재된 날의 다음날)부터 14일이 경과한 때를 말한다(파산법 제325조 제 1 항, 제326조, 제103조 제 2 항, 제105조 제 2 항).

앞에서 살펴본 바와 같이 이 사건 파산의 폐지결정은 2005. 6. 27. 확정되었다고 할 것이므로, 2005. 8. 11. 제기된 이 사건 면책신청은 일응 면책신청기간을 넘긴 것이다.

나. 면책신청의 추완

파산법 제339조 제 5 항은 "파산자가 그 책임 없는 사유로 인하여 제 1 항의 규정에 의한 면책의 신청을 할 수 없었던 경우에는 그 사유가 그친 후 30일 내에 한하여 면책의 신청의 추완을 할 수 있다"고 규정하고 있다.

그런데 앞에서 살펴본 바와 같이 이 사건 파산절차를 폐지함에 있어서 제 1 심

법원은 파산자인 신청인에게 파산폐지결정을 위한 채권자집회통지서나 파산폐지결정을 송달하지 아니하였고, 기록상 파산관재인이 신청인에게 파산폐지사실을 통지하는 등 공고 외의 다른 방법으로 신청인에게 파산폐지결정을 알려주었다는 사정을 인정할 자료도 없는데, 이러한 경우에 파산자로서는 '그 책임 없는 사유로 인하여 면책신청을 할 수 없었던 경우'에 해당한다고 보는 것이 타당하다. 파산자로 하여금 항상 일간신문에 게재되는 공고내용을 빠짐없이 확인하면서 일상 생활을 영위하도록 요구하는 것은 무리이기 때문이다(이러한 취지에서 제1심 법원은 2005. 6. 9. 파산폐지결정을 하면서 "파산자 및 파산관재인 이외의 자들에 대한 파산폐지결정의 송달은 공고로써 갈음한다"는 내용의 결정을 함께 함으로써 파산자에 대하여는 파산폐지결정의 송달을 예정하고 있었던 것으로 보이나 실제로 송달이 이루어지지 아니하였음은 기록상 명백하다).

이와 같은 해석은 개인이 파산신청을 하는 주된 목적은 면책을 받기 위한 것임에도 불구하고 면책신청기간을 간과함으로 인하여 파산자 상태로 머무르게 되는 것은 가혹하다는 인식 아래, '파산신청이 있으면 동시에 면책신청을 하는 것으로 간주'한다고 개정한 '채무자 회생 및 파산에 관한 법률'(2006. 4. 1.부터 시행) 제556조 제3항의 입법취지에 비추어도 타당한 것이다.

따라서 이 사건 면책신청은 파산법 제339조 제5항에 해당하는 적법한 것이므로, 이를 지적하는 신청인의 항고이유는 정당하다.

4. 결론

그렇다면 이 사건 면책신청을 부적법하다는 이유로 각하한 제1심 결정을 취소하고 이 사건을 제1심 법원에 환송하기로 하여 주문과 같이 결정하다.

재판장 판사 전수안 강승준 서경환

▷ **〈제1심 결정〉 서울중앙지방법원** 2005. 11. 2.**자** 2005**하면**6304(2004**하합**35) **결정**

【파산자】 甲

【주문】 파산자의 이 사건 면책신청을 각하한다.

【이유】 이 사건 기록에 의하면 2004. 6. 21. 10:30 파산자에 대하여 파산이 선고되어 그 결정정본이 같은 날 파산자에게 송달된 사실, 파산관재인으로 정연호가 선임되어 파산업무를 수행하던 중 파산재단으로써 파산절차의 비용을 충당하기에도 부족하게 되자 이 법원에 이시폐지 신청을 하였고, 이에 이 법원이 2005. 6. 9. 이 사건 파산절차를 폐지한 사실, 파산자는 그 후 같은 해 8. 11.에야 이 법원에 면책신청을 한 사실이 각 소명되는바, 파산자의 위 면책신청은 파산법 제339조가 정한 면책신청기간을 도과하였음이 역수상 분명하여 부적법하다 할 것이고, 수명법관의

파산자에 대한 심문결과 및 파산자가 제출한 모든 자료에 의하더라도 달리 추완사유가 있다고 인정되지 아니하므로, 이를 각하하기로 하여 주문과 같이 결정한다.

재판장 판사 임치용 문유석 이성용

[해설]

파산법상 면책신청의 시기는 파산선고시이고 종기는 파산절차의 해지시이다. 이시폐지결정이 있는 때에 파산절차 해지시는 위 서울고등법원 결정에서 설시한 바와 같이 폐지결정이 확정된 때, 즉 파산폐지결정이 일간신문에 게재된 날의 다음날부터 14일이 경과한 때이다.

파산법 제339조 제 5 항은 파산자가 그 책임 없는 사유로 인하여 면책의 신청을 할 수 없었던 경우에는 그 사유가 그친 후 30일 내에 한하여 면책의 신청의 추완을 할 수 있다고 규정하고 있었는데 실무상 이 규정의 적용이 문제되는 경우는 대부분 파산선고 및 동시폐지결정이 함께 내려져 파산자가 면책신청의 시기를 알았는지 여부가 문제된 경우이다. 이시폐지 사안에 있어서는 파산자가 파산선고결정정본을 송달받게 되고 최소한 제 1 회 채권자집회 및 채권조사기일을 거치는 등 면책신청을 할 수 있는 시간적 여유가 충분하기 때문에 파산폐지결정 확정시까지 면책신청을 미루고 있는 것은 매우 이례적인 경우라고 할 수 있다.

이 사건의 사안에서 파산자는 파산선고결정정본을 송달받았고 그로부터 1년 정도 지나 이시폐지결정이 내려져 확정될 때까지 면책신청을 하지 않았으며, 면책신청을 하지 않은 사유로 폐지결정이 있었다는 것을 몰랐다는 것 외에는 아무런 주장을 하지 않았다. 물론 폐지결정이라는 법원의 작용이 새로이 있었고 그로부터 폐지결정의 확정이라는 면책신청의 종기가 정하여 진다(기산된다)는 점에서 파산자가 폐지결정을 송달받지 못하였다는 것은 일반적인 불변기간도과의 추완사유와 유사한 구조라고 할 수 있다. 이 점에서 서울고등법원 2005라875 결정은 수긍할 점이 있다. 또한 파산법원이 파산폐지결정을 파산자에게 송달하지 아니한 잘못이 있기도 하다.

그러나 사안에서 파산자가 파산폐지결정이 난 사실을 몰랐다는 것이 파산자의 면책신청에 장해사유라고 보아야 하는지 의문이 남는다. 서울고등법원 결정은 마치 파산폐지결정이 있어야 면책신청을 할 수 있는 것으로 알고 있었는데 법원이 파산폐지결정을 알려주지 않아 면책신청을 하지 못했다는 주장을 받아들이는 것과 같다. 이는 다수의 이해관계인 사이에서 일률적인 처리를 통해 절차를 신속하게 종결하고자 면책신청의 종기를 파산폐지결정의 송달이 아닌 공고를 기준으로 규정하고 있는 파산법의 취지를 외면한 채 파산자의 법률의 부지에 대하여 너무 관대한 입장을 취한 것이 아닌가. 더욱이 파산자가 동시폐지사안과 달리 파산선고결정정본을 송달받은 후 1년이라는 시간적 여유를 가지고 있었음을 고려할 때 더욱 그러하다. 나아가 서울고등법원 결정은 추완을 인정하면서도 언제 파산자가 파산폐지결정이 있었던 사실을 아는 등으로 장해사유가 종료되었는지, 그로부터 30일 내에 면책신청을 하였는지에 관하여 설시하지 않고 있는데, 그 부분도 분명한 판단이 필요하지 않았나 생각한다.

일본에서는 이시폐지 사건에서는 파산자가 파산선고의 송달을 받은 이상 면책신청을 할 수 있는 시기가 도래하였음을 알고 있었으므로 이후 송달이 없었고 파산절차의 해지가 임박하였음을 알지 못하여 면책신청기간을 도과하였더라도 면책신청의 추완은 인정되지 않는다고 해석하여 이 사건의 제1심과 같은 견해를 취하고 있다.[3)]

---

(3) 서울중앙지방법원 2005. 9. 1.자 2005하면4831(2000하23) 결정【면책】

【결정요지】

파산자가 상속재산인 경우, 그 상속인들은 면책신청을 할 수 없고, 파산을 선고받은 상속재산은 파산종결로 소멸된다고 할 것이어서 그 상속재산에 대하여 면책에 관한 규정을 적용할 수도 없다.

【참조 조문】 파산법 제339조 제1항

【파산자】 甲 외 7인

【주문】 신청인들의 이 사건 신청을 각하한다.

【이유】 1. 기록에 의하면 다음과 같은 사실이 인정된다.

가. 乙은 1999. 6. 1. 사망하였는데 당시 망인의 재산으로는 서울 은평구 응암동 소재 대 145.5㎡ 등 수 필지 부동산과 예금 등 가액합계 4억 7천만 원 정도임에 반해 A 등 20여 명의 채권자들에게 약 5억 9천만 원 정도의 채무를 지고 있었다.

나. 이에 망인의 어머니로 유일 상속인인 丙이 위 재산을 상속하면서 1999. 8. 10. 서울가정법원 99느단4934호로 한정승인신고를 하였고, 위 법원은 1999. 8. 12. 이를 수리하였다. 丙은 1999. 11. 6. 사망하고, 신청인들이 상속인이다.

다. 망 丙 명의로 1999. 11. 10. 망 乙의 상속재산에 대한 파산신청이 있었는데 신청당시 망 丙이 사망한 상태여서 신청인들로 당사자표시정정 후 서울지방법원은 2000. 9. 15. 망 乙의 상속재산을 파산자로 한다는 파산선고를 하였다.

라. 위 상속재산에 대한 파산은 채권신고 및 최후배당절차를 거쳐 2005. 6. 21.

---

3) 山內八郎, 免責申立の時期と申立追完, 判例タイムズ No. 830(1994. 1. 20), 319면.

종결되었고, 신청인들은 2005. 6. 27. 자신들이 파산자임을 전제로 이 사건 면책신청을 하였다.

2. 판단

가. 파산법상 면책신청권자는 파산자인바(법 제339조 제1항), 위 인정 사실에 의하면 이 법원 2000하23 파산사건의 파산자는 망 乙의 상속재산이고, 신청인들은 그 상속재산에 대한 파산을 신청한 지위에 있음을 알 수 있으므로 신청인들이 파산자임을 전제로 한 이 사건 신청은 부적법하다.

나. 한편, 신청인들의 이 사건 신청취지를 파산자인 위 상속재산에 대해 면책신청을 구한 것으로 보더라도, 파산을 선고받은 상속재산은 파산종결로 소멸된다고 할 것이어서 그 상속재산에 대해 면책에 관한 규정을 적용할 수 없으므로 여전히 이 사건 신청은 부적법하다.

다. 그렇다면, 신청인들의 이 사건 면책신청은 어느 모로 보나 부적법하므로 이를 각하하기로 하여 주문과 같이 결정한다.

판사 남성민

[해설]

상속재산에 대하여는 상속인의 고유재산을 상속채권자로부터 지키고 또한 상속재산을 상속인의 채권자로부터 지키기 위하여 파산능력을 인정하고 있다(파산법 제12조, 제119조, 신법 제389조, 제307조).

상속재산 파산은 민법 제1045조에 의한 재산분리청구기간 내 또는 한정승인·재산분리 후 상속채권자 및 수증자에 대한 변제 종료 전이라야 신청할 수 있고(파산법 제121조, 신법 제300조), 신청의무만 규정되어 있을 뿐(파산법 제126조 제2항, 신법 제299조 제2항) 이를 게을리 할 경우 제재규정이 없으며, 한정승인·포기만으로도 사실상 상속인 채무자의 이익은 충분히 보호된다는 점에서 많이 이용되지 않고 있다.[4)]

다만 상속채권자 입장에서 보면, 소명의 필요 없이 상속재산파산을 신청할 수 있고(파산법 제126조 제1, 3항, 신법 제299조 제1, 3항), 그럼으로써 파산관재인에 의한 상속재산의 효과적인 환가 및 공평한 변제를 도모할 수 있다는 장점이 있을 뿐만 아니라, 일본에서 개인파산이 급증하는 과정에서 상속재산파산사건 역시 늘어났기 때문에 우리 나라에서도 장차 그 이용빈도가 높아질 가능성이 있다.

상속재산파산에 있어 누가 파산자가 되는지에 관하여 상속인을 파산자로 보는

4) 서울중앙지방법원의 경우 현재까지 2건의 상속재산파산사건이 접수되었다. 일본의 상속재산파산제도의 이용 현황에 관하여는 注解 破産法(下), 144면 이하 참조.

견해(상속인파산자설), 피상속인을 파산자로 보는 견해(피상속인파산자설, 상속개시 전에는 피상속인을, 개시 후에는 상속인을 파산자로 보는 견해(피상속인・상속인파산자설), 상속재산 자체를 파산자로 보는 견해(상속재산파산자설) 등이 있다.[5] 종래 일본의 판례는 상속인파산자설의 입장이었으나[6] 점차 상속재산파산자설을 취하고 있고,[7] 학설은 상속재산파산자설이 통설이다.[8] 생각건대, 파산법 제142조 내지 제144조(신법 제320조 내지 제322조)가 상속인을 파산자에 준하여 취급하고 있는 점, 파산법 제122조 제 1 항(신법 제294조 제 1 항)은 채권자와 채무자에게 파산신청권을 인정하는데 상속재산파산의 경우 파산법 제126조(신법 제299조)에서 상속인을 단지 2차적인 파산신청권자로 취급하는 점, 상속인이 파산자라면 지급불능이 파산원인이 되어야 함에도 파산법 제119조(신법 제307조)는 상속재산파산의 파산원인을 채무초과만으로 규정하고 있는 점, 상속인이 파산자라면 스스로는 파산원인이 없음에도 상속재산의 파산에 의하여 공・사법상의 자격을 상실하는 불합리한 결과를 받게 되는 점 등을 고려할 때 상속재산파산설이 타당하다.[9] 우리 나라의 실무도 상속재산파산설의 입장이다.[10]

상속재산파산의 파산자를 누구로 할 것인지의 문제와 관련하여 파산신청서와 파산선고결정문 등에 파산자의 표기를 누구로 할 것인지가 문제된다. 大審院 1931. 12. 12. 결정은 상속인파산자설의 입장에서 상속인의 이름을 표시하면 족하다고 하였으나 상속재산파산설의 입장에서는 상속재산을 파산자로 표시하여야 할 것이다. 표시방법으로 "피상속인 망 ○○○ 의 상속재산"으로 표시하는 방법, "상속인 ○○○ 의 상속재산"으로 표시하는 방법, "피상속인 망 ○○○ 의 상속인 △△△의 상속재산"으로 표시하는 방법이 있는데,[11] 우리 나라 및 일본의 실무는 현재 첫 번째 방법을 취하고 있다.[12]

상속재산파산자설에 의할 때 파산종결에 의하여 파산자인 상속재산은 소멸하고 면책에 관한 규정을 적용할 여지는 없게 된다.[13] 다만 파산법 하에서는 상속재산파산에 한정승인의 효과가 인정되지 아니하기 때문에(제25조, 제26조), 상속재산파산

5) 상세는 注解 破産法(下), 147-151면.

6) 大審院 1931(昭和6). 12. 12. 결정, 福岡地方裁判所 1939(昭和14). 5. 16. 결정.

7) 名古屋地方裁判所 1972(昭和47). 12. 27. 결정.

8) 注解 破産法(下), 147면.

9) 이러한 근거들은 일본의 통설이 일본 대심원의 태도를 비판하면서 주장한 것들이다. 박기동, 앞의 논문, 66-67면; 田炳西, 파산법, 25면.

10) 대상 결정 및 서울중앙지방법원 2006. 11. 13.자 2005하단8000 결정.

11) 注解 破産法(下), 151면.

12) 서울중앙지방법원 2006. 11. 13.자 2005하단8000 결정; 名古屋地方裁判所 1972(昭和47). 12. 27. 결정.

13) 개인파산회생실무, 68면; 高松高等裁判所 1996(平成8). 5. 15. 판결.

절차가 진행되어도 별도로 한정승인을 하지 않아 파산종결 후에 상속인 고유의 재산에 대하여 강제집행을 당할 위험이 있는 경우, 특히 법정단순승인(민법 제1026조)과 같은 경우를 대비하여 면책규정을 유추적용하는 것이 타당하다는 견해가 있었다.[14] 신법은 제389조 제3항을 신설하여 민법 제1026조 제3호(상속재산 은닉, 부정소비, 재산 목록 기입 누락)의 경우 외에는 상속재산에 대하여 파산선고가 있으면 한정승인을 의제하고 있기 때문에 상속인들에 대하여 면책을 인정할 필요는 더욱 없게 되었다.

이 사건의 파산법원은 상속재산표시설의 입장을 취하여 망 乙의 상속재산을 파산자로 한다는 결정을 하면서도 당사자는 상속인들로 표시하였는데, 당사자 역시 망 乙의 상속재산으로 표시하였어야 하는 것이 아닌가 생각한다. 상속인들이 면책신청을 하여 면책절차가 진행될 경우에는 파산자 표시와 면책신청인 표시를 별도 기재하여야 할 것이다.

▶ 〈제346조〉 면책불허가사유

(1) **대법원** 2004. 4. 13.**자** 2004마86 **결정 【파산선고불허가에대한재항고】** [공 2004, 957]

【판시사항】 파산법상 면책불허가사유인 '낭비'의 의미

【결정요지】

파산법 제346조 제1호는 법원은 파산자가 제367조 등의 죄에 해당하는 행위가 있다고 인정하는 때에 한하여 면책불허가의 결정을 할 수 있다고 규정하고 있고, 같은 법 제367조 제1호는 채무자가 파산선고의 전후를 불문하고 낭비 또는 도박 기타 사행행위를 하여 현저히 재산을 감소시키거나 과대한 채무를 부담하는 행위를 하고 그 선고가 확정된 때에는 5년 이하의 징역 또는 5천만 원 이하의 벌금에 처하도록 규정하고 있는바, 여기에서 면책불허가사유의 하나인 '낭비'라 함은 당해 채무자의 사회적 지위, 직업, 영업상태, 생활수준, 수지상황, 자산상태 등에 비추어 사회통념을 벗어나는 과다한 소비적 지출행위를 말하고, 채무자의 어떠한 지출행위가 '낭비'에 해당한다고 보기 위해서는 그것이 형사처벌의 대상이 될 수 있음을 감안하여 보다 신중한 판단을 요한다.

【참조 조문】 파산법 제346조 제1호, 제367조 제1호

【재항고인】 甲

---

14) 注解 破産法(下), 154-155면.

【원심결정】 대전지방법원 2003. 12. 4.자 2002라181 결정

【주문】 원심결정을 파기하고, 사건을 대전지방법원 본원 합의부에 환송한다.

【이유】 1. 원심결정 이유에 의하면, 원심은, 재항고인은 1996. 12.경 주식회사 씨넥스정보통신에 입사하여 1997. 1. 4.부터 1997. 11. 12.까지 위 회사의 대표이사로 근무하였으나, 당시 위 회사의 경영상태가 좋지 않아서 위 회사로부터 전혀 급여를 지급받지 못하였고, 별다른 재산도 없는 상태에서 1997. 3.경부터 같은 해 11.경까지 원심 별지 채권내역 기재와 같이 신용카드를 사용하고 금융기관으로부터 금원을 차용하거나 보증채무를 부담하는 등 합계 157,948,627원 상당의 채무를 진 사실을 인정한 다음, 위 채무 대부분은 재항고인이 주식회사 씨넥스정보통신을 운영하면서 직원급여 등의 명목으로 금원을 차용하느라 발생한 것으로 회사운영과 관련한 지출행위가 파산법 소정의 면책불허가사유인 '낭비'에 해당한다고 볼 수 없다는 재항고인의 주장에 대하여, 이 사건 채무가 주식회사 씨넥스정보통신의 운영과 관련한 것이라는 점을 인정할 만한 자료가 없고, 오히려 이 사건 채무액의 일부는 7건의 신용카드대금이고, 일부 대출금의 과목이 '가계일반자금대출' 등인 점으로 미루어 보아 이 사건 채무의 상당 부분이 재항고인의 가계자금으로 소요된 것으로 보이고, 재항고인이 별다른 자산도 없고 소득도 없는 상태에서 위와 같이 과도하게 신용카드를 사용하고 금원을 차용하여 사용한 행위는 낭비에 해당한다는 이유로 재항고인의 주장을 배척하고 이 사건 면책신청을 허가하지 아니한 제 1 심 결정을 유지하고 있다.

2. 그러나 원심의 위와 같은 인정과 판단은 다음과 같은 이유로 수긍하기 어렵다.

파산법 제346조 제 1 호는 법원은 파산자가 제367조 등의 죄에 해당하는 행위가 있다고 인정하는 때에 한하여 면책불허가의 결정을 할 수 있다고 규정하고 있고, 같은 법 제367조 제 1 호는 채무자가 파산선고의 전후를 불문하고 낭비 또는 도박 기타 사행행위를 하여 현저히 재산을 감소시키거나 과대한 채무를 부담하는 행위를 하고 그 선고가 확정된 때에는 5년 이하의 징역 또는 5천만 원 이하의 벌금에 처하도록 규정하고 있는바, 여기에서 면책불허가사유의 하나인 '낭비'라 함은 당해 채무자의 사회적 지위, 직업, 영업상태, 생활수준, 수지상황, 자산상태 등에 비추어 사회통념을 벗어나는 과다한 소비적 지출행위를 말한다고 할 것이고, 채무자의 어떠한 지출행위가 '낭비'에 해당한다고 보기 위해서는 그것이 형사처벌의 대상이 될 수 있음을 감안하여 보다 신중한 판단을 요한다 할 것이다.

그런데 재항고인은 파산선고의 절차나 면책신청의 절차에서 줄곧 이 사건 채무가 초과발생하게 된 원인에 대하여, 1997. 1. 4.부터 같은 해 11. 12.까지 위 회사의 대표이사로 재직하면서, 회사운영이 어려워 회사운영자금으로 충당하기 위하여 은행대출이나 신용카드를 이용하여 그 비용 등을 충당하면서부터 채무가 누적되었고,

그 후 회사 운영권을 乙에게 양도하였으나 乙이 이러한 재항고인의 개인 및 회사 채무를 변제하지 아니함으로써 채무가 증대되었다고 주장하여 왔음을 알 수 있는 바, 기록에 비추어 살펴보면, 재항고인은 1996. 12.경 위 회사의 주식을 매입하고 위 회사에 입사하여 1997. 1. 4.부터 1997. 11. 12.까지 위 회사의 대표이사로 근무하였는데, 이 사건 채무의 발생일자는 1997. 3.부터 1997. 11.경에 집중되어 있는 사실, 재항고인에 대한 파산사건(98하1) 기록에는 재항고인 등이 1997. 11.경 乙에게 재항고인 등이 소유하고 있는 위 회사의 주식과 경영권 및 자산(별지 첨부)일체를 양도하고 그 양도대금은 재항고인 등이 회사를 경영하던 중 발생한 부채(별지 첨부)를 乙이 부담하는 조건으로 계약일에 지급한 것으로 간주한다는 내용의 주식회사양도계약서가 제출되어 있고, 그 뒤에 자산현황과 부채현황, 예치금명세, 집기/비품 명세, 상품재고현황, 차량운반구, 예정매출현황, 전화가입권 명세, 임차보증금현황, 외상매입금, 선수금 내역, 미지급금, 할부금 명세, 금융기관 차입내역, 카드결재내역 등의 서류가 첨부되어 있으며, 회사의 금융기관 차입내역에는 재항고인 명의로 1997. 5. 12. 농협으로부터 2천만 원, 같은 달 15. 축협으로부터 2천만 원, 같은 달 22. 충청은행으로부터 2천만 원, 같은 해 8. 11. 한일은행으로부터 2천만 원, 1996. 12. 31. 국민은행으로부터 740만 원 및 5백만 원, 한일은행으로부터 2백만 원을 각 신용대출한 내역 등이 기재되어 있고(위와 같은 신용대출은 "가계일반자금대출," "어음대출"의 형태로 이루어졌다), 카드결제내역에는 재항고인 명의의 신용카드(농협, 한일은행, LG카드, 삼성카드, 국민카드)의 결제내역이 기재되어 있는 사실, 재항고인은 丙과 함께 위 회사가 1997. 6. 2. 농협중앙회 둔산지점으로부터 일반자금대출 2천만 원을 연대보증하기도 한 사실을 알 수 있는바, 사정이 이와 같다면, 이 사건 채무가 발생하게 된 것은 재항고인의 낭비에 원인이 있다기보다는 재항고인이 위 회사의 대표이사이자 주주로 위 회사의 운영에 관여하게 되면서 회사운영과 관련한 자금을 지출하게 되면서 발생하였다고 볼 여지가 많고, 그러한 취지의 재항고인의 주장에 상당한 근거가 있다고 보아야 할 것이다.

이러한 경우, 원심으로서는 이 사건 채무가 발생하게 된 것이 낭비에 원인이 있는 것인지 여부에 대하여 보다 세밀히 심리하여 파산법 소정의 면책불허가사유에 해당하는지를 판단하였어야 함에도 불구하고, 원심이 별다른 심리도 없이 이 사건 채무액의 일부는 7건의 신용카드대금이고 일부 대출금의 과목이 '가계일반자금대출' 등인 점으로 미루어 이 사건 채무의 상당 부분이 재항고인의 가계자금으로 소요된 것으로 보인다는 이유로 재항고인의 이 사건 채무부담행위를 낭비에 해당한다고 판단한 것은, 필요한 심리를 다하지 아니하고 채증법칙을 위반하여 사실을 잘못 인정하였거나 파산법 소정의 면책불허가사유에 관한 법리를 오해하여 결정 결과에 영향을 미친 위법을 저질렀다고 보아야 할 것이다.

이 점을 지적하는 취지의 재항고이유는 그 이유가 있다.

대법관 고현철(재판장) 변재승 윤재식(주심) 강신욱

[해설]

면책불허가 사유로서의 '낭비'는 개념의 추상성, 모호성으로 인해 점차 독자적인 면책불허가사유의 지위를 잃고 있다.[15] 신법 제정 작업 당시 처음에는 형식적으로 낭비의 개념에 해당되어도 사회생활이나 환경의 변화에 의하여 법적으로 문제시할 필요가 없는 경우도 있다는 이유로 시대에 뒤떨어진 규정이라는 주장이 있었고 이에 따라 과태파산죄에서 낭비를 삭제하려고 하였으나, 일반적인 국민감정으로 보아 낭비를 완전히 과태파산죄에서 삭제하여 면책불허가 사유에서 제외하는 것은 도덕적 해이와 위화감을 가져온다는 지적이 있어 결국 낭비를 삭제하지는 않고 '과다한 낭비'로 수정하였다(법률안 제643조, 신법 제564조 제 1 항 제 6 호).[16] 다만 신법은 파산법과 달리 형사처벌조항을 삭제하였고, 현재 서울중앙지방법원의 실무는 초단타매매(day trading)와 같이 시세차익을 목적으로 한 과도한 주식투자를 제외하고는 특별한 사유가 없는 한 낭비에 해당하는 유형의 행위에 대하여 재량면책을 하고 있다. 낭비를 이유로 면책을 불허가한 사례로는 경륜에 돈을 걸기 위하여 신용카드를 과다하게 사용하고, 이미 채무변제가 곤란한 상태에서 현금서비스를 받는 행위를 반복함으로써 채무를 과도하게 증대시킨 경우가 있다.[17]

(2) **대법원** 1990. 1. 5.**자** 89마992 **결정 【면책불허가결정】** [공1990, 450]

【결정요지】

파산자가 자기소유 명의로 토지대장에 등재된 부동산이 있으면서도 법원에 대하여는 재산이 아무것도 없다고 진술을 함으로써 파산절차 비용도 지변할 수 없는 것으로 인정되어 파산폐지결정을 받은 것이 분명하다면 파산법 제346조 제 3 호 후

15) 서울중앙지방법원의 실무는 2001.까지 면책불허가 사유로 낭비만을 적시하고 전부불허가결정을 하기도 하였으나 2002. 이후 낭비만의 사유로 전부불허가결정을 한 예는 없다.

16) 일본에서도 도산법제에 관한 검토시안에 대한 각계의 의견조회결과 낭비를 면책불허가사유에서 삭제하여야 한다는 견해, 현저한 낭비·채무 대부분의 원인이 되는 낭비 등에 한정해야 한다는 견해가 있었던 반면, 낭비의 의미가 법률적인 개념으로 정착되어 있고 그 의미는 위법성이 큰 행위라고 하는 법적 가치판단을 포함한 것으로서 명확한 점, 면책불허가의 윤리적 측면을 부정할 수 없고 채무자 자신의 주체적 책임을 불문에 붙일 수 없다는 등의 이유로 낭비의 존치를 주장하는 견해도 상당수 있었다고 한다. 김정만, "소비자파산에서의 면책기준," 2004년도 도산실무법관연수자료, 사법연수원, 25-26면. 개정 일본 파산법은 낭비의 개념을 그대로 존치하고 있다(제252조 제 1 항 제 4 호).

17) 서울중앙지방법원 2006. 12. 29.자 2006하면3026(2006하단2853) 결정.

문 소정의 면책불허가사유인 '법원에 대하여 그 재산상태에 관하여 허위의 진술을 한 때'에 해당한다고 할 것이다.

【참조 조문】 파산법 제346조 제 3 호 후단

【재항고인】 甲 대리인 변호사 이해우

【원심결정】 서울민사지방법원 1989. 11. 7.자 89라462 결정

【주문】 재항고를 기각한다.

【이유】 재항고인 대리인의 재항고이유를 본다.

원심결정 이유에 의하면, 원심은 신청외 망 乙이 재항고인을 상대로 서울민사지방법원 88하3호로 파산선고신청을 하자 위 법원은 1988. 8. 26. 재항고인은 재산이 전혀 없어 위 망인에 대한 채무를 변제할 수 없을 뿐 아니라 파산절차의 비용도 지변하기에 부족하다고 인정하여 재항고인에게 파산선고를 함과 동시에 파산법 제135조 제 1 항의 규정에 따라 파산폐지의 결정을 하고 그후 이 결정은 대법원의 재항고 기각결정으로 확정된 사실, 재항고인은 전북 정읍군 산내면 종성리 소재 토지의 2분의 1지분을 소유하고 있었는데도 88하3호 파산선고사건에서 재항고인의 재산상태에 대한 판사의 소명촉구에 대하여 재항고인은 재항고인이 이사장으로 재직중인 학교법인 성한학원으로부터 지급받은 급료나 기타 재산은 아무 것도 없다고 진술한 바 있는 사실을 인정한 후, 재항고인은 위 파산선고사건의 판사심문 당시 위 부동산의 지분이 토지 대장상 재항고소유명의로 되어 있는 것을 전혀 몰랐었다는 재항고인의 주장을 배척하고 있는바, 기록에 의하여 살펴보면 위와 같은 원심의 사실판단은 정당하고 아무런 위법이 없다.

위와 같이 원심이 적법하게 확정한 사실관계에 비추어 보면, 재항고인은 재항고인 소유명의로 토지대장에 등재된 부동산이 있으면서도 법원에 대하여는 재산이 아무 것도 없다고 진술을 함으로써 파산절차비용도 지변할 수 없는 것으로 인정되어 파산폐지결정을 받은 것이 분명하므로, 파산법 제346조 제 3 호 후문 소정의 면책불허가사유인 '법원에 대하여 그 재산상태에 관하여 허위의 진술을 한 때'에 해당한다고 할 것이다.

원심이 위와 같은 취지에서 1심의 면책허가신청기각결정을 유지한 조치는 정당하고 소론과 같은 의율 착오의 위법이 없으므로 논지는 이유 없다.

대법관 김상원(재판장) 이회창 배석 김주한

(3) **광주지방법원** 2005. 4. 8. **선고** 2005**카합**174 **판결 【가압류취소】**

【결정요지】

(한아름상호신용금고 또는 승계참가인을 채권자명부에 기재하지 아니하고 추심권자에 불과한 나라신용정보 주식회사를 이 사건 채권의 채권자로 기재하여 면책

결정을 받은 사안에서) 파산자가 악의로 채권자명부에 기재하지 아니한 청구권을 면책 대상에서 제외하는 취지는 채권자에게 이의를 제기할 수 있는 기회를 보장하기 위함이라 할 것인데 신청인에 대한 면책절차에서 나라신용정보 주식회사에 면책에 대한 의견을 제시하라는 내용을 담은 서면을 송달하였으므로 승계참가인은 나라신용정보 주식회사를 통하여 의견 제시의 기회를 제공받았다고 할 수 있는 점, 신청인이 이 사건 채권 자체를 채권자명부에서 누락시킨 것이 아니라 이 사건 채권은 기재하였으나 단지 진정한 채권자와 추심권자를 혼동하여 채권자명부를 작성하였던 것에 불과한 점 등에 비추어 볼 때, 신청인이 이 사건 채권을 악의로 채권자명부에 기재하지 아니한 것으로 볼 수 없고, 신청인이 면책신청 절차에서 이 사건 가압류결정의 제 3 채무자로부터 받을 의료보호 진료비 청구 채권을 재산으로 신고하지 아니하였다고 하더라도 이러한 사정만으로는 신청인에 대한 면책결정의 효력이 이 사건 가압류결정에 영향을 미치지 않는다고 할 수는 없다.

【참조 조문】 파산법 제349조 본문, 제349조 단서 제 6 호

【신청인】 甲

【피신청인】 파산자 주식회사 부민상호신용금고의 파산관재인 예금보험공사

【피신청인의 승계참가인】 주식회사 정리금융공사

【변론종결】 2005. 3. 25.

【주문】 1. 신청인과 주식회사 부민상호신용금고 사이의 광주지방법원 98카합1052 채권가압류 신청사건에 관하여 위 법원이 1998. 2. 7.에 한 가압류결정을 취소한다. 2. 소송비용은 승계참가인이 부담한다. 3. 제 1 항은 가집행할 수 있다.

【신청취지】 주문과 같다.

【이유】 1. 가압류결정

주식회사 부민상호신용금고(이하 '부민상호신용금고'라고만 한다)는 신청인에 대한 1997. 10. 21.자 보증채무금 1억 3,300만 원 및 그 이자의 청구채권을 피보전권리로 삼아 광주지방법원 98카합1052호로 별지 목록 기재 채권에 대한 채권가압류 신청을 하였고, 위 법원은 위 신청을 받아들여 1998. 2. 7. 가압류결정(이하 '이 사건 가압류결정'이라고 한다)을 내린 사실은 이 법원에 현저하다.

2. 인정사실

가. 부민상호신용금고는 1997. 11. 27. 주식회사 송파건설(이하 '송파건설'이라고만 한다)에 1억 3,300만 원을 대출하였고, 신청인 및 乙, 丙(이하 '신청인 등'이라고 한다)은 송파건설의 부민상호신용금고에 대한 위 대출금 채무를 연대보증하였다.

나. 부민상호신용금고는 이 사건 가압류결정 후인 1998. 11. 26. 예금자보호법에 따라 주식회사 한아름상호신용금고(이하 '한아름상호신용금고'라고만 한다)에 신청인 등에 대한 위 보증채권을 양도하였고, 1999. 3. 16. 신청인 등에게 채권양도의

뜻을 담은 통지서를 발송하여 그 무렵 위 통지서가 신청인 등에게 도달하였다.

다. 한편, 부민상호신용금고는 1999. 7. 15. 광주지방법원으로부터 파산선고를 받아 피신청인이 파산관재인으로 선임되었다.

라. 그 후 한아름상호신용금고는 2001. 12. 31. 피신청인의 승계참가인(이하 '승계참가인'이라고만 한다)에 합병되었다.

마. 그런데 신청인은 광주지방법원 2004하단29호로 파산을 신청하여 위 법원이 2004. 7. 30. 10:00 신청인에 대한 파산을 선고함과 동시에 파산재단으로써는 파산절차의 비용을 충당하기에도 부족하다는 이유로 파산폐지의 결정을 하였다.

바. 이어 신청인은 광주지방법원 2004하면44호로 면책신청을 하여 위 법원이 2004. 11. 8. 신청인을 면책한다는 결정을 내렸고, 위 결정은 2004. 11. 25. 확정되었다.

3. 판단

가. 사정변경의 발생

위 인정사실에 의하면, 신청인이 법원으로부터 파산을 선고받고 나아가 면책결정까지 받았으므로 특별한 사정이 없는 한 이 사건 가압류결정에는 그 결정 후 피보전권리가 소멸한 사정변경이 발생하였다 할 것이다.

나. 승계참가인의 주장 및 그에 대한 판단

(1) 먼저, 승계참가인은, 한아름상호신용금고가 이 사건 가압류결정의 청구채권(이하 '이 사건 채권'이라 한다)을 양도받은 후 승계참가인에 합병되어 승계참가인이 그 채권자가 되었는데, 신청인은 위 면책신청을 함에 있어서 이를 알면서도 한아름상호신용금고 또는 승계참가인을 채권자명부에 기재하지 아니하고 추심권자에 불과한 나라신용정보 주식회사(이하 '나라신용정보'라고만 한다)를 이 사건 채권의 채권자로 기재하여 면책결정을 받았으므로, 신청인은 이 사건 채권에 대하여 면책되지 않았다는 취지로 주장한다.

그런데 관련 법규정에 따르면, 면책을 받은 파산자는 파산절차에 의한 배당을 제외하고 파산채권자에 대한 채무의 전부에 관하여 그 책임이 면제되고(파산법 제349조 본문), 다만, 파산자가 악의로 채권자명부에 기재하지 아니한 청구권은 예외로 한다(파산법 제349조 단서 제6호).

그러므로 신청인이 악의로 승계참가인의 채권을 채권자명부에 기재하지 아니하였는지에 관하여 보건대, 증거에 의하면, 신청인은 광주지방법원 2004하면44호로 면책신청을 하면서 이 사건 채권에 대하여 그 채권자를 추심권자인 나라신용정보로 기재하였고, 2004. 11. 8. 면책결정에서도 그 채권자가 나라신용정보로 기재된 사실은 인정되나, 위 증거들에 의하여 인정되는 다음과 같은 사정 즉, 채권추심을 위임받은 나라신용정보가 자신의 명의로 채권추심을 독촉하는 통지서를 여러 차례

발송하였고, 이에 법률에 문외한인 신청인으로서는 추심권자와 진정한 채권자를 구별하지 못하고 변제 독촉을 하였던 나라신용정보를 채권자로 알고서 채권자명부를 작성하였다고 보이는 점, 파산자가 악의로 채권자명부에 기재하지 아니한 청구권을 면책 대상에서 제외하는 취지는 채권자에게 이의를 제기할 수 있는 기회를 보장하기 위함이라 할 것인데 신청인에 대한 위 면책절차에서 나라신용정보에 면책에 대한 의견을 제시하라는 내용을 담은 서면을 송달하였으므로 승계참가인은 나라신용정보를 통하여 의견 제시의 기회를 제공받았다고 할 수 있는 점, 신청인이 이 사건 채권 자체를 채권자명부에서 누락시킨 것이 아니라 이 사건 채권은 기재하였으나 단지 진정한 채권자와 추심권자를 혼동하여 채권자명부를 작성하였던 것에 불과한 점 등에 비추어 볼 때, 신청인이 이 사건 채권을 악의로 채권자명부에 기재하지 아니한 것으로 볼 수 없고, 달리 이를 인정할 만한 증거도 없다.

따라서, 승계참가인의 위 주장은 이유 없다.

(2) 다음으로, 승계참가인은, 신청인이 위 면책신청 절차에서 이 사건 가압류결정의 제 3 채무자로부터 받을 의료보호 진료비 청구 채권을 재산으로 신고하지 아니하였으므로, 위 면책결정은 위 의료보호 진료비 청구 채권에 대한 이 사건 가압류결정에는 영향을 미치지 않는다고 주장한다.

살피건대, 승계참가인의 위 주장 사실을 인정할 아무런 증거가 없고, 나아가 승계참가인의 주장처럼 신청인이 이 사건 가압류결정의 피압류채권인 위 진료비 청구 채권을 신고하지 않았다고 하더라도 이러한 사정만으로는 신청인에 대한 면책결정의 효력이 이 사건 가압류결정에 영향을 미치지 않는다고 할 수는 없으므로, 승계참가인의 위 주장도 이유 없다.

4. 결론

그렇다면, 신청인의 이 사건 신청은 이유 있으므로 이를 인용하기로 하여 민사집행법 제288조에 따라 주문과 같이 판결한다.

재판장 판사 정갑주 정희영 이명철

[해설]

파산법 제346조 제 3 호(신법 제564조 제 1 항 제 3 호)의 해석과 관련하여 문제되는 것은 허위의 채권자명부 작성이나 재산상태에 대한 허위의 진술에 있어 채무자에게 '채권자를 해할 의사'가 필요한지,[18] '채권자가 고의로' 그와 같은 행위를 하면 족한 것인지[19] 여부이다.

---

18) 파산사건실무(개정판), 372면.

19) 개인파산 · 회생실무, 108면.

생각건대, 신법에서도 구법과 마찬가지로 '악의로 채권자명부에 기재하지 아니한 청구권'을 비면책채권으로 규정하고 있기 때문에(신법 제566조 제 7 호, 파산법 제349조 제 6 호)[20] 단지 고의로 허위의 채권자명부를 작성하거나 재산상태에 대하여 허위의 진술을 하였다는 것만으로 면책불허가결정을 할 필요가 없기는 하나, 파산법 제346조 제 3 호(신법 제564조 제 1 항 제 3 호)의 해석에 있어 '채권자를 해할 의사'를 그 요건으로까지 요구하는 것은 불성실한 채무자를 과도하게 보호하는 것으로, 일단 고의로 허위의 채권자명부를 제출하는 등의 행위를 하면 면책불허가 사유에 해당한다고 보되 사해의 의사 유무를 재량면책에 있어서의 참작 사유의 하나로 고려할 수 있을 것이다. 대법원 89마992 결정 및 광주지방법원 2005카합174 판결 역시 이러한 견해를 전제로 한 것으로 추측된다.

참고로 법정단순승인 사유인 민법 제1026조 제 3 호 소정의 '고의로 재산 목록에 기입하지 아니한 때'에 관하여 대법원은 "한정승인을 함에 있어 상속재산을 은닉하여 상속채권자를 사해할 의사로써 상속재산을 재산 목록에 기입하지 않는 것"을 의미한다고 판시하고 있다.[21]

---

(4) **서울지방법원** 2002. 7. 12.**자** 2002**파합**34(2001**하**340) **결정【면책】**

【결정요지】

면책제도는 성실한 채무자만을 대상으로 하는 것이 아니라 파산에 이른 모든 채무자를 대상으로 하고, 파산자 본인과 가족들의 인간으로서의 생존권을 보장하고 파산자가 경제활동에 참가하여 사회 전체적인 경제적 효율을 높일 수 있게 하는 제도이다(파산자에게 권리면책 허가).

【참조 조문】 파산법 제346조

【신청인 겸 파산자】 甲

【주문】 파산자 甲을 면책한다.

【이유】 1. 기초사실

이 사건 기록에 의하면 다음 사실을 인정할 수 있다.

(1) 파산자는 '우성디베로'라는 상호로 경기 화성군 양감면 송산리 산 20에 공장을 두고 재생폴리우레탄쉬트 등 40여종의 건설자재를 생산하였던 개인사업가로서,

20) '파산자가 악의로 채권자명부에 기재하지 아니한 청구권'은 파산자가 면책결정 이전에 채권의 존재사실을 알면서도 이를 채권자명부에 기재하지 않은 경우이고, 채권자명부에 기재하지 않은 데에 과실이 있는지 여부를 불문하고 파산자가 채권의 존재사실을 알지 못한 때에는 여기에 해당하지 아니한다. 대법원 2007. 1. 11. 선고 2005다76500 판결.

21) 대법원 2003. 11. 14. 선고 2003다30968 판결(공2003, 2346).

1998. 10. 31. 현재 자산은 2,068,423,449원이고, 부채는 4,059,104,244원이다.

(2) 파산자는 1994년 폐신발 밑창인 폴리우레탄 스크랩으로 건설방수자재(재생 폴리우레탄쉬트)를 생산하는 신기술을 개발하여 이에 대한 특허권을 취득하였으나, 이러한 신기술개발에 소요되는 많은 자금을 외부차입금에 의존하여 조달함으로써 재무구조의 악화를 초래하고, 파산자가 생산하는 콘크리트 바닥표면 밀착재의 원자재인 합금강스크랩을 공급하던 삼미특수강 주식회사가 공급을 중단하자 월 500톤 이상의 합금강스크랩을 고가로 수입하게 되어 금융비용의 부담이 가중되던 중 이른바 아이엠에프(IMF) 금융지원사태 이후 금융기관이 신규대출을 중단하고 기존여신을 회수함에 따라 재정적 파탄을 맞이하였다.

(3) 파산자는 1998. 10. 7. 이 법원에 화의개시신청을 하여 1999. 2. 10. 화의개시결정을 받고, 1999. 3. 24. 10:00에 열린 채권자집회에서 파산자가 제공하는 화의조건이 가결되어 같은 날 화의인가결정이 내려지고 그 후 위 인가결정이 확정되었다.

(4) 주 사업장을 포함한 파산자 소유 부동산에 대한 경매절차가 종결되었다.

(5) 이 법원은 2001. 12. 5. 직권으로 화의취소결정을 하였고, 그 즈음 화의취소결정이 확정되었다.

(6) 이 법원은 2001. 12. 24. 파산자에 대하여 파산을 선고하였다가 2002. 2. 28. 파산재단으로써 파산절차의 비용을 충당하기에도 부족하다는 이유로 파산폐지 결정을 하였고, 그즈음 파산폐지결정이 확정되었다.

(7) 파산자가 제출한 채권자명부는 별지 채권자일람표 기재와 같다.

2. 면책 허가 여부

(1) 파산법 제346조는 일정한 불허가사유가 있는 경우 이외에는 반드시 면책을 선고하도록 하는 한편 불허가사유가 있는 경우에도 법원이 재량으로 면책을 선고할 수 있도록 규정하고 있다. 그리고 면책제도는 성실한 채무자만을 대상으로 하는 것이 아니라 파산에 이른 모든 채무자를 대상으로 하고, 파산자 본인과 가족들의 인간으로서의 생존권을 보장하고 파산자가 경제활동에 참가하여 사회 전체적인 경제적 효율을 높일 수 있게 하는 제도이다.

(2) 파산채권자들의 이의를 포함하여 위 인정사실만으로는 파산자에게 파산법 제346조에서 정한 면책 불허가 사유에 해당하는 행위가 있다고 인정하기에 부족하고, 달리 이를 인정할 자료도 없으므로, 파산자에 대하여 면책을 허가함이 상당하다.

3. 결론

따라서 주문과 같이 결정한다.

재판장 판사 이영구 윤종구 윤강열

[해설]

면책의 이념에 관하여 ① 파산채권자의 이익실현에 성실히 협력한 파산자에 대하여 그 특전으로 면책을 부여하는 것이라는 견해(특전설)와 ② 파산자의 경제적 재생의 수단으로 보아 적극적으로 불성실한 행위를 한 자가 아니라면 재생을 위하여 면책이 가능하다고 보는 견해(재생설)가 있는데 어느 견해를 취하느냐에 따라 면책불허가사유에 대한 해석 및 심리의 방식(규문주의 내지 직권탐지주의의 허부), 일부면책이나 조건부면책의 허부 등이 달라진다.[22] 最高裁判所는 특전설의 입장[23]이고 학설은 대립되어 있으나 재생설이 유력한 견해이다.[24] 위 결정은 재생설의 입장을 취하고 있고 후술하는 대법원 2006. 9. 22.자 2006마600 결정 역시 마찬가지이다.

▶ 〈제346조〉 재량면책 및 일부면책

(1) **대법원** 2006. 9. 22.**자** 2006마600 **결정 【면책】** [공2006, 1802]

【판시사항】

구 파산법 제346조 각 호에서 정하는 면책불허가사유가 있는 경우에도 법원이 재량면책을 할 수 있는지 여부(적극) 및 이때 일부면책이 허용되는 경우

【결정요지】

구 파산법(2005. 3. 31. 법률 제7428호 채무자 회생 및 파산에 관한 법률 부칙 제2조로 폐지) 제346조의 해석상, 법원은 같은 조의 각 호에서 정하는 면책불허가사유가 있는 경우라도 파산에 이르게 된 경위, 그 밖의 사정을 고려하여 상당하다고 인정되는 경우에는 면책을 허가할 수 있고, 또한 그와 같은 재량면책을 함에 있어서는 불허가사유의 경중이나 채무자의 경제적 여건 등 제반 사정을 고려하여 예외적으로 채무액의 일부만을 면책하는 소위 일부면책을 할 수도 있으나, 채무자의 경제적 갱생을 도모하려는 것이 개인파산제도의 근본 목적이라는 점을 감안할 때 채무자가 일정한 수입을 계속적으로 얻을 가능성이 있다는 등의 사정이 있어 잔존채무로 인하여 다시 파탄에 빠지지 않으리라는 점이 소명된 경우에 한하여 그러한 일부면책이 허용된다.

---

22) 伊藤眞, 破産法, 514-515면.
23) 最高裁判所 1961(昭和 36). 12. 13. 결정.
24) 伊藤眞, 破産法, 515-516면.

【참조 조문】 구 파산법 제346조(신법 제564조 참조)

【재항고인, 신청인 겸 파산자】 甲

【원심결정】 전주지방법원 2006. 5. 26.자 2004라123 결정

【주문】 원심결정을 파기하고, 사건을 전주지방법원 본원 합의부에 환송한다.

【이유】

1. 원심은 재항고인(신청인 겸 파산자, 이하 '파산자'라 한다)의 판시 각 행위가 구 파산법(2005. 3. 31. 법률 제7428호로 폐지되기 전의 것, 이하 '구 파산법'이라 한다) 제346조 제1호, 제367조 제1호 내지 제3호 소정의 면책불허가사유에 해당한다고 인정한 다음, 파산자와 그의 어머니의 치료비가 많이 지출된 점, 기타 판시와 같은 사정을 참작하여 재량으로 이 사건 면책결정 확정시의 원금·이자·지연손해금의 합계액 중에서 원금 30%를 제외한 나머지 부분에 대하여만 면책을 허가한 제1심결정을 정당하다고 보아 그대로 유지하였다.

2. 그러나 원심의 판단은 다음과 같은 이유로 수긍할 수 없다.

구 파산법 제346조의 해석상, 법원은 같은 조의 각 호에서 정하는 면책불허가사유가 있는 경우라도 파산에 이르게 된 경위, 그 밖의 사정을 고려하여 상당하다고 인정되는 경우에는 면책을 허가할 수 있는 것이고, 또한 그와 같은 재량면책을 하기로 결정함에 있어서 그 불허가사유의 경중이나 채무자의 경제적 여건 등 제반 사정을 고려하여 예외적으로 채무액의 일부만을 면책하는 소위 일부면책을 할 수는 있을 것이나, 채무자의 경제적 갱생을 도모하려는 것이 개인파산제도의 근본 목적이라는 점을 감안할 때 채무자가 일정한 수입을 계속적으로 얻을 가능성이 있다는 등의 사정이 있어 잔존채무로 인하여 다시 파탄에 빠지지 않으리라는 점에 대한 소명이 있는 경우에 한하여 그러한 일부면책이 허용된다고 봄이 상당하다.

그런데 기록에 비추어 살펴보면, 파산자는 만성적인 신장질환 및 당뇨 증상으로 인하여 지속적인 치료비 지출이 불가피한 상황이고 질병악화로 직장을 구하지 못하고 있을 뿐만 아니라 국민기초생활보장법 제2조 제2호의 규정에 의한 수급자로서 2명의 어린 자녀를 부양하는 처지에 있음을 알아볼 수 있는바, 사정이 그와 같다면 달리 특별한 사정이 없는 한 파산자는 앞으로도 상당한 정도의 소득을 얻을 수 있다고 쉽게 예측하기도 어렵고, 따라서 판시 잔존채무를 남겨둘 경우 다시 파탄에 빠지는 사태를 초래할 가능성이 크다고 하지 않을 수 없다. 그럼에도 불구하고, 그 판시와 같은 사정만으로 위 잔존채무에 대하여 면책을 허용하지 아니한 원심결정에는 재량면책의 허용범위에 관한 법리를 오해하였거나 사실을 오인하여 결정에 영향을 미친 위법이 있다.

대법관 박시환(재판장) 김용담 박일환 김능환(주심)

(2) **서울지방법원** 2002. 7. 12.**자** 2002**파합**17(2001**하**339) **결정 【면책】**

【결정요지】

파산자의 능력을 넘어선 차용행위를 하여 과다한 채무를 부담하고, 파산재단에 속하는 재산을 은닉 또는 채권자에게 불이익하게 처분을 하는 행위를 하여 파산법 제346조 제 1 호, 제366조 제 1 호, 제367조 제 1 호 소정의 면책불허가사유가 있다고 판단하는 한편, 파산자 소유의 모든 부동산들이 낙찰되어 그 대금으로 일부 채무가 변제된 사정, 특히 차용금채무가 영업에 의하여 발생하였고 낭비 행위에 대한 비난의 정도가 심하지 않은 사정 등을 참작하여 이자·지연손해금 전액 및 원금의 70%에 해당하는 금원, 비면책 원금 30%에 대한 면책확정일 다음날부터 5년을 경과하는 날까지 발생하는 지연손해금에 대하여 면책을 허가.

【참조 조문】 파산법 제346조 제 1 호, 제366조 제 1 호, 제367조 제 1 호

【신청인 겸 파산자】 甲

【주문】 1. 파산자가 이 사건 면책신청서에 첨부하여 제출한 별지 채권자일람표 기재의 채권 중 다음 부분에 관하여 파산자를 면책한다.

가. 이 사건 면책결정확정시의 원금·이자·지연손해금 합계액 중에서 이자·지연손해금 전액 및 원금의 70%에 해당하는 금원.

나. 이 사건 면책결정확정시의 원금의 30%에 대하여 이 사건 면책결정확정일 다음날부터 5년을 경과하는 날까지의 지연손해금.

2. 제 1 항의 채권부분을 제외한 나머지에 관하여 파산자의 면책을 허가하지 아니한다.

【이유】 1. 면책불허가 사유의 존재 여부

가. 이 사건 기록에 의하면 다음 사실을 인정할 수 있다.

(1) 파산자는 1982. 1. 7. 스포츠의류의 제조를 목적으로 설립된 개인기업체(태양스포츠)의 대표자로서, 1982년부터 1994년까지는 국내 스포츠의류제조에 치중해오다가 1995년부터 베트남 현지공장을 설립하여 임가공 수출위주의 영업을 영위하였는바, 1998. 4. 30. 현재 임직원수는 22명이고, 자산은 15억 5,800만 원, 부채는 37억 7,100만 원이다.

(2) 파산자는 1995. 5. 30. 해외시장 개척을 위하여 베트남 호치민시에 스포츠의류 임가공 합작공장을 설립하였는바, 위 현지 공장에 대한 과도한 자금투자, 베트남 현지사정에 따른 임가공 수출물품의 통관보류와 그로 인한 약 45만불 상당의 수출대금의 미회수, 국내 내수 거래 중 선수금으로 받은 약 8억 원 상당의 어음의 부도로 자금곤란을 겪어오다가 이른바 아이엠에프(IMF) 금융지원사태로 인하여 거래은행들이 수출환어음의 결제를 기피하자 1998. 3. 3. 부도를 내기에 이르렀다. 파산자는 부도 무렵 무역부 사무실의 사무용 집기 및 임대차보증금반환채권, 베트남

소재 생산품 및 재고품 등을 특정 채권자에게 처분권을 위임하거나 양도하였다.

(3) 파산자는 1998. 5. 1. 이 법원에 화의개시신청을 하여 1998. 7. 24. 화의개시결정을 받고, 1998. 8. 27. 15:00에 열린 채권자집회에서 파산자가 제공하는 화의조건이 가결되어 같은 날 화의인가결정이 내려지고 그 후 위 인가결정이 확정되었다.

(4) 주 사업장을 포함한 파산자 소유 부동산에 대한 경매절차가 종결되었다.

(5) 이 법원은 2001. 12. 5. 직권으로 화의취소결정을 하였고, 그 즈음 화의취소결정이 확정되었다.

(6) 이 법원은 2001. 12. 24. 파산자에 대하여 파산을 선고하였다가 2002. 2. 28. 파산재단으로써 파산절차의 비용을 충당하기에도 부족하다는 이유로 파산폐지 결정을 하였고, 그즈음 파산폐지결정이 확정되었다.

(7) 파산자는 현재 서울 성북구 장위2동 60-1 장석빌딩 3층을 소재지로 하는 '태양스포츠' 또는 'SUN Sports'라는 명함을 소지하고 있고, 파산자가 기술과 경험을 제공하고 영업을 담당하고 있는 (주)엘림스포츠의 감사는 처인 乙, 이사는 자인 丙, 丁이며, 특히 丙과 丁은 (주)엘림스포츠의 주식을 40%씩 소유하고 있다.

(8) 파산자는 현재 자인 丙 명의로 보증금 5천만 원, 2년 차임 2천만 원에 임차한 서울 강남구 압구정동 437 현대아파트 202동 105호에 거주하고 있다.

(9) 파산자가 제출한 채권자명부는 별지 채권자일람표 기재와 같다.

나. 위 인정사실에 의하면, 파산자는 자산상태나 수입정도 등에 비추어 자신의 능력을 넘어선 차용행위를 하여 과다한 채무를 부담하고, 파산재단에 속하는 재산을 은닉 또는 채권자에게 불이익하게 처분을 하는 행위를 하였다고 판단되고, 위 행위들은 파산법 제346조 제 1 호, 제366조 제 1 호, 제367조 제 1 호 소정의 면책불허가사유에 해당한다.

2. 재량면책의 허가여부

파산자에게 위와 같은 면책불허가사유가 있기는 하나, 파산자 소유의 모든 부동산들이 낙찰되어 그 대금으로 일부 채무가 변제된 사정, 특히 차용금채무는 당시 태양스포츠의 영업에 의하여 대부분 발생하였고 앞서 본 낭비 행위에 대한 비난의 정도가 심하지 않은 사정, 그 밖에 파산에 이르게 된 경위, 채권의 액수와 내용, 파산자의 나이, 직업, 재산 및 수입상태, 생활정도 및 가족관계 등 이 사건 기록에 나타난 제반 사정을 참작할 때, 위에서 인정한 면책불허가사유가 존재함에도 불구하고, 파산자가 이 사건 면책신청서에 첨부하여 제출한 별지 채권자일람표 기재의 채권 중 이 사건 면책허가결정확정시의 이자 · 지연손해금 전액 및 원금의 70%에 해당하는 금원에 대하여 면책을 허가하고, 나머지 비면책 원금 30%에 대하여는 이 사건 면책확정일 다음날부터 5년을 경과하는 날까지 발생하는 지연손해금에 대하여만 면책을 허가하고, 위 채권부분을 제외한 나머지에 관하여는 면책을 허가하지 아니함이 상당하다.

3. 결론

따라서 주문과 같이 결정한다.

재판장 판사 이영구 윤종구 윤강열

(3) **서울지방법원** 1998. 12. 8.**자** 98**파**6079(98**하**35) **결정【면책】**

【결정요지】

(파산자가 1997. 7. 경 자신의 수입으로 이자를 지급할 수 없어 다시 금원을 차용하여야 하는 상태에 이르러 10여 개의 신용카드를 소지하고 하나의 신용카드를 이용한 새로운 차입을 통하여 다른 신용카드의 기존 채무를 변제하는 방식으로 채무를 증대시켜 왔으며, 1998. 3. 경에는 정상적인 방법으로 인한 금원차입이 불가능하게 되자 신용카드를 이용한 불법현금융통을 받는 방법을 통하여 고율의 선이자를 공제한 나머지 자금을 융통받아 기존 채무를 변제하여 오다가 결국 파탄에 이르러, 1998. 3. 20. 직장에서 퇴사한 후에 바로 파산신청을 한 사안에서) 파산자는 늦어도 1997. 7. 경 파산자의 재산, 신용, 직업을 종합한 변제능력과 당시 부담하고 있던 채무의 규모를 비교하여 볼 때 지급불능상태에 있었다고 할 것임에도 불구하고, 1998. 3. 경에 신용카드를 이용한 불법현금융통의 방법으로 금원을 차입하는 등 사술을 사용하여 채권자로 하여금 파산원인사실(지급불능)이 없는 것으로 믿도록 한 후 신용으로 금원을 취득하였다고 할 것이므로, 파산자에게는 일응 파산법 제346조 제 2 호 소정의 면책불허가사유가 존재하나, 파산자가 위와 같이 파산원인사실 발생 후에 사술을 써서 신용거래로 재산을 취득한 사유가 오로지 기존채무의 변제를 위한 것으로서 그 위법성의 정도가 현저하지 않은 점, 면책이 불허가된 금원도 적지 않기 때문에 그 변제재원을 마련하는데 어느 정도 기간의 유예가 필요하다는 점 등을 고려하여 면책결정확정시의 이자·지연손해금 전액 및 원금의 60%에 해당하는 금원, 위 원금의 40%에 관하여 이 사건 면책결정확정일 다음날부터 1년을 경과하는 날까지 발생하는 지연손해금 부분에 대하여 면책을 허가함이 상당하다고 판시.

【참조 조문】 파산법 제346조 제 2 호

【파산자】 甲

【주문】 1. 파산자가 이 사건 면책신청서에 첨부하여 제출한 채권자일람표 기재의 채권 중 다음 부분에 관하여 파산자를 면책한다.

가. 이 사건 면책결정확정시의 원금 · 이자 · 지연손해금 합계액 중에서 이자 · 지연손해금 전액 및 원금의 60%에 해당하는 금원

나. 이 사건 면책결정확정시의 원금의 40%에 대하여 이 사건 면책결정확정일

다음날부터 1년을 경과하는 날까지의 지연손해금

2. 제 1 항의 채권부분을 제외한 나머지에 관하여 파산자의 면책을 허가하지 아니한다.

【이유】 1. 기초사실

이 사건 기록에 의하면 다음 사실이 소명된다.

가. 파산자는 삼성카드 주식회사 등 14명의 채권자들에 대하여 합계 금 66,775,027원의 채무를 부담하여 지급불능 상태에 이르러 1998. 4. 8. 이 법원에 파산신청을 하였고, 1998. 5. 19. 11:00 파산이 선고되고 동시에 파산폐지결정이 내려졌다.

나. 파산자는 1991년 고등학교 졸업 후부터 백화점 직원으로 근무하였는데, 파산자의 아버지인 신청외 乙이 1996. 5. 15.경부터 1개월간 허위신용카드매출전표를 이용하여 불법 현금대출업을 하는 과정에서 파산자도 신용카드회사에 대한 채무를 부담하게 되었고, 그 후 부모와 본인의 발병으로 인한 치료비 및 기존채무의 이자 지급 등을 위하여 계속하여 채무가 증대함에 따라 1997. 7.경에는 자신의 수입으로 이자를 지급할 수 없어 다시 금원을 차용하여야 하는 상태에 이르러 10여개의 신용카드를 소지하고 하나의 신용카드를 이용한 새로운 차입을 통하여 다른 신용카드의 기존 채무를 변제하는 방식으로 채무를 증대시켜 왔으며, 1998. 3.경에는 정상적인 방법으로 인한 금원차입이 불가능하게 되자 신용카드를 이용한 불법현금융통을 받는 방법을 통하여 고율의 선이자를 공제한 나머지 자금을 융통받아 기존채무를 변제하여 오다가 결국 파탄에 이르러, 1998. 3. 20. 백화점에서 퇴사한 후에 바로 파산신청을 하기에 이르렀다.

2. 판단

위 소명사실에 의하면, 파산자는 늦어도 1997. 7.경에는 자신의 재산, 신용, 직업을 종합한 변제능력과 당시 부담하고 있던 채무의 규모를 비교하여 볼 때 지급불능상태에 있었다고 할 것인바, 그럼에도 불구하고, 1998. 3. 경에 신용카드를 이용한 불법현금융통의 방법으로 금원을 차입하는 등 사술을 사용하여 채권자로 하여금 파산원인사실(지급불능)이 없는 것으로 믿도록 한 후 신용으로 금원을 취득하였다고 할 것이므로, 파산자에게는 일응 파산법 제346조 제 2 호 소정의 면책불허가사유가 존재한다.

그러나 파산자가 위와 같이 파산원인사실 발생 후에 사술을 써서 신용거래로 재산을 취득한 사유가 오로지 기존채무의 변제를 위한 것으로서 그 위법성의 정도가 현저하지 않은 점에 비추어 볼 때 파산자에게 면책을 전부 불허가하는 것은 가혹하다고 할 것이다.

그렇다면 파산자의 면책불허가사유의 내용 및 정도, 기록에 나타난 파산자의 현재의 생활상태, 채권의 액수 및 내용, 한편 면책이 불허가된 금원도 적지 않기 때문에 그 변제재원을 마련하는데 어느 정도 기간의 유예가 필요하다는 점 등을 고려할 때, 파산자가 이 사건 면책신청서에 첨부하여 제출한 채권자일람표 기재의 채권 중 이 사건 면책결정확정시의 이자·지연손해금 전액 및 원금의 60%에 해당하는 금원에 대하여 면책을 허가하고, 위 원금의 40%에 관하여 이 사건 면책결정확정일 다음날부터 1년을 경과하는 날까지 발생하는 지연손해금 부분에 대하여 면책을 허가하는 것이 상당하고, 위 채권부분을 제외한 나머지에 관하여는 파산자의 면책을 허가하지 아니함이 상당하다고 할 것이다.

이상의 이유로 주문과 같이 결정한다.

재판장 판사 이규홍 서경환 이연갑

[해설]

일부면책결정의 허부에 관하여 그 동안 논란이 있어 왔고 신법 시행 후 서울중앙지방법원의 실무는 원칙적으로 일부면책결정을 하지 않고 있다. 대법원 2006마600 결정은 재량면책에 있어 일부면책결정을 하는 경우라도 재생설의 입장에서 다시 엄격한 요건을 부여하여 '잔존채무로 인하여 다시 파탄에 빠지지 않으리라는 점'에 대한 소명을 요구하고 있다. 이 소명은 법원이 직권으로 탐지하여야 할 것인데, 그 소명 가능성이 크지는 않을 것으로 예상되어 결국은 일부면책을 불허하는 재생설의 입장이 관철될 것으로 보인다.

일부면책결정은 특정채권만을 면책에서 제외하는 개별적 일부면책, 모든 채권의 일정 부분에 대한 면책을 불허하는 비율적 일부면책 및 양자의 혼합형이 있는데, 과거 우리 실무는 비율적 일부면책의 방법을 주로 택하고 있다. 서울지방법원 2002파합17(2001하339) 결정, 같은 법원 98파6079(98하35) 결정은 전형적인 예이다.

과거 서울중앙지방법원 결정례 중 재량면책 내지 일부면책에 있어 참작할 만한 사정으로 설시된 것들은 다음과 같다.

· 항고인 소유 아파트에 대하여 임의경매 진행, 회사의 이사로서 부득이하게 채무를 부담

· 주민등록 말소로 취직이 어려움, 카드대납금을 채무변제에 사용

· 채무자가 질환으로 다액의 치료비 부담하게 된 것이 채무의 주된 원인, 현재도 입원치료 반복

· 호흡기 2급장애인

· 남편의 채무로 인해 채무 부담, 남편이 국가유공자이자 장애자임

· 퇴직금 및 소유 아파트를 처분한 돈으로 일부 채무를 변제

· 장남 가족의 생계까지 책임지게 되면서 채무 증가

· 채무자의 언니를 돕기 위하여 채무부담

· 항고인 운영의 자동차 대리점의 영업부진으로 채무부담. 내수침체, 부하 직원의 횡령 등의 사정이 겹침

19. 파산실체법

▶ 〈파산원인 계약종료〉

(1) **대법원** 2005. 1. 13. **선고** 2003**다**63043 **판결 【파산채권확정】** [공2005, 239]

【결정요지】

콘도미니엄 시설의 공유제 회원은 콘도미니엄 시설 중 객실의 공유지분에 대한 매매계약 이외에 콘도미니엄 시설 전체를 관리 운영하는 시설경영기업과 사이에 시설이용계약을 체결함으로써 공유지분을 가진 객실 이외에 콘도미니엄 시설 전체를 이용할 수 있게 되는바, 공유제 회원과 콘도미니엄 시설 전체를 관리 운영하는 시설경영기업 사이의 시설이용계약은 회원이 계약에서 정한 바에 따라 콘도미니엄 시설 전체를 이용하는 것을 주된 목적으로 하는 것으로서, 공유제 회원이 시설경영기업과 사이에 시설이용계약을 체결하면서 시설경영기업에 대하여 자신이 공유지분을 가진 객실에 대한 관리를 위탁하고 그에 소요되는 관리비와 회원들 상호간에 콘도미니엄 시설의 이용을 조정하는 사무처리에 소요되는 비용을 지급하였다고 하더라도 이는 회원이 콘도미니엄 시설 전체를 이용하는 데에 전제가 되거나 그에 부수되는 것으로서 이로써 공유제 회원과 시설경영기업과 사이의 시설이용계약이 민법상의 위임계약에 해당된다고 할 수는 없고, 따라서 시설경영기업이 파산선고를 받는다고 하여 회원과 시설경영기업 사이의 시설이용계약이 당연히 종료된다고 할 수 없다.

【참조 조문】 민법 제680조, 제690조

【원고, 피상고인】 甲 외 1인 (소송대리인 법무법인 청률 담당변호사 김문수 등)

【피고, 상고인】 파산자 주식회사 한국콘도의 파산관재인 김주학

【원심판결】 부산고등법원 2003. 10. 23. 선고 2003나5092 판결

【주문】 원심판결을 파기하고, 사건을 부산고등법원으로 환송한다.

【이유】 1. 원심의 판단

원심판결 이유에 의하면, 원심은, 그 채용 증거를 종합하여 파산선고 전 주식회사 한국콘도(이하 '한국콘도'라 한다)가 1992. 12.경 충주시 상모면 온천리 772-7 외 6필지 위에 수안보 콘도미니엄 건물(이하 '수안보 콘도'라 한다)을 준공한 사실, 한국콘도는 수안보 콘도의 총 객실 92실 중 55실에 대한 오너쉽회원을 모집하였는데, 원고 甲은 1992. 8. 12. 객실 221호에 대한 1/10 지분을, 원고 乙은 1992. 11. 4. 객실 222호에 대한 1/10지분을 각 분양대금 1,540만 원에 분양받아 1993. 3. 23. 각 지분이전등기를 경료한 사실, 위 각 객실에 관하여 원고 甲은 1992. 9. 18.에, 원고 乙은 1992. 11. 4.에 한국콘도와 사이에 시설관리운영계약(이하 '이 사건 계약'이라 한다)을 각 체결하고, 이에 따라 한국콘도에게, 용역료로 원고 甲은 1,100만 원을, 원고 乙은 990만 원을 각 지급하였고, 또한 손괴보증금으로 원고들은 각 50만 원을 지급한 사실, 이 사건 계약에 의하면, 원고들은 콘도미니엄 시설에 대한 공유지분권자로서 콘도미니엄 시설의 상호사용 시스템을 이해하고, 원고들이 공유지분권을 가지고 있는 콘도미니엄 시설의 관리운영을 한국콘도에게 위탁하며, 한국콘도는 공평하고 원활하게 이를 관리·운영하고, 계약기간은 20년간으로 하며, 원고들은 용역료를 선지급하고, 한국콘도는 용역료를 콘도미니엄 시설의 유지·보수 관리비, 공유지분권자 상호간의 사용조정 업무 및 통신비, 그에 소요되는 관리요원의 인건비 등에 충당하며, 계약기간 내에 공유지분권이 양도될 경우에 미경과년수에 안분한 금액 상당의 미경과기간의 용역료를 원고들에게 환급하고, 원고들의 귀책사유로 시설을 훼손하였을 경우 등에 대비하여 원고들은 손괴보증금을 한국콘도에게 납부하기로 약정한 사실, 한국콘도는 수안보 콘도를 포함하여 전국에 8개의 휴양콘도미니엄을 설립하여 운영하던 중 1992. 11.경 부도를 낸 후 1997. 외환위기로 경영이 더욱 악화되어 2001. 9. 14. 파산 선고를 받았고, 피고가 그 파산관재인으로 선임된 사실, 원고들은 손괴보증금 전액과 용역료 중 잔존 계약기간에 안분한 금액을 각 파산채권으로 신고한 사실을 인정한 다음, 콘도시설의 관리운영 주체는 원고들을 포함한 공유지분권자들이라고 보아야 하고, 이 사건 계약은 수안보 콘도의 공유지분권자들이 한국콘도에 위 콘도의 관리사무 및 공유지분권자들간의 사용조정 사무의 처리를 위탁함을 그 주된 내용으로 하고 있으므로 민법상의 위임계약에 해당하는데, 한국콘도가 파산선고를 받음으로써 민법 제690조에 의하여 당연히 종료되었으니, 원고들은 이 사건 계약에 의하여 납부한 손괴보증금 전액과 용역료 중 잔존 계약기간에 안분한 금액 상당의 파산채권을 갖는다고 판단하였다.

2. 이 법원의 판단

콘도미니엄시설의 공유제 회원은 콘도미니엄시설 중 객실의 공유지분에 대한 매매계약 이외에 콘도미니엄시설 전체를 관리 운영하는 시설경영기업과 사이에 시설이용계약을 체결함으로써 공유지분을 가진 객실 이외에 콘도미니엄시설 전체를 이용할 수 있게 되는바, 공유제 회원과 콘도미니엄시설 전체를 관리 운영하는 시설경영기업 사이의 시설이용계약은 회원이 계약에서 정한 바에 따라 콘도미니엄시설 전체를 이용하는 것을 주된 목적으로 하는 것으로서, 공유제 회원이 시설경영기업과 사이에 시설이용계약을 체결하면서 시설경영기업에 대하여 자신이 공유지분을 가진 객실에 대한 관리를 위탁하고 그에 소요되는 관리비와 회원들 상호간에 콘도미니엄시설의 이용을 조정하는 사무처리에 소요되는 비용을 지급하였다고 하더라도 이는 회원이 콘도미니엄시설 전체를 이용하는 데에 전제가 되거나 그에 부수되는 것으로서 이로써 공유제 회원과 시설경영기업과 사이의 시설이용계약이 민법상의 위임계약에 해당된다고 할 수는 없고, 따라서 시설경영기업이 파산선고를 받는다고 하여 회원과 시설경영기업 사이의 시설이용계약이 당연히 종료된다고 할 수 없다.

기록에 의하면, 원고들은 한국콘도로부터 오너회원으로서 수안보콘도 중 1객실의 지분을 분양받고 그 분양계약과 함께 한국콘도와 사이에 이 사건 계약을 체결하였는데, 이 사건 계약은 원고들이나 원고들이 지정하는 제 3 자는 한국콘도의 객실을 연간 28일의 범위 내에서 사용하되 원고들은 20년간 한국콘도에게 자신들이 공유지분을 가진 콘도시설 부분의 관리를 위탁하고 이 사건 계약의 대가로 한국콘도에게 용역료를 지급하며, 한국콘도는 이를 콘도미니엄 시설의 관리비 및 공유지분권자 상호간의 사용조정 업무에 소요되는 비용에 충당하도록 하는 내용임은 알 수 있는바, 이 사건 계약은 오너회원인 원고들이 한국콘도가 관리 운영하는 콘도미니엄시설을 이용하기 위한 시설이용계약이라 할 것이고 원고들의 한국콘도에 대한 공유지분의 관리위탁 등의 내용이 포함되어 있다는 사정만으로는 민법상 위임계약에 해당된다고 할 수는 없다.

그럼에도 불구하고, 이 사건 계약이 위임계약에 해당됨을 전제로 한국콘도가 파산선고를 받음으로써 민법 제690조에 의하여 당연히 종료된다고 한 원심의 판단에는 콘도미니엄시설의 공유제 회원과 시설경영기업 사이의 시설이용계약에 관한 법리를 오해함으로써 판결에 영향을 미친 위법이 있다고 할 것이고, 이 점을 지적하는 취지의 상고이유의 주장은 이유 있다.

대법관 윤재식(재판장) 이용우 이규홍(주심) 김영란

[해설]

위임계약의 내용이 유상·쌍무인가 무상·편무인가를 묻지 않고, 위임자 또는 수임자의 파산으로 계약은 당연히 종료한다(민법 제690조 전문). 위임계약에 기하여 수임자에게 대리권이 수여되어 있는 경우에는 그 대리권도 소멸한다(민법 제127조 제2호, 제128조).

콘도 회원계약의 법적 성질은 다양한데 회원이 일정 기간을 사용할 수 있는 채권적 권리를 갖는 일시 임대차와 유사한 경우, 또는 특정 콘도구분건물에 대해 일정한 지분을 가진 공유자가 되는 경우(interval ownership), 또는 일정한 회원들 사이의 조합에 가까운 관계 등으로 볼 수 있는 경우 등이 있고 다시 멤버십(회원제)과 오너십(등기제)으로 구분된다.[1] 대상판결의 콘도회원계약은 지분매매의 유형이자 오너십 유형에 해당한다.

콘도매매계약을 체결한 후 별도로 시설이용계약을 체결하여야 하는데 이는 복수의 지분권자들 사이에서 객실을 포함한 콘도시설의 이용을 조정할 필요가 있기 때문이다. 따라서 대상판결이 설시한 바와 같이 시설이용계약은 콘도미니엄시설 전체를 이용하는 것이 그 주된 목적이 된다. 즉, 객실에 대한 공유지분권의 행사에 필요한 콘도미니엄시설의 제공이 계약의 본질적 부분이라 할 수 있다. 객실에 대한 관리를 위탁한 부분이 시설이용계약 중에 포함되어 있으나 이는 계약의 부수적인 부분에 불과하다.

결국 이 사건 시설이용계약은 계약의 본질적 부분과 부수적 부분이 결합되어 있는 혼합계약이라고 할 수 있고 흡수이론에 따라 계약의 본질적 부분에 관한 규율이 전적으로 적용되고 부수적 부분은 무시되는데,[2] 시설이용계약의 본질적 부분의 법적 성격은 위임계약이 아니라 일종의 무명계약에 해당하므로,[3] 한국콘도의 파산으로 시설이용계약이 해지된다고 볼 여지는 없다.

---

(2) **대법원** 2004. 9. 13. **선고** 2003**다**26020 **판결【공사대금등】**[공2004, 1659]

【판결요지】

[1] 조합원들이 조합계약 당시 민법 제717조의 규정과 달리 차후 조합원 중에 파산하는 자가 발생하더라도 조합에서 탈퇴하지 않기로 약정한다면 이는 장래의 불특정 다수의 파산채권자의 이해에 관련된 것을 임의로 위 법 규정과 달리 정하는 것이어서 원칙적으로는 허용되지 않는다 할 것이지만, 파산한 조합원이 제3자와의 공동사업을 계속하기 위하여 그 조합에 잔류하는 것이 파산한 조합원의 채권자들에게 불리하지 아니하여 파산한 조합원의 채권자들의 동의를 얻어 파산관

---

1) 김동훈, "신종계약의 입법방향," 민사법학 18호(2000), 한국사법행정학회, 201면.
2) 민법주해 XII, 박영사(1997), 16면.
3) 대법원 1996. 2. 27. 선고 95다35098 판결(공1996, 1090).

재인이 조합에 잔류할 것을 선택한 경우까지 조합원이 파산하여도 조합으로부터 탈퇴하지 않는다고 하는 조합원들 사이의 탈퇴금지의 약정이 무효라고 할 것은 아니다.

[2] 공동수급체의 구성원 중 1인이 파산하였으나 파산관재인이 법원의 허가와 파산채권자의 동의를 얻어 파산 이후에도 계속적으로 공동사업을 수행하여 왔다면, 입찰참가자격제한조치를 받기 전까지는 탈퇴할 수 없다고 한 탈퇴금지의 약정은 파산한 조합원의 채권자의 이익을 해하지 아니하므로 유효하다고 한 사례.

【참조 조문】 [1] 민법 제717조, 파산법 제50조, 제182조 제 1 항, 제184조／[2] 민법 제717조

【원고, 상고인】 甲

【피고, 피상고인】 수도권매립지운영관리공사 외 1인 (소송대리인 변호사 이우승 등)

【원심판결】 서울고등법원 2003. 4. 11. 선고 2002나42782 판결

【주문】 상고를 기각한다. 상고비용은 원고가 부담한다.

【이유】 민법 제717조는 조합원이 사망, 파산, 금치산, 제명된 경우 조합으로부터 탈퇴된다고 규정하고 있어서 조합원 중에 파산자가 발생하면 그 파산관재인은 파산의 목적을 달성하기 위하여 파산한 조합원을 조합으로부터 탈퇴시켜 그 지분을 변제에 충당하여야 하는 것인바, 만일 조합원들이 조합계약 당시 위 민법규정과 달리 차후 조합원 중에 파산하는 자가 발생하더라도 조합에서 탈퇴하지 않기로 약정한다면 이는 장래의 불특정 다수의 파산채권자의 이해에 관련된 것을 임의로 위 법규정과 달리 정하는 것이어서 원칙적으로는 허용되지 않는다 할 것이지만, 파산절차에 있어서도 파산자의 기존 사업을 반드시 곧바로 청산하여야 하는 것이 아니라 그 사업을 계속하는 것이 파산자의 채권자를 위하여 유리할 때에는 일정한 범위 내에서 사업을 계속할 수 있고(파산법 제50조, 제182조 제 1 항, 제184조 참조), 그 중 파산자의 사업이 제 3 자와 조합체를 구성하여 진행하는 것일 때에는 파산한 조합원이 그 공동사업의 계속을 위하여 조합에 잔류할 필요가 있는 경우가 있을 수 있는바, 이와 같이 파산한 조합원이 제 3 자와의 공동사업을 계속하기 위하여 그 조합에 잔류하는 것이 파산한 조합원의 채권자들에게 불리하지 아니하여 파산한 조합원의 채권자들의 동의를 얻어 파산관재인이 조합에 잔류할 것을 선택한 경우까지 조합원이 파산하여도 조합으로부터 탈퇴하지 않는다고 하는 조합원들 사이의 탈퇴금지의 약정이 무효라고 할 것은 아니다.

기록에 비추어 살펴보면, 원고와 동아건설산업 주식회사(이하 '동아건설'이라 함)가 1996. 8. 13. 공동수급체를 구성하여 이 사건 공사를 수급하여 5차에 나누어 연차적으로 시행하기로 하였는데, 그 후 각 연차별 공사마다 작성된 공동수급표준

협정서상 공동수급체의 출자비율은 동아건설 90%, 원고 10%이고, 공동수급체 구성원 중 파산으로 인하여 당초 협정서의 내용대로 계약이행이 곤란한 경우에 위 출자비율을 변경할 수 있되 그와 같이 변경하더라도 출자비율 전부를 다른 구성원에게 이전할 수 없으며(협정서 제9조), 공동수급체의 구성원은 발주자 및 구성원 전원의 동의가 없으면 입찰 및 당해 계약의 이행을 완료하는 날까지 탈퇴할 수 없고, 다만 공동수급체 구성원 중 파산 또는 해산, 부도 기타 정당한 사유 없이 당해 계약을 이행하지 아니하여 국가를당사자로하는계약에관한법률시행령 제76조의 규정에 의거 입찰참가자격제한조치를 받은 구성원에 대하여는 다른 구성원이 탈퇴조치를 하여야 한다(협정서 제12조 제1항)고 규정하고 있으며, 이 사건 공사 중 제5차 공사의 도급금액은 27,939,336,000원이고, 공사기간은 2000. 12. 30.부터 2001. 11. 16.까지인데 위 제5차 공사가 진행되던 중인 2001. 5. 11. 동아건설이 서울중앙지방법원으로부터 파산선고를 받았으며, 파산 당시 동아건설이 가지는 주된 재산으로 이 사건 공사의 발주자로부터 지급받는 공사대금이 있었는데 이 사건 공동수급체가 유지되어 기성고에 따라 수시로 공사대금을 지급받는 것이 파산재단의 재산의 환가에 유리할 뿐만 아니라, 동아건설이 공동수급체로부터 탈퇴하지 않고 공사를 계속하여 수익을 남기는 것이 파산한 동아건설의 채권자나 조합 자체에도 이익이 된다는 판단하에 동아건설의 파산관재인인 피고는 법원의 허가와 파산채권자들의 동의를 얻어 파산 이후에도 계속 공동사업을 수행하여 위 제5차 공사까지 모두 완공한 사실을 알 수 있는바, 사실이 위와 같다면 원고와 동아건설 사이에 구성된 공동수급체는 민법상의 조합이라 할 것인데 동아건설이 파산한 후에도 공동수급체에서 탈퇴하지 아니하고 이 사건 공사를 계속 수행하는 것이 공사대금 전액을 수령할 수 있게 되어 파산한 동아건설의 채권자의 보호에 더욱 유리하다 할 것이므로, 이 사건에서 공동수급체를 구성하는 구성원 중 1인이 파산한 경우에도 입찰참가자격제한조치를 받기 전까지는 탈퇴할 수 없다고 한 위와 같은 탈퇴금지의 약정은 파산한 동아건설의 채권자의 이익을 해하지 않는 것으로서 유효하다고 할 것이다.

원심이, 같은 취지에서 동아건설이 공사를 이행하지 아니하여 국가의 입찰참가자격제한조치를 받았다는 점에 관한 아무런 주장·입증이 없으므로 동아건설이 그 파산에도 불구하고 이 사건 공동수급체로부터 탈퇴하지 않았다고 판단한 것은 정당하다고 보이고, 거기에 상고이유에서 주장하는 바와 같이 민법 제717조의 효력에 관한 법리를 위반하는 등의 위법이 있다고 할 수 없다.

대법관 고현철(재판장) 변재승 윤재식(주심) 강신욱

▷ 〈**원심판결**〉 **서울고등법원** 2003. 4. 11. **선고** 2002**나**42782 **판결**

【원고, 항소인】 甲

【피고, 피항소인】 수도권매립지운영관리공사 외 1인

【제 1 심 판결】 서울지방법원 2002. 7. 9. 선고 2001가합72833 판결

【변론종결】 2003. 3. 14.

【주문】 원고의 항소를 기각한다.

【청구취지 및 항소취지】 제 1 심 판결을 취소한다. 피고 수도권매립지관리공사(이하 '피고 공사'라 한다)는 원고에게 979,677,034원 및 이에 대한 소장송달 다음날부터 갚는 날까지 연 25%의 비율로 계산한 돈을 지급하라. 피고 파산자 동아건설산업 주식회사의 파산관재인 안문태(이하 '피고 관재인'이라 한다)는 별지 목록 기재 공탁금출급청구권이 원고에게 귀속함을 확인한다(원고는 당심에서, 피고 공사에 대하여 "별지 목록 기재 공탁금출급청구권이 원고에게 귀속한다"는 확인을 구하는 예비적 청구취지와, 피고 관재인에 대하여 "소외 동아건설산업 주식회사(이하 '동아건설'이라 한다)의 피고 공사에 대한 수도권 매립지(3공구) 기반시설조성공사의 5차 공사 준공기성대금 979,677,034원의 청구채권이 원고에게 귀속한다"는 확인을 구하는 주위적 청구취지를 각 취하하였다).

【이유】 1. 기초사실

이 법원이 이 부분에 관하여 설시할 이유는, 제 1 심 판결의 해당부분과 같으므로 이를 그대로 인용한다.

2. 원고의 청구원인

가. 원고와 동아건설 사이의 공동수급체의 법률적 성격

위 1.의 기초사실에서 인정한 바와 같이, 조달청과 이 사건 공사의 도급계약을 체결한 공동수급체의 구성원인 원고와 동아건설 간에는 그들 사이의 약정에서 출자 및 손익분배의 비율이 10:90으로 결정되어 있기는 하나, 구성원의 탈퇴를 엄격히 제한하면서 발주자에 대하여 부담하는 이 사건 공사의 완성의무와 하자보수의무 등에 있어서는 지분비율과 무관하게 서로 연대하여 부담하고, 손익분배는 도급계약을 이행한 후 출자비율에 따라 배당하거나 분담하기로 한 점 등에 비추어 볼 때, 위 공동수급체는 민법상의 조합에 해당하고, 동아건설은 위 공동수급체의 대표자로서 업무집행자의 지위에 있었다고 할 것이다.

이와 같은 공동수급체의 성격을 전제로, 원고는 피고들에 대하여 다음과 같이 주장한다.

나. 청구원인

(1) 피고 공사에 대한 청구

원고는, (가) “동아건설이 위와 같이 ‘파산선고’를 받음으로써 민법 제717조에서 정하는 바에 따라 조합인 위 공동수급체에서 탈퇴하였고, 따라서 조합인 위 공동수급체가 이 사건 도급계약에 따라 수요기관인 수도권매립지운영관리조합을 승계한 피고 공사에 대하여 합유적으로 가지고 있던 979,677,034원의 이 사건 공사잔대금 채권은 잔여조합원인 원고에게 단독으로 귀속되었다”고 주장하고, (나) 가사 동아건설이 파산만으로는 위 공동수급체로부터 탈퇴되지 않는다고 하더라도, “민법 제690조에 의하여 ‘파산’으로 위임관계가 당연히 종료되었고, 아니더라도 원고가 2001. 3. 16. 위임계약을 해지하는 의사표시를 함으로써 동아건설은 업무집행자로서의 지위를 상실하였고, 따라서 동아건설을 제외하고는 유일한 나머지 조합원인 원고가 위 공동수급체의 업무집행자 지위를 당연히 승계하였으므로, 피고 공사에 대하여 원고 단독으로 위 공사대금을 청구할 수 있다”는 취지로 주장하면서, 피고 공사에 대하여 이 사건 공사잔대금 전액의 지급을 구한다.

(2) 피고 관재인에 대한 청구

원고는, 위 주장과 같이 “원고에게 단독으로 그 청구권이 귀속되었거나 그 청구할 수 있는 지위가 귀속된 이 사건 공사잔대금을, 피고 공사가 서울지방법원에 공탁함으로써 그에 따른 국가에 대한 그 공탁금의 출급청구권 역시 원고에게 단독으로 귀속되었다”고 주장하면서, 피고 관재인에 대하여 그 확인을 구한다.

3. 판단

가. 동아건설의 파산에 따른 공동수급체 탈퇴 여부

(1) 원고와 동아건설의 이 사건 공사의 공동수급체가 민법상 조합의 성질을 가지고, 동아건설이 2001. 5. 11. 파산한 사실은 앞서 본 바와 같으며, 민법 제717조가 ‘조합원의 파산’을 조합원의 탈퇴사유로 규정하고 있기는 하다.

(2) 그러나 공동수급체가 조합의 성질을 갖는다는 것은 공동수급체의 구성에 관한 관계법령의 규정과 공동도급계약 및 그에 수반된 협정서의 내용을 기준으로 하여 공동수급체의 특성을 파악한 결과일 뿐, 공동수급체에 관한 법률관계는 기본적으로 위 관계법령, 공동도급계약, 협정서에 규정한 바에 따라 규율되는 것이고, 다만 계약내용 등에 구체적으로 규정되어 있지 않은 법률관계에 대하여 비로소 민법 제717조와 같은 민법상 조합의 법리가 보충적으로 적용될 뿐이라 할 것이다.

(3) 그런데, 원고와 동아건설 사이에 체결된 협정서(갑 5-2 등)에서, ‘공동수급체의 구성원 중 파산, 해산, 부도 등의 사유로 인하여 당초 협정서의 내용대로 계약이행이 곤란한 구성원이 발생하여 공동수급체 구성원 연명으로 출자비율의 변경을 요청한 경우에는 공동수급체의 출자비율을 변경할 수 있고, 다만 출자비율이 변경

하는 경우에도 공동수급체 일부 구성원의 출자비율 전부를 다른 구성원에게 이전할 수 없다'(제 9 조 제 2 항 참조)고 규정하고, '공동수급체 구성원은 발주자 및 구성원 전원의 동의가 없으면 당해 계약의 이행을 완료하는 날까지 탈퇴할 수 없고, 다만 파산으로 당해 계약을 이행하지 아니하여 국가를당사자로하는계약에관한법률시행령 제76조에 의한 입찰참가자격 제한조치를 받은 경우에는 다른 구성원이 탈퇴조치를 하여야 한다'(제12조 참조)고 규정하고 있는바, 위 규정들을 살펴보면, 공동수급체 구성원 중 일부가 파산할 경우 구성원들간의 합의하에 출자비율은 일부 변경할 수 있다 하여도 전부를 다른 조합원에게는 이전할 수 없도록 한 점, 파산한 경우에도 공사를 이행하지 아니하여 입찰참가자격 제한조치까지 받아야 비로소 탈퇴되도록 한 점 등이 그 주요내용임을 알 수 있다. 그렇다면, 위 협정서에는 '공동수급체 구성원이 중도에서 탈퇴하게 되면 공사의 중단 등으로 발주자 및 남은 수급인에게 막대한 손실이 발생하게 되고, 남은 수급인만으로는 건설업면허가 보완되지 않아 공사를 수행할 자격 자체가 없게 되는 점 등을 고려하여, 국가가 발주자가 되어 공동수급체를 구성하여 공동이행방식으로 공사도급계약을 체결하는 경우에는 파산만으로는 공동수급체 구성원을 탈퇴시키지 않겠다'는 공동수급체 구성원들 및 발주자의 의사가 담겨 있다 할 것이고, 따라서 이 사건에서 '동아건설이 공사를 이행하지 아니하여 국가의 입찰참가자격 제한조치를 받았다'는 점에 관한 아무런 주장 · 입증이 없는 이상(오히려 동아건설은 위와 같은 제한조치를 받지 않은 채 뒤에서 보는 바와 같이 끝까지 공사를 계속하여 이를 완공하였다), 동아건설이 파산하였다는 사정만으로 원고의 주장처럼 동아건설이 위 공동수급체에서 당연히 탈퇴하였다고 할 수 없다.

(4) 이에 대하여 원고는, 민법 제717조 제 2 호에서 '조합원의 파산'을 비임의탈퇴사유의 하나로 규정하고 있으므로, '조합원의 파산'을 탈퇴사유로 하지 않은 위 협정서 제12조는 무효라고 주장한다.

그러나, 민법 제717조 제 2 호에서 '조합원의 파산'을 비임의탈퇴사유의 하나로 규정하고 있는 이유는, 조합원인 파산자가 조합으로부터 탈퇴하지 않으면 파산재단에 속하는 조합원의 지분을 환가하기가 곤란하므로, 부득이 파산자인 조합원을 조합으로부터 탈퇴시켜 파산재단에 속하는 파산자의 지분을 환가하여 이로써 파산한 조합원의 채무를 변제함으로써 그 조합원의 채권자 보호를 도모한 것이며, 따라서 만일 이를 배제하는 조항을 조합계약에서 정하더라도 그것은 '채권자를 침해하게 되는 의미에서 무효'라고 해석하는 것일 따름이다. 그러나, 파산한 조합원이 조합원으로 남아 있는 것이 파산재단에 속하는 재산의 환가에 유리하여 파산한 조합원의 채권자의 보호에 유익하고 탈퇴하는 것이 오히려 채권자의 이익을 해치게 된다면, 그와 같은 경우에까지 파산을 탈퇴사유로 하지 않았다고 하여 그 약정을 굳이 무효라고 해석할 것은 아니다.

이 사건에 관하여 보건대, ① 동아건설과 같은 대규모 건설회사의 경우에도 파산선고만으로 즉시 모든 공동사업에서 탈퇴하고 지분계산을 하여야 한다면, 공동사업 수행에 막대한 지장을 초래할 경우가 허다할 것이고 남은 조합원인 원고만으로는 이 사건 공사를 수행하여 완공하기도 어려우며, 그에 따라 파산한 조합원의 지분이 현저히 줄어드는 결과가 될 것이 쉽게 예상되므로, 오히려 파산한 조합원의 채권자 보호에 미흡하게 되며, ② 동아건설이 가지는 재산은 결국 발주자로부터 지급받는 공사대금이라 할 것인데, 공동수급체가 유지되더라도 기성고에 따라 수시로 공사대금을 지급받는 것이 파산재단의 재산의 환가에 유리하고, ③ 더구나 이 사건에서는 '동아건설이 파산한 후에도 탈퇴하지 않고 공사를 계속하여 수익을 남기는 것이 파산한 조합원의 채권자나 조합 자체에도 이익이 된다'는 판단하에, 피고 관재인은 법원의 결정과 파산채권자들의 동의를 얻어 파산 이후에도 계속 공동사업을 수행하여 위 5차 공사까지 모두 완공함으로써, 결국 공사대금 전액을 수령할 수 있게 되어 채권자의 보호에 더욱 유리해진 점 등을 고려할 때, 파산만으로 당연히 탈퇴하지는 않는다고 한 위 약정은 유효하다 할 것이다. [또한 원고는 위 협정서를 체결한 당사자로서 위와 같은 규정의 구속력을 받기로 동의하고 약정하였으므로, 파산자인 동아건설의 채권자들이 위 주장과 같은 이유로 무효를 주장할 수는 있어도 약정당사자인 원고는 무효를 주장할 수 없다 할 것이다. 게다가 원고는 동아건설이 파산한 후에도 5차 공사를 완공할 때까지는 탈퇴에 관한 아무런 주장도 하지 않다가, 위 공사가 끝나 그 공사대금을 수령할 때가 되자 그제서야 "동아건설이 탈퇴하였으므로, 위 공사대금채권이 원고에게 단독으로 귀속되었다"는 주장을 하는 것은 신의칙에도 반한다고 보인다.]

(5) 소결론

따라서, 동아건설은 파산 후에도 위 공동수급체로부터 탈퇴하지 않는다 할 것이고, 따라서 위 공동수급체는 원고 단독의 조합이 아니라 원고와 피고 관재인의 공동수급체인 조합으로 계속 존속하고 있다고 할 것이므로, 피고 공사에 대한 이 사건 공사잔대금채권과 그 변형으로서의 국가에 대한 위 공탁금의 출급청구권은 모두, 원고와 피고 관재인의 위 공동수급체에게 합유적으로 귀속되었다고 할 것이다.

나. 동아건설이 업무집행자로서의 지위를 상실하였는지 여부

(1) (가) 동아건설이 공동수급체에서 탈퇴하지 않았더라도 민법 제690조에 의하여 파산으로 위임관계가 종료되어 업무집행자로서의 지위를 상실하는지에 관하여 보건대, 조합과 업무집행자 간에는 민법 중 '위임'에 관한 규정이 보충적으로 준용되기는 하나, 조합계약에서 업무집행조합원을 정한 경우에도 조합계약과 동시에 위임계약이 체결된 것으로 볼 수는 없으므로 위임에 관한 규정이 당연히 적용되는

것이 아니라 민법 제707조에 의하여 해당 규정들을 준용하여야 하고, 이러한 경우에도 조합계약에서 정한 약정이 우선하는 것이다. 그런데, 업무집행조합원에 관하여 위임에 관한 규정들을 준용하고 있는 민법 제707조에서는 '파산'을 '위임의 종료사유'로 하고 있는 민법 제690조를 준용하지 않고 있다(이는 이미 제717조에서 파산을 조합원의 탈퇴사유로 규정하고 있기 때문이라고 보이나, 앞서 본 바와 같이 이 사건에서는 위 협정서의 해석상 민법 제717조가 적용되지 아니하는 이상, 그와 동일한 취지의 규정인 민법 제690조도 적용되지 않는다고 봄이 상당하다). (나) 뿐만 아니라, 민법 제690조가 적용된다 하더라도, 수임인이 파산한 경우는 위임인이 파산한 경우와 달리 파산자라 하더라도 타인의 사무를 처리할 수 있기 때문에 파산 이후에도 당사자 사이에 위임계약을 종료시키지 않기로 하는 특약은 유효하다고 할 것인바, 위 협정서 어디에도 파산으로 동아건설이 대표자로서의 지위가 상실된다는 규정을 찾아 볼 수 없고, 오히려 동아건설은 파산한 후에도 업무집행자로서 발주자로부터 단계별 공사대금을 수령하고 원고가 납부하여야 할 원가투입비용도 대납하여 온 사실은 앞서 본 바와 같은바, 그렇다면 이 사건 공동수급체 구성원 사이에서 '파산만으로는 동아건설의 업무집행자로서의 지위를 상실시키지 않기로 하는 약정'을 한 것으로 해석함이 상당하다. (다) 또한, 원고가 2001. 3. 16. 위임관계를 종료시키는 의사표시를 하였다는 취지의 주장을 하나, 업무집행자에 관하여는 민법 제708조에서 그 사임 및 해임을 엄격히 제한하여 그 지위를 보장하면서 민법 제689조의 준용을 배제하고 있는바, 따라서 일반적인 위임에서의 상호해지의 자유는 조합의 업무집행자에 관하여는 제한되므로, 원고의 위 주장은 이유 없다.

(2) 가사 원고 주장대로, 동아건설이 업무집행자의 지위를 상실하여 원고가 업무집행자가 되었다 하더라도, 조합에 관한 대외적인 관계에서의 소송수행은 업무집행조합원이 다른 조합원으로부터 임의적 소송신탁을 받은 경우에만 예외적으로 자기 이름으로 수행하는 것이 허용되는데(대법원 2001. 2. 23. 선고 2000다68924 판결 참조), 원고가 조합원인 피고 관재인으로부터 임의적 소송신탁을 받았다는 점을 인정할 아무런 증거가 없으므로, 합유재산인 이 사건 조합채권의 청구를 조합원 중 1인인 원고가 임의로 조합의 채무자인 피고 공사에 대하여 할 수는 없는 것이다.

다. 원고의 청구에 대한 판단

(1) 피고 공사에 대한 청구에 대한 판단

직권으로 이 부분 소의 적법 여부에 관하여 보면, 앞서 인정한 바와 같이 피고 공사에 대한 이 사건 공사잔대금채권은 원고와 피고 관재인의 공동수급체에게 합유적으로 귀속되는 합유재산이므로, 채무자인 피고 공사에 대하여 그 이행을 청구하는 소는 반드시 조합원인 공동수급체 구성원 전원이 공동으로만 제기할 수 있는 고유필수적공동소송이라 할 것인데, 원고는 그 구성원 중 1인에 불과할 뿐만 아니라 업무집행자도 아니므로, 원고가 단독으로 피고 공사를 상대로 이 사건 공사잔대금을 청구하는 이 부분 소는 당사자적격이 없는 자에 의하여 제기된 것이므로 부적법하다.

(2) 피고 관재인에 대한 청구에 대한 판단

피고 공사에 대한 이 사건 공사잔대금채권과 국가에 대한 위 공탁금의 출급청구권이 모두 원고와 피고 관재인의 공동수급체에게 합유적으로 귀속됨은 앞서 인정한 바와 같으므로, 피고 관재인에 대하여 위 공탁금출급청구권이 원고에게 단독으로 귀속되었다는 확인을 구하는 원고의 이 부분 청구는 더 나아가 살펴 볼 필요 없이 이유 없다.

4. 결론

그렇다면, 원고의 이 사건 소 중 피고 공사에 대한 청구는 부적법하여 각하하고, 피고 관재인에 대한 청구는 이유 없어 기각할 것인바, 이 부분에 관한 제1심 판결은 이와 결론을 같이 하여 정당하므로, 이에 대한 원고의 항소를 모두 기각한다.

재판장 판사 이재홍 정승원 이효두

[해설]

민법은 조합원의 개인책임에 관하여 분담주의를 취하는 한편(제712조) 무자력조합원의 채무에 대한 다른 조합원의 보충책임을 규정하고 있기 때문에(제713조), 조합원의 파산이 조합의 채권자들에게는 별 영향을 미치지 아니한다. 조합원 상호간의 관계에 있어서도 어떤 조합원에게 특유의 재산적 가치가 있다면 파산선고를 받았더라도 파산관재인을 통한 출자의무의 이행을 기대하는 것이 조합을 위해 바람직할 수 있고, 이를 제대로 이행하지 못하는 것이 확실해지면 그 조합원을 제명할 수도 있기 때문에(제718조) 조합원의 파산이 조합탈퇴사유가 되어야 할 당위성은 약하다. 반면에 파산선고를 받은 조합원의 채권자의 입장에서는 파산재단에 속하는 조합원의 지분을 배당재원으로 활용하기 위하여 파산자인 조합원을 조합으로부터 탈퇴시킬 필요가 있다.

조합원 사이에 파산으로 탈퇴하지 않는다는 약정을 하더라도 무효[4]라고 하는 것은 이처럼 파산한 조합원의 채권자의 이해를 고려한 것이므로, 대상판결은 파산한 조합원이 공동사업을 계속하기 위하여 그 조합에 잔류하는 것이 파산한 조합원의 채권자들에게 불리하지 아니할 것과 파산한 조합원의 채권자들의 동의를 얻을 것을 요건으로 탈퇴금지의 약정이 유효하다고 보았다.

한편, 대상판결의 원심에서는 탈퇴금지의 약정이 유효하여 파산한 조합원이 조

---

4) 민법주해 XVI, 박영사(1997), 140면.

합에서 탈퇴하지 않더라도 업무집행자로서의 지위는 상실하는지 여부가 문제되었는데, 업무집행자의 지위 역시 상실하지 않는다고 판시하였다.

---

(3) **대법원** 2003. 1. 10. **선고** 2002**다**11236 **판결 【감리비】** [공2003, 607]

【판결요지】

[1] 민법 제690조가 위임계약의 일방 당사자의 파산을 위임계약 종료사유로 하고 있는 것은 위임계약이 당사자 사이의 신뢰관계를 바탕으로 하고 있으므로 당사자의 일방이 파산한 경우에는 그 신뢰관계를 유지하기 어렵게 된다는 데 그 기초를 두고 있다고 할 것인데, 건축공사 감리계약은 그 법률적 성질이 기본적으로 민법상의 위임계약이라고 하더라도 감리계약의 특수성에 비추어 위임계약에 관한 민법 규정을 그대로 적용할 수는 없는 것이라 할 것이다.

[2] 주택건설촉진법 제33조의6 제1항, 제8항, 같은법시행령 제34조의9의 규정에 의하여 주택건설촉진법에 따른 공동주택건설사업계획 승인을 얻은 사업주체는 사업계획 승인권자가 지정한 감리자와 감리계약을 체결하도록 되어 있고, 그 지정된 감리자에게 업무상 부정행위 등이 있는 경우에 한하여 사업계획 승인권자가 감리자를 교체할 수 있을 뿐 사업주체가 함부로 감리자를 교체할 수도 없도록 되어 있는 점 등에 비추어 보면, 위 법령에 따라 체결된 감리계약은 당사자 사이의 신뢰관계를 기초로 하는 것이라기보다는 공동주택건설사업의 원활하고도 확실한 시공을 고려한 사업계획 승인권자의 감리자 지정에 기초하고 있는 것이어서 사업주체가 파산하였다고 하여 당연히 감리계약이 종료하는 것으로 볼 이유는 없는 것이며, 또한 민법 제690조의 위임계약 종료사유는 계약 당사자 중 일방이 그 파산 등으로 신뢰를 상실하게 된 경우에 그 계약이 종료되는 것으로 한 것이어서 위임계약의 일방 당사자가 수인인 경우에 그 중 1인에게 파산 등 위 법조가 정하는 사유가 있다고 하여 위임계약이 당연히 종료되는 것이라 할 수도 없으므로, 주택건설촉진법상의 공동사업주체가 사업계획 승인권자의 감리자 지정에 따라 공동으로 감리계약을 체결한 경우 그 공동사업주체의 1인이 파산선고를 받은 것만으로 민법 제690조에 따라 감리계약이 당연히 종료된다고 볼 수 없다.

【참조 조문】 [1] 민법 제680조, 제690조／[2] 민법 제680조, 제690조, 주택건설촉진법 제33조의6 제1항, 제8항, 주택건설촉진법시행령 제34조의9

【원고, 상고인겸피상고인】 주식회사 푸른도시종합건축사사무소 (변경전 상호: 주식회사 서일종합건축사사무소) (소송대리인 법무법인 청률, 담당변호사 김문수 등)

【피고, 피상고인겸상고인】 대한주택보증 주식회사 (소송대리인 변호사 곽종석)

【원심판결】 부산고등법원 2002. 1. 18. 선고 2000나13290 판결

【주문】 1. 원심판결 중 원고 패소 부분(원고승소 금액에 대한 일부 지연손해금 부분 제외)을 파기하고, 그 부분 사건을 부산고등법원에 환송한다. 2. 피고의 상고를 기각한다.

【이유】 1. 원심이 인정한 기초사실

가. 자유건설 주식회사(이하 '자유건설'이라 한다)와 부산시연합회 근로자주택조합(이하 '주택조합'이라 한다)은 1997. 6. 10. 원고 및 주식회사 하우엔지니어링 건축사사무소(변경전 상호: 하우감리기술 주식회사, 이하 '하우엔지니어링'이라 한다)와 사이에 부산 북구 구포동 산 47 외 3필지에 건립하는 구포동 자유아파트 신축공사에 대한 건축 및 전기부분 책임감리를 원고와 하우엔지니어링이 분담(원고의 지분 70%)하여 공동으로 수행하고 이에 대하여 자유건설과 주택조합은 감리비로 금 21억 2,100만 원을 지급하기로 하는 용역계약을 체결하였는데, 이 계약은 건축부분 감리에 관하여 계약금액 금 17억 2,100만 원, 계약기간 착공일로부터 43개월, 감리비는 원심 판시 별지 목록 기재와 같이 43개월간 균등분할하여 3개월마다 총 15회에 걸쳐 분할 지급하되 중도해지시에 기진행된 부분은 기성에 따라 정산하기로 최종 확정되었다(이하 건축부분 감리에 관한 감리계약을 '이 사건 감리계약'이라 한다). 자유건설은 이에 따라 원고 및 하우엔지니어링에게 계약금액의 10%에 해당하는 금 1억 7,210만 원을 건축부분 감리비 선급금으로 지급하였다.

나. 피고(변경전 상호: 주택사업공제조합)는 1997. 7. 8. 원고 및 하우엔지니어링에 대하여 자유건설이 감리비 지급채무를 불이행함으로써 감리자가 입은 손해를 보상하기로 하는 내용의 그 판시와 같은 감리비 지급보증을 하였다.

다. 원고와 하우엔지니어링은 이 사건 감리계약에 따른 감리업무를 수행하여 오던 중 1998. 2. 12. 자유건설의 부도로 인하여 공사가 중단되자 피고의 요청에 따라 감리업무를 중단하였는데, 1998. 4. 14. 공사가 재개되자 감리업무를 재개하였다가 다시 자유건설이 1998. 11. 20. 공사를 중단함에 따라 피고의 요청을 받아들여 감리업무를 중단하였다.

라. 원고와 하우엔지니어링은 1999. 7. 3., 8. 31., 9. 30. 세 차례에 걸쳐 자유건설로부터 건축부분 감리기성금으로 합계 금 8,600만 원을 지급받았다.

마. 자유건설은 원고에 대한 나머지 감리기성금을 지급하지 않은 채 2001. 6. 22. 파산선고를 받았다.

2. 피고의 상고이유에 대한 판단

가. 감리비의 금액에 대하여

(1) 원심은 위 인정 사실에 의하여, 자유건설과 주택조합은 원고와 하우엔지니어링에게 당초 체결한 이 사건 감리계약에 따라 기성감리비를 지급할 의무가 있다고 한 다음, (가) 다만 이 사건 감리계약과 같은 건설공사감리계약은 그 감리의 대상

이 된 공사의 완성 여부, 진척 정도와는 독립된 별도의 용역을 제공하는 것을 본질적 내용으로 하는 위임계약의 성격을 갖고 있다고 봄이 상당하고, 위임자가 파산한 경우에는 그 위임계약은 종료된다고 할 것이므로(민법 제690조), 자유건설과 원고 및 하우엔지니어링 사이에 맺어진 이 사건 감리계약은 자유건설이 2001. 6. 22. 파산선고를 받음으로써 종료되었고, (나) 이 사건 감리계약이 종료함에 따라 피고가 원고에게 지급해야 할 감리비 액수에 관하여, 감리계약이 도중에 종료된 경우 그 사무에 대한 보수의 범위는 수행한 감리업무의 사무처리 내용을 중심으로 정하여야 할 것이고, 그 보수를 정함에 있어서는 민법 제686조 제2항 단서, 제3항의 규정에 따라 기간으로 보수가 정해진 경우에는 감리업무가 실제 수행되어 온 시점에 이르기까지 그 이행기가 도래한 부분에 해당하는 약정 보수금을 청구할 수 있고, 후불의 일시불 보수약정을 하였거나 또는 기간보수를 정한 경우에도 아직 이행기가 도래하지 아니한 부분에 관하여는 감리인에게 귀책사유 없이 감리가 종료한 경우에 한하여 이미 처리한 사무의 비율에 따른 보수를 청구할 수 있다고 할 것인바, 이에 의할 때 원고가 감리업무를 시작한 1997. 11.부터 감리업무를 종료한 1998. 11. 20.까지의 건축부분에 관한 기성감리비는 그 판시와 같이 1회부터 5회까지의 약정된 기성금 중 충당이 예정된 선급금과 감리업무를 중단한 기간에 해당하는 감리비를 공제한 금 380,764,000원이 되고, 그 중 원고와 하우엔지니어링이 지급받은 금 8,600만 원을 공제하면, 자유건설의 감리비 지급의무를 보증한 피고는 원고에게 금 294,764,000원(380,764,000원 − 8,600만 원) 중 원고 지분 70%에 해당하는 금 206,334,800원(294,764,000원 × 0.7) 및 그 지연손해금을 지급할 의무가 있다고 판단하였다.

(2) 민법 제690조가 위임계약의 일방 당사자의 파산을 위임계약 종료사유로 하고 있는 것은 위임계약이 당사자 사이의 신뢰관계를 바탕으로 하고 있으므로 당사자의 일방이 파산한 경우에는 그 신뢰관계를 유지하기 어렵게 된다는데 그 기초를 두고 있다고 할 것인데, 건축공사 감리계약은 그 법률적 성질이 기본적으로 민법상의 위임계약이라고 하더라도 감리계약의 특수성에 비추어 위임계약에 관한 민법 규정을 그대로 적용할 수는 없는 것이라 할 것이고, 특히 주택건설촉진법 제33조의6 제1항, 제8항, 위 법 시행령 제34조의9의 규정에 의하여 주택건설촉진법에 따른 공동주택건설사업계획 승인을 얻은 사업주체는 사업계획 승인권자가 지정한 감리자와 감리계약을 체결하도록 되어 있고, 그 지정된 감리자에게 업무상 부정행위 등이 있는 경우에 한하여 사업계획 승인권자가 감리자를 교체할 수 있을 뿐 사업주체가 함부로 감리자를 교체할 수도 없도록 되어 있는 점 등에 비추어 보면, 위 법령에 따라 체결된 감리계약은 당사자 사이의 신뢰관계를 기초로 하는 것이라기보다는 공동주택건설사업의 원활하고도 확실한 시공을 고려한 사업계획 승인권자

의 감리자 지정에 기초하고 있는 것이어서 사업주체가 파산하였다고 하여 당연히 감리계약이 종료하는 것으로 볼 이유는 없는 것이며, 또한 민법 제690조의 위임계약 종료사유는 계약 당사자 중 일방이 그 파산 등으로 신뢰를 상실하게 된 경우에 그 계약이 종료되는 것으로 한 것이어서 위임계약의 일방 당사자가 수인인 경우에 그 중 1인에게 파산 등 위 법조가 정하는 사유가 있다고 하여 위임계약이 당연히 종료되는 것이라 할 수도 없으므로, 주택건설촉진법상의 공동사업주체가 사업계획승인권자의 감리자 지정에 따라 공동으로 감리계약을 체결한 경우 그 공동사업주체의 1인이 파산선고를 받은 것만으로 민법 제690조에 따라 감리계약이 당연히 종료된다고 볼 수 없다.

기록에 의하면, 자유건설과 주택조합은 주택건설촉진법에 따라 공동사업주체로서 이 사건 건축사업계획 승인을 받고 그 승인권자인 부산시 북구청장이 감리자로 지정한 원고 등과 이 사건 감리계약을 체결하였음을 알 수 있으므로, 공동사업주체 중 1인인 자유건설의 파산만으로 이 사건 감리계약이 당연히 종료되었다고 볼 수 없다.

(3) 그럼에도 불구하고 원심이 자유건설의 파산만으로 이 사건 감리계약이 당연히 종료되었다고 본 것은 민법 제690조의 위임계약 종료에 관한 법리를 오해한 것이라고 할 것이고(기록에 의하면, 피고는, 피고가 자유건설을 대위하여 자유건설의 파산을 이유로 이 사건 감리계약에 대한 해제 의사표시를 함으로써 이 사건 감리계약이 종료되었다는 취지의 주장도 하고 있으나, 계약 당사자의 일방 또는 쌍방이 수인인 경우 계약의 해지나 해제는 그 전원으로부터 그 전원에 대하여 하지 않으면 그 효력이 없다 할 것인데, 이 사건 감리계약은 자유계약[자유건설의 오기, 필자]과 주택조합이 공동으로 원고 등과 사이에 체결한 것으로서, 자유건설의 해제 의사표시만으로는 계약해제의 효력이 없다고 할 것이다), 더욱이 이 사건에서 원고는 이 사건 감리계약이 유효하게 존속하고 있음을 전제로 하여 자유건설이 이 사건 감리계약상 이행기가 도래한 일부 기성감리비 지급채무를 지체하고 있음을 이유로 그 지급보증인인 피고에 대하여 보증채무의 이행을 구하는 것임에도, 원심이 감리계약이 종료되었음을 전제로 정산 지급하여야 할 감리비를 산정하였음은 잘못이라 할 것이나, 기록에 의하여 이 사건 감리계약의 내용을 살펴보면, 자유건설과 주택조합은 건축공사 부분에 대한 감리비 금 17억 2,100만 원을 43개월에 걸쳐 기간별로 균분하여 3개월마다 15회에 걸쳐 분할지급을 약정하였는데 그 중 이행기가 도래한 감리비에서 약정에 따라 감리비에 충당되는 선급금과 감리업무를 중단한 기간에 해당하는 감리비를 공제하면, 원심이 인정한 기성감리비와 같은 금액인 금 380,764,000원이 됨이 명백하고(원고도 이행기가 도래한 기성감리비의 잔액으로서 같은 금액을 주장하고 있다), 피고가 위 감리비 지급채무를 보증하면서 제출한 지

급보증서에 첨부된 약관에 의하면, '피고는 자유건설이 보증서에 기재된 감리계약서에서 정한 감리비 지급채무를 이행하지 아니함으로써 감리자(보증채권자)가 입은 손해를 보상한다'(기록 24)고 규정하고 있으므로, 피고는 위 보증채무의 이행으로서 원고에게 자유건설이 이행하지 아니한 위 이행기도래 감리비 금 380,764,000원에서 이미 지급받은 금 8,600만 원을 제외한 금원 중 원고의 지분 70%에 해당하는 금 206,334,800원{(380,764,000 − 86,000,000) × 70%}을 지급할 의무가 있다.

결국 원심 판단 중 이 사건 감리계약이 종료되었다고 본 전제는 위법하나, 피고가 자유건설의 보증인으로서 위와 같은 이행기도래 감리비 지급의무를 부담한다고 본 결론에 있어서는 정당하다.

(4) 피고의 상고이유는 이 사건 감리계약이 종료되었음을 전제로 하여 실제 수행된 감리업무의 내용에 따라 그 주장과 같이 감리비를 산정하여야 하고 이와 달리 감리비를 산정한 원심의 조치는 위법하다는 것이나, 이 사건 감리계약은 종료되지 아니하였고, 그 감리계약이 존속한다고 보는 경우 피고가 지급하여야 할 감리비의 금액은 원심 인정 금액과 같음이 위에서 본 바와 같으므로, 이 부분 피고의 상고이유는 더 나아가 살펴볼 필요 없이 이유 없다.

나. 전기공사관련 선급금의 공제에 대하여

기록에 의하면, 피고는, 원고가 전기공사 부분에 관한 감리를 금 4억 원에 용역받고 선급금으로 금 4천만 원을 수령하였으나 건설공정의 지연으로 전기공사 부분의 감리는 시행되지 않았을 뿐 아니라 전기공사 부분에 대한 감리계약은 해제되었으므로 원고가 반환하여야 할 위 전기공사 부분에 관한 감리비 선급금 4천만 원은 위 미지급 감리대금에 우선 충당되어야 한다는 주장을 하였으나, 원심은 이에 대하여 아무런 판단을 하지 않았음을 알 수 있다.

그러나 이 사건 감리계약이 당연히 종료되었다고 볼 수 없음은 앞서 본 바와 같고, 기록에 의하면 이 사건 전기공사 부분에 관한 감리계약이 해제되었다고 볼 증거도 없어, 그 감리계약이 해제되었음을 전제로 선급금의 반환의무가 있음을 내세우는 피고의 위 주장은 이유가 없으므로, 위와 같은 원심의 잘못은 그 결론에 있어서 영향이 없다. 이에 관한 피고의 상고이유는 받아들이지 않는다.

3. 원고의 상고이유에 대한 판단

피고는, 원고가 자유건설로부터 지급받은 건축공사 부분 선급금 1억 7,210만 원은 위 미지급 감리비에서 공제되어야 한다고 주장하고, 이에 대하여 원고는, 지급감리비의 산정에 있어서 그 비율에 상응하는 액수만큼의 선급금을 공제하였고 그 나머지 선급금은 향후 재개될 감리업무에 대비하여 유보되어 있으므로 위 선급금을 위 미지급 감리비에 충당할 것이 아니라고 주장하는 이 사건에서, 원심은, 이 사건 감리계약이 종료되었음을 전제로 하고, 감리계약에 있어서 수수되는 이른바 선급금은 전체 감리업무와 관련하여 지급하는 선급 감리대금의 성질을 갖는 것이므로 선급금을 지급한 후 감리계약이 종료되어 수임인이 도중에 선급금을 반환하여야 할 사유가 발생하였다면, 특별한 사정이 없는 한 별도의 상계의 의사표시 없이도 그때까지의 기성고에 해당하는 감리대금 중 미지급액은 당연히 선급금으로 충당되고 위임인은 나머지 감리대금이 있는 경우 그 금액에 한하여 지급할 의무를 부담하게 된다고 할 것인데, 이 사건 감리계약이 자유건설의 파산으로 인하여 종료되었으므로 기성감리비 중 미지급액은 당연히 미충당 선급금으로 충당되어 그 상당의 채무가 소멸하는 것이라고 판단하였다.

그러나 이 사건 감리계약이 종료되었다고 볼 수 없음은 앞서 본 바와 같고, 그렇다면 원고가 지급받은 감리비 선급금에 대한 반환사유가 발생하였다고 볼 수 없으므로, 이 사건 감리계약이 종료되어 선급금반환 채무가 발생하였음을 전제로 그 선급금을 미지급 감리비 채무에 당연히 충당하여야 하는 것으로 본 원심의 판단에는 감리계약의 종료에 관한 사실을 오인하거나 법리를 오해한 나머지 반환사유가 발생하지 아니한 선급금을 미지급 감리비에 충당한 위법이 있다 할 것이므로, 이를 지적하는 원고의 상고이유 주장은 그 이유가 있다.

대법관 유지담(재판장) 조무제 강신욱 손지열(주심)

[해설]

일반적인 공사감리계약의 법적 성질에 관하여 일본의 학설은 위임계약이라고 보는 견해와 도급계약으로 보는 견해가 있으나 위임계약설이 다수설이다.[5] 판례는 공사감리계약의 성격은 그 감리의 대상이 된 공사의 완성여부, 진척 정도와는 독립된 별도의 용역을 제공하는 것을 본질적 내용으로 하는 위임계약의 성격을 갖고 있다고 판시하고 있다.[6] 다만 대법원 2002다11236 판결은 감리사무의 완성을 목적으로 하는 도급계약으로서의 성격을 가진다는 감리계약의 특수성과 주택건설촉진법 등의 규정에 의하여 체결된 감리계약은 당사자 사이의 신뢰관계를 기초로 하는 것이라기보다는 공동주택건설사업의 원활한 시공을 고려한 사업계획 승인권자의 감리자 지정에 기초하고 있다는 점 등을 고려하여 사업주체의 파산으로 당연히 감리계약이 종료하는 것으로 볼 수 없다고 판시하고 있다.

나아가 당사자의 일방 또는 쌍방이 수인인 경우 계약의 해지나 해제는 그 전원으로부터 그 전원에 대하여 하지 않으면 그 효력이 없다는 이유로 공동의 사업주

5) 김종필, "감리계약에 위임계약 종료에 관한 민법 제690조가 적용되는지 여부," 대법원판례해설 44호(2004), 506면.

6) 대법원 2000. 7. 4. 선고 2000다16824 판결(공보불게재).

체 중 1인을 대위한 피고의 감리계약 해제의 의사표시를 무효라고 판시하였다.

한편 대법원 2002다11236 판결의 원심은 감리기간에 상응하는 선급금을 감리비에서 공제한 외에 계약종료를 전제로 나머지 선급금 전부를 다시 감리비에서 공제하였는데, 대법원은 이러한 추가 공제가 잘못이라는 원고의 상고이유를 받아들여 원심판결을 파기하였다.

20. 국제파산

(1) **대법원** 2003. 4. 25. **선고** 2000**다**64359 **판결【손해배상(지)】**[공2003, 1242][1)]

【판결요지】

파산법 제3조 제2항은 외국에서 선고한 파산은 한국 내에 있는 재산에 대하여는 그 효력이 없다고 규정하고 있는바, 이는 외국에서 선고된 파산은 한국 내에 있는 재산에 대하여 파산선고의 본래적 효력인 포괄집행적 효력이 미치지 않는다는 것을 선언함에 그치고, 나아가 외국에서 파산선고가 내려진 사실 또는 그에 따라 파산관재인이 선임되었다는 사실 자체를 무시한다거나, 그 선고의 결과 파산선고를 한 해당 국가에서 선임된 파산관재인이 그 국가의 법률에 따라 한국 내에 있는 파산자의 재산에 대한 관리처분권을 취득하는 것까지 부정하는 것은 아니다.

【참조 조문】 파산법 제3조 제2항

【원고, 피상고인】 GUCCIO GUCCI Societe per Azioni (소송대리인 변호사 주성민 등)

【피고, 상고인】 주식회사 크라운 (소송대리인 법무법인 아주 담당변호사 정은섭, 김영환)

【원심판결】 서울고등법원 2000. 10. 10. 선고 98나49694 판결

【주문】 상고를 기각한다. 상고비용은 피고의 부담으로 한다.

---

1) 이 판결에 대한 해설 및 평석으로는 林治龍, 파산법연구, 540-545면; 석광현, "미국 파산법원의 재판의 효력과 파산법의 속지주의," 판례연구 제18집(1), 201-202면, 서울지방변호사회(2004); 권택수 "파산법 제3조 제2항 소정의 '외국에서 선고한 파산은 한국 내에 있는 재산에 대하여는 그 효력이 없다'는 규정의 의미," 대법원판례해설 제45호(2003 상반기), 480-485면, 대법원 법원행정처(2004).

【이유】 상고이유를 본다.

1. 제 1 점에 대하여

상표의 유사 여부는 동종의 상품에 사용되는 두 개의 상표를 외관, 호칭, 관념 등의 점에서 전체적, 객관적, 이격적으로 관찰하여 거래상 일반 수요자나 거래자가 상표에 대하여 느끼는 직관적 인식을 기준으로 하여 그 상품의 출처에 대한 오인·혼동의 우려가 있는지의 여부에 의하여 판별되어야 하고, 문자와 문자 또는 문자와 도형의 각 구성 부분이 결합된 결합상표는 반드시 그 구성 부분 전체에 의하여 호칭, 관념되는 것이 아니라, 각 구성 부분이 분리관찰되면 거래상 자연스럽지 못하다고 여겨질 정도로 불가분적으로 결합되어 있는 것이 아닌 한 그 구성 부분 중 일부만에 의하여 간략하게 호칭, 관념될 수도 있고, 또 하나의 상표에서 두 개 이상의 호칭이나 관념을 생각할 수 있는 경우에 그 중 하나의 호칭, 관념이 타인의 상표와 동일 또는 유사하다고 인정될 때에는 두 상표는 유사하다고 해야 할 것이며, 성명의 결합으로 이루어진 결합상표의 경우에도 그 이치는 마찬가지이다(대법원 2000. 4. 11. 선고 98후2627 판결 참조).

같은 취지에서 원심이 이 사건 상표 중 원심판결의 별지 제 1 목록 기재 1 내지 8의 표장이 그 판시와 같이 'PAOLO'와 'GUCCI' 부분으로 분리하여 인식할 수 있어 각기 일반 수요자들에게 강하게 인식되는 'GUCCI(구찌)'부분에 의하여 약칭되는 경우에는 원고의 '구찌(GUCCI)' 관련 상표와 호칭이 동일하므로, 양 상표들을 동일, 유사한 지정상품에 다 같이 사용할 경우, 일반 수요자나 거래자로 하여금 상품의 출처에 관하여 오인, 혼동을 일으키게 할 우려가 있다고 판단한 것은 수긍이 되고, 거기에 상고이유에서 주장하는 바와 같은 상표의 유사 여부에 대한 심리미진 등의 위법이 있다고 할 수 없다.

2. 제 2 점에 대하여

파산법 제 3 조 제 2 항은 외국에서 선고한 파산은 한국 내에 있는 재산에 대하여는 그 효력이 없다고 규정하고 있는바, 이는 외국에서 선고된 파산은 한국 내에 있는 재산에 대하여 파산선고의 본래적 효력인 포괄집행적 효력이 미치지 않는다는 것을 선언함에 그치고, 나아가 외국에서 파산선고가 내려진 사실 또는 그에 따라 파산관재인이 선임되었다는 사실 자체를 무시한다거나, 그 선고의 결과 파산선고를 한 해당 국가에서 선임된 파산관재인이 그 국가의 법률에 따라 한국 내에 있는 파산자의 재산에 대한 관리처분권을 취득하는 것까지 부정하는 것은 아니라고 할 것이다.

원심판결 이유에 의하면, 원심은 그 채용증거들을 종합하여, 파올로 구찌는 원고의 설립자인 구찌오 구찌의 손자인데 1982. 9. 18. 이태리에서 자신의 이름인 'PAOLO GUCCI'와 'P' 및 'G'자의 도형을 결합한 상표를 등록한 이래 세계 각국에 원심판결 별지 제1목록 기재와 같이 자신의 이름인 'PAOLO GUCCI'를 이용한 문자상표, 'P' 및 'G'자를 도형화한 도형상표, 투구와 왕관을 쓴 중세기사의 얼굴모습과 방패를 결합한 도형상표, 또는 이들의 결합상표(이하 위 별지 제1목록 기재의 표장들을 이 사건 상표, 이에 관한 상표권을 '이 사건 상표권'이라 한다)를 등록하고, 타인에게 사용권을 부여하여 이를 사용하도록 한 사실, 파올로 구찌는 우리나라에서도 이 사건 상표를 비롯하여 원심판결 별지 제3목록 기재와 같이 제**류 상품에 관하여 파올로구찌(PAOLOGUCCI) 관련 상표들을 등록한 사실, 피고는 파올로구찌로부터 1990. 7. 15. 이 사건 상표의 사용권을 부여받은 트랙와이즈 세일즈 코오포레이션(Trackwise Sales Corporation, 이하 '트랙와이즈사'라고 한다)과의 사이에 1994. 2. 4. 이 사건 상표에 관하여 지정상품을 서류가방, 핸드백, 지갑 등 80여 종으로, 사용계약기간은 1994. 1. 1.부터 1996. 12. 31.까지 3년간으로 하는 전용사용권 설정계약을 체결하고 원심판결 별지 제3목록 기재 2 내지 61의 상표들에 관하여 전용사용권 설정등록을 마친 다음, 1994.경부터 원심판결 별지 제2목록 기재 상품 및 그 관련용품을 제조, 판매, 반포 및 광고를 하면서 이 사건 상표를 부착하여 사용하여 온 사실, 한편 파올로구찌는 1994. 2. 8. 미합중국 뉴욕주 남부지방 파산법원(이하 '미국 파산법원'이라고 한다)에 파산신청을 하여 같은 해 4. 8. 위 법원으로부터 파산선고를 받았고, 위 법원의 결정에 따라 그 파산관재인으로 프랭크 지 시나트라(Frank G. Sinatra, 이하 '파산관재인'이라고 한다)가 선임되었으며, 우리나라 특허청에 등록된 이 사건 상표권들이 그 파산재단에 속하게 된 사실, 그 후 파올로구찌는 1995. 10. 10. 사망하였는데, 미국 파산법원이 1996. 8. 9. 이 사건 상표를 경매에 부치자 원고가 이를 매수할 것을 제안하고 위 파산관재인도 미국 파산법원에 대하여 이 사건 상표의 매각승인을 요청하여, 미국 파산법원은 1996. 10. 15.경 이를 승인하는 한편 파올로구찌와 트랙와이즈사 사이의 이 사건 상표의 사용에 관한 1990. 7. 15.자 계약(이하 '모계약'이라고 한다)도 해지되었음을 확인하는 내용의 판결을 선고한 사실, 그리고 위 파산관재인은 1996. 6. 24. 서울가정법원의 96느3126호 심판에 따라 파올로구찌의 상속재산관리인으로 선임된 후 1998. 6. 5. 우리나라 특허청에 원심판결 별지 제3목록 기재 상표권 모두를 1996. 11. 21. 양도를 원인으로 원고에게 이전하는 내용의 이전등록을 마친 사실을 각 인정한 다음, 파올로구찌의 이 사건 상표권은 우리나라의 파산법 하에서도 미국 파산법원의 파산선고에 따라 그 관리처분권이 파산관재인인 프랭크 지 시나트라에게 이전되는 것이므로 위 파산관재인이 한국 내에 있는 이 사건 상표권을 원고에게 처분한 것은 적법한 처분권에 의한 것이어서 정당하고 따라서 원고의 이 사건 상표권의 취득 역시 정당한 권리취득이라고 판단하였다.

앞서 본 법리와 기록에 비추어 살펴보면, 원심의 위와 같은 사실인정과 판단은 수긍이 되고, 이와 같이 미국 파산법원의 파산선고에 따라 이 사건 상표권에 대한 관리처분권이 파산관재인인 프랭크 지 시나트라에게 이전되는 것을 인정하는 것은 파산관재인의 선임에 관한 미국 파산법원의 재판의 효력을 승인하는 것을 의미하는 것인데, 기록과 미국 파산법의 관련규정 기타 제반 사정에 비추어 살펴보면, 위 미국 파산법원의 재판이 민사소송법 소정의 외국판결 승인요건을 갖춘 것으로 못 볼 바 아니므로, 원심판결에 상고이유에서 주장하는 바와 같은 파산법에 관한 법리오해 등의 위법이 있다고 할 수 없다.

그리고 피고가 파올로구찌 상표의 사용권한이 있는지 여부와 관련하여 그 사용허락의 근거로서 주장한 모계약이 해지되었는지 여부를 판단하는 것은 사실인정 문제에 불과한 것인바, 파올로구찌와 트랙와이즈사 사이의 모계약이 미국 파산법원의 판결과는 관계없이 적법하게 해지되었음은 대법원 2000. 7. 28. 선고 2000후471 판결에서도 이미 판단된 바와 같으므로, 피고의 이 부분 상고이유의 주장도 이유 없다.

3. 제 3 점에 대하여

원심판결 이유를 보면, 원심이 원고의 이 사건 상표권의 취득이 정당하다고 판단한 것은 앞서 본 바와 같이 미국 파산법원의 파산선고에 의하여 이 사건 상표권의 관리처분권을 취득한 파산관재인이 원고에게 이 사건 상표권을 양도하였기 때문이라는 것이지, 위 파산관재인이 망 파올로구찌의 상속재산관리인으로서의 지위에서 처분하였기 때문이 아님이 명백하므로, 피고의 이 부분 상고이유의 주장도 더 나아가 살필 필요 없이 이유 없다.

4. 제 4 점에 대하여

원심판결 이유에 의하면, 원심은 이 사건과 같이 피상속인인 망 파올로구찌의 사망 이전에 개시된 파산절차에 의하여 이 사건 상표권이 파산재단에 편입되고 그 관리처분권이 파산관재인에게 이전된 경우에는 이 사건 상표권은 상속재산에서 제외되므로 상표법 제64조의 적용이 없을 뿐만 아니라, 위 파산관재인이 미국 파산법원의 승인을 얻어 원고에게 이 사건 상표를 양도하고 망 파올로구찌의 사망일로부터 3년 이내에 그 이전등록을 한 이상, 비록 망 파올로구찌의 상속인들 앞으로 일단 이전등록을 하였다가 다시 원고에게 이전하는 절차를 거치지 않고 바로 원고 앞으로 이전등록을 하였다 하여 상표권의 소멸사유에 해당한다고 할 수 없다는 취지로 판단하였다. 기록에 비추어 살펴보면, 원심의 위와 같은 판단은 수긍이 되고, 거기에 상고이유에서 주장하는 바와 같은 상표권의 소멸 여부에 관한 법리오해 등의 위법이 있다고 할 수 없다.

대법관 강신욱(재판장) 변재승(주심) 윤재식 고현철

▷ 〈**원심판결**〉 **서울고등법원** 2000. 10. 10. **선고** 98**나**49694 **판결**

【원고, 피항소인】 구치오 구치 쏘시에떼 퍼 아찌오니 (소송대리인 변호사 신필종)

【피고, 항소인】 주식회사 크라운 (소송대리인 아주종합법무법인 담당변호사 김영환 등)

【제1심 판결】 서울지방법원 1998. 7. 31. 선고 97가합75576 판결

【변론종결】 2000. 8. 8.

【주문】 1. 별지 제1목록 기재 **번 표장에 관하여, 당심에서 추가된 주위적 청구에 기하여, 가. 피고는 위 각 표장을 사용하거나 이를 사용하여 별지 제2목록 기재 상품 및 그 관련용품 등을 제조, 판매, 반포 및 광고하여서는 아니된다. 나. 피고는 그 사무소, 공장, 창고, 영업소, 매장에 보관 또는 전시되어 있는 별지 제2목록 기재의 상품, 관련용품 및 선전광고물에 부착, 표시된 위 각 표장을 폐기하라. 2. 별지 제** 표장에 관한 원고의 주위적 청구를 모두 기각한다. 제1심 판결 중 위 표장 부분에 관한 피고의 항소를 기각한다. 3. 소송총비용은 피고의 부담으로 한다. 4. 제1의 가.항 나.항은 가집행할 수 있다.

【청구취지】 피고는 별지 제1목록 표시 각 표장을 사용하거나 이를 사용하여 별지 제2목록 기재 상품 및 그 관련용품 등을 제조, 판매, 반포 및 광고하여서는 아니된다. 피고는 그 사무소, 공장, 창고, 영업소, 매장에 보관 또는 전시되어 있는 별지 제2목록 기재의 상품, 관련용품 및 선전광고물에 부착, 표시된 별지 제1목록 표시 각 표장을 폐기하라(원고는 제1심에서 '구찌(GUCCI)' 관련 상표에 대한 피고의 부정경쟁행위를 이유로 한 침해금지청구와 '파올로구찌(PAOLOGUCCI)' 관련 상표권에 대한 피고의 침해행위를 이유로 한 침해금지청구를 선택적으로 구하다가, 당심에 이르러 '구찌(GUCCI)' 관련 상표권에 대한 피고의 침해행위를 이유로 한 침해금지청구(이하 이 사건 제1 주위적 청구라 한다)를 추가하면서 이를 '구찌(GUCCI)' 관련 상표에 대한 부정경쟁행위를 이유로 한 침해금지청구(이하 이 사건 제2 주위적 청구라 한다)와 선택적으로 구하는 한편 위 각 청구를 주위적 청구로 하면서 '파올로구찌(PAOLOGUCCI)' 관련 상표권 침해행위를 이유로 한 침해금지청구를 예비적 청구로 변경하였다).

【항소취지】 제1심 판결을 취소한다. 원고의 청구를 기각한다.

【이유】 1. 사실관계

가. '구찌(GUCCI)' 상표의 등록과정

(1) 원고는 1922년경 이태리 사람인 소외 구찌오 구찌(GUCCIO GUCCI)가 이태리법에 의하여 설립한 법인으로서, 이태리공화국 50123 피렌제 비아 토르나부오니 73/알(Via Tornabuoni 73/R, Firenze, 50123, Italy)에 주소를 두고 있고, 설립 초 이

태리 피렌제를 근거지로 하여 마구(馬具) 등 각종 피혁제품을 제조, 판매하기 시작한 이래, 현재에 이르러서는 핸드백, 가방, 신발 등 각종 피혁제품뿐만 아니라 의류, 장신구 등을 생산, 판매하는 한편, 이에 사용되는 각종 표장에 대하여 전세계적으로 여러 가지 상품군에 관하여 상표등록을 마치고 이를 관리하여 오고 있다.

(2) 원고가 사용하여 온 표장은 별지 제4목록 기재와 같이 그 설립자인 위 구찌오 구찌의 성명인 'GUCCIO GUCCI' 또는 그 성인 'GUCCI'의 영문 로마자를 사용하여 대문자 또는 이탤릭형 소문자 필기체로 쓴 문자상표이거나 투구로 얼굴을 가리고 갑옷을 입은 서양의 중세기사의 모습을 새긴 방패를 도형화한 모습의 문장(紋章)의 도형상표 또는 위 문자와 도형을 결합한 결합상표 및 'GUCCIO GUCCI'의 'G'자 두개를 변형한 로고상표 등이다.

(3) 원고는 위 구찌오 구찌의 이름을 그대로 사용하고 있는 원고의 명칭으로 말미암아 통상 위 구찌오 구찌의 성(姓)인 '구찌(GUCCI)'사로, 원고가 제조, 판매하는 상품은 그가 사용하고 있는 상표 자체 또는 그에 기재되어 있는 'GUCCIO GUCCI', 'GUCCI'로 말미암아 통상 '구찌(GUCCI)'제품으로 호칭되었다.

(4) 위와 같은 원고의 영업과 '구찌(GUCCI)'라는 호칭 및 그 문자, '중세기사와 말, 방패, 갑옷, 투구'로 특징 지워지는 문장도형 또는 로고, 이들이 서로 결합한 독특한 이미지의 각 표장은 피혁제품에서 비롯되어 현재는 각종 의류, 아동복, 향료, 침구, 화장용구, 완구, 시계, 악세사리 등 전 품목에 걸쳐 세계적인 주지저명성을 획득하였고, 우리나라에서도 특허청발행의 1983년판 외국유명상표자료집에 가방, 신발류의 주지상표로, 1993년판 외국유명상표자료집에 구상표법시행규칙(1998. 2. 23. 개정되기 전의 것, 이하 구상표법시행규칙이라 한다) 상품류구분표 제25류 상품(서류가방 등), 제27류 상품(단화 등), 제35류 상품(손목시계 등), 제45류 상품(의류 등)의 주지상표로 기재될 정도로 주지저명의 상표이다.

(5) 원고는 우리나라에서도 별지 제5목록 85항 기재와 같이 1980. 1. 21. 구상표법시행규칙 상품류구분표 제45류 상품에 관하여 'GUCCI'라는 문자상표를 등록한 이래, 제**류 상품 및 개정된 상표법 시행규칙 상품류구분표 제3, 17, 24, 26류 상품에 관하여 별지 제4목록 기재와 같은 문자상표, 도형상표, 이를 결합한 결합상표 등을 등록하고, 이를 사용한 상품을 우리나라에 수출하고 있다(이하에서는 별지 제4목록의 표장 중 'GUCCI'라는 문자가 포함된 상표를 'GUCCI' 관련 상표라 한다).

나. '파올로구찌(PAOLOGUCCI)' 상표의 등록과정

(1) 소외 파올로 구찌는 원고의 설립자인 위 구찌오 구찌의 손자인데 1982. 9. 18. 이태리에서 자신의 이름인 'PAOLO GUCCI'와 'P' 및 'G'자의 도형을 결합한 상표를 등록한 이래 세계 각국에 별지 제1목록 기재와 같이 자신의 이름인

‘PAOLO GUCCI’를 이용한 문자상표, ‘P’ 및 ‘G’자를 도형화한 도형상표, 투구와 왕관을 쓴 중세기사의 얼굴모습과 방패를 결합한 도형상표, 또는 이들의 결합상표(이하 별지 제1목록 기재의 표장들을 이 사건 상표, 이에 관한 상표권을 이 사건 상표권이라 한다)를 등록하고, 타인에게 사용권을 부여하여 이를 사용하도록 하였다.

(2) 위 파올로 구찌는 우리나라에서도 별지 제3목록 제23항 기재와 같이 1992. 1. 29. 구상표법시행규칙 상품류구분표 제27류 상품에 관하여 타원 안에 ‘P’ 및 ‘G’자의 도형을 결합한 상표를 등록한 이래, 제**류 상품에 관하여, 같은 목록 기재와 같이 ‘PAOLOGUCCI’, 또는 ‘PAOLO GUCCI’라는 영문자상표, ‘파올로구찌’, 또는 ‘파올로 구찌’라는 한글문자상표, ‘P’ 및 ‘G’자를 도형화한 것에 ‘PAOLOGUCCI’, 또는 ‘DESINED BY PAOLO GUCCI’의 문자를 적어 넣은 결합상표, 투구와 왕관을 쓴 중세기사의 얼굴모습과 방패를 결합한 도형에 ‘PAOLO DESIGNED BY PAOLO GUCCI’의 문자를 적어 넣은 결합상표 등을 등록하였다.

다. 피고의 상표사용행위

피고는 섬유제품, 피혁제품의 제조 판매업 등을 목적으로 설립된 법인인데, 소외 파올로구찌로부터 1990. 7. 15. 이 사건 상표의 사용권을 부여받은 소외 트랙와이즈 세일즈 코오포레이션(Trackwise Sales Corporation, 이하 ‘트랙와이즈사’라고 한다)과 사이에 1994. 2. 4. 이 사건 상표에 관하여 지정상품을 서류가방, 핸드백, 지갑 등 80여종으로, 사용계약기간은 1994. 1. 1.부터 1996. 12. 31.까지 3년간으로 하는 전용사용권을 설정 받는 계약을 체결하였고, 이에 따라 피고는 별지 제3목록 기재 2번 내지 61번 기재의 상표들에 관하여 전용사용권 설정등록을 마치고, 1994년경부터 별지 제2목록 기재 상품 및 그 관련용품을 제조, 판매, 반포 및 광고를 하면서 이 사건 상표를 부착하여 사용하여 오고 있다.

라. 원고의 이 사건 상표의 양수과정

(1) 위 파올로구찌는 1994. 2. 4. 미합중국 뉴욕주 남부지방 파산법원(이하 미국 파산법원이라 한다)에 파산신청을 하여 같은 해 4. 8. 위 법원으로부터 파산선고를 받았고, 위 법원의 결정에 따라 그 파산관재인으로 소외 프랭크 지 시나트라(Frank G. Sinatra, 이하 파산관재인이라고 한다)가 선임되었으며, 우리나라 특허청에 등록된 이 사건 상표권들이 그 파산재단에 속하게 되었다.

(2) 한편 위 파올로구찌는 1995. 10. 10. 사망하였는데, 미국 파산법원이 그 후인 1996. 8. 9. 이 사건 상표를 경매에 부치자 원고가 이를 매수할 것을 제안하고 위 파산관재인도 미국 파산법원에 대하여 이 사건 상표의 매각승인을 요청하자, 미국 파산법원은 1996. 10. 15.경 이를 승인하는 한편 위 파올로구찌와 위 트랙와이즈사 사이의 이 사건 상표의 사용에 관한 계약도 해지되었음을 확인하는 내용의 판결을 선고하였다.

(3) 한편 위 파산관재인은 1996. 6. 24. 서울가정법원의 96느3126호 심판에 따라 위 파올로구찌의 상속재산관리인으로 선임된 후 1998. 6. 5. 우리나라 특허청에 별지 제3목록 기재 상표권 모두를 1996. 11. 21. 양도를 원인으로 원고에게 이전하는 내용의 이전등록을 마쳤다.

2. 원고의 주장

원고는 이 사건 주위적 청구원인으로서, 첫째, 원고는 위에서 본 '구찌(GUCCI)' 관련 상표의 상표권자인데 피고는 그 지정상품과 동일한 별지 제2목록 기재 상품에 관하여 위 '구찌(GUCCI)' 관련 상표와 동일, 유사한 이 사건 상표들을 사용하여 원고의 '구찌(GUCCI)' 관련 상표에 관한 상표권을 침해하고 있고, 둘째, 피고는 주지저명한 원고의 '구찌(GUCCI)' 관련 상표에 부당편승하여 원고의 상품 표지 및 영업 표지와 동일, 유사한 표지를 사용하여 소비자로 하여금 상품주체와 영업주체를 혼동하게 하는 부정경쟁행위를 하고 있다고 주장하고, 이 사건 예비적 청구원인으로서, 원고가 '파올로구찌(PAOLOGUCCI)' 관련 이 사건 상표권을 양수한 상표권자인데 피고는 그 전용사용권 설정계약이나 통상사용권 설정계약에서 정한 사용기간을 넘어서도 이 사건 상표를 사용하여 '파올로구찌(PAOLOGUCCI)' 관련 상표에 관한 원고의 상표권을 침해하고 있다고 주장하면서, 청구취지 기재와 같은 판결을 구하고 있다.

3. '구찌(GUCCI)' 관련 상표권에 기한 청구에 관한 판단

가. 상표의 유사 여부의 판단기준

상표의 유사 여부는 동종의 상품에 사용되는 두 개의 상표를 외관, 관념 및 호칭의 점에서 전체적, 객관적, 이격적으로 관찰하여 거래상 일반 수요자나 거래자가 상표에 대하여 느끼는 직관적 인식을 기준으로 하여 그 상품의 출처에 대한 오인, 혼동의 우려가 있는지의 여부에 의하여 판별되어야 하고, 문자와 문자 또는 문자와 도형이 결합된 결합상표는 반드시 그 구성부분 전체에 의하여 호칭, 관념되는 것이 아니라 각 구성부분을 분리하여 관찰하면 거래상 자연스럽지 못하다고 여겨질 정도로 불가분적으로 결합되어 있는 것이 아닌 한 그 구성부분 중 일부만에 의하여 간략하게 호칭, 관념될 수도 있는 것이고, 또 하나의 상표에서 두 개 이상의 칭호나 관념을 생각할 수 있는 경우에는 그 중 하나의 칭호, 관념이 타인의 상표와 동일 또는 유사하다고 인정될 때에는 두 상표는 유사하다고 할 것이며, 성명의 결합으로 이루어진 결합상표의 경우에도 특별한 사정이 없는 한 그 이치는 마찬가지라고 할 것이다.

나. 별지 제1목록 기재 1 내지 8번 표장에 관한 청구에 대한 판단

(1) 상표의 유사여부

원고의 '구찌(GUCCI)' 관련 상표는 원고의 설립자인 '구찌오 구찌(GUCCIO

GUCCI)'의 성인 '구찌(GUCCI)'로 호칭되고 있고 주지저명함은 앞서 본 바와 같으므로 이 부분이 일반 수요자들 사이에 현저하게 인식되어 있다 할 것이고, 이 사건 상표 중 ① 'PAOLO GUCCI'라는 영문자상표는 원고의 상표인 'GUCCI'와는 달리 성과 이름이 결합된 것으로서 그 외관은 원고의 상표와 상이하다고 하겠으나, 두 부분이 합쳐져 이를 분리하여 관찰하면 부자연스러울 정도로 불가분적으로 결합되어 있다고 볼 수는 없으므로 'PAOLO'와 'GUCCI' 부분으로 분리하여 관찰할 수 있다 할 것이고, ② 'PAOLOGUCCI'라는 영문자상표는 비록 'PAOLO'와 'GUCCI' 부분이 간격 없이 연결되어 구성되어 있기는 하나 'GUCCI' 부분이 일반 수요자들 사이에 현저하게 인식되는 부분으로서 일반 수요자의 처지에서 요부라고 볼 수 있는 'PAOLO'와 'GUCCI' 부분으로 분리하여 인식할 수 있다 할 것이고, ③ '파올로구찌', 또는 '파올로 구찌'라는 한글문자상표는 위 영문자의 음을 한글로 표기한 것으로서 역시 '파올로'와 '구찌' 부분으로 분리하여 인식할 수 있다 할 것이고, ④ 별지 제1목록 기재의 5 내지 8번의 'P' 및 'G'자를 도형화한 것에 'PAOLOGUCCI', 또는 'DESIGNED BY PAOLO GUCCI'를 적어 넣은 결합상표, 투구와 왕관을 쓴 중세기사의 얼굴모습과 방패를 결합한 도형에 'PAOLO DESIGNED BY PAOLO GUCCI'의 문자를 적어 넣은 결합상표는 이 역시 문자부분과 도형부분이 이를 분리하여 관찰하면 부자연스러울 정도로 불가분적으로 결합되어 있다고 보기는 어려우므로 도형부분과 문자부분으로 분리관찰이 가능하다고 할 것이고, 문자부분 역시 위에서 본 바와 같이 'PAOLO'와 'GUCCI'부분으로 분리하여 인식할 수 있다 할 것인데, 따라서 위 각 상표들이 각기 일반 수요자들에게 강하게 인식되는 'GUCCI(구찌)'부분에 의하여 약칭되는 경우에는 원고의 '구찌(GUCCI)' 관련 상표와 칭호가 동일하게 되어, 양 상표들을 동일, 유사한 지정상품에 다같이 사용할 경우, 일반 수요자나 거래자로 하여금 상품의 출처에 관하여 오인, 혼동을 일으키게 할 우려가 있다 할 것인바, 결국 피고가 원고의 '구찌(GUCCI)' 관련 상표의 지정상품과 동일한 별지 제2목록 기재 상품 및 그 관련용품에 관하여 이 사건 상표 중 별지 제1목록 기재 1 내지 8번의 표장을 사용하는 것은 원고의 '구찌(GUCCI)' 관련 상표에 관한 상표권을 침해하는 행위가 된다 할 것이므로, 원고는 피고에 대하여 상표법 제65조에 의하여 그 침해행위의 금지 및 예방을 청구할 수 있다 할 것이다.

(2) 피고의 주장에 대한 판단

피고는 먼저 이에 대하여, 별지 제1목록 기재 1 내지 4, 7, 8번의 표장들은 위 파올로구찌가 상표법에 의하여 등록한 상표들이고, 피고는 그 상표권자인 위 파올로구찌의 대리인인 위 트랙와이즈사로부터 전용사용권을 설정받아 이를 사용하고 있는 것인바, 비록 위 등록상표들이 원고의 '구찌(GUCCI)' 관련 상표와 유사한 면이 있다 하더라도 등록무효심판절차에 의하여 무효로 확정될 때까지는 유효한 것으로 취급되는 것이므로 피고가 위 등록상표들을 사용하는 것이 원고의 '구찌(GUCCI)' 관련 상표에 관한 상표권을 침해하는 것은 아니라는 취지로 주장한다.

그러므로 살피건대, 피고가 1996. 12. 31.까지는 별지 제1목록 기재 1 내지 4, 7, 8번의 등록상표들의 전용사용권자로서 위 등록상표들을 유효하게 사용할 수 있었음은 앞에서 본 바와 같으나, 그 이후에도 피고가 위 파올로구찌나 이 사건 상표들을 양수한 원고로부터 위 등록상표들을 사용할 수 있는 권한을 부여받았다고 볼 자료가 없는 이 사건에 있어서 피고의 위 주장은 이유 없다.

피고는 다음으로, 원고의 '구찌(GUCCI)' 관련 상표와 유사하여 그 상표권을 침해하고 있다고 주장하는 이 사건 상표에 관한 별지 제3목록 기재 상표권을 파올로구찌의 파산관재인으로부터 양수한 원고가, 피고에 대하여 이 사건 상표의 사용의 금지 등을 구하는 것은 신의칙에 위배되어 허용될 수 없다고 주장하나, 그러한 사정만으로는 원고의 이 사건 권리행사가 신의칙에 반하는 것이라고 할 수는 없다 할 것이므로 피고의 위 주장도 이유 없다.

다. 별지 제1목록 기재 9번 표장에 관한 청구에 대한 판단

별지 제1목록 기재 9번의 표장은 단지 타원 안에 'P' 및 'G'자의 도형을 결합한 도형상표로서 원고의 '구찌(GUCCI)' 관련 상표와는 전혀 다른 것이라 할 것인바, 그렇다면 위 상표 역시 원고의 '구찌(GUCCI)' 관련 상표와 동일, 유사함을 전제로 피고가 위 표장을 사용하는 행위가 상표법에 위반된다거나 부정경쟁행위에 해당함을 이유로 하는 원고의 청구는 나아가 살펴볼 필요 없이 이유 없다.

4. '파올로구찌(PAOLOGUCCI)' 관련 이 사건 상표권에 기한 청구에 관한 판단

가. 원고의 주장에 대한 판단

원고가 이 사건 상표권을 양수한 상표권자이고 피고는 그 전용사용권 설정계약에서 정한 사용기간을 넘어서도 별지 제1목록 기재 9번의 표장을 비롯하여 이 사건 상표를 사용하고 있음은 앞에서 본 바와 같은바, 따라서 피고는 별지 제1목록 기재 9번의 표장에 관하여 원고의 '파올로구찌(PAOLOGUCCI)' 관련 이 사건 상표권을 침해하고 있다고 할 것이어서 원고는 피고에 대하여 상표법 제65조에 의하여 그 침해행위의 금지 및 예방을 구할 수 있다 할 것이다.

나. 피고의 주장에 대한 판단

(1) 피고는 먼저, 비록 미국 법원의 파산절차에서 원고가 위 망 파올로구찌의 위 파산관재인으로부터 이 사건 상표권을 양수하였다 하더라도 파산법의 속지주의 원칙상 그 효력은 한국 내에 있는 재산인 이 사건 상표권에 관하여는 효력이 없는 것이고, 따라서 위 파산관재인이 한국의 관할법원에서 별도의 파산절차에 따라 파산관재인으로 선임되고 처분행위를 허락받지 않은 이상 그 처분행위는 효력이 없는 것이며, 또한 위 파산관재인이 위 파올로구찌의 상속재산관리인의 지위에서 이

사건 상표권을 처분하였다 하더라도 상속재산관리인은 상속재산의 보존 및 관리를 위한 권한만 가지므로 그 권한을 넘어 이 사건 상표권을 처분한 것 역시 효력이 없는 것인바, 따라서 위 파산관재인을 통하여 이 사건 상표권을 취득한 원고는 적법한 상표권자가 아니므로 원고가 이 사건 상표권을 위 파산관재인으로부터 적법하게 취득하였음을 전제로 하는 원고의 청구는 이유 없다고 주장한다.

그러므로 살피건대, 우리나라 파산법 제3조 제2항은 외국에서 선고한 파산은 한국 내에 있는 재산에 대하여는 그 효력이 없다고 규정하고 있고, 위 파올로구찌가 우리나라에 등록한 이 사건 상표의 상표권은 한국 내에 있는 재산으로서 이에 대하여 외국에서 파산이 선고된 경우라 할 것이나, 파산절차는 파산자의 총채권자에 대한 평등한 변제를 그 목적으로 하는 것이고, 그 실현을 위하여 파산선고에는 파산채권자의 개별적인 권리행사(집행)를 금지하는 효력(이른바 포괄집행적 효력)이 인정되고 있으며, 이러한 포괄집행적 효력은 국가권력의 발동인 강제집행과 유사한 면이 있어 외국에서 선고한 파산의 효력 중 위와 같은 국가권력의 발동이라는 측면을 갖는 포괄집행적 효력은 당해 외국의 국가권력이 미치지 않는 우리나라에 대하여 당연히는 그 효력이 미치지 않는다고 할 것이고, 그 범위 내에서 외국 법원에서 내린 파산선고의 효력이 우리나라에 있는 재산에 대하여 제한되는 것으로 보아야 할 것이므로, 결국 위 파산법 제3조 제2항에서 말하는 "효력이 없다"는 말은 한국 내에 있는 재산에 대하여 위에서 본 파산선고의 본래적 효력, 즉 파산법 제15조 내지 제61조가 규정하고 있는 포괄집행적 효력이 미치지 않음을 선언함에 그치는 것이지, 나아가 외국에서 파산의 선고가 있었다는 사실이나 그에 따라 파산관재인이 선임되었다는 것 자체를 무시한다거나, 그 선고의 결과 파산선고를 한 해당 국가에서 선임된 파산관재인이 그 국가의 법률에 따라 파산자가 소유하는 재산의 관리처분권을 취득하는 등의 효과가 발생하는 것을 부정하는 것까지 포함하는 것은 아니라 할 것이고, 따라서 위 파올로구찌의 이 사건 상표권은 우리나라의 파산법 하에서도 미국 파산법원의 파산선고에 따라 그 관리처분권이 파산관재인인 위 시나트라에게 이전되는 것으로서 위 파산관재인의 처분은 그의 적법한 처분권에 의한 것이어서 정당한 것이고 따라서 원고의 이 사건 상표권의 취득 역시 정당한 권리취득이라 할 것이므로 이와 반대의 입장에서 위 시나트라가 파산관재인으로서 또는 상속재산관리인으로서 이 사건 상표권을 처분한 것은 위법한 것이므로 무효라는 피고의 주장은 나머지 점에 관하여 더 나아가 살펴볼 필요 없이 이유 없다.

(2) 피고는 다음으로, 위 파올로구찌가 1995. 10. 10. 사망하였으나 그 상속인들이 위 사망일로부터 3년 이내에 이 사건 상표권의 이전등록을 하지 아니하여 상표법 제64조에 의하여 이 사건 상표권은 1998. 10. 11.에 이르러 소멸하였는바, 따라서 이 사건 상표권이 현재도 유효함을 전제로 하는 원고의 청구는 이유 없다고 주

장한다.

그러므로 살피건대, 상표권자가 사망한 날로부터 3년 이내에 상속인이 그 상표권의 이전등록을 하지 않은 경우에는 그 상표권이 소멸하는 것으로 규정한 상표법 제64조는 상표권의 상속이 발생한 경우에 그 이전등록을 하지 않고 피상속인 명의인 채로 방치하여 둠으로써 진정한 권리자가 누구인지 확정되지 아니하여 이해관계인 등으로 하여금 이를 양도받거나 전용사용권, 통상사용권 등을 설정받는 행위, 그 상표권에 대한 등록무효·취소심판청구 등을 청구함에 있어서 따르는 불편을 해소함과 아울러 권리이전관계를 명확히 하려는데 그 제도적 취지가 있다 할 것이므로, 이는 상속인이 피상속인의 상표권을 승계취득하는 경우를 전제로 한 것이지 이 사건과 같이 피상속인인 위 파올로구찌의 사망 이전에 개시된 파산절차에 의하여 상속재산에 해당하는 이 사건 상표권이 파산재단에 편입되고 그 관리처분권이 위 파산관재인에게 이전된 이상 이 사건 상표권은 상속재산에서 제외되고 따라서 이와 같이 위 파올로구찌의 상속인들의 상속권이 제한되는 경우에는 실질적으로 상속이 이루어지는 것이 아니어서 상표법 제64조가 적용되지는 않는다 할 것이며, 더구나 위 파산관재인이 미국 파산법원의 승인을 얻어 원고에게 이 사건 상표를 양도하고 위 파올로구찌의 사망일로부터 3년 이내에 그 이전등록을 한 이상 비록 위 파올로구찌의 상속인들 앞으로 일단 이전등록을 하였다가 다시 원고에게 이전하는 절차를 거치지 않고 바로 원고 앞으로 이전등록을 하였다 하더라도 이를 가리켜 상표권의 소멸사유에 해당한다고 할 수는 없다 할 것인바, 따라서 이 점에 대한 피고의 주장 역시 이유 없다.

(3) 피고는 마지막으로, 원고가 별지 제1목록 기재 9번의 표장에 관하여 구상표법 시행규칙의 상품류구분 중 제45류 상품을 지정상품으로 하여 등록한 별지 제3목록 55번의 등록상표는 피고가 원고를 상대로 제기한 상표등록취소심판 사건에서 2000. 6. 30. 그 등록이 취소되었으므로 그 등록이 유효함을 전제로 하는 원고의 청구는 이유 없다고 주장한다(피고는 이외에도 이미 위 주위적 청구 부분에서 판단한 별지 제1목록 기재 1, 2, 3, 4, 7, 8번 표장에 관한 별지 제3목록 13번, 56번 내지 61번의 상표에 관하여도 같은 주장을 한다).

그러므로 살피건대, 증거에 의하면 피고가 원고를 상대로 위 별지 제3목록 55번의 등록상표 관하여 등록취소심판을 제기하여 2000. 6. 30. 특허심판원 2000당17호로 위 상표의 등록을 취소하는 내용의 심결이 내려진 사실은 인정할 수 있으나 나아가 위 심결이 확정되었음을 인정할 증거가 없으므로 이를 전제로 한 피고의 위 주장은 이유 없다.

5. 결론

결국, 피고는 원고에게, 별지 제1목록 기재 1번 내지 8번 표장에 대하여는 당심에서 추가된 이 사건 제1 주위적 청구에 기하여, 별지 제1목록 기재 9번 표장에 대하여는 이 사건 예비적 청구에 기하여, 위 각 표장의 사용금지와 이를 사용한 상품 및 그 관련용품의 제조, 판매, 반포 및 광고의 금지, 피고의 사무소, 공장, 창고, 영업소, 매장에 보관 또는 전시되어 있는 상품, 관련용품 및 선전광고물에 부착, 표시된 위 각 표장을 폐기할 의무가 있다 할 것인바, 따라서 별지 제1목록 기재 1번 내지 8번 표장에 관한 원고의 이 사건 제1 주위적 청구를 인용하고(이 부분에 대하여 당심에서 주위적으로 추가된 제1 주위적 청구를 인용한 이상 이 부분의 예비적 청구에 대한 제1심 판결은 실효되었다), 별지 제1목록 기재 9번 표장에 대한 이 사건 각 주위적 청구는 모두 이유 없어 이를 기각하되 이 사건 예비적 청구 중 위 표장에 대한 부분은 이유 있어 이를 인용할 것인데 위 예비적 청구에 대한 제1심의 판단은 당원과 결론을 같이 하여 정당하므로 이 부분에 대한 피고의 항소를 기각하기로 하여 주문과 같이 판결한다.

재판장 판사 이영애 장성원 이내주

(2) **서울지방법원** 1996. 6. 28. **선고** 96**가합**27402 **판결【상표권통상사용권】(확정)** [**하집**1996-1, 329]

【결정요지】

파산절차는 파산자의 총채권자에 대한 평등한 변제를 그 목적으로 하는 것이고, 그 실현을 위하여 파산선고에는 파산채권자의 개별적인 권리행사(집행)를 금지하는 효력(이른바 포괄집행적 효력)이 인정되고 있으며, 이러한 포괄집행적 효력은 국가권력의 발동인 강제집행과 유사한 면이 있어 외국에서 선고한 파산의 효력 중 위와 같은 국가권력의 발동이라는 측면을 갖는 포괄집행적 효력은 당해 외국의 국가권력이 미치지 않는 우리나라에 대하여 당연히는 그 효력이 미치지 않는다고 할 것이고, 그 범위 내에서 외국 법원에서 내린 파산선고의 효력이 우리나라에 있는 재산에 대하여 제한되는 것으로 보아야 할 것이므로, 결국 위 파산법 제3조 제2항에서 말하는 "효력이 없다"는 말은 한국 내에 있는 재산에 대하여 위에서 본 파산선고의 본래적 효력, 즉 파산법 제15조 내지 제61조가 규정하고 있는 포괄적·집행적 효력이 미치지 않음을 선언함에 그치는 것이지, 나아가 외국에서 파산의 선고가 있었다는 사실이나 그에 따라 파산관재인이 선임되었다는 것 자체를 무시한다거나, 그 선고의 결과 파산선고를 한 해당 국가에서 그 국가의 법률에 따라 파산관재인이 파산자가 소유하는 재산의 관리처분권을 취득하는 등의 효과가 발생하는 것을 부정하는 것까지 요구하는 것이 아니라 할 것이다.

【참조 조문】 파산법 제3조 제2항

【원고】 주식회사 마론핸즈 외 14인 (소송대리인 동서법무법인 담당변호사 서정

우 등)

【피고】 1. 파산자 망 파올로 구찌(Paolo Gucci)의 파산관재인 프랭크 시나트라(소송대리인 변호사 손경한 등) 2. 주식회사 크라운

【변론종결】 1996. 6. 14.

【제 1 심 결정】 1989. 2. 27. 고지 88카13611 결정

【주문】 1. 피고 파산자 망 파올로 구찌의 파산관재인 프랭크 시나트라는 피고 주식회사 크라운에게, 가. 별지 1 목록 기재 각 상표에 관하여 별지 2 기재와 같은 전용사용권 설정등록절차를 이행하고, 나. 피고 주식회사 크라운이 원고들에 대하여 제 2 항의 각 통상사용권을 설정함에 있어 각 동의의 의사표시를 하라. 2. 피고 주식회사 크라운은, 가. 원고 주식회사 마론핸즈에게 별지 3 목록 기재 각 상표에 관하여 (생략) 별지 32 기재와 같은, 각 통상사용권 설정등록절차를 각 이행하라. 3. 소송비용은 피고들의 부담으로 한다.

【청구취지】 주문과 같다.

【이유】 1. 기초사실

가. 소외 망 파올로 구찌는 1992. 1. 29.부터 1994. 8. 13.까지 사이에 대한민국 특허청에 별지 1 목록 기재 각 상표에 관하여 그 명의의 상표권등록을 마쳤다.

나. 피고 주식회사 크라운(이하 피고회사라고만 한다)은 1994. 2. 4. 위 망 파올로 구찌를 대리한 소외 트랙와이즈 세일즈 주식회사((Tackwise Sales Corporation)와 사이에, 별지 1 목록 기재 각 상표에 관하여 지역 대한민국 전역, 지정상품 등록상품 전부, 기간 1994. 1. 1.부터 1996. 12. 31.까지로 하는 전용사용권 설정계약을 체결함과 아울러 피고 회사가 위 파올로 구찌의 사전 동의하에 피고회사의 권리범위 내에서 제 3 자에게 통상사용권을 설정할 수 있는 것으로 약정하였다.

다. 이에 따라 피고회사는 1994. 3. 1.부터 같은 해 4. 15.까지 사이에 원고들과 사이에 별지 **기재 각 상표에 관하여 별지 ** 기재와 같은 각 통상사용권을 설정하여 주기로 약정하였다.

라. 한편, 위 망 파올로 구찌는 1994. 4. 8. 미합중국 뉴욕주 남부지방 파산법원(이하 미국 파산법원이라고만 한다)으로부터 파산선고를 받았고, 미국 파산법원의 결정에 따라 그 파산관재인으로 프랑크 시나트라(Frank Sinatra, 이하 피고 파산관재인이라고만 한다)가 선임되었으며, 우리나라 특허청에 등록된 위 망 파올로 구찌의 위 각 상표권은 그 파산재단에 속하게 되었다.

마. 위 파올로 구찌의 소송대리인인 변호사 로져 톰슨(Roger Tompson)은 1994. 4. 15. 미국 파산법원의 명에 의하여 위 파올로 구찌를 적법하게 대리하여 피고회사가 지명하는 자에게 위 각 상표권의 통상사용권을 설정함에 동의하였고, 피고회사는 원고들을 통상사용권을 설정받을 자로 지정하였다.

2. 피고 파산관재인에 대한 청구

가. 본안전 항변에 관한 판단

(1) 원고들이 피고회사와 사이에 통상사용권 설정계약을 체결하였음을 전제로 피고회사를 대위하여 피고 파산관재인을 상대로 피고회사에 대한 전용사용권 설정등록절차의 이행과 피고회사의 원고들에 대한 통상사용권 설정에 필요한 동의의 의사표시를 구함에 대하여, 피고 파산관재인은, 그가 미국 파산법원으로부터 위 파올로 구찌의 파산관재인으로 선임되었으므로 엄격한 속지주의를 취하고 있는 우리나라 파산법 하에서는 위 망 파올로 구찌를 대신하여 소송을 수행할 당사자적격이 없어 원고들의 피고 파산관재인에 대한 소는 당사자적격이 없는 자를 상대로 한 부적법한 것이라고 항변한다.

(2) 그러므로 살피건대, 우리나라 파산법은 외국에서 선고한 파산은 한국 내에 있는 재산에 대하여는 그 효력이 없으며(동법 제3조 제2항), 민사소송법에 의하여 재판상 청구할 수 있는 채권은 한국 내에 있는 것으로 본다(동법 제3조 제3항)고 규정하고 있고, 대한민국 특허청에 위 각 상표에 관한 상표권등록을 마친 위 파올로 구찌가 1994. 4. 8. 미국 파산법원으로부터 파산선고를 받아 그 파산관재인으로 피고 파산관재인이 선임되고, 그 파산재단에 위 망 파올로 구찌의 우리나라에서의 상표권이 포함된 사실은 앞서 본 바이므로 위 망 파올로 구찌가 우리나라에 등록한 이 사건 각 상표권은 한국 내에 있는 재산이고, 그에 대하여 외국에서 파산이 선고된 경우라 할 것이나, 파산절차는 파산자의 총채권자에 대한 평등한 변제를 그 목적으로 하는 것이고, 그 실현을 위하여 파산선고에는 파산채권자의 개별적인 권리행사(집행)를 금지하는 효력(이른바 포괄집행적 효력)이 인정되고 있으며, 이러한 포괄집행적 효력은 국가권력의 발동인 강제집행과 유사한 면이 있어 외국에서 선고한 파산의 효력 중 위와 같은 국가권력의 발동이라는 측면을 갖는 포괄집행적 효력은 당해 외국의 국가권력이 미치지 않는 우리나라에 대하여 당연히는 그 효력이 미치지 않는다고 할 것이고, 그 범위 내에서 외국 법원에서 내린 파산선고의 효력이 우리나라에 있는 재산에 대하여 제한되는 것으로 보아야 할 것이므로, 결국 위 파산법 제3조 제2항에서 말하는 "효력이 없다"는 말은 한국 내에 있는 재산에 대하여 위에서 본 파산선고의 본래적 효력, 즉 파산법 제15조 내지 제61조가 규정하고 있는 포괄적·집행적 효력이 미치지 않음을 선언함에 그치는 것이지, 나아가 외국에서 파산의 선고가 있었다는 사실이나 그에 따라 파산관재인이 선임되었다는 것 자체를 무시한다거나, 그 선고의 결과 파산선고를 한 해당 국가에서 그 국가의 법률에 따라 파산관재인이 파산자가 소유하는 재산의 관리처분권을 취득하는 등의 효과가 발생하는 것을 부정하는 것까지 요구하는 것이 아니라 할 것이고, 따라서 위 망 파올로 구찌의 이 사건 각 상표권은 우리나라의 파산법 하에서도 미

국 파산법원의 파산선고에 따라 그 관리처분권이 피고 파산관재인에게 이전되는 것으로 볼 수 있어 피고 파산관재인에 대한 소는 위 망 파올로 구찌를 대신하여 소송을 수행할 권한이 있는 자를 상대로 한 것으로서 적법하다고 할 것이므로 피고 파산관재인의 항변은 이유 없다.

나. 본안에 관한 판단

위 인정 사실에 의하면, 피고회사가 이미 이 사건 각 상표에 관하여 전용사용권 설정계약 내용과 같은 지역 및 지정상품으로 1995. 12. 31. 이전까지의 전용사용권 등록을 마친 사실을 원고가 자인하고 있는 이 사건에 있어서, 피고 파산관재인은 피고회사에 별지 1 목록 기재 각 상표에 관하여 별지 2 기재와 같은 전용사용권설정등록절차를 이행하고, 피고회사가 원고들에 대하여 각 해당 상표에 관하여 아래에서 보는 바와 같은 내용으로 각 통상사용권을 설정함에 있어 각 동의의 의사표시를 할 의무가 있다.

3. 피고회사에 대한 청구에 관한 판단

앞서 인정한 사실에 의하면, 피고회사는 원고들과의 각 통상사용권 설정계약에 따라 별지 3 등(이하 생략) 기재 각 해당 상표에 관하여 별지 ** 등 기재와 같은 내용의 각 통상사용권 설정등록절차를 이행할 의무가 있다 할 것이다.

4. 결론

그렇다면, 원고들의 청구는 각 이유 있어 이를 각 인용하고, 소송비용은 패소자인 피고들의 부담으로 하기로 하여 주문과 같이 판결한다.

재판장 판사 서태영 이정석 이은희

(3) **서울지방법원** 2002. 9. 4. **선고** 2001**가합**79063 **판결【주식소유권확인등】 (미항소 확정) (미공간)**

【결정요지】

파산선고에 의하여 일본국 내에 소재한 이 사건 주식은 파산재단에 귀속되고, 이 사건 주식에 대한 관리처분권은 파산자로부터 박탈되어 파산관재인에게 전속하므로, 이 사건 주식에 관한 소송에 관하여는 파산관재인이 당사자가 되고, 가사 이 사건 주식을 한국 내에 있는 재산이라고 본다 하더라도, 대한민국 파산법 제3조 제2항의 '외국에서 선고한 파산은 한국 내에 있는 재산에 대하여는 효력이 없다'는 규정은 한국 내에 있는 재산에 대하여 파산선고의 본래적 효력, 즉 파산채권자의 개별적인 권리행사(집행)를 금지하는 효력(이른바, 포괄집행적 효력)이 미치지 않음을 선언함에 그치는 것이지, 나아가 외국에서 파산의 선고가 있었다는 사실이나 그에 따라 파산관재인이 선임되었다는 것 자체를 무시한다거나, 그 선고의 결과 파산선고를 한 해당 국가에서 그 국가의 법률에 따라 파산관재인이 채무자가 소유하는 재산의 관리처분권을 취득하는 등의 효과가 발생하는 것을 부정하는 것까지 요구하는 것은 아니므로, 일본 법원의 파산선고에 따라 이 사건 주식에 대한 관리처분권이 파산관재인에게 이전되고, 그 결과 이 사건 주식에 관한 소송에 관하여는 파산관재인에게 그 소송수행권이 있다.

【참조 조문】 파산법 제 3 조 제 2 항

【원고】 기쇼세이코(企昌精工)전자 주식회사 (소송대리인 변호사 김숙)

【피고】 이성전자 주식회사 외 1인 (피고들 소송대리인 변호사 김동환)

【주문】 1. 이 사건 소를 각하한다. 2. 소송비용은 원고의 부담으로 한다.

【청구취지】 원고와 피고들 사이에서 별지 목록 기재 주식은 원고의 소유임을 확인한다. 피고들은 원고에게 피고 이성전자 주식회사의 주주명부상 별지 목록 기재 주식에 관하여 진정한 주주명의회복을 원인으로 한 주주명의개서절차를 이행하라.

【이유】 1. 기초사실

가. 원고{기상(企商)전자 주식회사에서 1991. 12. 16. 기쇼세이꼬(企昌精工)전자 주식회사로 상호가 변경됨}는 피고 이성전자 주식회사(이하 피고 이성전자라 한다)의 설립 당시 별지 주식명세서 (1) 기재와 같이 피고 이성전자의 보통주식 중 232,000주(1주당 액면금액 5,000원, 이하 이 사건 주식이라 한다)를 인수하였다.

나. 원고는 1996. 4. 17. 일본 동경지방재판소로부터 파산선고를 받았고, 위 재판소의 결정에 따라 그 파산관재인으로 변호사 아메미야 게이(雨宮 慶)가 선임되었다.

다. 피고 甲은 1996. 8. 8. 파산관재인과 사이에 이 사건 주식을 대금 300,000,000원에 매수하기로 하는 매매계약을 체결하였는데, 당시 파산관재인은 이 사건 주식의 주권을 소지하고 있지 아니하여 그 소재 조사 중에 있으나, 만약 찾지 못할 경우 신속하게 동경지방재판소의 허가를 받은 후 이 사건 주식에 관하여 대한민국에서 공시최고 절차를 밟기로 약정하였다.

라. 이에 따라 위 파산관재인이 1996. 9. 2. 이 사건 주식의 주권을 분실하였음을 이유로 신청한 인천지방법원 96카공1926호 공시최고사건에서 1996. 12. 13. 위 법원으로부터 이 사건 주식의 주권을 무효로 한다는 제권판결을 선고받았고, 피고 이성전자는 파산관재인의 요청에 따라 별지 주식명세서 (2) 기재 주권을 재발행하였다.

마. 피고 甲은 1996. 12. 27. 파산관재인에게 주식매매대금을 지급하고 별지 주식명세서 (2) 기재 주권을 인수하였으며, 피고 이성전자는 같은 날 피고 甲의 청구에 따라 주주명부상의 주주명의를 개서하였다.

2. 원고의 주장

원고는 피고 이성전자로부터 이 사건 주식을 인수할 당시 피고 이성전자로부터 별지 주식명세서 (1) 기재 주권을 발행 교부받았는데, 다만 이 사건 주식의 주주명의는 편의상 원고의 대표이사인 야수다 세이교구(安田成局)로 하였다. 그런데 피고들은 1996. 12. 27. 원고 모르게 원고가 소지한 별지 주식명세서 (1) 기재 주권을 무시하고 위 주권 대신 별지 주식명세서 (2) 기재 주권을 발행 교부하는 한편, 피고 이성전자의 주주명부상 이 사건 주식의 주주명의를 피고 甲으로 개서하였다. 따라서 피고 甲으로의 명의개서는 원인 없이 이루어진 것으로 무효임이 명백한바, 피고들에 대하여 이 사건 주식의 소유자임을 확인함과 아울러 피고 회사의 주주명부상 이 사건 주식에 관한 명의개서절차의 이행을 구한다.

3. 판단

가. 일본의 파산법에 의하면, 파산선고에 의하여 파산자가 파산선고시에 가지는 모든 재산은 파산재단에 귀속되고(제 6 조 제 1 항), 파산재단의 관리처분권은 파산관재인에게 전속하므로(제 7 조), 파산재단에 관한 소송에 관하여는 파산관재인이 당사자가 된다.

이 사건에 있어서 원고는 파산선고 당시 이 사건 주식의 주권을 소지하고 있었음이 원고 주장 자체에 의하여 명백하고, 또한 원고의 본점 소재지가 일본국 내이므로, 결국 파산선고 당시 이 사건 주식의 주권이 일본국 내에 있었음을 알 수 있는바, 파산선고에 의하여 이 사건 주식은 파산재단에 귀속되고, 이 사건 주식에 대한 관리처분권은 파산자로부터 박탈되어 파산관재인에게 전속하므로, 이 사건 주식에 관한 소송에 관하여는 파산관재인이 당사자가 된다.

나. 가사 이 사건 주식을 한국 내에 있는 재산이라고 본다 하더라도, 대한민국 파산법 제 3 조 제 2 항의 '외국에서 선고한 파산은 한국 내에 있는 재산에 대하여는 효력이 없다'는 규정은 한국 내에 있는 재산에 대하여 파산선고의 본래적 효력, 즉 파산채권자의 개별적인 권리행사(집행)를 금지하는 효력(이른바, 포괄집행적 효력)이 미치지 않음을 선언함에 그치는 것이지, 나아가 외국에서 파산의 선고가 있었다는 사실이나 그에 따라 파산관재인이 선임되었다는 것 자체를 무시한다거나, 그 선고의 결과 파산선고를 한 해당 국가에서 그 국가의 법률에 따라 파산관재인이 채무자가 소유하는 재산의 관리처분권을 취득하는 등의 효과가 발생하는 것을 부정하는 것까지 요구하는 것은 아니므로, 일본 법원의 파산선고에 따라 이 사건 주식에 대한 관리처분권이 파산관재인에게 이전되고, 그 결과 이 사건 주식에 관한 소송에 관하여는 파산관재인에게 그 소송수행권이 있다.

다. 따라서, 당사자적격이 없는 파산자가 제기한 이 사건 소는 부적법하다.

4. 결론

그렇다면, 이 사건 소를 각하하기로 한다.

재판장 판사 김문석 조병구 김지숙

[해설]

파산법 제3조 제2항은 "외국에서 선고한 파산은 한국 내에 있는 재산에 대하여는 그 효력이 없다"고 규정하여 속지주의를 선언하고 있다. 이로 인하여 일응 외국파산절차의 국내적 효력이 전면적으로 부정되는 것으로 이해되기도 하나, 위 판결들은 외국파산선고의 효력을 포괄집행적 효력과 관리처분권이전의 효력으로 구분하여 전자의 효력은 한국 소재 재산에 대하여 미치지 않지만 후자의 효력은 국내 소재 재산에 대하여도 미친다고 하고 있다. 대법원 2000다64359 판결이 선고되기 이전에 외국파산절차의 국내적 효력이 문제된 사례는 외국파산관재인의 당사자적격에 관한 것이었는데, 이에 관한 하급심의 견해는 나누어져 있었다. 즉 국내 소재 재산과 관련된 소송에서 여전히 종전 대표이사가 당사자적격을 갖는다는 입장[2]과 서울지방법원 96가합27402 판결 및 2001가합79063 판결과 같이 파산관재인이 당사자적격을 갖는다는 입장이 그것이었는데, 후자가 다수였고, 대법원 2000다64359 판결이 이를 확인하였다. 이러한 판례의 입장은 속지주의를 완화하여 구체적인 사건에서의 공평한 해결을 꾀한 것으로 이해할 수 있을 것이나, 이에 대하여는 포괄집행적 효력과 관리처분권이전 효력은 파산절차가 개시되면 파산법의 규정에 의하여 발생하는 것으로서 불가분적인 것이어서 이를 구별하는 것은 무리이고, 판례와 같이 해석하면 국외재산에 대한 관리처분권은 파산관재인에게 이전되나 개별채권자들은 포괄집행의 효력에 구애받지 아니한 채 관리처분권을 상실한 종전 채무자로부터 국외재산을 양수받거나 그에 대하여 집행할 수 있다는 것이 되므로 모순이며, 그 외에 여러 가지 복잡한 문제를 야기한다는 점에서 비판하는 견해가 있다.[3]

다음으로, 위와 같이 파산법의 해석상 외국 파산관재인의 국내재산에 대한 관리처분권을 인정한다고 하더라도, 이는 파산관재인의 선임에 관한 외국법원 재판의 효력을 승인하는 것을 의미하는 것으로 볼 수 있고, 따라서 민사소송법 제203조 소정의 외국판결의 승인요건을 충족시켜야 비로소 외국 파산관재인의 국내재산에 대한 관리처분권이 인정되는 것이 아닌가 하는 문제가 있는데, 일본의 다수의 학설은 외국파산이 선고된 경우 포괄집행력 이외의 효력(즉, 파산자의 국내재산에 대한

---

2) 서울지방법원 1998. 6. 11. 선고 96가합91175 판결(항소심에서 화해): 일본에서 파산선고된 법인의 대표청산인이 한국에서 소를 제기한 데 대하여 피고가 파산관재인이 적법한 당사자라고 본안전 항변을 한 데 대하여 법원은 파산법 제3조 제2항에 의하여 일본의 파산절차는 한국에 효력이 미치지 아니하므로 한국에서는 파산관재인이 아니라 대표청산인이 여전히 당사자를 대표할 자격을 가진다는 이유로 본안전 항변을 배척하였다.

3) 林治龍, 파산법연구, 561면 이하; 석광현, "국제도산법의 몇 가지 문제점," 국제사법과 국제소송 제1권, 박영사(2001), 454면.

외국 파산관재인의 관리처분권)에 대해서는 별도의 특별한 절차가 필요하지 아니하고 민사소송법 제200조(우리나라 민사소송법 제203조에 해당)에 의하여 국내에서 승인될 수 있다고 한다.[4] 이에 대하여는 외국도산절차의 승인문제를 기존의 민사소송법상의 외국판결의 승인의 틀로 해결하기에는 많은 문제가 있다는 점에서 비판하면서, 나아가 외국관리인의 당사자적격이 인정되는지 여부를 결정하기 위하여 별도로 외국도산절차의 승인재판을 요할 것은 아니고, 외국관리인의 당사자적격이 문제가 되었을 때 수소법원이 당해 외국도산절차가 주절차인지 종절차인지 여부, 외국도산절차가 타국 소재 재산에 대하여도 관리인에게 관리처분권을 부여하였는지 여부 등을 고려하여 결정하면 족하며, 결국 이 문제는 속지주의를 폐지하고, 외국파산절차에서 인정되는 관리처분권이전의 효력에 대하여는 별도의 승인재판을 요하지 않도록 입법적으로 해결하여야 할 것이라는 견해가 있었다.[5]

신법은 속지주의의 한계를 인식하고 보편주의로 전환하였는데, 그 형태는 일본의 '외국도산처리절차의 승인원조에 관한 법률'과 같이 외국도산절차의 승인절차와 그에 기한 지원처분의 이원적인 방식을 취하고 있다.

즉 신법은 지원처분의 한 형태로 국제도산관리인제도를 두고, 국제도산관리인이 선임된 후에는 채무자의 업무의 수행 및 재산에 대한 관리처분권한은 국제도산관리인에게 전속하며, 국제도산관리인은 법원의 허가를 얻어 대한민국 내에 있는 채무자의 재산을 처분 또는 국외로의 반출, 환가·배당 그 밖에 법원이 정하는 행위를 할 수 있도록 규정하고 있다(제636조 제1항 제4호, 제637조). 따라서 외국도산절차에 대한 승인결정 후 국제도산관리인이 선임되면 국제도산관리인이 당사자적격을 갖게 되고 승인결정 전에는 여전히 종전 채무자가 당사자적격을 가지게 된다. 외국도산절차의 승인신청권은 외국도산절차의 대표자에게만 부여되어 있고 채권자에게는 인정되지 않으므로 외국채무자를 상대로 거래를 하거나 소송을 제기하려는 국내채권자는 승인결정 및 국제도산관리인의 선임 이전이라면 외국채무자를 상대로 거래를 하거나 소송을 제기하여야 하고, 만일 소송 도중 또는 거래 중에 국제도산관리인이 선임되었다면 승인결정 후에 소송을 수계하는 등의 방법으로 국제도산관리인을 상대로 소송을 수행하거나 거래를 하여야 한다.[6] 신법의 시행으로 대법원 2000다64359 판결은 사실상 폐기되었다.

---

4) 권택수, 앞의 글, 504면.

5) 林治龍, 파산법연구, 564면 이하. 결과적으로 이 주장은 입법에서 채택되지 아니하였다. 현재 일본에서는 외국관리인이 일본 내 재산에 대하여 관리처분권을 주장하기 위하여는 승인원조법에 따라 승인재판과 적절한 원조처분(관리명령 등)을 받아야 한다고 한다.

6) 회생사건실무(하), 272면.

(4) **인천지방법원** 2003. 7. 24. **선고** 2003**가합**1768 **판결 【양수금】** (**미항소 확정**) [**각공**2003. 9. 10. (1), 80]

【판결요지】

[1] 국제사법 제2조에 의하면 외국적 요소가 있는 법률관계에 관한 소송에서 우리나라 법원은 당사자 또는 분쟁이 된 사안이 우리나라와 실질적 관련이 있는 경우에 국제재판관할권을 행사할 수 있는데, 여기에서 '실질적 관련'이라 함은 법정지국가(法廷地國家)인 우리나라가 국제재판관할권을 행사하는 것을 정당화할 수 있을 정도로 당사자 또는 분쟁대상이 우리나라와 관련성을 갖는다는 것을 의미하고, 개별 사건에서 법원이 이러한 실질적 관련의 유무를 판단함에 있어서 당사자 사이의 공평, 재판의 적정, 신속을 기한다는 민사소송의 기본이념을 비롯한 국제재판관할 배분의 이념에 부합하는 합리적인 원칙에 따라야 하므로, 우리나라 민사소송법의 토지관할에 관한 규정을 참작하되 위와 같은 국제재판관할 배분의 이념과 합리적인 원칙에 비추어 국제재판관할의 특수성을 충분히 고려하여야 하는바, 피고의 주소, 계약에 따라 실제로 채무를 이행한 이행지, 불법행위지, 당해 영업소의 업무와 관련된 소송에 있어서 그 영업소 소재지 등과 같은 민사소송법상의 토지관할 규정에 의한 보통재판적 또는 특별재판적이 우리나라 내에 존재하는 경우에는 실질적 관련이 있는 경우에 해당하지만, 비록 위와 같은 재판적이 우리나라 내에 존재한다고 하더라도 우리나라 법원의 국제재판관할권을 인정하는 것이 피고에게 자신이 제소될 수 있다고 합리적으로 예측하지 못한 곳에서의 응소를 강제하는 것이 되어 국제재판관할 배분의 이념과 합리적인 원칙에 비추어 심히 부당한 결과가 되는 경우에는 우리나라 법원의 국제재판관할권이 인정되지 않는다.

[2] 일본국에서 민사재생절차가 개시된 일본 국적의 회사에 대한 재생채권을 국내 회사가 양수한 경우 그 채권청구는 대한민국과 실질적 관련이 있다고 볼 수 없으므로 우리나라 법원의 국제재판관할권을 인정할 수 없다고 판단한 사례.

[3] 원고가 하나의 소로써 여러 개의 청구를 하는 경우에 그 중 하나의 청구에 관하여 어떠한 관할원인에 의해 우리나라 법원에 국제재판관할권이 인정되는 경우에 다른 청구에 대하여도 우리나라 법원이 민사소송법 제25조의 관련재판적 규정에 따라 국제재판관할권을 행사하기 위하여는 국내관할과는 달리 여러 개의 청구 사이에 그 기초되는 사실관계 혹은 쟁점이 동일하거나 견련관계를 갖는 등의 밀접한 관계가 인정되어야 하고, 비록 동일한 당사자 사이의 청구라 할지라도 위와 같은 밀접한 관계가 없는 경우에는 병합하여 재판하는 것은 국제사회에서의 재판기능의 합리적인 분배의 관점에서 볼 때 상당하지 않을 뿐만 아니라 오히려 재판이 복잡해지고 장기화될 우려가 있을 뿐이기 때문에 민사소송법상의 관련재판적 규정에 의한 국제재판관할권이 인정되지 아니한다.

[4] 일본국 민사재생법 제94조에 의하면 민사재생절차가 개시되면 재생채권자는 재생계획에 따른 변제를 받는 이외에 개별적인 권리 행사를 할 수 없으나, 우리나라의 현행 국제도산법제가 외국 도산절차의 국내적 효력과 관련하여 엄격한 속지주의 원칙을 채택하고 있으므로 일본국 동경지방재판소에서 개시된 민사재생절차의 효력은 대한민국 내에 아무런 직접적인 효력을 미칠 수 없다.

【참조 조문】 [1] 국제사법 제 2 조／[2] 국제사법 제 2 조, 민사소송법 제 8 조, 제11조／[3] 국제사법 제 2 조, 민사소송법 제25조／[4] 파산법 제 3 조, 회사정리법 제 4 조, 화의법 제11조

【원고】 정리회사 대우자동차 주식회사의 관리인 甲의 소송수계인 관리인 乙 (소송대리인 법무법인 태평양 담당변호사 김인만 등)

【피고】 디다부류제이(DWJ) 주식회사 (소송대리인 법무법인 바른법률 담당변호사 김찬진 등)

【주문】 1. 이 사건 소 중 양수금 청구부분을 각하한다. 2. 피고는 원고에게 292,930,520원 및 이에 대하여 2003. 5. 27.부터 2003. 5. 31.까지는 연 5%, 그 다음날부터 갚는 날까지는 연 20%의 각 비율로 계산한 돈을 지급하라. 3. 소송비용 중 90%는 원고의, 10%는 피고의 각 부담으로 한다. 4. 제 2 항은 가집행할 수 있다.

【청구취지】 피고는 원고에게 1,947,000,000원 및 이에 대하여 이 사건 소장 부본 송달 다음날부터 2003. 5. 31.까지는 연 5%, 그 다음날부터 갚는 날까지는 연 20%의 각 비율로 계산한 돈을 지급하라.

【이유】 1. 기초사실

가. 피고(2002. 10. 11. 대우재팬 주식회사에서 현재 상호로 변경되었다)는 1978. 경 주식회사 대우에 의하여 자동차 및 그 부품의 수출입업 등을 목적으로 하는 일본국 현지법인으로서 설립된 대우그룹 계열회사인 종합상사인데, 일본국 법인인 애지(愛知)기계공업주식회사(이하 '애지기계공업'이라 한다) 등 일본국 자동차부품공급업체들과 사이에 자동차부품 등의 계속적 공급계약을 체결하고, 같은 회사들로부터 자동차부품 등을 납품받아 이를 다시 같은 계열회사인 대우자동차주식회사에 공급해왔다.

나. 피고는 주식회사 대우 및 대우자동차주식회사 등 대우그룹 전체의 경영파탄으로 인해 재무상태가 급격히 악화되어 사업자금 조달에 만성적인 어려움을 겪던 중 2002. 6. 28. 일본국 동경지방재판소에 평성(平成) 14년 재(再) 제 183호로 민사재생절차개시신청을 하여 같은 해 7. 4. 위 재판소로부터 민사재생절차개시결정을 받았다.

다. 위와 같이 개시된 민사재생절차에, ① 애지기계공업은 재생채권자로서 참가

하여 위 재판소에 재생채권신고기간 내인 2002. 8. 9. 피고에 대하여 2002. 5. 1.부터 같은 해 6. 26. 사이의 자동차부품 등의 공급으로 인하여 갖게 된 물품대금 915,926,697엔의 채권을 재생채권으로 신고하였고, ② 아시안 에이더블류(AISIAN AW)주식회사(이하 '아시안 에이더블류'이라고 한다)는 재생채권자로서 참가하여 위 재판소에 재생채권신고기간 내인 2002. 8. 9. 피고에 대하여 2002. 6. 4.부터 같은 달 27. 사이의 자동차부품 등의 공급으로 인하여 갖게 된 물품대금 819,393,687엔의 채권을 재생채권으로 신고하였으며, ③ 주식회사 니키(Nikki)(이하 '니키'라고 한다)는 재생채권자로서 참가하여 위 재판소에 재생채권신고기간 내인 2002. 8. 9. 피고에 대하여 2002. 4. 22.부터 같은 해 6. 11. 사이의 자동차부품 등의 공급으로 인하여 갖게 된 물품대금 96,157,458엔의 채권을 재생채권으로 신고하였고, ④ 주식회사 보쉬 오토메틱 시스템스(Bosch Automative Systems)(이하 '보쉬'라고 한다)는 재생채권자로서 참가하여 위 재판소에 재생채권신고기간 내인 2002. 8. 8. 피고에 대하여 2000. 9. 27. 및 2002. 4. 21.부터 같은 해 6. 25. 사이의 자동차부품 등의 공급으로 인하여 갖게 된 물품대금 합계 142,585,758엔의 채권을 재생채권으로 신고하였으며, ⑤ 일본정공(日本精工)주식회사(이하 '일본정공'이라고 한다)는 재생채권자로서 참가하여 위 재판소에 재생채권신고기간 내인 2002. 8. 2. 피고에 대하여 2002. 6. 14.에 선적한 자동차부품 등으로 인하여 갖게 된 지급기일이 같은 해 7. 14.인 물품대금 13,795,446엔의 채권을 재생채권으로 신고하였고, ⑥ 주식회사 극동정기(極東精機)(이하 '극동정기'라고 한다)는 재생채권자로서 참가하여 위 재판소에 재생채권신고기간 내인 2002. 8. 5. 피고에 대하여 2002. 4. 21.부터 같은 해 6. 20. 사이의 자동차부품 등의 공급으로 인하여 갖게 된 물품대금 합계 88,632,337엔의 채권을 재생채권으로 신고하였으며, ⑦ 조우공연(鳥羽工硏)주식회사(이하 '조우공연'이라고 한다)는 재생채권자로서 참가하여 위 재판소에 재생채권신고기간 내인 2002. 7. 29. 피고에 대하여 2000. 5. 1.부터 같은 해 6. 27. 사이의 자동차부품 등의 공급으로 인하여 갖게 된 물품대금 합계 25,957,260엔의 채권을 재생채권으로 신고하였다. 그리고 피고는 대한민국 법인으로서 그 본점 소재지가 대한민국 법인으로 인천에 있는 지엠대우자동차주식회사(이하 '지엠대우'라고 한다)에 대하여 1,947,245,831원의 채권을 가지고 있다.

라. 한편, 대우자동차주식회사(이하 '정리회사'라고 한다)는 인천지방법원 2000회1호로 회사정리절차개시신청을 하여 2000. 11. 30. 회사정리절차가 개시되면서 甲이 그 관리인으로 선임되었다가 이 사건 소송이 계속 중이던 2003. 6. 16. 관리인 甲(이하 '수계전 원고'라고 한다)이 사임하고, 乙과 丙이 공동관리인으로 선임되었는데, 丙은 정리회사의 해외 자회사의 매각, 청산 등 해외업무를, 乙은 해외업무를 제외한 업무를 각 담당하게 됨에 따라 관리인 乙(이하 '원고'라고 한다)이 새로운

관리인으로서 이 사건 소송절차를 수계하였다.

마. 그런데 수계전 원고는 2002. 8. 5. 피고에게 정리회사가 피고에게 부품선수금 명목으로 미리 지급하고도 부품 공급을 받지 못한 일화 531,815,992엔의 부품선수금반환채권을 자동채권으로 하고 피고가 정리회사에 대해 갖고 있던 일화 485,396,627엔의 외상매출채권을 수동채권으로 하여 이를 대등액의 범위에서 상계한다는 의사표시를 한 다음, 상계 후 부품선수금 잔액 일화 46,419,365엔의 반환채권에 기하여 위와 같이 개시된 민사재생절차에 재생채권자로 참가하여 위 재판소에 재생채권신고기간 내인 2002. 8. 9. 위 46,419,365엔을 재생채권으로 신고하였다.

바. 피고는 재생채무자로서, 위 애지기계공업 등 일본국 자동차부품공급업체들이 신고한 위 각 물품대금채권에 관하여는 각 그 전액을 재생채권으로 인정하는 내용으로, 수계전 원고가 신고한 위 채권에 관하여는 그 중 재생절차 개시 후에 물품이 선적된 17,076,430엔을 부인하고 나머지 29,342,935엔을 재생채권으로 인정하는 내용으로 각 인부서(認否書)를 작성하여 인부서 제출기한 내인 2002. 8. 20. 일본국 동경지방재판소에 이를 제출하였다.

사. 그 후 피고가 재생채무자로서 위 재판소에 제출한 청산형 재생계획안이 채권자집회에서 가결되자 위 재판소는 2002. 12. 17. 위 재생계획안을 인가하였고, 같은 재생계획은 2003. 1. 31. 확정되었는데, 위 인가된 재생계획에 의하면, ① 애지기계공업이 위 재생채권에 대하여 변제받을 수 있는 금액은 25,493,964엔, ② 아시안 에이더불류가 위 재생채권에 대하여 변제받을 수 있는 금액은 23,022,719엔, ③ 니키가 위 재생채권에 대하여 변제받을 수 있는 금액은 4,507,871엔, ④ 보쉬가 위 재생채권에 대하여 변제받을 수 있는 금액은 5,696,436엔, ⑤ 일본정공이 위 재생채권에 대하여 변제받을 수 있는 금액은 2,399,404엔, ⑥ 극동정기가 위 재생채권에 대하여 변제받을 수 있는 금액은 4,315,228엔, ⑦ 조우공연이 위 재생채권에 대하여 변제받을 수 있는 금액은 2,710,746엔, 원고가 위 재생채권에 대하여 변제받을 수 있는 금액은 2,797,420엔이다.

아. 그런데 수계전 원고는 피고의 부도로 인한 일본으로부터의 자동차부품공급 중단으로 정상적인 차량생산이 중단될 위기에 처하자, 자동차부품의 계속적이고 안정적인 공급을 확보하기 위하여 정리법원의 허가를 받아 위 일본국 자동차부품공급업체들의 재생채권을 양수하기로 한 다음, 그에 따라 2002. 8.경 ① 애지기계공업과 사이에 같은 회사의 위와 같이 신고된 재생채권을 대금 366,370,679엔에 양수하기로 하는 내용의 채권양도계약을 체결하고, 그 무렵 애지기계공업은 피고에게 위 채권양도사실을 통지하였으며, ② 아시안 에이더불류와 사이에 같은 회사의 위와 같이 신고된 재생채권을 대금 491,636,212엔에 양수하기로 하는 내용의 채권양도계약을 체결하고, 그 무렵 아시안 에이더불류는 피고에게 위 채권양도사실을 통

지하였으며, ③ 니키와 사이에 같은 회사의 위와 같이 신고된 재생채권을 대금 48,078,729엔에 양수하기로 하는 내용의 채권양도계약을 체결하고, 그 무렵 니키는 피고에게 위 채권양도사실을 통지하였으며, ④ 보쉬와 사이에 같은 회사의 위와 같이 신고된 재생채권을 대금 57,284,769엔에 양수하기로 하는 내용의 채권양도계약을 체결하고, 그 무렵 보쉬는 피고에게 위 채권양도사실을 통지하였으며, ⑤ 일본정공과 사이에 같은 회사의 위와 같이 신고된 재생채권을 대금 6,897,723엔에 양수하기로 하는 내용의 채권양도계약을 체결하고, 그 무렵 일본정공은 피고에게 위 채권양도사실을 통지하였으며, ⑥ 극동정기와 사이에 같은 회사의 위와 같이 신고된 재생채권을 대금 44,316,169엔에 양수하기로 하는 내용의 채권양도계약을 체결하고, 그 무렵 극동정기는 피고에게 위 채권양도사실을 통지하였으며, ⑦ 조우공연과 사이에 같은 회사의 위와 같이 신고된 재생채권을 대금 12,978,630엔에 양수하기로 하는 내용의 채권양도계약을 체결하고, 그 무렵 조우공연은 피고에게 위 채권양도사실을 통지하였다.

2. 이 사건 소중 양수금 청구부분이 우리나라 법원의 국제재판관할에 속하는지 여부에 대한 판단

가. 원·피고의 주장

(1) 원고의 주장

원고의 피고에 대한 위 양수금채권의 의무이행지는 채권자의 주소지인 대한민국 인천이고, 위에서 본 피고의 지엠대우에 대한 채권의 소재지도 채무자인 지엠대우의 주소지인 대한민국 인천이다.

따라서, 위 양수금채권에 관하여는 민사소송법 제8조 소정의 의무이행지 재판적과 제11조 소정의 재산소재지 재판적이 우리나라 내에 존재하므로 우리나라 법원이 국제재판관할권을 행사할 수 있다.

더욱이 원·피고 사이에는 위 양수금채권의 존재 및 그 수액에는 다툼이 없고, 일본에서 개시된 민사재생절차의 효력이 우리나라 내에도 미치는지 여부에 관한 법률적 다툼만 있을 뿐이므로, 피고가 우리나라 법원에서 응소하도록 하더라도 증거수집 및 소송수행에 특별히 부담을 주지 아니하고, 또 국제재판관할 배분의 이념과 합리적인 원칙에 비추어 심히 부당한 결과가 되지 않는다.

뿐만 아니라, 원고가 이 사건 소로써 위 양수금채권과 병합하여 청구하고 있는 원고의 피고에 대한 위 부품선수금반환채권에 관하여 우리나라 법원에 국제재판관할권이 인정되는 이상, 위 양수금채권에 관해서도 우리나라 법원이 민사소송법 제25조 소정의 관련재판적 규정에 의하여 국제재판관할권을 행사할 수 있다.

(2) 피고의 주장

피고는 일본국 법인으로서 그 본점 소재지 및 영업소가 모두 일본 내에 있기

때문에 피고에게 우리나라 법원에서의 응소를 강제하는 것은 피고의 증거수집 및 소송수행상의 부담과 당사자 사이의 공평, 재판의 적정, 신속을 기한다는 민사소송의 기본이념 등에 비추어 볼 때 심히 부당하므로 우리나라 법원의 재판관할을 부정하여야 한다.

나. 판단

국제사법 제 2 조는 국제재판관할의 결정 기준에 관하여 "① 법원은 당사자 또는 분쟁이 된 사안이 대한민국과 실질적 관련이 있는 경우에 국제재판관할권을 가진다. 이 경우 법원은 실질적 관련의 유무를 판단함에 있어 국제재판관할 배분의 이념에 부합하는 합리적인 원칙에 따라야 한다. ② 법원은 국내법의 관할 규정을 참작하여 국제재판관할권의 유무를 판단하되, 제 1 항의 규정의 취지에 비추어 국제재판관할의 특수성을 충분히 고려하여야 한다"라고 규정하여, 외국적 요소가 있는 법률관계에 관한 소송에서 우리나라 법원은 당사자 또는 분쟁이 된 사안이 우리나라와 실질적 관련이 있는 경우에 국제재판관할권을 행사할 수 있는데, 여기에서 '실질적 관련'이라 함은 법정지국가(法廷地國家)인 우리나라가 국제재판관할권을 행사하는 것을 정당화할 수 있을 정도로 당사자 또는 분쟁대상이 우리나라와 관련성을 갖는다는 것을 의미하고, 개별 사건에서 법원이 이러한 실질적 관련의 유무를 판단함에 있어서 당사자 사이의 공평, 재판의 적정, 신속을 기한다는 민사소송의 기본이념을 비롯한 국제재판관할 배분의 이념에 부합하는 합리적인 원칙에 따라야 하므로, 우리나라 민사소송법의 토지관할에 관한 규정을 참작하되 위와 같은 국제재판관할 배분의 이념과 합리적인 원칙에 비추어 국제재판관할의 특수성을 충분히 고려하여야 한다. 따라서 피고의 주소, 계약에 따라 실제로 채무를 이행한 이행지, 불법행위지, 당해 영업소의 업무와 관련된 소송에 있어서 그 영업소 소재지 등과 같은 민사소송법상의 토지관할 규정에 의한 보통재판적 또는 특별재판적이 우리나라 내에 존재하는 경우에는 실질적 관련이 있는 경우에 해당하지만, 비록 위와 같은 재판적이 우리나라 내에 존재한다고 하더라도 우리나라 법원의 국제재판관할권을 인정하는 것이 피고에게 자신이 제소될 수 있다고 합리적으로 예측하지 못한 곳에서의 응소를 강제하는 것이 되어 위와 같은 국제재판관할 배분의 이념과 합리적인 원칙에 비추어 심히 부당한 결과가 되는 경우에는 우리나라 법원의 국제재판관할권이 인정되지 않는다고 봄이 상당하다.

위와 같은 법리에 비추어 돌이켜 이 사건에 관하여 보건대, 먼저, 원고는 대한민국법에 의하여 설립된 대한민국 법인으로서 그 본점 소재지가 인천이고, 피고가 1,947,245,831원의 채권을 가지고 있는 채무자 지엠대우도 대한민국 법인으로서 그 본점 소재지가 인천인 사실은 앞서 본 바와 같고, 지참채무의 원칙상 이 사건과 같이 금전채무인 피고의 원고에 대한 양수금지급채무의 의무이행지는 채권자인 원고의 주소지이며(이 사건과 같이 채권양도가 이루어진 경우에는 채권양도인인 위 애지기계공업 등 일본국 자동차부품공급업체가 아니라 채권양수인인 원고의 주소지가 새로운 의무이행지가 된다), 원고가 압류할 수 있는 재산인 피고의 지엠대우에 대한 위 채권의 소재지는 민사집행법 제224조 제1항에 의하여 그 채무자인 지엠대우의 주소지인데 원고 및 지엠대우의 주소지가 모두 인천이므로, 이 사건 소 중 위 양수금청구부분에 관하여는 민사소송법 제8조 소정의 의무이행지 재판적 및 제11조 소정의 재산소재지 재판적이 일단 우리나라에 존재한다고 할 수 있다.

그러나 원고가 양수받아 피고에게 그 지급을 청구하고 있는 위 부품대금채권은 본래 위 애지기계공업 등 일본국 자동차부품공급업체와 피고 사이의 일본에서 체결된 자동차부품공급계약에 기하여 발생한 것으로서 비록 위 채권양도로 인하여 채권양수인인 원고의 주소지인 인천이 새로운 의무이행지로 되었다 하더라도, 원고가 그 채권을 양수할 당시에 이미 채권양도인인 위 애지기계공업 등이 위 민사재생절차에 재생채권자로서 참가하여 그 절차에서 재생계획에 따른 변제까지 예정되어 있었고, 따라서 양수받더라도 재생계획에 따라 채권액을 일부 변제받는 이외에 개별적인 권리행사가 금지된다는 사실을 충분히 인식하고서도 자동차부품의 계속적이고 안정적인 공급 확보라는 영업목적을 위하여 부득이 양수하였을 뿐만 아니라, 원고 자신도 선수금반환채권자로서 위 민사재생절차에 참가한 점, 반면에 재생채무자인 피고로서는 원고가 위 애지기계공업 등으로부터 이미 신고된 위 재생채권들을 양수받아 민사재생절차의 효력이 미치지 않는 대한민국 법원에 피고를 상대로 제소할 수 있다고 합리적으로 예측할 수 없고, 우리나라에 지점 또는 영업소를 설치하고 있지 않으며 현재 정상적인 영업활동이 중단되고 청산형 민사재생절차가 진행 중인 점, 그리고 민사소송법 제11조 소정의 재산소재지 재판적을 근거로 국제재판관할권을 인정하려면 일반적으로 소재하는 재산과 소송과의 사이에 재판관할을 인정하기에 족한 합리적 관련성이 인정되어야 하는데 피고의 지엠대우에 대한 위 채권과 이 사건 소 중 위 양수금청구부분 사이에는 이러한 합리적 관련성을 인정할 만한 아무런 증거가 없는 점 등을 감안한다면, 비록 민사소송법 제8조 소정의 의무이행지 재판적 및 제11조 소정의 재산소재지 재판적이 우리나라 내에 존재한다고 하더라도 우리나라 법원의 국제재판관할권을 인정하는 것이 피고에게 자신이 제소될 수 있다고 합리적으로 예측하지 못한 곳에서의 응소를 강제하는 것이 되어 위와 같은 국제재판관할 배분의 이념과 합리적인 원칙에 비추어 심히 부당한 결과가 된다 할 것이다.

따라서, 이 사건 소 중 양수금채권 청구부분에 관하여는 그 분쟁의 당사자 또는 분쟁이 된 사안이 대한민국과 실질적 관련이 있다고 볼 수 없으므로, 이에 대한 우리나라 법원의 국제재판관할권을 인정할 수 없다고 봄이 상당하다.

나아가, 원고의 병합청구의 관련 재판적 주장에 관하여 보건대, 원고가 하나의 소로써 여러 개의 청구를 하는 경우에 그 중 하나의 청구에 관하여 어떠한 관할원인에 의해 우리나라 법원에 국제재판관할권이 인정되는 경우에 다른 청구에 대하여도 우리나라 법원이 민사소송법 제25조의 관련재판적 규정에 따라 국제재판관할권을 행사하기 위하여는 국내관할과는 달리 여러 개의 청구 사이에 그 기초되는 사실관계 혹은 쟁점이 동일하거나 견련관계를 갖는 등의 밀접한 관계가 인정되어야 하고, 비록 동일한 당사자 사이의 청구라 할지라도 위와 같은 밀접한 관계가 없는 경우에는 병합하여 재판하는 것은 국제사회에서의 재판기능의 합리적인 분배의 관점에서 볼 때 상당하지 않을 뿐만 아니라 오히려 재판이 복잡해지고 장기화될 우려가 있을 뿐이기 때문에 민사소송법상의 관련재판적 규정에 의한 국제재판관할권이 인정되지 아니한다.

위와 같은 법리에 비추어 돌이켜 이 사건의 경우를 보건대, 원고의 피고에 대한 위 양수금채권은 원고가 애지기계공업 등 일본국 자동차부품공급업체로부터 피고에 대한 불품대금채권을 양수받아 그 이행을 구하는 것이고, 부품선수금반환채권은 원고가 피고에게 이미 지급한 부품선수금의 반환을 구하는 것으로서, 위에서 본 사실관계만으로는 위 양 청구 사이에 동일한 당사자 사이의 청구라는 점 이외에 밀접한 관계가 있다고 보기 어렵고 달리 이를 인정할 만한 충분한 증거가 없으므로, 위 부품선수금반환채권에 관하여 우리나라 법원에 국제재판관할권이 인정되는 이상, 원고가 그와 병합하여 청구하고 있는 위 양수금채권에 관해서도 우리나라 법원이 민사소송법 제25조 소정의 관련재판적 규정에 의하여 국제재판관할권을 행사할 수 있다는 취지의 원고 주장은 이유 없다.

따라서, 이 사건 소 중 위 양수금 청구부분에 관하여는 우리나라 법원의 국제재판관할권이 인정되지 아니한다.

3. 부품선수금반환청구부분에 대한 판단

가. 피고의 본안전 항변에 대한 판단

(1) 주장

원고가 이 사건 소로써 청구하고 있는 부품선수금반환채권은 재생채무자인 피고에 대한 민사재생절차 개시 전의 원인으로 생긴 재산상 청구권으로서 위에서 본 바와 같이 이미 위 민사재생절차에서 재생채권으로서 신고되어 확정됨으로써 재생계획에 따라 그 변제가 예정되어 있는 이상, 통상의 소를 제기하여 그 지급을 구하는 것은 소의 이익이 없다.

(2) 판단

살피건대, 일본국 민사재생법 제94조에 의하면 민사재생절차가 개시되면 재생채권자는 재생계획에 따른 변제를 받는 이외에 개별적인 권리 행사를 할 수 없으나,

우리나라의 현행 국제도산법제가 외국 도산절차의 국내적 효력과 관련하여 엄격한 속지주의 원칙(파산법 제 3 조, 회사정리법 제 4 조, 화의법 제11조)을 채택하고 있으므로 일본국 동경지방재판소에서 개시된 피고에 대한 민사재생절차의 효력은 대한민국 내에 아무런 직접적인 효력을 미칠 수 없다.

그러므로 비록 원고가 위에서 본 바와 같이 민사재생절차에 재생채권자로 참가하여 위 부품선수금반환채권을 재생채권으로 신고하였다 하더라도 위 민사재생절차의 효력이 미치지 아니하는 대한민국 내에서 이 법원에 다시 소를 제기하여 그 지급을 구하는 데에 아무런 법률상 장애사유가 될 수 없다.

따라서, 원고의 이 사건 소 중 부품선수금반환청구부분이 제소장애사유가 있는 경우에 해당하여 소의 이익이 없다는 취지의 피고의 위 본안전 항변은 이유 없다.

나. 본안에 대한 판단

위 기초사실에 의하면, 피고는 원고에게 부품선수금반환채무 중 원고가 구하는 일화 29,342,935엔을 지급할 의무가 있는데, 이를 이 사건 변론종결일에 가까운 2003. 7. 4. 현재 기준환율(998.30엔/100원)을 적용하여 원화로 환산하면 292,930,520원(= 29,342,935 × 998.30, 원고의 계산방식에 따라 원 미만 버림)이 됨이 계산상 명백하다.

이에 대하여 피고는 원고의 위 채권은 위 민사재생절차에서 인가된 재생계획에 의하여 2003. 7. 29.까지 29,291,384엔을 1차로 상환하고, 피고의 모든 자산의 처분이 완료된 이후 남은 금액을 각 재생채권 잔액에 비례하여 2차로 상환하는 것으로 그 권리내용이 변경되었으므로 아직 그 이행기가 도래하지 아니하였다는 취지의 주장을 하므로 살피건대, 우리나라의 현행 국제도산법제가 위에서 본 바와 같이 외국 도산절차의 국내적 효력과 관련하여 엄격한 속지주의 원칙을 채택하고 있는 이상, 일본국 동경지방재판소에서 개시된 위 민사재생절차에 따른 개별적 권리 행사 금지의 효력은 원고가 피고를 상대로 위 부품선수금반환을 청구하고 있는 이 사건 소송에는 미치지 아니하므로, 위 민사재생절차의 효력이 대한민국 내에 미침을 전제로 한 피고의 위 주장은 이유 없다.

4. 결론

그렇다면, 이 사건 소 중 양수금 청구 부분은 국제관할권이 없는 우리나라 법원에 제기된 것으로서 부적법하여 각하하고, 부품선수금반환청구 부분은 이유 있어 인용한다.

재판장 판사 임종헌 정철민 김성환

[해설]

파산법의 속지주의 원칙에 의하면 외국파산절차의 효력은 국내에 있는 재산에 대하여는 미치지 않는데, 채권의 경우에는 그 소재지를 명확히 하기 위하여 민사소송법에 의하여 재판상 청구할 수 있는 채권은 우리나라에 있는 것으로 본다고 규정하고 있었다(파산법 제3조 제3항). 여기서 '민사소송법에 의하여 재판상 청구' 할 수 있는지 여부는 우리나라 법원에 재판관할이 인정되는지 여부에 의하여 결정될 것이므로, 국제재판관할을 인정하는 기준이 무엇인지가 문제되는데, 판례는 원칙적으로 우리나라에 민사소송법에 의한 토지관할이 인정되면 국제재판관할을 인정하되 그것이 조리에 반한다는 특별한 사정이 있는 경우에는 국제재판관할을 부정할 수 있다는 태도를 보이고 있었다.[7)]

그런데 2001. 4. 7. 전문개정된 국제사법은 제2조에서 종래 판례가 취해온 입장을 반영하여 국제재판관할에 관한 일반원칙을 규정하였다. 즉, 당사자 또는 분쟁이 된 사안이 대한민국과 실질적 관련이 있는지 여부에 따라 국제재판관할의 유무를 판정하여야 하는데, 그 '실질적 관련'이란 법정지국인 대한민국이 국제재판관할권을 행사하는 것을 정당화할 수 있을 정도로 당사자 또는 분쟁대상이 대한민국과 관련성을 갖는 것, 즉 연결점이 존재하는 것을 의미하며 그 구체적인 인정 여부는 법원이 개별사건에서 종합적인 사정을 고려하여 판단하게 될 것이라고 한다.[8)] 실질적 관련의 구체적인 예로는 피고의 주소, 계약에 따라 실제로 채무를 이행한 이행지, 불법행위지, 당해 영업소 업무와 관련된 소송의 경우 영업소의 소재지 등과 같이 일반관할 또는 특별관할의 근거가 되는 연결점을 들 수 있다고 한다.[9)]

다음으로, 위 판결요지 [4]의 내용은, 파산법 제3조 제2항의 의미를 축소해석하여 한국 내에 있는 재산에 대하여는 파산채권자의 개별적인 권리행사(집행)를 금지하는 효력(포괄집행적 효력)이 미치지 않는다는 대법원 2000다64359 판결과 결론을 같이한 것이다.

---

7) 대법원 2000. 6. 9. 선고 98다35037 판결(공2000, 1593); 1995. 11. 21. 선고 93다39607 판결(공1996, 26) 등.

8) 석광현, 국제사법해설, 지산(2003), 38면.

9) 석광현, 앞의 책, 42면.

21. 신탁재산과 파산

(1) **대법원** 2005. 5. 27. **선고** 2005다5454 **판결 【파산채권확정】 [공보불게재]**

【원고, 상고인겸피상고인】 서울보증보험 주식회사 (소송대리인 변호사 이홍우)

【피고, 피상고인겸상고인】 파산자 한국부동산신탁 주식회사의 파산관재인 甲

【원심판결】 서울고등법원 2004. 12. 15. 선고 2004나42144 판결

【주문】 원심판결을 파기하고, 사건을 서울고등법원에 환송한다.

【이유】 원심은 당사자 사이에 다툼 없는 판시 각 사실을 인정한 후, 원고가 수탁자인 한국부동산신탁 주식회사(이하 "한국부동산신탁")의 파산선고시에 가지고 있던 이 사건 부당이득반환채권은 한국부동산신탁이 신탁사업의 수행으로 신탁재산인 이 사건 토지 위에 건물을 신축하기 위하여 공사를 도급하는 등 신탁재산을 관리 또는 처분하는 과정에서 발생된 권리로서 신탁법 제21조 제1항 단서에서 말하는 신탁사무의 처리상 발생한 권리에 해당하여 예외적으로 신탁재산에 대하여 강제집행을 하는 것은 가능하다 할 것이나, 신탁법상의 신탁재산은 수탁자의 고유재산으로부터 구별되어 독립성을 갖게 되는 것으로서 신탁사무의 처리상 발생한 비용은 수탁자의 고유재산에서 변제할 필요가 없고, 따라서 원고는 이 사건 부당이득반환채권을 수탁자의 고유재산으로 구성되는 파산재단에서 배당받을 수 있는 파산채권으로 신고할 수 없다는 이유로 원고의 주위적 청구를 기각하였다.

그러나 신탁사무의 처리상 발생한 채권을 가지고 있는 채권자는 수탁자의 일반채권자와 달리 신탁재산에 대하여도 강제집행을 할 수 있는데(신탁법 제21조 제1항), 수탁자의 이행책임이 신탁재산의 한도 내로 제한되는 것은 신탁행위로 인하여 수익자에 대하여 부담하는 채무에 한정되는 것이므로(신탁법 제32조), 수탁자가 수익자 이외의 제3자 중 신탁재산에 대하여 강제집행을 할 수 있는 채권자에 대하여 부담하는 채무에 관한 이행책임은 신탁재산의 한도 내로 제한되는 것이 아니라 수탁자의 고유재산에 대하여도 미치는 것으로 보아야 하고, 또한 수탁자가 파산한

경우 신탁재산은 수탁자의 고유재산이 된 것을 제외하고는 파산재단을 구성하지 않는 것이지만(신탁법 제22조), 신탁사무의 처리상 발생한 채권을 가진 채권자는 파산선고 당시의 채권 전액에 관하여 파산재단에 대하여 파산채권자로서 권리를 행사할 수 있는 것이다(대법원 2004. 10. 15. 선고 2004다31883, 31890 판결 참조). 이러한 법리에 비추어 보면 위와 같은 이유로 원고의 주위적 청구를 기각한 원심판결에는 신탁법 제32조의 수탁자의 책임에 관한 법리를 오해함으로써 판결에 영향을 미친 위법이 있다 할 것이므로, 이 점을 지적하는 상고이유의 주장은 이유 있다.

대법관 이강국(재판장) 유지담(주심) 배기원

(2) **대법원** 2004. 10. 15. **선고** 2004**다**31883, 31890 **판결 【매매대금반환 · 약정금】** [**공**2004, 1829]

【판결요지】

[1] 신탁사무의 처리상 발생한 채권을 가지고 있는 채권자는 수탁자의 일반채권자와 달리 신탁재산에 대하여도 강제집행을 할 수 있는데(신탁법 제21조 제 1 항), 한편 수탁자의 이행책임이 신탁재산의 한도 내로 제한되는 것은 신탁행위로 인하여 수익자에 대하여 부담하는 채무에 한정되는 것이므로(신탁법 제32조), 수탁자가 수익자 이외의 제 3 자 중 신탁재산에 대하여 강제집행을 할 수 있는 채권자(신탁법 제21조 제 1 항)에 대하여 부담하는 채무에 관한 이행책임은 신탁재산의 한도 내로 제한되는 것이 아니라 수탁자의 고유재산에 대하여도 미치는 것으로 보아야 한다.

[2] 수탁자가 파산한 경우에 신탁재산은 수탁자의 고유재산이 된 것을 제외하고는 파산재단을 구성하지 않는 것이지만(신탁법 제22조), 신탁사무의 처리상 발생한 채권을 가진 채권자는 파산선고 당시의 채권 전액에 관하여 파산재단에 대하여 파산채권자로서 권리를 행사할 수 있다.

【참조 조문】 [1] 신탁법 제21조 제 1 항, 제32조／[2] 신탁법 제22조

【원고, 피상고인】 甲 외 18인 (소송대리인 변호사 문종규)

【피고, 상고인】 파산자 한국부동산신탁 주식회사의 파산관재인 乙 외 1인

【원심판결】 부산고등법원 2004. 4. 29. 선고 2003나6170, 6187 판결

【주문】 상고를 모두 기각한다. 상고비용은 피고들이 부담한다.

【이유】 1. 원심은 채용 증거에 의하여 판시 사실을 인정하고서, 파산자 한국부동산신탁 주식회사(이하 '한국부동산신탁'이라 한다)는 원고들에게 판시와 같이 입점 지연에 따른 지체상금을 지급할 의무가 있다고 판단한 다음, 피고들의 주장, 즉 판시 건물(이하 '이 사건 건물'이라 한다)의 수분양자들로 구성된 비상대책위원회의 위원장이 이 사건 건물의 분양 당시의 어려운 사정을 고려하여 입점 지연에 따

른 지체상금을 청구하지 않기로 합의를 하였거나 적어도 묵시적으로 동의를 하였다는 주장에 대하여 이를 인정할 증거가 없다는 이유로 배척하였는바, 기록에 의하여 살펴보면 원심의 위와 같은 사실인정과 판단은 정당하여 수긍이 되고, 거기에 상고이유 제 1 점의 주장과 같은 채증법칙 위배나 의사표시의 해석에 관한 법리오해의 위법이 없다.

2. 신탁사무의 처리상 발생한 채권을 가지고 있는 채권자는 수탁자의 일반채권자와 달리 신탁재산에 대하여도 강제집행을 할 수 있는데(신탁법 제21조 제 1 항), 한편 수탁자의 이행책임이 신탁재산의 한도 내로 제한되는 것은 신탁행위로 인하여 수익자에 대하여 부담하는 채무에 한정되는 것이므로(신탁법 제32조), 수탁자가 수익자 이외의 제 3 자 중 신탁재산에 대하여 강제집행을 할 수 있는 채권자(신탁법 제21조 제 1 항)에 대하여 부담하는 채무에 관한 이행책임은 신탁재산의 한도 내로 제한되는 것이 아니라 수탁자의 고유재산에 대하여도 미치는 것으로 보아야 한다. 그리고 수탁자가 파산한 경우에 신탁재산은 수탁자의 고유재산이 된 것을 제외하고는 파산재단을 구성하지 않는 것이지만(신탁법 제22조), 신탁사무의 처리상 발생한 채권을 가진 채권자는 파산선고 당시의 채권 전액에 관하여 파산재단에 대하여 파산채권자로서 권리를 행사할 수 있는 것이다.

원심은, 원고들이 한국부동산신탁의 파산선고시에 가지고 있던 이 사건 지체상금 등 채권은 한국부동산신탁의 신탁사무의 처리상 발생한 권리로서 신탁재산인 이 사건 토지와 건물에 대하여 강제집행할 수 있는 것이지만 그렇다고 하여 파산재단에 대하여 파산채권자로서 권리를 행사할 수 없는 것은 아니라는 이유로 위 채권 전액이 파산채권임을 확정한다고 판단하였는바, 원심의 위와 같은 판단은 앞서 본 법리에 따른 것으로서 정당하고, 거기에 상고이유 제 2 점의 주장과 같은 신탁법 제22조에 관한 법리오해 등의 위법이 없다.

대법관 변재승(재판장) 강신욱 박재윤(주심) 고현철

▷ **〈원심판결〉 부산고등법원** 2004. 4. 29. **선고** 2003**나**6170, 6178(**병합**) **판결**

【판결요지】

[1] 파산채권자는 채권표에 기재한 사항에 관하여서만 채권확정의 소를 제기할 수 있고, 채권조사기일까지 신고하지 않은 채권은 새로이 주장할 수는 없으며, 채권표에 기재된 것보다 다액의 채권액이나 새롭게 우선권을 주장할 수도 없고, 따라서 채권표에 기재되지 않은 권리, 액, 우선권의 유무 등의 확정을 구하는 파산채권확정의 소는 부적법하며, 파산채권확정을 구하는 소에서 파산채권신고 여부는 소송요건으로서 직권조사 사항이다.

[2] 채권조사기일 이후에 신고채권액을 증액하는 것과 같이 다른 파산채권자의

이익을 해치는 것으로 되는 변경을 하는 경우에는, 채권신고기간 경과 후의 신규 신고와 마찬가지로 취급되어 채권조사를 위한 특별기일이 열려 채권표가 작성되고, 이에 대하여 파산관재인의 시·부인이 있어야 한다.

[3] 분양형 개발신탁계약의 수탁자가 신탁계약 체결 후 기존에 위탁자로부터 상가분양을 받았던 수분양자들과 분양승계계약을 체결한 경우 수탁자가 수분양자들에 대하여 부담하는 입점지연에 따른 지체상금채무는, 수분양자들의 파산채권으로서 신탁재산의 관리 또는 처분을 하는 과정에서 발생한 권리에 해당하므로, 신탁재산에 대하여 강제집행할 수 없는 수탁자의 일반채권자들과 달리 예외적으로 신탁재산에 대하여 강제집행할 수 있다.

[4] 신탁법 제32조는 '수탁자가 신탁행위로 인하여 수익자에 대하여 부담하는 채무에 관하여는 신탁재산의 한도 내에서 이행의 책임을 진다'고 규정하고 있으나, 이는 신탁재산의 관리과정에서 발생하는 실질적·경제적 이해관계는 모두 수익자에게 귀속되어 수탁자는 신탁으로 인한 불이익을 부담하지 아니하므로, 수탁자가 수익자에게 부담하는 급부의무는 신탁재산을 한도로 이행책임을 지며 수탁자의 고유재산에 관하여는 그 채무를 부담하지 아니한다는 수탁자의 물적유한책임을 규정한 것으로, 신탁계약상의 수익자가 아닌 위 수분양자들에게는 신탁법 제32조가 적용되지 않는 점, 신탁계약상의 수익자도 아닌 수분양자들이 신탁재산과 관련하여 수탁자와 분양승계계약을 직접 체결하여 이 사건 지체상금 등 채권을 가지게 된 이상 수탁자의 법률행위를 통해 채권을 가진 일반채권자와 달리 볼 아무런 이유가 없는 점, 수분양자들은 별제권자의 경우처럼 신탁재산에 대하여 우선변제권을 가지고 있지도 않으며 신탁재산에 대하여 수분양자들과 같은 권리를 가진 자가 경합하는 등의 이유로 수분양자들이 신탁재산으로부터 어느 정도의 채권 만족을 얻을 수 있는지 전혀 알 수 없는 점, 수분양자들이 신탁재산으로부터 채권의 일부를 변제받는다면 파산재단으로부터는 나머지만 배당받으면 될 것이고, 파산재단으로부터 먼저 일부 배당받는 경우에도 그 나머지만 신탁재산으로부터 변제받으면 되는 점 등에 비추어 보면, 신탁사무의 처리와 관련하여 발생한 권리를 취득한 수분양자들에 대한 수탁자의 책임을 신탁재산에 한정시킨다고 해석할 수는 없다.

【원고, 피항소인】 甲 외 18인 (소송대리인 변호사 문종규)

【피고, 항소인】 한국부동산신탁 주식회사의 소송수계인 파산자 한국부동산신탁 주식회사의 파산관재인 乙, 丙 (소송대리인 변호사 조봉국 등)

【제 1 심 판결】 창원지방법원 2003. 4. 4. 선고 2002가합3105, 2003가합738(병합) 판결

【변론종결】 2004. 4. 1.

【주문】 1. 당심에서 교환적으로 변경된 원고들의 파산채권확정 청구 중 별지 3.

파산채권신고액표의 '추가신고액'란 기재 각 금원부분, 원고 甲 외 10인의 별지 1. 청구취지표의 '후순위파산채권'란 기재 지연손해금 중 2003. 7. 13.부터 완제일까지 부분 및 원고 丁 외 7인의 별지 1. 청구취지표의 '후순위파산채권'란 기재 금원부분의 소를 각하한다. 2. 당심에서 교환적으로 변경된 원고들의 파산채권확정 청구에 의하여, 파산자 한국부동산신탁 주식회사에 대한 원고들의 일반파산채권은 별지 5. 채권확정표의 '일반파산채권'란 기재 중 원고들 각 해당 금원이고, 원고 甲 외 10인의 후순위파산채권은 별지 5. 채권확정표의 '후순위파산채권'란 기재 중 위 원고들 각 해당 금원임을 확정한다. 3. 원고들의 나머지 청구를 각 기각한다. 4. 소송총비용은 이를 2분하여 그 1은 원고들이, 나머지는 피고가 각 부담한다.

【청구취지 및 항소취지】

1. 청구취지

원고들의 파산자 한국부동산신탁 주식회사에 대한 일반파산채권은 별지 1. '청구취지표'의 일반파산채권란 기재 중 원고들 각 해당 금원이고, 후순위파산채권은 같은 표의 후순위채권란 기재 중 원고들 각 해당 금원임을 확정한다(원고들은 제1심에서 한국부동산신탁 주식회사를 상대로 지체상금 등의 지급을 구하다가, 당심에서 한국부동산신탁 주식회사가 파산함에 따라 소송수계인인 피고를 상대로 한 파산채권확정청구로 소를 교환적으로 변경하였고, 따라서 원고들의 종전 청구에 기초한 부대항소도 취하되었다).

2. 항소취지

제1심 판결 중 피고 패소부분을 취소하고, 위 취소부분에 해당하는 원고들의 청구를 모두 기각한다.

【이유】 1. 기초사실

가. 창원시 상남동 80 대 4,415평(이하 '이 사건 토지'라 한다)의 공유자 100여명은 소외 戊를 대표자로 하여 1994.경 이 사건 토지상에 지하 6층, 지상 9층의 정우월드빌딩(1999. 4.경 '애플타운'으로, 다시 1999. 6.경 '코렉스타운'으로 명칭이 변경되었다. 이하 '이 사건 건물'이라 한다)을 신축하기로 하고, 소외 동아건설산업 주식회사에 그 신축공사를 도급주었다.

나. 원고들은 1994.경 위 공유자들로부터 이 사건 건물 중 별지 2. 분양계약내용표의 ㉡항의 각 해당란 기재의 분양대상 층, 호수를 같은 표의 ㉤항의 각 해당란 기재와 같은 분양금액으로 분양받았다.

다. 그 후 토지 공유자들의 자금부족으로 인해 공사진행이 곤란하게 되자, 위 토지 공유자들은 자신들을 수익자로 하여, 1997. 4. 30. 파산자 한국부동산신탁 주식회사(이하 '한국부동산신탁'이라 한다)와 사이에 한국부동산신탁이 이 사건 토지를 신탁받아 건물을 완공하여 분양하기로 하는 이른바 분양형 개발신탁계약을 체결하였고, 이에 한국부동산신탁은 기존의 수분양자들과 분양승계계약을 체결하게 되었는데, 1999. 7. 3.경부터 1999. 8. 2.까지(수분양자별 각 승계계약체결일은 별지 2. 분양계약내용표의 ㉣항의 각 해당란 기재와 같다) 원고들과 사이에 각 수분양자별 분양대상의 층, 호수를 같은 표의 ㉢항의 각 해당란 기재와 같이 변경하고, 분양금액을 같은 표의 ㉥항의 각 해당란 기재와 같이 변경하여, 한국부동산신탁이 위 각 분양계약상의 분양자로서의 지위를 승계하기로 하는 내용의 분양승계계약을 체결하였다.

라. 위 분양승계계약에 의하면, ① 입점예정일을 승계계약일자보다 소급한 1999. 6. 30.로 하고, ② 한국부동산신탁이 위 입점예정일을 1개월 이상 지연하였을 경우에는 기왕에 납부된 대금에 대하여 한국주택은행 일반자금대출 연체금리를 적용하여 산정한 연체기간 동안의 지체상금을 지급하거나 이를 잔여대금에서 공제하기로 하며(분양승계계약서 제3조 제5항), ③ 한국부동산신탁은 입점지정일 1월 전에 원고들에게 입점지정 통보를 하여야 하고, 원고들은 사전에 한국부동산신탁의 승인을 받은 경우 외에는 입점증을 교부받기 전에 입점할 수 없으며(위 계약서 제11조 제5항), 위 입점증은 한국부동산신탁이 입점예정일과 잔금 납부일자를 통보하고, 원고들이 분양대금 등을 완납한 후 입점신청서 및 한국부동산신탁 요구의 제반서류를 제출하면 한국부동산신탁이 이를 원고들에게 교부하기로 하고(위 계약서 제10조 제1항), ④ 원고들이 승계계약 전 납부한 분양대금 중 위 변경된 분양대금보다 초과하는 금원에 대해서는 이를 한국부동산신탁이 입점시 환급하여 정산하고(계약서 제2조 제1항 하단, 입점지연에 따른 지체상금과 달리 지연손해금의 약정이 없었다), 한편 한국주택은행의 일반자금대출 연체금리는 1999. 7. 1.부터 1999. 8. 17.까지는 연 18%, 그 다음날부터는 연 19%이다.

마. 분양승계계약 당시 분양금을 일부 미납하였던 원고 丁 외 6인은 별지 4. 계산표의 '㉥ 미납금'란 기재 각 미납금을 한국부동산신탁에 지급하려 하였으나, 한국부동산신탁이 수령거부하여 2001. 8. 23. 서울지방법원 2001금제9059호로 위 각 미납금 및 그 등기비용 상당 금원을 변제공탁하였다(원고 이금자의 경우 그 후 일부 추가공탁이 있었으나 위 날짜에 미납금을 전부 공탁하였고, 다만 등기비용의 일부만 추가 공탁하였다고 보여진다).

바. 한국부동산신탁은 위 약정 입점예정일을 경과한 2000. 6. 30.경 이 사건 건물을 완공하여 그 사용승인을 받았으나 2003. 6. 2. 이후에도 원고들에게 그 입점지정일을 통보하지 아니하였다.

사. 한편, 위 분양승계계약 당시까지 원고들이 한국부동산신탁에게 납부한 분양대금은 별지 2. 분양계약내용표의 ㉦항의 각 해당란 기재와 같다(다만, 원고 己는

위 분양승계계약 후 분양평수가 증가하였다는 이유로 2001. 8. 16. 한국부동산신탁에게 7층 19호에 대한 초과지급액을 포함하여 정산금으로 금 9,144,050원을 추가로 지급하였다).

아. 수원지방법원은 2003. 6. 2. 2003하합4호로 한국부동산신탁에 대하여 파산선고를 하면서 그 파산관재인으로 피고 乙, 丙을 선임하였다.

자. 원고들은 2003. 7. 14. 한국부동산신탁에 대하여 별지 3. 파산채권신고액표의 '최초신고액'란 기재 입점지연에 따른 지체상금과 초과지급액에 대한 약정 지연손해금 채권을 파산채권으로 신고하였는데, 피고는 파산채권조사기일인 2003. 7. 21. 원고들의 위 신고액 전액에 대하여 부인하였고, 원고들은 2003. 12. 22. 같은 표의 '추가신고액'란 기재 채권을 파산채권으로 추가하여 신고하였다.

2. 피고의 본안전 항변에 대한 판단

가. 원고들이 당심에서 교환적으로 변경한 청구원인으로, 한국부동산신탁은 제1심 판결 선고일 이후인 2003. 6. 2. 파산선고를 받았는데, 원고들의 한국부동산신탁에 대한 일반파산채권은 별지 1. 청구취지표의 '일반파산채권'란 기재 중 원고들 각 해당 금원이고, 후순위파산채권은 같은 표의 '후순위파산채권'란 기재 중 원고들 각 해당 금원임의 확정을 구함에 대하여, 피고는 원고들이 파산채권으로 최초 신고한 채권액을 초과하는 부분의 소는 부적법하다고 항변한다.

나. 파산채권자는 채권표에 기재한 사항에 관하여서만 채권확정의 소를 제기할 수 있고, 채권조사기일까지 신고하지 않은 채권은 새로이 주장할 수는 없으며, 채권표에 기재된 것보다 다액의 채권액이나 새롭게 우선권을 주장할 수도 없고, 따라서 채권표에 기재되지 않은 권리, 액, 우선권의 유무 등의 확정을 구하는 파산채권확정의 소는 부적법하며, 파산채권확정을 구하는 소에서 파산채권신고 여부는 소송요건으로서 직권조사 사항이다(대법원 2000. 11. 24. 선고 2000다1327 판결 등 참조).

살피건대, 원고들이 2003. 7. 14. 별지 3. 파산채권신고액표의 '최초신고액'란 기재와 같은 채권을 파산채권으로 신고하였고, 원고들이 구하는 파산채권 중 위 '최초신고액'을 초과하는 같은 표의 '추가신고액'란에 해당하는 각 채권에 대하여는 채권조사기일 이후인 2003. 12. 22. 추가로 신고하여 위 추가부분이 위 채권조사기일상의 채권표에 기재되지 않은 사실은 앞서 본 바와 같고, 을호증에 의하면, 원고 甲 외 10인은 별지 4. 계산표 중 '㉥ 초과금'에 대한 지연손해금으로 2003. 7. 12.까지의 지연손해금만 파산채권으로 신고하고, 위 초과금에 대한 2003. 7. 13.부터 완제일까지의 지연손해금은 파산채권으로 신고하지 않은 사실, 위 원고들을 제외한 나머지 원고들은 입점지연에 따른 지체상금에 대하여만 파산채권으로 신고하고, 파산선고일 이후부터 완제일까지의 지연손해금은 파산채권으로 신고하지 않은 사실을 인정할 수 있고, 반증이 없다.

따라서, 채권조사기일 이후에 신고채권액을 증액하는 것과 같이 다른 파산채권자의 이익을 해치는 것으로 되는 변경을 하는 경우에는, 채권신고기간 경과 후의 신규 신고와 마찬가지로 취급되어 채권조사를 위한 특별기일이 열려 채권표가 작성되고, 이에 대하여 파산관재인의 시·부인이 있어야 하는데, 별지 3. 파산채권신고액표의 '추가신고액'란에 해당하는 각 채권에 대하여 특별기일이 열리고 채권표가 작성되어 피고가 부인하였다는 점을 인정할 아무런 증거가 없는 이 사건에서, 원고들의 위 '최초신고액'을 초과하는, 같은 표의 '추가신고액'란에 해당하는 각 금원부분과, 파산채권으로 신고하지 아니한 부분에 해당하는, 원고 甲 외 10인의 별지 1. 청구취지표의 '후순위파산채권'란 기재 지연손해금 중 2003. 7. 13.부터 완제일까지 부분 및 원고 乙 외 7인의 같은 표의 '후순위파산채권'란 기재 지연손해금 부분은 모두 부적법하다.

3. 파산채권의 확정

가. 입점지연에 따른 지체상금

(1) 지체상금의 발생

위 인정사실에 의하면, 한국부동산신탁은 특별한 사정이 없는 한 원고들에게 별지 4. 계산표의 'ㄹ 납부금'과 'ㅂ 미납금'에 대하여(실제 납부금이 같은 표의 'ㄷ 승계후 분양금'보다 많은 경우에는 '승계후 분양금'이, 실제 납부금이 '승계후 분양금'보다 적은 경우에는 실제 납부금이 같은 표의 ㅅ '납부금'이 된다) 위 입점예정일 다음날인 1999. 7. 1.부터 1999. 8. 17.까지는 연 18%, 그 다음날부터 파산선고 전일인 2003. 6. 1.까지는 연 19%의 각 연체이율에 의하여 산정한 같은 표의 'ㅅ 납부금, 미납금에 대한 지체상금'란 기재 각 금원을 지급할 의무가 있다고 할 것이다.

(2) 지체상금의 감액

입점지연에 따른 지체상금은 손해배상액의 예정의 성질을 갖는 것으로서, 이러한 손해배상의 예정액은 계약당사자의 지위, 계약의 목적과 내용, 손해배상액을 예정한 동기, 실제 손해와 그 예정액의 대비, 그 당시의 거래관행과 경제상태 등 제반사정을 참작하여 일반사회인이 납득할 수 있는 범위를 넘는지 여부 등을 참작하여 부당히 과다하다고 인정되는 경우에는 이를 감액할 수 있다 할 것이다(대법원 1996. 5. 10. 선고 95다46739 판결, 2000. 7. 28. 선고 99다38637 판결 등 참조).

증거에 의하면, 한국부동산신탁이 1997. 11.경 외환위기 등 외부적 요인으로 인하여 분양 및 자금조달에 어려움을 겪어 공사가 지연되었고, 위 공사로 인하여 상당한 손실만을 입은 사실, 한국부동산신탁은 2000. 6. 30.경 이 사건 건물을 완공하여 사용승인까지 받았으나 분양이 다 되지 않은 상태에서 일부만을 입점시킬 경우 상가 활성화에 나쁜 영향을 끼칠 뿐만 아니라 미분양점포의 분양에도 어려움이 많기 때문에 개점을 하지 못하였고, 건물 완공 전부터 현재까지 계속하여 대형할인점 등 대형업체의 입주를 추진하였음에도 그것이 성사되지 아니하여 건물의 상당 부분이 분양되지 아니한 탓에 현재까지 개점을 연기하여 온 사실을 인정할 수 있는바, 위와 같은 사정 및 지체기간이 너무 장기간이어서 지체상금 등이 너무 과다한 점 등 제반사정을 참작하면 입점지연에 따른 원고들의 지체상금을 50%로 감액함이 상당하다 할 것이고, 그 계산은 별지 4. 계산표의 ㉫항 기재와 같다.

(3) 피고의 주장에 대한 판단

(가) 피고는, 한국부동산신탁이 위 약정된 입점예정일을 도과한 것은, 1997. 11.경 발생한 외환위기 및 그 이후의 IMF관리체제, 입점이 예정되었던 할인점의 입점 무산 등의 사정에 기인한 것으로 한국부동산신탁에게 그 귀책사유가 없으므로 지체상금을 지급할 의무가 없고, 이 사건 건물의 수분양자들로 구성된 비상대책위원회의 위원장이 위와 같은 사정을 고려하여 한국부동산신탁에게 입점지연에 따른 지체상금을 청구하지 않기로 약속도 하였다고 주장하나, 피고 주장의 위와 같은 외환위기, IMF관리체제, 입점이 예정된 할인점의 입점 무산 등의 사정만으로는 불가항력인 사정으로 입점이 지연된 것으로 볼 수는 없고(대법원 2002. 9. 4. 선고 2001다1386 판결), 원고들과 같은 수분양자들이 한국부동산신탁에 대하여 지체상금을 청구하지 않기로 약속하였다고 인정할 만한 증거도 없다.

(나) 피고는, 가사 입점지연에 따른 한국부동산신탁의 책임이 있다 하더라도, 이 사건 건물이 2000. 6. 30.경 완공된 이후에는 원고들이 언제든지 입점할 수 있었으므로 위 완공 이후에는 한국부동산신탁에게 지체책임이 없다고 주장하나, 한국부동산신탁이 입점 통보를 하고, 그가 교부하는 입점증을 받기 전에는 원고들이 임의로 입점할 수 없었음은 앞서 본 바와 같다.

(다) 피고는, 원고들은 이 사건 건물이 전부 분양되지 않은 상태에서의 입점을 거부하였으므로 한국부동산신탁에 지체책임이 없고, 또한 그러한 원고들이 이제와서 지체상금을 청구하는 것은 신의칙에 반한다고 주장하나, 을호증만으로는 원고들의 입점거부 사실을 인정하기에 부족하고 달리 이를 인정할 증거가 없다.

따라서, 피고의 위 주장은 모두 이유 없다.

나. 일부 원고들의 초과지급액과 그 지연손해금

(1) 앞서 인정한 사실에 의하면, 원고 甲 외 11인은 위 분양승계계약 당시 이미 승계 후 분양금액보다 많은 금액을 납부하여 별지 4. 계산표의 ⓜ '초과금'란의 각 해당 금액을 초과지급하였으므로, 한국부동산신탁은 위 원고들에게 위 각 해당 초과지급액(다만, 원고 申은 그 초과지급액을 2002. 4. 26. 환급받았으므로 초과금 원금은 제외하고 그 환급시까지의 지연손해금만 뒤에서 산정)을 반환할 의무가 있다.

(2) 다만, 변제기가 입점시임은 앞서 본 바와 같은바, 이때 입점시는 위 원고들이 실제 입점을 한 날을 의미하는데, 한국부동산신탁이 건물을 약정일보다 늦게 완

공하고 입점절차도 취하지 않고 있고, 한편 위 원고들이 입점지정일이 정해졌는데도 입점하지 않으리라고 볼 만한 자료도 없는 이 사건에 있어서, 입점시는 입점 가능한 시점으로 볼 수밖에 없으며, 입점예정일인 1999. 6. 30.이 경과된 후에 승계계약이 체결되었던 점, 한국부동산신탁이나 위 원고들은 승계계약당시 입점예정일로부터 1개월 내에 이 사건 건물의 준공이 가능하다고 보았던 점(그렇기 때문에 입점지연에 따른 지체상금 유예기간을 1개월로 잡았다), 한국부동산신탁의 입점 지정통보는 건물의 준공이 가능한 시점에야 할 수 있는 점 등을 종합하여 보면, 입점가능시점은 적어도 당사자 사이에 건물준공가능시점으로 예견한 1999. 7. 30. 기준으로 1개월 후인 1999. 8. 30.경이라고 봄이 상당하다. 따라서 한국부동산신탁은 위 초과지급금에 대하여 1999. 8. 31.부터 파산 선고 전일인 2003. 6. 1.까지 민법 소정의 연 5%의 비율에 의하여 산정한 지연손해금인 같은 표의 ㉩항의 각 해당란 기재 금원도 지급할 의무가 있다.

다. 소결

따라서, 한국부동산신탁에 대한, 원고들의 지체상금과 일부 원고들의 초과금에 대한 지연손해금의 합계액은, 별지 4. 계산표의 '㉪ 감액 지체상금과 지연손해금 합계'란 기재와 같고, 일부 원고들에 대하여는 같은 표의 '㉤ 초과금'을 더하여 산출하여야 하므로, 이에 따라 계산한 별지 5. 채권확정표의 '㉠ 총채권'란의 각 금액이 원고들의 한국부동산신탁에 대한 채권이 된다 할 것인데, 이는 일응 한국부동산신탁이 파산하기 전의 원인으로 생긴 재산상 청구권으로서 파산채권에 해당한다 할 것이다.

그런데 앞서 본안전 항변에 대한 판단에서 보았듯이, 원고들이 파산채권으로 최초 신고한 채권액을 초과하는 부분의 파산채권확정의 소는 부적법하므로, 위 총채권이 별지 3. 파산채권신고액표의 '최초신고액'란 기재 각 금액을 초과하는 경우(원고 庚을 제외한 나머지 원고들 전부에게 해당한다)에는 '최초신고액'을 일반파산채권으로 확정하고, 별지 4. 계산표의 '㉤ 초과금'에 대하여 파산선고일인 2003. 6. 2.부터 2003. 7. 12.까지의 지연손해금에 대하여 파산채권으로 신고한 원고 甲 외 10인의 한국부동산신탁에 대한 후순위파산채권은 별지 5. 채권확정표의 '후순위파산채권'란 기재 중 위 원고들 각 해당 금원이 된다.

라. 피고의 주장에 대한 판단

피고는, 원고들의 지체상금 등 채권은 한국부동산신탁이 이 사건 토지를 신탁받은 사무와 관련하여 발생한 권리인데, 이 사건 건물 및 토지는 신탁재산으로서 파산재단을 구성하지 않을뿐더러, 원고들은 위 신탁재산에 대한 강제집행을 통해 채권의 만족을 얻을 수 있으므로, 원고들의 채권은 파산재단에서 배당받을 수 있는 파산채권이 아니라는 취지로 주장한다.

신탁법 제21조 제1항은 '신탁재산에 대하여는 강제집행 또는 경매를 할 수 없다. 다만, 신탁 전의 원인으로 발생한 권리 또는 신탁사무의 처리상 발생한 권리에 기한 경우에는 예외로 한다', 제22조는 '신탁재산은 수탁자의 고유재산이 된 것을 제외하고는 수탁자의 파산재단을 구성하지 아니한다'고 규정하고 있다. 먼저, 신탁법 제21조 제1항은, 신탁재산은 수탁자의 고유재산과는 독립한 별개의 재산이므로, 수탁자의 채무에 대해서는 전혀 책임을 부담하지 않지만, 신탁재산 자체가 부담하는 채무, 예컨대 신탁관계가 발생하기 전에 발생한 권리, 또는 원고들의 지체상금 등 채권과 같이, 신탁재산의 관리 또는 처분을 하는 과정에서 발생한 권리에 기하여서는 예외적으로, 신탁재산에 대하여 강제집행 또는 경매를 할 수 있다는 것이고, 위 제22조는 수탁자가 파산하면 수탁자의 고유재산은 파산재단을 구성하지만, 신탁재산은 수탁자의 파산재단에 포함되지 아니한다는 취지이다.

살피건대, 신탁법의 위 규정에 의하면, 원고들은, 신탁재산에 대하여 강제집행할 수 없는 한국부동산신탁의 일반채권자들과 달리, 예외적으로 신탁재산에 대하여 강제집행할 수 있고, 신탁재산은 파산재단에 속하지도 아니하나, 신탁법의 위와 같은 규정으로 인해 원고들과 같이 신탁사무의 처리와 관련하여 발생한 권리를 취득한 자에 대한 수탁자의 책임을 신탁재산에 한정시킨다고 해석할 수는 없다.

왜냐하면, 첫째, 신탁법 제32조는, '수탁자가 신탁행위로 인하여 수익자에 대하여 부담하는 채무에 관하여는 신탁재산의 한도 내에서 이행의 책임을 진다'고 규정하고 있는바, 이는 신탁재산의 관리과정에서 발생하는 실질적·경제적 이해관계는 모두 수익자에게 귀속되어, 수탁자는 신탁으로 인한 불이익을 부담하지 아니하므로, 수탁자가 수익자에게 부담하는 급부의무는 신탁재산을 한도로 이행책임을 지며, 수탁자의 고유재산에 관하여는 그 채무를 부담하지 아니한다는 수탁자의 물적 유한책임을 규정한 것인데, 원고들은 신탁계약상의 수익자가 아니어서 신탁법 제32조가 적용되지 않기 때문이다(수탁자인 한국부동산신탁이 원고들에 대하여 신탁재산 한도 내에서의 이행 책임만 부담한다고 하기 위해서는, 신탁법 제32조와 같은 명문의 규정이 있어야 할 것이다).

둘째, 피고의 주장은, 원고들처럼 신탁재산의 사무처리와 관련하여 발생한 권리에 기하여 신탁재산으로부터 만족을 얻을 수 있는 자가 파산재단으로부터도 배당받기 위한 파산채권확정의 소를 제기하는 행위는, 파산자에 대한 일반채권자의 권리를 침해할 수 있음을 전제로 하는 듯하나, ① 신탁계약상의 수익자도 아닌 원고들이 신탁재산과 관련하여 한국부동산신탁과 분양승계계약을 직접 체결하여 이 사건 지체상금 등 채권을 가지게 된 이상, 한국부동산신탁과의 법률행위를 통해 채권을 가진 일반채권자와 달리 볼 아무런 이유가 없는 점, ② 원고들은 별제권자의 경우처럼 신탁재산에 대하여 우선변제권을 가지고 있지도 않으며, 신탁재산에 대하여 원고들과 같은 권리를 가진 자가 경합하는 등의 이유로 원고들이 신탁재산으로부터 어느 정도의 채권 만족을 얻을 수 있는지 전혀 알 수 없는 점, ③ 원고들이 신탁재산으로부터 채권의 일부를 변제받는다면 파산재단으로부터는 나머지만 배당받으면 될 것이고, 파산재단으로부터 먼저 일부 배당받는 경우에도 그 나머지만 신탁재산으로부터 변제받으면 되는 점 등에 비추어 보면, 원고들이 이 사건 지체상금 등 채권에 기하여 신탁재산에 대하여도 강제집행할 수 있다고 하여, 일반채권자의 채권을 부당히 침해하는 것은 아니기 때문이다.

따라서, 피고의 위 주장은 이유 없다.

4. 결론

당심에서 교환적으로 변경된 원고들의 파산채권확정 청구 중, 별지 3. 파산채권 신고액표의 '추가신고액'란 기재 각 금원부분, 원고 甲 외 10인의 별지 1. 청구취지표의 '후순위파산채권'란 기재 지연손해금 중 2003. 7. 13.부터 완제일까지 부분 및 원고 乙 외 7인의 별지 1. 청구취지표의 '후순위파산채권'란 기재 금원부분의 소는 부적법하여 각하하고, 낭심에서 교환적으로 변경된 원고들의 파산채권확정 청구에 의하여, 한국부동산신탁에 대한 원고들의 일반파산채권은 별지 5. 채권확정표의 '일반파산채권'란 기재 중 원고들 각 해당 금원이고, 원고 甲 외 10인의 후순위파산채권은 별지 5. 채권확정표의 '후순위파산채권'란 기재 중 위 원고들 각 해당 금원임을 확정할 것인바, 그렇다면, 원고들의 청구는 위 인정범위 내에서 이유 있어 이를 인용하고 나머지 청구는 이유 없어 이를 각 기각하기로 하여(구소인 원고들의 지체상금 등 청구의 소는 당심에서 이루어진 소의 교환적 변경으로 취하되어 이에 대한 제 1 심 판결은 실효되었다), 주문과 같이 판결한다.

재판장 판사 박홍대 김동윤 안형률

(3) **대법원** 2004. 10. 15. **선고** 2004**다**31906 **판결 【지체상금청구】** [**공보불게재**]

【판결요지】

수탁자가 파산한 경우에 신탁재산은 수탁자의 고유재산이 된 것을 제외하고는 파산재단을 구성하지 않는 것이지만, 신탁사무의 처리상 발생한 채권을 가진 채권자는 파산선고 당시의 채권 전액에 관하여 파산재단에 대하여 파산채권자로서 권리를 행사할 수 있다.

【참조 조문】 신탁법 제21조 제 1 항, 제22조, 제32조

【원고, 피상고인】 甲 (소송대리인 변호사 문종규)

【피고, 상고인】 파산자 한국부동산신탁 주식회사의 파산관재인 乙 외 1인

【원심판결】 부산고등법원 2004. 4. 29. 선고 2003나6330 판결

【주문】 상고를 모두 기각한다. 상고비용은 피고들이 부담한다.

【이유】 1. 원심은 채용 증거에 의하여 판시 사실을 인정하고서, 파산자 한국부동산신탁 주식회사(이하 '한국부동산신탁'이라 한다)는 원고에게 판시와 같이 입점 지연에 따른 지체상금을 지급할 의무가 있다고 판단한 다음, 피고들의 주장, 즉 판시 건물(이하 '이 사건 건물'이라 한다)의 수분양자들로 구성된 비상대책위원회의 위원장이 이 사건 건물의 분양 당시의 어려운 사정을 고려하여 입점 지연에 따른 지체상금을 청구하지 않기로 합의를 하였거나 적어도 묵시적으로 동의를 하였다는 주장에 대하여 이를 인정할 증거가 없다는 이유로 배척하였는바, 기록에 의하여 살펴보면 원심의 위와 같은 사실인정과 판단은 정당하여 수긍이 되고, 거기에 상고이유 제1점의 주장과 같은 채증법칙 위배나 의사표시의 해석에 관한 법리오해의 위법이 없다.

2. 신탁사무의 처리상 발생한 채권을 가지고 있는 채권자는 수탁자의 일반채권자와는 달리 신탁재산에 대하여 강제집행을 할 수 있는데(신탁법 제21조 제1항), 한편 수탁자의 이행책임이 신탁재산의 한도 내로 제한되는 것은 신탁행위로 인하여 수익자에 대하여 부담하는 채무에 한정되는 것이므로(신탁법 제32조), 수탁자가 수익자 이외의 제3자 중 신탁재산에 대하여 강제집행을 할 수 있는 채권자(신탁법 제21조 제1항)에 대하여 부담하는 채무에 관한 이행책임은 신탁재산의 한도 내로 제한되는 것이 아니라 수탁자의 고유재산에 대하여도 미치는 것으로 보아야 한다. 그리고 수탁자가 파산한 경우에 신탁재산은 수탁자의 고유재산이 된 것을 제외하고는 파산재단을 구성하지 않는 것이지만(신탁법 제22조), 신탁사무의 처리상 발생한 채권을 가진 채권자는 파산선고 당시의 채권 전액에 관하여 파산재단에 대하여 파산채권자로서 권리를 행사할 수 있는 것이다.

원심은, 원고가 한국부동산신탁의 파산선고시에 가지고 있던 이 사건 지체상금 등 채권은 한국부동산신탁의 신탁사무의 처리상 발생한 권리로서 신탁재산인 이 사건 토지와 건물에 대하여 강제집행할 수 있는 것이지만 그렇다고 하여 파산재단에 대하여 일반 파산채권자로서 권리를 행사할 수 없게 되는 것은 아니라는 이유로 위 채권 전액이 파산채권임을 확정한다고 판단하였는바, 원심의 위와 같은 판단은 앞서 본 법리에 따른 것으로서 정당하고, 거기에 상고이유 제2점의 주장과 같은 신탁법 제22조에 관한 법리오해 등의 위법이 없다.

대법관 변재승(재판장) 강신욱 박재윤(주심) 고현철

[해설]

신탁법상의 신탁을 통하여 위탁자 소유의 재산을 신탁목적으로 수탁자에게 처분하는 행위(부동산의 경우 소유권이전등기, 동산의 경우 인도 등)를 거치면 신탁재산이 대내외적으로 위탁자로부터 수탁자에게로 완전하게 이전되고,[1] 신탁법상의 신탁재산은 수탁자의 고유재산으로부터 구별되어 관리될 뿐만 아니라 위탁자의 재산권으로부터도 분리되어 독립성을 갖게 된다.[2] 따라서 수탁자는 신탁재산을 고유재산과 구별하여 관리하여야 하고(신탁법 제30조), 신탁행위로 인하여 수익자에 대하여 부담하는 채무에 관하여는 신탁재산의 한도 내에서 이행의 책임을 진다(신탁법 제32조).

그러나 수탁자가 수익자 이외의 제 3 자에 대하여 부담하는 채무에 대하여는 명문의 규정이 없는바, 위 판례들은 신탁법 제32조의 반대해석에 의하여 수익자 이외의 자에 대한 수탁자의 이행책임은 신탁재산의 한도로 제한되지 않고, 나아가 수익자 이외의 자로서 신탁법 제21조 제 1 항 단서에 해당하는 제 3 자는 신탁재산에 대하여도 강제집행을 할 수 있다는 취지인 듯하다. 이에 대하여는 신탁법 제32조의 반대해석, '신탁은 인격을 갖지 않는다'는 법리, 수익자의 이익보호 및 거래상대방의 보호 필요성이라는 정책적인 고려 등의 견지에서 위 판례들의 입장이 타당하다는 견해가 있다.[3]

여기서 신탁법 제21조 제 1 항 단서의 의미가 문제되는데, 먼저 '신탁 전의 원인으로 발생한 권리'에 관하여 판례는 "신탁 전의 원인으로 발생한 권리라 함은 신탁 전에 신탁부동산에 대하여 저당권이 설정된 경우 등, 신탁재산 그 자체를 목적으로 하는 채권이 발생한 경우를 말하는 것이고, 신탁 전에 위탁자에 관하여 생긴 모든 채권이 이에 포함되는 것이 아니다"라고 판시하고 있다.[4]

다음으로 '신탁사무의 처리상 발생한 권리'로는 수탁자의 사무처리행위에 의하여 생긴 권리(예: 신탁재산의 수리에 의한 채권)와 신탁재산 자체에서 유래하는 권리(예: 신탁재산에 관한 조세, 공과금, 신탁사무처리로 매각된 신탁재산의 숨은 하자로 인한 담보책임(민법 제580조), 신탁재산에 속한 공작물의 하자에 기한 소유자의 책임, 신탁재산과 타인의 재산과의 첨부에 의하여 발생한 물건이 수탁자에게 귀속한 경우에 있어서의 부당이득반환의무(민법 제261조)에 대응하는 상대방의 권리

1) 대법원 2005. 7. 28. 선고 2004두8767 판결(공2005, 1447); 2002. 4. 12. 선고 2000다70460 판결(공2002, 1114); 2002. 3. 15. 선고 2000다52141 판결(공2002, 876) 등.

2) 대법원 2002. 12. 6.자 2002마2754 결정(공2003, 421); 1987. 5. 12. 선고 86다545, 86다카2876 판결(공1987, 958) 등 참조. 신탁법은 신탁재산의 독립성을 구체적으로 보전하기 위하여 제20조 내지 제25조의 조문을 두고 있다.

3) 이중기, "신탁채권자에 대한 수탁자의 책임의 범위," 민사판례연구 제28권, 박영사(2006), 500면 이하.

4) 앞의 대법원 86다545, 86다카2176 판결. 이에 대하여는 「신탁 전의 원인」이라는 것은 「신탁행위 전」이라는 의미가 아니라 「어떤 신탁재산에 관하여 신탁관계가 발생하기 이전」이라는 의미이고, 따라서 예컨대, 신탁사무의 처리에 의하여 저당권을 부담하는 부동산을 신탁재산으로 취득한 경우 그 저당권은 여기서 말하는 권리에 해당한다는 견해, 「신탁 전」은 「신탁행위 전」이 아니고 「신탁관계에 들어가기 전」이라고 해석하는 견해가 있다고 한다(장현옥, "부동산 신탁에 관한 연구," 연세대학교 대학원 박사학위 논문, 144면).

등), 신탁목적수행을 위해서 적법하게 차입한 상대방의 채권 등을 들 수 있다.[5][6] 판례는 그 의미에 대하여 명확히 밝힌 바는 없는 듯하고, 다만 신탁회사와 건축도급계약을 체결하고 수급인이 공사를 지체하여 공사계약이 해지된 후 보증인이 신탁회사에게 초과하여 지급한 계약이행보증보험금에 대한 일부 부당이득청구권(대법원 2005다5454 판결), 분양형 개발신탁의 경우 수분양자가 수탁자에 대하여 가지는 입점지연에 따른 지체상금채권(대법원 2004다31883, 31890 판결, 대법원 2004다31906 판결)이 이에 해당한다고 판시한 적이 있을 뿐이다. 위와 같이 수탁자가 자신의 고유재산으로 신탁의 채무를 변제한 경우 신탁재산으로부터 구상을 받을 수 있다(신탁법 제42조).

한편, 위 판례들의 경우 신탁법 제21조 제 1 항 단서에 해당하는 채권자는 파산재단으로부터의 배당은 물론 신탁재산의 처분대금으로부터도 만족을 얻을 수 있는바, 그 관계를 어떻게 정리할 것인가가 문제되는바, 대법원 2004다31883,31890 판결의 원심은 원고들이 신탁재산으로부터 채권의 일부를 변제받는다면 파산재단으로부터는 나머지만 배당받으면 될 것이고, 파산재단으로부터 먼저 일부 배당받는 경우에도 그 나머지만 신탁재산으로부터 변제받으면 된다고 판시하고 있으나, 그 구체적인 배당방법에 대하여는 설시하고 있지 않은바, 원고들은 별제권자처럼 신탁재산에 대하여 우선변제권이 있지도 않으며, 신탁재산에 대하여 원고들과 같은 권리를 가진 자가 경합하는 등의 이유로 원고들이 신탁재산으로부터 어느 정도의 채권 만족을 얻을 수 있는지 전혀 알 수 없는 점 등을 고려한다면, 연대보증인이 파산한 경우와 같이 처리하여야 하지 않을까 한다. 즉, 원고들이 파산재단으로부터 받은 배당금과 신탁재산의 처분대금에서 수령한 금액의 합계가 채권액을 넘게 되면 그 초과액을 부당이득으로 반환청구할 수 있을 것이고, 파산관재인으로서는 원고들을 상대로 청구이의의 소를 제기하여 앞으로의 배당에서 제외하여야 할 것이다.[7]

---

5) 장현옥, 앞의 논문, 144면.

6) 임채웅, "수탁자 지위의 승계 및 분양대행권의 성격에 관한 연구," 대상판결: 대법원 2006. 3. 9. 선고 2004다57694 판결," BFL 제17호, 서울대학교 금융법센터(2006. 5), 108-109면은 신탁법 제21조가 아닌 제48조의 '신탁사무의 처리에 관하여 생긴 채권'의 의미에 대하여 통상은 대여금이나 손해배상 등 금전채권이 이에 해당할 것이나, 그 엄밀한 의미를 규명하는 것은 어려운 문제라고 하면서 '신탁사무의 처리 자체에 대한 것은 아니고, 그와 관련하여 행사할 수 있게 된 채권'이라는 의미로 보면서, 예를 들어 신탁의 목적이 부동산을 임대하여 수익을 올리는 것인데 제 3 자가 전수탁자와 계약을 체결하여 신탁계산을 사용할 수 있게 되었고(목적물사용청구권), 그와 관련하여 손해가 발생하여 그 손해배상도 청구할 수 있게 되었다고 할 경우(손해배상청구권), 손해배상청구권만이 이에 해당한다고 한다.

7) 위 판례들에서 문제된 한국부동산신탁의 경우 이와 같은 문제점을 고려한 것인지는 모르겠으나 먼저 신탁재산을 처분하여 원고들에게 정산하고 있고, 아직까지 파산재단에서 배당은 한번도 하지 않았다고 한다.

(4) **서울고등법원** 2003. 8. 29. **선고** 2002**나**51106 **판결【질권확인】**(**상고**: **대법원** 2003**다**55059, **상고기각**)

【판결요지】

[1] 일정한 거래관계에서 발생하는 증감변동하는 권리는 그 발생기초인 거래관계, 급부의 목적물 및 양도범위를 명시하는 방법으로 다른 권리와 구별하여 그 동일성을 인식할 수 있을 정도로 규정되어 있으면 그 권리는 특정된 것으로 볼 수 있는바, 이 사건 근질권의 목적으로 '별지 신탁사업표시 1, 3 내지 8 기재 신탁사업과 관련하여 수탁자가 보유한 비용상환청구권'이라고 명시한 이상 이 사건 근질권의 목적은 특정되었다 할 것이다.

[2] 수탁자는 신탁재산에 대한 소유자 내지 관리자로서의 지위와 고유재산의 소유자로서의 지위를 겸유하고 있다고 볼 여지가 있고, 그렇다면 신탁법 제42조 제1항 소정의 비용상환청구권은 수탁자의 신탁재산에 대한 청구권으로서의 성질을 갖는다(다만, 수탁자가 위 두 지위를 겸유하는 관계로 수탁자 재임 중에는 개인으로서의 수탁자가 신탁재산의 명의자인 수탁사에 대하여 갖는 채권적 청구권이면서 동시에 신탁재산을 임의로 매각할 수 있는 형성권적 성질도 갖는다고 할 것이다)고 봄이 상당하다.

[3] 신탁법 제42조에서 정한 비용상환청구권에는 신탁재산이 금전인 경우 고유재산의 소유자인 수탁자 지위에서 신탁재산의 관리자인 지위에 있는 수탁자에게 금전을 추심할 수 있는 권리가 포함된다고 봄이 상당한데, 자조매각권(신탁법 제42조 제1항에 의하여 수탁자가 비용을 상환받을 목적으로 신탁재산을 매각할 수 있는 권리)은 위와 같은 권리를 담보한다 할 것이고, 위와 같이 추심할 수 있는 권리에 질권이 설정된 이상 위 담보권에도 질권의 효력이 미친다고 보아야 할 것이며(더욱이 근질권설정계약 제6조 제2항에서는 질권자가 질권을 실행하여 수탁자에게 신탁부동산의 매각을 청구할 수 있음을 명시하였다), 또한 수탁자가 자조매각을 이행하지 않는 경우 질권자는 민법 제389조 제1항 및 민사집행법 제261조에 따라 간접강제의 방식으로 매각을 구할 수도 있을 것이다.

[4] 근질권설정계약서 제6조 제3항에서 질권설정자가 비용을 회수하여 질권자들에게 안분하여 지급할 의무를 규정하고 있는 것이 민법에서 예정하고 있는 것과 상이한 질권의 실행방법을 정한 것으로 볼 여지가 있지만, 이는 수탁자가 두 지위를 겸유하고 있음을 고려하여 질권실행의 편리를 도모할 목적으로 추가한 당사자 사이의 특약으로 보이므로, 위와 같은 조항이 추가되어 있다 하여 위 근질권 자체가 무효로 된다고 볼 수는 없다.

[5] 수탁자의 신탁재산에 대한 비용상환청구권은 수탁자가 갖는 고유재산상의 권리로서 이 사건 근질권설정 이전에 이미 신탁재산에 설정된 부담이고, 근질권설

정으로 신탁재산에 새로이 부담을 지우는 것이 아니고, 질권자라 하더라도 수탁자가 보유하고 있는 권리 이상을 취득하는 것도 아니어서 코레트신탁의 근질권설정으로 수탁자의 충실의무를 위반하였다고 볼 수는 없다.

[6] 이 사건 근질권설정계약이 파산법 제64조 제1호 소정의 부인할 수 있는 행위에 해당한다고 하더라도 코레트신탁의 파산관재인만이 이 사건 근질권설정계약에 대하여 부인할 수 있고, 부인의 효과는 파산관재인과 부인의 상대방 사이에서만 생기고 제3자에 대하여는 효력이 미치지 아니하며, 원고가 피고를 상대로 이 사건 근질권확인을 받는다 하더라도 그것이 코레트신탁의 파산관재인이 이 사건 근질권설정계약에 관하여 부인권을 행사하는데 장애가 된다고 볼 수도 없다.

【참조 조문】 [2] 신탁법 제42조／[3] 신탁법 제42조／[6] 파산법 제64조 제1호

【원고, 피항소인】 동양현대종합금융 주식회사의 소송수계인 동양종합금융증권 주식회사 (소송대리인 법무법인 남산 담당변호사 임동진 등)

【피고, 항소인】 국민자산신탁 주식회사 (소송대리인 변호사 김진욱 소송복대리인 변호사 이종필)

【피고 보조참가인】 주식회사 신한은행 외 7인

【제1심 판결】 서울지방법원 2002. 8. 21. 선고 2001가합33654 판결

【주문】 1. 피고의 항소를 기각한다. 2. 당심에서의 청구감축에 따라 제1심 판결의 주문 제1항은 다음과 같이 변경되었다. 별지 신탁사업표시 1, 3 내지 8항 기재 각 신탁사업과 관련하여, 위 각 항의 다)호 기재 신탁재산에 대한 피고의 비용상환청구권에 관하여 채권최고액 59,154,000,000원의 근질권이 원고에게 있음을 확인한다. 3. 항소비용은 피고와 보조참가인들의 부담으로 한다.

【청구취지 및 항소취지】

1. 청구취지

별지 신탁사업표시 1, 3 내지 8항 기재 각 신탁사업에 기한, 별지 신탁사업표시 1, 3 내지 8항의 각 나)호 기재 수익자 및 별지 신탁사업표시 1, 3 내지 8항의 각 다)호 기재 신탁재산에 대한 피고의 비용상환청구권에 관하여 채권최고액 59,154,000,000원의 근질권이 원고에게 있음을 확인한다(원고는 당심에서 청구취지를 감축하였다).

2. 항소취지

제1심 판결 중 피고 패소부분을 취소하고, 그 취소부분에 해당하는 원고의 청구를 기각한다.

【이유】 1. 기초사실

가. 근질권 설정계약의 체결

(1) 주식회사 코레트신탁(변경전 상호: 대한부동산신탁 주식회사, 이하 '코레트신

탁'이라 한다)은 신탁사업에 종사하는 법인으로 별지 목록 기재와 같은 신탁계약을 체결하고 신탁사업을 수행하여 왔다. 위 신탁사업은 개발신탁사업으로서 위탁자가 신탁한 토지상에 건물을 건설하고 토지와 건물을 신탁재산으로 하여 이를 분양하는 것을 주요 내용으로 한다.

(2) 코레트신탁은 동양현대종합금융 주식회사(2001. 12. 1. 동양종합금융증권 주식회사에 흡수, 합병되었다. 이하 동양현대종합금융 주식회사도 편의상 '원고'라 한다)로부터 위 각 신탁사업의 진행을 위하여 필요한 돈을 차용하였는데 차용금은 1998. 5. 29. 현재 42,253,000,000원에 이르렀다.

(3) 원고와 코레트신탁은 1998. 7. 1. 원고의 위 대출금채권을 담보하기 위하여 별지 기재 신탁사업과 관련하여, 코레트신탁이 수탁자로서 보유하고 있는 비용상환청구권[신탁법(이하 '법'이라 한다) 제42조 법문에는 '수탁자의 비용, 손해보상청구권'으로 표현되어 있으나 이하에서는 편의상 '비용상환청구권'이라 한다]에 대하여 채권최고액을 59,154,000,000원으로 하는 근질권설정계약을 체결하였다(당초 1998. 6. 1. 위와 같은 계약을 체결하였으나 코레트신탁이 추진하는 신탁사업을 추가하고, 담보제공가액을 증액하여 위와 같이 변경되었다. 이하 '이 사건 근질권설정계약'이라 한다). 당시 다른 채권자들도 자신들의 채권규모에 따라 채권최고액을 달리하여 원고와 공동으로 이 사건 근질권설정계약에 참여하였다.

나. 근질권설정계약서의 주요 내용

(1) 제 1 조(질권의 목적 및 당사자)

본 근질권은 신탁사업의 위탁자와 수탁자간에 체결된 토지(개발)신탁계약서(이하 '신탁계약'이라 한다) 및 법 제42조에 의하여 발생한 수탁자의 토지신탁 비용상환청구권 상에 설정한다.

(2) 제 2 조(질권의 내용)

피담보채무의 범위: 채무액, 이자, 지연이자 및 질권실행비용

채무의 변제기: 신탁종료 또는 중도해지일

질권의 순위: 질권설정계약 체결일자 및 질권설정계약내용 통지일의 선후에도 불구하고 각 질권자는 동순위로 한다.

(3) 제 4 조(질권의 효력범위)

(가) 질권의 효력은 신탁계약 및 법 제42조에 근거하여 코레트신탁이 신탁재산으로부터 가지는 비용상환청구권에 대해 미친다. 단, 코레트신탁이 원고로부터 차입하여 당해 사업에 투입한 비용을 한도로 한다.

(나) 위 (가)의 비용상환청구권은 수탁자가 신탁의 종료 또는 해지시 신탁계약에 근거하여 신탁부동산, 분양대금, 임대보증금 등의 신탁재산에서 신탁관련 채무 및 이자에 한하여 다른 권리자에 우선하여 교부받을 수 있는 권리를 말한다.

(4) 제 5 조(통지의무)

코레트신탁은 질권설정계약이 체결되는 경우 확정일자 있는 증서에 의하여 수익자에게 통지하여야 하며, 신탁계약이 종료 또는 해지될 시 지체 없이 원고에게 통지하여야 한다.

(5) 질권의 실행

(가) 채무변제기에 코레트신탁이 채무를 이행하지 않거나 이행을 지체할 경우에는 원고는 신탁계약의 종료 또는 중도 해지시 비용상환청구권에 질권을 행사할 수 있다.

(나) 신탁의 종료 또는 해지시에 채무의 상환이 이루어지지 않는 경우 원고는 코레트신탁에게 신탁부동산의 매각을 청구할 수 있으며, 코레트신탁은 특별한 사유가 없는 한 이에 응하여야 한다.

(다) 위 (나)의 경우 당해 사업에 코레트신탁이 원고로부터 차입하여 투입한 비용을 회수한 때에는 그 자금을 원고 및 다른 공동질권자들의 채권액 비율로 안분하여 상환하기로 한다.

다. 기업개선작업을 위한 채권기관 간 협약

(1) 코레트신탁이 1998. 후반기에 들어 사실상 부도상태에 빠질 정도로 경영이 악화되자 원고 및 피고 보조참가인 1 내지 7을 포함한 채권금융기관들은 1999. 2. 경부터 주채권기관인 주식회사 한미은행(이하 '한미은행'이라 한다)의 주창 하에 채무유예 및 자금지원 등을 통하여 코레트신탁을 정상화시킨 후 채권을 회수하기 위한 기업개선작업에 착수하였다. 코레트신탁의 기업개선작업을 위한 채권기관간 협약의 주요 내용은 다음과 같다.

기업개선작업과 관련한 사항을 협의·의결하기 위하여 채권기관 전원으로 구성되는 채권기관협의회를 조직한다(제 3 조). 협의회는 총채권액 기준으로 3/4 이상의 채권을 보유한 채권기관의 찬성으로 의결하기로 한다(제 6 조). 채권기관은 이 협약의 내용 및 협의회 결의사항을 성실히 준수하여야 한다(제15조).

(2) 원고를 포함한 채권금융기관들은 1999. 10. 8. 기업개선계획(이하 '1차 기업개선계획'이라 한다)에 동의하였는데, 그 요지는 채권기관협의회에서 결의한 채권행사유예대상인 모든 채권에 대하여 상환청구를 유예하고 신규로 자금을 지원한다는 내용이다. 또, 기존채권의 원리금 처리방법과 관련하여, 비용상환청구권에 질권이 설정되어 있는 신탁사업은 공동 펀드(FUND)로 분리, 관리한 다음 잉여자금이 발생되면 신탁사업이 종료되는 대로 해당 채권을 회수한 다음에 비용상환청구권 질권설정 채권기관에 안분 상환하기로 한다고 규정되어 있다.

라. 기업개선계획안의 제출 및 결의

(1) 1차 기업개선계획을 실시하여도 기업개선의 실적이 별로 나타나지 아니하자

코레트신탁의 주출자기관인 피고 보조참가인 한국자산관리공사는 새로운 채무조정안을 요구하였고, 한미은행은 2001. 2. 28. 새로운 기업개선계획안을 제출하였다. 그 주요 내용은 다음과 같다.

(가) 사업가치가 양호한 사업장은 신탁회사를 신설하여 그 신설회사로 이전하고 사업가치가 작은 사업장은 코레트신탁에게 그대로 두어 매각, 정리한다.

(나) 신설회사는 신규출자형식으로 설립하고 신탁사업의 정상적인 영업을 도모하기 위하여 진행가능한 신탁사업의 차입금만을 신설회사로 이전함으로써 신설회사로 이전되지 아니한 여타 차입금에 대하여 코레트신탁과 연대하여 변제할 책임을 지지 아니한다.

(다) 신설회사 이전대상 차입금에 대한 채권기관별 적정 차입금배분은 제1순위로 피담보채권을, 제2순위로 제1차 기업개선약정에 의한 신규지원자금을, 제3순위로 기타채권을 인정한다. 위 피담보채권은 보증서 및 부동산 등 담보부채권을 의미한다.

(라) 비용상환청구권과 관련된 채권은 부담보채권으로 분류하여 신설회사 앞 이전대상 차입금을 산정하기로 하되, 관련신탁사업의 매각 및 해지 등 종료 후 정산방법은 법률적 해석 등에 따르기로 한다.

(2) 원고는 1차 기업개선계획에 의할 경우 담보권 있는 채권으로 우선순위에 있던 원고의 채권이 새로운 기업개선계획에서는 그 순위가 밀리고, 다른 일반채권과 안분, 배당받게 됨으로써 사실상 그 채권을 회수할 수 없다고 반발하며 위 기업개선계획에 반대하였으나 다른 채권금융기관들 75%의 동의로 위 기업개선계획은 가결되었다(이하 '2차 기업개선계획'이라 한다).

(3) 2차 기업개선계획에 따라 2001. 3. 20. 피고가 설립되었고, 피고는 2001. 4. 사업양도를 통하여 별지 기재 신탁사업 중 1, 3 내지 8호의 신탁사업을 양수하였다. 한미은행은 2001. 5.경 피고와 2차 기업개선계획과 같은 내용의 기업개선약정을 체결하였다.

2. 당사자의 주장 및 판단

가. 확인의 이익

(1) 원고는, 피고가 코레트신탁으로부터 위 신탁사업들을 양수함으로써 원고와 코레트신탁간의 근질권설정계약의 목적인 비용상환청구권도 양수하였다고 주장하면서 피고를 상대로 위 청구취지 기재와 같은 근질권의 확인을 구한다.

(2) (가) 이에 대하여 피고(보조참가인들 포함, 이하 '피고'라고만 한다)는 우선, 원고가 코레트신탁의 비용상환청구권을 질권으로 가지고 있다면, 질권자인 원고의 동의 없이 비용상환청구권이 피고에게 이전될 수 없는 것이므로, 피고에게 이 사건 확인을 구할 이익이 없다고 항변하나, 앞서 인정한 각 사실에 의하면, 피고는 코레

트신탁과 원고 사이의 비용상환청구권에 설정된 질권으로 담보된 피담보채무를 무담보채권으로 분류하여 인수하였으나 향후 원고가 설정한 질권의 효력 등에 대한 법률적 해석에 따라 관련 신탁사업의 종료 후 정산방법을 정하기로 하여 신탁사업을 양수한 것으로 봄이 상당하고(원고가 2차 기업개선계획에 대하여 반대의 의사를 표시하였다고 하더라도 위 계획은 원고가 참여한 채권기관협의회 소정의 절차에 따라 적법하게 결의된 것이므로 그에 따라 체결된 기업개선약정의 내용도 원고에 대하여 효력이 미친다고 볼 것이어서 위 기업개선약정에 포함된 질권의 목적이 된 비용상환청구권의 이전에 원고도 동의하였다고 보아야 한다), 법원에 위 질권의 효력 등에 대한 법률적 해석을 구하고 피고에 대하여 그 질권의 확인을 구하는 이 사건 소에 확인의 이익이 있으므로 위 항변은 이유 없다.

(나) 피고는 또, 위 비용상환청구권은 아직 신탁관계가 종료되지 않아 이행기가 도래하지 않았으므로 이를 목적으로 하는 원고의 근질권은 현재의 권리를 그 대상으로 하지 않고 있어 확인의 이익이 없다고 항변하나, 조건부 권리나 기한부 권리도 현존하는 권리이고, 이를 목적으로 하는 질권 또한 현재의 권리라 할 것이므로, 위 항변도 이유 없다.

(다) 피고는 마지막으로, 원고가 비용상환청구권의 질권자로서 비용상환청구 또는 수익금교부청구와 같은 이행청구를 할 수 있음에도 불구하고 이 사건 확인청구를 하는 것은 그 확인의 이익이 없다고 항변하나, 2차 기업개선계획에서 비용상환청구권과 관련된 채권을 무담보채권으로 분류하되, 관련신탁사업의 매각 및 해지 등 종료 후 정산방법은 법률적 해석 등에 따르기로 하였음은 앞서 보았고, 위 관련 신탁사업이 모두 종료되었다고 인정할 증거가 없는 이상, 이 사건 확인청구가 원고의 권리 또는 법률상의 지위에 현존하는 불안, 위험을 제거하는데 가장 유효, 적절한 수단이라 할 것이므로, 위 항변도 이유 없다.

나. 본안에 대한 판단(제 1 심에서 기각된 수익자에 대한 비용상환청구부분은 원고가 항소하지 않았으므로 따로 판단하지 아니한다)

(1) 앞서 인정한 사실에 의하면, 코레트신탁으로부터 신탁사업을 양수한 피고는 특별한 사정이 없는 한 코레트신탁이 원고에게 질권을 설정한 신탁재산에 대한 코레트신탁의 질권부 비용상환청구권을 양수하였다고 할 것이다(다만 질권의 효력 등에 대해서는 법률적 해석에 따르기로 하였음은 앞서 본 바와 같다).

(2) 이에 대하여 피고는 아래와 같은 사유를 주장하면서 비용상환청구권에 질권을 설정한 이 사건 근질권설정계약은 물권법정주의에 반하여 무효라고 주장한다.

(가) 피고는, '별지 신탁사업표시 1, 3 내지 8 기재 신탁사업과 관련하여 수탁자가 보유한 비용상환청구권'이 이 사건 근질권의 목적으로 되어 있으나, '별지 신탁사업과 관련하여'만으로는 근질권의 목적이 특정되었다고 할 수 없으므로 이 사건

근질권은 무효라고 주장하나, 일정한 거래관계에서 발생하는 증감변동하는 권리는 그 발생기초인 거래관계, 급부의 목적물 및 양도범위를 명시하는 방법으로 다른 권리와 구별하여 그 동일성을 인식할 수 있을 정도로 규정되어 있으면 그 권리는 특정된 것으로 볼 수 있는바, 이 사건 근질권의 목적으로 '별지 신탁사업표시 1, 3 내지 8 기재 신탁사업과 관련하여 수탁자가 보유한 비용상환청구권'이라고 명시한 이상 이 사건 근질권의 목적은 특정되었다 할 것이므로, 위 주장은 이유 없다.

(나) 피고는, 이 사건 근질권을 인정하면 질권설정의 방법으로 토지의 교환가치에 대한 담보권 취득을 허용하게 되는 결과가 되어 부동산질권을 허용하지 않는 우리 법제와 모순된다고 주장하나, 이 사건 근질권의 목적은 신탁재산 자체가 아니라 수탁자가 신탁재산에 갖고 있는 비용상환청구권이므로, 위 주장은 이유 없다.

(다) 피고는, 법 제42조 제 1 항 소정의 비용상환청구권은 수탁자가 신탁재산으로부터 비용을 공제할 수 있는 공제권능에 불과하므로 질권이 설정될 수 없다는 취지로 주장하나, 수탁자가 비용에 대하여 수익자에게 청구할 수 있는 점(동조 제 2 항), 수탁자의 임무종료 후에는 신탁재산에 대해 강제집행을 하는 것이 인정되고 있는 점(법 제49조 제 1 항), 법 제 3 조(신탁의 공시), 제20조(상계금지), 제21조(강제집행 금지), 제22조(수탁자의 파산과 신탁재산), 제23조(신탁재산의 불혼동), 제24조(부합, 혼화, 가공), 제25조(신탁재산의 독립성), 제30(수탁자의 분별관리의무), 제31조(수탁자의 권리취득의 제한) 등은 신탁재산의 독립성을 보장하고 있는 점(대법원 1987. 5. 12. 선고 86다545 판결은 신탁재산은 수탁자의 고유재산으로부터 구별되어 관리될 뿐만 아니라 위탁자의 재산권으로부터도 분리되어 독립성을 갖게 된다고 판시하고 있다), 법 제42조가 그 표제를 '수탁자의 비용, 손해보상청구권'이라고 명시하고 있는 점 등에 비추어 수탁자는 신탁재산에 대한 소유자 내지 관리자로서의 지위와 고유재산의 소유자로서의 지위를 겸유하고 있다고 볼 여지가 있고, 그렇다면 위 비용상환청구권은 수탁자의 신탁재산에 대한 청구권으로서의 성질을 갖는다(다만, 수탁자가 위 두 지위를 겸유하는 관계로 수탁자 재임 중에는 개인으로서의 수탁자가 신탁재산의 명의자인 수탁자에 대하여 갖는 채권적 청구권이면서 동시에 신탁재산을 임의로 매각할 수 있는 형성권적 성질도 갖는다고 할 것이다)고 봄이 상당하므로, 위 주장은 이유 없다.

(라) 피고는, 자조매각권(법 제42조 제 1 항에 의하여 수탁자가 비용을 상환받을 목적으로 신탁재산을 매각할 수 있는 권리)은 제 3 자가 대신 행사할 수 없으므로 이를 포함하는 비용상환청구권이 질권의 설정될 수 없다는 취지로 주장하나, 법 제42조에서 정한 비용상환청구권에는 신탁재산이 금전인 경우 고유재산의 소유자인 수탁자 지위에서 신탁재산의 관리자인 지위에 있는 수탁자에게 금전을 추심할 수 있는 권리가 포함된다고 봄이 상당한데, 자조매각권은 위와 같은 권리를 담보한다

할 것이고, 위와 같이 추심할 수 있는 권리에 질권이 설정된 이상 위 담보권에도 질권의 효력이 미친다고 보아야 할 것이며(더욱이 위 근질권설정계약 제 6 조 제 2 항에서는 질권자가 질권을 실행하여 수탁자에게 신탁부동산의 매각을 청구할 수 있음을 명시하였다), 또한 수탁자가 자조매각을 이행하지 않는 경우 질권자는 민법 제389조 제 1 항 및 민사집행법 제261조에 따라 간접강제의 방식으로 매각을 구할 수도 있어 보이므로, 자조매각권 자체의 양도가 불가능하여 위 근질권설정계약 자체가 무효로 된다는 위 주장은 이유 없다.

(마) 피고는, 위 근질권설정계약서에 질권설정계약 체결일자 및 질권설정계약내용 통지일의 선후에도 불구하고 각 질권자는 동순위로 한다는 규정(제 2 조 제 4 호)이 물권법정주의에 반하는 것이므로 위 근질권은 무효로 보아야 한다고 주장하나, 위 근질권은 다수의 질권자가 동시에 수탁자가 신탁재산에 대하여 갖는 비용상환청구권에 대하여 하나의 문서로 설정계약을 체결한 것이므로 각 질권자는 당연히 동순위가 된다고 할 것이고, 이 사건에서 문제되는 것은 수탁자의 신탁재산에 대한 비용상환청구권이므로 수익자들에 대한 통지가 위 근질권설정의 대항요건이 된다고 볼 수도 없으므로, 위와 같은 조항이 있다 하여 위 근질권이 무효로 된다고 보기는 어렵다.

(바) 피고는, 수탁자는 법 제42조 제 1 항에 따라 언제든지 신탁재산을 매각, 환가할 수 있는데 이는 질권의 목적물이 된 권리의 처분을 제한한 민법 제352조 규정과 상충되므로 위 근질권이 무효라고 주장하나, 위 근질권설정계약에서 질권의 목적물이 된 것은 신탁재산 자체가 아니라 수탁자의 신탁재산에 대한 비용상환청구권이므로, 수탁자가 임의로 신탁재산을 매각, 환가할 수 있다 하여 위 근질권이 무효로 된다고 볼 수는 없다.

(사) 피고는, 질권자는 민법에 따라 제 3 채무자에게 직접 비용상환청구권을 행사하거나 민사집행법이 정하는 추심, 전부, 환가 등의 방법에 의하여 권리실행을 할 수 있는데, 원고는 위와 같은 권리를 갖지 못하고, 위 근질권설정계약서에도 질권설정자가 비용을 회수하여 질권자들에게 안분하여 지급할 의무를 규정하고 있으므로(제 6 조 제 3 항) 원고의 질권은 대세적 효력을 갖지 못하고 단지 채권적 효력을 가진 것에 불과하여 무효라는 취지의 주장을 하나, 비용상환청구권에 질권을 설정한 질권자는 그 질권의 실행으로 고유재산의 소유자로서 채권자 지위에 있는 수탁자가 신탁재산의 소유자 내지 관리인으로서 채무자 지위에 있는 수탁자를 상대로 가지는 비용상환청구권을 직접 행사할 수 있다 할 것이고(다만, 수탁자가 위 지위를 겸유하는 관계로 질권자가 수탁자에게 자신의 채권을 행사하는 듯한 모습을 띠게 된다), 자조매각권에도 앞서 본 바와 같은 강제이행 방법이 있을 수 있으므로 원고는 민법 또는 민사집행법에서 정한 방법에 의하여 질권을 실행할 수 있다고

볼 것이고, 또한 위 근질권설정계약서 제6조 제3항에서 정한 질권실행 방법은 민법에서 예정하고 있는 질권의 실행방법과 상이한 것으로 볼 여지가 있지만, 이는 수탁자가 두 지위를 겸유하고 있음을 고려하여 질권실행의 편리를 도모할 목적으로 추가한 당사자 사이의 특약으로 보이므로, 위와 같은 조항이 추가되어 있다 하여 위 근질권 자체가 무효로 된다고 볼 수는 없다.

(3) 피고는, 수탁자가 신탁사무가 종료되기 전에 비용상환청구권에 대하여 질권을 설정한 이 사건 근질권설정계약은 신탁재산의 이익만을 위하여 행동하여야 한다는 수탁자의 충실의무에 위반하여 무효라고 주장하나, 수탁자의 신탁재산에 대한 비용상환청구권은 수탁자가 갖는 고유재산상의 권리로서 이 사건 근질권설정 이전에 이미 신탁재산에 설정된 부담이고, 근질권설정으로 신탁재산에 새로이 부담을 지우는 것이 아니고, 질권자라 하더라도 수탁자가 보유하고 있는 권리 이상을 취득하는 것도 아니어서 코레트신탁의 근질권설정으로 수탁자의 충실의무를 위반하였다고 볼 수는 없으므로, 위 주장은 이유 없다.

(4) 피고는, 자신이 가지는 신탁재산에 대한 매각·환가권능은 법 제42조 제1항에 따라 가지는 것에 불과하여 위 부분에 관한 질권확인청구는 부당하다는 취지로 주장하나, 피고는 코레트신탁의 신탁사업을 양수함으로써 양수한 비용상환청구권 이외에 수탁자로서 자신이 지출한 비용 등에 대하여는 위 법 규정에 따라 비용상환청구권을 가질 수도 있다 할 것이나, 원고의 이 사건 질권확인청구는 코레트신탁으로부터 양수한 비용상환청구권이라 할 것이므로, 위 주장은 이유 없다.

(5) 피고는, 수탁자가 관리를 적절히 하지 못하여 신탁재산의 멸실, 감소 기타의 손해를 발생하게 한 경우, 신탁의 본지에 위반하여 신탁재산을 처분한 때 또는 수탁자가 신탁재산을 고유재산 또는 다른 신탁재산과 구별하여 관리하지 못한 경우에는 위탁자, 수익자 등은 그 수탁자에 대하여 손해배상 또는 신탁재산의 회복을 청구할 수 있고, 이러한 청구가 있는 경우에 수탁자가 손실의 보상 및 신탁재산복구의 의무를 이행한 후가 아니면 수탁자는 비용상환청구권을 행사할 수 없으므로, 코레트신탁이 위와 같은 손해배상 등을 이행하였음을 입증하지 않은 원고의 이 사건 청구는 이유 없다고 주장하나, 설령 전수탁자인 코레트신탁이 위와 같은 이유로 비용상환청구권의 행사의 제한을 받는다고 하더라도 원고가 이 사건 확인청구를 함에 있어 아무런 장애가 될 수 없으므로, 위 주장은 그 자체로 이유 없다.

(6) 피고는, 코레트신탁이 위 신탁사업을 추진하기 위하여 투입한 비용은 법 제42조 제1항의 비용에 해당하지 않으므로 이 사건 청구는 이유 없다고 주장하나, 토지(개발)신탁의 경우 수탁자가 자금을 차입하여 신탁토지상에 건축을 하는 것이 신탁의 목적이고, 위 투입비용은 위와 같은 신탁목적에 사용된 것으로 보이므로, 위 투입비용도 위 규정 소정의 비용에 해당한다 할 것이어서, 위 주장은 이유 없다.

(7) 피고는, 이 사건 근질권설정계약은 파산자인 코레트신탁이 파산채권자를 해함을 알고 한 행위로서 파산법 제64조 제1호 소정의 부인할 수 있는 행위에 해당하여 그 효력이 없다고 주장하나, 설사 이 사건 근질권설정계약이 파산법 제64조 제1호 소정의 부인할 수 있는 행위에 해당한다고 하더라도 코레트신탁의 파산관재인만이 이 사건 근질권설정계약에 대하여 부인할 수 있고, 부인의 효과는 파산관재인과 부인의 상대방 사이에서만 생기고 제3자에 대하여는 효력이 미치지 아니하며, 원고가 피고를 상대로 이 사건 근질권확인을 받는다 하더라도 그것이 코레트신탁의 파산관재인이 이 사건 근질권설정계약에 관하여 부인권을 행사하는데 장애가 된다고 볼 수도 없으므로, 피고가 이를 이유로 원고의 이 사건 근질권 확인청구를 다툴 수는 없다 할 것이어서, 위 주장도 이유 없다.

다. 소결

따라서, 코레트신탁과 원고가 체결한 질권설정계약은 유효하다 할 것이므로, 별지 신탁사업표시 1, 3 내지 8항 기재 신탁사업과 관련하여, 위 각 항의 다)호 기재 신탁재산에 대한 피고의 비용상환청구권에 관하여 채권최고액 59,154,000,000원의 근질권이 원고에게 있다 할 것이다.

3. 결론

그렇다면, 원고의 청구는 위 인정범위 내에서 이유 있으므로 이를 인용하고, 나머지는 기각할 것인바, 제1심 판결은 이와 결론을 같이 하여 정당하므로 피고의 항소를 기각하기로 하여(다만 제1심 판결의 주문 제1항은 당심에서 원고의 청구감축에 의하여 주문 제2항과 같이 감축되었다), 주문과 같이 판결한다.

재판장 판사 이윤승 권오창 하현국

▷ **〈제1심 판결〉 서울지방법원** 2002. 8. 21. **선고** 2001**가합**33654 **판결**

【원고】 동양현대종합금융 주식회사의 소송수계인 동양종합금융증권 주식회사 (소송대리인 법무법인 남산 담당변호사 임동진 등)

【피고】 국민자산신탁 주식회사

【피고 보조참가인】 주식회사 신한은행 외 6인 (피고 및 보조참가인들 소송대리인 법무법인 광장 담당변호사 서정우 등)

【주문】 1. 별지 신탁사업표시 1 내지 8항 기재 신탁사업과 관련하여, 위 각 항의 다)호 기재신탁재산에 대한 피고의 비용상환청구권에 관하여 채권최고액 59,154,000,000원의 근질권이 원고에게 있음을 확인한다. 2. 원고의 나머지 청구를 기각한다. 3. 소송비용은 보조참가로 인한 비용을 포함하여 그 50%는 원고가, 나머지는 피고와 보조참가인들이 각 부담한다.

【청구취지】 별지 신탁사업표시 1 내지 8항 기재 각 신탁사업에 기한, 별지 신탁

사업표시 1 내지 8항의 각 나)호 기재 수익자 및 별지 신탁사업표시 1 내지 8항의 각 다)호 기재 신탁재산에 대한 피고의 비용상환청구권에 관하여 채권최고액 금 59,154,000,000원의 근질권이 원고에게 있음을 확인한다는 판결.

【이유】 1. 기초사실

가. 근질권 설정계약의 체결

(1) 주식회사 코레트신탁(변경전 상호: 대한부동산신탁 주식회사, 이하 코레트신탁이라 한다)은 신탁사업에 종사하는 법인으로 별지 목록 기재와 같은 신탁계약을 체결하고 신탁사업을 수행하여 왔다. 위 신탁사업은 개발신탁사업으로서 위탁자가 신탁한 토지상에 건물을 건설하고 토지와 건물을 신탁재산으로 하여 이를 분양하는 것을 주요 내용으로 한다.

(2) 코레트신탁은 동양현대종합금융 주식회사(2001. 12. 1. 동양종합금융증권 주식회사에 흡수, 합병되었다. 이하 동양현대종합금융 주식회사도 편의상 원고로 칭한다)로부터 위 각 신탁사업의 진행을 위하여 필요한 돈을 차용하였는데 차용금은 1998. 5. 29. 현재 42,253,000,000원에 이르렀다.

(3) 원고와 코레트신탁은 1998. 7. 1. 원고의 위 대출금채권을 담보하기 위하여 별지 목록 기재 신탁사업과 관련하여 코레트신탁이 수탁자로서 보유하고 있는 비용상환청구권(신탁법 제42조 법문에는 비용, 손해보상청구권으로 표현되어 있으나 이하에서는 편의상 비용상환청구권이라 한다)에 대하여 채권최고액을 59,154,000,000원으로 하는 근질권 설정계약을 체결하였다(당초 1998. 6. 1. 위와 같은 계약을 체결하였으나 코레트신탁이 추진하는 신탁사업을 추가하고, 담보제공가액을 증액하여 위와 같이 변경된 것이다. 이하 이 사건 근질권 설정계약이라 한다). 당시 다른 채권자들도 자신들의 채권규모에 따라 채권최고액을 달리하여 원고와 공동으로 이 사건 근질권 설정계약에 참여하였다.

나. 근질권 설정계약서의 주요 내용

(1) 제 1 조(질권의 목적 및 당사자)

본 근질권은 신탁사업의 위탁자와 수탁자간에 체결된 토지(개발)신탁계약서(이하 신탁계약이라 한다) 및 신탁법 제42조에 의하여 발생한 수탁자의 토지신탁 비용상환청구권상에 설정한다.

(2) 제 2 조(질권의 내용)

피담보채무의 범위: 채무액, 이자, 지연이자 및 질권실행비용

채무의 변제기: 신탁종료 또는 중도해지일

질권의 순위: 질권설정계약 체결일자 및 질권설정계약내용 통지일의 선후에도 불구하고 각 질권자는 동순위로 한다.

(3) 제 4 조(질권의 효력범위)

① 질권의 효력은 신탁계약 및 신탁법 제42조에 근거하여 코레트신탁이 신탁재산으로부터 가지는 비용상환청구권에 대해 미친다. 단, 코레트신탁이 원고로부터 차입하여 당해 사업에 투입한 비용을 한도로 한다.

② 제 1 항의 비용상환청구권은 수탁자가 신탁의 종료 또는 해지시 신탁계약에 근거하여 신탁부동산, 분양대금, 임대보증금 등의 신탁재산에서 신탁관련 채무 및 이자에 한하여 다른 권리자에 우선하여 교부받을 수 있는 권리를 말한다.

(4) 제 5 조(통지의무)

코레트신탁은 질권설정계약이 체결되는 경우 확정일자 있는 증서에 의하여 수익자에게 통지하여야 하며, 신탁계약이 종료 또는 해지될 시 지체 없이 원고에게 통지하여야 한다.

(5) 질권의 실행

① 채무변제기에 코레트신탁이 채무를 이행하지 않거나 이행을 지체할 경우에는 원고는 신탁계약의 종료 또는 중도 해지시 비용상환청구권에 질권을 행사할 수 있다.

② 신탁의 종료 또는 해지시에 채무의 상환이 이루어지지 않는 경우 원고는 코레트신탁에게 신탁부동산의 매각을 청구할 수 있으며, 코레트신탁은 특별한 사유가 없는 한 이에 응하여야 한다.

③ 제 2 항의 경우 당해 사업에 코레트신탁이 원고로부터 차입하여 투입한 비용을 회수한 때에는 그 자금을 원고 및 다른 공동질권자들의 채권액비율로 안분하여 상환하기로 한다.

다. 기업개선작업을 위한 채권기관간 협약

(1) 코레트신탁이 1998. 후반기에 들어 사실상 부도상태에 빠질 정도로 경영이 악화되자 원고를 포함한 채권금융기관들은 1999. 2.경부터 주채권기관인 주식회사 한미은행(이하 한미은행이라 한다)의 주창하에 채무유예 및 자금지원 등을 통하여 위 회사를 정상화시킨 후 채권을 회수하기 위한 기업개선작업에 착수하였다. 코레트신탁의 기업개선작업을 위한 채권기관간 협약의 주요 내용은 다음과 같다. 기업개선작업과 관련한 사항을 협의 · 의결하기 위하여 채권기관 전원으로 구성되는 채권기관협의회를 조직한다(제 3 조). 협의회는 총채권액 기준으로 3/4 이상의 채권을 보유한 채권기관의 찬성으로 의결하기로 한다(제 6 조). 채권기관은 이 협약의 내용 및 협의회 결의사항을 성실히 준수하여야 한다(제15조).

(2) 원고를 포함한 채권금융기관들은 1999. 10. 8. 기업개선계획(이하 1차 기업개선계획이라 한다)에 동의하였는데, 그 요지는 채권기관협의회에서 결의한 채권행사 유예대상인 모든 채권에 대하여 상환청구를 유예하고 신규로 자금을 지원한다는

내용이다. 또, 기존채권의 원리금 처리방법과 관련하여, 비용상환청구권에 질권이 설정되어있는 신탁사업은 공동 펀드(FUND)로 분리 관리한 다음 잉여자금이 발생되면 신탁사업이 종료되는 대로 해당 채권을 회수한 다음에 비용상환청구권 질권설정 채권기관에 안분 상환하기로 한다고 규정되어 있다.

라. 기업개선계획안의 제출 및 결의

(1) 1차 기업개선계획을 실시하여도 기업개선의 실적이 별로 나타나지 아니하자 코레트신탁의 주출자기관인 한국자산관리공사는 새로운 채무조정안을 요구하였고, 코레트신탁의 주관은행인 한미은행은 2001. 2. 28. 새로운 기업개선계획안을 제출하였다. 그 주요 내용은 다음과 같다.

① 사업가치가 양호한 사업장은 신탁회사를 신설하여 그 신설회사로 이전하고 사업가치가 작은 사업장은 코레트신탁에게 그대로 두어 매각 정리한다.

② 신설회사는 신규출자형식으로 설립하고 신탁사업의 정상적인 영업을 도모하기 위하여 진행가능한 신탁사업의 차입금만을 신설회사로 이전함으로써 신설회사로 이전되지 아니한 여타 차입금에 대하여 코레트신탁과 연대하여 변제할 책임을 지지 아니한다.

③ 신설회사 이전대상 차입금에 대한 채권기관별 적정 차입금배분은 제 1 순위로 피담보채권을, 제 2 순위로 제 1 차 기업개선약정에 의한 신규지원자금을, 제 3 순위로 기타채권을 인정한다. 위 피담보채권은 보증서 및 부동산 등 담보부채권을 의미한다.

④ 비용상환청구권과 관련된 채권은 무담보채권으로 분류하여 신설회사앞 이전대상 차입금을 산정하기로 하되, 관련신탁사업의 매각 및 해지 등 종료후 정산방법은 법률적 해석 등에 따르기로 한다.

(2) 원고는 1차 기업개선계획에 의할 경우 담보권 있는 채권으로 우선순위로 인정되던 원고의 채권이 새로운 기업개선계획에서는 그 순위가 밀리고, 다른 일반채권과 안분배당 받게 됨으로써 사실상 그 채권을 회수할 수 없다고 반발하며 위 기업개선계획반대하였으나 다른 채권금융기관들 75%의 동의로 위 기업개선계획은 가결되었다(이하 2차 기업개선계획이라 한다).

(3) 2차 기업개선계획에 따라 2001. 3. 20. 피고 회사가 설립되었고, 피고는 2001. 4. 사업양도를 통하여 별지 목록 기재 신탁사업 중 1 내지 8호의 신탁사업을 양수하였다. 채권기관협의회 주관기관인 한미은행은 2001. 5.경 피고와 2차 기업개선계획과 같은 내용의 기업개선약정을 체결하였다.

2. 당사자의 주장 및 판단

가. 확인의 이익

피고가 코레트신탁으로부터 위 신탁사업들을 양수함으로써 원고와 코레트신탁간의 근질권 설정계약의 목적인 비용상환청구권도 피고가 양수하였다고 주장하면서 원고가 위 청구취지 기재와 같은 확인을 구함에 대하여 피고(보조참가인들 포함)는 다음과 같이 주장하면서 이 사건 소는 확인의 이익이 없다고 다툰다.

즉, 2차 기업개선계획에 따라 체결된 기업개선약정에 따르면, 비용상환청구권과 관련된 채권은 무담보채권으로 분류하여 신설회사앞 이전대상차입금을 산정하기로 하되, 관련신탁사업의 매각 및 해지 등 종료후 정산방법은 법률적 해석에 따르기로 하였다. 원고가 코레트신탁의 비용상환청구권을 질권으로 가지고 있다면, 질권자인 원고의 동의없이 비용상환청구권이 피고에게 이전될 수 없는 것이므로, 피고에게 이 사건 확인을 구할 이익이 없다고 주장한다. 살피건대, 앞서 인정한 각 사실에 의하면, 피고는 코레트신탁과 원고 사이의 비용상환청구권에 설정된 질권으로 담보된 피담보채무를 무담보채권으로 분류하여 인수하였으나 향후 원고가 설정한 질권의 효력 등에 대한 법률적 해석에 따라 관련 신탁사업의 종료 후 정산방법을 정하기로 하여 신탁사업을 양수한 것으로 봄이 상당하다(원고가 2차 기업개선계획에 대하여 반대의 의사를 표시하였다고 하더라도 위 계획은 원고가 참여한 채권기관협의회 소정의 절차에 따라 적법하게 결의된 것이므로 그에 따라 체결된 기업개선약정의 내용도 원고에 대하여 효력이 미친다고 볼 것이어서 위 기업개선약정에 포함된 질권의 목적이 된 비용상환청구권의 이전에 원고도 동의하였다고 보아야 한다). 그렇다면 법원에 위 질권의 효력 등에 대한 법률적 해석을 구하고 피고에 대하여 그 질권의 확인을 구하는 이 사건 소에 확인의 이익이 없다 할 수 없으므로 피고의 위 주장은 이유 없다.

나. 본안에 대한 판단

(1) 수익자에 대한 비용상환청구부분

원고는, 이 사건 질권설정계약서 제 1 조, 제 4 조에서 질권의 목적물을 위탁자와 수탁자간에 체결된 신탁계약서 및 신탁법 제42조에 의하여 발생할 수탁자의 비용상환청구권이라고 명시하고 있고, 계약서 제 5 조에도 질권설정계약이 체결되는 경우 확정일자 있는 증서에 의하여 수익자에게 통지하여야 한다는 조항을 두고 있음에 비추어 보면, 위 각 신탁사업의 수익자들에 대한 비용상환청구권도 질권의 목적이 되었다고 주장한다.

살피건대, 신탁법 제42조 제 1 항은 '수탁자는 신탁재산에 관하여 부담한 조세, 공과 기타의 비용과 이자 또는 신탁사무를 처리하기 위하여 자기에게 과실 없이 받은 손해의 보상을 받음에 있어서 신탁재산을 매각하여 다른 권리자에 우선하여 그 권리를 행사할 수 있다', 제 2 항은 '수탁자는 수익자에게 전항의 비용 또는 손해의 보상을 청구하거나 상당한 담보를 제공하게 할 수 있다', 제 3 항은 '전항의 규정은 수익자가 그 권리를 포기하는 경우에는 적용하지 아니한다'고 각 규정하고 있고, 코레트신탁이 체결하였던 신탁계약(다만 이 신탁계약서는 별지 목록 기재 신탁사업과 관련된 신탁계약서는 아니나 동일한 취지의 규정이 있었을 것으로 보인다)에 수탁자는 신탁재산에 대한 조세 공과 등 제비용을 신탁재산에서 지급하고, 지급할 수 없는 경우에는 수익자에게 청구, 수령하여 지급할 수 있으며, 필요한 경우에는 미리 수익자에게 상당한 금액을 예탁하게 할 수 있다고(제18조 제 2 항) 되어 있어 신탁재산에 대한 비용상환청구권과 수익자에 대한 비용상환청구권을 달리 규정하고 있는 점, 이 사건 질권설정계약서 제 4 조 제 1 항은 코레트신탁이 신탁재산으로부터 가지고 있는 비용상환청구권에 대해 미친다고 명시적으로 규정하고 있고, 제 2 항도 위 비용상환청구권과 관련하여 수탁자가 신탁의 종료 또는 해지시 신탁계약에 근거하여 신탁부동산, 분양대금, 임대보증금 등의 신탁재산에 대하여 가지는 권리라는 점을 명시하고 있는 점, 계약서 제 6 조 제 2 항 및 제 3 항은 질권의 실행과 관련하여 신탁부동산의 매각만을 상정하고 있는 점 등에 비추어 보면, 이 사건 질권설정의 대상이 되는 비용상환청구권은 신탁재산에 대한 비용상환청구권에 한정된다고 할 것이므로 원고의 이 부분에 관한 주장은 이유 없다(수익자들에 대한 통지의무를 규정한 계약서 제 5 조는 이들이 신탁재산에 대하여 갖고 있는 이해관계를 고려한 것으로 보일 뿐이다. 또, 신탁재산에 대한 권리, 의무는 최종적으로 수익자에게 귀속되므로 신탁재산으로부터 비용을 상환받는 것은 수익자로부터 비용을 상환받는 것과 같게 평가하여야 한다는 취지의 원고 주장도 받아들일 수 없다).

(2) 신탁재산에 대한 비용상환청구권 부분

(가) 앞서 인정한 사실에 의하면, 코레트신탁으로부터 신탁사업을 양수한 피고는 특별한 사정이 없는 한 코레트신탁이 원고에게 질권을 설정한 신탁재산에 대한 코레트신탁의 질권부 비용상환청구권을 양수하였다고 할 것이다(다만, 질권의 효력 등에 대해서는 법률적 해석에 따르기로 하였음은 앞서 본 바와 같다). 이에 대하여 피고(보조참가인들 포함)는 아래와 같은 사유를 주장하면서 위 비용상환청구권에 질권을 설정한 것은 물권법정주의에 반하여 무효라고 주장한다.

① 질권대상채권의 부존재

피고는 신탁법 제42조 제 1 항 소정의 비용상환청구권은 수탁자가 신탁재산으로부터 비용을 공제할 수 있는 공제권능에 불과하여 채권 또는 청구권이라 볼 수 없으므로 질권이 설정될 수 없다는 취지로 주장한다.

살피건대, 수탁자는 비용에 대하여 수익자에게 청구할 수 있는 점(동조 제 2 항), 수탁자의 임무종료 후에는 신탁재산에 대해 강제집행을 하는 것이 명문으로 인정(신탁법 제49조 제 1 항)되고 있는 점, 신탁법 제30조, 제 3 조, 제25조, 제21조, 제22조 등은 신탁재산의 독립성을 보장하고 있고 수탁자는 위와 같은 신탁재산에 대한 관리자로서의 지위와 고유재산의 소유자로서의 지위를 겸유하고 있다는 점 등에 비추어 보면 위 비용상환청구권은 수탁자의 신탁재산에 대한 청구권으로서의 성질을 갖는다고 봄이 상당하다. 따라서, 수탁자의 위 비용상환청구권에 대하여 양도 및 질권 설정이 가능하다 볼 것이다.

피고는 또 자조매각권은 제 3 자가 대신 행사할 수 없으므로 질권의 대상이 될 수 없다고 주장한다. 살피건대, 신탁법 제42조 제 1 항 소정의 비용상환청구권에는 신탁재산이 금전인 경우 고유재산의 소유자인 수탁자 지위에서 신탁재산의 관리자인 지위에 있는 수탁자에게 금전을 추심할 수 있는 권리가 포함된다 할 것인데, 자조매각권은 위와 같은 권리를 담보한다 할 것이다. 위와 같이 추심할 수 있는 권리에 질권이 설정된 이상 위 담보권에도 질권의 효력이 미친다고 보아야 할 것이다. 또한, 수탁자가 자조매각을 이행하지 않는 경우 질권자는 민법 제389조 제 1 항에 따라 간접강제의 방식으로 매각을 구할 수도 있어 보이므로 자조매각권은 양도가 불가능하여 이 사건 질권설정이 무효로 된다는 피고의 주장은 이유 없다.

② 질권성립방법상의 차이점

피고는 이 사건 질권설정계약서에 질권설정계약 체결일자 및 질권설정계약내용 통지일의 선후에도 불구하고 각 질권자는 동순위로 한다는 규정은 물권법정주의에 반하여 위 질권은 무효로 보아야 한다고 주장하나, 이 사건 질권은 다수의 질권자가 동시에 수탁자가 신탁재산에 대하여 갖는 비용상환청구권에 대하여 하나의 문서로 설정계약을 체결한 것이므로 각 질권자는 당연히 동순위가 된다고 할 것이다. 따라서 피고 주장과 같은 조항이 있다 하여 위 질권이 무효로 된다 볼 수 없다(이 사건 질권의 대상은 수탁자의 신탁재산에 대한 비용상환청구권에 한하므로 수익자들에 대한 통지가 이 사건 질권설정의 대항요건이 된다고 볼 수도 없다).

③ 효과상의 차이

수탁자는 신탁법 제42조 제 1 항에 따라 언제든지 신탁재산을 매각, 환가할 수 있는데, 이는 질권의 목적물이 된 권리의 처분을 제한한 민법 제352조 규정과 상충되므로 위 질권설정이 무효라고 주장하나, 수탁자가 이 사건 채무의 변제기인 신탁종료 또는 중도 해지일 이전에 신탁재산을 매각, 환가하여 비용에 충당할 수 있다 하여 위 질권이 무효로 된다고 볼 수 없으므로 위 주장은 이유 없다.

④ 실행방법상의 차이

피고는, 질권자는 민법에 따라 제 3 채무자에게 직접 비용상환청구권을 행사하거나 민사소송법이 정하는 추심, 전부, 환가 등의 방법에 의하여 권리실행을 할 수 있는데, 원고는 위와 같은 권리를 갖지 못하고, 이 사건 질권설정계약서에도 질권자가 질권설정자에게 신탁부동산의 매각을 청구하면 수탁자가 이에 협력할 의무를 규정하고 있으므로 원고의 질권은 대세적 효력을 갖지 못하고 단지 채권적 효력을 가진 것에 불과하여 무효라는 취지로 주장한다.

살피건대, 질권자는 고유재산의 소유자로서 채권자 지위에 있는 수탁자가 신탁재산의 관리인으로서 채무자 지위에 있는 수탁자를 상대로 가지는 채권을 대신 행사할 수 있다 할 것이고(다만, 수탁자가 위 지위를 겸유하는 관계로 질권자가 수탁자에게 자신의 채권을 행사하는 듯한 모습을 띨 뿐이다), 자조매각권에도 앞서 본 바와 같은 강제이행 방법이 있을 수 있으므로 피고 주장과 같은 채권적 협력의무를 규정한 조항이 있다 하여 위 질권이 무효로 된다고 볼 수 없다.

⑤ 결국, 위 신탁재산에 대한 비용상환청구에 질권이 설정될 수 없다는 피고의 주장은 이유 없으므로 이와 다른 전제에 선 피고의 주장들은 모두 이유 없다.

(나) 피고는 자신이 가지는 신탁재산에 대한 매각·환가 권능은 신탁법 제42조 제1항에 따라 가지는 것에 불과하여 위 부분에 관한 질권확인청구는 부당하다는 취지로도 주장하므로 보건대, 피고는 코레트신탁의 신탁사업을 양수함으로써 양수한 비용상환청구권 이외에 피고가 수탁자로서 자신이 지출한 비용 등에 대하여는 위 법 규정에 따라 비용상환청구권을 가질 수도 있다 할 것이다. 그러나 원고의 이 사건 질권확인청구 부분은 코레트신탁으로부터 양수한 비용상환청구권이라 할 것이므로 피고의 주장은 이유 없다.

(다) 피고는, 수탁자가 관리를 적절히 하지 못하여 신탁재산의 멸실, 감소 기타의 손해를 발생하게 한 경우, 신탁의 본지에 위반하여 신탁재산을 처분한 때 또는 수탁자가 신탁재산을 고유재산 또는 다른 신탁재산과 구별하여 관리하지 못한 경우에는 위탁자, 수익자 등은 그 수탁자에 대하여 손해배상 또는 신탁재산의 회복을 청구할 수 있고, 이러한 청구가 있는 경우에 수탁자가 손실의 보상 및 신탁재산복구의 의무를 이행한 후가 아니면 수탁자는 비용상환청구권을 행사할 수 없으므로, 코레트신탁이 위와 같은 손해배상 등을 이행하였음을 입증하지 않은 원고의 이 사건 청구는 이유 없다고 주장하나, 설령 전수탁자인 코레트신탁이 위와 같은 이유로 비용상환청구권의 행사의 제한을 받는다고 하더라도 원고가 이 사건 확인청구를 할 수 없다고 볼 수 없으므로 위 주장은 이유 없다.

(라) 피고는 코레트신탁이 위 신탁사업을 추진하기 위하여 투입한 비용은 신탁법 제42조 제1항의 비용에 해당하지 않으므로 이 사건 청구는 이유 없다고 주장하나, 토지(개발)신탁의 경우 수탁자가 자금을 차입하여 신탁토지상에 건축을 하는 것이 신탁의 목적이고, 위 투입비용은 위와 같은 신탁목적에 사용된 것으로 보이므로, 위 비용도 위 규정 소정의 비용에 해당한다 할 것이다. 따라서 위 주장도 이유 없다.

(마) 피고는 이 사건 신탁계약서에 분양대금 등으로 공사비, 차입금 등의 비용의 집행을 수탁자에게 위임하고 있고, 수탁자가 그러한 비용을 집행순서에 따라 집행

한 경우에는 더 이상의 비용이 남아 있지 아니하여 비용상환청구권은 소멸하였으므로 위 질권 역시 존재하지 않는다고 주장하나, 수탁자가 신탁 종료시에 위 규정에 따라 비용을 집행할 수 있을지라도 현재 비용상환청구권이 소멸하였다고 할 수 없으므로 위 주장도 이유 없다.

다. 소결

결국 코레트신탁과 원고가 체결한 질권설정계약은 유효하다 할 것이므로, 별지 신탁사업표시 1 내지 8항 기재 신탁사업과 관련하여, 위 각 항의 다)호 기재 신탁재산에 대한 피고의 비용상환청구권에 관하여 채권최고액 59,154,000,000원의 근질권이 원고에게 있다 할 것이다.

3. 결론

이 사건 청구는 위 인정범위 내에서 이유 있으므로 이를 일부 인용한다.

재판장 판사 안영률 오석훈 정경인

목록

(신탁사업의 표시)

1. 사업명: 서울 강남 자동차매매시장

가) 위탁자: 甲 외 3인

나) 수익자: 주식회사 경동(우선 수익자)

다) 신탁재산: 서울 강남구 율현동 128-1 외 39필지

라) 신탁계약일: 1994. 4. 8.

마) 신탁종료일: 2000. 2. 25.

바) 신탁목적: 분양형 토지신탁

2. 사업명: 천안 신계리 임대아파트

가) 위탁자: 동우건설 주식회사

나) 수익자: 이수건설 주식회사

다) 신탁재산: 천안시 신계리 산45-1 외 2필지

라) 신탁계약일: 1997. 7. 9.

마) 신탁종료일: 2002. 7.

바) 신탁목적: 임대형

3. 사업명: 인천 연수동 복합빌딩

가) 위탁자: 원흥종합건설

[해설]

수탁자는 신탁재산을 관리·처분하기 위하여 든 비용이나 그 밖의 손해를 입었을 때에는 그 비용이나 손해의 보상을 청구할 수 있는데(신탁법 제42조 제1항), 신탁재산이 실질적으로 수탁자의 고유재산으로부터 구별되는 특성, 즉 신탁재산의 독립성 때문에 수탁자는 신탁재산주체이면서 동시에 고유재산주체인 인격상의 이중적인 성격을 가지므로[8] 위 비용상환청구권은 수탁자의 신탁재산에 대한 청구권으로서의 성질을 갖는다고 보아야 할 것이다.

수탁자가 위 비용 및 손해배상청구권을 행사하기 위해서는 먼저 신탁법 제38조 또는 제39조의 규정에 의한 손실의 보상 및 신탁재산복구의 의무를 이행하여야 하는 제약이 있고(신탁법 제44조), 또한 수탁자가 선량한 관리자의 주의를 위반하여 신탁비용을 지출한 경우에는 이러한 과실로 인하여 확대된 비용은 신탁비용의 지출 또는 부담에 정당한 사유가 없는 경우에 해당하여 수탁자는 비용상환청구를 할 수 없으며, 신의칙과 손해의 분담이라는 관점에서 상당하다고 인정되는 한도로 수탁자의 비용상환청구권이 제한될 수도 있다.[9] 그리고 신탁계약에 있어서 위탁자 또는 수익자가 부담하는 신탁비용 및 신탁보수 지급의무와 신탁종료시에 수탁자가 부담하는 신탁재산을 이전할 의무는 동시이행의 관계에 있다.[10]

수탁자는 비용상환청구권의 만족을 얻기 위하여 신탁재산을 환가할 수 있는데, 그 방법에 대하여 수탁자의 임무가 종료되기 이전에는 자조매각권(신탁법 제42조 제1항)을 행사하여야 할 뿐 강제집행의 방법은 사용할 수 없고,[11] 자조매각권을 행사함에 있어서는 신탁재산의 관리인으로서 신탁의 목적에 따라 신탁재산을 처분하여야 하는 제한이 따른다.[12] 그러나 수탁자의 임무가 종료된 이후에는 강제집행 또는 경매를 하거나 신탁재산을 유치할 수 있다(신탁법 제49조, 제62조). 다만, 신탁법 제62조가 강행규정이라고 볼 만한 근거가 없을뿐더러 사적 자치의 원칙상 위탁자와 수탁자의 합의로서 신탁종료 후 수탁자에게 신탁재산에 대한 임의매각권을 부여하는 약정도 유효하다.[13] 또한, 수탁자는 이러한 임의매각권의 실행을 위한 환

---

8) 이와 같은 수탁자의 인격상의 이중적 성격 때문에 이론상으로는 수탁자는 신탁재산에 관한 한 신탁재산주체로서와 고유재산주체로서 자기와 자기 사이의 거래가 가능할 수도 있을 것이나, 신탁법은 신탁재산과 수익자의 이익을 보호하기 위해서 이러한 일종의 자기계약을 금지하고 있다(신탁법 제31조 제1항).

9) 대법원 2006. 6. 9. 선고 2004다24557 판결(공2006, 1253).

10) 앞의 대법원 2004다24557 판결.

11) 대법원 2005. 12. 22. 선고 2003다55059 판결(공2006, 155).

12) 앞의 대법원 2003다55059 판결.

13) 김용상, “수탁자가 신탁계약에 근거한 신탁재산의 처분권을 행사하기 위하여 신탁재산을 점

가절차의 일환으로서 신탁재산을 점유하고 있는 위탁자 겸 수익자를 상대로 그 인도를 구할 수 있다.[14)]

한편, 수탁자가 신탁사업과 관련하여 금원을 차용하면서 신탁재산에 대하여 갖는 비용상환청구권에 관하여 금융기관을 위하여 근질권을 설정해 준 경우 수탁자의 파산관재인이 근질권설정계약을 부인하더라도 부인의 효과는 파산재단과 상대방 간에만 효력이 미치므로 수탁자로부터 신탁사업을 양수한 자는 근질권자에 대하여 근질권설정계약이 무효라고 주장할 수 없다.

---

(5) **서울중앙지방법원** 2005. 1. 12. **선고** 2002**카합**354, 1803, 1804, 1805, 1806, 1807(**병합**) **판결【가처분이의】(항소 미확정, 이 사건의 본안사건인 서울지방법원** 2005. 1. 12. **선고** 2001**가합**65576 **사건은 서울고등법원** 2005**나** 21533**으로 항소 중)**

【결정요지】

[1] 분양형 신탁계약의 경우 신탁계약 당시의 신탁재산은 토지만이 존재하지만 신탁토지 위에 건물이 완성된 경우에는 그 건물까지 신탁재산에 속한다 할 것이고, 이 사건 신탁계약과 같이 신탁계약이 신탁목적을 달성하지 못한 채 종료된 경우에는 특별한 사정이 없는 한 수탁자는 위탁자에게 신탁재산반환의무(토지와 건물 포함)가 있다 할 것이므로 신탁재산이 일부 분양되고 신탁사업비 등으로 대물변제되었다는 사정만으로 신탁재산이 분양대금 형태로만 존재하여 수탁자의 위탁자에 대한 신탁재산반환의무가 소멸된다고는 볼 수 없다.

[2] 신탁계약이 목적을 달성하지 못한 채 기간만료로 종료된 경우에는 수분양자에 대한 한국부동산신탁의 모든 권리 및 의무는 위탁자인 乙 등과 그들의 지위를 승계한 채권자들에게 포괄승계된다고 보아야 할 것이다.

【참조 조문】 신탁법 제42조

【채권자】 별지 1 목록 기재와 같다 (소송대리인 법무법인 율촌 담당변호사 윤윤수)

【채무자】 한국부동산 신탁주식회사의 소송수계인 파산자 한국부동산신탁 주식회사의 파산관재인 甲 외 1인 (채무자들 소송대리인 법무법인 신성 담당변호사

유하고 있는 수익자에 대하여 그 인도를 구할 수 있는지 여부," 대법원판례해설 제55호, 법원도서관(2005), 24면; 대법원 2003. 5. 16. 선고 2003다11134 판결(공보불게재)도 '신탁계약이 해지된 이상 수탁자인 소외 회사는 신탁종료시의 손실 보전을 규정한 신탁계약 제21조에 따라 이 사건 토지를 처분하여 손실을 충당할 수 있다고 할 것이므로 이를 두고 이 사건 신탁계약의 본지에 위배되는 행위라고 할 수 없다'고 하고 있다.

14) 대법원 2005. 4. 15. 선고 2003다47621 판결(공2005, 729).

이찬효)

【주문】 1. 채권자들과 채무자들 사이의 별지 2 목록 기재 부동산처분금지가처분 결정을 모두 인가한다. 2. 소송비용은 채무자들이 부담한다.

【신청취지】

채권자들: 주문과 같다.

채무자들: 별지 2 목록 기재 부동산처분금지가처분결정을 모두 취소하고, 채권자들의 위 부동산처분금지가처분신청을 모두 기각한다.

【이유】 1. 부동산처분금지가처분결정

채권자들이 한국부동산신탁주식회사(이하 '한국부동산신탁'이라 한다. 그 후 아래에서 보는 바와 같이 채무자들이 한국부동산신탁을 소송수계하였다)를 상대로 신탁해지로 인한 소유권이전등기청구권을 피보전권리로 하여 별지 2 목록 기재와 같이 부동산처분금지가처분신청을 하여 그 가처분결정을 받은 사실은 기록상 명백하다.

2. 피보전권리의 존재

가. 기초사실

(1) 신탁계약 체결 전의 공사상황

乙 외 100인(이하 '乙 등'이라 한다)은 1990. 12.경 창원시 상남동 80 대 14,595.4㎡(이하 '이 사건 토지'라 한다)를 취득하여 1994. 6. 2. 이 사건 토지에 판매시설인 지하 6층, 지상 9층의 정우월드빌딩(1999. 4.경 애플타운으로, 다시 같은 해 6.경 코렉스타운으로 명칭이 변경되었다. 이하 '이 사건 건물'이라 한다)을 신축하기 위하여 동아건설산업주식회사(이하 '동아건설'이라 한다)와 공사금액 440억원(부가가치세 별도), 공사기간 1994. 6.부터 1997. 2.까지로 하는 공사도급계약을 체결한 후 1996. 11.경 공사비증액 등의 문제로 공사가 중단되기까지 이 사건 건물 신축공사를 진행하였다.

(2) 신탁계약의 체결

(가) 그 후 乙 등은 1997. 4. 30. 한국부동산신탁과 乙 등이 위탁자 및 수익자가 되고, 한국부동산신탁이 수탁자가 되어 이 사건 건물(당시 지하층 골조공사 및 지상층 철골공사가 완료된 상태였다)을 신축하여 분양하는 것을 목적으로 하는 분양형 토지신탁계약(이하 '이 사건 신탁계약'이라 한다)을 체결하였는데, 그 주요내용은 아래와 같다.

1) 乙 등은 이 사건 토지를 한국부동산신탁에게 신탁하고, 한국부동산신탁은 이를 인수한다. 이 신탁의 목적은 이 사건 토지 위에 이 사건 건물을 건축하여 이 사건 토지와 건물(이하 이를 합하여 '신탁부동산'이라 한다)을 신탁재산으로 하여 이를 분양(처분)하는 데에 있다(제 1 조).

2) 乙은 1997. 4. 19.자 인증서에 근거하여 乙 등의 수임인 겸 대리인으로서 乙

등을 대리하여 이 사건 신탁계약 및 이와 관련된 일체의 행위를 할 수 있는 권한과 의무를 독점적으로 보유함을 공유자 전원이 확인한다. 이 사건 신탁계약 체결 후 乙 등의 모든 권리 · 권한의 행사 및 의무의 부담은 대리인인 乙이 하고, 한국부동산신탁은 선량한 관리자의 주의의무로 신탁업무를 수행한 경우에는 대리인인 乙의 행위로 인하여 乙 등 및 제 3 자에게 발생한 손해 등에 관하여 일체의 책임을 부담하지 아니한다(제 3 조).

3) 한국부동산신탁은 건물건축 및 신탁사무 수행에 필요한 자금을 신탁재산으로 충당하거나 乙 등 또는 수익자의 부담으로 하여 차입할 수 있다. 이 경우 자금차입은 한국부동산신탁 명의의 차입과 한국부동산신탁의 고유자금 차입 및 한국부동산신탁을 수탁자로 하는 다른 신탁재산에서 차입하는 것을 포함한다(제 5 조).

4) 한국부동산신탁은 다음 각 호의 방법에 의하여 신탁부동산을 분양(처분) 및 관리 · 운용한다(제 9 조).

1. 한국부동산신탁은 신탁부동산에 대하여 사업계획서에서 정한 금액 및 조건으로 분양(처분)한다.

2. 한국부동산신탁은 상당한 이유가 있는 경우에는 乙 등과 협의하여 제 1 호의 금액 및 조건을 변경할 수 있으며 신탁부동산의 일부 또는 전부를 분양에서 임대로 전환할 수 있다.

5) 한국부동산신탁은 건물 건축공사, 신탁부동산의 분양, 관리, 운용, 기타 신탁사무를 선량한 관리자의 주의로써 처리하여야 한다(제10조)

6) 신탁재산은 다음 각 호와 같다(제12조)

1. 신탁부동산 및 신탁금, 2. 신탁부동산 분양대금(계약금 및 중도금 포함), 3. 신탁부동산의 임대에 따른 임대보증금 및 임료, 4. 신탁부동산의 물상대위로 취득한 재산, 5. 제 5 조에 의한 차입금, 6. 제 1 호 내지 제 5 호에 속하는 신탁재산의 운용수익, 7. 차입금 채무 및 신탁부동산의 분양(처분)과 관련하여 취득한 보증금 등의 상환채무, 8. 기타 신탁사무처리상 발행한 자산 및 채무

7) 이 신탁의 최초 수익자는 乙 등으로 한다. 그러나 한국부동산신탁의 동의를 얻어 제 3 자를 수익자로 할 수 있다(제13조).

8) 수익권을 양수하거나 승계한 자는 그 지분비율에 해당하는 수익자의 권리 · 의무를 승계한다(제16조).

9) ① 한국부동산신탁은 다음 각 호의 비용을 신탁재산에서 지급하고, 지급할 수 없는 경우에는 수익자에게 청구 · 수령하여 지급할 수 있다(제18조).

1. 신탁재산에 대한 조세, 공과금 및 등기비용, 2. 설계, 감리비용 및 공사대금, 3. 차입금, 임대보증금 등의 상환금 및 그 이자, 4. 신탁부동산의 수선, 보존, 개량비용 및 화재보험료, 5. 분양(처분) 및 임대사무 처리에 필요한 비용, 6. 기타 신탁

사무처리상 발생하는 비용

② 한국부동산신탁이 신탁사무처리과정에서 과실 없이 받은 손해에 대하여도 비용으로 간주하여 위 ①과 같이 처리한다.

10) 신탁재산과 신탁수익에 대한 계산기일은 매년 12월 말일과 신탁종료시로 하고, 한국부동산신탁은 당해 계산기간의 수지계산서를 작성하여 수익자에게 제출한다(제19조 제1항). 위 수지계산에 있어서는 제12조의 신탁재산에서 제18조의 제비용과 제20조의 신탁보수를 차감한 잔액을 신탁수익으로 한다(제19조 제2항). 최종의 계산기일에 신탁손실이 발생한 경우에는 수익자에게 청구하고, 그래도 부족한 경우에는 한국부동산신탁이 상당하다고 인정하는 방법 및 가액으로 신탁재산의 일부 또는 전부를 매각하여 그 손실에 충당할 수 있다(제19조 제3항).

11) 신탁기간은 신탁계약 체결일로부터 제18조의 제비용과 제20조의 신탁보수 상환시까지로 하며 5년을 초과할 수 없다. 다만, 수익자로부터 신탁기간 만료 60일 전까지 신탁기간의 연장신청이 있는 경우 乙 등과 한국부동산신탁은 협의하여 이 기간을 연장할 수 있다(제조).

12) 신탁계약은 1. 신탁목적을 달성한 경우, 2. 신탁기간이 만료한 경우, 3. 제22조에 의하여 신탁계약이 해지된 경우에 종료한다(제23조).

13) 신탁계약이 종료된 경우에는 한국부동산신탁은 최종계산에 관하여 수익자의 승인을 얻은 후 수익증권증서와 상환으로 제19조에 의한 신탁수익을 한국부동산신탁이 정하는 방법으로 교부한다. 임대보증금의 상환채무는 임차인의 동의를 얻어 수익자가 승계하고 한국부동산신탁은 그 책임을 면한다. 한국부동산신탁은 채권자의 동의를 얻어 수익자에게 차입금 및 기타의 채무를 승계시키고 자기 책임을 면할 수 있다(제24조)

(나) 그 후 乙 등은 이 사건 신탁계약에 따라 1997. 5. 1. 한국부동산신탁에게 이 사건 토지에 관하여 창원지방법원 1997. 5. 1. 접수 제26285호로 이 사건 신탁계약을 원인으로 하여 소유권이전등기를 경료해 주었다.

(다) 한편, 채권자들은 이 사건 신탁계약 체결 당시 이 사건 토지의 소유자들이거나 이 사건 신탁계약 체결 후에 乙 등의 계약상의 지위를 승계한 자들이다.

(3) 건설도급계약승계특약체결 등

한편, 乙 등과 동아건설은 1997. 2. 18. 乙 등과 한국부동산신탁 사이에 이 사건 신탁계약이 체결될 것을 전제로 이 사건 건물에 대한 공사도급계약을 변경하였는데, 그 주요 내용은 아래와 같다.

1) 공사기간의 연장: 공사기간은 신탁계약 체결일로부터 15개월로 한다.

2) 미지급공사대금: 미지급공사대금 19,440,662,802원 중 150억 원은 신탁계약 체결 후 10일 이내에, 나머지는 2회로 구분하여 1년 이내로 지급한다.

3) 대여금: 동아건설은 乙 등에게 50 억 원을 토지소유자 일부 이전비로 대여하며, 대여금(기존대여금 포함)에 대한 이자는 연 13%로 하되, 채권담보용으로 乙 등은 동아건설에게 대여금의 150%에 해당하는 금액에 대하여 수익권 증서에 의한 질권을 설정한다.

4) 대물변제: 준공 후 3개월까지 지급하지 못한 미지급기성 및 대여금에 대하여는 상당하는 금액을 乙 등은 동아건설에게 최초 분양가격(1994. 6. 기준)과 현재의 분양가격을 산술평균한 가격의 85%를 적용하여 이 사건 건물로 대물변제하기로 한다.

5) 그 후 한국부동산신탁은 1997. 5. 7. 乙 등 및 동아건설과 사이에 이 사건 신탁계약체결 전인 1994. 6.경 乙 등이 동아건설과 이 사건 건물의 신축공사에 대하여 체결한 도급계약과 위 1997. 2. 18.자 약정에서의 도급인인 乙 등의 지위를 승계하기로 하고, 이 사건 건물의 신축공사의 공사금액을 부가가치세 포함하여 55,772,442,000원, 공사기간을 신탁계약 체결일로부터 15개월로 하는 건설공사도급계약 승계특약을 체결하였다.

(4) 이 사건 건물 신축공사의 진행 등

(가) 그 후 한국부동산신탁은 이 사건 건물의 신축공사를 진행하여 공사완공예정일인 1998. 7. 말경보다 늦은 2000. 6. 30. 이 사건 건물을 완공하여 사용승인을 받았다.

(나) 한편, 한국부동산신탁이 2001. 2. 1. 부도처리되자 乙 등은 2001. 2. 5. 한국부동산신탁의 부도로 인하여 이 사건 신탁계약을 계속 진행할 수 없다는 이유로 한국부동산신탁에게 이 사건 신탁계약을 해지한다고 통지하였고 그 무렵 그 통지가 한국부동산신탁에 도달하였다.

(다) 그 후 이 사건 소송 진행 중 한국부동산신탁은 2002. 8. 24. 금융감독위원회에 의해 신탁업영업인가가 취소되었고, 2003. 6. 2. 수원지방법원으로부터 파산선고를 받아 그 파산관재인으로 채무자들이 선임되어 채무자들이 이 사건 소송을 수계하였다.

(라) 한편, 채권자들의 신청에 의하여 별지 목록 1. 기재와 같은 부동산처분금지가처분결정이 있은 후 가처분 대상 부동산들에 관하여 가처분등기의 촉탁으로 인하여 한국부동산신탁자 명의의 소유권보전등기가 경료되었다.

(5) 이 사건 건물의 분양현황

이 사건 건물은 2002. 3.경 기준으로 대물변제 예정분을 포함하여 분양예정면적 16,900.74평 중 총 9,085.5평이 분양되었다(일반분양분 1185.16평 + 대물변제예정분 7,900.34평, 면적기준 분양율 약 53%).

(6) 공사비 등 대물변제

한국부동산신탁은 1999. 5. 20. 동아건설과 사이에 앞서 본 乙 등과의 약정에 따라 이 사건 건물 신축공사에 대한 동아건설의 미수금 회수를 목적으로 아래와 같은 내용으로 사업비 대물변제 합의를 하였다.

(가) 정산기준일자: 정산기준일자는 1999. 6. 30.로 한다.

(나) 정산미수금: 동아건설의 미수금을 1999. 6. 30. 준공기준으로 아래와 같이 산정하되, 최종정산은 준공 후 최종 확정하기로 한다.

미수공사비: 34,775,017,000원[원금 31,106,552,000원(미수공사비원금 55,772,442,000원 + 추가간접비예상금액 1,000,000,000원 − 기지급공사비 25,665,890,000원) + 이자 3,668,465,000원], 미수공사비 원금은 55,772,442,000원

미수대여금: 14,589,378,000원[원금 100억 원(동아건설이 乙 등에게 대여한 금액) + 이자 4,598,378,000원]

(다) 대물변제 위치 및 가격: ① 한국부동산신탁은 위 미수금에 대하여 지상 2층부터 순차적으로 3, 4, 5, 6, 7층으로 대물정산한다.

② 한국부동산신탁은 당초 분양형태가 백화점에서 할인점으로 변경됨으로 인하여 인테리어공사비의 차이가 현저히 발생됨에 따라 향후 동아건설의 투입비용을 감안하여 1997. 5. 7. 건설공사도급계약승계특약시 합의된 대물변제 산술 평균가액에서 평당 100만 원씩을 삭감한 금액으로 대물변제한다.

(라) 합의서의 적용: 본 합의는 1994. 6. 2.자 공사도급계약서, 1997. 2. 18.자 변경합의서, 1997. 5. 7.자 건설공사도급승계약서 등에 우선하여 적용한다.

나. 채권자들의 소유권이전등기청구에 관한 판단

살피건대, 이 사건 신탁계약은 乙 등이 이 사건 토지를 한국부동산신탁에게 신탁하고, 한국부동산신탁은 이 사건 토지 위에 이 사건 건물을 지어 이 사건 대지와 건물을 신탁재산으로 하여 이를 분양(처분)까지 하는 것을 목적으로 하고 있는 점, 이 사건 신탁계약서에는 이 사건 신탁계약 기간은 신탁계약체결일인 1997. 4. 30.부터 5년이 되는 2002. 4. 30.을 초과할 수 없으며 신탁기간의 만료로 신탁계약이 종료한다고 규정되어 있는 점, 한국부동산신탁이 2001. 2. 1. 부도 처리된 점, 이 사건 건물은 2000. 6 30. 사용승인을 받았으나 이 사건 신탁계약 기간의 종기에 가까운 2002. 3. 현재 분양률이 분양면적 기준으로 약 53%에 불과하였던 점 등에 비추어 보면, 이 사건 신탁계약은 신탁목적이 완성되지 않은 상태에서 그 기간의 만료로 종료되었다 할 것이므로 채무자들은 특별한 사정이 없는 한 채권자들에게 이 사건 토지 및 건물에 관하여 이 사건 신탁계약의 종료를 원인으로 한 소유권이전등기절차를 이행할 의무가 있다.

다. 이에 대하여 채무자들은, 한국부동산신탁이 이 사건 신탁사업을 수행하여 신

탁기간 종료 전에 이미 이 사건 건물이 완공되어 상당 부분 분양이 완료되었을 뿐만 아니라 미분양분에 대하여도 공사대금, 차용금의 변제에 갈음하여 대물변제가 이루어진 상태이므로 이 사건 토지는 더 이상 독립된 신탁재산으로서 존재하지 아니한다(최초의 신탁계약 당시의 신탁재산은 위탁자가 제공하는 토지만이 존재하다가 신탁사업이 진행되어 건물이 완공되어 분양이 이루어지면 신탁토지와 건물이 점차 분양대금으로 화체되어 가다가 분양이 완료되면 신탁재산은 분양대금의 형대로만 존재하게 된다) 할 것이어서 이 사건 토지는 수분양자 등에 대한 대지권 정리의 대상일 뿐 위탁자인 채권자들에게 반환할 성질의 것이 아니므로 채권자들의 청구에 응할 수 없다고 다툰다.

살피건대, 앞서 본 바와 같이 한국부동산신탁이 이 사건 신탁사업을 수행하여 이 사건 신탁계약 기간이 종료되기 전에 이 사건 건물을 완공하여 신탁기간이 종료될 즈음에는 동아건설에 대한 대물변제예정분을 포함하여 약 53%를 분양한 사실을 인정할 수 있으나, 한편 이 사건 신탁계약은 乙 등이 한국부동산신탁에 이 사건 토지를 신탁하고, 한국부동산신탁이 이 사건 토지 위에 이 사건 건물을 완공하여 토지와 건물을 신탁재산으로 하여 이를 분양(처분)하는 데에 그 목적이 있는 사실 또한 앞서 본 바와 같은바, 그렇다면, 이 사건 신탁계약 당시의 신탁재산은 이 사건 토지만이 존재하지만 신탁토지 위에 건물이 완성된 경우에는 그 건물까지 신탁재산에 속한다 할 것이고, 이 사건 신탁계약과 같이 신탁계약이 신탁목적을 달성하지 못한 채 종료된 경우에는 특별한 사정이 없는 한 수탁자는 위탁자에게 신탁재산반환의무(토지와 건물 포함)가 있다 할 것이므로 신탁재산이 일부 분양되고 신탁사업비 등으로 대물변제되었다는 사정만으로 신탁재산이 분양대금 형태로만 존재하여 수탁자의 위탁자에 대한 신탁재산반환의무가 소멸된다고는 볼 수 없다 할 것이어서 위탁자는 수탁자에게 신탁재산반환의무가 있다 할 것이므로 채무자들의 위 주장은 이유 없다.

다만, 이 사건과 같이 신탁재산의 일부가 분양되고, 신탁계약이 목적을 달성하지 아니한 채 신탁기간만료로 종료된 경우에 신탁재산을 분양받은 수분양자와 신탁재산을 반환받게 될 위탁자 사이의 법률관계가 문제가 되는데, 증거에 의하면, 한국부동산신탁은 이 사건 신탁계약을 체결한 후 이 사건 신탁계약에 기하여 수탁자 겸 매도인의 지위로 이 사건 건물의 기존 수분양자들과 乙 등이 체결한 분양계약을 승계하기로 하는 분양승계계약을 체결하는 한편 새로운 수분양자들과 사이에 분양계약을 체결하면서 "이 분양계약의 완성으로 이 사건 건물이 수분양자에게 소유권이 이전되는 경우, 이 사건 신탁계약의 해지로 신탁이 종료된 후에는 본 계약과 관련된 수탁자인 한국부동산신탁의 모든 권리 및 의무는 위탁자인 乙 등에게 포괄승계되며, 한국부동산신탁은 乙 등 및 수분양자로부터 어떠한 책임도 부담하지 않는다(계약서 제14조 제5항)"고 약정한 사실을 인정할 수 있고(이 사건 신탁계약서 제23조에 의하면, 신탁종료 사유로 신탁의 해지와 함께 신탁기간의 만료를 들고 있으므로 위 조항은 신탁기간만료로 신탁이 종료된 경우에도 동일하게 적용되는 것으로 보아야 한다), 또 한국부동산신탁과 수분양자들 사이의 분양계약은 한국부동산신탁이 이 사건 신탁계약에 의하여 수탁자의 지위로서 수분양자들과 체결한 것이라는 점에 비추어 보건대, 위와 같이 이 사건 신탁계약이 목적을 달성하지 못한 채 기간만료로 종료된 경우에는 수분양자에 대한 한국부동산신탁의 모든 권리 및 의무는 위탁자인 乙 등과 그들의 지위를 승계한 채권자들에게 포괄승계된다고 보아야 할 것이다.

3. 보전의 필요성

살피건대, 앞서 본 바와 같이 이 사건 신탁계약서 제18조, 제19조와 신탁법 제42조에 의하면, 채무자들은 신탁손실이 발생한 경우에 신탁재산의 일부 또는 전부를 매각하여 그 손실에 충당할 수 있다고 규정되어 있는 점, 한국부동산신탁이 2001. 2. 5. 부도처분을 받았고, 2002. 8. 24. 신탁업영업인가가 취소되었으며, 또 2003. 6. 2. 수원지방법원으로부터 파산선고를 받은 점, 채권자들과 채무자들 사이에 신탁손실의 존재 및 그 액수에 대하여 다투고 있음이 기록상 명백한 점 등에 비추어 보면 채권자들의 가처분이 취소되면 채무자들은 신탁손실의 존재 및 그 액수가 확정되기 이전이라도 이 사건 토지와 가처분대상건물을 처분하여 신탁손실에 충당할 수 있어 채권자들이 본안소송에서 승소하더라도 채권자들에게 회복할 수 없는 손해를 입힐 가능성이 존재하므로 채권자들의 별지 2 목록 기재 부동산처분가처분에 대한 보전의 필요성도 존재한다.

4. 결론

그렇다면, 채권자들의 별지 2 목록 기재 부동산처분금지가처분은 그 피보전권리가 존재하고 보전의 필요성도 있으므로 이를 인가하기로 하여 주문과 같이 판결한다.

재판장 판사 김홍우 김선일 이문세

[해설]

토지에 대한 수탁자가 신탁계약에 의하여 그 토지 위에 건물을 신축한 경우 건물이 신탁재산에 속하는지가 문제된다. 일반적으로 신탁재산은 물상대위성이 인정되어 신탁재산의 관리·처분·멸실·훼손이나 그 밖의 사유로 수탁자가 얻은 재산은 모두 신탁재산을 구성한다(신탁법 제19조). 단순한 신탁재산의 변형물뿐만 아니라 널리 수탁자가 신탁상 관리나 처분 등으로 얻은 모든 재산권이 포함된다. 예컨대, 신탁재산에서 생기는 모든 과실(천연 · 법정)이 신탁재산에 포함되며, 적극재산은 물론이고 소극재산도 신탁재산에 포함된다고 한다. 따라서 본건과 같은 분양형 토지신탁의 경우에는 수탁자가 위탁자로부터 신탁 받은 토지상에 신탁계약에 따라 건물을 신축하는 경우 그 건물도 역시 신탁법 제19조의 규정에 따라 신탁재산에 속한다고 볼 수 있다.[15] 더욱이 분양형 토지신탁계약의 경우 수탁자가 도급인이 되어 도급계약을 체결하고 나아가 건축주 명의를 수탁자 이름으로 하므로 자기의 비용과 노력으로 건물을 신축한 자는 그 건축허가가 타인의 명의로 된 여부에 관계없이 그 소유권을 원시취득한다고 하고 있는 판례[16]에 의하더라도 위와 같이 보아야 할 것이다. 이는 건물이 완공된 경우뿐만 아니라 공사가 중단된 경우라도 이미 사회통념상 독립한 건물이라고 볼 수 있을 정도의 형태와 구조를 갖춘 경우에도 마찬가지로 보아야 할 것이다.

다만, 담보신탁의 경우에는 위탁자가 그 토지 위에 건물을 신축할 것이므로 그 건물은 신탁재산의 관리 · 처분 · 멸실 · 훼손 기타의 사유로 수탁자가 얻은 재산이라고 볼 수 없어 신탁재산이라고 할 수 없고, 또한 대법원 2006. 5. 12. 선고 2005다68783 판결에 의하더라도 위탁자의 소유라고 보아야 할 것이다. 토지담보신탁계약의 경우 그 지상에 신축된 건물을 추가로 신탁할 의무를 부가하는 경우가 있는데 추가로 신탁하기 전까지는 신탁재산이라고 볼 수 없을 것이다.

다음으로, 신탁재산은 신탁계약이 신탁법 제56조, 제57조에 의하여 해지된 경우에는 수익자에게 귀속하나(신탁법 제59조), 그 외의 사유로 신탁계약이 종료된 경우에는 신탁재산의 귀속권리자가 신탁행위에 정하여 있지 않으면 위탁자나 그 상속인에게 귀속한다(신탁법 제60조). 다만, 신탁의 해지 등 신탁종료의 사유가 발생하더라도 수탁자가 신탁재산의 귀속권리자인 수익자나 위탁자 등에게 새로이 목적부동산의 소유권 등 신탁재산을 이전할 의무를 부담하게 될 뿐, 신탁재산이 수익자나 위탁자 등에게 당연히 복귀되거나 승계된다고 할 수 없다.[17] 이 판결은 수탁자가 파산하였다는 사유는 당사자 간의 신탁계약의 종료사유로 삼은 경우를 제외하고는 신탁계약의 종료사유에 해당하지 않음을 전제로 하고 있다(신탁법 제11조, 제55조).

---

15) 서울고등법원 2003. 12. 29. 선고 2003나37282 판결(미상고확정). 토지신탁의 경우 토지 외에 수탁자인 신탁회사의 발주에 의해 건축된 건물도 신탁재산이 된다(대한부동산신탁 주식회사, 부동산신탁 실무강좌 [토지신탁]편, 1991, 44면).

16) 대법원 2006. 5. 12. 선고 2005다68783 판결(공2006, 1035).

17) 대법원 1994. 10. 14. 선고 93다62119 판결(공1994, 2967); 2003. 5. 16. 선고 2003다11134 판결(공보불게재).

(6) **서울지방법원** 2000. 12. 19. **선고** 99**가합**58322 **판결 【신탁금등반환】** (**항소 취하 확정**)

【결정요지】

[1] (동화은행이 운영하는 가계금전신탁에 가입하고 이를 담보로 동화은행으로부터 신탁수익권 담보대출을 받은 원고들이 동화은행의 업무정지 직후 동화은행에 대하여 신탁계약을 해지하는 동시에 신탁원리금과 이에 대한 그 동안의 확정수익률에 따른 배당이익을 합한 채권액으로써 각 대출금 채무와 대등액에서 상계한다는 통지를 한 사안에서) 위탁자가 신탁이익의 전부를 향수하는 신탁은 위탁자가 언제든지 이를 해지할 수 있고(신탁법 제56조 참조), 그 해지의 방식에 관하여는 특별한 제한이 없으므로[금전신탁거래기본약관 제 4 조는 거래장소를 계좌를 개설한 영업점 또는 은행이 정하는 바에 따라 다른 영업점, 금융기관 또는 현금자동지급기 등 전신기기를 통하여 신탁금의 입금이나 지급청구 등을 할 수 있다고 규정하고 있으나, 위 규정이 우편에 의한 신탁계약의 해지를 배제하는 규정이라고 보기는 어렵다], 이 사건 가계금전신탁은 원고들의 위 해지의사표시에 의하여 적법하게 중도해지되었다고 할 것이고, 대출금의 상환기한이 도래하지 아니하였다고 하더라도 차주인 원고들은 기한의 이익을 포기하고 대출금을 미리 상환할 수 있고, 비록 동화은행의 원고들에 대한 위 대출채권이 신탁재산에 속하는 채권이라고 하더라도 신탁원리금반환채권을 자동채권으로 하여 위 대출채권과 상계하는 것은 허용된다고 할 것이므로(신탁법 제20조의 반대해석), 그 상계의 의사표시도 적법하다.

[2] 이 사건 가계금전신탁이 실적배당상품이라고 하더라도 1998. 7. 3. 해지 당시에는 자산실사결과가 나오지 아니한 상태였고, 1998. 6. 28.까지는 동화은행이 확정하여 공표한 확정수익률에 따른 이자지급을 하고 있었으므로, 특별한 사정이 없는 한 원고들이 위 해지로 인하여 받을 수 있는 금액은 신탁원금에 확정수익률에 따른 이자를 합한 금액에서 중도해지수수료를 공제한 금액이라고 할 것이다.

【참조 조문】 신탁법 제56조, 제20조

【원고(탈퇴)】 甲

【원고】 乙

【원고 겸 원고 甲의 승계참가인】 丙 (원고들 소송대리인 법무법인 21세기종합법률사무소 담당변호사 배재일 등)

【피고】 주식회사 동화은행의 소송수계인 주식회사 신한은행 (소송대리인 법무법인 태평양 담당변호사 조정래)

【주문】 1. 피고는 원고 乙에게 금 34,134,744원, 원고 겸 원고 甲 승계참가인 丙에게 금 68,269,488원 및 각 이에 대하여 1998. 7. 4.부터 2000. 12. 19.까지는 연 6%의, 그 다음날부터 완제일까지는 연 25%의 각 비율에 의한 금원을 지급

하라. 2. 원고 乙, 원고 겸 원고 甲의 승계참가인 丙의 나머지 청구를 기각한다. 3. 소송비용은 이를 5분하여 그 1은 원고 乙, 원고 겸 원고 甲 승계참가인 丙의, 나머지는 피고의 각 부담으로 한다. 4. 제1항은 가집행할 수 있다.

【청구취지】

1. 주위적 청구: 피고는 원고 乙에게 금 42,104,525원, 원고 겸 원고 甲의 승계참가인 丙(이하 '원고 丙'라고 한다)에게 금 84,209,050원 및 위 각 금원에 대하여 1998. 7. 4.부터 이 사건 소장부본 송달일까지는 연 6%의, 그 다음날부터 완제일까지는 연 25%의 각 비율에 의한 금원을 지급하라.

2. 예비적 청구: 피고는 원고 乙에게 금 232,104,525원, 원고 丙에게 금 464, 209,050원 및 위 각 금원에 대하여 1998. 7. 4.부터 이 사건 소장부본 송달일까지는 연 6%의, 그 다음날부터 완제일까지는 연 25%의 각 비율에 의한 금원을 지급하라는 판결

【이유】 1. 인정사실

가. 원고들(탈퇴한 원고 甲를 포함한다. 이하 같다)은 1997. 7. 11. 주식회사 동화은행(이하 '동화은행'이라고 한다)이 개설한 가계금전신탁인 "알토란 가계복리신탁"(자익신탁, 실적배당, 이자복리식)에 가입하기로 하고, 동화은행에게 각 금 200,000,000원씩을 신탁하면서 아래와 같은 내용의 약정을 체결하였다.

① 신탁기간은 1년 6개월 이상으로 한다.

② 신탁이익은 신탁이 성립한 날로부터 배당일 전일까지의 기간에 대하여 계산하여 배당하되, 각 신탁금의 계약만료일에 수탁일로부터 계약만료일까지의 해당 월 단위 평균배당률에 의한 월복리로 계산하여 익영업일에 지급 또는 원금에 가산한다.

③ 신탁금의 운용은 관계법령 및 신탁업무운용요강과 은행이 정하는 방법으로 운용방법을 같이하는 신탁금과 합동하여 운용한다.

④ 신탁기간 만료 전에 신탁을 해지하고자 할 때에는 위탁자, 수익자 연서로써 해지를 신청할 수 있으며, 은행은 신탁재산 중에서 소정의 중도해지수수료{= 해지액 × 중도해지수수료율(6개월 미만: 3%, 1년 미만: 2.5%, 1년 6개월 미만: 2%)}를 차감하여 지급한다.

나. 원고들은 1998. 6. 25. 위 신탁재산을 담보로 하여 동화은행으로부터 각 금 190,000,000원씩의 신탁수익권 담보대출을 받았다.

다. 동화은행은 원고들이 위 알토란가계복리신탁에 가입할 당시 가계금전신탁의 종류로서는 매월 신탁이익을 지급하는 이자지급식과 계약만료일에 월복리로 계산한 신탁이익을 지급하는 이자복리식의 2가지를 판매하고 있었는데, 위 은행이 판매하는 가계금전신탁에 대한 신탁수익률을 매일 확정하여 공표하고 이에 따른 신탁수익을 지급하고 있었다.

라. 그런데 동화은행은 1998. 6. 29. 금융산업의구조개선에관한법률 제14조 제2항 및 은행법 제46조에 의하여 부실금융기관으로 결정되어 금융감독위원회로부터 은행의 업무정지명령을 받았고, 이에 원고들은 1998. 7. 2. 동화은행에 대하여 동화은행 측의 사정으로 정상적인 거래관계가 지속될 수 없음을 이유로 위 각 신탁계약을 해지하는 동시에 위 각 신탁원리금 200,000,000원씩과 이에 대한 그 동안의 확정수익률에 따른 배당이익을 합한 채권액으로써 위 각 대출금 190,000,000원씩의 채무와 대등액에서 상계한다는 통지를 하였고, 위 통지는 다음날 동화은행에게 각 도달되었으며, 그 후 동화은행은 1998. 10. 16. 서울지방법원으로부터 파산선고를 받았다.

마. 한편, 피고는 동화은행이 부실금융기관으로 지정된 후 1998. 7. 동화은행과의 사이에 동화은행이 하던 신탁업무를 대행하기로 하는 계약을 체결하면서 신탁재산 실사기간 중에는 만기해지의 경우 수탁원금과 연 9%의 단리이자금액을, 중도해지의 경우 중도해지 수수료는 없이 납입원금만 지급하되, 신탁재산 실사 종료 후에는 실석대로 지급하기로 하였고, 1998. 9. 30.에는 금융구조개선에관한법률에 따라 금융감독위원회의 명령에 의하여 1998. 6. 29. 08:00를 기준으로 동화은행의 신탁계약에 관련한 계약상의 지위(자산·부채 등)를 이전받았는데, 그 동안의 자산실사 결과 동화은행의 가계금전신탁의 총수탁원리금은 122,600,353,246원이고, 실제총자산금액은 77,386,141,893원으로 평가하였다.

바. 원고 甲은 이 사건 소송이 계속 중이던 1999. 6. 29. 원고 丙에게 동화은행에 대한 이 사건 신탁원리금채권을 양도하고 피고의 승낙을 얻어 이 사건 소송에서 탈퇴하였고, 원고 丙은 원고 甲의 권리 전부를 승계하였음을 주장하고 이 사건 소송에 참가하였으며, 피고는 2000. 7. 27. 서울지방법원에 의하여 이 사건 가계금전신탁의 신수탁자로 선임되어 이 사건 소송에 참가하였다.

2. 주위적 청구에 대한 판단

가. 당사자들의 주장

원고들은 그들이 1998. 7. 3. 동화은행에 대하여 한 신탁계약의 해지 및 상계의 의사표시는 적법하므로, 피고는 원고들별로 신탁원금 200,000,000원에 동화은행이 확정하여 공표하고 이자지급식 가계신탁상품에 적용한 수익률에 의한 신탁이익금 32,104,525원을 합한 금 232,104,525원에서 대출금 190,000,000원을 공제한 금 42,104,525원을 지급할 의무가 있다고 주장한다.

이에 대하여 피고는, 첫째 금전신탁의 위탁자가 만기 전에 신탁계약을 해지하려면 고객의 일방적인 해지통보만으로는 안 되고, 실제로 고객이 은행 창구에 통장과 인감을 가지고 와서 해지신청서를 작성하여 제출하는 등의 절차를 밟아야 하는데, 그 절차를 거치지 아니하였으므로 원고들의 신탁계약 해지는 효력이 없고, 따라서 위 해지가 적법함을 전제로 하는 상계의 의사표시도 효력이 없으며, 둘째 이 사건 가계신탁은 확정수익을 보장해 주는 상품이 아니라 신탁재산의 운용실적에 따라 그 수익을 배당하는 실적배당 신탁상품이므로, 수탁자인 피고가 수익자인 원고들에 대하여 부담하는 채무는 신탁재산의 한도 내로 한정되는 것인바, 회계법인의 실사를 거쳐 확정한 동화은행의 가계금전신탁의 총신탁원리금 합계액은 금 122,600,353,246원임에 비하여 실제 자산평가액은 금 77,386,141,893원으로서 그 실제자산의 신탁원리금 합계액 대비 비율이 63.120651%에 불과한 것으로 나타났으므로, 피고의 신탁원리금반환채무도 납입원금 200,000,000원에 미지급신탁이익 금 29,881,788원을 합한 금 229,881,788원에 실적배당율 63.120651%를 곱한 금 145,102,881원으로 제한되어야 한다고 주장한다.

나. 해지 및 상계의 적법 여부

위탁자가 신탁이익의 전부를 향수하는 신탁은 위탁자가 언제든지 이를 해지할 수 있고(신탁법 제56조 참조), 그 해지의 방식에 관하여는 특별한 제한이 없으므로 [금전신탁거래기본약관 제 4 조는 거래장소를 계좌를 개설한 영업점 또는 은행이 정하는 바에 따라 다른 영업점, 금융기관 또는 현금자동지급기 등 전신기기를 통하여 신탁금의 입금이나 지급청구 등을 할 수 있다고 규정하고 있으나, 위 규정이 우편에 의한 신탁계약의 해지를 배제하는 규정이라고 보기는 어렵다], 이 사건 가계금전신탁은 원고들의 위 해지의사표시에 의하여 1998. 7. 3. 적법하게 중도해지되었다고 할 것이다.

그리고 대출금의 상환기한이 도래하지 아니하였다고 하더라도 차주인 원고들은 기한의 이익을 포기하고 대출금을 미리 상환할 수 있고, 비록 동화은행의 원고들에 대한 위 대출채권이 신탁재산에 속하는 채권이라고 하더라도 신탁원리금반환채권을 자동채권으로 하여 위 대출채권과 상계하는 것은 허용된다고 할 것이므로(신탁법 제20조의 반대해석), 그 상계의 의사표시도 적법하다고 할 것이다.

다. 상계금액

나아가 원고들이 반환받아야 할 금액에 관하여 살핀다.

이 사건 가계금전신탁계약은 1998. 7. 3. 해지되었고, 동화은행이 이 사건 이자복리식 가계금전신탁과 함께 판매한 이자지급식 가계금전신탁상품에 대하여는 부실금융기관으로 지정되기 전인 1998. 6. 28.까지는 위 은행이 매일 확정하여 고시한 수익률에 의한 이자를 지급하여 온 사실, 피고 은행이 동화은행의 지위를 인수하여 자산실사를 하는 기간 중에는 만기 해지분에 대하여는 원금에 연 9%의 수익을 더한 금액을, 중도해지분에 대하여는 원금 전부를 대지급한 사실은 위에서 본 바와 같다.

위 사실에 비추어보면, 이 사건 가계금전신탁이 실적배당상품이라고 하더라도 위 해지 당시에는 자산실사결과가 나오지 아니한 상태였고, 1998. 6. 28.까지는 동화은행이 확정하여 공표한 확정수익률에 따른 이자지급을 하고 있었으므로, 특별한 사정이 없는 한 원고들이 위 해지로 인하여 받을 수 있는 금액은 신탁원금에 위 확정수익률에 따른 이자를 합한 금액에서 중도해지수수료를 공제한 금액이라고 할 것이다.

이를 계산하면 다음과 같이 원고들별로 위 중도해지 당시의 신탁원리금은 각 금 224,134,744원이고, 원고들의 상계의 의사표시에 따라 그 금액에서 대출원리금 1억 9천만 원을 공제하면, 원고들의 위 신탁원리금반환채권과 동화은행의 원고들에 대한 위 대출금채권은 1998. 7. 3. 대등액에서 소멸하게 되고, 따라서 원고들은 금 34,134,744(= 224,134,744 − 190,000,000)원씩을 반환받아야 한다.

〈가계금전신탁원리금의 계산〉

- 신탁원금: 2억 원

- 신탁이익: 29,881,788원(97. 7. 11.부터 98. 7. 2.까지의 신탁이익을 계산하여야 할 것이나, 동화은행이 부실금융기관으로 결정된 후의 배당률을 알 수가 없으므로, 1998. 6. 28.까지의 신탁이익을 일응 그 신탁이익으로 인정한다)

- 중도해지수수료: 해지액 229,881,788원(= 2억 + 29,881,788) × 중도해지수수료율 2.5% = 5,747,044원(원 미만 버림, 이하 같다)

- 차감잔액 = 224,134,744원(= 2억 + 29,881,788 − 5,747,044)

〈대출원리금의 계산〉

- 대출원금: 1억 9천만 원

- 대출이자: 1998. 6. 25.부터 1998. 7. 3.까지 9일간의 대출이자를 계산하여야 할 것이나, 대출이율에 관한 아무런 주장・입증이 없으므로, 일응 0원으로 본다.

3. 결론

그렇다면, 수탁자인 동화은행의 지위를 승계한 피고는 원고 乙에게 금 34,134,744원, 원고 丙에게 금 68,269,488원(= 34,134,744 × 2) 및 각 이에 대하여 위 해지일 다음날인 1998. 7. 4.부터 피고가 그 이행의무의 존부 및 범위에 관하여 항쟁함이 상당하다고 인정되는 이 판결선고일인 2000. 12. 19.까지는 상법 소정의 연 6%의, 그 다음날부터 완제일까지는 소송촉진등에관한특례법 소정의 연 25%의 각 비율에 의한 지연손해금을 지급할 의무가 있으므로, 예비적 청구에 관하여는 판단할 필요 없이 원고 乙, 丙의 주위적 청구는 위 인정 범위 내에서 이유 있어 이를 인용하고, 그 나머지 청구는 이유 없어 이를 기각하기로 하여 주문과 같이 판결한다.

재판장 판사 김경종 최남식 심재남

[해설]

신탁법은 신탁재산의 독립성을 보전하기 위하여 제20조 내지 제25조의 규정을 두고 있는데, 그 중 제20조는 "신탁재산에 속하는 채권[18]과 신탁재산에 속하지 않는 채무와는 상계하지 못한다"고 규정하고 있다. 신탁법 제20조의 취지는 신탁재산은 수탁자가 관리하는 것이기는 하나, 그의 고유재산과는 독립된 것이므로, 수탁자의 채권자가 그의 채권을 자동채권으로 하고, 신탁재산에 속하는 채권을 수동채권으로 하여 상계하는 것은 허용되지 않고, 수탁자 자신도 그와 같은 상계를 할 수 없다는 것을 의미한다.[19] 수탁자가 신탁재산에 속하는 채권을 자동채권으로 하여 상계하는 경우 수동채권이 수탁자의 고유재산에 대한 채권일 뿐 아니라 수탁자의 다른 신탁재산에 대한 채권인 경우에도 상계가 허용되지 아니한다.[20] 즉, 위 조문은 신탁재산의 독립성을 보장하기 위한 것이다. 그리고 신탁의 본질상 위와 같은 규정은 강행규정으로 보아야 하므로 이에 반하는 약정은 효력이 없다.[21]

위 규정의 반대해석에 의하여 ① 신탁재산에 속하는 채권과 동일한 신탁재산에 속하는 채무 사이, ② 신탁재산에 속하지 않는 채권과 신탁재산에 속하는 채무 사이 또는(신탁재산에 속하지 않는 채권과 수익자의 수익권 사이), ③ 신탁재산에 속하는 채무와 다른 신탁재산에 속하는 채권 사이의 상계가 가능한가가 문제된다. ①의 경우는 채권자와 채무자의 각 지위가 신탁재산 중에 포함되는 관계가 되므로 당연히 상계가 가능하다. ②의 경우에 대하여는 본래 상계가 불가능하지만, 수탁자 개인의 채권포기와 신탁재산의 채무면제가 합체된 것으로 생각할 때 신탁재산에 불이익이 없으므로 수탁자 측에서의 상계는 가능하다는 견해[22]와 신탁재산독립의 원칙상 상계가 불가능하지만 약정에 의하여는 가능하다는 견해[23]가 있다. 이에 대하여 판례는 수탁자가 신탁의 종료 후에 수익자에 대한 다른 채권으로 신탁금반환

---

18) 신탁행위의 목적물인 재산권이 채권인 것을 말한다고 한다(홍유석, 신탁법, 법문사, 1999, 112면).

19) 임채웅, "증권투자신탁과 상계에 관한 연구," 사법논집 제37집, 법원도서관(2004), 60면.

20) 서울고등법원 2001. 6. 27. 선고 2000나51478 판결.

21) 임채웅, 앞의 글, 60면.

22) 홍유석, 앞의 책, 113면; 이재욱 · 이상호, 신탁법 해설, 한국사법행정학회(2000), 87면은 상계가 가능하다고 하면서 그 이유로는 수탁자의 고유재산에 손실을 가져오고 신탁재산에는 이익이 되므로 신탁재산의 보호라는 측면에서 문제가 없으며, 이와 같은 상계로 수탁자 개인이 부담하는 손실은 신탁재산에서 보상받을 수 있기(신탁법 제42조) 때문이라고 한다.

23) 임채웅, 앞의 글, 87면. 신탁은행이 금전위탁자와의 계약을 통하여 받아들인 자금을 대출하거나 자금 운용에 따른 수익을 위탁자에게 배분하는 형태의 신탁에서 위 신탁을 신탁법상의 신탁관계가 아니라 당사자들이 그와 유사한 법적 효과를 거두려고 한 무명계약으로 보고 대출약정을 맺으면서 한 상계약정은 유효하다고 한다.

채무와 상계하지 못한다는 취지는 아니라고 판시하여 전자의 견해를 취하고 있는 듯하다.[24] ③의 경우는 다른 신탁재산을 기준으로 하면 신탁법 제20조에 해당하므로 상계가 불가능하다.

서울지방법원 99가합58322 판결은 신탁법 제20조의 반대해석에 의하여 '비록 동화은행의 원고들에 대한 위 대출채권이 신탁재산에 속하는 채권이라고 하더라도 신탁원리금반환채권을 자동채권으로 하여 위 대출채권과 상계하는 것은 허용된다'고 하였는데, 이는 신탁원리금반환채무를 '신탁재산에 속하는 채무'로 보았기 때문이 아닌가 생각된다.

한편, 상계권 행사와 관련하여 위탁자가 신탁재산에 속한 채권으로 상계권을 행사할 수 있는지가 문제되는데, 신탁에 의하여 신탁재산의 소유권은 대내외적으로 수탁자에게 이전하므로 위탁자는 상계권을 행사할 수 없다고 보아야 할 것이고, 증권투자신탁의 경우에 판례도 '상계권에 관하여 위탁회사가 수탁회사에게 지시하여 수탁회사로 하여금 일정한 내용으로 상계권을 행사하게 할 수는 있을 것이나, 스스로 신탁재산에 속한 채권에 관하여 상계권을 행사할 수는 없다'고 판시하고 있다.[25]

---

24) 서울지방법원 2001. 7. 6. 선고 98가합6652 판결(대법원 2002. 12. 24. 선고 2002다21455 판결(공보불게재)로 상고기각 확정).

25) 대법원 2002. 11. 22. 선고 2001다49241 판결(공2003, 148).

22. 조세채권과 파산

(1) **대법원** 2005. 6. 9. **선고** 2004다71904 **판결【재단채권등부존재확인】**[**공보불게재**]

【원고, 피상고인】 파산자 주식회사 대한렌트카의 파산관재인 甲

【피고, 상고인】 1. 대한민국 2. 서울특별시

【주문】 상고를 기각한다. 상고비용은 피고들이 부담한다.

【이유】 파산법 제38 제 2 호 소정의 '파산선고 전의 원인으로 인한 조세채권'으로 재단채권에 해당하는지 여부는 파산선고 전에 법률에 정한 과세요건이 충족되어 그 조세채권이 성립되었는가 여부를 기준으로 하여 결정되는 것인데(대법원 2002. 9. 4. 선고 2001두7268 판결 참조), 과세관청이 탈루된 법인소득에 대하여 대표자 인정상여로 소득처분을 하고 소득금액 변동통지를 하는 경우 그 원천징수분 법인세(근로소득세)의 납세의무는 소득금액변동통지서가 당해 법인에게 송달된 때에 성립함과 동시에 확정되고, 이러한 원천징수분 법인세액을 과세표준으로 하는 법인세할 주민세의 납세의무 역시 이때에 성립한다고 할 것이므로, 소득금액변동통지서가 파산선고 후에 도달하였다면 그에 따른 원천징수분 법인세(근로소득세)채권과 법인세할 주민세채권은 파산선고 후에 성립한 조세채권으로 될 뿐이어서 그것이 파산재단에 관하여 생긴 것이 아니라면 파산법 제38조 제 2 호 소정의 재단채권에 해당하지 않는다고 할 것이다(대법원 1991. 2. 26. 선고 90누4631 판결, 대법원 1981. 12. 22. 선고 81누6 판결 등 참조).

원심이 같은 취지에서, 이 사건 소득금액변동통지가 파산선고 후에 이루어진 이상 그에 기초한 이 사건 원천징수분 법인세(근로소득세)채권과 법인세할 주민세채권은 파산선고 후의 원인으로 인한 것으로 파산재단에 관하여 생긴 것이 아니므로 파산법 제38조 제 2 호 소정의 재단채권에 해당하지 않는다고 판단한 것은 앞서 본 법리와 관계법령 및 기록에 비추어 정당한 것으로 수긍이 가고, 거기에 파산법 제

38조 제 2 호 소정의 재단채권에 관한 법리 등을 오해한 위법이 없다.

대법관 강신욱(재판장) 고현철 김영란(주심)

▷ 〈**원심판결**〉 **서울고등법원** 2004. 11. 18. **선고** 2004**나**32567 **판결**

【원고, 피항소인】 파산자 주식회사 대한렌트카의 파산관재인 甲

【피고, 항소인】 대한민국 외 1인

【제 1 심 판결】 서울중앙지방법원 2004. 4. 27. 선고 2003가합78491 판결

【변론종결】 2004. 11. 4.

【주문】 1. 피고들의 항소를 모두 기각한다. 2. 항소비용은 피고들의 부담으로 한다.

【청구취지 및 항소취지】

1. 청구취지

피고 대한민국이 원고에 대하여 부과한 별지 목록 제 1 기재 각 근로소득세는 파산자 주식회사 대한렌트카에 대한 재단채권 및 파산채권에 속하지 아니함을, 피고 서울특별시가 원고에 대하여 부과한 별지 목록 제 2 기재 각 주민세는 파산자 주식회사 대한렌트카에 대한 재단채권 및 파산채권에 속하지 아니함을 각 확인한다.

2. 항소취지

제 1 심 판결을 취소한다. 원고의 피고들에 대한 청구를 모두 기각한다.

【이유】 1. 이 법원이 이 사건에 관하여 설시할 이유는 제 1 심 판결 제 5 면 4행 마지막에 "그리고 지방세법 제29조 제 1 항 제 4 호에 의하면 주민세(소득할)는 그 과세표준이 되는 소득세 · 법인세 · 농업소득세의 납세의무가 성립하는 때 그 납세의무가 성립하는 것으로 규정되어 있다"를 추가하는 외에는 제 1 심 판결의 이유란 기재와 같으므로 민사소송법 제420조에 의하여 이를 그대로 인용한다.

2. 그렇다면, 피고들의 이 사건 항소는 이유 없으므로 이를 모두 기각하기로 하여 주문과 같이 판결한다.

재판장 판사 정장오 이은애 김재승

▷ 〈**제 1 심 판결**〉 **서울중앙지방법원** 2004. 4. 27. **선고** 2003**가합**78491 **판결**

【판결요지】

[1] 조세채권이 재단채권에 해당하기 위해서는 파산선고 이전에 조세채권이 확정되거나 그 납기가 도래할 필요까지는 없지만 납세의 의무가 파산선고 전에 성립한 경우이거나 납세의 의무가 파산선고 후에 성립한 경우에는 파산재단에 관하여 생긴 경우이어야 한다.

[2] 파산회사의 파산선고 후에 세무서장이 과세소득의 누락분이 있음을 발견하

고 귀속불명의 소득을 익금에 산입함과 동시에 대표이사에 대한 상여로 소득처분하고, 파산회사에 소득금액변동통지를 한 경우 소득금액변동통지에 따른 파산회사의 근로소득세 및 주민세 원천징수세액 납부의무는 파산회사가 소득금액변경통지를 받은 날에 성립하게 되므로, 파산회사가 파산선고 이후에 위 소득금액변동통지를 받았고 위 조세채권이 파산재단에 관하여 생긴 것이 아닌 이상 위 조세채권은 재단채권에 해당하지 않고, 파산채권에도 해당하지 않는다고 한 사례

【참조 조문】 [1] 파산법 제38조 제2호／[2] 파산법 제38조 제2호, 국세기본법 제21조 제1항 제1호, 제2항 제1호, 제22조 제2항, 소득세법 제135조 제4항

【원고】 파산자 주식회사 대한렌트카의 파산관재인 甲 (소송대리인 변호사 조경구)

【피고】 대한민국 외 1인

【변론종결】 2004. 4. 13.

【주문】 1. 가. 피고 대한민국이 원고에 대하여 부과한 별지 목록 제1기재 각 근로소득세는 파산자 주식회사 대한렌트카에 대한 재단채권 및 파산채권에 속하지 아니함을, 나. 피고 서울특별시가 원고에 대하여 부과한 별지 목록 제2기재 각 주민세는 파산자 주식회사 대한렌트카에 대한 재단채권 및 파산채권에 속하지 아니함을 각 확인한다. 2. 소송비용은 피고들의 부담으로 한다.

【청구취지】 주문과 같다.

【이유】 1. 기초사실

가. 2001. 8. 27. 파산선고를 받은 주식회사 대한렌트카(이하 파산회사라고 한다)의 소재지를 관할하는 서초세무서장은 파산회사에 대한 세무조사결과 매출누락 및 매입과다공제로 인하여 과세소득의 누락분이 있음을 발견하고 원고에게 과소신고된 과세소득에 대한 법인세 고지 및 아래와 같은 내용으로 소득금액변동통지를 하였다.

(1) 파산회사에 대한 1999 사업연도 및 2000 사업연도의 법인세과세표준 및 세액을 결정·고지함에 있어서 귀속불명의 소득 금 264,591,800원(=1999년도분 53,156,400원+2000년도분 211,435,400원)을 익금에 산입함과 동시에 이를 파산회사의 당시 대표이사인 유점주에 대한 1999년 및 2000년 상여로 소득처분하고, 2002. 8. 13. 소득금액변동통지를 하였다.

(2) 파산회사에 대한 2001 사업연도의 법인세과세표준 및 세액을 결정·고지함에 있어서 귀속불명의 소득 금 217,009,100원을 익금에 산입함과 동시에 이를 파산회사의 당시 대표이사인 최계시, 유점주에 대한 상여로 소득처분하고, 2003. 2. 3. 소득금액변동통지를 하였다.

(3) 파산회사에 대한 2000 사업연도의 법인세과세표준 및 세액을 결정·고지함

에 있어서 귀속불명의 소득 금 4,999,500원을 익금에 산입함과 동시에 이를 파산회사의 당시 대표이사인 유점주에 대한 상여로 소득처분하고, 2003. 4.경 소득금액변동통지를 하였다.

나. 그러나 원고는 위 각 소득금액변동통지에 따른 근로소득세원천징수세액(이하 근로소득세라 한다)을 법정 납부기한(통지서를 받은 다음달 10일)이 경과하도록 납부하지 않았고, 이에 서초세무서장은 원고에게 별지 목록 제1기재와 같이 2002. 10. 21. 1999년 귀속 근로소득세 10,867,360원, 2000년 귀속 근로소득세 89,143,110원, 2003. 4. 11. 2001년 귀속 근로소득세 58,981,520원, 2003. 6. 1. 2000년 귀속 근로소득세 1,575,600원을 각 부과·고지하였으나 원고는 현재까지 이를 체납하고 있다.

다. 한편 서초세무서장은 별지 목록 제2기재와 같이 위 각 근로소득세에 따른 주민세를 부과하였거나 부과할 예정이다.

2. 당사자들의 주장과 이에 대한 판단

가. 당사자들의 주장

원고는 파산회사의 파산선고 후에 법인세의 과세표준 경정에 있어 발생한 금액을 법인의 대표이사에 대한 상여로 소득처분하면서 소득금액변동통지서에 따라 파산회사에게 원천징수의무를 부과한 근로소득세와 이에 따른 주민세(이하 이 사건 조세채권이라 한다)는 파산선고 후의 원인으로 생긴 조세채권이고 파산재단에 관하여 생긴 채권이 아니므로 파산법 제38조 제2호의 재단채권에 해당하지 않을 뿐만 아니라 파산선고 후에 발생한 것으로서 파산채권에 해당하지도 않는다고 주장한다.

이에 대하여 피고들은, 이 사건 조세채권은 파산회사가 파산선고를 받기 전인 1999년, 2000년, 2001년 중에 행한 거래행위와 관련하여 발생한 세금으로 각 거래행위가 발생한 과세기간 종료일에 성립한 것이므로, 파산선고 전의 원인으로 생긴 것으로 파산법 제38조 제2호의 재단채권에 해당한다고 다툰다.

나. 판단

(1) 이 사건 조세채권이 재단채권에 해당하는지 여부

(가) 재단채권의 범위

파산법 제38조 제2호에 의하면 국제징수법 또는 국제징수의 예에 의하여 징수할 수 있는 청구권, 단 파산선고 후의 원인으로 인한 청구권은 파산재단에 관하여 생긴 것에 한하여 파산재단에 속한다고 규정하고 있는바, 이 사건과 같은 조세채권이 재단채권에 해당하기 위해서는 파산선고 이전에 조세채권이 확정되거나 그 납기가 도래할 필요까지는 없지만 납세의 의무가 파산선고 전에 성립한 경우이거나 납세의 의무가 파산선고 후에 성립한 경우에는 파산재단에 관하여 생긴 경우이어야 한다.

(나) 이 사건 조세채권의 성립시기

국세기본법 제21조 제 1, 2 항의 각 1호, 제22조 제 2 항에 의하면, 소득세를 납부할 의무는 과세기간이 종료하는 때에 성립하되, 원천징수하는 소득세를 납부할 의무는 소득금액 또는 수입금액을 지급한 때에 성립하고, 그 납세의무가 성립하는 때에 특별한 절차없이 세액이 확정되며, 소득세법 제135조 제 4 항에 의하면 법인세법에 의하여 처분되는 상여는 대통령령이 정하는 날에 지급하는 것으로 본다고 하고, 소득세법시행령 제192조 제 2 항은 당해 법인이 소득금액변동통지를 받은 날에 그 소득금액을 지급한 것으로 보도록 규정되어 있다.

소득세법의 과세대상이 되는 어느 소득이 발생하였다고 하기 위하여는 소득이 현실적으로 실현되었을 것까지는 필요 없다고 하더라도 소득이 발생할 권리가 그 실현의 가능성에 있어 상당히 높은 정도로 성숙, 확정되어야 하고 그 권리가 이런 정도에 이르지 아니하고 단지 성립된 것에 불과한 단계로서는 아직 소득세의 과세대상으로서의 소득발생이 있다고 할 수 없으며 구체적으로 어떠한 사실을 가지고 소득이 발생할 권리가 성숙, 확정되었다고 할 것인가는 반드시 일률적으로 말할 수 없고, 개개의 구체적인 권리의 성질이나 내용 및 법률상 사실상의 여러 사항을 종합적으로 고려하여 결정되어야 하는데, 당해 사업연도에 실지로 발생한 법인 수익의 누락익금을 익금에 산입하면서 발생한 금액의 귀속이 불명하여 대표자에게 소득처분하게 되는 경우 소득귀속시기인 당해 사업연도의 종료시에 장차 세무조정에 의해 발생할지도 모를 소득처분 대상금액만큼의 소득이 장차 그 소득처분 대상자가 될 대표자 등의 소득으로 성숙 확정되었다고 볼 수 없으며 그와 같이 성숙, 확정되지 아니한 소득에 대한 소득세 납세의무의 성립은 이를 인정할 수 없는 바, 법인의 소득금액변동통지를 받은 날에 법인소득금액이 지급된 것으로 보도록 되어 있는 소득세법과 그 시행령의 관계규정이 그 지급시기만을 의제하는 것이 아니라 그 소득금액이 현실적으로 그 귀속자에게 지급되었는지 여부를 불문하고 위 소득금액변동통지를 받은 날에 지급된 것으로 의제하는 것이라고 하는 의미는 소득처분 대상자에게 소득이 있었는지의 실질을 가리지 아니하고 그 지급의제시기에 소득이 있는 것으로 본다는 것에 그치는 것이지 그 이상으로 조세채권의 범위를 확대해석하는 근거로 삼아서는 안되고, 소득처분에 의한 조세채권채무의 성립에 있어 그 소득처분이 있기 전에 당해 과세대상인 소득의 존재를 인정할 근거는 없으며, 아직 존재하지 아니하는 소득에 대하여 그 지급으로 인한 원천납세의무는 물론 소득발생을 인한 소득세납세의무의 성립이란 있을 수 없다고 할 것이므로, 원천징수하는 소득세의 원천징수의무자의 원천징수의무는 소득금액을 지급하는 때 즉 소득금액변동통지를 받은 날에 성립하게 된다.

(다) 소결론

따라서 이 사건 근로소득세의 납세의무는 당해 소득금액변동통지를 받은 날에 성립한 것이고, 앞서 살펴본 바와 같이 이 사건 근로소득세 및 주민세는 그 소득금액변동통지서가 파산회사의 파산선고일인 2001. 8. 27. 이후인 2002. 8. 13., 2003. 2. 3., 2003. 4.경 원고에게 각 통지된 사실을 인정할 수 있으므로, 이 사건 조세채권은 파산회사의 파산선고 후에 납세의무가 성립되었고, 파산재단에 관하여 생긴 것이 아닌 이상 이 사건 조세채권은 재단채권에 해당하지 않는다고 할 것이다.

(2) 이 사건 조세채권이 파산채권에 해당하는지 여부

파산채권이란 파산선고 전의 원인으로 생긴 것이어야 하는데, 위에서 살펴본 바와 같이 이 사건 조세채권은 파산선고 후의 원인으로 생긴 것이므로 파산채권에도 해당하지 않는다고 할 것이다.

3. 결론

그렇다면 이 사건 조세채권은 재단채권 및 파산채권에 해당하지 않는다 할 것이고, 피고들이 원고에게 이 사건 조세채권에 대한 원천징수의무가 있다고 다투는 이상 원고로서는 그 확인을 구할 이익도 있다 할 것이어서, 원고의 피고들에 대한 이 사건 청구는 모두 이유 있어 이를 인용하기로 하여 주문과 같이 판결한다.

재판장 판사 손윤하 채정선 이정훈

목록

1. 근로소득세

가. 2002. 8. 13. 소득금액변동통지서(1999년도분)에 따라 2002. 11. 1. 고지처분한 인정상여로 인한 근로소득세 10,867,360원 및 그 가산금

나. 2002. 8. 13. 소득금액변동통지서(2000년도분)에 따라 2002. 11. 1. 고지처분한 인정상여로 인한 근로소득세 89,143,110원 및 그 가산금

다. 2003. 4.경 소득금액변동통지서(2000년도분)에 따라 2003. 6. 1. 고지처분한 인정상여로 인한 근로소득세 1,575,600원 및 그 가산금

라. 2003. 2. 3. 소득금액변동통지서(2001년도분)에 따라 2003. 4. 11. 고지처분한 인정상여로 인한 근로소득세 58,981,520원 및 그 가산금

2. 주민세

가. 위 1의 가항의 근로소득세에 따라 추후 고지할 주민세 1,086,730원

나. 위 1의 나항의 근로소득세에 따라 2003. 3. 10. 고지된 주민세 8,914,300원 및 그 가산금

다. 위 1의 다항의 근로소득세에 따라 추후 고지할 주민세 157,560원

라. 위 1의 라항의 근로소득세에 따라 추후 고지할 주민세 5,898,150원. 끝.

(2) **대법원** 2006. 10. 12. **선고** 2005**다**3687 **판결【파산채권등부존재확인】**[**공보불게재**]

【원고, 피상고인】 파산자 주식회사 코오롱티엔에스월드 파산관재인 甲

【피고, 상고인】 대한민국

【주문】 상고를 기각한다. 상고비용은 피고가 부담한다.

【이유】 상고이유를 본다.

구 파산법(2005. 3. 31. 법률 제7428호로 폐지) 제38조 제 2 호 소정의 재단채권 중 하나인 '파산선고 전의 원인으로 인한 조세채권'에 해당하는지 여부는 파산선고 전에 법률에 정한 과세요건이 충족되어 그 조세채권이 성립되었는가 여부를 기준으로 하여 결정되는 것이다(대법원 2002. 9. 4. 선고 2001두7268 판결, 대법원 2005. 6. 9. 선고 2004다71904 판결 등 참조).

부가가치세법 제17조의2 제 3 항은 '재화 또는 용역의 공급을 받은 사업자가 대손세액의 전부 또는 일부를 제17조의 규정에 의하여 매입세액으로 공제받은 경우로서 공급자의 대손이 당해 공급을 받은 사업자의 폐업 전에 확정되는 때에는 관련 대손세액 상당액을 대손이 확정된 날이 속하는 과세기간의 매입세액에서 차감한다. 다만, 당해 사업자가 이를 차감하지 아니한 경우에는 대통령령이 정하는 바에 따라 공급을 받은 자의 관할세무서장이 경정하여야 한다'라고 규정하고 있으므로 공급자의 대손이 공급을 받은 사업자의 폐업 전에 확정되면 그 공급자의 대손이 확정된 때에 비로소 그 대손세액 상당의 매입세액 차감액에 대한 사업자의 납세의무가 발생하고 그에 상응하는 조세채권이 성립하는 것이다.

원심이 제 1 심 판결을 인용하여 인정한 바와 같이 주식회사 코오롱티엔에스월드(이하 '코오롱티엔에스월드'라 한다)는 2002. 8. 27. 서울지방법원으로부터 파산선고를 받았는데, 대망상사 등 28개 업체가 코오롱티엔에스월드에 상품을 납품하고 교부받은 약속어음이 부도발생일로부터 6개월이 경과하도록 어음금이 지급되지 아니하자 이를 대손으로 확정하고 관련 매출세액을 대손세액으로 하여 2003년도 1기분 매출세액에서 차감·신고하였고, 파산자의 관할세무서장인 서울 서초세무서장은 파산자가 위 관련 대손세액 상당을 매입세액에서 차감하지 아니하자 2003. 10. 27.부터 2004. 4. 1.까지 사이에 그 대손세액 상당액을 모두 2003년 1기분 부가가치세로 경정하여 부과한 것이라면, 이 사건 부가가치세는 코오롱티엔에스월드가 파산선고를 받은 후에 비로소 납세의무가 성립된 것이어서 재단채권에 해당하지 않는다고 본 원심의 판단은 정당하고, 거기에 국세기본법 제21조, 구 파산법 제38조 제 2 호,

부가가치세법 제17조의2 제 3 항의 해석에 관한 법리오해 등의 위법이 없다.

대법관 양승태(재판장) 고현철 김지형 전수안(주심)

▷ 〈**원심판결**〉 **서울고등법원** 2004. 12. 10. **선고** 2004**나**42083 **판결**

【판결요지】

[1] 대부분의 조세채권은 그 기초가 되는 과세요건사실이나 행위가 발생함과 동시에 납세의무가 성립하나 법인세나 부가가치세와 같은 기간과세에서는 단순히 소득이나 거래가 발생하였다고 하여 곧바로 납세의무가 성립하는 것이 아니고 그 과세기간이 종료하는 때에 비로소 납세의무가 성립하는 점, 국가가 조세채권의 구체적인 이행을 청구하기 위해서는 납세의무자의 신고행위나 과세관청의 부과처분 등 구체적인 조세채권으로 확정되는 일련의 과정을 거쳐야 하지만 일단 추상적인 납세의무 자체는 위와 같이 조세법규가 규정하고 있는 과세요건이 충족되기만 하면 법률상 당연히 성립하는 것으로서 과세관청이나 납세의무자의 특별한 행위나 인식을 필요로 하지 않는 법정채무의 특수성과 강행성을 가지고 있는 점, 조세법규는 침해규범으로서 납세의무의 요건과 한계를 설정할 때 법적 안정성의 요청을 중시해야 하고 그 내용은 일의적으로 명확하게 규정해야 하며 그 해석에서도 법문대로 엄격하게 해석해야 하고 법의 흠결을 유추해석으로 메우거나 행정편의적인 확장해석을 하는 것은 허용되지 않는 점, 파산법 제38조 제 2 호는 조세채권이 파산절차에서 재단채권으로 인정되기 위한 기준을 제시하는 근거규정일 뿐 위 규정을 조세채권의 성립을 확장시키는 근거규정으로는 볼 수 없는 점 등을 고려할 때 위 파산선고 전의 원인으로 인한 조세채권의 의미는 파산선고 이전에 조세채권이 확정되거나 납기가 도래할 필요까지는 없다고 하더라도 적어도 추상적인 납세의무가 성립한 경우라고 해석함이 상당하다.

[2] 회사가 파산선고를 받기 전 납품된 상품의 변제를 위하여 약속어음을 지급하였는데, 회사의 부도발생일로부터 6개월이 경과하도록 약속어음을 지급받지 못한 업체들이 대손으로 신고하여 대손세액공제를 받자, 국가가 파산회사에 대하여 부가가치세 경정결정을 하여 위 업체들이 대손세액 공제받은 부가가치세를 부과한 경우 부가가치세법이 대손세액공제와 관련하여 경정결정하는 부가가치세는 경정결정의 사유가 발생한 날이 속하는 과세기간의 세금으로 규정하고 있으므로 이에 반하여 조세채권의 성립시기를 앞당겨 해석할 수는 없고, 따라서 위 부가가치세는 파산회사가 파산선고를 받은 후에 비로소 납세의무가 성립된 것이고, 파산재단에 관하여 생긴 것이 아닌 이상 위 조세채권은 재단채권에 해당하지 않고, 파산채권에도 해당하지 않는다고 한 사례

【원고, 피항소인】 파산자 주식회사 코오롱티엔에스월드 파산관재인 장경찬

【피고, 항소인】 대한민국

【제 1 심 판결】 서울중앙지방법원 2004. 5. 27. 선고 2003가합85840 판결

【변론종결】 2004. 11. 9.

【주문】 1. 피고의 항소를 기각한다. 2. 항소비용은 피고의 부담으로 한다.

【청구취지 및 항소취지】

1. 청구취지

피고가 파산자 주식회사 코오롱티엔에스월드에게 부과한 별지 목록 각 부가가치세는 위 파산자에 대한 재단채권과 파산채권에 속하지 아니함을 확인한다.

2. 항소취지

제 1 심 판결을 취소한다. 원고의 청구를 모두 기각한다.

【이유】 1. 제 1 심 판결의 인용

이 법원이 이 사건에 관하여 설시할 이유는, 제 1 심 판결 2쪽 7행의 "피고"를 "원고"로, 9쪽 15행의 "파산채권"을 "파산재단"으로 각 고쳐 쓰고, 9쪽 20행의 "… 않는다고 할 것이다"에 이어 "(원고는 소장의 청구원인 3. 나.에 기재한 바와 같이 이 사건 조세채권에 관하여 파산법 제37조 제 4 호를 준용하여 후순위 파산채권으로는 인정하고 있으므로, 원고가 이 사건에서 말하는 파산채권은 위 파산법 규정에 따른 후순위 파산채권을 제외한 파산채권을 의미하고, 청구취지도 이에 해당되지 아니 함의 확인을 구하는 것으로 보아야 하므로, 이 사건 조세채권이 파산법 제37조 제 4 호의 후순위 파산채권에 해당되는지 여부에 관해서는 따로 판단하지 아니한다)"를 추가하는 이외에는 제 1 심 판결의 이유란 기재와 같으므로 민사소송법 제420조에 의하여 이를 그대로 인용한다.

2. 결론

그렇다면, 피고의 이 사건 항소는 이유 없으므로 이를 기각하기로 하여 주문과 같이 판결한다.

재판장 판사 김종백 이원범 성수제

▷ **〈제 1 심 판결〉 서울중앙지방법원** 2004. 5. 27. **선고** 2003**가합**85840 **판결**

【참조 조문】 [1] 파산법 제38조 제 2 호／[2] 파산법 제38조 제 2 호, 국세기본법 제21조 제 1 항 제 7 호, 부가가치세법 제 3 조, 제 1 항, 제 3 항, 제17조의2 제 1 항, 제 3 항

【원고】 파산자 주식회사 코오롱티엔에스월드의 파산관재인 장경찬

【피고】 대한민국

【변론종결】 2004. 5. 13.

【주문】 1. 피고가 파산자 주식회사 코오롱티엔에스월드에게 부과한 별지 목록

각 부가가치세는 위 파산자에 대한 재단채권과 파산채권에 속하지 아니함을 확인한다. 2. 소송비용은 피고가 부담한다.

【청구취지】 주문과 같다.

【이유】 1. 기초사실

가. 주식회사 코오롱티엔에스월드(이하 '코오롱'이라고 한다)는 2002. 8. 27. 서울지방법원으로부터 파산선고를 받았고, 2003. 1. 20. 피고가 파산관재인으로 선임되었다.

나. 코오롱은 파산선고를 받기 전 대망상사를 비롯한 28개 업체로부터 상품을 납품받고 그 변제를 위하여 약속어음을 지급하였는데, 위 업체들은 각 약속어음의 부도발생일로부터 6개월이 경과하도록 어음금을 지급받지 못하자 모두 이를 각 대손으로 신고하여 합계 1,001,767,470원의 대손세액공제를 받았다(위 업체들은 모두 2003년 1기분 부가가치세 신고를 하면서 각 대손신고를 한 것으로 보인다).

다. 이와 관련하여 피고는 원고에게 별지 목록과 같이 2003. 10. 27.에 924,927,390원, 2003. 12. 1.에 20,238,660원, 2004. 2. 4.에 8,005,630원, 2004. 3. 9.에 14,361,790원, 2004. 3. 15.에 20,537,780원, 2004. 4. 1.에 6,660,000원, 2004. 4. 1.에 7,036,220원 등 합계 1,001,767,470원을 모두 2003년 1기분 부가가치세로 경정결정하여 부과하였다.

2. 당사자들의 주장

가. 원고의 주장

원고는 위 업체들이 모두 대손을 확정하여 부가가치세를 환급받은 것은 코오롱이 파산선고를 받은 후임이 명백하고 피고가 원고에게 이 사건 부가가치세를 부과한 것은 모두 위 업체들의 대손세액공제에 따라 행해진 것이므로 이는 파산선고 전의 원인으로 생긴 조세채권이라고 할 수 없고 또한 파산재단에 관하여 생긴 조세채권이라고도 할 수 없으므로 재단채권이나 파산채권에 해당하지 않는다고 주장한다.

나. 피고의 주장

피고는 파산법 제38조의 '파산선고 이전의 원인에 의한 청구권'은 반드시 파산선고 이전에 조세채권이 확정되거나 납기가 도래할 필요까지는 없고 다만 그 조세채권의 과세원인사실만 존재하면 된다는 의미로 해석해야 하고, 원고에게 부과된 이 사건 부가가치세의 과세원인사실은 원래 원고가 위 업체들로부터 물품을 공급받았던 때에 발생한 것이라고 할 수 있으므로 원고에게 부과된 이 사건 부가가치세는 재단채권에 해당한다고 주장한다.

즉, 원고가 위 업체들로부터 물품을 공급받을 당시 원고가 납부해야 할 부가가치세를 위 업체들에게 지급한 것으로 보고 원고에게는 그 상당액만큼을 매입세액에서 공제하여 부가가치세를 적게 부과하고 위 업체들에게 이를 부과하였으나, 그 후 위 업체들이 원고로부터 물품대금을 지급받지 못하게 되자 위 업체들에게 대손된 액수만큼의 부가가치세를 공제해주는 것이 부가가치법상 대손세액공제이고 이에 따라 원고에게 이 사건 부가가치세가 부과된 것이므로 이는 원래 원고와 위 업체들간의 물품거래 당시부터 원고가 내야 할 세금이라 할 것이어서 그 과세원인사실은 각 거래 당시에 있었다고 보아야 한다는 것이다.

3. 이 사건 조세채권이 재단채권에 해당하는지 여부에 대한 판단

가. 재단채권의 범위

파산법 제38조 제2호는 국세징수법 또는 국세징수의 예에 의하여 징수할 수 있는 청구권, 단 파산선고 후의 원인으로 인한 청구권은 파산재단에 관하여 생긴 것에 한하여 재단채권에 속한다고 규정하고 있으므로 조세채권이 파산법상 재단채권이 되기 위해서는 파산선고 전의 원인으로 인한 청구권이거나 파산선고 후의 원인으로 인한 청구권인 경우에는 파산재단에 관하여 생긴 것일 경우에 해당해야 한다.

그런데 '파산재단에 관하여 생긴 것'이라고 함은 파산재단에 속한 자산의 소유사실 또는 그 자산의 양도 · 처분사실에 근거하여 과세되거나 그 자산으로부터의 수익 그 자체에 대하여 과세되는 조세라고 할 것이어서 원고에게 부과된 이 사건 부가가치세가 여기에 해당하지 않음은 명백하므로 과연 이 사건 부가가치세가 파산선고 전의 원인으로 생긴 조세채권에 해당하는지 여부가 문제라고 할 것이다.

나. 파산선고 전의 원인으로 인한 조세채권의 의미

파산선고 전의 원인으로 인한 조세채권의 의미에 대하여 원고는 파산선고 전에 조세채권이 성립해 있을 것의 의미로 해석해야 한다고 주장하나, 피고는 법문 그대로 파산선고 전에 조세채권의 원인인 과세요건사실이 존재하면 충분할 뿐 조세채권이 성립해 있을 필요까지는 없다는 의미로 해석해야 한다고 주장한다.

살피건대, 대부분의 조세채권은 그 기초가 되는 과세요건사실이나 행위가 발생함과 동시에 납세의무가 성립하나 법인세나 부가가치세와 같은 기간과세에서는 단순히 소득이나 거래가 발생하였다고 하여 곧바로 납세의무가 성립하는 것이 아니고 그 과세기간이 종료하는 때에 비로소 납세의무가 성립하는 점, 국가가 조세채권의 구체적인 이행을 청구하기 위해서는 납세의무자의 신고행위나 과세관청의 부과처분 등 구체적인 조세채권으로 확정되는 일련의 과정을 거쳐야 하지만 일단 추상적인 납세의무 자체는 위와 같이 조세법규가 규정하고 있는 과세요건이 충족되기만 하면 법률상 당연히 성립하는 것으로서 과세관청이나 납세의무자의 특별한 행위나 인식을 필요로 하지 않는 법정채무의 특수성과 강행성을 가지고 있는 점, 조세법규는 침해규범으로서 납세의무의 요건과 한계를 설정할 때 법적 안정성의 요청을 중시해야 하고 그 내용은 일의적으로 명확하게 규정해야 하며 그 해석에서도

법문대로 엄격하게 해석해야 하고 법의 흠결을 유추해석으로 메우거나 행정편의적인 확장해석을 하는 것은 허용되지 않는 점, 파산법 제38조 제2호는 조세채권이 파산절차에서 재단채권으로 인정되기 위한 기준을 제시하는 근거규정일 뿐 위 규정을 조세채권의 성립을 확장시키는 근거규정으로는 볼 수 없는 점 등을 고려할 때 위 파산선고 전의 원인으로 인한 조세채권의 의미는 파산선고 이전에 조세채권이 확정되거나 납기가 도래할 필요까지는 없다고 하더라도 적어도 추상적인 납세의무가 성립한 경우라고 해석함이 상당하다.

다. 이 사건 조세채권의 성립시기

(1) 관련 규정

◇ 국세기본법 제21조【납세의무의 성립시기】

① 국세를 납부할 의무는 다음 각 호의 시기에 성립한다.

7. 부가가치세에 있어서는 과세기간이 종료하는 때 (나머지 호 생략)

◇ 부가가치세법 제3조【과세기간】

① 사업자에 대한 부가가치세의 과세기간은 다음과 같다.

제1기: 1월 1일부터 6월 30일까지

제2기: 7월 1일부터 12월 31일까지

③ 사업자가 폐업하는 경우의 과세기간은 폐업일이 속하는 과세기간의 개시일부터 폐업일까지로 한다.

◇ 부가가치세법 제17조의2【대손세액공제】

① 사업자가 부가가치세가 과세되는 재화 또는 용역을 공급하는 경우 공급을 받는 자의 파산·강제집행 기타 대통령령이 정하는 사유로 인하여 당해 재화 또는 용역의 공급에 대한 외상매출금 기타 매출채권(부가가치세를 포함한 것을 말한다)의 전부 또는 일부가 대손되어 회수할 수 없는 경우에는 다음 산식에 의하여 계산할 금액(이하 "대손세액"이라 한다)을 그 대손이 확정된 날이 속하는 과세기간의 매출세액에서 차감할 수 있다. 다만, 당해 사업자가 대손금액의 전부 또는 일부를 회수한 경우에는 회수한 대손금액에 관련된 대손세액을 회수한 날이 속하는 과세기간의 매출세액에 가산한다(대손세액 = 대손금액 × 110분의 10).

③ 제1항 및 제2항의 규정을 적용함에 있어서 재화 또는 용역의 공급을 받은 사업자가 대손세액의 전부 또는 일부를 제17조의 규정에 의하여 매입세액으로 공제받은 경우로서 공급자의 대손이 당해 공급을 받은 사업자의 폐업 전에 확정되는 때에는 관련 대손세액 상당액을 대손이 확정된 날이 속하는 과세기간의 매입세액에서 차감한다. 다만, 당해 사업자가 이를 차감하지 아니한 경우에는 대통령령이 정하는 바에 따라 공급을 받은 자의 관할세무서장이 경정하여야 한다.

◇ 부가가치세법시행령 제63조의2【대손세액공제의 범위】

① 법 제17조의2 제1항에서 "파산 · 강제집행 기타 대통령령이 정하는 사유"라 함은 다음 각 호의 1에 해당하는 경우를 말한다.

6. 수표 또는 어음의 부도발생일로부터 6월이 된 경우 (나머지 호 생략)

(2) 원고에게 부과된 이 사건 부가가치세의 성립시기

부가가치세법 제17조의2 제1항 본문은 사업자의 대손이 확정되어 대손세액을 공제할 경우 원래의 거래가 있었던 날이 속하는 과세기간의 매출세액이 아니라 대손이 확정된 날이 속하는 과세기간의 매출세액에서 이를 차감하도록 규정하고 있고, 단서 역시 대손세액을 공제받은 사업자가 그 후 대손세액의 일부를 회수한 경우 대손세액공제를 받은 날이 속하는 과세기간의 매출세액이 아니라 대손세액의 일부를 회수한 날이 속하는 과세기간의 매출세액에 이를 가산하도록 규정하고 있어 대손세액공제와 관련하여 경정 결정하는 부가가치세는 모두 경정 결정의 사유가 발생한 날이 속하는 과세기간의 세금으로 규정하고 있다.

또한, 부가가치세법 제17조의2 제3항은 명시적으로 재화 또는 용역의 공급을 받은 사업자가 대손세액의 일부를 매입세액으로 공제받은 경우로서 공급자의 대손이 당해 공급을 받은 사업자의 폐업 전에 확정되는 때에는 관련 대손세액 상당액을 대손이 확정된 날이 속하는 과세기간의 매입세액에서 차감한다고 규정하고 있어 그 반대해석상 폐업일 이후에 대손이 확정되는 경우에는 이를 폐업일이 속한 과세기간의 매입세액에서 차감할 수 없고 결국 이를 폐업일이 속한 과세기간의 세금에 얹을 수 없도록 하고 있다.

그런데 앞에서 본 바와 같이 이 사건 부가가치세는 위 업체들이 모두 2003년 1기분 부가가치세에서 대손세액공제를 받음에 따라 원고에게 2003년 1기분 부가가치세로 부과된 것이고, 원고는 2002. 8. 27. 이미 서울지방법원으로부터 파산선고를 받았으므로 위 규정들과 이에 대한 위 해석을 토대로 할 때 이 사건 부가가치세는 파산선고 이후에 성립한 것이라고 할 것이다.

이에 대하여 피고는 이 사건 부가가치세는 비록 2003년 1기분으로 고지된 것이기는 하지만 그 실질상 원고가 파산선고를 받기 전 위 업체들과 거래를 할 당시에 원래 원고가 부담했어야 할 세금이므로 파산선고 전에 납세의무가 성립한 것이라고 보아야 한다고 주장한다.

그러나 대손세액공제의 취지상 원고에게 새롭게 부과된 부가가치세와 원 거래 당시 원고의 부담이었던 부가가치세가 실질적인 관련성이 있다고 하더라도 폐업일 이후에 대손이 확정되는 경우에는 폐업일이 속한 과세기간의 세금에 얹을 수 없도록 한 부가가치세법 제17조의 2 제3항의 입법취지를 최대한 존중한다면 아무런 근거규정 없이 위 규정들의 명시적인 태도에 반하여 조세채권의 성립시기를 앞당겨 해석할 수는 없으므로 피고의 위 주장은 이유 없다(파산법 제38조 제 2 호는 조세채권이 파산절차에서 재단채권으로 인정되기 위한 기준을 제시하는 근거규정일 뿐 위 규정을 조세채권의 성립을 확장시키는 근거규정으로 볼 수 없다는 점은 앞서 설명한 것과 같다).

(3) 파산법 제38조 제 2 호의 해석상 유의점

파산법 제38조 제 2 호는 일정한 경우의 조세채권을 재단채권으로 규정하고 있는데 재단채권은 파산재단으로부터 파산채권에 관하여 우선하여(파산법 제41조), 파산절차에 의하지 아니하고 수시로 변제를 받을 수 있으므로(파산법 제40조), 파산절차에서 매우 우월적인 지위를 가지고 있다고 할 것이다.

그런데 파산법 제38조 각호에 열거된 재단채권 중 조세채권을 제외한 다른 각 채권은 파산절차의 수행을 위하여 반드시 필요한 비용이거나(제 1 호, 제 3 호) 파산재단이 제 3 자와의 거래에 의하여 부담하게 된 이른바 재단채무에 속하는 것(제 4 호 내지 제 8 호)으로 모두 파산채권자들의 공동의 이익에 이바지한다는 공통점이 있는데 반하여, 조세채권은 파산채권자의 공동의 이익을 위한 것이라고 볼 수 없고 특히 파산선고 이전의 원인으로 인한 조세채권은 실질적으로는 다른 파산채권과 전혀 차이가 없는데도 위와 같이 우월적인 지위를 보장받고 있다.

이는 조세가 국가존립의 재정적인 기초가 되므로 그 징수를 확보하기 위하여 다른 채권보다 우월한 지위를 부여할 필요가 있다는 공익적 요청에 따른 것인데, 국가가 파산절차에 의하지 아니하고 파산재단으로부터 파산자의 체납세액을 징수함으로써 채무자의 파산으로 많은 손실을 입고 있는 다수의 파산채권자들에 대한 배당액이 감소될 수 있는 점에 비추어 파산법 제38조 제 2 호의 조세채권에 해당하는지 여부는 엄격히 해석하여야 할 것이다.

따라서 이러한 견지에서도 피고 주장과 같이 파산법 제38조 제 2 호의 파산선고 전의 원인으로 인한 조세채권의 의미를 납세의무가 성립하지 않았다고 하더라도 과세원인사실만 발생하고 있으면 충분한 것으로 해석한다거나, 원고에게 부과된 이 사건 부가가치세의 성립시기를 부가가치세법 제17조의2의 규정태도에도 불구하고 아무런 법령의 근거 없이 앞당겨 해석할 수는 없다.

라. 소결

이 사건 부가가치세는 원고가 파산선고를 받은 후에 비로소 납세의무가 성립된 것이고 파산재단에 관하여 생긴 것이 아님은 앞에서 살펴본 것과 같으므로 결국 재단채권에 해당하지 않는다고 할 것이다.

4. 이 사건 조세채권이 파산채권에 해당하는지 여부에 대한 판단

파산채권이란 파산선고 전의 원인으로 생긴 것이어야 하는데, 위에서 살펴본 바와 같이 이 사건 조세채권은 파산선고 후의 원인으로 생긴 것이므로 파산채권에도

해당하지 않는다고 할 것이다.

5. 결론

그렇다면, 이 사건 조세채권은 재단채권과 파산채권에 해당하지 않는다 할 것이고 피고가 이를 다투고 있는 이상 원고로서는 그 확인을 구할 이익이 있다고 할 것이므로 원고의 이 사건 청구는 이유 있어 이를 인용하기로 하여 주문과 같이 판결한다.

재판장 판사 이홍철 양재호 박성윤

목록

1. 2003. 10. 27. 부과한 2003년 제1기분 부가가치세 924,927,390원.
2. 2003. 12. 1. 부과한 2003년 제1기분 부가가치세 20,238,660원.
3. 2004. 2. 4. 부과한 2003년 제1기분 부가가치세 8,005,630원.
4. 2004. 3. 9. 부과한 2003년 제1기분 부가가치세 14,361,790원.
5. 2004. 3. 15. 부과한 2003년 제1기분 부가가치세 20,537,780원.
6. 2004. 4. 1. 부과한 2003년 제1기분 부가가치세 6,660,000원.
7. 2004. 4. 1. 부과한 2003년 제1기분 부가가치세 7,036,220원. 끝.

(3) **대법원** 2006. 10. 26. **선고** 2005**다**1360 **판결【파산채권등부존재확인】**[**공보불게재**]

【원고, 피상고인】 파산자 주식회사 심스밸리의 파산관재인 장경찬

【피고, 상고인】 1. 대한민국, 2. 서울특별시

【주문】 상고를 모두 기각한다. 상고비용은 피고들이 부담한다.

【이유】 피고들의 상고이유를 함께 판단한다.

구 파산법(2005. 3. 31. 법률 제7428호 채무자 회생 및 파산에 관한 법률 부칙 제2조로 폐지, 이하 '파산법'이라고만 한다) 제38조 제2호 소정의 '파산선고 전의 원인으로 인한 조세채권'으로 재단채권에 해당하는지 여부는 파산선고 전에 법률에 정한 과세요건이 충족되어 그 조세채권이 성립되었는가 여부를 기준으로 하여 결정되는 것인데, 과세관청이 탈루된 법인소득에 대하여 대표자 인정상여로 소득처분을 하고 소득금액변동통지를 하는 경우 그 원천징수분 법인세(근로소득세)의 납세의무는 소득금액변동통지서가 당해 법인에게 송달된 때에 성립함과 동시에 확정되고, 이러한 원천징수분 법인세액을 과세표준으로 하는 법인세할 주민세의 납세의무 역시 이때에 성립한다고 할 것이므로, 소득금액변동통지서가 파산선고 후에 도달하였다면 그에 따른 원천징수분 법인세(근로소득세)채권과 법인세할 주민세채권은 파

산선고 후에 성립한 조세채권으로 될 뿐이어서 그것이 파산재단에 관하여 생긴 것이 아니라면 파산법 제38조 제2호 소정의 재단채권에 해당하지 않는다고 할 것이다(대법원 2005. 6. 9. 선고 2004다71904 판결 참조).

원심이 같은 취지에서, 이 사건 소득금액변동통지가 파산선고 후에 이루어진 이상 그에 기초한 이 사건 원천징수분 법인세(근로소득세)채권과 법인세할 주민세채권은 파산선고 후의 원인으로 인한 것으로 파산재단에 관하여 생긴 것이 아니므로 재단채권에 해당하지 않는다고 판단한 것은 앞서 본 법리와 관계 법령 및 기록에 비추어 정당하다. 원심판결에 상고이유로 주장하는 바와 같이 파산법 제38조 제2호 소정의 재단채권에 관한 법리 또는 원천징수 소득세에 있어서 과세요건사실에 관한 법리 등을 오해한 위법이 있다고 할 수 없다.

대법관 안대희(재판장) 김영란 김황식(주심) 이홍훈

▷ 〈**원심판결**〉 **서울고등법원** 2004. 12. 2. **선고** 2004**나**42076 **판결**

【판결요지】

[1] 조세채권이 재단채권이 되기 위해서는 파산선고 전의 원인으로 인한 청구권이거나 파산선고 후의 원인으로 인한 청구권인 경우에는 파산재단에 관하여 생긴 것이어야 한다. 여기서 파산선고 전의 원인으로 인한 조세채권의 의미는 파산선고 이전에 조세채권이 과세관청의 부과처분 절차에 의하여 구체적으로 확정되거나 납기가 도래할 필요까지는 없다고 하더라도 적어도 각 세법이 정한 과세요건사실이 충족됨으로써 추상적으로 납세의무가 성립한 경우라고 해석함이 상당하다.

[2] 파산회사의 파산선고 후에 대한민국이 세무조사를 한 결과 대표이사에 대한 대여금으로 분류되어 있던 일정 금액을 법인의 대표이사에 대한 상여로 소득처분하고, 소득금액변동통지를 함으로써 파산회사에게 근로소득세원천징수세액을 납부할 의무를 부과한 경우 당해 법인이 상여처분에 따른 소득금액변동통지를 받은 날에 비로소 당해 법인이 수급자에게 상여를 지급하는 것으로 의제된다고 할 것이고, 따라서 당해 법인이 수급자의 갑종근로소득세를 징수하여 납부할 원천징수납부의무도 바로 소득금액변동통지를 받은 날에 성립한다고 할 것인데, 위 소득금액변동통지는 파산회사의 파산선고일 이후에 이루어진 것이 명백하므로 위 근로소득세는 파산선고 후의 원인으로 인한 조세채권이라 할 것이고 또한 그것이 파산재단에 관하여 생긴 것이 아니므로 결국 위 조세채권은 재단채권과 파산채권에 해당하지 않는다고 한 사례

【참조 조문】 파산법 제14조, 제38조 제2호, 국세기본법 제21조 제2항 제1호, 소득세법 제135조 제4항

【원고, 피항소인】 파산자 주식회사 심스밸리의 파산관재인 장경찬

【피고, 항소인】 대한민국 외 1인

【주문】 1. 피고들의 항소를 모두 기각한다. 2. 항소비용은 피고들의 부담으로 한다.

【제1심 판결】 서울중앙지방법원 2004. 5. 27. 선고 2003가합85833 판결

【변론종결】 2004. 11. 4.

【청구취지 및 항소취지】

1. 청구취지

피고 대한민국이 파산자 주식회사 심스밸리에게 부과한 별지 목록 1, 2의 각 조세채권과 피고 서울특별시가 파산자 주식회사 심스밸리에게 부과한 별지 목록 3, 4의 각 조세채권은 파산자 주식회사 심스밸리에 대한 재단채권과 파산채권에 속하지 아니함을 각 확인한다.

2. 항소취지 제1심 판결 중 피고들 패소부분을 취소한다. 원고의 피고들에 대한 청구를 모두 기각한다.

【이유】 1. 당원의 심판 범위

제1심 법원은, 별지 목록 2, 4 조세채권은 파산자 주식회사 심스밸리에 대한 재단채권과 파산채권에 속하지 아니한다는 이유로 원고 승소판결을 선고하였고, 별지 목록 1, 3 조세채권은 파산자 주식회사 심스밸리에 대한 재단채권에 속한다는 이유로 원고 패소판결을 선고하였는바, 제1심 판결에 대하여 피고들만이 피고들 패소부분인 별지 목록 2, 4 조세채권 부분에 대하여 항소하였으므로, 별지 목록 1, 3 조세채권 부분은 확정되었고, 따라서 당원은 별지 목록 2, 4 조세채권 부분에 대하여만 판단하기로 한다.

2. 기초사실

가. 주식회사 심스밸리(이하 '심스밸리'라고 한다)는 2002. 10.경 부도가 나서 2002. 12. 24. 서울지방법원으로부터 파산선고를 받았고, 같은 날 원고가 파산관재인으로 선임되었다.

나. 피고 대한민국은 심스밸리 부도 이후 심스밸리에 대하여 세무조사를 한 결과 대표이사에 대한 대여금으로 분류된 항목을 발견하고 2003. 5.경, ① 심스밸리에 대한 2001 사업연도 법인세의 과세표준과 세액을 결정하는 과정에서 대표이사 김현철에 대한 대여금으로 분류되어 있던 20억 원을 대표이사에 대한 상여로 소득처분하고, ② 심스밸리에 대한 2002 사업연도 법인세의 과세표준과 세액을 결정하는 과정에서 대표이사 甲에 대한 대여금으로 분류되어 있던 98억 원을 대표이사에 대한 상여로 소득처분하여 각 소득금액변동통지를 하였다.

다. 그러나 원고는 위 각 소득금액변동통지에 따른 근로소득세원천징수세액(이하 '이 사건 각 근로소득세'라고 한다)을 법정 납부기한(통지서를 받은 다음달 10

일)이 경과하도록 납부하지 않았고, 이에 피고 대한민국은 2003. 6. 11. 원고에게 별지 목록 2와 같이 2001년 귀속 근로소득세(원천세) 819,553,900원과 2002년 귀속 근로소득세(원천세) 3,962,110,186원을 각 부과하였다.

라. 한편, 피고 서울특별시는 별지 목록 4와 같이 별지 목록 2의 1항의 근로소득세(원천세)에 따른 주민세(이하 '이 사건 주민세'라고 한다)를 부과하였다.

3. 당사자들의 주장

가. 원고의 주장

이 사건 각 근로소득세는 심스밸리의 파산선고 후에 법인세의 과세표준을 경정하면서 일정 금액을 법인의 대표이사에 대한 상여로 소득처분하고 소득금액변동통지를 함에 따라 원천징수의무가 부과된 것이므로 파산선고 후에 그 납세의무가 성립한 것이고, 이 사건 근로소득세를 토대로 한 이 사건 주민세 역시 심스밸리의 파산선고 후에 부과된 것이며, 또한 이 사건 각 근로소득세와 주민세는 파산재단에 관하여 생긴 것도 아니다. 따라서 이 사건 각 근로소득세와 주민세는 재단채권과 파산채권에 해당하지 않는다.

나. 피고들의 주장

파산법 제38조의 '파산선고 이전의 원인에 의한 청구권'은 파산선고 이전에 조세채권의 과세원인사실만 존재하면 충분하고 조세채권이 성립할 필요까지는 없다는 의미로 해석해야 하며, 이렇게 볼 때 이 사건 각 근로소득세와 주민세의 과세원인사실은 해당 근로소득세의 사업연도인 2001년과 2002년에 이미 존재하고 있었다고 할 것이므로, 이 사건 각 근로소득세와 주민세는 재단채권에 해당하고, 가사 재단채권에 해당하지 않는다고 하더라도 파산채권에는 해당한다.

4. 판단

가. 재단채권 및 파산채권의 범위

(1) 관련 규정

◇ 파산법 제14조【파산채권의 정의】

파산자에 대하여 파산선고 전의 원인으로 생긴 재산상의 청구권은 이를 파산채권으로 한다.

◇ 파산법 제38조【재단채권의 범위】

다음 각호의 청구권은 이를 재단채권으로 한다.

2. 국세징수법 또는 국세징수의 예에 의하여 징수할 수 있는 청구권, 단 파산선고 후의 원인으로 인한 청구권은 파산재단에 관하여 생긴 것에 한한다. (나머지 호 생략)

(2) 위 각 규정에 따르면, 조세채권이 재단채권이 되기 위해서는 파산선고 전의 원인으로 인한 청구권이거나 파산선고 후의 원인으로 인한 청구권인 경우에는 파

산재단에 관하여 생긴 것이어야 한다. 여기서 파산선고 전의 원인으로 인한 조세채권의 의미는 파산선고 이전에 조세채권이 과세관청의 부과처분 절차에 의하여 구체적으로 확정되거나 납기가 도래할 필요까지는 없다고 하더라도 적어도 각 세법이 정한 과세요건사실이 충족됨으로써 추상적으로 납세의무가 성립한 경우라고 해석함이 상당하다.

그리고 이 사건 각 조세채권이 파산선고 전의 원인으로 인한 청구권이라고 인정될 경우에는 파산법 제38조 제 2 호에 따라 재단채권으로 인정될 것이지만, 그렇지 않은 경우 파산법 제14조에 따라 파산채권에도 해당되지 않게 된다.

나. 이 사건 각 근로소득세(별지 목록 2)에 대한 판단

(1) 관련 규정

◇ 국세기본법 제21조【납세의무의 성립시기】

② 다음 각 호의 국세를 납부할 의무는 제 1 항의 규정에 불구하고 당해 각 호의 시기에 성립한다.

1. 원천징수하는 소득세 또는 법인세에 있어서는 소득금액 또는 수입금액을 지급하는 때

◇ 소득세법 제135조【근로소득지급시기의 의제】

④ 법인세법에 의하여 처분되는 상여는 대통령령이 정하는 날에 지급하는 것으로 본다.

◇ 소득세법시행령 제192조【소득처분에 의한 배당 · 상여 기타소득의 지급시기 의제】

① 법인세법에 의하여 세무서장 또는 지방국세청장이 법인소득금액을 결정 또는 경정함에 있어서 처분되는 배당 · 상여 및 기타소득은 법인소득금액을 결정 또는 경정하는 세무서장 또는 지방국세청장이 그 결정일 또는 경정일로부터 15일 내에 재정경제부령이 정하는 소득금액변동통지서에 의하여 당해 법인에게 통지하여야 한다. (이하 생략)

② 제 1 항의 경우에 당해 배당 · 상여 및 기타소득은 그 통지서를 받은 날에 지급하거나 회수한 것으로 본다.

(2) 이 사건 각 근로소득세의 성립시기

(가) 위 각 규정에 따르면, 법인세법에 의한 소득처분의 경우에는 당해 법인이 상여처분에 따른 소득금액변동통지를 받은 날에 비로소 당해 법인이 수급자에게 상여를 지급하는 것으로 의제된다고 할 것이고, 따라서 당해 법인이 수급자의 갑종 근로소득세를 징수하여 납부할 원천징수납부의무도 바로 소득금액변동통지를 받은 날에 성립한다고 할 것이다.

이 사건 각 근로소득세에 있어서, 대표이사에 대한 인정상여가 귀속된 각 사업

연도의 종료시점에는 과세대상인 소득이 발생하였다고 볼 수 없고, 무엇보다 소득처분에 의한 조세채권의 성립에서는 소득처분이 있기 전에는 과세대상인 소득의 존재를 인정할 근거가 없으며 아직 존재하지 아니하는 소득에 대한 원천납세의무의 성립도 있을 수 없다(대법원 1992. 7. 14. 선고 92누4048 판결 참조)는 점에서 원고의 원천징수의무는 소득금액변동통지를 받은 날에 성립한 것이라고 보아야 한다.

따라서 이 사건 각 근로소득세의 납세의무는 당해 소득금액변동통지를 받은 날에 성립했다고 할 것인데, 위 각 소득금액변동통지는 심스밸리의 파산선고일인 2002. 12. 24. 이후인 2003. 5.경에 이루어진 것이 명백하므로, 이 사건 각 근로소득세는 파산선고 후의 원인으로 인한 조세채권이라 할 것이고, 또한 그것이 파산재단에 관하여 생긴 것이 아니므로 결국 재단채권과 파산채권에 해당하지 않는다고 할 것이다.

(나) 이에 대하여 피고들은, 이 사건 각 근로소득세는 심스밸리 대표이사의 자금유용이라는 사실에 기초하여 부과된 것이므로 이 사건 각 소득세의 과세요건사실(조세채권의 발생원인사실)은 대표이사가 자금을 유용한 때에 성립되었고, 따라서 그 자금유용이 심스밸리의 파산선고 전에 발생한 이상 재단채권이거나 적어도 파산채권에 해당한다는 취지로 주장한다.

그러므로 살피건대, 위에서 본 바와 같이, 원천징수하는 소득세는 소득금액을 지급하는 때에 납세의무가 성립하고, 법인세법에 의하여 처분되는 상여는 소득금액변동통지를 받은 날에 지급하는 것으로 의제되어 그 때에 납세의무가 성립하는바, 소득처분에 의한 조세채권채무의 성립에 있어 그 소득처분이 있기 전에 당해 과세대상인 소득의 존재를 인정할 근거는 없으며, 아직 존재하지 아니하는 소득에 대하여는 그 지급으로 인한 원천납세의무는 물론 소득발생으로 인한 소득세납세의무의 성립이란 있을 수 없으므로, 원천징수 소득세에 있어서 과세요건사실은 '소득금액의 지급(법인세법에 의한 소득처분의 경우에는 소득금액변동통지의 수령)'이라고 할 것이다.

이 사건 각 근로소득세가 심스밸리의 파산 선고일 전에 발생한 대표이사의 자금유용에 기초한 것이기는 하나, 자금유용이 있었던 사실만으로 곧바로 소득금액의 지급이 있었다고 볼 수 없을 뿐더러 이를 기초로 하여 법인세법에 의하여 처분되는 상여는 소득금액변동통지를 받는 날에 지급하는 것으로 의제되므로, 소득금액변동통지를 받기 전까지는 어떠한 소득금액의 지급이 있었다고 볼 수 없어, 대표이사가 회사자금을 유용한 날이 속한 각 사업연도에 이 사건 각 근로소득세의 과세요건사실이 발생하였다고 볼 수 없다.

따라서 이 사건 각 소득세의 과세요건사실은 대표이사가 자금을 유용한 때에 충족된 것이 아니라 소득세 관련 법령에 의하여 원고가 소득금액변동통지를 받은 때에 충족되고 동시에 납세의무도 성립되었다고 봄이 상당하므로, 대표이사의 자금유용이 과세요건임을 전제로 하는 피고들의 위 주장은 이유 없다.

다. 이 사건 주민세(별지 4)에 대한 판단

(1) 관련 규정

◇ 지방세법 제29조【납세의무의 성립시기】

① 지방세를 납부할 의무는 다음 각 호의 시기에 성립한다.

4. 주민세

나. 소득할: 그 과세표준이 되는 소득세 · 법인세 · 농업소득세의 납세의무가 성립하는 때 (나머지 호 생략)

(2) 이 사건 주민세의 성립시기

피고 서울특별시가 원고에게 부과한 이 사건 주민세는 그 과세표준인 별지 목록 2의 1항의 근로소득세를 토대로 한 것인데, 그 근로소득세원천징수의무가 심스밸리의 파산선고 이후에 성립하여 재단채권이나 파산채권에 해당하지 아니함은 위에서 본 바와 같으므로, 이 사건 주민세 역시 재단채권과 파산채권에 해당하지 않는다고 할 것이다.

5. 결론

그렇다면, 이 사건 각 근로소득세(별지 목록 2)와 이 사건 주민세(별지 목록 4)는 파산자 주식회사 심스밸리에 대한 재단채권과 파산채권에 속하지 아니한다고 할 것인데, 피고들이 이를 다투고 있는 이상 원고로서는 그 확인을 구할 이익도 있다 할 것이어서, 원고의 피고들에 대한 이 사건 청구는 이유 있어 이를 인용할 것인바, 이와 결론을 같이 한 제1심 판결은 정당하고 피고들의 항소는 이유 없으므로 이를 기각하기로 하여 주문과 같이 판결한다.

재판장 판사 구욱서 신광렬 예지희

목록 1

1. 2003. 1. 21. 부과한 2002년 귀속 법인세 수시분 153,635,320원과 그 가산금.

2. 2003. 6. 1. 부과한 2002년 2기 귀속 부가가치세 42,203,286원과 그 가산금.

목록 2

1. 2003. 5.경 소득금액변동통지(2001년도분)에 따라 2003. 6. 11. 부과한 2001년 귀속 근로소득세(원천세) 819,553,900원과 그 가산금.

2. 2003. 5.경 소득금액변동통지(2002년도분)에 따라 2003. 6. 11. 부과한 2002년 귀속 근로소득세(원천세) 3,962,110,180원과 그 가산금.

목록 3

1. 2003. 1. 21. 부과한 2002년 귀속 법인세 수시분 153,635,320원에 따른 주민세 9,074,880원과 그 가산금.

2. 2003. 1. 21. 부과한 2002년 귀속 법인세 수시분의 가산세에 따른 주민세 1,814,970원과 그 가산금.

목록 4

2003. 5.경 소득금액변동통지(2001년도분)에 따라 2003. 6. 11. 부과한 2001년 귀속 근로소득세(원천세)에 따른 주민세 1,767,960원과 그 가산금. 끝.

▷ **〈제 1 심 판결〉 서울중앙지방법원** 2004. 5. 27. **선고** 2003**가합**85833 **판결**

【원고】 파산자 주식회사 심스밸리의 파산관재인 장경찬

【피고】 대한민국 외 1인

【변론종결】 2004. 5. 13.

【주문】 1. 가. 원고와 피고 대한민국 사이에서, 피고 대한민국이 파산자 주식회사 심스밸리에게 부과한 별지 목록 2의 각 근로소득세는 위 파산자에 대한 재단채권과 파산채권에 속하지 아니함을 확인한다. 나. 원고와 피고 서울특별시 사이에서, 피고 서울특별시가 파산자 주식회사 심스밸리에게 부과한 별지 목록 4의 주민세는 위 파산자에 대한 재단채권과 파산채권에 속하지 아니함을 확인한다. 2. 원고의 피고들에 대한 나머지 청구를 기각한다. 3. 소송비용은 피고들이 부담한다.

【청구취지】 주문 제 1 항과 같은 판결과 피고 대한민국이 파산자 주식회사 심스밸리에게 부과한 별지 목록 1의 각 조세채권과 피고 서울특별시가 파산자 주식회사 심스밸리에게 부과한 별지 목록 3의 각 조세채권은 위 파산자에 대한 재단채권과 파산채권에 속하지 아니함을 각 확인한다는 판결.

【이유】 1. 기초사실

가. 주식회사 심스밸리(이하 '심스밸리'라고 한다)는 2002. 12. 24. 서울지방법원으로부터 파산선고를 받았고, 같은 날 피고가 파산관재인으로 선임되었다.

나. 심스밸리가 2002. 10.경 부도가 나자,

(1) 피고 대한민국은 2003. 1. 21. 법인세법 제68조, 동법 시행령 제108조에 따라 2002년 귀속 법인세 수시부과분으로 912,891,500원을 결정 · 고지하였다가 그 후 세무조사를 실시하여 심스밸리가 1999년도, 2000년도, 2001년도에 적립해 둔 기술개발준비금 또는 사업손실준비금이 폐업으로 말미암아 일시에 환입된 것을 발견하고 위 준비금에 대한 이자상당액을 준비금적립당시 비용인정에 따른 법인세감소분

을 복원하기 위한 추가납부세액으로 결정하고 위 추가납부세액에 2003. 1. 21.자 수시부과분 중 환급되고 남은 세금을 합하여 결국 2003. 5. 23. 별지 목록 1의 1항과 같이 수시부과할 법인세액을 153,635,320원으로 경정결정하여 부과하였고,

(2) 피고 대한민국은 심스밸리가 2002. 10. 25.에 한 2002년 2기 예정 부가가치세 신고와 환급신청에 대한 결정을 보류하고 부도를 이유로 2003. 1. 21. 수시부과 결정으로 2002년 2기 귀속 부가가치세 3,352,850원을 결정 · 고지하였다가 그 후 세무조사를 실시하여 심스밸리가 2002년 2기 예정신고를 할 당시 가공의 세금거래 계산서를 이용해 매입세액공제를 받은 것을 발견하고 위 가공매입세액을 감안하여 2003. 6. 1. 별지 목록 1의 2항과 같이 위 금액을 42,203,286원으로 경정결정하여 부과하였다.

다. 또한, 피고 대한민국은 심스밸리에 대한 세무조사결과 대표이사에 대한 대여금으로 분류된 항목을 발견하고 2003. 5.경

(1) 심스밸리에 대한 2001 사업연도 법인세의 과세표준과 세액이 결정되는 과정에서 대표이사 김현철에 대한 대여금으로 분류되어 있던 20억원을 대표이사에 대한 상여로 소득처분하고,

(2) 심스밸리에 대한 2002 사업연도 법인세의 과세표준과 세액이 결정되는 과정에서 대표이사 甲에 대한 대여금으로 분류되어 있던 98억원을 대표이사에 대한 상여로 소득처분하여 각 소득금액변동통지를 하였으나,

(3) 원고는 위 각 소득금액변동통지에 따른 근로소득세원천징수세액(이하 '근로소득세'라고 한다)을 법정 납부기한(통지서를 받은 다음달 10일)이 경과하도록 납부하지 않았고, 이에 피고 대한민국은 2003. 6. 11. 원고에게 별지 목록 2와 같이 2001년 귀속 근로소득세(원천세) 819,553,900원과 2002년 귀속 근로소득세(원천세) 3,962,110,186원을 각 부과하였다.

라. 한편, 피고 서울특별시는 별지 목록 3, 4와 같이 위 법인세와 그 가산세, 근로소득세(원천세)에 따른 주민세를 각 부과하였다.

2. 당사자들의 주장

가. 원고의 주장

원고는 이 사건 법인세, 부가가치세, 근로소득세, 그리고 이를 토대로 한 각 주민세는 모두 심스밸리의 파산선고 후에 부과된 것으로 파산재단에 관하여 생긴 것이 아님이 분명하므로 재단채권과 파산채권에 해당하지 않는다고 주장한다.

즉, 법인세와 부가가치세는 모두 파산선고 후인 2003. 1. 20. 원고에게 부과 통지된 것으로 파산선고 후에 발생한 조세채권이고, 특히, 근로소득세는 심스밸리의 파산선고 후에 법인세의 과세표준을 경정하면서 일정 금액을 법인의 대표이사에 대한 상여로 소득처분하고 소득금액변동통지를 함에 따라 원천징수의무가 부과된

것이므로 위 조세채권들은 모두 파산선고 후에 그 납세의무가 성립한 것임이 명백하다는 것이다.

나. 피고들의 주장

이에 대하여 피고 대한민국은 파산법 제38조의 '파산선고 이전의 원인에 의한 청구권'은 파산선고 이전에 조세채권의 과세원인사실만 존재하면 충분하고 조세채권이 성립할 필요까지는 없다는 의미로 해석해야 하며 이렇게 볼 때 위 각 근로소득세의 과세원인사실은 해당 근로소득세의 사업연도인 2001년과 2002년에 이미 존재하고 있었다고 할 것이므로 위 각 근로소득세는 재단채권에 해당하고, 법인세와 부가가치세는 각 과세원인사실이 파산선고 전에 있었음이 분명할 뿐 아니라 나아가 납세의무가 성립한 시점을 기준으로 할 때에도 재단채권에 해당한다고 주장한다.

피고 서울특별시 역시 위 각 주민세의 부과 근거인 법인세와 각 근로소득세에 관하여 피고 대한민국과 동일하게 주장한다.

3. 판단

가. 이 사건의 쟁점

(1) 관련 규정 (생략)

(2) 따라서, 조세채권이 파산법상 재단채권이 되기 위해서는 파산선고 전의 원인으로 인한 청구권이거나 파산선고 후의 원인으로 인한 청구권인 경우에는 파산재단에 관하여 생긴 것일 경우에 해당해야 한다.

그런데 '파산재단에 관하여 생긴 것'이라고 함은 파산재단에 속한 자산의 소유사실 또는 그 자산의 양도·처분사실에 근거하여 과세되거나 그 자산으로부터의 수익 그 자체에 대하여 과세되는 조세라고 할 것이어서 원고에게 부과된 이 사건 각 조세채권이 여기에 해당하지 않음은 명백하므로 결국 이 사건 각 조세채권이 파산선고 전의 원인으로 인한 것인지가 문제라고 할 것이다. (파산선고 전의 원인으로 인한 청구권이라고 인정될 경우, 이 사건 조세채권은 파산법 제38조 제2호에 따라 재단채권으로 인정될 것이지만, 그렇지 않은 경우 파산법 제14조에 따라 파산채권에도 해당되지 않게 된다.)

나. 파산선고 전의 원인으로 인한 조세채권의 의미

파산선고 전의 원인으로 인한 조세채권의 의미에 대하여 원고는 파산선고 전에 조세채권이 성립해 있을 것의 의미로 해석해야 한다고 주장하나, 피고는 법문 그대로 파산선고 전에 조세채권의 원인인 과세요건사실이 존재하면 충분할 뿐 조세채권이 성립해 있을 필요까지는 없다는 의미로 해석해야 한다고 주장한다.

살피건대, 대부분의 조세채권은 그 기초가 되는 과세요건사실이나 행위가 발생함과 동시에 납세의무가 성립하나 법인세나 부가가치세와 같은 기간과세에서는 단순히 소득이나 거래가 발생하였다고 하여 곧바로 납세의무가 성립하는 것이 아니고 그 과세기간이 종료하는 때에 비로소 납세의무가 성립하는 점, 국가가 조세채권의 구체적인 이행을 청구하기 위해서는 납세의무자의 신고행위나 과세관청의 부과처분 등 구체적인 조세채권으로 확정되는 일련의 과정을 거쳐야 하지만 일단 추상적인 납세의무 자체는 위와 같이 조세법규가 규정하고 있는 과세요건이 충족되기만 하면 법률상 당연히 성립하는 것으로서 과세관청이나 납세의무자의 특별한 행위나 인식을 필요로 하지 않는 법정채무의 특수성과 강행성을 가지고 있는 점, 조세법규는 침해규범으로서 납세의무의 요건과 한계를 설정할 때 법적 안정성의 요청을 중시해야 하고 그 내용은 일의적으로 명확하게 규정해야 하며 그 해석에서도 법문대로 엄격하게 해석해야 하고 법의 흠결을 유추해석으로 메우거나 행정편의적인 확장해석을 하는 것은 허용되지 않는 점, 파산법 제38조 제 2 호는 조세채권이 파산절차에서 재단채권으로 인정되기 위한 기준을 제시하는 근거규정일 뿐 위 규정을 조세채권의 성립을 확장시키는 근거규정으로는 볼 수 없는 점 등을 고려할 때 위 파산선고 전의 원인으로 인한 조세채권의 의미는 파산선고 이전에 조세채권이 확정되거나 납기가 도래할 필요까지는 없다고 하더라도 적어도 추상적인 납세의무가 성립한 경우라고 해석함이 상당하다.

위와 같은 원칙적인 해석론을 근간으로 하여 아래에서 이 사건 각종 조세채권을 구체적으로 살펴보기로 한다.

다. 이 사건 법인세(별지 목록 1의 1항)에 대한 판단

(1) 관련 규정

◇ 국세기본법 제21조【납세의무의 성립시기】

① 국세를 납부할 의무는 다음 각 호의 시기에 성립한다.

1. 소득세 또는 법인세에 있어서는 과세기간이 종료하는 때 (나머지 호 생략)

② 다음 각 호의 국세를 납부할 의무는 제 1 항의 규정에 불구하고 당해 각 호의 시기에 성립한다.

4. 수시부과에 의하여 징수하는 국세에 있어서는 수시부과할 사유가 발생하는 때 (나머지 호 생략)

◇ 법인세법 제 8 조【사업연도의 의제】

① 내국법인이 사업연도 중에 해산(합병 · 분할 또는 분할합병에 의한 해산을 제외한다)한 경우에는 그 사업연도개시일부터 해산등기일(파산으로 인하여 해산한 경우에는 파산등기일을 말하며, 법인으로 보는 단체의 경우에는 해산일을 말한다. 이하 같다)까지의 기간과 해산등기일의 다음날부터 그 사업연도종료일까지의 기간을 각각 1사업연도로 보며 (이하 생략)

◇ 법인세법 제69조【수시부과결정】

① 납세지 관할세무서장 또는 관할지방국세청장은 내국법인이 그 사업연도 중에

대통령령이 정하는 사유로 인하여 법인세포탈의 우려가 있다고 인정되는 경우에는 수시로 그 법인에 대한 법인세를 부과(이하 “수시부과”라고 한다)할 수 있다. 이 경우에도 각 사업연도의 소득에 대하여 제60조의 규정에 의한 신고를 하여야 한다.

② 제1항의 규정은 그 사업연도개시일부터 대통령령이 정하는 사유가 발생한 날까지를 수시부과기간으로 하여 이를 적용한다.

③ 제1항의 규정에 의한 수시부과에 관하여 필요한 사항은 대통령령으로 정한다.

◇ 법인세법시행령 제108조【수시부과결정】

① 법 제69조 제1항 및 제2항에서 “대통령령이 정하는 사유”라 함은 다음 각 호의 1에 해당하는 경우를 말한다.

1. 신고를 하지 아니하고 본점 등을 이전한 경우
2. 사업부진 기타의 사유로 인하여 휴업 또는 폐업상태에 있는 경우
3. 기타 조세포탈의 우려가 있다고 인정되는 상당한 이유가 있는 경우

(2) 이 사건 법인세의 성립시기

앞서 본 바와 같이 피고 대한민국은 심스밸리가 파산선고를 받기 전인 2002. 10.경 부도처리된 후 무단으로 폐업함에 따라 일단 2003. 1. 21. 912,891,500원을 2002년 귀속 법인세로 수시부과하였다가 그 후 세무조사를 실시하여 이미 적립된 준비금의 환입에 따른 이자 상당액을 법인세 추가납부세액으로 결정하고 위 추가납부세액에 2003. 1. 21.자 수시부과분 중 환급되고 남은 세금을 합하여 결국 수시부과할 법인세액을 153,635,320원으로 경정결정하여 부과하였다.

살피건대, 수시부과제도는 과세기간 종료 전에 위 시행령이 정한 수시부과사유가 생겨 조세를 포탈할 우려가 있다고 인정되는 경우 그 과세표준신고를 받지 아니하고 우선 수시부과기간 당시까지의 과세표준과 세액을 결정·고지함으로써 국세를 조기확보하기 위한 장치로서 수시부과되는 법인세의 납세의무는 국세기본법 제21조 제2항 제4호에 따라 수시부과할 사유가 발생하는 때에 일단 성립한다고 할 것인데, 이 사건의 수시부과할 사유는 심스밸리의 무단폐업이므로 위 법인세의 납세의무는 심스밸리의 폐업일에 이미 성립하였다고 할 것이다.

또한, 그 후 세무조사를 통해 수시부과된 추가납부세액은 심스밸리의 폐업으로 말미암아 그 동안 적립된 준비금이 일시에 환입된 것에 대한 것이므로 이 경우에도 수시부과할 사유는 심스밸리의 폐업이라고 할 것이어서 이 부분에 대한 납세의무 성립시기도 위와 마찬가지라 할 것이다.

(3) 소결

따라서 원고에게 부과된 이 사건 법인세는 심스밸리의 폐업에 따라 수시부과된 것으로서 그 수시부과결정사유인 심스밸리의 폐업일에 이미 납세의무가 성립했다고

할 것이므로 파산선고 전의 원인으로 인한 조세채권으로서 재단채권에 해당한다.

라. 이 사건 부가가치세(별지 목록 1의 2항)에 대한 판단

(1) 관련 규정

◇ 국세기본법 제21조【납세의무의 성립시기】

① 국세를 납부할 의무는 다음 각 호의 시기에 성립한다.

1. 부가가치세에 있어서는 과세기간이 종료하는 때 (나머지 호 생략)

② 다음 각 호의 국세를 납부할 의무는 제 1 항의 규정에 불구하고 당해 각 호의 시기에 성립한다.

4. 수시부과에 의하여 징수하는 국세에 있어서는 수시부과할 사유가 발생하는 때 (나머지 호 생략)

◇ 부가가치세법 제 3 조【과세기간】

① 사업자에 대한 부가가치세의 과세기간은 다음과 같다.

제 1 기: 1월 1일부터 6월 30일까지

제 2 기: 7월 1일부터 12월 31일까지

③ 사업자가 폐업하는 경우의 과세기간은 폐업일이 속하는 과세기간의 개시일부터 폐업일까지로 한다.

◇ 부가가치세법 제21조【경정】

① 사업장 관할세무서장 · 사업장 관할지방국세청장 또는 국세청장은 사업자가 다음 각 호의 1에 해당하는 경우에 한하여 그 과세기간에 대한 부가가치세의 과세표준과 납부세액 또는 환급세액을 조사에 의하여 결정 또는 경정한다.

4. 제 1 호 내지 제 3 호 이외에 대통령령이 정하는 사유로 인하여 부가가치세를 포탈할 우려가 있는 때 (나머지 호 생략)

◇ 부가가치세법 제23조【징수】

② 사업장 관할세무서장은 사업자가 예정신고를 하지 아니하는 때, 신고한 내용에 오류 또는 탈루가 있는 때 기타 대통령령이 정하는 사유가 있는 때에는 제21조의 규정을 준용하여 과세표준과 납부세액 또는 환급세액을 조사하여 결정 또는 경정하고 국세징수의 예에 의하여 징수할 수 있다.

◇ 부가가치세법시행령 제68조【결정 · 경정사유의 범위】

② 법 제21조 제 1 항 제 4 호에 규정하는 사유가 있는 경우에는 다음 각 호에 규정하는 것으로 한다.

1. 사업장의 이동이 빈번한 때

2. 사업장의 이동이 빈번하다고 인정되는 지역에 사업장이 있는 때

3. 휴업 또는 폐업상태에 있는 때

◇ 부가가치세법시행령 제70조의2【수시부과의 범위】

법 제23조 제2항에 규정하는 기타 대통령령이 정하는 사유는 제68조 제2항 각호의 사유로 한다.

(2) 이 사건 부가가치세의 성립시기

앞서 본 바와 같이 심스밸리는 2002. 10. 25. 2002년 2기 예정 부가가치세 신고를 하면서 환급신청을 하였는데, 피고 대한민국은 심스밸리의 부도에 따라 이를 보류하였다가 2003. 1. 21. 수시부과결정으로 2002년 2기 귀속 부가가치세 3,352,850원을 결정·고지한 뒤 세무조사를 통해 위 2002년 2기 예정신고내용 중 가공의 세금거래계산서를 이용해 매입세액공제를 받은 것을 발견하고 위 가공매입세액을 감안하여 2003. 6. 1. 위 금액을 42,203,286원으로 경정결정하여 부과하였다. (부가가치세법에서는 법인세법의 경우와 달리 부가가치세법 제21조, 제23조에서 수시부과라는 용어를 사용하고 있지 않으나 그 시행령 제70조의2에서 수시부과라는 용어를 쓰고 있음에 비추어 위 2003. 1. 21.자 결정과 2003. 6. 1.자 결정 모두 국세기본법 제21조 제2항의 수시부과에 해당한다고 봄이 상당하다)

살피건대, 2003. 1. 21. 부과된 부가가치세의 수시부과결정사유는 심스밸리의 폐업이므로 이 부가가치세는 심스밸리의 폐업일에 이미 성립되었다고 할 것이고, 그 후 경정 결정되어 부과된 부가가치세의 경정 사유도 부가가치세법 제23조 제2항의 '신고한 내용에 오류 또는 탈루가 있는 때'에 해당하여 이 수시부과할 사유 역시 파산선고보다 앞서는 것이 분명하므로 결국 이 사건 부가가치세는 심스밸리의 파산선고 전에 이미 납세의무가 성립되었다고 할 것이다.

(3) 소결

따라서 원고에게 부과된 이 사건 부가가치세는 파산선고 전의 원인으로 인한 조세채권으로 재단채권에 해당한다.

마. 이 사건 각 근로소득세(별지 목록 2)에 대한 판단

(1) 관련 규정

◇ 국세기본법 제21조【납세의무의 성립시기】

② 다음 각 호의 국세를 납부할 의무는 제1항의 규정에 불구하고 당해 각 호의 시기에 성립한다.

1. 원천징수하는 소득세 또는 법인세에 있어서는 소득금액 또는 수입금액을 지급하는 때

◇ 소득세법 제135조【근로소득지급시기의 의제】

④ 법인세법에 의하여 처분되는 상여는 대통령령이 정하는 날에 지급하는 것으로 본다.

◇ 소득세법시행령 제192조【소득처분에 의한 배당·상여 기타소득의 지급시기

의제】

① 법인세법에 의하여 세무서장 또는 지방국세청장이 법인소득금액을 결정 또는 경정함에 있어서 처분되는 배당·상여 및 기타소득은 법인소득금액을 결정 또는 경정하는 세무서장 또는 지방국세청장이 그 결정일 또는 경정일로부터 15일 내에 재정경제부령이 정하는 소득금액변동통지서에 의하여 당해 법인에게 통지하여야 한다. (이하 생략)

② 제1항의 경우에 당해 배당·상여 및 기타소득은 그 통지서를 받은 날에 지급하거나 회수한 것으로 본다.

(2) 이 사건 각 근로소득세의 성립시기

피고 대한민국이 대표이사에 대한 대여금으로 분류되어 있던 일정 금액을 법인의 대표이사에 대한 상여로 소득처분하고 소득금액변동통지를 함으로써 원고에게 근로소득세원천징수세액을 납부할 의무를 부과한 것이 이 사건 각 근로소득세의 내용이다.

살피건대, 이러한 경우 국세기본법 제21조 제2항 제1호, 소득세법 제135조 제4항, 소득세법시행령 제192조 제2항에 따라 원고가 위 상여처분에 따른 소득금액변동통지를 받은 날에 비로소 원고가 수급자에게 상여를 지급하는 것으로 의제된다고 할 것이고, 따라서 원고가 수급자의 갑종근로소득세를 징수하여 납부할 원천징수납부의무도 바로 소득금액변동통지를 받은 날에 성립한다고 할 것이다. (대법원 1991. 12. 1. 선고 91누4133 판결 참조)

또한, 소득세법의 과세대상이 되는 소득이 발생했다고 하기 위해서는 그 소득이 현실적으로 실현되었을 필요까지는 없다고 하더라도 적어도 소득이 발생할 권리의 실현가능성이 상당히 성숙되어야 하고 단지 그 권리가 성립된 것에 불과한 단계에서는 아직 소득세의 과세대상으로서의 소득발생이 있다고 할 수 없으므로 위와 같은 경우 위 인정상여가 귀속된 각 사업연도의 종료시점에는 이러한 과세대상인 소득이 발생하지 않았다고 보아야 하고, 무엇보다 소득처분에 의한 조세채권의 성립에서는 소득처분이 있기 전에는 과세대상인 소득의 존재를 인정할 근거가 없으며 아직 존재하지 아니하는 소득에 대한 원천납세의무의 성립도 있을 수 없다는 점에서도 원고의 원천징수의무는 소득금액변동통지를 받은 날에 성립한 것이라고 보아야 한다.

(3) 소결

따라서 이 사건 각 근로소득세의 납세의무는 당해 소득금액변동통지를 받은 날에 성립했다고 할 것인데, 위 각 소득금액변동통지는 심스밸리의 파산선고일인 2002. 12. 24. 이후인 2003. 5.경에 이루어진 것이 명백하므로 이 사건 각 근로소득세는 파산선고 후의 원인으로 인한 조세채권이라 할 것이고 그것이 파산재단에 관하여 생긴 것이 아님은 앞에서 살펴본 것과 같으므로 결국 재단채권과 파산채권에 해당하지 않는다고 할 것이다.

바. 이 사건 각 주민세(별지 목록 3, 4)에 대한 판단

(1) 관련 규정

◇ 지방세법 제29조【납세의무의 성립시기】

① 지방세를 납부할 의무는 다음 각 호의 시기에 성립한다.

4. 주민세

나. 소득할: 그 과세표준이 되는 소득세 · 법인세 · 농업소득세의 납세의무가 성립하는 때 (나머지 호 생략)

(2) 이 사건 각 주민세의 성립시기

피고 서울특별시가 원고에게 부과한 이 사건 각 주민세 중 이 사건 법인세와 그 가산세에 따른 주민세(별지 목록 4)는 그 과세표준인 법인세가 파산선고 이전의 원인으로 인한 조세채권이므로 위 관련 규정에 따라 동일하게 재단채권이라고 할 것이고, 위 2001년도의 근로소득세원천징수세액에 따른 주민세(별지 목록 3)는 그 과세표준인 위 근로소득세원천징수의무가 파산선고 이후에 성립한 것이므로 그에 따른 주민세 역시 재단채권과 파산채권에 해당하지 않는다고 할 것이다.

4. 결론

그렇다면, 피고 대한민국이 파산자 주식회사 심스밸리에게 부과한 위 각 근로소득세(별지 목록 2)와 피고 서울특별시가 파산자 주식회사 심스밸리에게 부과한 위 2001년도 근로소득세원천징수세액에 따른 주민세(별지 목록 4)는 위 파산자에 대한 재단채권과 파산채권에 속하지 아니한다고 할 것이고 피고들이 이를 다투고 있는 이상 그 확인을 구할 이익도 있다 할 것이어서, 원고의 피고들에 대한 이 사건 청구는 위 인정범위 내에서 이유 있어 이를 인용하고 원고의 피고들에 대한 나머지 청구는 이유 없어 이를 기각하기로 하여 주문과 같이 판결한다.

재판장 판사 이홍철 양재호 박성윤

목록 1

1. 2003. 1. 21. 부과한 2002년 귀속 법인세 수시분 153,635,320원과 그 가산금.

2. 2003. 6. 1. 부과한 2002년 2기 귀속 부가가치세 42,203,286원과 그 가산금. 끝.

(위 1항의 경우에는 조세부과처분이 감액경정된 경우이므로 원처분이 감액된 범위에서 존재하는 것으로 보아 부과일자는 원처분에 따르고 세액은 잔존부분에 따라 표기하였다. 2항의 경우에는 조세부과처분이 증액경정된 경우이므로 후처분만 존재하는 것으로 보아 부과일자와 세액을 표기하였다. 다른 목록도 같은 방법에 따랐다)

목록 2

1. 2003. 5.경 소득금액변동통지(2001년도분)에 따라 2003. 6. 11. 부과한 2001년 귀속 근로소득세(원천세) 819,553,900원과 그 가산금.

2. 2003. 5.경 소득금액변동통지(2002년도분)에 따라 2003. 6. 11. 부과한 2002년 귀속 근로소득세(원천세) 3,962,110,180원과 그 가산금. 끝.

목록 3

1. 2003. 1. 21. 부과한 2002년 귀속 법인세 수시분 153,635,320원에 따른 주민세 9,074,880원과 그 가산금.

2. 2003. 1. 21. 부과한 2002년 귀속 법인세 수시분의 가산세에 따른 주민세 1,814,970원과 그 가산금. 끝.

목록 4

1. 2003. 5.경 소득금액변동통지(2001년도분)에 따라 2003. 6. 11. 부과한 2001년 귀속 근로소득세(원천세)에 따른 주민세 1,767,960원과 그 가산금. 끝.

[해설]

일반적으로 파산채권은 '파산선고 전의 원인'으로 발생하면 족하므로 파산선고시에 현실적으로 발생한 채권뿐만 아니라 채권의 성립에 필요한 발생원인의 주된 부분, 즉 청구권 발생의 기본적인 요건사실이 파산선고 전에 갖추어져 있으면 족하다. 따라서 기한부채권, 조건부채권, 장래의 청구권 등이라도 파산채권이 될 수 있으나, 단순한 기대권 등은 파산채권이 되지 아니한다. 또한, 재단채권은 원칙적으로 파산선고 후에 생긴 채권이나, 조세채권의 경우는 공익상의 이유로 파산선고 전에 생긴 것이라도 재단채권으로 규정하고, 다만 파산선고 후의 원인으로 인한 청구권의 경우는 파산재단에 관하여 생긴 것으로 제한하고 있다.

그러므로 조세채권이 재단채권이나 파산채권에 해당하기 위해서는 먼저 '파산선고 전의 원인으로 생긴' 것인지를 검토하여야 하여야 하므로, 이를 어떻게 판단할 것인지가 문제되는데, 위 판례들은 파산선고 전의 원인으로 인한 조세채권의 의미를 납세의무가 성립하지 않았다고 하더라도 과세원인사실만 발생하고 있으면 충분한 것이라는 피고의 주장을 배척하고 '파산선고 전의 원인으로 인한 조세채권'에 해당하는지 여부는 파산선고 전에 법률에 정한 과세요건이 충족되어 그 조세채권이 '성립'되었는가 여부를 기준으로 하여 결정된다고 하고 있다. 즉 파산선고 전의 원인으로 인한 조세채권의 의미는 파산선고 이전에 조세채권이 과세관청의 부과처분 절차에 의하여 구체적으로 확정되거나 납기가 도래할 필요까지는 없더라도 적어도 각 세법이 정한 과세요건사실이 충족됨으로써 추상적으로 납세의무가 성립한 경우라고 보는 것이다.

조세채권의 성립시기는 국세의 경우는 국세기본법 제21조, 지방세의 경우는 지방세법 제29조가 정하고 있다. 구체적인 예를 보면, 원천징수하는 소득세 또는 법인세채권은 소득금액 또는 수입금액을 지급하는 때에 성립하고(국세기본법 제21조 제 2 항 제 1 호), 법인세법에 의하여 세무서장이 법인소득금액을 결정 또는 경정함에 있어서 처분되는 배당 · 상여 및 기타소득은 당해 세무서장이 그 결정일 또는 경정일부터 15일 이내에 소득금액변동통지서에 의하여 당해 법인에게 통지하여야 하고, 그 통지서를 받은 날에 당해 배당 · 상여 및 기타소득을 지급하거나 회수한 것으로 보게 되어 있으므로, 위 배당 · 상여 및 기타소득에 대한 국세채권은 그 소득금액변동통지서가 당해 법인에게 송달된 때에 성립한다(소득세법시행령 제192조 제 1 항, 제 2 항). 그리고 부가가치세채권은 과세기간이 종료하는 때에 납세의무가 성립한다(국세기본법 제21조 제 1 항 제 7 호).[1] 또한, 수시부과에 의하여 징수할 수 있는 국세채권은 수시부과할 사유가 발생하는 때에 성립하는바(국세기본법 제21조 제 2 항 제 4 호), 서울중앙지방법원 2003가합85833 판결 및 서울중앙지방법원 2006. 12. 8. 선고 2006가합72135 판결은 부가가치세법 제21조 제 1 항 제 4 호, 제23조 제 2 항, 동법시행령 제68조 제 2 항, 제70조의2(법인세법 제69조, 동법시행령 제108조)에 의하여 법인이 파산 전 폐업상태에 있는 때에 이미 부가가치세채권(법인세채권)이 성립하였다고 판시하여 이러한 법리를 확인하였다.

다음으로, 조세채권이 파산선고 후의 원인으로 생긴 것이라면 그것이 파산재단에 관하여 생긴 것인지를 검토하여야 하는데, 여기서 '파산재단에 관하여 생긴 것'이 무엇을 뜻하는 것인지가 문제된다.

우리나라의 파산법 제38조 제 2 호와 똑같은 내용의 일본 파산법 제47조 제 2 호에 관하여 원래 입법자의 의도는 조세를 인적세와 물적세로 나누어 물적세에 한하여 재단채권으로 하려는 것이었고, 이에 터잡아 '파산재단에 관하여 생긴 것'은 물적세, 즉 과세객체가 누구에게 속하더라도 과세에 변화가 없는 것, 또는 과세표준액의 결정에 개인적인 사정이 개입하지 않아서 누가 납부하더라도 똑같은 것을 뜻한다는 견해가 일본의 통설이라고 한다.[2] 이에 대하여 우리 조세체계상 각종 조세를 인적세와 물적세로 명확히 구분하는 것이 어려우므로, 파산재단에 관하여 생긴

1) 부가가치세의 과세기간은 대부분 제 1 기와 제 2 기로 나뉘는데 전자는 매년 1. 1.부터 6. 30.까지, 후자는 7. 1.부터 12. 31.까지이다(부가가치세법 제 3 조). 따라서 대손이 확정되는 날이 제1기분 과세기간 내에 발생하면 공급업자의 부가가치세는 매년 6. 30.의 도과로 성립한다.

2) 최완주, "파산절차와 조세관계," 재판자료 제82집, 법원도서관(1999), 405면.

것의 의미를 파산재단에 속한 자산의 소유사실 또는 그 자산의 양도, 처분사실에 터잡아 과세되거나 그 자산으로부터의 수익 그 자체에 대하여 과세되는 조세로 새기면 될 것이라고 하면서도, 결국에는 구체적인 사건에서 당해 조세채권과 파산재단과의 관계의 밀접성 정도, 당해 조세채권을 우선징수해야 할 공익성과 다른 재단채권자 또는 파산채권자들의 이익을 보호해야 할 필요성의 비교 형량 등을 고려하여 개별적으로 결정할 수밖에 없을 것이라는 견해가 있다.[3] 우리나라의 대법원 판례 중에 파산재단에 관하여 생긴 것의 의미에 관하여 명시적으로 판단한 것은 없는 것으로 보이나, 뒤에서 해설하는 서울고등법원 2005나32946 판결은 위 통설에 따른 것으로 보이는 데에 반하여, 대법원 2005다3687 판결의 제 1 심 판결은 후자의 견해를 따른 것으로 보인다. 서울고등법원 2005나32946 판결에 대한 대법원의 판단이 주목된다.

---

(4) **대법원** 2004. 2. 13. **선고** 2003**다**49153 **판결【부당이득금】**[**공**2004, 513]

【판결요지】

[1] 낙찰대금에 그 부동산의 낙찰에 대한 부가가치세가 포함되어 있지 아니한 경우에는 낙찰인이 거래징수를 당하는 매입세액 자체가 없으므로 낙찰인이 낙찰대금에 부가가치세가 포함되어 있다는 전제 아래 경매 부동산의 소유자로부터 세금계산서를 받아 제출하였다고 하더라도 부가가치세의 원리상 이를 매입세액으로 공제할 여지가 없는 것이고, 이러한 법리는 경매 부동산의 소유자가 부가가치세법상의 사업자인 경우에 그 경매와 관련하여 부가가치세를 납부할 의무를 부담하게 된다고 하여 달리 볼 것이 아니다.

[2] 부가가치세법 제 2 조 제 1 항은 사업상 독립적으로 재화 및 용역을 공급하는 자(사업자)를 부가가치세 납세의무자로 하고 있으므로, 사업자가 공급을 받는 자로부터 실제로 부가가치세 상당액을 거래징수를 하였는지의 여부나 거래징수를 하지 못한 데 대한 책임의 유무 및 징수가능성 등을 따져 부가가치세 납세의무의 유무를 가릴 것은 아니라 할 것이고, 따라서 부동산 경매에 있어서 경매실시기관인 법원이 경락인으로부터 부가가치세를 거래징수하지 아니하였다 하여 그 소유자에게 부가가치세 납세의무가 없다고 할 수 없다.

[3] 부동산 임의경매에 있어서 경매 부동산의 소유자가 낙찰대금에 부가가치세가 포함되어 있는 것으로 해석하여 낙찰자의 요구에 따라 세금계산서를 교부하고 그 부가가치세를 신고납부하였으나 경매법원으로부터 이를 지급받지 못한 반면, 낙

---

3) 최완주, 앞의 글, 409면.

찰자는 그 세금계산서로 매입세액을 공제받은 경우, 낙찰자가 소유자가 신고납부한 부가가치세 상당액을 매입세액으로 공제받은 것은 과세관청이 그 낙찰대금에 건물의 낙찰에 대한 부가가치세가 포함되어 있는지 여부 및 낙찰인이 거래징수를 당한 매입세액이 있었는지 여부에 대한 판단을 그르쳐 그 매입세액 공제를 받아들인 데에 기인하는 것이지 소유자가 그 부가가치세를 신고납부하였기 때문이 아니며, 더욱이 낙찰자가 매입세액 공제라는 이익을 얻은 것이 소유자의 부가가치세 신고납부라는 재산출연행위로 인한 것도 아니므로, 낙찰자가 법률상 원인 없이 소유자의 재산으로 인하여 이익을 얻고 이로 인하여 소유자에게 손해를 가하였다고 할 수는 없다.

[4] 거래당사자 사이에 부가가치세를 부담하기로 하는 약정이 따로 있는 경우에는 사업자는 그 약정에 기하여 공급을 받는 자에게 부가가치세 상당액의 지급을 청구할 수 있는 것이고, 부가가치세 부담에 관한 위와 같은 약정은 반드시 재화 또는 용역의 공급 당시에 있어야 하는 것은 아니고 공급 후에 한 경우에도 유효하며, 또한 반드시 명시적이어야 하는 것은 아니고 묵시적인 형태로 이루어질 수도 있다.

【참조 조문】 [1] 민사집행법 제97조, 제268조, 부가가치세법 제16조, 제17조, 부가가치세법시행령 제58조 제 6 항／[2] 민법 제741조, 부가가치세법 제 2 조 제 1 항, 제 6 조 제 1 항, 제15조, 부가가치세법시행령 제14조 제 1 항 제 4 호／[3] 민법 제741조, 민사집행법 제97조, 제268조, 부가가치세법 제 2 조 제 1 항, 제 6 조 제 1항, 제15조, 제16조, 제17조, 부가가치세법시행령 제58조 제 6 항／[4] 민법 제105조, 부가가치세법 제15조

【원고, 상고인】 파산자 주식회사 기산의 파산관재인 甲

【피고, 피상고인】 주식회사 한섬 (소송대리인 변호사 강인애)

【원심판결】 서울고등법원 2003. 8. 12. 선고 2003나14944 판결

【주문】 상고를 기각한다. 상고비용은 원고가 부담한다.

【이유】 1. 낙찰대금에 그 부동산의 낙찰에 대한 부가가치세가 포함되어 있지 아니한 경우에는 낙찰인이 거래징수를 당하는 매입세액 자체가 없으므로 낙찰인이 낙찰대금에 부가가치세가 포함되어 있다는 전제 아래 경매 부동산의 소유자로부터 세금계산서를 받아 제출하였다고 하더라도 부가가치세의 원리상 이를 매입세액으로 공제할 여지가 없는 것이고, 이러한 법리는 경매 부동산의 소유자가 부가가치세법상의 사업자인 경우에 그 경매와 관련하여 부가가치세를 납부할 의무를 부담하게 된다고 하여 달리 볼 것은 아니므로(대법원 1996. 5. 10. 선고 95누9136 판결, 2002. 5. 14. 선고 2002두1328 판결 등 참조), 피고가 경매절차 외에서 임의로 부가가치세의 거래징수에 응하여 그 부가가치세 상당액을 원고에게 별도로 지급하지 않는 한, 원고가 그 부가가치세를 신고납부하였다고 하더라도 그 매입세액을 공제

받을 수는 없는바, 그럼에도 불구하고 피고가 원고가 신고납부한 부가가치세액 상당을 매입세액으로 공제받은 것은 일응 법률상 원인 없이 이익을 얻은 것이라고 할 수는 있다.

그러나 부가가치세법 제 2 조 제 1 항은 사업상 독립적으로 재화 및 용역을 공급하는 자(사업자)를 부가가치세 납세의무자로 하고 있으므로, 사업자가 공급을 받는 자로부터 실제로 부가가치세 상당액을 거래징수를 하였는지의 여부나 거래징수를 하지 못한 데 대한 책임의 유무 및 징수가능성 등을 따져 부가가치세 납세의무의 유무를 가릴 것은 아니라 할 것이고, 따라서 부동산 경매에 있어서 경매실시기관인 법원이 경락인으로부터 부가가치세를 거래징수하지 아니하였다 하여 그 소유자에게 부가가치세 납세의무가 없다고 할 수 없으므로(대법원 1991. 7. 12. 선고 90누6873 판결, 1998. 2. 27. 선고 97누7547 판결 등 참조), 원고가 부가가치세를 납부한 것은 국가에 대한 납세의무라는 원고의 법률상 의무를 이행한 데 따른 것이다.

위와 같이 피고가 원고가 신고납부한 부가가치세 상당액을 매입세액으로 공제받은 것은 과세관청이 그 낙찰대금에 이 사건 건물의 낙찰에 대한 부가가치세가 포함되어 있는지 여부 및 낙찰인인 피고가 거래징수를 당한 매입세액이 있었는지 여부에 대한 판단을 그르쳐 그 매입세액 공제를 받아들인 데에 기인하는 것이지, 원고가 그 부가가치세를 신고납부하였기 때문은 아니며(원고가 피고의 요구에 의해 세금계산서를 교부한 사실까지 합쳐보아도 마찬가지이다), 더욱이 피고가 매입세액 공제라는 이익을 얻은 것이 원고의 부가가치세 신고납부라는 재산 출연행위로 인한 것도 아니므로(원고가 피고의 요구에 의해 세금계산서를 교부한 것을 재산 등 출연행위로 볼 수도 없다), 피고가 법률상 원인 없이 원고의 재산으로 인하여 이익을 얻고 이로 인하여 원고에게 손해를 가하였다고 할 수는 없다.

이 사건에 있어서 원고의 손해와 피고의 이익 사이에는 부당이득의 법리가 요구하는 직접적인 원인관계가 존재하지 않는다고 한 원심의 판단은, 일부 적절하지 않은 점은 있으나, 그 결론은 옳은 것으로 수긍이 가고, 거기에 부당이득에 있어서의 인과관계에 관한 법리를 오해한 위법이 있다고 할 수 없다.

2. 거래당사자 사이에 부가가치세를 부담하기로 하는 약정이 따로 있는 경우에는 사업자는 그 약정에 기하여 공급을 받는 자에게 부가가치세 상당액의 지급을 청구할 수 있는 것이고, 부가가치세 부담에 관한 위와 같은 약정은 반드시 재화 또는 용역의 공급 당시에 있어야 하는 것은 아니고 공급 후에 한 경우에도 유효하며, 또한 반드시 명시적이어야 하는 것은 아니고 묵시적인 형태로 이루어질 수도 있다(대법원 1999. 11. 12. 선고 99다33984 판결, 2002. 11. 22. 선고 2002다38828 판결 등 참조).

그러나 우선, 기록에 비추어 살펴보면, 통상적으로 피고와 같은 입찰자는 낙찰대금에 부가가치세가 포함되지 않는 경우, 낙찰대금과는 별도로 당연히 부가가치세를 부담하여야 한다는 점을 알면서 경매에 참여한다거나, 낙찰대금에 부가가치세가 포함되지 아니한 경우는 일반적인 거래에서 부가가치세 별도라는 조건하에 매매가 이루어진 것과 동일하게 보아야 한다는 원고의 주장을 뒷받침할 만한 자료는 보이지 아니한다.

더욱이 원심이 판시한 바와 같이, 원고는 이 사건 건물의 낙찰대금에 부가가치세가 포함되어 있는 것으로 생각하고, 이를 전제로 세금계산서를 교부하였다는 것이므로{이와 관련하여 원고는, "원고는 일단 위 부가가치세를 신고·납부하고, 이를 경락대금을 배당할 때 정산받고자 하였다"고 주장하였다. 피고가 원고에게 이 사건 세금계산서의 교부를 요구한 것을 두고 낙찰대금과는 별도로 부가가치세를 부담하겠다는 의사를 원고에게 표시하고, 원고가 이를 승낙함으로써, 경매절차 외에서 별도로 부가가치세 상당액을 거래징수하기로 하는 명시적 또는 묵시적 합의가 성립하였다고 볼 수도 없다.

같은 취지의 원심의 판단 또한 옳은 것으로 수긍이 가고, 거기에 부가가치세 지급약정의 존부에 관하여 채증법칙을 위배하는 등으로 사실을 오인한 위법이 있다고 할 수 없다.

대법관 윤재식(재판장) 변재승 강신욱 고현철(주심)

[해설]

파산채권에 기하여 파산재단에 속하는 재산에 대하여 행하여진 강제집행·가압류 또는 가처분은 파산재단에 대하여는 그 효력을 잃는다(파산법 제61조 제1항 본문, 신법 제348조 제1항 본문). 그러나 파산관재인은 파산재단을 위하여 강제집행절차를 속행할 수 있고(파산법 제61조 제1항 단서, 신법 제348조 제1항 단서), 또한 별제권, 재단채권으로 인정되는 권리에 기한 강제집행은 파산선고 당시에 착수되어 있던 경우라도 파산선고에 의하여 실효되지 아니하고, 파산관재인을 상대방으로 하여 속행되며, 별제권에 기하여는 파산선고 후에도 새롭게 집행절차를 개시할 수 있는데,[4] 이러한 경우 부가가치세법 제2조 제1항, 제6조 제1항, 부가가치세법 시행령 제14조 제1항 제4호에 의하면 낙찰로 인한 부가가치세는 원칙적으로 파산재단이 부담하여야 한다.

또한, 현행 법원경매실무는 경락인으로부터 부가가치세를 거래징수하지 않고 있기 때문에, 종래 서울중앙지방법원은 파산재단 소속 부동산에 대한 경매절차에서

4) 그러나 재단채권에 기하여는 새로운 체납처분 또는 집행절차를 개시할 수 없다고 해석하는 것이 국내의 다수설이다. 법원실무제요 민사집행[Ⅱ], 547면도 같은 취지. 일본에서는 재단채권에 기한 강제집행 가부에 대한 논란이 있었으나, 2004년 개정 파산법 제42조는 파산선고시 재단채권에 기한 강제집행 등도 금지, 실효된다고 규정하고 있어 입법적으로 해결되었다.

매각허가가 이루어지더라도 별제권자에게 배당될 금액 등이 많아 파산재단으로 환입되어 일반채권자의 배당재원으로 사용될 배당금액이 거의 없을 경우 결국 파산재단이 막대한 부가가치세를 최종적으로 부담하게 되어 다른 재단채권자 및 파산채권자들의 이익을 침해하는 사례가 있으므로, 이러한 경우에는 미리 권리포기 허가를 받아 파산재단이 공급자가 되지 않도록 하거나(이 경우 재단채권자들은 경매절차에 참가하여 집행법상 순위에 따라 배당받으면 됨), 낙찰자가 사업자인 경우 파산관재인이 직접 낙찰자와 교섭하여 부가가치세를 직접 별도로 거래징수하도록 하였다(낙찰자도 매입세액 공제를 받으면 되므로 추가부담은 없음. 다만, 파산재단의 사업자등록이 유지되고 있는 경우에만 가능함[5]).[6]

그러나 2006. 2. 9. 부가가치세법시행령 제14조 제3항이 신설되었고,[7] 여기에는 임의경매도 포함되므로[8] 그 이후에 이루어진 강제경매와 임의경매로 인한 소유권의 이전은 재화의 공급에 해당하지 아니하여 부가가치세의 과세대상에서 제외되었다. 따라서 향후에는 부가가치세의 문제를 이유로 파산재단 소속 부동산 등을 파산재단에서 포기하여 재단채권자들이 경매절차에서 직접 배당받도록 하지 말고, 파산재단에서 포기하지 않고 파산관재인이 재단채권자들을 대신하여 배당금을 수령한 후 재단채권자들에게 안분변제해야 할 것이다.[9] 다만, 과세관청이 파산선고 전에 국세징수법 또는 국세징수의 예에 의하여 체납처분으로 부동산을 압류한 경우에는 파산재단이 재단채권의 총액을 변제하기에 부족한 것이 분명하게 된 경우에도 과세관청이 경매절차에서 직접 배당받을 수 있다.[10]

---

5) 林治龍, 파산법연구 2, 66면. 법인이 파산자인 경우 대부분 제1회 채권자집회에서 사업폐지의 결의를 하지만 별도로 사업자등록증을 반납하지 않는 한 여전히 부가가치세의 납부의무를 부담한다고 한다. 다만, 신법 시행 후에는 채권자집회에서의 결의가 임의적인 것으로 변경되었다.

6) 법인파산실무, 553-554면.

7) 제14조(재화공급의 범위) ① 법 제6조 제1항에 규정하는 재화의 공급은 다음 각 호에 규정하는 것으로 한다.

4. 경매 · 수용 · 현물출자 기타 계약상 또는 법률상의 원인에 의하여 재화를 인도 또는 양도하는 것

③ 제1항 제4호의 규정에 불구하고 「국세징수법」 제61조의 규정에 따른 공매(동법 제62조의 규정에 따른 수의계약에 따라 매각하는 것을 포함한다) 및 「민사집행법」의 규정에 따른 강제경매에 따라 재화를 인도 또는 양도하는 것은 재화의 공급으로 보지 아니한다.

8) 국세청 인터넷 상담사례: 경매에 따른 부가가치세 과세 여부[답변일자: 2006. 12. 1.] — 부가가치세법시행령 제14조 제3항에서 재화의 공급으로 보지 아니하는 민사집행법 규정에 따른 강제경매 범위에는 민사집행법 규정에 따른 담보권 실행을 위한 경매(임의경매)도 포함하는 것임.

9) 대법원 2003. 6. 24. 선고 2002다70129 판결(공2003, 1582) 참조.

10) 대법원 2003. 8. 22. 선고 2003다3768 판결(미공간) 참조.

(5) 부산고등법원 2004. 1. 30. **선고** 2003누3222 **판결【부가가치세경정거부처분 취소】**(**미상고 확정**) [공2004, 332]

【판결요지】

파산선고가 있으면 파산자가 파산선고시에 가진 모든 재산은 파산재단을 구성하고, 파산채권자는 그 채권을 일정한 기간 내에 파산법원에 신고한 후 채권조사기일에서의 조사를 거쳐 확정된 금액 및 순위에 따라 배당을 받게 되므로, 파산선고 자체만 가지고 당연히 그 채권을 회수할 수 없는 경우에 해당한다고 볼 수는 없고, 파산관재인이 최후 배당액을 결정, 통지함으로써 배당이 확정될 때 채권액에 대하여 전혀 배당이 없든가 그 중 일부만이 배당되었을 경우에 비로소 회수할 수 없는 채권액으로 확정된다고 봄이 상당하고, 또한, 구 부가가치세법시행령(2002. 12. 30. 대통령령 제17827호로 개정되기 전의 것) 제63조의2 제1항은, 대손세액공제 사유로 파산법에 의한 파산과 아울러 강제화의를 포함한다고 규정하고 있는바, 파산법상의 강제화의는 파산선고 후 파산절차 중에 파산적 청산을 회피하고 파산자의 경제적 갱생을 위하여 파산절차를 종료시키는 제도인데(파산법 제262조, 제275조 참조), 대손의 확정시기를 파산선고시로 본다면 굳이 강제화의를 파산과 별도로 규정할 필요가 없는 점, 파산관재인에 대한 사실조회결과에 의하면 파산자가 파산선고시에 가진 파산재단에 속하는 재산으로 별제권자에 대한 변제 이외에 파산채권자에게 배당이 가능한 점 등을 종합하여 판단하면, 거래상대방인 공급받는 자가 파산선고를 받은 것만으로는 용역대금의 대손이 확정되었다고 할 수 없다고 한 사례.

【참조 조문】 부가가치세법 제17조의2, 구 부가가치세법시행령(2002. 12. 30. 대통령령 제17827호로 개정되기 전의 것) 제63조의2 제1항, 파산법 제262조, 제275조

【원고, 항소인】 대광기업 주식회사 (소송대리인 법무법인 삼덕 담당변호사 김백영)

【피고, 피항소인】 중부산세무서장

【제1심 판결】 부산지법 2003. 8. 14. 선고 2002구합5468 판결

【변론종결】 2003. 12. 19.

【주문】 1. 원고의 항소를 기각한다. 2. 항소비용은 원고의 부담으로 한다.

【청구취지 및 항소취지】 제1심 판결을 취소한다. 피고가 2002. 12. 9. 원고에 대하여 한 부가가치세 10,985,544원의 경정청구거부처분을 취소한다.

【이유】 1. 처분의 경위

가. 원고가 2001년 1기에 조양상선 주식회사(이하 '조양상선'이라 한다)에 컨테이너 수리용역을 공급하고, 그 대금 120,840,985원(부가가치세 10,985,544원 포함, 이하 '이 사건 용역대금'이라 한다)을 지급받지 못한 상태에서, 2001. 6. 23. 조양상

선에 대한 회사정리절차가 개시되었다.

나. 원고는 2001. 7. 25. 2001년 1기분 부가가치세 확정신고를 하면서, 이 사건 용역대금에 대한 부가가치세 10,985,544원(이하 '이 사건 세액'이라 한다)을, 별지 관계 법령 2항 기재의 부가가치세법(이하 '법'이라 한다) 제17조의2 소정의 대손세액에 해당하는 것으로 보아 이를 대손세액으로 공제신고하여 해당 금액을 환급받았으나, 이후 피고는 이 사건 용역대금의 대손이 확정되지 아니하였다는 이유로 이 사건 세액을 추징하였다.

다. 원고는 2002. 11. 1. 피고에게, 다음과 같은 이유, 즉 조양상선이 2001. 9. 11. 파산선고를 받음으로써 대손이 확정되었으므로, 비록 2001년 2기분 예정신고시에 이 사건 세액에 관하여 대손세액공제신고를 하지 아니하였지만, 이미 위 나.항 판시와 같이 2001년 1기분 확정신고시에 그 공제신고를 하였으니, 이 사건 세액을 환급하여야 한다면서, 그 환급을 구하는 경정청구를 하였다.

라. 피고는 2002. 12. 9. 원고에 대하여, 조양상선이 파산선고를 받은 후 잔여재산에 대한 배당액이 확정되지 아니하여 대손이 확정되지 아니하였다는 이유로 위 다.항 판시 경정청구를 거부(이하 '이 사건 처분'이라 한다)하였다.

2. 처분의 적법 여부

가. 원고의 주장 요지

다음과 같은 이유로 이 사건 처분은 위법하다.

(1) 법 제17조의2 제1항 소정의 '대손의 확정이 된 날'이란, 법시행령 제63조의2 제1항 제1호에서 '파산법에 의한 파산'을 대손세액공제대상으로 규정하고 있는 점에 비추어, 파산의 사유가 발생한 날이라고 보아야 할 뿐 아니라, 더욱이 조양상선이 파산선고를 받음으로써 일반채권자인 원고에게 배당될 잉여 금원이 없게 되었으므로, 파산선고일인 2001. 9. 11.에 이 사건 용역대금의 대손이 확정되었다고 보아야 할 것이다.

(2) 위 (1)항 판시와 달리 보더라도, 소득세법시행령 제55조 제2항 및 그 시행규칙 제25조, 법인세법시행령 제62조의 각 규정을 준용하면, 조양상선의 당좌거래 정지일인 2001. 6. 4.로부터 6월이 경과한 2001. 12. 4.에 이 사건 용역대금의 대손이 확정되었다고 보아야 할 것이다.

나. 관계 법령

별지 기재와 같다.

다. 판단

(1) 위 가.(1)항 주장 부분

(가) 법리

① 우선, 법 제17조의2에 규정된 대손세액공제는 사업자가 재화 또는 용역을 공

급하고서도 거래 상대방인 공급받는 자의 파산, 강제집행 기타 대통령령이 정하는 사유로 인하여 부가가치세가 포함된 외상매출금 기타 매출채권이 대손되어 회수할 수 없는 경우, 그 사업자는 부가가치세를 징수하지 못하면서도 자신의 자금으로 부가가치세를 신고납부할 의무를 부담하게 되므로, 이를 막기 위하여 대손이 확정되는 날이 속하는 과세기간에 거래징수하지 못한 부가가치세를 사업자의 매출세액에서 공제하여 줌으로써 사업자의 세부담을 완화시켜 주는 제도라고 할 것이다.

② 한편, 파산선고가 있으면 파산자가 파산선고시에 가진 모든 재산은 파산재단을 구성하고, 파산채권자는 그 채권을 일정한 기간 내에 파산법원에 신고한 후 채권조사기일에서의 조사를 거쳐 확정된 금액 및 순위에 따라 배당을 받게 되므로, 파산선고 자체만 가지고 당연히 그 채권을 회수할 수 없는 경우에 해당한다고 볼 수는 없고, 파산관재인이 최후 배당액을 결정, 통지함으로써 배당이 확정될 때 채권액에 대하여 전혀 배당이 없든가 그 중 일부만이 배당되었을 경우에 비로소 회수할 수 없는 채권액으로 확정된다고 봄이 상당하다.

③ 또한, 법시행령 제63조의2 제 1 항은 대손세액공제 사유로 파산법에 의한 파산과 아울러 강제화의를 포함한다고 규정하고 있는바, 파산법상의 강제화의는 파산선고 후 파산절차 중에 파산적 청산을 회피하고 파산자의 경제적 갱생을 위하여 파산절차를 종료시키는 제도인데(파산법 제262조, 제275조 참조), 대손의 확정시기를 파산선고시로 본다면 굳이 강제화의를 파산과 별도로 규정할 필요가 없다.

(나) 제 1 심 법원의 조양상선 파산관재인에 대한 사실조회 결과에 의하면, 2001. 12. 31. 기준으로, 파산자 조양상선이 파산선고시에 가진, 파산재단에 속하는 재산으로 별제권자에 대한 변제 이외에 파산채권자에게 배당이 가능한 사실을 인정할 수 있다.

(다) 위 1.항 및 위 (나)항 판시 사실에 나타난 사정과 위 (가)항 판시 법리를 종합하여 사회통념에 좇아 판단하면, 조양상선이 파산선고를 받은 것만으로는 이 사건 용역대금의 대손이 확정되었다고 할 수 없다.

따라서, 원고의 위 주장은 이유 없다.

(2) 위 가.(2)항 주장 부분

법인 또는 개인의 부동산 임대소득이나 사업소득의 각 연도의 총수입금액에 대응하는 필요경비로서의 대손금을 규정한 직접세인 법인세 및 소득세의 대손처리의 성격이 부가가치세의 그것과 반드시 같다고 할 수 없으므로, 소득세법이나 법인세법 소정의 규정을 준용할 수는 없고, 한편 법시행령 제63조의2 제 1 항 제 6 호에서 대손세액공제사유로 규정하는 '수표 또는 어음의 부도발생일부터 6월이 된 경우'는 그 제 1 호에서 규정하는 '파산법에 의한 파산'과 마찬가지로 대손세액공제의 원인이 되는 사유를 든 것으로서, 위 (1)(가)1)항 판시 법리와 법 제17조의2 제 1 항의 규정에 비추어, '수표 또는 어음의 부도발생일부터 6월이 된' 것만으로는 부족하고 그로 인하여 대손이 확정이 된 경우에 비로소 대손세액공제대상이 된다고 할 것인바, 이 사건 용역대금의 대손이 확정되었다고 볼 수 없음은 위 (1)항 판시에서 본 바와 같다. 따라서, 원고의 위 주장도 이유 없다.

라. 사정이 그러하다면, 이 사건 처분은 적법하다.

3. 결론

그렇다면, 원고의 이 사건 청구는 이유 없으므로 이를 기각할 것인바, 제 1 심 판결은 이와 결론을 같이하여 정당하므로, 원고의 항소는 이유 없어 이를 기각하기로 하여 주문과 같이 판결한다.

재판장 판사 강문종 안창환 소영진

[해설]

파산채권은 파산절차에 따라 파산재단에서 변제받을 수 있으나 이를 모두 회수할 수 있는 경우는 거의 없을 것이므로 파산자의 채권자는 이를 대손금으로 하여 세무처리를 할 필요가 있다. 대손사유는 파산법에 의한 파산을 비롯한 부가가치세법시행령 제63조의2 제 1 항에 정한 사유[11]로 인하여 외상매출금 기타 매출채권을 회수할 수 없게 된 경우를 말한다(부가가치세법 제17조의2 제 1 항 본문). 즉 파산 등으로 인하여 매출채권을 회수할 수 없게 되어야 하므로 거래상대방이 파산선고

11) [소득세법시행령 제55조 제 2 항]
1. 채무자의 파산·강제집행·형의 집행 또는 사업의 폐지로 인하여 회수할 수 없는 채권
2. 채무자의 사망·실종·행방불명 등으로 인하여 회수할 수 없는 채권
3. 기타 재정경제부령이 정하는 바에 의하여 회수할 수 없다고 인정되는 채권
[법인세법시행령 제62조 제 1 항]
1. 「상법」에 의한 소멸시효가 완성된 외상매출금 및 미수금
2. 「어음법」에 의한 소멸시효가 완성된 어음
3. 「수표법」에 의한 소멸시효가 완성된 수표
4. 「민법」에 의한 소멸시효가 완성된 대여금 및 선급금
5. 「채무자 회생 및 파산에 관한 법률」에 의한 회생계획인가의 결정 또는 법원의 면책결정에 따라 회수불능으로 확정된 채권
6. 「민사집행법」 제102조의 규정에 의하여 채무자의 재산에 대한 경매가 취소된 압류채권
7. 물품의 수출 또는 외국에서의 용역제공으로 인하여 발생한 채권으로서 외국환거래에 관한 법령에 의하여 한국은행총재 또는 외국환은행의 장으로부터 채권회수의무를 면제받은 것
8. 채무자의 파산, 강제집행, 형의 집행, 사업의 폐지, 사망, 실종, 행방불명으로 인하여 회수할 수 없는 채권
9. 부도발생일부터 6월 이상 경과한 수표 또는 어음상의 채권 및 외상매출금(중소기업의 외상매출금으로서 부도발생일이전의 것에 한한다). 다만, 당해 법인이 채무자의 재산에 대하여 저당권을 설정하고 있는 경우를 제외한다.
10호 이하 생략

를 받았다는 사실만으로는 대손사유에 해당하지 아니하고 파산절차에서 배당을 받지 못하게 된 것으로 확정되어야 비로소 대손세액 공제를 받을 수 있다.[12)]

위의 법리는 법인세, 소득세의 경우에도 그대로 적용된다(법인세법 제19조, 제34조 제2항, 동법시행령 제19조 제8호, 제62조, 소득세법시행령 제55조 제1항 제16호, 제2항 제1호).[13)] 다만, 법인세법시행령 제19조 제8호, 소득세법시행령 제55조 제1항 제16호는 "대손금(부가가치세매출세액 미수금으로서 회수할 수 없는 것 중 부가가치세법 제17조의2의 규정에 의한 대손세액공제를 받지 아니한 것을 포함한다)"을 규정하고 있는바, 이는 회수할 수 없게 된 매출채권 중 부가가치세법에 따른 대손세액공제를 받은 경우는 법인세법상 대손금에서 제외한다는 취지로 새겨야 할 것이다.[14)] 따라서 채무자의 파산으로 인하여 회수할 수 없는 채권에 관하여 부가가치세법 제17조의2의 규정에 의한 대손세액공제를 받은 경우에는 법인세에 관하여 대손처리를 할 수 없다.

---

(6) **서울행정법원** 2005. 7. 7. **선고** 2005**구합**6904 **판결【부가가치세부과처분취소】(항소심에서 소취하) (미공간)**

【원고】 파산자 거평유통주식회사의 파산관재인 이동학

【피고】 1. 강남세무서장 2. 대한민국

【변론종결】 2005. 6. 16.

【주문】 1. 주위적 청구에 기하여, 피고 강남세무서장이 2004. 9. 10. 원고에 대하여 한 2002년도 제2기 부가가치세 33,292,890원의 부과처분을 취소한다. 2. 피고 대한민국에 대한 이 사건 예비적 청구를 기각한다. 3. 소송비용 중 원고와 피고 강남세무서장 사이에서 생긴 부분은 피고 강남세무서장의, 원고와 피고 대한민국 사이에서 생긴 부분은 원고의 각 부담으로 한다.

【청구취지】 주위적으로 피고 강남세무서장에 대하여 주문 제1항과 같은 판결, 예비적으로 피고 대한민국에 대하여 원고와 피고 대한민국 사이에 확정된 2004. 9. 10.자 2002년도 제2기 부가가치세 33,292,890원의 채권은 파산채권임에 대한 확인을 구한다는 판결.

---

12) 이러한 이유로 채권자가 회사인 경우에는 파산절차를 신속히 종료하여 줄 것을 요청하는 경우가 많다.

13) 대법원 2005. 3. 10. 선고 2004두13158 판결(공보불게재); 1997. 11. 28. 선고 96누14418 판결(공1998, 156): 채무자가 사업을 폐지하였다 할지라도 동인의 재산의 잔존 여부 등을 확정함이 없이는 그 채권의 전부가 회수불능의 채권으로서 대손금에 해당한다고 할 수 없다.

14) 최완주, 앞의 글, 400면. 국세청도 같은 견해를 취하고 있다고 한다(국세청예규 법인 46012-2922, 1996. 10. 22).

【이유】 1. 처분의 경위

(1) 파산자 거평유통주식회사는 1998. 8. 28. 서울지방법원으로부터 파산선고를 받았고, 원고가 파산관재인으로 선임되었다.

(2) 그런데 피고는, 파산재단에 속하는 서울 강남구 압구정동 415 미성상가 지하 제27호 1,457.84㎡(이하 '이 사건 부동산'이라고 한다)가 2002. 7. 19. 경락되었음에도 원고가 이에 대한 부가가치세를 신고하지 아니하였음을 이유로 2004. 9. 10. 원고에게 신고 · 납부불성실 가산세 10,220,894원을 포함한 2002년 제2기 부가가치세 33,292,890원을 부과 · 고지하였다(이하 '이 사건 부과처분'이라고 한다).

2. 피고 강남세무서장에 대한 주위적 청구에 관한 판단

가. 이 사건 부과처분의 적법 여부

(1) 원고의 주장

(가) 원고는 이 사건 부동산에 관하여 재산포기신청을 하여 2001. 12. 7. 서울지방법원으로부터 재산포기허가를 받았고, 그에 따라 2002. 1. 18.자로 부동산등기부에 재산포기등기를 하였으며 그와 아울러 파산자에게 통지하였고 그 후 이 사건 부동산이 경락된 것이므로, 경락 당시 이 사건 부동산에 관리처분권은 이미 파산자에게 회복되었다 할 것이다. 그럼에도 불구하고 원고에게 이 사건 부동산에 관한 관리처분권이 있음을 전제로 한 이 사건 부과처분은 위법하다.

(나) 경매실시기관인 법원이 이 사건 부동산에 관하여 경매절차를 통하여 경락되게 하였으면 세금계산서를 경락인에게 교부하여야 함에도 그러한 절차를 취하지 아니하여 원고로서는 이 사건 부동산이 언제, 누구에게, 얼마의 가액으로 경락되었는지 알 수가 없어 세금계산서를 교부할 수 없었고 또한 교부한다고 하더라도 경락인으로부터 부가가치세를 징수할 수 없는 것이 거래의 현실인 점에 비추어 볼 때, 부가가치세를 징수하여 이를 신고 · 납부하지 아니하였다는 사유로 원고에게 이 사건 부과처분을 한 것은 위법할 뿐만 아니라 적어도 신고 · 납부불성실 가산세를 부과한 것은 위법하다.

(2) 관계 법령

(생략함)

(3) 인정사실

(가) 원고는 이 사건 부동산을 포함한 파산재단에 관하여 이를 환가한 후 채권자들에게 배당하는 등 파산절차를 진행하던 중, 이 사건 부동산의 보유가 파산재단의 증식에 기여할 가능성이 없다고 보고 서울지방법원에 파산재단 포기허가신청을 하였고, 서울지방법원은 2001. 12. 7. 포기허가를 하였다.

(나) 이에 원고는 2001. 12. 7.자 권리포기를 등기원인으로 하여 2002. 1. 18.자로 이 사건 부동산의 등기부상의 파산등기를 말소하였고, 2002. 2. 26. 위와 같은

사유를 파산자의 대표이사에게 통보하였다.

(다) 한편, 이 사건 부동산은 경매절차가 진행되어 2002. 7. 19. 경락되었다.

(4) 판단

(가) 파산절차에 있어서 파산재단 포기

1) 파산재단의 성립과 관리처분권의 이전

파산선고에 의하여 파산자가 파산선고시에 가진 모든 재산은 파산재단을 구성하고(파산법 제6조 제1항), 그 이후의 파산절차는 파산재단에 속하는 재산을 대상으로 이루어진다. 그리고 파산선고에 의하여 파산자는 파산재단을 구성하는 재산에 관한 관리처분권을 잃고 그 관리처분권은 파산관재인에게 전속한다(파산법 제7조).

2) 파산재단 포기

① 포기의 필요성

파산관재인은 파산재단 소속의 모든 재산을 환가하여야 하는 것이 원칙이지만, 환가가 불가능하거나 환가비용을 공제하면 남는 것이 없는 경우에는 파산재단에는 이익이 없고 오히려 불이익만 초래될 수 있으며 파산절차의 종결이 지연될 우려가 있다. 그에 따라 파산법은 신속하고 효율적인 파산절차 진행을 위하여 파산관재인은 그 재산을 파산재단으로부터 포기할 수 있다(파산법 제187조 제12호, 제188조).

② 절차

법원의 허가(감사위원 설치시에는 감사위원의 동의)를 얻어 포기할 수 있다. 부동산 등 파산등기 또는 등록이 되어 있는 경우 파산관재인은 포기허가를 얻은 후 법원에 파산재단으로부터의 포기를 원인으로 하는 파산등기의 말소등기촉탁을 신청하여야 한다.

③ 포기의 효과

포기는 당해 재산을 파산재단에서 제외하여 파산자 또는 별제권자의 자유로운 처분에 맡기는 것이므로(이른바 상대적 포기), 그 재산은 포기에 의하여 파산자의 자유재산(파산재단에 속하지 않는 재산)이 되어 그 재산에 대한 파산자의 관리처분권이 회복되며, 동시에 조세 · 공과금 등의 부담도 파산자가 지게 된다.

④ 법인파산의 경우

법인파산에 있어서 재단재산 포기를 인정할 수 있는지 여부에 대하여 파산회사의 재외재산이나 동시파산폐지 후에 발견된 파산회사의 소유재산은 자유재산에 해당하고, 포기 재산의 관리의 필요를 인정한 채권자의 신청에 의하여 청산인을 선임하거나 퇴임한 이사가 청산인 선임까지 사이에 응급조치를 취함으로써 포기재산을 관리할 수 있으며, 나아가 재단재산 포기 제도를 둔 취지와 그 규정 등을 종합하여 보면, 파산법인의 경우에도 재단재산의 포기를 인정하는 것이 옳다고 풀이된다.

(나) 판단

그런데 이 사건에 있어서 위 인정사실에 의하면, 당초 이 사건 부동산은 파산재단에 속하여 있었으나, 원고가 이 사건 부동산에 관하여 서울지방법원으로부터 2001. 12. 7.자로 재산포기허가를 받고, 2002. 1. 18.자로 파산등기가 말소되었으므로 그 이후부터는 원고의 이 사건 부동산에 관한 관리처분권은 소멸하고 대신 파산자의 관리처분권이 회복되었다 할 것이다. 따라서 파산자의 이 사건 부동산에 대한 관리처분권이 회복된 이후인 2002. 7. 19.자로 이 사건 부동산이 경락된 이상, 원고가 부가가치세법 제2조 제1항 소정의 이 사건 부과처분의 납세의무자임을 전제로 한 이 사건 부과처분은 위법하다 할 것이다. 이 점을 지적하는 원고의 주장은 이유 있다.

3. 피고 대한민국에 대한 예비적 청구에 관한 판단

(가) 원고의 주장

가사 이 사건 부과처분이 위법하지 않다 하더라도, 원고는 이 사건 부동산에 관하여 재단재산의 포기를 함으로써 그 이후에 이루어진 경매로 인하여 발생한 이 사건 부가가치세는 파산법 제38조 제2호 단서 소정의 파산선고 후의 원인으로 인한 채권으로서 파산재단에 관하여 생긴 것으로 볼 수 없고 따라서 파산법 제40조 소정의 수시로 변제하여야 하는 재단채권이 아닌 파산법에 의하여 배당절차 등을 밟아야 하는 파산채권에 불과하므로 이에 대한 확인을 구하고 있다.

(나) 판단

그러나 앞서 본 바에 의하면, 이 사건 부동산의 경락으로 인한 부가가치세는 파산자가 파산선고 후 그 납세의무를 부담하게 된 것이어서 이를 파산법 제14조의 파산채권에 속한다고 할 수가 없으므로 이와 다른 전제에 선 피고 대한민국에 대한 예비적 청구는 이유 없다.

4. 결론

그렇다면, 이 사건 부과처분은 위법하다 할 것이므로 피고 강남세무서장에 대하여 그 취소를 구하는 이 사건 주위적 청구는 이유 있어 이를 인용하고, 피고 대한민국에 대한 이 사건 예비적 청구는 이유 없어 이를 기각하기로 하여 주문과 같이 판결한다.

재판장 판사 조해현 박순영 신상렬

[해설]

위 판례의 설시와 같이 파산법은 신속하고 효율적인 파산절차 진행을 위하여 파산관재인이 법원의 허가를 얻어 그 재산을 파산재단으로부터 포기할 수 있도록 하고 있다. 관리에 큰 비용을 요하는 것, 채무자의 행방불명 및 부도, 권리의 입증이 곤란하여 회수가능성이 없는 것 등에 관하여는 권리의 포기를 하는 것이 바람직할 수도 있다.

일반적으로 파산관재인이 하는 권리의 포기는 파산재단에 속하는 권리를 파산재단에서 제외하여 파산자(채무자), 별제권자 기타 이해관계인의 자유로운 처분에 맡기는 취지의 의사표시를 말한다(상대적 포기). 그러므로 그 재산은 포기에 의하여 파산자의 자유재산이 되어 파산자의 관리처분권이 회복되며, 동시에 조세, 공과금 등의 부담도 파산자가 지게 된다. 다만, 포기 후에도 포기 전에 이미 성립한 조세 등에 대하여는 파산재단이 부담을 진다.

포기의 시기에는 제한이 없고, 파산절차의 종료에 이르기까지 수시로 할 수 있다. 그러나 파산관재인의 환가노력에도 불구하고 가치가 없어 환가하지 못한 재산에 관하여는 위의 포기를 하지 않는 한 계산보고를 위한 채권자집회에서 그 처분에 관한 결의(포기 결의)를 거쳐야 한다(파산법 제253조, 신법 제529조).

법인파산의 경우 자유재산을 긍정할 수 있는가 하는 논의와 관련하여 재단재산의 포기가 가능한지에 대하여 의견이 나뉘는데, 동시파산폐지 후에 발견된 파산회사 소유의 재산은 자유재산에 해당하고, 포기재산의 관리의 필요를 인정한 채권자의 신청에 의하여 청산인을 선임하거나 퇴임한 이사가 청산인 선임시까지 사이에 응급조치를 취함으로써 포기재산을 관리할 수 있으므로, 파산법인의 경우에도 재단재산의 포기를 인정하는 것이 실무이다.[15] 위 판결을 비롯하여 서울행정법원 2005. 8. 18. 선고 2005구합6928 판결, 서울행정법원 2005. 8. 18. 선고 2005구합6935 판결은 모두 파산법인의 경우에도 재단재산의 포기가 가능함을 전제로 하고 있다.

파산법 하에서는 파산선고결정이 있는 경우 각 기입등기를 상업등기소에 촉탁함과 아울러 회사의 재산 중 등기·등록된 권리에 관하여도 위 각 기입등기·등록을 촉탁하도록 하였기 때문에 포기의 경우 파산등기의 말소등기촉탁을 하여야 했으나, 신법에서는 법인채무자의 경우 상업등기부에만 위와 같은 기입등기를 촉탁하게 하고, 개별재산에 대한 기입등기촉탁제도를 폐지하였으므로 신법이 적용되는 사건에서는 포기를 원인으로 한 파산등기의 말소등기촉탁을 할 필요가 없다.[16]

또한, 경매로 인한 부가가치세와 관련하여서는 대법원 2003다49153 판결의 해설에서 기술하였듯이 부가가치세의 과세대상에서 제외된 점에 유의하여야 한다.

---

15) 법인파산실무, 274면.

16) 다만, 상업등기부가 존재하지 아니하는 개인채무자의 경우에는 개별재산에 대한 기입등기촉탁제도를 유지하고 있으므로, 말소등기촉탁이 필요할 것이다.

(7) **서울고등법원** 2005. 11. 11. **선고** 2005**나**32946 **판결【재단채권확인】**(**상고**: 2005**다**75705)

【원고, 항소인】 서울특별시

【피고, 피항소인】 파산자 주식회사 시엘백화점의 파산관재인 김병영

【제 1 심 판결】 서울중앙지방법원 2005. 3. 24. 선고 2004가합49148 판결

【변론종결】 2005. 10. 14.

【주문】 1. 당심에서 교환적으로 변경된 청구에 따라, 피고는 원고에게 356,024,530원을 지급하라. 2. 원고의 나머지 청구를 기각한다. 3. 소송총비용은 이를 10분하여 그 1은 원고의, 나머지는 피고의 부담으로 한다. 4. 주문 제 1 항은 가집행할 수 있다.

【청구취지 및 항소취지】

1. 청구취지

피고는 원고에게 361,020,730원을 지급하라(원고는 위 금원 해당부분에 대하여 재단채권확인청구를 하다가 당심에서 금원지급청구를 하는 것으로 청구를 교환적으로 변경하였다)

2. 항소취지

제 1 심 판결 중 원고 패소부분을 취소한다. 원고가 파산자 주식회사 시엘백화점에 부과한 별지 체납내역서 기재 합계 361,020,730원의 조세채권은 위 파산자에 대한 재단채권임을 확인한다.

【이유】 1. 기초사실

이 부분에 관하여 이 법원이 설시할 이유는, 제 1 심 판결문 이유 기재와 같으므로, 민사소송법 제420조에 의하여 이를 그대로 인용한다.

2. 판단

가. 파산법 제38조 제 2 호는 재단채권이 되는 청구권으로 「국세징수법 또는 국세징수의 예에 의하여 징수할 수 있는 청구권. 단 파산선고 후의 원인으로 인한 청구권은 파산재단에 관하여 생긴 것에 한한다」라고 규정하고 있는바, 「파산재단에 관하여 생긴 것」이라 함은 파산재단의 관리비용에 해당하는 소위 물세를 가리키는 것으로서, 종합토지세, 재산세, 자동차세, 등록세, 면허세, 인지세, 균등할주민세 등이 이에 해당하고, 한편, 가산금 및 중가산금은 납세의무의 전부 또는 일부의 이행지체에 대하여 부담하는 지연배상금의 성질을 띤 부대세의 일종으로서 역시 재단채권에 해당한다 할 것인바, 비록 가산금, 중가산금이 파산선고일 이후에 발생한 것이라 하여도 마찬가지라 할 것이다.

나. 위 인정사실에 의하면, 별지 체납내역서 기재 조세채권은 모두 재단채권에 해당된다.

다. 한편, (증거에 의하면) 피고는 2005. 7. 8.경 별지 체납내역서 기재 '2001. 5. 3. 이후 (중)가산금' 항목(합계 356,024,530원)의 조세채권을 제외한 '본세' 4,735,260원과 '2001. 5. 2. 이전 (중)가산금' 260,940원을 원고에게 납부한 사실을 인정할 수 있으므로, 피고는 원고에게 별지 체납내역서 '2001. 5. 3. 이후 (중)가산금' 항목에 기재된 356,024,530원을 지급할 의무가 있다.

3. 결론

그렇다면, 원고의 이 사건 청구는 위 인정 범위 내에서 이유 있어 이를 인용하고 나머지 청구는 기각하기로 하여(구소인 재단채권확인청구소송은 당심에서의 교환적 변경으로 취하되어 그에 대한 제 1 심 판결은 실효되었다), 주문과 같이 판결한다.

재판장 판사 노영보 손지호 김명숙

[해설]

파산법이나 신법은 국세징수법 또는 국세징수의 예에 의하여 징수할 수 있는 청구권[17]을 재단채권으로 하면서도 그러한 청구권 중 파산선고 후의 원인으로 인한 청구권은 파산재단에 관하여 생긴 것에 한하여 재단채권으로 규정하고 있으나(파산법 제38조 제 2 호, 신법 제473조 제 2 호), 한편으로는 '파산선고 후의 이자'와 '파산선고 후의 불이행으로 인한 손해배상액 및 위약금'을 후순위 파산채권으로 규정하고 있다(파산법 제37조 제 1 · 2 호, 신법 제446조 제 1 · 2 호). 이와 관련하여 조세채권에 대한 (중)가산금은 납세의무의 이행지체에 대하여 부담하는 지연손해금의 성질을 갖는다는 점 때문에 이를 재단채권으로 보아야 하는지, 후순위 파산채권으로 보아야 하는지 논란이 있다.[18]

조세채권에 대한 (중)가산금과 유사한 구 산업재해보상보험법 제74조 제 1 항, 구 임금채권보장법 제14조 및 구 고용보험법 제65조에 의하여 국세체납처분의 예에 따라 징수할 수 있는 청구권으로서 파산선고 전의 원인에 의하여 생긴 채권에 기하여 파산선고 후에 발생한 연체료 청구권에 해당하는 부분은 위헌이라는 결정(헌

---

17) 다만, 신법은 국세징수의 예에 의하여 징수할 수 있는 청구권으로서 그 징수우선순위가 일반 파산채권보다 우선하는 것을 포함하며, 제446조에 의한 후순위파산채권을 재단채권에서 제외하고 있다. 이에 따라 과태료, 국유재산법상의 사용료, 대부료, 변상금채권 등이 재단채권에서 제외되었고, 특히 과태료채권은 후순위 파산채권으로 전락하였다.

18) 비록 국가의 재정기반 확립이라는 공익상의 요청에서 재단채권으로 인정했다고 하더라도, 그로 인하여 파산채권자에 대한 배당이 감소할 뿐만 아니라 본래 파산채권자에 대한 배당을 높이기 위한 파산관재인의 노력이 조세채권만의 회수를 위하여 일한 결과가 될 수도 있으므로, 조세채권의 전부를 재단채권으로 하지 말고 파산선고 전 일정기간의 것만을 우선채권으로 남기거나 파산선고 후의 부대세는 후순위 파산채권으로 규정함으로써 파산채권자에 미치는 영향을 최소화하여야 한다는 입법론도 있다. *永石一郞*, "破産と租稅," *判例タイムズ* 830號, 296면.

법재판소 2005. 12. 22. 선고 2003헌가8 결정)이 났고,[19] 이에 따라 실무에서는 위 부분에 해당하는 채권은 후순위 파산채권으로 취급하고 있다.

그런데 조세채권에 대하여는 헌재 결정이나 확립된 판례가 없는바, 이 판결의 제1심 판결인 서울중앙지방법원 2005. 3. 24. 선고 2004가합49148 판결은 주민세, 자동차세, 부동산취득세에 대한 파산선고 이후의 가산금, 중가산금은 모두 재단채권이 아니라고 판시하였으나, 대상 판결은 위와 같은 법리를 설시하면서 모두 재단채권이라고 보았고, 이후 서울중앙지방법원 2006. 6. 1. 선고 2006가합4545 판결도 같은 논리를 전개하여 물세가 아닌 파산자에 대한 소득세, 부가가치세는 파산재단에 관하여 생긴 것으로 볼 수 없으므로, 이에 대한 파산선고 후의 가산금, 중가산금도 재단채권이 아니라 후순위 파산채권에 해당한다고 판시하였다.

한편, 창원지방법원은 2006. 2. 16.자 2004카기1081 결정으로 파산법 제38조 제2호 본문 전단의 국세징수법에 의하여 징수할 수 있는 청구권 중 「구 지방세법 제82조에 의하여 국세징수법에 따라 징수할 수 있는 청구권으로서 파산선고 전의 원인에 의하여 생긴 채권에 기하여 파산선고 후에 발생한 중가산금청구권에 해당하는 부분」에 대하여 위헌심판제청을 하였고, 서울고등법원 역시 2006. 7. 5. 직권으로 구 파산법(2005. 3. 31. 법률 제7428호로 폐지되기 전의 것) 제38조 제2호 본문 전단의 "국세징수법 … 에 의하여 징수할 수 있는 청구권" 중에서 「국세기본법 제35조 제1항에 따라 국세징수법에 의하여 징수할 수 있는 청구권으로서 파산선고 전의 원인에 의하여 생긴 채권에 기하여 파산선고 후에 발생한 가산금과 중가산금 청구권에 해당하는 부분」의 위헌 여부에 관한 심판을 제청하였다. 이에 대한 헌법재판소의 판단이 기대된다.

---

19) 위헌결정 요지는 이 책의 '24. 헌재결정, 파산법위반' 중 ③ 결정 참조.

23. 헌재결정, 파산법위반

(1) **헌법재판소 2001. 3. 15. 선고 2001헌가1, 2, 3(병합) 결정 【공적자금관리특별법 제20조 중 파산관재인 관련부분 등 위헌제청】**

【결정요지】

[1] '파산관재인의 선임 및 직무감독에 관한 사항'은 대립당사자간의 법적 분쟁을 사법적 절차를 통하여 해결하는 전형적인 사법권의 본질에 속하는 사항이 아니며, 따라서 입법자에 의한 개입여지가 넓으므로, 그러한 입법형성권 행사가 자의적이거나 비합리적이 아닌 한 사법권을 침해한다고 할 수 없다.

이 사건 조항은 현재의 경제상황에서 금융기관의 도산이 갖는 경제적 파급효과의 심각성 및 금융기관에 투입된, 국민의 부담이거나 부담으로 귀결될 수 있는 수많은 공적자금의 신속하고 효율적인 회수의 필요성이 인정되므로 정당한 입법목적을 지니며, 예금보험공사('예보')측을 금융기관에 대한 파산관재인으로 선임하면, 예보가 지닌 금융경제질서의 안정을 위한 공적 기능의 과제와 그 의사결정과 업무수행에 관한 정부의 참여와 감독을 고려할 때, 보다 효율적이고 신속한 공적자금의 회수에 기여할 것이라고 인정될 수 있다. 그러므로 이 사건 조항은 객관적으로 자의적인 것이라거나 비합리적인 것이라 볼 수 없다.

한편, 입법자는 입법과정에서 "공적자금의 효율적 회수가 필요한 때"라는 요건을 추가하여 법원의 재량 여지를 두었을 뿐만 아니라 5년간 한시적으로 적용하게 하였다.

또한, 이 사건 조항이 예보가 파산관재인이 될 경우 파산법상의 법원의 해임권 등을 배제하고 있으나, 예금자보호법상 예보의 의사결정과정, 파산관리절차에 관한 지휘체계, 예보에 대한 국가기관의 감독장치, 이 사건 조항의 입법목적과 내용 등을 고려할 때, 그러한 감독권 배제가 자의적이거나 불합리하게 법원의 사법권을 제한한 것이라 보기 어렵다.

[2] 이 사건 조항이 채권자간 혹은 파산관재인간에 차별을 가져왔다고 하더라도 이는 헌법이 금지하고 있거나 관련 기본권에 대한 중대한 제한을 초래하는 차별이라고 할 수 없으므로, 그 차별을 정당화할 수 있는 합리적 이유가 있다면 위헌으로 선언할 수 없다.

예보의 법적 지위 내지 공적 기능을 볼 때, 예보는 금융기관에 대한 채권자이면서 동시에 금융경제질서의 안정을 위한 적극적인 공공복리를 위한 역할을 수행하며, 파산관재인으로서 그 역할을 공정하게 수행하도록 하기 위한 파산법과 예금자보호법 등에 의한 절차적 장치가 마련되어 있다고 볼 것이므로, 채권자의 1인인 예보를 파산관재인으로 선임하도록 하였다고 해서 다른 채권자와의 관계에서 비합리적인 차별취급을 한 것이라 볼 수 없다. 또한, 예보가 파산관재인인 경우 파산법상의 감독규정을 일부 배제한 것은, 공적자금을 보다 효율적으로 신속하게 회수하기 위한 것이고, 그러한 배제에도 불구하고 파산관재인으로서 공정한 역할을 수행하기 위한 법적 장치가 마련되어 있다고 보는 이상, 다른 파산관재인과의 관계에서 차별을 가져온다고 해도 자의적이라거나 불합리한 것이라 할 수 없다.

[3] 적법절차의 원칙은 형식적인 절차뿐만 아니라 실체적 법률내용이 합리성과 정당성을 갖춘 것이어야 한다는 실질적 의미를 포함한다. 그런데 위 조항들은 그 입법목적과 그 실현수단의 적정성, 부보금융기관과 관련한 예보의 법적 지위와 전문성, 공적 지위 등을 고려할 때, 합리성과 정당성을 갖춘 것이라 할 것이므로 적법절차의 원칙에 위배되지 않는다.

〈재판관 김영일, 재판관 김효종의 반대의견〉

[1] 파산관재인의 선임은 파산재단의 규모·자산상태 등을 감안하여 적격자를 심사·선임하는 결정이므로 당연히 법원의 재판사항에 속한다(파산법 제147조). 그런데 이 사건 심판대상조항은 이러한 재판사항에 관하여 일정한 경우에 법원의 판단재량을 배제함으로써 사법권의 본질을 침해하는 것이므로 헌법에 위반된다.

또한, 일반적인 파산관재인은 업무수행시 법원의 허가나 감사위원의 동의를 받는 등(파산법 제187조, 제188조) 법원의 감독을 받아야 하며, 임무위배행위를 한 경우에는 법원이 해임할 수 있으나(동법 제157조), 이 사건 심판대상조항 중 특별법 제20조 제2항에서는 예보가 파산관재인으로 선임되는 경우에는 위와 같은 파산법 규정의 적용을 전부 배제하고 있다. 이는 예보에게 치외법권적인 특권을 부여하고 법원의 감독권을 무력화시키는 것으로서, 파산관재인에 대한 감독 및 해임에 관한 법원의 재판권의 포기를 법률로 강제하는 것이므로, 헌법이 보장한 사법권의 본질적 권한을 침해하는 것이다.

결국 이 사건 심판대상조항은, 파산법 속에 파산관재인의 선임 등 파산절차의 진행에 관한 일반적 권한을 그대로 법원에 둔 채로 '공적 자금을 효율적으로 회수할 필요가 있는 때'에 한하여 제도적으로 법원에 대하여 사법적 기능을 일그러지게 하는 커다란 손상을 입히는 것으로, 일부 그 필요성이 논의될 수 있음에도 불구하고 입법권의 입법재량 범위를 넘는 것이라 아니 볼 수 없고, 이것이 사법권 침해라 또한 아니 볼 수 없다.

[2] 이 사건 심판대상조항은 채권자들 상호간 이해관계가 상충되는 파산절차 내에서 이해관계인들 중의 1인에 불과한 예보가 중립공평적일 것이 요구되는 파산관재인의 역할을 맡아 법원의 감독에서 실질적으로 벗어나 그 절차를 전단할 수 있고, 심지어 어떠한 비리를 저지르더라도 법원이 해임할 수 없도록 규정하고 있는바, 이는 그 형식적인 절차에 있어서 뿐만 아니라, 그 내용에 있어서도 합리성과 정당성을 갖추었다고 볼 수 없으므로 적법절차의 원칙에 위배되는 것이라 아니할 수 없다.

[3] 이 사건 심판대상조항은 파산채권자들 중 1인에 불과한 예보 또는 그 지휘감독을 받는 임직원에게 파산관재인으로 선임되어 법원의 감독권이 사실상 배제된 채 예보의 일방적 독자적 판단에 따라 업무처리가 가능하도록 하는 특권을 부여함으로써, 다른 채권자의 이익을 해하더라도 이를 제지하거나 다툴 길을 없어지게 하는 등 파산채권자들 사이에 현저히 불합리하게 예보만을 우대하는 매우 불공평한 취급을 초래하므로 헌법상의 평등의 원칙에도 위반된다.

〈재판관 권성의 반대의견〉

재판관 김영일, 재판관 김효종의 위 반대의견과 입장을 같이 하면서 다음과 같이 보충한다.

판사는 법과 양심에 따라 재판하는 직책을 이름하는 것이고 재판은 결단을 의미하므로 만일 어떤 사항이 판사의 재판에 맡겨진다고 하면 판사는 당연히 그 사항에 대하여 결단할 권한을 가져야 한다. 그러므로 법률이 부보금융기관의 파산관재인 선임을 판사의 재판에 맡기는 형식을 채택하였다면 판사가 그 선임을 결단하는 권한을 갖는다고 하는 실질이 이 형식에 당연히 수반되어야 한다. 그럼에도 불구하고 이 사건 조항은 판사의 이러한 선택과 결단의 권한을 배제하고 있다. 이것은 "판사의 이름과 권한은 불가양(不可讓)의 것"임을 규정한 헌법 제101조와 제103조에 어긋나는 것이고 삼권분립의 원칙에 위반되는 것이다.

【심판대상조문】 공적자금관리특별법(2000. 12. 20. 법률 제6281호) 제20조 및 부칙 제 3 조 중 파산관재인에 관련한 부분

【참조 조문】 헌법 제101조 제 1 항, 공적자금관리특별법 제 3 조, 제11조, 부칙 제 2 조, 파산법 제157조, 제187조, 제188조, 예금자보호법 제 1 조

【제청법원】 1. 서울지방법원 2. 대전지방법원

【당해사건】 1. 서울지방법원 98하106 파산선고(2001헌가1) 2. 대전지방법원 99

하40 파산선고(2001헌가2) 3. 대전지방법원 2000하27 파산선고(2001헌가3)

【주문】 공적자금관리특별법(2000. 12. 20. 법률 제6281호) 제20조 및 부칙 제3조 중 파산관재인에 관련한 부분은 헌법에 위반되지 아니한다.

【이유】 (이하 생략)

재판관 윤영철(재판장) 이영모 한대현 하경철(주심) 김영일
권 성 김효종 김경일 송인준

(2) 헌법재판소 2006. 11. 30. 선고 2003헌가14, 15(병합) 결정 【구 상호신용금고법 제37조의2 위헌제청】

【심판대상조문】 구 상호신용금고법(1999. 2. 1. 법률 제5738호로 개정되기 전의 것) 제37조의2

【제청법원】 서울고등법원

【제청신청인】 상호저축은행중앙회(변경전 명칭, 상호신용금고연합회)

【당해사건】 서울고등법원 2001나36070 파산채권확정(2003헌가14), 서울고등법원 2001나31198 파산채권확정(2003헌가15)

【주문】 구 상호신용금고법(1999. 2. 1. 법률 제5738호로 개정되기 전의 것) 제37조의2는 헌법에 위반된다.

【이유】 1. 사건의 개요와 심판의 대상

가. 사건의 개요

(1) 2003헌가14

(가) 파산자 기산상호신용금고 주식회사(이하 '기산금고'라고 한다)는 1997. 7. 23.부터 금융감독위원회의 경영관리를 받아오다가 1998. 9. 22. 재정경제부장관의 영업인가취소로 해산과 동시에 청산절차가 진행되던 중, 1999. 2. 26. 금융감독위원회의 파산신청에 따라 같은 해 3. 29. 서울지방법원으로부터 파산선고를 받았다.

(나) 주식회사 한아름상호신용금고(이하 '한아름금고'라고 한다)는 예금자 등의 보호 및 금융제도의 안정성 유지를 위하여 부실상호신용금고의 영업 또는 계약을 양수하여 이를 정리하기 위한 목적으로 예금자보호법 제36조의3에 의하여 예금보험공사가 전액출자하여 설립된 정리금융기관으로서, 1998. 11. 30.부터 예금자보호법에 따라 예금채권자들의 채권을 매입하기 시작하였다.

(다) 위와 같이 예금채권을 매입함에 있어 농업협동조합중앙회가 한아름금고를 대행하여 예금채권자로부터 채권을 매입하면서 예금채권을 한아름금고에 양도한다는 서류를 받았고 기산금고는 위 서류에 날인하는 방식으로 위 채권양도를 승낙하였으며, 한아름금고가 양수한 예금채권만큼은 같은 금고 명의로 개설된 예금계좌로 입금된 것으로 처리하였다.

(라) 한아름금고는 위와 같은 방식으로 예금채권자들로부터 4,794,860,965원의 채권을 매입하였고, 그 예금채권에 대하여 1998. 11. 30.부터 위 파산선고일인 1999. 3. 29.까지 159,533,592원의 약정이자가 발생하였다.

(마) 기산금고의 파산절차에서 한아름금고는 위 예금 및 이자채권 4,954,394,557원을 우선채권으로, 상호저축은행중앙회는 34,477,310,238원을 대여금 등 일반파산채권으로 각 신고하였으나 기산금고의 파산관재인(예금보험공사)은 그 중 한아름금고가 매입한 예금채권 4,794,860,965원 및 이에 대한 상사법정이율에 의한 이자 77,785,075원만을 파산채권으로 인정하고, 파산채권으로 인정한 부분에 대한 우선권도 부인하였으며, 신청인에 대하여 그 중 34,366,055,246원만을 파산채권으로 시인하였다.

(바) 이에 한아름금고(원고)는 기산금고의 파산관재인(피고)을 상대로 하여 서울지방법원 99가합95994호로 파산채권확정 청구의 소를 제기하였고 기산금고의 일반채권자인 제청신청인 상호저축은행중앙회는 피고(파산관재인 예금보험공사)를 위하여 보조참가를 하였는데, 위 법원으로부터 한아름금고의 기산금고에 대한 우선권있는 채권이 4,954,394,557원임을 확정한다는 판결이 선고되자, 상호저축은행중앙회는 이에 불복하여 서울고등법원에 항소하였다.

(사) 상호저축은행중앙회(제청신청인)는 위 항소심 재판 계속중, 재판의 전제가 된 구 상호신용금고법 제37조의2가 헌법에 위반된다고 주장하며 위 법원에 위헌제청신청(2001카기1034)하였고 위 법원은 이 신청을 받아들여 2003. 6. 30. 이 사건 위헌법률심판제청을 하였다.

(2) 2003헌가15

(가) 파산자 주식회사 신일상호신용금고(이하 '신일금고'라고 한다)는 1998. 8. 25.부터 신용관리기금의 경영관리를 받아오다가 1998. 11. 4. 재정경제부장관의 영업인가취소로 청산절차가 진행되다가 1999. 4. 16. 인천지방법원으로부터 파산선고를 받았다.

(나) 주식회사 한아름상호신용금고(이하 '한아름금고'라고 한다)는 예금자 등의 보호 및 금융제도의 안정성 유지를 위하여 부실상호신용금고의 영업 또는 계약을 양수하여 이를 정리하기 위한 목적으로 예금자보호법 제36조의3에 의하여 예금보험공사가 전액출자하여 설립된 정리금융기관으로서, 1998. 9. 28.부터 예금자보호법에 따라 예금채권자들의 채권을 매입하였다.

(다) 위와 같이 예금채권을 매입함에 있어 농업협동조합중앙회가 한아름금고를 대행하여 예금채권자로부터 채권을 매입하면서 예금채권을 한아름금고에 양도한다는 서류를 받았고, 신일금고는 위 서류에 날인하는 방식으로 위 채권양도를 승낙하였으며, 한아름금고가 양수한 예금채권만큼은 같은 금고 명의로 개설된 예금계좌로

입금된 것으로 처리하였다.

(라) 한아름금고는 위와 같은 방식으로 1999. 4. 15.까지 소외 주식회사 온양상호신용금고 외 2,342명의 예금채권자들로부터 63,406,763,414원의 채권을 매입하였고, 그 예금채권에 대하여 1998. 9. 28.부터 파산선고 전일인 1999. 4. 15.까지 6,503,679,613원의 약정이자가 발생하였다.

(마) 신일금고의 파산절차에서 한아름금고는 위 예금 및 이자채권 69,910,443,027원과 향후 매입하여야 할 예금 및 그 이자채권 393,746,118원을 우선채권으로, 제청신청인(상호저축은행중앙회)은 4,024,017,605원을 대여금 등 일반파산채권으로 각 신고하였으나, 신일금고의 파산관재인(예금보험공사)은 그 중 한아름금고가 매입한 예금채권 63,406,763,414원 및 이에 대한 상사법정이율에 의한 이자 2,071,477,276원만을 파산채권으로 인정하고 파산채권으로 인정한 부분에 대한 우선권도 부인하였으며, 제청신청인에 대하여는 신고한 채권 전부를 파산채권으로 시인하였다.

(바) 이에 한아름금고(원고)는 신일금고의 파산관재인(피고)을 상대로 하여 인천지방법원 99가합17124호로 파산채권확정 청구의 소를 제기하였고, 신일금고에 대한 일반 채권자인 제청신청인이 파산관재인 예금보험공사(피고)를 위하여 보조참가를 하였는데, 한아름금고의 신일금고에 대한 우선권 있는 채권이 69,910,443,027원임을 확정한다는 판결이 선고되자, 제청신청인은 이에 불복하여 서울고등법원에 항소하였다(2001나31198).

(사) 제청신청인은 항소심 계속 중 재판의 전제가 된 구 상호신용금고법(1999. 2. 1. 법률 제5738호로 개정되기 전의 것) 제37조의2가 헌법에 위반된다고 주장하면서 위헌제청신청(2002카기102)을 하였고, 법원은 이를 받아들여 2003. 6. 30. 이 사건 위헌법률심판제청을 하였다.

2. 심판의 대상

가. 심판대상 법률조항

구 상호신용금고법(1999. 2. 1. 법률 제5738호로 개정되기 전의 것)

제37조의2(예금자등의 우선변제권) 예금 등을 예탁한 자는 예탁금액의 한도안에서 상호신용금고의 총재산(공탁한 재산을 포함한다)에 대하여 다른 채권자에 우선하여 변제를 받을 권리를 가진다.

나. 관련 법령

(1) 예금자보호법(일부개정 1999. 12. 31 법률 제5492호로 개정된 것)

제 1 조(목적) 이 법은 금융기관이 파산 등의 사유로 예금 등을 지급할 수 없는 상황에 대처하기 위하여 예금보험제도 등을 효율적으로 운영함으로써 예금자 등을 보호하고 금융제도의 안정성을 유지하는데 이바지함을 목적으로 한다.

제 2 조(정의) 이 법에서 사용하는 용어의 정의는 다음과 같다.

1. “부보금융기관”이라 함은 이 법에 의한 예금보험의 적용대상 기관으로서 다음 각 목의 1에 해당하는 금융기관을 말한다.

파. 상호신용금고법에 의한 상호신용금고

제32조(보험금의 계산 등) ② 제1항의 규정에 의한 보험금은 1인당 국내총생산액, 보호되는 예금 등의 규모 등을 고려하여 대통령령이 정하는 금액을 한도로 한다.

(2) 예금자보호법시행령(2000. 10. 31. 대통령령 제16993호로 개정된 것)

제18조 ⑥ 법 제32조 제2항의 규정에 의한 보험금의 지급한도는 5천만원으로 한다.

다. 이 사건 법률조항의 입법 배경

1972. 8. 2. 제정된 상호신용금고법은 소상공인 · 영세서민을 대상으로 사금융시장에서 번창하고 있던 사설무진 · 서민금융 · 계 등을 질적으로 개선하여 이를 지역단위의 민간금융기관인 상호신용금고로 육성함으로써 신용질서를 확립하고 거래자를 보호하기 위하여 제정되었다.

그런데 상호신용금고의 부실경영 및 도산 등으로 거래자에게 손해를 끼치는 사례가 빈번하게 발생하자, 1975. 7. 25. 제1차 개정을 통하여 관할관청의 감독권을 강화하면서 임원 · 과점주주의 연대책임제도 [주 5] 를 도입하고 계원과 부금자의 납입금액의 범위 내에서 상호신용금고의 총재산에 대하여 다른 채권자보다 우선하여 변제받을 권리에 관한 조항(법 제37조의2)을 신설하게 되었다.

그 후 1995. 1. 5. 제2차 개정을 통하여 상호신용금고의 취급업무를 예금 · 적금까지 확대하고 이에 맞추어 법 제37조의2를 개정하여 종래의 계원과 부금자뿐만 아니라 예금 등을 예탁한 자(이하 예금채권자라고 한다)는 모두 예탁한 금액의 한도 내에서 상호신용금고의 총재산에 대하여 다른 채권자보다 우선변제를 받도록 하였다.

한편, 1995. 12. 29. 예금자보호법이 제정되어 은행예금이 일정한도에서 지급을 보장받게 되었고, 1997. 12. 31. 법률 제5492호로 개정되면서 상호신용금고의 예금도 1997. 12. 31.부터 예금자보호법에 의한 보호를 받게 되었다. 예금자보호법에 의한 보호한도는 2000. 12. 31. 이전에 보험사고가 발생한 경우에는 원금과 이자를 합쳐 2,000만원까지이고, 2001. 1. 1. 이후에 보험사고가 발생하는 경우에는 원금과 이자를 합쳐 5,000만원까지이다.

라. 쟁점

이 사건 법률조항이 상호신용금고의 예금채권자에게 예탁금의 한도 안에서 상호신용금고의 총재산에 대하여 다른 채권자에 우선하여 변제받을 권리를 줌으로써 다른 일반채권자를 합리적 이유 없이 차별하고 그들의 재산권을 침해하는지 여부이다.

3. 이 사건 법률조항의 위헌 여부

이 사건 법률조항에 의한 예금자우선변제제도는 서민금융기관인 상호신용금고의 예금채권자를 보호하고 상호신용금고의 공신력을 제고하기 위한 것이지만, 일반채권자의 희생을 그 수단으로 삼고 있다. 이 사건 법률조항이 일반금융기관과 달리 상호신용금고의 예금채권자에게 우선변제권을 인정함으로 인하여 상호신용금고의 다른 일반채권자는 예금채권자가 우선변제를 받은 후 남은 재산에 대해서만 권리를 행사할 수 있게 된다. 상호신용금고는 지역단위의 소규모 금융기관이어서 그 자산규모가 작다. 그리고 상호신용금고의 총부채 중에서 예금채권이 차지하는 비율은 90%가 넘는다. 그 결과 상호신용금고의 소규모 자산에 대하여 대다수 예금채권이 우선변제권을 행사하고 나면 일반 채권자의 몫으로 남는 자산이 없거나 극히 적게 된다. 이 사건 예금자우선변제제도로 인하여 상호신용금고의 일반채권자들은 거의 변제를 받지 못하고 일방적으로 희생당하게 된다. 따라서 상호신용금고의 예금채권자를 보호하고 공신력을 제고하기 위하여 일반채권자를 희생시키는 것이 헌법적으로 정당화될 수 있는 것인지 심사할 필요가 있다.

이 사건 법률조항이 제정될 당시에는 상호신용금고의 예금채권자를 보호하고 상호신용금고의 공신력을 제고하기 위하여 예금자우선변제제도를 시행할 필요가 있었다고 할 수 있다. 그런데 이 사건 법률조항이 신설된 후에 금융환경이 크게 변화되었다. 상호신용금고의 건전한 경영과 부실방지를 위한 제도적 장치가 보완되어 상호신용금고의 부실 위험이 크게 개선되었다. 금융의 자율화 · 개방화가 진행되어 상호신용금고의 취급업무도 질적 · 양적으로 확대되어 일반 금융기관과 다를 바가 없게 되었다. 더욱이 1997. 12. 31.부터 상호신용금고의 예금채권자도 은행의 예금채권자와 똑같이 예금자보호법에 의한 보호를 받게 되었다. 따라서 상호신용금고의 예금도 예금보험의 보호를 받게 된 1997. 12. 31. 이후에는 일반 금융기관의 예금과 달리 상호신용금고의 예금채권만을 우선변제권으로써 특별히 보호해야 할 필요성이 있다고 보기 어렵다. 이 점은 상호신용금고연합회가 이 사건 법률조항의 위헌을 주장하고 있는 점만 보더라도 명백하다.

이 사건 법률조항은 예금보험공사가 지급정지사태에 빠진 상호신용금고에 투입한 공적자금(예금보험금이나 예금채권 매입금)을 일반채권에 우선하여 회수할 수 있게 하여 상호신용금고의 잦은 도산으로 인하여 예금보험공사까지 부실화되는 사태를 방지하는 데 기여한다고 하지만, 그것은 바로 상호신용금고의 예금채권자에게 지급한 보험금을 일반 은행의 경우와 달리 이 사건 법률조항에 의하여 우선적으로 회수하는 것을 의미한다. 그것이 상호신용금고의 잦은 도산으로부터 예금보험공사의 부실화를 방지하는 기능을 수행한다고 하더라도, 일반 은행의 경우와 달리 상호신용금고의 일반채권자를 희생시키는 수단(이 사건 예금자우선변제제도)을 정당화시키는 목적으로 삼기는 어렵다. 결국, 이 사건 법률조항의 입법목적의 정당성을 인정하기 어렵다.

상호신용금고의 공신력 추락은 부실경영으로 비롯된 것이므로 그 공신력을 제고시키기 위하여 부실경영을 방지하는 수단을 사용하지 않고 일반채권을 희생시켜 예금채권을 우대하는 수단을 사용하는 것은 합리적이라고 보기 어렵다. 그러한 일반채권의 대부분이 상호신용금고의 도산을 막기 위하여 상호신용금고연합회가 금융지원한 채권이기 때문에 그 손실은 상호신용금고연합회와 그 회원인 개개의 상호신용금고에게 귀속된다. 상호신용금고의 공신력을 제고시키기 위한 제도가 상호신용금고에게 손실을 안겨주는 셈이다. 그것은 다른 한편으로 상호신용금고의 지급정지사태를 막기 위하여 미리 자금을 대여한 채권자는 일반채권자로서 후순위로 되고 상호신용금고의 지급정지사태가 발생된 후에 예금보험금을 지급한 예금보험공사는 우선변제 받도록 하는 것을 의미한다.

이 사건 예금자우선변제제도가 도입된 배경에 비추어 보면 영세상공인이 주로 거래하는 서민금융기관의 공신력을 보장하고 서민예금채권자를 보호하기 위한 것이라고 할 수 있다. 그런데 이 사건 법률조항이 예금의 종류나 한도를 묻지 아니하고 예탁금 전액에 대하여 우선변제권을 부여하는 것은 위와 같은 입법취지를 벗어난 것이라고 볼 여지가 있다. 상호신용금고의 예금채권을 특별히 보호해야 할 필요성이 있다고 하더라도 입법자는 예금의 종류나 한도를 묻지 않고 무제한적인 우선변제권을 줄 것이 아니라 입법취지에 맞게 예금의 종류나 한도를 제한하여 다른 일반채권자의 재산권 침해를 최소화할 헌법상 의무가 있는 것이다.

결국 이 사건 예금자우선변제제도는 상호신용금고의 예금채권자를 우대하기 위하여 상호신용금고의 일반채권자를 불합리하게 희생시킴으로써 일반 채권자의 평등권 및 재산권을 침해한다고 하지 않을 수 없다. 이 사건 법률조항은 헌법 제11조 제1항과 제23조 제1항에 위반된다.

4. 결론

이 사건 법률조항은 헌법에 위반된다. 이 결정은 아래와 같은 반대의견을 제시한 재판관 김종대, 재판관 민형기를 제외하고 재판관 6인의 일치된 의견에 따른 것이다.

5. 재판관 김종대, 재판관 민형기의 반대의견

이 사건 예금자우선변제 제도는 그 목적이 상호신용금고의 예금채권자를 보호하고, 대외적인 공신력을 보장하기 위한 것임이 분명하다.

그런데 제도가 시행된 이후 금융정책의 변경과 금융시장의 변화로 상호신용금고의 업무 범위가 확대되고 이에 대한 감독이 강화되어 부실경영으로 인한 도산의 위험이 감소되었을 뿐만 아니라, 상호신용금고에 예치된 예금도 일정 범위 내에서 예금자보호법에 따라 예금보험으로 보호받게 됨에 따라 상호신용금고 예금자를 보호하기 위한 별도의 제도적 필요성 또한 상당 부분 감소되기에 이르렀다.

그러나 상호신용금고는 여전히 일반의 금융기관에 비하여 자산규모가 상대적으로 취약하고, 대상고객의 범위 및 업무 내용에도 일정한 한계가 있으며, 경영의 투명성이 아직 미흡하여 도산의 위험성을 부정할 수 없기 때문에 금융정책적으로 예금채권자를 보호하고 금고자체의 대외적 공신력을 제고할 필요가 있고, 또 이를 위해 관계자의 계속적인 역할과 기능이 요구되고 있는 상황이다.

또한 상호신용금고의 채권자 중 일반채권자는 대부분 상호신용금고연합회 등 금융기관으로, 금융적 전문성에 따라 예금자우선변제에 대한 위험을 사전에 충분히 인식하고 자금을 대여한 것으로 보이고, 그 밖의 일반채권자는 상호신용금고에 대한 손해배상채권자 등 극히 일부에 지나지 않으므로, 이러한 일반채권자를 제치고 다수의 예금채권자에 대하여 우선변제권을 인정하는 것은 이 사건 법률조항의 공익적 입법목적에 비추어 헌법적으로 용인되기 어려운 정도라 보기 어렵다.

게다가 이 사건 법률조항이 헌법에 위반된다고 하면, 실질적으로는 당해사건에서 상호신용금고의 예금자를 보호하기 위하여 조직되고 기능하는 상호신용금고연합회의 이익을 위해 거꾸로 예금자의 이익을 해하는 모순된 결과를 초래하게 된다.

입법자로서는 서민의 금융편의를 도모하고 신용질서를 확립하기 위하여 지역단위의 소규모 금융기관인 상호신용금고를 육성하고 예금채권자를 보호하기 위한 적정한 제도를 도입할 수 있는 것이고, 그 내용이 입법재량의 범위를 일탈하여 국민의 기본권을 과도하게 침해하는 경우가 아니라면 섣불리 헌법에 위반된다 할 수 없는 것이다. 이 사건 예금자우선변제 제도는 상호신용금고의 예금채권자를 일반채권자에 우선하여 상대적으로 보호하기 위한 것인데 반하여, 예금보험 제도는 전체 금융기관 예금자의 일정 예금액을 절대적으로 보호하기 위한 것으로, 이들 상호간에 보호의 목적과 비교 대상이 차별화되므로, 예금보험 제도가 도입된 이후에도 우선변제 제도를 계속 유지할 것인지, 상호관계를 조정할 것인지, 아니면 폐지할 것인지는 입법자의 판단에 맡겨야 할 사항이고, 이에 대한 입법자의 판단은 마땅히 존중되어야 할 것이다.

결론적으로 이 사건 예금우선변제 제도가 상호신용금고의 예금채권자를 우대하고 다른 채권자를 차별화함으로써 다른 채권자의 재산권 행사를 제한하고는 있으나, 이 사건 법률조항의 성격과 그것이 목적으로 하는 공익의 중요성 및 필요성에 비추어 볼 때 입법의 재량을 명백히 일탈하였다고 보기 어렵다.

따라서 이 사건 법률조항은 헌법에 위반되지 아니한다.

재판관 주선회(재판장) 이공현 조대현(주심) 김희옥
김종대 민형기 이동흡 목영준

(3) **헌법재판소** 2005. 12. 22. **선고** 2003**헌가**8 **결정 【파산법 제38조 제2호 위헌 제청】**

【결정요지】

가. 비록 위헌제청 이후 제청신청인의 변제로 인하여 당해 사건이 부적법하게 되어 재판의 전제성을 인정할 수 없다고 하더라도, 파산선고 후 연체료 청구권을 재단채권으로 취급하는 것이 헌법적으로 용인되는가 하는 문제는 비단 당해 사건 당사자에게만 국한된 것이 아니고 이 사건 법률조항으로 인한 기본권의 침해가 반복될 위험성이 매우 크므로, 객관적인 헌법질서의 유지·수호를 위하여 그 헌법적 해명이 필요한 중요한 의미를 지니고 있다고 봄이 상당하다고 판단된 사례.

나. 이 사건 법률조항은 '국세징수의 예에 의하여 청구할 수 있는 청구권'을 일률적으로 재단채권으로 규정함으로써 파산선고 후 연체료 청구권이 재단채권에 해당하도록 하여 파산선고 후 연체료 청구권은 '국세징수의 예에 의하여 징수할 수 있는 청구권'으로서 파산절차에 의하지 아니하고 변제기가 도래하면 파산재단 전체로부터 수시로 다른 파산채권자에 우선하여 이를 변제받을 수 있게 된다. 일반적으로 파산채권자에 대한 배당률이 형편없이 낮고 경우에 따라서는 재단채권을 변제하기에도 부족한 파산절차의 현실에 비추어 볼 때, '국세징수의 예에 의하여 청구할 수 있는 청구권'을 일률적으로 재단채권으로 규정하여 파산선고 후 연체료 청구권자에게 위와 같은 우월한 지위를 인정함으로써 다른 채권자들의 배당률을 낮추거나 배당가능성을 아예 없애는 등 그 재산권에 실질적 제약을 가하고 있다.

이 사건 법률조항은 채무초과로 인하여 채무 전체의 변제가 불가능하여진 상황에서 채무자에 의한 임의적인 재산정리를 금지하고 파산재단의 관리처분권을 파산관재인의 공정·타당한 정리에 일임하여 불충분하더라도 채권자들 간의 적정하고 공평한 만족을 도모한다는 공익적 목적을 추구하고 있고 파산제도가 갖는 공익적 기능에 비추어 볼 때 이 사건 법률조항에 의한 재산권의 제한은 헌법 제37조 제2항에서 규정하고 있는 공공복리를 위하여 필요한 경우에 해당한다 할 것이므로 그 목적정당성은 인정된다.

그러나 개별법 입법시에 '국세징수의 예에 의하여 징수'할 수 있도록 할 것인가 아닌가의 판단을 함에 있어서는 파산절차상 변제우선권을 인정할 필요가 있는 정도의 공익성이 있는가 여부를 고려하기보다는 당해 청구권의 공공성·대량성·집단성 등의 특수사정과 간이 신속한 징수라고 하는 기술적·합목적성을 고려하여 자력집행권을 인정할지 여부가 결정될 것으로 예상하는 것이 합리적일 것이다. 따라서 '국세징수의 예에 의하여 징수할 수 있는 청구권'에 해당하는 개별 청구권마다 각각의 실체법상 당해 청구권의 법률적 성격과 공익적·정책적 요청에 따른 파산절차상 합리적 조정의 필요성 등을 종합적으로 고려하여 각기 재단채권으로서 우선적 지위를 갖도록 하는 것이 헌법적으로 용인되는지 여부를 판단함이 상당하다.

채무자의 파산으로 인하여 채무자의 전재산으로 전체 채무를 만족시킬 수 없는 상황에서 안 그래도 낮은 배당률에 고통받는 채권자들의 희생하에 파산선고 후 연체료 청구권에 대하여서까지 우선권을 인정하여 다른 채권자에 대한 배당을 감소시키는 것을 정당화할 정도의 공익성과 정책적 필요성을 인정할 만한 특별한 사유를 발견하기 어렵고, 파산절차상의 특성을 고려하여 볼 때에도 파산선고 후 연체료 청구권을 재단채권으로 규정하여 우선적 지위를 인정하는 것이 상당하다고 보기 어렵다(파산선고 후 연체료 청구권이 일반적으로 파산절차의 진행을 위하여 필수불가결한 것이라거나 채권자 전체의 이익을 도모하기 위한 것이라고 보거나 또는 파산절차상 형평의 이념상 우선적 지위를 인정하는 것이 필요한 경우라고 보기도 어렵고, 나아가 파산선고 후 연체료 청구권은 파산선고 후의 이자 또는 채무불이행에 의한 손해배상과 실질적으로 동일한 성격을 가지고 있고 파산법 제37조의 후순위파산채권 조항의 입법취지에 비추어 보아 파산절차상의 특성을 고려한다면 오히려 일반우선파산채권보다도 더 후순위의 채권으로 취급하는 것이 타당하다고 볼 수도 있을 것이다).

따라서 이 사건 법률조항이 '국세징수의 예에 의하여 징수할 수 있는 청구권'을 일률적으로 재단채권으로 규정함으로써 파산선고 후 연체료 청구권이 파산법상 재단채권으로서 우선적 지위를 갖도록 한 것을 정당화할만한 특별한 공익적·정책적 필요나 파산절차상 특성을 고려한 조정의 필요를 인정하기 어려우므로 채권자 간의 공평한 분배라는 파산절차의 목적을 달성하는 데 있어 적합한 수단을 채택한 것이라고 보기 어렵다.

또한 일률적 취급에 따라 다른 채권자들이 입게 될 재산권 침해를 최소화하는 합리적인 조치가 가능함에도 불구하고, 이 사건 법률조항은 아무런 제한없이 '국세징수의 예에 의하여 징수할 수 있는 청구권'을 일률적으로 재단채권으로 규정함으로써 파산선고 후 연체료 청구권을 재단채권으로 인정하고 있으므로 다른 채권자들의 재산권 침해를 최소화하기 위한 수단을 채택하였다고 보기도 어렵다. 나아가 이 사건 법률조항으로 인하여 실현될 수 있는 공익이 채권자들이 입게 될 불이익보다 크다고 할 수 없으므로 이 사건 법률조항은 법익균형성을 갖추었다고도 할 수 없을 것이다.

결론적으로 이 사건 법률조항은 그 입법목적의 정당성은 인정되지만 입법목적을 달성하는데 적합한 수단을 채택한 것이라고 보기 어려우며 피해의 최소성 및 법익의 균형성 요청에도 저촉되므로 과잉금지의 원칙에 위배된다고 할 것이다.

다. 이 사건 법률조항은 '국세징수의 예에 의하여 징수할 수 있는 청구권'을 일률적으로 재단채권으로 규정함으로써 본질적으로 동일한 것을 다르게 취급하고(파산선고 후의 이자 또는 채무불이행에 의한 손해배상과 실질적으로 동일한 성격을 갖는 청구권을 어떤 경우는 후순위파산채권으로, 어떤 경우는 재단채권으로 규정) 또 다른 한편으로는 본질적으로 다른 것을 동일하게 취급하여(우선권이 있는 채권과 없는 채권 또는 다른 순위의 우선권이 있는 채권을 동일한 우선순위를 갖게 함) 차별취급이 존재하고 있으며, 파산법의 기본목적과 공익적·정책적 필요성의 측면 등에 비추어 볼 때 그러한 차별적인 취급을 정당화할 합리적인 이유를 찾기 어려우므로, 이 사건 법률조항은 자의적으로 차별취급을 한 것으로서 평등원칙에도 위반된다.

【심판대상조문】

파산법 제38조 제2호 본문 후단의 '국세징수의 예에 의하여 징수할 수 있는 청구권' 중에서, 「구 산업재해보상보험법(1997. 8. 28. 법률 제5398호로 개정되고, 2003. 12. 31. 법률 제7047호로 개정되기 전의 것) 제74조 제1항, 구 임금채권보장법(2003. 12. 31. 법률 제7047호로 개정되기 전의 것) 제14조 및 구 고용보험법(1999. 12. 31. 법률 제6099호로 개정되고, 2003. 12. 31. 법률 제7047호로 개정되기 전의 것) 제65조에 의하여 국세체납처분의 예에 따라 징수할 수 있는 청구권으로서 파산선고 전의 원인에 의하여 생긴 채권에 기하여 파산선고 후에 발생한 연체료 청구권에 해당하는 부분」

【참조조문 및 참조판례】 생략

【제청법원】 서울남부지방법원

【제청신청인】 파산자 ○○ 주식회사 파산관재인 甲의 신청수계인 파산관재인 乙(대리인 법무법인 광장 담당변호사 권광중 등)

【당해사건】 서울남부지방법원 2002가단19234후순 위파산채권확인의소

【주문】

파산법 제38조 제2호 본문 후단의 '국세징수의 예에 의하여 징수할 수 있는 청구권' 중에서, 「구 산업재해보상보험법(1997. 8. 28. 법률 제5398호로 개정되고, 2003. 12. 31. 법률 제7047호로 개정되기 전의 것) 제74조 제1항, 구 임금채권보장법(2003. 12. 31. 법률 제7047호로 개정되기 전의 것) 제14조 및 구 고용보험법(1999. 12. 31. 법률 제6099호로 개정되고, 2003. 12. 31. 법률 제7047호로 개정되기 전의 것) 제65조에 의하여 국세체납처분의 예에 따라 징수할 수 있는 청구권으로서 파산선고 전의 원인에 의하여 생긴 채권에 기하여 파산선고 후에 발생한 연체료 청구권에 해당하는 부분」은 헌법에 위반된다.

【이유】 (이하 생략)

재판관 윤영철(재판장) 권 성 김효종 김경일 송인준
주선회 전효숙 이공현(주심) 조대현

(4) **대법원** 2001. 5. 8. **선고** 2001도679 **판결【특정경제범죄가중처벌등에관한법률위반(사기)·특정경제범죄가중처벌등에관한법률위반(배임)·파산법위반·사문서위조·위조사문서행사·자격모용사문서작성·자격모용작성사문서행사】**[공2001, 1423]

【판결요지】

파산법 제366조 제1호에서 말하는 채무자가 파산재단에 속하는 재산을 '채권자에게 불이익하게 처분을 하는 행위'는 부당한 저가의 매매나 무상의 증여 등과 같이 같은 호에 열거된 '은닉', '손괴'에 견줄 수 있을 만큼 채권자 전체에게 절대적으로 불이익을 미치게 하는 행위를 뜻하는 것이지, 단순히 채권자간의 공평을 해함에 그치게 하는 행위를 뜻하는 것이 아니므로, 특정의 채권자에 대한 변제 등은 다른 채권자에게 불이익한 결과를 가져온다 하더라도 특별한 사정이 없는 한 이에 해당하지 아니한다.

【참조조문】[1] 파산법 제366조 제1호/[2] 파산법 제366조 제1호, 제370조

【피고인】피고인 1외 1인

【상고인】피고인들

【변호인】변호사 심일동 등

【원심판결】부산고법 200 1. 1. 18. 선고 2000노541 판결

【주문】 원심판결 중 유죄부분을 파기하고, 그 부분 사건을 부산고등법원에 환송한다.

【이유】1. 생략

2. 파산법위반의 점에 관한 판단

파산법 제366조 제1호에서 말하는 채무자가 파산재단에 속하는 재산을 '채권자에게 불이익하게 처분을 하는 행위'는 부당한 저가의 매매나 무상의 증여 등과 같이 같은 호에 열거된 '은닉', '손괴'에 견줄 수 있을 만큼 채권자 전체에게 절대적으로 불이익을 미치게 하는 행위를 뜻하는 것이지, 단순히 채권자간의 공평을 해함에 그치게 하는 행위를 뜻하는 것이 아니므로, 특정의 채권자에 대한 변제 등은 다른 채권자에게 불이익한 결과를 가져온다 하더라도 특별한 사정이 없는 한 이에 해당하지 아니한다.

그런데 피고인들에 대한 이 부분 공소사실의 요지는 "파산자 고려종합금융 주식회사(아래에서는 '고려종금'이라고 한다)는 주식회사 동방주택(아래에서는 '동방주택'이라고 한다)에 대한 대출금채권에 관한 담보로서 137억 3,700만 원의 이 사건 토지개발채권을 취득하였고, 반면 동방주택은 파산 전의 고려종금이 지급보증한 합계 190억 원의 이 사건 기업어음의 취득자로서 주식회사 극동건설(아래에서는 '극동건설'이라고 한다)에게 공사대금채무의 담보로 질권을 설정하여 주었으며, 그 후

위 질권부 채권이 신한종합금융 주식회사(아래에서는 '신한종금'이라고 한다)에게 양도되었으므로, 만약 이 사건 기업어음의 발행인이 부도처리되는 경우 동방주택으로서는 고려종금에 대한 이 사건 기업어음금 지급보증채권으로 자신의 고려종금에 대한 위 대출금채무와 상계할 수 없어 어쩔 수 없이 고려종금에게 위 대출금채무를 모두 변제하여야 하지만, 고려종금으로서는 이 사건 기업어음상의 채권에 대한 질권자인 신한종금으로부터 이 사건 기업어음금 지급보증채권을 파산채권으로 신고받아 통상의 파산채권 배당절차에서처럼 소액의 배당금만을 지급하게 될 것이 예상되고 있었음에도, 피고인들이 공모하여, 동방주택, 극동건설 및 신한종금과의 합의에 따라 고려종금으로 하여금 이 사건 토지개발채권을 신한종금에게 위 질권부 채권에 대한 담보조로 교부하게 하고, 그 대신 신한종금으로부터 파산 전의 고려종금이 지급보증한 이 사건 기업어음상의 채권에 대한 질권설정을 해제받아 이를 동방주택에 대한 위 대출금채권에 대한 담보조로 취득하도록 함으로써 결과적으로 동방주택으로 하여금 고려종금에 대한 위 대출금채무와 이 사건 기업어음금 지급보증채권과 서로 상계할 수 있게 하여 동방주택의 이익을 도모할 목적으로 파산재단에 속하는 이 사건 토지개발채권을 채권자에게 불이익하게 처분하였다"는 것이므로, 여기서 피고인들의 행위는 실질적으로 파산재단에 속하는 채권으로 파산자인 고려종금의 채권자 중 1인인 동방주택에 대한 채무를 변제한 것에 불과한 것이고, 이러한 행위는 앞서 살핀 바와 같이 파산법 제366조 제 1 호의 '채권자에게 불이익하게 처분을 하는 행위'에 해당될 수 없다.

따라서 원심이 이 부분 공소사실을 유죄로 판단한 것은 파산법 제366조 제 1 호에 관한 법리를 오해한 것이고, 한편 원심은 피고인들에 대한 파산법위반죄와 상상적 경합관계에 있는 특정경제범죄가중처벌등에관한법률위반(사기)죄도 유죄로 인정하여 형이 더 무거운 특정경제범죄가중처벌등에관한법률위반(사기)죄에 정한 형으로 처벌하였지만, 상상적 경합관계에 있는 수죄 중 그 일부만이 유죄로 인정되는 경우와 그 전부가 유죄로 인정되는 경우는 양형의 조건이 달라 선고형을 정함에 있어서 차이가 있을 수 있으므로 이러한 위법은 판결에 영향을 미쳤다. 따라서 이 점을 지적하는 피고인들의 이 부분 상고이유는 이유가 있다.

대법관 배기원(재판장) 서성(주심) 유지담 박재윤

판례색인

[대법원]

[고등법원]

[행정법원]

[지방법원]

[헌법재판소]

編著者略歷

임치용(林治龍)
성균관대학교 법과대학 졸업
사법연수원 수료(제14기)
Duke Law School(LL.M 96)
서울중앙지방법원 파산부 부장판사
현재 법무법인 태평양 변호사

이성용(李聖鎔)
서울대학교 법과대학 졸업
서울대학교 대학원 졸업(석사)
사법연수원 수료(제28기)
현재 서울중앙지방법원 파산부 판사

박태준(朴泰俊)
동아대학교 법과대학 졸업
동아대학교 대학원 졸업(석사)
사법연수원 수료(제22기)
노스캐롤라이나대학교 Law School
(Visiting Scholar)
서울중앙지방법원 파산부 판사
현재 서울고등법원 판사

김춘수(金春洙)
고려대학교 법과대학 졸업
사법연수원 수료(제30기)
현재 서울중앙지방법원 파산부 판사

破産判例解說

2007年 5月 20日 初版印刷
2007年 5月 30日 初版發行

編輯代表 林 治 龍
發 行 人 安 鍾 萬
發 行 處 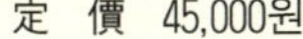

서울 特別市 鍾路區 平洞 13-31番地
電話 (733)6771 FAX (736)4818
登錄 1952. 11. 18. 제1-171호(倫)

www.pakyoungsa.co.kr e-mail: pys@pakyoungsa.co.kr

定 價 45,000원 ISBN 978-89-10-51433-6